EUROPA-FACHBUCHREIHE
Verfahrenstechnik der Kunststoffberufe

Fachkunde Kunststofftechnik

6. erweiterte und verbesserte Auflage

Erarbeitet von Lehrern an beruflichen Schulen

VERLAG EUROPA-LEHRMITTEL · Nourney, Vollmer GmbH & Co. KG
Düsselberger Straße 23 · 42781 Haan-Gruiten

Europa-Nr.: 13802

Autoren:
Die Autoren sind Fachlehrer der technischen Ausbildung.

Fritsche, Cornelia	Dipl.-Ing.-Päd., Studienrätin	Massen
Fritsche, Hartmut	Dipl.-Ing. (FH)	Massen
Gradl, Werner	Ing. BEd.	Wartberg, Österreich
Kolbinger, Jörg	Dipl.-Ing. (FH), Studiendirektor	Windelsbach
Küspert, Karl-Heinz	Fachoberlehrer	Hof
Lindenblatt, Gerhard	Fachoberlehrer	Wunsiedel
Morgner, Dietmar	Dipl.-Ing.-Päd.	Chemnitz
Schmidt, Albrecht	Fachoberlehrer	Selbitz
Schwarze, Frank	Dipl.-Ing.-Päd., Studienrat	Sonneberg

Lektorat: Dietmar Morgner

Bildentwürfe: Die Autoren, unter Mitwirkung der Arbeitskreise „Fachkunde Metall", „Rechenbuch Metall", „Der Werkzeugbau", „Fenster, Türen und Fassadentechnik", „Metallbau und Fertigungstechnik Grundbildung", „Metallbautechnik Fachbildung", „Fachkunde Kraftfahrzeugtechnik", „Steuern und Regeln", „Qualitätsmanagement", „Industrielle Fertigung", „Handbuch der Metallbearbeitung", „Fachkunde Elektrotechnik", „Physik für Schule und Beruf", „Technische Mathematik für Chemieberufe", „Zerspantechnik Fachbildung" sowie „Fachkunde Mechatronik"

Fotos: Leihgaben der Firmen (Verzeichnis siehe Seite 643 ff.) sowie Bilder der Autoren

Bildbearbeitung: Zeichenbüro des Verlages Europa-Lehrmittel, 73760 Ostfildern
Grafische Produktionen Jürgen Neumann, 97222 Rimpar

6. Auflage 2019
Druck 5 4 3 2 1

Alle Drucke derselben Auflage sind im Unterricht einsetzbar, da sie bis auf korrigierte Druckfehler und kleine Änderungen identisch sind.

ISBN 978-3-8085-1669-0

http://www.europa-lehrmittel.de

Umschlaggestaltung: Grafische Produktionen Jürgen Neumann, 97222 Rimpar
Umschlagfoto: Coperion Werner & Pfleiderer GmbH & Co. KG
Satz: Grafische Produktionen Jürgen Neumann, 97222 Rimpar
Druck: optimal media GmbH, 17207 Röbel/Müritz

Vorwort zur 6. Auflage

Die im Verlag **Europa-Lehrmittel** überarbeitete **Fachkunde Kunststofftechnik** ist sowohl für die Ausbildung des Facharbeiternachwuchses in der Kunststofftechnik der Bundesrepublik Deutschland sowie für die Lehrberufe Kunststofftechnik/Kunststoffformgebung in Österreich als auch zur Fort- und Weiterbildung in der Meister- und Technikerausbildung konzipiert.

Der Inhalt des Lehrbuches **Fachkunde Kunststofftechnik** untergliedert sich in **18 Kapitel**. Die fachlichen Inhalte der Kapitel sind dem zu vermittelnden Lehrstoff der Lernfelder angepasst. Die Kapitel **1 bis 5** beinhalten die Grundlagenausbildung des 1. Ausbildungsjahres. Die Kapitel **3 bis 5** sind in den Lernfeldern des 2. Ausbildungsjahres zu vermitteln. Überschneidungen zur Grundausbildung sind gewollt und erforderlich. Für die Spezialisierungsrichtungen in der Ausbildung zum Kunststoff- und Kautschukverfahrensmechaniker im 3. Ausbildungsjahr sind die Kapitel **6 bis 18** zu vermitteln.

Alle Lehrplaninhalte der **Lernfelder**, die sich aus

- der Verordnung über die Berufsausbildung zum Verfahrensmechaniker Kunststoff- und Kautschuktechnik/zur Verfahrensmechanikerin Kunststoff- und Kautschuktechnik vom 22. März 2012,
- Rahmenlehrplänen der Kultusministerkonferenz und
- Lehrplänen der einzelnen Bundesländer

ableiten, sind für die Auszubildenden die theoretische Grundlage für den Ausbildungsberuf **Verfahrensmechaniker für Kunststoff- und Kautschuktechnik/Verfahrensmechanikerin für Kunststoff- und Kautschuktechnik**.

Basierend auf diesen verbindlichen Vorgaben wurde dieses Fachbuch von erfahrenen Berufsschullehrern aus verschiedenen Einrichtungen erarbeitet.

In der 6. Auflage wurden die Themen Industrie 4.0 und die Toleranzen und Abnahmebedingungen für Kunststoffformteile nach DIN 16742:2013-10 neu hinzugefügt. Die Themen Elastomere, Duroplaste, die Sensor- und Vakuumtechnik, Werkzeugaufspannung und Rückstromsperren, sowie Wirkungsweisen von Extrudern wurden in den entsprechenden Kapiteln erweitert bzw. ergänzt.

Die beiliegende CD enthält alle Abbildungen und die wichtigsten Tabellen des Buches.

Ergänzend für den theoretischen Unterricht mit praxisorientierten Lernsituationen ist der Einsatz weiterer Fachbücher und Arbeitsunterlagen des Verlages sinnvoll, wie z. B.:

Tabellenbuch Kunststofftechnik, Arbeitsblätter Kunststofftechnik Lernfelder 1 bis 4 und 5 bis 8 und PRÜFUNGSBUCH AKTUELL der Kunststofftechnik.

Der Verlag und die Autoren der Fachkunde Kunststofftechnik sind für Anregungen und kritische Hinweise, die der Verbesserung der folgenden Auflagen dienen, dankbar. Verbesserungsvorschläge können dem Verlag und somit dem Autorenteam über

lektorat@europa-lehrmittel.de übermittelt werden.

Für die umfangreiche und kompetente Unterstützung danken wir allen Unternehmen, Verbänden und Institutionen, die uns mit zahlreichen praxisbezogenen Unterlagen bei der Erarbeitung des Lehrbuches unterstützt haben.

Der Verlag und die Autoren des Arbeitskreises Kunststofftechnik — Sommer 2019

Interpretation zu Inhalt und der Zuordnung der Lernfelder

Die Gliederung der Inhalte dieses Lehrbuchs wurde auf den Rahmenlehrplan vom 22.03.2012 für Verfahrensmechaniker der Kunststoff- und Kautschuktechnik im berufsbezogenen Unterricht der Berufsschulen abgestimmt. Die untenstehende Tabelle zeigt die Zuordnung der einzelnen Kapitel zu den Lernfeldern. Die gemeinsamen Grundlagen bei der Ausbildung in der Kunststoff- und Kautschuktechnik stellen die Lernfelder 1 bis 8 in der 1. und 2. Jahrgangsstufe dar. Die Spezialisierung in der 3. Jahrgangsstufe wird durchgeführt in den Fachrichtungen Formteile (**FT**), Halbzeuge (**HZ**), Compound- und Masterbatchherstellung (**CM**), Mehrschicht-Kautschukteile (**MK**), Bauteile (**BT**), Faserverbundstoffe (**FV**) und Kunststofffenster (**KF**).

		Lernfelder		Kapitel im Lehrbuch
1. Jahr		1	Werkstoffe nach anwendungsbezogenen Kriterien auswählen	1
		2	Bauelemente aus berufsbezogenen Werkstoffen herstellen	2
		3	Einfache Baugruppen herstellen	3, 7, 15
		4	Anlagenbezogene Steuerungstechniken anwenden	4, 5
2. Jahr		5	Fertigungsvoraussetzungen für die Polymerverarbeitung schaffen	6
		6	Werkzeuge, Maschinen und Zusatzgeräte instand halten	4
		7	Eigenschaften von polymeren Werkstoffen prüfen und analysieren	3
		8	Steuerungstechnische Systeme für die Be- und Verarbeitung von Polymeren anwenden und prüfen	5
3. Jahr	FT	9	Formteile durch Spritzgießen herstellen	7
		10	Formteile durch Pressen herstellen	8
		11	Formteile durch Blasformen herstellen	9
		12	Formteile durch Schäumen herstellen	10
		13	Formteile durch Thermoformen herstellen	15
		14	Produkt- und Prozessqualität überwachen und optimieren	3
	HZ/CM	9	Halbzeuge durch Extrudieren herstellen	11
		10	Halbzeuge durch Kalandrieren herstellen	12
		11	Halbzeuge durch Beschichten herstellen	13
		12	Compounds und Masterbatches herstellen	6
		13A	Halbzeuge durch Schäumen herstellen	10
		13B	Compounds und Masterbatches herstellen, prüfen und modifizieren	6
		14	Produkt- und Prozessqualität überwachen und optimieren	3
	MK	9	Halbzeuge für Mehrschicht-Kautschukteile herstellen	14
		10	Mehrschicht-Kautschukteile durch Pressen herstellen	14
		11	Mehrschicht-Kautschukteile durch ausgewählte Verfahren herstellen	14
		12	Mehrschicht-Kautschukteile prüfen und recyceln	3
		13	Produkt- und Prozessqualität überwachen und optimieren	3
	BT	9	Fertigungsvoraussetzungen für Bauteile schaffen	2
		10	Bauteile durch Bearbeiten von Halbzeugen schaffen	15
		11	Produkte durch Fügen schaffen	3, 15
		12	Produkte durch Laminieren schaffen	16
		13	Produkt- und Prozessqualität überwachen und optimieren	3
	FV	9	Faserverbundwerkstoffe prüfen und recyceln	3
		10	Bauteile durch Bearbeiten von Faserverbundwerkstoffen schaffen	2, 16
		11	Produkte durch Fügen herstellen	2, 15
		12	Bauteile durch Laminieren schaffen	16
		13	Produkt- und Prozessqualität überwachen und optimieren	3
	KF	9	Fertigungsvoraussetzungen für Kunststofffenster schaffen	18
		10	Bauteile durch Bearbeiten von Halbzeugen schaffen	2, 15
		11	Produkte durch Fügen schaffen	2, 15
		12	Bauelemente montieren, demontieren und instand setzen	18
		13	Produkt- und Prozessqualität überwachen und optimieren	3

1 Aufbau und Eigenschaften der Werkstoffe

2 Fertigungs- und Prüftechnik für Kunststoffe und Metalle

3 Verarbeitung und Prüfung von Kunststoffen

7 Herstellen von Formteilen durch Spritzgießen

8 Herstellen von Formteilen durch Pressen

9 Herstellen von Formteilen durch Blasformen

10 Herstellen von Formteilen und Halbzeugendurch Schäumen

11 Herstellen von Halbzeugen durch Extrudieren

12 Herstellen von Halbzeugen durch Kalandrieren

13 Herstellen von Halbzeugen durch Beschichten

14 Herstellen von Mehrschicht-Kautschukteilen

15 Herstellen von Bauteilen durch Bearbeitungvon Halbzeugen

16 Herstellen von Bauteilen durch Laminieren

17 Auskleiden und Abdichten

18 Technik und Herstellung von Kunststofffenstern

1 Aufbau und Eigenschaften der Werkstoffe

Der Begriff „**Werkstoff**" beinhaltet alle Materialien, die in eine **bestimmte** Form gebracht werden können und für den **technischen** Gebrauch geeignet sind. Der angehende Facharbeiter in der Kunststofftechnik hat tagtäglich mit einer Vielzahl von **Kunststoffen**, aber auch mit einer Reihe **metallischer** Werkstoffe zu tun. Aus diesem Grund ist es für ihn von grundlegender Bedeutung, die wichtigen Eigenschaften dieser Werkstoffe zu kennen. Für das bessere Verständnis ist es notwendig, zuerst einige Grundlagen aus der **Physik** und der **Chemie** zu betrachten.

1.1 Physikalische Grundlagen

Die Naturwissenschaft **Physik** leitet sich ab von dem griechischen Wort „physis" – der Körper. Sie beschäftigt sich mit den **Eigenschaften** unbelebter Körper und den **Vorgängen**, die die Lage, den Zustand oder die Form von Körpern verändern. Bei **physikalischen Vorgängen** bleibt der Stoff **unverändert**.

1.1.1 Grundbegriffe

Um die **Eigenschaften** von Körpern physikalisch zu beschreiben, bedarf es bestimmter **Messverfahren** und vorher festgelegter **Einheiten**. Solche **quantitativ** erfassbaren Eigenschaften bezeichnet man als **physikalische Größen**, wie z. B. die Masse oder die Dichte. Sie geben an, wie oft eine Einheit in der Größe vorkommt.

Physikalische Größe = Zahlenwert · Einheit

So beträgt z. B. die Masse eines Körpers:

$$m = 3 \cdot 1\ \text{kg} = 3\ \text{Kilogramm}$$

Angaben von physikalischen Eigenschaften **ohne** Einheit machen somit keinen Sinn. Die Einheiten sind im **internationalen Einheitensystem** (**SI-Einheiten**) festgelegt. Hierin sind die **Basisgrößen** mit ihren **Basiseinheiten** und ihrem **Formelzeichen** vermerkt (Tabelle 1).

Alle weiteren Größen und Einheiten können hieraus **abgeleitet** werden, z. B. die Geschwindigkeit oder die Dichte.

Um sehr kleine bzw. sehr große Angaben physikalischer Größen überschaubarer zu machen, verwendet man für das Vielfache bzw. Teile der Basiseinheiten griechische Vorsatzzeichen oder entsprechende **Zehnerpotenzen** (Tabelle 2).

Beispiel: 1 Millionstel Meter = 10^{-6} m = 1 µm

Tabelle 1: Basisgrößen und Basiseinheiten

Basisgröße	Formelzeichen	Basiseinheit
Länge	l	1 Meter = 1 m
Masse	m	1 Kilogramm = 1 kg
Zeit	t	1 Sekunde = 1 s
Temperatur	T ϑ/t	1 Kelvin = 1 K 1 Grad Celsius = 1 °C
Elektrische Stromstärke	I	1 Ampere = 1 A
Lichtstärke	I_V	1 Candela = 1 cd
Stoffmenge	n	1 Mol

Tabelle 2: Vorsatzzeichen der Basiseinheiten

Faktor	Zehnerpotenz	Vorsatz	Vorsatzzeichen
Millionenfach	10^6	Mega	M
Tausendfach	10^3	Kilo	k
Hundertfach	10^2	Hekto	h
Zehnfach	10^1	Deka	da
Basiseinheit	$10^0 = 1$		
Zehntel	10^{-1}	Dezi	d
Hundertstel	10^{-2}	Zenti	c
Tausendstel	10^{-3}	Milli	m
Millionstel	10^{-6}	Mikro	µ

Typische **physikalische** Vorgänge sind z. B. das **Schmelzen** oder **Verdampfen** eines Stoffes, bei denen sich nur die **Form** bzw. der **innere Zusammenhalt** des Stoffes verändert. Auch Fertigungsverfahren wie Sägen, Bohren, Gießen oder Biegen verändern den Stoff selbst **nicht. Stoffänderungen** bewirken nur **chemische** Vorgänge, wie z. B. die Verbrennung von Holz, die Korrosion von Eisen oder die Herstellung von Kunststoffen aus Erdöl.

1.1.2 Masse und Gewichtskraft

Bei der Herstellung von Spritzgussprodukten werden die hergestellten Teile häufig gewogen. So kann man beispielsweise sehr einfach Gutteile von Ausschussteilen unterscheiden. Dazu wird oft eine **Waage** eingesetzt, die mit einem Förderband ausgerüstet ist. Auch zur Optimierung des Spritzgussprozesses werden meist Präzisionswaagen (**Bild 1**) eingesetzt, weil mit ihnen komplizierte Bauteile ohne großen Aufwand gewogen werden können. Beim Wiegen muss man grundsätzlich die Masse und die Gewichtskraft unterscheiden. Der in der Alltagssprache häufig verwendete Ausdruck **Gewicht** kann sowohl die Masse als auch die Gewichtskraft meinen. In der Technik sollte dieser Begriff vermieden werden, denn während die **Masse** ortsunabhängig ist, ist die **Gewichtskraft** nicht an jedem Ort gleich. Eine Messung am Standort A führt also bei der Gewichtskraft am Standort B zu anderen Ergebnissen, bei der Masse hingegen sind die Ergebnisse für den Standort A und B identisch. Im Folgendem wird die Unterscheidung von Masse und Gewichtskraft ausführlich erklärt.

Bild 1: Präzisionswaagen

Die Masse *m*

Mit der Masse ist die Stoffmenge eines Körpers gemeint. Sie wird grundsätzlich durch den Vergleich mit Masseeinheiten bestimmt. Dazu kann man eine **Balkenwaage** oder eine **Hebelwaage** (**Bild 2**) verwenden. Hebelwaagen werden häufig zur Bestimmung der Masse von Sportlern eingesetzt, um die korrekte Einteilung der Gewichtsklassen an jedem Ort der Welt sicherzustellen.

Bild 2: Hebelwaage

> Die Basiseinheit der **Masse** (m) ist das **Kilogramm** (kg).

Im metrischen System war das Kilogramm zunächst als die Masse definiert, die ein Kubikdezimeter reines Wasser bei 4 °C hat (Temperatur der maximalen Dichte von Wasser). Hierzu wurde ein Zylinder aus der besonders haltbaren Legierung **Platin-Iridium** (Höhe und Durchmesser betragen 39 mm) mit derselben Masse hergestellt – das sogenannte **Ur-Kilogramm**. Die Physikalisch-Technische-Bundesanstalt (PTB) hat diese Definition weiter entwickelt: ab Mai 2019 wird das Kilogramm auf **Naturkonstanten** wie die Atommasse einer Siliziumkristall-Kugel (**Bild 3**) zurückgeführt und damit nicht mehr auf eine Maßverkörperung.

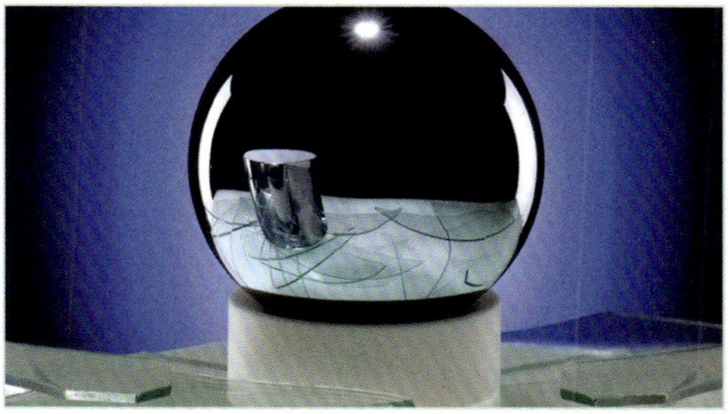

Bild 3: Silizium-Kugel zur Kilogramm-Definition

> Die **Masse** eines Körpers ist vom **Ort unabhängig.**

Ein **Gegenstand** würde also auf dem **Mond** und auf der **Erde** die **gleiche Masse** haben. Die Gewichtskraft desselben Gegenstandes wäre dagegen auf dem Mond geringer.

Die Gewichtskraft F_G

Die Gewichtskraft ist ein **Maß für die Anziehungskraft**, z. B. der Erde auf eine Masse.

Sie wird üblicherweise mit einem **Kraftmesser** (**Bild 1**) bestimmt. Umgangssprachlich wird häufig der Begriff **Federwaage** verwendet, der streng genommen nicht ganz richtig ist, weil ein Kraftmesser mithilfe des Federwiderstandes nur eine Kraft messen kann. Wiegen kann man dagegen nur Massen.

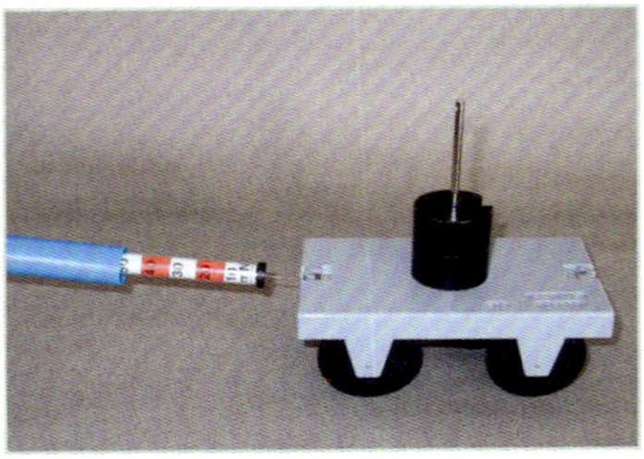

Bild 1: Kraftmesser

Die **Einheit** für die Gewichtskraft ist das **Newton (N)**.

Die Anziehungskraft auf einen Körper ist auch auf der Erde nicht überall gleich. Die Erde ist nämlich an den Polen abgeflacht und hat am Äquator ihren größten Durchmesser.

Bild 2: Erde und Mond

Am **Normort Paris** beträgt der Ortsfaktor bzw. die **Fallbeschleunigung $g = 9{,}81$ m/s²** bzw. N/kg. Am **Nordpol** ist die Anziehungskraft **höher**, weil bei gleicher Erdmasse der Abstand zum Erdmittelpunkt geringer ist. Sie beträgt dort 9,83 N/kg. Am **Äquator** ist die Erdanziehung wegen des großen Abstandes zum Erdmittelpunkt mit 9,78 N/kg **geringer**.

Noch niedriger ist die Gewichtskraft auf dem Mond. Wegen der deutlich kleineren Masse des Mondes beträgt die Fallbeschleunigung dort nur $g = 1{,}62$ N/kg (**Bild 2**).

Im Gegensatz zur Masse ist die Gewichtskraft vom Ort, an dem gemessen wird, abhängig (**Tabelle 1**).

Tabelle 1: Fallbeschleunigung

Paris	9,81 m/s²
Nordpol	9,83 m/s²
Äquator	9,78 m/s²
Mond	1,62 m/s²
Sonne	273 m/s²
Jupiter	24,8 m/s²

Formel:

$$F_G = m \cdot g$$ Einheit: **[N]**

Gewichtskraft = Masse · Erdbeschleunigung [Newton]

Gedankenversuch: Würde man einen Gegenstand mit der Masse 5 kg auf dem Mond und auf der Erde (Paris) mit der Balkenwaage wiegen, so hätte dieser Gegenstand jeweils 5 kg. Bestimmt man allerdings die Gewichtskraft, dann würde der Kraftmesser auf der Erde $F_G = 5\text{ kg} \cdot 9{,}81\text{ N/kg} = 49{,}05\text{ N}$ anzeigen. Auf dem Mond liest man dagegen $F_G = 5\text{ kg} \cdot 1{,}62\text{ N/kg} = 8{,}1\text{ N}$ ab. Die Gewichtskraft ist also auf dem Mond rund sechsmal geringer.

Die **Gewichtskraft** ist vom **Ort abhängig.**

Wiederholungsfragen:

1. Nennen Sie Messgeräte zur Bestimmung
   a) der Masse,
   b) der Gewichtskraft.
2. Warum ist die Masse vom Ort unabhängig?
3. Welche Definition für ein Kilogramm ist ab Mai 2019 festgelegt?
4. Erklären Sie, weshalb die Gewichtskraft auf der Erde nicht überall gleich ist.
5. Warum ist die Gewichtskraft ortsabhängig?

1.1.3 Länge, Fläche, Volumen und Dichte

Die Länge l:

Formelzeichen: l Einheit: 1 Meter = 1 m

Unter der Länge versteht man die Ausdehnung einer Strecke in einer Richtung – **in einer Dimension** – von einem bestimmten Anfangspunkt bis zu einem bestimmten Endpunkt. Dabei spielt die Richtung selbst keine Rolle, d. h., auch die sog. Breite, Höhe, Tiefe oder Dicke fallen unter den Oberbegriff **Länge**. Das sog. **Urmeter** aus Platin-Iridium (**Bild 1**) ist 1875 als der 40millionste Teil des Erdumfangs festgelegt worden und stellt die **Einheit** der Länge dar, nach der sich alle Messinstrumente richten müssen. Da selbst dieses Urmeter aufgrund von Temperaturschwankungen nicht immer exakt die gleiche Länge aufweist, hat man 1960 eine neue Definition festgesetzt:

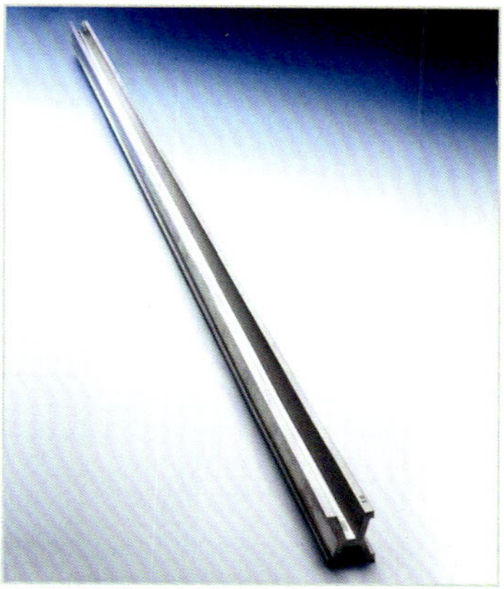

Bild 1: Urmeter aus Platin-Iridium

Ein **Meter** ist die Strecke die das Licht im luftleeren Raum in einer 299 729 458-stel Sekunde durchläuft.

Tabelle 1: Unterteilungen der Längeneinheit

Faktor	Zehnerpotenz	Einheit	Abkürzung
Tausendfach	10^3 m	1 Kilometer	1 km
Zehntel	10^{-1} m	1 Dezimeter	1 dm
Hundertstel	10^{-2} m	1 Zentimeter	1 cm
Tausendstel	10^{-3} m	1 Millimeter	1 mm
Millionstel	10^{-6} m	1 Mikrometer	1 µm

In **Tabelle 1** sind die gebräuchlichsten Unterteilungen der Einheit 1 m dargestellt. In der Kunststofftechnik spielen vor allem die Einheiten mm und µm eine wesentliche Rolle.

Zum Messen von Längen verwendet man vor allem **Messschieber**.

Grundsätzlich gilt: Längen können nicht **100-prozentig** genau gemessen werden. Eine Genauigkeit von **+/– 1 µm** gilt als absolute Grenze.

Beim **Messen** wird eine bestimmte Länge, z. B. die Länge eines PVC-Rohres, mit der Einheit 1 mm verglichen. Das Ergebnis stellt eine **physikalische Größe** dar, z. B. **l = 25 mm.** (**Bild 2**)

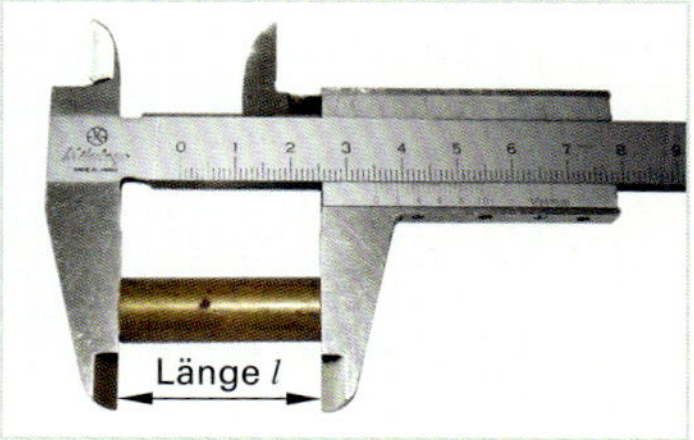

Bild 2: Messen einer Länge

Die Fläche A:

Formelzeichen: ***A*** (von engl. *area*)

Einheit: 1 Quadratmeter = 1 m² = 100 dm² = 10^4 cm² = 10^6 mm²

Unter der **Fläche** versteht man die Ausdehnung eines Punktes in 2 Richtungen – in **2 Dimensionen**, in der Regel in eine Länge und eine Breite. Die Fläche leitet sich aus der Länge ab und sie gibt die Anzahl der Flächeneinheiten einer beliebigen Fläche an.

Beispiel: $A = l \cdot b = 5\ \text{m} \cdot 5\ \text{m} = 25\ \text{m}^2$

Flächen spielen in der Technik vor allem als **Querschnittsflächen** von Profilen, sogenannten Halbzeugen, und als **Oberflächen** von Körpern eine wichtige Rolle (**Bild 3**).

Flächen werden in der Regel berechnet, sie sind aber auch direkt durch einen sogenannten **Planimeter** messbar.

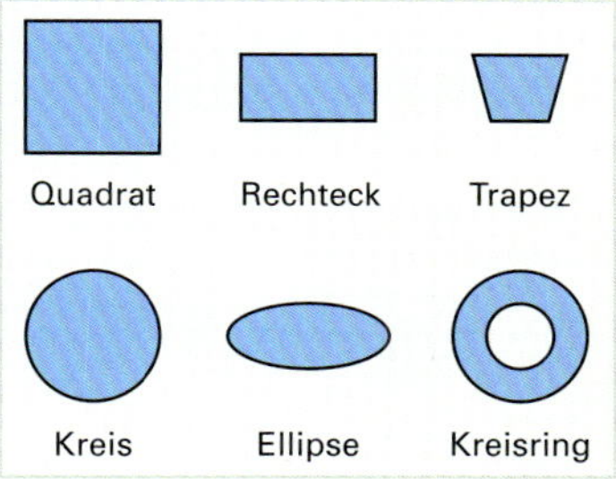

Bild 3: Querschnitte

Das Volumen V:

Das Volumen stellt die Ausdehnung eines Punktes in **3 Dimensionen** dar, einer Länge, einer Breite und einer Höhe (oder Tiefe). Es gibt die Anzahl der Volumeneinheiten eines beliebigen Rauminhaltes wieder.

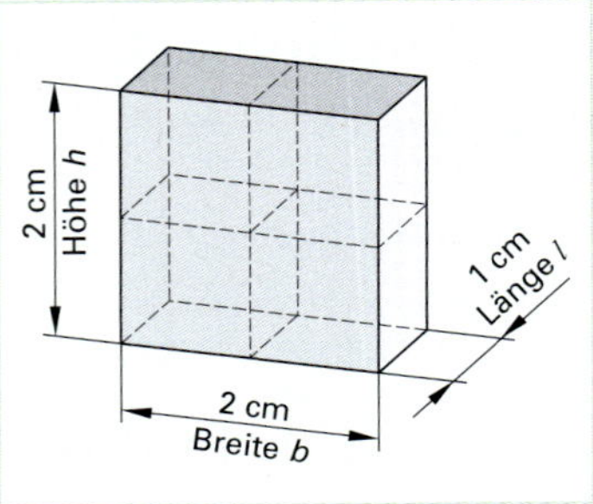

Bild 1: Quader mit 4 cm³

Formelzeichen: V

Einheiten: 1 Kubikmeter = $1\,m^3 = 10^3\,dm^3 = 10^6\,cm^3 = 10^9\,mm^3$

Für Flüssigkeiten: 1 Liter = **1 l** = $1\,dm^3$

Beispiel: Volumen eines Quaders (**Bild 1**)

$$V = l \cdot b \cdot h = 1\,cm \cdot 2\,cm \cdot 2\,cm = 4\,cm^3$$

Bei den Volumen unterscheidet man zwischen **prismatischen, spitzen** und **abgestumpften** Grundkörpern.

Volumen von klar begrenzten Körpern werden meist berechnet, unregelmäßige Rauminhalte können auch durch **Flüssigkeitsverdrängung** direkt gemessen werden. Dabei macht man sich zunutze, dass ein untergetauchter Körper genauso viel Flüssigkeit verdrängt, wie er selbst an Volumen einnimmt. Die aus dem **Überlaufgefäß** ① auslaufende Flüssigkeit kann mit einem **Messzylinder** ② gemessen werden (**Bild 2**).

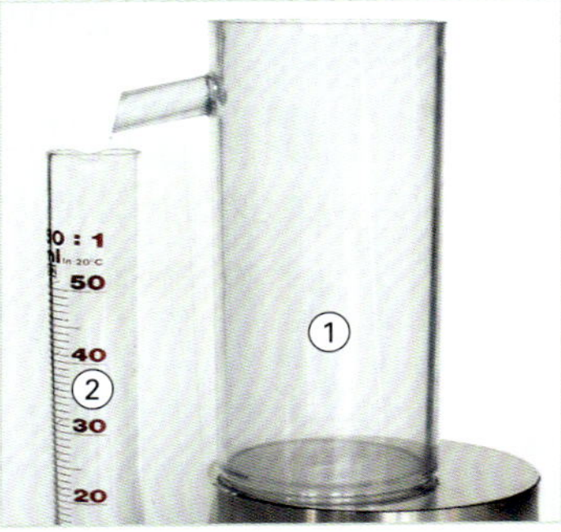

Bild 2: Überlaufgefäß

Die Dichte ϱ:

Formelzeichen: ϱ (griech. *rho*) Einheit: $1\,kg/dm^3 = 1\,g/cm^3$

Verschieden große Körper unterscheiden sich in ihrer Masse und ihrem Volumen. Zum Vergleich solcher Körper macht es Sinn, für diese Körper die **Masse pro Volumeneinheit** anzugeben. Auf diese Weise erhält man als neue Größe die **Dichte**, welche ein Kennzeichen für den **Werkstoff** des Körpers darstellt.

Wortgleichung: $\textbf{Dichte} = \dfrac{\textbf{Masse}}{\textbf{Volumen}}$ Formelgleichung: $\varrho = \dfrac{m}{V}$

Die Einheit leitet sich direkt aus der Formel ab, allerdings verwendet man nur für **gasförmige** Stoffe die direkt abgeleitete Einheit **1 kg/m³**, für **flüssige** und **feste** Körper dagegen **1 kg/dm³** oder **1 g/cm³**. Die Dichte von Flüssigkeiten und Gasen ist abhängig von der Temperatur und dem Umgebungsdruck. Als Vergleichswert für Dichtewerte gilt die Dichte von Wasser bei **4 °C**: 1 kg/dm³. Alle Stoffe mit einer geringeren Dichte als 1 kg/dm³ **schwimmen** auf dem Wasser, Stoffe mit einer höheren Dichte **gehen unter** (**Tabelle 1**).

Die Dichte von festen Körpern kann nicht direkt bestimmt werden, sondern muss nach der Formel berechnet werden. Bei Flüssigkeiten kann sie direkt aufgrund des von der Dichte abhängigen **Auftriebes** durch sogenannte **Dichtespindeln** gemessen werden.

Tabelle 1: Dichte ρ verschiedener Stoffe in kg/dm³ bzw. g/cm³

Stoff	Dichte	Stoff	Dichte	Stoff	Dichte
Fichtenholz	0,5	Wasser bei 4 °C	1	Stahl	7,85
Maschinenöl	0,91	Polystyrol	1,05	Blei	11,3
Polyethylen	0,92 ... 0,96	Aluminium	2,7	Platin	21,5

Über die Dichte kann man auch den Werkstoff eines Körpers bestimmen. Hierzu bestimmt man seine Masse durch Wiegen und sein Volumen durch Berechnung oder Flüssigkeitsverdrängung. Daraus berechnet man seine Dichte und vergleicht diesen Wert mit entsprechenden **Tabellenwerten**.

1.1.4 Zeit und Geschwindigkeit

Die Zeit *t*:

Formelzeichen: ***t*** (von engl. *time*) Einheit: 1 Sekunde = **1 s** = 1000 ms

Seit 1967 gilt für die Sekunde folgende Definition:

1 Sekunde ist das 9 192 631 770-fache der Periodendauer der Strahlung von Cäsium 133 beim Übergang zwischen den beiden Hyperfeinstrukturen dieses Atoms.

Umrechnungen:

1 Tag (d) = 24 Stunden (h)
1 h = 60 min = 3600 s

Es gibt **nur** für die **Sekunde** Vorsätze für dezimale Teile und Vielfache. Die Zeit wird durch periodisch verlaufende Vorgänge gemessen, z. B. in einer Pendeluhr, Stoppuhr oder Atomuhr (**Bild 1**).

Bild 1: Atomuhr

Die Geschwindigkeit *v*:

Formelzeichen: ***v*** (von engl. *velocity*) Einheiten: **1 m/s** = 60 **m/min** = 3,6 **km/h**

Ein Körper befindet sich entweder in **Ruhe** oder in einer Form von **Bewegung**. Bei der **gleichförmigen** Bewegung legt der Körper in gleichen Zeiten gleiche Wege zurück.

Unter der Geschwindigkeit ***v*** versteht man die **pro Zeiteinheit** zurückgelegte Strecke.

$$\text{Geschwindigkeit} = \frac{\text{Strecke}}{\text{Zeit}} \qquad \boldsymbol{v = \frac{s}{t}}$$

Beispiel: Ein Pkw legt in 3 Stunden 270 km zurück. Damit beträgt seine Durchschnittsgeschwindigkeit:

$$v = \frac{s}{t} = \frac{270\ \text{km}}{3\ \text{h}} = \mathbf{90\ km/h}$$

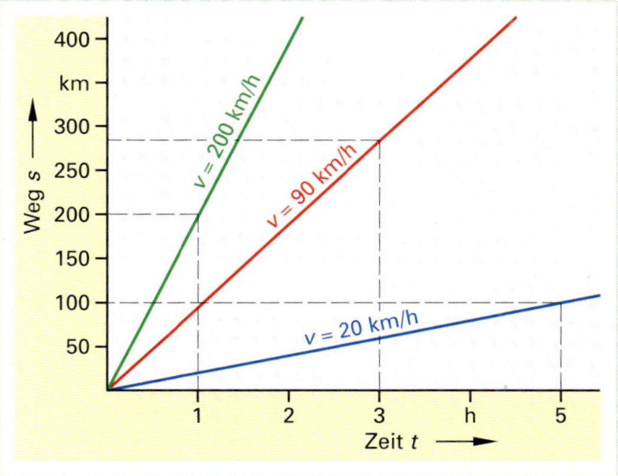

Bild 2: Gleichförmige Bewegung (*s*-*t*-Diagramm)

Je steiler die Gerade im ***s*-*t*-Diagramm** verläuft, desto höher ist die Geschwindigkeit (**Bild 2**).

Kreisförmige Bewegung

In der Technik kommt der **kreisförmigen Bewegung** eine große Bedeutung zu. Sehr viele Maschinenelemente **drehen** sich um eine bestimmte **Achse**, z. B. Zahnräder, Bohrer, Schaufelräder von Pumpen oder Schnecken von Extrudern. Diese Drehbewegungen werden durch die **Drehzahl** ***n*** erfasst.

Die Drehzahl gibt die **Anzahl** der Umdrehungen pro **Zeiteinheit** an.

$$\text{Drehzahl} = \frac{\text{Umdrehungen}}{\text{Zeit}} \qquad n = \frac{z}{t}$$

Einheit: **1/min = 60 1/s = min^{-1}**

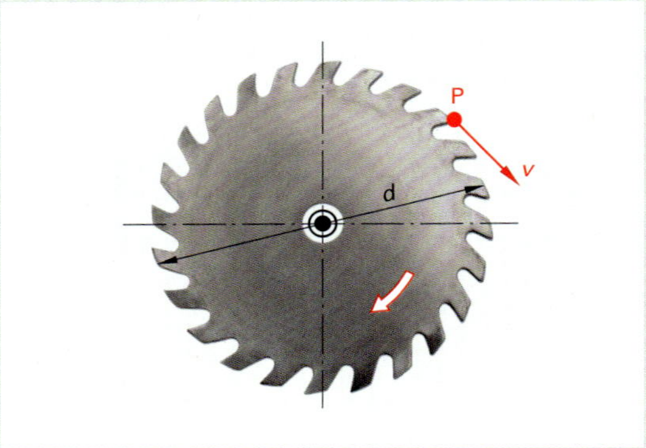

Bild 1: Kreisförmige Bewegung eines Sägeblattes

Ein Punkt P auf dem Rand einer Scheibe legt dabei den Weg $d \cdot \pi$ zurück, seine **Umfangsgeschwindigkeit** ist dabei ***n*-mal** so groß. Je weiter **außen** der Punkt liegt (*d* also größer wird), desto **schneller** bewegt er sich (**Bild 1**).

Umfangsgeschwindigkeit: $\boldsymbol{v = d \cdot \pi \cdot n}$ Einheit: meist **m/min**

Ungleichförmige Bewegung

Ändert sich die Geschwindigkeit eines Körpers, so ist seine Bewegung ungleichförmig. Bei einer Zunahme der Geschwindigkeit spricht man von einer **Beschleunigung**), bei einer Abnahme von einer **Verzögerung**.

Unter der Beschleunigung ***a*** (①) bzw. Verzögerung ***a*** (②) versteht man die Geschwindigkeitszu- bzw. Geschwindigkeitsabnahme $\boldsymbol{\Delta v}$ pro Zeiteinheit $\boldsymbol{\Delta t}$ (**Bild 2**).

Beschleunigung, Verzögerung: $\boldsymbol{a = \frac{\Delta v}{\Delta t}}$ Einheit: **1 m/s²**

Beispiel: Ein Pkw beschleunigt von 0 auf 100 km/h in 10 s, so beträgt seine durchschnittliche Beschleunigung:

$$\boldsymbol{a} = \frac{\boldsymbol{\Delta v}}{\boldsymbol{\Delta t}} = \frac{100 \text{ km/h}}{10 \text{ s}} = \frac{27{,}77 \text{ m/s}}{10 \text{ s}} = \mathbf{2{,}77\ m/s^2}$$

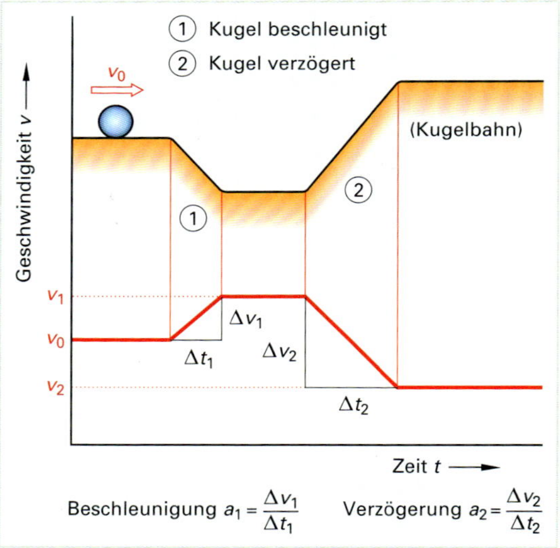

Bild 2: Bewegungsablauf im Geschwindigkeits-Zeit-Diagramm

Wiederholungsfragen:

1. In welcher Einheit wird die Dichte von Stoffen angegeben?
2. Worin liegt der Unterschied zwischen einer gleichförmigen und einer ungleichförmigen Bewegung?
3. Wo spielen kreisförmige Bewegungen eine wichtige Rolle?
4. Wie kann das Volumen von unregelmäßigen Körpern bestimmt werden?

1.1.5 Weitere wichtige physikalische Größen

Temperatur

Formelzeichen: absolute Temperatur T	Einheit:	1 Kelvin = **1 K** (nicht **Grad** Kelvin)
Temperatur nach Celsius: t oder ϑ	Einheit:	1 Grad Celsius = **1 °C**
Temperatur nach Fahrenheit: $t_F = 1{,}8 \cdot t + 32$	Einheit:	1 Grad Fahrenheit = **1 °F**

Der schwedische Astronom Anders **Celsius** (1701 – 1744) legte seine Temperaturskala durch den **Schmelz-** bzw. **Siedepunkt** von Wasser fest und teilte den Abstand dieser beiden Temperaturpunkte in 100 Teile. Da 0 °C, also der Schmelzpunkt von Wasser, nicht die kältest mögliche Temperatur ist, entstehen zwangsläufig **negative** Temperaturen. Der Physiker **Kelvin** stellte fest, dass es einen **absoluten Nullpunkt** bei **– 273,15** °C gibt, bei dem jegliche Bewegung der Stoffteilchen zum Erliegen kommt. Er bezeichnete diesen Punkt mit **0 Kelvin** (kurz **0 K**), behielt aber die Gradeinteilung von Celsius bei. Seine Temperaturen sind damit alle **absolut**, d. h. immer **positiv** (**Bild 1**). Auf dem amerikanischen Kontinent werden Temperaturen auch in **Grad Fahrenheit** (°F) gemessen.

Bild 1: Vergleich von Celsius- und Kelvin-Skala

Zur Messung der Temperatur nutzt man **temperaturabhängige** physikalische Größen:

- **Flüssigkeitsthermometer:** Die **Länge** der Flüssigkeitssäule (Alkohol, Pentan, bis 2017 Quecksilber) gibt die Temperatur an. Der Siede- bzw. Schmelzpunkt begrenzt den Messbereich (**Bild 2**).
- **Bimetallthermometer**: Zwei Streifen aus unterschiedlichen Metallen sind dabei miteinander verbunden. Aufgrund der unterschiedlichen **Längenänderung** bei Erwärmung (siehe S. 18) krümmt sich der Streifen. Diese Krümmung stellt dann ein Maß für die Temperatur dar.
- **Widerstandsthermometer**: Der **elektrische Widerstand** R von Metallen ändert sich mit der Temperatur, somit ist die Höhe des Widerstandes ein Maß für die Temperatur. Durch Verwendung von Keramik oder Halbleitern erhöht sich der Messbereich von – 200 °C … + 800 °C (**Bild 3**).
- **Infrarotthermometer (Pyrometer):** Alle Körper oberhalb des absoluten Nullpunktes geben **Infrarotstrahlung** ab, deren Intensität ein Maß für die Temperatur darstellt. Mit einem **Laserpointer** wird die Messstelle anvisiert. Der Messbereich liegt zwischen – 50 °C … 5000 °C (**Bild 4**).

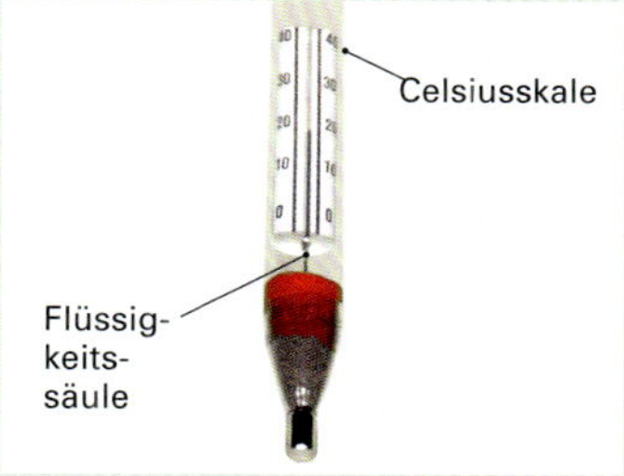

Bild 2: Flüssigkeitsthermometer

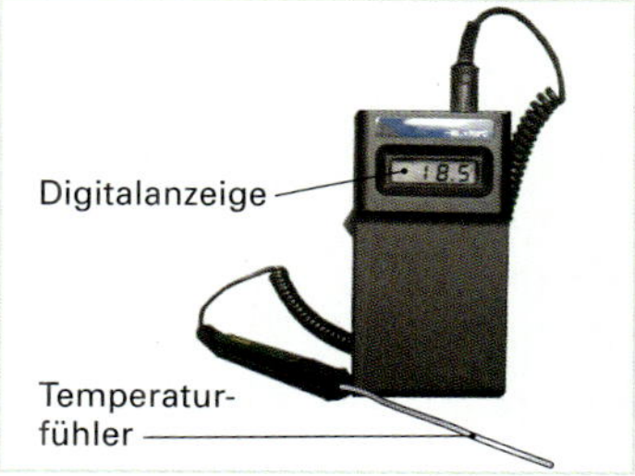

Bild 3: Widerstandsthermometer

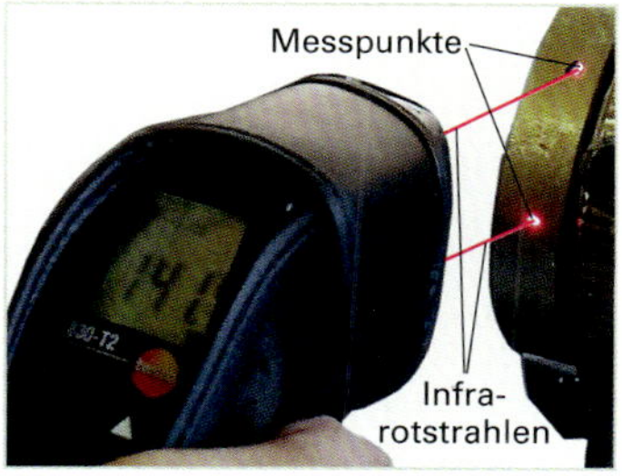

Bild 4: Infrarotthermometer

Längenänderung

Aufgrund der **zunehmenden Teilchenbewegung** bei steigender Temperatur nimmt die **Länge** von festen Körpern oder auch von Flüssigkeitssäulen **zu**. Diese Längenänderung ist von der **Temperaturänderung** Δt (sprich Delta *t*), der **Ausgangslänge** l_1 und dem **Material** abhängig (**Bild 1**).

Die Materialabhängigkeit wird durch den sog. **Längenausdehnungskoeffizienten** α_l ausgedrückt.

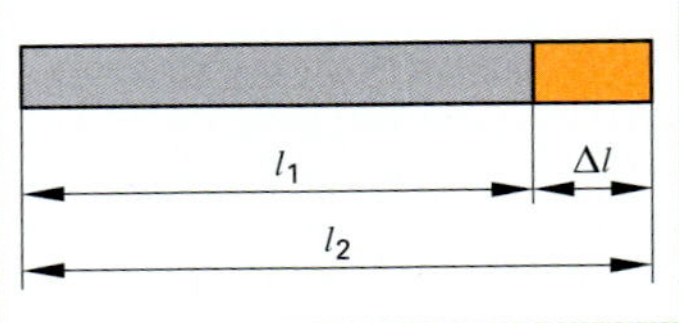

Bild 1: Längenausdehnung

Längenänderung: $\Delta l = l_1 \cdot \Delta t \cdot \alpha_l$ $l_2 = l_1 + \Delta l$

$\Delta t = t_2 - t_1$: Temperaturänderung in °C α_l: Längenausdehnungskoeffizient in 1/°C

Diese Ausdehnung macht sich aber auch zweidimensional als **Flächenausdehnung** und dreidimensional als **Volumenausdehnung** bemerkbar. Bei einer Abkühlung zieht sich ein Körper zusammen, man spricht von einer **Schrumpfung** bzw. **Schwindung**, die z. B. beim Spritzgießen berücksichtigt werden muss, indem der Werkzeughohlraum (Kavität) um das Maß der Schwindung **größer** sein muss als die Endmaße.

Elektrische Leitfähigkeit und Wärmeleitfähigkeit

Auch diese beiden Größen sind entscheidend von der **Temperatur** abhängig. Grundsätzlich hängen die Fähigkeiten von Stoffen, elektrischen Strom oder Wärme zu leiten, zusammen. Ein Stoff, der die Wärme schlecht leitet, z. B. die Kunststoffe, leitet auch den elektrischen Strom nur sehr schlecht und umgekehrt. Als Kenngröße für die elektrische Leitfähigkeit wird meist der sog. **spezifische Widerstand** bei 20 °C ϱ_{20} in $\Omega \cdot$ **mm²/m** verwendet. Der spezifische Widerstand ist der Kehrwert der elektrischen Leitfähigkeit. Die **Wärmeleitfähigkeit** λ (lambda) wird in der Einheit ***W/m · K*** angegeben (**Tabelle 1**).

Tabelle 1: Spezifischer Widerstand und Wärmeleitfähigkeit verschiedener Stoffe

Stoff	Aluminium	Eisen	Polystyrol	Porzellan
Wärmeleitfähigkeit λ in $W/m \cdot K$	204	81	0,17	1,6
Spezifischer Widerstand ϱ_{20} in $\Omega \cdot mm^2/m$	0,028	0,125	10^{18}	10^{18}

Kunststoffe haben in der Regel eine sehr **schlechte elektrische Leitfähigkeit und Wärmeleitfähigkeit,** sie werden als **Isolatoren** eingesetzt. Metalle dagegen leiten Strom und Wärme sehr gut, sie sind **Leiter**.

Druck

Formelzeichen: ***p*** (von engl. *pressure*) Einheiten: **1 N/m²** = 1 Pascal = 1 Pa; 1 bar = 10^5 Pa = 10 N/cm²

$$\text{Druck} = \frac{\text{Kraft}}{\text{Auflagefläche}} \qquad p = \frac{F}{A}$$

Unter Druck versteht man die **Kraft**, die auf eine **Fläche von 1 m²** wirkt. Die Einheit 1 N/m² oder 1 Pa leitet sich direkt aus der Formel ab. Da ein Druck von 1 Pa sehr klein ist, verwendet man als Einheit üblicherweise **1 bar**, das **Hunderttausendfache** von einem Pascal.

Beispiele für Drücke:

- Luftdruck: 1013 mbar = 1013 hPa
- Druck in 10 m Wassertiefe: 1 bar
- Spitzendruck beim Spritzgießen: bis 2000 bar
- Pneumatische Steuerungen: bis ca. 14 bar
- Hydraulische Steuerungen: bis ca. 400 bar

Drücke werden durch sogenannte **Manometer** gemessen, hier kommt z. B. das **U-Rohr-Manometer**, das **Plattenfedermanometer** oder das **Rohrfedermanometer** zur Anwendung (**Bild 1**).

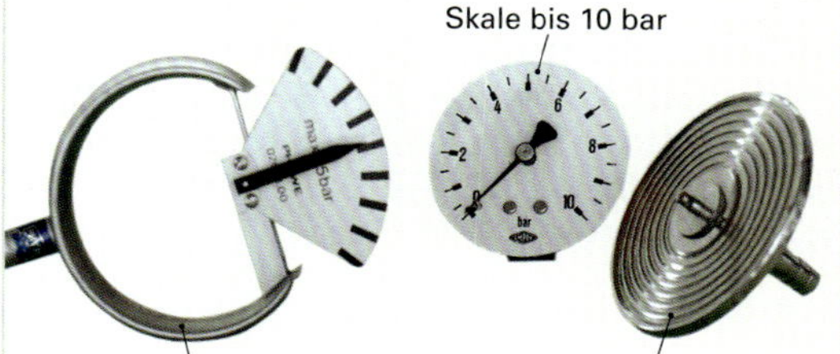

Bild 1: Rohrfeder- und Plattenfedermanometer

Vor allem in der Pneumatik (Lehre vom Verhalten der Gase, insbesondere der Luft) misst man in der Regel die **Abweichung** zum Luftdruck als sogenannten **Überdruck** oder **Unterdruck** (Vakuum). Ein 100-prozentiges Vakuum meint einen **absoluten Druck** von **0 bar**. Negative Drücke sind nicht möglich.

Pneumatische Drücke in Form von **Druckluft** werden durch **Verdichter** erzeugt und können in Druckbehältern gespeichert werden. Hydraulische Drücke werden mit entsprechenden **Hydraulikpumpen** erzeugt und aufrechterhalten.

Stoffmenge

Die **Stoffmenge *n*** gibt die Anzahl **gleichartiger** Atome oder Moleküle an, die in einem Körper enthalten ist. Sie wird in der Einheit **Mol** angegeben.

Ein Mol ist die Stoffmenge, in der soviele Teilchen enthalten sind wie Atome in 12 g des Kohlenstoffisotopes C-12. 1 Mol enthält damit $6{,}022045 \cdot 10^{23}$ Teilchen.

Oft ist es nützlich, das **Volumen** oder die **Masse** eines Stoffes auf die Stoffmenge zu **beziehen**. Man spricht dann vom sogenannten **molaren Volumen** V_m bzw. der **molaren Masse** M.

Molares Volumen: $V_m = \frac{V}{n}$ Einheit: **m³/mol** Molare Masse: $M = \frac{m}{n}$ Einheit: **kg/mol**

Wiederholungsfragen:

1. Geben Sie die Einheiten der Temperatur an.
2. Nennen Sie die Arten von Thermometern.
3. Was versteht man unter der Längenausdehnung?
4. Welche Stoffe haben eine hohe Wärme- bzw. elektrische Leitfähigkeit?
5. Nennen Sie die Einheiten des Druckes.
6. Welche Arten von Manometern unterscheidet man?
7. Erklären Sie den Unterschied zwischen Über- und Unterdruck.
8. Was versteht man unter der Stoffmenge?
9. Nennen Sie die Einheit der Stoffmenge.

1.1.6 Aggregatzustand, Adhäsion, Kohäsion und Kapillarwirkung

Wenn Kunststoffteile miteinander verbunden werden sollen, greift man häufig auf die Verfahren Kleben und Schweißen zurück. In diesem Zusammenhang fallen häufig die Begriffe **Adhäsion** (Anhangskraft), **Kohäsion** (Zusammenhangskraft) und **Kapillarwirkung**. Im Nachfolgenden sollen diese Begriffe genauer erklärt werden. Zum besseren Verständnis wird zunächst der Begriff Aggregatzustand erklärt.

Aggregatzustand

Der Begriff Aggregatzustand bezeichnet die **Erscheinungsform eines Stoffes**. Die Mehrzahl der Stoffe kann fest, flüssig und gasförmig vorkommen. Ausnahmen wie Holz, das z. B. nicht flüssig werden kann, sind eher selten.

Der Aggregatzustand hängt vom **äußeren Druck**, der **Temperatur** und von den **Eigenheiten des Stoffes** ab. Das Gas Helium bleibt beispielsweise bis zu einer Temperatur von minus 269 °C gasförmig, das Metall Wolfram ist dagegen bis zu einer Temperatur von 3370 °C fest.

Wasser kann in allen drei Aggregatzuständen (**Bilder 1 bis 3**) auftreten. Bei Temperaturen unterhalb von 0 °C (Gefrierpunkt) wird Wasser zu **Eis**. Zwischen 0 °C und 100 °C (Siedepunkt) ist **Wasser** flüssig, und bei Temperaturen oberhalb von 100 °C spricht man von **Wasserdampf** (gasförmig).

← Erstarren	← Kondensieren
Gefrierpunkt (0 °C)	Siedepunkt (100 °C)
Schmelzen →	Verdampfen →

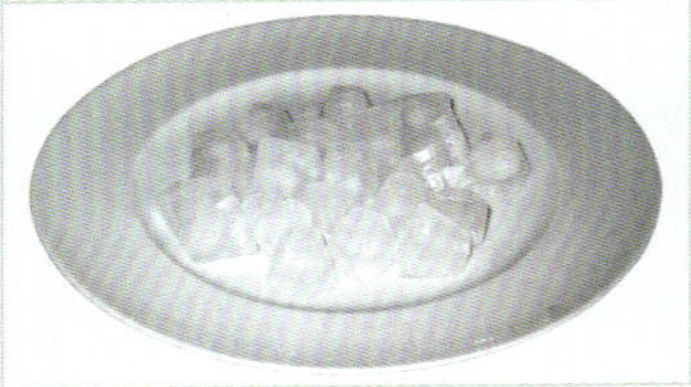

Bild 1: Eis

Bild 2: Wasser

Bild 3: Wasserdampf

Kohäsion

Der Begriff **Kohäsion** bezeichnet die **Zusammenhangskraft** innerhalb eines Stoffes. Die Kohäsion ist von den Eigenheiten des Stoffes und von seinem Aggregatzustand (**Bilder 4 bis 6**) abhängig.

Die Zusammenhangskräfte (Kohäsionskräfte) innerhalb eines Stoffes kann man sich modellhaft wie folgt vorstellen:

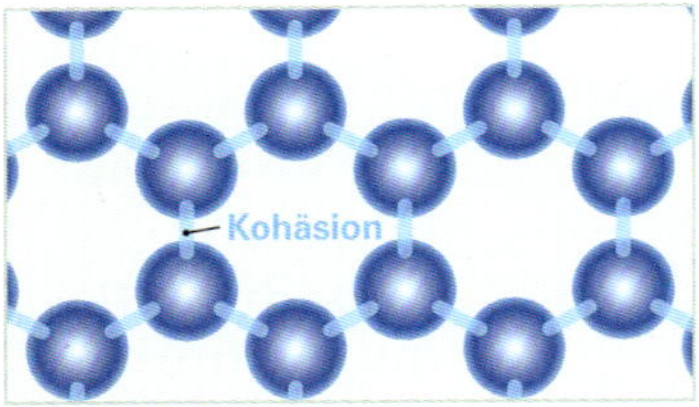

Bild 4: Eismoleküle

Bei Feststoffen werden die Moleküle durch die **Kohäsion** zusammengehalten. Je größer diese Kraft ist, desto höher ist die **Festigkeit** des Stoffes.

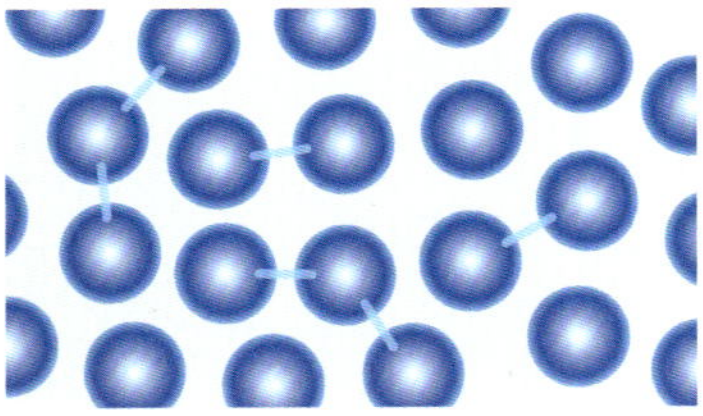

Bild 5: Wassermoleküle

Die Kräfte im Inneren eines Tropfens heben sich gegenseitig auf. => **freie Verschiebbarkeit** der Moleküle (sehr geringe Kohäsion).

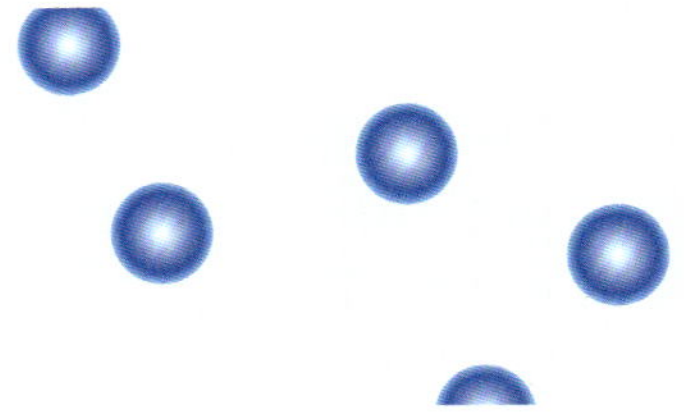

Bild 6: Wasserdampfmoleküle

Die Moleküle haben eine hohe Eigenbewegung. Wenn sie gegeneinander prallen, stoßen sie sich gegenseitig ab. Diesen Vorgang nennt man **Expansion**.

Dieses Modell trifft auf die Mehrzahl aller Stoffe zu.

Oberflächenspannung

Die Oberflächenspannung eines Wassertropfens ist eine Folge der Kohäsionskräfte. **Innerhalb** einer Flüssigkeit wirken die **Kohäsionskräfte** der Moleküle **in alle Richtungen gleich**. Da die Oberfläche des Tropfens nur mit der Luft in Kontakt kommt, können sich dort keine Kohäsionskräfte ausbilden, weil diese nur innerhalb eines Stoffes entstehen. Aus diesem Grund entstehen resultierende Kohäsionskräfte, die nach innen gerichtet sind. Diese halten den Tropfen zusammen (**Bild 1**).

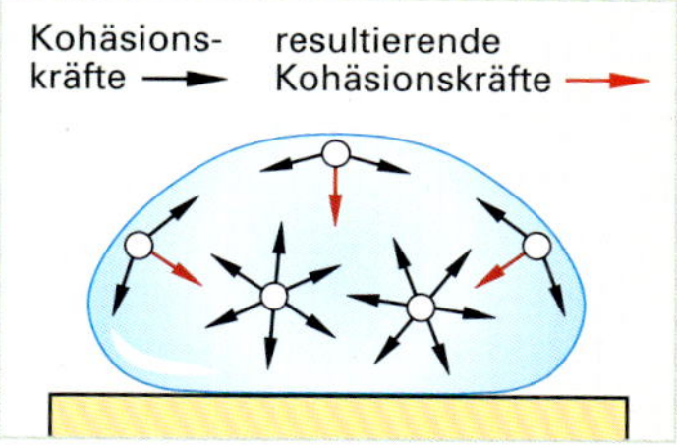

Bild 1: Oberflächenspannung

Adhäsion

Die Anziehungskräfte, die zwischen zwei **verschiedenen Stoffen** wirken, nennt man **Adhäsionskräfte**.

Sie werden auch **Anhangskräfte** genannt. Adhäsionskräfte gibt es beispielsweise bei Lacken und Farben, außerdem sind sie z. B. die Ursache dafür, dass Kreide an der Tafel haftet. Grundsätzlich gilt, je glatter eine Oberfläche ist, desto mehr Adhäsionsbrücken (Anhangskräfte) bilden sich aus. Diese Tatsache wird z. B. bei **Endmaßen** angewendet. Endmaße (**Bild 2**) werden zur Kalibrierung von **Messwerkzeugen** verwendet. Sie müssen daher auf 1/1000 mm genau sein. Mit Endmaßen kann man verschiedene Maße prüfen, indem man sie entsprechend kombiniert. Beim Zusammensetzen werden die einzelnen Endmaßbausteine lediglich aneinander geschoben (ansprengen). Wegen der hohen Oberflächengüte haften die Endmaße nur aufgrund der Adhäsionskräfte aneinander. Da alle Endmaße aus dem gleichen Material sind, kann es auch zur Ausbildung von **Kohäsionskräften** kommen, wenn die Endmaße länger als 8 Stunden zusammengesetzt bleiben. Sie können dann nicht mehr voneinander getrennt werden. Man spricht in diesem Fall von einer **Kaltverschweißung**.

Bild 2: Endmaßkombination

Adhäsionskräfte wirken zwischen **verschiedenen Stoffen**.

Die Adhäsionskraft ist auch bei **Klebeverbindungen** von großer Bedeutung (**Bild 3**). Um eine möglichst optimale Anpassung an die Oberfläche zu erreichen, sind Klebstoffe vor dem Aushärten **flüssig**. Dadurch können sich sehr viele Adhäsionskräfte ausbilden, die letztlich für die Festigkeit der Klebeverbindung verantwortlich sind. Neben den Adhäsionskräften spielen aber auch die Kohäsionskräfte im Klebstoff eine wichtige Rolle. Eine zu dick aufgetragene Klebstoffschicht ist häufig die Schwachstelle einer Klebung, weil die Kohäsion der Klebstoffmoleküle meist geringer ist als die des Fügeteils.

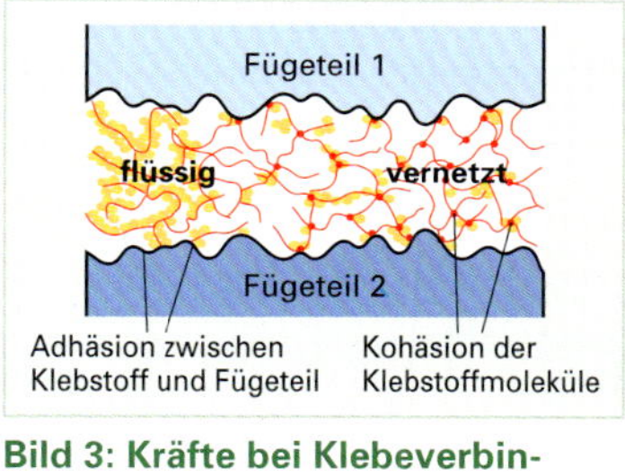

Bild 3: Kräfte bei Klebeverbindungen

Kapillarwirkung

Von der Kapillarwirkung spricht man immer dann, wenn **Flüssigkeiten** in einen engen **Spalt gezogen** werden. Voraussetzung dafür ist, dass die **Adhäsion** (F_A) zwischen Wand und Flüssigkeit größer ist, als die **Kohäsion** (F_K) innerhalb der Flüssigkeit (**Bild 4**). Die Kapillarwirkung wird z. B. beim **Kleben** von Kunststoffen und beim **Löten** von Metallen ausgenutzt. Der Spalt darf dabei nicht zu groß gewählt werden, weil die Flüssigkeit sonst nicht in den Spalt gesaugt wird.

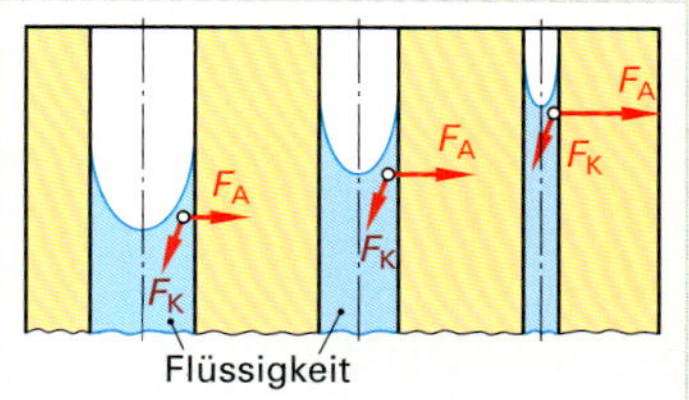

Bild 4: Kapillarwirkung

Je **kleiner der Spalt, desto stärker** wird die Flüssigkeit in den Spalt gezogen.

1.1.7 Gemenge

In der Kunststoffverarbeitung kommen Gemenge in den verschiedensten Erscheinungsformen vor. Neben den verschiedensten **Kunststofflegierungen** sind vor allem **Dispersionen** (z. B. Lacke) und **Lösungen** von Bedeutung. Von **Gemengen** spricht man immer dann, wenn sich die miteinander vermengten Stoffe **nicht chemisch verbinden**. Das entstandene Stoffgemisch ist also **kein neuer Stoff**. Die Ausgangsstoffe können daher mit **physikalischen Verfahren** zurückgewonnen werden. Solche Trennverfahren sind z. B. das Filtrieren oder auch das magnetische Trennen. Für den richtigen Umgang mit Gemengen ist es wichtig, dass man Lösungen von Dispersionen und Legierungen unterscheiden kann.

Lösungen

Zahlreiche feste, flüssige und gasförmige Stoffe können in Flüssigkeit so fein verteilt werden, dass nur noch **Einzelmoleküle** vorhanden sind (z. B. Zucker im Kaffee, Duftstoffe in Alkohol, Kohlendioxid in Wasser etc.). Die Flüssigkeit, in der die Stoffe gelöst werden, nennt man Lösungsmittel. Jedes Lösungsmittel kann bei einer bestimmten Temperatur nur eine begrenzte Menge eines Stoffes lösen. Wenn dieser Zustand erreicht ist, spricht man von einer **gesättigten** Lösung. Eine vom Sättigungszustand weit entfernte Lösung nennt man **verdünnt** und eine annähernd gesättigte Lösung bezeichnet man als **konzentrierte** Lösung. Durch Zerkleinern des zu lösenden Stoffes, sowie durch Umrühren oder Erwärmen kann man den Lösungsvorgang beschleunigen. Gelöste Stoffe können durch Verdunsten oder durch Verdampfen aus der Lösung ausgeschieden werden, z. B. Kochsalzkristalle aus einer Salzlösung.

In Lösungen sind die Stoffteilchen so fein verteilt, dass nur noch Einzelmoleküle vorhanden sind.

Dispersionen

Im Gegensatz zu den Lösungen setzen sich bei den Dispersionen die fein verteilten Stoffe langsam ab, es tritt eine allmähliche Entmischung ein. Deshalb muss man beispielsweise Lacke auf Kunstharzbasis vor dem Gebrauch **umrühren** bzw. schütteln. Bei Dispersionen sind sehr kleine Stoffteilchen fein verteilt, ohne darin gelöst zu sein. Diese Flüssigkeit nennt man Dispersionsmittel. Es können sowohl feste, als auch flüssige Stoffe verteilt werden. Ist der fein verteilte Stoff eine **Flüssigkeit**, spricht man von einer **Emulsion**, ist er ein **fester Stoff**, spricht man von einer **Suspension**. Beispiele sind Dispersionsfarben (Suspension) oder auch die Bohremulsion aus Öl und Wasser (**Tabelle 1**).

In Dispersionen sind sehr kleine Stoffteilchen fein verteilt, ohne darin gelöst zu sein.

Tabelle 1: Lösung und Dispersion

Lösung	Dispersion	
	Emulsion	Suspension
In einer Flüssigkeit sind feste, flüssige oder gasförmige Moleküle gelöst.	In einer Flüssigkeit ist eine Flüssigkeit fein verteilt.	In einer Flüssigkeit ist ein fester Stoff fein verteilt.

Legierungen

Der Begriff **Legierung** wird üblicherweise nur bei Metallen verwendet. Viele Metalle lassen sich im geschmolzenem Zustand ineinander lösen. Die **erstarrte Lösung** nennt man **Legierung**. Das Mischen von Metallschmelzen ist heute allerdings nicht mehr zeitgemäß. In modernen Anlagen nutzt man zur Herstellung von Legierungen mit bestimmten Eigenschaften mehr und mehr die Pulvermetallurgie. Bei diesem Verfahren werden trockene Pulver der Ausgangsmaterialien unter hohem Druck verdichtet und bis knapp unter den Schmelzpunkt erhitzt. Auf diese Weise lassen sich feste, homogene Legierungen erzeugen.

Die Eigenschaften einer Legierung weichen oft ganz erheblich von den darin enthaltenen Metallen/Kunststoffen ab. Durch Legieren lassen sich Werkstoffe mit bestimmten **Eigenschaften** herstellen.

Kunststoff-Legierungen werden üblicherweise **Polymerblends** genannt. Der englische Begriff „**blend**" bedeutet übersetzt Mischung. Man versteht darunter eine Mischung aus mindestens zwei **Basispolymeren** (Kunststoffen). Ein bekanntes Blend ist PC+ABS, das z. B. als Gehäusewerkstoff für Mobiltelefone (**Bild 1**) verwendet wird. Dieser Werkstoff erzielt sogar einen synergetischen Effekt, d. h., seine Kälteschlagzähigkeit wird von keinem der Ausgangsstoffe erreicht.

Bild 1: Gehäuse aus PC+ABS

Üblicherweise werden nur Metalle mit Metallen und Kunststoffe mit Kunststoffen legiert. Die Herstellung leitfähiger Kunststofflegierungen, die z. B. Metallpartikel enthalten, bildet die Ausnahme.

Trennen von Gemengen

Da Gemenge nicht chemisch verbunden sind, können sie mit **physikalischen Verfahren** wieder voneinander getrennt werden. Die einfachste Methode ist dabei das **Absetzenlassen**. Es beruht auf der unterschiedlichen Schwerkraft der vermengten Stoffe. Der schwerere Stoff setzt sich dabei am Boden ab. Dieses Verfahren benötigt allerdings etwas Zeit (**Bild 2**).

Ein ähnliches Prinzip nutzt man auch beim Zentrifugieren. Eine **Zentrifuge** ist eine Trennschleuder, welche bei schneller Rotation die entstehende Zentrifugalkraft nutzt. Sie eignet sich zur schnellen und präzisen Trennung von Substanzgemischen. Beide Verfahren lassen sich allerdings nur anwenden, wenn die Stoffe **nicht** gelöst sind, also bei Emulsionen und Suspensionen.

Bild 2: Abgesetztes Gemenge

Eine weitere einfache Methode ist das **Filtern**. Es eignet sich jedoch nur für Suspensionen. Die größeren Feststoffteilchen können die Struktur des Filters nicht durchdringen. Bei magnetischen Stoffen, wie z. B. bei in Öl suspendiertem Eisenpulver, bietet sich das magnetische Trennen an.

Zur Trennung zweier ineinander **gelöster** Flüssigkeiten wird destilliert. Man nutzt dabei die verschiedenen **Siedepunkte** der Flüssigkeiten. Die leichter siedende Flüssigkeit wird verdampft und durch Abkühlung wieder verflüssigt. Die schwerer siedende Flüssigkeit bleibt im Behälter zurück. Zur Trennung mehrerer ineinander gelöster Flüssigkeiten wird dieser Vorgang mehrmals wiederholt. Die Flüssigkeiten verdampfen dabei entsprechend ihrer Siedepunkte und werden getrennt aufgefangen. Dieses Verfahren wird fraktionierte (gestufte) Destillation genannt (**Bild 3**).

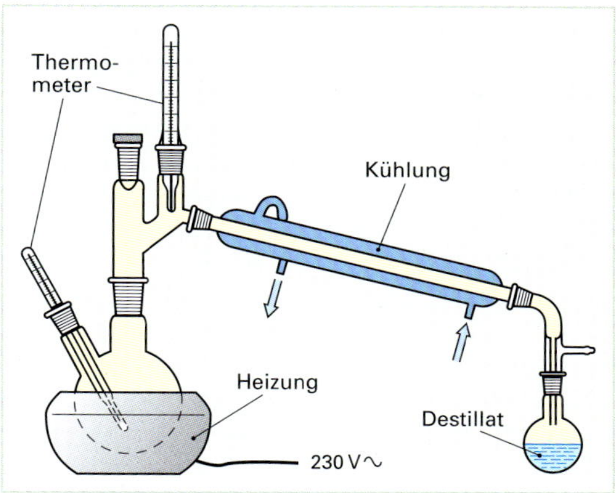

Bild 3: Destillationsapparat

1.1.8 Kräfte und ihre Wirkungen

Formelzeichen : ***F*** (von engl. *force*) Einheiten: **1 Newton = 1 N ; 1 kN = 1000 N**

Kräfte in ihrer physikalischen Bedeutung sind nur an ihren **Wirkungen** erkennbar. Hier werden 2 Fälle unterschieden:

- **Unbefestigte** Körper werden durch Kräfte **beschleunigt** oder **verzögert** (**Bild 1**).

  Beispiele: Die Hangabtriebskraft (F_H) beschleunigt ein Fahrzeug, fallende Körper werden durch die Erdanziehungskraft beschleunigt.

- **Befestigte** Körper werden durch Kräfte **verformt** (**Bild 2**). Dabei muss diese Verformung nicht unbedingt sichtbar sein.

  Beispiele: eine Feder wird durch eine Zugkraft gespannt, die Schnittkraft eines Bohrers trennt Späne von einem Werkstück ab.

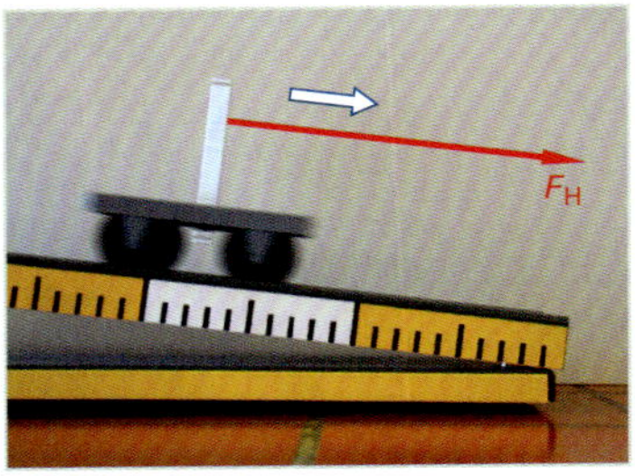

Bild 1: Hangabtriebskraft

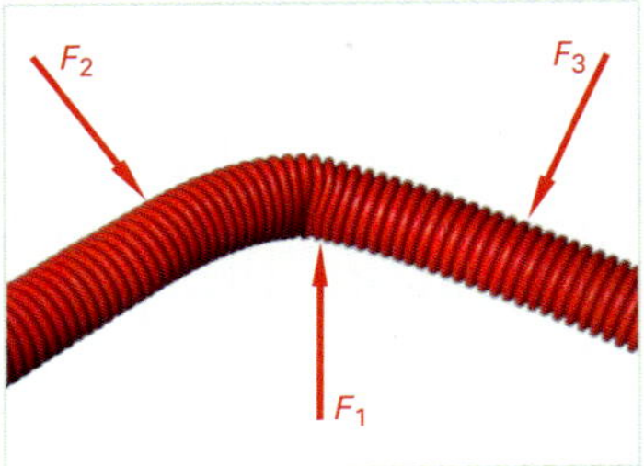

Bild 2: Verformung durch Kräfte

Der engl. Naturforscher **Sir Isaac Newton** formulierte die Kraft ***F*** als das Produkt aus der Masse m eines Körpers und der Beschleunigung ***a***, die dieser erfährt.

$$F = m \cdot a \qquad \text{Einheit: } \mathbf{1\ kg \cdot m/s^2 = 1\ N}$$

1 N ist demnach die Kraft, die einem **reibungsfrei** bewegten Körper mit der Masse 1 kg die Beschleunigung von 1 m/s² erteilt.

Beispiele für Kräfte sind die Anziehungskraft der Erde, Schnittkräfte bei der spanenden Bearbeitung oder Umformkräfte, z. B. beim Biegen.

Kraft und Gegenkraft

Eine Kraft, die auf einen Körper einwirkt, erzeugt eine **gleich große entgegengesetzte** Kraft. Eine Waagschale erzeugt mit ihrer senkrecht nach unten gerichteten Gewichtskraft (F_G) eine nach oben gerichtete Gegenkraft (F_R) im Haken (**Bild 3**), die die Schale oben hält. Auch ein Hammerschlag auf einen eingespannten Körper erzeugt eine Gegenkraft im Schraubstock. Befindet sich der Körper in **Ruhe**, so sind Kraft und Gegenkraft im **Gleichgewicht**.

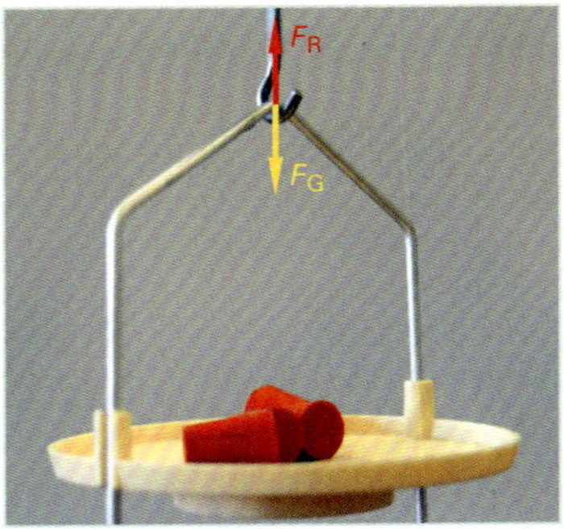

Bild 3: Kraft und Gegenkraft

Darstellung von Kräften

Kräfte werden durch Pfeile, sogenannte **Kraftpfeile**, dargestellt. Die Pfeilspitze gibt die **Richtung** ①, die Länge des Pfeiles gibt den **Betrag** ② der Kraft an. Über den **Kräftemaßstab** kann die Größe der Kraft aus der Pfeillänge bestimmt werden. Eine Kraft kann entlang ihrer **Wirkungslinie** ③ verschoben werden, ohne dass sich ihre Wirkung verändert (**Bild 4**).

Die Lage des **Angriffspunktes** ④ kann darüber entscheiden, ob sich der Körper geradlinig bewegt oder sich dreht. Kräfte außerhalb des Schwerpunktes bzw. festgelegten Drehpunktes erzeugen eine Drehbewegung.

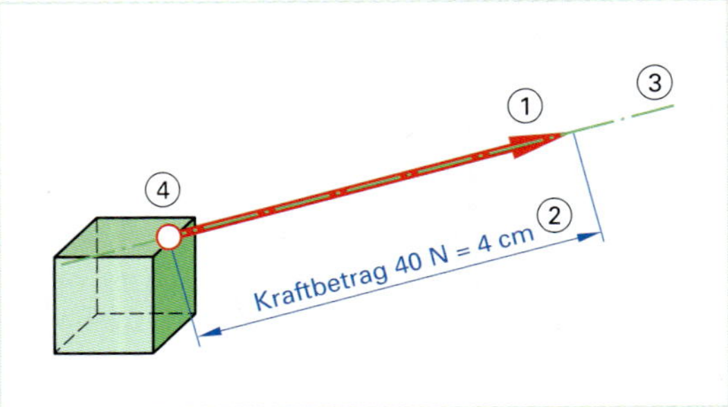

Bild 4: Zeichnerische Darstellung einer Kraft

Kräfte werden durch **Pfeile** dargestellt, dazu ist ein bestimmter **Kräftemaßstab** M_k notwendig.

Beispiel: Der Kräftemaßstab beträgt M_k = 10 N/cm, eine Kraft von F = 40 N erhält dabei eine Pfeillänge von $l = \frac{F}{M_k} = \frac{40\ \text{N}}{10\ \text{N/cm}} = \mathbf{4\ cm}$.

Zusammenwirken mehrerer Kräfte

Wirken mehrere Kräfte zusammen, so kann ihre Wirkung so **zusammengefasst** werden, dass nur eine einzige Kraft, die sog. **Resultierende** oder **Ersatzkraft**, wirkt.

Bei Kräften auf **derselben** Wirkungslinie kann ihre Ersatzkraft durch **Addition** ihrer Beträge bestimmt werden, bzw. bei **entgegengesetzt** gerichteten Kräften durch **Subtraktion** ihrer Beträge (**Bild 1**).

Stehen mehrere Kräfte vom Angriffspunkt aus unter verschiedenen Winkeln zueinander, wird ihre Ersatzkraft zeichnerisch mithilfe des **Kräfteparallelogramms** ermittelt (**Bild 2**).

Hierbei werden je 2 Kräfte F_1 und F_2 entsprechend einem Kräftemaßstab gezeichnet. Anschließend wird F_2 **parallel** an die Spitze von F_1 verschoben. Die resultierende Kraft F_R wirkt dann **diagonal** vom Angriffspunkt bis zur Spitze von F_2. Die Einzelkräfte und ihre Parallelen bilden dann ein Parallelogramm.

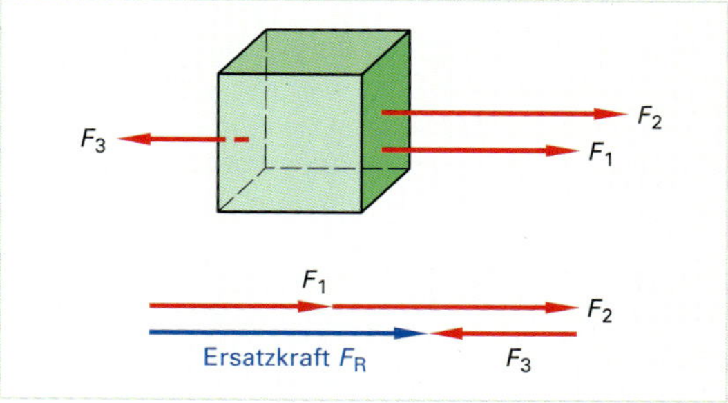

Bild 1: Resultierende aus Kräften mit gleicher bzw. entgegengesetzter Richtung

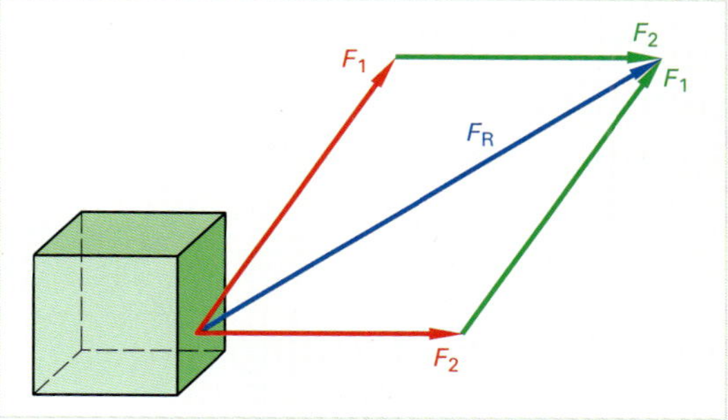

Bild 2: Kräfteparallelogramm

Zerlegen einer Kraft in Komponenten

In vielen Fällen kann eine Kraft F ihre Wirkung nicht entsprechend ihrer Wirkungslinie entfalten, sie teilt sich dann in **einzelne Kraftkomponenten** auf, die **dieselbe** Wirkung wie F besitzen (**Bild 3**). So kann sich z. B. die Zugkraft auf einen Kranhaken auf zwei schräg verlaufende Seilkräfte aufteilen. Ist die Richtung der einzelnen Kraftkomponenten bekannt, lassen sich ihre Kraftbeträge mithilfe des **Kräfteparallelogramms** bestimmen. Hierzu verschiebt man beide Wirkungslinien parallel bis zur Spitze der Kraft F, die entstehenden Schnittpunkte bilden die Spitzen der Kräfte F_1 und F_2.

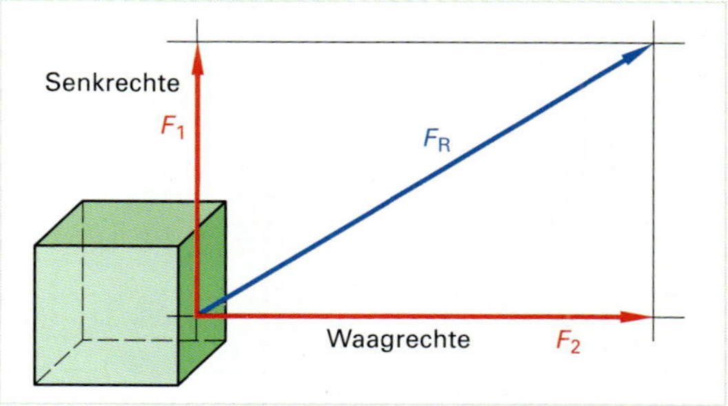

Bild 3: Zerlegen in Kraftkomponenten

Wiederholungsfragen:

1. Wie lautet die Definition der Kraft?
2. Nennen Sie verschiedene Arten von Kräften.
3. Erklären Sie das Prinzip des Kräfteparallelogramms.
4. Welche Informationen können einem Kraftpfeil entnommen werden?
5. Was versteht man unter einem Kräftemaßstab?

1.2 Werkstofftechnik

In der Technik wächst die Bedeutung der Kunststoffe stetig. Die Anforderungen an ein Bauteil lassen sich häufig durch die Wahl eines Kunststoffes mit entsprechenden Eigenschaften erfüllen. Natürlich sind die Einsatzmöglichkeiten der Kunststoffe begrenzt. Die elektrische Leitfähigkeit von Metallen wird beispielsweise von keinem modifizierten Kunststoff auch nur annähernd erreicht. Aus diesem Grund ist es wichtig, sich eingehend mit der Vielzahl an Werkstoffen zu beschäftigen. Ob ein bestimmter Werkstoff eingesetzt werden kann oder nicht, hängt entscheidend von der Aufgabe des Bauteils ab. Häufig kommt für eine Anwendung auch mehr als ein Werkstoff in Frage. Die Vor- und Nachteile müssen deshalb gegeneinander abgewogen werden.

1.2.1 Einteilung der Werkstoffe

Damit man möglichst schnell einen passenden Werkstoff für eine bestimmte Anwendung auswählen kann, werden die Werkstoffe mit ähnlichen Eigenschaften in Gruppen eingeteilt. Innerhalb einer Werkstoffgruppe haben die Werkstoffe teils gemeinsame, teils werkstoffspezifische Eigenschaften. Sie bestimmen das Anwendungsspektrum des einzelnen Werkstoffs. Um einen groben Überblick zu erhalten, unterscheidet man zunächst zwischen **Metallen, Nichtmetallen und Verbundwerkstoffen**. Jede dieser Gruppen kann aber noch weiter unterteilt werden.

Metalle

Bei den Metallen unterscheidet man zwischen den Eisen-Werkstoffen und den Nichteisenmetallen.

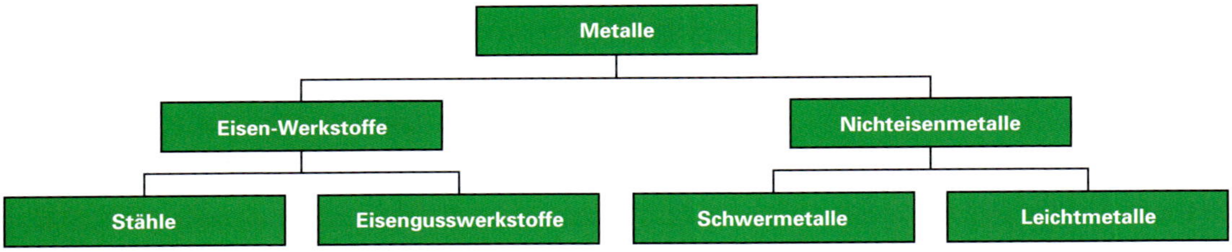

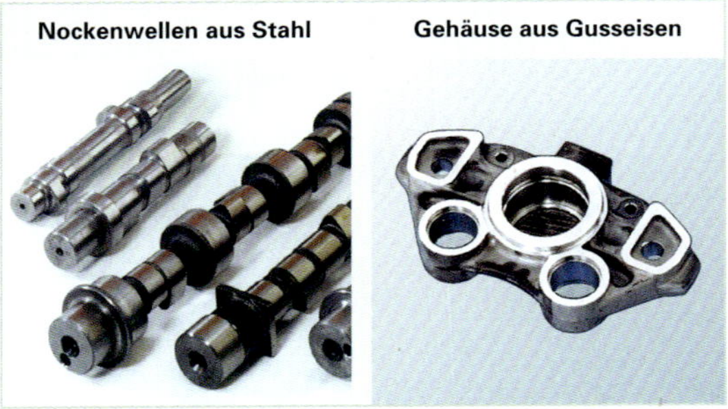

Bild 1: Werkstücke aus Eisenwerkstoffen

Bild 2: Bauteile aus Nichteisen-Metallen

Stähle werden für Maschinenteile verwendet, die eine große Festigkeit besitzen müssen (**Bild 1**).

Mit **Eisengusswerkstoffen** lassen sich Bauteile mit komplizierten Formen kostengünstig herstellen.

Bei den **Nichteisenmetallen** (NE-Metalle) bezeichnet man Werkstoffe mit Dichte ρ > **5 kg/dm³** als **Schwermetalle** (z. B. Kupfer, Zink und Blei). Stoffe mit einer geringeren Dichte nennt man **Leichtmetalle** (z. B. Aluminium, Magnesium und Titan) (**Bild 2**).

NE-Metalle werden häufig aufgrund spezieller **Eigenschaften** ausgewählt. Das Schwermetall Kupfer ist beispielsweise besonders leitfähig. Um Gewicht einzusparen, werden heute viele Bauteile aus dem Leichtmetall Aluminium gefertigt.

Nichtmetalle/Verbundwerkstoffe

- **Nichtmetalle**
  - Natur-Werkstoffe
  - Künstliche Werkstoffe
- **Verbundwerkstoffe**
  - Faserverstärkte Werkstoffe
  - Sinterwerkstoffe

Bild 1: Bauteile aus Nichtmetallen

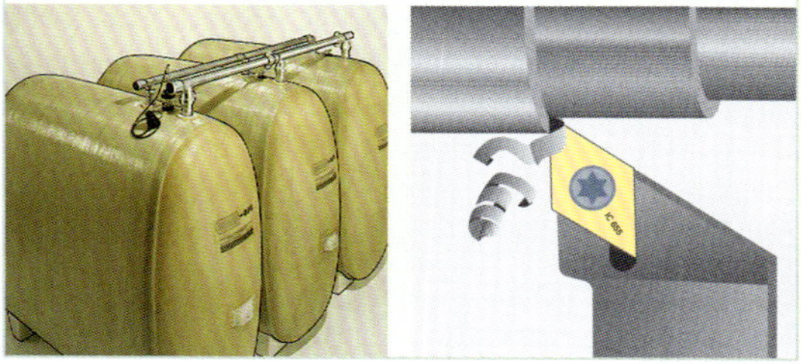

Bild 2: Bauteile aus Verbundwerkstoffen

Werkstoffe wie Gesteine, Holz und Asbest kommen in der Natur vor, sie werden deshalb als **Natur-Werkstoffe** bezeichnet.

Die **Kunststoffe** stellen die größte Gruppe innerhalb der **künstlichen Werkstoffe**. Kunststoffe sind in der Regel leicht und elektrisch isolierend. Innerhalb der Kunststoffe bilden die **Thermoplaste** die größte Gruppe. Sie sind in Sorten von zähelastisch bis formstabil und hart erhältlich. Die **Elastomere** können gummielastisch oder hartelastisch sein. Die gummielastischen Varianten werden z. B. für Reifenmischungen verwendet. Aus hartelastischen Elastomeren werden beispielsweise Maschinenfüße hergestellt. Bauteile aus **Duromeren** sind hart und bleiben auch bei höheren Temperaturen formbeständig. Neben den Kunststoffen gehören auch die Gläser und die keramischen Werkstoffe zu dieser Gruppe (**Bild 1**).

Verbundwerkstoffe werden aus verschiedenen Werkstoffen zusammengesetzt. Damit lassen sich die Eigenschaften der Einzelwerkstoffe gezielt verbessern. Man unterscheidet dabei Sinterwerkstoffe und faserverstärkte Kunststoffe (**Bild 2**). Kombiniert man beispielsweise Glasfasern (hochfest) mit einem Kunststoff (leicht), so erhält man einen hochfesten und leichten **glasfaserverstärkten Kunststoff (GFK)**.

Beim **Hartmetall** wird die Härte der Hartstoffkörner mit der Zähigkeit des zusammenhaltenden Metalls verbunden. Dieser Verbundwerkstoff kann daher sehr gut als Schneidwerkstoff (z. B. für Bohrer) eingesetzt werden.

Hilfsstoffe und Energie

Hilfsstoffe und Energie (**Übersicht 1**) sind eigentlich keine Werkstoffe. Sie sind aber zur Herstellung von Werkstücken unbedingt notwendig. Um eine Spritzgussmaschine zu betreiben, benötigt man z. B. elektrische Energie für die Antriebe und die Heizung. Um die Haltbarkeit der Maschine zu erhöhen, werden die Lager mit Schmierstoffen geschmiert.

Übersicht 1: Hilfsstoffe und Energien

Kühlschmierstoffe	Schleif- und Poliermittel	Reinigungsmittel	Löt- und Schweißhilfsmittel	Beschichtungsstoffe	Schmierstoffe	Treibstoffe	Drucköl Druckluft	Elektrischer Strom

1.2.2 Eigenschaften der Werkstoffe

Ein Automobil wird aus ca. 15 000 bis 30 000 Einzelteilen zusammengesetzt. Dabei muss für jedes einzelne Bauteil ein geeigneter Werkstoff ausgewählt werden.

Dazu ein Beispiel: Der Kraftstofftank eines Fahrzeuges wird heute meist aus Kunststoff gefertigt. Ein Grund dafür ist die geringe Dichte des Kunststoffes, die zu dem gewünschten niedrigen Fahrzeuggewicht beiträgt. Neben dieser **physikalischen Eigenschaft** spielt, wegen der aggressiven Wirkung von Treibstoffen, natürlich auch die **chemische Beständigkeit** des Werkstoffs eine wichtige Rolle. Die **mechanisch-technologische Eignung** des Kunststofftanks ergibt sich aus der hohen Schlagzähigkeit des Materials. Da der Tank heute oft so gestaltet wird, dass auch kleinste Nischen im Fahrzeug noch ausgenutzt werden können, haben die Bauteile heute zudem meist eine sehr komplizierte Form. Aus **fertigungstechnischer** Sicht ist daher der Kunststofftank häufig die praktikabelste und damit kostengünstigste Lösung. Auch aus **ökologischer Sicht** ergibt der Einsatz von Kunststoff Sinn, denn bei der Herstellung eines Kunststofftanks ist nur ein Bruchteil der Energie nötig, die für einen vergleichbaren Stahltank benötigt würde.

Das Anwendungsbeispiel zeigt, dass für die Auswahl eines geeigneten Werkstoffes fundierte Kenntnisse zu den Eigenschaften der Materialien erforderlich sind.

Physikalische Eigenschaften

Die physikalischen Eigenschaften, die im **Kapitel 1.1** näher dargestellt wurden, beschreiben die Eigenarten eines Stoffes unabhängig von seiner Form (also z. B. flüssig, fest, gasförmig etc.).

Mechanisch-technologische Eigenschaften

Die mechanisch-technologischen Eigenschaften beschreiben das Werkstoffverhalten unter der Wirkung von Kräften bei der technischen Verwendung und der Herstellung.

Verformungsverhalten

Ein Sägeblatt aus gehärtetem Stahl verhält sich beispielsweise **elastisch** (**Bild 1**). Das bedeutet, es lässt sich biegen, geht aber wieder vollständig in seine ursprüngliche gerade Form zurück. Dieses Verhalten bezeichnet man als elastische Verformung oder **Elastizität**.

Bei den Kunststoffen weisen neben den Elastomeren auch die meisten Thermoplaste ein elastisches Verhalten auf.

Ein Bleiblech verhält sich dagegen annähernd **plastisch**. Es behält nach dem Biegen die Verformung fast vollständig bei (**Bild 2**).

Thermoplastische Kunststoffe verhalten sich, wie der Name schon sagt, ebenfalls plastisch. Sie müssen dazu allerdings zunächst auf ihre Umformtemperatur gebracht werden. Die Temperatur ist dabei vom jeweiligen Kunststoff abhängig.

Viele Werkstoffe wie z. B. ungehärtete Stähle, Aluminium- oder Kupferlegierungen weisen dagegen ein **elastisch-plastisches** Verformungsverhalten auf. Ein Stab aus Baustahl federt bei starkem Biegen nur noch teilweise zurück. Der überwiegende Teil wird dauerhaft plastisch verformt (**Bild 3**).

Das Verformungsverhalten der Werkstoffe kann **elastisch, plastisch** oder **elastisch-plastisch** sein.

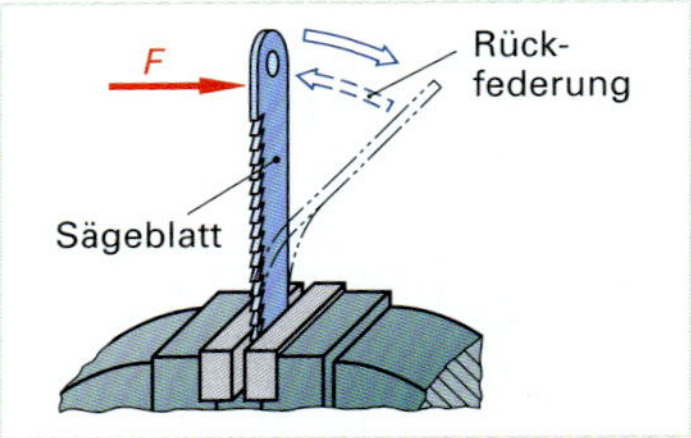

Bild 1: Elastizität eines Sägeblatts

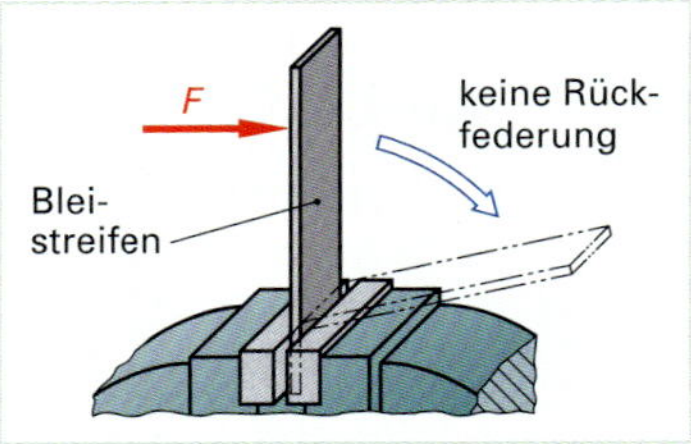

Bild 2: Plastizität eines Bleiblechs

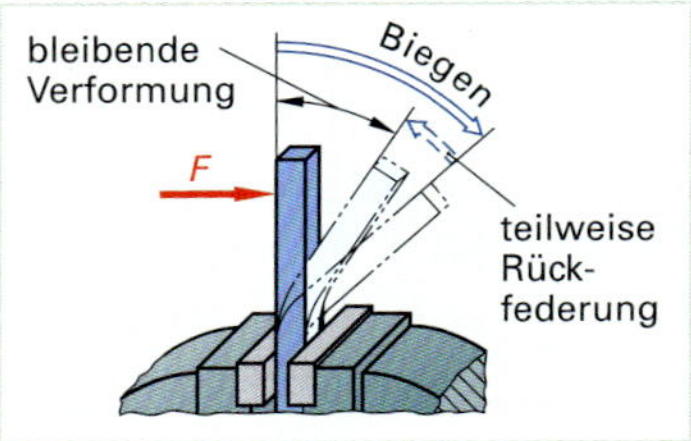

Bild 3: Elastisch-plastische Verformung

Festigkeit

Mit der Festigkeit ist der Widerstand eines Körpers gegen Verformen oder Trennen durch äußere Kraft gemeint. Die Festigkeit hängt von der Art der Belastung ab. Je nach Beanspruchungsart spricht man bei der jeweils höchst möglichen Belastung von Zugfestigkeit, Biegefestigkeit, Scherfestigkeit usw. (**Tabelle 1**). Die Festigkeiten werden durch Werkstoffprüfverfahren (Kapitel 3.4.7) ermittelt. Von Bedeutung ist vor allem die **Zugfestigkeit R_m** und die **Streckgrenze R_e**, dem Belastungspunkt, ab dem eine **bleibende** Verformung auftritt. Beide Werte werden in **N/mm²** (auch Megapascal **MPa**) angegeben. Bei Kunststoffen bezeichnet man die maximale Belastbarkeit als **Zugfestigkeit σ_M**, bei zähen Kunststoffen (PE, PP, PA etc.) auch als **Streckspannung σ_y** in N/mm².

Beanspruchungsarten

Tabelle 1: Beanspruchungsarten

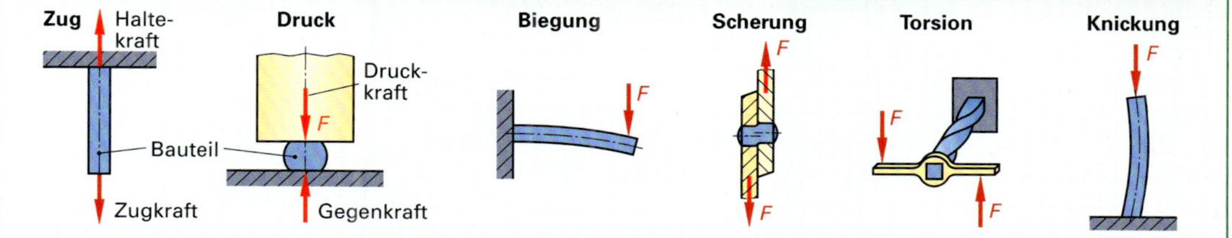

Beanspruchungs-arten	Zug-festigkeit	Druck-festigkeit	Biege-festigkeit	Scher-festigkeit	Torsions-festigkeit	Knick-festigkeit
Wirkung	Verlängerung	Verkürzung	Biegung	Scherung	Verdrehung	Ausknicken
Beispiel	Kette	Maschinenfuß	Achse	Passstift	Welle	Nagel

Härte, Sprödigkeit, Zähigkeit, Dehnbarkeit

Werkstoffe können hart, spröde, zäh oder dehnbar sein. Die genannten Eigenschaften hängen voneinander ab. Harte Werkstoffe wie z. B. Keramik sind in der Regel auch spröde, die Zähigkeit ist dagegen sehr gering. Außerdem sind sie kaum dehnbar. Dehnbare Stoffe wie etwa Gummi sind hingegen auch relativ zäh. Dafür ist Gummi weder spröde noch hart.

Ein einfacher Handversuch zur Prüfung der Härte ist das Anritzen zweier Werkstoffe. Der härtere Werkstoff erzeugt Kratzer auf dem weicheren. Der härteste Werkstoff ist Diamant. In der Technik wird die Härte mit einem Prüfkörper (**Bild 1**) bestimmt.

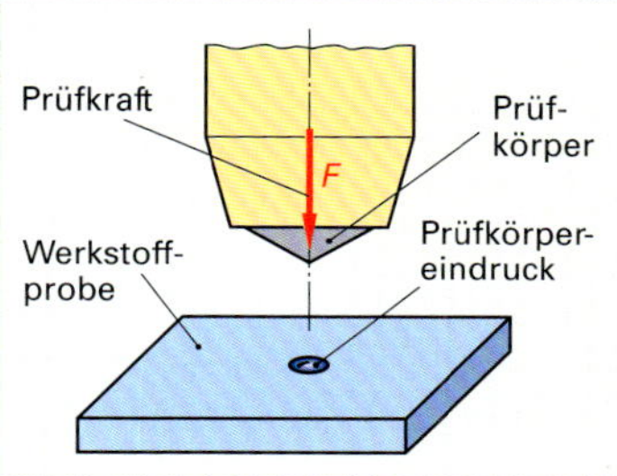

Bild 1: Bestimmung der Härte

Tabelle 2 zeigt typische Vertreter für diese Eigenschaften:

Tabelle 2: Werkstoffeigenschaften

Härte	Sprödigkeit	Zähigkeit	Dehnbarkeit
Definition: Widerstand, den ein Werkstoff dem Eindringen eines Prüfkörpers entgegensetzt	**Definition:** Werkstück bricht bei schlagartiger Beanspruchung	**Definition:** Werkstoff ist plastisch verformbar, setzt aber großen Widerstand entgegen	**Definition:** Gibt an, wie stark sich ein Werkstoff dehnen lässt, bis er sich bleibend verformt
		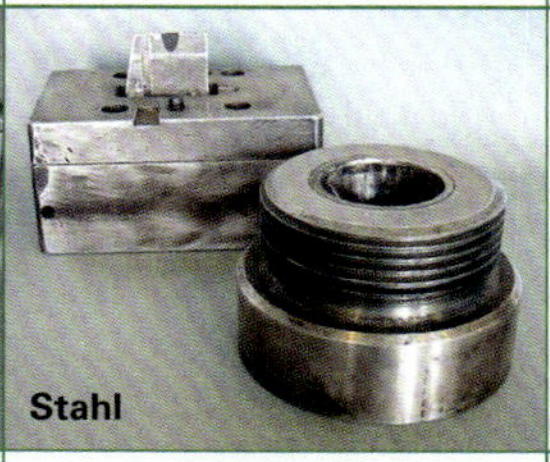	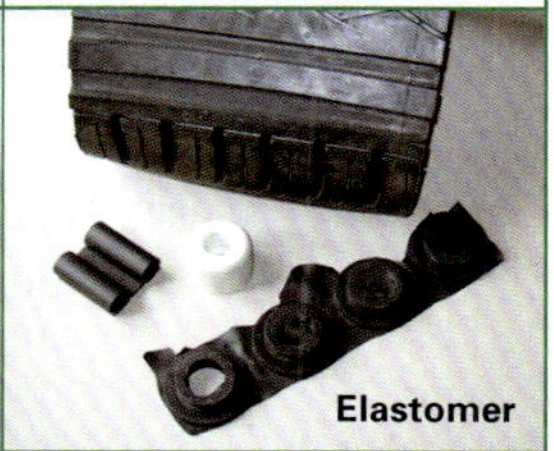
... ein **harter** Werkstoff	... ein **spröder** Werkstoff	... ein **zäher** Werkstoff	... ein **dehnbarer** Werkstoff

Fertigungstechnische Eigenschaften

Unter den fertigungstechnischen Eigenschaften versteht man diejenigen Eigenschaften, die zur Herstellung eines Werkstücks nötig sind (**Bild 1**). Dabei steht die Eignung für die verschiedenen Fertigungsverfahren im Vordergrund. Für das Fertigungsverfahren Gießen ist es beispielsweise nötig, dass der Werkstoff eine dünnflüssige Schmelze ausbildet, damit sich keine Hohlräume (Lunker) in der Gussform ausbilden. Eine gute **Gießbarkeit** haben neben den verschiedenen Gusseisensorten auch einige Aluminium-Gusslegierungen, Kupfer-Zink- und Zinkgusslegierungen. Kunststoffe werden in der Regel nicht gegossen (Ausnahme: PMMA), sie werden meist (im teigigen Zustand) im **Spritzgussverfahren** verarbeitet. Da die Masse hier nicht dünnflüssig ist, ist zum Füllen der Form Druck nötig.

Unter der **Umformbarkeit** versteht man die Fähigkeit eines Stoffes, sich unter Krafteinwirkung plastisch zu einem Werkstück formen zu lassen. Metalle können warm oder kalt umgeformt werden. Wichtige **Warmumformverfahren** sind beispielsweise das Warmwalzen oder das Schmieden. Bedeutende **Kaltumformverfahren** sind z. B. das Kaltwalzen, das Biegen und das Abkanten. Gut umformbar sind z. B. Stahl, Kupfer etc. Gusseisen lässt sich dagegen nicht umformen. **Kunststoffe** werden fast ausschließlich im warmen (thermoelastischen) Zustand umgeformt. Zum Umformen eignen sich nur die **thermoplastischen Kunststoffe**. Von besonderer Bedeutung sind hier die Verfahren **Tiefziehen** und **Streckziehen**. Kunststoffe lassen sich aber auch durch Prägen, Bördeln oder Abkanten etc. umformen.

Die **Zerspanbarkeit** gibt an, ob bzw. wie gut ein Werkstoff mit einem spanenden Verfahren wie z. B. Drehen, Bohren oder Fräsen hergestellt werden kann. Während die metallischen Werkstoffe überwiegend gut spanbar sind, führt die schlechte Wärmeleitfähigkeit der Kunststoffe häufig zu Problemen.

Die **Schweißbarkeit** eines Werkstoffs ist dann gegeben, wenn er sich für das Fügen durch Schweißen eignet. Bei den Metallen lassen sich z. B. niedrig legierte Stähle gut schweißen. Schweißbar sind auch nahezu alle **thermoplastischen Kunststoffe**.

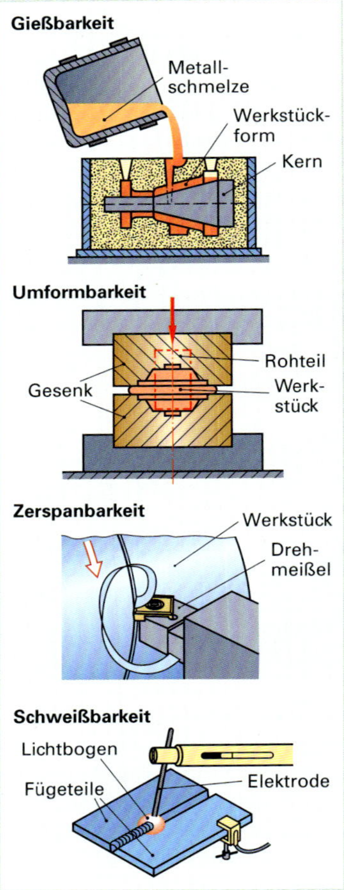

Bild 1: Fertigungstechnische Eigenschaften

Die **Härtbarkeit** ist die Fähigkeit eines Werkstoffs, durch gezielte Wärmebehandlung eine Steigerung der Härte zu erreichen. Die meisten Stähle und einige Aluminiumlegierungen lassen sich gut härten.

Chemische Eigenschaften

Die chemischen Eigenschaften befassen sich mit der stofflichen Veränderung von Werkstoffen durch aggressive Stoffe. In der Metalltechnik ist vor allem das **Korrosionsverhalten** als Folge der Umwelteinflüsse von Bedeutung. Darunter versteht man die Zerstörung des Werkstoffs durch chemische oder elektrochemische Vorgänge. Im Kunststoffbereich steht die Beständigkeit der Materialien gegen Lösungsmittel, Säuren und Laugen im Vordergrund. Für bestimmte Anwendungen können auch die Brennbarkeit oder die Lebensmittelechtheit wichtig werden.

Ökologische Eigenschaften

Die ökologischen Eigenschaften beschäftigen sich mit der Umweltverträglichkeit der Werkstoffe. Diese ist z. B. dann gegeben, wenn beim sachgemäßen Gebrauch keine gesundheitsgefährdenden Wirkungen auftreten. Ein idealer Werkstoff lässt sich zudem wiederaufbereiten (recyceln). Bei der Auswahl eines geeigneten Werkstoffs werden grundsätzlich die Kunststoffe und Metalle bevorzugt, die gesundheitlich unbedenklich und/oder wiederverwertbar sind.

1.2.3 Einteilung der Eisen-Werkstoffe

Unter den Metallen nehmen die **Eisen-Werkstoffe**, also Werkstoffe basierend auf dem Basismetall **Eisen**, die wichtigste Stellung hinsichtlich Anwendungsspektrum und Verbrauchsmenge ein. Schon etwa 800 v. Christus erkannte der Mensch die vielen Vorteile von Eisen gegenüber der schon früher verwendeten Bronze. Im Lauf der Jahrhunderte wurden die Eigenschaften von Eisen-Werkstoffen immer mehr verbessert. Heute steht ein sehr großes Spektrum von **Gusswerkstoffen** über die verschiedensten **Baustähle** bis hin zu hochfesten, nichtrostenden **Edelstählen** zur Verfügung.

Herstellung

Eisen (chemisch: **Fe**) kommt in der Natur in Form von **Eisenerz** vor, das neben einem unterschiedlichen Gehalt an **Eisen-Sauerstoff-Verbindungen** auch viel sogenanntes **taubes Gestein** enthält. Das Eisenerz wird zusammen mit **Koks**, einer Art von Kohle, und Zuschlägen im **Hochofen** bei Temperaturen von bis zu 1900 °C aufgeschmolzen (**Bild 1**). Dabei trennt sich der Sauerstoff vom Eisen und geht eine Verbindung mit dem Kohlenstoff aus dem Koks ein. Es entsteht **Kohlendioxid und Schlacke** für den Straßenbau und **Roheisen**. Das Roheisen enthält noch bis zu **4 % Kohlenstoff**, es ist zwar gut geeignet für Gusswerkstoffe, ist aber für Stähle noch zu **spröde**. In verschiedenen weiteren Verfahren, dem sogenannten **Frischen**, wird dem flüssigen Roheisen Sauerstoff zugegeben, um ein kontrolliertes Abbrennen des Kohlenstoffs zu ermöglichen. Hierbei werden der Schmelze verschiedene weitere Metalle oder Nichtmetalle zugesetzt, um **legierte Stähle** mit **verbesserten Eigenschaften** zu erhalten. Eisen-Werkstoffe kommen als **Halbzeuge**, z. B. Rohre, Bleche und Profile in den Handel.

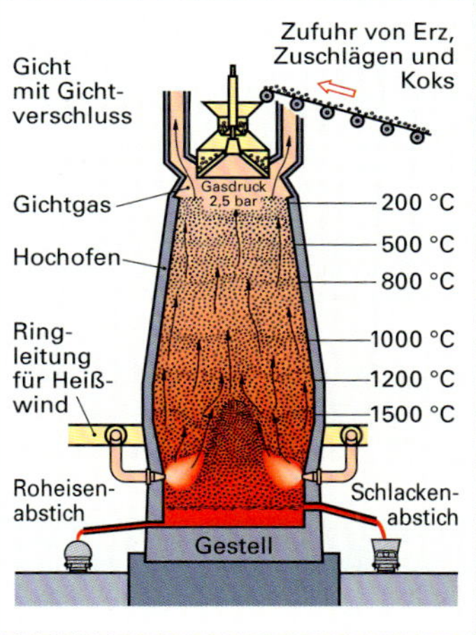

Bild 1: Hochofen

Einteilung nach der Verwendung

Der **Kohlenstoffgehalt** beeinflusst wesentlich die Eigenschaften von Eisenwerkstoffen (**Bild 2**). Ein geringer C-Gehalt macht den Werkstoff vor allem **zäh**, bei über 2,06 % nimmt die **Sprödigkeit** immer mehr zu. Außerdem stellt der C-Gehalt ein Maß für die **Härtbarkeit** von Eisen-Werkstoffen dar. Somit ist der C-Gehalt ein wichtiges Unterscheidungskriterium in Bezug auf die Verwendung:

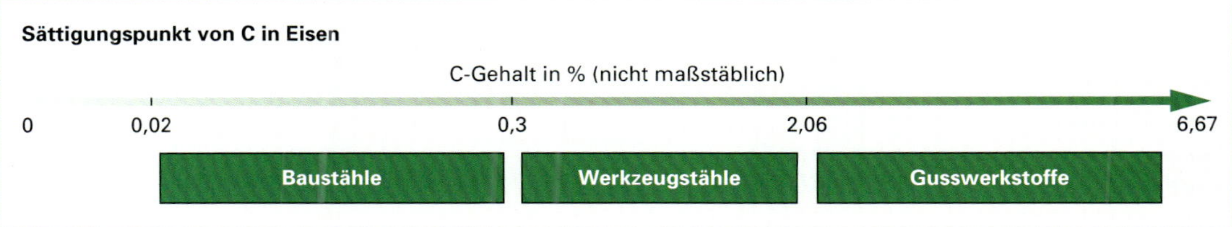

Bild 2: Einteilung der Eisenwerkstoffe nach dem Kohlenstoffgehalt

Einteilung nach der chemischen Zusammensetzung

Um die Eigenschaften von Stählen, z. B. die Korrosionsbeständigkeit und die Festigkeit weiter zu verbessern, setzt man **Legierungselemente** zu. Dies sind andere Metalle, z. B. Chrom oder Kupfer oder Nichtmetalle, z. B. Schwefel oder Stickstoff. Man spricht von **unlegierten** Stählen, wenn ein bestimmter **Grenzwert** aller Legierungselemente nicht überschritten wird (**Tabelle 1**). Bei einem **legierten** Stahl übersteigt ein Element den Grenzwert.

Tabelle 1: Grenzwerte der Legierungselemente (Auswahl aus DIN 10020:2000-07)

Element	in %	Element	in %	Element	in %
Al	0,30	Mo	0,08	Si	0,60
Bi	0,10	Nb	0,06	Te	0,10
Co	0,30	Ni	0,30	Ti	0,05
Cu	0,40	Pb	0,40	V	0,10
Mn	1,65	Se	0,10	W	0,30

Die nachfolgende **Tabelle 1** zeigt eine Auswahl an Legierungselementen und ihrer Wirkung:

Tabelle 1: Legierungselemente

Element	Verbessert wird	Vermindert wird	Anwendungsbeispiel
Chrom Cr	Korrosionsbeständigkeit, Zugfestigkeit, Härte	Dehnbarkeit	Nichtrostender Stahl
Mangan Mn	Zugfestigkeit, Zähigkeit, Durchhärtbarkeit	Zerspanbarkeit, Kaltformbarkeit	Vergütungsstähle
Nickel Ni	Festigkeit, Zähigkeit, Korrosionsbeständigkeit	Wärmedehnung	Gusseisen mit Kugelgraphit
Wolfram W	Zugfestigkeit, Härte, Warmfestigkeit	Dehnbarkeit, Zerspanbarkeit	Schnellarbeitsstahl
Kohlenstoff C	Festigkeit und Härte, Härtbarkeit	Schmelzpunkt, Schweiß- und Schmiedbarkeit	Vergütungsstahl
Schwefel S	Zerspanbarkeit	Kerbschlagzähigkeit, Schweißbarkeit	Automatenstahl

Legierte und unlegierte Stähle werden zudem in **Qualitätsstähle** und **Edelstähle** eingeteilt (**Tabelle 2**). **Edelstähle** sind mit höherer Reinheit hergestellt und besitzen eine verbesserte Härtbarkeit, sind aber **nicht immer** auch **korrosionsbeständig**.

Tabelle 2: Einteilung der Stähle nach der chemischen Zusammensetzung

Unlegierte Stähle	Legierte Stähle
alle Legierungselemente liegen **unter** dem Grenzwert nach Tabelle 1, Seite 31	mindestens ein Legierungselement liegt **über** dem Grenzwert nach Tabelle 1, Seite 31
Unlegierte Qualitätsstähle z. B. unlegierte Baustähle und Automatenstähle	**Legierte Qualitätsstähle** z. B. Schienenstähle und Elektrobleche
Unlegierte Edelstähle z. B. unlegierte Einsatz- und Vergütungsstähle	**Legierte Edelstähle** z. B. legierte Einsatz-, Nitrier- und Werkzeugstähle

Baustähle

Baustähle werden vor allem im Maschinen- und Fahrzeugbau, im Stahl- und im Schiffsbau eingesetzt. Aufgrund ihres **geringen C-Gehaltes** bis ca. 0,3 % sind sie sehr gut **schweißgeeignet** und sehr **zäh**. Beim Härten kann hier vor allem die **Oberfläche sehr hart** und verschleißfest gemacht werden, wobei der **Kern** des Bauteils **„weich"** und zäh bleibt. Durch Legieren können die Zerspanbarkeit, die Festigkeit und die Korrosionsbeständigkeit verbessert werden.

Zu den Baustählen zählen unter anderem:

- **Unlegierte Baustähle**
  (nach DIN EN 10025:2005-04)
  Diese Stähle werden vor allem als warmgewalzte oder blankgezogene **Stab-** bzw. **Formstähle** im Maschinen- und Stahlbau eingesetzt (**Bild 1**). Je nach Einsatz ist hier für den Korrosionsschutz separat Sorge zu tragen. Entscheidend für ihre Anwendung sind vor allem ihre Streckgrenze und ihre Schweißeignung. Wärmebehandlungen, z. B. Härten, sind für sie nicht vorgesehen.

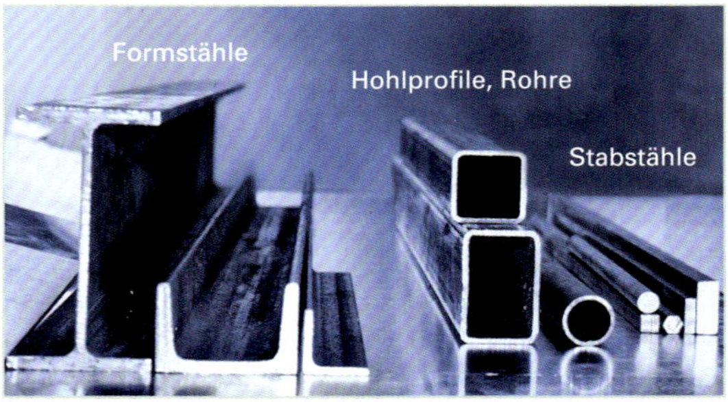

Bild 1: Formstähle, Hohlprofile und Stabstähle

z. B. **S275JR**: unlegierter Baustahl, Streckgrenze R_e = 275 N/mm², Kerbschlagarbeit 27 J bei 20 °C

- **Schweißgeeignete Feinkornbaustähle** (DIN EN 10025:2005-04)
  Durch eine thermomechanische Nachbehandlung erhalten diese Stähle ein sehr **feinkörniges** Gefüge und sind dadurch sehr zäh und alterungsbeständig. Zur Anwendung kommen Feinkornbaustähle vor allem für hochbelastete Schweiß-Konstruktionen im Kran-, Brücken- und Fahrzeugbau.

  z. B. **S420N**: Feinkornbaustahl, Streckgrenze R_e = 420 N/mm², normalgeglüht

- **Automatenstähle** (DIN EN 10087:1999-01)
  Automatenstähle werden vor allem auf Drehmaschinen zu Drehteilen verarbeitet (**Bild 1**). Hierfür ist es wichtig, dass die Späne möglichst **kurz** brechen, was durch einen erhöhten Schwefelgehalt erreicht wird.

  z. B. **44SMn28**: Automatenstahl mit 0,44 % C, 0,28 % S, enthält Mn

Bild 1: Drehteile aus Automatenstahl

- **Vergütungsstähle** (DIN EN 10083:2007-01)
  Vergütungsstähle erhalten durch eine spezielle Wärmebehandlung, das **Vergüten**, eine hohe Festigkeit. Sie kommen hauptsächlich bei dynamisch beanspruchten Bauteilen, **z. B. Schrauben** (**Bild 2**), zur Anwendung. Es gibt sie in unlegierter und legierter Ausführung.

  z. B. **C60** : unlegierter Vergütungsstahl mit 0,6 % C
  z. B. **50CrMo4**: legierter Vergütungsstahl mit 0,5 % C, 1 % Cr, enthält Mo

Bild 2: Schrauben aus Vergütungsstahl

- **Einsatzstähle** (DIN EN 10084:2008-06)
  Durch das **Einsatzhärten** erzeugt man aus Einsatzstählen Bauteile, die eine harte Randschicht mit einem ungehärteten Kern benötigen, z. B. **Zahnräder**. Ihr C-Gehalt liegt unter 0,25 %.

  z. B. **20MnCr5**: legierter Einsatzstahl mit 0,2 % C, 1,25 % Mn, enthält Cr

Werkzeugstähle (DIN EN ISO 4957:2001-02)

Werkzeugstähle können einen C-Gehalt bis 2,2 % besitzen und sind dadurch je nach Bauteildicke weitgehend **durchhärtbar**. Je nach ihrer Temperatur bei der Anwendung unterteilt man sie in Kalt-, Warm- und Schnellarbeitsstähle. Werkzeugstähle sind meist legiert.

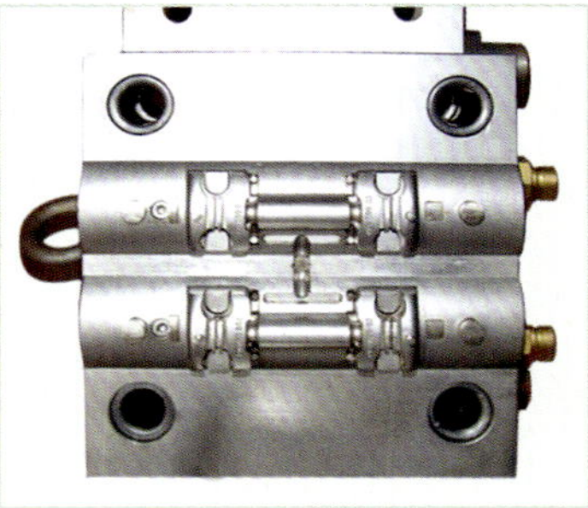
Bild 3: Spritzgießwerkzeug

- **Kaltarbeitsstähle**
  Werkzeuge aus Kaltarbeitsstahl sollten höchstens einer Temperatur von **200 °C** ausgesetzt werden. Unlegierte Kaltarbeitsstähle verwendet man z. B. für Meißel, Reißnadeln und Messer. Legierte Kaltarbeitsstähle kommen unter anderem bei Stanz-, Spritzgieß- und Tiefziehwerkzeugen zum Einsatz (**Bild 3**).

  z. B. **40CrMnNiMo 8-6-4**: legierter Kaltarbeitsstahl mit 0,4 % C, 2 % Cr, 1,5 % Mn, 1 % Ni, enthält Mo

- **Warmarbeitsstähle**
  Werkzeuge aus Warmarbeitsstahl können einer Temperatur von mehr als **200 °C** ausgesetzt werden. Sie werden als Pressenstempel für Strangpresswerkzeuge, für Schmiedegesenke und für Druckgießformen eingesetzt (**Bild 4**).

  z. B. **X37CrMoV 5-1**: Warmarbeitsstahl mit 0,37 % C, 5 % Cr, 1 % Mo, enthält V

Bild 4: Walzengestell

- **Schnellarbeitsstähle**
Schnellarbeitsstähle sind **hochlegierte** Werkzeugstähle mit einem Legierungsgehalt von mehr als 5 %. Vor allem durch die Elemente Wolfram, Molybdän, Vanadium und Cobalt sind sie bis zu einer Arbeitstemperatur von **600 °C** einsetzbar. Sie kommen insbesondere bei **Schneidwerkzeugen** wie Spiralbohrer, Fräser, Reibahle und Drehmeißel zum Einsatz (**Bild 1**).

z. B.: **HS10-4-3-10**:

Schnellarbeitsstahl mit 10 % W, 4 % Mo, 3 % V und 10 % Co

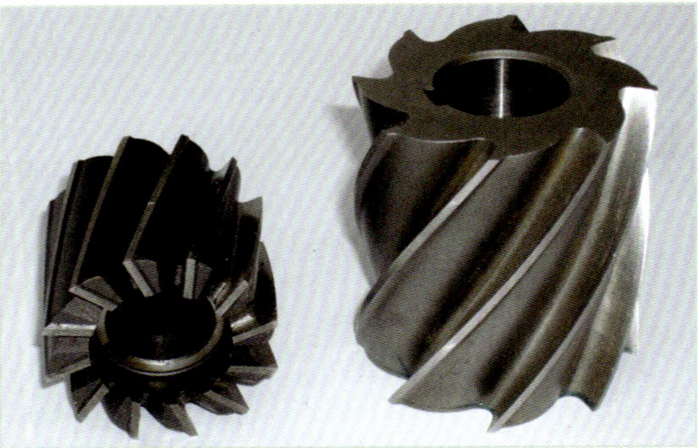

Bild 1: Fräser aus Schnellarbeitsstahl

Gusswerkstoffe

Aufgrund des relativ hohen **Kohlenstoff-Gehaltes** ist der Kohlenstoff hier nicht fein verteilt, sondern er lagert sich in mikroskopisch kleinen **Anhäufungen**, dem **Graphit**, ab. Dieser Graphit kann blättchenförmig, kugelig, flockig oder streifenförmig auftreten und hat damit einen erheblichen Einfluss auf die Festigkeit (**Tabelle 1**). Temperguss wird dafür einer längeren Wärmebehandlungszeit unterzogen. Stahlguss enthält 0,15 % bis 0,45 % Kohlenstoff, Phosphor erhöht die Gießbarkeit.

Tabelle 1: Eisen-Gusswerkstoffe

Merkmale	Gusseisen mit			Schwarzer Temperguss	Stahlguss
	Lamellengraphit		Kugelgraphit		
Gefügebilder M 100:1			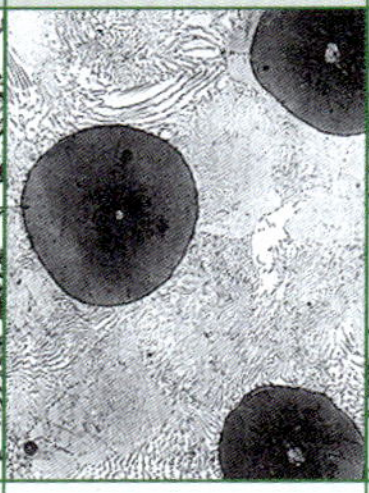	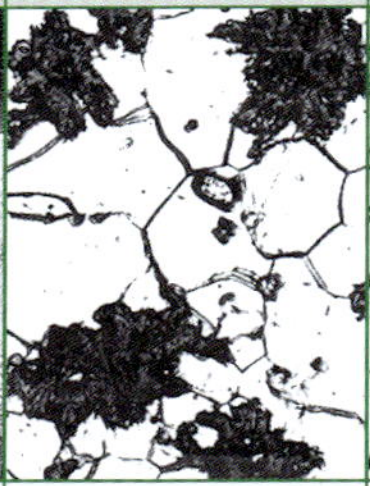	
Graphitform	grobblättrig	feinblättrig	kugelig	flockig	streifig
Zugfestigkeit in N/mm²	100 ... 350		300 ... 900	300 ... 800	360 ... 600
Anwendung	Getriebegehäuse, Motorblock		Kurbelwelle	Pleuelstange	Turbinenlaufrad
Kurzbezeichnung (Beispiel)	EN-GJL-100		EN-GJS-700-2	EN-GJMB-450-7	G34CrMo4

Bei den Kurzbezeichnungen nach **EN** (Europäische Norm) wird zunächst zwischen **Gusseisen** (GJ) und **Stahlguss** (G) unterschieden, danach folgt der Kennbuchstabe für die **Graphitform**. In der Regel folgt dann die Angabe der **Zugfestigkeit** in N/mm² und bei bestimmten Gusswerkstoffen die **Bruchdehnung** in %.

z. B.: **EN-GJL-100**:
Gusseisen mit Lamellengraphit, R_m = 100 N/mm²

z. B.: **EN-GJMB-450-7**:
Schwarzer Temperguss, R_m = 450 N/mm², Bruchdehnung 7 % (**Bild 2**)

z. B.: **G34CrMo4**:
Stahlguss aus legiertem Stahl mit 0,34 % C; 1 % Cr (Teiler 4) und etwas Mo

Bild 2: Pumpenflansch aus Temperguss

1.2.4 Handelsformen der Stähle

Die bei der Herstellung aufgeschmolzenen Stähle werden durch Strangpressen oder Walzen zu **Halbzeugen** verarbeitet. Die nachstehende Tabelle 1 zeigt die verschiedensten **Handelsformen** von Stählen mit den entsprechenden genormten **Kurzzeichen**.

Tabelle 1: Handelsformen der Stähle (Auswahl)

Form	Beispiel	Kurzbezeichnung
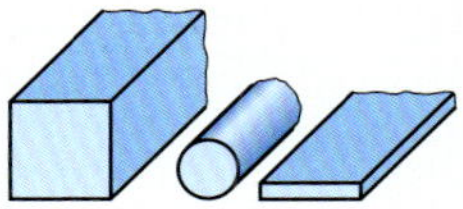 **Stabstähle**	Flachstahl, 20 mm breit, 10 mm dick, aus S235JR, Festlänge 6000 mm	Flachstab DIN EN 10058 – 20 x 10 x 6000 F Stahl DIN EN 10025-1 – S235JR
	Rundstahl, ø25 mm, aus Automatenstahl, Festlänge 8000 mm	Rundstab DIN EN 10060 – 25 x 8000 F Stahl DIN EN10025 – 35S20
	Vierkantstahl mit 30 mm Seitenlänge, aus S 235JR, Länge 6000 mm	Vierkantstab DIN EN 10059 – 30 x 6000 G Stahl DIN EN 10025 – S235JR
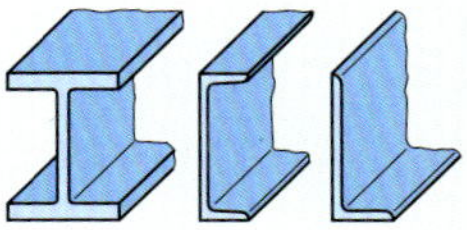 **Formstähle**	U-Stahl mit 200 mm Höhe aus S235J0	U-Profil DIN 1026 – U200–S235J0
	Schmaler I– Träger (Doppel – T-Träger), mit 320 mm Höhe, aus S275JR	I-Profil DIN 1025 – I 320 – S275JR
	Ungleichschenkliger Winkelstahl, Schenkelbreiten 75 mm und 50 mm, Schenkeldicke 6 mm, aus S235J0	L-Profil DIN EN 10056-1 – 75 x 50 x 6 – S235J0
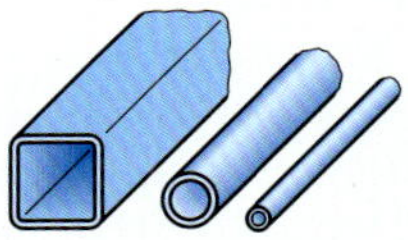 **Rohre, Hohlprofile**	Präzisionsstahlrohr, nahtlos gezogen, Außen-ø80 mm, 8 mm Wanddicke, aus Vergütungsstahl 41Cr4	Rohr DIN EN 10305-1 – 80 x 8 – 41CR4
	Quadratisches Hohlprofil, Seitenlänge 50 mm, Wanddicke 3 mm, warm gefertigt	Hohlprofil DIN EN 10210 – 50 x 50 x 3 – S355J0
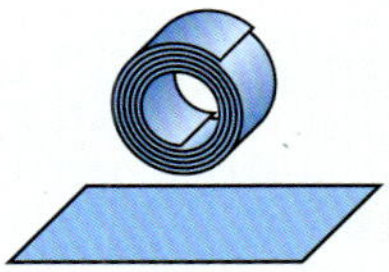 **Bleche, Bänder**	Kaltgewalztes Stahlblech aus weichen Stählen, 1,5 mm dick, fehlerfreie, glatte Oberfläche	Blech DIN EN 10130 – 1,5 – DC04 – B – g
	Feuerverzinktes Stahlblech, 2 mm dick, aus weichen Stählen, 1500 mm breit, 3000 mm lang, beste Oberfläche	Blech DIN EN 10327 – 2 – DX51D+Z – C
 **Drähte**	Verzinkter Stahldraht aus unlegiertem Stahl C4D, ø4 mm	Draht EN 10016 – 4, verzinkt
	Federdraht, warmgewalzt, ø6 mm, aus der Drahtsorte DM	Federdraht EN 10270 –1 DM 8

Wiederholungsfragen:

1. Nach welchen Unterscheidungskriterien werden die Stähle eingeteilt?
2. Nennen Sie verschiedene Sorten von Bau- und Werkzeugstählen.
3. Erklären Sie den Begriff Halbzeuge.
4. Erklären Sie die Bezeichnung: T-Profil DIN EN 10055 – T50 – S235JR.

1.2.5 Wärmebehandlung von Stählen

Durch **Wärmebehandlungen** können die Eigenschaften, vor allem die Härte, die Festigkeit und die Bearbeitbarkeit von Stählen verbessert werden. Im Folgenden soll hier nur ein kurzer Überblick über die wichtigsten Wärmebehandlungen (**Bild 1**) gegeben werden:

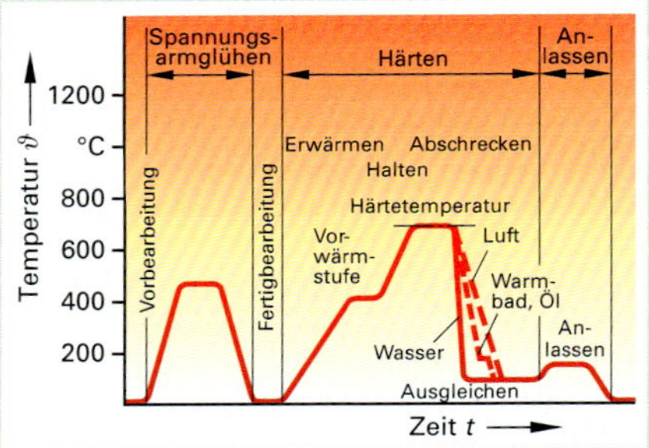

Bild 1: Wärmebehandlungen

Glühen

Beim Glühen wird der Stahl im **Härteofen** (**Bild 2**) langsam erwärmt, kurzfristig oder mehrere Stunden auf **Glühtemperatur** gehalten und wieder **langsam** abgekühlt. Dadurch werden innere Spannungen im Metallgefüge, die durch die Verarbeitung entstehen, abgebaut oder ein regelmäßiges und feinkörniges **Gefüge** erzeugt.

Härten

Durch das **Härten** werden Stähle hart und verschleißfest (**Bild 3**) gemacht. Dabei wird das Werkstück zuerst auf **Härtetemperatur** erwärmt und für eine gewisse Zeit auf der Härtetemperatur gehalten. Die Verweilzeit auf dieser Temperatur ist dabei bei legierten Stählen höher und kann entsprechenden **Normblättern** entnommen werden.

Bild 2: Härteofen

Anschließend wird der Stahl in Wasser oder in Öl **abgeschreckt**, d. h. sehr schnell abgekühlt. Dabei wird der Werkstoff sehr hart, aber leider auch spröde und bruchempfindlich. Legierte Stähle werden hierzu meist in Öl getaucht, was eine mildere Abschreckwirkung zur Folge hat. Durch den Abschreckvorgang entsteht ein sehr feinnadeliges Gefüge, das **Martensit**. Um die **Sprödigkeit** wieder etwas abzubauen, wird das Werkstück angelassen, d. h., es wird auf **Anlasstemperatur** erwärmt und danach langsam abgekühlt. Die Anlasstemperatur kann durch die **Anlassfarben** abgeschätzt werden.

Je nach Legierungsgehalt wird dabei nur die **Randschicht** des Werkstückes gehärtet oder es wird bis zum Kern **durchgehärtet**. Unlegierte Stähle erhalten dadurch nur eine harte Randschicht von ca. 5 mm, legierte können dabei annähernd durchgehärtet werden.

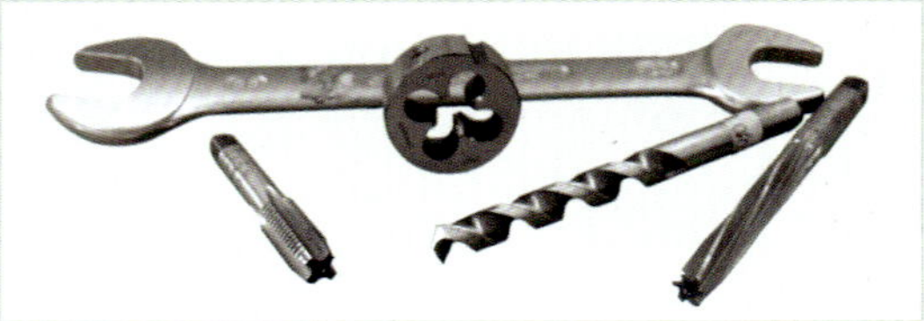

Bild 3: Gehärtete Werkzeuge

Vergüten

Vergüten ist eine **kombinierte** Wärmebehandlung aus Härten und anschließendem Anlassen. Es kommt vor allem für Bauteile in Betracht, die einer hohen und **schlagartigen** Belastung ausgesetzt sind, z. B. Schrauben oder Getriebewellen. Hierbei ist weniger eine hohe Härte, sondern vor allem eine hohe Festigkeit und große **Zähigkeit** von Bedeutung. Aus diesem Grund müssen die Anlasstemperaturen beim Vergüten deutlich höher als beim herkömmlichen **Anlassen** liegen. Man erreicht dadurch bei legierten Stählen Festigkeiten von bis zu 1400 N/mm^2.

Härten der Randschicht durch Einsatzhärten und Nitrieren

Durch das **Einsatzhärten** wird eine harte Randschicht erzeugt, indem die Randschicht zuerst durch **Aufkohlen** mit Kohlenstoff angereichert und anschließend gehärtet und angelassen wird. Einsatzhärten wird für kohlenstoffarme Stähle eingesetzt.

Beim **Nitrieren** wird die Randschicht mit **Stickstoff** angereichert. Durch die Ausbildung einer harten, verschleißfesten Nitridschicht erfolgt hier die Härtung bei 500 °C ... 550 °C kaum Hitzeverzug.

1.2.6 Normung der Eisen-Werkstoffe

Maschinen für die Kunststoffverarbeitung, ebenso Werkzeuge und Formen bestehen zum Großteil aus Eisen-Werkstoffen, vor allem aus Stählen. In technischen Zeichnungen werden diese Werkstoffe durch eine spezielle **Kurzbezeichnung** nach **DIN EN 10027** angegeben. Somit ist es auch für den Facharbeiter in der Kunststofftechnik sinnvoll, diese Normung in groben Zügen zu kennen. Auf die Kennzeichnung nach Werkstoffnummern wird hier bewusst verzichtet und auf entsprechende Tabellenbücher verwiesen.

In dieser Normung werden alle Stähle in zwei Hauptgruppen unterteilt:

- **Hauptgruppe 1**: Bei diesen Stählen stehen die Verwendung und die Eigenschaften im Vordergrund.
- **Hauptgruppe 2**: Hier werden die Stähle nach ihrer chemischen Zusammensetzung bezeichnet.

Hauptgruppe 1: Bezeichnung nach dem Verwendungszweck

Die Kurzbezeichnung besteht aus den **Haupt-** und den **Zusatzsymbolen (Bild 1)**. Die Hauptsymbole geben die **Stahlgruppe**, also den Verwendungszweck, und die **mechanischen Eigenschaften** an, was sich meist auf die Angabe der Streckgrenze R_e beschränkt.

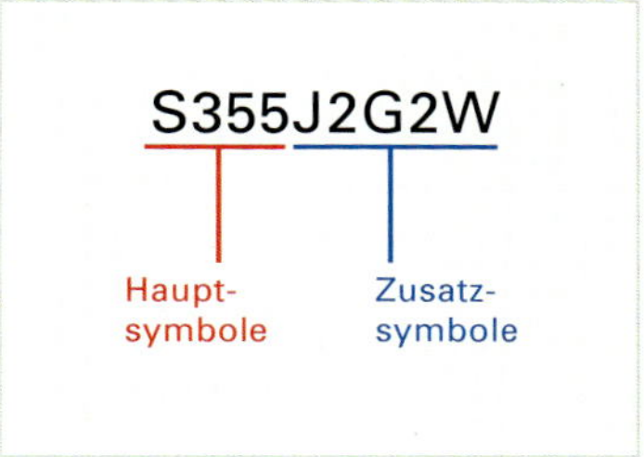

Bild 1: Kurzbezeichnung nach der Hauptgruppe

Die Zusatzsymbole (**Tabelle 1**) bestehen aus 2 Gruppen. Gruppe 1 enthält vor allem die Angaben über die **Kerbschlagarbeit**, Gruppe 2 nennt weitere **besondere** Eigenschaften dieses Werkstoffes.

Die **Streckgrenze** wird im **Zugversuch** (**siehe Kapitel 3.4**) ermittelt, sie gibt die Belastungsgrenze eines Werkstoffes in N/mm² an, ab der eine plastische Verformung einsetzt. Die Kerbschlagarbeit wird im sogenannten **Kerbschlagversuch** (**siehe Kapitel 3.4**) bestimmt und ist ein Maß für die Zähigkeit eines Werkstoffes abhängig von der Temperatur.

Tabelle 1: Haupt- und Zusatzsymbole für die Hauptgruppe 1

Hauptsymbole (Auswahl)			Zusatzsymbole (Auswahl)				
Stahlgruppe/Verwendung			**Gruppe 1**				**Gruppe 2**
S	Stahl für den Stahlbau		Kerbschlagarbeit in Joule (J)			Prüftemperatur in °C	Q: vergütet
E	Stahl für den Maschinenbau						W: wetterfest
P	Stahl für Druckbehälter		27	40	60		E: für Emaillierung
R	Schienenstahl		JR	KR	LR	+20	F: zum Schmieden
B	Betonstähle	**Streckgrenze R_e in N/mm²**	J0	K0	L0	0	
L	Stahl für Leitungsrohre		J2	K2	L2	–20	
M	Elektroblech und -band		J3	K3	L3	–30	
Bei Stahlguss wird der Werkstoffbezeichnung ein G vorangestellt.			J4	K4	L4	–40	
			J5	K5	L5	–50	
			J6	K6	L6	–60	
			G2: beruhigt vergossen				
			N: normalgeglüht				

Beispiele:

- S355J2G2 W : Stahl für Stahlbau mit R_e = 355 N/mm², Kerbschlagarbeit 27 J bei –20 °C, beruhigt vergossen, wetterfest
- E360 : Maschinenbaustahl mit R_e = 360 N/mm²

Hauptgruppe 2 : Bezeichnung nach der chemischen Zusammensetzung

Die Kurzbezeichnung dieser Stähle besteht ebenfalls aus Hauptsymbolen für die **Stahlgruppe** und den prozentualen **Gehalten** an Legierungselementen (**Bild 1**). Zusatzsymbole, z. B. für eine besondere Verwendung, tragen hier kaum zur Bezeichnung bei (siehe hierzu entsprechende Tabellenbücher).

Als Kennbuchstaben für die Stahlgruppe verwendet man

- **C**: unlegierte Stähle mit einem Mn-Gehalt unter 1 %
- **X**: legierte Stähle, mindestens ein Legierungselement hat 5 % oder mehr Legierungsanteil (hoch legiert)
- **HS**: Schnellarbeitsstähle
- Stähle ohne Kennbuchstaben sind unlegierte Stähle mit einem Mn-Gehalt über 1 %, sowie legierte Stähle, bei denen alle Legierungselemente (LE) unter 5 % Gehalt haben (niedrig legiert).

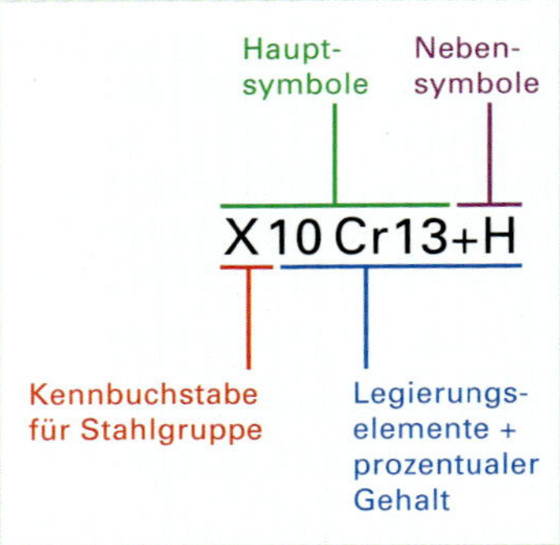

Bild 1: Kurzbezeichnung nach der Hauptgruppe 2

Um Kommastellen zu vermeiden, wird der Gehalt der verwendeten Legierungselemente mit verschiedenen **Faktoren** multipliziert und als **Kennzahl** angegeben. Der tatsächliche Legierungsgehalt ergibt sich demnach durch die Division der Kennzahl mit dem entsprechenden Faktor. Bei den niedrig legierten Stählen (alle LE haben unter 5 % Legierungsgehalt) werden die Faktoren nach **Tabelle 1** verwendet. Nur bei den Kennbuchstaben **X** und **HS** wird der **tatsächliche** Legierungsgehalt angegeben.

Die erste Zahl gibt stets den **hundertfachen** Kohlenstoffgehalt an.

Tabelle 1: Faktoren bei legierten Stählen bis 5 % Legierungsgehalt

Element	Faktor
Cr, Co, Mn, Ni, Si, W	4
Al, Cu, Mo, Ta, Ti, V	10
C, N, P, S, Ce	100
B	1000

Beispiele:

- **C35**: Vergütungsstahl (unlegiert, Mn-Gehalt unter 1 %) mit 0,35 % Kohlenstoff
- **42CrMoS4**: legierter Stahl, alle Legierungselemente liegen unter 5 % Legierungsanteil, mit 0,42 % Kohlenstoff, 4/4 % = 1 % Chrom mit etwas Molybdän und Schwefel
- **X10Cr13**: legierter Stahl, mindestens 1 Legierungselement hat 5 % oder mehr Legierungsanteil, mit 0,1 % Kohlenstoff und 13 % Chrom
- **HS6-5-2-5**: Schnellarbeitsstahl mit 6 % Wolfram, 5 % Molybdän, 2 % Vanadium und 5 % Cobalt, diese Reihenfolge der 4 Legierungselemente wird immer beibehalten

Neben diesen Kurzbezeichnungen werden auch **Werkstoffnummern** zur Erkennung der verschiedenen Stähle verwendet, wie sie in entsprechenden Tabellenbüchern ersichtlich sind.

Wiederholungsfragen:

1. Was versteht man unter Härten und Anlassen?
2. Nennen Sie weitere Wärmebehandlungsmaßnahmen von Stählen.
3. Beschreiben Sie die ablaufenden Gefügeveränderungen bei den unterschiedlichen Wärmebehandlungsverfahren.
4. Wozu benötigt man die Normbezeichnungen von Stählen?
5. Welche Vorteile ergeben sich durch die weitere Einführung und Anwendung der EN-Normen in den europäischen Handelsbeziehungen?
6. Unterscheiden Sie die Stähle der Hauptgruppe 1 und Hauptgruppe 2.
7. Woraus besteht die Kurzbezeichnung von Stählen der Hauptgruppe 1?
8. Erklären Sie die Kurzbezeichnung 115CrV3 und S275JR.
9. Erklären Sie die Stahlgruppen C, X und HS.
10. Welche Legierungselemente haben den Faktor 4?

1.2.7 Nichteisenmetalle

Unter **Nichteisenmetallen** (kurz: NE-Metalle) versteht man alle Reinmetalle, mit Ausnahme des Eisens und Legierungen, bei denen Eisen **nicht** den größten Einzelgehalt darstellt.

Bei den NE-Metallen (**Tabelle 1**) bezeichnet man Werkstoffe mit einer Dichte **ϱ > 5 kg/dm³** als **Schwermetalle** (z. B. Kupfer, Zink und Blei). Stoffe mit einer geringeren Dichte nennt man **Leichtmetalle** (z. B. Aluminium, Magnesium und Titan).

In der Regel kommen NE-Metalle als Legierungen zur Anwendung, da die reinen Metalle relativ weich sind. Man unterscheidet hierbei **Gusslegierungen** und **Knetlegierungen** je nach der Herstellung. Ähnlich wie beim Stahl werden Bauteile aus Knetlegierungen, vor allem durch Spanen, Schweißen oder Umformen von Halbzeugen (**Bild 1**) gefertigt.

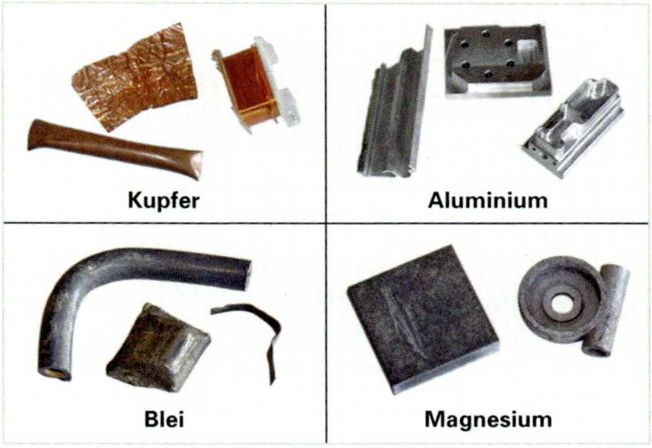

Bild 1: Verschiedene Nichteisenmetalle

Tabelle 1: Übersicht über einige wichtige Nichteisenmetalle

Schwermetalle		**Eigenschaften**	**Anwendung**
Kupfer Cu ϱ = 8,93 kg/dm³	Reinmetall	gute elektrische Leitfähigkeit, gut kalt umformbar, lötbar	elektrische Leitungen, Rohrleitungen
	Legierungen	**Cu-Zn Leg. (Messing)**: gut umformbar, spanbar, korrosionsbeständig **Cu-Sn Leg. (Bronze)**: gut umformbar, gut gießbar	Beschläge, Wasserarmaturen Lagerbuchsen, Hülsen, Spindelmuttern
Zink Zn ϱ = 7,14 kg/dm³	Reinmetall	gut gießbar, spröde, daher nur gut warm umformbar, korrosionsbeständig	Verzinken von Stahl als Korrosionsschutz
	Legierungen	Zn-Al-Cu-Leg.: höhere Festigkeit, bessere Gießbarkeit	Druckgussteile, z. B. Vergasergehäuse
Blei Pb ϱ = 11,35 kg/dm³	Reinmetall	gut gießbar, schweiß- und lötbar, sehr gut kaltumformbar	Akkumulatorplatten, Strahlenschutz
	Legierung	Pb-Sb-Leg. (Hartblei): härter als Blei	Rohre
Leichtmetalle		**Eigenschaften**	**Anwendung**
Aluminium Al ϱ = 2,7 kg/dm³	Reinmetall	gute elektrische Leitfähigkeit, sehr gut umformbar, korrosionsbeständig	elektrische Leitungen, Verpackungen (Folien)
	Legierungen	Knetlegierung (Al-Mg): hohe Festigkeit, gut schweißbar Gusslegierung (Al-Si): hohe Festigkeit, sehr gut gießbar	Pkw-Felgen, Profile, Fahrzeugbau Zylinderköpfe, Motorengehäuse
Magnesium Mg ϱ = 1,74 kg/dm³	Reinmetall	weich, sehr leicht oxidierend (brennbar)	Feuerwerkstechnik
	Legierung	Mg-Al-Leg.: sehr gut gießbar, spanbar, fester als Magnesium	Gehäuse einer Kettensäge, Pkw-Felgen
Titan Ti ϱ = 4,5 kg/dm³	Reinmetall	Festigkeit etwa wie Stahl, gut umformbar, korrosionsbeständig	chemischer Apparatebau
	Legierung	Ti-Al-Leg.: sehr hohe Festigkeit, warmfest, gut warmumformbar	Luft- und Raumfahrt, hochfeste Schrauben

1.2.8 Verbundstoffe

Verbundstoffe sind Werkstoffe aus zwei oder mehr Einzelstoffen mit unterschiedlichen Eigenschaften, um die guten mechanischen und physikalischen Eigenschaften der Komponenten gleichzeitig zu nutzen.

Bild 1: Wendeschneidplatten aus Hartmetall

Bekannte Verbundstoffe sind Stahlbeton, Drahtglas oder drahtverstärkte Autoreifen. Dabei gehen die Einzelstoffe keine chemische Verbindung miteinander ein, sie liegen noch relativ unverändert vor. Bei **Legierungen** sind die Einzelstoffe ineinander gelöst, sie stellen keine Verbundstoffe dar.

Typische Verbundwerkstoffe in der Metall- und Kunststofftechnik sind **Hartmetalle** (**Bild 1**) und **faserverstärkte Kunststoffe** (**Bild 2**). Bei beiden kommt es darauf an, die positiven Eigenschaften Härte, Zähigkeit bzw. Festigkeit zu verbessern und ungünstige Eigenschaften wie die Sprödigkeit zu überdecken. So kann bei Kunststoffen durch die Verstärkung mit **Glasfasern** (GFK) oder **Kohlefasern** (CFK) eine Festigkeit erreicht werden, die mit Stählen konkurriert, sie sogar übertrifft.

Glasfaser	+	**Kunststoff**	→	**GFK**
(hochfest, spröde)		(geringe Festigkeit, zäh)		(hochfest, zäh)

Bild 2: Kajak aus GFK

Die Glasfaser stellt hierbei den **Verstärkungsstoff** dar, sie benötigt aber den Kunststoff als **Bindemittel** oder **Matrix**, sonst könnte man sie nicht in einer festen Form fixieren.

Verbundwerkstoffe (**Tabelle 1**) unterscheidet man nach der Form der sich im Verbund befindlichen Einzelstoffe:

Tabelle 1: Arten und Verwendung von Verbundstoffen

Faserverstärkter Werkstoff	Teilchenverstärkter Werkstoff	Durchdringungs-Verbund	Schichtverbund	Strukturverbund
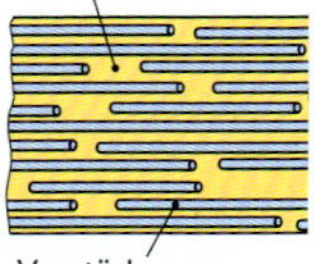	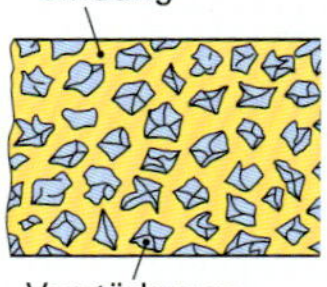	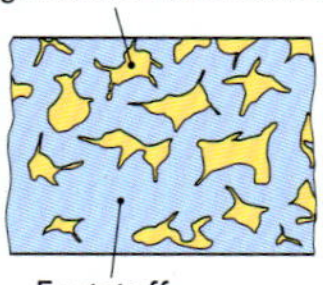	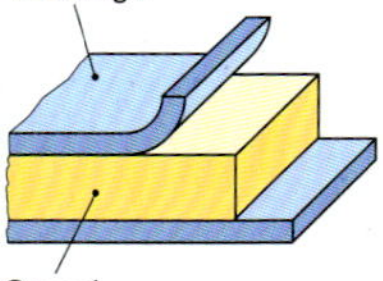	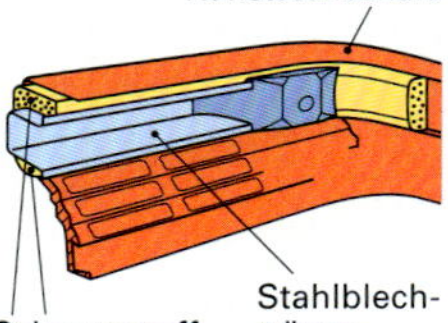
für hochfeste Fahr- und Flugzeugteile, Bootsrümpfe und Sportgeräte	für Bremsbeläge, Hartmetalle, Dauermagnete, Schneidkeramik	für durch Ruß oder Gesteinsmehl verstärkte Kunststoffteile	für Skier, Snowboards, Leichtbauteile in der Luftfahrt- und Fahrzeugtechnik	für Pkw-Stoßfänger, Pkw-Armaturentafeln, Leichtbauteile im Fahr- und Flugzeugbau

Bauteile aus CFK erreichen bei einer Dichte von 1,80 g/cm^3 eine Zugfestigkeit von bis zu 4500 N/mm^2 (MPa) und besitzen damit ein extrem günstiges Dichte-Festigkeitsverhältnis.

Ein Problem der Verbundstoffe stellt die **Recycelbarkeit** dar. Recyceln kann man sie nur, wenn man die Einzelstoffe wieder sauber trennen kann. Gerade bei faserverstärkten Kunststoffen ist dies weitgehend nicht möglich, und so bleibt am Ende meist nur die Deponie oder Müllverbrennung.

1.3 Chemische Grundlagen

Die Wissenschaft Chemie befasst sich mit dem Aufbau und den Eigenschaften von Stoffen und **Stoffverbindungen**. Unter einem **chemischen** Vorgang versteht man eine **Stoffumwandlung**, bei der ein **neuer** Stoff entsteht, z. B. die Herstellung von Kunststoffen aus Erdöl.

1.3.1 Aufbau der Atome

Schon im antiken Griechenland begründete Demokrit die Vorstellung, dass alle Stoffe aus nicht weiter teilbaren kleinsten Teilchen, aus **Atomen** bestehen (von griech. atomos = unteilbar). Stoffe mit nur einer Sorte von Atomen nennt man **chemische Elemente**. Heute kennt man 94 natürliche Elemente und eine ganze Reihe weiterer künstlicher, im Labor hergestellter Elemente.

Atome sind sehr klein **(Bild 1)**: Das als kleinstes geltende Wasserstoffatom hat beispielsweise einen Durchmesser von 10^{-10} m (1 Angström). Atome sind bis heute nicht direkt sichtbar, man macht sich daher von ihnen **Modellvorstellungen**, die so lange als richtig gelten, bis sie widerlegt werden können.

Bild 1: Größenvergleich

> Ein Atom ist die **kleinste Einheit** eines **chemischen Elementes** und bildet die Grundlage für die Eigenschaften des betreffenden Stoffes.

Gegen Ende des 19. Jahrhunderts erkannte man, dass Atome keine kompakten Kugeln darstellen können, sondern aus weiteren, noch kleineren Teilchen bestehen müssen: aus negativ geladenen **Elektronen**, positiv geladenen **Protonen** und neutralen **Neutronen**.

Das Atommodell nach Rutherford

1911 schlug der englische Physiker **Ernest Rutherford** aufgrund seines berühmten „Streuversuches" sein Atommodell **(Bild 2)** vor. Dabei beschoss er eine sehr dünne Goldfolie mit α - Teilchen, das sind positiv geladene Heliumkerne. Er stellte fest, dass die meisten α - Teilchen ungehindert durch die Goldfolie flogen und nur wenige abgelenkt wurden. Seiner Vorstellung nach bestand das Atom aus einem winzigen positiv geladenen **Atomkern**, der die α - Teilchen ablenken konnte, und noch sehr viel kleineren Elektronen, die den Kern wie der Mond die Erde umkreisen.

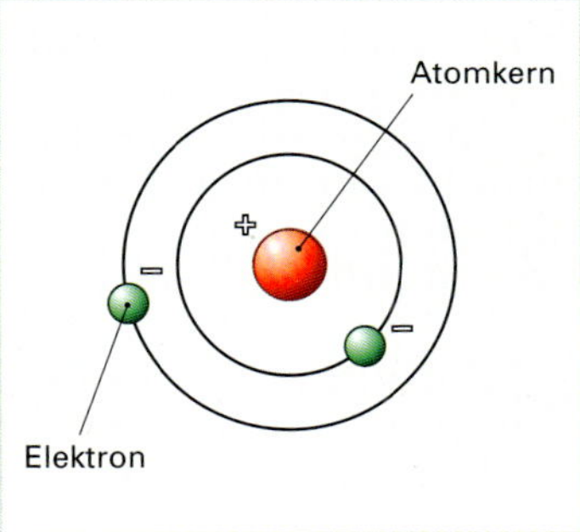

Bild 2: Atom nach Rutherford

Das Bohr'sche Atommodell

Niels Bohr, ein dänischer Physiker, verbesserte die Idee von Rutherford. Nach seiner Auffassung befinden sich die Elektronen nicht auf Kreisbahnen, sondern sie bewegen sich innerhalb **kugelschalenförmig gekrümmten** Bahnen, den sog. **Elektronenschalen (Bild 3)**, um den Kern. Innerhalb einer Schale haben sie gleiche Energien. Je weiter weg sie sich vom Kern befinden, desto höher ist ihre Energie. Elektronen können von einer Schale auf die nächste „springen". Wechseln sie auf eine kernnähere Schale, geben sie Energie in Form von Licht ab. Bei Energiezufuhr wechseln sie auf eine höhere Schale, das Atom befindet sich in einem **angeregten**, also energiereichen Zustand.

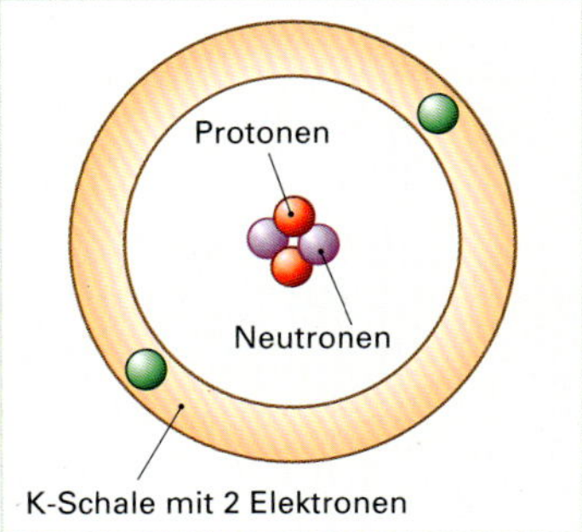

Bild 3: He-Atom nach Bohr

Die Elektronen in ihren Schalen bilden die **Atomhülle**.

Tabelle 1: Elektronenschalen	
Schale	**max. Elektronenzahl**
1. oder K	2
2. oder L	8
3. oder M	18
4. oder N	32
5. oder O	50
6. oder P	72
7. oder Q	98

Die Elektronenschalen weisen eine unterschiedliche Besetzung an Elektronen auf, hierbei kann die innerste Schale, die **K-Schale**, maximal **2 Elektronen** tragen. Die zweite, die **L-Schale**, ist mit **8 Elektronen** voll besetzt, danach wird die Aufnahmefähigkeit der Schalen größer (Tabelle 1). Ein Atom kann maximal **7** Elektronenschalen besitzen, wobei die jeweils äußerste Schale maximal 8 Elektronen tragen kann; die Elektronen auf der äußersten Schale werden als **Valenzelektronen** bezeichnet.

Der Kern besteht aus **Protonen** und **Neutronen**. Die Neutronen halten den Kern zusammen, da sich die positiv geladenen Protonen sonst gegenseitig abstoßen würden. Ein Atom besitzt ebenso viele Elektronen wie Protonen, nach außen hin ist das Atom **elektrisch neutral**. Geladene Atome nennt man **Ionen**. Die Zahl der Neutronen kann dabei die Protonenzahl übersteigen, solche Atome sind dann meist **radioaktiv**.

Einzelne Elemente können verschiedene Sorten von Atomen besitzen, **Isotope**, die sich nur in der Neutronenzahl unterscheiden, z. B. Tritium – eine Sorte von Wasserstoff mit 1 Proton und 2 Neutronen.

Durch die unterschiedliche Ladung von Protonen und Elektronen werden der Atomkern und die Atomhülle zusammengehalten. Aufgrund der Bewegung der Elektronen um den Kern entsteht eine **Zentrifugalkraft** (Fliehkraft), die der Anziehungskraft die Waage hält.

Das Orbitalmodell

Das Bohr'sche Atommodell ist für das Verständnis vieler chemischer Reaktionen, so auch der Herstellung der Kunststoffe, ausreichend. Es ist allerdings bereits durch das **Orbitalmodell** überholt (Bild 1). Dieses Modell verabschiedet sich von der Vorstellung, dass die Elektronen auf kreisähnlichen Bahnen um den Kern rasen und ihr Aufenthaltsort stets bekannt ist. Es gibt dagegen **kugelförmige, hantelförmige** oder sogar **rosettenförmige** Bereiche an, in denen sich maximal 2 Elektronen mit 90 %-iger **Wahrscheinlichkeit** befinden.

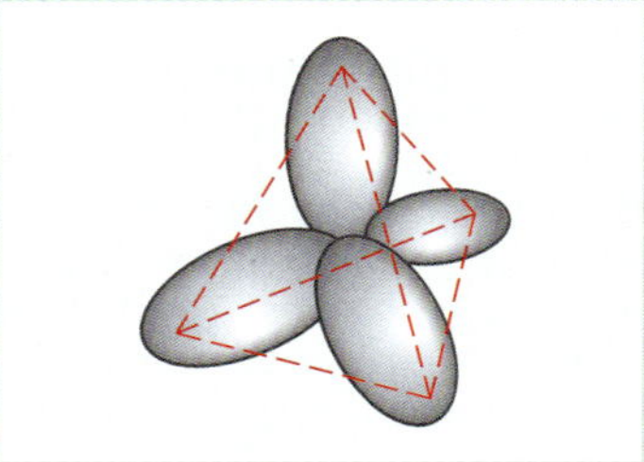

Bild 1: Sp^3-Orbitale des C-Atoms

1.3.2 Das Periodensystem der Elemente

Den Chemikern Dimitri Mendelejev und Lothar Meyer gelang es unabhängig voneinander, Ordnung in die Vielzahl der chemischen Elemente zu bringen. Sie verwendeten als Ordnungszahl die **relative Atommasse**. Heute verwendet man hierzu die Anzahl der Protonen im Kern. Wasserstoff als das leichteste Atom bekam die Ordnungszahl 1, Uran als das schwerste natürliche Atom 92. Elemente mit **ähnlichen** Eigenschaften ordneten sie innerhalb einer Spalte an. Damit ergab sich das heutige Periodensystem der Elemente mit **8 Hauptgruppen** und **7 Perioden**.

Die Zeilen entsprechen der Anzahl der Elektronenschalen und damit der Periode, in dem sich das Element befindet. Die 8 Spalten geben die Hauptgruppen (Tabelle 2) und damit die Anzahl der Außen- bzw. Valenzelektronen an. Die Anzahl der **Valenzelektronen** ist somit ausschlaggebend für die Eigenschaften des Elementes.

Die Hauptgruppen werden mit römischen Zahlen angegeben:

Tabelle 2: Bezeichnung der Hauptgruppen			
Hauptgruppe I	Alkalimetalle	**Hauptgruppe V**	Stickstoff-Gruppe
Hauptgruppe II	Erdalkalimetalle	**Hauptgruppe VI**	Sauerstoff-Gruppe
Hauptgruppe III	Bor-Gruppe	**Hauptgruppe VII**	Halogene
Hauptgruppe IV	Kohlenstoff-Gruppe	**Hauptgruppe VIII**	Edelgase

Das Periodensystem mit den Hauptgruppen

Hauptgruppe:	I	II	III	IV	V	VI	VII	VIII
Periode 1 (K-Schale)	1.0 H **1**							4,0 He **2**
Periode 2 (L-Schale)	6,9 Li **3**	9,0 Be **4**	10,6 B **5**	12,0 C **6**	14,0 N **7**	16,0 O **8**	19,0 F **9**	20,2 Ne **10**
Periode 3 (M-Schale)	23,0 Na **11**	24,3 Mg **12**	27,0 Al **13**	28,1 Si **14**	31,0 P **15**	32,1 S **16**	35,5 Cl **17**	39,9 Ar **18**
Periode 4 (N-Schale)	K **19**	Ca **20**	Ga **31**	Ge **32**	As **33**	Se **34**	Br **35**	Kr **36**
Periode 5 (O-Schale)	Rb **37**	Sr **38**	In **49**	Sn **50**	Sb **51**	Te **52**	J **53**	Xe **54**
Periode 6 (P-Schale)	Cs **55**	Ba **56**	Ti **81**	Pb **82**	Bi **83**	Po **84**	At **85**	Rn **86**
Periode 7 (Q-Schale)	Fr **87**	Ra **88**	Nh[1] **113**	[1] Nh ... Nihonium, ab hier sind Elemente sehr kurzlebig				

Zwischen der 2. und 3. Hauptgruppe sind ab der 4. Periode die Nebengruppenelemente eingefügt. Hierbei handelt es sich um Metalle, die in der Kunststofftechnik nur eine untergeordnete Rolle spielen.

Bedeutung der einzelnen Angaben

Die relative Atommasse in *u* (atomare Masseneinheit) gerundet gibt die Zahl von Protonen und Neutronen an, hier 12,0.

12,0 **C** **6**

Chemisches Symbol: hier Kohlenstoff **C**

Ordnungszahl (Kernladungszahl), Anzahl der Protonen bzw. Elektronen, hier **6**

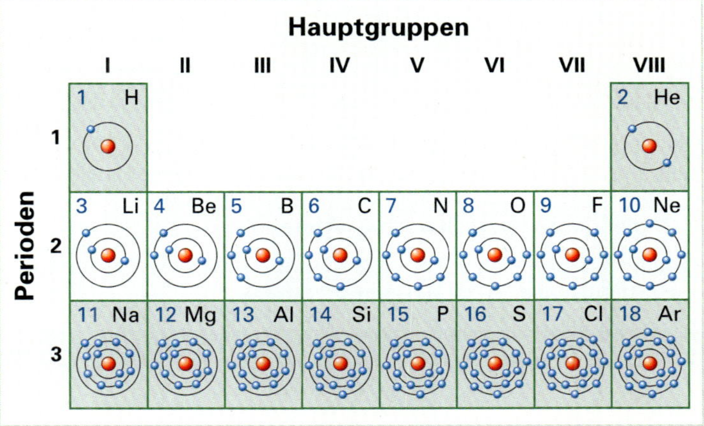

Bild 1: Atomhüllen der Perioden 1 bis 3

Oft wird hier noch die **Elektronegativität** als Zahlenwert angegeben. Sie gibt das Bestreben der Atomkerne an, Bindungselektronen an sich zu ziehen.

Aus der Stellung im **Periodensystem** erhält man folgende Informationen (**Bild 1**):

- **Hauptgruppennummer**: Zahl der Valenzelektronen, bei Kohlenstoff also 4
- **Periodenzahl**: Anzahl der Elektronenschalen, bei Kohlenstoff also 2

1.3.3 Aufbau der Moleküle

Nur wenige chemische Elemente kommen in der Natur in elementarer, d. h. atomarer Form vor. Kohlenstoff, Schwefel, Gold und auch die Edelgase treten als einzelne Atome auf, da sie relativ stabil und reaktionsträge sind. Die **vollbesetzte** Außenschale der Edelgase gilt als besonders **stabil** und kann als ideal für alle anderen Atome angesehen werden. Aus diesem Grund gehen viele Atome eine chemische Verbindung mit anderen Atomen ein. Dabei entsteht ein **neuer** Stoff mit **neuen** Eigenschaften. Die dabei entstehenden Moleküle bestehen aus mindestens 2 Atomen.

Ein **Molekül** (von lat. *molecula*: kleine Masse) ist die **kleinste Einheit** einer **chemischen Verbindung** und bildet die Grundlage für die Eigenschaften des betreffenden Stoffes.

Moleküle aus gleichen Atomen

Um eine **Edelgaskonfiguration**, d. h. eine volle Außenschale, zu erreichen, können sich gleiche Atome gegenseitig so durchdringen, dass sie sich ein oder mehrere Elektronen teilen. So besitzt also zumindest für kurze Zeit immer eines der beteiligten Atome 2 bei H_2 bzw. 8 bei Elementen der 2. Periode Elektronen in der Außenschale (**Tabelle 1**).

Tabelle 1: Moleküle aus gleichen Atomen

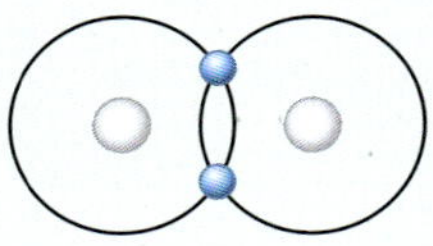 H_2	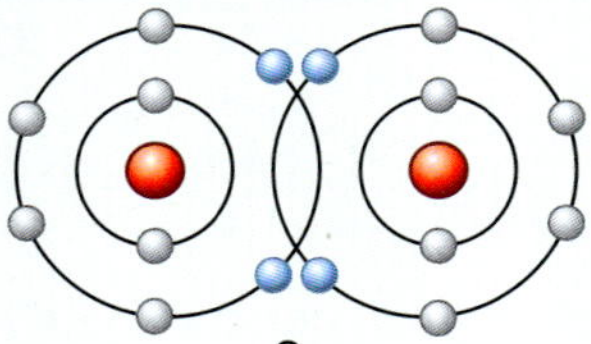 O_2	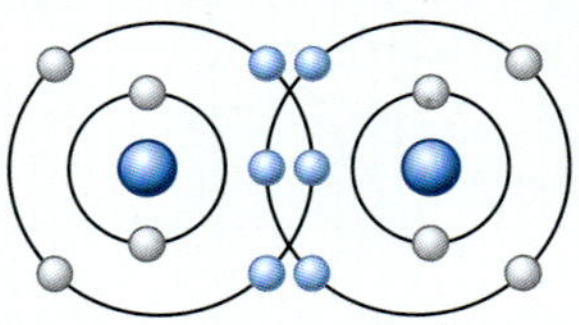 N_2
Wasserstoffmolekül: Die beiden H-Atome teilen sich die beiden Elektronen (blau), die K-Schale ist damit voll besetzt.	**Sauerstoffmolekül:** Die O-Atome teilen sich 2 Elektronenpaare, also 4 Elektronen (blau), es kommt zu einer Doppelbindung, die L-Schale ist voll besetzt.	**Stickstoffmolekül:** Die N-Atome teilen sich 3 Elektronenpaare, also 6 Elektronen (blau), es kommt zu einer Dreifachbindung, die L-Schale ist voll besetzt.

Wasserstoff (H_2), Sauerstoff (O_2) und Stickstoff (N_2) kommen somit nur **molekular** vor. Sie teilen sich ein, zwei oder drei Elektronenpaare, es kommt zur Ausbildung der **Elektronenpaarbindung**.

Moleküle aus verschiedenen Atomen

Ebenso können sich auch verschiedene Atome so verbinden, dass **jeder** Reaktionspartner zu einer Edelgaskonfiguration kommt (**Tabelle 2**).

Tabelle 2: Moleküle aus verschiedenen Atomen

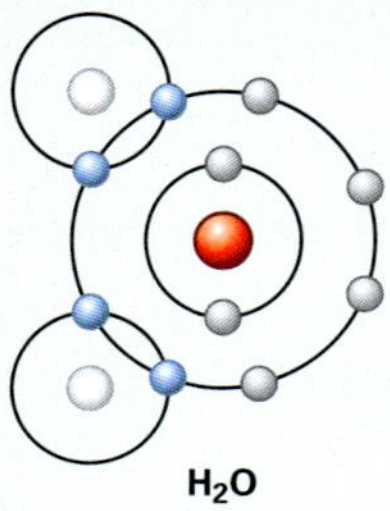 H_2O	**Wassermolekül:** 2 H-Atome und 1 O-Atom teilen sich 2 Elektronenpaare (blau), beim Wasserstoff ist die K-Schale, beim Sauerstoff ist die L-Schale voll besetzt. Die grauen Elektronen sind an der Bindung unbeteiligt.	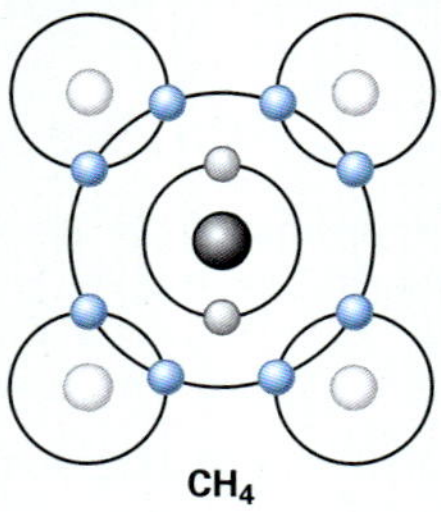 CH_4	**Methanmolekül:** 1 C-Atom und 4 H-Atome teilen sich 4 Elektronenpaare (blau), alle 5 Reaktionspartner haben vollbesetzte Außenschalen.

Chemische Bindungen

Man unterscheidet 3 Arten von chemischen Bindungen. Alle diese Bindungen führen dazu, dass die jeweils äußerste Schale aller Reaktionspartner voll besetzt wird.

- **Elektronenpaarbindung (kovalente Bindung)**

Bei allen Elementen außer den Edelgasen ist mindestens ein **Orbital** nur einfach besetzt, das heißt, die Außenschale ist nicht voll mit Valenzelektronen besetzt. Bei der Annäherung zweier Atome überlagern sich die einfach besetzten Orbitale, und es entsteht ein doppelt besetztes **Molekülorbital** (**Bild 1**). Beide Atome haben somit ein gemeinsames Elektronenpaar.

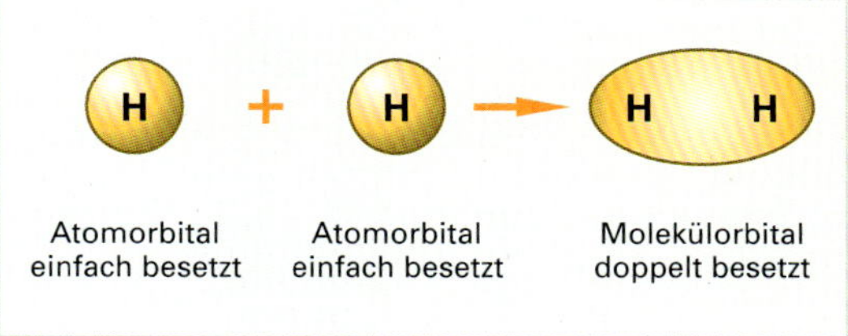

Bild 1: Bildung eines Molekülorbitales bei H_2

Durch die **negative** Ladung des Molekülorbitales werden die Atomkerne aneinander gezogen, bis sich diese Anziehung mit der gegenseitigen Abstoßung der positiven Atomkerne die Waage hält. Dadurch kommt es zu einer besonders **stabilen** Atombindung, auch kovalente oder Elektronenpaar-Bindung genannt. Im Zusammenhang mit Kunststoffen wird diese Bindung zwischen Atomen auch **Hauptvalenzkraft** genannt.

- **Ionenbindung**

Eine weitere Möglichkeit eine vollbesetzte Außenschale zu erhalten, haben Atome durch die Abgabe bzw. Aufnahme von Elektronen. Durch Abgabe von Elektronen werden sie zu positiv geladenen Ionen, zu **Kationen**. Dies machen vor allem Metalle in den Hauptgruppen 1 bis 3. Nehmen Atome dagegen Elektronen auf, werden sie zu negativ geladenen Ionen, zu **Anionen**. Die Elektronenaufnahme bringt vor allem den Elementen der 6. und 7. Hauptgruppe die Edelgaskonfiguration. Je nachdem wie viele Elektronen auf- bzw. abgegeben werden, wird das Ion **einfach**, **zweifach** oder gar **dreifach** geladen.

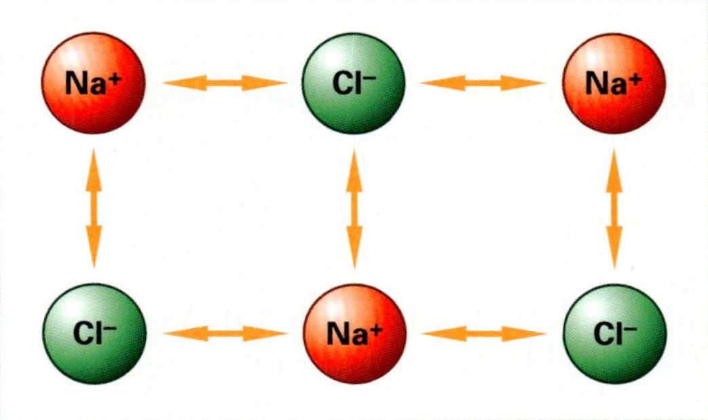

Bild 2: Ionenbindung beim Kochsalz (NaCl)

Durch die gegenseitige Anziehung von Kationen und Anionen entsteht eine chemische Bindung. Es entstehen dadurch **Salze**. Beim Kochsalz „schenkt" das Natriumatom dem Chloratom ein Elektron, dadurch wird die L-Schale des Na und die M-Schale beim Cl voll (**Bild 2**).

Ionenbindungen können durch Wasser oder Säuren **gelöst** werden, es entstehen dabei **einzelne** Ionen.

- **Metallbindung**

Metalle können ihre Valenzelektronen leicht abgeben, dadurch wird die nächste voll besetzte Schale zur Außenschale. Die freien Valenzelektronen schwirren als **Elektronengas** zwischen den positiv geladenen Atomrümpfen und erreichen damit ein Gleichgewicht zwischen Anziehung und Abstoßung – es entsteht eine Bindung. Diese Beweglichkeit der Elektronen macht Metalle zu guten **elektrischen Leitern**.

Wertigkeit oder Valenz (Bindigkeit)

Atome können sich nicht beliebig miteinander zu Molekülen verbinden; entscheidend ist, dass alle beteiligten Atome eine volle Achterschale erhalten. Hierzu muss ihre Wertigkeit oder Valenz übereinstimmen.

Der **Wertigkeit** entspricht entweder die **Zahl der Außenelektronen** (also die Hauptgruppe) oder die Zahl der Elektronen, die zu einer Achterschale **fehlen**. In der Regel entscheidet die **kleinere** Zahl.

Die Wertigkeit besagt damit auch, wie viele Orbitale des Atoms nur einfach besetzt sind und zu Elektronenpaaren ausgebaut werden können. Letztlich gibt sie damit an, wie viele **freie** Bindungsarme zur Verfügung stehen (**Tabelle 1**).

2 Atome mit gleicher Wertigkeit können sich problemlos miteinander verbinden, z. B. Chlorwasserstoff HCl.

Bei ungleichen Wertigkeiten wird der Ausgleich durch die Anzahl der Einzelatome erreicht. Dabei muss das **Produkt** aus Wertigkeit und Atomanzahl bei allen Atomen übereinstimmen.

- 1 Kohlenstoff- und 4 Wasserstoffatome werden zu Methan CH_4 (Wertigkeiten: 1 x 4 = 4 x 1)
- 2 Stickstoff- und 3 Sauerstoffatome werden zu Stickoxid N_2O_3 (Wertigkeiten: 2 x 3 = 3 x 2)

Tabelle 1: Wertigkeiten

Element		Wertigkeit
Wasserstoff	H	1
Kohlenstoff	C	4
Sauerstoff	O	2
Stickstoff	N	3
Schwefel	S	2
Chlor	Cl	1

Polarität

Bei Molekülen mit **unterschiedlichen** Atomen zieht das Atom mit der größten Elektronegativität, meist das größere Atom, die gemeinsamen Elektronenpaare **näher** an sich. Je nach dem räumlichen Aufbau des Moleküls kommt es dabei zu einer **unterschiedlichen Ladungsverteilung** innerhalb des Moleküls, das heißt, eine Seite wird mehr negativ, die andere mehr positiv. Es entsteht ein **Dipol**.

Unter Polarität versteht man eine ungleiche Ladungsverteilung innerhalb eines Moleküls aufgrund **unterschiedlich** großer Atome und eines **nichtsymmetrischen** Aufbaus.

- **Polare Stoffe**

Dipole treten vor allem bei einem **unsymmetrischen** Molekülbau auf, z. B. beim Wasser. Hier bilden die beiden H-Atome über das O-Atom einen Winkel von ca. 105°. So zeigt sich die hohe Elektronegativität von Sauerstoff dadurch, dass die O-Seite des Molküles mehr negativ wird, die H-Seite dagegen mehr positiv. Aus diesem Grund ziehen sich Wassermoleküle gegenseitig an; auch die Oberflächenspannung von Wasser resultiert aus diesem **Dipolcharakter** (**Bild 1**).

Weitere Beispiele: Chlorwasserstoff (HCl), Säuren, Salze, PVC

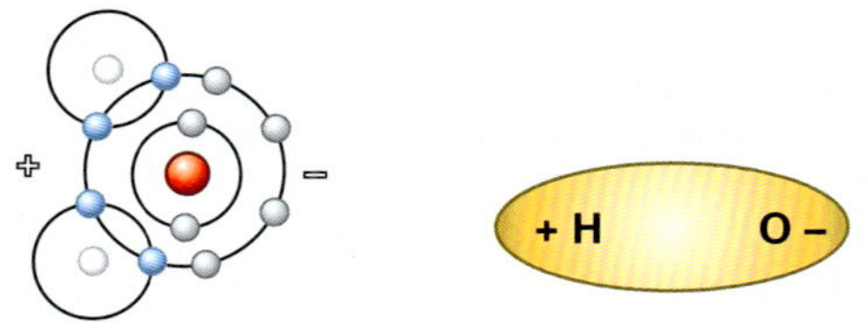

Der Sauerstoff zieht die blauen Elektronen näher an sich.

Dipol (vereinfacht) H-Seite ist mehr positiv, O-Seite ist mehr negativ

Bild 1: Wassermolekül als Dipol

- **Unpolare Stoffe**

Bei einem überwiegend **symmetrischen** Molekülbau kann sich kein deutlicher Ladungsunterschied ausbilden, solche Moleküle nennt man **unpolar** (**Bild 2**). Beim Methan als Vertreter der Kohlenwasserstoffe haben die beteiligten Atome C und H nur einen geringen Elektronegativitätsunterschied und zudem schirmen die H-Atome das C-Atom nach außen hin ab. Methan ist daher **unpolar**. Methanmoleküle ziehen sich gegenseitig **nicht** an.

Weitere Beispiele: Kohlendioxid, Kohlenwasserstoffe, Fette, Öle, Polyolefine wie PE, PP und PTFE

Bild 2: Methan als unpolarer Stoff

Polare Stoffe lösen sich nur in polaren Lösungsmitteln, unpolare Stoffe nur in unpolaren Lösungsmitteln. Polare Kunststoffe, wie z. B. Polyvinylchlorid (PVC), lassen sich viel besser miteinander verkleben als unpolare, z. B. Polyethylen (PE). Zudem ist die Polarität Voraussetzung für das Hochfrequenzschweißen bei Kunststoffen, sowie für das Haften von Weichmachern.

1.3.4 Chemische Formeln

Die Art der Darstellung von Molekülen, wie sie im **Kapitel 1.3.3** verwendet wurde, dient der Veranschaulichung, ist aber etwas umständlich. Atome können anhand ihres chemischen Symbols im Periodensystem dargestellt werden, Moleküle durch eine Kombination dieser Symbole.

Man unterscheidet grundsätzlich **Summenformeln** und **Strukturformeln**.

Summenformeln

Summenformeln geben alle in einem Molekül enthaltenen Atome durch ihr **chemisches Symbol** und die Anzahl dieser Atome als **Indizes** (tiefgestellte Ziffer) an.

Beispiele:

- Wasser besteht aus 1 Sauerstoff- und 2 Wasserstoffatomen: **H_2O**
- Ethylen, ein Kohlenwasserstoff, besteht aus 2 Kohlenstoff- und 4 Wasserstoffatomen: **C_2H_4**

Die jeweilige Anzahl der Atome ergibt sich aus der **Wertigkeit**, das Produkt aus der Wertigkeit und der Anzahl muss für jedes Atom im Molekül gleich groß sein.

Die Summenformel gibt keine Auskunft über den räumlichen Aufbau des Moleküls. Zudem ist nicht erkennbar, ob ein Molekül Einfach-, Doppel- oder Dreifachbindungen enthält. Aus diesen Gründen hat man die Strukturformel des Moleküls entwickelt.

Strukturformel oder Valenzstrichformel

Bei dieser Schreibweise ordnet man die chemischen Symbole entsprechend ihrer **räumlichen Anordnung** an und gibt zusätzlich die **Elektronenpaare** der jeweiligen Außenschalen als **Striche** an.

Dabei werden auch die an der Bindung nicht beteiligten Elektronen als Paare mit angegeben. Diese sind oft für die räumliche Anordnung der einzelnen Atome entscheidend. So bewirken z. B. die nicht an der Bindung beteiligten Valenzelektronen beim Wasser den **winkeligen** Aufbau.

Tabelle 1: Strukturformeln

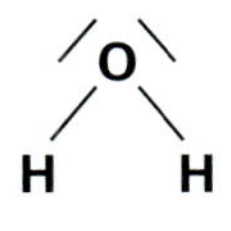	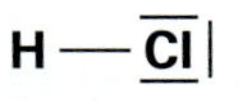	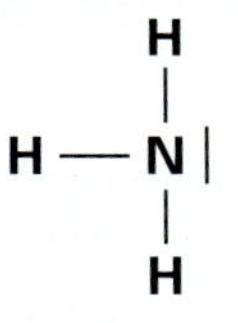	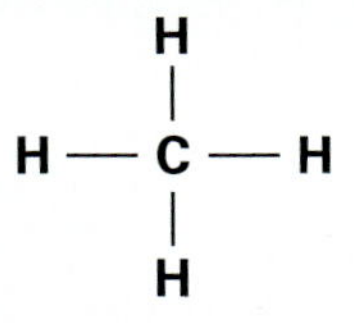	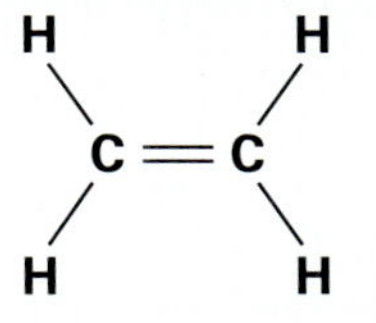
Wasser H_2O	Chlorwasserstoff HCl	Ammoniak NH_3	Methan CH_4	Ethylen C_2H_4

Von jedem Atom im Molekül müssen also **4** Valenzstriche ausgehen, was eine volle Achterschale bedeutet. Ausnahme hiervon ist der Wasserstoff, dessen eine Schale bereits mit 2 Elektronen voll ist. Ein Doppelstrich bedeutet eine Doppelbindung, ein Dreifachstrich eine Dreifachbindung (**Tabelle 1**). Moleküle mit solchen **Mehrfachbindungen** bezeichnet man als **ungesättigt**, da sie bei Anwesenheit weiterer Atome mit der entsprechenden Wertigkeit **weitere Reaktionen** eingehen können.

Kunststoffe werden chemisch durch **Strukturformeln** dargestellt.

1.3.5 Organische Kohlenwasserstoffe

Kunststoffe bestehen aus **organischen Gruppen** und werden durch chemische Umsetzung gewonnen. Ob ein Kunststoff spröde, zäh oder elastisch ist, hängt letztlich vom Aufbau der organischen Gruppen ab, aus denen der Kunststoff zusammengesetzt ist. Es ist daher sinnvoll, sich zunächst mit den organischen Kohlenwasserstoffen zu beschäftigen.

Organische Kohlenwasserstoffverbindungen

Die **organischen Kohlenwasserstoffe** bestehen (wie der Name schon sagt) fast immer aus **Kohlenstoff** und **Wasserstoff** (**Bild 1**).

Beide Atome sind sehr reaktionsfreudig und gehen **Elektronenpaarbindungen** ein.

Die Bezeichnung **organisch** ist historisch bedingt. Man ging davon aus, dass solche Stoffe nur aus lebenden Organismen hervorgehen können.

Neben Kohlenstoff und Wasserstoff sind in vielen Kohlenwasserstoffen auch **weitere Nichtmetalle** enthalten.

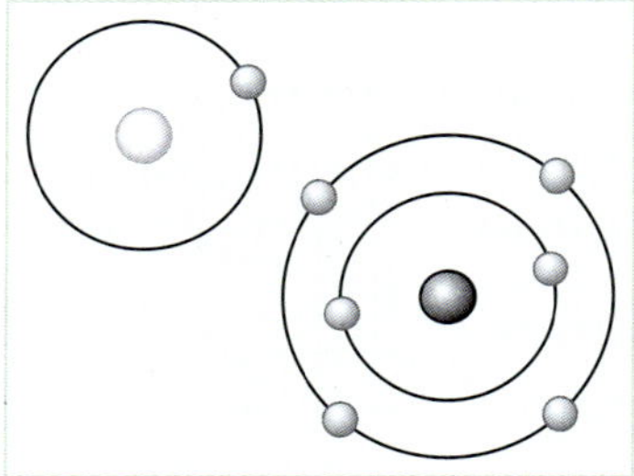

Bild 1: Wasserstoff- und Kohlenstoffatom

Die nachfolgenden chemischen Verbindungen sind **Ausgangsstoffe** (Monomere) (**Bild 2**) für Kunststoffe. Sie enthalten N (Stickstoff, z. B. Acrylnitril), O (Sauerstoff, z. B. Formaldehyd), Cl (Chlor, z. B. Vinylchlorid) oder F (Fluor, z. B. Tetrafluorethylen).

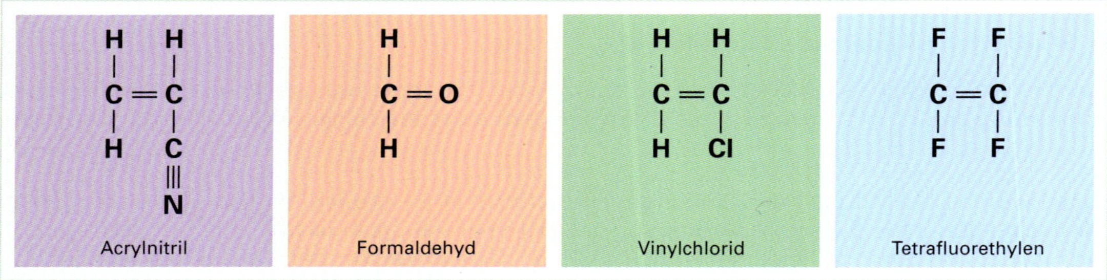

Bild 2: Ausgangsstoffe zur Kunststoffherstellung (Monomere)

Bei Kautschuken dient **Schwefel (S)** zur Vernetzung, Silikone enthalten **Silizium (Si)**. **Phosphor (P)** kommt in Kohlenwasserstoffen zur Kunststoffherstellung dagegen **nicht** vor.

Organische Kohlenwasserstoffe bilden immer **Elektronenpaarbindungen**. Da Metalle immer **Ionenbindungen** oder **Metallbindungen** ausbilden und **Edelgase** kaum reagieren, verbinden sich nur die **Nichtmetalle**. Es fällt allerdings auf, dass **alle** genannten Stoffe im Periodensystem **Nichtmetalle** der **2.** und **3. Periode** sind (**Tabelle 1**). Diese können nämlich wegen ihrer annähernd gleichen **Baugröße** sehr vielfältige **Elektronenpaarbindungen** bilden.

Tabelle 1: Periodensystem der Elemente

Gruppe:	I	II	III	IV	V	VI	VII	VIII
Periode 1	H 1							He 2
Periode 2	Li 3	Be 4	B 5	C 6	N 7	O 8	F 9	Ne 10
Periode 3	Na 11	Mg 12	Al 13	Si 14	P 15	S 16	Cl 17	Ar 18
Periode 4	K 19	Ca 20	Ga 31	Ge 32	As 33	Se 34	Br 35	Kr 36
Periode 5	Rb 37	Sr 38	In 49	Sn 50	Sb 51	Te 52	J 53	Xe 54
Periode 6	Cs 55	Ba 56	Ti 81	Pb 82	Bi 83	Po 84	At 85	Rn 86
Periode 7	Fr 87	Ra 88						

Gesättigte Kohlenwasserstoffverbindungen (Alkane)

Bei den **gesättigten Kohlenwasserstoffen** ist das **Methan** die einfachste organische Verbindung. Kohlenwasserstoffverbindungen, die **keine Doppelbindungen** haben, sind **gesättigt**. Wenn man die Bilderfolge (**Bilder 1 bis 3**) genauer betrachtet, erkennt man, dass Kohlenwasserstoffe in der Lage sind, **lange, gerade Ketten** zu bilden.

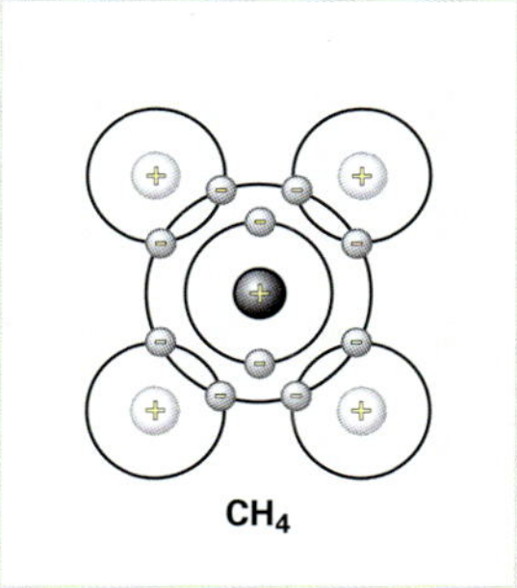

Bild 1: Methan

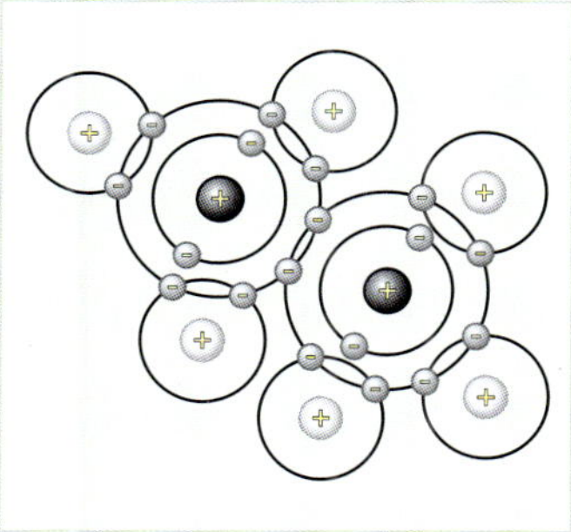

Bild 2: Ethan

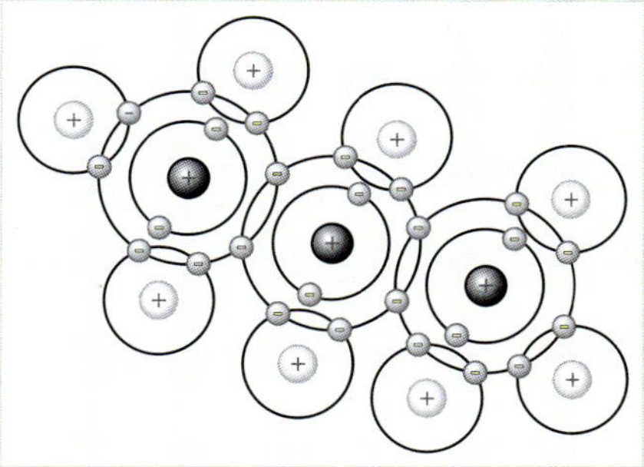

Bild 3: Propan

Deshalb ist eine **Vielzahl** von Kohlenwasserstoffverbindungen möglich. Die **Kohlenwasserstoffe vergrößern** sich von **Molekül zu Molekül**. Zur Darstellung der organischen Verbindungen wird meist die **Strukturformel** verwendet (**Bild 4**):

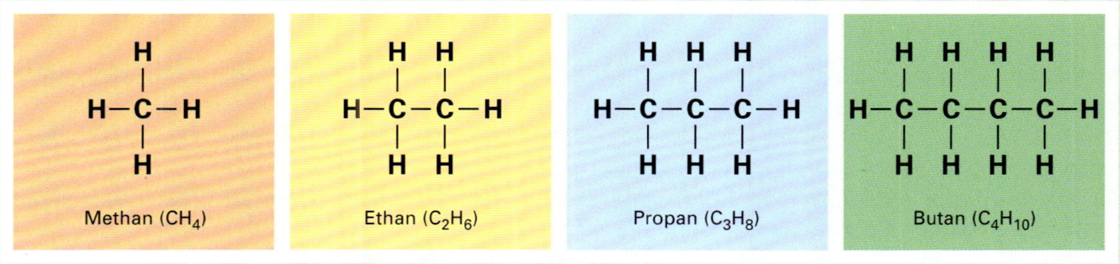

Bild 4: Gesättigte Kohlenwasserstoffe (Alkane)

Alle abgebildeten Kohlenwasserstoffe sind **Gase**. Wenn die **Ketten länger** werden, können **Leichtbenzine** z. B. Pentan (C_5H_{12}), Hexan (C_6H_{14}) und Heptan (C_7H_{16}), **Schwerbenzine** z. B. Oktan (C_8H_{18}), Nonan (C_9H_{20}) und Decan ($C_{10}H_{22}$), **Petroleum** z. B. ($C_{11}H_{24}$) und **Öle** (bis $C_{16}H_{34}$) entstehen.

Die **Bezeichnung** der Benzine besteht dabei immer aus dem **griechischen Zahlwort** für die **Anzahl der C-Atome** und der Endung **-n** (z. B. 6 = Hexa => Hexan). Die Bezeichnungen der gesättigten **Alkane** enthält immer den Buchstaben „**a**". Wenn die Ketten sehr lang sind, entstehen **Wachse**.

Gesättigte Kohlenwasserstoffe werden **Alkane** oder **Paraffine** genannt.

Die Kunststoffe **Polyethylen** und **Polypropylen** fühlen sich **wachsartig** an, weil ihr Aufbau den **langkettigen Paraffinen** ähnelt. Die **allgemeine Summenformel** für die **Alkane** lautet:

$C_n H_{2n+2}$ (Der Faktor **n** bezeichnet dabei die Anzahl der C-Atome)

Aus **Alkanen** können, wegen der gesättigten Verbindungen, **keine Kunststoffe** hergestellt werden. Durch geeignete Verfahren, wie z. B. **Cracken,** können jedoch Ausgangsstoffe zur Kunststoffherstellung gewonnen werden.

Ungesättigte Kohlenwasserstoffverbindungen (Alkene/Alkine)

Kohlenwasserstoffe, die mit **zwei oder drei Bindearmen** aneinanderhängen, sind **ungesättigt**. Mit ihnen können langkettige Kunststoffmoleküle hergestellt werden. Ihre **ungesättigten Bindungen** begünstigen die **Bildung langer Ketten** durch **chemische Reaktion**.

Ungesättigte Kohlenwasserstoffe mit **Doppelbindungen** werden **Alkene** (**Bild 1**) genannt.

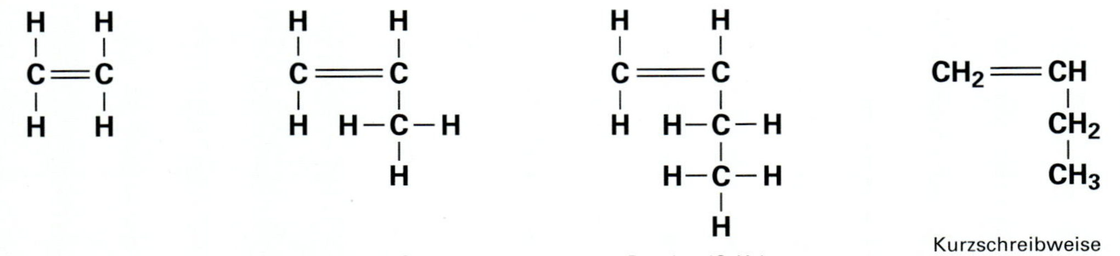

Bild 1: Ungesättigte Kohlenwasserstoffe (Alkene)

Alle abgebildeten ungesättigten Kohlenwasserstoffe sind Gase, die zur Herstellung von Kunststoffen verwendet werden. Die Bezeichnung der **Alkene** erfolgt in der **Chemie** analog zur Bezeichnung der **Alkane**. Das gesättigte **Ethan** (C_2H_6) wird im ungesättigten Zustand **Ethen** (C_2H_4) genannt usw. Alle ungesättigten Kohlenwasserstoffe mit Doppelbindung bekommen die Endung „**-en**".

Die **Alk*e*ne** bezeichnet man auch als **Olefine**.

Im **Kunststoffbereich** wird im Unterschied zur Chemie noch auf das **ursprüngliche Bezeichnungssystem** zurückgegriffen. Das Gas **Ethen** nennt man demzufolge **Ethylen, Propen** nennt man **Propylen** usw.

Da Kunststoffe aus vielen Einzelmolekülen (Monomere) zusammengesetzt werden, beginnt ihr Name häufig mit dem Wort Poly (viel). Ein Kunststoff, der aus **Ethylen** (Ethen) hergestellt wird, heißt folglich **Polyethylen** (Propylen => **Polypropylen** / Butylen => **Polybutylen**). Von einem **Kunststoff** kann man allerdings erst dann sprechen, wenn mindestens **1000 Einzelbausteine** polymerisiert wurden (vgl. Kapitel Syntheseverfahren).

Kunststoffe, die aus **Olefinen** hergestellt wurden, nennt man **Polyolefine**.

Da die **Alkene eine Doppelbindung** haben, werden bei jedem Einzelmolekül zwei Wasserstoffatome weniger gebraucht. Die allgemeine Summenformel der Alkene lautet deshalb:

$C_n\,H_{2n}$ (Der Faktor **n** bezeichnet dabei die Anzahl der C-Atome)

Ungesättigte Kohlenwasserstoffe, die eine **Dreifachbindung** haben, werden **Alkine** genannt. Die Bezeichnung der Alkine ist ebenfalls analog zu den Alkanen. Alle **ungesättigten Kohlenwasserstoffe** mit **Dreifachbindung** bekommen die Endung „**-in**". Ein **Alkin** mit zwei Kohlenstoffatomen heißt folglich **Ethin** (C_2H_2) (auch bekannt als Acetylen-Gas). Durch die Dreifachbindung werden nochmals zwei Wasserstoffatome weniger benötigt (**Bild 2**). Die **allgemeine Summenformel** ergibt sich daher wie folgt:

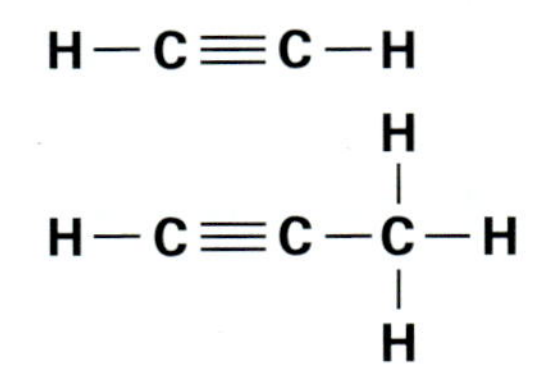

Bild 2: Ethin und Propin

$C_n\,H_{2n-2}$ (Der Faktor **n** bezeichnet dabei die Anzahl der C-Atome)

Ringförmige Kohlenwasserstoffverbindungen (Aromate)

Kohlenwasserstoffe bilden häufig kettenförmige oder verzweigte Moleküle. Es gibt allerdings auch **ringförmige Kohlenwasserstoffverbindungen**. Die **kettenförmigen** oder **verzweigten** Moleküle mit **Doppelbindungen/Dreifachbindungen** sind sehr **reaktionsfreudig**, weil die Verbindungen **ungesättigt** sind.

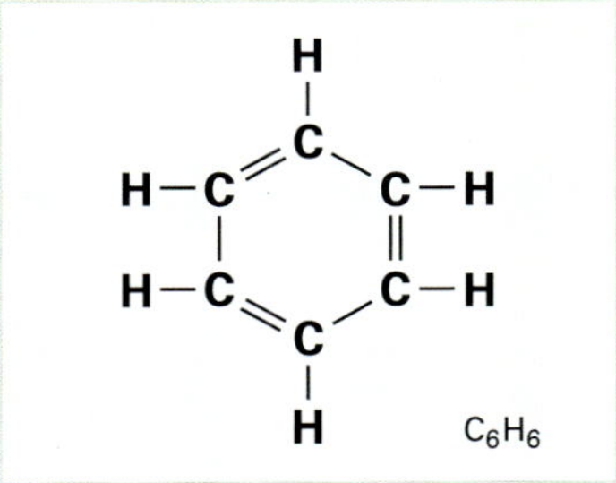

Bild 1: Benzolring

Bild 2: Kurzschreibweise (Benzol)

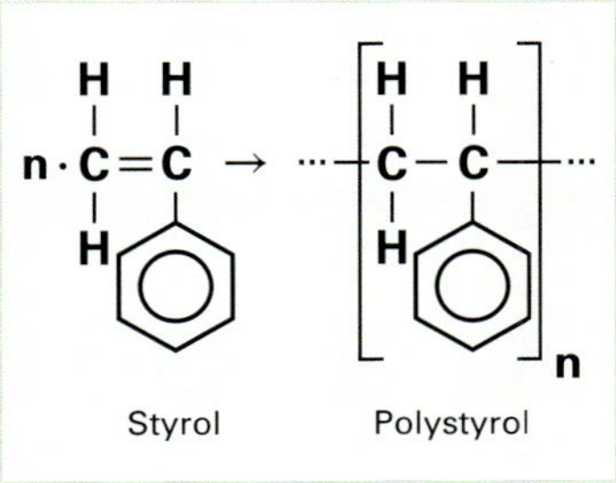

Bild 3: Styrol und Polystyrol

Ringförmige Kohlenwasserstoffe, wie das **Benzol** (**Bild 1**), werden **Aromate** genannt. Die in der Strukturformel dargestellten Doppelbindungen stellen hier **keine ungesättigten** Verbindungen dar. In der **Modellvorstellung** geht man davon aus, dass die **Doppelbindungen wandern.** Die **Abstände** zwischen den Kohlenstoffatomen sind so gering, dass die **Elektronen** im Inneren des Ringes **allen Kohlenstoffen** gleichermaßen **zur Verfügung stehen.** Dadurch wird die **ringförmige Verbindung** sehr **stabil.** In der **Kurzschreibweise** (**Bild 2**) für den Benzolring wird deshalb häufig ein **Ring** dargestellt.

Ringförmige Kohlenwasserstoffverbindungen sind sehr **stabil.**

Die ringförmige Verbindung selbst geht **keine Bindungen** ein. Die **Wasserstoffatome** an der Außenseite können dagegen sehr leicht **abgetrennt bzw. ersetzt** werden. Bei den Kunststoffen findet man den Benzolring mit einem fehlenden H-Atom, z. B. beim **Polystyrol** (**Bild 3**). Dieser **Thermoplast** (**Kapitel 1.5**) wird aus dem ungesättigten Kohlenwasserstoff **Styrol** gewonnen. Ringförmige Baugruppen finden sich auch in den thermoplastischen Kunststoffen **Polycarbonat (PC)** und **Polyethylenterephthalat (PET)**. Alle genannten Kunststoffe zeichnen sich wegen der Baugröße und dem elektrisch neutralen Aufbau der **ringförmigen Molekülbestandteile** durch eine **hohe Transparenz** aus, d. h., sie sind meist **durchsichtig.**

Der Baustein **Phenol** (**Bild 4**) unterscheidet sich vom Benzol lediglich dadurch, dass ein H-Atom durch die **Alkoholgruppe** (Hydroxylgruppe -OH) ersetzt wird. Aus dem Phenol kann durch die **Polykondensationsreaktion** (**Kapitel 1.4**) mit Formaldehyd das Phenolharz **Bakelit®** (**Bilder 5 und 6**) hergestellt werden. Der Kunststoff Bakelit® ist ein **Duromer.**

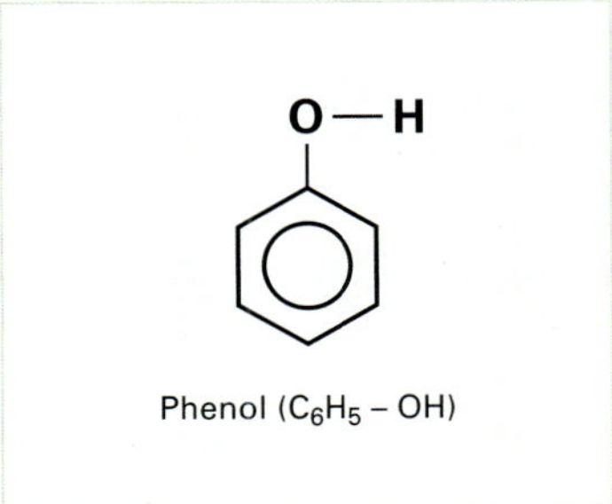

Bild 4: Phenol

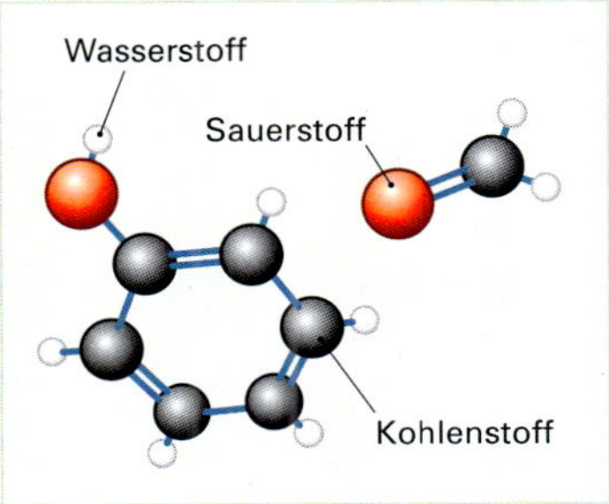

Bild 5: Phenol und Formaldehyd

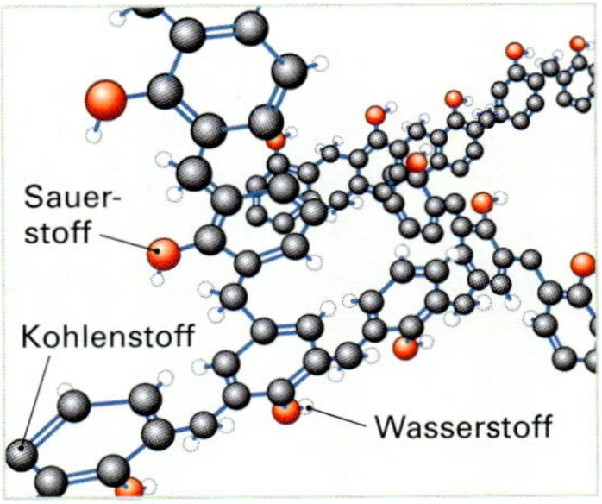

Bild 6: Räumlich vernetztes Bakelit

1.4 Bildung von Makromolekülen

Im **Kapitel 1.3.5** wurden die organischen Kohlenwasserstoffe näher beschrieben. Einige der organischen Stoffe können zur **Herstellung synthetischer Stoffe** herangezogen werden. Die zur Herstellung von Kunststoffen geeigneten **Monomere** (Einzelbausteine) werden meist aus den **Rohstoffen Erdöl, Erdgas** oder **Kohle** gewonnen. Das Erdöl ist von den genannten Stoffen der Bedeutendste. In diesem Kapitel wird deshalb am Beispiel des Erdöls erklärt, wie man **Ausgangsstoffe zur Kunststoffherstellung** gewinnen kann.

1.4.1 Vom Erdöl zum Monomer

Fraktionierte Destillation

Im Rohöl sind mehr als **1000 verschiedene Kohlenwasserstoffverbindungen** enthalten. Aus dieser Vielzahl muss man zunächst **geeignete Ausgangsstoffe** gewinnen. Dazu eignet sich die **fraktionierte Destillation**.

Das Verfahren nutzt die unterschiedlichen **Siedepunkte** der Erdölbestandteile. **Erdölanteile** mit etwa gleich großen Molekülen sieden im gleichen **Temperaturbereich** (**Tabelle 1**). Kohlenwasserstoffe mit annähernd gleich langen Molekülketten nennt man **Fraktionen**.

Die prozentualen Anteile der Fraktionen (**Bild 1**) hängen vom Herkunftsland des Erdöls ab. Allgemein lässt sich sagen, dass der **prozentuale Anteil** der Fraktionen vom **Siedepunkt** abhängt. D. h., Fraktionen mit kurzen Molekülketten und entsprechend niedrigem Siedepunkt kommen demnach seltener vor als längere Ketten mit höheren Siedepunkten.

Bei der **fraktionierten Destillation** (**Bild 2**) wird das Erdöl zunächst in einem **Röhrenofen** bei ca. **400 °C** fast vollständig **verdampft** und dem **Fraktionierturm** zugeführt. Dort steigt der heiße **Erdöldampf** nach oben und **kühlt** von Etage zu Etage allmählich **ab**. Damit der Dampf nicht zu schnell aufsteigt, sind die **Etagendurchlässe** mit **Glocken** abgedeckt. Die Erdölanteile mit entsprechenden Siedepunkten **kondensieren** dann auf den Etagen und können **seitlich abgeführt** werden.

Zur **Weiterverarbeitung** in der Chemie eignen sich insbesondere die **Schwerbenzine (Naphtha)**. **Naphtha** enthält überwiegend **gesättigte Kohlenwasserstoffe** (Heptan, Oktan, Nonan und Dekan).

Tabelle 1: Siedepunkte von Kohlenwasserstoffen (Fraktionen)

Gase (C_1 bis C_4)	bis 30 °C
Leichtbenzin (C_5 bis C_6)	bis 100 °C
Schwerbenzin (C_7 bis C_{10})	bis 200 °C
Petroleum (C_{11} bis C_{14})	bis 260 °C
Gasöl (C_{16} bis C_{19})	bis 360 °C

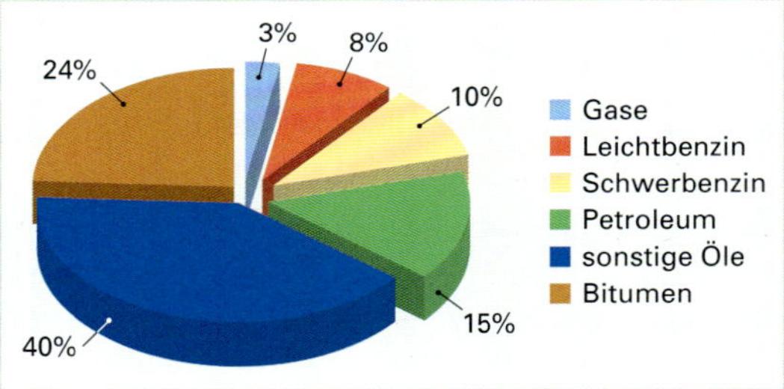

Bild 1: Beispiel für Erdölfraktionen

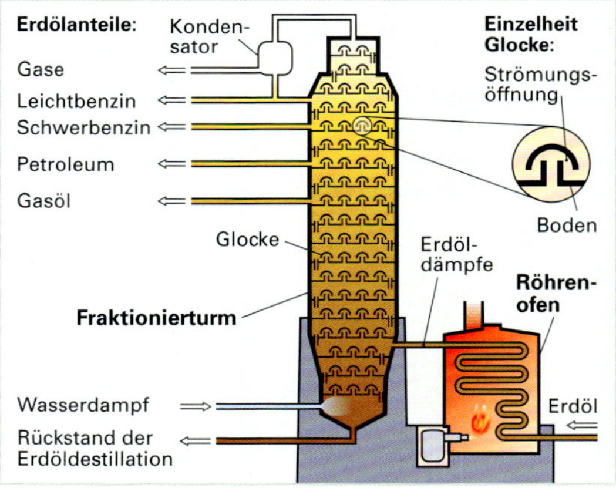

Bild 2: Fraktionierte Destillation von Erdöl

Die **fraktionierte Destillation** dient zur Gewinnung des Basisrohstoffs **Naphtha** (Schwerbenzin).

Cracken

Der Basisrohstoff **Naphtha** (Schwerbenzin) enthält überwiegend **gesättigte Kohlenwasserstoffe**, die sich **nicht** zur synthetischen Umsetzung also z. B. zur Herstellung von Kunststoffen **eignen**. Zur Herstellung sehr langer Molekülketten, wie sie etwa die Kunststoffe besitzen, müssen die Einzelbausteine (Monomere) **ungesättigt** sein.

Beim **Crackprozess** (englisch: to crack = spalten) werden aus den gesättigten Kohlenwasserstoffen des Benzins kleinere **gasförmige, ungesättigte Moleküle** gewonnen. Man unterscheidet das **katalytische** und das **thermische Cracken**. Diese beiden Gruppen unterscheiden sich im Wesentlichen dadurch, dass beim thermischen Cracken **keine Katalysatoren** (Katalysatoren sind **chemische Hilfsmittel**, die eine Reaktion schneller ablaufen lassen) eingesetzt werden. In der Praxis kommen beide Verfahren zum Einsatz, wobei beim katalytischen Cracken wesentlich bessere Umsetzungsergebnisse bei deutlich niedrigeren Temperaturen erreicht werden. In diesem Buch wird jedoch nur das einfachere thermische Cracken beschrieben.

Monomere für Kunststoffe können durch **thermisches Cracken** gewonnen werden.

Beim **thermischen Cracken** wird das Schwerbenzin so stark aufgeheizt, dass es letztlich **vollständig gasförmig** wird. Bei **Temperaturen** zwischen **805 °C ... 850 °C** werden die Eigenbewegungen (Schwingungen) der Benzinmoleküle so stark, dass die **chemischen Bindungen** der Ketten **abreißen**. Man spricht vom **Brechen** der **Ketten**. Wegen der hohen Temperaturen können nur kurze, meist ungesättigte Ketten gebildet werden. Die Gewinnung von **Ethen** aus dem Schwerbenzin **Oktan** könnte **beispielsweise** wie folgt ablaufen (**Bilder 1 und 2**):

Beispiel:

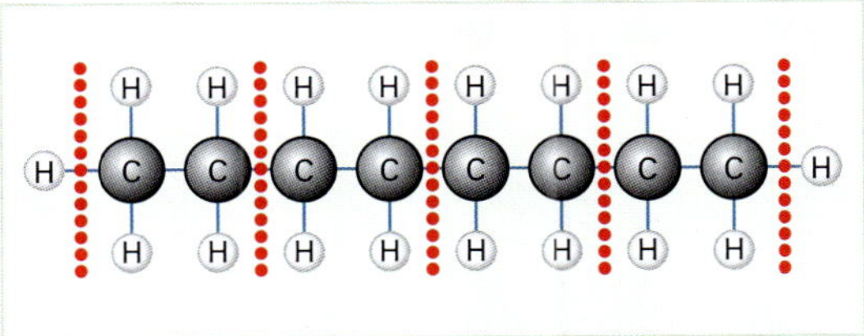

Bild 1: Brechen der Kette des Oktans C_8H_{18}

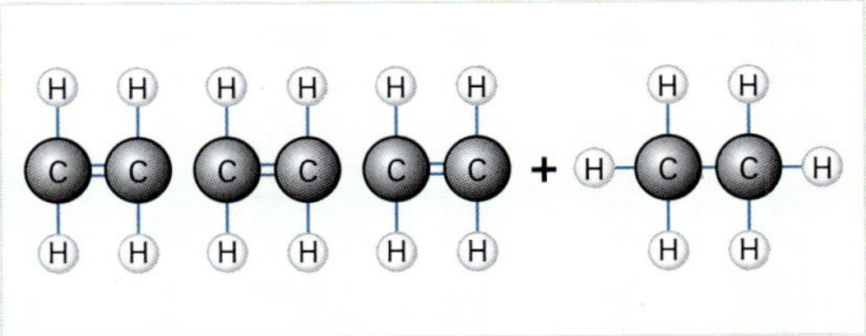

Bild 2: 3 x Ethen C_2H_4 (Ethylen) + 1 x Ethan C_2H_6

In der **1. Phase** wird die Kette des Oktans bei ca. 850 °C gebrochen. In der **2. Phase** bilden sich neue, kürzere Moleküle. Den kürzeren Molekülen stehen **nicht genügend Wasserstoffatome** zur Verfügung (zur Bildung von 4 Ethanmolekülen werden 24 H-Atome benötigt, Oktan kann allerdings nur 18 H-Atome zur Verfügung stellen). Deshalb entstehen neben dem gesättigten Ethan vor allem **ungesättigte Ethylenmoleküle**.

Die **Ethylenmoleküle** sind wegen ihrer Doppelbindung **reaktionsfähige Monomere**.

Durch **Polymerisation** (**siehe Kapitel 1.4.2**) kann man aus **Ethylen** direkt den Kunststoff **Polyethylen** herstellen.

Der Prozess ist keine exakte chemische Reaktion, sodass nur ein allgemeiner Reaktionsablauf dargestellt werden kann. Obwohl die Ausbeute durch geeignete Crackbedingungen optimiert werden kann, entsteht **in der Praxis** beim Cracken immer ein **vielfältiges Gemisch** verschiedener Gase. Neben dem **Ethen** (Ethylen) entstehen auch wichtige **Grundprodukte** wie **Propen** (Propylen), **1, 2** und **1, 3-Butadien, Benzol, Toluol** (Methylbenzol) etc. Ferner entstehen auch Wasserstoff, Methan, Ethin (Acetylen) sowie viele andere **Nebenprodukte**.

Um reines **Ethylen** zu erhalten, wird das **Gasgemisch** deshalb zunächst verflüssigt und anschließend **fraktioniert destilliert** (**siehe Seite 52**).

1.4.2 Vom Monomer zum Polymer

Kunststoffe haben sehr **lange Molekülketten**. Diese Ketten werden aus **Monomeren** (Einzelbausteinen) zusammengesetzt. **Monomere** zur Kunststoffherstellung kann man z. B. aus **Erdöl** gewinnen (**vgl. Kapitel 1.4.1**). Von einem **Kunststoff** spricht man erst dann, wenn mindestens **1000 Monomere** aneinandergereiht werden. In der Fachsprache werden die Kunststoffe meist **Polymere** genannt (griechisch *poly*: viel).

Das **Zusammenlagern** von **Monomeren** (Einzelmolekülen) zu **Makromolekülen** (Riesenmolekülen) erfolgt durch die **Syntheseverfahren** (**Bilder 1 und 2**).

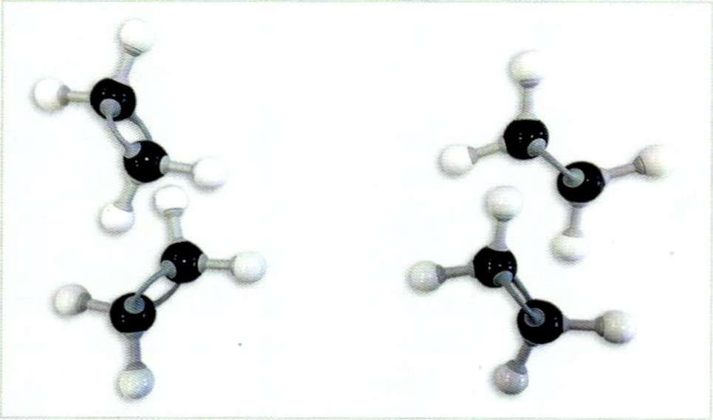

Bild 1: Monomer (Vorprodukt) Ethylengas C_2H_4

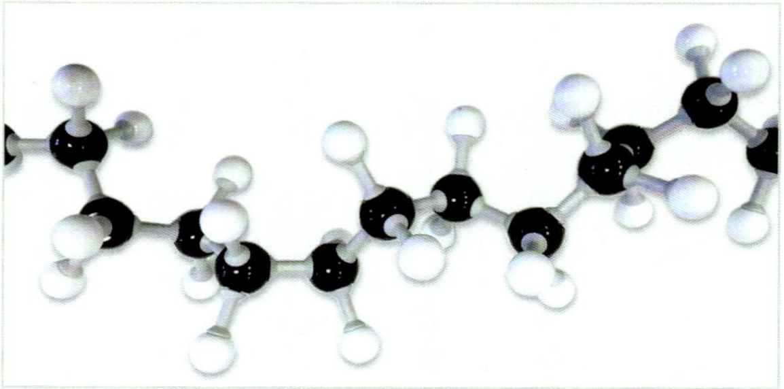

Bild 2: Polyethylen (Ausschnitt eines Makromoleküls)

Syntheseverfahren

Das Zusammenlagern der Einzelmoleküle zu Riesenmolekülen nennt man **Synthese**. Man unterscheidet im Wesentlichen **drei Syntheseverfahren**: Die **Polymerisation**, die **Polykondensation** und die **Polyaddition**. Die Polymerisation kann man in die **Homopolymerisation** und die **Copolymerisation** (**Übersicht 1**) unterteilen. Eine Sonderform der Syntheseverfahren stellt die **Pfropfcopolymerisation** dar.

Übersicht 1: Polymersynthese

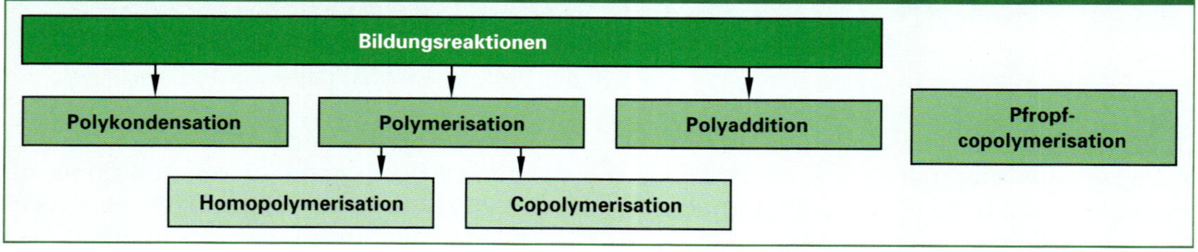

Mit all diesen Verfahren können **Polymere** (Kunststoffe) hergestellt werden. Die meisten Kunststoffe können allerdings nur mit **einem** der genannten **Verfahren** hergestellt werden. **Polyethylen** ist beispielsweise ein **Polymerisat**, **Polyurethane** sind **Polyaddukte,** und **Polycarbonat** ist ein **Polykondensat**. Werkstoffe wie das **Polyamid**, die sowohl als Polykondensat (z. B. **PA 66**), als auch als Polymerisat (**PA 6**) vorkommen, bilden dagegen die Ausnahme.

Die **Verarbeitung** von Polymeren kann vom **Syntheseverfahren** abhängen.

Oft ist es wichtig zu wissen, mit welchem Syntheseverfahren ein Kunststoff hergestellt wurde. Kunststoffe, die durch **Polykondensation** hergestellt werden, müssen beispielsweise meist **vorgetrocknet** werden, wohingegen **Polymerisate** oftmals **ohne Vortrocknen** verarbeitet werden können. Einige **Duromere polykondensieren** (vernetzen) beim **Pressen** im Werkzeug. Dabei wird Wasser (meist als Dampf) frei. Die Presse muss deshalb so konstruiert werden, dass der Wasserdampf beim Herstellungsprozess entweichen kann.

Funktionelle Gruppen

Damit aus **Monomeren Makromoleküle** werden können, benötigt man **funktionelle Gruppen**. Die **einfachste** funktionelle Gruppe ist die **Doppelbindung** (**Bild 1**). Allgemein sind funktionelle Gruppen **Molekülbausteine**, die besonders **charakteristische Reaktionen** hervorrufen, d. h., sie gehen unter **geeigneten Bedingungen Bindungen** mit anderen Molekülen ein. Bei der Bildung von Polymeren sind häufig **Aminogruppen** (Endung -amin), **Carboxylgruppen** (Carbonsäuren), **Hydroxylgruppen** (Endung -ol) oder ein **Benzol mit fehlendem H-Atom** etc. beteiligt (**Bilder 2 bis 5**).

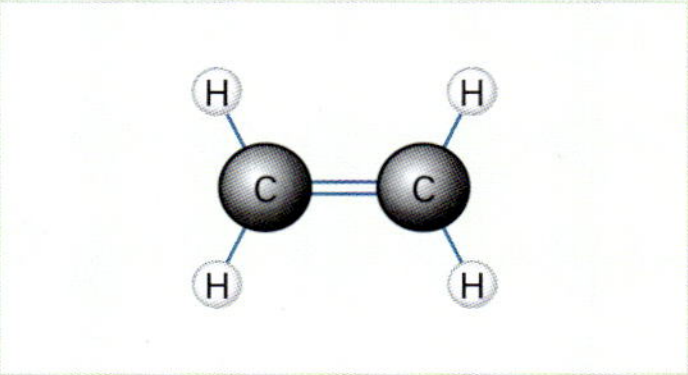

Bild 1: Doppelbindung

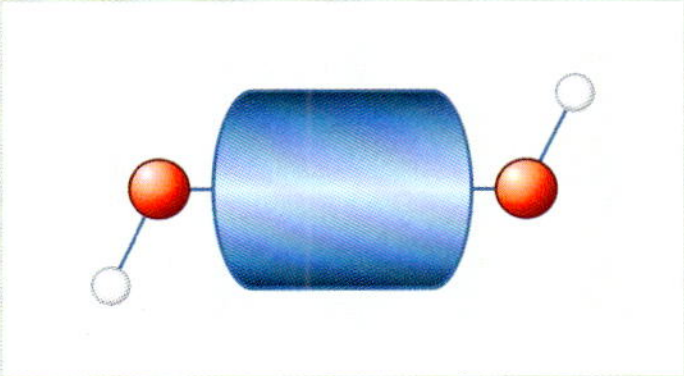
Bild 2: Hydroxylgruppe (-OH)

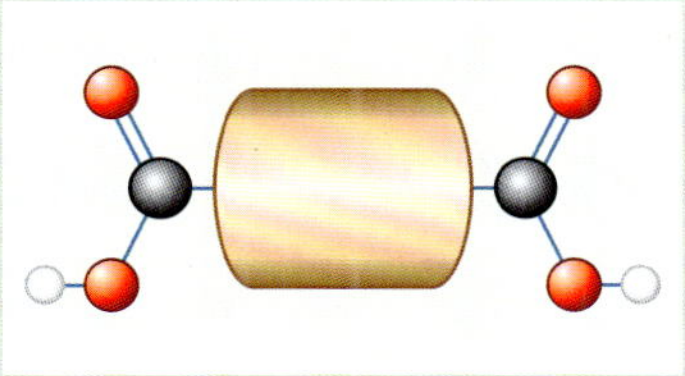
Bild 3: Carboxylgruppe (-COOH)

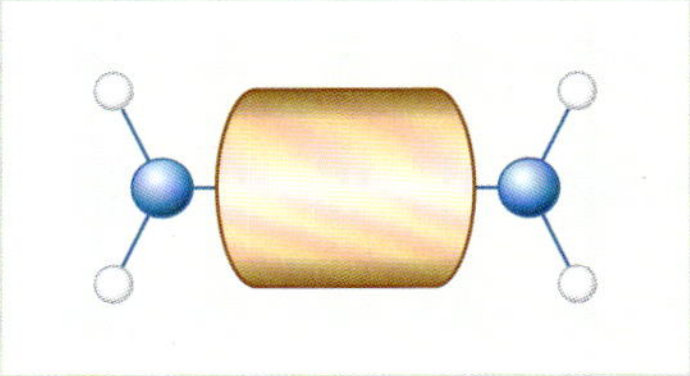
Bild 4: Aminogruppe ($-NH_2$)

(Die in den Bildern 2...5 als Kapseln dargestellten Teile der Moleküle sind beliebige Kohlenwasserstoffe)

Um lange Ketten bilden zu können, müssen sich mindestens **vorne** und **hinten Kupplungsmöglichkeiten** (vergleichbar der Zusammenstellung eines Eisenbahnzugs) befinden. Die Moleküle müssen also mindestens vorne und hinten eine **funktionelle Gruppe** oder eine **Doppelbindung** haben. Solche Monomere sind **bi-funktionell**. Hier entstehen stets **lineare Makromoleküle**. **Thermoplaste** sind Produkte mit linearen Ketten.

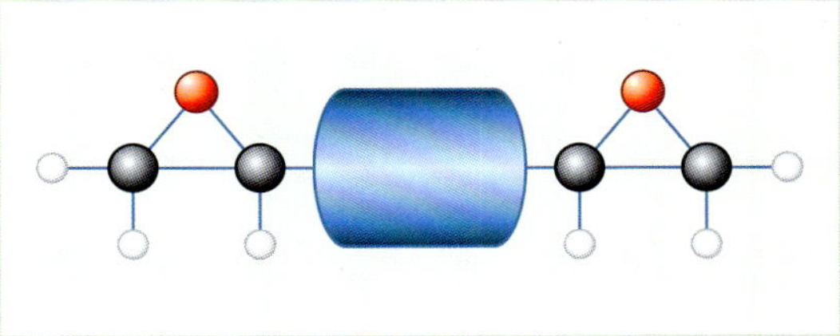
Bild 5: Epoxidgruppe ($-C_2OH_3$)

> Aus **Monomeren** mit **bi-funktionalen Gruppen** entstehen **lineare Makromoleküle**.

Monomere mit **mehr als zwei** Kupplungsmöglichkeiten nennt man **höherfunktionell** oder **polyfunktionell** (*poly*: viel). Es entstehen **vernetzte Produkte** (z. B. **Duromere/Harze** oder **Elastomere**).

> Aus **Monomeren** mit **höherfunktionellen Gruppen** entstehen **vernetzte Makromoleküle**.

Polymerisation (Homopolymerisation)

Von der Homopolymerisation spricht man immer dann, wenn **gleiche Monomere** zu einem Makromolekül verbunden werden (griechisch *homo*: gleich). Monomere für Polymerisationen besitzen immer mindestens eine **Doppelbindung**. Bei den meisten Polymeren ist dies eine C-C-Doppelbindung. Es kommen allerdings auch C-O-Doppelbindungen vor (z. B. Formaldehyd, Ausgangsstoff für Polyoximethylen POM).

Die **Polymerisation** erfolgt in **drei Stufen**:

1. **Startreaktion**: **Aufspaltung der Doppelbindung** durch **Katalysator** (+ ggf. Zufuhr von Energie).
2. **Wachstumsreaktion**: Aneinanderreihen der Monomere (Kettenreaktion).
3. **Abbruchreaktion**: **Absättigung** der freien Bindungsstelle durch **kräftige Valenzbindungen**.

Unter kräftigen Valenzbindungen versteht man gesättigte Kohlenwasserstoffverbindungen, die **nicht** mehr reagieren.

Die Abbildung (**Bild 1**) zeigt die **drei Stufen** der Polymerisation von Polyethylen aus Ethylen:

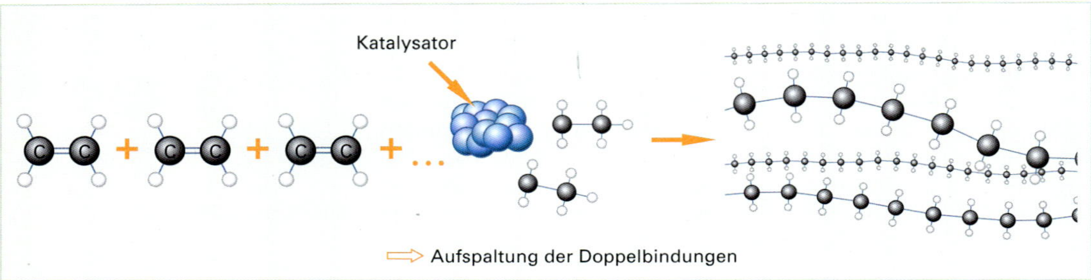

Bild 1: Ethylen wird zu Polyethylen polymerisiert

Die Makromoleküle der Kunststoffe sind immer aus sehr vielen Monomeren zusammengesetzt. Es ist daher weder sinnvoll noch möglich, die vollständige Formel anzugeben. Aus diesem Grund wird zur Darstellung der Strukturformel des Polymers immer die Formel des Monomers, aus dem es hergestellt wurde, zugrunde gelegt. Das Polymer wird mit der aufgespalteten Doppelbindung des Einzelmoleküls in Klammern gesetzt (**Bild 2**).

Der Buchstabe **n** gibt den **Polymerisationsgrad** an, d. h. die **Anzahl** der **Monomere,** aus denen das Makromolekül gebildet wurde.

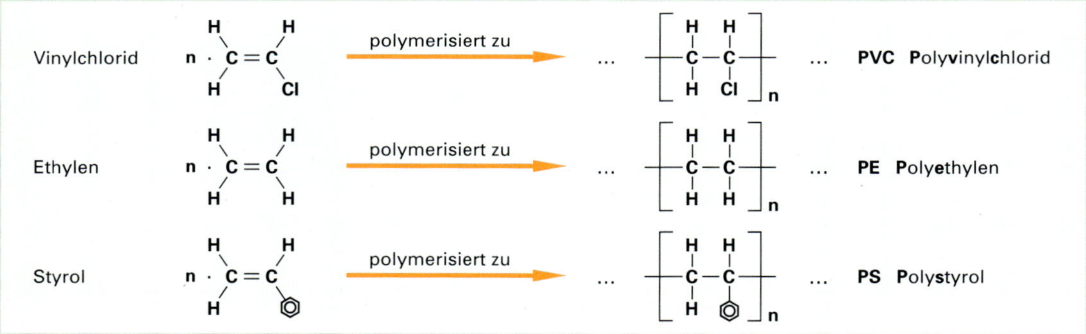

Bild 2: Strukturformel von Monomeren und Makromolekülen (Polymeren)

Makromoleküle von Kunststoffen haben einen **Polymerisationsgrad n,** der größer als 1000 ist.

Die Struktur der Makromoleküle kann, abhängig vom Aufbau der Monomere, **amorph** oder **teilkristallin** sein (**Kapitel 1.4.3**). Beispiele für polymerisierte **amorphe** Thermoplaste sind **Polystyrol** (PS), **Polymethylmethacrylat** (PMMA) und **Polyvinylchlorid** (PVC). Die Kunststoffe **Polyethylen** (PE), **Polypropylen** (PP), **Polyoxymethylen** (POM) und **Polytetrafluorethylen** (PTFE) sind **teilkristalline** Polymerisate. Das themoplastische Elastomer **BR** (Butadien-Rubber) kann ebenfalls polymerisiert werden.

Bei der Homopolymerisation entstehen meist **lineare** oder **verzweigte** Moleküle (**Bilder 3 und 4**).

Bild 3: Lineare Makromoleküle

Bild 4: Verzweigte Makromoleküle

Copolymerisation

Bei der **Copolymerisation** werden **verschiedene Typen von Monomeren** Typen in einer Molekülkette durch Hauptvalenzkräfte gebunden. Wenn man beispielsweise die Monomere des **spröden Polystyrols** mit den Monomeren des **elastischen Butadiens** verbindet, erhält man den Kunststoff **Styrol-Butadien** (SB), einen schlagzähen und steifen Kunststoff. Die Abbildung (**Bild 1**) zeigt die Strukturformel des **Styrol-Acrylnitrils** (SAN). SAN ist ein glasklarer Kunststoff, der **temperaturbeständiger** und steifer ist als das **Homopolymer** Polystyrol.

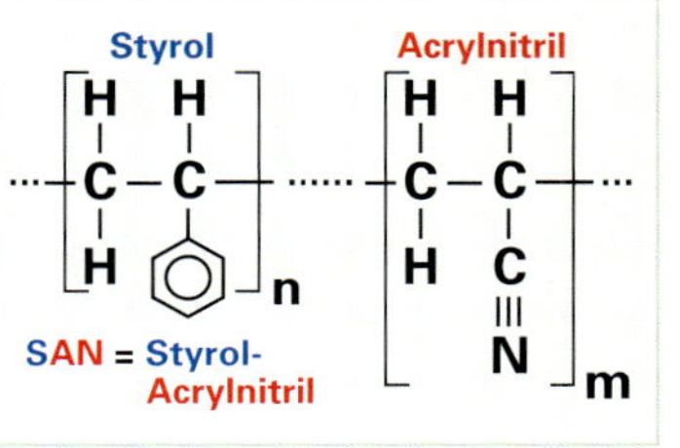

Bild 1: Styrol-Acrylnitril

Man unterscheidet statistische Copolymere, alternierende Copolymere und Blockcopolymere. Die **statistischen Copolymere** sind unregelmäßig angeordnet (**Bild 2**). Ihre Anordnung ist mehr oder weniger **zufällig**. Bei den **alternierenden Copolymeren** (**Bild 3**) sind die Polymere regelmäßig angeordnet. Auf einen Baustein des **einen Monomers** folgt jeweils das andere Monomer. Alternierende Copolymere sind wegen des hohen Herstellungsaufwands allerdings sehr selten. Die **Blockcopolymere** (**Bild 4**) eigenen sich zur Herstellung **thermoplastischer Elastomere** (TPE). Dabei besteht abwechselnd ein Block aus einer **elastischen Komponente** und ein Block aus einer **Hartphase**. Man spricht in diesem Zusammenhang von **Mehrphasen-Kunststoffen**.

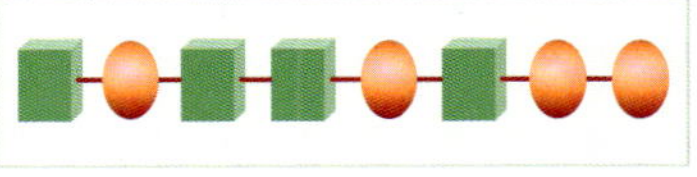

Bild 2: Statistisches Copolymer

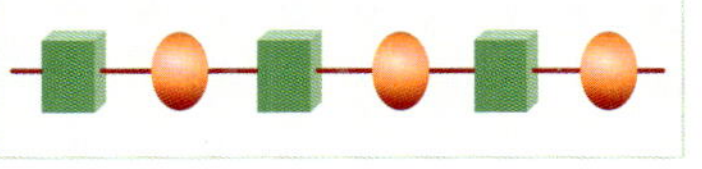

Bild 3: Alternierendes Copolymer

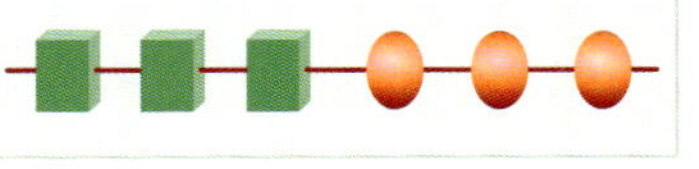

Bild 4: Blockcopolymer

Polykondensation

Bei der Polykondensation können sich **gleiche** oder **verschiedene Monomere** verbinden. Die Moleküle haben meist **zwei** oder **mehr funktionelle Atomgruppen**, die das **Wachsen zu beiden Seiten** hin ermöglichen (**Bild 5**).

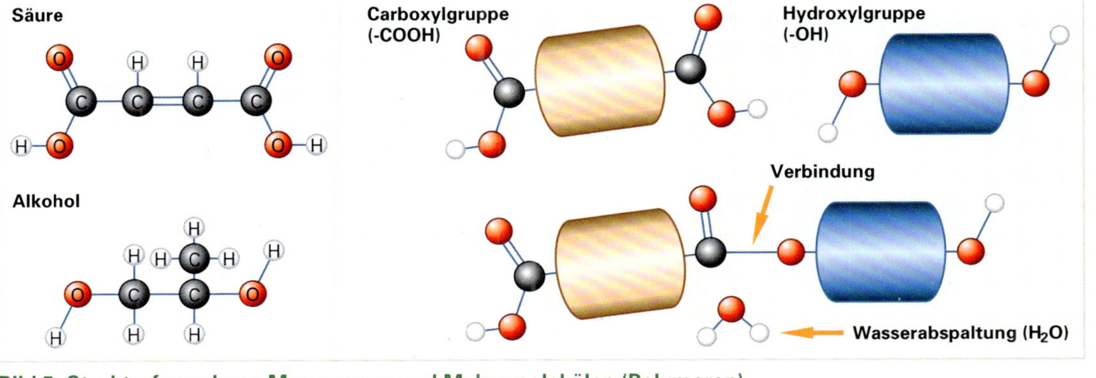

Bild 5: Strukturformel von Monomeren und Makromolekülen (Polymeren)

Die Abbildung zeigt die **Polykondensationsreaktion** einer **Säure** mit einem **Alkohol**. Bei der Entstehung des **Polyesters** wird Wasser abgespalten.

> Bei der **Polykondensation** wird immer ein **Nebenprodukt** frei (meist **Wasser** oder Alkohol).

Wenn die **funktionellen Atomgruppen** nur **zwei Bindearme** (bzw. Kupplungsmöglichkeiten) aufweisen, entstehen **lineare Makromoleküle,** z. B. die **Thermoplaste Polyamid** (z. B. **PA 66**) oder **Polycarbonat** (**PC**). Polykondensate nehmen Wasser auf, weil der chemische Prozess der Wasserabspaltung umkehrbar ist. Das Granulat muss deshalb zur Verarbeitung vorgetrocknet werden.

Haben die Monomere **mehr als zwei Bindearme**, so entstehen **vernetzte Produkte**, z. B. die **Duromere** Phenol-Formaldehyd (PF) oder Melamin-Formaldehyd (MF).

Polyaddition

Bei der **Polyaddition** verbinden sich meist **zwei verschiedene** Typen von Monomeren mit mindestens **zwei verschiedenen funktionellen Gruppen** zu Makromolekülen.

Bild 1 zeigt ein **Epoxid** mit Epoxidgruppen und ein **Diamin** mit Aminogruppen (die Kapseln stellen beliebige Kohlenwasserstoffe dar). Es entsteht ein **Epoxidharz**.

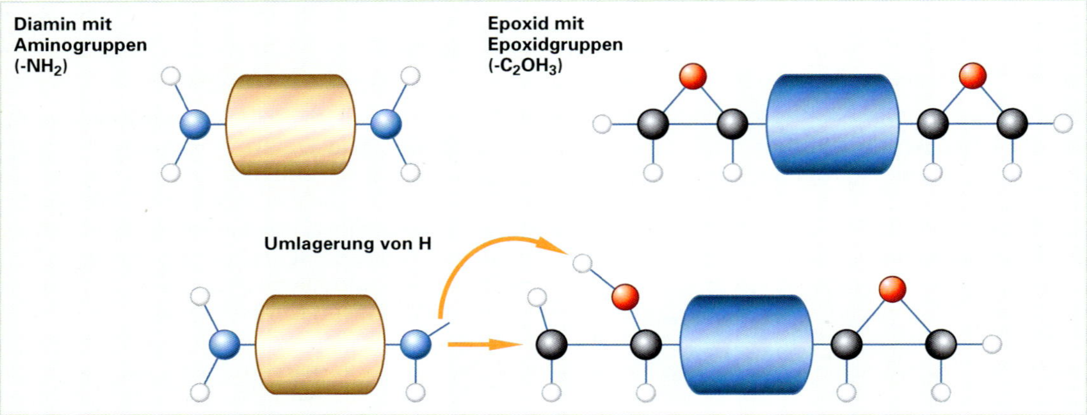

Bild 1: Polyadditionsreaktion

Beim **Aneinanderreihen** der Monomere wird im Gegensatz zur Polykondensation kein Nebenprodukt frei, weil lediglich ein **Wasserstoffatom umgelagert wird**.

Bei der **Polyaddition** entsteht kein **Nebenprodukt**.

Bei der **Polyaddition** können abhängig von den funktionellen Gruppen **lineare, engmaschig vernetzte** oder **weitmaschig vernetzte Makromoleküle** entstehen.

Die **Epoxidharze** sind **vernetzte Polyaddukte**. Die ebenfalls durch Polyaddition hergestellten **Polyurethane** (PUR) kommen als **lineare** (Thermoplaste), **engmaschig vernetzte** (Duromere) und **weitmaschig vernetzte** (Elastomere) Makromoleküle vor (**vgl. Kapitel 1.4.3**). Polyurethan-Hartschaum entsteht durch Polyaddition von **Isocyanat** und **Polyol** (**Bild 2**).

Bild 2: Polyurethan-Hartschaum

Pfropfcopolymerisation

Die **Pfropfcopolymerisation** wird meist zur Herstellung **schlagzäher Kunststoffe** verwendet. Dabei werden **harte** Homo- oder Copolymere auf **elastische** Polymere aufgepfropft (**Bild 3**). Durch die **chemische Bindung** (Hauptvalenzkräfte) zwischen Weich- und Hartphase erreicht man eine sehr **wirksame** und **beständige Schlagdämpfung**.

Durch Pfropfcopolymerisation wird z. B. **Acrylnitril-Butadien-Styrol (ABS)** hergestellt. Weitere **Beispiele** sind das schlagzähe **Styrol-Butadien-Pfropfcopolymer (SB)** und **Acrylnitril-Styrol-Acrylester (ASA)**.

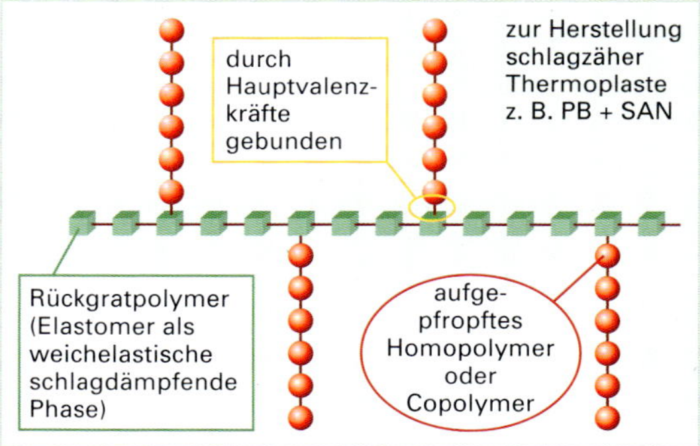

Bild 3: Pfropfcopolymerisation

1.4.3 Makromoleküle

Mithilfe der Syntheseverfahren (Kapitel 1.4.2) lassen sich die unterschiedlichsten **Makromoleküle** herstellen. Die Makromoleküle sind die **Grundbausteine** der Kunststoffe. Ihr Aufbau bestimmt je nach **Größe, Gestalt, Anordnung** und **Bindung** der Makromoleküle die **Eigenschaften** der Kunststoffe.

Nach der **Molekülstruktur (Übersicht 1)** unterscheidet man im Wesentlichen zwischen **Thermoplasten, Duromeren** (Duroplaste) und **Elastomeren**. Die thermoplastischen Kunststoffe haben lediglich unvernetzte Makromoleküle. Ihre Fäden werden nur durch **physikalische Bindungen** zusammengehalten. Bei den **Duromeren** (Duroplaste) und **Elastomeren** sind die Fäden dagegen mit **chemischen Bindungen vernetzt**. Duromere sind **engmaschig** vernetzt. Elastomere haben eine **weitmaschige** Vernetzung. Die unvernetzten **Thermoplaste** sind im Gegensatz zu den vernetzten Duromeren und Elastomeren **umformbar** und **wiedereinschmelzbar**.

Übersicht 1: Makromoleküle

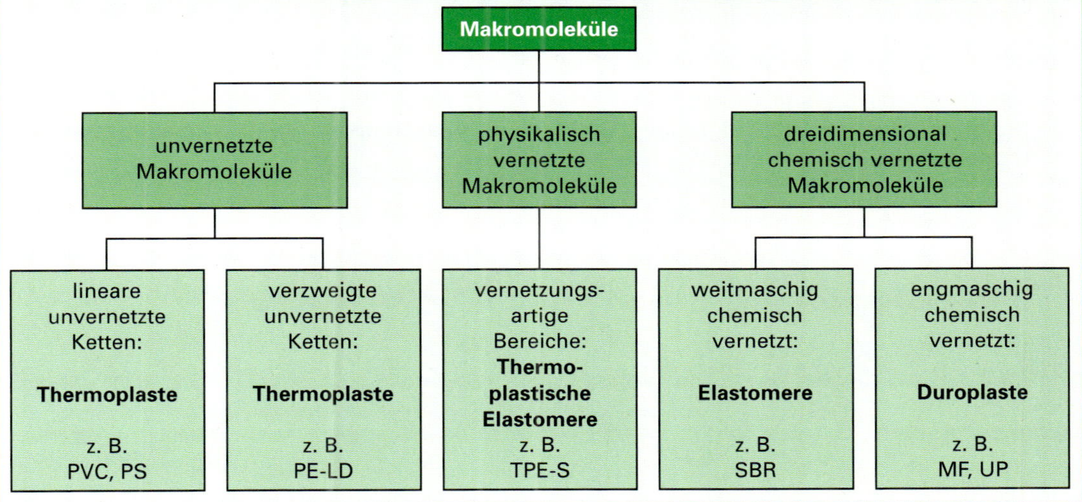

Bindungskräfte

Bei den Bindungsarten unterscheidet man im Wesentlichen zwischen chemischen und physikalischen Bindungskräften. Bei den Thermoplasten findet man die relativ temperaturbeständigen **chemischen Bindungen** (Kapitel 1.3) zwischen den **Monomeren**. Sie verhindern, dass die Makromolekülketten zerfallen.

Die Monomere der Makromolekülketten sind durch **Elektronenpaarbindungen** verbunden. Die **chemischen Bindungen** werden auch **kovalente Bindungen, Atombindungen** oder **Hauptvalenzkräfte** genannt. Sie sind relativ temperaturbeständig.

Die **Makromoleküle der Thermoplaste** werden dagegen von **physikalischen Kräften** zusammengehalten. Sie sind wesentlich **schwächer** als die chemischen Bindungen. Ihr Einfluss ist nur wegen der **Vielzahl der Bindungen** von Bedeutung. Die physikalischen Bindungen sind zwischenmolekulare Kräfte, die auf elektrostatische oder elektromagnetische Wechselwirkungen zurückzuführen sind. Sie können nur entstehen, wenn sich die Moleküle sehr nahe kommen. Bei hohen Temperaturen ist die Bewegungsenergie der Molekülketten so groß, dass eine Berührung der Moleküle unwahrscheinlich wird. Deshalb werden sie bei **hohen Temperaturen schwächer** und verschwinden schließlich ganz.

Die zwischenmolekularen Bindungen durch Wechselwirkungen nennt man **Nebenvalenzkräfte** oder auch **Van-der-Waals-Kräfte** (nach Johann Diderik Van-der-Waals, holländischer Wissenschaftler, 1837-1923).

Man unterscheidet Dispersionskräfte, Dipolkräfte, Induktionskräfte und Wasserstoffbrückenbindungen.

- **Dispersionskräfte** sind ungerichtete Anziehungskräfte. Sie entstehen dadurch, dass die negativen Elektronen den positiven Kern umkreisen.
- **Dipolkräfte** entstehen beispielsweise, wenn im Kettenmolekül Elemente mit stark elektronegativem Charakter vorkommen. Sie beruhen auf der gegenseitigen Anziehung unterschiedlich geladener Teilchen.
- **Induktionskräfte** können sich durch die elektromagnetische Feldeinwirkung der Dipole bilden.
- **Wasserstoffbrückenbindungen** bilden sich immer dann, wenn Wasserstoffatome positiv polarisiert werden (z. B. durch Atome oder Atomgruppen).

Die **physikalischen Kräfte** (elektrische Wechselwirkungen, auch Van-der-Waals-Kräfte oder **Nebenvalenzkräfte** genannt) werden bei höheren Temperaturen schwächer und **verschwinden** schließlich vollständig. Sie halten die Makromoleküle der Thermoplaste zusammen.

Das Modell (**Bilder 1 und 2**) zeigt einen sehr kleinen **Ausschnitt** der **Makromolekülfäden** eines **Thermoplasten** bei Raumtemperatur bzw. bei 130 °C.

Hinweis: Die *Monomere* des beliebigen Thermoplasts sind als Kugeln dargestellt.

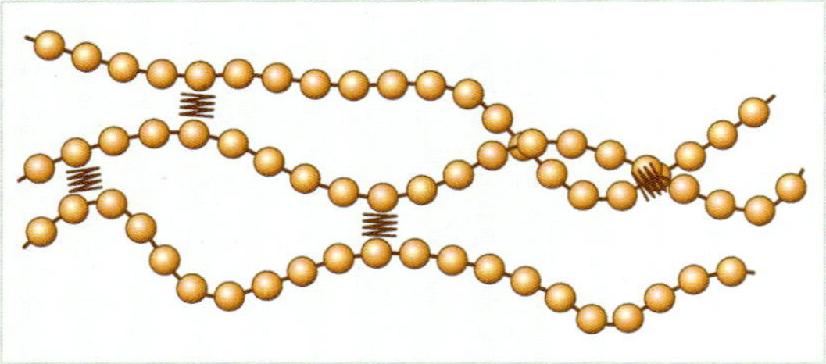

Bild 1: Thermoplast bei Raumtemperatur

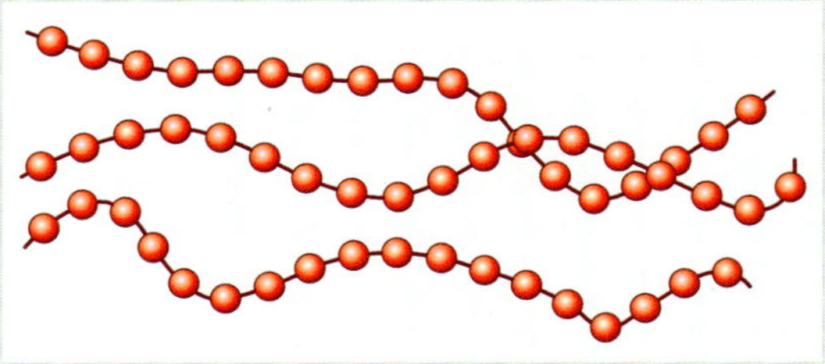

Bild 2: Thermoplast bei ca. 130 °C

Die chemischen Bindungen zwischen den Monomeren sind als Striche zwischen den Kugeln zu erkennen. Die physikalischen Bindungen sind als kleine Federn dargestellt. Beim Vergleich der Bilder fällt auf, dass die physikalischen Bindungen bei 130 °C vollständig verschwunden sind. Die chemischen Bindungskräfte sind dagegen temperaturstabil.

Wegen der geringen Temperaturbeständigkeit von Nebenvalenzkräften lassen sich **thermoplastische Kunststoffe** warmverformen. Zum Warmumformen muss die Temperatur lediglich so erhöht werden, dass **nur noch wenige Nebenvalenzkräfte** vorhanden sind. Der Kunststoff wird dann **thermoelastisch**. Vom **thermoplastischen** Zustand, der z. B. beim Spritzguss nötig ist, spricht man, wenn **keine Nebenvalenzkräfte** mehr wirken. Beim Abkühlen bauen sich die Nebenvalenzen wieder auf, der Kunststoff wird wieder fest.

Kunststoffe, deren Makromoleküle nur durch **Nebenvalenzbindungen** zusammengehalten werden, sind **plastisch formbar**.

Bei der Verarbeitung von Kunststoffen muss die Temperatur immer so gewählt werden, dass die **chemischen Bindungen** der Makromoleküle (Hauptvalenzkräfte) **nicht zerstört** werden, denn sonst würden sich die Makromoleküle zersetzen.

Anordnung der Makromoleküle bei den Thermoplasten

Bei den Thermoplasten unterscheidet man zwischen der **niedrigkristallinen**, der **teilkristallinen** und der **amorphen** Anordnung der Makromoleküle. Sie hängt im Wesentlichen vom Aufbau des Monomers bzw. von dessen funktioneller Gruppe und von der Bauform des Makromoleküls ab. Die Bauform der Makromoleküle kann linear oder verzweigt sein.

Amorphe Anordnung

Ein amorphes Material ist in der Physik allgemein ein Stoff, der **keine geordneten Strukturen**, sondern ein unregelmäßiges Muster aufweist. Der Stoff ist **gestaltlos**. Die Abbildung (**Bild 1**) zeigt die unvernetzten Molekülfäden eines amorphen Kunststoffs im Modell. Alle Molekülfäden liegen wahllos durcheinander.

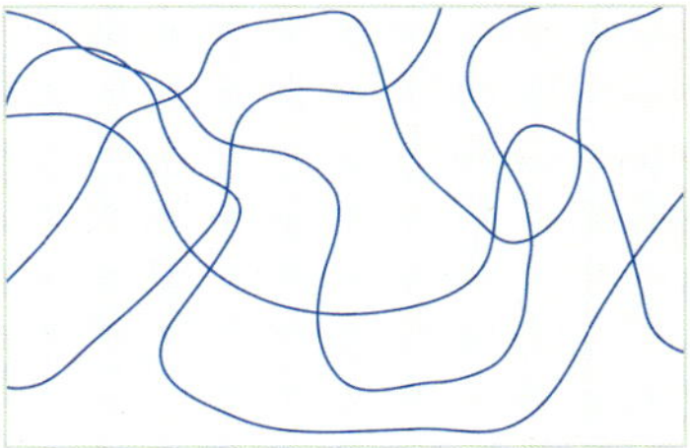

Bild 1: Amorphe Molekülanordnung

Ein Beispiel für einen **amorphen** (gestaltlosen) Kunststoff ist der Thermoplast **Polyvinylchlorid (PVC)**. Der Monomerbaustein **Vinylchlorid** des PVC (**Bild 2**) ist **unsymmetrisch** aufgebaut. Das im Vergleich zu den Wasserstoffmolekülen **riesige Chloratom** verhindert, dass sich die **Molekülfäden** des PVC **aufeinanderlegen** können, sie werden auf **Abstand** gehalten.

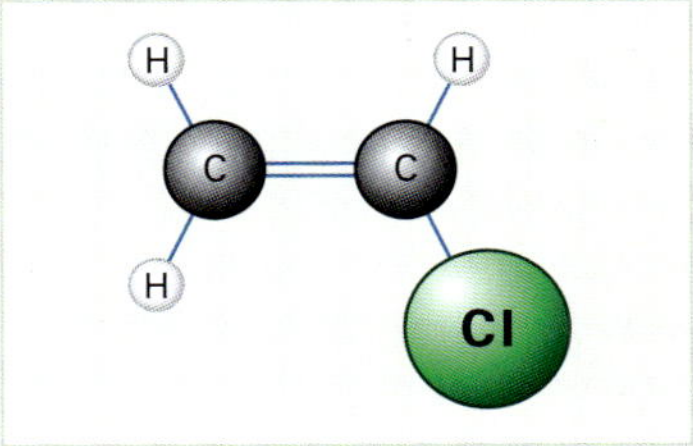

Bild 2: Monomer Vinylchlorid

Die einzelnen Makromolekülfäden sind so dünn, dass Lichtstrahlen nicht abgelenkt, bzw. gebrochen werden. Deshalb erscheint ein **amorpher Kunststoff durchsichtig**. Die auf Abstand gehaltenen, extrem dünnen Fäden können wir nicht sehen.

Das vergleichsweise große Chloratom verhindert außerdem, dass die Molekülfäden aneinander vorbeigleiten können, sie verhaken sich. Aus diesem Grund sind amorphe Kunststoffe überwiegend hart und spröde.

Die nicht vernetzten Molekülfäden **amorpher Kunststoffe** liegen wahllos durcheinander. Sie sind **durchsichtig** (bzw. **klar, transparent**) und überwiegend **hart** und **spröde**.

Kunststoffe mit **amorpher Anordnung** der Makromoleküle sind: **Polyvinylchlorid** (PVC), **Polystyrol** (PS), **Polymethylmethacrylat** (PMMA) und **Polycarbonat** (PC).

Der **Kunststoff PC** nimmt unter den amorphen Kunststoffen allerdings eine Sonderstellung ein. Er ist **nicht spröde**. Beim PC sind elektrisch neutrale, ringförmige Bausteine linear in der Makromolekülkette eingebaut. Dadurch wird eine Verhakung der Moleküle verhindert. Die gestaltlose Anordnung ist beim PC auf die geringe Anziehung zwischen den Molekülketten zurückzuführen.

Teilkristalline Anordnung

Der Begriff kristallin deutet immer auf eine strenge Ordnung der Moleküle hin. Kunststoffe ordnen sich jedoch nur in Teilbereichen an, d. h., sie sind teilweise geordnet, also **teilkristallin**. In der Abbildung (**Bild 3**) erkennt man, dass die **nicht vernetzten** Molekülfäden **teilweise parallel angeordnet (Kristallite)** sind. Der Rest liegt als biegsame Schlaufen vor. Teilkristalline Kunststoffe sind **nicht** durchsichtig. Sie erscheinen **durchschimmernd** oder **milchig, weil** das **Licht** beim Durchgang **gebrochen wird**. Die optische Erscheinung der teilkristallinen Kunststoffe nennt man auch **opak** oder **transluzent**.

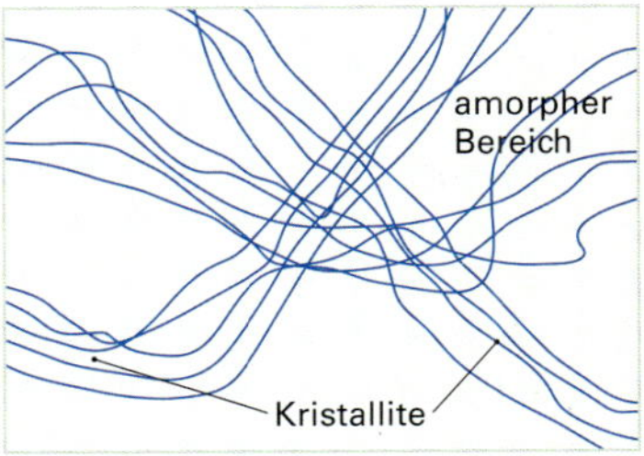

Bild 3: Teilkristalline Anordnung

Die parallele Anordnung der Makromolekülketten ist auf die vorwiegend symmetrische Bauform der Monomere und die überwiegend lineare Bauform der Makromoleküle zurückzuführen.

Das Monomer Ethylen (**Bild 1**) ist ein Beispiel dafür. Es hat an seiner Außenseite lauter gleich große Wasserstoffatome. Es ist daher unpolar. Polyethylenfäden können sich sehr gut aufeinanderlegen. Die Anordnung der Molekülfäden kann man z. B. sehr gut beobachten, wenn man flüssiges Wachs abkühlen lässt. Wachs ist im flüssigen Zustand amorph, beim Abkühlen wird es milchig.

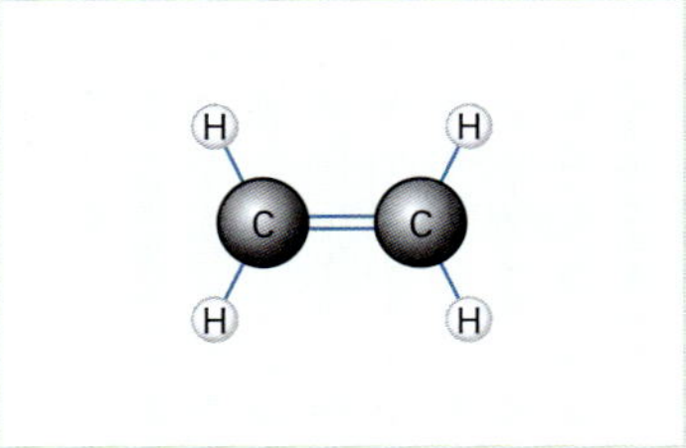

Bild 1: Ethylen Monomer

Teilkristalline Kunststoffe sind vorwiegend **schlagzäh**, denn ihre Molekülketten können im Gegensatz zu den Fäden der amorphen Kunststoffe meist gut aneinander vorbeigleiten.

Die nicht vernetzten Molekülfäden teilkristalliner Kunststoffe sind teilweise parallel geordnet, der Rest liegt als biegsame Schlaufen vor. Sie sind **durchschimmernd** (bzw. **transluzent, opak, milchig**) und meist **schlagzäh**.

Kunststoffe mit **teilkristalliner Anordnung** der Makromoleküle sind: **Polyethylen** mit hoher Dichte (PE-HD), **Polypropylen** (PP), **Polyamid** (PA), **Polyoximethylen** (POM) und **Polytetrafluorethylen** (PTFE).

Niedrigkristalline Anordnung

Neben den Kunststoffen mit ausgeprägter amorpher oder teilkristalliner Anordnung gibt es auch Kunststoffe mit **geringer Kristallisationsneigung**. Das für Getränkeflaschen verwendete **Polyethylentherephtalat (PET)** ist beispielsweise ein solcher Kunststoff. Die Molekülbausteine (**Bild 2**) sind so aufgebaut, dass sie sich **kaum** ordnen können. Der Kunststoff ist daher **niedrigkristallin**.

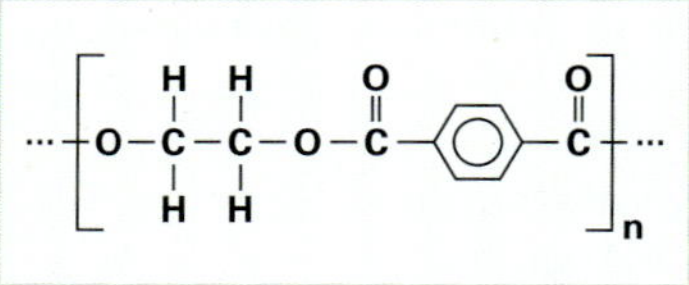
Bild 2: Polyethylenterephthalat

Bild 3: Lineare Ketten (PE-HD)

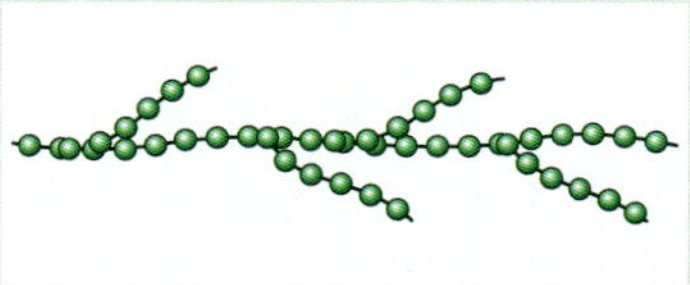
Bild 4: Verzweigte Ketten (PE-LD)

Hinweis: In den Abbildungen 3 und 4 sind die Ethylenmonomere als Kugeln dargestellt.

Eine niedrigkristalline Anordnung kann sich auch dann ergeben, wenn die Makromolekülketten **verzweigt** sind. Das mit dem **Niederdruckverfahren** hergestellte Polyethylen hat **lineare Ketten** (**Bild 3**). Die hohe Dichte kommt zustande, weil sich die Molekülfäden des Polyethylens gut aufeinanderlegen können. Das bei Luftdruck hergestellte **PE-HD** ist daher **teilkristallin**. Beim im **Hochdruckverfahren** hergestelltem **PE-LD** entstehen dagegen **verzweigte Ketten** (**Bild 4**). Diese können sich weniger gut zusammenlagern. **PE-LD** ist deshalb weniger dicht gepackt, also **niedrigkristallin**.

Kunststoffe mit **geringer Ordnung** der Molekülketten sind **niedrigkristallin**.

Wiederholungsfragen:

1. Unterscheiden Sie Nebenvalenzkräfte und Hauptvalenzkräfte.
2. Weshalb sind amorphe Kunststoffe durchsichtig?
3. Warum lagern sich die Molekülketten bei teilkristallinen Kunststoffen parallel an?
4. Warum ist PE-LD niedrigkristallin?

Einfluss der Anordnung von Makromolekülen auf den Schmelzbereich

Niedermolekulare Stoffe, also Stoffe, die nur kurze Moleküle besitzen (z. B. Wasser H_2O), haben eindeutig definierte **Schmelz-** und **Siedepunkte**. Zu Eis erstarrtes Wasser wird beispielsweise bei 0 °C flüssig. Bei 100 °C siedet Wasser, es wird zu Dampf. Die aus riesigen Makromolekülen zusammengesetzten Kunststoffe haben dagegen einen **Schmelzbereich**. Der Schmelzbereich der hochmolekularen Kunststoffe hängt dabei von der Zahl und der Größe der Nebenvalenzbindungen ab. Die **Tabelle 1** zeigt, dass die Nebenvalenzbindungen von der Anordnung der Moleküle abhängen.

Tabelle 1: Anordnung der Makromoleküle

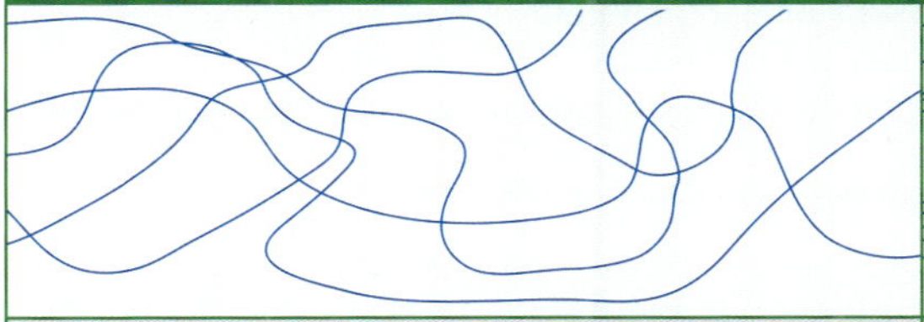

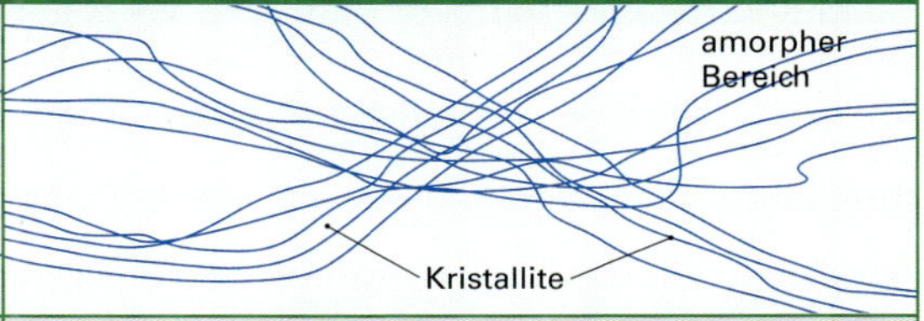

Amorpher Thermoplast	Teilkristalliner Thermoplast
keine parallelen Makromoleküle	viele parallele Makromoleküle
wenige Berührpunkte	viele Berührpunkte
geringe Nebenvalenzkräfte	hohe Nebenvalenzkräfte

Im Allgemeinen sind **teilkristalline Kunststoffe** wegen der stärkeren Nebenvalenzbindungen **temperaturbeständiger**. Die Vielzahl der Nebenvalenzkräfte bei den teilkristallinen Kunststoffen führt zu einem sehr **breiten** Erweichungsbereich, d. h. zu einem allmählichen bzw. vergrößerten Erweichen.

Zum Warmumformen ist ein **schmaler** Schmelzbereich besser geeignet. Die geringe Zahl der Nebenvalenzbindungen bei den **amorphen Kunststoffen** kann durch Temperaturerhöhung sehr leicht überwunden werden. Amorphe Kunststoffe eignen sich deshalb besser für Umformverfahren wie z. B. das Tiefziehen.

Je **länger** die **Molekülketten** und je **vielfältiger** die **Bindungen** zwischen ihnen sind, desto **breiter** ist der **Schmelzbereich**.

Chemisch vernetzte Makromoleküle

Die **Makromolekülketten** von **Duromeren** und **Elastomeren** werden bei der Verarbeitung durch **chemische Reaktionen vernetzt**. Sie werden also durch thermisch beständige **Hauptvalenzkräfte** verbunden. Die Vernetzung ist dreidimensional (**Bild 1**), sodass man theoretisch von einem einzigen, riesigen Molekül sprechen kann. Die Nebenvalenzkräfte können sich kaum ausbilden und spielen daher nur eine untergeordnete Rolle.

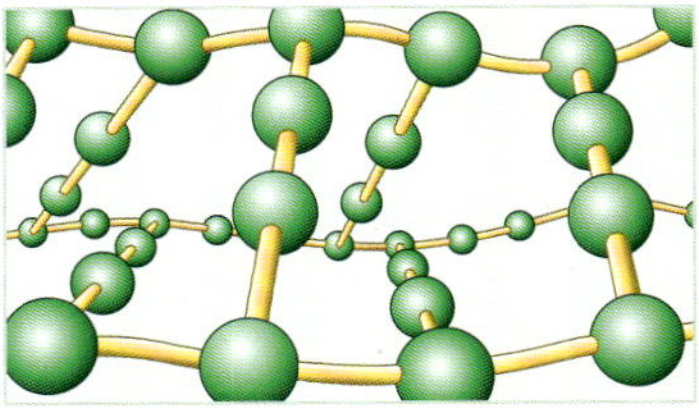

Bild 1: Dreidimensional vernetzte Makromoleküle

Duromere sind Kunststoffe mit **engmaschig vernetzten** Molekülen (**Bild 1, Seite 64**). Die Beweglichkeit der Molekülfäden ist durch die Vielzahl der chemischen Bindungen stark eingeschränkt. Sie bilden ein unlösbares, starres Raumnetz. Duromere (durus = hart) sind daher hart und spröde. Ihren starren Zustand verändern die Duroplaste bis zur Zersetzung nur unmerklich. Bei der Zersetzung werden schließlich alle chemischen Bindungen (Hauptvalenzkräfte) zerstört.

Die Makromoleküle von **Duromeren** sind durch thermisch beständige **Hauptvalenzkräfte engmaschig vernetzt**. Sie sind **hart** und **spröde**. Duromere sind **nicht** mehr **plastisch formbar**.

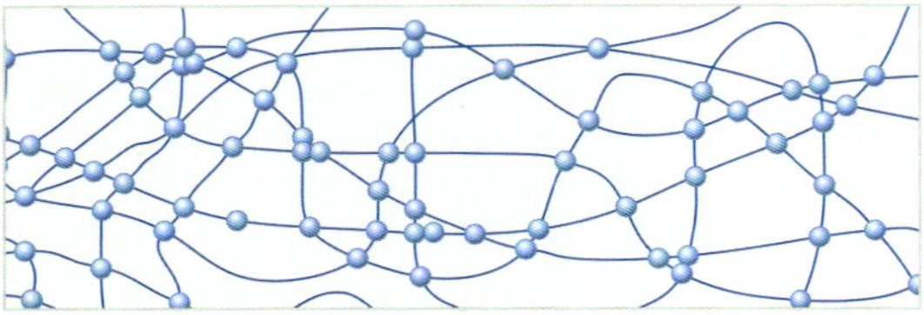

Bild 1: Engmaschig vernetztes Duromer

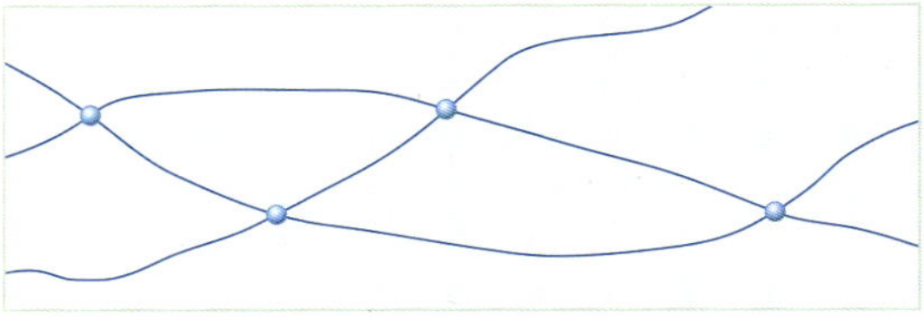

Bild 2: Weitmaschig vernetztes Elastomer

Elastomere besitzen **räumlich weitmaschig vernetzte** (Bild 2) **Makromoleküle**. Sie weisen ein **gummielastisches** Verhalten auf. Die Verknüpfung der Molekülketten durch Hauptvalenzkräfte vermindert die Ausbildung von Nebenvalenzkräften. Dadurch können die verknäulten Kettenteile zwischen den Verknüpfungen gut aneinander vorbeigleiten. Bei Zug und Druck können sie sich sogar **elastisch** strecken. Ein Nachlassen der Krafteinwirkung hat zur Folge, dass die Kettenteile ihre ursprünglich verknäulte Lage wieder einnehmen.

Die Makromoleküle von **Elastomeren** sind **weitmaschig vernetzt**. Sie weisen ein **gummielastisches** Verhalten auf. Elastomere können **nicht plastisch** verformt werden.

Bei extremen Minustemperaturen (z. B. –40 °C) verhalten sich Elastomere spröde. Die geringe Bewegungsenergie der Molekülketten führt zur Ausbildung von Nebenvalenzkräften. Dadurch wird die Beweglichkeit der Molekülketten stark eingeschränkt.

Physikalisch vernetzte Makromoleküle

Thermoplastische Elastomere (TPE) (vgl. Kapitel 1.7.4) weisen physikalische Vernetzungen auf. Die **vernetzungsartigen Bereiche** (physikalischen Vernetzungen) beruhen auf **Nebenvalenzkräften** und sind daher thermisch weniger beständig. TPEs werden bei Erwärmung plastisch und zeigen bei Abkühlung wieder ein elastisches Verhalten. Das gummielastische Verhalten von chemisch vernetzten Elastomeren wird von TPEs nicht erreicht. Die kostengünstige Verarbeitung und die Recycelbarkeit haben allerdings dazu geführt, dass thermoplastische Elastomere verstärkt eingesetzt werden.

Physikalisch vernetzte Elastomere (TPE) können **plastisch verformt** werden.

Zur Ausbildung vernetzungsartiger, physikalisch gebundener Bereiche verwendet man sowohl Blockcopolymere als auch Elastomerlegierungen. Bei den **Blockcopolymeren** (Kapitel 1.4.2) verwendet man Blöcke unterschiedlicher Härte. Die Hartphasen bilden später die physikalischen Vernetzungen aus. In der Abbildung (Bild 3) ist das Modell eines **Styrol-Block-Copolymers** (SEBS) schematisch dargestellt. Es besteht aus thermoplastischen Polystyrolendblöcken und aus einem elastischen Ethylen-Butylen-Mittelblock. Beim Abkühlen bilden die Polystyrol-Domänen **physikalische Vernetzungsstellen** aus. Sie verbinden die elastischen Ethylen-Butylen-Blöcke zu einem festen, räumlichen Netzwerk. Bei den **Elastomerlegierungen** werden vernetzte oder unvernetzte Elastomerpartikel in einer Thermoplastmatrix vermischt.

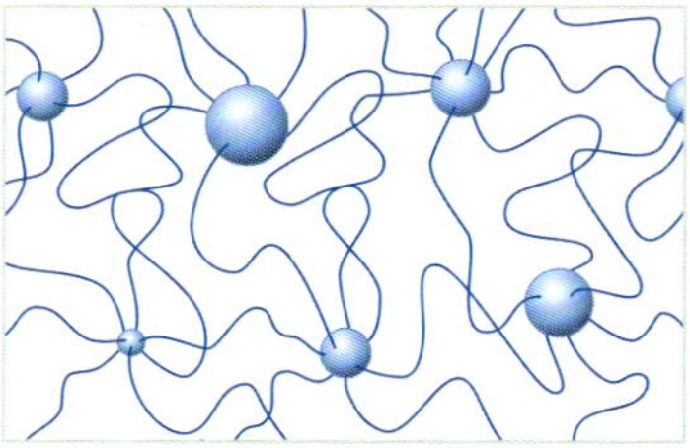

Bild 3: Dreidimensional vernetzte Elastomere

Wiederholungsfragen:

1. Warum sind teilkristalline Kunststoffe temperaturbeständiger als amorphe?
2. Warum sind Duromere hart und spröde?
3. Warum lassen sich Elastomere und Duromere nicht plastisch verformen?
4. Worauf beruht die physikalische Vernetzung?

1.5 Einteilung der Kunststoffe

Das **Kapitel 1.4** hat aufgezeigt, dass alle Kunststoffe aus sehr großen Molekülen, sog. Makromolekülen oder auch **Polymeren**, bestehen, die wiederum aus sehr vielen einzelnen **Monomeren** zusammengesetzt sind. Dabei ist vor allem die Art des Monomers und die ihm anhängende funktionelle Gruppe ausschlaggebend für die resultierenden Eigenschaften der fertigen Kunststofferzeugnisse. Zudem kann aber auch die Bildungsreaktion gewisse Eigenschaften der Polymere beeinflussen. So entsteht z. B. das Polyamid **PA 66** durch Polykondensation, das Polyamid **PA 6** durch Polymerisation – ein, wenn auch geringer, Unterschied in der Verarbeitbarkeit ist die Folge davon.

Aus diesen Gründen haben sich zwei Systeme der Einteilung von Kunststoffen entwickelt:

- nach der Bildungsreaktion in **Polymerisate, Polykondensate** und **Polyaddukte**
- nach dem **thermischen** Verhalten in **Thermoplaste, Duromere** (Duroplaste) und **Elastomere**

1.5.1 Einteilung nach der Bildungsreaktion

Polymerisate

Polymerisate sind die Produkte der Polymerisation. Darunter versteht man Polymere, die durch das **Aufbrechen von Doppelbindungen** entstanden sind.

Beispiele: Polyethylen PE, Polypropylen PP, Polyvinylchlorid PVC, Polystyrol PS, Polymethylmethacrylat PMMA, Polytetrafluorethylen PTFE und Polyamid PA 6

Polykondensate

Polykondensate sind die Produkte der Polykondensation. Darunter versteht man Polymere, die durch die **Abspaltung von Nebenprodukten** entstanden sind.

Beispiele: Polycarbonat PC, Polyethylenterephthalat PET, Melamin-Formaldehyd MF, Epoxidharze EP, Ungesättigte Polyesterharze UP, Silikone Q und Polyamid PA 66

Polyaddukte

Polyaddukte sind die Produkte der Polyaddition. Darunter versteht man Polymere, die durch die **Umlagerung von H-Atomen** entstanden sind.

Beispiele: Polyurethane (PUR) und Epoxidharze EP (auch als Polykondensat möglich)

1.5.2 Einteilung nach dem thermischen Verhalten

Je nach Art der zugrunde liegenden Monomere und deren funktionellen Atomgruppen können die Polymere als **fadenförmige** Makromoleküle **ohne** gegenseitige Vernetzung auftreten oder als eng- bzw. weitmaschig **vernetzte Raummoleküle** auftreten. Bei den unvernetzten Polymeren werden die Einzelmoleküle, wie bei den meisten festen und flüssigen Stoffen, durch elektromagnetische Anziehungskräfte – man spricht hier von **Nebenvalenzkräften** – zusammengehalten (**siehe Kapitel 1.6**). Die Stärke dieser Nebenvalenzkräfte ist **temperaturabhängig**, d. h., bei einer Erwärmung werden sie allmählich schwächer, sie bauen sich aber im Gegenzug bei Abkühlung wieder auf. Unvernetzte Polymere können daher einen festen **und** einen zähflüssigen Zustand mit kontinuierlichen Übergängen annehmen. Bei vernetzten Produkten halten dagegen **chemische** Bindungskräfte die Bindung zwischen den Makromolekülen aufrecht, die **kaum** thermisch abhängig sind.

Thermoplaste

Thermoplaste sind fadenförmige Makromoleküle ohne chemische Vernetzung. Diese Makromoleküle werden untereinander durch thermisch beeinflussbare **Nebenvalenzkräfte** zusammengehalten. Somit können Thermoplaste bei Erwärmung **weich** bis annähernd **flüssig** werden (**Bild 1**).

Bei einer Erwärmung über die **Zersetzungstemperatur** hinaus werden die chemischen Bindungen zerstört, der Kunststoff **zersetzt** sich.

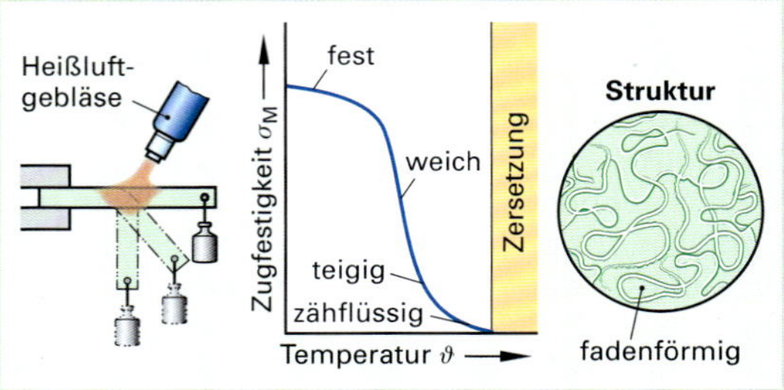

Bild 1: Thermoplastisches Verhalten

Thermoplaste zeichnen sich durch eine große Bandbreite von Verarbeitungsverfahren aus: Sie können meist gut urgeformt, z. B. durch **Spritzgießen** oder **Extrudieren** verarbeitet werden, warm umgeformt und meist auch durch **Schweißen** gefügt werden. Darüber hinaus können sie **mehrmals** verarbeitet (recycelt) werden. Deshalb kommen sie sehr häufig zum Einsatz.

Beispiele: Polyethylen (PE), Polypropylen (PP), Polyvinylchlorid (PVC), Polystyrol (PS), Polymethylmethacrylat (PMMA), Polytetrafluorethylen (PTFE), Polyamide (PA)

Duromere (Duroplaste)

Bei **Duromeren** oder auch Duroplasten (von lat. *durus*: hart) sind die Fadenmoleküle untereinander räumlich **engmaschig vernetzt**, d. h. es gibt sehr viele chemische Bindungen, sog. Hauptvalenzkräfte, die thermisch bis zur Zersetzungstemperatur nahezu stabil sind. Duroplaste behalten daher ihre Form und Festigkeit bei Erwärmung nahezu unverändert bei (**Bild 2**).

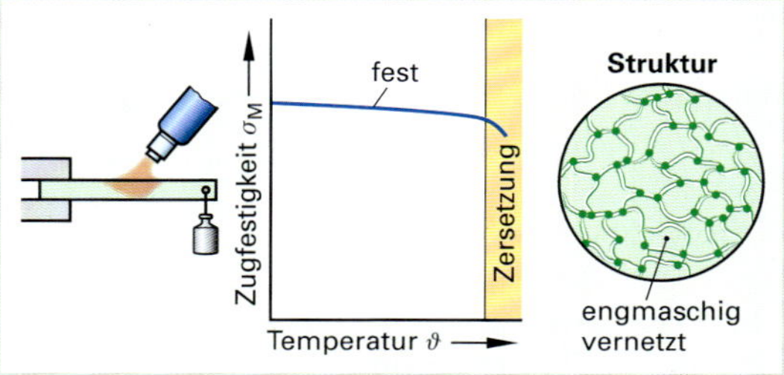

Bild 2: Kennzeichen der Duromere

Duromere sind nur einmal urformbar, danach können sie nur noch spanend bearbeitet werden. Sie sind nach der Vernetzung **nicht** umformbar oder schweißbar.

Beispiele: Epoxidharze (EP), Ungesättigte Polyesterharze (UP), Melamin-Formaldehyd (MF)

Elastomere

Ähnlich wie bei den Duromeren sind bei den **Elastomeren** die Fadenmoleküle durch Hauptvalenzkräfte verbunden, allerdings sind es hier deutlich weniger. Man spricht von einer **weitmaschigen Vernetzung**. Elastomere zeichnen sich durch eine elastische Verformbarkeit bis über 100 % aus, die auch durch eine Erwärmung nur unwesentlich beeinflusst wird. Lediglich eine Abkühlung unter die Glastemperatur macht sie spröde (**Bild 3**).

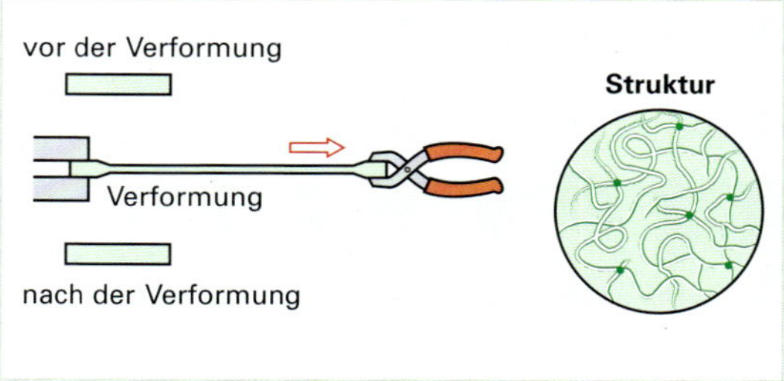

Bild 3: Kennzeichen der Elastomere

Elastomere sind nur einmal urformbar, sie sind nach der Vernetzung **nicht** umformbar oder schweißbar.

Beispiele: Naturkautschuk (NR), Silikone (SiR oder Q), Chloroprenkautschuk (CR))

1.6 Wärmeverhalten von Kunststoffen

Kunststoffe besitzen eine **deutlich** geringere **Wärmebeständigkeit** als Metalle. Daher ist es für die Anwendung wichtig, die **Veränderungen** ihrer Eigenschaften bzw. Zustände bei einer **Änderung der Temperatur** zu kennen. Zum anderen ist gerade diese Veränderung der Eigenschaften eine Voraussetzung für viele **Verarbeitungsverfahren** der Kunststoffe. Entscheidend für die Verarbeitung und die Anwendung ist vor allem die Abhängigkeit der **Zugfestigkeit** σ_M (sigma-M) und der **Höchstdehnung** ε_M (epsilon-M) oder auch Maximaldehnung ε_M von der Temperatur. Diese Abhängigkeit wird in sog. **Zustandsdiagrammen** dargestellt.

1.6.1 Wärmeverhalten von amorphen Thermoplasten

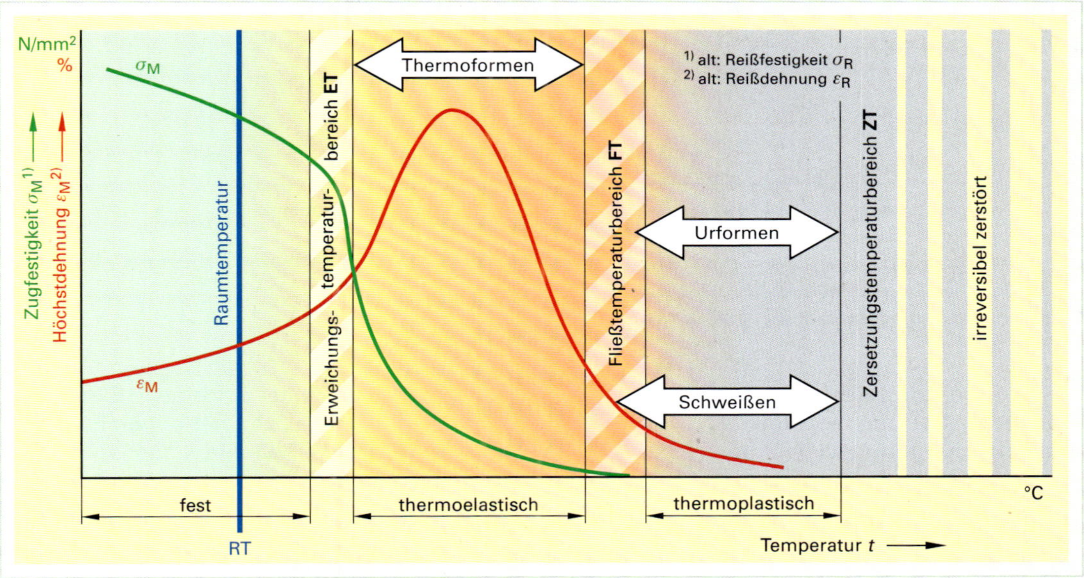

Bild 1: Zustandsdiagramm amorpher Thermoplaste

Amorphe Thermoplaste zeigen bei Erwärmung drei verschiedene Zustandsbereiche mit fließenden Übergängen: **fest, thermoelastisch** und **thermoplastisch** (**Bild 1**). Jedem Zustand lassen sich typische Verarbeitungsverfahren zuordnen (**Tabelle 1**). Im festen Zustand sind die Fadenmoleküle relativ stark ineinander **verknäult,** und sie werden von den **Nebenvalenzkräften** zusammengehalten. Dies bewirkt die hohe Zugfestigkeit und die geringe Höchstdehnung. Im **Erweichungstemperaturbereich** (ET), auch Einfrier- bzw. Glasübergangs-Temperaturbereich genannt, beginnen die Moleküle aufgrund der Erwärmung immer mehr zu **schwingen**. Ihr Abstand wird allmählich größer, und die Nebenvalenzkräfte werden dadurch immer schwächer. Damit fällt die Zugfestigkeit rapide, die Höchstdehnung dagegen steigt stark an. Der thermoelastische Zustand ist erreicht. Bei weiterer Erwärmung verliert der Thermoplast seine Festigkeit vollständig, er beginnt zu **fließen** und wird thermoplastisch. Die Nebenvalenzkräfte sind komplett abgebaut, die Fadenmoleküle können gegeneinander verschoben werden. Erhöht man die Temperatur weiter, werden die **Hauptvalenzkräfte** zerstört: Der Kunststoff **zersetzt** sich.

Tabelle 1: Typische Verarbeitungsverfahren bei amorphen Thermoplasten

fest	thermoelastisch	thermoplastisch
Spanende Bearbeitung **Fügen:** Kleben, Nieten **Beschichten:** Lackieren	**Umformen:** Biegen, Streckziehen, Vakuumformen, Prägen etc.	**Urformen:** Spritzgießen, Extrudieren, Kalandrieren **Fügen:** Schweißen

1.6.2 Wärmeverhalten von teilkristallinen Thermoplasten

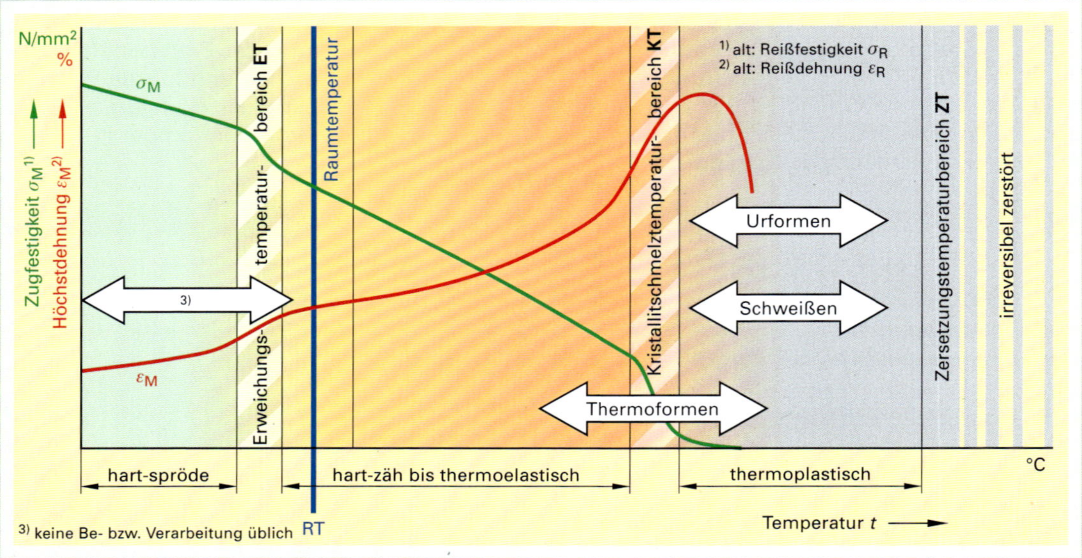

Bild 1: Zustandsdiagramm teilkristalliner Thermoplaste

Bei den meisten **teilkristallinen** Thermoplasten erkennt man vier Zustandsformen (**Bild 1**). Bei Minustemperaturen weit unter 0 °C wird der Thermoplast **hart-spröde** bei einer hohen Festigkeit und einer nur geringen Dehnbarkeit. Die **Nebenvalenzkräfte** sind hier sehr stark ausgeprägt. Bei einer Erwärmung macht sich deutlich bemerkbar, dass die Molekülstruktur dieser Kunststoffe amorphe **und** kristalline Bereiche besitzt. Im **Erweichungstemperaturbereich ET** lösen sich die Bindungskräfte der **amorphen** Bereiche: Es wird bei Raumtemperatur ein **hart-zäher** Zustand erreicht, dessen Festigkeit allein durch die hohen Nebenvalenzkräfte in den Kristalliten zustande kommt. Werden diese Kräfte mit zunehmender Temperatur geringer, kommt der Thermoplast in den **thermoelastischen** Zustand. Im **Kristallitschmelztemperaturbereich KT** verschwinden aufgrund der hohen Molekularbewegung die Nebenvalenzkräfte ganz, der Thermoplast wird **thermoplastisch**. Die Fadenmoleküle sind jetzt gegeneinander verschiebbar.

Die Zugfestigkeit fällt relativ stetig bis auf Null im thermoplastischen Bereich ab. Auffallend ist auch, dass die Höchstdehnung erst **nach** dem Kristallitschmelztemperaturbereich ihren Höhepunkt erreicht (**Tabelle 1**).

Interessant ist hier, dass die Schmelze eines **uneingefärbten** teilkristallinen Thermoplasten **glasklar** ist und erst bei einer Abkühlung unter den KT **milchig** wird. Dabei rücken die Moleküle in den kristallinen Bereichen näher aneinander, und es entsteht eine deutlich größere Schwindung, als dies bei amorphen Thermoplasten der Fall ist.

Tabelle 1: Typische Verarbeitungsverfahren bei teilkristallinen Thermoplasten

hart-spröde	hart-zäh	thermoelastisch (um KT)	thermoplastisch
Hier ist eine Verarbeitung aufgrund der tiefen Temperaturen nicht üblich.	**Spanende Bearbeitung** **Fügen:** Kleben, Nieten **Beschichten:** Lackieren	**Umformen:** Biegen, Streckziehen, Vakuumformen, Prägen, etc.	**Urformen:** Spritzgießen, Extrudieren, Kalandrieren **Fügen:** Schweißen

1.6.3 Wärmeverhalten von Duroplasten

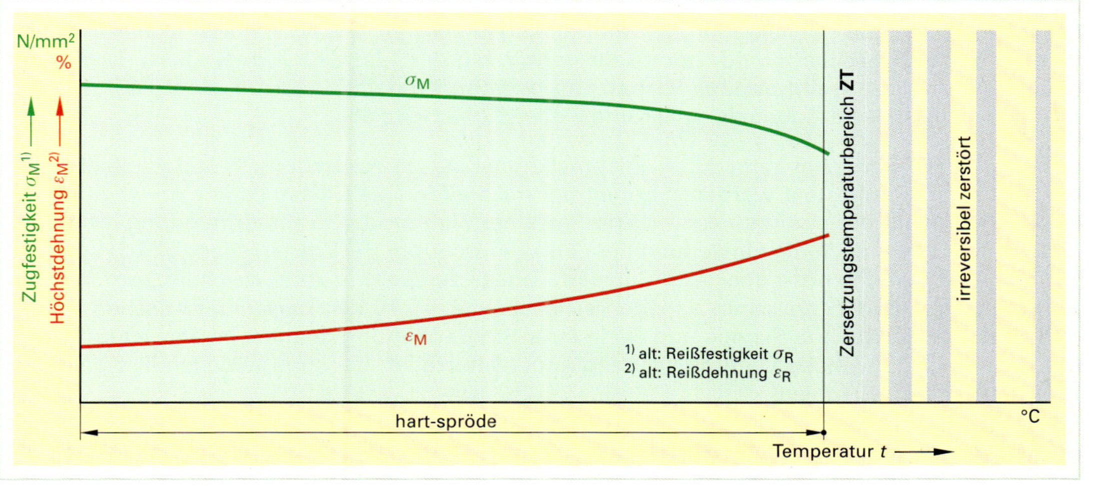

Bild 1: Zustandsdiagramm von Duroplasten

Aufgrund der meist sehr starken **räumlichen Vernetzung** der Makromoleküle von Duroplasten spielen Nebenvalenzkräfte so gut wie keine Rolle. Somit zeigen Duroplasten nur eine **geringe** Abhängigkeit der Eigenschaften von der Temperatur. Bei Erwärmung fällt die Festigkeit nur unwesentlich ab, bis sich der Kunststoff schließlich ab der **Zersetzungstemperatur ZT** zersetzt. Duromere sind daher bei Temperaturerhöhung sehr **formstabil**. Die Reißdehnung weist dagegen nur einen geringen Anstieg auf, ein Umformen ist deshalb nicht möglich (**Bild 1**).

Im **hart-spröden** Bereich können Duroplasten spanend bearbeitet, evtl. beschichtet und durch Kleben gefügt werden. Duroplasten können nur im **unvernetzten** Zustand urgeformt werden. Beim Spritzgießen, Extrudieren, Pressen bzw. Schäumen muss die Vernetzung erfolgen. Somit lassen sich Duroplasten nur **einmal urformen** und können danach nur noch als Füllstoffe recycelt werden.

1.6.4 Wärmeverhalten von Elastomeren

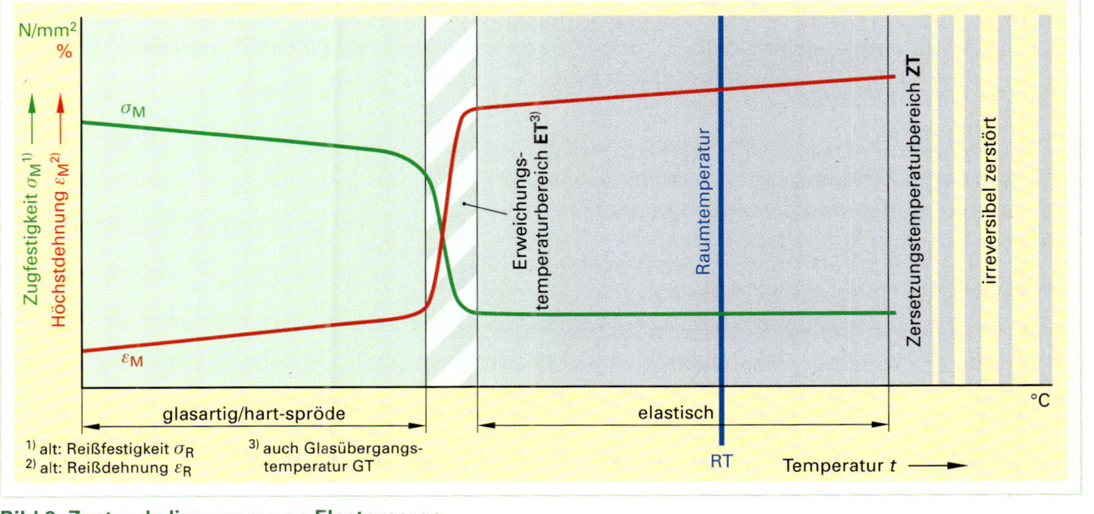

Bild 2: Zustandsdiagramm von Elastomeren

Das Zustandsdiagramm der **Elastomere** zeigt unterhalb des **Erweichungstemperaturbereiches** ET (auch **Glasübergangstemperatur**) eine relativ hohe Zugfestigkeit sowie eine relativ geringe Höchstdehnung: Das Elastomer ist hier relativ hart. Im Erweichungstemperaturbereich sinkt die Festigkeit rapide, die Höchstdehnung nimmt dagegen stark zu. Bei noch höheren Temperaturen werden beide Eigenschaften nur noch **sehr gering** von der Temperatur beeinflusst. Dieses Verhalten ist durch die **weitmaschige Vernetzung** bedingt. Ab dem Zersetzungstemperaturbereich erfolgt der thermische Abbau der Makromoleküle (**Bild 2 Seite 69**).

Die **Lage** des ET-Bereiches kann durch entsprechende Kautschukmischungen und durch den Grad der Vernetzung eingestellt werden. Speziell bei **Autoreifen** spielt diese Lage eine wichtige Rolle. So spielt nicht nur das unterschiedliche Profil bei Winter- und Sommerbereifung eine Rolle, sondern vor allem auch die Einstellung der Gummimischung. Bei **Winterreifen** (**Bild 1**) sollte der ET in unseren Breiten nicht über **–25 °C** liegen, sodass der Gummi **stets** weich und griffig bleibt. **Sommerreifen** (**Bild 2**) erreichen dagegen schon bei ca. +5 °C den **hart-zähelastischen** Bereich und sind dann auch ohne Schnee und Eis in ihrer Straßenhaftung deutlich **beeinträchtigt**. Dagegen unterliegt die weiche Gummimischung von Winterreifen bei sommerlichen Temperaturen einem erhöhtem Verschleiß.

Bild 1: Winterreifen

Bild 2: Sommerreifen

Im **gummielastischen** Bereich können Elastomere spanend bearbeitet, evtl. beschichtet und durch Kleben gefügt werden.

Elastomere können nur im **unvernetzten** Zustand urgeformt werden. Beim Spritzgießen, Extrudieren, Pressen bzw. Schäumen muss die Vernetzung (Vulkanisation) erfolgen. Somit lassen sich Elastomere nur **einmal urformen** und können danach nur noch als Füllstoffe recycelt werden.

Wiederholungsfragen:

1. Skizzieren Sie die Zustandsdiagramme von amorphen und teilkristallinen Thermoplasten.
2. Worin liegen die Unterschiede bei den Thermoplasttypen?
3. Erklären Sie die Bezeichnungen ET, FT, KT und ZT.
4. Nennen Sie die möglichen Zustandsformen von Thermoplasten.
5. Beschreiben Sie die Abhängigkeit der Eigenschaften von der Temperatur bei Duromeren.
6. Skizzieren Sie das Zustandsdiagramm der Elastomere.
7. Wie verändert sich das Verhalten der Elastomere bei einem Unterschreiten der Glasübergangstemperatur?
8. Warum können Duromere und Elastomere nur einmal urgeformt werden?

1.7 Kunststoffe – Eigenschaften und Anwendungen

Im Folgenden sollen nun wichtige Kunststoffe genannt und ihre Eigenschaften und Anwendungen aufgezeigt werden. Es kann sich dabei aber nur um eine Liste der gebräuchlichsten Arten handeln, für ganz spezielle Kunststofftypen wird auf einschlägige Literatur verwiesen.

Weitere Informationen wie z. B. Handelsnamen, Verarbeizungshinweise oder Festigkeitswerte sind der Tabelle am Ende des Kapitels bzw. dem Tabellenbuch Kunststofftechnik zu entnehmen.

Kunststoffe kommen als **Formmassen** zur Verarbeitung. Darunter versteht man ein ungeformtes Material im festen oder auch flüssigen Zustand, das durch bestimmte Urformverfahren zu **Formstoffen** (Halbzeug oder Formteil) verarbeitet wird.

1.7.1 Thermoplaste

Thermoplaste haben unter den Kunststoffen wohl die größte Bedeutung hinsichtlich Produktionsmenge und Anwendungsvielfalt (**Bild 1**). So sind sie vor allem in der Automobilindustrie, bei der Spielwarenproduktion und bei Haushaltsgegenständen, im Verpackungsbereich und in der Bauindustrie, aber auch in der Medizintechnik von stetig wachsendem Interesse.

Thermoplaste werden in der Regel als **granulatförmige** oder **pulvrige** Formmassen eingesetzt. Die häufigste Form ist das **Granulat**, linsenartige oder zylindrische Körnchen mit 3 mm bis 4 mm Durchmesser, das eine gute Rieselfähigkeit aufweisen muss. Pulvrige Formmassen verwendet man, wenn weitere Zusatzstoffe beigemischt werden sollen.

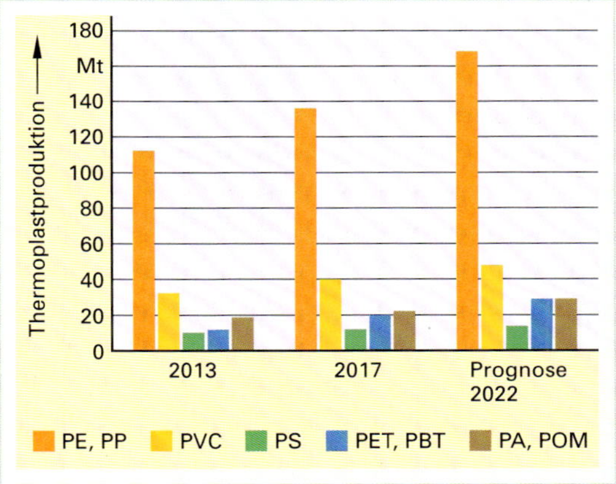

Bild 1: Thermoplastproduktion weltweit

Polyethylen PE-LD und PE-HD

Polyethylen (auch Polyethen) – kurz PE – wird aus Ethylen durch Polymerisation hergestellt (**Bild 2**) und gehört neben Polypropylen und Polybutylen zu den **Polyolefinen**. PE wird heute nach zwei verschiedenen Verfahren hergestellt:

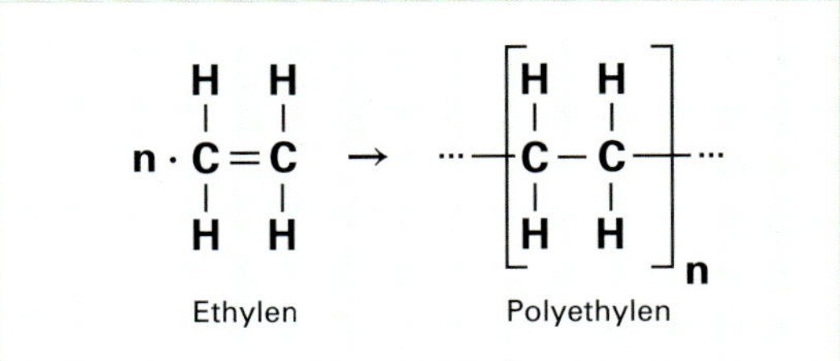

Bild 2: Strukturformel von Polyethylen

Durch das **Hochdruckverfahren**, das 1939 in England entwickelt worden ist, entsteht ein Polyethylen mit **verzweigten** Makromolekülen. Diese Verzweigungen bewirken, dass sich die Moleküle nicht eng aneinander anlegen können, es entsteht **PE-LD** – ein Produkt mit **niedriger Dichte** (engl. *low density*) und geringerem Kristallisationsgrad.

1953 wurde in Deutschland durch K. Ziegler u. a. das **Niederdruckverfahren** entwickelt. Hierbei entsteht durch die Verwendung spezieller Katalysatoren ein Polyethylen mit **linearen** Makromolekülen. Diese können sich sehr eng aneinander anlegen: Es entsteht PE-HD – ein Produkt mit **höherer Dichte** (engl. *high density*) und höherem Kristallisationsgrad (**vgl. auch Kapitel 1.3.2**).

Eigenschaften:

PE-HD ist **grundsätzlich** fester und zäher als PE-LD. Für die Vielzahl von verschiedenen PE-Typen lassen sich folgende grundsätzliche Eigenschaften erkennen (**Tabelle 1 Seite 72**):

- PE ist chemisch sehr beständig gegen Säuren, Laugen, Öl und PE-HD auch gegen Benzin.

- PE kann durch UV-Strahlung verspröden, ein geringes Beimischen von Ruß kann Abhilfe schaffen.
- PE erscheint uneingefärbt aufgrund der teilkristallinen Struktur milchig-weißlich (opak), wobei PE-LD aufgrund des geringeren Kristallisationsgrades bei sehr dünnwandigen Produkten, z. B. Folien, auch durchsichtig wirkt.
- relativ große Gasdurchlässigkeit für Geruchs- und Aromastoffe
- sehr gute elektrische Isolationswirkung

Tabelle 1: Vergleich von PE-HD und PE-LD

	PE-HD	**PE-LD**
Aussehen, uneingefärbt		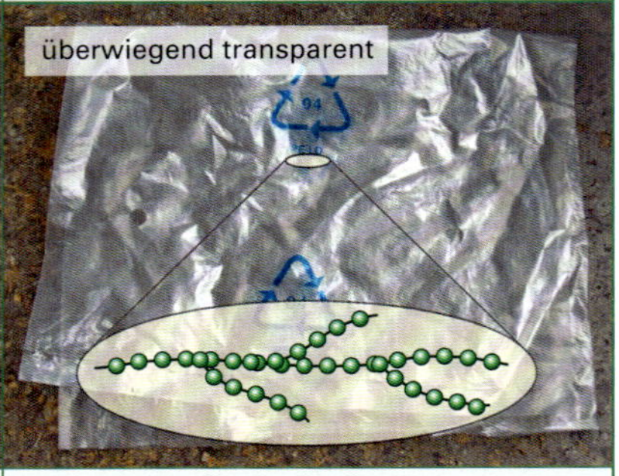
Molekülstruktur	lineare Makromoleküle	verzweigte Makromoleküle
Dichte in g/cm³	0,94 ... 0,96	0,92 ... 0,94
Kristallitschmelzbereich	130 °C ... 135 °C	105 °C ... 110 °C
Festigkeitswerte in N/mm²	$\sigma_y = 22$ $\sigma_R = 31$	$\sigma_y = 10$ $\sigma_R = 22$
Kristallisationsgrad in %	60 ... 80	40 ... 50

Anwendung (**Bild 1**):

PE-LD:

- Kabelisolation, Transportbehälter, Flaschen, Tuben, Tragetaschen, Schrumpffolien, Säcke, Folien

PE-HD:

- Kraftstoffbehälter, Installationsrohre, Eimer, Heizöltanks, Flaschenkästen, Mülltonnen, Kanister

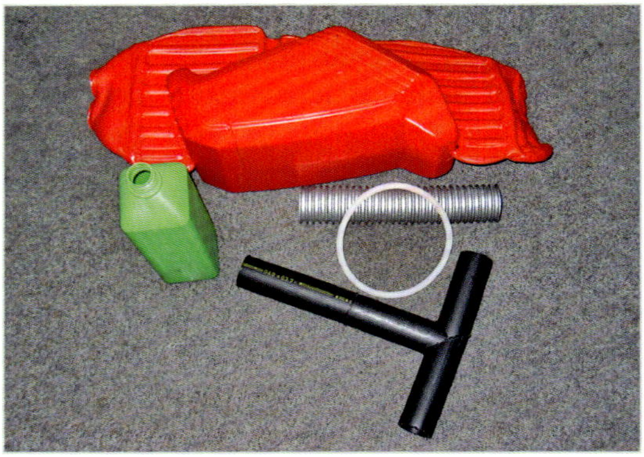

Bild 1: Produkte aus Polyethylen

Verarbeitung:

PE kann sehr gut durch Urformen (Spritzgießen, Extrudieren, Folienblasen) verarbeitet werden. Umformen ist aufgrund des kaum ausgeprägten thermoelastischen Bereiches nur schlecht möglich. Schweißen lässt sich PE sehr gut. Allerdings lässt die Schweißbarkeit mit zunehmender Kettenlänge stark nach, sodass sich **hochmolekulares** PE nicht mehr schweißen lässt. Das Kleben ist bei PE wegen der Unpolarität allerdings nur sehr schlecht und nur durch **Vorbehandlung** möglich. Ähnliches gilt für das Lackieren.

Polyethylen ist ein teilkristalliner, **unpolarer Thermoplast,** der sich sehr gut urformen, aber nur sehr schlecht verkleben lässt. Man unterscheidet PE-LD mit niedrigerer Dichte und PE-HD mit höherer Dichte. PE ist relativ preisgünstig und wird in großen Mengen verarbeitet.

Polypropylen PP

Polypropylen (auch Polypropen) wird durch Polymerisation hergestellt (**Bild 1**) und gehört zur Gruppe der **Polyolefine**. Die CH_3-Gruppen können dabei alle auf einer Seite (isotaktisches PP), abwechselnd auf beiden Seiten (syndiotaktisches PP) oder regellos angeordnet liegen (ataktisches PP) (**Bild 2**). In der Technik überwiegt das **isotaktische** PP, daher ist PP auch teilkristallin.

Die Hoechst AG produzierte 1957 erstmalig PP.

Eigenschaften:

Im Vergleich zu PE-HD hat PP eine niedrigere Dichte bei einer höheren Festigkeit und Steifigkeit. Weitere typische Eigenschaften von PP sind:

- chemisch beständig gegen verdünnte anorganische Säuren und Laugen, sowie Alkohol
- Temperaturbeständigkeit bis 110 °C (kochfest), quillt in Benzin und Alkohol
- UV-Stabilisierung notwendig
- sehr geringe Dichte von 0,91 g/cm^3

Anwendung (**Bild 3**):

PP findet bei seinen guten Eigenschaften und dem günstigen Preis ein großes Anwendungsgebiet:

Lüfterräder (①), Pumpengehäuse, Filtergehäuse, kochfeste Folien, Rohrleitungen (②) Abflussrohre, Leitungen für Fußbodenheizungen, Werkzeugbehälter, Verpackungsfolien, Koffer, Reaktionsbehälter etc.

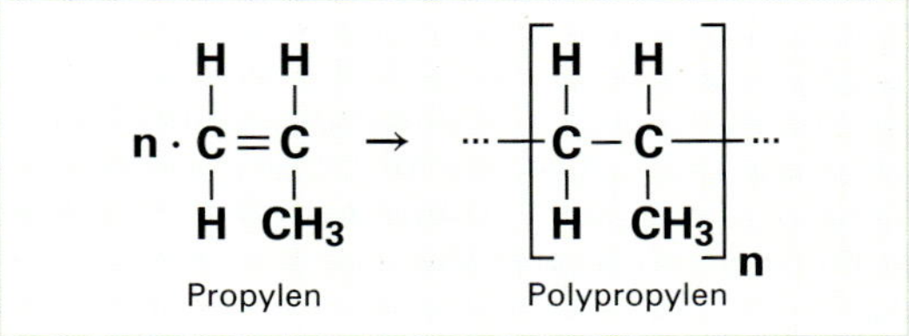

Bild 1: Polymerisation von Polypropylen

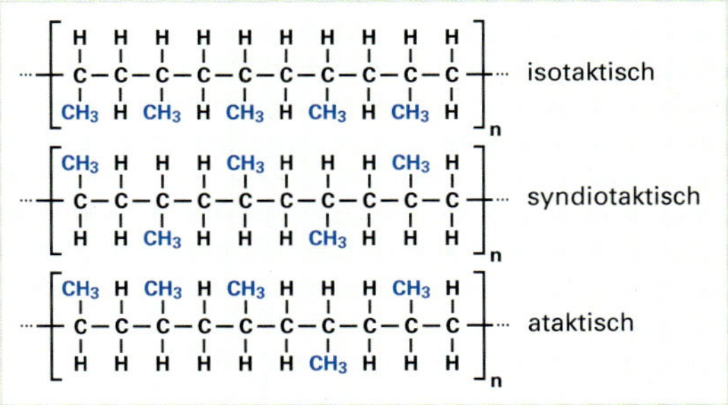

Bild 2: Strukturen von PP

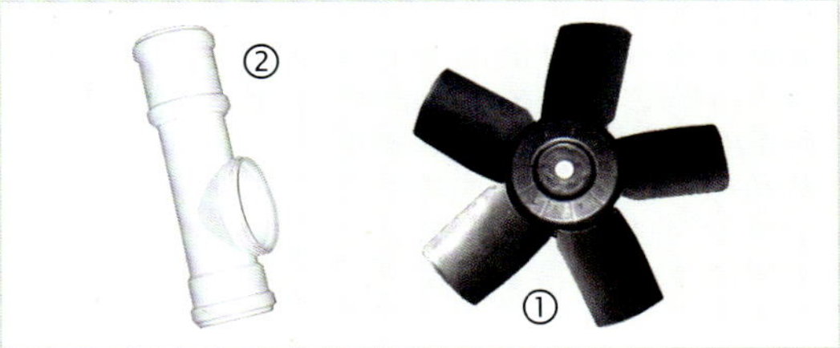

Bild 3: Produkte aus Polypropylen

Das **Polybutylen PB** (auch Polybuten) ist in seinen Eigenschaften ähnlich dem PP und dem PE-HD, es ist ebenfalls teilkristallin und besitzt ein sehr hohes Molekulargewicht. In seiner Verarbeitung entspricht es dem PP. PB wird ebenfalls im Apparatebau und Rohrleitungsbau eingesetzt.

Verarbeitung:

PP kann sehr gut durch Urformen (Spritzgießen, Extrudieren, Folienblasen etc.) verarbeitet werden. Da PP wie PE unpolar ist, ist das Kleben und das Lackieren nur bei einer entsprechenden Vorbehandlung möglich. Schweißen lässt sich PP ebenfalls gut.

Polypropylen ist ein preisgünstiger, **teilkristalliner** und **unpolarer Thermoplast,** den eine hohe Festigkeit bei einer sehr geringen Dichte auszeichnet.

Polyvinylchlorid PVC

Das erste brauchbare Polyvinylchlorid PVC wurde 1920 von der IG Farben-Industrie durch Polymerisation hergestellt (**Bild 4**). Aufgrund der Größe des seitlichen Chlor-Atoms und dessen unregelmäßiger (ataktischer) Anordnung können sich die Hauptketten **nicht** sehr eng aneinanderlagern. Aus diesem Grund ist PVC ein überwiegend **amorpher** Kunststoff mit nur **geringen** kristallinen Anteilen. Im **uneingefärbten** Zustand ist es daher weitgehend **glasklar** und durchsichtig.

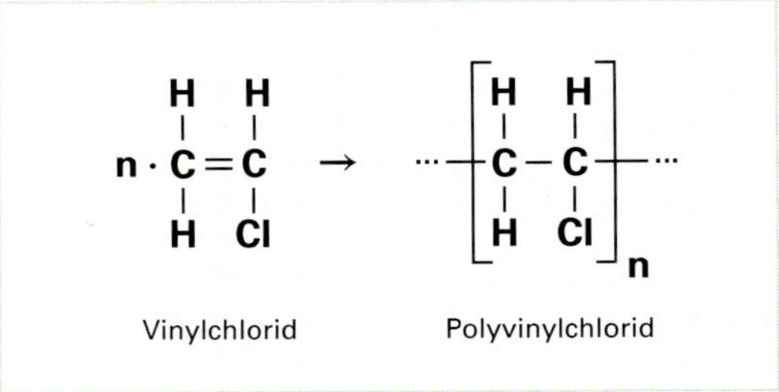

Bild 4: Polymerisation von Polyvinylchlorid

PVC wird durch verschiedene Polymerisationsverfahren hergestellt und erhält dadurch auch unterschiedliche Eigenschaften (Tabelle 1). Bei der **Masse-Polymerisation** findet die Reaktion direkt im flüssigen Vinylchlorid statt: Es entsteht **Masse-PVC, M-PVC**.

Um die Reaktionswärme besser abführen zu können, mischt man das Vinylchlorid mit einem Lösungsmittel, in dem es nicht löslich ist. Je nach Art des Lösungsmittels entsteht jetzt **Suspensions-PVC** (Bild 1), **S-PVC**, bzw. **Emulsions-PVC** (Bild 2), **E-PVC**. Am Häufigsten kommt das S-PVC aufgrund seiner guten Eigenschaften und seiner Rieselfähigkeit zum Einsatz.

Tabelle 1: Eigenschaften der PVC-Typen	
M-PVC	sehr rein, glasklar für hochwertige Produkte
S-PVC	sehr rein, glasklar für hochwertige Produkte
E-PVC	weniger klar, optisch trüb leichtere Verarbeitung

PVC kann hervorragend durch **Weichmacher** weich und flexibel gemacht werden. Dazu nutzt man die **Polarität** von PVC aus. Die ebenfalls polaren Weichmachermoleküle dringen zwischen die Fadenmoleküle ein und halten diese auf Abstand. Dadurch werden die Nebenvalenzkräfte deutlich **verringert**, man erhält einen elastischen Zustand, wie er sonst nur bei Erwärmung über den Erweichungstemperaturbereich auftritt (siehe Kapitel 1.9.2).

Bild 1: Rieselfähiges S-PVC

Ein solches Produkt nennt man **Weich-PVC** oder **PVC-P** (Tabelle 2) (engl. *plasticized*: weichgemacht), das nicht weich gemachte PVC dagegen **Hart-PVC** oder **PVC-U** (engl. *unplasticized*). Als Weichmacher verwendet man häufig Dioctylphtalat (DOP). Er muss **thermisch beständig** sein und darf **nicht** mit der Zeit aus dem PVC herauswandern. Gerade bei Kinderspielzeug muss hier die Gefahr des „Auslutschens" unbedingt beachtet werden.

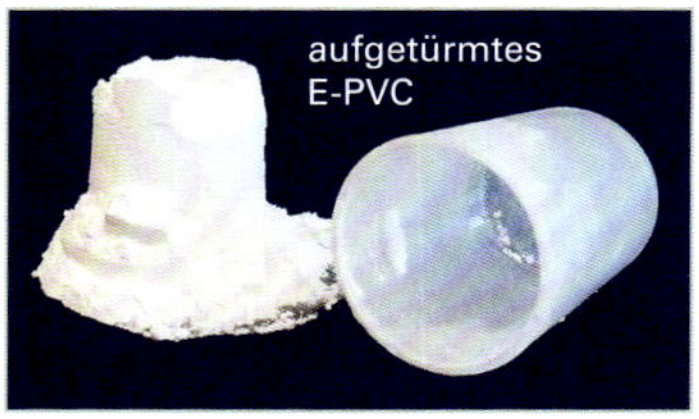

Bild 2: Nicht rieselfähiges E-PVC

Eigenschaften und Anwendung

Tabelle 2: Eigenschaften und Anwendungen von PVC-U und PVC-P im Vergleich

Eigenschaft	Hart-PVC (PVC-U)	Weich-PVC (PVC-P)
Zugfestigkeit	bis 60 N/mm^2 bei S-PVC und E-PVC	bis 29 N/mm^2 (je nach Weichmachergehalt)
Höchstdehnung	bis 50 %	bis 350 %
chemische Beständigkeit	sehr hoch, auch gegen Benzin	temperaturabhängig
Dichte	1,38 g/cm^3	1,29 g/cm^3 ... 1,35 g/cm^3 (je nach Weichmachergehalt)
Witterungsbeständigkeit	relativ gut	eher schlecht
Brennprobe	schwer entflammbar, verkohlt selbstlöschend nach Entfernung der Flamme (erfüllt Brandschutzvorschriften)	besser brennbar als PVC-U verlischt, wenn Weichmacher verbrannt ist
Anwendung	Rohre, Fensterrahmen, Profile für Wintergärten, Rollläden, Straßenpfosten, Spielzeuge, Becher Apparatebau, Isolierrohre, Kabelführungskanäle	Schläuche, Dichtungen, Abdeckfolien, Zierprofile Kabelummantelungen, Fußbodenbeläge Schlauchboote, Bälle, beschichtete Gewebe

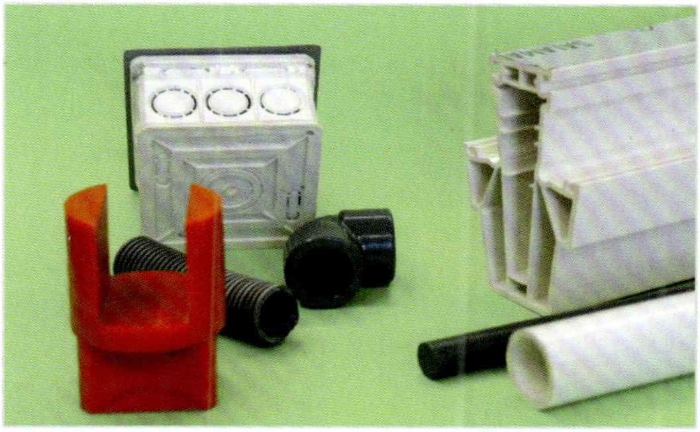

Bild 1: Produkte aus PVC-U

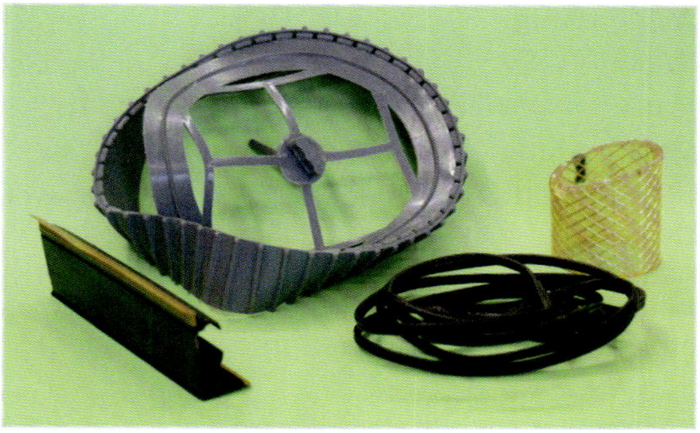

Bild 2: Produkte aus PVC-P

Verarbeitung:

PVC kann grundsätzlich nur mit **Wärmestabilisatoren** verarbeitet werden, da der thermoplastische Bereich sonst viel zu klein wäre und es sich dann beim Urformen sehr leicht **zersetzen** kann. PVC lässt sich hervorragend durch Spritzgießen und Hohlkörperblasen zu Formteilen, durch Extrudieren zu Rohren, Profilen und Kalandrieren zu Folien verarbeiten (**Bilder 1 und 2**). Es kann ebenso geschäumt und als Paste für Beschichtungen verwendet werden.

Hervorzuheben ist die sehr gute Schweiß- und Umformbarkeit. Aufgrund seiner **Polarität** gehört PVC zu den Kunststoffen, die sich sehr leicht verkleben lassen.

PVC ist ein **amorpher** und **polarer Thermoplast,** der als **Hart-PVC** vor allem für Fensterrahmen und Rohre, als **Weich-PVC** vor allem für Schläuche und Kabelummantelungen eingesetzt wird. Es lässt sich allerdings nur mit **Wärmestabilisatoren** verarbeiten.

Polymethylmethacrylat PMMA

Herstellung:

PMMA wurde erstmals 1933 von Röhm & Haas in Darmstadt durch **Polymerisation** von **Methylmethacrylat** industriell produziert (**Bild 3**). Die relativ **sperrige** Seitenkette bewirkt ein **amorphes** Gefüge und somit **glasklare** Produkte. Die Kettenlänge (und damit das Molekülgewicht) kann gesteuert werden und hat einen Einfluss auf die Verarbeitbarkeit.

Um die **Sprödigkeit** von PMMA herabzusetzen, werden oft Acrylnitril oder Elastomere beigemischt (Propf- oder Copolymerisation).

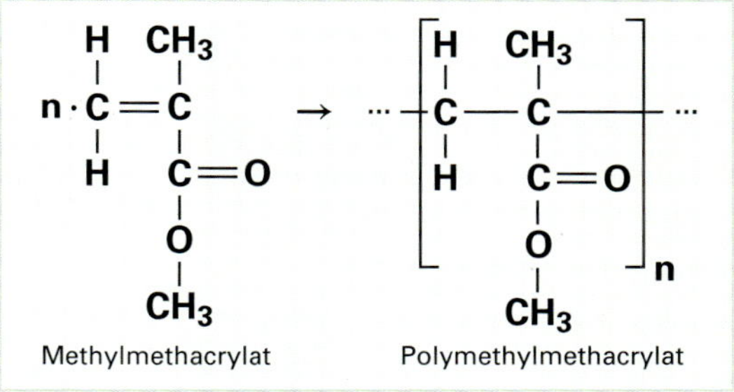

Bild 3: Polymerisation von PMMA

Eigenschaften:

PMMA weist eine große Härte, Festigkeit und chemische Beständigkeit gegen schwache Säuren, Laugen und unpolare Flüssigkeiten auf. Es splittert bei Bruch nicht wie Fensterglas. PMMA ist glasklar und besitzt eine Lichtdurchlässigkeit von 92 % (Fensterglas 94 %). Weitere Eigenschaften sind:

- sehr hohe Witterungs- und Lichtstabilität
- sehr gute Bedruckbar-, Lackierbar- und Klebbarkeit aufgrund der Polarität
- physiologische Unbedenklichkeit

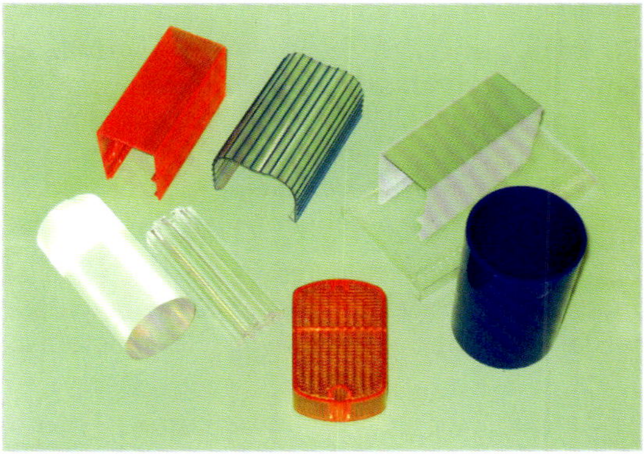

Bild 4: Produkte aus PMMA

Anwendung:

Brillengläser, Linsen, Schutzverglasungen, Lichtkuppeln, Stegdoppelplatten, Duschkabinen, Bestecke, Becher, Armaturenabdeckungen, Rückleuchten, etc. (**Bild 4 Seite 75**).

Verarbeitung:

PMMA-Halbzeuge (Blöcke, Platten, Rohre) werden meist gegossen, d. h., das noch flüssige Methylmethacrylat wird in das Werkzeug oder zwischen 2 Glasplatten gegossen und polymerisiert erst dort aus. Dieses Verfahren bewirkt sehr lange Molekülketten und grenzt die weitere Verarbeitbarkeit durch Urformen oder Schweißen stark ein. PMMA kann aber auch als Granulat hergestellt und sehr gut durch Spritzgießen oder Extrudieren verarbeitet werden.

PMMA ist ein **glasklarer Thermoplast** mit einer zu Fensterglas vergleichbaren **Lichtdurchlässigkeit** bei halbem Gewicht; bei Bruch splittert es **nicht** und es ist zudem sehr **witterungsbeständig**.

Polycarbonat PC

BAYER Leverkusen stellt seit 1959 Polycarbonat industriell her. PC (**Bild 1**) wird aus Bisphenol A und Phosgen durch **Polykondensation** unter Abspaltung von Salzsäure (HCl) gewonnen.

Aufgrund der Seitenketten auf beiden Seiten ist PC ein **amorpher** Thermoplast. Es zeichnet sich durch eine herausragende **Steifigkeit** und **Schlagzähigkeit** aus, was auf die in die Hauptkette eingebauten Benzolringe zurückzuführen ist.

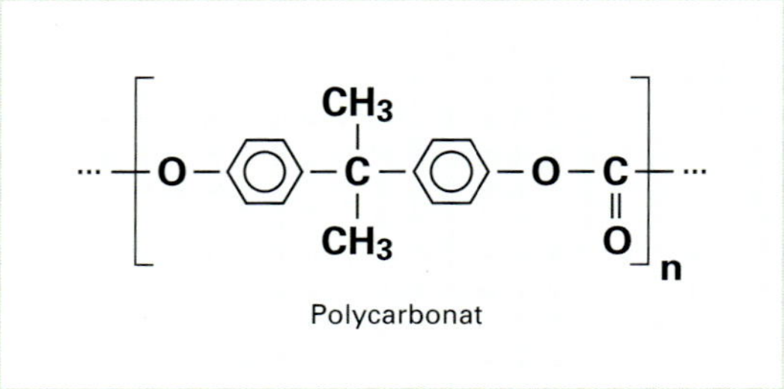

Bild 1: Strukturformel von Polycarbonat

Eigenschaften:

Im Vergleich zu PMMA besticht PC durch seine weitgehende Unzerbrechlichkeit (Schlagzähigkeit ist 400mal höher als bei Glas) bei einer etwas geringeren Lichtdurchlässigkeit (85 % bis 90 %). Allerdings kostet 1 kg auch etwa doppelt so viel wie PMMA. Weitere Eigenschaften sind:

- ausgezeichnete Witterungsbeständigkeit
- chemisch beständig gegen Benzine, Öle, Fette, unbeständig gegen starke Säuren und Laugen

Anwendung (**Bild 2**):

Blinker, Rückleuchten, Schaugläser (①)

Lichtkuppeln, Leuchtenabdeckungen (②), Isolierpanzerglas, Brillengläser, Compact-Discs

Geschirr, Mehrwegflaschen, Babyflaschen (③)

Verarbeitung:

PC kann gut durch Spritzgießen, Extrudieren und Hohlkörperblasen urgeformt werden, allerdings ist hierzu eine Vortrocknung nötig. Wegen der Spannungsrissempfindlichkeit von PC sollte der Nachdruck beim Spritzgießen so gering wie möglich gehalten werden.

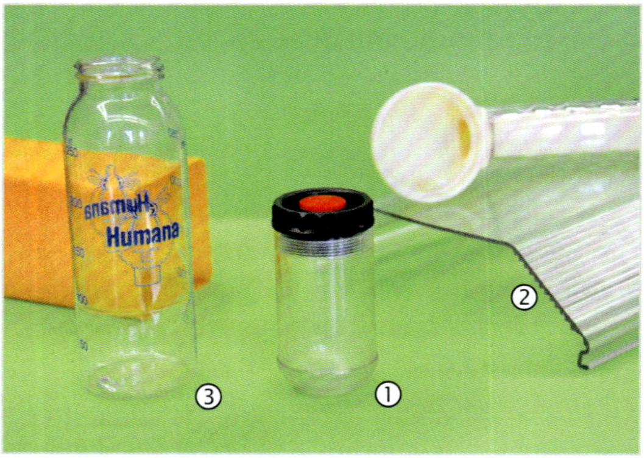

Bild 2: Produkte aus Polycarbonat

PC ist der einzige Kunststoff, der auch kalt umgeformt werden kann, bessere Qualität erreicht man aber durch Vorwärmen. Zudem kann PC problemlos spanend bearbeitet, durch Lösungsmittelklebstoffe geklebt und durch Heizelementschweißen verschweißt werden.

PC ist ein **sehr schlagzäher amorpher Thermoplast,** der sich auch kalt umformen lässt und vor allem für Lampenabdeckungen und Mehrwegflaschen verwendet wird.

Polystyrol PS

Polystyrol (PS) ist der älteste durch Polymerisation gewonnene Thermoplast. Die Seitengruppe des Styrols (**Bild 1**), der **Phenylring** (= Benzolring mit fehlendem H-Atom), ist fast dreimal so groß wie der Baustein der Hauptkette. Deshalb bildet das Polystyrol keine gestreckte Kette, sondern eine Helix (Wendel) aus. Wegen der Baugröße des elektrisch neutralen Phenylrings entsteht eine **amorphe Struktur**. Die Makromoleküle des Thermoplasts können nur schlecht aneinander vorbeigleiten.

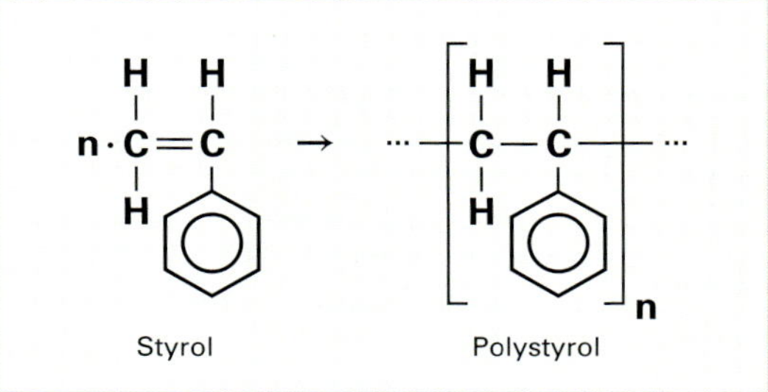

Bild 1: Polymerisation von Styrol zu Polystyrol

Eigenschaften

PS ist im uneingefärbten Naturzustand glasklar bis transparent. Es hat eine brillante, hochglänzende Oberfläche. Der sehr spröde, harte und steife Thermoplast ist schlag- und kerbempfindlich. Produkte aus PS sind daher häufig spannungsrissgefährdet. Weitere Eigenschaften:

- leichte Verarbeitbarkeit, hohe Formbeständigkeit
- geringe Schwindung, gute Maßhaltigkeit
- sehr geringe Wasseraufnahme, nicht witterungsbeständig
- sehr gute elektrische Eigenschaften (hervorragende dielektrische Eigenschaften/**unpolar**)
- geruchs- und geschmacksneutral (=> lebensmittelecht)
- **chemikalienbeständig** gegen: Basen, Alkalien, Salzlösungen, verdünnte Mineralsäuren, Waschmittel/ **unbeständig** gegen: Kohlenwasserstoffe, Benzin, Aldehyde
- **Dichte: 1,04 g/cm³ ... 1,09 g/cm³**
- **Anwendungstemperatur**: 55 °C dauerhaft, kurzzeitig 70 °C, Glasübergangstemperatur 90 °C

Anwendung

Polystyrol wird für Verpackungen aller Art verwendet. Das glasklare Material eignet sich z. B. hervorragend für CD-Schutzhüllen, transparente Folien, Platten oder Lebensmittelverpackungen. Typische Formteile sind Kugelschreiber, Einwegbestecke, Messbecher, Spielwaren, Wäscheklammern, Gehäuse, Schalter, Spulenkörper sowie Kühlschrankschubladen (**Bild 2**).

Bild 2: Produkte aus PS

Verarbeitung

Styrol-Homopolymerisate eignen sich für das Spritzgießen, Extrudieren, Blasformen und Spritzblasen gut. Wegen der amorphen Struktur empfiehlt sich PS auch für das Thermoformen (z. B. für Joghurtbecher). Polystyrolformteile lassen sich durch Kleben und Schweißen gut fügen.

Zur Veränderung der Eigenschaften der Standard-Polystyroltypen setzt man Zusätze wie z. B. UV-Stabilisatoren, Brandschutzmittel, Treibmittel und Glasfaserverstärkungen ein.

Polystyrol ist ein preisgünstiger, **unpolarer Kunststoff,** den eine gute Verarbeitbarkeit auszeichnet. Es ist infolge seiner amorphen Struktur glasklar, hart und spröde.

Expandierbares Polystyrol EPS(PS-E)/XPS

Polystyrol lässt sich gut schäumen. Man unterscheidet zwischen dem Partikelschaumverfahren (EPS) und dem Extrusionsschaumverfahren (XPS).

Beim **Partikelschaumverfahren EPS/PS-E** (Handelsbezeichnungen: z. B. Styropor, Hostapor) wird treibmittelhaltiges Perlgranulat (0,5 mm bis 2 mm) durch einen Dampfstoß zu etwa 2 mm ... 4 mm großen Schaumperlen mit geschlossener Zellstruktur vorgeschäumt. Die Perlen werden nach einer Zwischenlagerzeit in einer 2. Stufe durch Dampf weiter aufgeschäumt und zum Verschweißen gebracht. Es entstehen Blöcke (Platten) oder Formteile. Beim Brechen einer EPS-Platte treten die zusammengebackenen Schaumkugeln deutlich zutage. Produkte aus EPS haben eine geringe Wasseraufnahme, sind wasserdampfdurchlässig und haben ein ausgezeichnetes thermisches Isoliervermögen bei Raumgewichten zwischen 15 kg/m³ bis 50 kg/m³.

Beim **Extrusionsschaumverfahren XPS** (Handelsbezeichnungen: z. B. Styrodur) leitet man ein physikalisches Treibmittel unter Druck in einen Extruder ein. Dabei muss der wirksame Druck immer größer sein als der Dampfdruck des Treibmittels. Bei Austritt aus der Extruderdüse entsteht ein feinporiges, geschlossenzelliges, hartes Schaumprodukt. Die nach diesem Verfahren hergestellten Folien und Tafeln haben eine größere Dichte (Raumgewichte von 60 kg/m³ bis 200 kg/m³) und sind formstabiler als Produkte aus Partikelschaum. Die extrudierten Halbzeuge werden überwiegend durch Thermoformen weiter verarbeitet.

EPS/XPS-Anwendungen

Aus geschäumtem Polystyrol stellt man vorwiegend Wärmeschutz- und Dämmplatten, Warmhaltebehälter und Verkauflagerschalen für Lebensmittel her. Wegen seiner schlagdämpfenden Eigenschaften werden aus EPS bzw. XPS auch Verpackungselemente für stoßempfindliche Geräte, Fahrradhelme und Autositzkissen für Kinder gefertigt (**Bild 1**).

Bild 1: Produkte aus EPS/XPS

Styrol-Polymerisate

Zur Eigenschaftsverbesserung wird Polystyrol häufig mit anderen Kunststoffen (**Übersicht 1**) durch Copolymerisieren, z. B. SAN, oder Mischen modifiziert.

Übersicht 1: Styrol-Polymerisate

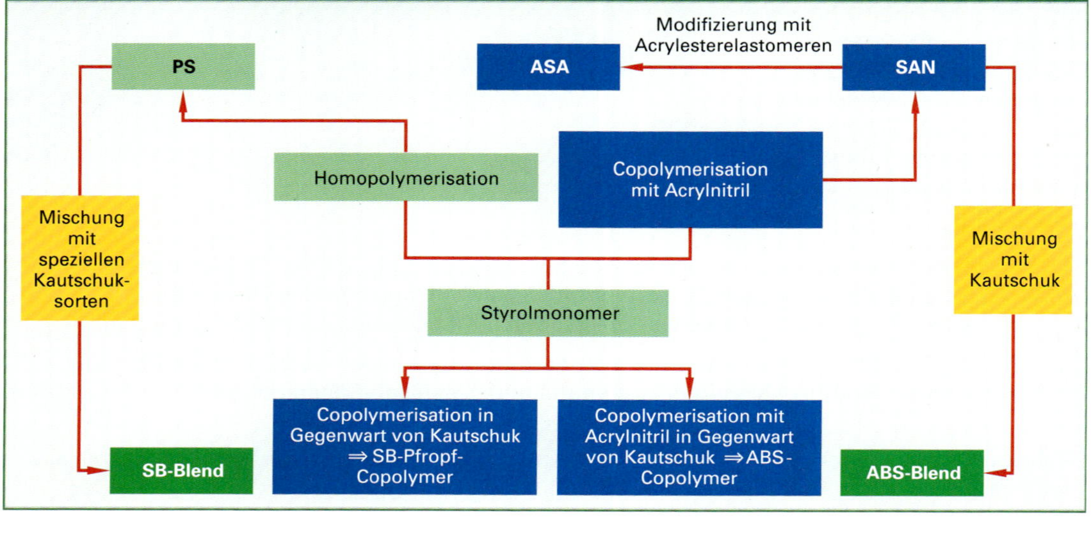

Styrol-Acrylnitril SAN

Styrol-Acrylnitril (**Bild 1**) ist ein Copolymer. Die Monomerbausteine werden statistisch in der Polymerkette verteilt. Da sowohl die Seitengruppen des Styrols als auch die des Acrylnitrils sperrig sind, ist SAN **amorph**. Der Acrylnitrilgehalt beträgt üblicherweise 24 %.

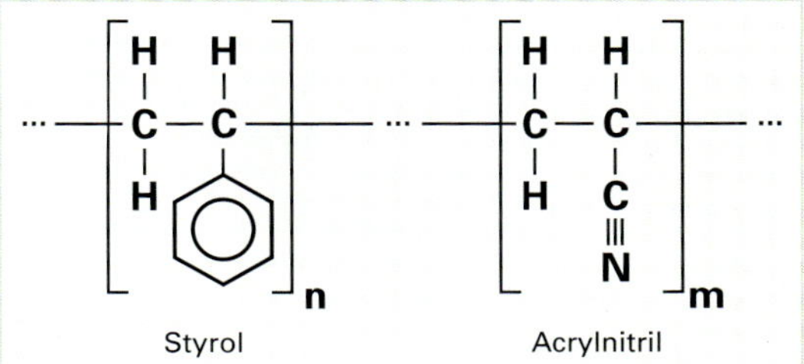

Bild 1: Styrol-Acrylnitril

Das **glasklare SAN** wird mit zunehmendem Acrylnitrilgehalt gelblicher. Es ist steifer und kratzfester als das PS-Homopolymer. Neben der etwas besseren Schlag- und der größeren Kerbschlagzähigkeit wird SAN vor allem wegen der besseren Warmformbeständigkeit (90 °C) sowie der Temperaturwechselfestigkeit verwendet. Der Kunststoff ist zudem witterungs- und chemikalienbeständig. Nachteilig wirkt sich allenfalls die etwas höhere Wasseraufnahme aus.

Typische Produkte aus SAN sind: Geschirr, Isolierkannenbehälter, Tortenplatten/-abdeckhauben, Rührschüsseln, Gemüseschalen, Leuchtenabdeckungen, Zahnbürsten, Kosmetikverpackungen, Rückstrahler, Reflektoren sowie Schreib- und Zeichengeräte.

Styrol-Acrylnitril ist ein **glasklares** Styrol-**Polymerisat** mit hoher Steifigkeit.

Acrylnitril-Styrol-Acrylester ASA

Zur Herstellung von ASA werden **Styrol** und **Acrylnitril** unter Beifügung einer **gepfropften Elastomerkomponente** auf Acrylesterbasis **copolymerisiert**. Dabei werden sehr kleine Partikel der Elastomerkomponente gleichmäßig im SAN Gerüst verteilt und durch die aufgepfropften SAN-Ketten damit verbunden. Durch die butadienfreien Acrylesterelastomere bleibt die Schlagzähigkeit auch unter Bewitterung erhalten.

Bild 2: Produkte aus ASA/SAN

Der schlagzäh modifizierte **opake** Kunststoff bildet hochwertige, mattglänzende und kratzfeste Oberflächen aus. Seine Zugfestigkeit ist vergleichbar mit der des ABS. Die hohe Schlag- und Kerbschlagzähigkeit bleibt auch bei tiefen Temperaturen (bis –40 °C) erhalten. Die Acrylesterkomponente macht den Kunststoff äußerst witterungsbeständig und garantiert eine hohe Beständigkeit gegen Vergilben und Alterung.

Aus ASA werden meist Produkte (**Bild 2**) für den Außenbereich gefertigt wie z. B. Sprechfunkgeräte, Verkehrszeichen, Ampelanlagen, Hinweis- und Werbeschilder, Karosserieteile (Außenspiegel, Kühlergrill), Wohnwagen-/Wohnmobilverkleidungen, Motorradverkleidungen, Skiboxen sowie Parabolspiegelabdeckungen.

ASA ist ein äußerst witterungsbeständiges, **opakes** Styrol-**Polymerisat** mit hoher Schlagzähigkeit.

Die weiteren Styrol-Polymerisate **SB** und **ABS** werden im **Kapitel 1.7.2** (Polymerblends) behandelt.

Polyamide PA

Seit 1937 wird PA industriell hergestellt. Polyamide sind überwiegend teilkristalline Thermoplaste und gehören zu den **technischen Kunststoffen**.

Bei den Polyamiden gibt es je nach den verwendeten monomeren Bausteinen verschiedene Typen. Als **funktionelle Atomgruppen** findet man hier immer sog. **Diamine** (NH_2-Gruppen) und **Carbonsäuren** (COOH-Gruppen), die in der Regel durch Polykondensation miteinander verknüpft werden.

In **Bild 1** geben die roten Indizes die Anzahl der CH_2-Gruppen an. Durch die beiden **unterschiedlichen** Monomere erhält man **PA 66** (Nylon) – sprich „PA sechs sechs". Diese Angabe bedeutet, dass dieser PA-Typ aus 2 verschiedenen Monomeren mit jeweils 6 C-Atomen besteht. Die Säure kann in der Anzahl der CH_2-Gruppen variieren, man erhält **PA 610** („PA sechs zehn") oder **amorphes PA**.

$$H_2N\,[CH_2]_6\,NH_2 + HOOC\,[CH_2]_4\,COOH$$

Hexamethylendiamin + Adipinsäure

Bild 1: Bausteine von Polyamid PA 66

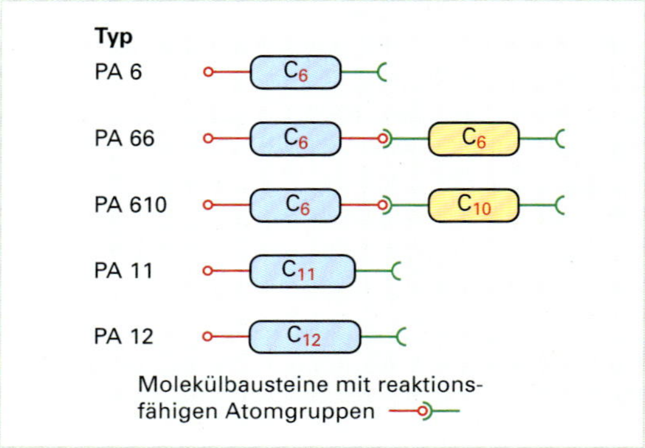

Bild 2: Typen von Polyamiden

Zudem kann PA aus bestimmten Aminosäuren hergestellt werden. Diese bestehen dann aus gleichen Monomeren: **PA 6** (Perlon), **PA 11, PA 12** (**Bild 2**).

Eine neuere Entwicklung stellt **PA 46** dar, das noch bessere mechanische und thermische Eigenschaften als die anderen PA-Typen aufweist.

Eigenschaften:

Polyamide haben allgemein einen hohen Kristallitschmelztemperaturbereich (um 295 °C) und sind damit sehr formbeständig auch bei höheren Temperaturen. Sie sind chemisch sehr beständig, z. B. gegen Benzine, Öle, Fette, verdünnte Säuren und Basen. Darüber hinaus sind sie abriebfest und besitzen hervorragende **Gleiteigenschaften**.

Nachteilig wirkt sich allerdings die **geringe** Licht- und Witterungsbeständigkeit aus, Abhilfe kann hier Lackieren oder das Beimischen von Ruß schaffen. Darüber hinaus sind sie sehr **hygroskopisch**, d. h. sie neigen je nach Typ mehr oder weniger stark zur Wasseraufnahme. Dies hat insbesondere Nachteile bezüglich der Maßhaltigkeit fertiger Produkte. Nach der Verarbeitung muss unbedingt darauf geachtet werden, dass sich das Bauteil durch Feuchtigkeitsaufnahme geringfügig vergrößert (**Tabelle 1**).

Tabelle 1: Eigenschaften der verschiedenen PA-Typen

Eigenschaften	PA 6	PA 66	PA 610	PA 11	PA 12	PA amorph
Dichte in g/cm^3	1,13	1,14	1,08	1,04	1,02	1,12
Zugfestigkeit in N/mm^2	40	65	40	50	45	85
Höchstdehnung in %	200	150	500	500	300	70
Gebrauchstemperatur	bis 180 °C	bis 200 °C	bis 180 °C	bis 150 °C	bis 150 °C	bis 130 °C
Wasseraufnahme in %	2,5 ... 3,5	2,5 ... 3,1	1,2 ... 1,6	0,8... 1,2	0,7 ... 1,1	2,6 ... 3,4

Verarbeitung:

PA wird vorwiegend durch Spritzgießen und Extrudieren verarbeitet. Eine **Vortrocknung** des Granulats ist hier unbedingt erforderlich, ebenso eine anschließende **Konditionierung** der Fertigteile in feuchter Luft oder im Wasserbad, um die **Maßhaltigkeit** der Produkte zu gewährleisten.

PA lässt sich gut durch **Kleben** verbinden, allerdings sollte der Kleber Ameisensäure enthalten, um die Oberfläche **anlösen** zu können. Auch eine **Beflammung** der Oberfläche ist bei PA empfehlenswert.

Ähnlich wie beim PMMA können die **monomeren** Vorprodukte von PA6 in Formen gegossen werden und anschließend zu großen Blöcken und Formteilen polymerisieren.

PA hat zudem eine gute Anbindung an **Glasfasern**, wodurch sich die Festigkeit deutlich verbessert.

Anwendung:

Tabelle 1: Anwendungen von PA	
PA allgemein	Zahnräder, Kugellagerkäfige, Lager, Gleitelemente, Dübel, Spulenkörper
PA 6	Außenspiegel, Bohrmaschinen- und Motorsägengehäuse
PA 66	Ansaugrohr für PKW-Motoren, Bremsflüssigkeitsbehälter, Kraftstoffverteilerleiste
PA 12	Kabelbinder, Skibindungen, Skischuhe, Schuhsohlen
als textile Faser	Seile, Angelschnüre, Feinstrumpfhosen, für Textilien in Verbindung mit Baumwolle

Bild 1: Produkte aus Polyamid

Polyamide sind **teilkristalline Thermoplaste** mit sehr guten **Gleiteigenschaften**, die für Zahnräder, Gleitelemente (**Bild 1**), aber auch als Fasern für Textilien (**Tabelle 1**) eingesetzt werden. PA muss stets vorgetrocknet werden.

Polyoxymethylen POM (Polyacetal)

Polyoxymethylen wird seit 1958 durch Polymerisation von **Formaldehyd** hergestellt (**Bild 2**). Das stechend riechende Formaldehyd zählt in monomerer Form zu den **krebserregenden** Stoffen.

POM ist ein teilkristalliner Thermoplast mit einer Kristallinität bis zu 80 %.

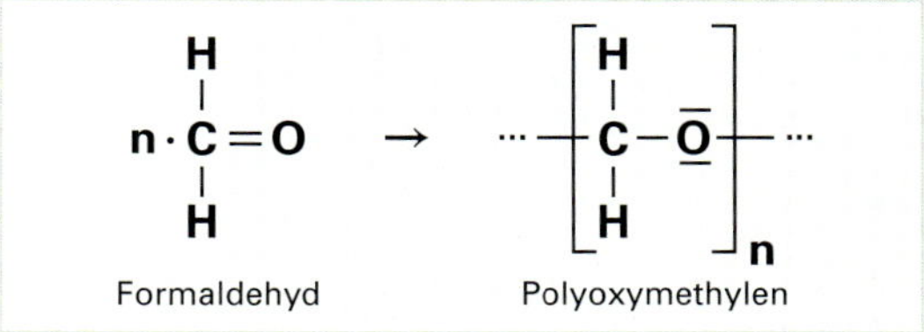

Bild 2: Polymerisation von Formaldehyd zu Polyoxymethylen

Eigenschaften:

POM ist ein wichtiger **technischer** Kunststoff, der sich durch eine hohe Härte, Festigkeit und Steifigkeit in einem weiten Temperaturbereich auszeichnet. Wie PA besitzt es **sehr gute Gleiteigenschaften** und ist sehr abriebfest. Die Witterungsbeständigkeit ist relativ **schlecht** und es versprödet unter Sonneneinstrahlung. Einfärben mit Ruß oder Lackieren kann dem entgegenwirken.

POM ist gegen organische Lösungsmittel wie Alkohole, Öle, Fette und Benzine beständig und besitzt eine hohe Wärmebeständigkeit.

Anwendung:

- Zahnräder, Gleitelemente, Laufrollen, Lüfterräder, Schnappverbindungen
- Türgriffe, Möbelbeschläge, Gardinenrollen, Isolatoren, Steckverbindungen (**Bild 3**)

Verarbeitung:

POM wird durch Spritzgießen, Extrudieren und Hohlkörperblasen verarbeitet. Allerdings ist darauf zu achten, dass POM nicht zu lange auf Schmelztemperatur (ab 240 °C) gehalten wird, denn es kann sich dabei **explosionsartig** zersetzen.

Bild 3: Produkte aus Polyoxymethylen

POM-Teile können durch alle Schweißverfahren, außer durch Hochfrequenzschweißen verschweißt werden. Ebenso kann es durch Haft- und Lösungsmittelklebstoffe verklebt werden, eine Vorbehandlung der Klebeflächen ist empfehlenswert.

POM ist ein **teilkristalliner Thermoplast,** der ähnlich wie PA **hervorragende Gleiteigenschaften** besitzt und vor allem für technische Teile wie Zahnräder und Schnappverbindungen eingesetzt wird.

Polyethylenterephthalat PET und Polybutylenterephthalat PBT

Polyethylenterephthalat (**Bild 1**) und Polybutylenterephthalat (**Bild 2**) sind **teilkristalline** Thermoplaste, die hinsichtlich Aufbau und Eigenschaften eng miteinander verwandt sind. PET und PBT entstehen durch **Polykondensation**. **PET** besitzt eine relativ **geringe** Kristallinität von bis zu 40 %, die durch den Einbau sperriger Seitenmoleküle noch weiter herabgesetzt werden kann, bis **amorphes** PET entsteht. Dadurch kann man **glasklare** Produkte auch bei größerer Wandstärke herstellen. PET eignet sich zudem zur Herstellung textiler Fasern und Fäden. **PBT** hat dagegen eine deutlich **höhere** Kristallisationsneigung und besitzt dadurch bessere mechanische Eigenschaften als PET.

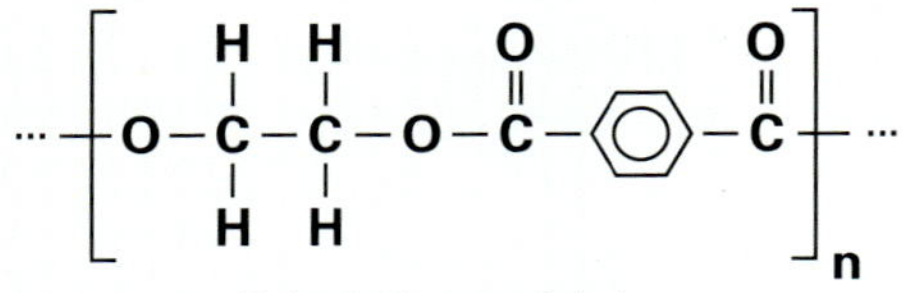

Polyethylenterephthalat

Bild 1: Strukturformel von PET

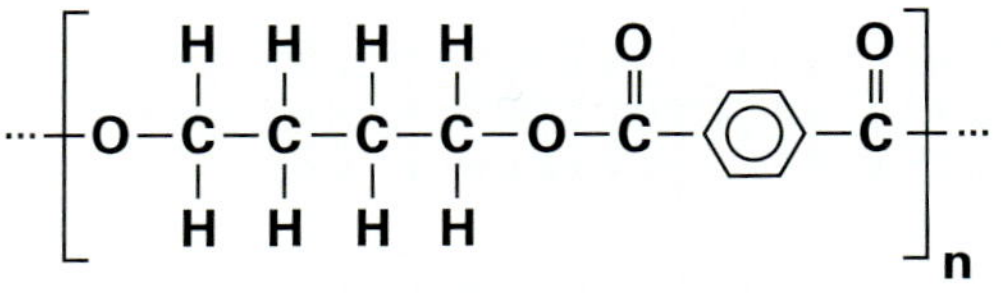

Polybutylenterephthalat

Bild 2: Strukturformel von PBT

Eigenschaften:

Durch den ähnlichen Aufbau haben PET und PBT auch weitgehend ähnliche Eigenschaften:

- große Härte, Festigkeit und hervorragende Steifigkeit
- gutes Gleit- und Verschleißverhalten, hohe Abriebfestigkeit
- harte und polierfähige Oberfläche, lebensmittelecht
- PET und PBT sind beständig gegen Spannungsrisse, Witterungseinflüsse und Kraftstoffe

PET hat eine deutlich **geringere Gasdurchlässigkeit** als PE und ist daher der häufigste **Barriere**-Werkstoff für Getränkeflaschen, die mit CO_2-haltigen Getränken befüllt werden.

Durch **Verstärkung** mit Glasfasern können die mechanischen Eigenschaften und die Gebrauchstemperatur bei PET und PBT deutlich verbessert werden (**Tabelle 1**).

Tabelle 1: Eigenschaften und Anwendung von PET und PBT im Vergleich

	PET, teilkristallin	PET, amorph	PBT
Dichte	1,37 g/cm³	1,33 g/cm³	1,31 g/cm³
Zugfestigkeit	74 N/mm²	55 N/mm²	58 N/mm²
Gebrauchstemperatur	–40 °C ... 100 °C kurzfristig bis 200 °C	bis 100 °C kurzfristig bis 180 °C	–60 °C ... 110 °C kurzfristig bis 165 °C
Kristallitschmelzbereich	255 °C ... 258 °C	255 °C ... 260 °C	220 °C ... 225 °C
Anwendung	Räder, Rollen, Ventile, Pumpenteile	Folien für Ton- und Videobänder, Getränkeflaschen, glasklare Funktionsteile	Verteilerkästen, Tankverschlüsse, Schalter, Zahnräder, Gleitlager

Bild 1: Flaschen und Vorformling aus PET

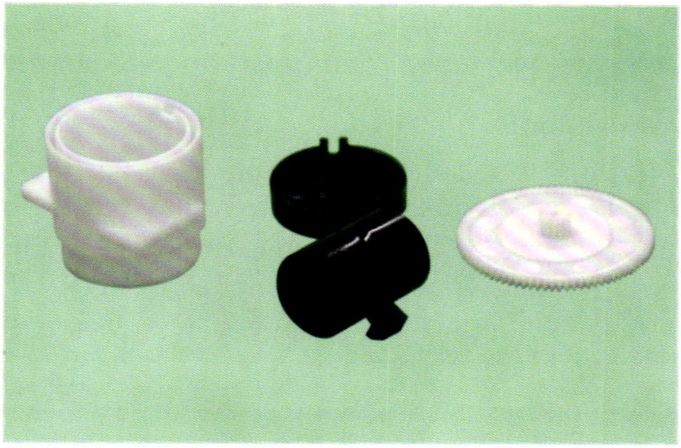

Bild 2: Produkte aus PBT

Verarbeitung:

PET und PBT sollten unbedingt bei 120 °C, PET sogar bis zu 140 °C für 3 Std. vorgetrocknet werden. Beide werden vorzugsweise durch Spritzgießen, Spritzblasen und Hohlkörperblasen zu Formteilen verarbeitet. Durch Extrusion werden vor allem Flachfolien sowie hochfeste Fäden und Drähte hergestellt (**Bilder 1 und 2**).

PET ist ein **niedrig kristalliner** bis **amorpher Kunststoff,** der wegen seiner niedrigen Gasdurchlässigkeit der Werkstoff schlechthin für Getränkeflaschen ist. PBT hat etwas bessere mechanische Eigenschaften und wird vor allem für Rollen und Gehäuseteile verwendet.

Polytetrafluorethylen PTFE

Polytetrafluorethylen ist der wichtigste Vertreter der **Fluorpolymere**, einer Gruppe von technischen Kunststoffen mit einer sehr guten chemischen Beständigkeit und einem sehr weiten Gebrauchstemperaturbereich.

Die Firma Du Pont (USA) stellte PTFE 1938 erstmalig durch **Polymerisation** her. Es entsteht aufgrund der linearen Fadenmoleküle ein **teilkristalliner** Thermoplast mit einer Kristallinität bis 70 % (**Bild 3**).

Diese Kristallinität wirkt sich entscheidend auf die guten physikalischen Eigenschaften aus, schränkt aber auch die Verarbeitungsmöglichkeiten ein.

Handelsnamen: Teflon, Hostaflon, Fluon

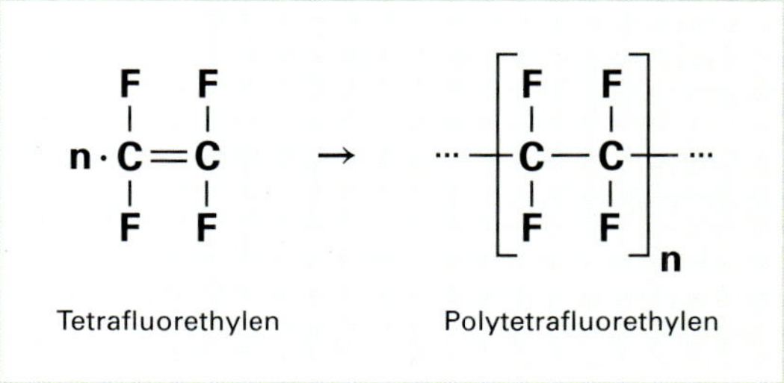

Bild 3: Polymerisation von PTFE

Eigenschaften:

- hervorragende chemische Beständigkeit aufgrund der starken Bindung zwischen Kohlenstoff und Fluor, lebensmittelecht
- sehr gute Gleiteigenschaften aufgrund der wachsartigen, unpolaren Oberfläche
- sehr gute Witterungs- und Lichtbeständigkeit, sehr hohe Wärmebeständigkeit

Verarbeitung:

Polytetrafluorethylen hat eine Kristallitschmelztemperatur von 327 °C, dabei werden die Kristallite aber nicht flüssig. Daher ist Spritzgießen, herkömmliches Extrudieren und Hohlkörperblasen nicht möglich.

Durch **Pressen** unter hohen Drücken (bis zu 300 bar) und anschließendes **Sintern** wird die polymerisierte Masse zu Formstücken verbacken, die dann **spanend** in beliebige Formen gebracht werden.

Bei der **RAM-Extrusion**, einer Mischung aus Extrusion und Sintern, werden bei Drücken bis zu 700 bar aus rieselfähigem PTFE-Pulver Profile, Rohre und Stäbe hergestellt.

PTFE-Dispersionen werden für Beschichtungen und zur Herstellung von Folien verwendet (**Bild 1**). PTFE ist nicht klebbar (unpolar) und wegen der hohen Kristallinität nicht schweißbar.

Anwendung

Aufgrund der sehr guten Eigenschaften hat PTFE ein weites Einsatzgebiet, aber auch einen relativ hohen Rohstoffpreis.

- Gleit- und Führungselemente im Maschinenbau, Kolbenringe, Dichtungen (②), Faltenbälge
- Auskleidungen im chemischen Apparatebau, Wärmetauscher, Magnetrührsteine (③)
- Antihaftbeschichtungen, z. B. für Bratpfannen, Dichtungsbänder (①)

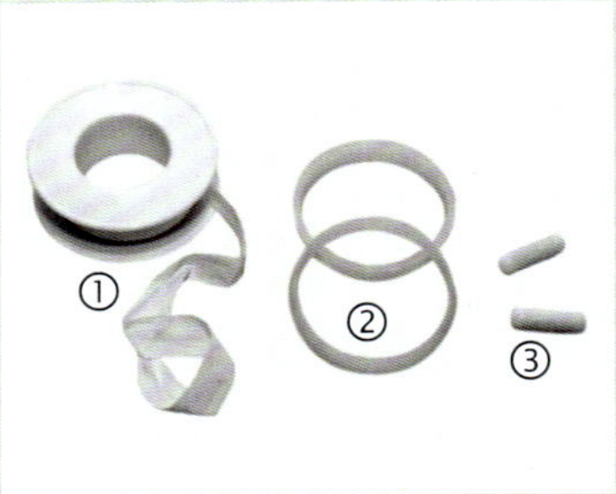

Bild 1: Produkte aus PTFE

Weitere wichtige Fluorpolymere:

- **Perfluorethylenpropylen-Copolymer FEP**: FEP hat ähnliche Eigenschaften wie PTFE, lässt sich aber durch Spritzgießen und Extrusionsblasen zu chemisch beständigen Flaschen, Folien und Auskleidungen verarbeiten.
- **Polyvinylidenfluorid PVDF**: PVDF hat eine hohe Festigkeit und Steifigkeit und kann sehr gut durch Spritzgießen und Extrudieren zu Flaschen, Kabelummantelungen und medizinischen Instrumenten verarbeitet werden. Zudem ist es klebbar und schweißbar.

Polytetrafluorethylen ist ein **hochkristalliner Thermoplast** mit einem sehr großen Gebrauchstemperaturbereich. Es wird hauptsächlich für Beschichtungen und Dichtungen eingesetzt.

Weitere spezielle Thermoplaste:

- **Polysulfon PSU**: PSU ist ein **hochwärmebeständiger**, amorpher Thermoplast mit einer hohen mechanischen Festigkeit und einer guten chemischen Beständigkeit. Es ist allerdings unbeständig gegen heißes Wasser und andere polare Stoffe. Aufgrund dieser Eigenschaften wird PSU für hochbeanspruchte Bauteile für Tageslichtprojektoren, elektrische Schalter, chirurgische Pinzetten sowie für Membranen und Elektroisolierfolien verwendet. Vor der Verarbeitung ist eine Vortrocknung nötig.
- **Polyphenylensulfid PPS und Polyethersulfon PES** sind teilkristalline Abkömmlinge von PSU mit ähnlichen Eigenschaften. Sie werden z. B. für Chipträger oder Sicherungsschalter verwendet.
- **Polyetheretherketon PEEK**: PEEK gehört zu den hochtemperaturbeständigen Kunststoffen mit einer dauernden Gebrauchstemperatur bis zu 250 °C und einer Zugfestigkeit von 100 N/mm^2, die durch Verstärkung mit Glas- oder Kohlefasern noch deutlich verbessert werden kann. PEEK hat eine hervorragende chemische Beständigkeit, nur konzentrierte Schwefelsäure kann es angreifen. Anwendungen findet man vor allem in der Luft- und Raumfahrt, wo man versucht metallische Werkstoffe durch PEEK zu ersetzen.
- **Polyphenylenether PPE**: Aufgrund der geringen thermischen Beständigkeit wird PPE nur als Polyblend zusammen mit PS oder PA verarbeitet. Damit erreicht es eine relativ hohe Steifigkeit, Härte und auch Schlagzähigkeit bis −40 °C. Zudem ist es witterungsbeständig und beständig gegen Alkohol, kochendes Wasser und verdünnte Säuren. PPE wird angewendet für Kühlergrille, Zierleisten, Sonnenkollektoren, Kamerateile und sterilisierbare medizinische Geräte.
- **Flüssigkristalline Polymere LCP**: LCP weisen im Gegensatz zu den anderen Thermoplasten auch in der Schmelze feste und geordnete Zonen auf. Dies hat zur Folge, dass man bei der Verarbeitung deutlich weniger Schmelzwärme aufbringen muss und es bei der Abkühlung zu einer Erhöhung der Festigkeit durch Eigenverstärkung kommt. Sie lassen sich sehr gut verarbeiten, besitzen eine hohe Temperaturbeständigkeit und sind chemisch sehr beständig. Zum Einsatz kommen LCP in der Elektrotechnik, z. B. bei Steckern und Relais, im Fahrzeugbau, z. B. Vergaser und Sensoren, sowie in der Luft- und Raumfahrt aufgrund ihrer hervorragenden Tieftemperaturbeständigkeit.

1.7.2 Polymerblends

Kunststoffe können durch Copolymerisation bzw. Pfropfcopolymerisation (Kapitel 1.4.1) abgewandelt werden. Das **Mischen** von zwei oder mehreren Polymeren ist eine **weitere Möglichkeit**. Eine solche Mischung bezeichnet man auch als **Polyblend** (blend, engl. = Mischung). Auf diese Weise lassen sich Kunststoffe mit kombinierten Eigenschaften der Einzelkunststoffe herstellen. Die Eigenschaften der so entstehenden Thermoplaste unterscheiden sich deutlich von denen der Ursprungspolymere. Bei der Mischung entstehen keine chemischen Bindungen. Die Fadenmoleküle der unterschiedlichen Polymere sind lediglich durch Nebenvalenzkräfte (Kapitel 1.4.3) verbunden. Die Temperaturbeständigkeit und die Qualität der Polymerblends ist daher häufig niedriger als die der vergleichbaren Co-/Pfropfcopolymere. Polymerblends lassen sich allerdings meist kostengünstiger herstellen. Die schematische Darstellung (Bild 1) zeigt, dass die Fadenmoleküle der beiden beliebigen Kunststoffe nicht durch Hauptvalenzkräfte (als Striche dargestellt) verbunden sind. Die teilweise parallele Anordnung der Makromoleküle (hier dargestellt) ermöglicht allerdings die Ausbildung von Nebenvalenzbindungen.

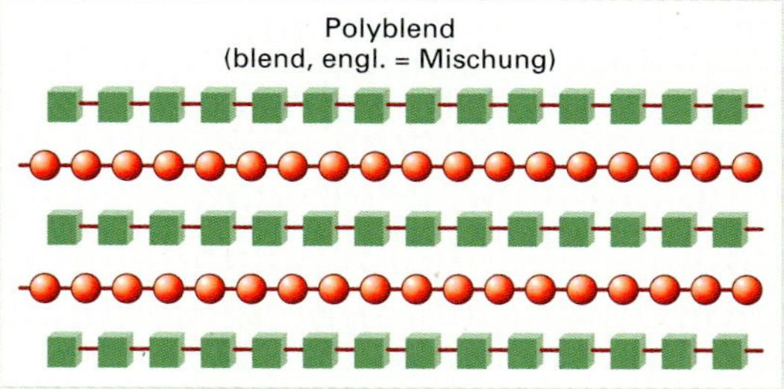

Bild 1: Verschiedene Molekülketten

Polymerblends sind **Mischungen** von zwei oder mehreren Polymeren. Es entstehen **keine chemischen Bindungen** zwischen den Polymeren.

Das spröde Polystyrol wird besonders häufig durch Mischen oder Copolymerisieren modifiziert, da mit Weichmachern (wegen des fehlenden Dipols) keine guten Ergebnisse erzielt werden.

Styrolbutadien SB/PS-I und SBS

Styrolbutadien weist gegenüber dem Polystyrol eine verbesserte Schlagzähigkeit, auch bei tiefen Temperaturen, auf. Es ist auch als **Polystyrol schlagfest** bekannt. Die Herstellung erfolgt häufig durch **Pfropf-Copolymerisation**. Eine weitere Möglichkeit ist die Mischung von PS mit Butadienkautschuk (Polyblend). Es entsteht ein **SB-Blend**. Die Elastomerkomponente wird dabei in Form kugeliger Teilchen im Standard-Polystyrol verteilt.

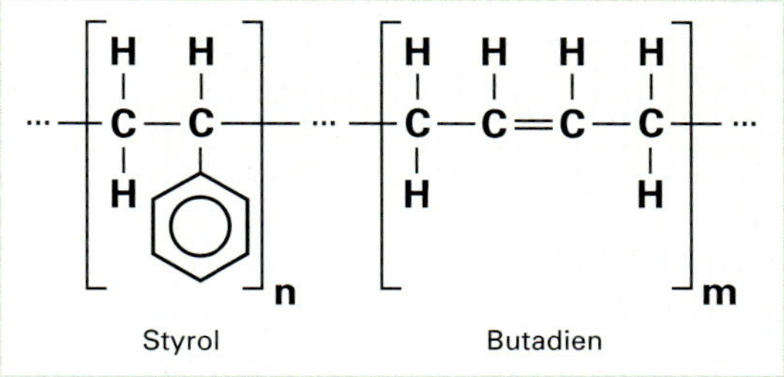

Bild 2: Styrol-Butadien

Die Butadienkomponente des SB macht den Werkstoff **opak**. Im Vergleich zu PS kann Styrolbutadien hochglänzende bis matte Oberfläche besitzen. Es ist weniger hart und steif und hat eine höhere Dehnung bei geringerer Zugfestigkeit. Produkte aus SB besitzen eine sehr gute Schlagzähigkeit (bis −40°C) und eine verbesserte Kerbschlagzähigkeit. Die Kautschukkomponente verschlechtert die Wärmeformbeständigkeit und die Witterungsbeständigkeit. Die Wasseraufnahme bleibt gering.

Aus SB werden Lebensmittelverpackungen, Joghurt- und Automatentrinkbecher, Besteckeinsätze, Kühlschrankinliner, Gehäuse, Elektro-Unterputz-Schalter und -Verteilerdosen sowie Spielwaren hergestellt. Durch eine spezielle blockweise Anordnung der Butadienkomponete kann man eine hohe Zähigkeit bei exzellenter Transparenz erreichen. Die so hergestellten **Styrol-Butadien-Styrol-Blockpolymere SBS** (Bild 2) werden überwiegend für Lebensmittelverpackungen eingesetzt.

Styrolbutadien bezeichnet man auch als **schlagfestes Polystyrol**. SB/PS-I ist opak.

Acrylnitril-Butadien-Styrol ABS

Bild 1: Typische ABS-Produkte

Unter den zahlreichen Styrolpolymerisaten haben die ABS-Pfropfpolymere die größte technische Bedeutung. Acrylnitril-Butadien-Styrol wird entweder durch **Copolymerisation** (vgl. Kapitel 1.7.1) der drei Komponenten Acrynitril, Styrol und Butadien oder durch **Mischen** (Blenden) von SAN mit speziellen Kautschuksorten hergestellt. Damit sich die Kautschukteilchen gut mit dem SAN vertragen, werden die einzelnen Kautschukpartikel mit einer Pfropfhülle aus SAN umgeben. Neben Butadienkautschuk wird auch Butadien-Acrylester-Kautschuk für die Modifizierung herangezogen. ABS ist opak und hat einen hohen Oberflächenglanz. Die Härte und Kratzfestigkeit liegt deutlich über der des Polystyrols. Wegen seiner hohen Zähigkeit eignet sich ABS gut für Metalleinlegeteile. Die Zugfestigkeit ist schlechter als die von PS und SAN, aber besser als die des SB. Die Schlag- und Kerbschlagzähigkeit ist auch bei niedrigen Temperaturen bis −40 °C hoch. ABS ist zudem sehr chemikalienbeständig. Nachteilig wirken sich jedoch die hohe Wasseraufnahme und die geringe Witterungsbeständigkeit aus.

Aus ABS werden Gehäuse für Küchen- und Kaffeemaschinen oder elektrische Geräte (wie z. B. Telefone, Handys etc.), Karosserieteile (Kühlergrill, Außenspiegel, Stoßfänger, Radblenden), WC-Spülkästen, Waschtisch- und Brausearmaturen, technisches Spielzeug sowie Scheck- und Telefonkarten hergestellt (Bild 1). Das ABS lässt sich gut verchromen.

Das **Methylmethacrylat-Acrylnitril-Butadien-Styrol-Pfropfcopolymer MABS** ist ein modifiziertes ABS. Dabei werden Acrylnitril und Styrol partiell (in Teilbereichen) durch Methylmethacrylat (vgl. PMMA) ersetzt. **MABS** ist weitgehend transparent bzw. **glasklar**.

Acrylnitril-Butadienstyrol (ABS) ist ein schlagzähes, opakes Styrol-**Polymerisat.**

Weitere Polymerblends

Kunststoffe können natürlich nicht beliebig vermischt werden. Eine wichtige Voraussetzung für die Mischung von zwei oder mehr Polymeren ist die **Verträglichkeit** der Kunststoffe untereinander. Sinnvoll sind zudem nur Kombinationen, die zu einer Verbesserung der Eigenschaften führen. In der Praxis haben sich neben den Styrol-Polymerisaten vor allem Polymerblends auf der Basis von PC, PVC und PA durchgesetzt. Diese Polyblends erweitern das **Einsatzspektrum** der Ursprungspolymere oft deutlich.

Häufig wird die **Schlagzähigkeit** von Thermoplasten bei niedrigen Temperaturen erhöht. Beim Polycarbonat PC verwendet man dazu häufig das Styrolpolymerisat ABS. Dieses Polyblend **PC+ABS** wird häufig für **Gehäuse von Mobiltelefonen** verwendet. Es hat allerdings eine geringere Temperatur- und Witterungsbeständigkeit als PC. Die Mischung von PC mit ASA (**PC+ASA**) ist hingegen etwas formstabiler und witterungsbeständiger. Das Blend **ABS+PA** auf der Basis von ABS und Polyamid vereint die guten Eigenschaften der Einzelbausteine und führt ebenfalls zu einer überragenden Schlagzähigkeit, auch bei Minustemperaturen. Beim Polyethylen erhöht man die Kälteschlagzähigkeit, indem man chloriertes PE (PE-C) mit Polyvinylchlorid mischt (**PE-C+PVC**). Die Schlagzähigkeit von Polyvinylchlorid kann man erhöhen, wenn man ein Blend aus PVC und Ethylenvinylacetat herstellt (**PVC/EVA**). Mischt man dem Polycarbonat Polybutylenterephthalat (**PC/PBT**) bei, so kann man die **Temperatur-** und **Witterungsbeständigkeit** gegenüber dem Homopolymer deutlich verbessern.

1.7.3 Elastomere

Historisches

Elastomere gehören zu den **ältesten** polymeren Werkstoffen, die der Mensch schon recht lange für seine Zwecke nutzt. Bereits die Mayas und Azteken stellten schon vor über 1000 Jahren Gegenstände aus der Milch des sog. „**weinenden Baumes**" her (**Bild 1**).

Bild 1: Kautschukbaum (Guttapercha) in Indonesien

Chau-chu = „weinender Baum" = Kautschuk

Durch Christoph Kolumbus und Hernán Cortés erfuhr Europa im 16. Jh. erstmalig von der Existenz dieses elastischen Materials, für ernstzunehmende technische Zwecke war es jedoch viel zu weich.

Michael Faraday erkannte 1826 die chemische Struktur von Naturkautschuk (**Bild 2**) als **fadenförmige Makromoleküle ohne Vernetzung** untereinander. Bei der Gerinnung der Milch mit **Essigsäure** polymerisiert die Flüssigkeit zu einer festen, elastischen Masse, die durch Erwärmung geschmolzen werden kann.

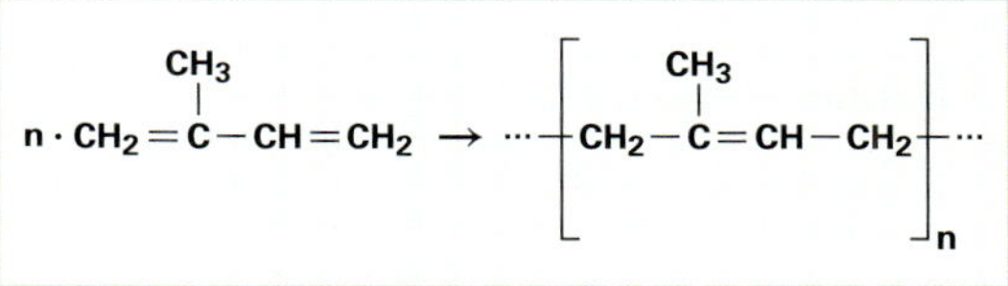

Bild 2: Polymerisation von Naturkautschuk

Unter **Kautschuk** versteht man eine feste, elastische Masse **ohne** Vernetzung, die sich thermoplastisch verhält.

Charles Goodyear entwickelte 1839 die **Vulkanisation**, wodurch der Kautschuk **weitmaschig vernetzt** und somit zum **Elastomer** (Gummi) wird. Damit konnten erstmals technisch anspruchsvolle Gummiprodukte hergestellt werden. Die Kautschukproduktion blühte auf und brachte den Ländern am Amazonas, vor allem Brasilien, vorübergehend großen Reichtum. Heute liegt der Schwerpunkt der **Naturkautschukproduktion** in Südostasien.

Da der Kautschukimport eine gewisse Abhängigkeit von tropischen Ländern mit sich brachte, versuchte man zu Beginn des 20. Jahrhunderts erfolgreich, Kautschuk synthetisch herzustellen. Die **Synthesekautschuke** brachten eine Vielzahl neuer Einsatzgebiete mit sich und verdrängen heute den Naturkautschuk immer mehr.

Die Vulkanisation

Charles Goodyear versuchte verschiedene Stoffe mit Kautschuk zu vermischen, um ihn vor allem härter zu machen. Mit **Schwefel** gelang es ihm schließlich, und er meldete 1839 die **Vulkanisation** zum Patent an. Die gelben Schwefelatome (**Bild 3**) dringen beim geschmolzenen Kautschuk zwischen die Fadenmoleküle ein. Schwefel ist **2-wertig** und kann somit bis zu **zwei** weitere Elektronenbindungen eingehen. Er bricht durchschnittlich jede 10. Doppelbindung im Kautschuk auf und verbindet damit 2 Nachbarketten. Es kommt je nach Schwefelzusatz zu einer mehr oder weniger ausgeprägten **weitmaschigen** Vernetzung. Der Kautschuk wird damit erst zum Elastomer bzw. Gummiwerkstoff.

Neben Schwefel werden auch sog. **Peroxide** zur Vulkanisation eingesetzt (**siehe Kapitel 14.10**).

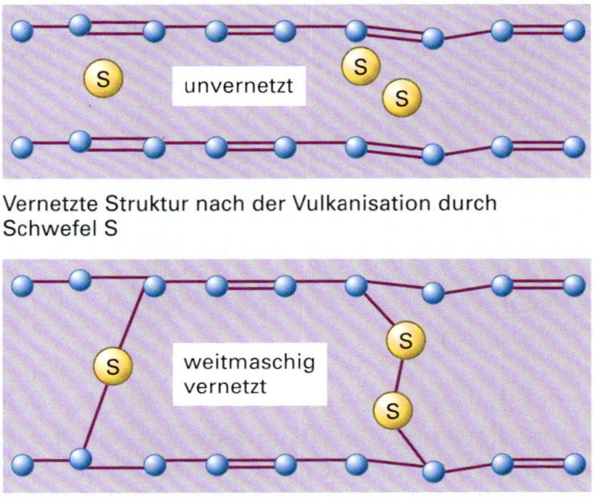

Bild 3: Vulkanisation durch Schwefel

Nach der Vulkanisation spricht man vom **Elastomer**, wobei *„rubber"* (**R**) für Kautschuk und Elastomer steht.

Im Laufe der Zeit bewirkt der ebenfalls **2-wertige** Luftsauerstoff (①) zwischen den Molekülen eine weitere Vernetzung (**Bild 2**), das Elastomer wird so zunehmend spröde (**Bild 1**). Man spricht hier von einer **Alterung** des Elastomers.

Durch **1-wertige** Stoffe, wie z. B. Chlor (②) oder eine Methylgruppe (-CH_3) (③) ist **keine** weitere Vernetzung mehr möglich, da diese **nur** die Doppelbindung aufbrechen können. (**Bild 3**).

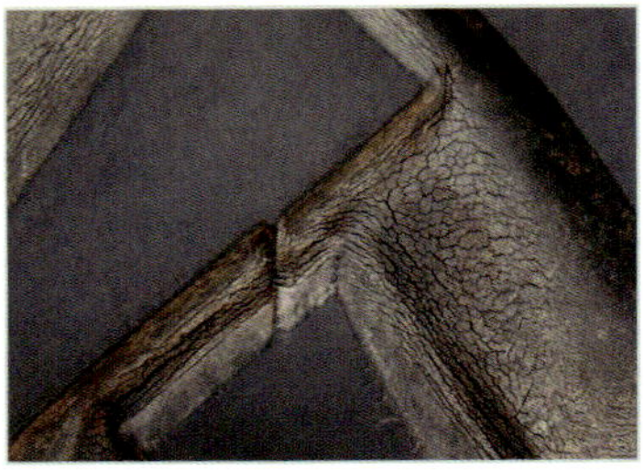
Bild 1: Gealterter Traktorreifen

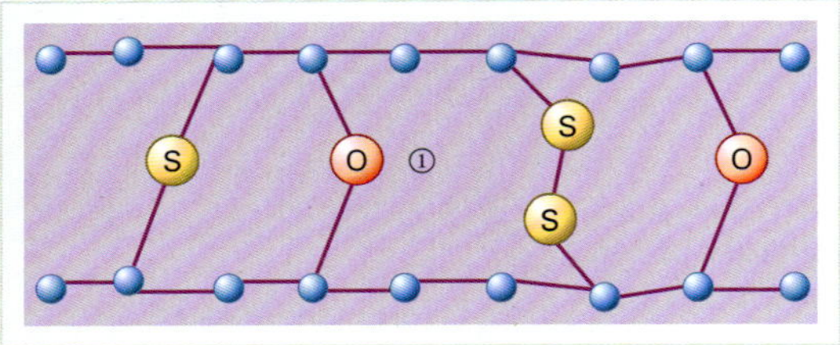

Bild 2: Alterung durch Luftsauerstoff

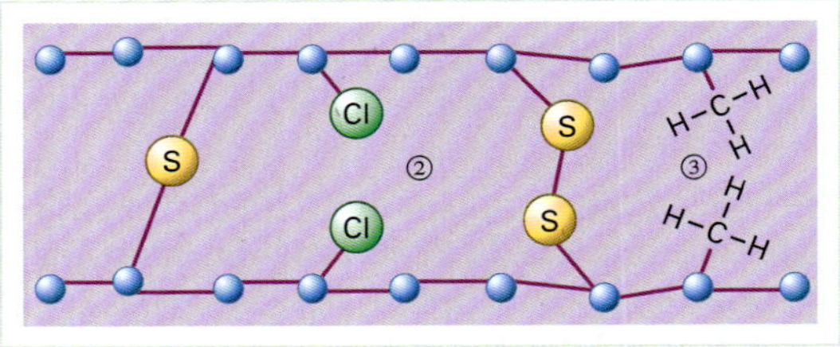

Bild 3: Absättigung der Doppelbindungen

Handelsformen

Kautschuke kommen meist als Kautschukmischungen zum Einsatz, die als **Granulat** oder **Strang** den Verarbeitungsmaschinen zugeführt werden. Diese Mischungen bestehen aus:

- einer oder mehreren Kautschuksorten
- Alterungsschutzmitteln, Weichmachern
- Vulkanisationssystem (Vernetzer, Beschleuniger)
- Füllstoffen (z. B. Ruß), Verarbeitungshilfen

Naturkautschuk NR (natural rubber)

Naturkautschuk entsteht aus dem **Saft** bestimmter tropischer Bäume, der Latexmilch, und ist der am längsten bekannte Kautschuk. Die wichtigsten Kautschukbäume sind Hevea brasiliensis aus Brasilien, Guayule aus Mexiko und die südostasiatischen Sorten Guttapercha und Balata. Die **Latexmilch** gerinnt durch Essigsäure und wird zu 3 mm bis 4 mm dicken Fellen (sog. Sheets) ausgewalzt, ein anschließendes **Räuchern** macht den Kautschuk (**Bild 4**) haltbar. Erst in den elastomerverarbeitenden Ländern erfolgt die **Vulkanisation** zu Naturgummi, die fast ausnahmslos durch **Schwefel** erfolgt.

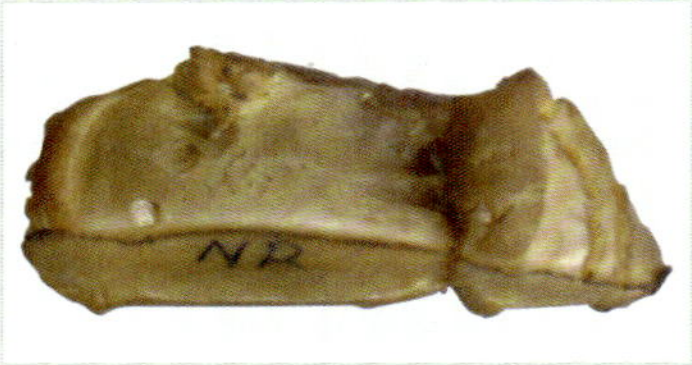

Bild 4: Naturkautschuk

Eigenschaften:

NR besitzt eine **einzigartige** Kombination von guten Eigenschaften, schlechtere Eigenschaften werden durch Zusatzstoffe verbessert:

- sehr hohe Festigkeit und Weiterreißfestigkeit, sowie ein sehr hoher elektrischer Widerstand
- hervorragende Flexibilität in der Kälte
- geringe Wärme- und Alterungsbeständigkeit, kann durch Zusatzstoffe verbessert werden
- NR ist unpolar und damit unbeständig gegen Benzin und Öle

Anwendungen:

Unvernetzter NR, sog. **Latex**, wird vor allem für Schutzhandschuhe und Kondome (**Bild 5**) verwendet. Weit mehr Bedeutung haben allerdings die **NR-Vulkanisate** mit ca. 30 % Anteil am Weltverbrauch aller Elastomere. Als **wichtigster** Mischungsbestandteil spielt NR bei Pkw- und Lkw-Reifen nach wie vor eine wesentliche Rolle. Eine weitere Anwendung sind Puffer und Federelemente.

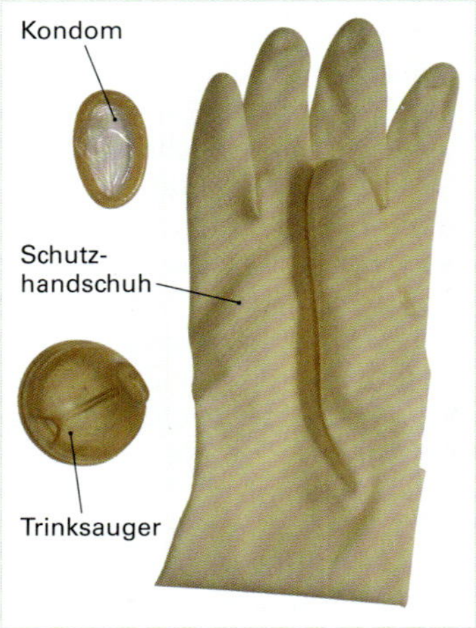

Bild 5: Produkte aus Naturkautschuk

Styrol-Butadien-Kautschuk SBR

SBR (**Bild 1**) ist der am häufigsten eingesetzte **Synthesekautschuk**. Er wird durch **Copolymerisation** von Butadien und Styrol hergestellt. Es handelt sich hierbei um einen sog. **Allzweckkautschuk** mit einem mittleren Eigenschaftsbild.

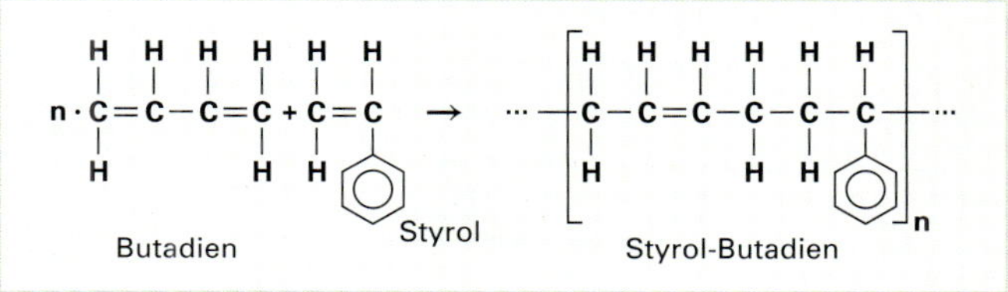

Bild 1: Copolymerisation von SBR

Unvernetzt kommt SBR auch in Form des schlagfesten Polystyrols SB bzw. als thermoplastisches Elastomer (Blockcopolymer, siehe **Kapitel 1.7.4**) zum Einsatz. SBR wird mit Schwefel vulkanisiert.

Eigenschaften:

Zum einsatzbereiten Elastomer wird SBR erst durch Zusatzstoffe wie Ruße oder Weichmacher. Dadurch weist er ähnliche Eigenschaften wie NR auf, bei der Abriebfestigkeit übertrifft er sogar NR. Ungünstiger wirkt sich dagegen die Weiterreißfestigkeit bei Einrissen aus. Weitere Eigenschaften sind:

- Temperaturbeständigkeit bis 110 °C
- geringe Alterungsbeständigkeit
- sehr schlechte Öl- und Kraftstoffbeständigkeit

Anwendung:

SBR kommt vor allem bei Pkw-Reifen als Mischungsbestandteil zum Einsatz (**Bild 2**). Des Weiteren wird er für Schuhsohlen, Fördergurte, Kabelummantelungen und Fahrradreifen verwendet.

Bild 2: Produkte aus SBR

Butadienkautschuk BR

BR besteht aus polymerisiertem **Butadien** und steht mengenmäßig dem SBR kaum nach. Es lässt sich allerdings nur relativ **schwierig** verarbeiten und wird überwiegend mit SBR für Pkw-Reifenmischungen verwendet. BR zeichnet sich durch eine hohe Abriebfestigkeit und Elastizität aus. Vor allem bei **Winterreifen** spielt BR aufgrund seiner niedrigen Glasübergangstemperatur (siehe **Kapitel 1.6**) und seiner guten Eishaftung eine wichtige Rolle. Weitere Anwendungen sind Fördergurte, Schuhsohlen und Keilriemen.

Acrylnitril-Butadien-Kautschuk NBR

NBR entsteht durch Copolymerisation von Butadien und Acrylnitril (**Bild 3**). Dadurch wird die **Polarität** des Kautschuks deutlich vergrößert, wodurch ein Aufquellen durch unpolare Stoffe, vor allem Kraftstoffe, deutlich verringert wird. NBR zeichnet sich daher durch eine **sehr gute Öl- und Kraftstoffbeständigkeit** aus. NBR wird durch Schwefel und auch organische Peroxide vulkanisiert.

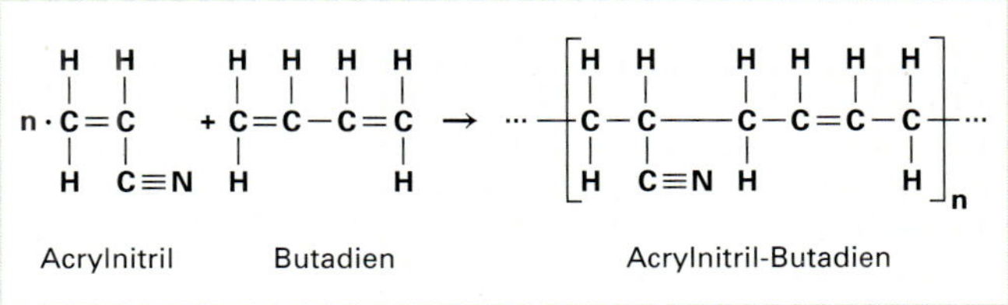

Bild 3: Copolymerisation von NBR

Weitere Eigenschaften:

Auch NBR wird überwiegend mit Ruß gefüllt eingesetzt und erhält dadurch eine relativ hohe Festigkeit und einen hohen Abriebwiderstand. Er hat jedoch eine geringere Elastizität als SBR und NR. Außerdem ist er elektrisch leitend und somit als Isolator unbrauchbar.

Anwendungen:

NBR wird aufgrund seiner Kraftstoffbeständigkeit für Dichtungen, O-Ringe, Reibbeläge und Kupplungen eingesetzt (**Bild 4**).

Bild 4: Produkte aus NBR

Chloroprenkautschuk CR

Bei CR wird eine weitere Möglichkeit der Erhöhung der Polarität angewandt, indem ein H-Atom von Butadien durch ein **Cl-Atom** ersetzt wird (**Bild 1**). Somit wird ebenfalls eine gute **Öl- und Kraftstoffbeständigkeit** erreicht. Zudem schirmt das relativ große Cl-Atom die Doppelbindung gegen die Einwirkung von Sauerstoff und Ozon merklich ab. Dadurch wird CR zudem relativ **alterungsbeständig**.

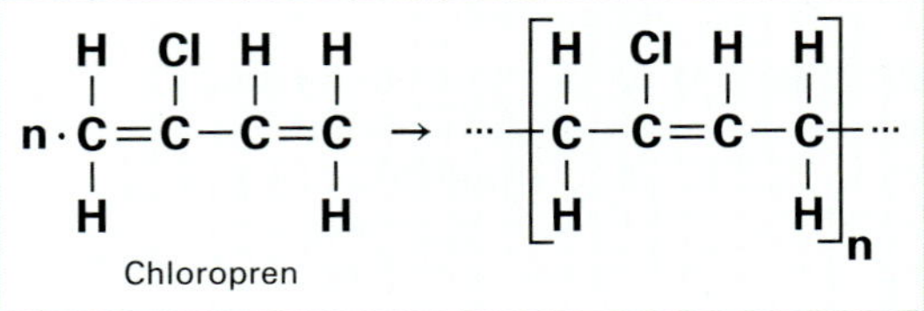

Bild 1: Polymerisation von CR

Die Vulkanisation erfolgt meist durch **Metalloxide**.

Weitere Eigenschaften:

- Zugfestigkeit und Weiterreißfestigkeit sind fast so gut wie bei NR
- gutes Brandschutzverhalten (wie PVC)
- hervorragende Elastizität
- schlechtere Isolationswirkung als NR und SBR

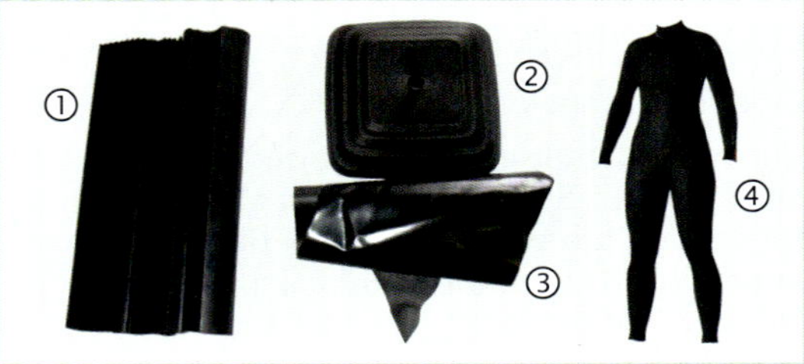

Bild 2: Produkte aus CR

Anwendung:

CR eignet sich hervorragend für Dichtungen (z. B. Dachdichtungen von Cabrios), Profile (①), Faltenbälge (②) und Gummifolien (③), die z. B. für „Neoprene®"-Taucheranzüge (④) verwendet werden (**Bild 2**).

Butyl-Kautschuke – IIR, CIIR und BIIR

Butylkautschuk (IIR), auch Isobuten-Isopren-Kautschuk, ist ein Copolymerisat aus 95 % bis 99 % Isobuten und 1 % bis 5 % Isopren. Durch den Isopren-Anteil wird die Anzahl der **Doppelbindungen** festgelegt und damit der mögliche Vernetzungsgrad. Ebenso nutzt man diese Doppelbindungen zur Modifizierung mit Chlor (Chlorobutyl-Kautschuk **CIIR**) und mit Brom (Bromobutyl-Kautschuk **BIIR**). Man spricht hier von einer **Halogenisierung**. Die Herstellung gelang 1943 erstmals großtechnisch in Deutschland und wird wegen der starken Wärmeentwicklung bei – 40 °C bis – 100 °C durchgeführt.

Bild 3: Fahrradschlauch aus IIR

Butylkautschuke haben ein sehr gutes Dämpfungs- und Schwingungsverhalten, besitzen eine hohe Gasundurchlässigkeit und sind relativ beständig gegen Säuren und Witterungseinflüsse. Nachteilig ist jedoch die schlechte Beständigkeit gegen Öle und Kraftstoffe und die geringe Elastizität bei Raumtemperatur. Das Chlor in CIIR erhöht die Beständigkeit gegen Chemikalien, Witterungseinflüsse und Heißwasser und verringert die Gasdurchlässigkeit. Das Brom in BIIR verbessert diese Eigenschaften noch mehr (**Tabelle 1**).

Tabelle 1: Werkstoffdaten und Anwendungen der Butylkautschuke

	Butylkautschuk IIR	Chlorbutylkautschuk CIIR	Brombutylkautschuk BIIR
σ_M in N/mm²	… 20	… 15	… 20
ε_M in %	… 700	… 200	250 …
Härte	80 … 85 Shore A	ca. 70 Shore A	40 … 90 Shore A
Einsatzbereich	– 40 °C … 130 ° C	– 35 °C … + 150 °C	– 45 °C … + 130 °C
Anwendung	Dichtungen, Membranen, Schläuche, Reifen, Kabelisolierungen, Schutzhandschuhe	wie IIR, Verschlüsse für Chemikalien, Behälterauskleidungen, Trinkwasserrohre	wie IIR, Heizschläuche, Dichtungen, Klebstoffe, Förderbänder, Säureschutzanzüge

Alterungsbeständige Kautschuke – M-Gruppe – *Methylene*

Im Gegensatz zu den bisher genannten Kautschuken der **R-Gruppe** (R -„*rubber*“ = Gummi) sind bei den Kautschuken der **M-Gruppe** nach der Vulkanisation nur noch sehr wenige oder **keine** Doppelbindungen in der Molekülhauptkette mehr vorhanden.

Kautschuke mit dem Kennbuchstaben **M** (von *Methylene*) am Ende der Kurzbezeichnung sind mit der Methylgruppe (-CH_3) **gesättigt** und damit sehr **alterungsbeständig.**

Ethylen-Propylen-Kautschuke EPM/EPDM

EPM entsteht durch die **Copolymerisation** von Ethylen und Propylen. Es ähnelt dem Naturkautschuk, hat aber **keine** Doppelbindungen und kann daher nur durch **Peroxide** oder durch Strahlung vulkanisiert werden. Fügt man noch die ungesättigte Komponente Dien hinzu, entsteht Ethylen-Propylen-Dien-Kautschuk EPDM, das auch mit **Schwefel** vulkanisiert werden kann.

EPM bzw. EPDM haben eine Zugfestigkeit bis ca. 7 N/mm^2, die sich durch Zugabe von Ruß nahezu verdoppeln lässt. Die Härte ist in einem Bereich von Shore A 25 bis 85 einstellbar. Zudem besitzen beide einen großen Einsatzbereich von – 70 °C bis + 170 °C, eine hohe Weiterreißbeständigkeit, sowie eine sehr hohe chemische Beständigkeit, allerdings nicht gegen Kraftstoffe.

EPDM und EPM kommen bei Dichtungen, Profilen, Schläuchen und Bodenbelägen zum Einsatz.

Acrylat-Kautschuke ACM/AEM

ACM ist ein Copolymerisat aus Ethylacrylat und ein oder zwei weiteren Acrylaten (**Terpolymerisat**, besteht aus 3 verschiedenen Monomeren). Hinzu kommt hier noch ein weiteres Monomer in geringen Anteilen, um die Vulkanisation zu ermöglichen. ACM besitzt eine hohe Beständigkeit gegen hohe Temperaturen, Sauerstoff und Mineralölen. Um die Festigkeit und Wärmebeständigkeit zu steigern, kann noch Ethylen hinzupolymerisiert werden, es entsteht **Ethylen-Acrylat-Kautschuk** AEM. AEM besitzt aber eine geringere Kraftstoffbeständigkeit als ACM.

Zur Anwendung kommen ACM und AEM für Dichtungen und Kraftstoffschläuche in Automobilen.

Chlorsulfonyl-Polyethylen-Kautschuk CSM

Beim CSM wird Polyethylen durch Chlorgas und Schwefeldioxid chemisch so umgebaut, dass aus dem zähelastischen PE ein vulkanisationsfähiger Kautschuk wird. CSM ist sehr witterungsbeständig und besitzt ähnlich wie der Chloroprenkautschuk eine relativ hohe Beständigkeit gegen Kraftstoffe und eine hohe Flammwidrigkeit.

CSM kommt bei säurebeständigen Schläuchen, Auskleidungen und Dichtungen zum Einsatz.

Fluorkautschuk FPM (FKM)

FKM ist vergleichbar mit dem Polyvinylidenfluorid PVDF, bei dem die Kristallisationsneigung deutlich herabgesetzt wurde. Dadurch entsteht ein Kautschuk mit einer hohen Abriebfestigkeit und hohen thermischen Beständigkeit. FKM wird hauptsächlich in der Luft und Raumfahrt verwendet, also auch hier für Dichtungen, Auskleidungen und Gummierungen.

Polysulfidkautschuk TM

TM ist ein Polykondensationsprodukt, das über eine hervorragende Beständigkeit gegenüber Ozon, Wasser, Mineralölen und Kraftstoffen verfügt. TM kommt vor allem in Form von Dichtmassen und Klebstoffen zum Einsatz.

Epichlorhydrin-Kautschuke ECO/CO – O-Gruppe (O in der Hauptkette)

Polyepichlorohydrin-Kautschuk **CO** entsteht durch die Polymerisation von Epichlorhydrin, Epichlorhydrin-Kautschuk **ECO** durch zusätzliche Copolymerisation mit Ethylenoxid. Beide sind extrem witterungsbeständig und sehr beständig gegen Mineralöle und Kraftstoffe. Somit sind beide für Tankschläuche, Hydraulikschläuche, Tankdichtungen und Walzenbezüge in einem großen Temperaturbereich von – 40 °C bis + 130 °C einsatzfähig.

Silikon-Kautschuke VMQ/FVMQ – Q-Gruppe (*quartär*: Si und O in der Hauptkette)

Silikone bestehen aus Silizium-Sauerstoff-Verbindungen (aus Quarzsand) mit verschiedenen organischen Seitengruppen, die eine Vernetzung ermöglichen. **VMQ** hat eine hervorragende Zug- und Weiterreißfestigkeit und einen enorm breiten Temperaturbereich von – 60 °C bis + 260 °C. Zudem ist es physiologisch unbedenklich und ist sehr alterungsbeständig. Bei einer Modifizierung mit Fluor entsteht Fluorsilikonkautschuk **FVMG**, das zudem sehr beständig gegen Kraft- und Mineralstoffe ist. Haupteinsatzbereiche für VMQ sind flexible Kabelummantelungen (①), Saugknöpfe (②), Kontaktmatten für Fernbedienungen, Dichtungsprofile, Fugendichtmassen im Baubereich (③) und medizinische Schröpfmatten (④) (**Bild 1**).

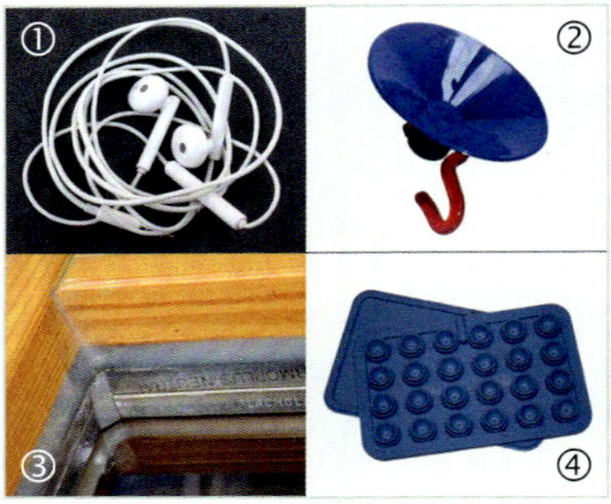

Bild 1: Anwendung von Silikon

Polyurethan-Kautschuke AU/EU – U-Gruppe (C, O und N in der Hauptkette)

Polyurethane entstehen durch Polyaddition von Polyester- bzw. Polyetherpolyolen und Isocyanaten. Damit lassen sich Produkte mit **unterschiedlichsten** Eigenschaften gezielt herstellen. Diese lassen sich vergießen, schäumen, als duroplastisches Harz, als thermoplastisches Elastomer und als Kautschuk anwenden. PU-Kautschuke bestehen aus Hart- und Weichsegmenten. Beim AU-Kautschuk bestehen die Weichsegmente aus Polyester, beim EU-Kautschuk aus Polyether.

Grundlegende Eigenschaften von AU und EU:

- sehr hohe Verschleiß-, Abrieb- und Weiterreißfestigkeit
- gute Witterungs- und Alterungsbeständigkeit, aber geringer als bei CR (siehe Tabelle 1)
- sehr breiter Einsatztemperaturbereich
- hohe Kraftstoff- und Mineralölbeständigkeit

Anwendungen von AU und EU:

- Lagerschalen, Federelemente, Dichtungen, Schläuche, Kabelisolierung, Zahnräder, Schalen für Skischuhe, Schuhsohlen
- Schaumteile (①) z. B. für Nackenstützen (②), Autositze (③), Verpackungseinlagen (④) und Lenkradinnendekore (⑤) (**Bild 2**).

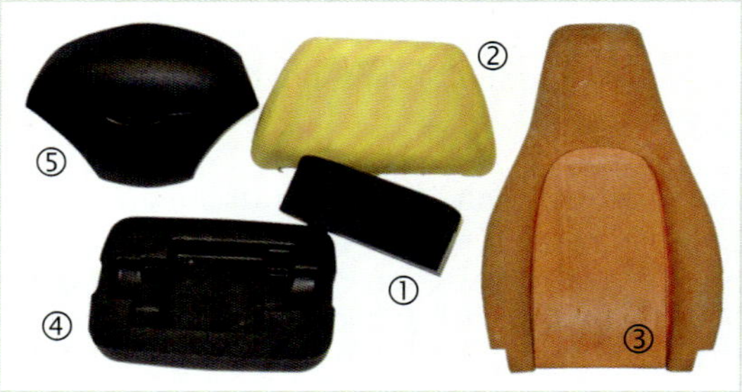

Bild 2: Produkte aus PU-Elastomeren

Tabelle 1: Eigenschaften der wichtigsten Elastomere im Vergleich (Bewertung nach dem Notensystem)

Eigenschaft	NR	SBR	NBR	CR	VMQ	IIR	EPDM	AU/EU
Zugfestigkeit ungefüllt	1	5	5	3	4	3	3	1
Zugfestigkeit gefüllt	1	2	2	2	–	2	2	1
Maximaldehnung	1	2	2	2	3	1	2	1 … 4[1)]
Weiterreißfestigkeit	2	3	3	2	3	2	3	1
Kältefestigkeit	2	3	3	3	1	2	2	3
Wärmebeständigkeit	5	4	3	3	1	2	2	3
Alterungsbeständigkeit	4	4	3	2	2	3	1	3
Kraftstoffbeständigkeit	6	6	2	3	6	5	6	2
Brandschutzverhalten	6	6	6	2	6	6	6	3

1) sehr variabel

1.7.4 Thermoplastische Elastomere

Die thermoplastischen Elastomere sind Kunststoffe mit **physikalisch vernetzten Makromolekülketten** (Kapitel 1.4.3). Die Eigenschaften der TPEs kombinieren im Idealfall die Verarbeitungseigenschaften von Thermoplasten mit den Gebrauchseigenschaften von Gummi. In der Praxis werden jedoch bislang weder die gummielastischen noch die thermischen Eigenschaften der vernetzten Elastomere erreicht. Die einfache Verarbeitung der TPEs eröffnet neue Anwendungsmöglichkeiten. Hart-Weich-Verbunde, wie z. B. ein weicher Zahnbürstengriff auf einem harten Bürstenkörper (Bild 1), lassen sich im Mehrkomponenten-Spritzguss einfach verwirklichen.

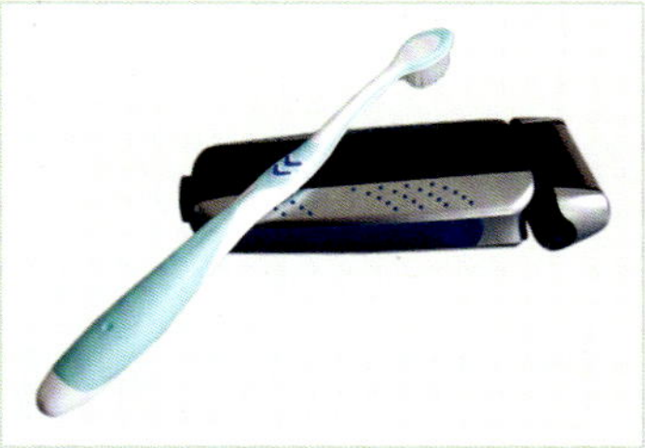

Bild 1: TPE-Griffelemente

TPE-Werkstoffe lassen sich auf verschiedenen Wegen herstellen. Die Aufbaumöglichkeiten sind nahezu unbegrenzt. Man kann sie zwei großen Gruppen (Übersicht 1) zuordnen.

Man unterscheidet die Gruppe der **Blockcopolymere** und die Gruppe der **Elastomerlegierungen**.

Übersicht 1: Thermoplastische Elastomere

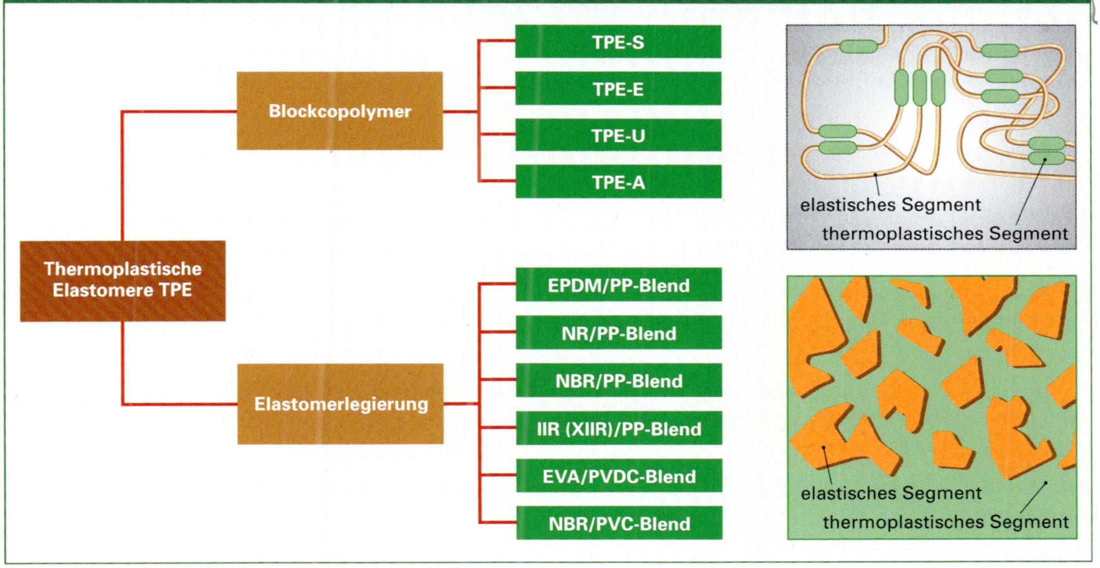

Blockcopolymere

Bei den Blockcopolymeren unterscheidet man **vier Gruppen** (Übersicht 1).

Kennzeichnend für die Gruppe der **Styrolblockcopolymere (TPE-S)** ist ihr Dreiblockaufbau aus Polystyrolhartphasen und elastomeren Mittelblöcken. Das Verhältnis Mittelblöcke zu Endblöcke beträgt durchschnittlich 70:30. Die physikalische Vernetzung bilden die Styrolhartphasen aus (vgl. Kapitel 1.4.3). Entsprechend dem Dreiblockaufbau unterscheidet man nach der **Art des Mittelblocks. SBS (Butadien), SEBS (Ethylenbutylen)** und **SIS (Isopren)**.

Beim thermoplastischen **Copolyester bzw. Polyetherester (TPE-E)** sind die Molekülketten alternierend aus harten Polyestersegmenten und weichen Polyetherkomponenten aufgebaut. Ihr Härtebereich ist von der Länge der harten und weichen Segmente abhängig und in einem breiten Bereich einstellbar.

Die Blockcopolymere der **Thermoplastischen Polyurethane (TPE-U)** werden durch Polyaddition so synthetisiert, dass Hart- und Weichsegmente entstehen.

Polyether-Polyamid-Blockcopolymere (TPE-A) entstehen durch Einfügen von flexiblen Polyether(ester)gruppen in Polyamidmolekülketten. Die Polyamidblöcke übernehmen dabei die Funktion der thermoplastischen Hartphase.

Die **Hartsegmente** der **Blockcopolymere** bilden **physikalische Vernetzungen** aus.

Die Tabelle (**Tabelle 1**) gibt einen Überblick über die verwendeten Hart- und Weichphasen.

Tabelle 1: Blockcopolymere

Blockcopolymer	TPE-S	TPE-E	TPE-U	TPE-A
Hartphase	Styrol	Polyestersegmente	Polyurethan	Polyamid
Weichphase	SBS oder SEBS oder SIS	Polyether-komponente	Polyurethan	Polyether-(ester)gruppen

Elastomerlegierungen

Elastomerlegierungen enthalten Thermoplast- und Elastomeranteile. Sie sind **Polymerblends oder -verschnitte**. Durch die Blendtechnologie können die Eigenschaften der thermoplastischen Elastomere in einem breiten Bereich eingestellt werden. Dabei ist die Auswahl der Einzelkomponenten entscheidend. Ihre Herstellung erfolgt durch „Verschneiden“.

Unter „**Verschneiden**“ versteht man das **intensive Vermischen** der **Ausgangskomponenten**.

Wenn beim Verschneidungsprozess **Vernetzungsmittel** zugesetzt werden, entstehen sogenannte **TPE-V**, also Kunststoffe mit mehr oder weniger (teil-)**vernetzter** Weichphase.

Blends, die **unvernetzte** Weichsegmente enthalten, nennt man **TPE-O**. Das elastische Verhalten der Blends hängt von der Verteilung und dem Vernetzungsgrad der Elastomerpartikel ab.

Je **stärker** die **chemische Vernetzung** und je **feiner** die **Verteilung** der **Elastomerpartikel** ist, desto ausgeprägter ist das **elastische Verhalten**.

Am Weitesten verbreitet ist die Gruppe der **Blends** mit **Polyolefinen**, wobei meist Polypropylen verwendet wird.

EPDM-Terpolymere bilden in der Regel die Kautschukphase von **EPDM/PP-Blends**. Durch die Variation der PP/EPDM-Phasen lässt sich die Härte in einem großen Bereich einstellen.

Bei den **NR/PP-Blends (thermoplastischer Naturkautschuk)** wird statt der EPDM-Phase Naturkautschuk eingesetzt. Im Vergleich zu NR-Vulkanisaten weisen thermoplastische NR-Blends eine deutlich höhere Witterungs- und Ozonbeständigkeit auf.

Die Verwendung der fein verteilten Weichphase aus vor- bzw. teilvernetztem Acrynitril-Butadien-Kautschuk (NBR) bei **NBR/PP-Blends** führt zu einer hohen Beständigkeit gegenüber Kraftstoffen, Ölen, Säuren und Alkalien sowie gegen Witterungseinflüsse und Ozon.

Für Anwendungen, die gasdicht sein sollen, eignen sich **IIR(XIIR)/PP-Blends**, denn die elastomeren Phasen aus Butyl-(IIR) oder Halobutylkautschuken (XIIR) haben ausgezeichnete Permeationseigenschaften.

Bei **EVA/PVDC-Blends** bestehen die elastomeren Bestandteile aus Ethylen-Vinylacetat-Kautschuk (EVA). Die thermoplastische Phase ist aus Polyvinylidenchlorid. Blends dieser TPE-Klasse sind gut öl- und hervorragend witterungsbeständig.

Das **NBR/PVC-Blend** bietet sich an, wenn Weich-PVC die geforderte Öl- und Fettbeständigkeit nicht erfüllen kann. Qualitäten mit hohen Weichmacheranteilen sind hier wegen der Extraktion (Herauslösen) des Weichmachers nicht mehr erreichbar. Die NBR-Weichphase funktioniert wie ein polymerer Weichmacher, der sich nicht extrahieren lässt.

Die Tabelle (**Tabelle 1**) nennt die wichtigsten Eigenschaften der Elastomerlegierungen.

Tabelle 1: Elastomerlegierungen

Name	EPDM/PP	NR/PP	NBR/PP	IIR(XIIR)/PP	EVA/PVDC	NBR/PVC
Besondere Eigenschaften:	Härte durch Variation der Phasen in großem Bereich einstellbar	höhere Witterungsbeständigkeit (gegenüber EPDM/PP)	Kraftstoff-, Öl-, Säure-, Laugen- und Ozonbeständigkeit	für gasdichte Anwendungen geeignet	gut öl- und hervorragend witterungsbeständig	höhere Öl- und Fettbeständigkeit als PVC-P

Eigenschaften und Anwendung der TPE

Die TPE-Werkstoffe verdrängen nicht nur weiche Thermoplaste wie z. B. PE-LD und Weich-PVC-P (**Bild 1**), sondern sie dringen auch in die klassischen Anwendungsbereiche der Elastomere vor. Die thermoplastische Verarbeitbarkeit ist neben der Recycelbarkeit der größte Vorteil. Sie erlaubt den Einsatz etablierter Maschinentechnik bis hin zur Mehrkomponententechnik. Durch den Wegfall der Vernetzung während der Formgebung verkürzten sich die Zykluszeiten. Auch die einfache Farbgebung, die niedrige Dichte und die nahezu unbegrenzten Compoundierungsmöglichkeiten sprechen für den Einsatz von TPEs.

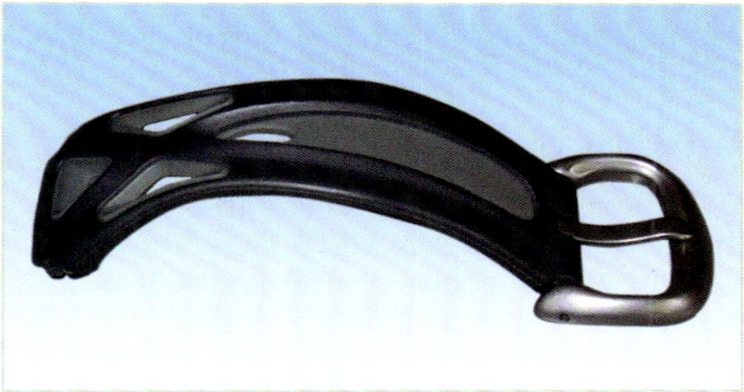

Bild 1: Mehrkomponenten-TPE-Armband

Die **thermoplastische Verarbeitbarkeit** macht TPEs für viele Anwendungen interessant.

Den **Vorteilen** stehen natürlich auch **Nachteile,** wie z. B. die geringe Temperaturbeständigkeit gegenüber (**Tabelle 2**). Selbst eine kurzfristige Erwärmung über den Erweichungspunkt schädigt die äußere Gestalt irreversibel. Auch bei der Allround-Medienbeständigkeit und beim Rückstellbestreben nach dem Dehnen erreichen sie nicht das Niveau der vernetzten Elastomere (Gummi). Nachteilig wirken sich auch die z. T. hohen Materialkosten aus.

Tabelle 2: Verwendung von TPE-Werkstoffen

Vorteile:	Nachteile:
• leichte Verarbeitbarkeit • Recycelbarkeit • Mehrkomponententechnik • kurze Zykluszeiten	• geringe Temperaturbeständigkeit • geringes Rückstellbestreben • z. T. hohe Materialkosten

Die **thermoplastischen Elastomere** erreichen **nicht** das Niveau von vernetzten Elastomeren.

1.7.5 Duroplaste

Duroplaste sind Kunststoffe mit chemisch vernetzten Makromolekülen (**vgl. Kapitel 1.4.3**). Sie sind infolge der engmaschigen Vernetzung der Makromoleküle **hart, spröde** und **nicht mehr schmelzbar**. Formteile aus Duromeren werden zur Verbesserung der Werkstoffeigenschaften nahezu immer mit **Zuschlag- und/oder Verstärkungsstoffen,** wie z. B. Glasfasern, verarbeitet. Neben der Temperaturbeständigkeit (**vgl. Kapitel 1.5**) sind vor allem die mechanischen und elektrischen Eigenschaften auf hohem Niveau. Kohlefaserverstärkte Bauteile (**Bild 1**) ermöglichen beispielsweise hohe Festigkeiten bei gleichzeitig geringem Teilegewicht.

Bild 1: Kohlefaserverstärkte Rohre

Die auch als **Harze** bezeichnete Werkstoffgruppe wird nur zum Teil zu Formmassen verarbeitet. Der überwiegende Teil (>50 %) findet als wesentliche **Stoffkomponente** bei Holzwerkstoffen, Lacken, Klebstoffen und als **Bindemittel** für Schleifscheiben, in der Gießereitechnik oder bei Brems- und Kupplungsbelägen Verwendung.

Man unterscheidet zwischen den klassischen **härtbaren Formmassen** (Formaldehydharzen) und den **Polymerisations-** und **Polyadditionsharzen** (Reaktionsharzen, z. B. UP und EP-Harze).

Formaldehydharze

Die Phenolplaste (PF) waren die ersten vollsynthetischen Kunststoffe überhaupt. Bereits 1907 entwickelte L.H. Baekeland ein Verfahren, bei dem er Phenol mit Formaldehyd **polykondensierte**. Um 1920 kamen dann die Harnstoffharze (UF) auf den Markt. Als weitere wichtige Gruppe folgten schließlich Ende der 30er Jahre des 20. Jh. die Melamin-Formaldehydharze.

Alle **Formaldehydharze** zählen zu den **härtbaren Formmassen**.

Phenolformaldehyd PF

Phenol-Formaldehyd (PF) ist ein **härtbares Polykondensat**, das zu den Phenoplasten gehört. Die Grundeinheiten besitzen mindestens drei funktionelle Gruppen, sodass vernetzte Produkte entstehen können. Zur Herstellung technischer Harze wird die Reaktion von Phenol und Formaldehyd (**Bild 2**) durch das Verhältnis der Komponenten (Chargengröße), die Auswahl der Katalysatoren und die Art der Entwässerung der Zwischenprodukte beeinflusst.

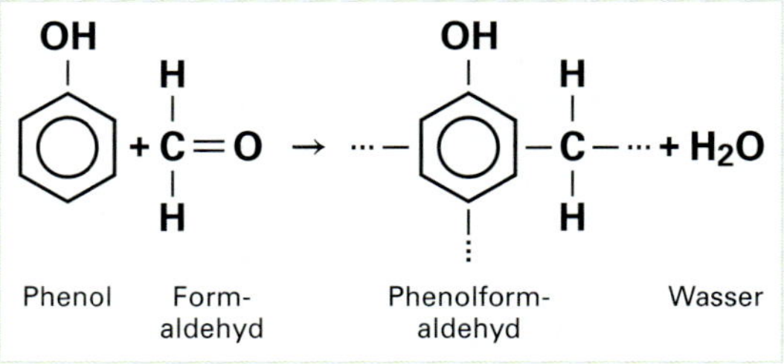

Bild 2: Phenolformaldehyd

Bei den **Novolaken** werden Phenol und Formaldehyd (Mol-Verhältnis etwa 1:0,8) bei saurer Reaktionsführung hergestellt. Die dabei entstehenden linearen Harze (aus etwa 12 durch CH_2-Brücken verknüpften Phenolen), sind hart und schmelzbar. Zum Aushärten wird den Novolaken Hexamethylentetramin (kurz „Hexa") zugegeben. Dieses spaltet sich bei höheren Temperaturen zu Formaldehyd und Ammoniak auf.

Das Gemisch aus Novolak und Hexa lässt sich nur **warm härten** und ist für lagerstabile Schnellpressmassen geeignet. Bei einem Überschuss von Formaldehyd gegenüber dem Phenolanteil (alkalische Reaktionsführung) bilden sich sogenannte **Resole**. Diese sind **eigenhärtend**, löslich und nicht lagerstabil.

In Wasser gelöste, niedrig konzentrierte Resole werden meist als **Flüssigharze** geliefert. In höher konzentrierter Form werden sie als **Festharze** geliefert.

Die Lieferform bestimmt die Verwendung des Phenolformaldehyds. Man verarbeitet PF zu Formmassen, Gießharzen, Schichtpressstoffen, Hartfaserplatten, Leimen und Klebstoffen und zu Schaumstoffen.

Verarbeitung und Anwendung

PF-Formmassen werden durch Pressen, Spritzpressen oder Spritzgießen verarbeitet. Die Makromoleküle vernetzen durch **Polykondensation** unter Einwirkung von Wärme (ca. 140 °C ... 180 °C) und Druck. Bei der Vernetzungsreaktion entstehen Spaltprodukte (Kondensate), die beim Pressen oder Spritzgießen entweichen können sollten. Falls dies nicht möglich ist, kann man einer Blasenbildung auch durch genügend hohen Druck oder durch Füllstoffe, die Feuchtigkeit aufnehmen, entgegenwirken.

Aus **PF-Formmassen** werden z. B. Steckdosen, Spulenträger, Zahnräder, Pumpenteile, Bügeleisengriffe, Pfannenstiele oder Herdleisten gefertigt (**Bild 1**).

Bild 1: Gehäuse aus PF

PF-Gießharze härten **drucklos**. Sie werden in offene Formen gegossen und härten in Wärme oder durch Zusatz eines Katalysators bei Raumtemperatur. Sie werden zu Platten, Stangen, Rohren, Blöcken oder Profilen verarbeitet.

Zur Herstellung von **Hartfaserplatten** wird Holzfaserbrei mit einer alkalischen 2 % ... 3 %-igen Harzlösung getränkt. Die getrocknete Masse wird anschließend verpresst.

Schichtpressstoffe sind mit Phenolharz getränkte Bahnen aus Papier oder Geweben, die in mehreren Lagen bei 150 °C unter Druck zu Platten gepresst oder zu Stäben und Rohren gewickelt werden. Typische Produkte aus Schichtpressstoffen sind Isolierteile in der Elektrotechnik (Spulenträger, Trägerplatten für gedruckte Schaltungen), Zahnräder, Lager und Laufrollen.

Zur Herstellung von Sperrholzplatten werden mit **PF-Leim** beschichtete Tafeln heißgepresst. Als **Klebstoff** wird PF-Harz zusammen mit Polyvinylacetat, Polyvinylacetal oder Polyvinylchlorid verwendet.

Flüssige Phenolresole können mit Leichtbenzin und/oder mit den bei der chemischen Vernetzungsreaktion freiwerdenden Treibmitteln zu **Schaumstoffen** verarbeitet werden. PF-Schaumstoffe haben eine niedrige Wärmeleitfähigkeit bei gleichzeitig hoher Wärmeformbeständigkeit. Sie sind schwer entflammbar und selbstverlöschend.

Phenolharz wird auch als **Bindemittel** (z. B. bei Brems- u. Schleifscheiben) und **Lackharz** eingesetzt.

Harnstoff-Formaldehyd (**U**rea **F**ormaldehyd) UF

Die Ende der zwanziger Jahre eingeführten Harnstoff-Formaldehydharze sind **lichtecht**. Sie waren eine wichtige Ergänzung zu den Phenolharzen, die wegen ihrer Neigung zum Nachdunkeln nur in dunklen Einfärbungen erhältlich waren (**Bild 2**).

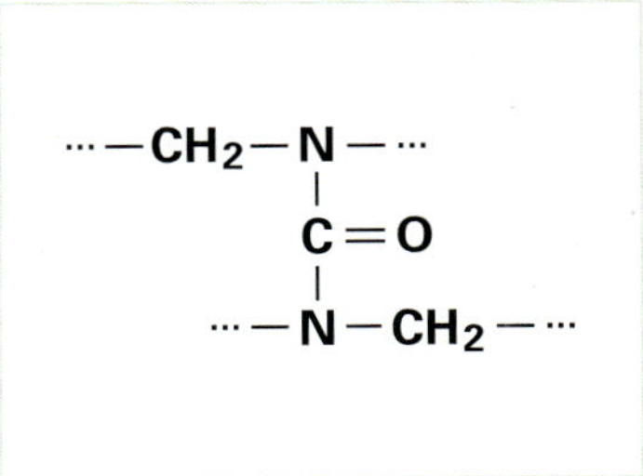

Bild 2: Harnstoff-Formaldehydharz

UF wird durch **Polykondensation** von Formaldehyd und Harnstoff hergestellt. Es zählt wegen der Stickstoffverbindungen (N) zu den Aminoplasten. Es entstehen dünnflüssige Harze (Harzgehalt 60 % ... 65 %), die bei einer kühlen Lagerung ca. 3 Monate haltbar sind. Feinpulverige Harze kann man durch Entwässern erhalten.

Verarbeitung und Anwendung

UF wird in der Regel bei Verarbeitungstemperaturen von 140 °C ... 150 °C durch Pressen, Spritzpressen und Spritzgießen verarbeitet. Wegen der höheren Schwindung gegenüber PF neigen UF-Formmassen zu **Spannungsrissbildung**. Typische Formteile sind **hellfarbige** Kosmetikartikelverschraubungen, Leuchtensockel, Lichtschalter und Stecker. Von Bedeutung sind Harnstoff-Formaldehydharze auch als Lackharze, Leim- und Klebstoffe, Isolierstoffe, Schichtpressstoffe und Schaumstoffe.

Melamin-Formaldehyd MF

Die durch **Polykondensation** von Formaldehyd und Melamin (**Bild 1**) hergestellten MF-Harze vereinen die Vorteile der Phenoplaste mit denen der UF-Formmassen. Sie zählen wie die Harnstoffharze zu den Aminoplasten.

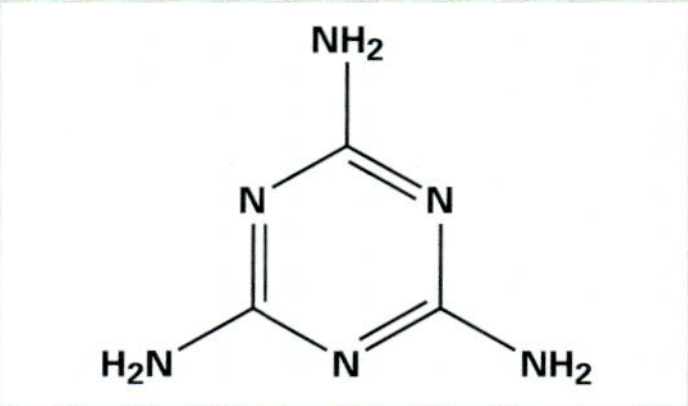

Bild 1: Melamin (Monomer)

Verarbeitung und Anwendung

Die Verarbeitung ist mit der der UF-Formmassen vergleichbar. Sie werden bei Temperaturen von 120 °C ... 165 °C verarbeitet. Das reine MF-Harz wird besonders häufig als farbloses Leimharz für nassfestes Papier, Sperrholz und Spanplatten verwendet. Zudem werden sie als Leime und Bindemittel für dekorative Schichtpressstoffplatten bei Möbeln (z. B. Küchenarbeitsplatten) eingesetzt. **MF-Formmassen** können zu Produkten in weißen und hellen Farbtönen verarbeitet werden. Sie werden vor allem dann eingesetzt, wenn die UF-Formmassen die geforderten Eigenschaften nicht erfüllen können. Wegen ihrer hohen Kriechstromfestigkeit und ihrer hohen Beständigkeit gegen Feuchtigkeit und Wärme werden sie häufig in der Elektrotechnik eingesetzt. Weitere typische Produkte sind: Gehäuse, Geschirr, Griffe für Töpfe, Pfannen und Bügeleisen (**Bild 2**).

Bild 2: UF- und MF-Produkte

Eigenschaften der Formaldehydharze im Vergleich:

Die Eigenschaften (**Tabelle 1**) der Harze hängen von den Füll- und Verstärkungsstoffen ab.

Tabelle 1: Eigenschaften der Formaldehydharze im Vergleich

Phenolharze PF	Harnstoffharze UF	Melaminharze MF
• hohe Festigkeit, Steifigkeit u. Härte • hohe Formbeständigkeit bei Wärme (bis +150 °C) • nicht lichtecht (nur dunkel einfärbbar) • schwer entflammbar • dieelektrischer Verlustfaktor 0,3 bis 0,5 • elektrische Isolationseigenschaften < MF/UF • beständig gegen org. Lösungsmittel, Öle, Fette, Alkohol, Benzol u. Wasser • nicht beständig gegen starke Säuren u. Laugen u. heißem Wasser • nicht lebensmittelecht	• hohe mechanische Festigkeit, Steifheit u. Oberflächenhärte • geringere Maßbeständigkeit als PF-Formmassen • hoher Oberflächenglanz, lichtecht (=> helle Farben) • hohe Schwindung gegenüber PF-Formmassen (=> Spannungsrisse) • sehr gute elektrische Eigenschaften • beständig gegen Lösungsmittel, Öle, Fette, schwache Säuren und Laugen • nicht beständig gegen starke Säuren u. Laugen • nicht lebensmittelecht	• hohe Oberflächenhärte und Kratzfestigkeit • hoher Oberflächenglanz, lichtecht (durchsichtig) • hohe Schwindung, vgl. UF • hohe Kriechstromfestigkeit • gute Wärme- und Feuchtigkeitsbeständigkeit • beständig gegen Lösungsmittel, Öle, Fette, schwache Säuren und Laugen • nicht beständig gegen starke Säuren u. Laugen • nicht geeignet für dauernden Kontakt mit kochendem Wasser • lebensmittelecht

Ungesättigte Polyesterharze UP

Aus UP-Harzen lassen sich in Verbindung mit verstärkenden Fasern und anderen Zuschlagstoffen Werkstoffe mit hervorragenden mechanischen Eigenschaften herstellen. Durch **Polykondensation** von zwei- oder mehrwertigen Alkoholen (z. B. Glykol oder Glycerin) und Dicarbonsäuren erhält man Polyester (**vgl. Kapitel 1.4.2 Seite 57, Bild 5**).

Bei der Reaktion entstehen lange unvernetzte Ketten, die jedoch wegen der Säuredoppelbindungen weiter **reaktionsfähig** bleiben. **UP-Harze** werden daher auch **Reaktionsharze** genannt.

Löst man beispielsweise ein ungesättigtes Polyester in einem ungesättigten (reaktionsfähigen) Monomer (z. B. Styrol), so entsteht durch **Copolymerisation** ein Polyesterharz. Die **Reaktivität** und damit der **Vernetzungsgrad** der Polyesterharze lässt sich durch das Verhältnis gesättigter Säuren/ungesättigter Säuren oder durch die Verwendung längerkettiger Alkohole beeinflussen. Je weitmaschiger die Vernetzung, desto größer sind Flexibilität und Schlagzähigkeit. Eine engmaschige Vernetzung verbessert dagegen den E-Modul, die Härte sowie die Wärme- und Chemikalienbeständigkeit. Ungesättigte Polyester können durch **Copolymerisation** zu festen Formstoffen vernetzen. Die Reaktion wird durch Energie (Licht, Wärme) und/oder Reaktionsmittel eingeleitet (**Tabelle 1**).

Härtung und Verarbeitung

Die Vernetzungsreaktion der ungesättigten Polyesterharze nennt man Härtung. Man unterscheidet dabei die **Warm-** und die **Kalthärtung**. Bei der Warmhärtung (ab ca. 70 °C) werden Härter (organische Peroxide) zur Reaktion benötigt. Zur Kalthärtung bei Raumtemperatur (15 °C ... 20 °C) benötigt man zusätzlich Beschleuniger. Der Kalthärtung schließt sich meist eine Nachhärtung an. Manche Harzansätze enthalten integrierte Härter, die durch **Energieeinbringung in Form von Licht** aktiviert werden. Dies geschieht meist mit energiereichem UV-Licht. Es gibt allerdings auch normallichthärtende Harze. Bei diesen Harztypen wird die UV-A-Strahlung von Leuchtstoffröhren oder Sonnenlicht durch Sensibilisatoren zum Aushärten genutzt. Lichthärtende Harze bieten viele Vorteile. Ihre Verarbeitungszeit (Topfzeit) ist fast unbegrenzt, das Dosieren von Härter und Beschleuniger entfällt, die Harzabfälle werden minimiert und die Härtung kann unterbrochen werden.

Polyester lassen sich wegen ihrer niedrigen Viskosität vielfältig einsetzen. In **flüssiger Form** eignen sie sich beispielsweise als **schnellhärtende Lacke, Laminierharze** oder als **Gießharze**.

Bei allen Verfahren ist von Bedeutung, dass wegen der **Vernetzung durch Copolymerisation** (→ kein Nebenprodukt) **keine hohen Drücke** zur Verarbeitung nötig sind.

Wegen der **Volumenschwindung** bei der Vernetzung von bis zu 9 % werden UP-Harze überwiegend gefüllt verarbeitet. Die Schwindung kann man entweder durch Verstärkungsfasern und Zuschlagstoffe oder durch Zusätze von thermoplastischen Polymeren (Low-Profile-/Low-Shrink-Harze) erheblich verringern. **Polyesterpressmassen** enthalten UP-Harz als Bindemittel. Sie härten bei 120 °C ... 180 °C und unter Druck aus und besitzen eine hohe Kriechstromfestigkeit und mechanische Festigkeit. Sie eignen sich für Anwendungen in der Elektrotechnik. Für technische Anwendungen werden **UP-Harz-Formstoffe** fast immer mit **Faserverstärkungen** verarbeitet.

Tabelle 1: UP-Harz-Formmassen

Flüssige Lieferform	Feuchte Formmassen (Pressmassen)		Trockene Formmassen
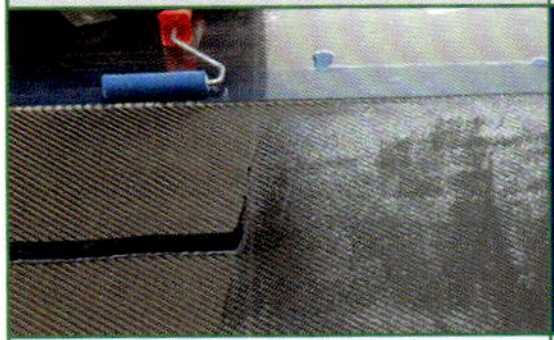			
Laminierharz auf Kohlefasermatte	Flächenförmige Pressmasse (SMC = sheet moulding compound)	Pressmasse (BMC = bulk moulding compound)	rieselfähiger Duroplast (Aufschmelzen in der Schnecke)

Eigenschaften und Anwendung

Das Eigenschaftsbild der Polyesterharze hängt stark von den Zuschlag- und Verstärkungsstoffen ab. Ohne Zuschläge sind sie farblos, glasklar mit Oberflächenglanz. Im Allgemeinen haben sie eine Dauergebrauchstemperatur von ca. 50 °C (kurzzeitig 90 °C). Neben sehr guten elektrischen Eigenschaften sind sie sehr chemikalien- und witterungsbeständig. In Verbindung mit Verstärkungsfasern weisen sie sehr gute mechanische Eigenschaften auf.

Unverstärkte UP-Harze finden Anwendung als **Spachtel- und Reparaturmassen**, als **Reaktionslacke** und als **Klebstoffe**. Als **ungefüllte Gießharze** werden sie in der Elektrotechnik, für Modelle und Halbzeuge (Stäbe, Platten) eingesetzt. **Gefüllte Gießharze** werden als Kunstharzmörtel, Kunststein und Spachtelmasse eingesetzt. UP-Harze mit Faserverstärkung werden wegen ihrer hervorragenden mechanischen Eigenschaften häufig für tragende Bauteile verwendet.

Typische Produkte sind Lichtschächte, Schaltschränke, Karosserieteile für Rennwagen und Sonder-Pkw, Stoßfänger, Spoiler, Hubdächer, Sportboote, Rumpfteile, Innenausstattungen von Flugzeugen, Tennisschläger etc. Wegen der hervorragenden chemischen Eigenschaften (bei vollständiger Aushärtung) eignen sie sich insbesondere auch für Behälter, Kanäle, Chemieapparate sowie für Heizöl- oder Chemikalientanks (**Bild 1**).

Bild 1: UP-Harz-Heizöltank

Epoxidharz EP

Eine typische Herstellungsreaktion für Epoxidharz ist die **Polyaddition** von **Epoxid** und **Diamin** (**vgl. Kapitel 1.4.2 Seite 55, Bild 5 sowie Seite 58, Bild 1**). Die entstehenden linearen EP-Harz-Moleküle sind sehr reaktionsfreudig. Während die UP-Harze katalytisch gehärtet werden, ist bei den EP-Harzen der **Härter** ein echter **Werkstoffbestandteil**. Deshalb müssen bei der Härtung die Mischungsverhältnisse sehr genau eingehalten werden. Die Härtungsreaktion ist eine Polyaddition. Epoxidharze können abhängig vom eingesetzten Härtungssystem kalt (Raumtemperatur) oder warm (bis 200 °C) gehärtet werden. Warmgehärtete EP-Harz-Formstoffe haben deutlich bessere mechanisch thermische, chemische und elektrische Eigenschaften. Epoxidharze gibt es als flüssige Gieß- und Laminierharze oder als feste Formmassen (Granulat oder Stäbchen).

Eigenschaften, Verarbeitung und Anwendung

Die **Eigenschaften** der EP-Harze hängen nicht nur von den Zuschlagstoffen, sondern auch vom verwendeten **Härtungssystem** ab. Sie sind farblos bis honiggelb und weisen einen geringen Schwund beim Härten auf. Sie haften hervorragend auf nahezu allen Untergründen. Ihre Beständigkeit gegen Chemikalien ist gut. Sie weisen eine geringe Brennbarkeit und eine hohe Temperaturbeständigkeit auf. Die Viskosität ist höher als die von UP-Harzen. Für Faserverbunde werden spezielle niederviskose Typen eingesetzt. Die Formgebungsverfahren, die bei den UP-Harzen genannt wurden, gelten grundsätzlich auch für die EP-Gieß-/Laminierharze und die festen Formmassen. Bei **faserverstärkten Systemen** muss wegen der hohen Wandhaftung von EP-Harzen mit **Trennmitteln** gearbeitet werden. **Faserverbunde** auf Epoxidharz-Basis sind wegen der geringen Dichte des reinen Harzes (1,2 kg/dm^3) **sehr leicht**.

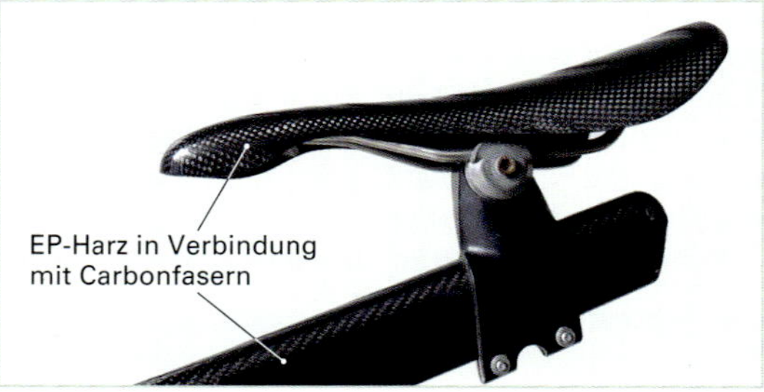

Bild 2: Faserverbundteile

Typische Produkte sind: Schalter, Kondensatoren, Gehäuse, hochfeste Maschinenelemente, Rotorblätter und Rohre. EP-Harze werden auch als Lacke und Klebstoffe eingesetzt (**Bild 2**).

Vernetzte Polyurethane PUR

Polyurethane lassen sich durch **Polyadditionsreaktionen** von Isocyanaten und Polyolen herstellen (**vgl. Kapitel 1.4.2**). Die Vielfalt der Ausgangsprodukte ermöglicht in Verbindung mit **Zusatzstoffen** (z. B. Beschleuniger, Reaktionsverzögerer, Kettenverlängerer, Vernetzer etc.) Produkte nach Maß. Neben den linearen (thermoplastischen) Polyurethanen werden vor allem vernetzte oder thermoplastische Elastomere, z. B. für Weichschaumstoffe verwendet (**vgl. Kapitel 1.7.3**). Engmaschig vernetzte Polyurethane (Duromere) sind als Gießharze, Lacke und Klebstoffe sowie als Schäume erhältlich.

Eigenschaften und Anwendung

Wegen der **Vielfalt** der Polyurethane kann das Eigenschaftsbild **nicht allgemein** beschrieben werden. Die engmaschig vernetzten Duromere werden daher nach **Anwendungsgebieten** vorgestellt:

PUR-Lacke können als lichtechte oder vergilbende Lacke (abhängig von den Reaktionspartnern) hergestellt werden. Im Allgemeinen zeichnen sich PUR-Lacke durch eine hohe Oberflächenhärte und eine gute Witterungs- und Chemikalienbeständigkeit aus. Sie eignen sich zum Lackieren von Karosserie-, Maschinen- und Anlagenteilen. In der Elektroindustrie werden sie zur Drahtisolation genutzt.

PUR-Schäume können durch chemische oder physikalische Treibmittel oder durch Zusatz von Wasser, das mit Isocyanat zu CO_2 reagiert, aufgeschäumt werden. Dabei können Integralschäume oder Normalschäume entstehen. Integralschäume besitzen im Randbereich eine größere Dichte als im Kern (kompakte Außenhaut). Der **PUR-Hartschaum** wird für Großformteile (Sitz- und Gartenmöbel), Fernsehgehäuse, Fensterprofile mit Metallversteifungen sowie für Sportgeräte verwendet. **Normalschäume** besitzen eine gleichmäßige Dichteverteilung und können ohne Werkzeug hergestellt werden. Als Hartschäume werden sie überwiegend zur Wärmedämmung eingesetzt. Schäume mit hoher Dichte kommen für selbsttragende Formteile als Kernschichten bei der Sandwichbauweise und als Dämmplatten zum Einsatz (**Bild 1**).

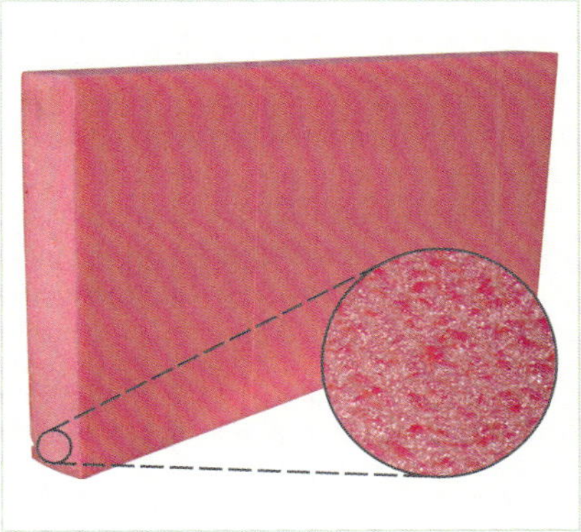

Bild 1: Dämmplatte aus PUR-Schaum

PUR-Beschichtungssysteme verwendet man für Holz und Papier, für Spaltleder und zum Beschichten von Textilien. **PUR-Klebstoffe** werden vielfältig eingesetzt. Es gibt sie als Einkomponenten- und Zweikomponentensysteme. Sie werden hauptsächlich in der Schuh-, Bekleidungs- und Bauindustrie sowie im Fahrzeugbau verwendet.

Die **PUR-Gießharze** (**Bild 2**) vernetzen nach dem Mischen von flüssigem Isocyanat mit Polyol zu PUR-Formstoffen. Sie werden zum Vergießen von Transformatoren, Wandlern, Spulenteilen, Batteriekästen und Kabelgarnituren verwendet. In Formsanden werden sie als Bindemittel eingesetzt. Sie weisen eine hohe Festigkeit und geringen Abrieb auf. Die Härte und Flexibilität ist in weiten Bereichen einstellbar, die Schwindung ist gering. Sie haften gut auf allen Oberflächen, sind witterungsbeständig und nehmen kaum Wasser auf. Gegen schwache Säuren und Laugen, mineralische Fette, Öle und aliphatische Kohlenwasserstoffe sind sie beständig. Von starken Säuren und Laugen, Aromaten, Alkoholen und heißem Wasser werden sie dagegen angegriffen.

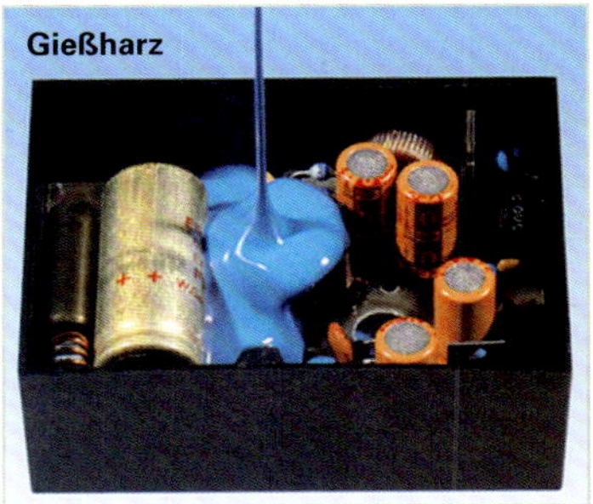

Bild 2: PUR-Gießharz

PUR-Klebstoffe eignen sich vor allem dort, wo nach dem Aushärten eine höhere Dehnbarkeit bei gleichzeitig hoher Festigkeit gefordert ist, z. B. beim Verkleben von Fahrzeug-Anbauteilen wie Kotflügel oder Spoiler. PUR-Klebstoffe härten **einkomponentig** durch Wärme oder Feuchtigkeit aus, bzw. **zweikomponentig** durch Zugabe von Isocyanat als Härter. Spezielle PUR-Schmelz-Klebstoffe sind nach dem Aushärten duroplastisch, ein erneutes Schmelzen ist nicht mehr möglich.

Silikonharze SI

Silikonharze sind Polymere mit vernetzten Molekülketten, deren Grundgerüst alternierend aus Silikon- und Sauerstoffatomen besteht. Sie weisen allgemein eine hohe Dauerwärmebeständigkeit (180 °C ... 200 °C) und gute elektrische Isoliereigenschaften auf. Zudem sind sie witterungsbeständig und besitzen eine hohe Oberflächenhärte.

Sie werden als Lacke (**Bild 1**) und als Formteile zur Einbettung empfindlicher Elektronikbauteile verwendet. Silikon-Pressmassen werden mit geeigneten Füllstoffen durch Polykondensationsreaktionen bei 150 °C bis 200 °C ausgehärtet.

Bild 1: Lackklumpen aus Silikonharz

Polyimidharze PI

Polyimide sind Polymere mit der Imidgruppe R–C(O)–NR–C(O)–R (R=Radikal), die sich vor allem durch eine hohe Temperaturbeständigkeit auszeichnen. Sie treten als Thermoplaste in Form von Polyamidimid (PAI) und Polyetherimid (PEI) und als engmaschig vernetzte Polyimidharze auf.

Polyimidharze besitzen eine hohe Festigkeit bis 75 N/mm^2 bei einer Gebrauchstemperatur bis 360 °C und hervorragender Witterungs- und Strahlungsbeständigkeit. Sie werden vor allem für hochwertige Bauteile in der Luft- und Raumfahrt, in der Elektrotechnik, im Automobil- und Maschinenbau eingesetzt (**Bild 2**).

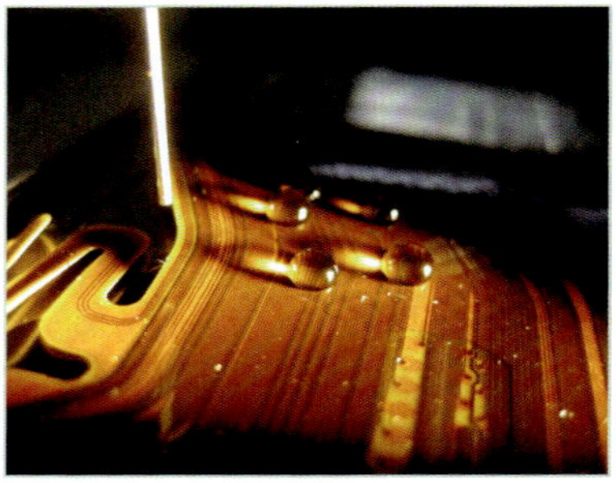

Bild 2: Vergießen von Elektronikbauteilen mit PI

Lagerung der Vorprodukte von Duroplasten

Alle Kunststoffe müssen vor der Verarbeitung so gelagert werden, dass sie **nicht** durch Umwelteinflüsse (Licht, Feuchtigkeit, Wärme, Luft) vorzeitig chemisch verändert werden. Eine qualitativ hochwertige Fertigung lässt sich sonst nicht mehr gewährleisten.

Vor allem bei Duroplasten, aber auch bei Elastomeren, muss eine **vorzeitige Vernetzung** der Vorprodukte vor der eigentlichen Formgebung verhindert werden. Hierzu müssen bei den verschiedenen Harzvorformen entsprechende Maßnahmen ergriffen werden (**Tabelle 1**).

Tabelle 1: Hinweise zur Lagerung

Form des Vorproduktes	Zweikomponentenharz	Einkomponentenharz	pulverförmige Pressmassen	tablettierte Pressmassen
	flüssiges Harz, flüssiger Härter	Harz mit integriertem Härter	mehlartig oder rieselfähig	Pressmassen in Tablettenform
Maßnahmen	• verschließbare Metalleimer • Fasslagerung • kühl lagern	• geschlossene Behälter • UV-geschützt lagern • kühl lagern	• trocken lagern • Verpackung in Säcken	• trocken lagern • Verpackung in Säcken

Feuchte Formmassen müssen grundsätzlich luftdicht, UV-geschützt, kühl und möglichst druckfrei gelagert werden. Flächenförmige **SMC** (**S**heet **M**oulding **C**ompound) werden mit einer Folie überzogen, um das Verkleben zu verhindern, und anschließend als Rolle verpackt. **BMC** (**B**ulk **M**oulding **C**ompound) kommen in der Regel in luftdichten Säcken oder Eimern in den Versand.

Mit Harz vorgetränkte Fasermatten (sog. **Pregregs**, **siehe Kapitel 1.8.4**) werden mit Trennpapier bzw. Trennfolie zusammen aufgerollt. Anschließend müssen sie gekühlt gelagert werden.

1.7.6 Biokunststoffe

Allgemeines

Biokunststoffe stellen an sich keine neue Entwicklung dar. Bereits Mitte des 19. Jh. entstanden künstliche Werkstoffe durch Umwandlung von Naturstoffen. So wurden z. B. **Celluloid** (**Bild 1**) und Zellglasfolien aus **Cellulose,** dem Hauptbestandteil von Holz, hergestellt. Allerdings wurden diese frühen „Bioprodukte" bald durch Kunststoffe aus fossilen Substanzen wie Erdöl, Erdgas und Kohle ersetzt. Diese Kunststoffe wurden bereits ausführlich beschrieben.

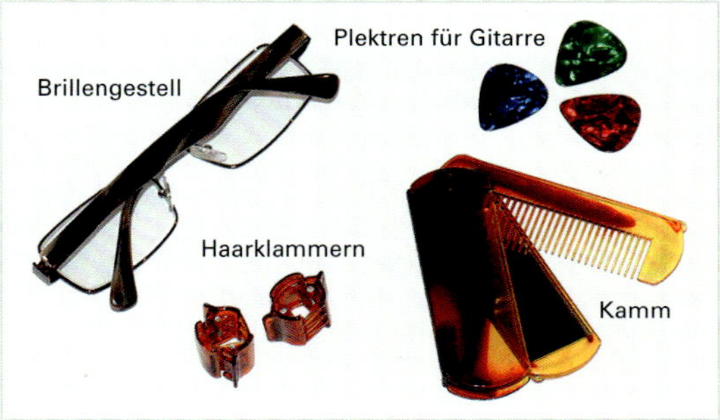

Bild 1: Produkte aus Celluloid (auch CA, CP und CAB)

Seit etwa 1980 gibt es wieder zunehmende Bemühungen, auf nachwachsende Rohstoffe umzusteigen, vor allem vor dem Hintergrund der **Müllvermeidung, Nachhaltigkeit** und **Erneuerbarkeit**. So ist gerade die Unverrottbarkeit von Verpackungen aus PE, PP und anderen Polymeren zu einem ernstzunehmenden Problem geworden. Fein zerriebener Kunststoffmüll in den Weltmeeren belastet das Wasser, die Meeresbewohner und die Nahrungsketten bis hin zum Menschen. Müllverbrennung und damit steigender CO_2-Gehalt in der Atmosphäre kann hierfür keine nachhaltige Lösung sein. Die **Kompostierbarkeit** von Kunststoffen stellt hierzu sicher eine gute Alternative dar, kollidiert aber mit ethischen Grundsätzen, Nahrungsmittel in Werkstoffe umzuwandeln, während durch Unterernährung viele Menschen sterben.

Biokunststoffe

Biokunststoffe sind polymere Werkstoffe, vor allem Thermoplaste, deren Monomere aus **nachwachsenden Rohstoffen,** z. B. Stärke, Zucker oder Milchsäure, gewonnen werden. Sie sind nicht zwangsläufig biologisch abbaubar, aber sie verhalten sich bei einer thermischen Verwertung **CO_2-neutral.** Das heißt, sie setzen nur die Menge CO_2 frei, die durch die pflanzlichen Rohstoffe beim Wachstum aufgenommen wurde.

Man unterscheidet:

- Polymere aus **natürlichen Stoffen** wie Stärke, Cellulose, Proteine und Lignin
- Polymere aus **biobasierten Monomeren** wie Pflanzenölen, Säuren und Alkoholen

Biologisch abbaubar bedeutet, dass ein Kunststoff durch Mikroorganismen oder durch Stoffwechselvorgänge zu Biomasse, Wasser, Methan oder Kohlendioxid umgewandelt werden kann. Auch bei einigen Kunststoffen auf Erdölbasis ist das möglich, z. B. bei PBAT (Polybutylen-Adipin-Terephthalat). Die **Übersicht 1** verdeutlicht diesen Aspekt.

Übersicht 1: KUNSTSTOFFE aus nachwachsenden Rohstoffen

Bio-PE/-PP/-PET/biobasiertes PET/PA	TPS, PLA, PHA, CA, CP, CAB, PHB
langlebig, nicht biologisch abbaubar	**biologisch abbaubar**
nahezu alle anderen Kunststoffe	PBAT, diverse Copolyester

KUNSTSTOFFE auf Erdölbasis

Kunststoffe auf **Biobasis** sollten somit den Vorzug erhalten. Die **biologische Abbaubarkeit** ist dann sinnvoll, wenn sich Vorteile für den Verwendungszweck und die anschließende Entsorgung ergeben.

Polymere aus natürlichen Stoffen

Die **biologische Abbaubarkeit** stand bisher im Vordergrund. Mittlerweile sollte eine mögliche **Wiederverwendung** der biologisch unbedenklichen Entsorgung vorgezogen werden (**Tabelle 1**).

Tabelle 1: Rohstoffe aus natürlichen Polymeren für Kunststoffe

Bezeichnung	**Polysaccharide**	**Proteine**	**Lignin**	**Naturkautschuk**
Aufbau	Polymere aus Zucker, Glukose	Polymere aus Aminosäuren	Polymer in pflanzlichen Zellen	Thermoplastisches Polymer
Arten, hauptsächliches Vorkommen	• **Stärke:** z. B. aus Kartoffeln, Mais • **Cellulose:** zum Aufbau pflanzlicher Zellen	• **Casein:** z. B. aus Kuhmilch • **Gluten:** z. B. aus Getreidekörnern • **Collagen:** z. B. aus Haut, Knochen	**Lignin** trägt zur Verholzung von Pflanzen bei, Nebenprodukt der Zellstoffindustrie	Geronnener **Milchsaft** (Latexmilch) von Kautschukbäumen, z. B. *hevea brasilensis* (siehe Kap. 1.7.3)

Thermoplastische Stärke TPS

Stärke als besondere Zuckerverbindung wird aus Kartoffeln, Mais, Weizen und Reis gewonnen. Um thermoplastische Eigenschaften zu erzielen, werden **natürliche** Weichmacher und Plastifizierungsmittel zugegeben. Reines TPS nimmt leicht Wasser auf (hydrophil) und wird dabei weich. Deshalb wird TPS heute vor allem als sog. **Stärkeblend** mit biologisch abbaubaren und wasserabweisenden (hydrophoben) Polymeren wie Polyester oder Polyvinylalkohol gemischt.

Anwendung: Trinkbecher, Tragetaschen, Blumentöpfe, Einweg-Besteck, Müllbeutel (①), Verpackungschips (②) und Folien (**Bild 1**).

Verarbeitung: Spritzgießen, Extrudieren, Thermoformen, vor allem von Folien und Beschichten von Papieren; eine Vortrocknung ist nötig.

Bild 1: Produkte aus thermoplastischer Stärke

Cellulose-basierte Kunststoffe

- **Celluloseregenerate**: Chemisch gelöste Cellulose wird in Form von Folien und Fasern zusammengesetzt. Zu den bekanntesten Vertretern dieser Stoffgruppe zählen Viskose, Zellwolle, Lyocell, Rayon und Kunstseide, die in Textilien verarbeitet werden. Als Cellulosehydrat kommt vor allem Zellglas, auch *„Cellophan"*® genannt, (**Bild 2**) für Verpackungen zum Einsatz.
- **Cellulosederivate:** Diese werden in Celluloseether und Celluloseester unterschieden. Für die Kunststoffindustrie sind vor allem Celluloseester von Bedeutung. Diese entstehen durch die Veresterung von Cellulose mit organischen Säuren (wie Celluloid).

Bild 2: Transparente Verpackungen aus Zellglas

Celluloseacetat CA, Cellulosepropionat CP und Celluloseacetobutyrat CAB sind amorph und werden durch Spritzgießen und Extrudieren z. B. zu Brillengestellen, Kämmen und Folien verarbeitet.

Protein-basierte Kunststoffe

Diese werden aus pflanzlichen oder tierischen Proteinen wie **Casein** (für Knöpfe) oder **Collagen** hergestellt. Zu dieser Gruppe gehört in weitestem Sinne Gelatine, die beispielsweise als Bindemittel für Tabletten und Kapseln verwendet wird.

Lignin-basierte Kunststoffe

Durch Modifikation von Ligninpolymeren sind duro- und thermoplastische Materialien herstellbar. Bekanntestes Beispiel ist **„flüssiges Holz"** für Halbzeuge und Formteile wie Lautsprecher- und Uhrengehäuse sowie Trinkbecher (**Bild 1**).

Bild 1: Becher aus Lignin

Polyhydroxylalkanoate PHA

PHA entsteht durch Fermentation von Stärke und anderen Kohlenstofflieferanten unter Beteiligung von Mikroorganismen. PHA ist dem Polypropylen sehr ähnlich. PHA wird durch Spritzguss und Extrusionsblasen zu Formteilen wie physiologisch verträglichen Implantaten und durch Extrudieren zu Folien verarbeitet. Ein Verwandter zu PHA ist die **Polyhydroxybuttersäure PHB,** deren Herstellung noch sehr teuer ist.

Polymere aus biobasierten Monomeren

Unter *biobasiert* (auch *biogen*) versteht man, dass die Monomere hier ganz oder teilweise aus nachwachsenden Rohstoffen bestehen.
Hierfür gibt es eigene Zertifizierungszeichen nach DIN CERTCO, die den Anteil der biobasierten Stoffe angeben (**Bild 2**) bzw. die Kompostierbarkeit garantieren (**Bild 3**).

Bild 2: Zertifizierungszeichen für biobasierte Polymere

Bild 3: Zertifizierungszeichen für kompostierbare Polymere

In der **Tabelle 1** sind geeignete Rohstoffe aufgeführt:

Tabelle 1: Biogene Rohstoffe für Kunststoffe

Bezeichnung	Pflanzenöle	Alkohole	Milchsäure	Bernsteinsäure
Vorkommen	Glycerin, Fettsäuren	zweiwertige Alkohole, v. a. aus Mais	Monomer für Polylactid PLA	v. a. aus pflanzlicher Stärke

Polylactid PLA

Den größten Marktanteil unter den biobasierten Polymeren besitzt PLA. Als Rohstoff dient hier Milchsäure, die v. a. aus Stärke oder Zucker gewonnen wird. PLA, auch **Polymilchsäure,** zeichnet sich durch eine hohe Reißfestigkeit (bis 60 N/mm²), eine hohe Transparenz und eine gute Verarbeitbarkeit aus. Die Erweichungstemperatur liegt mit ca. 60 °C sehr niedrig. Es eignet sich somit ideal für Lebensmittelverpackungen wie Kaffeepads (①), für bioresorbierbare Medizinprodukte wie Stents (②) oder Knochenverbindungsschrauben, sowie für Lehrmittel wie Atommodelle (③) (**Bild 4**). PLA wird durch Spritzgießen oder Lasersintern verarbeitet und auch zu textilen Fasern versponnen.

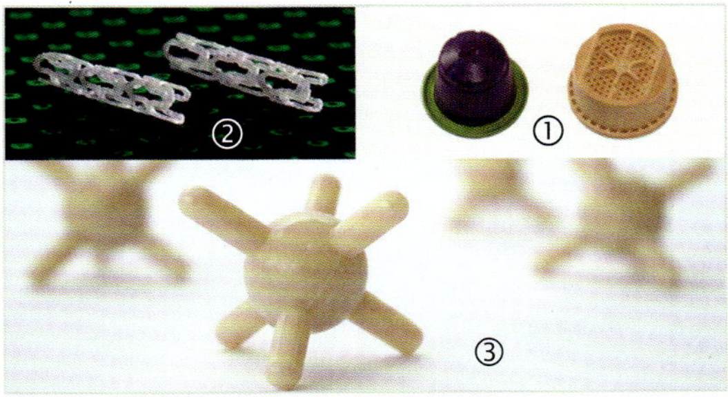

Bild 4: Produkte aus PLA

Biobasierte Polyesterharze

Die Rohstoffe – Alkohole und Dicarbonsäuren – können heute aus nachwachsenden Substanzen hergestellt werden. So eignen sich **teilbiobasierte** Polyesterharze gut für Verbundstoffe für Boots- und Fahrzeugbau. Auch finden sie bereits Einzug in biobasierte Lacke und Toner.

Biobasierte Polyamide

Hier werden die Monomere, Dicarbonsäuren und Diamine, unter anderem aus Rizinusöl, hergestellt.

Mögliche teil-biobasierte Polyamidtypen sind PA 410 oder PA 610 für Dübel.

Die Typen PA 1010 und PA 11 sind sogar zu 100 % biobasiert und wie die PA-Typen auf Erdölbasis weitgehend uneingeschränkt als technische Kunststoffe, z. B. als Kraftstoffleitungen (**Bild 1**), einsetzbar.

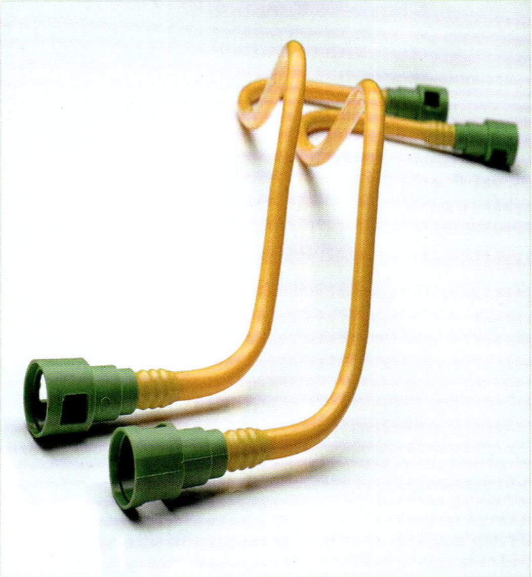

Bild 1: Kraftstoffleitungen aus biobasiertem PA

Biobasierte Polyolefine

Die Monomere für Bio-PE und Bio-PP können durch die Dehydrierung von Ethanol (C_2H_6O) gewonnen werden. Diese stehen herkömmlichen PE und PP in nichts nach. Zum Einsatz kommt hier vor allem **Bio-Ethanol** aus Zuckerrohr oder Zuckerrüben.

Weitere biobasierte Kunststoffe

Der Trend, einzelne Molekülbausteine erdölbasierter Kunststoffe teilweise oder völlig aus biobasierten Molekülen herzustellen, ist unverkennbar. So gibt es bereits teil-biobasiertes PET für Getränkeflaschen, teil-biobasierte Polyurethane aus Raps- oder Sonnenblumenöl sowie teil-biobasierte duroplastische Epoxidharze aus Traubenkernölen. Auch lassen sich erdölbasierte Kunststoffe durch 100 % biobasierte Ersatzwerkstoffe mit einem ähnlichen Eigenschaftsbild ersetzen. So käme für PET der Werkstoff **Polyethylenfuranoat PEF** in Frage, dessen Rohstoffe aus Biomasse hergestellt werden können (**Tabelle 1**).

Tabelle 1: Werkstoffkennwerte verschiedener Biokunststoffe (Richtwerte)

Polymer	Handelsnamen	Dichte in g/cm³	Zugfestigkeit σ_M in MPa (N/mm²)	Bruchdehnung in %	Spritzgießtemperatur in °C
CA – Celluloseacetat	Biograde, Tenite	1,29	22,4	13	180 … 230
CP – Cellulosepropiniat	Tenite, Propiniate	1,19	27,6	35	ca. 200
CAB – Celluloseacetobutyrat	Tenite, Butyrate	1,18	39,3	50	ca. 220
PHA – Polyhydroxylalcanoate	Mirel, Mvera	1,40	25,4	4	ca. 180
PLA – Polylactid, Polymilchsäure	Altuglas, Bioflex	1,47	14	> 50	ca. 200
PHB – Polyhydrobuttersäure	Biocycle, Biomer	1,20	32	3,5	ca. 190
PHA + PHB + PSAC „flüssiges Holz"	Arboform	1,31	bis 61	1,3	260
PA 11 – Polyamid 11	Powder, Rilsan	1,03	42	5	270

1.8 Verstärkungsstoffe

Kunststoffe werden fast immer mit Zusatzwerkstoffen verarbeitet. Neben Farbmitteln und Füllstoffen werden zur Verbesserung der **mechanischen Eigenschaften** des Ausgangswerkstoffs **Verstärkungsstoffe** eingesetzt. Kunststoffe besitzen, verglichen mit Stahl oder Aluminium, eine **niedrige Festigkeit**. Diese lässt sich jedoch durch Kombinieren mit hochfesten Werkstoffen verbessern (**Bild 1**). Der weit verbreitete Verbundwerkstoff GFK (= glasfaserverstärkter Kunststoff) erreicht in Faserrichtung beispielsweise die Zugfestigkeit von Stahl, bei Dichten, die unterhalb derer von Leichtmetallen liegen.

Bild 1: CFK-Rennradfelge

1.8.1 Verbundwerkstoffe

Kunststoffe, die mit Verstärkungsstoffen verarbeitet werden, nennt man Verbundwerkstoffe. Zur Verstärkung können Teilchen, Fasern, Faserschichten oder Schichten wie z. B. Platten (**Tabelle 1**) verwendet werden.

Teilchenfüllstoffe werden vor allem bei **Duromeren** (**Kapitel 1.7.5**) eingesetzt. Sie ermöglichen eine kostengünstige Steigerung der Festigkeit. **Elastomere** werden häufig mit Rußteilchen verarbeitet. Sicherheitsglas ist ein **Schichtverbund** aus Glas und Kunststofffolie.

Tabelle 1: Verstärkungsstoffe

Verstärkungsstoffe	Teilchen, Teilchenfüllstoff	Fasern (Dicke 5 µm … 20 µm)	Faserschicht	Schicht
Arten	grobkörnige (g), feinkörnige (f) und plattenförmige (p) Teilchen	Kurzfasern (0,1 mm … 3 mm) Langfasern (3 mm … 50 mm) Endlosfasern	Matte Vlies Papier	Schicht Platte Folie
Beispiele	Calciumcarbonat (= Kreide) (g), Ruß (f), Talkum (p) etc., Glimmer (p)	Glasfaser, Kohlenstofffaser, Aramidfaser, Baumwollfaser, Stahlfaser etc.	Matte aus Rovingsträngen, Vlies aus verfilzten Fasern und Gewebe	Metallplatten, Folien für Verbundglas etc.
Endprodukt	Teilchenverbund	Faserverbund	Faserschichtverbund	Schichtverbund

Für Anwendungen, die besonders **hohe Festigkeiten** erfordern, werden meist **Fasern oder Faserschichten** verwendet.

Zur Verstärkung von **Thermoplasten** setzt man überwiegend **Kurzfasern** ein, weil diese im Spritzgussverfahren verarbeitet werden können. Es gibt allerdings auch Gewebematten, bei denen Thermoplastfasern (z. B. aus PA 6) mit Verstärkungsfasern verwoben sind. Sie ermöglichen das Herstellen von Bauteilen durch Thermoformen.

Auch **Elastomere** können Verstärkungsfasern enthalten. Keilriemen werden beispielsweise mit Glasfasern, Autoreifen mit Stahlfasern verstärkt.

Bei den Duromeren werden insbesondere die Reaktionsharze mit Fasern verstärkt. Bauteile aus faserverstärkten ungesättigten Polyesterharzen (UP-Harze) bzw. Epoxidharzen (EP-Harze) sind chemisch sehr beständig und weisen hohe Festigkeiten bei geringem Gewicht auf.

1.8.2 Verstärkungsfasern

Zu den Verstärkungsfasern kann man grundsätzlich alle faserartigen Werkstoffe zählen, die zu einer Erhöhung der Festigkeit führen. Im Allgemeinen verwendet man den Begriff **Verstärkungsfasern** jedoch für **Glasfasern, Aramidfasern** und **Kohlefasern**. Sie ermöglichen besonders hochwertige Bauteile. Fasern aus Baumwolle, Polyamid oder Polyester sind dagegen nur für geringer beanspruchte Produkte geeignet (**Bild 1**).

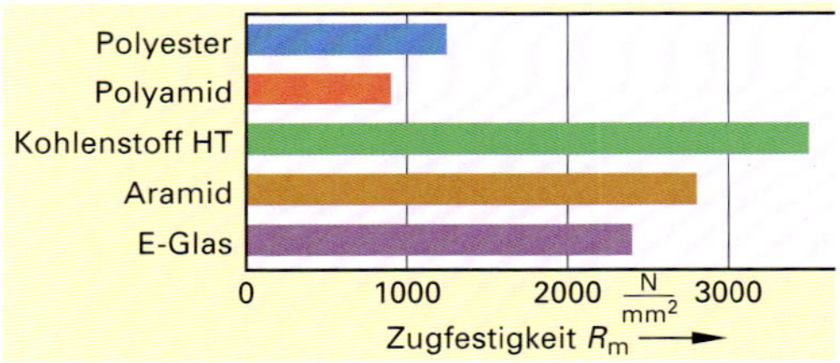

Bild 1: Verstärkungsfasern

Glasfasern (GF)

Die am häufigsten eingesetzten Verstärkungsfasern sind die **Glasfasern**. Sie eignen sich insbesondere dann, wenn es um hohe Zug-/Druckfestigkeiten bei untergeordneter Steifigkeit geht. Glasfaserverstärkte Kunststoffe sind sehr korrosionsbeständig, denn Glasfasern können auch in aggressiver Umgebung eingesetzt werden. Sie eignen sich daher als Werkstoff für Behälter im Anlagenbau oder auch für Bootsrümpfe. Glasfaserverbunde (GFK) sind relativ preiswert.

Synthesefasern (SF)

Eine besonders häufig verwendete Synthesefaser (SF) ist die **Aramidfaser**, die goldgelbe unter dem Markennamen **Kevlar** bekannte Faser wird z. B. für schusssichere Westen verwendet. Die Fasern haben wegen ihrer hohen Arbeitsaufnahme ein hervorragendes Impaktverhalten (Einschlag-/Aufprallverhalten). Interessant sind sie auch für Leichtbauteile, die auf Zug belastet werden (**Bild 2**). Die geringe Wärmedehnung der Fasern ist ebenfalls hervorzuheben. Nachteilig wirkt sich dagegen die geringe Druck- und Biegefestigkeit der Fasern aus.

Bild 2: SF-Lautsprecher

Kohlefasern (CF)

Für hochsteife und hochfeste Bauteile verwendet man **Kohlefasern (engl. Carbon)**. Sie werden vorwiegend für Leichtbauteile mit hohen Zug- und Druckbeanspruchungen eingesetzt. Ihre Leitfähigkeit und ihre Schwingungsfestigkeit erschließen zudem Anwendungen in der Luft- und Raumfahrt. CFK-Bauteile (Carbonfaserverstärkte Kunststoffe) sind meist sehr teuer.

1.8.3 Bauformen der Fasern (Roving)

Die unverdrehten, endlosen, gestreckten Einzelfasern (**Elementarfasern**) aus Glas (ø ca. 10 µm), Aramid oder Kohlenstoff (ø ca. 5 µm ... 8 µm) nennt man **Filamente**. Die ohne Drehung zusammengefassten Stränge werden zunächst **glattes Filamentgarn** genannt. Ab einer gewissen Stärke spricht man von **Rovings** (Faserbündel oder Faserstränge) (**Bild 3**). Bei den Kohlefasern werden z. B. 1000 bis 24000 Einzelfilamente zu Rovings zusammengefasst. Zu Strängen **gedrehte** Fasern nennt man **Garne**. Die Rovingstränge können für das Faserharzspritzverfahren (Glasschneidroving), zur Herstellung von Rovinggeweben oder zum Wickeln (Wickelroving) verwendet werden. Zur Verbesserung der Haftung der Fasern mit dem Reaktionsharz werden sie mit sogenannten **Haftvermittlern** versehen.

Bild 3: Kohlefaser-Roving

Die Rovingstränge können zu **Kurzfasern** (0,1 mm ... 3 mm) oder **Langfasern** (3 mm ... 50 mm) geschnitten werden. Man spricht dann von **Stapelfasern**. Bei der Anwendung mit Faserharzen oder in Pressmassen sind die Fasern beispielsweise 3 bis 13 Millimeter lang. Glasfasern für Thermoplaste, die im Spritzguss verwendet werden, sind meist deutlich kürzer.

1.8.4 Faserhalbzeuge

Aus Endlosfasern und Kurz- oder Langfasern lassen sich sogenannte **Faserhalbzeuge** (**Bild 1**) herstellen. **Gewebe** entstehen durch Verweben von Endlosfasern (z. B. Rovings). **Bidirektionale** Gewebe ermöglichen die Verstärkung in zwei Richtungen. Für bestimmte Anwendungen sind auch Gewebe aus verschiedenen Werkstoffen (**Hybrid-Gewebe**) sinnvoll, z. B. aus Kohle- und Aramidfasern. **Abstandgewebe** (Sandwichgewebe) dienen zur Herstellung von Sandwichstrukturen. Sie sind dreidimensional aufgebaut. Bei der Tränkung der Gewebematten mit Harz stellen sich die Innenstege auf, sodass eine Sandwichplatte (Werkstoff mit oberer/unterer Decklage und eingebetteter Kernschicht) entsteht.

Durch das Verweben wird die faserparallele Druckfestigkeit herabgesetzt. Aus diesem Grund werden für mechanisch **hoch beanspruchte Teile Gelege** verwendet. In einem Gelege liegen die Endlosfasern ideal gestreckt oder parallel vor. Sie werden durch Papier- oder Fadenheftung zusammengehalten. Gelege, die nur **eine Faserrichtung** besitzen, nennt man **unidirektional**. Sie dienen zur gezielten **Verstärkung in einer Richtung**. Bei **Multiaxialgelegen** werden die Fasern nicht ausschließlich in einer Ebene orientiert (=> Verstärkung in mehrere Richtungen).

Im Flechtverfahren werden aus Rovings **Geflechte** hergestellt. Sie werden hauptsächlich zu Schläuchen geflochten, die z. B. für Rohre, Behälter oder allgemein für hohle Bauteile verwendet werden. Aus Kurz- und Langfasern lassen sich **Matten** herstellen. Die Fasern (meist Glasfasern) werden locker über ein Bindemittel miteinander verbunden. Ihre mechanischen Werte sind in alle Richtungen annähernd gleich hoch, jedoch nicht auf sehr hohem Niveau. Matten lassen sich gut mit Harzen verarbeiten, weil sie wenig Fließwiderstand entgegensetzen. **Vliese** werden durch Vernadeln von Langfasern hergestellt. Ihre mechanischen Eigenschaften sind allenfalls durchschnittlich. Auch **Papier** stellt eine Faserschicht dar. Es erhöht z. B. die Schlagzähigkeit. Epoxidharzgetränktes Papier wird z. B. für Versteifungswaben bei Leichtbauteilen verwendet.

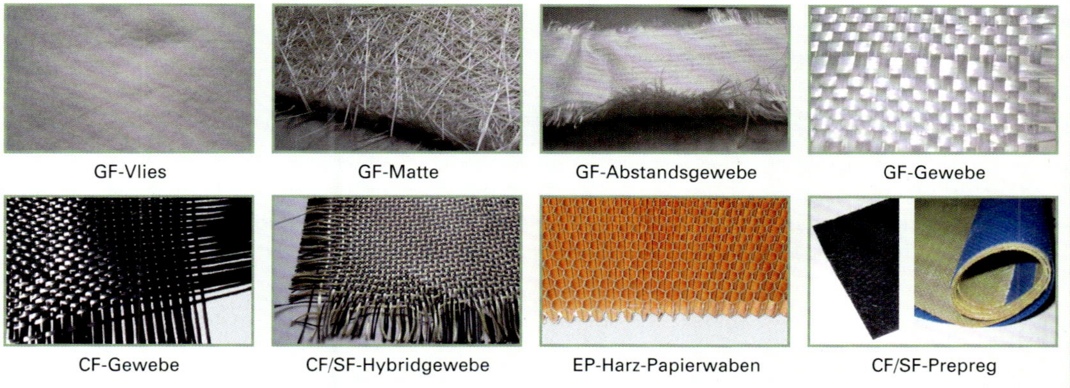

Bild 1: Faserhalbzeuge

1.8.5 Vorimprägnierte Halbzeuge

Neben den reinen Faserhalbzeugen gibt es auch vorimprägnierte Halbzeuge wie z. B. **glasmattenverstärkte Thermoplaste (GMT)** für Pressverfahren.

Bei den **Duromeren** setzt man SMC, BMC und Prepregs ein. **SMC** (Sheet Molding Compound) und **BMC** (Bulk Molding Compound) bestehen aus Kurz- oder Langfasern (meist Glasfasern). Als Bindemittel wird überwiegend **UP-Harz** verwendet. Die Plattenware (SMC) wird im Heißpressverfahren verarbeitet. Im Unterschied zum SMC liegt **BMC** als **teigige, formlose Masse** vor.

Prepregs (**Pre**im**preg**nated Fibers) bestehen aus Endlosfasern. Die verarbeitungsbereiten Formmassen gibt es für die verschiedensten Anwendungen als unidirektionale Bänder, Gewebebänder oder Multiaxialgelege. Sie werden meist auf Rollen mit Trennpapier/-folie geliefert. Zu besseren Haltbarkeit werden sie häufig gekühlt (bei minus 18 °C) aufbewahrt.

1.9 Zuschlag- und Hilfsstoffe

Die wenigsten Kunststoffe sind direkt nach der Synthese verarbeitungsfähig bzw. einsatzbereit. Sie benötigen eine **spezielle Aufbereitung**, die sogenannte **Compoundierung**, um sie beispielsweise beständiger gegen Erwärmung oder UV-Strahlung einzustellen, ihre mechanischen Eigenschaften zu verbessern oder einfach nur, um sie farblich interessanter gestalten zu können.

Man verwendet hierzu spezielle **Additive**, also Zusatzstoffe, die entsprechend der gewünschten Eigenschaften beigemischt werden. Bei Additiven unterscheidet man:

- **Zuschlagstoffe**, die die Grundeigenschaften der Polymere verändern: z. B. Weichmacher, Stabilisatoren gegen Wärme und UV-Strahlung, Farbmittel, Treibmittel und Antistatika
- **Hilfsstoffe**, die die **Verarbeitbarkeit** erleichtern: z. B. Gleitmittel

Kunststoffe müssen nach ihrer Synthese durch **Additive** aufbereitet (**compoundiert**) werden, um sie zu Formteilen oder Halbzeugen weiterverarbeiten zu können.

1.9.1 Anforderungen an Additive

Additive sollen bestimmte Eigenschaften der Polymere verbessern, dürfen sich aber nicht an einer anderen Stelle wieder nachteilig auswirken. Zudem müssen sie selbst folgende Eigenschaften erfüllen:

- hohe Thermostabilität, um nicht bei der Verarbeitung thermisch zersetzt zu werden
- hohe Beständigkeit gegen **Migration**, d. h., sie dürfen nicht mit der Zeit aus dem Werkstoff hinauswandern, sodass die positive Eigenschaft wieder verloren geht
- physiologische Unbedenklichkeit, d. h. Lebensmittelechtheit
- farbneutralität
- gute Verträglichkeit mit anderen Additiven

1.9.2 Additive für Thermoplaste und Duroplaste

Antistatika

Antistatika werden Kunststoffen zugefügt, um die elektrostatische Aufladung zu vermindern. Dadurch wird verhindert, dass Kunststoffe Staub- und Schmutzpartikel elektrostatisch anziehen und festhalten.

Farbmittel

Bei den **Farbmitteln** unterscheidet man zwischen **löslichen** Stoffen, sog. **Farbstoffen**, und **unlöslichen** Stoffen, sog. **Pigmenten** mit einer Größe von 0,01 µm bis 1 µm (**Bild 1**). **Anorganische Pigmente**, z. B. Titanweiß oder Kobaltgrün, sind sehr deckkräftig und lichtecht, besitzen aber eine nur geringe Farbstärke. Aufgrund des Schwermetallgehaltes setzt man zunehmend **organische** Pigmente ein, die sehr leuchtkräftig, aber nur wenig deckend und lichtecht sind.

Bild 1: Verschiedene Pigmente

Häufig wird hier in der Praxis der Begriff **Masterbatch** verwendet. Dies sind meist Farbmittel und andere Additive, die in **hoher** Konzentration in den polymeren Werkstoff eingebunden sind. Ein solches Masterbatch wird während der Verarbeitung in andere Kunststoffe eingemischt und ist ein Garant für die geforderte Farbe oder Eigenschaft des Produktes.

Flammschutzmittel

Durch den Zusatz von **Flammschutzmitteln** wird das Brennverhalten der Kunststoffe beeinflusst. Dies sind vor allem Verbindungen der **Halogene** Chlor und Brom. So können z. B. die Entflamm- und Entzündbarkeit sowie der Verbrennungsprozess selbst begrenzt werden. Polyethylen und Polypropylen sind reine Kohlenwasserstoffe und können eine Verbrennung von selbst aufrechterhalten. Durch Flammschutzmittel wird die Reaktion gestoppt. Andere Kunststoffe, wie PVC, sind dagegen selbstlöschend und beenden die Verbrennung von selbst.

Füllstoffe und Verstärkungsstoffe

Füllstoffe, wie z. B. Kreide, Graphit, Ruß etc., und Verbundstoffe wie Glasfasern, dienen zum einen dazu, die Kunststoffe zu **strecken** und damit **preiswerter** zu machen. Zum anderen werden sie zur Verbesserung der Qualität des Kunststoffes eingesetzt. Insbesondere seien hier die **Festigkeit**, Elastizität und Härte genannt.

Gleitmittel

Gleitmittel dienen der **leichteren Verarbeitung** der Kunststoffe, indem sie die **innere** und **äußere** Reibung der Makromoleküle herabsetzen. **Innere Gleitmittel** erleichtern das Vorbeigleiten der Molekülketten aneinander und sind meist polare Verbindungen. **Äußere Gleitmittel**, v.a. Wachse und Fettsäuren, setzen die Reibung zwischen Schmelze und Werkzeugwand herab.

Stabilisatoren

Stabilisatoren schützen die Kunststoffe vor folgenden Einflüssen: **Wärme, Licht, UV-Strahlung** und schneller **Alterung**. Die Stabilisatoren bewahren die Kunststoffe vor vorzeitiger Zersetzung bzw. negativer Beeinflussung ihrer Eigenschaften. Beispielsweise ist PVC ohne **Wärmestabilisator** nicht verarbeitbar, da es sich sehr schnell durch Abspaltung von HCl **zersetzen** würde. Wichtige Stabilisatoren sind:

- **Metallseifen**: Diese Kombinationen aus Metallen und Seifen verbessern z. B. bei PVC-U die Temperatur- und Witterungsbeständigkeit. Kalzium- und Zinkseifen lösen hierbei die etwas bedenklichen Cadmiumseifen zunehmend ab.
- **UV-Absorber**: Diese Verbindungen sind in der Lage, UV-Licht in Wärme umzuwandeln und werden vor allem bei amorphen Kunststoffen eingesetzt.
- **Antioxidantien**: Sie schützen Kunststoffe, die höheren Temperaturen ausgesetzt sind, vor Oxidation. Zum Einsatz kommen sie z. B. bei PVC (Kabelisolationen) und bei PP.

Weichmacher

Durch die Zugabe von **Weichmachern** werden bestimmte Eigenschaften des Kunststoffes beeinflusst. Die **Elastizität** des Kunststoffes wird **erhöht**, die Temperatur, bei der er spröde wird, **sinkt**. Außerdem **verringert** sich seine Härte. Weichmacher sind Moleküle mit **Dipolcharakter**, die sich bei **polaren** Kunststoffen, z. B. PVC, zwischen den Molekülketten anordnen und sie dadurch auf einem größeren Abstand halten. Dabei werden die **Nebenvalenzkräfte** deutlich **schwächer** und der Thermoplast wird weich (**Bild 1**). Ein Weichmacher bewirkt letztlich dasselbe wie eine Temperaturerhöhung über den Erweichungstemperaturbereich hinaus.

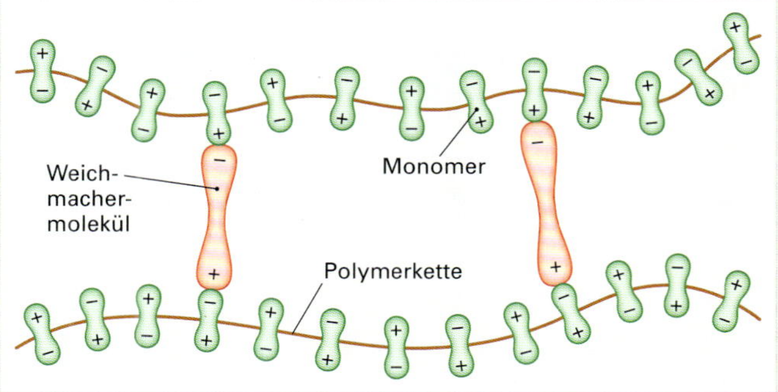

Bild 1: Wirkung eines Weichmachers

Man unterscheidet 2 Arten von Weichmachern:

- **Niederviskose Monomerweichmacher** werden sehr häufig eingesetzt, vor allem das **Diethylhexylphthalat (DEHP)**. Sie können durch spezielle Lösungsmittel ausgelöst werden.

- **Hochviskose Polymerweichmacher** sind zähflüssiger und damit beständiger gegen Herauswandern (Migration) sowie gegen Öle, Benzine und Fette.

Weichmacher haben jedoch nicht nur positive Eigenschaften. Weichmacher sind gesundheitlich nicht unbedenklich. Da sie zum Ausdampfen aus dem Kunststoff neigen, muss der Einsatz im Lebensmittelbereich ausgeschlossen werden.

Treibmittel

Durch **Treibmittel** können sehr viele Kunststoffe aufgeschäumt werden, z. B. PS, PP, PE und PU. Sie werden entweder direkt bei der Kunststoffherstellung zugesetzt oder werden erst bei der Verarbeitung zugeführt. Man unterscheidet 2 Arten von Treibmitteln:

- **Physikalische Treibmittel:** Ihr Siedebereich liegt innerhalb der Verarbeitungstemperatur des Kunststoffes. Durch das Verdampfen treiben sie die plastische Kunststoffmasse auf (**Tabelle 1**).
- **Chemische Treibmittel:** Sie zersetzen sich innerhalb der Verarbeitungstemperatur des Kunststoffes und bilden Gase wie Kohlendioxid oder Stickstoff. Diese Gase bewirken dann ein Aufschäumen. Ein sehr häufig eingesetztes chemisches Treibmittel ist **Azodikarbonamid**, dessen Zersetzungstemperatur eingestellt werden kann (**vgl. Kapitel 10.1**).

Tabelle 1: Physikalische Treibmittel

Treibmittel	Siedebereich
Pentan	30 °C ... 38 °C
Hexan	60 °C ... 70 °C
FCKW	23 °C ... 47 °C

Des Weiteren kommen zur Vernetzung von Duromeren weitere Additive wie **Härter, Beschleuniger** und **Inhibitoren** (Verzögerer) zum Einsatz.

1.9.3 Additive für Kautschuke

Die meisten unter **Kapitel 1.9.2** genannten Additive sind in abgewandelter Form auch bei Kautschuken anwendbar. An dieser Stelle sollen nur einige spezielle Kautschuk-Additive genannt werden, weitere Einzelheiten sind dann im **Kapitel 12** „Herstellen von Mehrschichtkautschukteilen" zu finden.

Mastiziermittel

Mastiziermittel bewirken ein **Herabsetzen** der **Viskosität** (Zähigkeit) von thermoplastischen Kautschukmassen. Nur dadurch können in die meist zähe Masse weitere Zusatzstoffe **eingearbeitet** werden. Je länger die Molekülketten sind, desto zäher ist die Masse. Deshalb werden die Ketten durch mechanisches Kneten und Wärme auseinandergerissen und dadurch verkürzt. Die abgerissenen Enden der Ketten müssen dann mit einem Mastifiziermittel, einer sauerstoffaktivierenden Verbindung, abgesättigt werden.

Vulkanisationsmittel

In den meisten Fällen verwendet man zur **Vulkanisation** von ungesättigten Kautschuken **Schwefel** oder **schwefelhaltige** Verbindungen, z. B. Thioramsulfide. Je höher dabei die Schwefelzugabe ist, desto höher ist der Grad der Vernetzung. Bei gesättigten Kautschuksorten verwendet man **Peroxide** wie Benzoylperoxid oder **Metallocene**.

Als **Vulkanisationsbeschleuniger** werden **schwefelhaltige** organische Verbindungen, wie Thiurame oder Thioharnstoffe, verwendet. Bei Peroxiden oder Metallocenen benötigt man **keinen** Beschleuniger.

Um ein längeres Fließen des Kautschuks zu ermöglichen, werden auch **Vulkanisationsverzögerer**, wie Phthalsäureanhydrid oder Benzoesäure verwendet.

Tabelle 1: Syntheseverfahren

		Polymerisation	Polykondensation	Polyaddition	Copolymerisation	Pfropfcopolymerisation	Polyblend
Thermoplaste	amorph	PVC PS PMMA	PC		SAN		
	niedrigkristallin	PE-LD	PET				
	teilkristallin	PA 6 PE-HD PP POM PTFE PB	PA 66 PA 46 PBT	PUR linear	ASA ABS SB	SB ABS	SB ABS
Thermoplastische Elastomere	physikalisch vernetzt			TPE-U	TPE-S TPE-E TPE-A		TPE-O EPDM/PP NR/PP NBR/PP IIR/PP EVA/PVCD NBR/PVC
Elastomere	weitmaschig vernetzt	NR BR		PUR weich	CR NBR SBR EPDM		
Duromere	engmaschig vernetzt		MF PF UF SI UP (EP)*	PUR hart EP (*Beim EP ist die Polyadditionsreaktion üblich)	UP		

Tabelle 2: Kenngrößen der Thermoplaste (Auswahl)

Kurzzeichen	Bezeichnung	Handelsnamen	Dichte g/cm³	Zugfestigkeit N/mm²	Temperaturen °C		
					Anwendung (langzeitig)	Spritzgießen	Extrusion
ABS	Acrylnitril-Butadien-Styrol	Terluran, Novodur	≈1,05	35 ... 56	85 ... 100	200 ... 240	180 ... 220
PA 6	Polyamid	Durethan, Maranyl, Resistant, Ultramid, Rilsan	1,14	43	80 ... 100 (kurzzeitig 140 °C)	210 ... 290	230 ... 275
PA 66				57			
PC	Polycarbonat	Makrolon, Lexan	1,19 ... 1,24	70	80 ... 125	250 ... 300	250 ... 300
PE-LD	Polyethylen	Hostalen, Lupolen, Vestolen A	0,92	8 ... 10	60 ... 80	160 ... 300	190 ... 230
PE-HD			0,96	20 ... 30	80 ... 100	... 300	... 250
PMMA	Polymethylmethacrylat	Plexiglas, Degalan, Lucryl	1,18	70 ... 76	70 ... 100	200 ... 250	180 ... 250
POM	Polyoxymethylen	Delrin, Hostaform, Ultraform	1,42	50 ... 70	ca. 95	180 ... 220	180 ... 220
PP	Polypropylen	Hostalen PP, Novolen, Procom, Vestolen P	0,91	21 ... 37	100 ... 110	170 ... 300	235 ... 270
PS	Polystyrol	Styropor, Polystyrol, Lustron	1,05	40 ... 65	55 ... 85	180 ... 250	180 ... 220
PTFE	Polytetrafluorethylen	Hostaflon, Teflon, Fluon	2,20	15 ... 35	280	nicht möglich	nicht möglich
PVC-P	Polyvinylchlorid (weichgemacht)	Hostalit, Vinoflex, Vestolit, Vinnolit, Solvic	1,2 ... 1,35	20 ... 29	60 ... 80	170 ... 200	150 ... 200
PVC-U	Polyvinylchlorid (hart)		1,38	35 ... 60	<60	170 ... 200	170 ... 190
SAN	Styrol-Acrylnitril-Copolymer	Luran, Vestyron, Lustran	1,08	78	85	200 ... 260	180 ... 200
SB	Styrol-Butadien Copolymer	Vestyron, Styrolux	1,05	22 ... 50	55 ... 75	180 ... 250	180 ... 220

2 Fertigungs- und Prüftechnik für Kunststoffe und Metalle

Werkstücke für unterschiedliche technische Anwendungszwecke werden aus Kunststoffen oder Metallen gefertigt. Die qualitative Bewertung der Einzelteile bzw. Baugruppen obliegt den fertigungsspezifischen Prüfverfahren.

2.1 Grundlagen der Prüftechnik

2.1.1 Grundbegriffe

Durch **Prüfen** werden von Rohstoffen, Halbzeugen, Werkstücken oder Systemen charakteristische Merkmale wie z. B. physikalisch-technologische Eigenschaften, die Oberflächenbeschaffenheit sowie die Farbe oder die Geometrie mit den geforderten Vorgaben bzw. Gebrauchseigenschaften **verglichen** (**Bild 1**).

Bild 1: Kunststoffteile

Durch **Prüfen** werden geforderte **maßliche** und **nichtmaßliche** Eigenschaften an Gegenständen festgestellt.

Arten des Prüfens

Subjektive Prüfungen werden durch die Sinneswahrnehmungen des Prüfers durchgeführt. Das Prüfergebnis kann nur **gut/schlecht** lauten.

Objektive Prüfungen werden durch den Prüfer mit entsprechend der Prüfaufgabe zugeordneten **Prüfmitteln** durchgeführt. Als Prüfergebnis erhält man einen **Messwert** oder die Feststellung **Gut, Nacharbeit** bzw. **Ausschuss**.

Prüfmittel

Die Prüfmittel werden nach dem Ergebnis des Prüfvorganges in **Messgeräte** und **Lehren** unterteilt. Zur Unterstützung des Prüfers werden zusätzliche Hilfsmittel verwendet. Die zu ermittelnde **Messgröße** wird mit der Maßverkörperung der Prüfmittel verglichen (**Bild 2**).

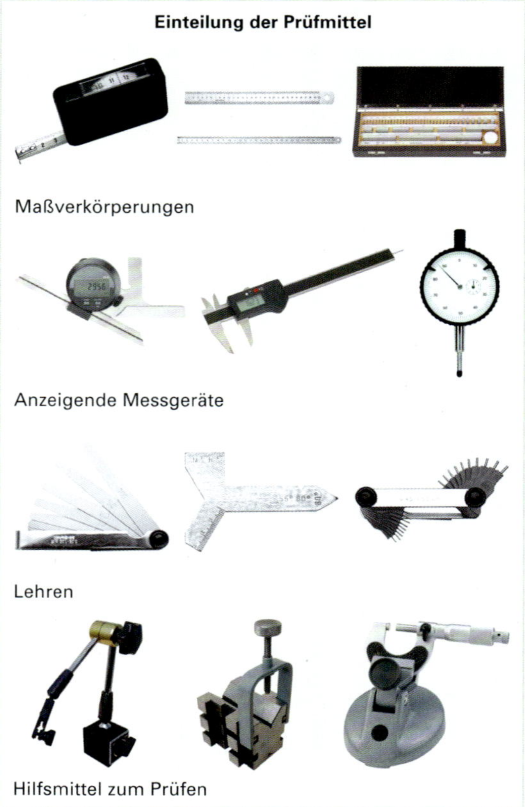

Bild 2: Prüfmittel

Dazu werden Strichabstände, Abstände von Flächen bzw. Winkellagen verwendet. Durch **anzeigende Messgeräte** werden die Messergebnisse als Zahlenwerte **unmittelbar** angezeigt. Dafür werden Zeiger, bewegliche Skalen und analoge bzw. digitale Anzeigen verwendet. Mit **Lehren** werden das Maß und die Form der Werkstücke **mittelbar** bewertet.

Hilfsmittel

Hilfsmittel zum Prüfen sind notwendige spezielle Ergänzungen der Prüfeinrichtungen, z. B. ortsveränderliche Magnetspanneinrichtungen, Spanneisen mit Bügel usw.

Tabelle 1: Begriffe der Messtechnik

Begriff	Kurzzeichen	Definition, Erklärung	Beispiel, Formeln
Messgröße	M	Die zu messende Länge bzw. der zu messende Winkel, z. B. ein Bohrungsabstand oder ein Durchmesser.	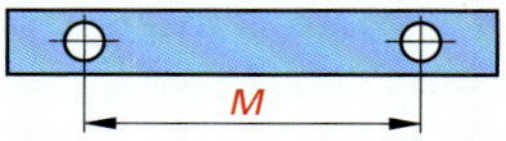
Anzeige	–	Der angezeigte Zahlenwert des Messwertes ohne Einheit (vom Messbereich abhängig). Bei Maßverkörperungen entspricht die Aufschrift der Anzeige.	
Skalenanzeige	–	Kontinuierliche Anzeige auf einer Strichskale	
Ziffernanzeige	–	Digitale Anzeige auf einer Strichskale	Skalenanzeige Skw = 0,01 mm
Skalenteilungswert	Skw	Differenz zwischen den Messwerten, die zwei aufeinanderfolgenden Teilstrichen entsprechen. Der Skalenteilungswert Skw wird in der Skale stehenden Einheit angegeben.	
Ziffernschrittwert	Zw	Der Ziffernschrittwert entspricht dem Skalenteilungswert einer Strichskale.	Ziffernanzeige Zw = 0,01 mm
Angezeigter Messwert Einzelmesswerte	x_a x_1, x_2 ...	Ein Messwert besteht aus Zahlenwert und Einheit. Einzelmesswerte oder Mittelwerte setzen sich aus dem richtigen (oder dem wahren) Wert und den zufälligen sowie systematischen Messabweichungen zusammen.	
Mittelwert	$\bar{x}$	Der Mittelwert ergibt sich in der Regel aus fünf Wiederholungsmessungen.	
Wahrer Wert	x_w	Den wahren Wert würde man nur bei einer idealen Messung erhalten. Der wahre Wert x_w ist ein aus vielen Wiederholungsmessungen ermittelter und um die bekannten systematischen Abweichungen korrigierter „Schätzwert".	
Richtiger Wert	x_r	Der richtige Wert x_r wird bei Maßverkörperungen durch Kalibrierung ermittelt. Er weicht meist vernachlässigbar vom wahren Wert ab. Bei einer Vergleichsmessung, z. B. mit dem Endmaß, kann dessen Maß als richtiger Wert angesehen werden.	
Unberichtigtes Messergebnis	x_a x_1, x_2 ... x	Gemessener Wert einer Messgröße, z. B. ein unkorrigierter Einzelmesswert oder ein durch Wiederholungsmessungen ermittelter Messwert, der um die systematischen Abweichungen A_s korrigiert wurde. In der Fertigungstechnik werden aufgrund bekannter Abweichungen aus früheren Messreihen oder von Fähigkeitsuntersuchungen überwiegend einmalige Messungen durchgeführt. Das Messergebnis bleibt bei Einzelmessungen durch die zufälligen sowie durch die unbekannten systematischen Messabweichungen unsicher.	
Systematische Messabweichung	A_s	Die Messabweichung ergibt sich durch Vergleich des angezeigten Messwertes x_a oder des Mittelwertes $\bar{x}_a$ mit dem richtigen Wert x_r	$\mathbf{A_s = x_a - x_r}$ $(A_s = \bar{x}_a - x_r)$
Messbereich	Meb	Der Messbereich ist der Bereich von Messwerten, in dem die Fehlergrenzen des Messgerätes nicht überschritten werden.	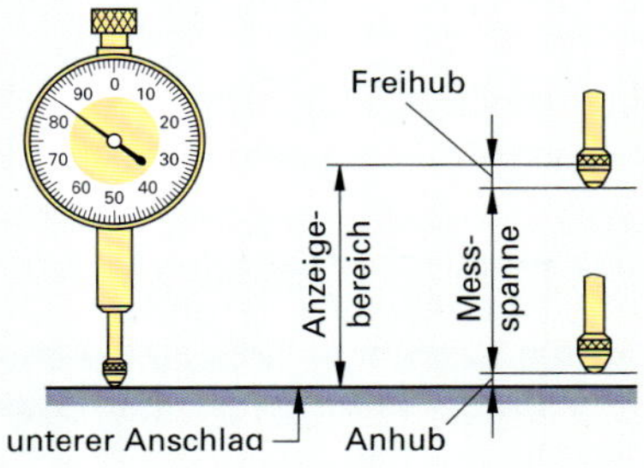
Messspanne	Mes	Die Messspanne ist die Differenz zwischen Endwert und Anfangswert des Messbereichs.	
Anzeigebereich	Az	Der Anzeigebereich ist der Bereich zwischen der größten und der kleinsten Anzeige.	

2.1.2 Messabweichungen

Kein Messergebnis ist **absolut genau**. Verschiedene Einflussgrößen bewirken eine Differenz zwischen dem ermittelten Messwert und der tatsächlichen Messgröße.

Ursachen von Messabweichungen

Abweichungen von der festgelegten **Bezugstemperatur** von **20 °C** verursachen grundsätzlich Messabweichungen (**Bild 1**).

Die Erwärmung eines 100 mm Parallelendmaßes auf Handwärme von 37 °C bewirkt eine Längenzunahme von 27 µm.

Elastische Formänderungen ergeben sich an Werkstücken und Messgeräten sowie Hilfseinrichtungen durch die einwirkenden Messkräfte (**Bild 2**).

Die Größe der Messabweichungen lässt sich **gezielt verringern,** wenn das Messen von Werkstücken unter **gleichen Bedingungen** erfolgt.

Bild 1: Messabweichung durch Erwärmung

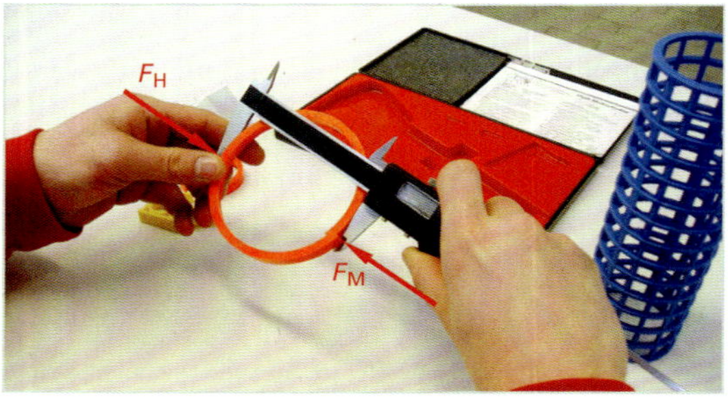

Bild 2: Elastische Formänderung durch zu große Messkraft

Arten von Messabweichungen

Systematische Messabweichungen entstehen unter immer gleichen wiederkehrenden Messbedingungen durch Messkräfte, Teilungsfehler und Temperatureinwirkungen.

Der Verschleiß der parallelen Messflächen an Bügelmessschrauben führt zwangsläufig zu kleiner werdenden Messwertanzeigen.

Die jährliche Messmittelkontrolle und Bestätigung nach DIN EN ISO 9000:2015-11 ist deshalb in der Praxis zwingend geboten (**Bild 3**).

Zufällige Messabweichungen wirken auf das Messergebnis unregelmäßig ein und können in Betrag und Vorzeichen Schwankungen unterliegen.

Zu große Messkräfte beim Gebrauch von Messschiebern verursachen eine Messwertverkleinerung von bis zu 0,1 mm durch das Auskippen des beweglichen Messschenkels (**Bild 4**).

Durch die Möglichkeit der Nullstellung an digitalen Messschiebern ist eine richtig dosierte Messkraft erkennbar.

Systematische Messabweichungen werden durch **zusätzliche** Vergleichsmessungen ermittelt. **Zufällige Messabweichungen** können durch **Wiederholungsmessungen** festgestellt werden.

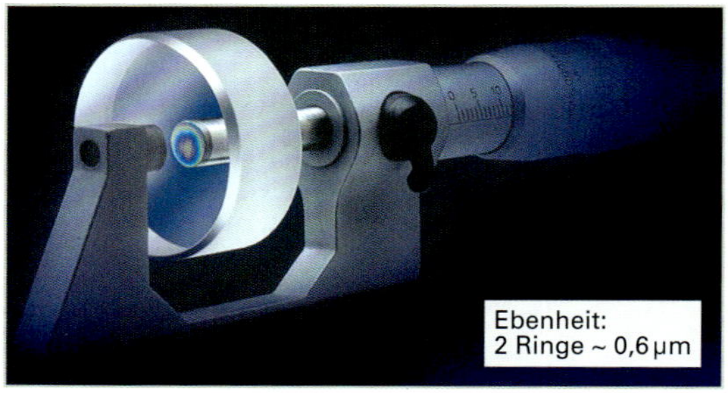

Bild 3: Messmittelkontrolle

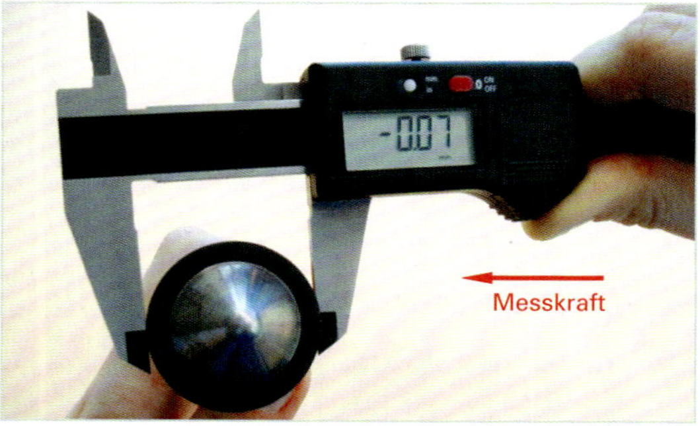

Bild 4: Verkleinerung des Messwertes durch eine zu große Messkraft

2.1.3 Toleranzen und Passungen

Alle gefertigten Werkstücke unterscheiden sich verfahrensbedingt in der Herstellungsgenauigkeit, den **Istmaßen**, von den geforderten Zeichnungsangaben, den **Sollmaßen**. Die aus Fertigungs- und Kostengründen geduldete Abweichung der Werkstücke ist die **Toleranz**. Damit ein Werkstück seine Funktion erfüllen kann, müssen die Istwerte innerhalb definierter Bereiche liegen. Die Größe der Maßtoleranz sowie die Form- und Lagetoleranz sind abhängig von der Funktion der Werkstücke in den Baugruppen. Durch passend gefügte Werkstücke werden z. B. folgende Aufgaben realisiert (**Bild 1**):

- Führungsaufgaben: zwischen Welle und Nabe
- Austauschbau: Werkstückaustausch
- Maßverkörperungen: Messmittel

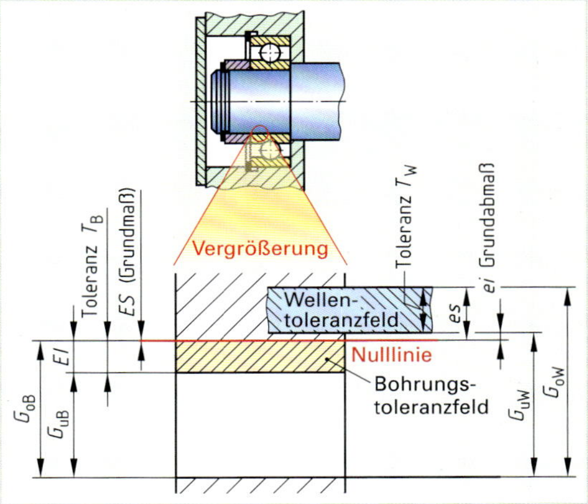

Bild 1: Grundbegriffe

Grundbegriffe

Nennmaß *N*: Ist das gemeinsame Zeichnungsmaß von Welle und Nabe, wobei die Grenzmaße die Fertigungstoleranz der Einzelteile bestimmen. Das Nennmaß wird als Längenmaß dargestellt (**Tabelle 1**).

Istmaß: Ist das gemessene Werkstück**fertig**maß, z. B. der Wellendurchmesser Ø 25,010 mm.

Toleriertes Maß: Ist die Maßangabe bestehend aus: Nennmaß + Grenzabmaß: 25 +0,002/ +0,015 oder Nennmaß + Toleranzklasse: Ø 25 k6

Grenzmaße:

Höchstmaß G_o: $N+ es$
Werkstückgrößtmaß Ø 25,015 mm

Mindestmaß G_u: $N+ ei$
Werkstückkleinstmaß Ø 25,002 mm

Grenzabmaße:

Oberes Abmaß *ES, es*: Ist die Differenz zwischen Höchst- und Nennmaß.

Unteres Abmaß *EI, ei*: Ist die Differenz zwischen Mindest- und Nennmaß.

Grundabmaße: Sind die vorhandenen Minimalwerte zwischen oberem bzw. unterem Abmaß und der Nulllinie, d. h., sie bestimmen die Lage der Toleranz zur Nulllinie.

Maßtoleranz *T*: Ist die Differenz zwischen dem Höchst- und Mindestmaß bzw. oberen und unterem Abmaß.

Tabelle 1: Berechnungsbeispiel von Grenzabmaßen und Toleranzen

Berechnung zum Bild 1:

Allg. Hinweis: Empfohlene Toleranzfelder lt. DIN 5425-1 (1984-11)
Welle: ø 25 k6
Lager: ø 25 $ø\,25\,^{0\,\mu m}_{-10\,\mu m}$ Normaltoleranz PO (Herstellerdaten)

Welle	Bohrung
geg.: Nennmaß N = 25 mm es = + 15 µm ei = + 2 µm	**geg.**: Nennmaß N = 25 mm ES = 0 µm EI = – 10 µm
geg.: G_{oW}, G_{uW}, T_W	**ges.**: G_{oB}, G_{uB}, T_B
Höchstmaß G_{oW}: $G_{oW} = N + es$ G_{oW} = 25 mm + 0,015 mm **G_{oW} = 25,015 mm**	**Höchstmaß G_{oB}:** $G_{oB} = N + ES$ G_{oB} = 25 mm + 0,000 mm **G_{oB} = 25,000 mm**
Mindestmaß G_{uW}: $G_{uW} = N + ei$ G_{uW} = 25 mm + 0,002 mm **G_{uW} = 25,002 mm**	**Mindestmaß G_{uB}:** $G_{uB} = N + EI$ G_{uB} = 25 mm + (– 0,010 mm) **G_{uB} = 24,990 mm**
Toleranz *T*: $T_W = G_{oW} - G_{uW} = es - ei$ T_W = 25,015 mm – 25,002 mm = 0,015 mm – 0,002 mm **T_W = 0,013 mm**	 $T_B = G_{oB} - G_{uB} = ES - EI$ T_B = 25,000 mm – 24,990 mm = 0,000 mm – (– 0,010) mm **T_B = 0,010 mm**

Toleranzklassen: sind Kombinationen des Grundmaßes mit einem Toleranzgrad, z. B. Wellennut 1,3 H13

Toleranzgrad: ist eine Zahlenangabe des Grundtoleranzgrades und gibt die Größe der Toleranz an

Passung: ist ein zahlen- bzw. wertmäßiger Ausdruck der Fügeverhältnisse von Innen- und Außenpassmaßen

Passung = Innenpassmaß – Außenpassmaß

Lage der Toleranzfelder zur Nulllinie

Die Lage eines Toleranzfeldes ist an konkrete Aufgaben und Funktionen eines Bauteiles gebunden. Aus den technischen Unterlagen wird durch die Angabe des Nennmaßes mit den Grenzabmaßen bzw. durch die Passungsangabe die Lage der Toleranzfelder zum Nennmaß erkennbar. Es ergeben sich damit grundsätzlich fünf verschiedene Toleranzfeldlagen (**Tabelle 1**).

Tabelle 1: Toleranzfeldlagen

Praktisches Beispiel	Beschreibung	Symbolische Darstellung
Laufrad auf der Welle ø20r6 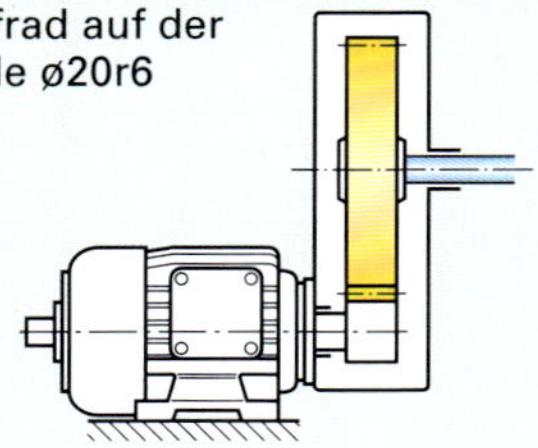	$\varnothing\,20\text{r}6\,^{+41}_{+28}$ Das Toleranzfeld liegt **über** der Nulllinie - ***es, ei*** sind positiv, G_{oW}, G_{uW} > ***N*** - ***ei*** ist das Grundabmaß - Istmaß > Nennmaß	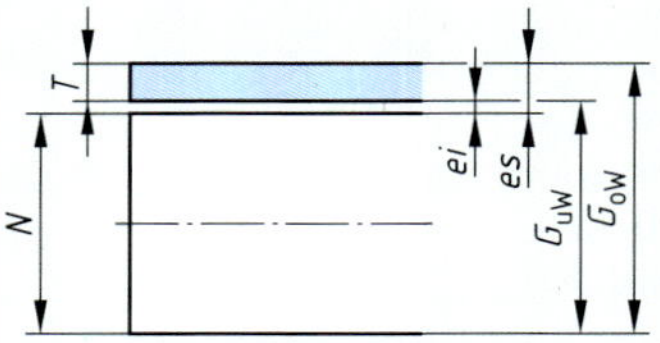
Säulenführung ø40H7 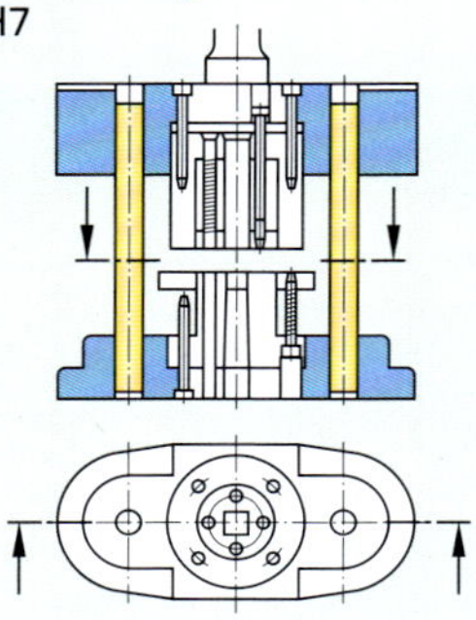	$\varnothing\,40\text{h}7\,^{+25}_{0}$ Das Toleranzfeld liegt **oberhalb** der Nulllinie **an** - ***ES*** ist positiv, *EI* = 0 - ***G*** G_{oB} > ***N***, G_{uB} = ***N*** - ***EI*** ist das Grundmaß - Istmaß > Nennmaß	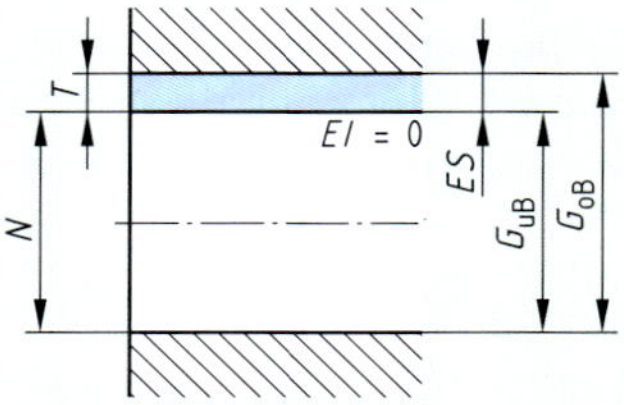
Nabennutbreite b 8JS9 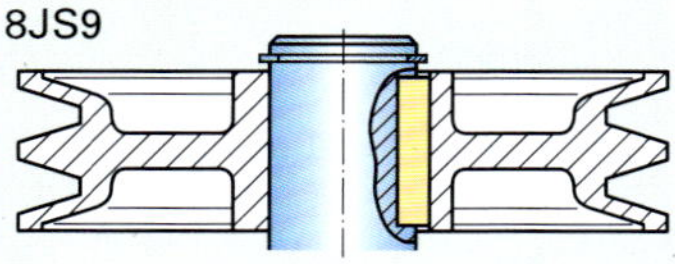	$\varnothing\text{B} = 18\,^{+0,1}_{-0,1}$ bzw. $18\text{JS}9\,^{+21,5}_{-21,5}$ $\varnothing\text{B} = 18\text{j}6\,^{+8}_{-3}$ Das Toleranzfeld liegt **beiderseits** der Nulllinie (gleich bzw. ungleich) - ***ES*** ist positiv, ***EI*** ist negativ - G_{oB} **> *N*,** G_{uB} **< *N*** - das kleinere Maß ist das Grundabmaß - Istmaß > Nennmaß < Nennmaß	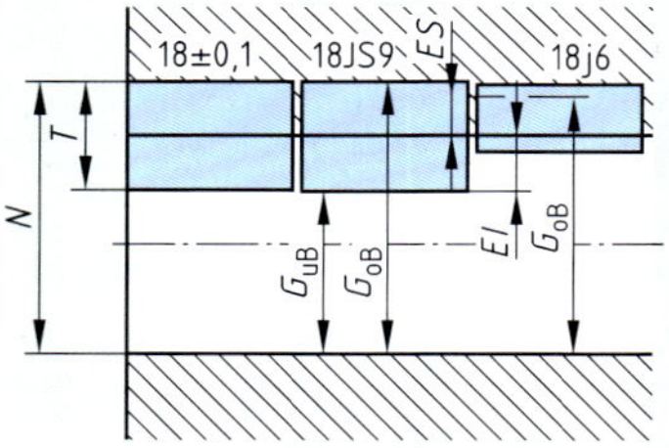
Keilwelle ø36h7 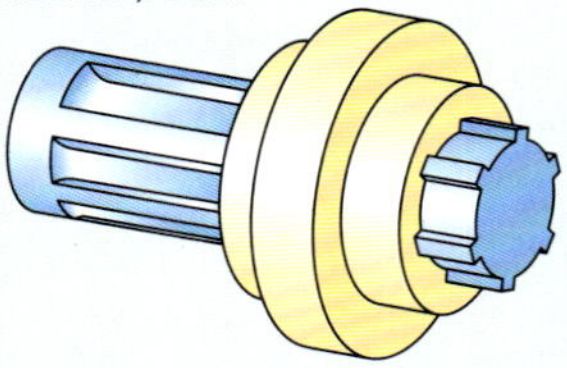	$\varnothing\,36\text{h}7\,^{0}_{-25}$ Das Toleranzfeld liegt **an** und **unterhalb** der Nulllinie - ***es*** = 0, ***ei*** ist negativ - G_{oW} **= *N*,** G_{uW} **< *N*** - ***es*** ist das Grundabmaß - Istmaß < Nennmaß	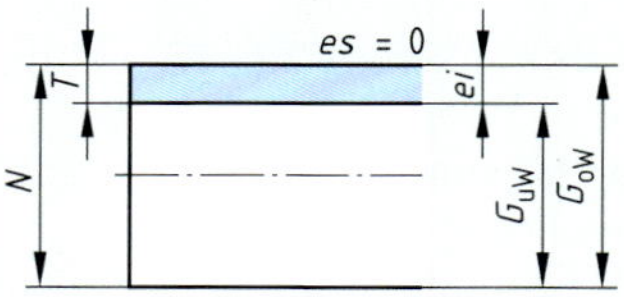
Passfederverbindung 6P9 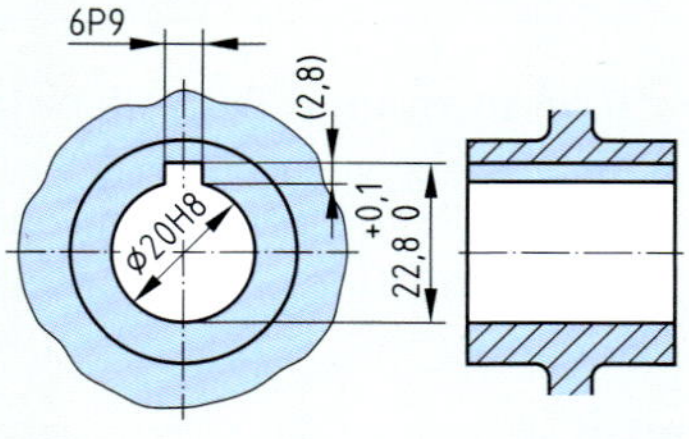	$6\text{P}9\,^{-12}_{-42}$ Das Toleranzfeld liegt **unterhalb** der Nulllinie - ***ES, EI*** sind negativ, G_{oB}, G_{uB} **< *N*** - ***ES*** ist das Grundabmaß - Istmaß < Nennmaß	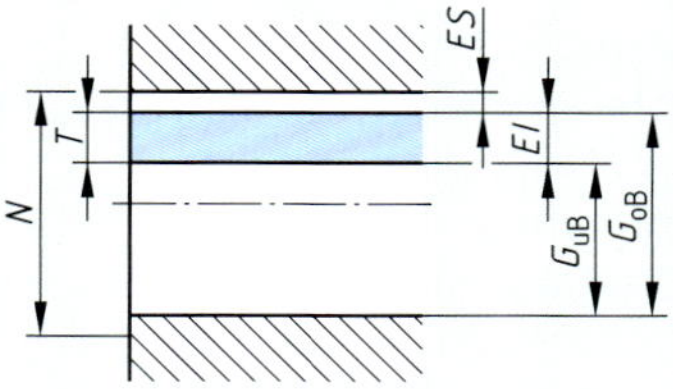

Allgemeintoleranzen

Für alle **nichttolerierten** Werkstückmaße (Freimaße) sind die Allgemeintoleranzen zu verwenden. Die Einteilung erfolgt nach gestaffelten **Nennmaß**bereichen in **mm** sowie in Toleranzklassen **fein (f)**, **mittel (m)**, **grob (c) und sehr grob (v)**.

Allgemeintoleranzen sind zahlenmäßig gleich große **Plus-Minus-Toleranzen**, die für Längenmaße, Rundungshalbmesser, Fasenhöhen durch Normhinweise nach DIN ISO 2768-1:1991-06 für Neukonstruktionen in Zeichnungen angegeben werden (**Tabelle 1**).

Allgemeintoleranzen für Längenmaße gelten für Werkstücke mit typischen prismatischen und rotationssymmetrischen Formen (Außenmaße, Nuten, Bohrungen usw.). Ausgenommen sind Werkstückmaße, die durch andere Abmaße bestimmt sind wie z. B. Montagemaße von Baugruppen und Bemaßung von Schmiede- und Gusswerkstücken.

Allgemeintoleranzen für Rundungshalbmesser und Fasenhöhen sind für bearbeitete Werkstückkanten mit Radien und Fasen zu verwenden.

Tabelle 1: Allgemeintoleranzen für Längenmaße, Rundungshalbmesser und Fasen

Allgemeintoleranzen für Längenmaße

Toleranzklasse	Grenzabmaße in mm für Nennmaßbereich in mm					
	0,5 … 3	> 3 … 6	> 6 … 30	> 30 … 120	> 120 … 400	> 400 … 1000
f fein (f)	±0,05	±0,05	±0,1	±0,15	±0,2	±0,3
m mittel (m)	±0,1	±0,1	±0,2	±0,3	±0,5	±0,8
c grob (g)	±0,2	±0,3	±0,5	±0,8	±1,2	±2
v sehr grob (sg)	–	±0,5	±1	±1,5	±2,5	±4

Allgemeintoleranzen für Rundungshalbmesser und Fasenhöhen

Toleranzklasse	Grenzabmaße in mm für Nennmaßbereich in mm		
	0,5 … 3	über 3 … 6	über 6
f fein (f) **m** mittel (m)	± 0,2	± 0,5	± 1
c grob (g) **v** sehr grob (sg)	± 0,4	± 1	± 2

Toleranzen für Längenmaße von Kunststoffteilen

Der Längsverzug ist die Abweichung von der idealen Geraden bezogen auf eine bestimmte Werkstücklänge, z. B. 0,5 mm auf 1 m Länge.

Nennmaßabweichungen (**Bild 1**) sind bei der Fertigung von Kunststoffformteilen nicht zu vermeiden. Die fertigungsbedingten Ursachen sind begründet durch:

- Verarbeitungsstreuung
- Werkzeugzustand

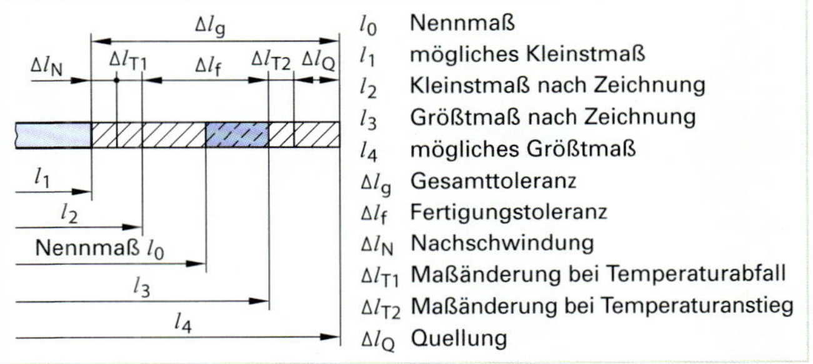

Bild 1: Nennmaß mit Abweichungen

In der DIN 16901:1982-11 sind Angaben zum Anwendungsbereich, Zuordnung der Toleranzgruppen und **Zahlenwerte** der **Gesamttoleranz** Δl_g erfasst.

Maßtoleranzen

Für eine kostengünstige Montage von Werkstücken und die Funktion der Baugruppen sind alle Einzelteile in **tolerierten Maßen** herzustellen. Das gilt unabhängig von den unterschiedlichen Fertigungsverfahren und den unterschiedlichen Herstellungsbedingungen. Besondere Bedeutung erlangt diese Forderung bei der Reparatur von Baugruppen (Einbau von Ersatzteilen ohne Nacharbeit – **Austauschbau**). Vom Konstrukteur kann aus Zweckmäßigkeitsgründen bei der Angabe der Grenzmaße von Passmaßen zwischen **Zahlen mit Vorzeichen** und **ISO-Toleranzkurzzeichen** gewählt werden (**Bild 2**).

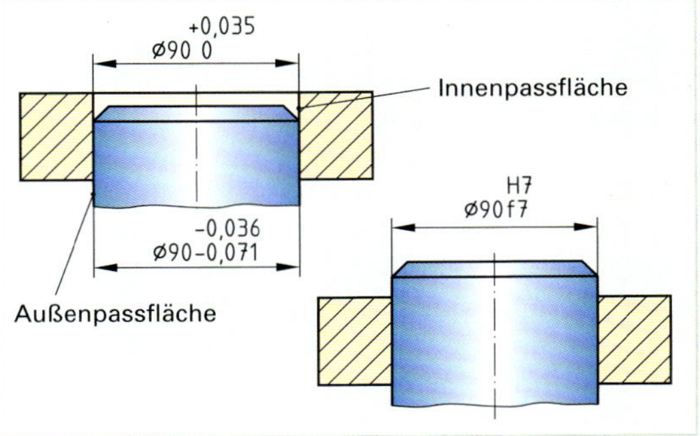

Bild 2: Grenzmaßangaben mit Zahlenwerten und ISO-Toleranzkurzzeichen

ISO-Toleranzen

Das ISO-Toleranzsystem verwendet für die Angabe der Grenzabmaße von Passmaßen aller möglichen Toleranzfeldlagen **Buchstaben** und **Zahlen** (**Bild 1**).

Die **Buchstaben** für das Grundabmaß geben die **Lage** der Toleranz **zur Nulllinie** an.
Groß- bzw. **Klein**buchstaben kennzeichnen die Lage von Innen- bzw. Außenmaßen.
Die **Zahlen** des Toleranzgrades sind kennzeichnend für die **Größe der Toleranz**.

Aus einer ISO-Toleranzangabe lassen sich somit Aussagen über die Nennmaßgröße, die Toleranzfeldgröße und die Lage der Toleranzfelder zur Nulllinie ableiten (**Tabelle 1**).

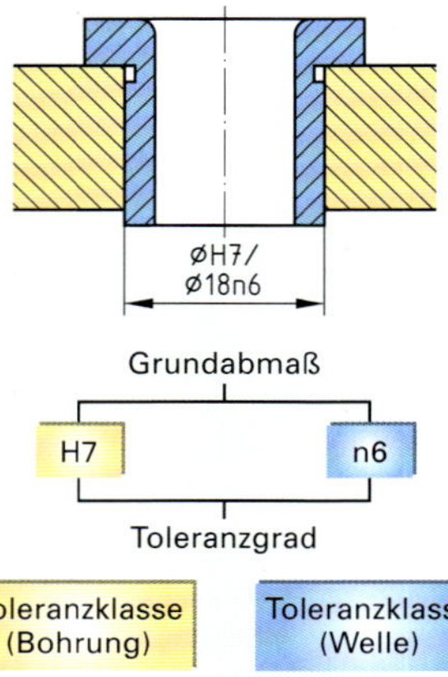

Bild 1: ISO-Toleranzangaben

Tabelle 1: Informationsgehalt der ISO-Toleranzangabe aus Bild 1

Zeichnungsangabe	Bedeutung		Zeichnungsangabe	Bedeutung	
⌀18H7	Passmaß der Bohrung		⌀18n6	Passmaß der Welle	
⌀	Kreisform		⌀	Kreisform	
18	Nennmaß N = 18 mm		18	Nennmaß N = 18 mm	
H	Toleranzfeldlage (Innenpassfläche)		n	Toleranzfeldlage (Außenpassfläche)	
7	Toleranzklasse 7		6	Toleranzklasse 6	
ES	oberes Grenzabmaß	: + 18 µm	*es*	oberes Grenzabmaß	: + 23 µm
EI	unteres Grenzabmaß	: 0 µm	*ei*	unteres Grenzabmaß	: + 12 µm
G_{oB}	Höchstmaß	: 18,018 mm	G_{oW}	Höchstmaß	: 18,023 mm
G_{uB}	Mindestmaß	: 18,000 mm	G_{uW}	Mindestmaß	: 18,012 mm
T_B	Toleranz	: 0,018 mm	T_W	Toleranz	: 0,011 mm

Größe der Toleranzfelder (ISO-Qualitäten)

Die Größe der Toleranzfelder ist abhängig vom **Toleranzgrad** und von der Größe des Nennmaßes ***N*** der Werkstücke. Für eine Unterteilung der **Grundtoleranzgrade** werden mit den Buchstaben **IT** (**I**nternationale **T**oleranzen) die Zahlen **01**, **0**, **1** ... **18** (20 Toleranzgrade) verwendet (**Bild 2**). Die Qualität 01 kennzeichnet somit innerhalb eines bestimmten Nennmaßbereiches die kleinste und die Qualität 18 die größte Toleranz. Die Toleranzgröße steigt innerhalb eines Nennmaßbereiches um den **Faktor 1,6**. Die zulässige Toleranz eines bestimmten Toleranzgrades ist weiterhin vom Nennmaß abhängig. Aus Fertigungs- und Kostengründen haben größere Nennmaße größere Toleranzen. Dafür stehen 21 **Nennmaßbereiche** für die Werkstückgrößen zwischen 1 mm ... 3150 mm zur Verfügung.

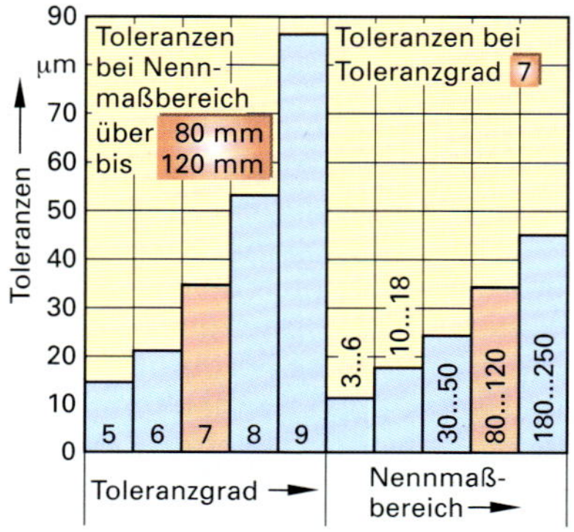

Bild 2: Zusammenhang zwischen Toleranzgrad und Nebenbereich

Der notwendigen Werkstückgenauigkeit ist ein bestimmter Toleranzgrad (IT0,1 ...IT18) zuzuordnen. Die Wahl eines geeigneten Fertigungsverfahrens ist abhängig von der Maßstreuung bei der Herstellung (Toleranzgrade IT 0,1; 1 – kleine Streuung ... IT 16; 17 und 18 – große Streuung (**Tabelle 1**).

Tabelle 1: Anwendungsbereiche der Toleranzgrade

ISO Toleranzgrade	01 0 1 2 3 4	5 6 7 8 9 10 11	12 13 14 15 16 17 18
Anwendungsgebiete	Prüfmittel, Arbeitslehren	Werkzeugmaschinen, Maschinen- und Fahrzeugbau	Halbfabrikate, Gussteile, Konsumgüter
Fertigungsverfahren	Feinbearbeitung Läppen, Honen	Reiben, Drehen, Fräsen Schleifen, Feinwalzen	Walzen, Schmieden, Pressen

Lage der Toleranzfelder zur Nulllinie

Die fünf grundsätzlichen Toleranzfeldlagen sind für die unterschiedlichen praktischen Anforderungen nicht auseichend. Durch das ISO-Toleranzsystem werden deshalb **24 Grundtoleranzfelder** plus 4 Sondertoleranzfelder festgelegt. Die Lage aller Toleranzfelder (Empfehlung: DIN EN ISO 285-1:2010-11) zur Nulllinie wird durch das **Grundabmaß** (Minimalwert zur Nulllinie) bestimmt (**Bild 1**).

Grundabmaße für **Bohrungen** (*ES*, *EI*) werden mit **Großbuchstaben** von A ... ZC, Grundabmaße für **Wellen** (*es*, *ei*) mit **Kleinbuchstaben** von a ... zc **bezeichnet.**

Der Abstand eines Toleranzfeldes von der Nulllinie ist umso größer, je weiter der betreffende Buchstabe im Alphabet von **H, h** entfernt ist (**Bild 1**).

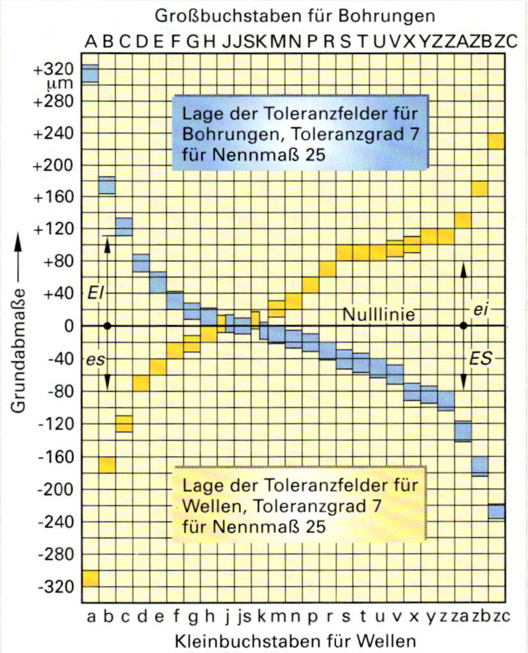

Bild 1: Lage der Toleranzfelder zur Nulllinie

Toleranzfeldlagen H, h

Bei **Bohrungen** sowie weiteren inneren Formen ist das **Mindestmaß *EI*** gleich dem **Nennmaß *N*** (**Bild 2**).

Bei **Wellen** sowie weiteren äußeren Formelementen ist das **Höchstmaß *es*** gleich dem **Nennmaß *N*.**

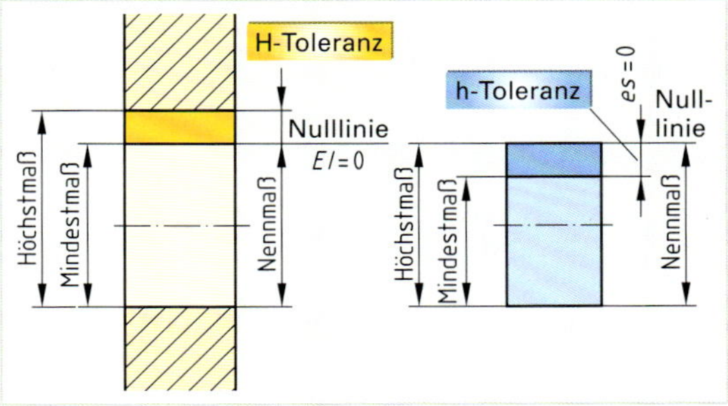

Bild 2: Lage der Toleranzfelder H, h

Besonderheiten der Toleranzfeldbezeichnung

- Die Buchstaben **I**, **L**, **O**, **Q** und **W** als Groß- und Kleinbuchstaben werden **nicht** verwendet, um Verwechslungen auszuschließen
- Die häufiger angewendeten Toleranzgrade **IT6 ... IT11** für die Z-Toleranzen werden um die Toleranzfelder **ZA**, **ZB**, **ZC za**, **zb** und **zc** für Außen- bzw. Innenmaße erweitert.
- Die Nennmaßbereiche bis 10 mm besitzen zusätzlich die Bohrungstoleranzfelder **CD**, **EF**, **FG** und die Wellentoleranzfelder **cd**, **ef**, **fg**.
- Gleich große, symmetrisch zur Nulllinie liegende Plus-Minus-Toleranzen werden mit den **Sondertoleranzfeldern JS**, **js** bezeichnet.

Je größer die Kennzahl des Toleranzgrades einer ISO-Toleranz ist, **desto größer** ist die **Toleranz.**

Passungsarten

Alle Werkstücke besitzen fertigungsbedingte Maßunterschiede. Sollen zylindrische oder prismatische Einzelteile (**Passteile** mit Innen- und Außenpassflächen) zu Baugruppen gefügt werden, garantiert das ISO-Toleranzsystem durch die Maßtoleranzen die Erfüllung der geforderten Aufgaben.

Unter Passung versteht man die **Differenz** zwischen **Bohrungs- und Wellenmaß** vor dem Zusammenbau bei gleichen Nennmaßen der Passteile.

Aus den theoretischen Kombinationsmöglichkeiten von Innen- und Außenpassflächen und deren Höchst- und Mindestmaßen ergibt sich beim Zusammenbau ein **Spiel P_s** oder ein **Übermaß $P_ü$**. Damit sind zwei **Grenzpassungen** definiert (**Bild 1**).

Höchstpassung P_H: Ist das Höchstmaß der Innenpassfläche – dem Mindestmaß der Außenpassfläche

Mindestpassung P_M: Ist das Mindestmaß der Innenpassfläche – dem Höchstmaß der Außenpassfläche

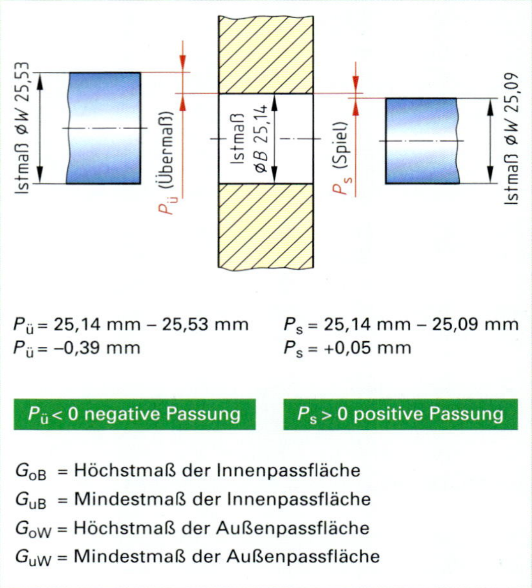

Bild 1: Passungen

Die Maßunterschiede der Grenzpassungen können **positiv** (Spiel) oder **negativ** (Übermaß) und im Sonderfall **Null** sein. Grenzpassungen werden unterteilt in **Spiel-, Übergangs-** und **Übermaßpassung**.

Spielpassungen sind positive Passungen die entstehen, wenn sich die Toleranzfelder der Innenpassflächen und die der Außenpassflächen bei jeder möglichen Istmaßgröße innerhalb der Grenzmaße **nicht berühren** (Spiel). Die Spielgröße ist von der Toleranzfeldlage und -größe abhängig (**Bild 2**).

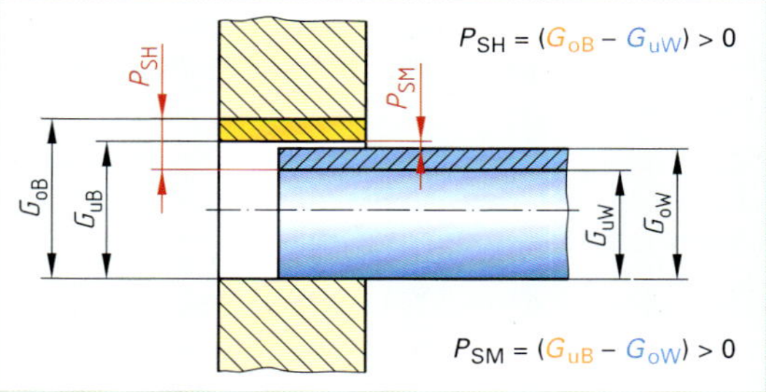

Bild 2: Spielpassung

Dies gilt für folgende Bedingungen:

Höchstspiel $P_{SH} = (G_{oB} - G_{uW}) > 0$
Mindestspiel $P_{SM} = (G_{uB} - G_{oW}) > 0$

Berechnungsbeispiel: Welche Höchst- und Mindestspielpassung ergibt sich für die in (**Bild 3**) abgebildete Passung des eintuschierten Schiebers?

15H7/g6: H7: +18/ 0 g6: –6/ –17

G_{oB} = 15,018 mm G_{uB} = 15,000 mm
G_{oW} = 14,994 mm G_{uW} = 14,983 mm

$P_{SH} = G_{oB} - G_{uW}$ = 15,018 mm – 14,983 mm
P_{SH} = **+ 0,035 mm**
$P_{SM} = G_{uB} - G_{oW}$ = 15,000 mm – 14,994 mm
P_{SM} = **+ 0,006 mm**

Bild 3: Eintuschierter Schieber

Übergangspassung sind positive oder negative Passungen die entstehen, wenn sich die Toleranzfelder der Innenpassflächen und die der Außenpassflächen bei jeder möglichen Istmaßgröße innerhalb der Grenzmaße **teilweise überschneiden** (**Bild 1**).

Dies gilt für folgende Bedingung:

Höchstspiel $P_{SH} = (G_{oB} - G_{uW}) > 0$
Höchstübermaß $P_{ÜH} = (G_{uB} - G_{oW}) < 0$

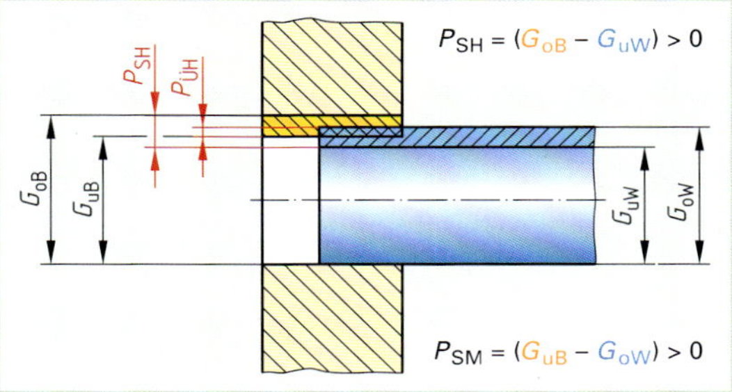

Bild 1: Übergangspassung

Berechnungsbeispiel: Welche Höchst- und Mindestspielpassung ergibt sich für die in (**Bild 2**) verwendeten Führungssäulen?

ø30H7/k6: H7: $^{+21}_{0}$ k6: $^{+15}_{+2}$

$G_{oB} = 30{,}021$ mm $G_{uB} = 30{,}000$ mm
$G_{oW} = 30{,}015$ mm $G_{uW} = 30{,}002$ mm

$P_{SH} = G_{oB} - G_{uW} = 30{,}021\ \text{mm} - 30{,}002\ \text{mm}$
$P_{SH} = \mathbf{+\ 0{,}019\ mm}$

(Spiel wahrscheinlicher als Übermaß)

$P_{ÜH} = G_{uB} - G_{oW} = 30{,}000\ \text{mm} - 30{,}015\ \text{mm}$
$P_{ÜH} = \mathbf{-\ 0{,}015\ mm}$

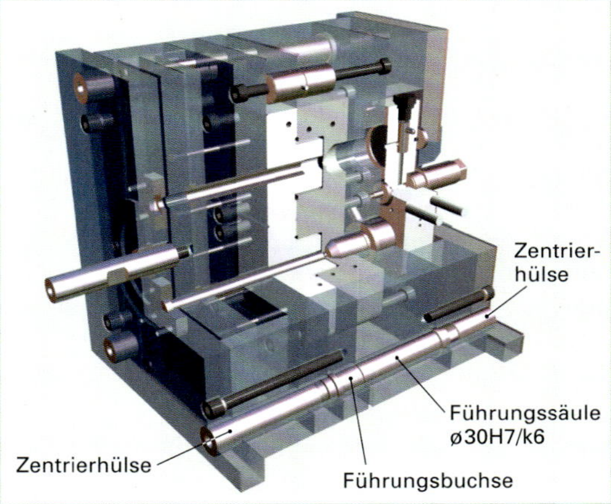

Bild 2: Führungssäulen für Spritzgusswerkzeuge

Übermaßpassung sind negative Passungen die entstehen, wenn die **Toleranzfelder** der Innenpassflächen und die der Außenpassflächen so liegen, dass das Istmaß der Welle in keinem Fall **kleiner ist** als das Istmaß der Bohrung (**Bild 3**).

Dies gilt für folgende Bedingungen:

Höchstübermaß $P_{ÜH} = (G_{uB} - G_{oW}) < 0$
Mindestübermaß $P_{ÜM} = (G_{oB} - G_{uW}) < 0$

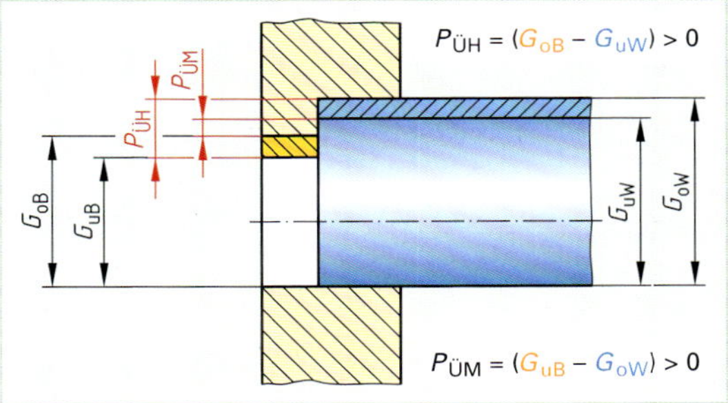

Bild 3: Übermaßpassung

Berechnungsbeispiel: Welche Höchst- und Mindestspielpassung ergibt sich für die in (**Bild 4**) abgebildete Passung der Führungssäule?

ø40R7/h3: R7: $^{-25}_{-50}$ h3: $^{0}_{-4}$

$G_{oB} = 39{,}975$ mm $G_{uB} = 39{,}950$ mm
$G_{oW} = 40{,}000$ mm $G_{uW} = 39{,}996$ mm

$P_{ÜH} = G_{uB} - G_{oW} = 39{,}950\ \text{mm} - 40{,}000\ \text{mm}$
$P_{ÜH} = \mathbf{-\ 0{,}050\ mm}$

$P_{ÜM} = G_{oB} - G_{uW} = 39{,}975\ \text{mm} - 39{,}996\ \text{mm}$
$P_{ÜM} = \mathbf{-\ 0{,}021\ mm}$

Bild 4: Eingeschrumpfte Säule

Die Funktion von Bauteilen wird wesentlich von den gefügten Passteilen beeinflusst. Eine Kombination bestimmter Istmaße führt daher in der Praxis zu Spiel- oder Übermaßpassungen. Durch die Sonderstellung der Übergangspassung können nach dem Fügen, abhängig von den Istmaßen der Passteile, ebenfalls nur Spiel- oder Übermaßpassungen entstehen.

Beim Zusammenbau von Werkstücken mit tolerierten Istmaßen der Innen- und Außenpassflächen ergeben sich dadurch unterschiedliche Toleranzfeldlagen (**Bild 1**).

Passtoleranz =
Höchstpassung – Mindestpassung

$$P_T = P_H - P_M$$

Diese Passungen sind von P_H und P_M abhängig und werden als **Passtoleranzen** P_T bezeichnet (**Bild 2**).

Das ISO-Toleranzsystem legt für Innen- und Außenpassungen **28 verschiedene Toleranzfeldlagen** (A... ZC, a ... zc) fest. Für jedes Toleranzfeld gibt es **20 Toleranzgrade** (IT 01 ... 18). Somit könnten z. B. für ein Nennmaß 28 x 20 = **560** verschiedene Toleranzfelder gebildet werden. Durch Kombination aller möglichen Innen- und Außenpassflächen entsteht die Zahl von **313 600 Passtoleranzfeldern**.

Der erforderliche Prüfmittelbedarf wäre dabei aus Kostengründen nicht vertretbar, deshalb wurden die anzuwendenden Passtoleranzfelder sinnvoll eingeschränkt. Die ISO-Normung schreibt vor, dass wahlweise eines der beiden Passteile mit den Toleranzfeldern **H** oder **h** herzustellen ist. Das erforderliche Passtoleranzfeld mit Spiel oder Übermaß erhält man durch die Festlegung eines bestimmten Toleranzfeldes für das Gegenstück. Die Auswahlreihen der Passtoleranzfelder erfüllen in einem wirtschaftlich vertretbaren Rahmen alle Anforderungen der Praxis.

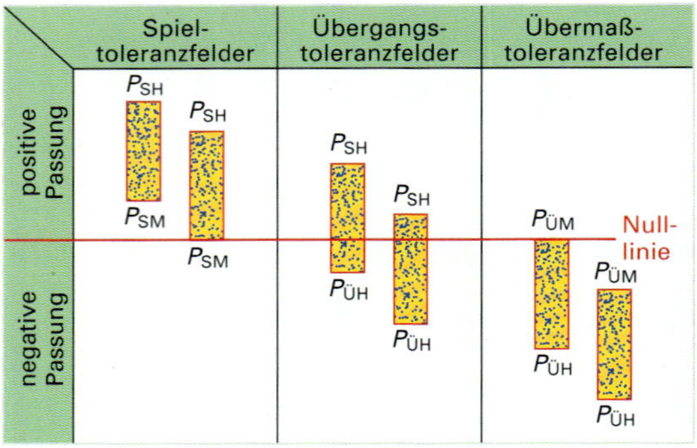

Bild 1: Passtoleranzfelder

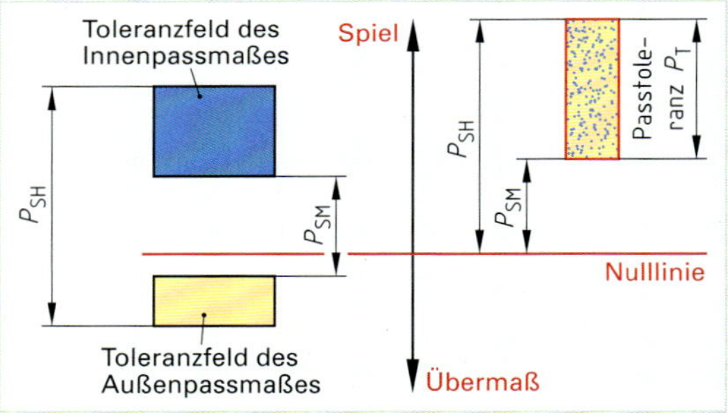

Bild 2: Passtoleranz P_T

Passungssysteme

Beim ISO-Passungssystem **Einheitsbohrung EB** nach DIN ISO 286-2:2010-11 erhalten alle Innenpassmaße das **Toleranzfeld H**. Die gewünschte Passung (Spiel- oder Übermaßpassung) erhält man, indem den Außenpassflächen geeignete Toleranzfelder zugeordnet werden (**Bild 3**).

Bohrungsmindestmaß G_{uB} = Nennmaß N
Unteres Bohrungsabmaß $EI = 0$

Die festgelegte Lage des Bohrungstoleranzfeldes H und die Lagen der Wellentoleranzen a ... zc ergeben drei charakteristische Passtoleranzfeldlagen.

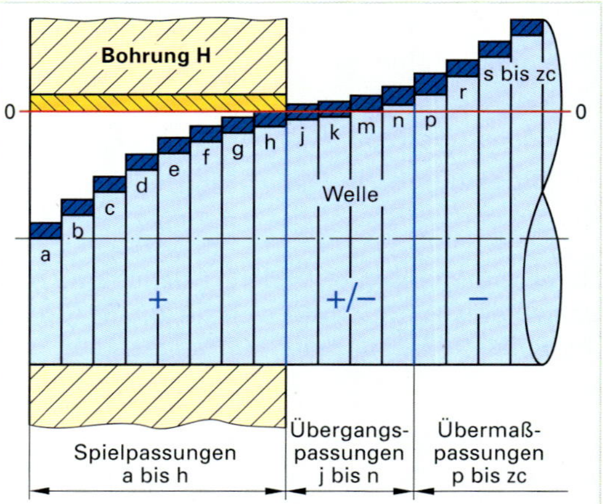

EB-Toleranzfeld **H**	**Gewähltes** Toleranzfeld der Welle	**Entstehende** Passtoleranz
H	a ... h	Spielpassung
H	j ... n	Übergangsp.
H	p ... zc	Übermaßpassung

Bild 3: ISO-Passungssystem Einheitsbohrung

Beim ISO-Passungssystem **Einheitswelle EW** nach DIN ISO 286-2:2010-11 erhalten alle Außenpassflächen das **Toleranzfeld h**. Um die gewünschte Passung (Spiel oder Übermaß) zu erhalten, werden den Innenpassflächen geeignete Toleranzfelder zugeordnet (**Bild 1**).

Wellenhöchstmaß G_{oW} = Nennmaß N
Oberes Wellenabmaß es = 0

Die festgelegte Lage des Wellentoleranzfeldes h und die unterschiedlichen Lagen der Bohrungstoleranzfelder A ... ZC ergeben drei charakteristische Passtoleranzfeldlagen.

Anwendung der Passungssysteme **EB**, **EW**

Das System Einheitswelle ist für **Großserien vorteilhaft**. Der Fertigungsaufwand wird geringer bei der Verwendung z. B. blankgezogener Wellen, d. h., der Einbau ist ohne Nacharbeit möglich. Aufgrund der höheren Kosten für Messmittel und Werkzeuge ist die Anwendung des Systems EW bei kleineren Stückzahlen unwirtschaftlich.

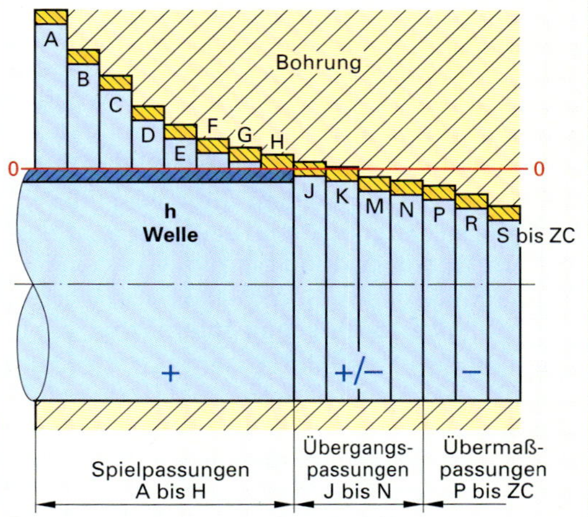

EW-Toleranzfeld **h**	**Gewähltes** Toleranzfeld der Bohrung	**Entstehende** Passtoleranz
h	A ... H	Spielpassung
h	J ... N	Übergangsp.
h	P ... ZC	Übermaßpassung

Bild 1: ISO-Passungssysteme Einheitswelle

Außenmaße mit geforderten Passmaßen lassen sich grundsätzlich leichter fertigen und prüfen als Innenpassmaße. Deshalb wird das System **Einheitsbohrung** vorwiegend im Maschinen- und Fahrzeugbau kostengünstig angewendet. Eine Übersicht von Anwendungsbeispielen von Passtoleranzfeldlagen von Spiel-, Übergangs- und Übermaßpassungen der Systeme Einheitsbohrung und Einheitswelle ist in der **Tabelle 1** zusammengestellt.

Tabelle 1: Passtoleranzfelder im System Einheitsbohrung und Einheitswelle

	Einheitsbohrung EB			**Einheitswelle EW**		
Art	Spielpassung	Übergangspassung	Übermaßpassung	Spielpassung	Übergangspassung	Übermaßpassung
Beispiel	Spindellager	Riemenscheibe	aufgeschrumpfte Räder	Schieberäder	Zahnräder auf Achse	eingepresste Zapfen
ISO-Passtoleranz	20 H7/f7	15 H7/j6	35 H8/u8	20 G7/h6	15 N7/h6	35 X9/h9
Toleranzfeldlage						

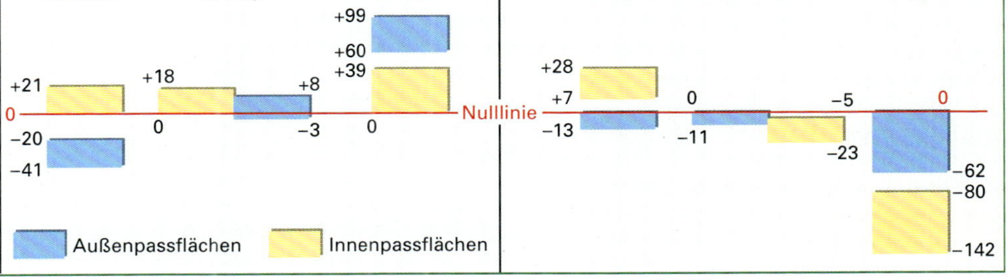

Wiederholungsfragen:

1. Welche Vorteile bringt die Anwendung von Allgemeintoleranzen?
2. Welche Zusammenhänge bestehen zwischen Höchst- und Mindestmaß und dem oberen bzw. unteren Grenzabmaß?
3. Worin liegen die Besonderheiten der Toleranzfelder H und h, welche Passungssysteme sind darauf aufgebaut?

Aufgrund der Modifikationsmöglichkeiten der Kunststoffe bestehen im Vergleich zu den Metallen grundlegende Eigenschaftsunterschiede. Die angewendeten Urformverfahren und die Formteilanwendungen erfordern werkstoffspezifische Bewertungen und Quantifizierungen der geometrischen Toleranzen (**Bild 1**).

Die kunststoffspezifischen Eigenschaften erfordern die Berücksichtigung von drei Haupteinflussfaktoren bei Formteilentwicklung bis zum Werkzeugbau.

- Festlegungen des Formteilkonstrukteurs über die **funktionell erforderlichen** Toleranzen
- Der Formteilhersteller garantiert: „funktionell **bedingte** Toleranzen > Fertigungstechnisch **mögliche** Toleranz"
- Mit der Auftragsvergabe legt der Konstrukteur den Formteilwerkstoff verbindlich fest.

Bild 1: Präzisionsbauteile aus Kunststoff

Die DIN 16742:2013-10 gilt ausschließlich **für Neukonstruktionen** zur Festlegung fertigungstechnisch möglicher Toleranzen (**Tabelle 4 auf der nächsten Seite**).

Für die Anwendung der DIN 16742:2013-10 sind weitere zahlreiche normative Verweisungen (festgelegte Bedingungen) erforderlich.

Tolerierung von Kunststoffformteilen

Der Grundsatz der Unabhängigkeit gilt für die Anwendung der Norm. Bei der **Indirekten Tolerierung durch Allgemeintoleranzen** gilt nur die Reihe 1 der Tabelle 4 der Seite 127. Mithilfe der **Direkten Tolerierung** durch Abmaßangaben am Nennmaß werden z. B. Einformungsschrägen und Radien bewertet.

Dimensionelle und geometrische Tolerierung

Das ISO-System für Grenzmaße und Passungen nach DIN EN ISO 286-1/2 dient als Grundlage für die formmasse- und verfahrensbedingte Streubreite der Fertigungstoleranzen für Kunststoff-Formteile (**Tabelle 1**). Dazu werden in der Tabelle 1 vier Nennmaßbereiche und neun Toleranzgruppen für werkzeuggebundene Maße verwendet.

Tabelle 1: Toleranzgruppen TG mit zugeordneten Grundtoleranzgraden IT vgl. DIN EN ISO 286-1

Nennmaß in mm	ISO-Grundtoleranzgrade (IT) für werkzeuggebundene Maße								
	TG1	TG2	TG3	TG4	TG5	TG6	TG7	TG8	TG9
1 … 6	8	9	10	11	12	13	14	15	16
> 6 … 120	9	10	11	12	13	14	15	16	17
> 120 … 500	…	11	12	13	14	15	16	17	18
> 500 … 1000	–	–	13	14	15	16	17	18	19
Bei Nennmaßen < 1 mm und > 1000 mm sind die Toleranzen **vereinbarungspflichtig.**									

Bestimmung der Toleranzgruppen

Der Genauigkeitsgrad bei der Formteilfertigung wird durch die zugeordnete Toleranzgruppe nach der Tabelle 1 bestimmt. Mithilfe von fünf Einzeleinflüssen P_i (P_1 … P_5) wird die Gesamtpunktzahl P_g ermittelt (**Tabelle 2**).

Tabelle 2: Punktezuordnung vgl. DIN 16742:2013-10

TG	TG1	TG2	TG3	TG4	TG5	TG6	TG7	TG8	TG9
P_G	8	9	10	11	12	13	14	15	16

Bewertung der Fertigungsverfahren und Formmasseeigenschaften

Die verfahrenstechnisch möglichen Fertigungsverfahren werden durch P_1 bewertet (**Tabelle 3**).

Tabelle 3: Bewertungsmatrix 1 vgl. DIN 16742:2013-10

Fertigungsverfahren	P_1
Spritzgießen, Spritzprägen, Spritzpressen	1
Formpressen, Fließpressen	2

Bewertung der Formmasseeigenschaften

Die Formstoffsteifigkeit wird durch den E-Modul im Bereich > 3 N/mm² … 1200 N/mm² durch P_2 mit 1 … 4 definiert (**Tabelle 1**).

Die Bewertung der Formstoffhärte Shore D/A wird durch P_2 mit 1/2 bzw 3/4 vorgenommen.

Bewertung der Verarbeitungsschwindung (Tabelle 2).

Für die Schwindungsanisotropie wird bei der Bewertung der Verararbeitungsschwindung P_3 (0 … 3) jeweils der maximale Schwindungskennwert (Rechenwert) berücksichtigt.

Bewertung der Schwindungsunterschiede

Geometrie- und verfahrensbedingte Schwindungsunterschiede werden durch P_4 (1 … 3) definiert. Variationen der Verarbeitungsbedingungen und Unterschiede der Formmasseeigenschaften können +/– 30 % des Rechenwertes der Verfahrensschwindung betragen (**Tabelle 3**).

Tabelle 1: Bewertungsmatrix 2 vgl. DIN 16742:2013-10

Formstoffsteifigkeit bzw. –härte			P_2
E-Modul	**Shore D**	**Shore A; IRH**	
> 1200	< 75	–	1
> 30 … 1200	> 35 … 75	–	2
3 … 30	–	50 … 90	3
>3	–	> 50	4

Tabelle 2: Bewertungsmatrix 3 vgl. DIN 16742:2013-10

Verarbeitungsschwindung (Rechenwert)	P_3
unter 0,5 %	0
0,5 % … 1 %	1
über 1 % … 2 %	2
über 2 %	3

Tabelle 3: Bewertungsmatrix 4 vgl. DIN 16742:2013-10

Schwindungsunterschiede	P_4
möglich genau: Rechenwerte der VS sind bekannt (mögliche Abweichungen + 10 %)	1
bedingt genau: Rechenwerte der VS bis +20 %	2
nur ungenau möglich:	3

Tabelle 4: Grenzabmaße für Nennmaßgrößenbereiche (mm) vgl. DIN 16742:2013-10

Toleranzgruppe		> 6 … 10	> 10 … 18	> 18 … 30	> 30 … 50	> 50 … 80	> 80 … 120	> 120 … 180	> 180 … 250	> 250 … 315	> 315 … 400
TG1	W	± 0,018	± 0,022	± 0,026	± 0,031	± 0,037	± 0,044	–	–	–	–
	NW	± 0,022	± 0,026	± 0,031	± 0,037	± 0,044	± 0,050	–	–	–	–
TG2	W	± 0,029	± 0,035	± 0,042	± 0,050	± 0,060	± 0,090	± 0,13	± 0,15	± 0,16	± 0,18
	NW	± 0,035	± 0,042	± 0,050	± 0,060	± 0,090	± 0,13	± 0,15	± 0,16	± 0,18	± 0,20
TG3	W	± 0,05	± 0,06	± 0,07	± 0,08	± 0,10	± 0,15	± 0,20	± 0,23	± 0,26	± 0,29
	NW	± 0,06	± 0,07	± 0,08	± 0,10	± 0,15	± 0,20	± 0,23	± 0,26	± 0,29	± 0,40
TG4	W	± 0,08	± 0,09	± 0,11	± 0,13	± 0,15	± 0,23	± 0,32	± 0,35	± 0,41	± 0,45
	NW	± 0,09	± 0,11	± 0,13	± 0,15	± 0,23	± 0,32	± 0,35	± 0,41	± 0,45	± 0,63
TG5	W	± 0,11	± 0,14	± 0,17	± 0,20	± 0,23	± 0,36	± 0,50	± 0,58	± 0,65	± 0,70
	NW	± 0,14	± 0,17	± 0,20	± 0,23	± 0,36	± 0,50	± 0,58	± 0,65	± 0,70	± 1,00
TG6	W	± 0,18	± 0,22	± 0,26	± 0,31	± 0,37	± 0,57	± 0,80	± 0,93	± 1,05	± 1,15
	NW	± 0,22	± 0,26	± 0,31	± 0,37	± 0,57	± 0,80	± 0,93	± 1,05	± 1,15	± 1,60
TG7	W	± 0,29	± 0,35	± 0,42	± 0,50	± 0,60	± 0,90	± 1,25	± 1,45	± 1,60	± 1,80
	NW	± 0,35	± 0,42	± 0,50	± 0,60	± 0,90	± 1,25	± 1,45	± 1,60	± 1,80	± 2,60
TG8	W	± 0,45	± 0,55	± 0,65	± 0,80	± 0,95	± 1,40	± 2,00	± 2,30	± 2,60	± 2,85
	NW	± 0,55	± 0,65	± 0,80	± 0,95	± 1,40	± 2,00	± 2,30	± 2,60	± 2,85	± 4,00
TG9		± 0,75	± 0,90	± 1,05	± 1,25	± 1,50	± 2,25	± 3,15	± 3,60	± 4,05	± 4,45

2.2 Aufbau, Funktion und Anwendung von Prüfmitteln

Für eine zahlenmäßige bzw. qualitative Bewertung der Größen von Werkstücken, Baugruppen und komplexen Systemen werden Messgeräte oder Lehren verwendet.

Beim Messen mit Maßverkörperungen können Längen direkt abgelesen werden. Mit anzeigenden Messgeräten kann das Messergebnis analog oder digital angezeigt werden.

Prüfergebnisse mit Lehren werden dagegen durch die verbale Beschreibung mit „Gut", „Nacharbeit" oder „Ausschuss" bewertet.

2.2.1 Längenprüfmittel

Maßstäbe

Die Messung von Bauteillängen erfolgt mithilfe von Strichmaßstäben durch den Vergleich der zu messenden Größe und der festgelegten Einheit. Die Maßverkörperung der Einheit wird durch den Strichabstand in mm oder inch bestimmt (**Bild 1**).

Fotoelektrische Wegmesssysteme erfassen die Messwerte kontaktlos und sind daher viel genauer in der Messwerterfassung, bis in den µm-Bereich. Inkrementalmaßstäbe erfassen die Messwerte betragsweise durch die Summierung der Lichtimpulse.

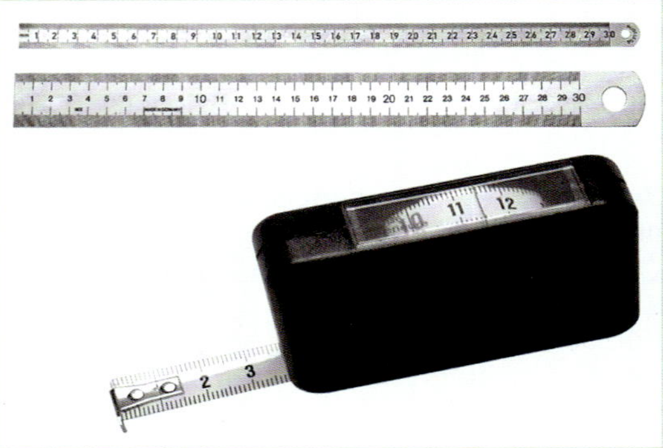

Bild 1: Maßstäbe

Absolutmaßstäbe können zusätzlich die augenblicklichen Messpositionen darstellen.

Einfache messtechnische Aufgaben in der Fertigungstechnik bis hin zur statistischen Qualitätskontrolle werden durch das **anzeigende Messprinzip** schnell und sicher realisiert.

Messschieber

Die Messwerterfassung wird durch den verschiebbaren Messschenkel realisiert und der Messwert kann sofort abgelesen werden. Speziell geformte Messflächen ermöglichen Außen-, Innen-, Tiefen- und Abstandsmessungen (**Bild 2**).

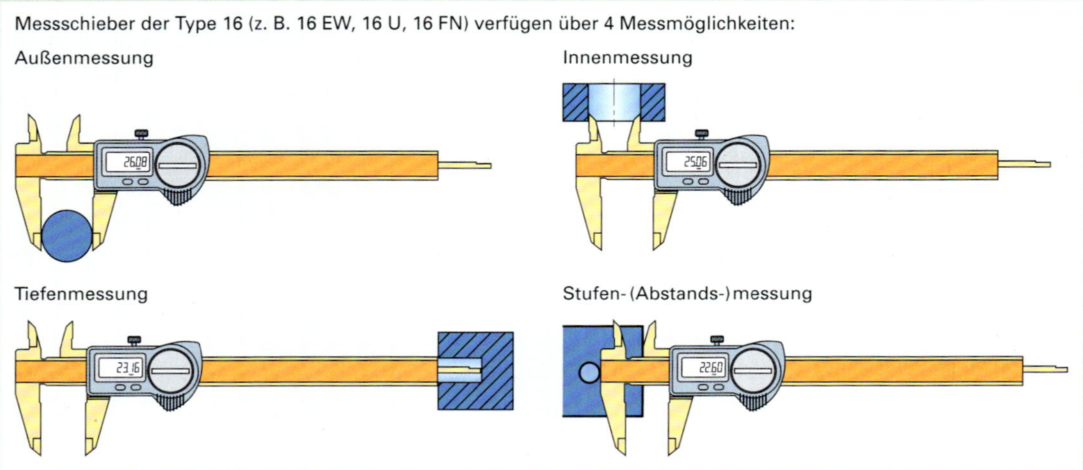

Bild 2: Messmöglichkeiten

Für die unterschiedlichen Messaufgaben und die anschließende Auswertung der Messwerte können Messschieber mit drei unterschiedlichen Anzeigevarianten verwendet werden (**Bild 1**).

Bild 1: Anzeigevarianten

Die mechanischen Messschieber (**Bild 2**) erreichen mithilfe der unterschiedlichen Noniusarten Messgenauigkeiten bis 0,02 mm.

An einem Messschieber mit **erweiterten 1/20-Nonius** beträgt die Noniuslänge 39 mm und ist in 20 gleich lange Teile unterteilt. Damit ergibt sich ein Teilstrichabstand von 1,95 mm auf dem Nonius. Der Noniuswert Now ergibt sich aus dem Quotient des Skalenteilungswertes der Hauptskala durch die Anzahl der Noniusteilung 1,95 mm : 39 = 0,05 mm **1/20-Nonius**. Beim Ablesen des Messwertes bedeutet der Nullstrich der Noniusteilung das Komma des Messergebnisses. Man liest zunächst links vom Nullstrich des Nonius die ganzen Millimeter ab. Danach sucht man rechts vom Nullstrich des Nonius den Teilstrich der Noniusteilung, der sich mit einem Teilstrich der Teilung auf dem Hauptmaßstab deckt. Dieser Noniusteilstrich gibt die Zehntelmillimeter des Messwertes an.

Die Messwertanzeige bei mechanischen Messschiebern mit Rundskala erfolgt nach dem Prinzip des Zahnstangengetriebes (**Bild 1**).

Die neueste Generation der digitalen Messschieber ist zur Direktanzeige bzw. zur Messwertübertragung mit induktiven wasserdichten bzw. mit kapazitiven Messsystemen ausgestattet. Der Ziffernschrittwert beträgt 0,01 mm und ist **nicht** mit der erreichbaren Messgenauigkeit identisch. Digitale Messschieber (**Bild 3**) erweitern das Anwendungsspektrum durch:

- Nullsetzen der Anzeige
- Umschaltung mm/inch
- Speicherung des Messwertes
- Datenübertragung

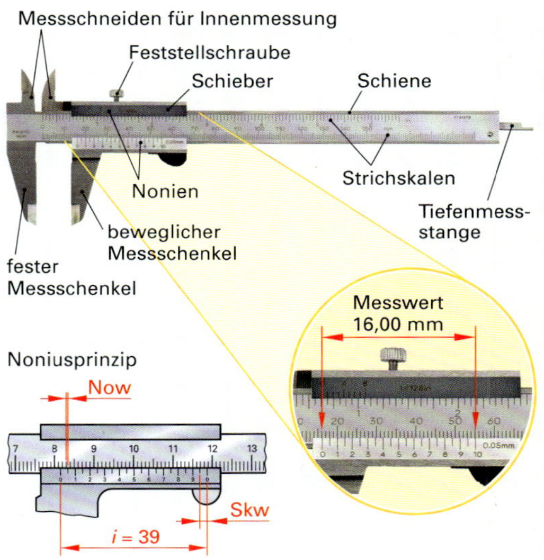

$$\text{Now} = \frac{\text{Skw}}{i}$$

Skw Skalenteilungswert des Maßstabes
Now Noniuswert
i Anzahl der Noniusteilungen

Bild 2: Universalmessschieber mit 1/20-Nonius

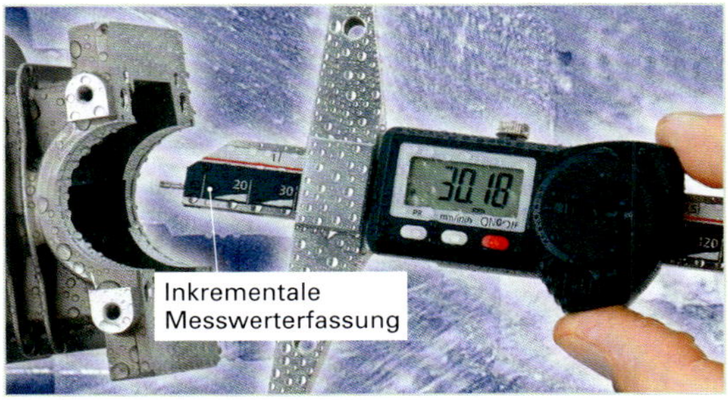

Bild 3: Anwendung digitaler Messschieber

Messschrauben

Für Messaufgaben mit Genauigkeitsanforderungen von 0,01 mm eignen sich Messschrauben (**Bild 1**). Die Ablesegenauigkeit wird durch eine geschliffene Messspindel mit Steigungen *P* von 0,5 mm bzw. 1 mm erreicht, sie stellt damit die Maßverkörperung dar. Durch eine volle Umdrehung der Skalentrommel wird die Messspindel in Längsrichtung um den Betrag der jeweiligen Steigung bewegt.

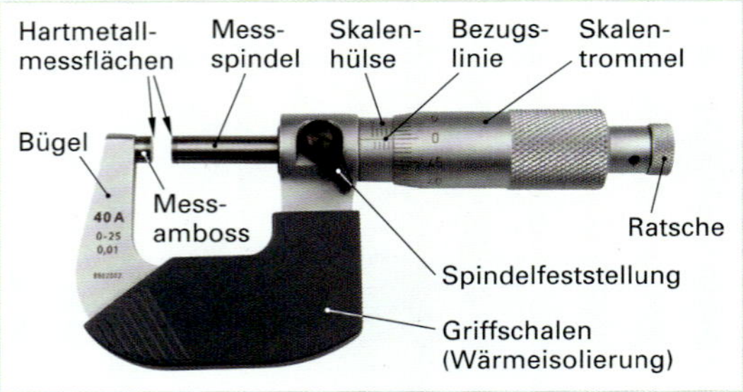

Bild 1: Aufbau von Bügelmessschrauben

Die Handhabung und das Ablesen der Messwerte erfordert aufgrund des Aufbaus von Messschrauben große Sorgfalt und Übung. Zur Gewährleistung einer konstanten Messkraft von 5 N dient die Ratsche. Kippfehler sind bei sachgemäßer Bedienung ausgeschlossen.

Zur Messwerterfassung werden zuerst die ganzen und die halben Millimeter abgelesen. Auf der Skalentrommel sind die Hundertstelmillimeter ablesbar. Unter Beachtung der Messschraubenart werden beide Teilergebnisse zum Messwert addiert (**Bild 2**).

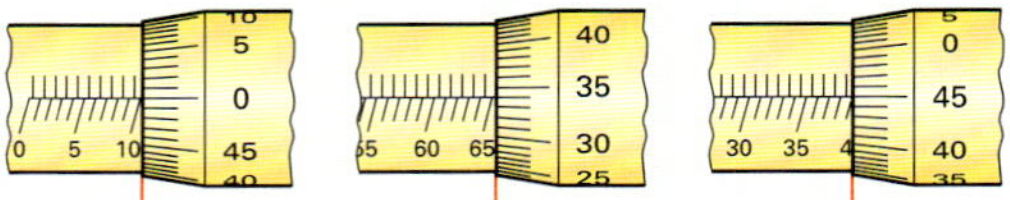

Anzeige an der			
Skalenhülse:	10	65	38
	0,0	0,0	0,5
Skalentrommel:	0,00	0,34	0,45
Messwert in mm:	10,00	65,34	38,95

Bild 2: Ableseprinzip an Bügelmessschrauben

Messschrauben werden im Regelfall in Messbereichsabstufungen von 25 mm bereitgestellt. Ausnahmen gibt es bei digitalen Bauformen.

Für unterschiedliche Formelemente an Werkstücken werden Außen-, Innen- und Tiefenmessschrauben verwendet (**Bild 3**). Weitere Sonderformen ergänzen die Anwendungspalette.

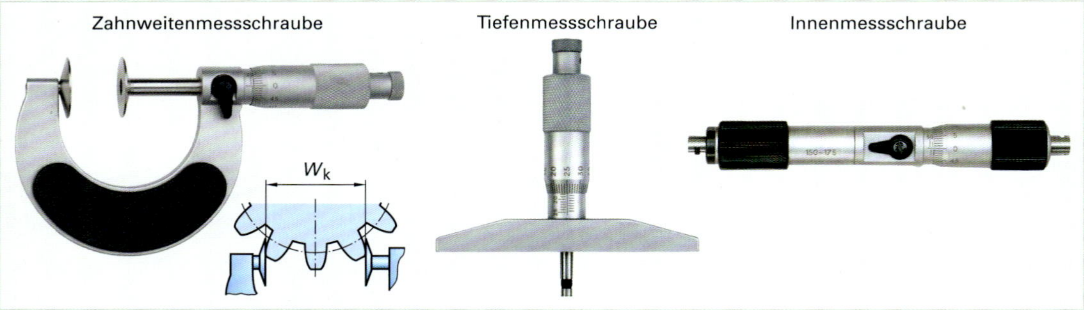

Bild 3: Bauformen von Messschrauben

Digitale Messschrauben haben sich in der Praxis vor allem für Außenmessungen, bei entsprechender Sorgfalt bis 200 mm Messbereich aufgrund des einfachen Ablesens des Messwertes durchgesetzt.

Die Vorteile der Digitalmesstechnik erweitern das Anwendungsspektrum der Messschrauben ähnlich wie bei Messschiebern (**Bild 4**).

Bei besonderen Messaufgaben, wie z. B. Messen von Innen- oder Einbaumaßen, werden spezielle selbstzentrierende Innen-Messschrauben bzw. Einbau-Messschrauben verwendet.

Bild 4: Digitale Bügelmessschraube

Messuhren

Die Funktionsweise mechanischer Messuhren entspricht dem Prinzip eines Zahnstangengetriebes. Die Längsbewegung des Messbolzens wird aufgrund des Getriebeaufbaus in eine Drehbewegung des Zeigers umgewandelt. Das gewählte Übersetzungsverhältnis erzeugt bei einem Millimeter Verschiebung des Messbolzens eine volle Umdrehung des Zeigers. Bei einer Messuhr mit 100 Teilstrichen entspricht dann 1 mm Teilstrichabstand einem Anzeigewert von 0,01 mm (**Bild 1**).

Beim Einsatz von Messuhren müssen zusätzlich geeignete Hilfseinrichtungen verwendet werden. Für **Unterschieds- oder Rundlaufmessungen** ist eine stabile Haltevorrichtung zu verwenden (**Bild 2**).

Durch elektronische Messuhren ist der Anwendungsbereich aufgrund der Funktion **Mode** beträchtlich erweitert (**Bild 3**).

Dadurch ergeben sich folgende Vorteile:

- Messwertanzeige in Millimeter oder Inch
- Ziffernschrittwerte von 0,01 mm bzw. 0,001 mm
- Nullstellung an beliebiger Messposition
- Absolut- oder Unterschiedsmessung
- Voreinstellung von Toleranzen
- Speicherfunktionen und Datenübertragung
- Grafische Darstellung der Toleranzlage

Bei der Verwendung von Messuhren, z. B. bei Rundlauf-, Geradheits- oder Ebenheitsprüfungen, bewegt sich der Messbolzen zwischen Höchst- und Kleinstwert am Werkstück. Das vorhandene Spiel und die Reibung an allen bewegten Teilen der Messuhr verursacht bei einer Bewegungsumkehr eine **Messwertumkehrspanne f_U**.

Die Ursache für diesen systematischen Messfehler liegt darin begründet, dass die identische Messgröße bei herausgehenden Messbolzen eine größere Messwertanzeige ergibt als bei einem hineingehenden Messbolzen. Messuhren müssen aus diesem Grund besonders gegen stoßartiges Beanspruchen und vor Schmutz geschützt werden (**Bild 4**).

Arbeitsregeln für die Messtätigkeit mit Messuhren:

- Die Größe der Umkehrspanne (Messgeräteparameter (bis f_U = 0,5 µm) der geforderten Messgenauigkeit zuordnen.
- Vermeidung der Umkehrspanne durch Messung bei immer herausgehenden Messbolzen.
- Messbolzen auf keinen Fall ölen oder fetten Mit Staub verbunden führt dies zur Vergrößerung der Umkehrspanne.

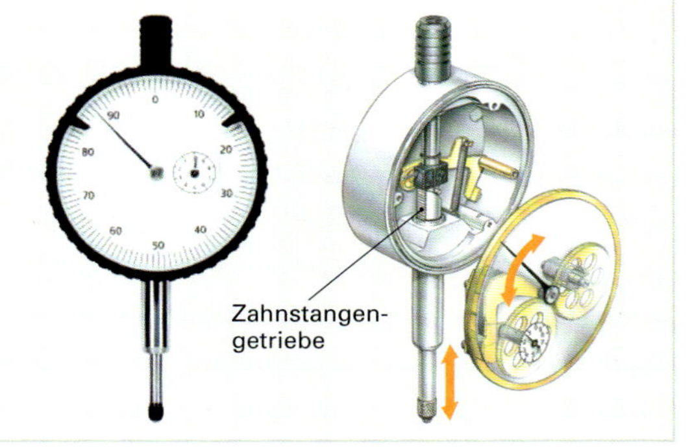

Bild 1: Aufbau mechanischer Messuhren

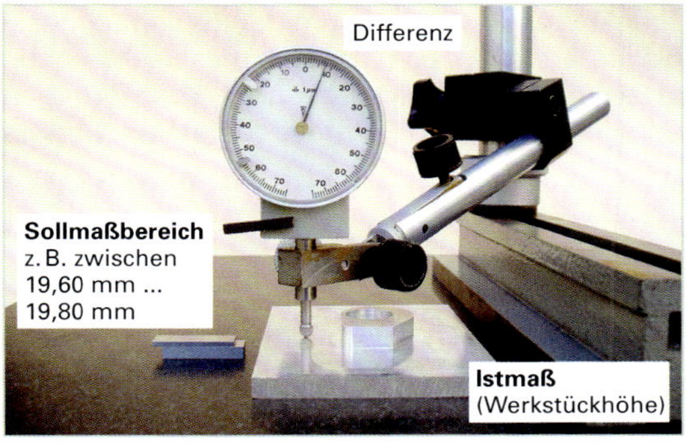

Bild 2: Unterschiedsmessung

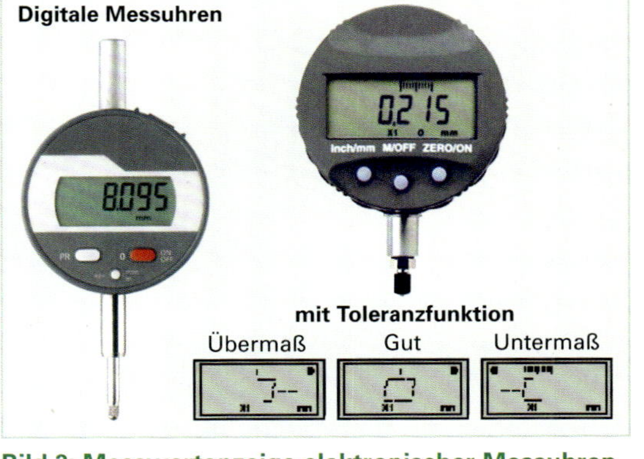

Bild 3: Messwertanzeige elektronischer Messuhren

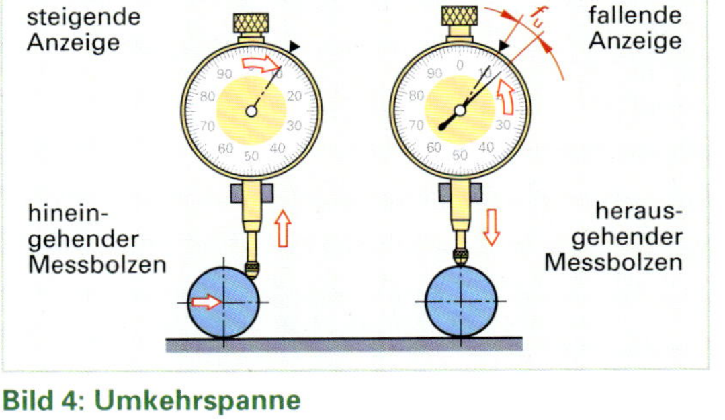

Bild 4: Umkehrspanne

Fühlhebelmessgerät

Fühlhebelmessgeräte sind spezielle Messuhren, bei denen aus der Winkelbewegung des Messeinsatzes im Messwerk die analoge Anzeige des Messwertes als Zeigerausschlag dargestellt wird (**Bild 1**). Die relativ große Umkehrspanne von ca. 3 µm und die Messwertbeeinflussung abhängig vom Prüfwinkel des Messhebels müssen bei der Anwendung beachtet werden.

Bei Beachtung der gerätespezifischen Besonderheiten sind die Fühlhebelmessgeräte für **Form-**, **Lage-** und **Positionsabweichungen** sehr gut geeignet.

Das Anwendungsspektrum der Fühlhebelmessgeräte erstreckt sich von der messtechnischen Erfassung von Toleranzen über Zentrierungen von geometrischen Formelementen bis zum Einrichten von Werkstücken bzw. Baugruppen (**Bild 2**).

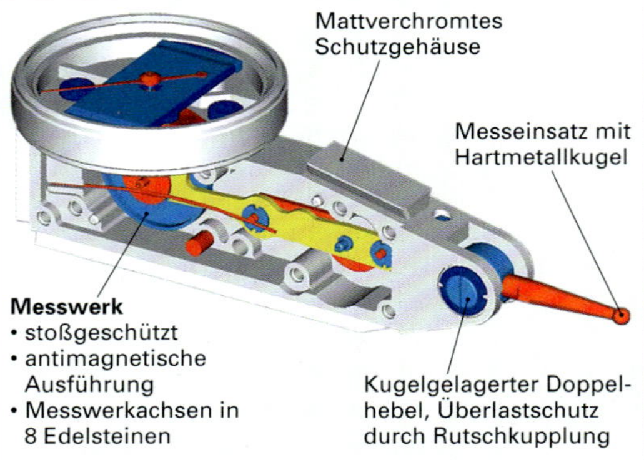

Bild 1: Aufbau von Fühlhebelmessgeräten

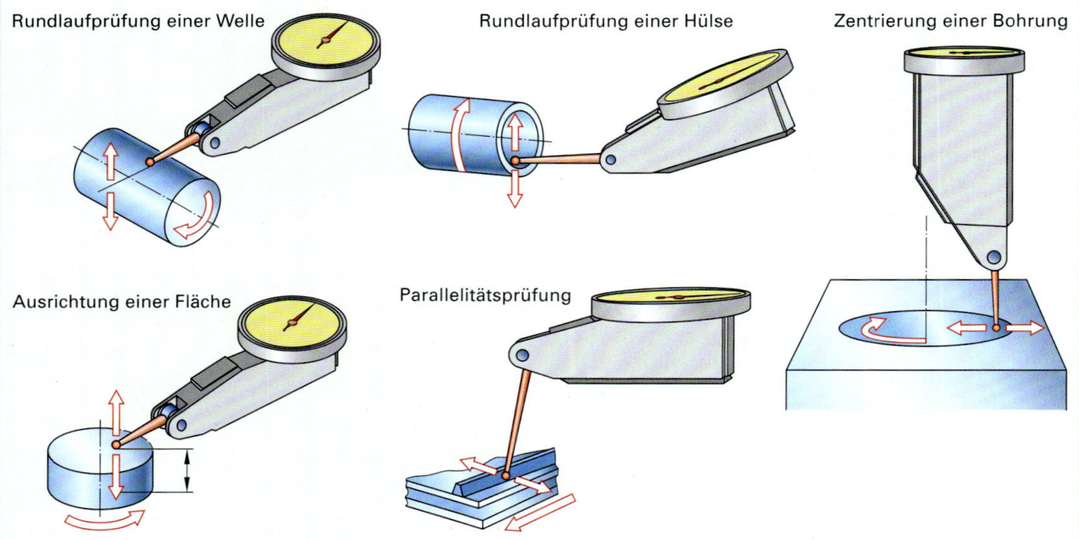

Bild 2: Anwendungsbeispiele für Fühlhebelmessgeräte

Arbeitsregeln für die Messtätigkeit mit Fühlhebelmessgeräten:

- Die Messkraft beträgt ca. 10 % der Messkraft von Messuhren.
- Die geringe Messkraft eignet sich damit für Messungen an elastischen und nicht formstabilen Werkstücken.
- Schwer zugängliche Innen- und Außenkonturen werden durch den schwenkbaren Messtaster erfassbar.
- Der Messtaster muss zur Vermeidung von Messfehlern parallel zur Prüffläche ausgerichtet werden (**Bild 3**).

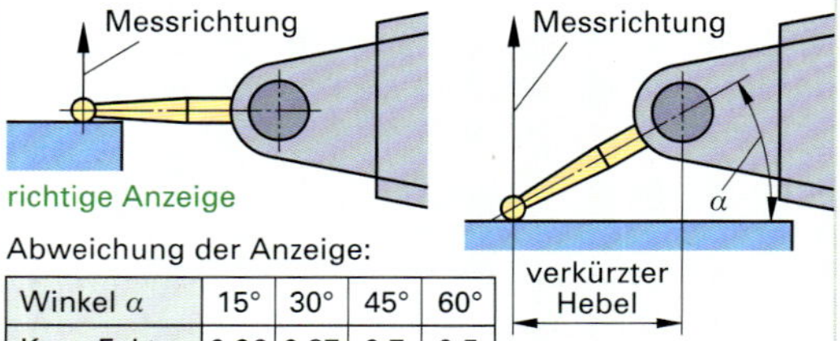

Abweichung der Anzeige:

Winkel α	15°	30°	45°	60°
Korr.-Faktor	0,96	0,87	0,7	0,5

Ablesebeispiel:
Bei einem Messwinkel von ca. 15° beträgt der Korrekturfaktor 0,96.
Der angezeigte Messwert von 0,62 mm ändert sich durch die **Messwertkorrektur** zum Betrag von 0,60 mm.

Bild 3: Messwertbeeinflussung durch Anstellwinkel

Feinzeiger

Für Messaufgaben mit Genauigkeitsanforderungen von 1 µm sind Feinzeiger anzuwenden.

Diese hohe Messgenauigkeit kann deshalb erreicht werden, weil gegenüber den Messuhren die Hubbewegung des Tasters durch präzisionsverzahnte Zahnradsegmente in Zeigerausschläge < 360° umgewandelt wird. Die Reibung der kugelgelagerten Messbolzen ist zu vernachlässigen, sodass der Betrag der Umkehrspanne minimiert ist.

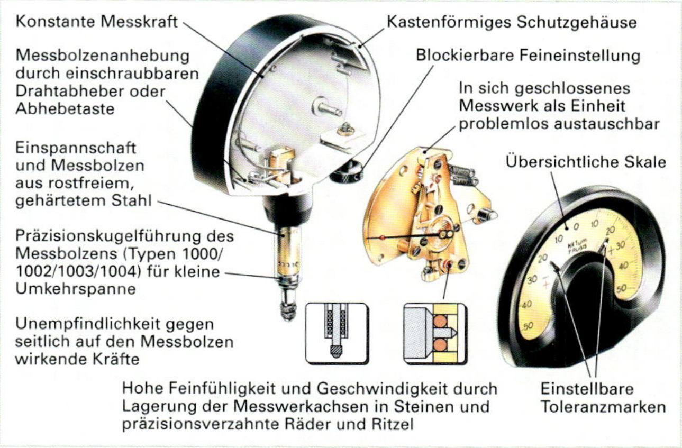

Bild 1: Aufbau des mechanischen Feinzeigers

Mechanische Messzeiger besitzen Messbereiche von 50 µm, als Sonderanfertigungen 100 µm. Der Skalenteilungswert beträgt immer 1 µm (**Bild 1**).

Die Vergrößerung beträgt in der Regel 1000 : 1, sodass nur ein sehr kleiner Messbereich zur Verfügung steht. Die Anwendung von Feinzeigern beschränkt sich dadurch ausschließlich auf **Unterschiedsmessungen**.

Elektronische Feinzeiger sind durch die gleichen Messfunktionen wie Messuhren (MODE) in ihren Einsatzmöglichkeiten variabler (**Bild 2**).

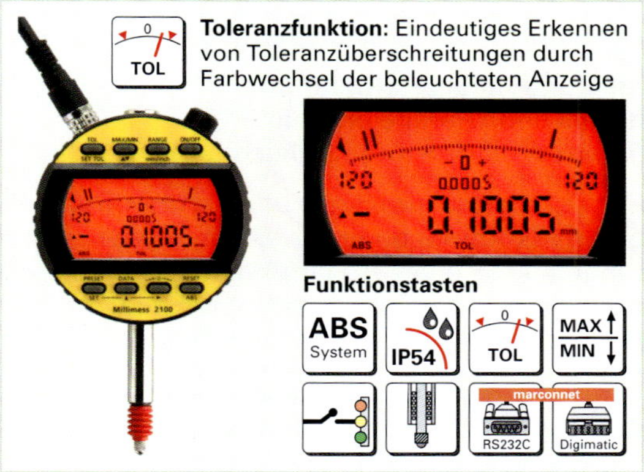

Bild 2: Elektronischer Feinzeiger

> Mechanische und elektronische Feinzeiger sind **Präzisionshandmessgeräte mit Umkehrspannen < 0,5 µm** und **Ziffernschrittwerten bis 0,2 µm.** Für Unterschiedsmessungen bei Form- und Lagetoleranzen sind Feinzeiger besonders geeignet.

Die charakteristischen Merkmale der Geräteausführung als **Feinzeiger-Standrachen-Lehre** sind:

- um 45° neigbarer Stahlbügel
- feinfühlig einstellbarer Gegentaster
- höhenverstellbarer Anschlag
- Konstante Messkraft durch eingebaute Messkraftfeder (damit ist das Messergebnis unabhängig vom persönlichen Messgefühl).
- Mess- und Gegentasten bestehen aus gehärtetem nichtrostendem Stahl.

Für die praktische Anwendung ergeben sich daraus folgende Tätigkeitsfelder (**Bild 3**):

- Schnellprüfung von zylindrischen Teilen
- Prüfung aller Arten von Außengewinden (Außen-, Flanken- und Kerndurchmesser).
- Dicken- und Längenmessung
- Besonders geeignet bei der Qualitätskontrolle von genauen Serienteilen.

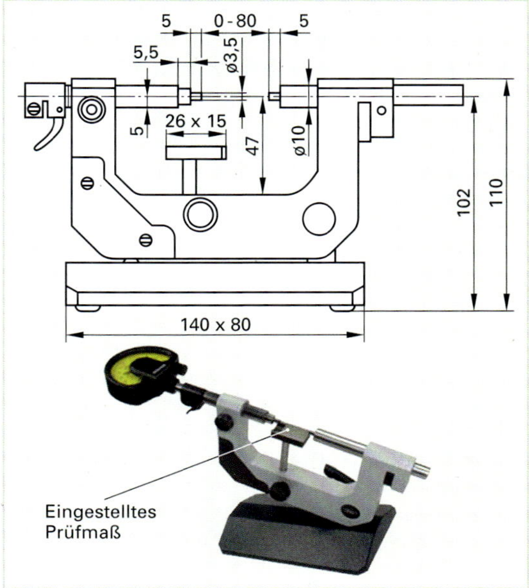

Bild 3: Feinzeiger-Standrachenlehre

Endmaße

Bei Endmaßen werden zwei gegenüberliegende Flächen, die eben, zylindrisch oder kuglig sein können, als Maßverkörperung für die Längenmessung verwendet (**Bild 1**).

Die sehr genaue Maßverkörperung und Oberflächengüte erhalten die Endmaße durch das Feinbearbeitungsverfahren Honen. Endmaße bestehen aus Stahl, Hartmetall oder Keramik.

Parallelendmaße werden für die speziellen Anwendungszwecke in den Toleranzklassen **K, 0, 1** und **2** hergestellt. Für die genauesten Messungen werden Endmaße der Kalibrierklasse K verwendet.

Parallelendmaßsätze werden für unterschiedliche Anwendungszwecke in verschiedenen Abstufungen bereitgestellt.

Bei der 45-teiligen Abstufung besteht jede Reihe aus neun Parallelendmaßen. Innerhalb einer Reihe ist die Abstufung gleich groß (**Tabelle 1**).

Für die Herstellung von bestimmten Parallelendmaßkombinationen, z. B. für Passungsprüfungen, sind diese Abstufungen vorteilhaft, da mit einem Parallelendmaßkasten jeweils das Höchst- und Mindestmaß kombinierbar ist.

Für den Gebrauch von Parallelendmaßen gelten folgende Arbeitsregeln (**Bild 2**):

- gründliche Reinigung vor dem Gebrauch
- Verwendung von möglichst wenigen Endmaßen für eine Parallelendmaßkombination.
- Gebrauchszeit aufgrund der Kaltverschweißung auf 8 Stunden begrenzen.
- Nach Gebrauch reinigen und mit säurefreier Vaseline einfetten.

Berechnung von Parallelendmaßkombinationen:

24 H8:	G_u = 24,000 mm	G_o = 24,033 mm
	4,000 mm	1,003 mm
	20,000 mm	1,030 mm
		3,000 mm
		9,000 mm
		10,000 mm

Anwendungsbeispiele für Parallelendmaße:

- Überprüfung von anzeigenden Messgeräten und Lehren (**Bild 3**).
- überprüfen von Werkstücken mit Genauigkeitsanforderungen bis 0,001 mm
- präzise Einstellung von Messgeräten, Baugruppen und Werkzeugmaschinen

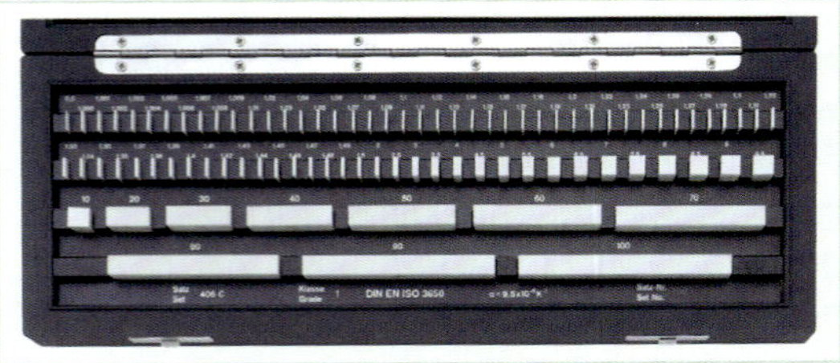

Bild 1: Parallelendmaßkasten

Tabelle 1: Abstufung von Parallelendmaßen

Reihe	Abstufung mm	Parallelendmaßgrößen mm
1	0,001	1,001 ... 1,009
2	0,01	1,01 ... 1,09
3	0,1	1,1 ... 1,9
4	1	1 ... 9
5	10	10 ... 90

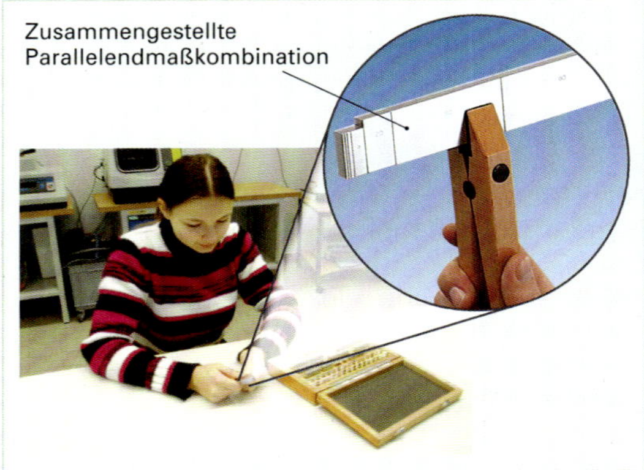

Bild 2: Herstellung einer Parallelendmaßkombination

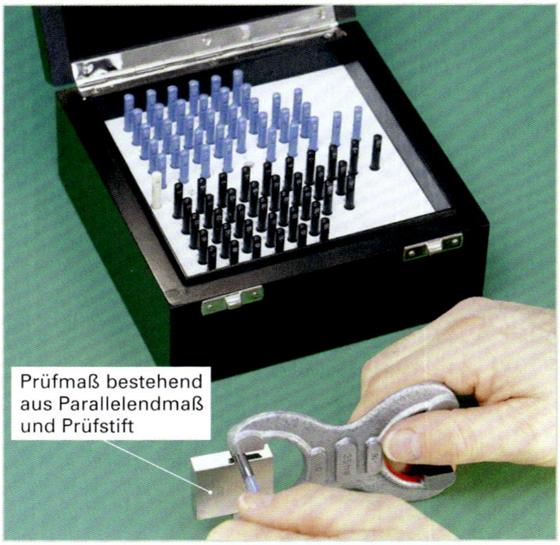

Bild 3: Anwendung von Parallelendmaßen

Berührungslose Messgeräte

Das Grundprinzip der berührungslosen Messgeräte besteht darin, dass zwischen Messgerät und Werkstück **kein direkter Kontakt** besteht, sondern die Messgröße über ein Übertragungsmedium erfasst und **umgewandelt übertragen** wird. Berührungslose Messgeräte können deshalb die Messwerte:

- ohne Verschleiß präziser erfassen und die
- Fernübertragung der Messwerte realisieren.

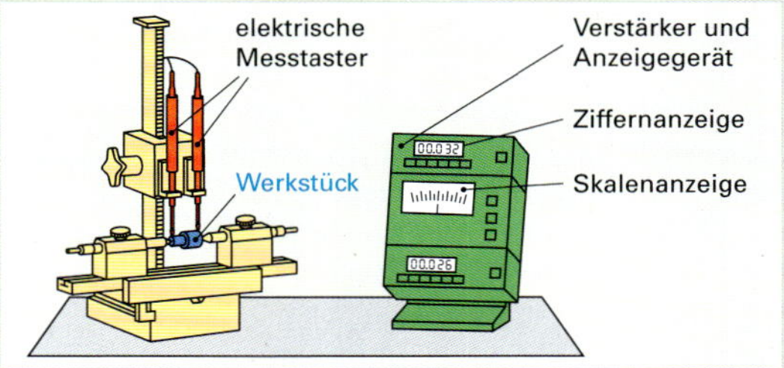

Bild 1: Elektrische Messtaster

Elektrische Messgeräte

Bei allen elektrischen Messgeräten wird zunächst die mechanisch erfasste Messgröße in einen elektronischen Messwert umgewandelt, danach verstärkt und angezeigt (**Bild 1**).

Einzelmessungen und Mehrstellenmessungen zur Summen- oder Differenzbildung werden durch Zeiger-, Leuchtsäulen- oder Ziffernanzeigegeräte dargestellt.

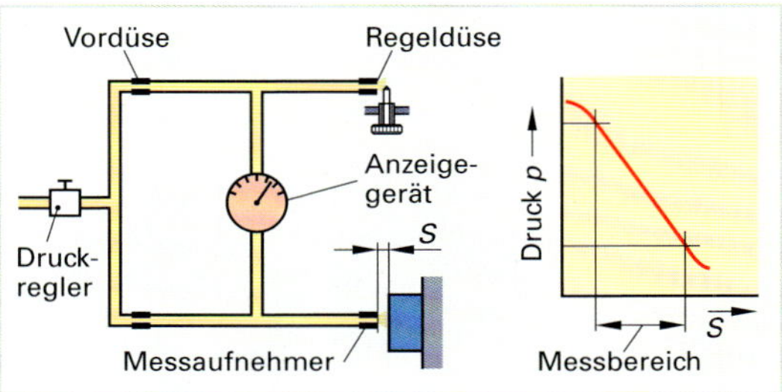

Bild 2: Messwerterfassung durch Staudruck

Pneumatische Messgeräte

Die Messwerterfassung erfolgt durch ausströmende Druckluft zwischen der Messdüse und der Werkstückoberfläche (**Bild 2**).

Die Maßabweichungen der zu prüfenden Werkstücke bewirken eine Änderung der Spaltgröße und dadurch einen veränderten Staudruck, der als Zeigerausschlag angezeigt wird. Alle Düsenformen sind jedoch nur für eine Messaufgabe und daher nur für Serienmessungen verwendbar.

Optische Messgeräte

Bei kontinuierlichen Fertigungsabläufen in der Kunststoffindustrie ist die kontaktlose Messwerterfassung bestimmter Parameter von Profilen, Schichtdicken, Kanten usw. durch Lichtstrahlen vorteilhaft.

Die Laser-Linienscanner **scanCONTROL** (**Bild 3**) nutzen das Laserprinzip zur zweidimensionalen Erfassung von Profilen auf unterschiedlichsten Objektoberflächen. Im Gegensatz zu den Punktlasern wird über eine Linien-Optik eine Laserlinie auf die Messobjektoberfläche projiziert.

Der Controller berechnet aus dem Kamerabild neben den Abstandslinien (Z-Achse) auch die Position entlang der Laserlinie (X-Achse) und gibt beide in einem zweidimensionalen Koordinatensystem aus.

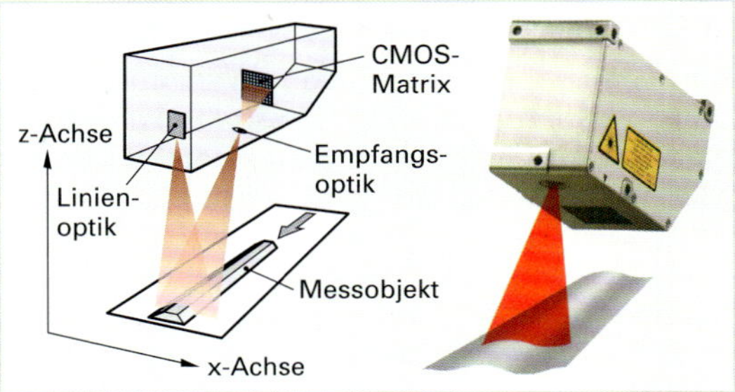

Bild 3: scanCONTROL

Das Messsystem **optoCONTROL** besteht aus einer Sensoreinheit und einem Controller. Die Sensoreinheit besteht aus einer Lichtquelle und einer CCD-Kamera. Die Lichtquelle erzeugt einen parallelen Lichtvorhang. Die CCD-Kamera im Empfangsteil misst die durch den Schattenwurf abgebildete Kontur des Messobjekts.

Das Messsystem **optoCONTROL** wird bevorzugt eingesetzt in der Produktion und Qualitätssicherung für ununterbrochen hochdynamische Messungen, z. B. an Extrusionslinien (**Bild 4**).

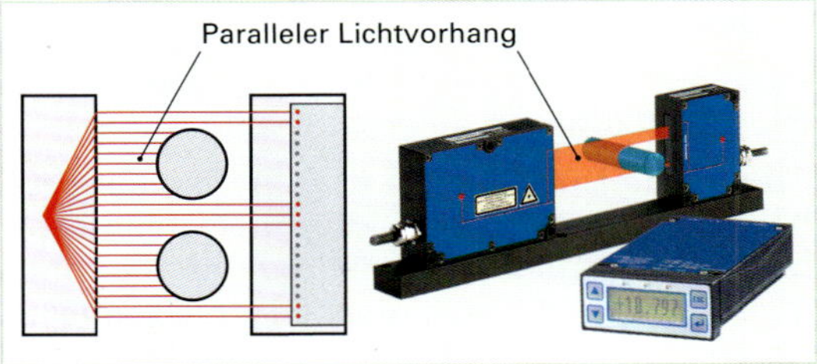

Bild 4: optoCONTROL

2.2.2 Lehren

Der Prüfvorgang mit Lehren ist im Vergleich mit dem Messen relativ einfach und zeitsparend durchführbar, da nur zu prüfen ist, ob die Werkstücke **passen**. Daher müssen die Lehrenformen dem jeweiligen Verwendungszweck angepasst werden. Die Anschaffung von speziellen Prüfmitteln lohnt sich nur bei häufigem Gebrauch.

Lehren sind Prüfmittel, die ein Maß oder die Form bzw. auch ein Maß und die Form des Prüfgegenstandes verkörpern. Das Prüfergebnis kann nur **Gut, Nacharbeit oder Ausschuss** ergeben.

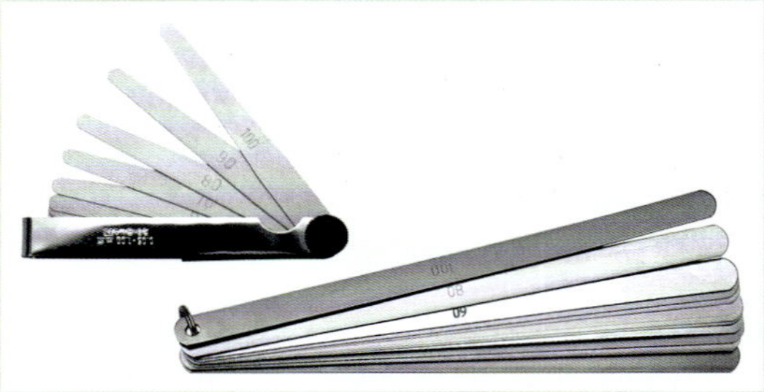

Bild 1: Fühlerlehre

Maßlehren

Zur einfachen und schnellen Bestimmung von Blechdicken, Durchmessern von Rundmaterial oder einem Bohrerdurchmesser in der Werkstatt sind Arbeitslehren geeignet. Zur Bestimmung eines erforderlichen Lagerspiels oder des Abstands der Kontakte von Zündkerzen werden Fühlerlehren verwendet. Fühlerlehren bestehen aus einem Satz von 0,05 mm bis 1 mm dicken elastischen Stahlblechen (**Bild 1**).

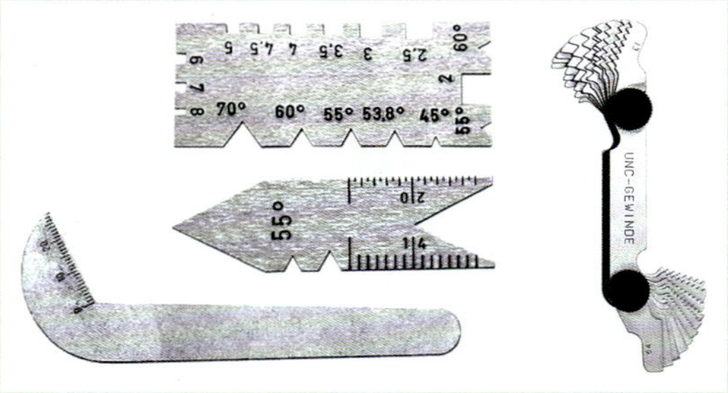

Bild 2: Schleif- und Gewindelehren

Formlehren

Bei der Prüfung von Radien bzw. verschiedenen Gewindeprofilen werden die Werkstückformen mit der Idealform der Lehren verglichen. Dabei bedient man sich der Lichtspaltmethode (**Bild 2**). Für besondere Profilformen gibt es Sonderanfertigungen.

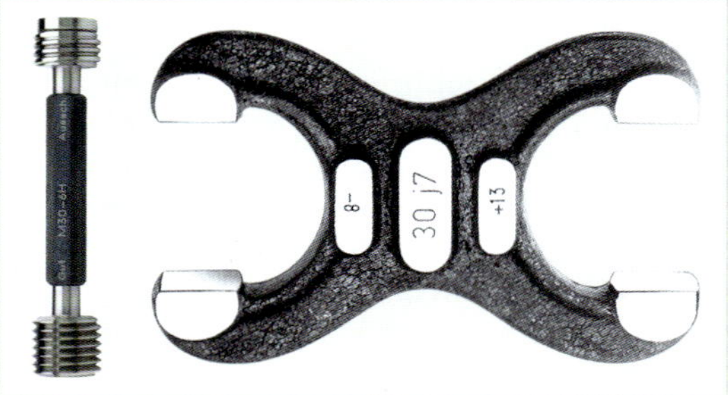

Bild 3: Gewindegrenzlehrdorn, Grenzrachenlehre

Grenzlehren

Mit Grenzlehren kann von Werkstückinnen- und -außenformen die Maßhaltigkeit durch eine **Gut-** und **Ausschussseite** der Lehren die Maßhaltigkeit geprüft werden (**Bild 3**). Die **Ausschussseite** ist **rot** gekennzeichnet und ist für Außenmaße angeschrägt. Zur sicheren Handhabung bei Innenmaßen sind die Prüfzylinder verkürzt. Die Prüftemperatur muss konstant 20 °C betragen. Die Lehren werden senkrecht mit Eigengewicht in bzw. über die Prüfstelle der Werkstücke geführt.

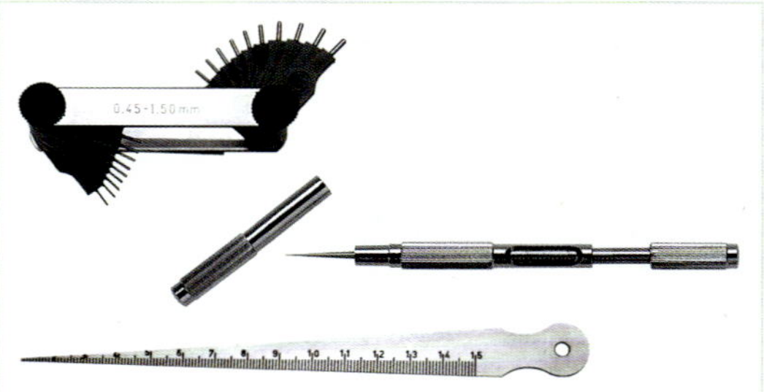

Bild 4: Düsenlehren

Düsenlehren

Sind in Aufbau und Wirkungsweise den speziellen Prüfaufgaben angepasst (**Bild 4**).

Abgestufte Düsenlehren, z. B. mit einem Prüfbereich von 0,45 mm bis 1,50 mm Durchmesser bzw. kegelförmige Düsenlehren mit oder ohne Skalen, werden zur einfachen und schnellen Kontrolle der Anguss- oder Auswerfersysteme von Spritzgusswerkzeugen verwendet.

2.2.3 Winkelprüfgeräte

Winkelprüfung mit Lehren

Die **Lichtspaltmethode** garantiert mit hinreichender Genauigkeit die Prüfergebnisse von Funktionsflächen an Werkstücken.

Je nach der Prüfaufgabe und der Werkstückform werden Flach-, Anschlag- oder Haarwinkel verwendet (**Bild 1**). Bestimmte Winkel an Werkzeugen werden mit Sonderlehren, wie z. B. der Spitzenwinkel an Spiralbohrern, geprüft.

Winkelprüfung mithilfe von anzeigenden Messgeräten

Einfache Winkelmesser bzw. Universalwinkelmesser kommen für die verschiedensten Winkelformen und -lagen an Werkstücken zum Einsatz (**Bild 2**).

Kennzeichnend für alle Universalwinkelmesser sind die vier 90°-Bereiche der Hauptskala und zwei Noniusskalen mit 12 Teilungen. Die Skalenteilungswerte der Hauptskalen und der Noniusskalen ermöglichen eine Ablesegenauigkeit von 5′ (Winkelminuten).

Arbeitsregeln für die Winkelprüfung mit Universalwinkelmessern (**Bild 3**):

- nur **gratfreie** Werkstücke prüfen
- auf **rechtwinklige** Auflage der Messschenkel achten
- auf **gleichmäßigen** Lichtspalt achten
- auf **Links**- bzw. **Rechts**drehung achten
- **Strichüberdeckung** zwischen Haupt- und Noniusskala zur Erfassung der zulässigen Toleranz **mit Lupe** garantieren.
- **Direktablesung** des Winkels bzw. Winkelberechnung in Grad und Minuten.

Bei Beachtung der Arbeitsregeln sind die Winkelwerte an Universalwinkelmessern mit Ziffernanzeige wesentlich einfacher ablesbar.

Die Messergebnisse können in Winkelgrad und -minuten oder Dezimalgraden angezeigt werden.

Der Ziffernschrittwert beträgt eine Winkelminute oder 0,01°. Die Einsatzmöglichkeiten der Universalwinkelmesser mit Ziffernanzeige sind durch die Möglichkeit, an jeder beliebigen Messposition **zu Nullen**, z. B. für Vergleichsmessungen, erheblich verbessert worden (**Bild 4**).

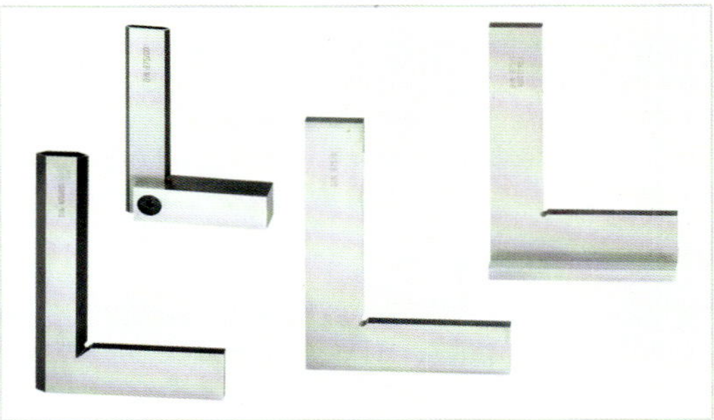

Bild 1: Haar- und Anschlagwinkel

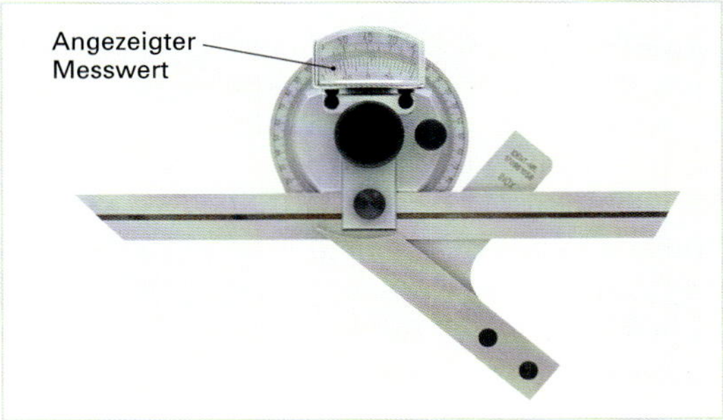

Bild 2: Anzeigende Winkelmesser

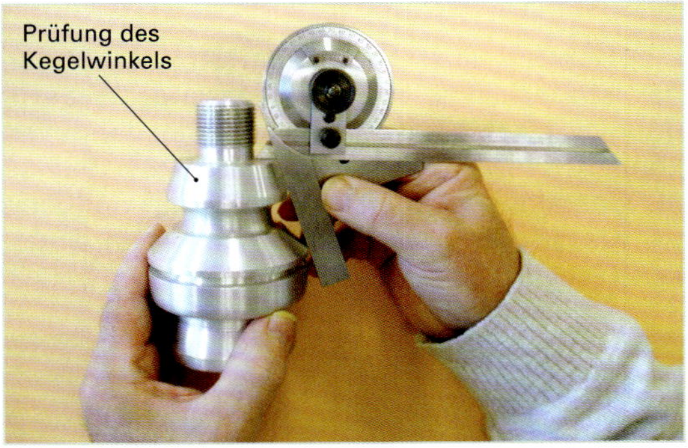

Bild 3: Winkelprüfung mittels Universalwinkelmesser

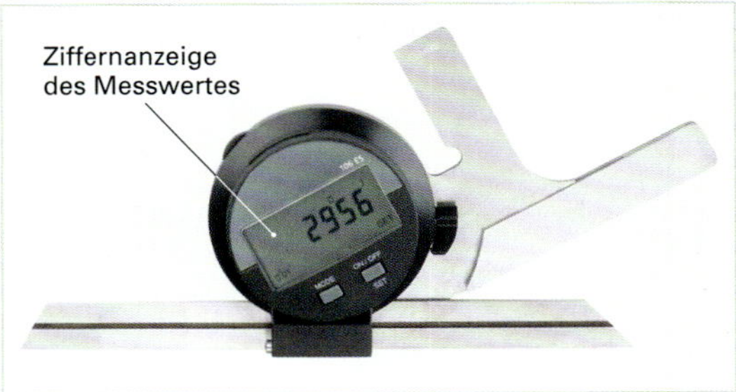

Bild 4: Universalwinkelmesser mit Ziffernanzeige

2.2.4 Oberflächenprüfmittel

Alle Werkstückoberflächen unterscheiden sich aufgrund der Fertigungsverfahren und bearbeiteten Werkstoffe in charakteristischen Merkmalen. Dabei weicht die tatsächliche Werkstückoberfläche von der vollkommen glatten und geometrisch definierten Idealoberfläche (Zeichnungsvorgabe) ab. Besonders bei bewegten Teilen von Baugruppen ist jedoch die Oberflächenqualität ein wesentlicher Faktor für die Betriebssicherheit und Lebensdauer. Eine praxisorientierte Prüfung festgelegter Toleranzen wie für die Form, Welligkeit oder Rauheit sichert die Funktionsfähigkeit der Bauteile.

Grundbegriffe

Solloberfläche – ist eine durch normgerechte Zeichnungsangaben vorgeschriebene Werkstückoberfläche.

Istoberfläche – ist die messtechnisch erfassbare, durch die Fertigung entstandene Werkstückoberfläche (**Bild 1**).

Istprofil (P-Profil) – ist die ungefilterte Gesamtheit der erfassten Oberflächenstruktur. Die vom Messgerät gebildete Mittellinie liegt in der Mitte der Flächeninhalte der Erhebungen und Vertiefungen am Werkstück (**Bild 2**).

Welligkeitsprofil (W-Profil) – ist die durch die Ausfilterung der Rauheit entstandene Welligkeit des dargestellten Werkstücks.

Rauheitsprofil (R-Profil) – ist das durch die Ausfilterung der Welligkeit gerichtete Oberflächenprofil des Werkstücks (**Bild 3**).

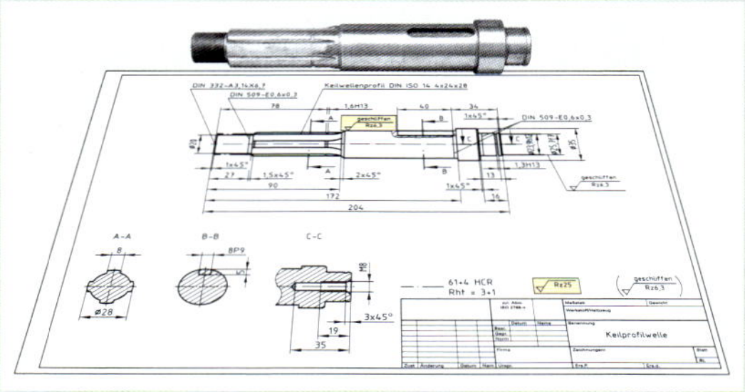

Bild 1: Ist- und Solloberfläche

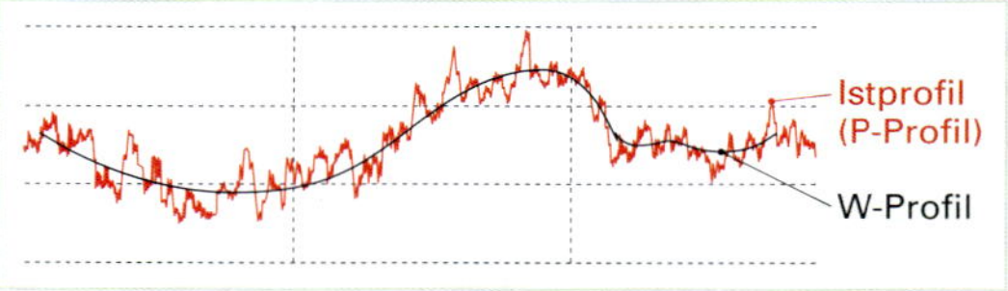

Bild 2: Ist- und Welligkeitsprofil

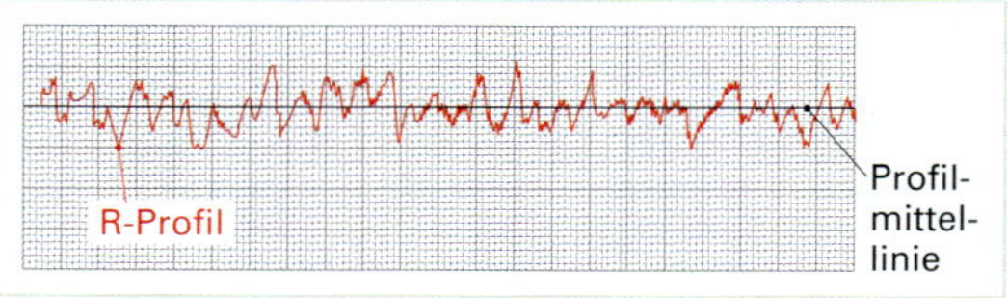

Bild 3: Rauheitsprofil

Gestaltabweichungen

Die Summe aller möglichen Abweichungen der Istoberfläche, die sich während der Fertigung auf der Werkstückoberfläche darstellen können. Diese werden nach DIN 4760-1982-06 als Gestaltabweichungen bezeichnet und sind zur Klassifizierung in sechs Ordnungen eingeteilt (**Tabelle 1**).

Tabelle 1: Gestaltabweichung nach DIN 4760:1982-06

Ordnung	Darstellung	Bezeichnung	mögliche Ursachen	Beeinflussbarkeit durch Zerspanungsmechaniker
1.	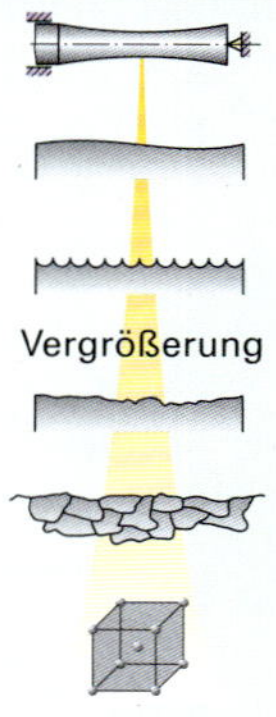	Form	Zerspanungskräfte z. B. F_P	Spanungswerte, Führungselemente
2.		Wellen	Maschinen- und Wz-**Schwingung**	Werkzeugeinspannung, Spanungswerte
3.	Vergrößerung	Rillen	Vorschub f, v_f Wz-**Schneide**	Schneidengeometrie
4.		Riefen	**Span**bildung	Schneidengeometrie
5.		Gefüge	**Kristallisations**vorgänge	Arbeitstemperatur zwischen Werkzeug und Werkstoff
6.		Gitteraufbau	**Ent**kohlen od. **Ent**härten	

Rauheitsmessgrößen

Alle **Rauheitsangaben** in den Dokumentationsunterlagen werden aus dem Istprofil der Werkstückoberflächen messtechnisch erfasst und in der **Maßeinheit µm** angegeben.

- **Primärprofil (Istprofil; P-Profil)**
  Das ungefilterte Primärprofil ist die Grundlage für die Berechnung der Kenngrößen des Primärprofils und die Ausgangsbasis für das Welligkeits- und das Rauheitsprofil. Die Gesamthöhe des Profils ***Pt*** ist die Summe aus der Höhe der **größten Profilspitze Z_p** und der Tiefe des **größten Profiltales Z_v** innerhalb der Messstrecke l_n (**Bild 1**).
- **Rauheitsprofil (R-Profil)**
  Die Bestimmungsgrößen für ***Ra*** und ***Rz*** werden aus dem R-Profil eines Werkstücks ermittelt.
- **Arithmetischer Mittelwert der Profilordinaten**
  Ra ist der arithmetische Mittelwert der Beträge aller Ordinatenwerte *Z(x)* innerhalb einer Einzelmessstrecke l_r. Ausgehend von der Mittellinie ist aus der errechneten Flächengleichheit (Rechteckfläche = Fläche oberhalb und unterhalb des P-Profils) die Höhe ***h* = *Ra***.
- **Gemittelte Rautiefe *Rz*** (**Bild 2**)
  Die definierte Messstrecke l_n wird im Regelfall in fünf Einzelmessstrecken unterteilt. Die größte Höhe des Profils ***Rz*** ist die Summe aus der Höhe der größten **Profilspitze *Zp*** und der Tiefe des größten **Profiltales *Zv*** innerhalb der Einzelmessstrecke l_r.

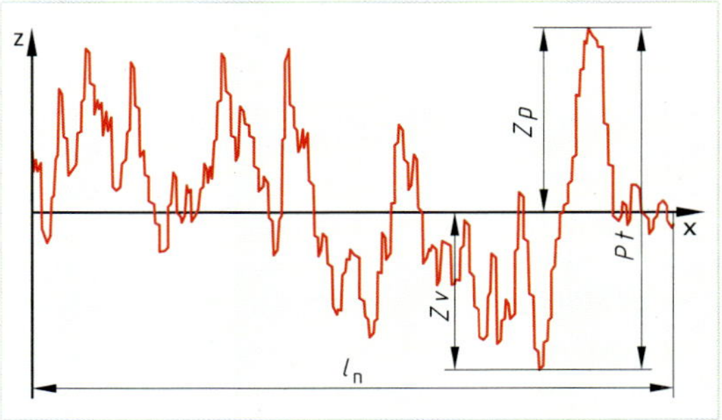

Bild 1: Primärprofil (Istprofil; P-Profil)

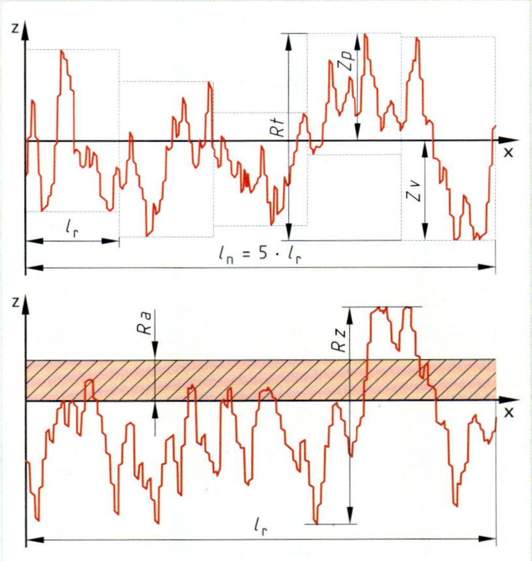

Bild 2: Rauheitsprofil (R-Profil)

Oberflächenprüfverfahren

Die Wahl der Oberflächenprüfverfahren ist von den messtechnischen Erfordernissen abhängig. Dabei reicht die Palette der Möglichkeiten von einfachen handwerklichen Verfahren bis zu präzisen elektronischen Geräten mit Computerauswertung.

Durch wechselweises Überstreichen der Werkstücke und der Oberflächenvergleichsnormale bei der **Tast-** oder **Sichtprüfung** als subjektive Methode lassen sich mit ausreichender Erfahrung Rauheitsunterschiede bis **2 µm** ertasten.

Die verschiedenen spanabhebenden Fertigungsverfahren erzeugen aufgrund ihrer spezifischen Schneidengeometrie verfahrenstypische Oberflächenstrukturen. Für jedes Verfahren muss deshalb mit dem entsprechenden Oberflächenvergleichsnormalen geprüft werden. Hinreichend genaue und wirtschaftliche Prüfergebnisse bringt dieses Verfahren, wo keine festgelegten Messwerte lt. Zeichnungsvorgaben benötigt werden (**Bild 3**).

Bild 3: Werkstückprüfung mit Vergleichsnormalen

Tastschnittverfahren

Die mechanisch arbeitenden **Oberflächenmessgeräte tasten** die Gestaltabweichungen der Werkstücke in einem Profilschnitt ab. Dabei wird ein Tastsystem mit 0,5 mm/s in Vorschubrichtung über die definierte Profilstrecke bis 12,5 mm gezogen. Der Taster, eine Diamantspitze mit einem Spitzenradius von 1 µm, erfasst mithilfe einer Prüfkraft von ***F* = 0,7 mN** das Istprofil. Die Auslenkungen der Tastspitze entsprechen den Gestaltabweichungen gegenüber dem Tastsystem. Diese werden in elektrische Signale umgewandelt und somit im Anzeigegerät verwertbar gemacht (**Bild 1**).

Bild 1: Tastschnittgerät

Während der Herstellung von Werkstücken wirken zahlreiche Einflussgrößen ein, dabei ergeben die einzelnen Gestaltabweichungen (**Tabelle 1, Seite 138**) die Werkstückform. Durch Filterung des Istprofils ist die Trennung der Gestaltabweichungen möglich. Das P-Profil wird erfasst, analog übertragen und aufgezeichnet (**Bild 2**). Durch die gerätetechnische Verbindung zwischen Kufe und Messstreifen werden die Wellen nicht erfasst (**Bild 3**). Die Kufe unterdrückt das Rauheitsprofil, sodass nur die Wellen der Werkstückoberfläche dargestellt werden (**Bild 4**).

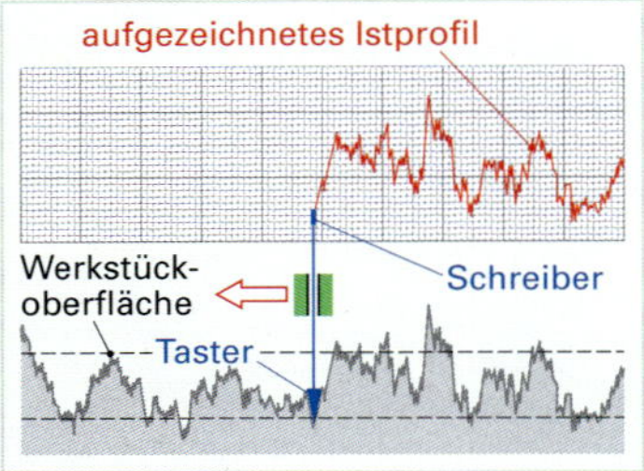

Bild 2: P-Profil

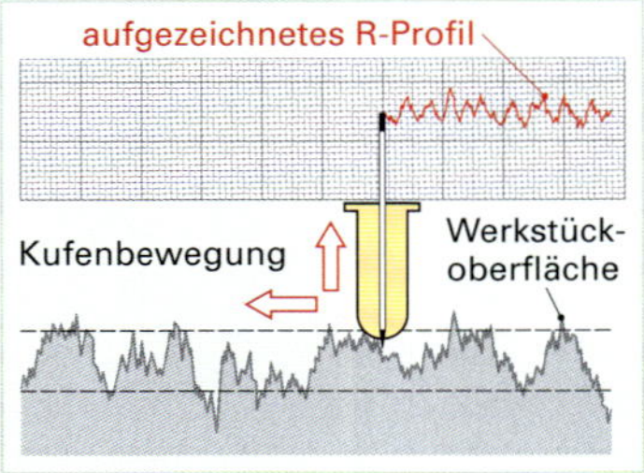

Bild 3: R-Profil

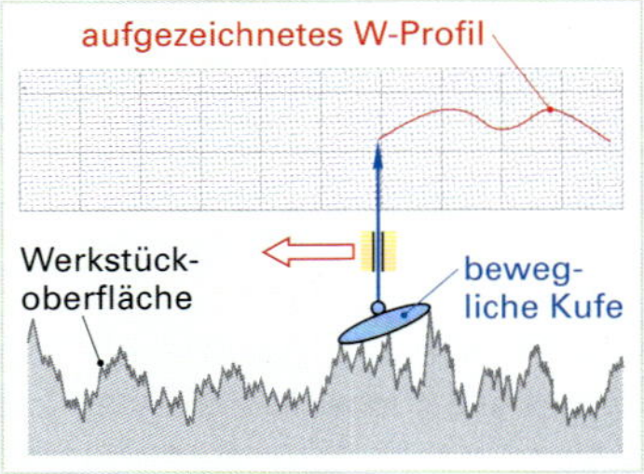

Bild 4: W-Profil

Die Zuordnung der Rauheitsklassen N1 … N12 zu den ermittelten Rauheitswerten ist die in den Tabellenbüchern übliche Verfahrensweise der Oberflächenbewertung. Die erreichbaren Rauigkeitswerte verschiedener spanabhebender Fertigungsverfahren in Form einer grafischen Darstellung als Balkendiagramme ergeben einen raschen Überblick (**Tabelle 1**).

Tabelle 1: Rauigkeitswerte ausgewählter spanabhebender Fertigungsverfahren

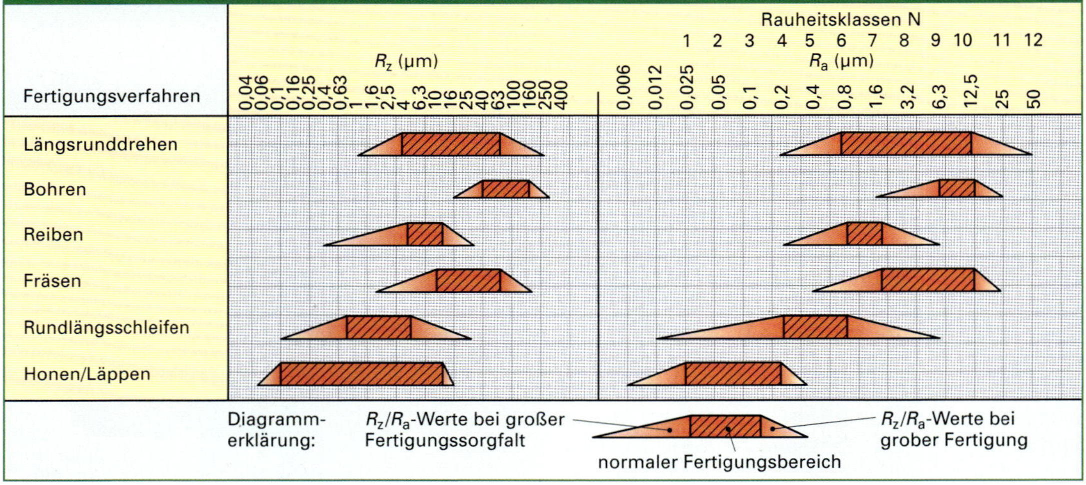

2.2.5 Farb- und Glanzprüfung

Das Erscheinungsbild der unterschiedlichsten Kunststoffteile wird durch die Farbe (Wellenlänge 400 nm bis 700 nm) und den Glanz (0 bis 180 Glanzeinheiten) geprägt. Die Prüfung des optischen Eindruckes wird aufgrund der Lichtreflexion durchgeführt. In der Industrie haben sich zwei Messmethoden durchgesetzt.

Bei der **45/0 Geometrie** (**Bild 1**) wird unter einem Winkel von 45° die zu messende Kunststoffprobe kreisförmig beleuchtet und senkrecht zur Oberfläche unter 0° gemessen.

Die Rundumbeleuchtung ist für wiederholbare Messergebnisse auf strukturierten Oberflächen erforderlich. Mit dieser Geometrie wird die Farbe wie unter normalen Abmusterungsbedingungen ausgewertet. Angewendet wird das Verfahren für:

- Vergleich verschiedener Chargen
- Messung der Farbkonstanz von Produkten, die aus mehreren Teilen zusammengesetzt sind

Bei der **Kugelgeometrie** (**Bild 2**) wird die Kunststoffprobe mittels einer weiß beschichteten Kugel diffus beleuchtet. Abschatter im Kugelinneren verhindern, dass das Licht direkt auf die Probenoberfläche fällt. Die Messung erfolgt unter einem Winkel von 8°.

Ein Kugelgerät kann unter zwei Messbedingungen verwendet werden:

- Glanzprüfung eingeschlossen (spin)
- Glanzprüfung ausgeschlossen (spex)

Im spin-Modus wird das gesamte reflektierte Licht gemessen. Das diffus reflektierte Licht wird für die Farbmessung und das gerichtete reflektierte Licht für die Bewertung des Glanzes verwendet.

Farb- und Glanzprüfungen (**Bild 3**) müssen unter gleichen Bedingungen durchgeführt werden, deshalb muss ein Farbmessbericht folgende Informationen enthalten:

- Geometrie des Farbmessgerätes
- verwendete Lichtart und Farbsystem
- Hinweise zur Probenvorbereitung

Aussage einer Messwertanzeige:

- **Farbe:** L*: 0 bis 100 für die Helligkeit
  –a* bis +a* und –b* bis +b als Farbton
- **Glanz:** 0 bis 100 Glanzeinheiten

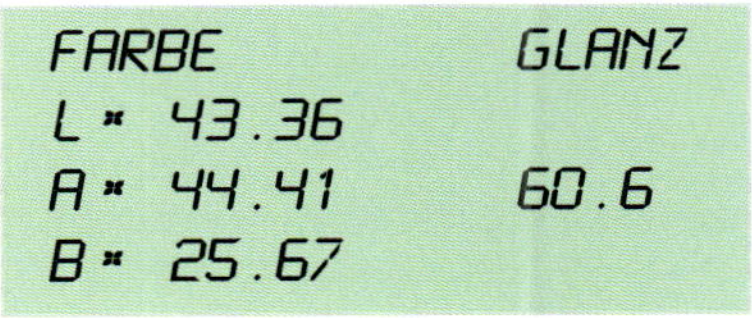

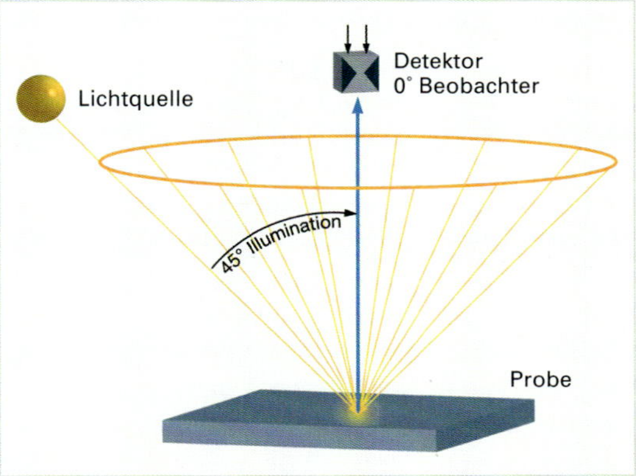

Bild 1: Farbmessung mit 45/0 Geometrie

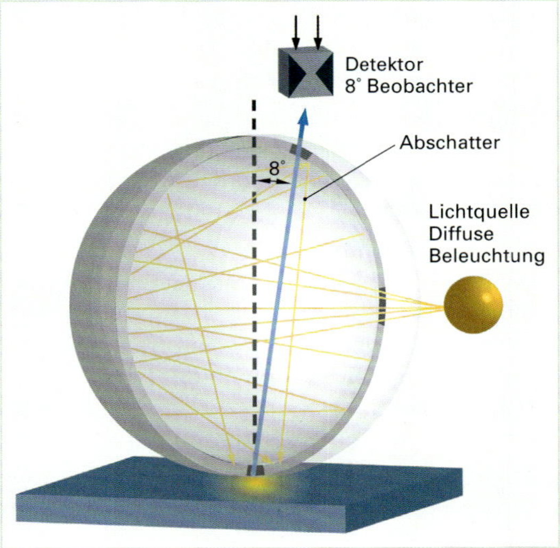

Bild 2: Farbmessung mit der Kugelgeometrie

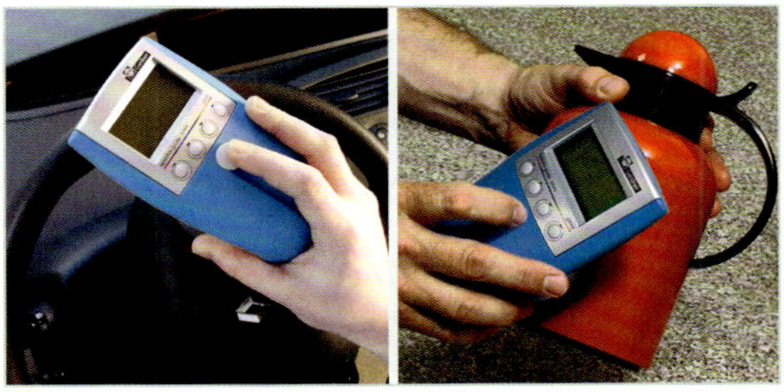

Bild 3: Farb- und Glanzmessung an unterschiedlich strukturierten Kunststoffteilen

2.2.6 Gewichts-, Dichte- und Feuchtigkeitsprüfung

Eine der ältesten Prüfverfahren wurde für die Bestimmung der Masse von Gold festgelegt. Ein **Karat 1 k = 0,2 g**. Das Karat als Qualitätsmaß für Goldlegierungen gibt an, wie viele Vierundzwanzigstel reines Gold in der Legierung enthalten sind.

Unsere heutige SI-Basisgröße der Masse wird durch die Maßeinheit 1 kg definiert. Beim Einsatz von Präzisionsbalkenwaagen und abgestuften Gewichtssätzen sind Gewichtsbestimmungen durch den **Massenvergleich** bis zu +/– 1 mg-Genauigkeit möglich (**Bild 1**).

Die Bestimmung einer Masse wird bei elektronischen Präzisionswaagen durch die Wirkung der Gewichtskraft ermittelt (**Bild 2**).

Eine moderne elektronische Präzisionswaage verfügt über folgende Einsatzmerkmale:

- Messbereich 100 g ... 30 kg
- Ablesbarkeit von 1 g ... 0,001 g
- zulässige Messtemperatur +15 °C ... +30 °C
- LCD-Display
- interne Justierautomatik
- Anschluss von Statistikdruckern

Die Bestimmung der Dichte von Flüssigkeiten und Feststoffen (**Bild 3**) ist mithilfe eines zusätzlichen Sets nach dem archimedischen Prinzip möglich.

Verfahrensbesonderheiten:

- Dichteprüfungen von Flüssigkeiten werden mit einem Senkkörper aus Glas durchgeführt.
- Dichteprüfungen von Feststoffen erfolgen durch Wiegen der Probe an der Luft.
- Volumenbestimmungen werden mithilfe eines Überlaufgefäßes durchgeführt.

Mithilfe der Bedienerführung step by step erfolgt die direkte Anzeige der errechneten Dichte der Probe.

Berechnungsgrundlagen (**siehe Kapitel 1.1.3**).

Kunststoffgranulate müssen vor ihrer Verarbeitung auf Feuchte geprüft werden (**Bild 4**). Je nach Verwendungszweck sind dafür bestimmte Restfeuchtewerte in % einzuhalten.

Am LCD-Grafik-Display sind die folgenden Messwerte ablesbar:

- 1/ 2: Feuchteanzeige
- 3/ 4: Druckparameter
- 6/ 7/ 10: Trocknungsart und -zeit
- 8/ 9/ 11: Temperaturinformationen
- 12: Trocknungsprozess aktiv

Bild 1: Prüfgewichte

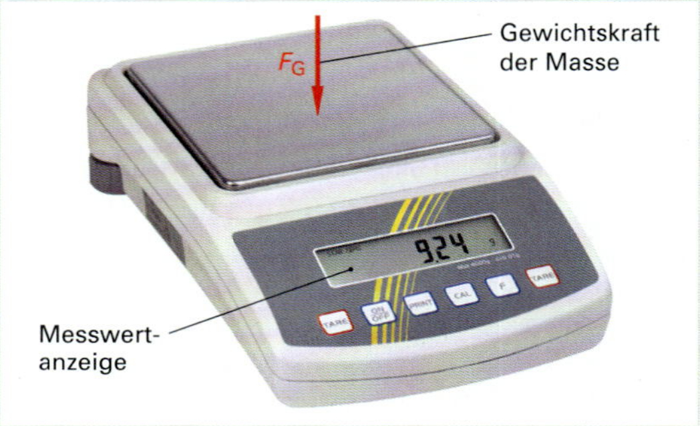

Bild 2: Präzisionswaage

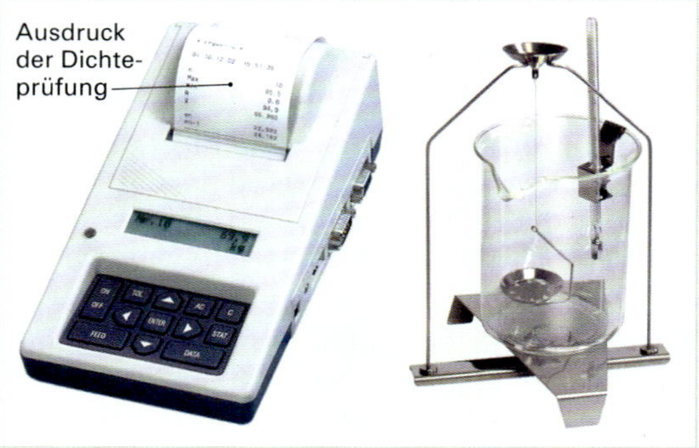

Bild 3: Set zur Dichteprüfung

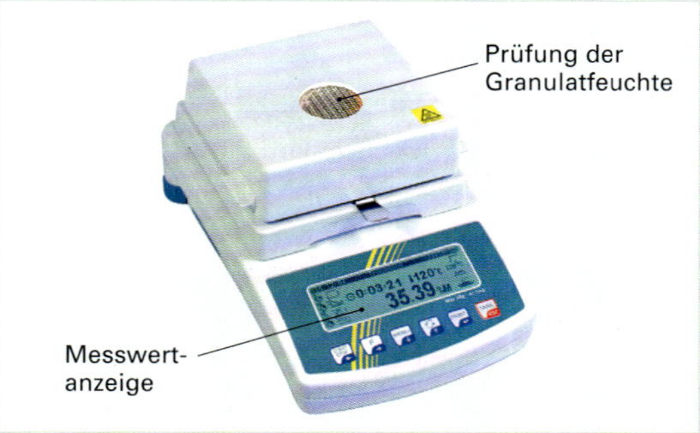

Bild 4: Feuchtebestimmer MLS 50-3

2.3 Fertigungshauptgruppen

Alle Werkstücke durchlaufen bei ihrer Herstellung zahlreiche spezielle Fertigungsverfahren. Die systematische Unterscheidung der Fertigungsverfahren erfolgt danach, ob die **Werkstückform geschaffen, geändert** oder **beibehalten** wird. Als zusätzliche Bewertungskriterien werden noch die Verkleinerung bzw. Vergrößerung des Werkstoffzusammenhaltes in Betracht gezogen. Nach DIN 8580:2003-09 werden somit **sechs Fertigungshauptgruppen** unterschieden (**Übersicht 1**).

Übersicht 1: Fertigungshauptgruppen nach DIN 8580:2003-09

Hauptgruppe **1**	Hauptgruppe **2**	Hauptgruppe **3**	Hauptgruppe **4**	Hauptgruppe **5**	Hauptgruppe **6**
Urformen	**Umformen**	**Trennen**	**Fügen**	**Beschichten**	**Stoffeigenschaftsänderung**

Die **Werkstückform** wird durch das Verfahren

geschaffen (1) – geändert (2, 3) – beibehalten (4, 5, 6)

Der **Werkstoffzusammenhalt** wird durch das Verfahren

geschaffen (1) – beibehalten (2) – verkleinert (3) – vergrößert (4, 5) – beibehalten, vergrößert oder verkleinert (6)

Hauptgruppe 1: **Urformen**

Die Fertigung der Werkstücke erfolgt aus dem **festen, flüssigen, gasförmigen** bzw. **ionisierten** Zustand.

Typische Verfahren sind das Extrusionsblasformen (**Bild 1**), Kalandrieren und Extrudieren zur Herstellung der unterschiedlichsten Kunststoffartikel oder das Gießen und Sintern von metallischen Werkstücken.

Die Werkstücke entstehen aus formlosen Stoffen, der **Werkstoffzusammenhalt** entsteht durch Kohäsion.

Bild 1: Extrusionsblasformen

Hauptgruppe 2: **Umformen**

Die Weiterbearbeitung der vorgefertigten Werkstücke (Halbzeuge) erfolgt durch die Einwirkung von **Zug-** und **Druckkräften** bzw. **Schubkräften** und **Biegemomenten**.

Typische Verfahren sind das Vakuum-Streckziehen von Kunststoff (**Bild 2**) oder das Abkanten und Biegen von Blechen.

Äußere Kräfte verändern plastisch die Werkstückform, der **Werkstoffzusammenhalt** und die **Masse** bleiben dabei **erhalten**.

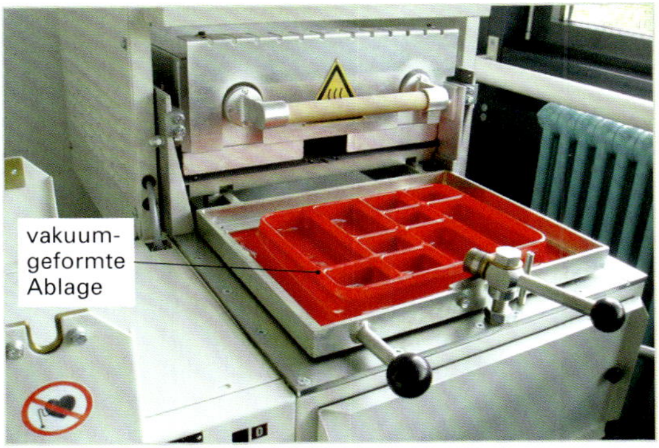

Bild 2: Vakuum-Streckziehen

Hauptgruppe 3: **Trennen**

Die Fertigung von Werkstücken wird durch die Einwirkung von äußeren Kräften oder Wärmeeinwirkung durchgeführt. Die Werkzeugschneiden sind geometrisch bestimmt bzw. unbestimmt. Wichtige Untergruppen sind Spanen (**Bild 1**) und Zerteilen.

Die Verfahren Zerlegen und Reinigen von Baugruppen bzw. Werkstücken ergänzen die Hauptgruppe 3.

Die **Werkstückform** wird durch Spanabnahme oder Zerteilen **geändert**. Bei der Bearbeitung wird der Stoffzusammenhalt teilweise aufgehoben, z. B. Drehen und Scheren.

Hauptgruppe 4: **Fügen**

Vorgefertigte Werkstücke der vorangegangenen Hauptgruppen werden durch zusätzliche Stoffmengen verändert (**Bild 2**).

Charakteristisch sind die Wirkungsprinzipien der Ur- und Umformverfahren, Adhäsionskräfte oder einfache Stoffmengenvergrößerung.

Die **Stoffmenge** der Werkstücke wird durch Verbinden mit anderen Werkstücken **vergrößert**. Der Werkstoffzusammenhalt ist vergrößert, z. B. durch Verstiften oder Kleben.

Hauptgruppe 5: **Beschichten**

Die Werkstoffoberflächen werden mit Stoffen aus dem gasförmigen, flüssigen oder festen Aggregatzustand beschichtet.

Die aufgebrachten Zusatzwerkstoffe verbessern die Gebrauchseigenschaften der Werkstücke (**Bild 3**).

Durch Aufbringen von Zusatzwerkstoffen auf feste Werkstücke wird ein **neuer Stoffzusammenhalt** hergestellt. Die Werkstücke erfüllen dadurch spezielle Anforderungen, z. B. durch Lackieren.

Hauptgruppe 6: **Stoffeigenschaften ändern**

Erwünschte Werkstoffeigenschaften der Werkstücke werden durch Einbringen, Umlagern oder Aussondern von Stoffteilchen erreicht (**Bild 4**). Weichmacher verändern die Gebrauchseigenschaften von PVC.

Eine Energiezufuhr führt zu Umlagerung von Teilchen im festen Werkstoffgefüge und dadurch zu **Eigenschaftsänderungen**, z. B. Weichglühen und Härten von Stählen.

Bild 1: Fräsbearbeitung einer Grundplatte

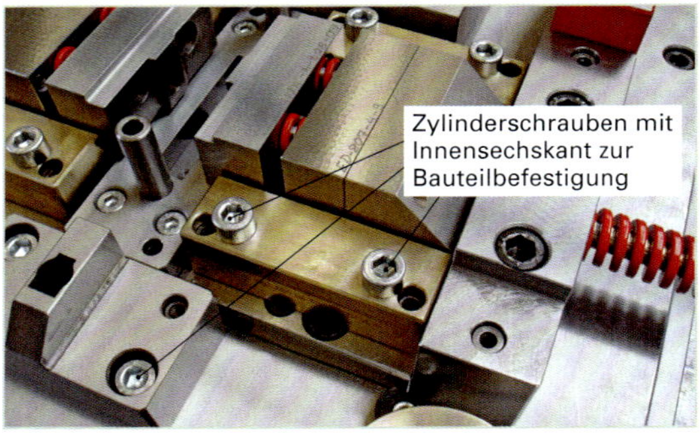

Bild 2: Verschraubtes Werkzeugunterteil

Bild 3: Beschichtete Werkzeuge

Bild 4: Wärmebehandlung von Stählen

2.3.1 Verfahren der Fertigungshauptgruppen

Urformen durch Gießen

Gießen ist eines der ältesten Fertigungsverfahren zur Herstellung von Gebrauchsgegenständen. Die herzustellenden Formen und die Werkstückgrößen sind vom jeweiligen Verwendungszweck abhängig (**Bild 1**).

Für die Herstellung von Gusswerkstücken sind folgende Fertigungsvoraussetzungen erforderlich:

- stabile, temperaturbeständige und gasdurchlässige Formen
- Modelle für die Abbildung der Werkstückinnen- und -außenkonturen
- vergießbare flüssige Werkstoffe

Für die Herstellung von metallischen Werkstücken mit unterschiedlichen Genauigkeits- und spezifischen Gebrauchseigenschaften stehen spezielle Gießverfahren zur Verfügung (**Übersicht 1**).

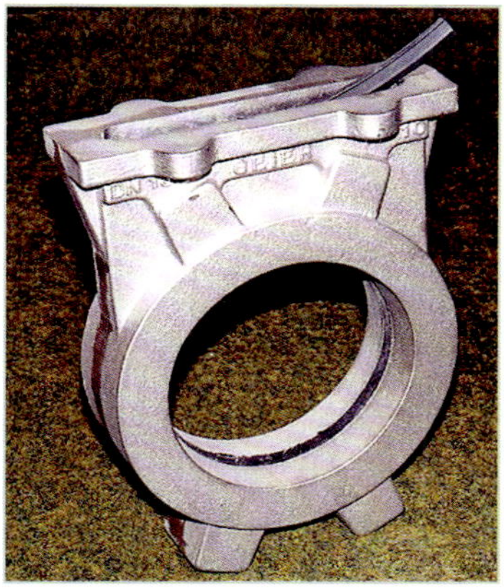

Bild 1: Versandfertiges Gusswerkstück (Schieber)

Übersicht 1: Gießverfahren

- Form- und Gießverfahren
  - Gießen in verlorene Formen
    - mit Dauermodellen
      - Handformen
      - Maschinenformen
      - Vakuumformen
      - Maskenformen
    - mit verlorenen Modellen
      - Feingießen
      - Vollformgießen
  - Gießen in Dauerformen
    - ohne Modelle
      - Druckgießen
      - Kokillengießen
      - Schleudergießen
      - Stranggießen

Vor der Fertigung der unterschiedlichsten Gussteile sind für alle Form- und Gießverfahren eine **Modellzeichnung** und ein **Modell** herzustellen (**Bild 2**).

Folgende charakteristische Merkmale kennzeichnen die Form- und Gießverfahren:

- Verfahrensspezifische Zeichnungen, z. B. mit Angabe von Formelementen (Formschrägen).
- Die Modelle bestehen meist aus Holz, bei besonderen Beanspruchungen aus Kunststoff oder Leichtmetall.
- Spezielle Farbkennzeichnungen der Modelle verweisen auf den Gusswerkstoff.
- Schwarz gekennzeichnete Teile eines Modells bestimmen die Lage von Kernen, dadurch entstehen Hohlräume in den Werkstücken.

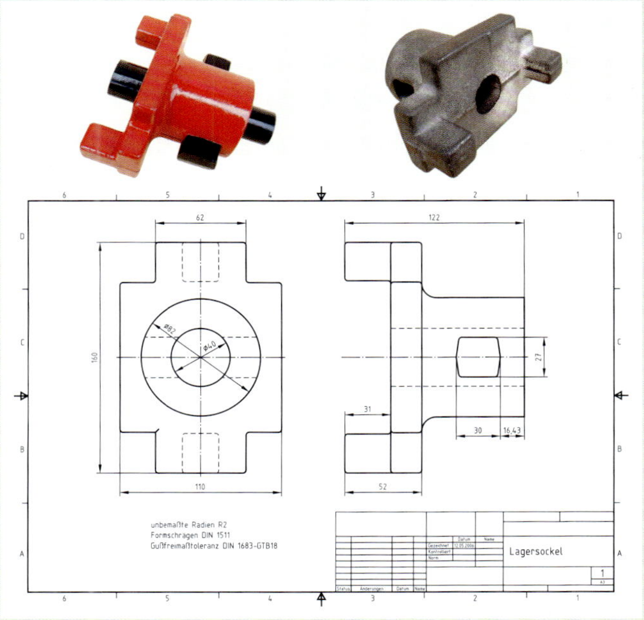

Bild 2: Gussteilzeichnung, Modell und Fertigteil

Fertigungsablauf eines einfachen Gussteils

Der Fertigungsablauf des Lagersockels zeigt alle charakteristischen Arbeitsschritte des Gießens in verlorenen Formen mit zweiteiligen Dauermodellen (**Bild 1**).

Bild 1: Fertigungsablauf eines einfachen Gussteils

Das zweiteilige Holzmodell ① hat die identische Werkstückform, ist jedoch um das **Schwindmaß** des entsprechenden Gusswerkstoffs größer, z. B. EN-GJL-100 um **1 %**, und rot, gekennzeichnet. Die gesondert hergestellten Kerne ② müssen eine höhere Festigkeit als die Sandform aufweisen. Der Einformprozess beginnt mit der Positionierung ③ der Modellhälften und des Eingusssystems. Das Einpudern des Modells verhindert ein Festkleben des angefeuchteten Formsandes. Der aufbereitete Formsand muss so verdichtet werden, dass die Formkonturen stabil bleiben und die Gasdurchlässigkeit beim Abguss gewährleistet ist. Hohlräume in Gussstücken werden durch das Einlegen ④ von Kernen erzeugt. Zum Abgießen ⑤ müssen beide Formhälften wieder aufeinandergesetzt und durch Lasteisen, die dem Auftrieb des flüssigen Metalls entgegenwirken, beschwert werden. Die erforderliche Zeit des Abkühl- und Schrumpfprozesses der Gusswerkstücke ist von der Form und der Größe abhängig. Der Zeitraum liegt zwischen Stunden und mehreren Tagen. Abschließend wird die auf Raumtemperatur abgekühlte Form ausgepackt ⑥, dabei geht die Sandform verloren. Das Eingusssystem wird abgetrennt und als Kreislaufmaterial wiederverwendet. Das Gusswerkstück wird sandgestrahlt und durchläuft bis zum Versand noch die Gütekontrolle.

Herstellung komplizierter Gussteile aus Leichtmetalllegierungen

Dünnwandige Werkstücke in großen Stückzahlen aus niedrigschmelzenden Leichtmetalllegierungen werden durch Druckgießen hergestellt (**Bild 2**). Der flüssige Werkstoff wird mit großen Drücken und Fließgeschwindigkeiten in mehrteilige Formen gepresst. Erst nach dem Erstarren kann das Werkstück der Dauerform entnommen werden.

Verfahrensvergleich des **Druckgießens** gegenüber dem Sandgießen:

- genauere Werkstückmaße und bessere Oberflächengüte herstellbar
- Fertigung komplizierterer Werkstückformen
- mehrere zehntausend Abgüsse pro Werkzeug ohne Qualitätsunterschiede erreichbar
- höhere Werkzeug- und Anlagekosten
- begrenzte Werkstückgrößen

Bild 2: Druckgussteil (Pkw-Getriebe)

Urformen durch Sintern

Durch das Fertigungsverfahren Sintern ist es möglich, Werkstücke in großen Stückzahlen mit komplizierten Innen- und Außenformen kostengünstig herzustellen (**Bild 1**). Es können Werkstoffe mit speziellen Eigenschaften erzeugt werden, die durch Gießen **nicht** herstellbar sind.

Der Fertigungsablauf beim Sintern durchläuft drei Phasen, die auf die gewünschten Werkstoffeigenschaften Einfluss nehmen (**Bild 2**).

Bild 1: Gesinterte Werkstücke

Mit der Bereitstellung **pulverisierter Werkstoffe** beginnt der Fertigungsablauf. Spröde Werkstoffe werden mechanisch zerkleinert. Durch Zerstäuben von Schmelzen in Druck- oder Wasserströmen werden Pulverteilchen für **duktile** (formbare) Werkstoffe erzeugt. Die **Korngrößen** betragen je nach Anwendungszweck **1 µm bis 2 mm**.

Durch bestimmte Mischungsverhältnisse metallischer und nichtmetallischer Pulversorten können die Werkstoffeigenschaften zielgerichtet beeinflusst werden.

Die **Formgebung** der Werkstücke erfolgt in massiven **Presswerkzeugen** mit Drücken bis zu 8000 bar. Durch die Einwirkung des Druckes sowie durch die Abnahme der Porenräume und durch mechanisches Verhaken der Pulverteilchen erfolgt eine hohe Werkstoffverdichtung. Nach dem Pressen sind formgetreue Teile, sogenannte **Grünlinge** entstanden, die jedoch in ihren Festigkeitswerten noch keinerlei mechanischen Beanspruchungen standhalten würden. Die abschließende Wärmebehandlung, bei der die Werkstücke die geforderten Eigenschaften erhalten, wird als **Sintern** bezeichnet. Die gepressten Rohlinge werden auf ca. 90 % der Schmelztemperatur erwärmt, dadurch kommt es zu Diffusionsvorgängen und **Neukristallisation**.

Die Eigenschaften und das Anwendungsspektrum gesinterter Werkstücke werden durch die nachfolgenden Behandlungsverfahren beträchtlich erweitert. Kalibrierte Werkstücke sind ohne Nacharbeit **einbaufertig**, ölgetränkte Lager besitzen gute **Notlaufeigenschaften**, wärmebehandelte Bauteile sind **verschleißfester** und Hartmetall-Schneidplatten besitzen sehr gute **Zerspanungseigenschaften**.

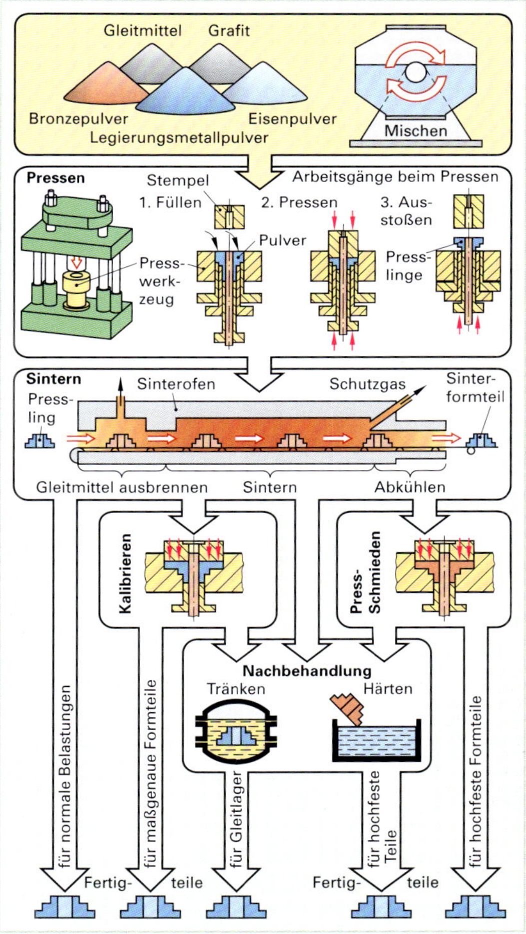

Bild 2: Fertigungsstufen des Sinterns

Die Werkstoffbezeichnungen gesinterter Bauteile verweisen auf das Fertigungsverfahren (**Bilder 3,4,5**).

Bild 3: Gleitlager

Bild 4: Zahnräder und Pumpenring

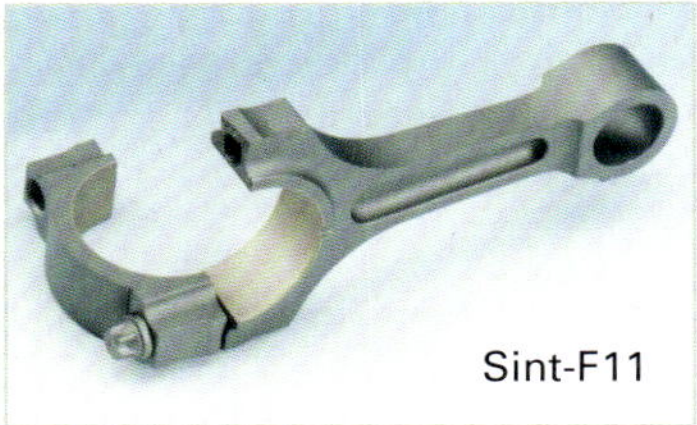

Bild 5: Pleuelhebel

Rapid-Prototyping (RP-Verfahren)

Prototypen werden zunehmend als Kommunikationsmöglichkeit zur Darstellung der Proportionen, des Designs sowie der Funktion herzustellender Werkstücke verwendet. Mithilfe der modernen Rapid-Prototyping-Verfahren (schnelle Herstellung der ersten Werkstückform) stehen Musterteile in weitaus kürzeren Zeiten im Vergleich zur konventionellen Fertigung zur Verfügung. Bei allen Rapid-Prototyping-Verfahren werden die Werkstücke **schichtweise** aus flüssigen, festen oder pulverförmigen Ausgangsstoffen erzeugt.

Charakteristisch für alle RP-Verfahren sind die folgenden allgemeinen Fertigungsschritte (**Bild 1**):

- Ausgehend von der Werkstückidee wird eine Skizze oder eine Zeichnung erstellt.
- erarbeitung der erforderlichen 3D-CAD-Daten
- Datenaufbereitung für die einzelne Schichtdicke (Z-Achse zwischen 0,005 mm ... 0,5 mm).
- schichtweise Fertigung des Prototypen

Beim **Stereolithographie-Verfahren (SL)** wird im Arbeitsraum der Anlage auf die Oberfläche eines un- oder niedrigvernetzten Monomers durch einen gesteuerten Laserstrahl die programmierte Werkstückkontur übertragen. Die übertragene Laserstrahlenergie führt zum örtlich begrenzten Aushärten der Monomere (**Bild 2**).

Ist die Photopolymerisation einer Schicht beendet, wird der Trägertisch um den Betrag der festgelegten Schichtdicken abgesenkt. Danach wird die feste, ausgehärtete Schicht mit neuem flüssigen Monomer überstrichen und der Vorgang so lange durchgeführt, bis die Bauteilhöhe erreicht ist.

Vorteile des SL-Verfahrens sind:

- sparsamer Verbrauch des Monomers
- günstige Beeinflussung der Oberflächengüte durch die Wahl der Schichtdicke

Die Herstellung von Prototypen durch **Selektives Lasersintern (SLS)** unterscheidet sich von der Stereolithographie im Wesentlichen durch die verwendeten Ausgangsstoffe. In der Lasersinteranlage entstehen die dreidimensionalen Prototypen aus unterschiedlichen pulverförmigen Ausgangsstoffen, die mit einer Polymerbindeschicht ummantelt sind (**Bild 3**).

Unter Einwirkung eines CO_2-Laserstrahls verschmelzen die einzelnen Werkstoffpartikel. In der X-Y-Ebene entsteht die Prototypenkontur in Schichtdicken von 0,1 mm bis 0,15 mm, die zur Fertigstellung des Prototyps in die Z-Richtung abgesenkt werden. Anschließend wird durch Wärmeeinwirkung das Polymer entfernt und Kupfer infiltriert.

Vorteil des SLS-Verfahrens:

- Verwendung verschiedener Körner (Glas, Sand und Metalle in Größen zwischen 20 µm ...100 µm).

Bild 1: Prinzip der Rapid-Prototyping-Verfahren

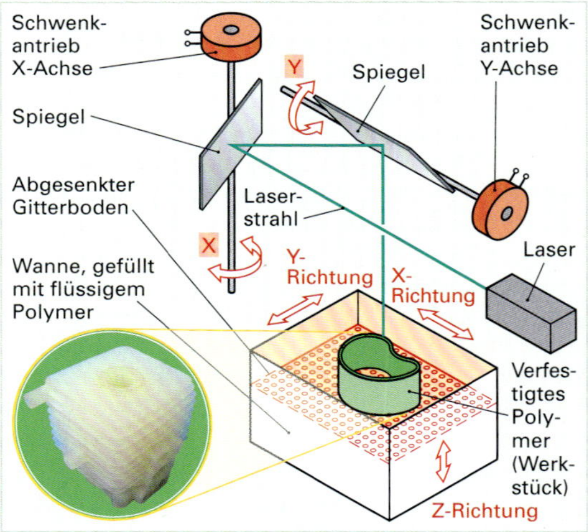

Bild 2: Verfahrensprinzip der Stereolithographie

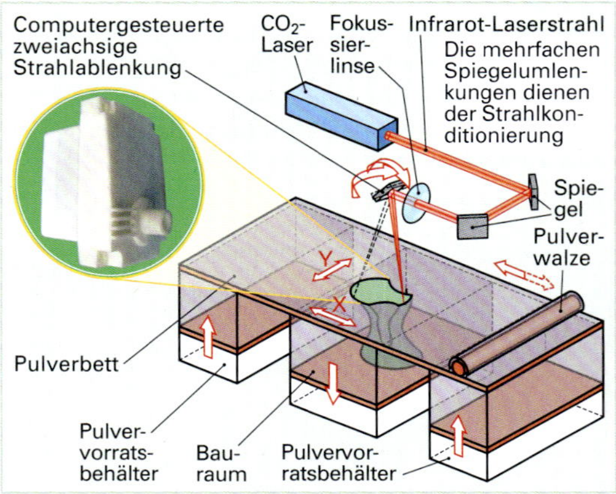

Bild 3: Verfahrensprinzip des Lasersinterns

Ein weiteres Verfahren zur Herstellung von kostengünstigen Prototypen ist das **FDM-Verfahren (FDM-Fused Deposition Modeling)** (**Bild 1**). Drahtförmiges Material wird von einer Spule abgerollt und in einer Düse aufgeschmolzen. Der aufgeschmolzene Kunststoff wird an der gewünschten Position tröpfchenweise in einem Raster der Arbeitsebene aufgetragen und verfestigt sich durch Abkühlung. Der Aufbau eines Körpers im „Schmelzschicht"-Verfahren erfolgt, indem wiederholt jeweils zeilenweise eine Arbeitsebene abgefahren und dann die Arbeitsebene nach unten verschoben wird, sodass ein Bauteil schichtweise entsteht. Auskragende Bauteile können bei diesem Verfahren oft nur unter Zuhilfenahme von Stützkonstruktionen (z. B. Polystyrol, Pappe) erzeugt werden. Ein Vorteil durch den „sauberen Betrieb" ist der problemlose Einsatz in Konstruktionsbüros. Die Schichtdicken liegen je nach Anwendungsfall zwischen 0,025 mm bis 1,25 mm. Üblich können Vollkörper und Hohlkörper gefertigt werden. Für das FDM-Verfahren können Formwachse und Thermoplaste wie Polyethylen, Polypropylen, Polylactid, ABS und thermoplastische Elastomere eingesetzt werden.

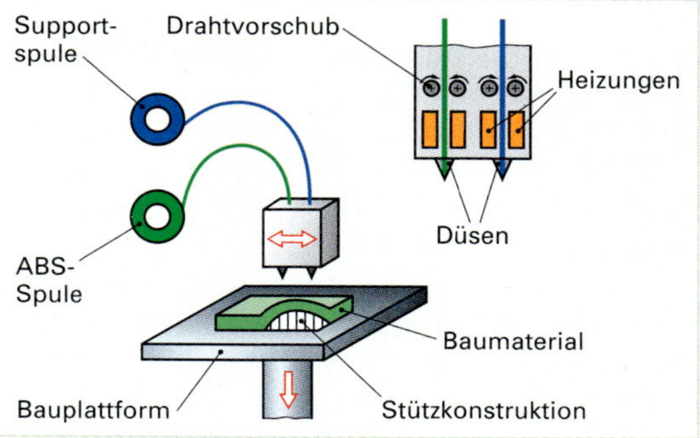

Bild 1: Prinzip der FDM-Anlagen

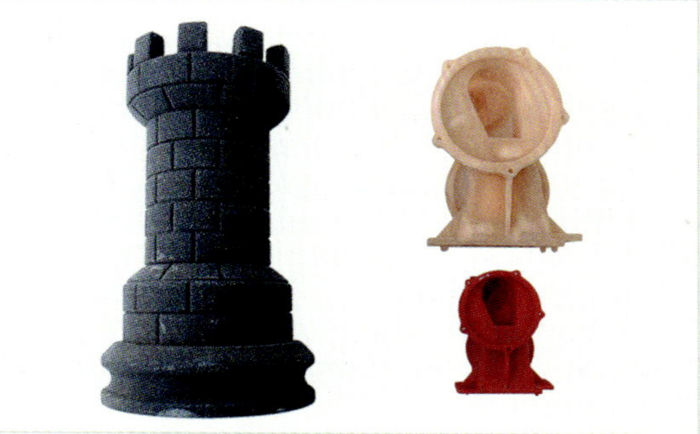

Bild 2: Farbige Modelle

Multi-Jet Modeling (MJM): Hierbei kommen zwei Varianten zum Einsatz. Variante 1: Ein dem Tintenstrahldrucker ähnlicher Druckkopf sprüht über feine Düsen ein Photopolymer auf die Arbeitsplattform. Durch UV-Licht wird das Monomer polymerisiert und somit in den festen Zustand überführt. Wenn bei der Fertigung von Überhängen Stützkonstruktionen, auch als Support bezeichnet, erforderlich sind, wird ein niedrigschmelzendes Wachs über eine weitere Düse aufgetragen. Diese Hilfskonstruktionen können durch Wärme einfach entfernt werden. Bei Variante 2 verspritzt der Druckkopf kein Photopolymer, sondern flüssiges Bindemittel (z. B. Epoxidharz) auf ein Pulverbett. Das Bindemittel klebt das Pulver zusammen. Auf diese Weise härtet der Drucker Pulver aus Keramik, Stahl, Gips oder Stärke. Anschließend wird frisches Pulver aufgebracht und die nächste Ebene wird erstellt. Diese 3D-Drucker arbeiten direkt in einem Pulverbett, dadurch werden auch bei komplexen und überstehenden Bauteilen keine Stützkonstruktionen benötigt. Wie beim Lasersintern kann der gesamte Bauraum des Druckers zur Fertigung genutzt werden. Unterschiedliche Teile in unterschiedlichen Farben (**Bild 2**) lassen sich nebeneinander oder auch übereinander im Bauraum platzieren und in einem Arbeitsgang drucken.

Ähnlich dem selektiven Lasersintern von Kunststoffen arbeitet das selektive Laserschmelzverfahren von Metallen. Als Verfahrensbezeichnungen begegnen einem **Selective Laser Melting, Direct Metal Laser Sintering** und **LaserCUSING**. Mit diesem Verfahren können komplizierte Werkzeugeinsätze z. B. aus einem Werkzeugstahl mit einer integrierten, konturnahen Kühlung gefertigt werden (**Bild 3**) oder filigrane Metallteile in der Medizin. Als Werkstoffe kommen neben vielfältigen Stählen auch Aluminiumlegierungen, Bronzelegierungen und Titanlegierungen zum Einsatz.

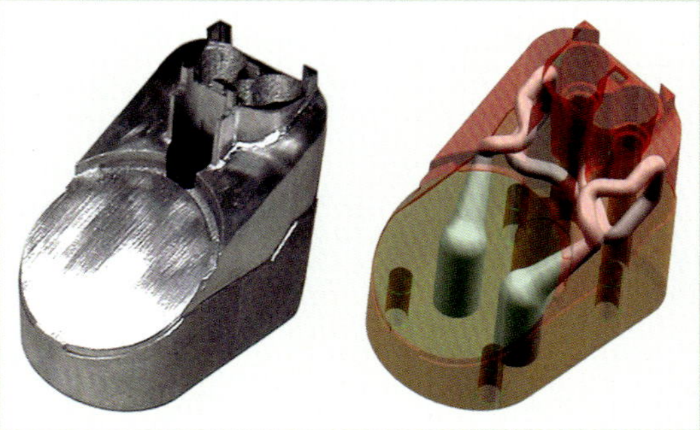

Bild 3: Werkzeugeinsatz mit Darstellung der Kühlung

Umformen

Die Entwicklung des Metallumformens ist unmittelbar an die Weiterverarbeitung der urgeformten Werkstücke gebunden. Durch die Nutzung der Wasserkraft konnten in Hammerwerken größere und komplizierte Werkstücke hergestellt werden (**Bild 1**).

Bild 1: Freiformschmieden in Hammerwerken

Durch die Umformverfahren werden vorgefertigte metallische und nicht metallische Werkstücke durch die Einwirkung von äußeren Kräften bildsam in der Form verändert. Der Fertigungsablauf erfolgt im festen Zustand, die Werkstückmasse bleibt konstant.

Eine wesentliche Voraussetzung zum Umformen der Werkstoffe ist eine ausreichende Zähigkeit. Aus dem Spannungs-Dehnungs-Diagramm (**Bild 2**) sind die Bereiche der plastischen Werkstoffumformung durch die Streckgrenze R_e bzw. der Dehngrenze $R_{p0,2}$ und der Zugfestigkeit R_m erkennbar. Baustahl wie z. B. S235JR lässt sich aufgrund der großen plastischen Dehnung sehr gut umformen. Einsatzstähle und Messing sind dagegen wegen des geringen Dehnungsbereiches zum Kaltumformen ungeeignet.

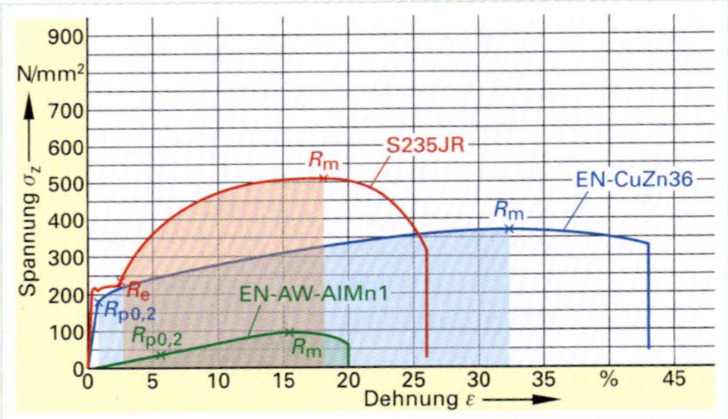

Bild 2: Umformbereiche der Werkstoffe S235JR, EN-AW-AlMn1 und EN-CuZn36

Kaltumformung erfolgt bei Raumtemperatur, Kaltverfestigung und Versprödung können durch Glühen beseitigt werden.

Warmumformung erfolgt über der Rekristallisationstemperatur, dadurch lassen sich die Werkstoffe mit geringeren Kräften umformen (**Bild 3**).

Bild 3: Kalt- bzw. warmumgeformte Werkstücke

Verfahrensvorteile des Umformens:

- keine Zerstörung des Faserverlaufes
- Erhöhung der Werkstofffestigkeit
- geringe Maß- und Formtoleranzen
- kein Werkstoffverlust bei der Herstellung von komplizierten Innen- und Außenformen
- Kostengünstig bei großen Fertigungszahlen

Die Umformverfahren können nach der **Art und Richtung** der einwirkenden Kräfte und der Umformwerkzeuge unterschieden werden (**Bild 4**).

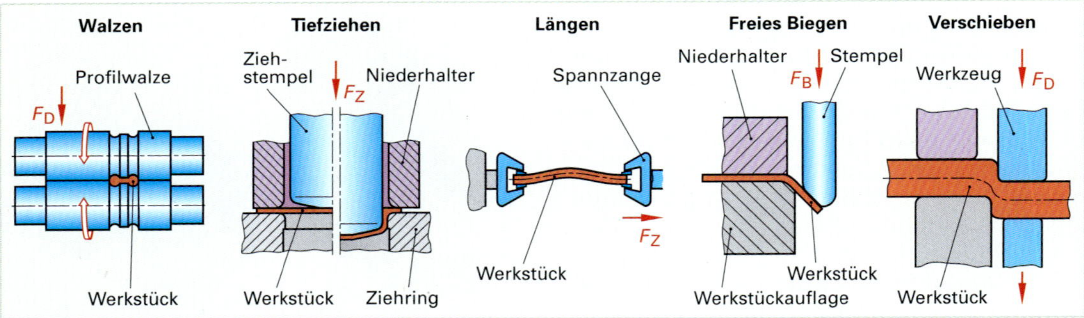

Bild 4: Umformverfahren (Auswahl)

Biegeumformung

Vorgefertigte Blechzuschnitte werden in Biegewerkzeugen bei Raumtemperatur (Kaltumformung) durch die Einwirkung der Biegekraft plastisch umgeformt (**Bild 1**). Unabhängig vom Querschnitt der zu biegenden Teile müssen die folgenden theoretischen Grundlagen berücksichtigt werden, um genaue Biegeteile zu erhalten:

- Berechnung der gestreckten Länge
- Festlegung des Biegeradius
- Berücksichtigung der Rückfederung

Die gestreckte Länge des Zuschnittes, der kleinstmögliche Biegeradius und die Rückfederung können berechnet oder aus Tabellen bzw. Diagrammen für den jeweiligen Werkstoff bestimmt werden (**siehe Kapitel 15.1**).

Aufgrund der wirkenden Zugspannung an der Werkstückaußenseite und der Druckspannung an der Werkstückinnenseite wird der Querschnitt der Biegeteile deformiert.

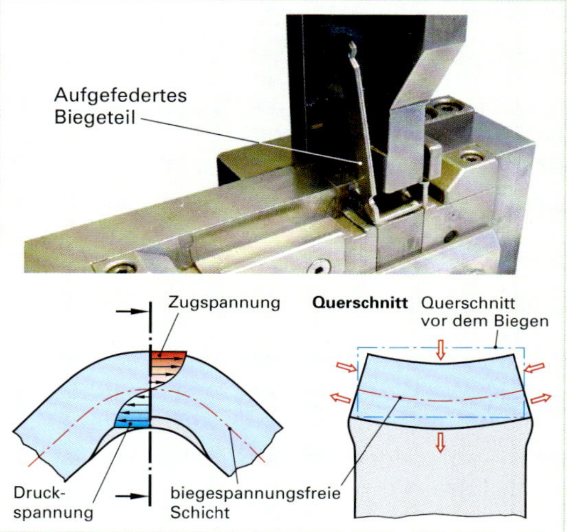

Bild 1: Fertigung eines U-Biegeteils, Biegespannungen und Querschnittsverlängerung

Biegeverfahren können nach der Form der Biegeteile, der Art der Werkzeugbewegung und dem Querschnitt des Biegeteils unterteilt werden (**Bild 2**).

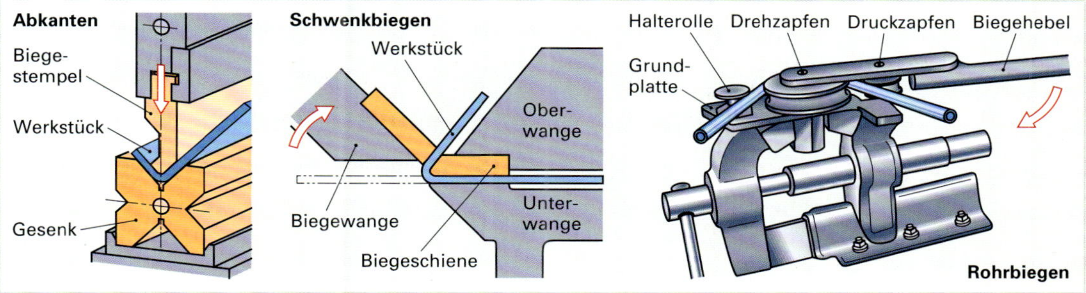

Bild 2: Biegeverfahren

Beim Biegen von Kunststoffteilen müssen weitere spezifische Eigenschaften berücksichtigt werden.

Duromere sind für eine Biegeumformung aufgrund des strukturellen Aufbaus **nicht geeignet**.

Problematisch ist die Biegeumformung von Thermoplasten bei Raumtemperatur wegen des sehr großen Rückfederungswinkels und der Veränderung der Werkstofffestigkeit in der Biegezone.

Thermoplaste sind dagegen im thermoelastischen Bereich **sehr gut umformbar**.

Durch die Einwirkung der entsprechenden Temperatur erweicht der Kunststoff und ist mit geringer Biegekraft umformbar.

Die Abkühlung des Biegeteils muss unter ständiger Einwirkung der Biegekraft erfolgen, damit die auftretende Rückfederung gering bleibt (**Bild 3**).

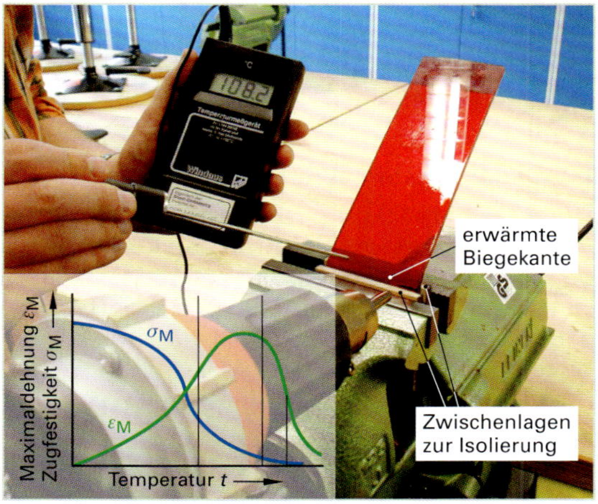

Bild 3: Temperaturverhalten beim 90°-Biegen von 5 mm dickem Acrylglas

Zugdruckumformen

Durch das Zusammenwirken von **Zug- und Druckkräften** (siehe Kap. 15.1) in Umformwerkzeuge entstehen Halbzeuge oder Fertigteile von Werkstoffen mit geeigneten mechanischen Eigenschaften. Die erreichte Qualität der Werkstücke wird von den Gefügeveränderungen der Werkstoffe und der Umformtemperatur beeinflusst.

Das **Tiefziehen** von Blechen ist ein bedeutendes Umformverfahren für die Serienfertigung.

Der gesamte Tiefziehvorgang lässt sich in folgende Abschnitte untergliedern (**Bild 1**):

- Einlegen des ebenen Blechzuschnittes in die Werkzeugaufnahme.
- Die einwirkende Niederhalterkraft F_N drückt den Blechzuschnitt auf die Ziehmatrize.
- Durch den Ziehstempel bewirkt die Ziehkraft F_Z im Werkstück Zug- und Druckspannungen, die für die Umformung charakteristisch sind.

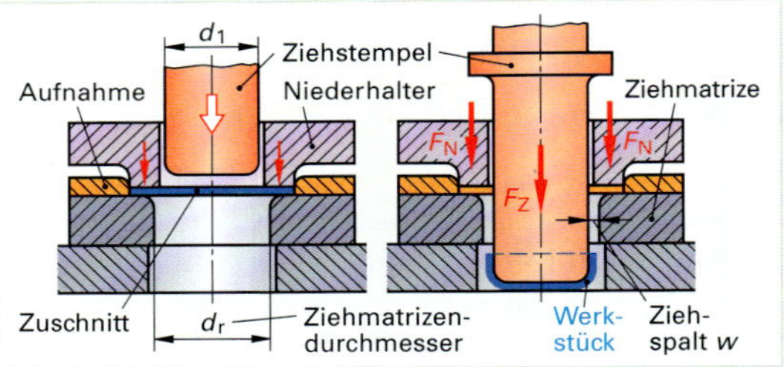

Bild 1: Tiefziehvorgang

Das Fertigungsverfahren Tiefziehen ist für Werkstoffe wie z. B. Bleche aus DC03, Kupfer- und Leichtmetalllegierungen geeignet. Materialstärken bis 10 mm sind dabei kein Problem.

Aufgrund der Werkstoffbelastung durch die Zug- und Druckspannungen beim Umformen von **hohen** und **komplizierten Werkstücken** müssen bestimmte **Ziehverhältnisse** β (Werkstückdurchmesser vor und nach einer Ziehstufe) zwischen den einzelnen Fertigungsabschnitten eingehalten werden. Die Fertigung, z. B. von Lampengehäusen, erfolgt dadurch zwangsweise in Stufenwerkzeugen (**Bild 2**).

Bild 2: Stufenwerkzeuge

Mithilfe von Thermoformanlagen ist das zukunftsorientierte Fertigungsverfahren **Vakuum-Tiefziehen** von Kunststoffen die Grundlage für zahlreiche Finalproduzenten. Das wirksame Vakuum erzeugt die Kraft für die Kunststoffumformung (**Bild 3**).

Bild 3: Vakuumtiefgezogene Ablagen

Für die Fertigung von dünnwandigen Kunststoffartikeln, wie z. B. Becher, Ablagen usw., müssen bestimmte Voraussetzungen eingehalten werden:

- Spezielle Werkzeugkonstruktionen (Anzahl, Größe und Position der Bohrungen für die Vakuumformung)
- geeignete Kunststoffart und Materialstärke
- Erweichungstemperatur und -zeit

Die **Skin-Verpackung** von Fertigprodukten erweitert die Umformverfahren von Kunststoffen dadurch, indem die eng anliegenden, transparenten Folien den optimalen Transportschutz, z. B. von Werkzeugen, Haushaltsgeräten usw. bieten (**Bild 4**).

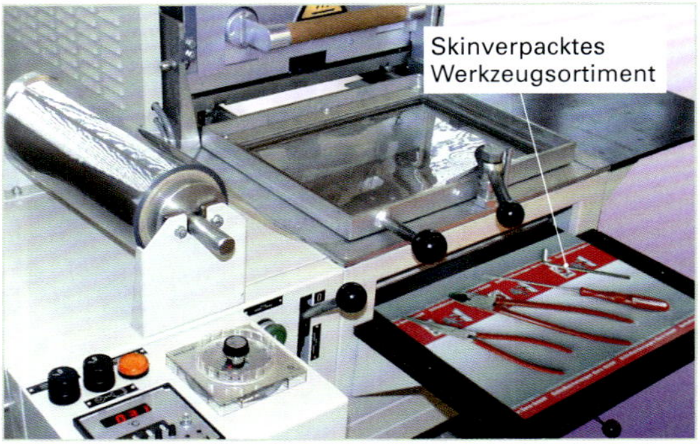

Bild 4: Skinverpackte Werkzeuge

Bei der Fertigung müssen folgende Maschinen- und Werkstoffparameter beachtet werden:

- vakuumdurchlässige Unterlagen
- geeignete Folien (Kunststoffart und Dicke)
- Erweichungstemperatur und -zeit

Druckumformung

Mithilfe von Druckkräften werden Halbzeuge durch formgebende Werkzeuge bei Raumtemperatur oder erhöhten Temperaturen zu Werkstücken umgeformt. Je nach Werkzeugart und Fertigungsablauf werden die folgenden Verfahren unterschieden:

Beim **Walzen** werden durch die kontinuierliche Einwirkung der Druckkraft über entgegengesetzt rotierende Walzen aus Kokillenblöcken oder Gusssträngen verschiedene Halbzeuge hergestellt (**Bild 1**).

Durch Warmwalzen bei ca. 800 °C für Stahl werden mithilfe von bestimmten Zusatzeinrichtungen **komplizierte** Profile, wie z. B. Rohre, Träger und Schienen hergestellt. Bei Raumtemperatur entstehen durch Kaltwalzen vorrangig Flacherzeugnisse. Die Abmessungen können wenige Hundertstel Millimeter Dicke und Längen bis über 1000 Meter betragen.

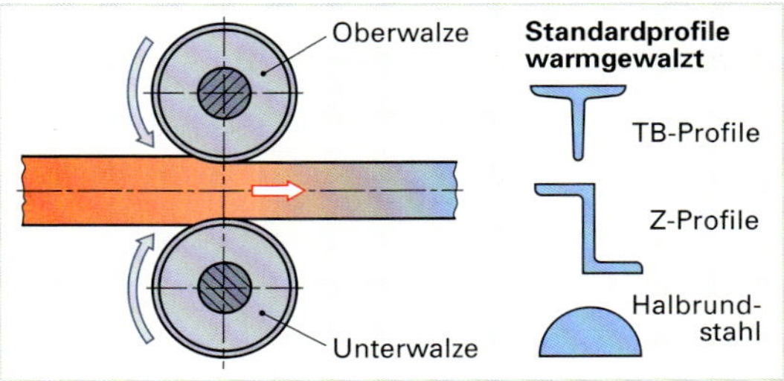

Bild 1: Walzvorgang

Durch **Gesenkformen** entstehen aus einfachen Halbzeugabschnitten kompliziert geformte Werkstücke in großen Stückzahlen. Der Werkstoff wird zur besseren Bildsamkeit in den zweiteiligen Werkzeugformen (Gravur) vorher erwärmt. Es entsteht ein ununterbrochener Faserverlauf und dadurch erhöhte Festigkeitswerte für **hochbeanspruchte Werkstücke**. Verfahrensbedingt werden alle gesenkgeschmiedeten Werkstücke mit Formschrägen versehen. Der fertigungsbedingte Grat wird nachträglich entfernt (**Bild 2**).

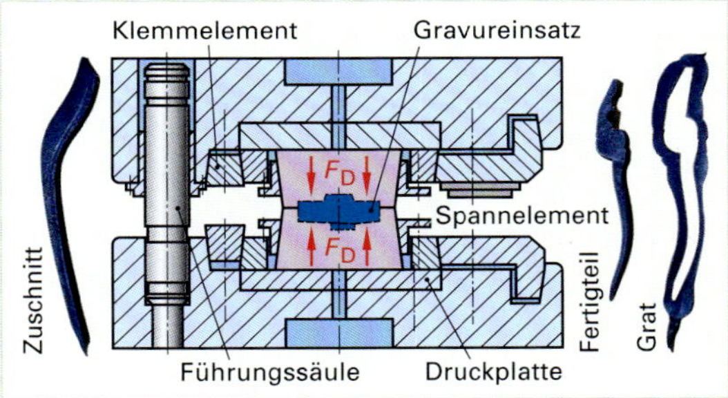

Bild 2: Gesenkformen

Platinen oder Stangenabschnitte aus verschiedenen Werkstoffen sind für das **Fließpressen** die Ausgangsmaterialien. Der Pressstempel überträgt die Druckkraft auf die Platine, wodurch der Werkstoff nur zwischen der formgebenden Pressbuchse und dem Stempel entweichen kann. **Einfache zylindrische Werkstückformen** (**Bild 3**) entstehen beim Fließpressen in nur einem Arbeitsgang, sie sind deshalb sehr kostengünstig herstellbar. Für kompliziertere Werkstückformen gibt es spezielle Fließpresswerkzeuge, die sich wesentlich im Aufbau und in der Wirkungsweise unterscheiden.

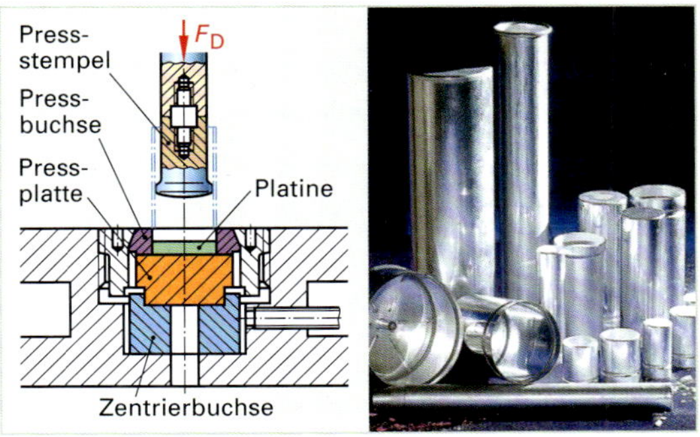

Bild 3: Fließpressen

Beim **Durchdrücken** (**Bild 4**) können stark profilierte Halbzeuge mit Längen bis 40 m hergestellt werden. Dabei wird der erwärmte Rohling durch eine formgebende Werkzeugöffnung gepresst. Die eingesetzten Werkstoffe (HM, hochlegierte Warmarbeitsstähle) und die besondere Gestaltung der Matrize ermöglichen die Herstellung von komplizierten Innen- und Außenformen mit geringen Werkstoffverlusten. Glaspulver als spezieller Schmierstoff des Verfahrens ist in der Lage, die einwirkenden Druckkräfte, die ständigen Temperaturwechsel und die hohen Reibungskräfte aufzunehmen.

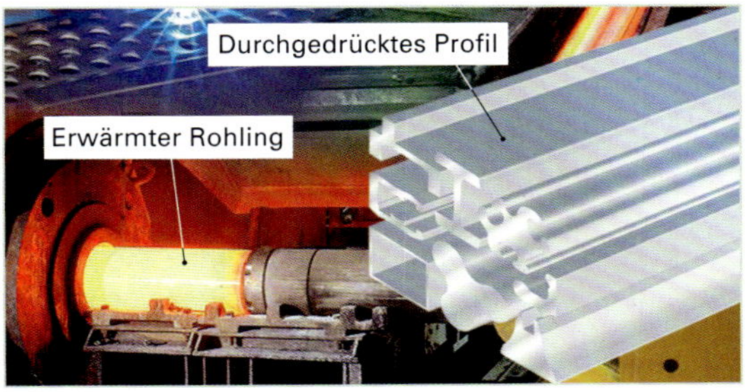

Bild 4: Durchdrücken

Trennen

Charakteristisch für alle trennenden Fertigungsverfahren ist die Aufhebung des Stoffzusammenhaltes. Ursächlich wirken dabei äußere Kräfte, hohe Temperaturen oder chemische Reaktionen. Alle Trennverfahren werden durch DIN 8580:2003-09 systematisch eingeteilt (**Tabelle 1**).

Tabelle 1: Trennverfahren nach DIN 8580:2003-09

Trennen (Hauptgruppe 3)				
Zerteilen	**Spanen mit geometrisch bestimmter Schneide**	**Spanen mit geometrisch unbestimmter Schneide**	**Abtragen und Zerlegen**	**Sonderverfahren**

Beim **Zerteilen** und **Spanen** werden die Stoffteilchen mechanisch durch **Krafteinwirkung** (**Bild 1**) abgetrennt. Hohe Temperaturen führen zu chemischen Reaktionen beim Abtragen. Zerlegen von Baugruppen, z. B. Abschrauben und Sonderverfahren, komplettieren die Trennverfahren.

Für eine erforderliche Weiter- bzw. Nachbearbeitung von ur- bzw. umgeformten Metall- und Kunststoffwerkstücken sind Fertigungsverfahren mit spanloser bzw. spanabhebender Formgebung geeignet. Die geringe Wärmeleitfähigkeit und die relativ geringen Festigkeitswerte von Kunststoffen müssen bei der Bearbeitung beachtet werden.

Kräfte am Keil

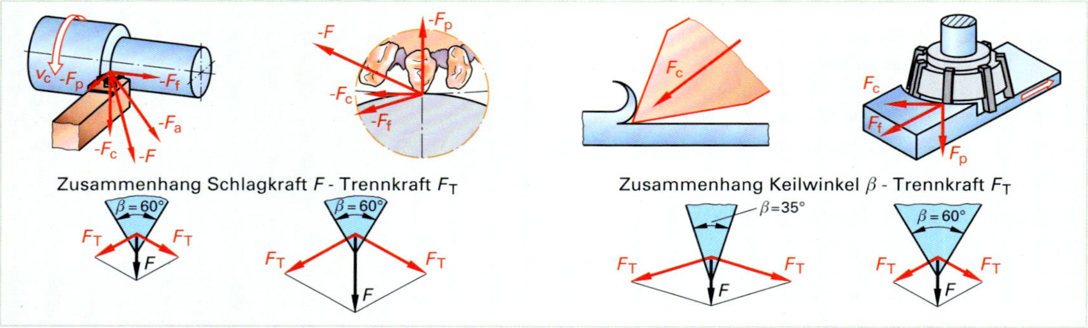

Bild 1: Keilwirkung – Grundlage des Trennens

Werkzeugschneiden

Charakteristisches Merkmal aller spanabhebenden Fertigungsverfahren ist eine keilförmige Werkzeugschneide. Die Form und die Geometrie des Schneidkeiles ist vom jeweiligen Fertigungsverfahren bzw. Anwendungszweck abhängig, dabei kann die Schneidengeometrie exakt definiert oder unbestimmt sein (**Bild 2**).

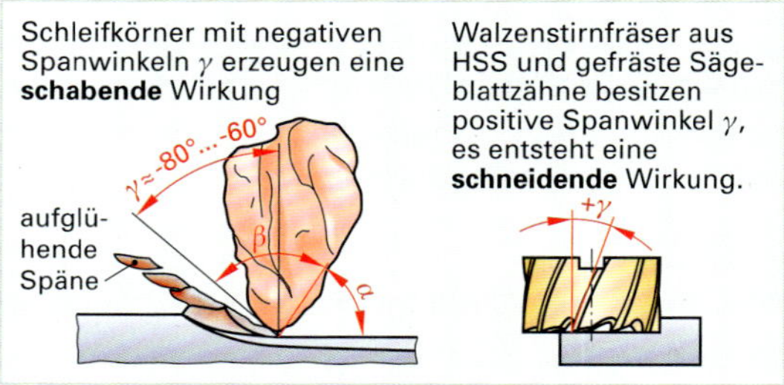

Bild 2: Formen von Werkzeugschneiden

Winkel und Flächen am Schneidkeil

Die Größe des Spanwinkels γ, des Keilwinkels β und des Freiwinkels α definieren die Form der Schneidkeile aller spanabhebenden Werkzeuge. Die Winkelsumme beträgt an allen Werkzeugen 90°. Auf den Spanflächen gleiten die sich bildenden Späne ab und belasten diese thermisch und mechanisch. Zur Reibungsminimierung ist eine Freifläche erforderlich. Die Standzeit der Werkzeuge ist u. a. von den genannten Faktoren abhängig (**Bild 3**).

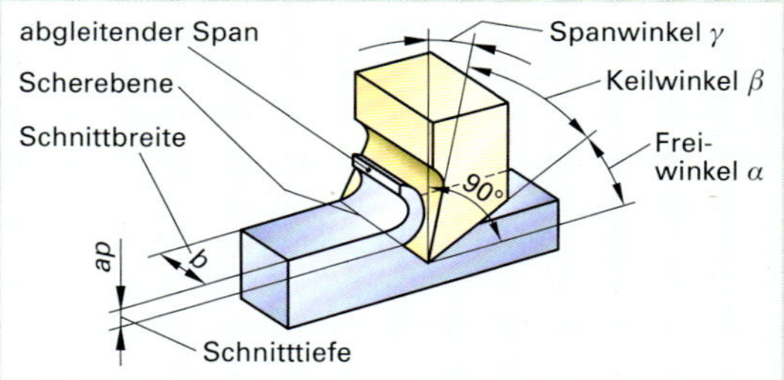

Bild 3: Winkel und Flächen am Schneidkeil

Zerteilen und Sonderverfahren

Für eine Weiter- bzw. Nachbearbeitung von ur- bzw. umgeformten Metall- und Kunststoffwerkstücken sind Fertigungsverfahren mit spanloser bzw. spanabhebender Formgebung geeignet. Die geringe Wärmeleitfähigkeit und die relativ geringen Festigkeitswerte von Kunststoffen müssen bei der Bearbeitung beachtet werden.

Scherschneiden

Die einfachen Fertigungsverfahren des Scherschneidens, wie z. B. **Lochen und Ausschneiden** (**Bild 1**), sind für die Herstellung von Kunststoffteilen geeignet. Für die Serienfertigung stellen die Scherfestigkeitswerte $\tau_{\alpha B}$ bis 130 N/mm² für die Werkzeuge keine große Belastung dar. Die wichtigen Kenngrößen der Schneidwerkzeuge, **Freiwinkel** α und **Schneidspaltgröße** u, werden entsprechend der Eigenschaften der Werkstoffe festgelegt.

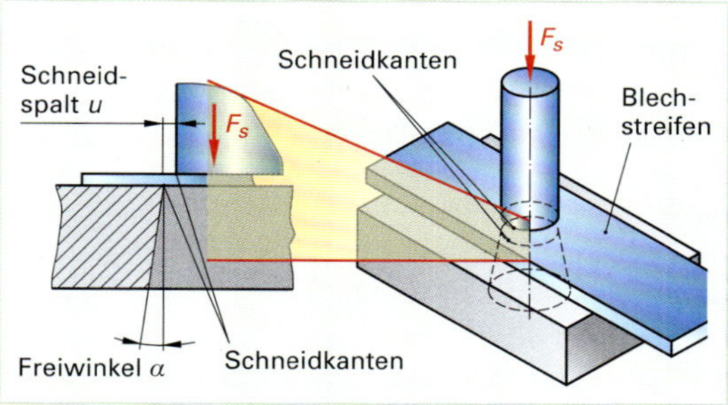

Bild 1: Grundprinzip des Scherschneidens

Anspruchsvoller und schwieriger ist die Fertigung von schergeschnittenen Werkstücken aus **Kunststoffen** (**Bild 2**). Die geforderte Qualität der Scherfläche der Werkstücke wird beeinflusst von:

- der geringen Scherfestigkeit von Thermoplasten
- den unterschiedlichen Scherfestigkeiten der Grundwerkstoffe und der eingelagerten Fasern bei Verbundwerkstoffen
- der Schneidengeometrie und dem -zustand

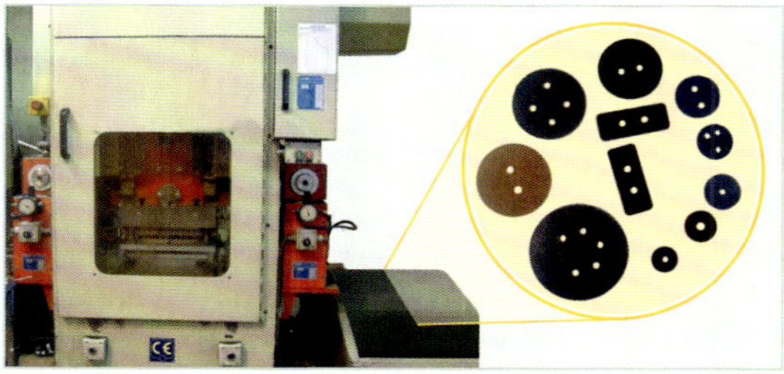

Bild 2: Normteile aus Kunststoff

Beim Folienschneiden von Kunststoffbahnen oder Aluminiumfolien werden mit **rotierenden Schneidwalzen** (**Bild 3**) gleichzeitig mehrere Schneidvorgänge durchgeführt. Der kontinuierliche Schneidvorgang wird durch die folgenden Fertigungsmerkmale bestimmt:

- Materialstärke
- Scherfestigkeiten des Werkstoffs
- Bandgeschwindigkeit

Bild 3: Folienschneiden

Wasserstrahlschneiden

Die Endbearbeitung von Kunststoffteilen (**Bild 4**) mithilfe der Wasserstrahltechnik ist an drei Gruppen von Einflussfaktoren gebunden.

- **Strahlparameter**: Bestimmen den Wasserstrahl als einen scharfen Wasser-Abrasionsmittelstrahl.
- **Einstechparameter**: Der Einstechdruck und das Abrasionsmittel bewirken das Durchdrücken (F_s).
- **Werkstoffparameter**: Die Zähigkeit und Härte des zu bearbeitenden Werkstoffs bestimmen die Arbeitsgeschwindigkeit und das Arbeitsergebnis.

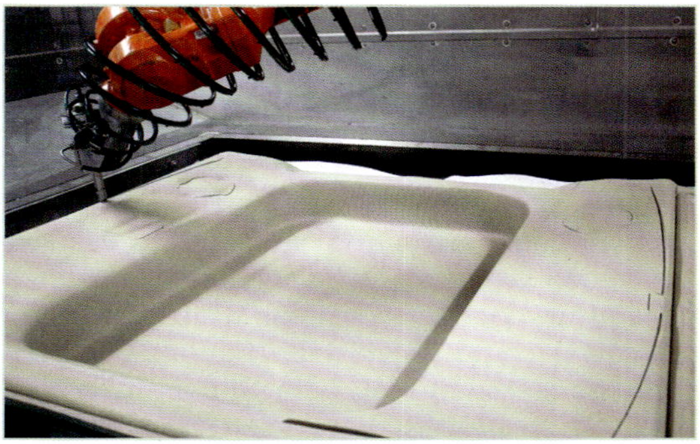

Bild 4: Herstellung der Außenkontur eines Fahrzeugteiles

Spanen mit handgeführten Werkzeugen

Feilen

Feilen ist ein spanendes Verfahren, vorwiegend mit handgeführten Werkzeugen. Das Einsatzgebiet erstreckt sich von Werkzeug-, Formen- und Modellbau für Passarbeiten über Schärfen von Sägeblättern bis hin zu Reparaturen-, Verputz- und Entgratearbeiten. Die Schnittbewegung ist der jeweiligen Bearbeitungsaufgabe angepasst.

- **Zahnform und Schneidengeometrie**

Der Feilenrohling besteht aus einem schmiedbaren, legierten Werkzeugstahl. Die Feilenzähne werden in das Feilenblatt gehauen oder gefräst und anschließend gehärtet. Es entstehen die charakteristischen Zahnformen von Feilen (**Bild 1**).

Gehauene Feilenzähne besitzen **negative** Spanwinkel, je nach Hiebart zwischen – 2° ... – 15°, dadurch entsteht eine **schabende** Spanabnahme. **Gefräste Feilenzähne** besitzen **positive** Spanwinkel bis 16°, es entsteht eine **schneidende** Spanabnahme.

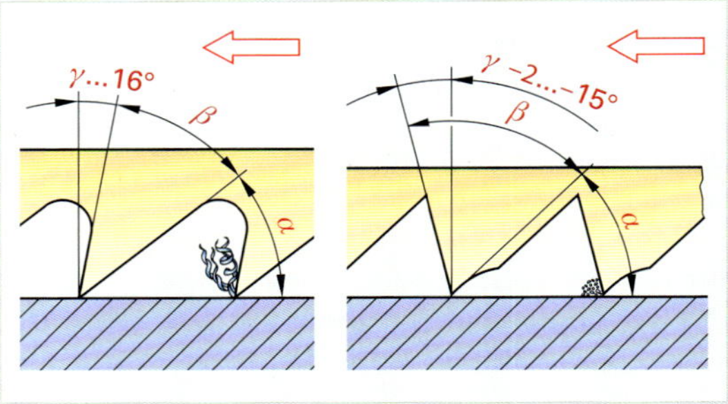

Bild 1: Zahnform und Schneidengeometrie

- **Hiebarten** (**Bild 2**)

Die linienförmige Anordnung der Zähne wird als **Hieb** bezeichnet. Die schräge bzw. bogenförmige Lage zur Feilenachse begünstigt die Entfernung der Späne beim Feilen. **Einhiebige** gehauene Feilen werden für weiche Werkstoffe verwendet. Feilen mit **Kreuzhieb,** zweimal gehauen, vermeidet beim Feilen eine Riefenbildung, es entsteht eine bessere Oberfläche, was Vorteile für die Bearbeitung härterer Werkstoffe hat. Punktförmig gehauene Zähne bezeichnet man als **Pocken-** oder **Raspelhieb**, der zur Bearbeitung von Holz, Leder und Kunststoffen verwendet wird.

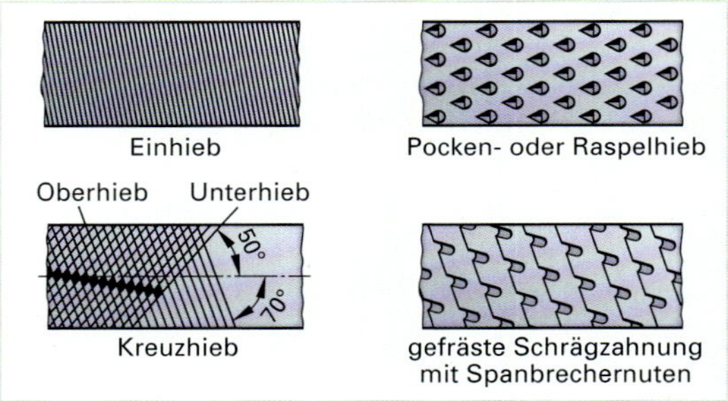

Bild 2: Hiebarten

- **Hiebteilung und Hiebzahl**

Als **Hiebteilung** wird der Abstand zwischen hintereinanderliegenden Feilenzähnen bezeichnet. Die Anzahl der Hiebe je Zentimeter Feilenlänge bestimmt die **Hiebzahl** (**Bild 3**). Die Oberflächengüte des zu bearbeitenden Werkstückes und das Spanvolumen wird durch die Hiebteilung und die Hiebzahl wesentlich bestimmt.

Feinschlichtfeilen	mit einer Hiebzahl	35 ... 71
Schlichtfeilen	mit einer Hiebzahl	13 ... 35
Schruppfeilen	mit einer Hiebzahl	5 ... 17

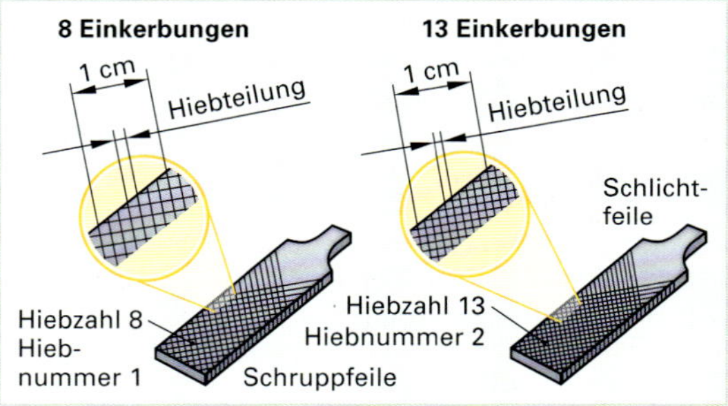

Bild 3: Hiebteilung und Hiebzahl

- **Surform-Feilen**

Für die Nacharbeitung von Thermoplasten sind spezielle Feilen erforderlich. Surform-Feilen haben einen siebähnlich durchbrochenen Feilengrund oder Spanrillen mit Durchbrüchen am Feilengrund sowie eine charakteristische Oberflächenkrümmung. Die Spanabfuhr wird dadurch wesentlich verbessert. Die Oberflächengüte kann durch Schleifen und Polieren verbessert werden (**Bild 4**).

Bild 4: Surformhobel und -feilblatt

Sägen

Sägen ist ein spanendes Verfahren mit einer geradlinigen oder kreisförmigen Schnittbewegung. Sägen wird zum Trennen bzw. Nachbearbeitung von Werkstücken und Herstellung von Formelementen wie z. B. Nuten und Schlitzen angewendet. Die Schnittbewegung wird grundsätzlich vom Werkzeug ausgeführt.

- **Sägeblatt – Zahnteilung und Zahnform**

Hand- und Maschinensägeblätter sind mit einer großen Anzahl hintereinander angeordneter Zähne versehen. Die Ausrichtung der Schneidkeile in die Schnittrichtung garantiert ein optimales Arbeitsergebnis. Die Zähne der Sägeblätter sind gehärtet, die Schnittbreite ist gering. Die Zahnteilung (**Bild 1**) ist vom Fertigungsauftrag abhängig. Große Zahnteilungen werden für die Bearbeitung von weichen Werkstoffen bzw. lange Schnitte, geringe Zahnteilungen dagegen werden für die Bearbeitung harter Werkstoffe bzw. kurze Schnitte verwendet.

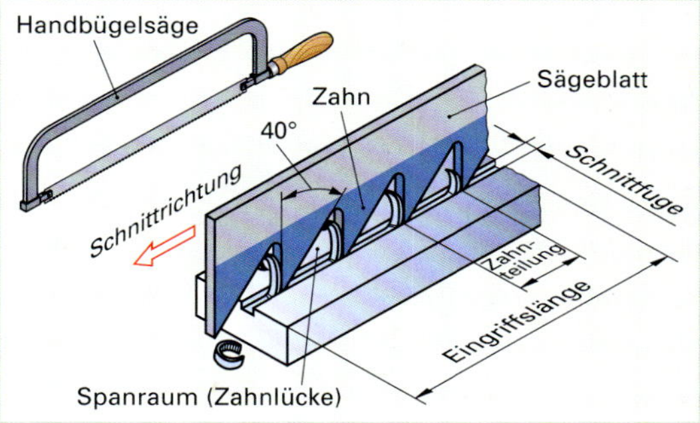

Bild 1: Aufbau eines Sägeblattes

- **Zahnformen – Anwendung**

Die Zahnform und die Sägeblattform sind den Beanspruchungen beim Sägen angepasst (**Bild 2**). Handsägeblätter sind mit spitzen Winkelzähnen (Form A), Maschinensägeblätter sind meist mit Bogenzähnen (Form B) versehen. Dadurch wird eine höhere Widerstandsfähigkeit erreicht. Der Keilwinkel β beträgt ca. 50°. Spezielle Maßnahmen wie z. B. geschränkte Zähne, gewellte Sägeblätter, Hohlschliffe oder eingesetzte Zahnsegmente minimieren die Wärmebelastung der Sägeblätter und des Werkstoffs.

Zahnform	Anwendung
Standardzahn, Spanwinkel 0°	für Stähle mit hohem Kohlenstoffgehalt, bei dünnwandigen Profilen
Klauenzahn, Spanwinkel 5 bis 10°	für Stähle mit C-Gehalt < 0,8 %, NE-Metalle, für große Querschnitte
Lückenzahn, Spanwinkel 0°	für spröde Werkstoffe, z.B. spröde Cu-Legierungen, für große Querschnitte
Trapezzahn, Spanwinkel positiv	für hohe Zerspanungsleistung, für hartmetallbestückte Sägebänder

Bild 2: Zahnformen und Anwendung

- Wichtige Arbeitsregeln beim **Handsägen** von Kunststoffen:

Geschränkte Sägeblätter mit 16 … 24 Zähnen ergeben die besten Fertigungsergebnisse.

Weiche Thermoplaste wie PE, PP, PA benötigen **große Spannuten** und Zahnteilungen, γ: **20°**.

Harte Thermoplaste wie PVC-U; POM benötigen **mittlere Spannuten** und Zahnteilungen, γ: **5°**.

Duroplaste und Schichtpressstoffe benötigen **kleine** Zahnteilungen und Spanwinkel, γ: **0° … 5°**.

- **Kreis- und Bandsägen von Kunststoffen**

Beim Schneiden von Acrylglas oder Polycarbonat sind vorrangig ungeschränkte Kreissägeblätter zu verwenden. Hartmetallbestückte Sägeblätter mit hoher Zähnezahl erreichen eine erheblich höhere Standzeit (**Bild 3**). Geradverzahnte Hartmetallblätter garantieren saubere Schnittflächen. Beim Einsatz von hohlgeschliffenen HSS-Sägeblättern hat sich die Wechselverzahnung bewährt.

Duroplaste können nur bedingt durch Bandsägen bearbeitet werden. Harte Verstärkungsstoffe erfordern Hartmetallschneiden.

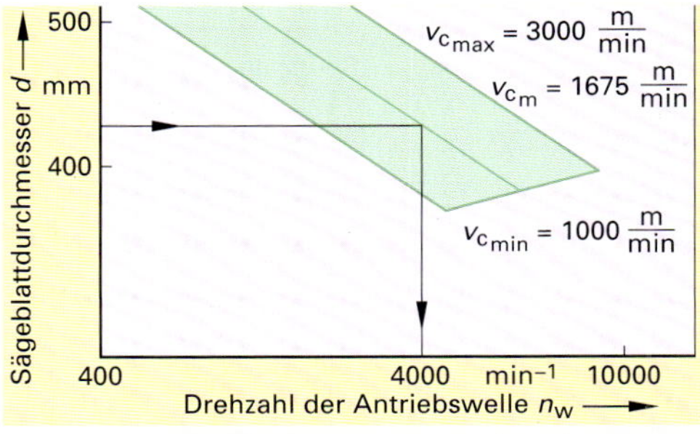

Bild 3: Schnittdaten zur Bearbeitung von PMMA

Spanen

Durch die spanabhebenden Fertigungsverfahren werden mit ein- bzw. mehrschneidigen Werkzeugen Werkstoffteilchen unterschiedlichster Form und Größe in Form von **Spänen** vom entstehenden Werkstück abgetrennt.

Durch die von außen einwirkende **Schnittkraft F_c** überwinden die keilförmigen Werkzeugschneiden den Werkstoffzusammenhalt (**Bild 1**).

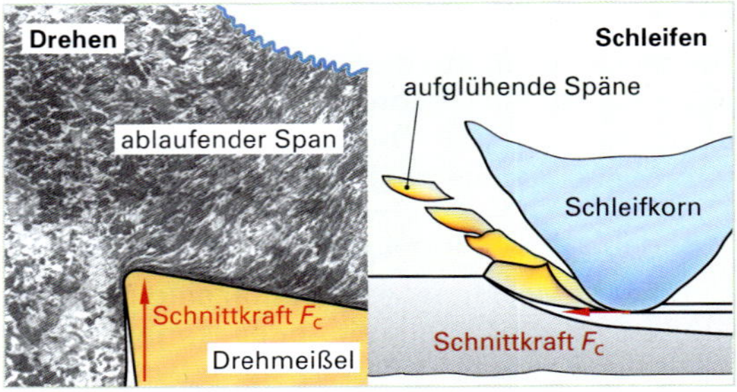

Bild 1: Wirkung der Schnittkraft beim Spanen

Spanbildung

Der **Schneidkeil** ist das charakteristische Merkmal der Werkzeugschneiden aller spanabhebenden Fertigungsverfahren (**Bild 2**).

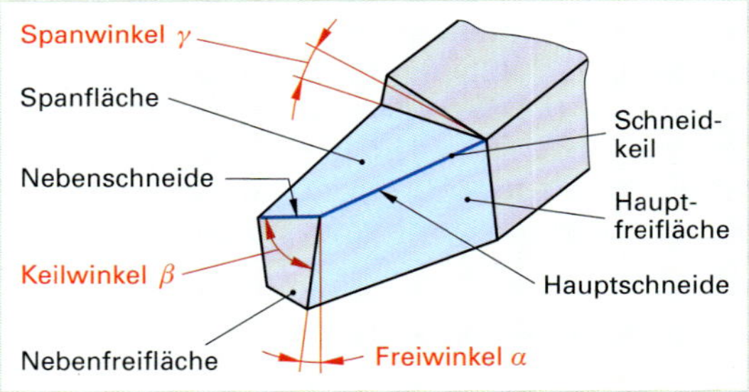

Bild 2: Winkel und Flächen am Drehmeißel

Je nach Fertigungsverfahren, -aufgabe und dem zu bearbeitenden Werkstoff werden die Winkel und die Lage des Schneidkeils zum Werkstück verändert. Die Winkel und Flächen am Schneidkeil sind:

- **Frei**winkel α
- **Span**winkel γ
- **Keil**winkel β
- **Frei**- und **Span**fläche

Die Spanbildung erfolgt an der Wirkstelle zwischen **Werkstück und Werkzeug** durch die Schnittkraft F_c. Zunächst wird der Werkstückwerkstoff **elastisch gestaucht**, nach Überschreitung der Werkstoffelastizität (R_e oder $R_{p0,2}$) erfolgt eine **plastische Verformung** durch Schubspannungen. Nach Überschreitung der **Scherfestigkeit** erfolgt die **Werkstofftrennung** (**Bild 3**).

Unabhängig vom zu bearbeitenden Werkstoff muss die Spanbildung so gestaltet werden, dass der Fertigungsablauf nicht beeinträchtigt wird.

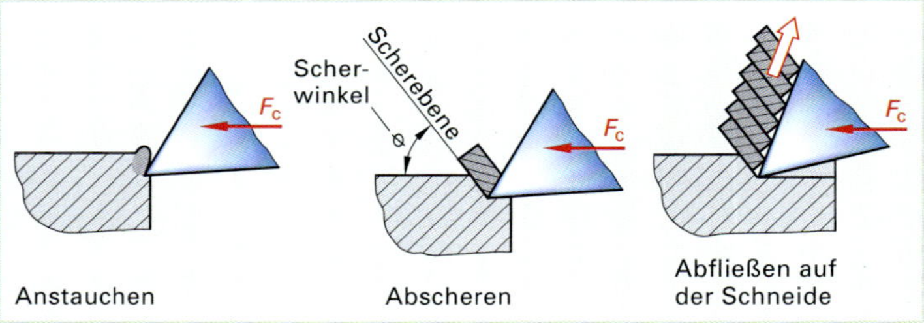

Bild 3: Spanbildung

Die Spanformung wird durch zahlreiche Einflussfaktoren bestimmt, vorrangig sind dabei der Werkstückwerkstoff und die Einstellwerte zu nennen. Unabhängig vom Fertigungsverfahren werden Späne in **Spanarten** und **Spanformen** unterschieden (**Übersicht 1**).

Übersicht 1: Spanarten und Spanformen

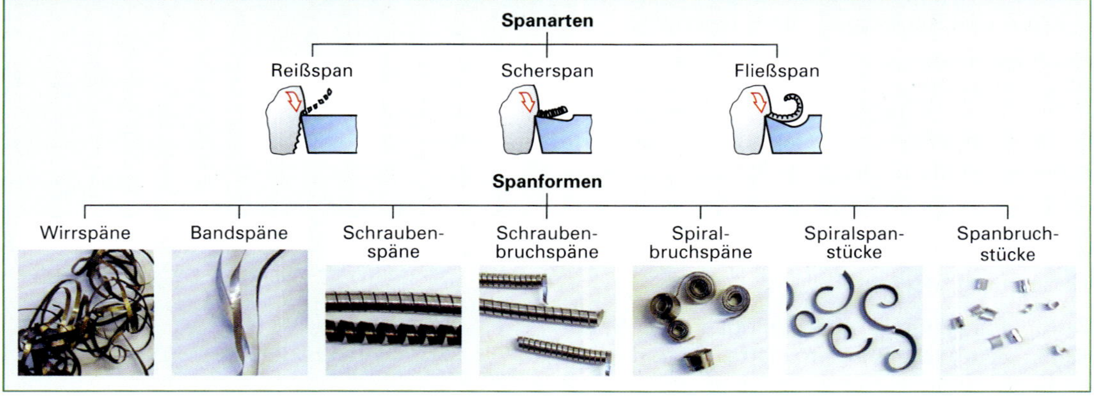

Schneidstoffe

Die Werkstoffe der Schneidkeile müssen für alle spanenden Fertigungsverfahren **härter** sein als der zu bearbeitende Werkstückwerkstoff. Die Beanspruchung eines Schneidkeils ist, abhängig vom Fertigungsverfahren und den Einsatzbedingungen, sehr unterschiedlich (**Bild 1**). Die Schneidhaltigkeit einer Werkzeugschneide wird beeinflusst von:

- der Druckbelastung durch die Spanbildung
- der Reibung an der Freifläche sowie chemischer Vorgänge
- der Wärmeeinwirkung auf den Schneidkeil

Die aufgeführten Faktoren bei der Spanbildung begrenzen durch wechselweises Zusammenwirken die **Standzeit *T*** der Werkzeuge (**Bild 2**).

Die Schneidstoffe Schnellarbeitsstähle **HSS**, Hartmetalle **HM**, Schneidkeramik, polykristalliner Diamant **PKD** und Beschichtungen unterscheiden sich durch ihre **Warmhärte** sowie **Verschleiß-, Druck-** und **Biegefestigkeit**.

Mit keinem Schneidstoff sind die aufgeführten Eigenschaften optimal zu realisieren. Die Auswahl eines geeigneten Schneidstoffs ist nach den aufgeführten Kriterien zu treffen:

- zu bearbeitender Werkstückwerkstoff
- Einstellgrößen bei der Bearbeitung
- Verwendung von Kühlschmierstoffen

Arbeitsbewegungen beim Spanen

Für eine Spanabnahme sind das Zusammenwirken von mehreren Bewegungen zwischen **Werkzeug** und **Werkstück** erforderlich. Die Richtung und die Größe der Bewegungen sind verfahrensspezifische Kenngrößen und können vom Werkzeug oder dem Werkstück ausgeführt werden (**Bild 3**).

- **Schnittbewegung**: Bewirkt als geradlinige oder kreisförmige Bewegung eine einmalige Spanabnahme, wenn keine weiteren Bewegungen einwirken.
- **Vorschubbewegung**: Bewirkt im Zusammenspiel mit der Schnittbewegung eine kontinuierliche Spanabnahme.
- **Wirkbewegung**: Eine resultierende Bewegung aus einer kreisförmigen Schnitt- und einer geradlinigen Vorschubbewegung zu einer schraubenförmigen Bewegung beim Bohren.

Bei allen spanabhebenden Fertigungsverfahren sind die Größenverhältnisse von Schnitt-, Vorschub- und Wirkbewegung verfahrensspezifische Kenngrößen und ergeben dadurch unterschiedliche Spanverhältnisse (**Bild 4**).

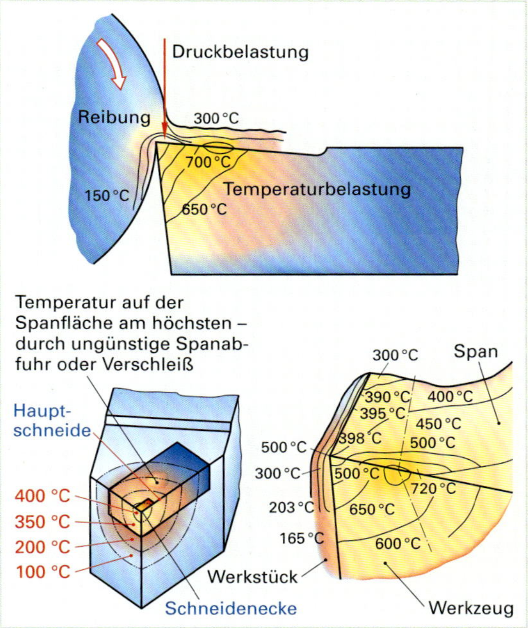

Bild 1: Belastungen des Schneidkeils

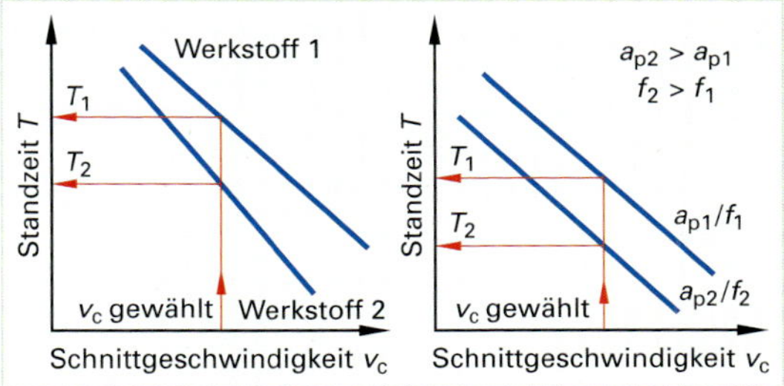

Bild 2: Einflüsse auf die Standzeit

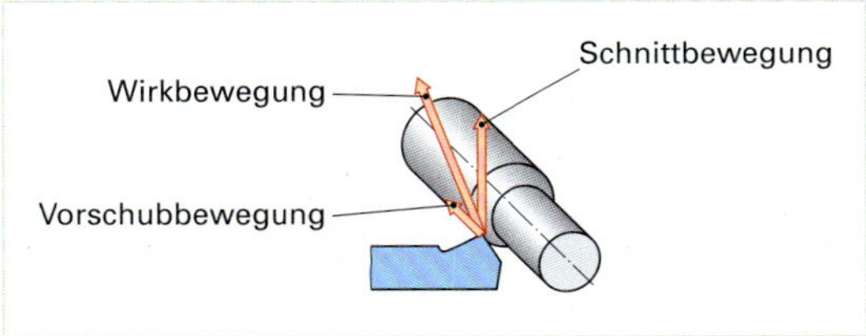

Bild 3: Bewegungen beim Drehen

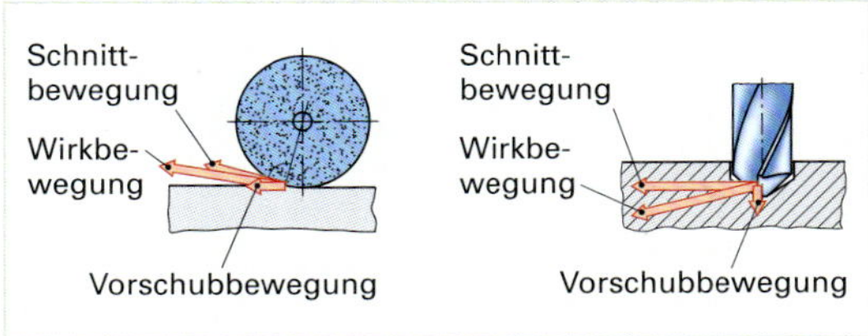

Bild 4: Bewegungen beim Schleifen und Bohren

Kräfte beim Spanen

Der Vorschub- und Schnittbewegung wird durch die Festigkeit des zu zerspanenden Werkstoffs ein erheblicher Widerstand entgegengesetzt. Die Antriebsleistungen der Werkzeugmaschinen sind für die relativ großen aufzubringenden Kräfte ausgelegt.

Abhängig von der Schneidengeometrie und dem Fertigungsverfahren wirken Kraftkomponenten in unterschiedlicher Größe und Richtung. Die räumlich wirkenden Kraftkomponenten der **Zerspankraft *F*** auf das Werkstück bzw. Werkzeug sind beim Längsrunddrehen deutlich erkennbar (**Bild 1**).

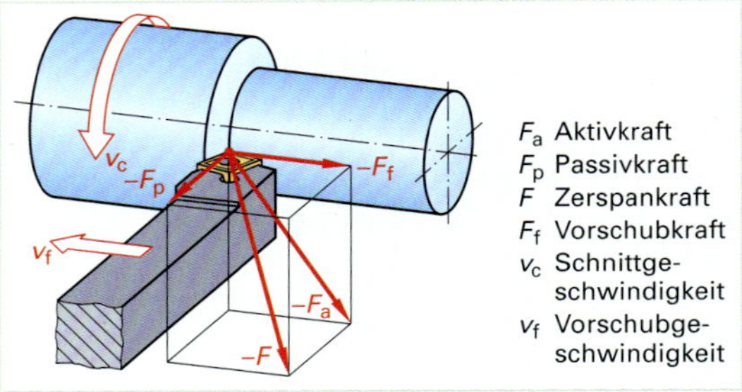

Bild 1: Kräfte beim Längsrunddrehen

Kühlschmierung beim Zerspanen

Die Werkzeuge und Werkstücke unterliegen beim Zerspanungsprozess hoher mechanischer und thermischer Belastung. Durch den Einsatz von geeigneten Kühlschmierstoffen bei der Bearbeitung der unterschiedlichen Werkstoffe wird der Zerspanungsprozess positiv beeinflusst (**Bild 2**).

Bild 2: Kühlschmierung beim Fräsen

Folgende Aufgaben müssen die Kühlschmierstoffe bei einer spanenden Bearbeitung übernehmen:

- Verminderung der Reibung an der Berührungsfläche zwischen abgleitendem Span und Werkzeug sowie Vermeidung von thermischen Gefügeveränderungen,
- Reibungsabsenkung zwischen den abfließenden Spänen und den Werkzeugen,
- Unterstützung des Spänetransportes,
- Bindung von entstehenden Stäuben bei der Bearbeitung von Schichtpressstoffen.

Bei der Auswahl des **optimalen K**ühl**s**chmier**s**toffes sind mehrere Kriterien zu beachten. Nach DIN 51385 erfolgt die Einteilung in **wasser**mischbare und nicht**wasser**mischbare **K**ühl**s**chmier**s**toffe (**KSS**). Zur Bekämpfung geruchsbildender Mikroorganismen werden bestimmte Inhaltsstoffe (**Biozide**) oder zur Erweiterung des Einsatzbereiches Zusätze (**EP-Zusätze**) beigemischt. Aus dem Diagramm ist ersichtlich, dass ein **KSS** entweder sehr gut kühlt, aber schlecht schmiert bzw. umgekehrt, sodass stets ein Kompromiss zwischen Kühl- und Schmierwirkung getroffen werden muss (**Bild 3**).

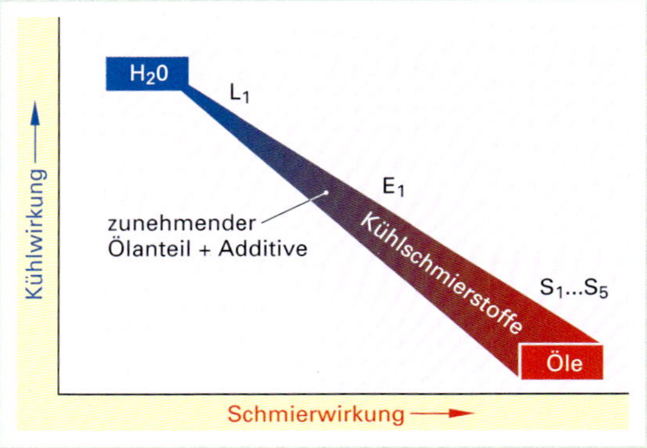

Bild 3: Kühl- und Schmierwirkung von KSS

Bei der spanenden Bearbeitung von Kunststoffen muss die **geringe** Wärmeleitfähigkeit und Warmfestigkeit der Werkstoffe beachtet werden (**Bild 4**).

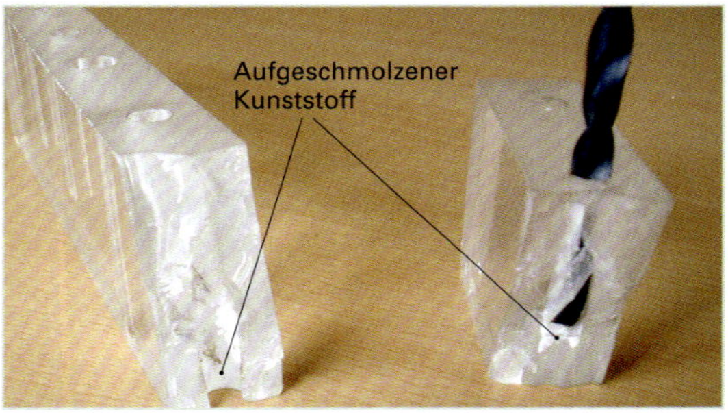

Bild 4: Aufgeschmolzener Kunststoff beim Bohren durch unzureichende Kühlung

Voraussetzungen für eine optimale Bearbeitung sind ein gerichteter **kühlender** Luftstrom sowie **scharfe** Werkzeuge mit **angepassten** Schneiden. Problematisch ist die Wahl des Kühlschmierstoffes bzgl. der Lebensmittelzulassung.

Spanen mit bestimmter Schneide – Drehen

Beim Drehen entstehen **rotationssymmetrische Innen- und Außenkonturen** an Werkstücken durch die Überlagerung der kreisförmigen Schnittbewegung des Werkstückes und der geradlinigen Vorschubbewegung des Werkzeuges (**Bild 1**).

An Drehmaschinen werden in Abhängigkeit des zu bearbeitenden Werkstoffs, des verwendeten Schneidstoffs sowie des Schwierigkeitsgrades der Bearbeitung folgende Kenngrößen eingestellt:

- Drehzahl n in min^{-1}
- Vorschub f in mm
- Zustellung a_p in mm

Bild 1: Drehbearbeitung

Die Vielfalt der zu bearbeitenden Drehteilformen und -flächen ist durch die Kombination der Schnitt- und Vorschubbewegung sowie der Anwendung von verschiedenen Drehmeißelarten erreichbar (**Bild 2**).

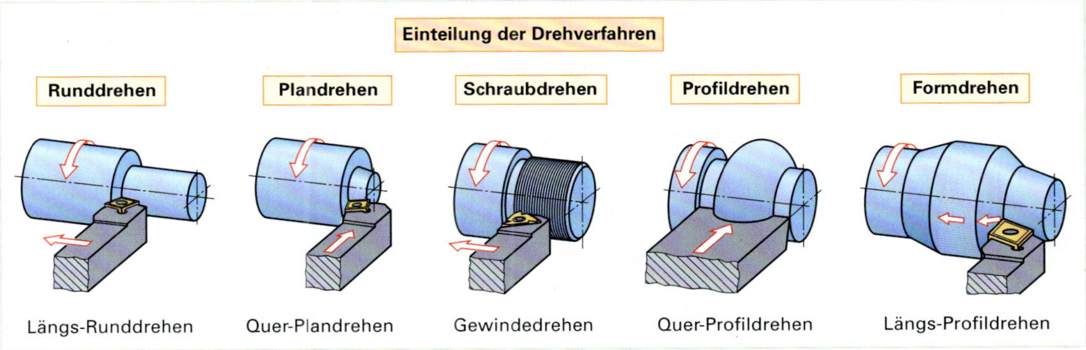

Bild 2: Drehverfahren (Auswahl)

Für die dargestellten Drehverfahren werden die Drehwerkzeuge nach der **Eingriffsstelle** bzw. nach der durchzuführenden **Fertigungsaufgabe** bezeichnet. Zum Einsatz kommen für unterschiedliche Fertigungsaufgaben Drehlinge aus HSS oder hartmetall- bzw. keramikbestückte Drehwerkzeuge (**Bild 3**).

Die Schneidengeometrie der Drehwerkzeuge ist von der **Werkstoff-Schneidstoff-Kombination** abhängig. Die Einstellwerte der Schnittgeschwindigkeit, Zustellung und dem Vorschub werden von den Herstellern vorgegeben und können aus Tabellen entnommen werden. Bei der spanenden Bearbeitung von Kunstoffen sind aufgrund der Vielzahl an Zustoffen praktische Erfahrungen von Bedeutung.

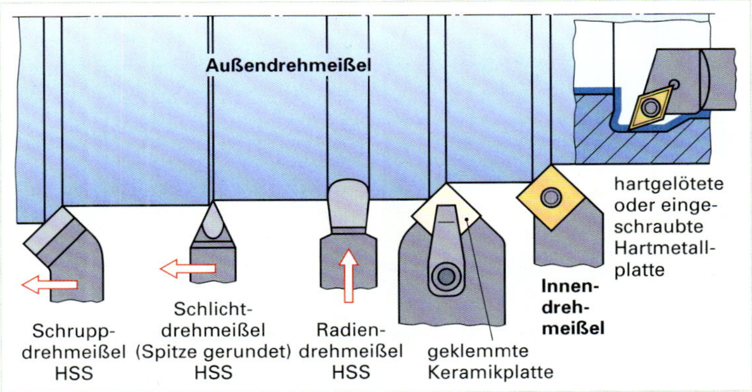

Bild 3: Drehwerkzeuge

Drehbearbeitung von Kunststoffen

Der strukturelle Aufbau und die daraus ableitbaren Eigenschaften von Kunststoffen sind die entscheidenden Kriterien für eine Drehbearbeitung.

Das **mechanisch-thermische** Verhalten der Kunststoffarten (**Bild 1**)

- Thermoplaste
- Duroplaste

wird durch die Einwirkung der Zerspanungstemperatur auf die Reißfestigkeit σ_M und die Reisdehnung ε_M dargestellt. Thermo- und Duroplaste sind im gekennzeichneten Bereich **spanbar**, während Elastomere aufgrund der geringen Festigkeit und sehr großen Dehnung ungeeignet sind, spanend bearbeitet zu werden.

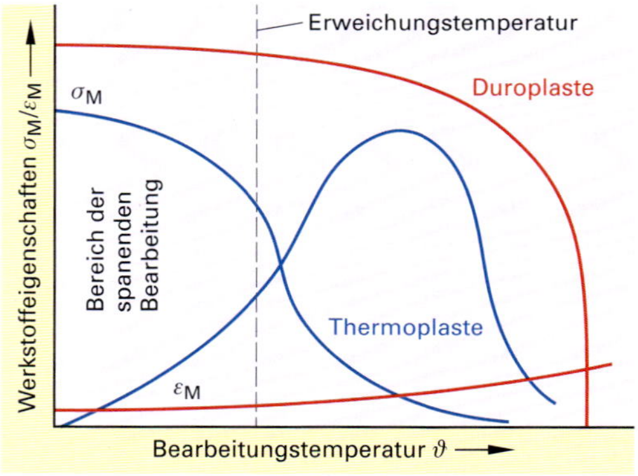

Bild 1: Wärmeverhalten von Thermoplasten und Duroplasten bei spanender Bearbeitung

Die geringe Wärmeleitfähigkeit der Kunststoffe und die eingelagerten Zusatzwerkstoffe sind für die Wahl der Schneidstoffe und Winkel der Drehwerkzeuge sowie der Einstellwerte an der Drehmaschine entscheidend (**Tabelle 1**), z. B. Bild 4: undefinierte Bandspäne, Bild 6: Zusatzstoffe in Thermo- und Duroplasten erfordern Werkzeuge mit HM-Schneiden.

Tabelle 1: Einstellwerte, Schneidstoffe und Zerspanungsbesonderheiten bei der Drehbearbeitung von Thermoplasten, Duromeren und Schneidpressstoffen

Kunststoffart	Empfohlener Schneidstoff	Einstellwerte			Schneidengeometrie			Standzeit T
		f mm	a_p mm	v_c m/min	α	κ	γ	min
Thermoplaste	HS1-1-4-5	… 0,5	… 3	… 750	5° … 15°	12° … 16°	0° … 30°	480
Duroplaste	HS1-1-4-5	0,05 … 0,5	… 3	60 … 80	10°		8°	480
Schichtpressstoffe	HM: K20	0,05 … 0,5	… 3	40 … 400	8°		6°	120

Optimale Zerspanungsbedingungen

Ungünstige Zerspanungsbedingungen

Spanen mit bestimmter Schneide - Fräsen

Beim Fräsen entstehen ebene Flächen oder verschiedenartige komplizierte Konturen als Innen- oder Außenformen an Werkstücken (**Bild 1**).

Dabei sind die einzelnen Schneiden des mehrschneidigen Werkzeugs **nicht ständig** im Eingriff, unabhängig von der Schnitt- und Vorschubbewegung.

Als verfahrensspezifische Einstellgrößen müssen bei einer Fräsbearbeitung beachtet werden:

- Arbeitseingriff a_e in mm
- Vorschub pro Zahn f_z in mm

Die Schneiden- bzw. Werkzeugbelastung ist beim Fräsen aufgrund der unterbrochenen Spanbildung **ungleichmäßig** und kann sich somit auf die Werkstückoberfläche auswirken.

Bild 1: Fräsbearbeitung

Eine sinnvolle Einteilung der Fräsverfahren ist durch mehrere Kriterien wie z. B. nach der Art des Zusammenwirkens der Schnitt- und Vorschubbewegung, nach der Lage der Schneiden zur Vorschubrichtung, nach der Form der erzeugten Fläche oder dem verwendeten Fräsertyp möglich.

Umfangsfräsen (Bild 2)

- Die **Werkzeugschneiden** befinden sich am **Umfang** und erzeugen die Werkstückoberfläche durch eine kommaförmige Spanbildung.
- Die Werkzeugachse liegt dabei **parallel** zur bearbeiteten Werkstückoberfläche.
- Praktische Anwendungen für die Herstellung von ebenen Flächen, Fasen und Nuten.

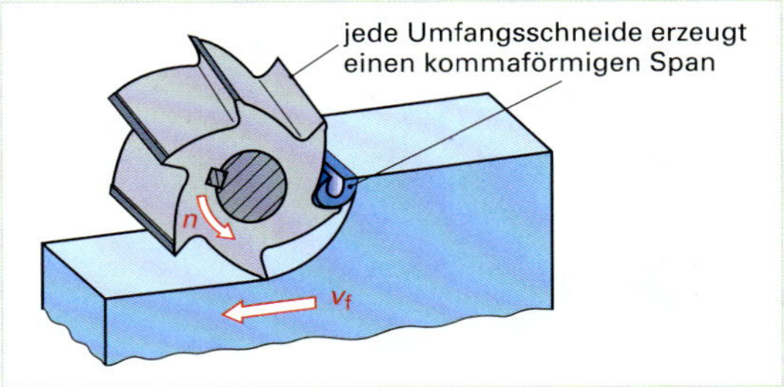

Bild 2: Umfangsfräsen

Stirn-Umfangsfräsen (Bild 3)

- Die Werkstückoberfläche wird **gleichzeitig** durch Haupt- und Nebenschneiden bearbeitet.
- Die Umfangsschneiden müssen dabei die hauptsächliche Spanarbeit leisten, während die Stirnschneiden nur glättend auf die Werkstückoberfläche einwirken.
- Praktische Anwendungen für die Herstellung von Werkstückecken und Profilfräsen.

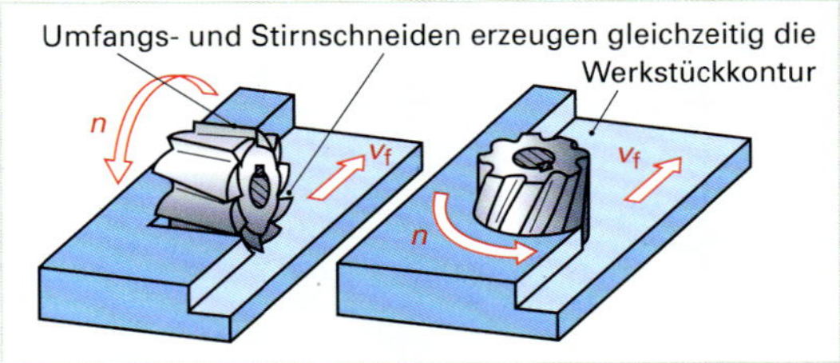

Bild 3: Stirn-Umfangsfräsen

Aufgrund der unterschiedlichen Bewegungsrichtungen zwischen Vorschub- und Schnittbewegung wird unterschieden in:

Gleichlauffräsen (Bild 4)

- Vorschub- und Schnittbewegung sind **gleichgerichtet,** bevorzugtes Fräsverfahren zur Kunststoffbearbeitung.

Gegenlauffräsen (Bild 4)

- Vorschub- und Schnittbewegung sind einander **entgegengerichtet**.

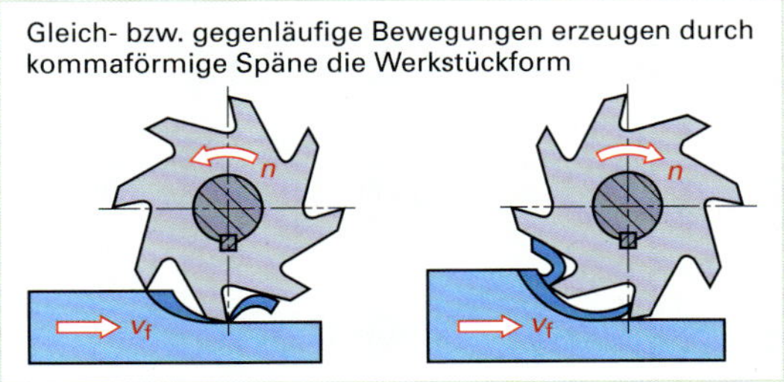

Bild 4: Gleich- und Gegenlauffräsen

Die Werkzeuge der Kunststoffindustrie besitzen komplizierte Innen- und Außenkonturen, die mithilfe der unterschiedlichsten Fräserarten und -formen hergestellt werden können (**Bild 1**).

Die verwendeten Schneidstoffe und die Stabilität der Werkzeuge garantieren einen effizienten Einsatz und eine hohe Qualität der jeweiligen Fräsaufgabe.

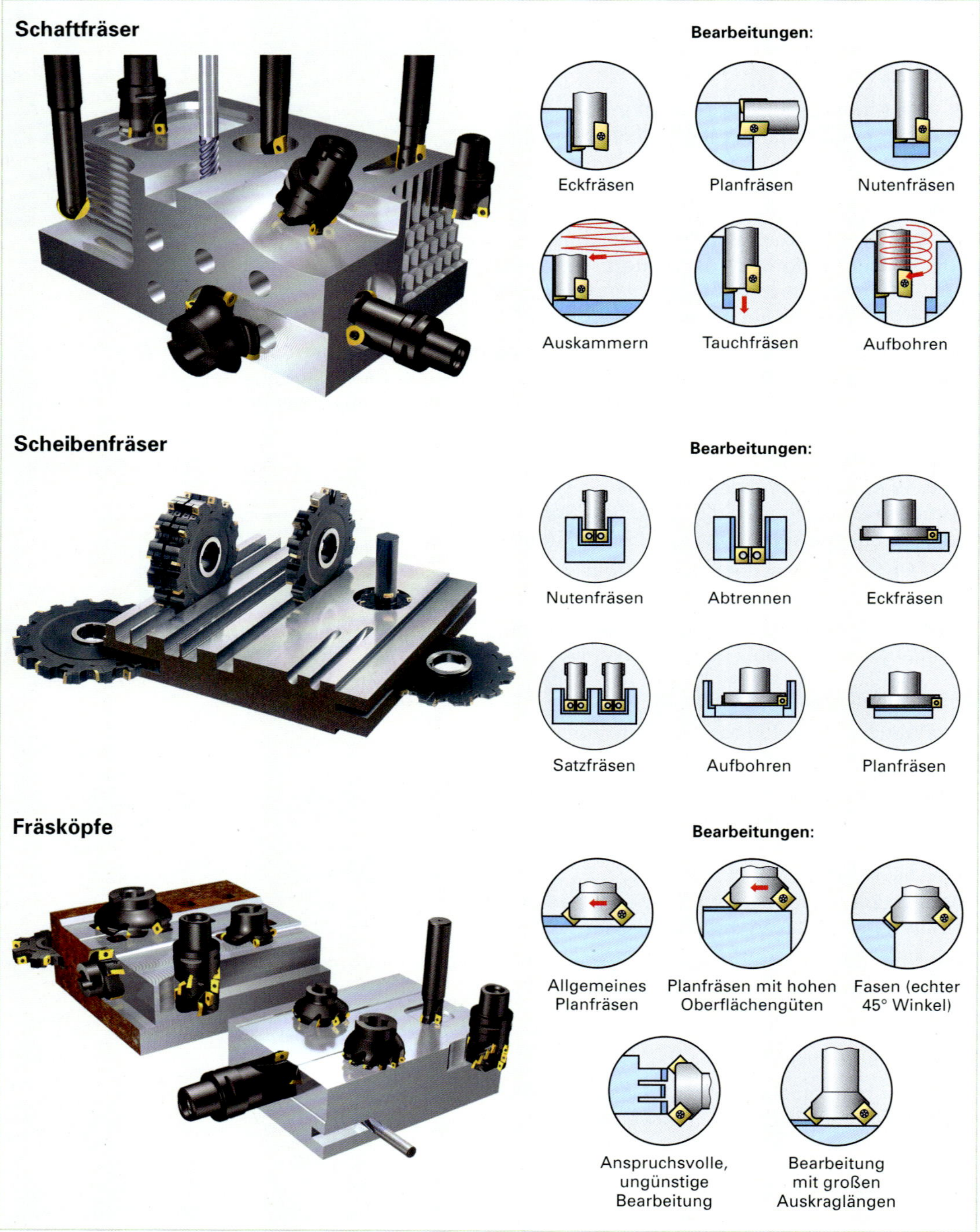

Bild 1: Anwendungsbeispiele ausgewählter Fräser mit zugehörigen Fertigungsaufgaben

Spanen mit bestimmter Schneide – Bohren, Senken und Reiben

Beim **Bohren** entstehen zylindrische Werkstückinnenformen. Die Spanabnahme erfolgt vorrangig mit mehrschneidigen Werkzeugen, wobei eine kreisförmige Schnittbewegung mit einer geradlinigen Vorschubbewegung zusammenwirkt. Beim Bohren auf Drehmaschinen sind die Bewegungsverhältnisse vertauscht. Es entsteht jedoch immer eine wendelförmige Schnittbewegung mit einer ununterbrochenen Spanbildung.

Die speziellen Bohrverfahren Aufbohren, Senken und Reiben erweitern die Anwendungsmöglichkeiten bei der Herstellung von Innenformen (**Bild 1**).

Das am meisten verwendete Werkzeug ist der Wendelnut- oder Spiralbohrer aufgrund seines großen Anwendungsbereiches bei der Bearbeitung der verschiedenen Werkstoffe.

Die Schneidengeometrie eines Bohrers ist durch einige Besonderheiten gekennzeichnet. Durch zwei gegenüberliegende, wendelförmige Spannuten werden die **Haupt-** und **Nebenschneide** gebildet. Die **Führungsfasen** sind zur Verringerung der Reibung bis 0,08 mm auf 100 mm Länge geneigt. Der **Freiwinkel** α entsteht durch das Hinterschleifen an den Freiflächen. Die Steigung der Drallnut bestimmt die Größe des **Spanwinkels** γ. Der **Keilwinkel** β ergibt sich aus $\beta = \mathbf{90°} - (\alpha + \gamma)$.

Der Winkel zwischen beiden Hauptschneiden ist der **Spitzenwinkel** σ. Für eine günstigere Wärmeabfuhr ist bei der Kunststoffbearbeitung ein kleinerer Spitzenwinkel 0° ... 80° zu wählen.

Die Querschneide bewirkt nur eine **quetschende** Wirkung. Der **Querschneidenwinkel** ψ beträgt je nach Anschliff der Freiflächen 49° bis 55° (**Bild 2**).

Je nach den Bearbeitungsbedingungen beim Bohren (zu berücksichtigen sind die Werkstoffhärte, die Wärmeleitfähigkeit und die Spanbildung) werden die **Bohrertypen N, H** und **W** verwendet. Die drei Bohrerarten unterscheiden sich in der Größe des **Seitenspan-** und **Spitzenwinkels** (**Bild 3**).

Die Wahl des entsprechenden Bohrers und die Größe der Einstellwerte sind bei der Bearbeitung von Kunststoffen besonders wichtig. Die geringe Härte und Wärmeleitfähigkeit können zu mangelhaften Ergebnissen führen (**Bild 4**).

Charakteristische Bohrergebnisse entstehen durch:

- Freiwinkel **zu klein**: Enorme Wärmeentwicklung führt zum **Aufschmelzen** des Kunststoffs.
- **Ungleich** lange Schneiden führen **zu größeren Bohrungen**.
- **Unsymmetrischer Spitzenwinkel** führt **zu abgesetzten Bohrungen** und vorzeitigem Verschleiß.

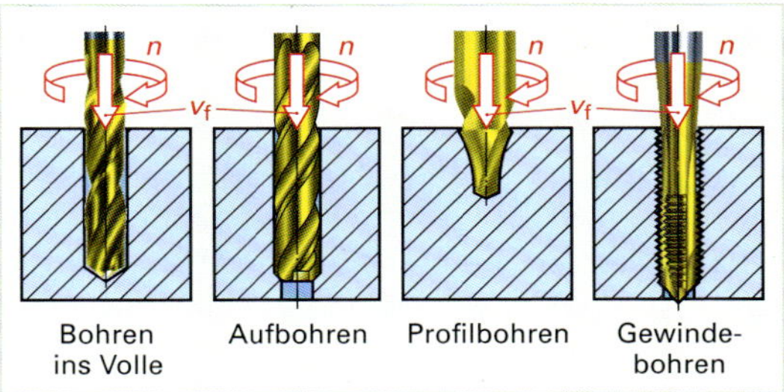

Bild 1: Bohrverfahren

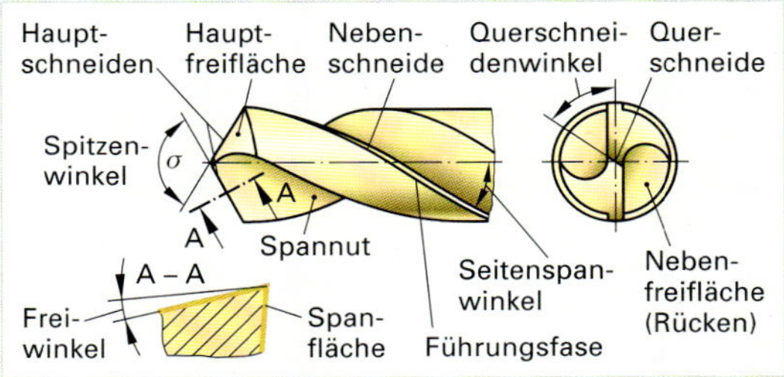

Bild 2: Bezeichnungen und Winkel am Bohrer

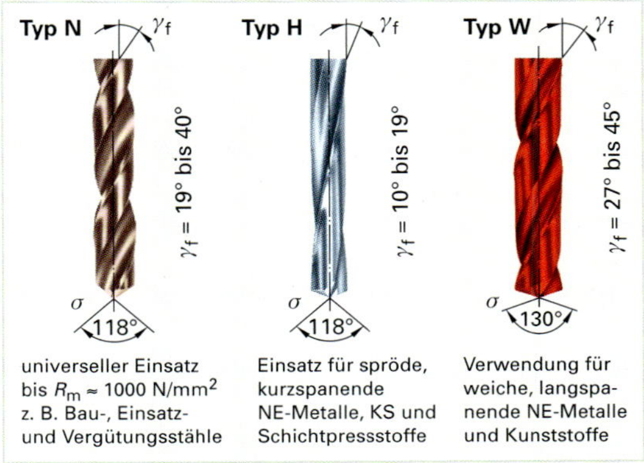

Bild 3: Spiralbohrertypen und Anwendungen

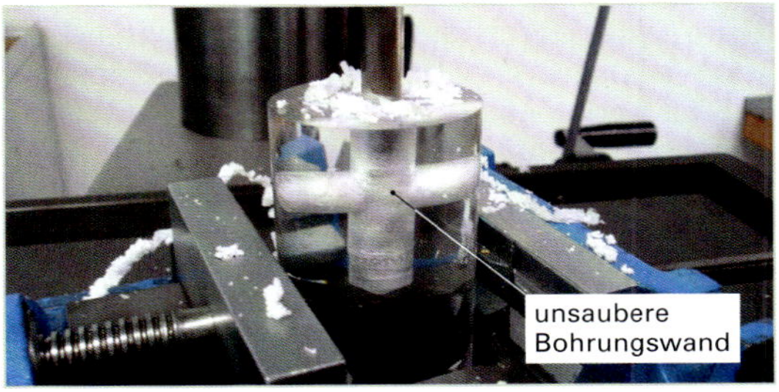

Bild 4: Auswirkungen von Schleiffehlern und Einstellgrößen beim Bohren von Kunststoffen

Senken und Bohren sind artverwandte Fertigungsverfahren mit dem Unterschied, dass beim Senken nicht ins volle Material gearbeitet wird. Mit unterschiedlichen ein- und mehrschneidigen Senkwerkzeugen werden vorgefertigte Bohrungen weiterbearbeitet (**Bild 1**). Es entstehen dabei zylindrische oder keglige Werkstückflächen.

Typische Fertigungsaufgaben der Senkerarten:

- **Profilsenker**: keglige Senkungen für Schrauben zum Ansenken, Entgraten
- **Planansenker**: herstellen einer ebenen, erhabenen Werkstückfläche
- **Planeinsenker**: herstellen einer zylindrischen Einsenkung

Beim Senken entstehen oft von der Fertigungsaufgabe abhängige, unvorhersehbare Probleme. Diese lassen sich durch einfache Maßnahmen beseitigen.

- Unzureichende Oberfläche: v_c ↑ f ↓
- Unrunde Senkungen: v_c – f ↓
- Vibrationen: v_c ↓ f ↑
- Schneidenverschleiß: v_c ↓ f –
- Aufbauschneidenbildung: v_c ↑ f –

Richtwerte für das Senken mit Werkzeugen aus HSS für verschiedene Werkstoffe sind aus der **Tabelle 1** zu entnehmen.

Bohrungen mit vorgeschriebenen Maß- und Formtoleranzen und hoher Oberflächengüte werden durch Reiben **feinbearbeitet**. Der Aufbau und die Form der Reibahle sind der Fertigungsaufgabe angepasst (**Bild 2**).

Die Spanabnahme beim **Reiben** wird wie beim Bohren und Senken durch eine **drehende** Schnittbewegung und eine **axiale** Vorschubbewegung des Werkzeuges realisiert. Zur Herstellung der geforderten Toleranzen und Oberflächengüte sind die Schnittwerte anzupassen. Tabellen- oder praxisorientierte Werte liegen bei ca. 25 % der Bohrschnittdaten. Die Schneidengeometrie der Reibahle ist der besonderen Spanbildung angepasst. Die angestrebte Oberflächengüte *Rz* bis 4 µm wird durch die **schabende Schneidwirkung** erreicht. Der Spanwinkel muss deshalb **0° oder negativ** sein. Die **ungleiche Zahnteilung** verhindert Rattermarken in der Bohrung (**Bild 3**).

Arbeitsregel beim Reiben:

- Reibahlen dürfen niemals **entgegen der Schnittrichtung** gedreht werden.
- Die Bohrung muss mit einem **erforderlichen Untermaß** vorgebohrt werden.
- Der **größere** Anschnitt von Handreibahlen garantiert die sichere Führung beim Arbeitsbeginn.

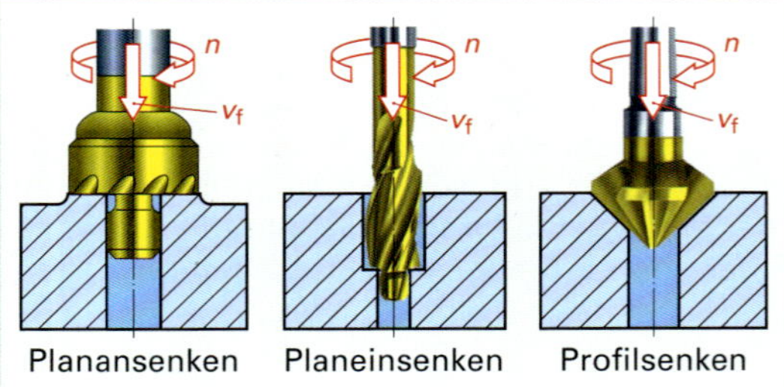

Bild 1: Senkverfahren

Tabelle 1: Einstellwerte beim Senken

Werkstoff	Schnittgeschwindigkeit v_c in m/min	Vorschub f in mm bei Nenndurchmesser des Senkers in mm							
		5	8	10	12,5	16	25	40	63
Stahl unlegiert bis 700 N/mm²	20 ... 30	0,06	0,08	0,10	0,12	0,14	0,18	0,22	0,30
Stahl unlegiert über 700 N/mm²	16 ... 25	0,04	0,05	0,07	0,08	0,10	0,14	0,18	0,24
Kupfer	25 ... 40	0,06	0,09	0,11	0,12	0,14	0,18	0,22	0,27
Messing	30 ... 80	0,09	0,11	0,13	0,15	0,17	0,22	0,28	0,35
Kunststoff, weich	20 ... 40	0,06	0,08	0,10	0,11	0,14	0,18	0,22	0,30
Kunststoff, hart	12 ... 20	0,05	0,06	0,08	0,09	0,11	0,14	0,18	0,22

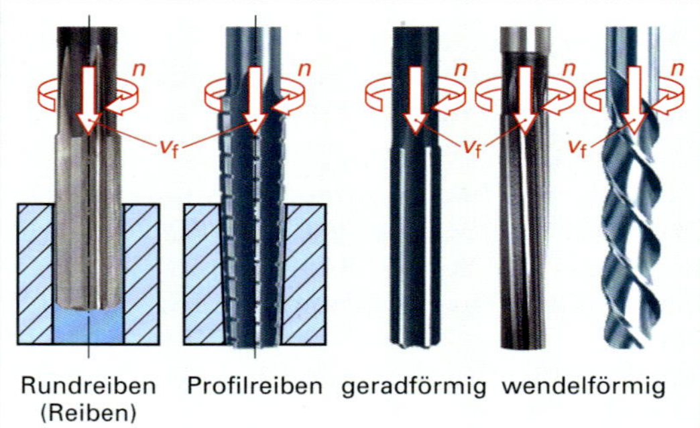

Bild 2: Reibverfahren und Reibahlformen

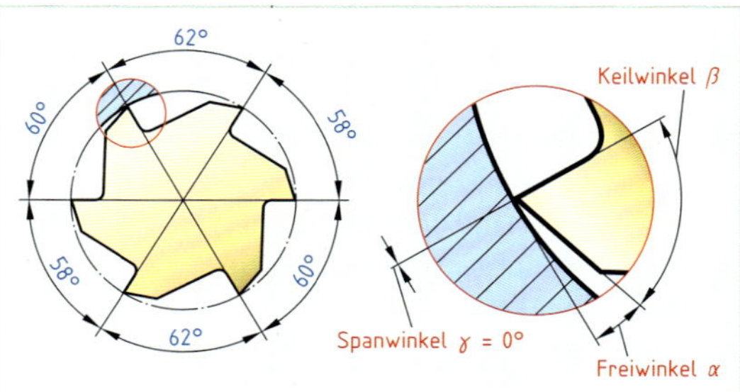

Bild 3: Teilung und Winkel an Reibahlen

Spanen mit unbestimmter Schneide – Schleifen

Schleifen ist ein spanabhebendes Fertigungsverfahren mit einem vielschneidigen, geometrisch unbestimmten Werkzeug – der Schleifscheibe (**Bild 1**).

Wesentliche Verfahrensmerkmale sind:

- hohe Maß- und Formgenauigkeit bis IT5
- erreichbare Oberflächenrauheiten R_z bis 0,1 µm
- Hartbearbeitung
- v_c bis 120 m/s (Hochgeschwindigkeitsschleifen)
- Zustellung a_p bis 20 mm (Tiefschleifen)
- lange Fertigungszeiten
- Randschichtbeeinflussung bei ungünstigen Bearbeitungsbedingungen

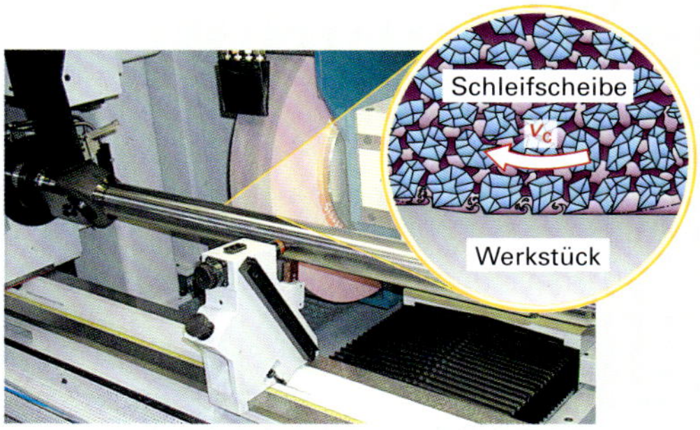

Bild 1: Schleifbearbeitung einer Kolbenstange

Durch verschiedene Schleifscheiben (**Bild 2**) werden ebene und gekrümmte Flächen an Werkstücken hergestellt. Die dazu erforderlichen Schleifverfahren werden unterteilt nach:

- Werkstückform
- Lage der Schleifscheibe zum Werkstück
- Vorschubbewegung

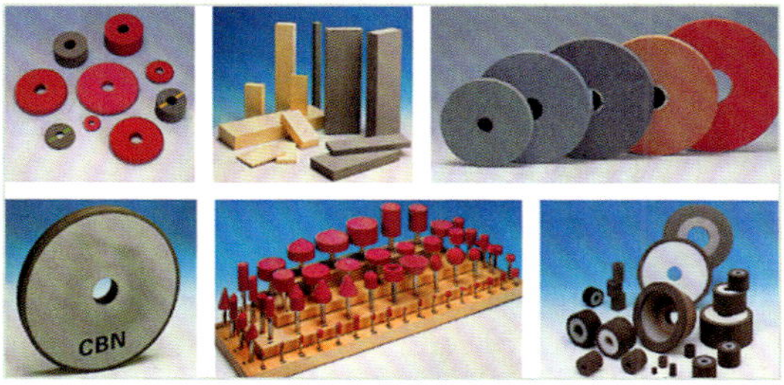

Bild 2: Schleifscheiben

Die Spanbildung bei allen Schleifverfahren unterscheidet sich durch die **Schneidenanzahl**, die **Geometrie** des **Schneidkeils** und die **Lage** der **Schneiden** zu den **Werkstückflächen** grundsätzlich von den Fertigungsverfahren mit geometrisch bestimmten Schneiden (**Bild 3**).

Die Spanabnahme ist gekennzeichnet durch:

- **Elastische** ① Werkstoffverformung beim Kontakt zwischen den Schleifkörnern und der Werkstückoberfläche.
- **Plastische** ② Werkstoffverformung mit zunehmender Eindringtiefe der Schleifkörner (Werkstoffstauchung).
- **Werkstofftrennung** ③ in der Scherebene.
- Zunehmende **Werkstoffverfestigung** ④/⑤ in radialer und axialer Richtung.

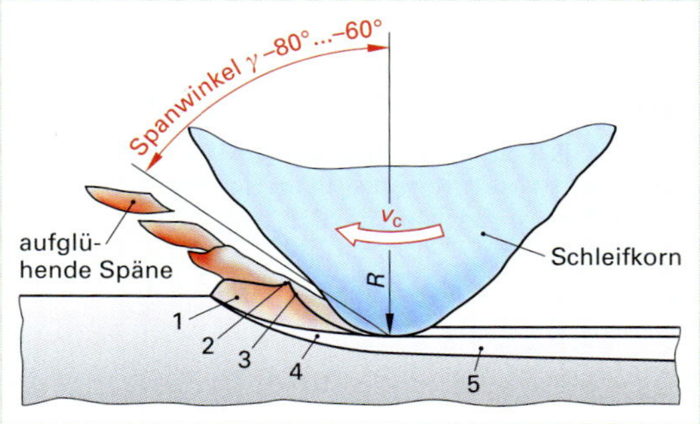

Bild 3: Schneideneingriff

Für die Vorbereitung und Durchführung von Schleifarbeiten sind eindeutige Arbeitsregeln zu beachten. Die Unfallverhütungsvorschriften UVV der Berufsgenossenschaft Eisen und Metall sowie des DSA (**D**eutscher **S**chleifscheiben**a**usschuss) sind **verbindliche Vorschriften** (**Übersicht 1**).

Übersicht 1: Unfallverhütungsvorschriften (Auszug)

- Schleifscheiben dürfen nur von **qualifizierten Personen** aufgespannt werden (**Klangprobe**).
- **Schadhafte** Schleifscheiben (dumpfer Klang) sind sofort zu zerstören.
- Schleifscheiben **zwanglos** aufschieben und zwischen **elastischen** Flanschen spannen.
- **Probelauf** mit der maximal zulässigen Drehzahl **5 Minuten** durchführen.
- **Nachstellbare** Schutzhauben aus zähem Material, z. B. PC verwenden.
- Beim Schleifen ist eine **Schutzbrille** zu tragen.

Spanen mit unbestimmter Schneide – Honen und Läppen

Werkstücke mit sehr hohen Anforderungen an die Oberflächengüte R_z bis 0,04 µm sowie Maß- und Formtoleranzen < IT6 können mit dem Feinstbearbeitungsverfahren Honen und Läppen bearbeitet werden.

Honen ist ein spanabhebendes Fertigungsverfahren mit einem vielschneidigen Werkzeug (Honsteine) aus **gebundenen Körnern** zur Nachbearbeitung von Innen- und Außenkonturen.

Die Überlagerung der Bewegungen des Werkstückes und des Werkzeuges ergeben die charakteristische Oberflächenstruktur beim Honen (**Bild 1**). Die **Schnittgeschwindigkeit** $\boldsymbol{v_c}$ resultiert aus der **Umfangsgeschwindigkeit** $\boldsymbol{v_u}$ und der **Hubgeschwindigkeit** $\boldsymbol{v_h}$. Unterschiedliche Werkstückgrößen und -formen werden mit speziellen Honverfahren bearbeitet (**Bild 2**).

Langhubhonen erfolgt mit mehreren Honsteinen und Anpressdrücken zwischen 10 N/cm² … 100 N/cm² und Schnittgeschwindigkeiten v_c < 30 m/min. Die Korngröße der Honsteine muss der gewünschten Rauheit angepasst werden.

Kurzhubhonen wird durch Honsteine durchgeführt, die an einem elektromagnetisch oder pneumatisch angetriebenen Schwingkopf befestigt sind. Die Amplituden betragen bis 6 mm, die Anpressdrücke liegen von 10 N/cm² bis 40 N/cm², und die Hubfrequenzen betragen 2300 1/min … 3000 1/min.

Läppen ist ein spanabhebendes Fertigungsverfahren mit **losem** feinkörnigem Schleifmittel, das in speziellen Läppölen verteilt ist (**Bild 3**). Das Verfahren dient vorrangig der Bearbeitung von unterschiedlichen Außenformen. Beim Läppen **rollen** die kontinuierlich zugeführten losen Körner zwischen dem Werkstück und der Läppscheibe ab. Der Werkstoffabtrag ist durch zahllose **ungerichtete** Bearbeitungsspuren sichtbar.

Einflüsse auf das Läppergebnis:

- Korngröße 9,3 µm … 17,3 µm
- Anpressdruck bis 30 N/cm²
- Läppgeschwindigkeit 50 m/min … 120 m/min

Werkstücke mit hohen Anforderungen an die Oberflächengüte R_a bis 0,006 µm und die Parallelität werden auf Einscheiben-Läppmaschinen feinbearbeitet. Der verwendete Werkstoff (Härte) der Läppscheibe beeinflusst das **Rollverhalten der Körner** und damit das Aussehen der Werkstückoberfläche (**Bild 4**).

- **harte** Gussscheiben erzeugen **matte** Werkstückoberfächen
- **weiche** Läppscheiben aus Stahl oder Kupfer erzeugen **spiegelnde** Werkstückoberflächen
- Kombinationsscheiben für **spezielle** Aufgaben

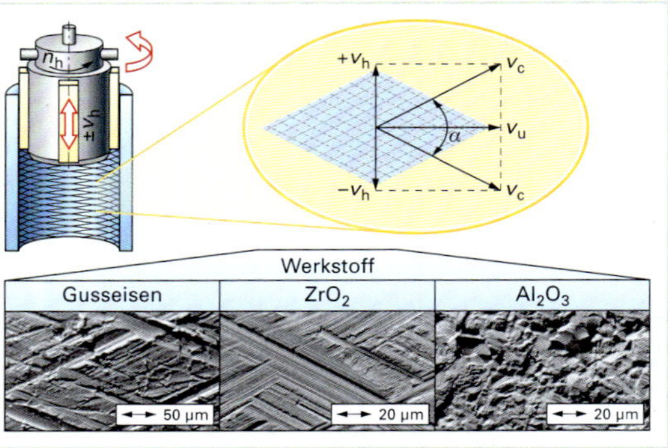

Bild 1: Verfahrensprinzip des Honens

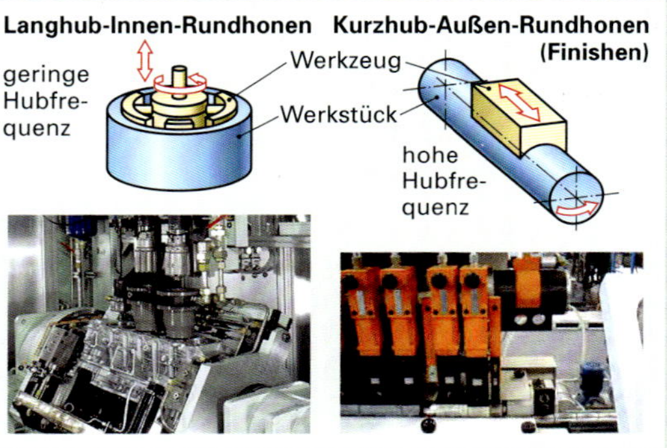

Bild 2: Lang- und Kurzhubhonen

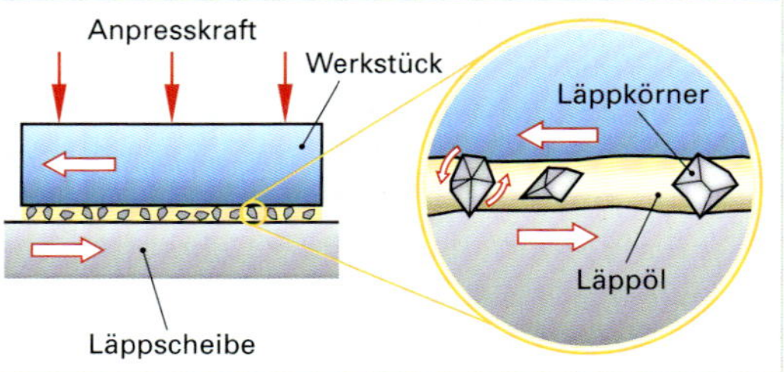

Bild 3: Verfahrensprinzip des Läppens

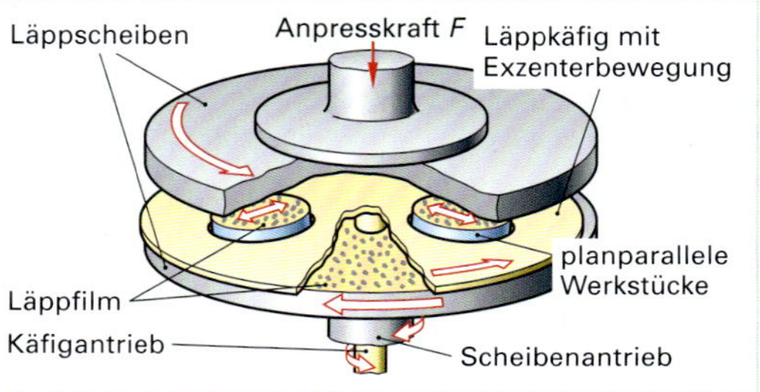

Bild 4: Läppen planparalleler Werkstücke

Ausgewählte Sonderverfahren der Werkstofftrennung

Der Werkstoff wird beim **thermischen Trennen** durch eine örtlich begrenzte Erwärmung und Ausblasen des verflüssigten Werkstoffs aus der entstehenden Fuge getrennt.

Charakteristisch für die thermischen Trennverfahren sind die unterschiedlichen Wirkprinzipien. Dadurch ergeben sich für die praktische Anwendung spezifische Merkmale:

- verfahrensspezifische Form der Schnittfuge mit unterschiedlicher Oberflächenrauheit (**Bild 1**)
- wärmebeeinflusste Randzone

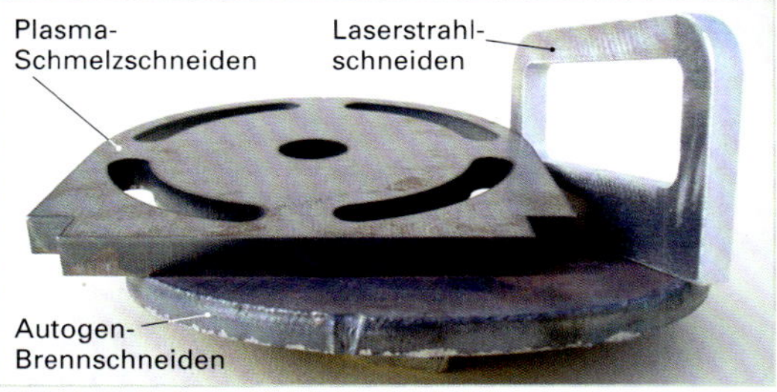

Bild 1: Schnittfugen thermischer Trennverfahren

Beim **Autogen-Brennschneiden** bewirkt eine **Brenngas-Sauerstoffflamme** die Erwärmung auf die Entzündungstemperatur von ca. 1200 °C und die **Oxidation** (**Bild 2**) des Werkstoffs in der Trennfuge. Der Werkstoff verbrennt und wird aus der weißglühenden Trennfuge durch den Druck des Sauerstoffstrahls ausgeblasen. Geeignet ist das Verfahren für unlegierte und niedriglegierte Stähle. Die Oberflächengüte wird durch den Sauerstoffdruck, der Vorschubgeschwindigkeit und der Größe der Schneiddüsen beeinflusst. Trennschnitte bis 1000 mm Materialstärke sind ohne Probleme realisierbar.

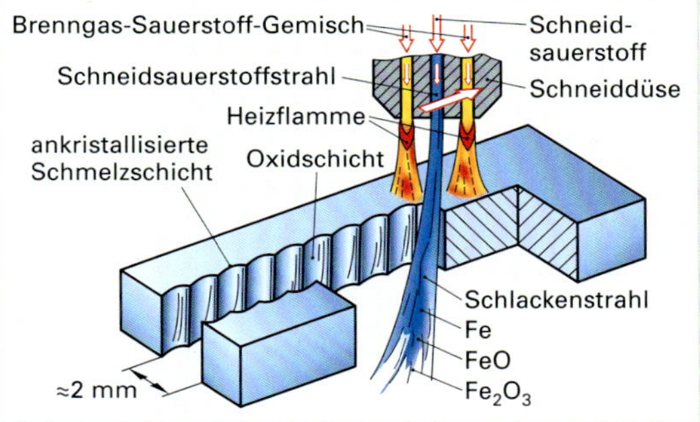

Bild 2: Autogenes Brennschneiden (Prinzip)

Das **Plasma-Schmelzschneiden** eignet sich zum Trennen von Werkstoffen, bei denen die Schmelzpunkte der entstehenden Oxide höher sind als die der Metalle. Nach dem Zünden des Pilotlichtbogens durchströmt das Schneidgas den Lichtbogen und wird dabei durch Ionisierung des Gasstromes in den Plasmazustand gebracht. Der bis zu 30 000 °C heiße Plasmastrahl **schmilzt** (**Bild 3**) den Werkstoff auf und bläst die Werkstoffschmelze aus der Trennfuge. Für legierte Stähle und NE-Metalle eignet sich das Plasma-Schmelzschneiden besonders gut. Die ungleichmäßig entstehende Trennfugenform begrenzt die Materialstärke auf ca. 100 mm.

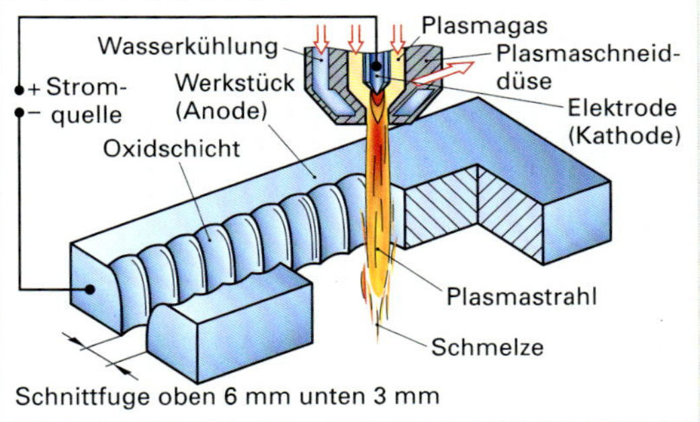

Bild 3: Plasma-Schmelzschneiden (Prinzip)

Beim **Laserstrahlschneiden** werden hochenergiereiche Lichtstrahlen auf die Werkstückoberfläche fokussiert (**Bild 4**). Dadurch können Leistungsdichten bis 1500 Watt/mm² erzeugt werden. Aufgrund der örtlichen Begrenzung des Laserstrahles auf die Werkstückoberfläche schmilzt der Werkstoff bzw. verdampft. Ein reaktionsträges Gas, Argon oder Stickstoff, bläst den aufgeschmolzenen Werkstoff beim **Laserstrahl-Schmelzschneiden** aus der Trennfuge. Bei Verwendung von Sauerstoff als Schneidgas beim **Laser-Brennschneiden** werden die entstehenden Oxide aus der Trennfuge der bis zu 10 mm betragenden Werkstückdicke ausgeblasen.

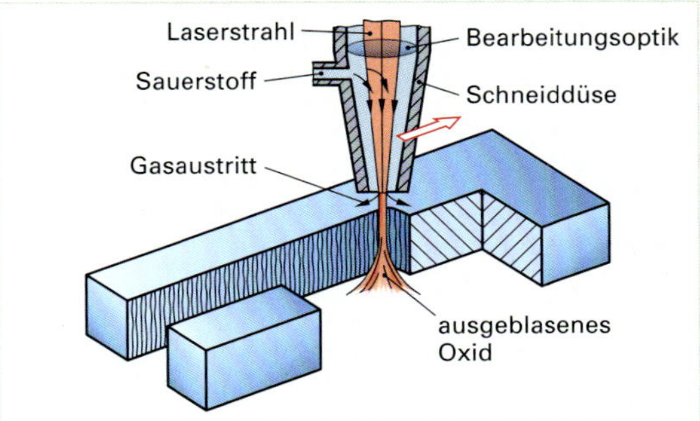

Bild 4: Laserstrahlschneiden (Prinzip)

Der Trennvorgang beim **Wasserstrahlschneiden** beruht auf der Summe winziger Materialabträge (Mikrozerspanung) in der Trennfuge. Die Hochdruckpumpe ist das Herzstück der Anlage. Sie erzeugt durch einen Druckübersetzer die erforderlichen Betriebsdrücke bis zu 4000 bar. Die unterschiedlichen Bausysteme sind dem Anwendungszweck angepasst (**Bild 1**). Als verfahrensspezifische Parameter sind u. a. zu nennen:

- Schneidwasserverbrauch bis **1,5 l/min**
- Wasserstrahldurchmesser **0,08 mm … 1 mm**
- Strömungsgeschwindigkeit bis **900 m/s**
- anfallende Trennschlammmenge ca. **250 g/min**

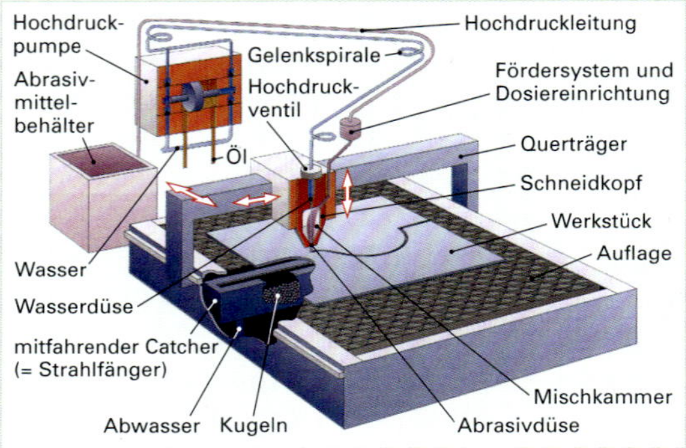

Bild 1: Wasserstrahlanlage

Die Trennflächen wasserstrahlgeschnittener Werkstücke besitzen eine charakteristische Struktur, die aufgrund des Zusammenwirkens der aufgeführten Maschinendaten entsteht (**Bild 2**).

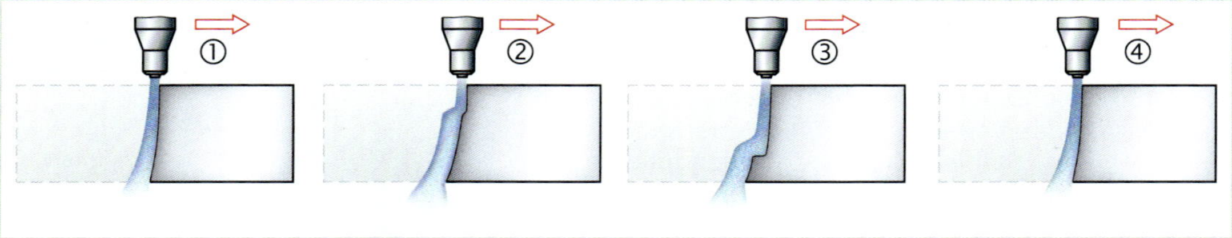

Bild 2: Trennfasen beim Wasserstrahlschneiden

Die Ablenkung des Wasserstrahls zu Schnittbeginn erreicht einen bestimmten Winkel entgegen der Schneidrichtung ①. Im weiteren Schnittverlauf bildet sich eine Stufe aus, dabei vergrößert sich der Umlenkwinkel auf der Stufenfläche ②. Die Stufe wird rasch in das Werkstück hineingetrieben, sodass eine geglättete Schnittfront entsteht ③. Der Anfangszustand ist wieder erreicht ④.

Die erreichbare Schnittflächenqualität ist im Wesentlichen vom Druck und der Schneidgeschwindigkeit abhängig. Nach der VDI-Richtlinie 2906 wird in **Glattschnitt** und **Restzone** unterschieden (**Bild 3**).

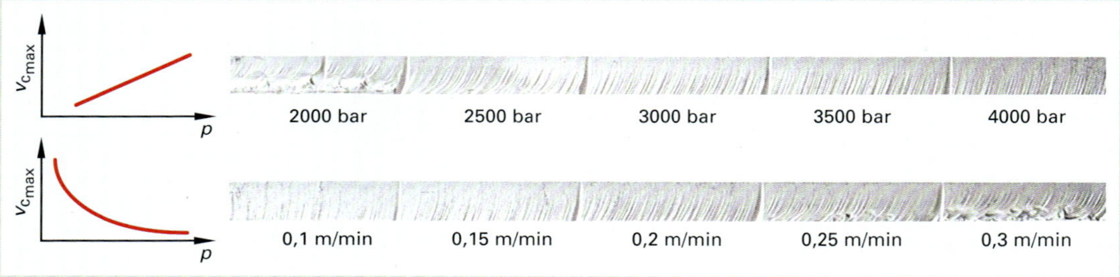

Bild 3: Einfluss von Schneiddruck und -geschwindigkeit auf die Schnittflächenqualität

Die Besonderheiten der Wasserstrahltechnik bei der Kunststoffbearbeitung liegen darin, dass in der Regel **keine Abrasivmittel** verwendet werden. Kunststoffe können bis zu 30 % wirtschaftlicher gegenüber metallischen Werkstoffen getrennt werden.

Vorteilhaft bei der Kunststoffbearbeitung sind:

- Werkstoffstärken bis 100 mm trennbar
- kaum Kantenabrundung
- Rauheitswerte bis *Rz* 16 µm (**Bild 4**)

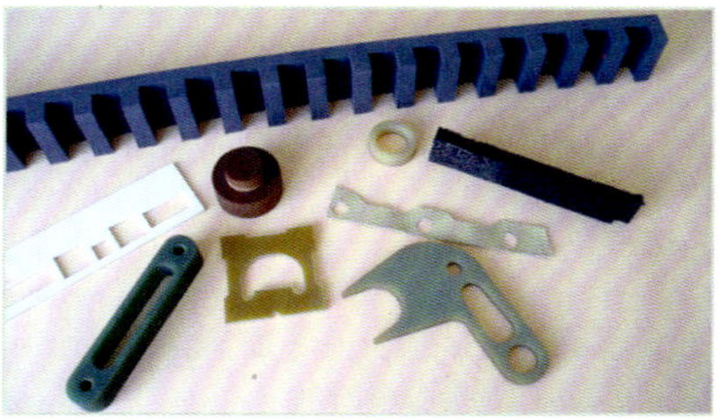

Bild 4: Wasserstrahlgeschnittene Kunststoffteile

Durch **Funkenerosion** können alle elektrisch leitenden Metalle und Metalllegierungen unabhängig von ihrer Härte bearbeitet werden.

Ein **Gleichstrom-Impulsgenerator** erzeugt die erforderlichen Strom- und Spannungswerte mit den zugehörigen Impulszeiten. Für den verfahrensabhängigen Abstand zwischen Elektrode und Werkstück ist eine Vorschubeinheit erforderlich. Die kontinuierliche Förderung und Reinigung des **Dielektrikums** wird mit dem Pump- und Filtersystem realisiert. (**Bild 1**).

Der Werkstoffabtrag (**Bild 2**) erfolgt im Zusammenspiel zwischen dem Elektrodenabstand zum Werkstück, die durch das Dielektrikum getrennt sind und den eingestellten elektrischen Kenngrößen.

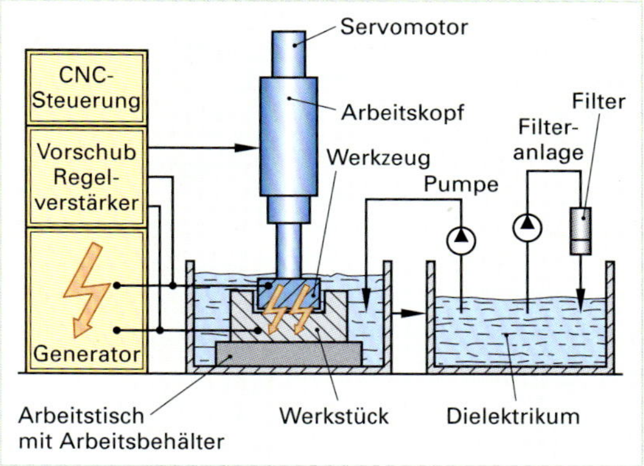

Bild 1: Aufbau einer Funkenerosionsanlage

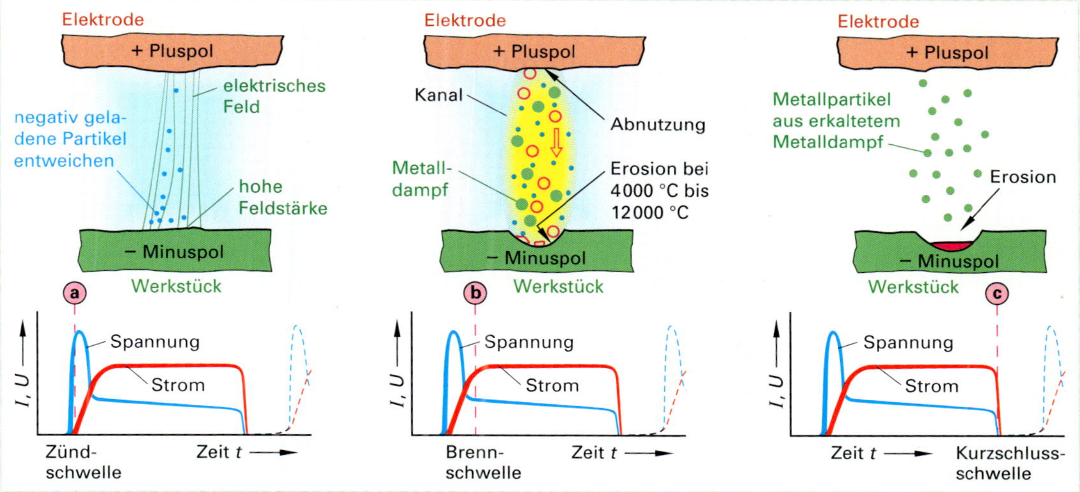

Bild 2: Ablauf des Funkenerosionsvorganges

Mit dem Anlegen einer pulsierenden Spannung entsteht durch den geringen Abstand zwischen Elektrode und Werkstück ein elektrisches Feld. Das Dielektrikum stellt eine leitende Brücke dar, in der sich ein **Entladekanal** ausbildet. Dadurch kann ein Funkenüberschlag erfolgen, der **Entladestrom** fließt, und die Spannung bricht zusammen. Die Folge des Spannungsabfalls ist eine **Implosion im Entladekanal** mit hohen Drücken und Temperaturen bis 12 000 °C. Diese zeitlich begrenzte Energie führt zu kalottenartigen Vertiefungen in der Werkstückoberfläche durch Verdampfen oder Zersetzen des Werkstoffs.

Beim **funkenerosiven Senken** wird durch eine formgetreue Elektrode die gewünschte Innenform, z. B. von Spritzgusswerkzeugen hergestellt. Die Vielfalt der Werkzeugformen kann durch verschiedene Elektrodenformen und -bewegungen hergestellt werden (**Bild 3**).

Elektrodenform ≙ Werkstückinnenform

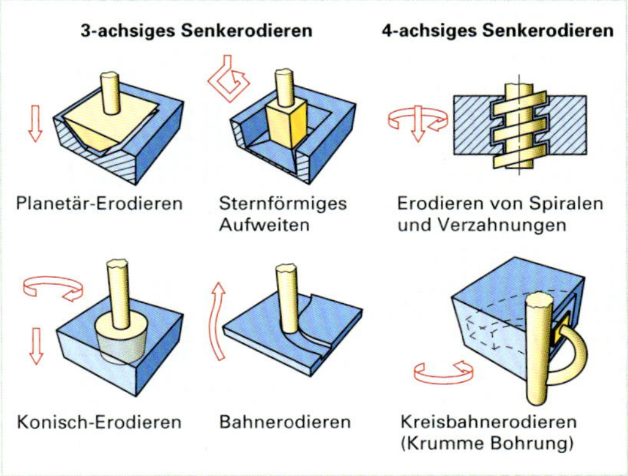

Bild 3: Herstellbare Innenformen (Übersicht)

Das Arbeitsergebnis des funkenerosiven Senkens wird durch die **Abtragsrate V_w** und der erreichbaren **Oberflächenrauheit R_a** bewertet (**Bild 1**).

Durch Veränderung des Entladestromes i_e, der Impuls- und Pausendauer t_i / t_o, der Zündspannung u_e, der Polarität zwischen dem Werkstück und der Elektrode sowie den Spülbedingungen wird auf die Abtragsrate und die Oberflächengüte Einfluss genommen.

Beim **funkenerosiven Schneiden** (Drahterodieren) werden ablaufende Drähte mit einem Durchmesser von 0,01 mm ... 0,35 mm als formgebende Elektroden verwendet (**Bild 2**).

Die herzustellenden Innen- und Außenformen werden mithilfe CNC-gesteuerter Bewegungen des Tisches und der Drahtführung gefertigt.

Aufgrund des komplizierten Verfahrensprinzipes des Drahterodierens müssen folgende Prozesskenngrößen abgesichert werden:

- **gespannter** Draht zur Vermeidung von Bahnabweichungen
- ständig **freigespülter** Arbeitsraum durch das Dielektrikum
- zulässige Temperaturschwankungen von **0,5 °C**
- **fester** und **sicherer** Maschinenstandort

Bei der Herstellung der unterschiedlichsten Werkstückformen sind bestimmte Arbeitsregeln sowie praktische Erfahrungen zu beachten.

- **Startlöcher** im Werkstück festlegen (nicht von außen anschneiden).
- Für jedes Profil ist **ein** Startloch festzulegen.
- **Haltestege** zur Werkstückstabilität festlegen und stehen lassen.

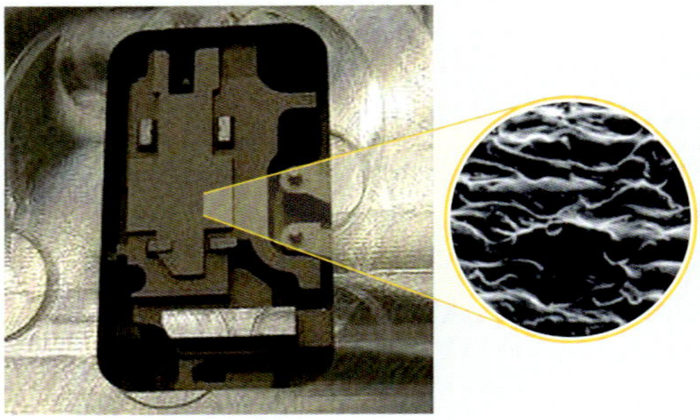

Bild 1: Funkenerosiv bearbeitete Oberfläche

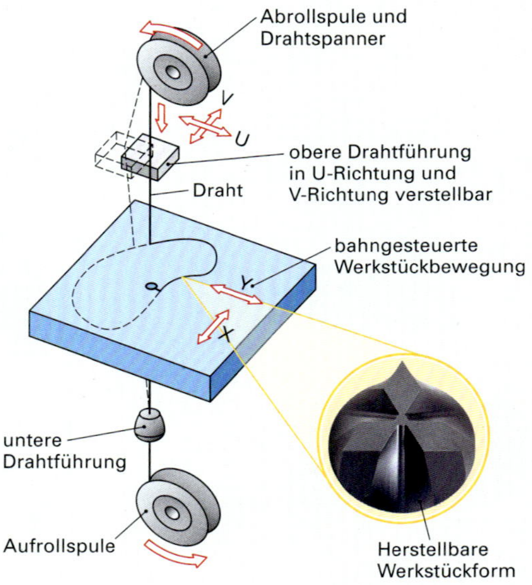

Bild 2: Verfahrensprinzip des Drahterodierens – herstellbare Werkstückform

Wiederholungsfragen:

1. Beschreiben Sie die Verfahrensmerkmale der Fertigungshauptgruppen anhand eigener praktischer Beispiele.
2. Wie können die Eigenschaften von gesinterten Werkstücken gezielt beeinflusst werden.
3. Der Umformbereich wird durch Werkstoffkenngrößen definiert. Benennen Sie beispielhaft für bestimmte Werkstoffe und Umformverfahren diese Werkstoffkenngrößen.
4. Begründen Sie die unterschiedliche Größe des Keilwinkels der Trennverfahren.
5. Beschreiben Sie die Bedeutung der Größe des Frei-, Keil- und Spanwinkels von spanabhebenden Werkzeugen.
6. Welchen Belastungen unterliegen die Schneidstoffe, nennen Sie gebräuchliche Arten und deren spezielle Eigenschaften.
7. Nennen und begründen Sie die besonderen Maßnahmen bei der Kunststoffzerspanung.
8. Beschreiben Sie Einsatzmöglichkeiten der Sondertrennverfahren in der Kunststofftechnik.

Fügen

Durch Fügen entstehen aus Werkstücken, die durch verschiedene Fertigungsverfahren hergestellt worden sind, Baugruppen und Maschinen mit bestimmten Aufgaben (**Bild 1**). Die Einteilung der Fügeverfahren kann nach unterschiedlichen Merkmalen erfolgen.

Die Art und Weise, wie der Zusammenhalt geschaffen wird, ist durch die Einteilung der Fügeverfahren nach DIN-Normen verdeutlicht:

- Fügen durch **Zusammensetzen**
- Fügen durch **An- und Einpressen**
- Fügen durch **Urformen**
- Fügen durch **Umformen**
- Fügen durch **Stoffvereinigung**

Die Beschreibung der Beweglichkeit der gefügten Teile weist auf die Verbindungsart hin (**Bild 2**).

- **Bewegliche** Verbindungen ermöglichen Relativbewegungen der Bauteile für die Funktion der Baugruppe.
- **Feste** Verbindungen sichern die unveränderliche vorgeschriebene Position der Teile innerhalb einer Baugruppe. Die Verbindungen können dabei lösbar oder unlösbar sein.
- **Lösbare** Verbindungen lassen sich wiederholt trennen, **ohne Zerstörung** des Verbindungselementes.
- **Unlösbare** Verbindungen sind nur durch **Zerstörung** des Verbindungselementes in die Einzelteile zerlegbar.

Für die Übertragung einwirkender Kräfte auf die gefügten Baugruppen bedarf es eines **geschlossenen Kraftflusses**, der durch die Fügeverbindung realisiert wird (**Bild 3**).

- **Stoffschlüssige** Verbindungen werden gebildet, indem die **Werkstoffe** der einzelnen zu fügenden Bauteile mit oder ohne Zusatzstoff **vereinigt** werden.
- **Kraftschlüssige** Verbindungen werden durch äußere Kräfte und daraus resultierende **Reibungskräfte** an den Berührungsflächen der zu fügenden Bauteile erreicht.
- **Formschlüssige** Verbindungen entstehen durch Einpressen mit Kraftaufwand von **formidentischen Verbindungselementen** mit bestimmten Innenformen der zu fügenden Bauteile.

Für die unterschiedlichen Fügeaufgaben der Kunststoffver- und -bearbeitung bedarf es einer sorgfältigen Wahl des entsprechenden Verfahrens.

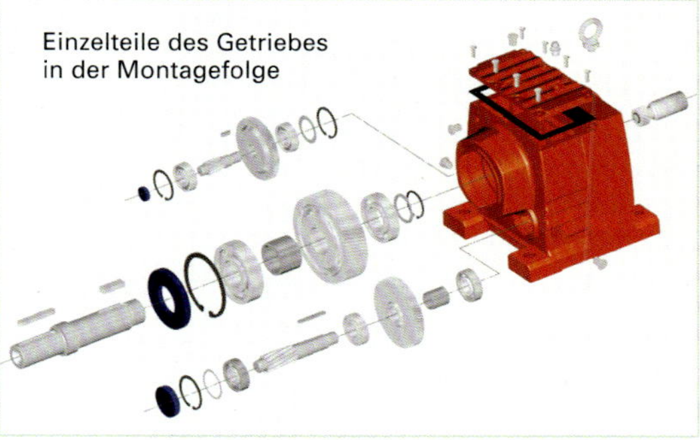

Bild 1: Explosionszeichnung eines Getriebes

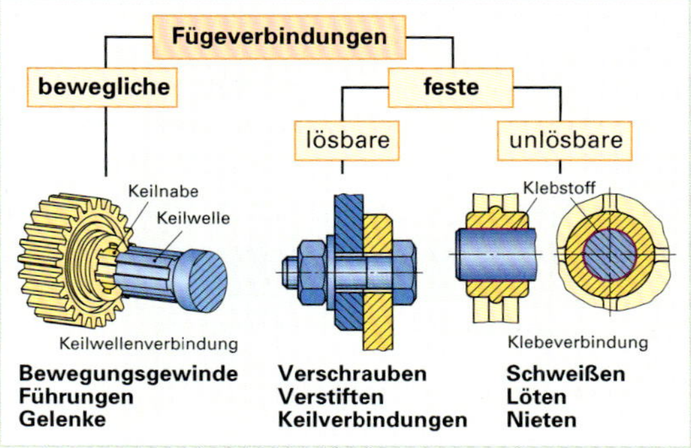

Bild 2: Einteilung der Fügeverbindungen

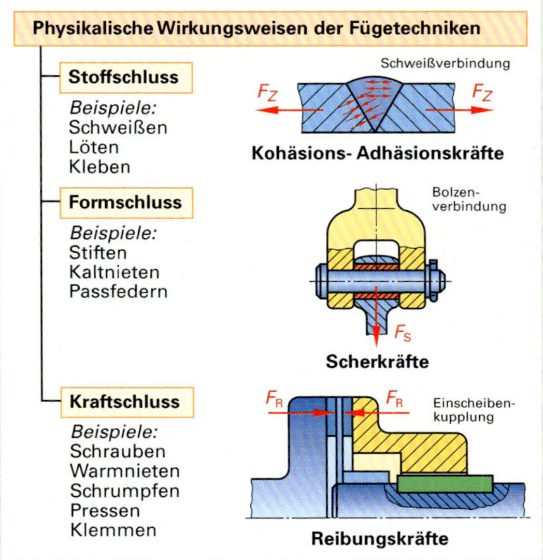

Bild 3: Wirkungsweise der Fügeverbindungen

Fügen durch Zusammensetzen – Ein- und Anpressen

Funktionstüchtige Baugruppen entstehen durch kraftschlüssige Verbindungen, wenn vor dem Fügen zwischen den Innen- und Außenformen der Bauteile **Übermaß** besteht (**Bild 1**). Beim Fügen werden die Bauteile **elastisch** verformt, dabei entsteht Haftreibung zwischen den Fügeflächen, die eine Kraftübertragung garantiert.

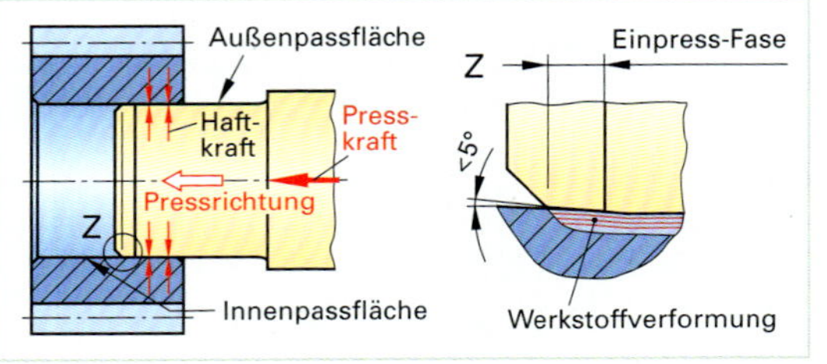

Bild 1: Pressverbindungen

Für die Anwendungsbeispiele des Ein- und Anpressens in der Elektroindustrie, dem Maschinen- und Fahrzeugbau können folgende Varianten gewählt werden:

- Verschrauben mit selbsthemmendem Gewinde
- Klemmen und Klammern
- Fügen durch Dehnen
- Fügen durch Schrumpfen
- Verkeilen
- Verspannen

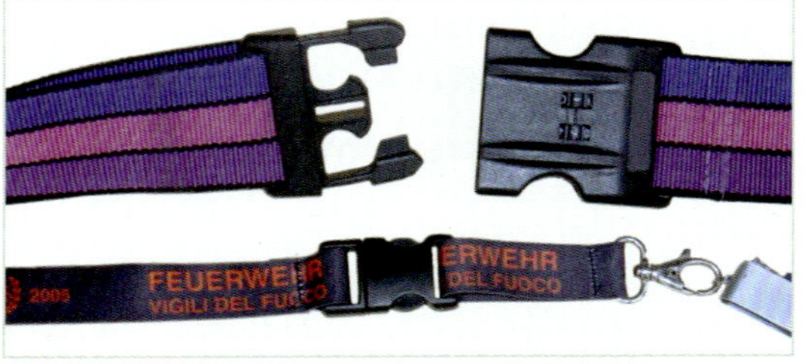

Bild 2: Arten von Schnappverschlüssen

Die hohe Elastizität von Kunststoffen wird bei **Schnappverbindungen** (**siehe Kapitel 15.4**) gezielt ausgenutzt. Unterschiedliche Formelemente wie z. B. Kugeln, Haken oder Wülste greifen in formgleiche Hinterschneidungen des Gegenstückes ein und bilden dadurch eine formschlüssige Verbindung (**Bild 2**).

Schnappverschlüsse werden mit zusätzlichen Befestigungselementen im Fahrzeugbau verwendet.

Vorsicht ist bei der Demontage von Schnappverbindungen geboten, da die Verbindungen lösbar bzw. **unlösbar** ausgeführt werden können.

Fügen durch Urformen

Werkstücke oder Baugruppen werden mit formlosen Zusatzstoffen zur Gewährleistung bzw. Verbesserung der Gebrauchseigenschaften gefügt. Für die Funktionssicherheit der gefügten Baugruppen sind dabei Kohäsionskräfte von Bedeutung.

Bild 3: Isolierte elektrische Leiter

Spezielle Kunststoffe werden für die folgenden Fügeaufgaben verwendet:

- Aus-, Ein- und Umgießen
- Ummanteln
- Einbetten
- Einvulkanisieren

Alle Kabel, die in elektrischen Anlagen der verschiedenen Industriezweige und selbst im Haushalt verwendet werden, müssen aus Sicherheitsgründen mit Kunststoff, z. B. PVC **ummantelt** werden. Die guten Isoliereigenschaften sind dafür entscheidend (**Bild 3**).

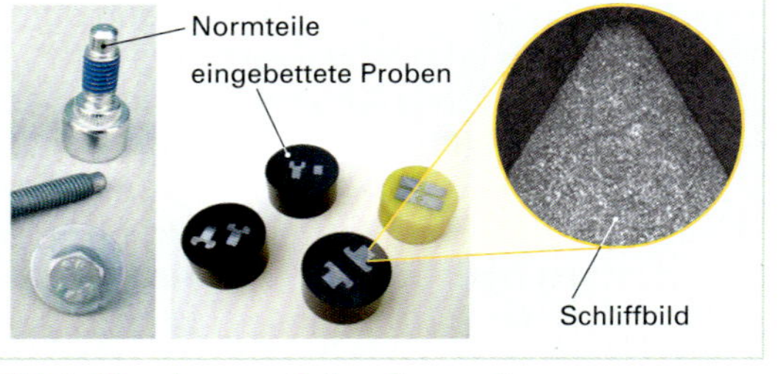

Bild 4: Eingebettete Schraubenproben

Die unterschiedlichen Schraubenverbindungen sind aus vielen Industriezweigen nicht wegzudenken. Aufgrund der unterschiedlichen Beanspruchungen und der Schraubenvielzahl ist eine ständige Qualitätskontrolle erforderlich. Dabei werden der Produktion von Lösgrößen > 100 000 Schrauben stichpunktartig Einzelexemplare entnommen und in eine Kunststoffform **eingebettet**. Durch verschiedene Prüfverfahren werden bis zu 50 Kenngrößen geprüft (**Bild 4**).

Fügen durch Kleben

Durch Kleben entstehen unter dem Einfluss von Druck und Temperatur **stoffschlüssige, unlösbare** Verbindungen. Die einzelnen Fügeteile können dabei aus unterschiedlichen Werkstoffen bestehen.

Wirkprinzip des Klebens (siehe Kapitel 15.3)

Die Funktionssicherheit einer Klebeverbindung ist von den **Kohäsionskräften** zwischen den Klebstoffteilchen sowie den **Adhäsionskräften** zwischen dem Klebstoff und den zu verklebenden verschiedenen Werkstoffen abhängig (**Bild 1**). Die entstehende Festigkeit einer Klebeverbindung ist abhängig von:

- Klebstoffart
- Beschaffenheit der Werkstückoberfläche
- Belastungsarten an den Klebestellen (**Bild 2**)

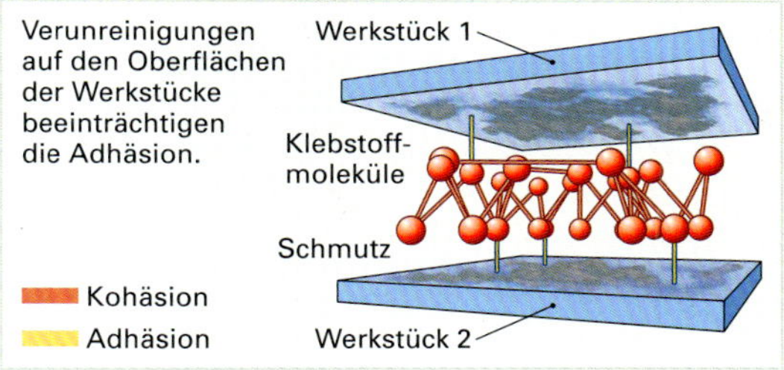

Bild 1: Kohäsions- und Adhäsionskräfte

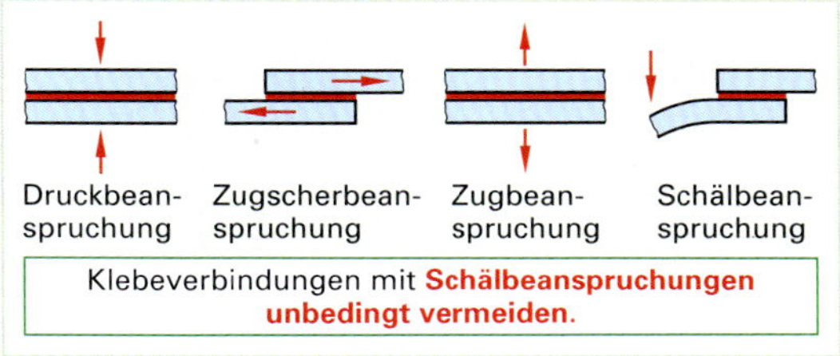

Bild 2: Grundformen der Belastungsarten

Die Vorbereitung und Durchführung beim Kleben muss daher sehr sorgfältig erfolgen, da die Kohäsionskräfte von der Schichtdicke des verwendeten Klebers und die Adhäsionskräfte von den Klebeflächen beeinflusst werden.

Klebeverbindungen können Druck-, Scher-, und Zugkräften am besten widerstehen, **Schälkräfte** (Linienberührung) sind zu **vermeiden**.

Kleben von Kunstoffen

Beim Kleben von anlösbaren Kunststoffen (**Bild 3**) wird im Gegensatz zu metallischen oder nichtmetallischen Werkstoffen durch Bestandteile der Kleber die Oberfläche der Kunststoffe angelöst. Deshalb muss beim Kleben von Kunststoffen auf folgendes geachtet werden:

- kunststoffspezifische Kleberart
- Lagefixierung bis zur vollständigen Aushärtung

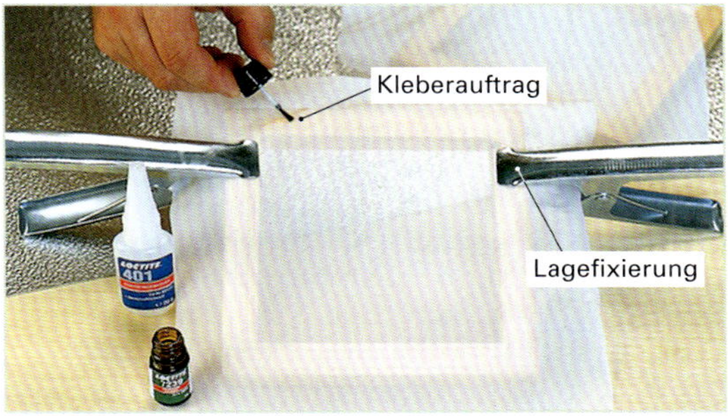

Bild 3: Geklebtes Kunststoffbauteil

Fügen durch Schweißen

Durch Schweißen werden gleiche oder artfremde Grundwerkstoffe im flüssigen oder plastifizierten Zustand gefügt. Unter Einsatz von Zusatzwerkstoffen, Schweißhilfsstoffen sowie Wärme und/oder Druck entstehen unlösbare stoffschlüssige Werkstoffverbindungen (**Übersicht 1**).

Übersicht 1: Einteilung der Schweißverfahren DIN 1910-100:2008-02 und DIN EN 14610:2005-02

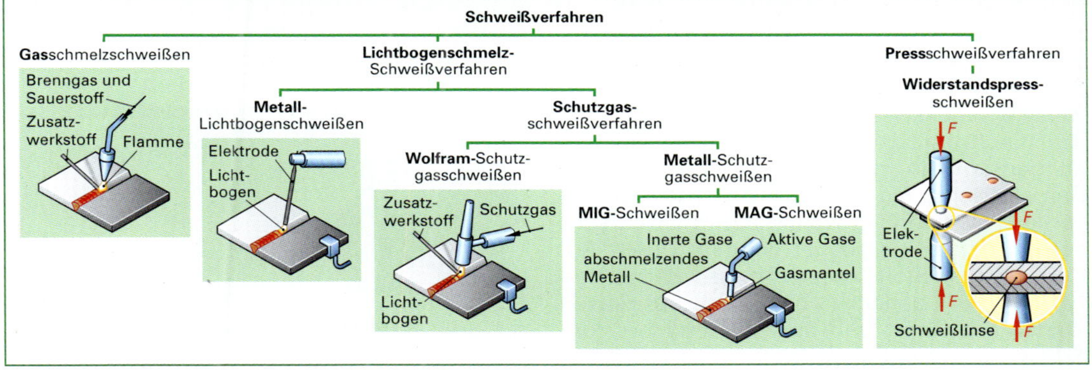

Alle Metall- und Kunststoffschweißverfahren dürfen nur von qualifiziertem Fachpersonal ausgeführt werden, dabei sind festgelegte Arbeitsschutz- und Unfallverhütungsvorschriften einzuhalten. Die Auswahl eines anzuwendenden Schweißverfahrens ist von zahlreichen Faktoren abhängig.

Gasschmelzschweißen:
Die zu schweißenden Werkstücke werden durch eine **Brenngas-Sauerstoffflamme** an der Schweißstelle bis auf ca. 3200 °C erwärmt und dadurch aufgeschmolzen. Vorrangig wird das Gasschmelzschweißen für Reparaturarbeiten z. B. im Heizungsbau angewendet (**Bild 1**). Als technische Parameter sind folgende Arbeitsdrücke festgelegt: $p_{H_2O_2} = 0{,}2$ bar und $p_{O_2} = 2$ bar … 3 bar.

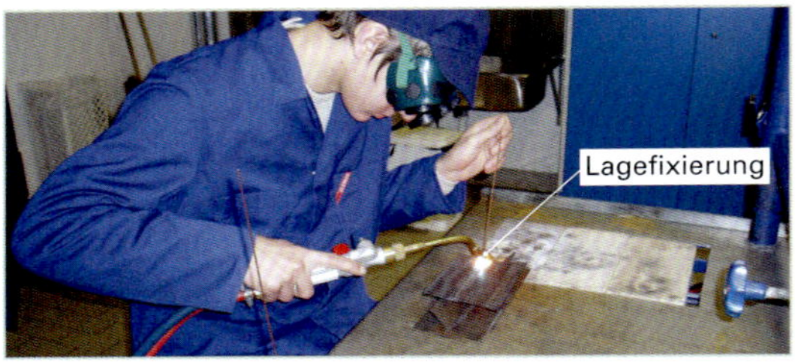

Bild 1: Gasschmelzschweißen

MIG-Schweißen:
Verfahrensmerkmal aller Schutzgasschweißverfahren ist die Abschirmung der Schweißstelle gegen die umgebende Atmosphäre durch ein **Schutzgas** (**Bild 2**). Beim **MIG**-Schweißen (**M**etall-**I**nertgas-**S**chweißen) werden die reaktionsträgen (inerten) Gase Argon oder Helium verwendet. An MIG-Schweißanlagen müssen entsprechend der Einsatzbedingungen die Schweißspannung und die Drahtvorschubgeschwindigkeit für die Schweißbearbeitungen eingestellt werden.

Bild 2: MIG/MAG-Schweißen

Reibschweißen:
Beim Reibschweißen wird die Schweißstelle von Bauteilen durch **Reibung** so erwärmt, dass eine stoffschlüssige Verbindung entsteht. Der Schweißvorgang erfolgt auf einer Reibschweißmaschine, die ein Teil in Rotation bis 3000 min^{-1} versetzt. Sobald an der Berührungsstelle die **plastische Werkstoffaufschmelzung** einsetzt, wird die Rotation gestoppt und eine axiale Stauchkraft wirksam (**Bild 3**). Der entstehende Wulst muss nachträglich entfernt werden.

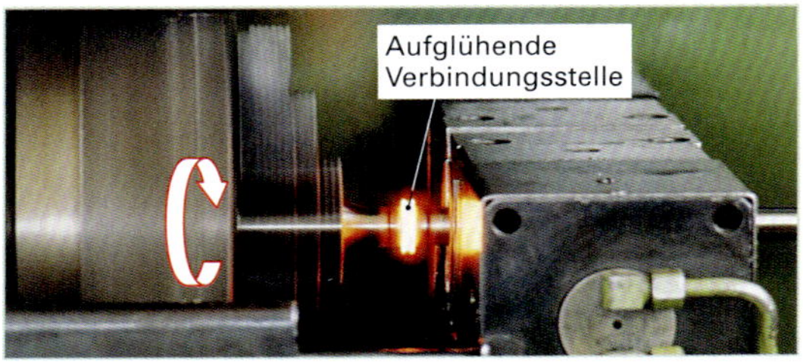

Bild 3: Reibschweißen

Die Wirkungsprinzipien der Kunststoffschweißverfahren unterscheiden sich von den Metallschweißverfahren aufgrund des strukturellen Aufbaus der Kunststoffe.

Warmgasschweißen:
Ein heißer Luftstrom wird beim Warmgasschweißen als Energieträger zur **Plastifizierung** verwendet. An den elektrisch betriebenen Geräten können die erforderlichen Temperaturen für die thermoplastischen Werkstoffe eingestellt werden (**Bild 4**) (**siehe Kapitel 15.2**).

Bild 4: Warmgasschweißen

Heizelementschweißen:
Kunststoffrohre mit unterschiedlichen Abmessungen können mit dem Heizelementschweißen stoffschlüssig gefügt werden (**Bild 5**). Die zu verschweißenden Rohrenden müssen sehr sorgfältig plan bearbeitet werden. Durch Andrücken an die teflonbeschichteten Heizplatten werden die Fügeflächen bis zum **plastifizierten Zustand** erwärmt und anschließend bis zum Erkalten aneinandergedrückt.

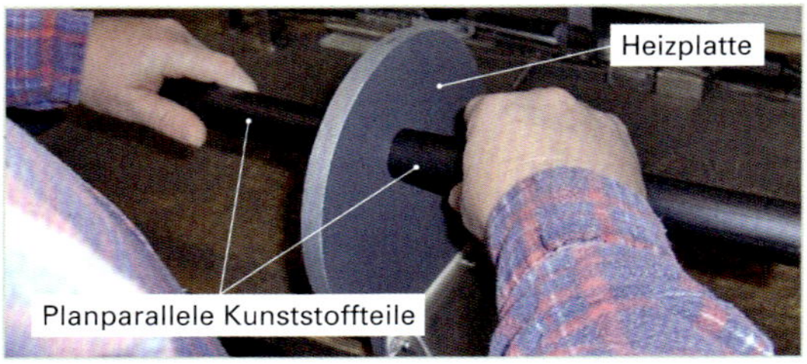

Bild 5: Heizelementschweißen

Beschichten

Der Verwendungszweck zahlreicher technischer Erzeugnisse erfordert nach dem Ur-, Umformen und Fügen ergänzende spezifische Beschichtungen. Die dünnen, festhaftenden Schichten aus verschiedenen metallischen bzw. nichtmetallischen Werkstoffen dienen der Erhöhung der Lebensdauer (Korrosionsschutz), Verbesserung der Gebrauchseigenschaften (Verschleißfestigkeit) sowie der Verbesserung der Attraktivität. Eine fertigungsspezifische **Oberflächenbehandlung** ist zwingend vor der Beschichtung durchzuführen.

Lackieren und Kunststoffbeschichten

Das große Anwendungsspektrum von **Lacken** beruht auf der einfachen Verarbeitung. Vom flüssigen Bindemittel werden die pulverförmigen Pigmente zur Farbgebung und zum Korrosionsschutz aufgenommen. Mit Lösungsmitteln versetzt, entsteht eine **streichfähige** Flüssigkeit. Beim **elektrostatischen Pulverbeschichten** werden besondere Kunststoffe zu feinem Nebel versprüht, der sich durch die angelegte Spannung auflädt und sich zum geerdeten Bauteil bewegt. Das Aushärten der Pulverschicht wird durch Brennen bei ca. 200 °C erreicht (**Bild 1**).

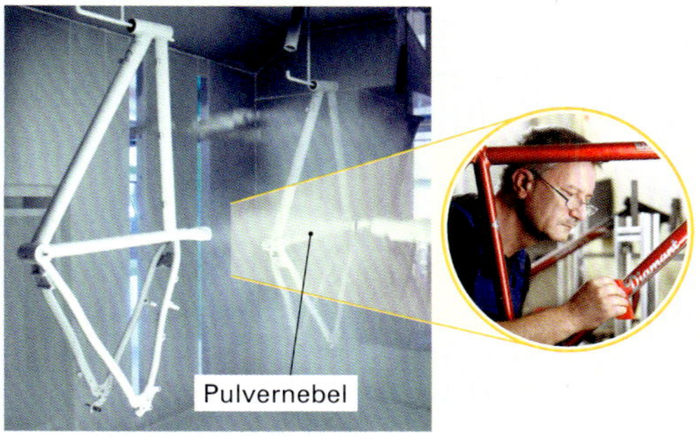

Bild 1: Anlage zum Pulverbeschichten

Anwendung: Umweltfreundliche Beschichtung von profilierten Teilen für Klein- und Großserien.

Metallüberzüge

Der Korrosionsschutz steht im Vordergrund für die unterschiedlichen Anwendungsverfahren der Metallüberzüge. Beim **Feuerverzinken** (Schmelztauchen von Metallen) werden die zu verzinkenden Stahlteile gründlich gereinigt und danach in ein Zinkbad bei ca. 450 °C getaucht. Durch die einsetzende Legierungsbildung zwischen dem Zink und dem Grundmetall entsteht eine korrosionsbeständige Schicht (**Bild 2**). Der Erfolg der Metallüberzüge ist abhängig von:

- feuerverzinkungsgerechter Konstruktion
- Tauchzeiten von ca. 8 Minuten, die 20 Jahre Korrosionsschutz garantieren

Bild 2: Anlage zum Feuerverzinken

Anwendung: Fahrzeugbau
Trägerkonstruktionen

Sonderverfahren

Schneidwerkzeuge unterliegen bei der Spanbildung hohen Beanspruchungen, besonders die Wärmebelastung und die Reibung verursachen den Verschleiß. **PVD-Beschichtungen** (**P**hysical **V**apour **D**eposition) zeichnen sich durch extreme Härte und Temperaturbeständigkeit aus.

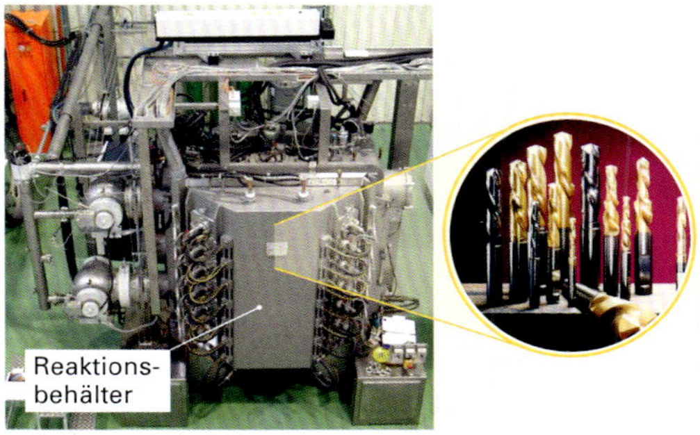

Bild 3: PVD-Beschichtungsanlage

In einem Reaktionsbehälter strömt eine **gasförmige Metallverbindung** in einer Schutzgasatmosphäre über die zu beschichtenden, stark erhitzten Werkzeuge (Reaktionstemperatur ca. 1000 °C). Durch den Temperaturunterschied zerfällt die Metallverbindung und scheidet sich als festhaftende, verschleißfeste **Hartschicht** ab (**Bild 3**).

Anwendung: Werkzeuge und Wendeplatten mit **TiN-, TiC- oder Al_2O_3-Beschichtungen.**

Stoffeigenschaft ändern

Eine erwünschte Beeinflussung der Werkstoffeigenschaften von festen Körpern kann durch **Umlagern, Aussondern** oder **Einbringen** von Stoffteilchen erfolgen. Werkstoffeigenschaften können beeinflusst werden durch:

- Werkstoffverfestigung beim Umformen
- Thermomechanische Behandlung
- Magnetisierung
- Bestrahlung
- Wärmebehandlung (**Bild 1**)

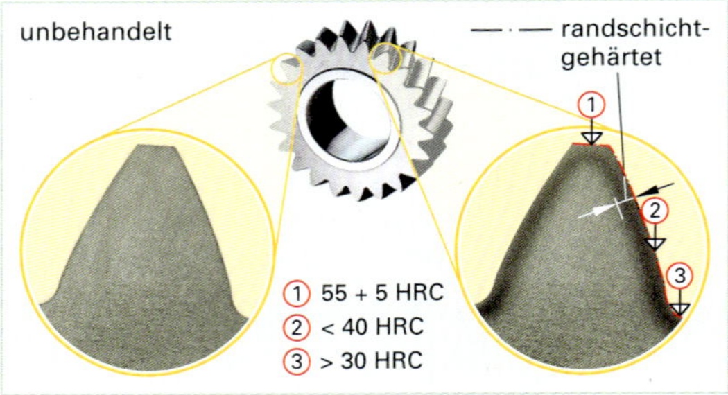

Bild 1: Gefügeänderung in den Zahnflanken

Mithilfe der **Wärmebehandlungsverfahren** von Eisenwerkstoffen besteht die Möglichkeit, bestimmte Werkstoffeigenschaften für die praktische Anwendung (**Übersicht 1**) zu beeinflussen:

- Veränderung der Gebrauchseigenschaften durch Erhöhung von **mechanischen** und **technologischen** Eigenschaften (Vergüten).
- Verbesserung der Verschleißfestigkeit von **Werkstückoberflächen** (Oberflächenhärten).
- Verbesserung der **Bearbeitbarkeit** (Weichglühen).
- **Spannungsabbau** von vorangegangenen Fertigungsverfahren (Spannungsarmglühen).

Übersicht 1: Wärmebehandlungsverfahren

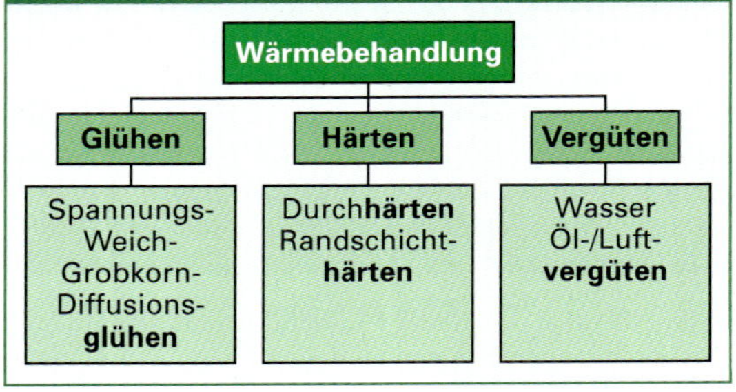

Die Veränderungen im Gefüge von Stählen (bis 2,06 % C) werden mithilfe des **Eisen-Kohlenstoff-Diagramms** dargestellt. Die Linie **G-S-K** trennt abhängig vom Kohlenstoffgehalt und der Temperatur **kubisch-raum-zentrierte** (**krz**) von **kubisch-flächen-zentrierten** (**kfz**) Kristallen ab. Weitere Fachbegriffe bezeichnen spezielle Gefügearten (**Bild 2**).

Die Anwendungsbereiche von ausgewählten Wärmebehandlungsverfahren sind im Diagramm zur Orientierung als Farbbänder dargestellt (praxisorientierte Werte lt. Tabellenbuch).

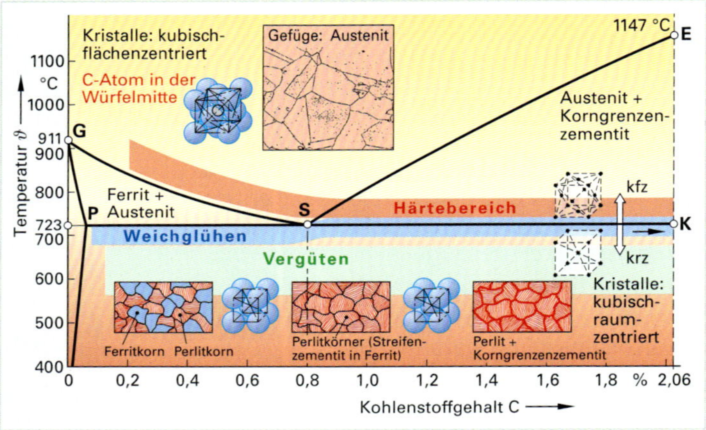

Bild 2: Stahlecke des Eisen-Kohlenstoff-Diagramms

Alle Wärmebehandlungsverfahren durchlaufen drei charakteristische Bereiche (**Bild 3**):

- Langsame Erwärmung auf die verfahrensspezifische Wärmebehandlungstemperatur.
- halten der Wärmebehandlungstemperatur
- abkühlen auf Raumtemperatur

Entsprechend der Aufgabe werden die Zeitverläufe und Temperaturen angepasst, z. B. durch stufenweise Erwärmung oder mehrere Verläufe nacheinander.

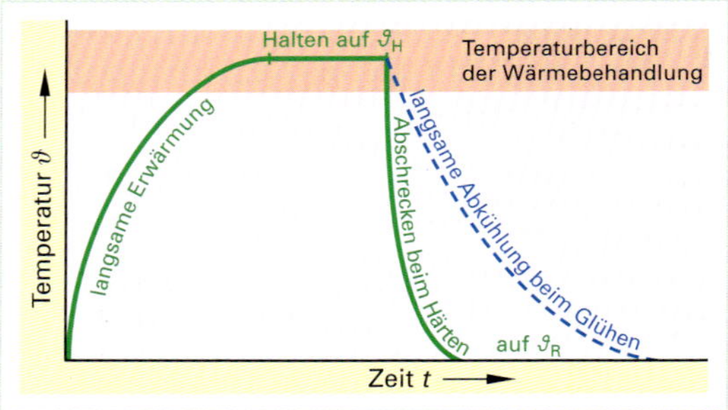

Bild 3: Zeit-Temperatur-Verlauf

2.4 Berechnungen zur Fertigungs- und Prüftechnik

Mathematische Berechnungen sind eine wesentliche Grundlage für die Lösung von fertigungs- und prüftechnischen Problemen in der Praxis. Ausgewählte Berechnungsbeispiele repräsentieren das breite Anwendungsspektrum in der Kunststofftechnik.

2.4.1 Berechnungen zur Prüftechnik

Berechnungen für Toleranzangaben:

Die komplizierte Funktion eines Spritzgießwerkzeuges kann nur durch Bauteile realisiert werden, die entsprechend ihrer Aufgabe **toleriert** sind. Baugruppen in Verbindung mit Bewegungselementen, z. B. Schieber, Führungselemente (**Bild 1**) und Auswerferstifte sind als Spielpassung (Gleitpassung) mit ø30H7/g6 ausgeführt und mit Tabellenbüchern bestimmbar:

Innen- bzw.	**ø30 H7**	
Außenpassmaß		**ø30 g6**
ob. Grenzabmaße *ES*, *es*	+ 21 µm	– 7 µm
unt. Grenzabmaße *EI*, *ei*	0	– 20 µm
Höchstmaß G_{oB}, G_{oW}	30,021 mm	29,993 mm
Mindestmaß G_{uB}; G_{uW}	30,000 mm	29,980 mm
Toleranz T_B, T_W	0,021 mm	0,013 mm
Höchstpassung P_H	+ 0,041 mm	
Mindestpassung P_M	+ 0,007 mm	
Passtoleranz P_T	0,034 mm	
Passung	**Spielpassung**	

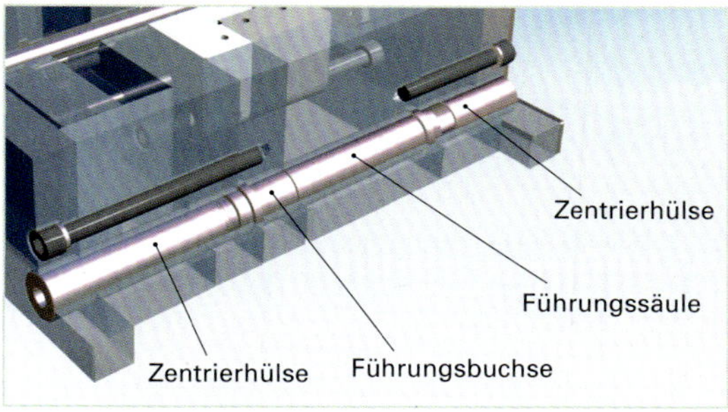

Bild 1: Führungsbolzen ø30 eines Spritzgusswerkzeuges

Berechnungen zur Feuchtigkeitsbestimmung:

Trockene Frischluft wird für die Aufnahme von 255 kg Wasser aus einem Feuchtgut verwendet. Der Dampfgehalt der auf 65 °C erwärmten Trocknungsluft ist mit 95 % des maximal möglichen Wassergehaltes fast gesättigt (maximaler Dampfgehalt x_{max} bei 65 °C: 212,9 g Wasser pro kg Luft).

Zu berechnen sind:

1. der minimale spezifische Luftbedarf l_{Min}
2. der praktische spezifische Luftbedarf l_{Prakt}

Lösung: Maximale Wasseraufnahme der Luft

$m_W = 0{,}2129$ kg

$l_{Min} = m_L : m_W = 1\ \text{kg} : 0{,}2129\ \text{kg}$

$\mathbf{l_{Min} = 4{,}70}$ **kg Luft pro kg Wasser**

Tatsächlich Wasseraufnahme der Luft

$m_W^* = 0{,}95 \cdot 212{,}9\ \text{g} = 202{,}3\ \text{g}$

$l_{Prakt} = m_L : m_W^* = 1\ \text{kg} : 0{,}2023\ \text{kg}$

$\mathbf{l_{Prakt} = 4{,}94}$ **kg Luft pro kg Wasser**

3. Ablesebeispiel (**Bild 2**)

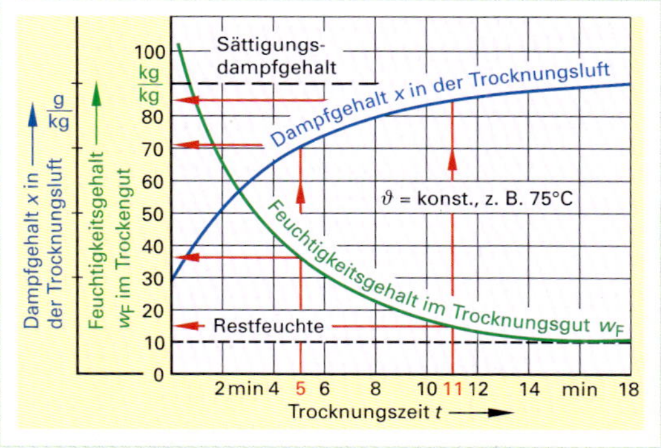

Bild 2: Trocknungsdiagramm

Berechnung zu Mischungsverhältnissen:

Für 250 kg Mischung sollen die Mischungsbestandteile abgewogen werden, dabei entsteht 1,2 % Verlust. Bei der anschließenden Herstellung der Mischung ergibt sich weiterhin 0,8 % Verlust. Welcher Gesamtmassenverlust ergibt sich bei der Herstellung der Mischung?

Lösung: $m_1 = \dfrac{250\ \text{kg} \cdot 98{,}8\ \%}{100\ \%} = 247\ \text{kg}$ $\qquad m_2 = \dfrac{247\ \text{kg} \cdot 99{,}2\ \%}{100\ \%} = 245\ \text{kg}$

$\mathbf{m_{gesamt}} = 250\ \text{kg} - 245\ \text{kg} = \mathbf{5\ kg}$

Zur Weiterverwendung werden 100 kg Wasser mit einer Mischtemperatur ϑ_M von 40 °C benötigt. Dazu stehen 35 kg Wasser mit ϑ_1 = 55 °C zur Verfügung.
Mit welcher Temperatur ϑ_2 in °C muss die Restmenge Wasser bereitgestellt werden?

Lösung: $T_M = \dfrac{m_1 \cdot T_1 + m_2 \cdot T_2}{m}$ $\quad T_2 = \dfrac{m \cdot T_M - m_1 \cdot T_1}{m_2} = \dfrac{100\ \text{kg} \cdot 40\ °\text{C} - 35\ \text{kg} \cdot 55\ °\text{C}}{65\ \text{kg}}$

65 kg mit T_2 = 31,9 °C

Temperatur- und Wärmemengenberechnungen:

Im Kühlwasserkreis einer Anlage befinden sich 340 Liter Kühlwasser mit einer Temperatur von 20 °C. Auf welche Temperatur wird die Kühlwassermenge erwärmt, wenn damit 7500 kJ Wärme abgeführt wird? (c_{Wasser} = 4,19 kJ / kg K)

Lösung: $\Delta T = \dfrac{Q}{m \cdot c} = \dfrac{7500\ \text{kJ} \cdot \text{kg} \cdot \text{K}}{4{,}19\ \text{kJ} \cdot 340\ \text{kg}} = 5{,}3\ \text{K}$

$\boldsymbol{\Delta T} = 20\ °\text{C} + 5{,}3\ °\text{C}$ **= 25,3 °C**

Eine elektrische Heizung wird mit einer Spannung U = 230 V und einer Stromstärke I = 10 A für die Erwärmung von Wasser betrieben. Wie viel Wasser mit einer Temperatur T = 20 °C kann mit diesen Anschlusswerten in einer Stunde auf 50 °C erwärmt werden (c_{Wasser} = 4,19 kJ / kg K)?

Lösung: $\boldsymbol{m} = \dfrac{U \cdot I \cdot t}{c \cdot \Delta T} = \dfrac{230\ \text{V} \cdot 10\ \text{A} \cdot 3600\ \text{s} \cdot \text{kg} \cdot \text{K}}{4190\ \text{J} \cdot 30\ \text{K}}$ **= 65,9 kg**

Eine Kalanderwalze muss um 40 °C aufgeheizt werden. Welche Wärmemenge in MJ wird benötigt, um die Kalanderwalze von 20 °C auf 60 °C aufzuheizen, wenn die Masse der Walze 2550 kg beträgt (c = 0,50 kJ/ kg · K)?

Lösung: $\boldsymbol{Q} = m \cdot c \cdot \Delta T = \dfrac{2550\ \text{kg} \cdot 0{,}50\ \text{kJ} \cdot 40\ \text{K}}{\text{kg} \cdot \text{K}} = 51\,000\ \text{kJ}$ **= 51 MJ**

Masseberechnung:

Wie viel kg PE-Folie können innerhalb einer Fertigungszeit von 15 h mit einer Extruderanlage hergestellt werden?
Fertigungsdaten: Folienbreite 2 m mit einer Dicke von 40 µm, die Dichte beträgt 0,92 g/cm³, die Anlage arbeitet mit einer Fertigungsgeschwindigkeit von 20 m/min.

Lösung: $m = b \cdot h \cdot v \cdot t \cdot \varrho = \dfrac{20\ \text{dm} \cdot 0{,}0004\ \text{dm} \cdot 200\ \text{dm} \cdot 15 \cdot 60\ \text{min} \cdot 0{,}92\ \text{kg}}{\text{min} \cdot \text{dm}^3}$

$\boldsymbol{m}$ = **1324,8 kg**

Berechnung zur Dimensionierung:

Ein zylindrischer Behälter mit einem Innendurchmesser d_i = 1500 mm und einer zulässigen Füllhöhe h_i = 1000 mm soll in einer halben Stunde gefüllt werden. Die Strömungsgeschwindigkeit v im Zulaufrohr beträgt 12 m/s.
Welches genormte Zulaufrohr in Zoll muss dafür eingebaut werden?

Lösung: $d = \sqrt{\dfrac{D^2 \cdot \pi \cdot h \cdot 4}{4 \cdot \pi \cdot v \cdot t}} = \sqrt{\dfrac{150^2\ \text{cm}^2 \cdot 100\ \text{cm}}{1200\ \text{cm/s} \cdot 0{,}5 \cdot 3600\ \text{s}}}$ $\quad \boldsymbol{d}$ **= 0,72 cm** (1 inch = 25,4 mm)

Es kann ein **1/2"-Rohr** verwendet werden.

2.4.2 Berechnungen zur Fertigungstechnik

Allgemeine Grundlagen:

Bei allen **Urformverfahren** muss zur Dosierung des Werkstoffs für eine vollständige Formausfüllung das Volumen der Werkstücke bestimmt werden. Die Volumenbestimmung komplizierter Werkstückformen erfolgt durch Zerlegung in definierte Körper.

Berechnungsbeispiel zur Volumen- und Massebestimmung:

Für die Herstellung von 2500 m PVC-Schlauch mit den Abmessungen Ø 25 x 1,5 ist die erforderliche Granulatmenge zu bestimmen (**Bild 1**).

Lösung: $V = \frac{\pi \cdot h}{4} (D^2 - d^2)$

$V = \frac{\pi \cdot 25\,000 \text{ dm}}{4} (0{,}25^2 \text{ dm}^2 - 0{,}21^2 \text{ dm}^2)$

$V = 361 \text{ dm}^3 \qquad m = V \cdot \varrho = 361 \text{ dm}^3 \cdot 1{,}25 \text{ kg/dm}^3$

$\boldsymbol{m = 452 \text{ kg}}$

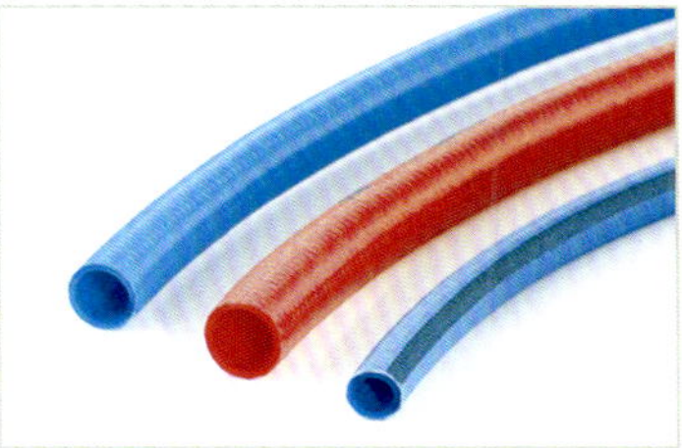

Bild 1: Schlauchsortiment

Berechnungsbeispiel zur Flächenbestimmung:

Die gesamte Werkstückoberfläche setzt sich aus mehreren Teilflächen zusammen (**Bild 2**):

Lösung:

$A_{ges} = 2 \cdot A_{G/D} + 3 \cdot A_M = 2 \cdot \frac{\pi}{4} (D^2 - d_{i1}^2) + \pi (D \cdot h + d_{i1} \cdot h_1 + d_{i2} \cdot h_2)$

$A_{ges} = 2 \cdot \frac{\pi}{4} [(50 \text{ mm})^2 - (42 \text{ mm})^2] + \pi \cdot (50 \text{ mm} \cdot 10 \text{ mm} + 42 \text{ mm} \cdot 3 \text{ mm} + 45 \text{ mm} \cdot 7 \text{ mm})$

$A_{ges} = \boldsymbol{4112 \text{ mm}^2}$

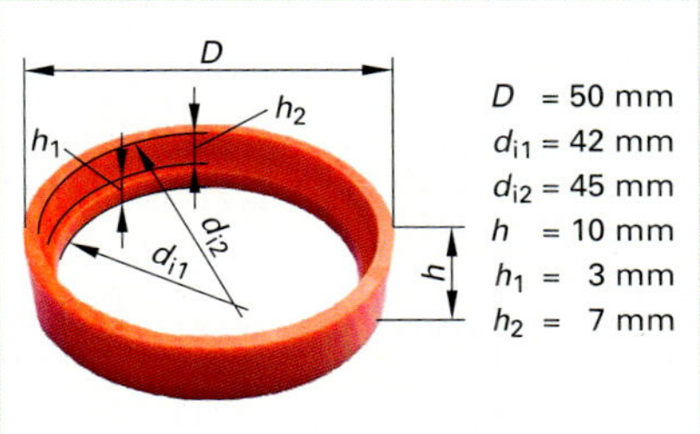

Bild 2: Spritzgussteil

Berechnungen zum Urformen:

Kontinuierliches Schäumen erfordert bestimmte Einstellwerte der Pumpe in Abhängigkeit von der Strömungsgeschwindigkeit und vom Durchmesser der Mischdüse.

Aufgabe: Bestimmung des Durchsatzes in l/min bei einer Strömungsgeschwindigkeit $v = 200$ m/s und einem Durchmesser der Mischdüse $d = 1{,}5$ mm

Lösung: $A = \frac{\pi}{4} d^2 = \frac{\pi}{4} (1{,}5 \text{ mm})^2 = 1{,}767 \text{ mm}^2 = 1{,}767 \cdot 10^{-4} \text{ dm}^2$

$200 \text{ m/s} = 200 \cdot 10 \cdot 60 \text{ dm/min} = 120\,000 \text{ dm/min}$

$Q = v \cdot A = 120\,000 \text{ dm/min} \cdot 1{,}767 \cdot 10^{-4} \text{ dm}^2$

$\boldsymbol{Q = 21{,}2 \text{ l/min}}$

Mithilfe der Einstellwerte beim Senkerodieren, z. B. für die Herstellung der Innenformen von Spritzgusswerkzeugen, werden die Fertigungsdauer und die Oberflächengüte bestimmt.

Bestimmung von Einstellwerten für das Senkerodieren mithilfe von Diagrammen (**Bild 3**).

1. Maximale Abtragrate V_w in mm³/min bei Einstellwerten von Impulsdauer t_i = 50 µs und Entladestrom i_e = 20 A?
2. Erreichbare Oberflächengüte R_{max} bei Einstellwerten von Impulsdauer t_i = 50 µs und einem Entladestrom i_e = 20 A?

Lösung: Oberflächengüte $\boldsymbol{R_{max} = 30}$ **µm**

Abtragrate $\boldsymbol{V_W = 45}$ **mm³/min**

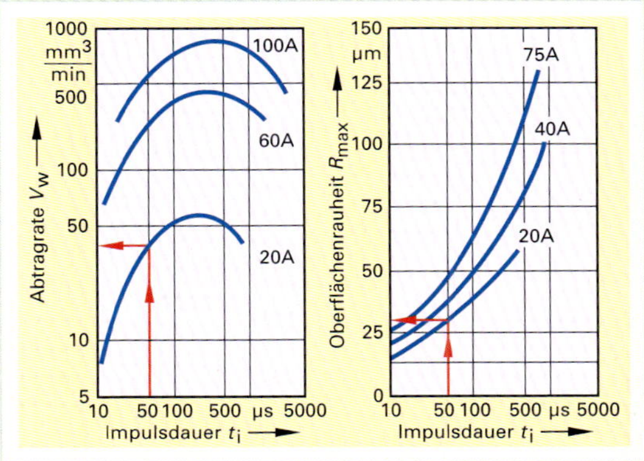

Bild 3: Diagramme zum Senkerodieren

Berechnungen zum Umformen

Biegeteilberechnung:

Mithilfe einer Biegevorrichtung sollen 23 Biegeteile (**Bild 1**) hergestellt werden, wenn mit einem Zuschnittabfall pro Teil von 3 % gerechnet wird. Zu ermitteln ist der gesamte Materialbedarf

Lösung: $l_{ges} = l_1 + l_{30°} + l_3 + l_{30°} + l_4 + l_{90°} + l_5$

$$l_{ges} = l_1 + \frac{\pi \cdot d_1 \cdot \alpha_1}{360°} + l_3 + \frac{\pi \cdot d_1 \cdot \alpha_1}{360°} + l_4 + \frac{\pi \cdot d_2 \cdot \alpha_2}{360°} + l_5$$

$$l_{ges} = l_1 + \frac{\pi \cdot 70\text{ mm} \cdot 30°}{360°} + l_3 + \frac{\pi \cdot 70\text{ mm} \cdot 30°}{360°} + l_4 + \frac{\pi \cdot 30\text{ mm} \cdot 90°}{360°} + l_5$$

$\boldsymbol{l_{ges}}$ = 189,2 mm + 3 % Verlust = 194,9 mm = **4482,7 mm** (für 23 Teile)

Berechnung zur Schraubenbelastung:

Stiftschrauben DIN 939 - M12 x 60 -8.8 sind laut der Vorgaben in Tabellenbuch maximal mit einem Anziehmoment von 60 Nm bei einer Gesamtreibungszahl μ = 0,14 anzuziehen.

Durch Berechnung ist die erforderliche Kraft bei einer Schlüssellänge l = 120 mm und einem Wirkwinkel zwischen Kraftrichtung und Hebel 85° zu bestimmen (**Bild 2**).

Lösung: $$\boldsymbol{F} = \frac{M}{\sin \alpha \cdot l} = \frac{60\text{ Nm}}{\sin 85° \cdot 0{,}12\text{ m}} = \mathbf{502\ N}$$

Berechnungen zum Hebelgesetz, Wirkungsgrad und Spannkraft:

Der Zylinder einer hydraulischen Spannvorrichtung wird mit 25 bar Druck beaufschlagt, der Gesamtwirkungsgrad η der Anlage liegt bei 90 % (**Bild 3**).

Zu berechnen sind der Durchmesser des Zylinders, wenn die erforderliche Spannkraft F_1 = 4 kN betragen muss.

Lösung:

$$F_1 \cdot l_1 = F_2 \cdot l_2 \quad F_2 = \frac{F_1 \cdot l_1}{l_2} = \frac{4000\text{ N} \cdot 85\text{ mm}}{110\text{ mm}} = 3091\text{ N}$$

$$F_2 = p_e \cdot A \cdot \eta \quad A = \frac{F_2}{p_e \cdot \eta} = \frac{3091\text{ N}}{250\text{ N/cm}^2 \cdot 0{,}9} = 13{,}7\text{ cm}^2$$

$$A = \frac{\pi \cdot d^2}{4} \qquad \boldsymbol{d} = \sqrt{\frac{4 \cdot A}{\pi}} = \sqrt{\frac{4 \cdot 1370\text{ mm}^2}{\pi}} = \mathbf{42\ mm}$$

Berechnungen zu Lagerkräften und Reibung:

Bewegte Maschinenteile werden durch Kräfte und Reibung belastet, die Verschleiß und Energieverbrauch verursachen.

Zu berechnen sind die Lagerkräfte und die Verschiebekraft F_V bei Rollreibung mit μ = 0,003 (**Bild 4**).

Lösung: $\Sigma M_l = \Sigma M_r \qquad F_B \cdot l = F \cdot l_F$

$$F_B = \frac{F \cdot l_F}{l} = \frac{450\text{ N} \cdot 82\text{ mm}}{186\text{ mm}} = \mathbf{198{,}4\ N} \qquad F_A + F_B = F$$

$$F_A = F - F_B = 450\text{ N} - 198{,}4\text{ N} = \mathbf{251{,}6\ N}$$

$$\boldsymbol{F_V} = F \cdot \mu = 450\text{ N} \cdot 0{,}003 = \mathbf{1{,}35\ N}$$

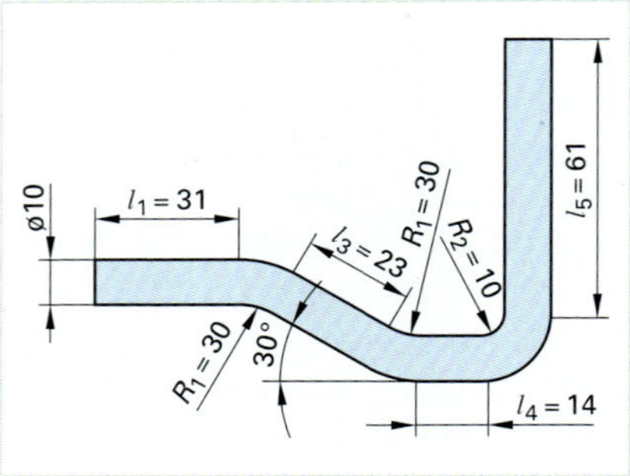

Bild 1: Biegeteil

Bild 2: Schraubenbelastung

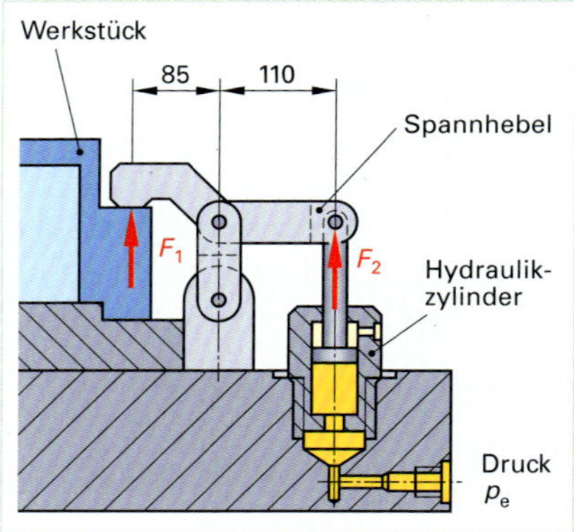

Bild 3: Spannvorrichtung

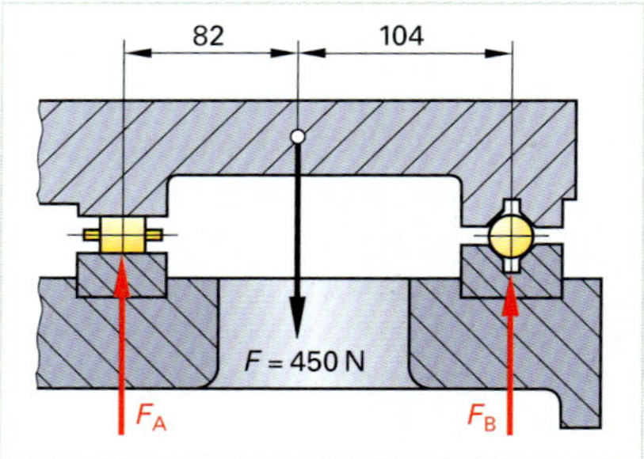

Bild 4: Lager- und Reibkräfte am Maschinenschlitten

Berechnungen zum Trennen:

Die Einstellwerte bei der spanenden Bearbeitung von Kunststoffen sind für die Fertigung und das Arbeitsergebnis wichtig. Werte für die Zustellung a_p (mm) und den Vorschub f (mm) sind aus Tabellen ersichtlich. Die Drehzahl hingegen muss bestimmt werden (**Bild 1**), dabei ist zu beachten, ob es sich um den Werkzeug- oder Werkstückdurchmesser handelt.

Ablesebeispiel: $\varnothing_{Wst} = 30$ mm, $v_c = 40$ m/min

$n \approx$ **400 min^{-1}**

Berechnung: $n = \dfrac{1000\,\frac{mm}{m} \cdot v_c}{d \cdot \pi}$

$$\boldsymbol{n} = \frac{1000\,\frac{mm}{m} \cdot 40\,\frac{m}{min}}{30\text{ mm} \cdot \pi} = \mathbf{424\ min^{-1}}$$

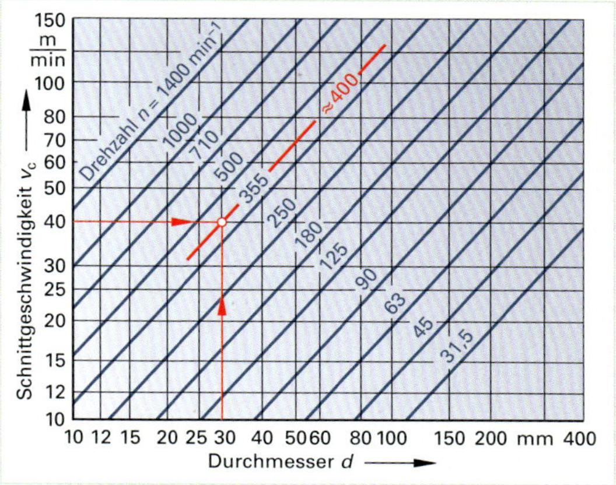

Bild 1: Drehzahldiagramm

Berechnung des Vorschubweges L_S beim Bohren und Senken:

In ein Werkstück aus PA ist nachträglich eine Bohrung ø10 mit Senkung einzubringen (**Bild 2**).

Zu bestimmen sind die Vorschubwege L_B, L_S.

Lösung: $L_B = l + l_s + l_a + l_ü$ $\qquad l_s = 0{,}6 \cdot d$

$L_B = 40\text{ mm} + 0{,}6 \cdot 10\text{ mm} + 1\text{ mm} + 2\text{ mm}$

$\boldsymbol{L_B}$ **= 49 mm**

$L_S = l + l_a$

$L_S = 5\text{ mm} + 1\text{mm}$

$\boldsymbol{L_S}$ **= 6 mm**

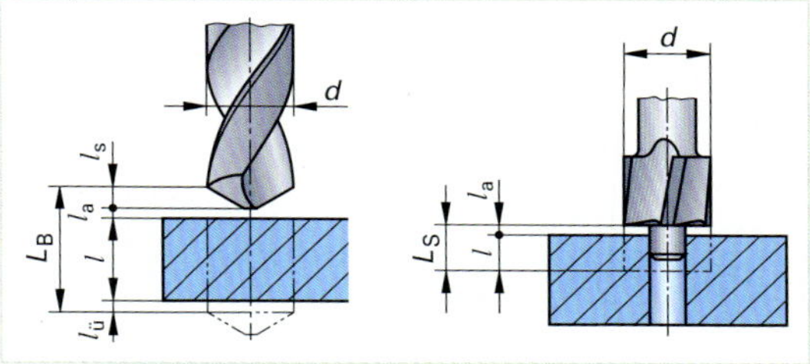

Bild 2: Vorschubweg beim Bohren und Senken

Normzeitberechnung beim Drehen:

Eine Distanzscheibe ist auf einer Planseite mit einer Zustellung $a_p = 0{,}3$ mm in einem Schnitt zu überdrehen. Gefertigt wird mit folgenden Einstellwerten: Schnittgeschwindigkeit $v_c = 150$ m/min, einem Vorschub $f = 0{,}1$ mm sowie einem An- und Überlauf $l_a = l_ü = 2$ mm Außendurchmesser $d_a = 120$ mm, Innendurchmesser $d_i = 60$ mm.

Zu bestimmen sind die einzustellende Drehzahl n und die Hauptnutzungszeit t_h.

Lösung: Drehzahl $n = 500\text{ min}^{-1}$ lt. Diagramm

$$t_h = \frac{L \cdot i}{n \cdot f} \qquad L = \frac{d_a - d_i}{2} + l_a + l_ü = \frac{120\text{ mm} - 60\text{ mm}}{2} + 2\text{ mm} + 2\text{ mm} = 34\text{ mm}$$

$$\boldsymbol{t_h} = \frac{34\text{ mm}}{500\text{ min}^{-1} \cdot 0{,}1\text{ mm}} = \mathbf{0{,}68\ min}$$

Schneidkraftberechnung:

Zahlreiche Normteile aus Kunststoff, z. B. U-Scheiben aus Schichtpressstoffen ø 24 x 17, $t = 2$ mm für die Installationstechnik werden in großen Stückzahlen durch Scherschneiden (**Bild 3**) hergestellt. Die Bestimmung der Schneidkraft F ist für Pressenbelastung und -auslegung eine wichtige Kenngröße.

Lösung: $F = S \cdot \tau_{aBmax}$

$S = l_s \cdot t \qquad l_s = \pi \cdot (D + d) \qquad R_{m\,max} = 130\text{ N/mm}^2$

$\tau_{aBmax} = 0{,}8 \cdot R_{m\,max} = 104\text{ N/mm}^2$

$F = \pi \cdot (24\text{ mm} + 17\text{ mm}) \cdot 2\text{ mm} \cdot 104\text{ N/mm}^2$

$\boldsymbol{F}$ **= 26,8 kN**

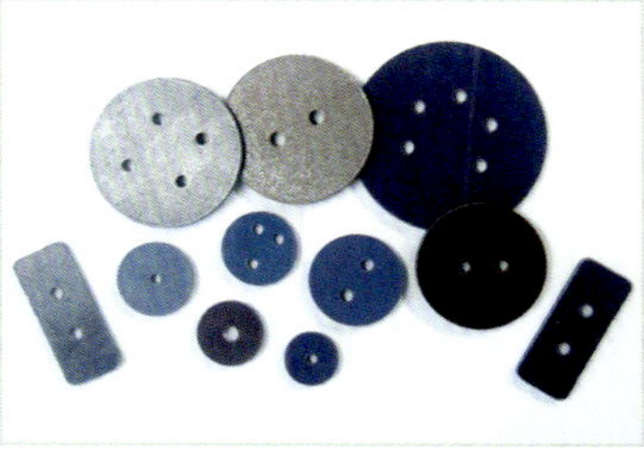

Bild 3: Normteile aus Kunststoff

Berechnungen zum Fügen

Berechnung der theoretischen Festigkeit einer einfach überlappten Klebverbindung bei axialer Belastung (**Bild 1**).

Lösung: $F = A \cdot \tau_{KB} \cdot f_{ges.}$

F: Festigkeit (N)

A: Klebefläche (mm²)

τ_{KB}: Bindefestigkeit (N/mm²)

f_{ges}: Einflussfaktoren

$F = 800\ \text{mm}^2 \cdot 28\ \text{N/mm}^2 \cdot 0{,}78$

$\boldsymbol{F} = \mathbf{17{,}5\ kN}$

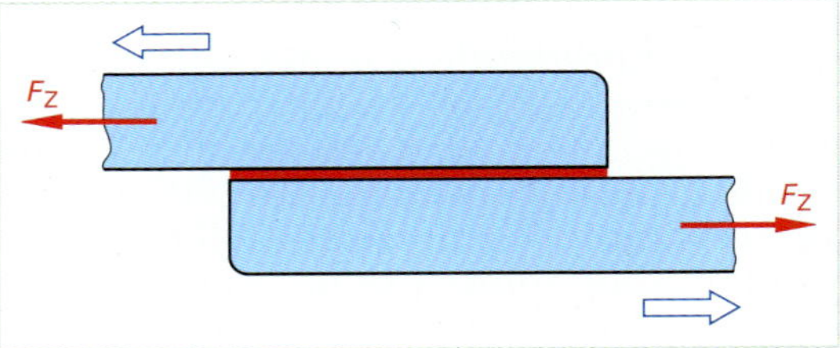

Bild 1: Zugscherbeanspruchte Klebeverbindung

Berechnung der erforderlichen Anpresskraft F_N für eine Zugbelastung von 3,4 kN bei einer Haftreibungszahl $\mu = 0{,}2$ trocken lt. TB (**Bild 2**).

Lösung: $F_R = \mu \cdot F_N$

$$\boldsymbol{F_N} = \frac{F_R}{\mu} = \frac{3{,}4\ \text{kN}}{0{,}2} = \mathbf{17\ kN}$$

Berechnung der zulässigen Zugspannung $\sigma_{z\,zul}$ für Baustahl S235 JR im Belastungsfall II.

Lösung: $\sigma_{z\,zul} = \frac{R_e}{v}$

$$= \frac{235\ \text{N/mm}^2}{2}$$

$\boldsymbol{\sigma_{z\,zul}} = \mathbf{118\ N/mm^2}$

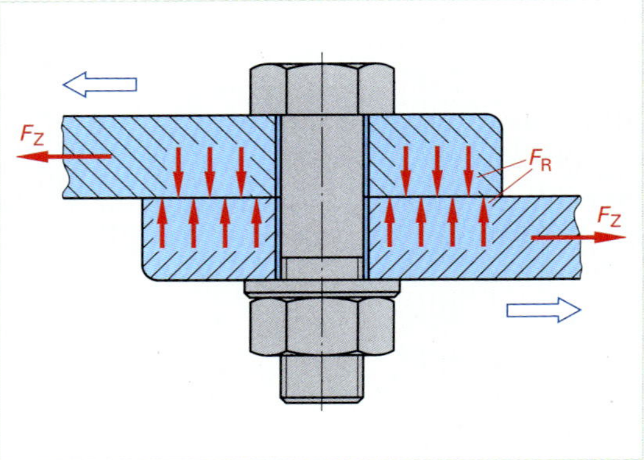

Bild 2: Zugbelastete Schraubenverbindung

Wiederholungsfragen:

1. Bestimmen Sie die zwei Passungen lt. Funktionsbeschreibung der Formplatte mit dem dazugehörigen Führungsbolzen eines Spritzgusswerkzeuges s. Seite 117 sowie die Zahlenwerte der Passungsangaben für ein Nennmaß ø30 mm:
   „Festsitzender Bolzen in der Formplatte".
   „Die Zentrierhülse lässt sich leicht durch die Bohrung der Aufspannplatte schieben und klemmt erst auf den letzten Millimetern fest".
2. Ein Feuchtgut wird statt mit Trocknungsluft von 65 °C versuchsweise mit 90 °C heißer Trocknungsluft getrocknet. Wie viel % Trocknungsluft lässt sich durch die Temperaturerhöhung einsparen, Sättigung jeweils vorausgesetzt?
3. Normteile wie z. B. Schrauben, Muttern und Scheiben werden nach folgenden Angaben geliefert. Welche Bedeutung haben die folgenden Angaben: 8.8 6H 200HV?
4. Bestimmen Sie mithilfe von Tabellen die Einstellwerte einer Drehmaschine für die Bearbeitung von Duroplasten mit HS-Schneidstoffen.
5. Mit welchem Druck muss ein Hydraulikzylinder mit einem Durchmesser $d = 150$ mm beaufschlagt werden, damit 5000 kg angehoben werden können?
6. Eine Extruderheizung muss in 45 Minuten eine Wärmemenge $Q = 9500$ kJ erzeugen. Zur Absicherung der Anlage ist die Strömstärke zu ermitteln, die bei einer Anschlussspannung von 380 V fließt.

2.5 Vorschriften des Arbeits- und Gesundheitsschutzes

Bei der Inbetriebnahme von Anlagen, während des Fertigungsprozesses (**Bild 1**) und bei erforderlichen Instandsetzungsarbeiten müssen die geltenden Vorschriften der Arbeitssicherheit und des Gesundheitsschutzes **ohne Einschränkungen** eingehalten werden.

Dafür sind **europäische** und **nationale Rechtsvorschriften** erlassen worden, die von den jeweiligen Berufsgenossenschaften durch entsprechende **U**nfall**v**erhütungs**v**orschriften (**UVV**) ergänzt werden.

Aufgrund der persönlichen und gesellschaftlichen Bedeutung muss jeder Beschäftigte der Unternehmen diese symbolisierten Vorschriften genau kennen und beachten (**Bild 2**).

Geeignete Vorsorgemaßnahmen sind die besten und kostengünstigsten Schritte:

- exakte Kenntnisse von Gebots-, Verbots-, Warn- und Rettungszeichen
- Benutzung der persönlichen Schutzkleidung
- Ordnung und Sauberkeit am Arbeitsplatz
- vorausschauendes und gefahrenbewusstes Verhalten bei allen Tätigkeiten
- exakte Analyse und Planung der Aufgaben
- Auswertung von vorschriftswidrigem Verhalten

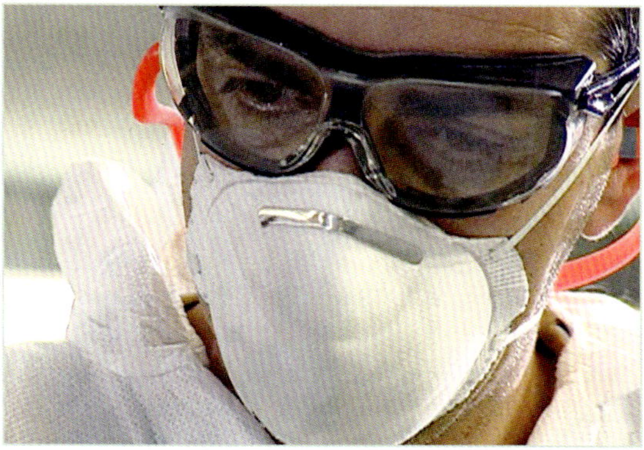

Bild 1: Atem- und Augenschutz beim Schleifen von kohlenfaserverstärkten Kunststoffen

PlasticsEurope
Der Verband der Kunststofferzeuger

Bild 2: Symbol des Verbandes der Kunststofferzeuger

Unfallverhütungsvorschriften werden durch spezifische Zeichen verdeutlicht und sollen die Beschäftigten sowie die Anlagen und Maschinen vor Schäden schützen.

2.5.1 Sicherheitszeichen EN ISO 7010:2012-10

Der Geltungsbereich der Sicherheitszeichen umfasst Gebots-, Verbots-, Warn- und Rettungszeichen

Gebotszeichen

Kreisrunde blauweiße Gebotszeichen schreiben für auszuführende Tätigkeiten **zwingende** Verhaltensweisen vor. Die Schutzmaßnahmen dienen ausschließlich der Gesundheit der Mitarbeiter, z. B. das Tragen besonderer Schutzbrillen für Schleif- und Schweißarbeiten, Gehörschutz in Arbeitsbereichen mit Geräuschpegeln > 90 dB (**Bild 3**).

Verbotszeichen

Die **verbotene** Handlung, durch die eine Gefahr entsteht, wird schwarz auf einem weißen Hindergrund dargestellt. Eine kreisrunde Umrandung sowie der rote Querbalken verdeutlichen die zu unterlassenden Handlungen. Sie dienen zur Erhöhung der Arbeitssicherheit, z. B. das Lagerverbot von explosiven Stoffen, das Rauchverbot oder der Umgang mit offenem Licht (**Bild 3**).

Bild 3: Gebots- und Verbotszeichen

Warnzeichen

Arbeitsplätze mit **erhöhten Risiken** oder **Gefährdungen** für die Beschäftigten werden mit spezifischen Sicherheitszeichen gekennzeichnet.

Die gelbschwarzen Warnzeichen werden als Dreiecke mit nach oben zeigender Spitze dargestellt.

Rettungszeichen

Quadratische oder rechteckige grünweiße Rettungszeichen verweisen bei Gefahr auf **Rettungswege** und **Notausgänge**.

Wege zu **Erste-Hilfe-Einrichtungen** werden mit entsprechenden Zeichen gekennzeichnet (**Bild 1**).

Brandschutzzeichen

Rote quadratische Zeichen mit weißen Symbolen kennzeichnen Einrichtungen zur **Feuermeldung** bzw. **vorhandener Handfeuerlöschgeräte**.

Bild 1: Warn-, Rettungs- und Brandschutzzeichen

2.5.2 Sicherheitsmaßnahmen

Unfälle werden durch menschliches oder technisches Versagen verursacht. Trotz entsprechender Ausbildung und kontinuierlicher Weiterbildung lässt sich menschliches Versagen, z. B. durch unzureichende Konzentration nicht vollständig ausschließen. Materialermüdung und unvorhersehbare Belastungen sind die häufigsten Ursachen des technischen Versagens.

Zusätzliche Sicherheitseinrichtungen an Maschinen und Anlagen, z. B. Lichtschranken oder Sensoren erhöhen die Arbeitssicherheit weiter.

Vorbeugende Sicherheitsmaßnahmen sind geeignete Schritte zur Vermeidung von Unfällen.

Verhinderung von Gefährdungen

Entsprechende **Schutzkleidung** ist zur Abwehr gegen Wärmeeinwirkung und Strahlung zu tragen. Schutzbrillen, Schutzschilde, Schutzhauben und -schirme sind für die Gefahrenabwehr der Sinnesorgane unerlässlich. **Besondere** Schutzmaßnahmen erfordert der Umgang mit **elektrischen Anlagen**.

Bezeichnung und Abschirmung von Gefahrenstellen

Zur Gefahrenabwehr angebrachte **Schutzvorrichtungen** sowie die zugehörigen Hinweisschilder dürfen **nicht entfernt** werden. Bewegte Teile von Anlagen und Maschinen wie z. B. Getriebe dürfen nur abgedeckt betrieben werden.

Entzündliche, explosive, ätzende und giftige Stoffe dürfen nur in **speziellen Gefäßen** und sicher aufbewahrt werden.

Gefahrenbeseitigung

Für die Ausübung der entsprechenden Tätigkeiten ist die **festgelegte Berufsbekleidung** zu tragen. Uhren, Ringe und Schmuckstücke, die Unfallgefahren in sich bergen, sind vor Arbeitsbeginn abzulegen. Verkehrs- und Fluchtwege sind **freizuhalten**.

Erkannte Mängel an Werkzeugen, Maschinen und Anlagen sind **unverzüglich** dem vorgesetzten Mitarbeiter zu **melden**.

Alle Mitarbeiter sind durch ihre aktive Mitarbeit durch **Mitdenken, Mitsorgen** und **Mithelfen** gefordert, wenn es um Leben und Gesundheit sowie um die Sicherheit von Maschinen und Anlagen geht.

2.6 Umweltschutzvorschriften

Die **Förderung** von Erdöl, Erdgas, Kohle und Kalk, die Grundbausteine aller Kunststoffe, sowie die **Herstellung** der Vor- und Endprodukte, stellen einen nachhaltigen Eingriff in die Umwelt dar. Durch zahlreiche EU-Richtlinien und nationale Rechtsvorschriften werden der **Herstellungsprozess**, die **Verwendung** und die **Entsorgung** geregelt. Maßgeblich in dieser Kette ist jedoch das umweltbewusste Verhalten der Verbraucher.

Alle gegenwärtigen Produkte und Verfahren sowie künftige Neuentwicklungen müssen sich an den verbindlichen Umweltschutzvorschriften messen lassen. Die aufgeführten Bewertungskriterien können dabei als Maßstab betrachtet werden.

Umweltverträglichkeit – Gesundheitsverträglichkeit

Geeignete Werkstoffsubstitutionen können bereits im Vorfeld der Entwicklung zur verbesserten Umweltverträglichkeit beitragen.

- **Luft**verträglichkeit
- **Wasser**verträglichkeit
- **Boden**verträglichkeit

Die **Gesundheits**verträglichkeit der Herstellungsverfahren sowie aller Zwischen- und Endprodukte wird aufgrund von **definierten Schadstoffgrenzwerten** gesichert. (**Bild 1**).

Bild 1: Moderne Kunststoffherstellungsanlage

Abfallvermeidung bzw. -verwertung (Ressourcenschonung)

Die zunehmende Verknappung, nicht nur der Energie und Rohstoffressourcen, zwingt alle Hersteller und Verbraucher zum Umdenken. Im Vordergrund stehen dabei unter anderem folgende Kriterien:

- **Wieder**verwendbarkeit
- **Regenerier**möglichkeit
- **Transport-** und **Verpackungs**aufwand

Moderne schadstoffarme Herstellungsverfahren und die Verwendung anwendungsspezifischer Kunststoffe sind grundsätzlich **umweltfreundlicher** (**Bild 2**).

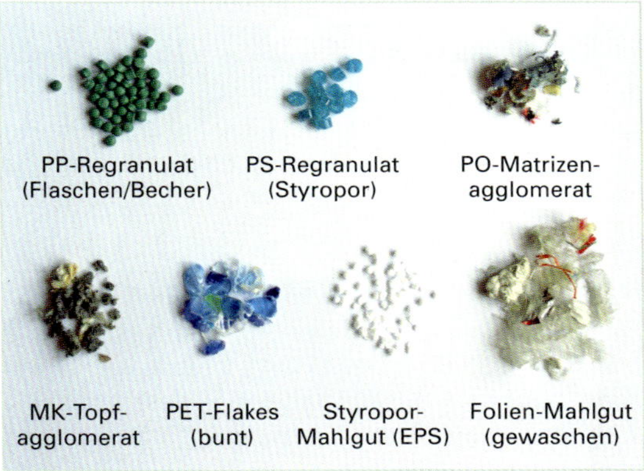

Bild 2: Rohstoffliches Recycling

Gebrauchstauglichkeit

Der Gebrauchswert von Kunststoffteilen und die technischen Herstellungsverfahren werden vor allem an folgende kostenorientierte Faktoren gebunden.

- **Funktions**sicherheit
- **Verschleiß**minimierung
- **Bedienungs-** und **Reparatur**freundlichkeit

Der Verwendung von verfahrensspezifisch optimierten Hilfs- und Zusatzstoffen kommt dabei eine zunehmende Bedeutung unter umwelt- und gesundheitsverträglichen Faktoren zu. (**Bild 3**).

Bild 3: Verwendung umweltoptimierter Kühl- bzw. Schmierstoffe

2.7 Industrie 4.0

Der Begriff Industrie 4.0 steht für den Beginn einer vierten industriellen Revolution. Sie stellt eine neue Stufe der Organisation und Steuerung der gesamten Wertschöpfungskette über den gesamten Lebenszyklus von Produkten dar. Dieser Zyklus orientiert sich an individuellen Kundenwünschen, der sich von der Idee, dem Auftrag über die Entwicklung und Fertigung, die Auslieferung eines Produkts an den Endkunden bis hin zum Recycling, einschließlich der damit verbundenen Dienstleistungen, erstreckt.

Übersicht 1: Zeitlicher Verlauf industrieller Revolutionen

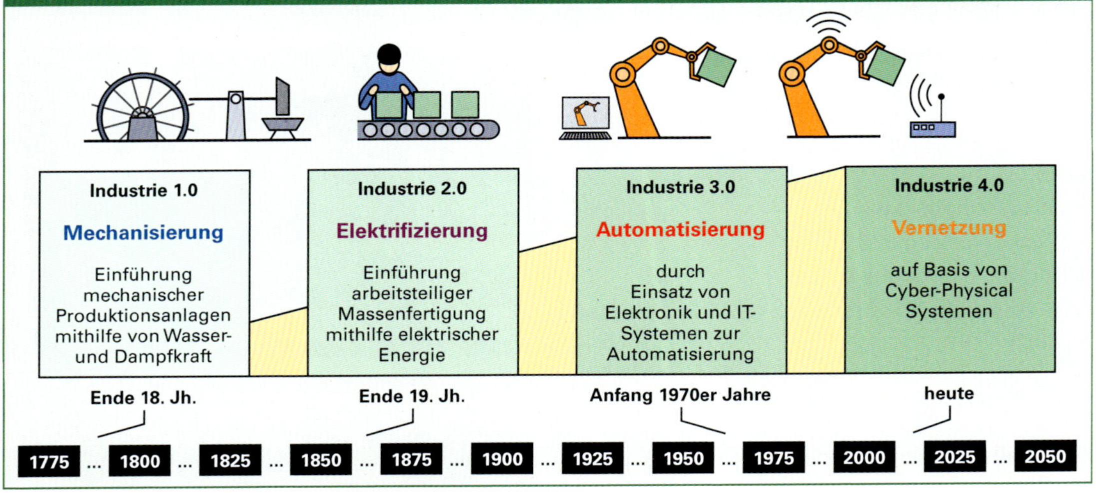

Industrie 4.0 bezeichnet die intelligente (smarte) Vernetzung von Maschinen und Abläufen in der Industrie unter Ausnutzung moderner Informations- und Kommunikationstechnologien. Gleiche Beschreibungen sind u. a. Smart-Factory, Internet of Things (IoT) oder Cyber Physical Systems (CPS).

Möglichkeiten und Vorteile einer intelligenten Vernetzung des Wertschöpfungsprozesses

Flexibilität. An der Herstellung eines Erzeugnisses sind mehrere Unternehmen beteiligt, die schrittweise zur Entwicklung beitragen. Durch eine digitale Vernetzung können Entwicklungsschritte besser untereinander abgestimmt und die Auslastung der Maschinenkapazitäten optimal geplant werden (**Bild 1**).

Kundenorientierte Produktion. Hersteller und Kunden rücken näher zusammen. Die Kunden können selbst Produkte nach ihren Anforderungen mitgestalten. Gleichzeitig können smarte Produkte, die ausgeliefert und beim Kunden im Einsatz sind, Daten an den Hersteller senden. Mit den erfassten Nutzungsdaten kann er seine Produkte verbessern und dem Kunden neuartige Serviceformen anbieten.

Modulare Fabrik. Fertigungsstraßen sind in Zukunft modular aufgebaut. Sie lassen sich zeitlich, räumlich und kostensparend schnell für neue Produktionsaufgaben umrüsten. Produktivität und Wirtschaftlichkeit werden verbessert, kundenindividualisierte Produkte können in kleinen Stückzahlen hergestellt werden.

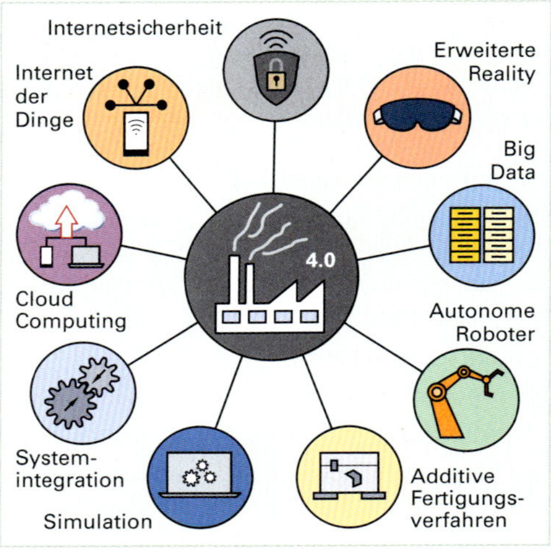

Bild 1: Smart Factory

Optimierte Logistik. Algorithmen berechnen ideale Lieferwege, Maschinen melden selbstständig, wenn sie weiteres Material benötigen. Die smarte Vernetzung ermöglicht einen optimalen Warenfluss.

Einsatz von Daten. Daten zum Ablauf der Produktion und zum Zustand eines Produkts werden zusammengeführt und ausgewertet. Die Datenanalyse gibt Hinweise, wie ein Produkt noch effizienter hergestellt werden kann.

Vorausschauende Wartung. Eingebettete CPS-basierte Sensoren, z. B. RFIDs, erkennen Verschleiß oder Probleme an Maschinenteilen. Diese werden behoben, bevor es zum Ausfall kommt. Sie unterstützen bei der Einleitung entsprechender Maßnahmen, wie z. B. eine Nachbestellung des auszutauschenden Bauteils, Planung und Beauftragung der erforderlichen Instandsetzungsarbeiten.

Senkung der Produktionskosten. Eine Vernetzung der an der Fertigung eines Erzeugnisses beteiligten Unternehmen ermöglicht nicht nur die Optimierung einzelner Fertigungsschritte, sondern auch der gesamten Wertschöpfungskette.

Ressourcenschonende Kreislaufwirtschaft. Produkte werden datengestützt über ihren vollständigen Lebenszyklus verfolgt. Durch in Echtzeit verfügbare Informationen können Produktionsprozesse energie- und ressourcenschonend auch über Unternehmensgrenzen hinaus gesteuert werden. Schon am Anfang der Wertschöpfungskette wird festgelegt, in welcher Form die Werkstoffe recycelt werden können.

Cyber-Physische Systeme (Cyber-Physical Systems, CPS)

Cyber-Physische Systeme bestehen aus physischen Komponenten, Software und Informationstechnik. Durch die Vernetzung der einzelnen Komponenten über Netzwerkverbindungen lassen sich komplexe Infrastrukturen steuern, regeln und kontrollieren. Der Austausch von Informationen der miteinander vernetzten Gegenstände und Systeme erfolgt in Echtzeit drahtlos oder kabelgebunden (WLAN/LAN). Sie zeichnen sich durch eine hohe Komplexität aus und kommen in modernen Produktionsanlagen zum Einsatz. Für die Realisierung der Ziele von Industrie 4.0 spielen sie eine zentrale Rolle.

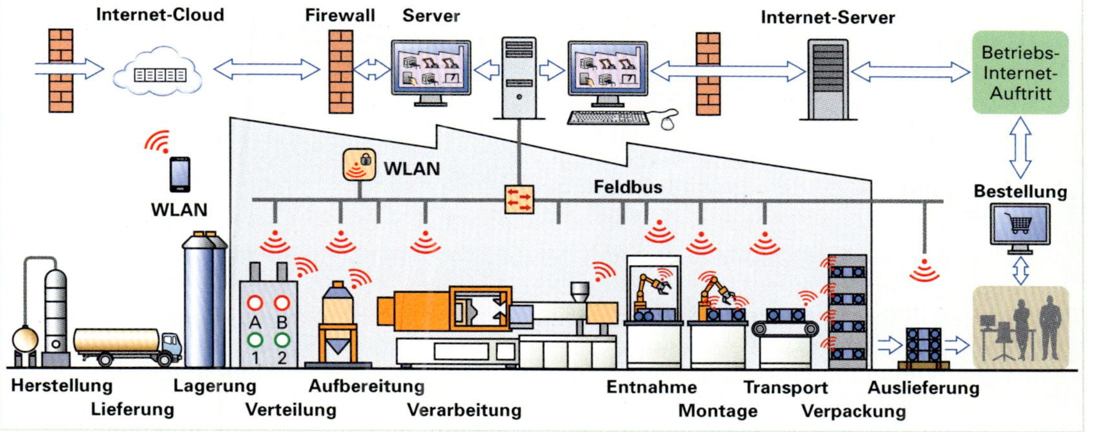

Bild 1: Smart Factory

Damit Cyber-Physische Systeme ihre Aufgaben erfüllen können, sind zahlreiche unterschiedliche Komponenten und Technologien erforderlich, wie z. B. Sensoren, eingebettete Systeme (z. B. RFID-Chips), Aktoren, Netzwerkinfrastrukturen, Server, Software, drahtgebundene und drahtlose Vernetzungstechnologien. Sensoren liefern Messdaten aus der physischen Welt und melden diese über Netzwerkverbindungen an die Software weiter, die die weitere Verarbeitung übernimmt. Daraus resultierende Steuerungsdaten werden anschließend wieder an die Aktoren weitergeleitet.

Oftmals sind einzelne Komponenten in einer Cloud-Architektur eingebunden. Der Facharbeiter kann auf die Cyber-Physischen Systeme einwirken, indem er über grafische Benutzeroberflächen betriebliche Abläufe konfiguriert, steuert, kontrolliert oder Informationen abruft. Cyber-Physische Systeme lösen heutige konventionelle lokale Systeme ab, die keine übergreifende Kommunikationsfähigkeit besitzen.

3 Verarbeitung und Prüfung von Kunststoffen

Die Einhaltung der verschiedenen Parameter bei der Herstellung und Verarbeitung sowie die Prüfung der zahlreichen Kunststoffarten ist für den Einsatz des immer größer werdenden Anwendungsspektrums zwingend erforderlich. Die qualitative Bewertung der Produkte erfolgt durch nationale und internationale Normen. Grundlage dafür ist der nach DIN EN ISO 8402:1995-08 definierte Begriff der Qualität.

Qualität ist „die Gesamtheit von Merkmalen einer Einheit bezüglich ihrer Eignung, festgelegte und vorausgesetzte Erfordernisse zu erfüllen".

Zwischen Produzent und Endverbraucher ergeben sich aus dem Qualitätsbegriff folgende Grundsätze:

- Die Qualität beschreibt die Beschaffenheit einer Einheit bzgl. der gegebenen Erfordernisse und der vorgegebenen Forderungen, d. h., **Qualität ist nichts Absolutes**.
- Qualität ist keine definierte physikalische Größe, daher **nicht messbar**. Mit bestimmten Methoden sind allerdings die Einzelforderungen messbar.
- **Bewertungen** der Qualität sind verbal mit **sehr gut** bis **sehr schlecht** sinnvoll aufgrund der fehlenden Einheit einer physikalischen Größe.
- Die **Qualität** ist auch das Ergebnis der Anpassung zwischen den Produkteigenschaften und den Kundenwünschen.

Die ständig wachsenden Qualitätsansprüche sind ausschließlich mithilfe innovativer Weiterentwicklungen der Produkte zu erreichen. Die Verbesserung der Qualität wird durch abgestimmte und zielorientierte Maßnahmen des Qualitätsmanagements gesichert. Im Sinne eines Regelkreises sind alle Komponenten des **Q**ualitäts**m**anagements **QM** miteinander verbunden.

Ein effektiv arbeitendes Qualitätsmanagement ist gekennzeichnet durch eine kontinuierliche Rückkopplung zwischen **Kundenwünschen**, der **Qualitätsplanung** und der **Qualitätsprüfung** (**Übersicht 1**).

Übersicht 1: Zusammenhänge im QM-System

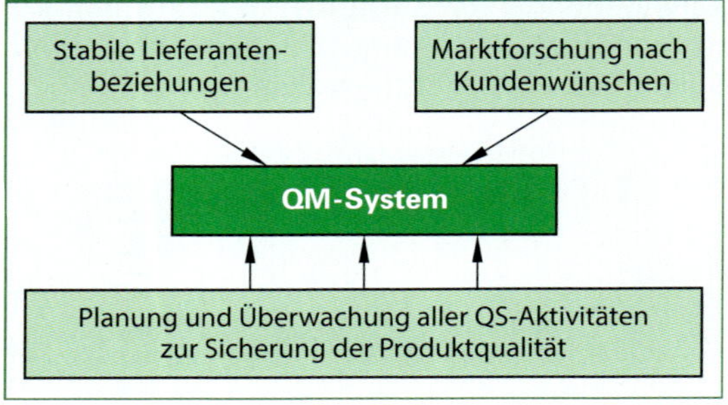

3.1 Qualitätsmanagement

Mit dem Begriff **Qualitätsmanagement** werden alle qualitätsspezifischen Zielsetzungen und Tätigkeiten für den gesamten Fertigungsprozess zusammengefasst. Dadurch sind alle Bereiche eines Unternehmens durch ihre Verflechtungen und Abhängigkeiten integriert. Die komplexen Aufgaben des Qualitätsmanagements sind am effektivsten mithilfe eines Qualitätsmanagementsystems (**QM-System**) realisierbar.

Ein **QM-System** ist definiert durch die für die Verwirklichung des Qualitätsmanagements festgelegten Organisationsstrukturen, Zuständigkeiten, Fertigungsverfahren und die erforderlichen Hilfsmittel.

Das Qualitätsmanagement als die Summe von qualitätsbezogenen spezifischen Tätigkeiten und definierten Zielsetzungen wird realisiert durch das Zusammenwirken von bestimmten Teilaufgaben.

- Durch die **Qualitätsplanung** werden die Qualitätsmerkmale und -forderungen unter dem Aspekt des Anspruchsniveaus und der technischen Realisierungsmöglichkeiten geprüft.
- Mithilfe der **Qualitätslenkung** werden die Ergebnisse der Qualitätsprüfung mit den Vorgaben der Qualitätsplanung verglichen und notwendige Korrekturmaßnahmen durchgeführt.
- Die **Qualitätsprüfung** ermittelt in allen Teilabschnitten den Ist-Zustand, d. h. vom Einkauf über die Fertigung bis zum Verkauf.

Durch eine sorgfältige Analyse der einzelnen Komponenten des Qualitätsmanagements kann rechtzeitig auf das Gesamtergebnis hinsichtlich der Folgekosten eingewirkt werden. Aufgrund empirischer Erfahrungswerte kann die Kostenentwicklung in den aufeinanderfolgenden Arbeitsphasen bewertet werden. Der Zusammenhang zwischen den Fehlereinflüssen und der Kostensteigerung ist aus der grafischen Darstellung als sogenannte **Zehnerregel** (**Bild 1**) erkennbar. Die entstehenden Kosten steigen annähernd mit einem **Exponenten 10**. Fehler in der Entwicklungs- und Planungsphase sind für ein Unternehmen preisgünstiger zu beheben als nach der Auslieferung der Produkte.

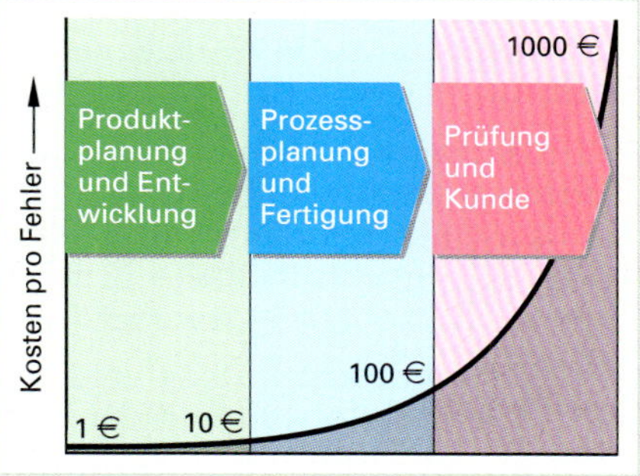

Bild 1: Darstellung der Zehnerregel

3.1.1 Qualitätsregelkreis

Die Darstellung eines Qualitätsregelkreises nach DIN 55350-11:2008-05 ist als Modell (**Bild 2**) zu verstehen, wodurch die Gesamtheit der ineinandergreifenden Faktoren für die Qualität eines Produktes dargestellt wird. Die Herstellung eines Produktes ist damit als Folge von abgestimmten Tätigkeiten zu verstehen. Nach der Marktforschung folgt im Unternehmen die Entwicklung eines Produktkonzeptes. Auf der Grundlage von Erfolg versprechenden Konzepten werden die Konstruktion, die Fertigungsplanung, d. h. die Beschaffung von Rohmaterial, Halbzeugen und Werkzeugen und die Fertigung realisiert. Der Kreislauf schließt sich mit erforderlichen Maßnahmen der Instandhaltung bis zur Entsorgung. In den drei Bereichen sind folgende Teilaufgaben zu realisieren:

Planungsphase

In der Planungsphase werden die Ergebnisse der Marktforschung mit den Anforderungen der Realisierungsmöglichkeiten geprüft.

Realisierungsphase

In der Realisierungsphase sind die Potenzen der Lenkungsqualität gefragt, d. h. das Maß der Anpassung der realen Fertigung an dem zugrundeliegenden Realisierungsplan.

Nutzungsphase

Die Ergebnisse der Planungs- und Realisierungsphase finden beim Kunden in der Produktzuverlässigkeit ihren nachhaltigen Ausdruck.

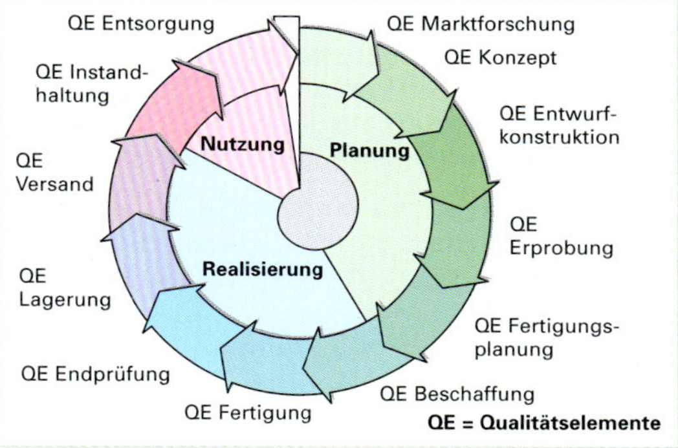

Bild 2: Qualitätsregelkreis

3.1.2 Methoden des Qualitätsmanagements

Bestimmte Methoden sind speziell für die Belange des Qualitätsmanagements zur Bewertung der Qualitätsmerkmale bzw. zur ständigen Qualitätserhöhung entwickelt worden. Mithilfe von verschiedenen praxisbezogenen Mitteln und Methoden können die Zusammenhänge vereinfacht dargestellt werden.

Elementare Werkzeuge

Eine marktorientierte Qualitätsverbesserung kann nur realisiert werden (**Bild 3**), wenn die auftretenden Probleme rechtzeitig erkannt, verstanden und gelöst werden. Eigenschaften elementarer Werkzeuge sind:

- Einfache Anwendung
- Erhöhung der Kreativität und der Teamfähigkeit von Mitarbeitern
- Visualisierung der Problematik

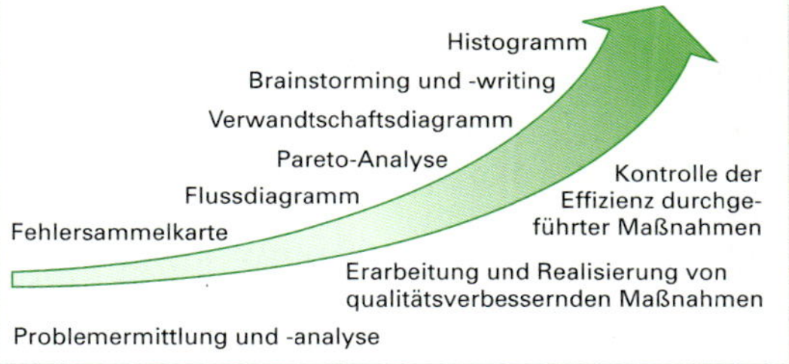

Bild 3: Verbesserung der Qualität durch „Elementare Werkzeuge"

Charakteristische Merkmale, die Vorgehensweise und die praktischen Anwendungen von ausgewählten **elementaren Werkzeugen** im Gesamtprozess der Produkte werden an folgenden Beispielen dargestellt:

- **Gemeinsame Problembewältigung (Brainstorming und -writing)**: Die Methode ist geeignet, die Ideenfindung in der Gruppe zu unterstützen, indem die Kreativität der Gruppenmitglieder zielgerichtet gefördert wird. Die Problemlösung durchläuft folgende Arbeitsphasen: Vortragen von Lösungsvorschlägen – Lösungsvorschläge strukturieren und bewerten – schriftliche Dokumentation der Lösungsvorschläge zur weiteren Bearbeitung – Lösungsvorschlag.
- **Fehlersammelkarte**: Ohne großen technischen Aufwand und Zeitverlust kann während der Fertigung vom Maschinenbediener eine visuelle Bewertung der Produktqualität durchgeführt werden. Mithilfe von Fehlersammelkarten werden die auftretenden Fehler nach Art und Anzahl erfasst. Dabei können abhängig vom Produkt bzw. der Qualitätsanforderung die zu erfassenden Merkmale variiert werden.

Fehlerart	**Anzahl**
Einstellgrößen *T*, *v*, *p*	~~IIII~~ II
Wanddicke	II
Verzug	III
Funktionsmaß	IIII

Bild 1: Fehlersammelkarte

Der einfachen Handhabung steht allerdings gegenüber, dass es nicht möglich ist, Aussagen zur zeitlichen Abfolge von Fehlern und deren Ursachen zu machen (**Bild 1**).

- **Ishikawa-Diagramm**: Eine systematische Fehlerermittlung ist durch die Zusammenhänge von Ursache und Wirkung möglich. Das nach dem Japaner benannte fischgrätenähnlich aufgebaute Diagramm bewertet als Haupteinflussgrößen die **sieben „M“** (**Bild 2**). Ergänzend werden untergeordnete Einflussgrößen wie z. B. Management, Messbarkeit usw. zugeordnet. Die Problembewältigung erfolgt durch eine systematische Analyse der Ursache-Wirkungs-Zusammenhänge im Team.

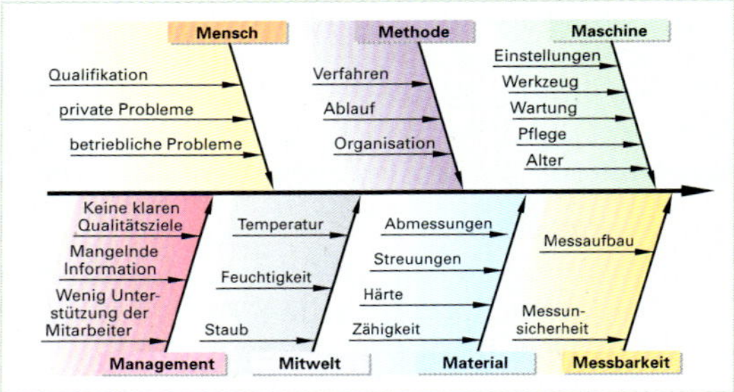

Bild 2: Ishikawa-Diagramm

- **Pareto-Analyse**: Empirische Fehlerbewertungen des Italieners Pareto ergaben, dass ca. 2/3 der Auswirkungen, z. B. der Kosten, auf bis zu 30 % der Fehlerarten zurückzuführen sind. Bei der Pareto-Analyse wird mithilfe eines Säulendiagramms das Ranking der Fehlerhäufigkeit dargestellt. Dadurch wird erkenntlich, welcher Fehler zuerst zu beseitigen ist. Zur Darstellung der Ordnungskriterien sind Klassen mit festgelegten %-Angaben geeignet (**Bild 3**).

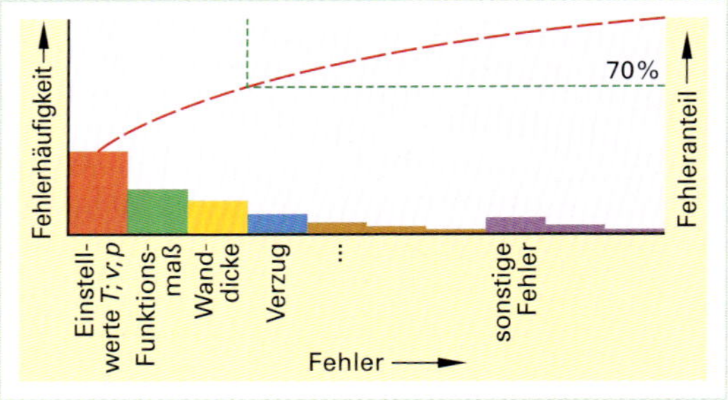

Bild 3: Pareto-Diagramm

- **Histogramm**: Für die Darstellung und Auswertung von Messwerten eignen sich Histogramme (**Bild 4**). Voraussetzung dafür ist die Einteilung der Messwerte in definierte Klassen und -breiten. Aus den Abweichungen von der Normalverteilung sind Rückschlüsse auf Fehlerursachen möglich. Für die Darstellung eines Histogrammes werden alle Messwerte durch Berechnung in Klassen eingeteilt. Die Abszisse des Diagramms wird entsprechend der Klassen eingeteilt und auf der Ordinate die Messwerte je Klasse zugeordnet.

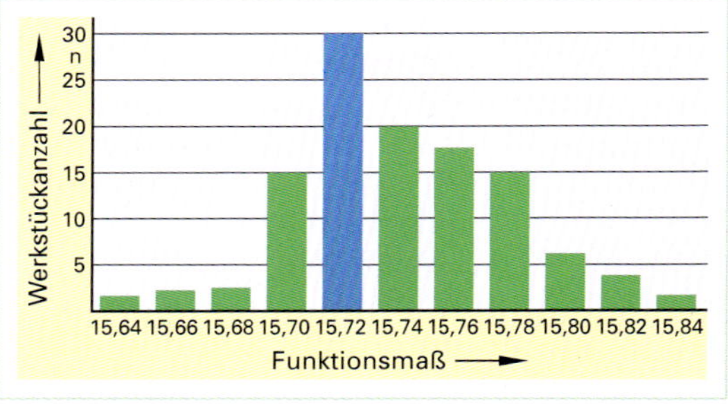

Bild 4: Histogramm für ein Funktionsmaß

Aufgrund ihrer einfachen Anwendung sind die **elementaren Werkzeuge** effektiv handhabbare Mittel zur Problemlösung bei der Qualitätsverbesserung von Produkten.

Quality Function Deployment (QFD)

Die Marktphilosophie der Unternehmen, um wettbewerbsfähig zu bleiben und darüber hinaus neue Marktanteile zu gewinnen, besteht darin, ihre Erzeugnisse an die Kundenwünsche optimal anzupassen. Mit dem umfassenden System **Quality Function Deployment** werden die Ergebnisse der Marktforschung durchgängig in der Entwicklungs-, Planungs-, Fertigungs- und Prüfphase berücksichtigt. Damit ist eine teamorientierte, **ganzheitliche Qualitätsplanung** gesichert.

Varianten von **Qualitätstabellen** werden als Basis für QFD-Prozesse verwendet. Die bekannteste und übersichtlichste Form ist das „House of Quality" (HoQ). Alle Kundenwünsche und -forderungen werden in der Zielsetzung für das Produkt übertragen. Der Aufbau des „House of Quality" (**Bild 1**) ist **flexibel** und somit den unterschiedlichen Anwendungssituationen angepasst. Für die Erstellung eines „House of Quality" sind folgende Arbeitsschritte zu realisieren:

- Recherche der Kundenwünsche
- Zusammenhänge von Wechselbeziehungen der Produktmerkmale ableiten und prüfen
- Festlegung der Optimierungsrichtung der zu verändernden Produktmerkmale
- Variantenvergleich
- Festschreibung von festgelegten Zielgrößen der Produktmerkmale

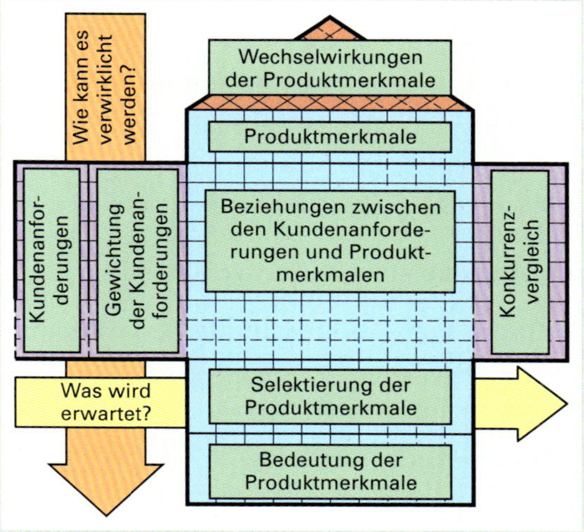

Bild 1: House of Quality

Fehlerbaumanalyse (Fault Tree Analysis FTA)

Stehen die Bewertung der Sicherheit und die Zuverlässigkeit von Produkten im Vordergrund, ist mithilfe der Fehlerbaumanalyse (**Bild 2**) eine Fehlerbeurteilung und Optimierung sinnvoll. Wesensmerkmal der Fehlerbaumanalyse ist die systematische Feststellung von logischen Verknüpfungen von Komponenten- und Teilsystemausfällen. Bei der Vorgehensweise von unerwünschten Ereignissen (**top event**), z. B. der Ausfall der Hydraulik einer Spritzgussmaschine, werden alle möglichen Ausfallkombinationen ermittelt. Ziele einer Fehlerbaumanalyse sind:

- Erfassung und systematische Identifikation aller denkbaren Ausfallkombinationen, die zwangsläufig zu einem unerwünschten **Top-Ereignis** führen können,
- Ermittlung der Zuverlässigkeit durch die Bewertung der Eintrittshäufigkeit von unerwünschten **Top-Ereignissen** (Nichtverfügbarkeit),
- Aufstellung und Anwendung eines grafischen Systemmodells.

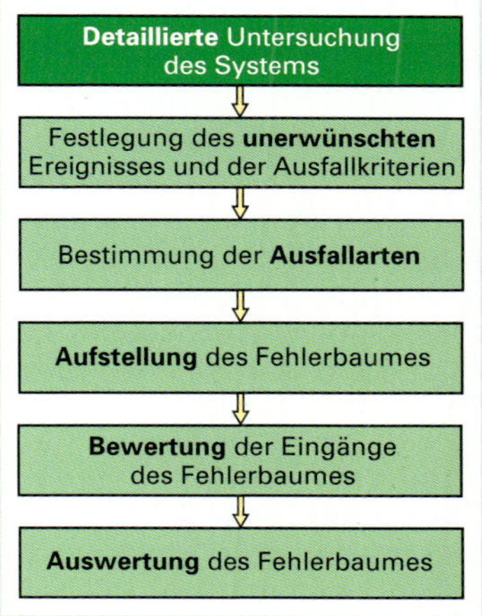

Bild 2: Ablaufplan einer FTA

Fehler-Möglichkeits- und -Einfluss-Analyse (FMEA)

Mit der Globalisierung müssen sich alle Unternehmen permanent wachsenden Anforderungen stellen, die aufgrund von kürzeren Entwicklungszeiten, erhöhten Kundenanforderungen und verschärften Umweltbestimmungen entstehen. Die **Vermeidung** von potenziellen Fehlern und deren Einflüsse bereits in der Planungs- und Entwicklungsphase ist das erklärte Ziel von **F**ehler-**M**öglichkeits- und -**E**influss-**A**nalysen (**FMEA**). Die Realisierung einer FMEA stützt sich auf ein interdisziplinäres Projekt-Team, das aus Spezialisten der Teilgebiete Forschung und Entwicklung, Konstruktion, Fertigungsplanung und Fertigung sowie Qualitätssicherung zusammengesetzt ist. Komplexe Aufgabenstellungen können durch eine Aufsplittung in bestimmte Teillösungen durch **System-FMEA, Konstruktions-FMEA** oder **Prozess-FMEA** bearbeitet werden.

3.1.3 Statistische Verfahren des Qualitätsmanagements

Die Fertigung von einzelnen Werkstücken bzw. komplexen Produkten unterliegt zahlreichen **nicht konstanten** Einflüssen, sodass keine zwei Produktexemplare **exakt übereinstimmen**. Die festgelegten Merkmalswerte streuen um den definierten Sollwert.

Streuungen von Produktmerkmalen im Fertigungsprozess werden durch verschiedene Einflüsse verursacht (**Bild 1**):

- **Menschen** verursachte Einflüsse
- **Maschinen**bedingte Abweichungen
- **Material**bedingte Abweichungen
- **Milieu-** bzw. umgebungsbedingte Abweichungen
- **Methoden**bedingte Abweichungen

Bild 1: Qualitätsprüfung eines Kunststoffteiles

Grundlagen des statistischen Qualitätsmanagements

Die Unterscheidung der möglichen Einflüsse auf einen Fertigungsprozess ermöglicht gezielte Gegenmaßnahmen und optimiert somit den Einfluss auf das Gesamtergebnis.

- **Systematische Einflüsse**:
  Nur die Ursachen der systematischen Einflüsse **können ermittelt werden** und sind durch gezielte Gegenmaßnahmen zu beherrschen. Häufig auftretende systematische Fehler sind z. B. unterschiedliche Werkstoffzusammensetzungen, Temperaturschwankungen in vorgeschriebenen Zeitintervallen, Prüfmittelfehler usw. (**Bild 2**).

- **Zufällige Einflüsse**:
  Nur die Auswirkungen von zufälligen Einflüssen können **berücksichtigt** werden. Ein typisches Merkmal der zufälligen Einflüsse sind die **wechselnden** Werkstoffzusammensetzungen, **wechselnde** Zerspanungsbedingungen, **wechselnde** Prüfbedingungen sowie Werkzeugverschleiß (**Bild 2**).

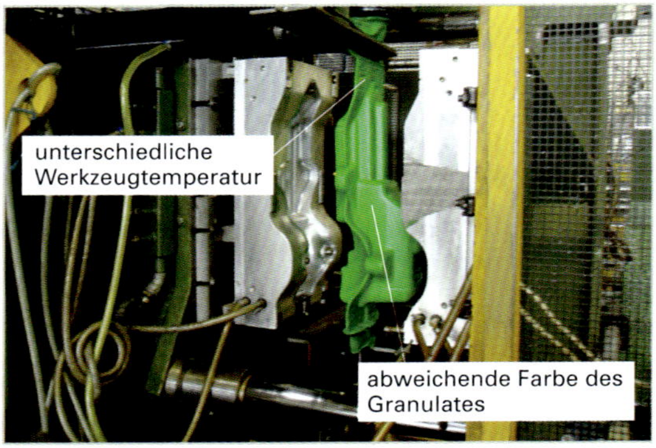

Bild 2: Systematische und zufällige Einflüsse auf die Produktqualität

- **Normalverteilung**:
  Bei der Auswertung der Prüfergebnisse von festgelegten und messtechnisch erfassten Prüfmerkmalen der Produkte ergibt sich eine charakteristische Qualitätsverteilung. Die Ergebnisse entstehen aufgrund der systematischen und zufälligen Einflüsse auf den Fertigungsprozess. Der Zusammenhang zwischen der Häufigkeit der Messwerte und der Abweichung vom Sollwert ist aus dem Kurvenverlauf sichtbar. Diese charakteristische Erscheinung gilt sowohl für positive als auch für negative Abweichungen.

  Der Mathematiker **C. F. Gauß** hat durch Untersuchungen an praktischen Beispielen entdeckt, dass bestimmte Merkmalswerte durch einwirkende Einflüsse um einen Mittelwert schwanken. Die grafische Darstellung des aufgestellten **Fehlerverteilungsgesetzes** ergibt die charakteristische Glockenkurve (**Bild 3**).

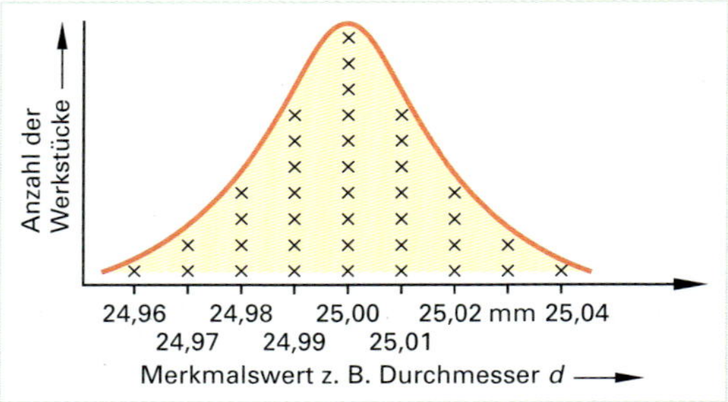

Bild 3: Gauß´sche Glockenkurve

Qualitätsregelkarten

Mithilfe der Aussagen von spezifischen Qualitätsregelkarten können zufällige und systematische Störungen identifiziert und dadurch gezielt in den Fertigungsablauf eingegriffen werden. Eingriffe in den Fertigungsablauf erfolgen immer dann, wenn bestimmte Grenzen überschritten sind. Der Einsatz von Qualitätsregelkarten bewirkt eine positive Kostenentwicklung.

Qualitätsregelkarten **QRK** dienen dem Zweck, festgelegte Qualitätsmerkmale während der laufenden Produktion zu überwachen und auftretende Störungen zu erfassen.

Der Aufbau und damit der Aussagewert einer Qualitätsregelkarte (**Bild 1**) muss der entsprechenden Fertigungsaufgabe angepasst werden. Bei der Konstruktion von Qualitätsregelkarten sind festzulegen:

- Stichprobenumfang mit zeitlichem Abstand
- Eingriffsgrenzen

Die **Eingriffsgrenzen** (OEG und UEG) werden durch Berechnung festgelegt oder ersatzweise durch die Toleranzgrenzen definiert. **Warngrenzen** (95 %-Grenzen) werden als zusätzliche qualitätssichernde Maßnahmen ergänzt.

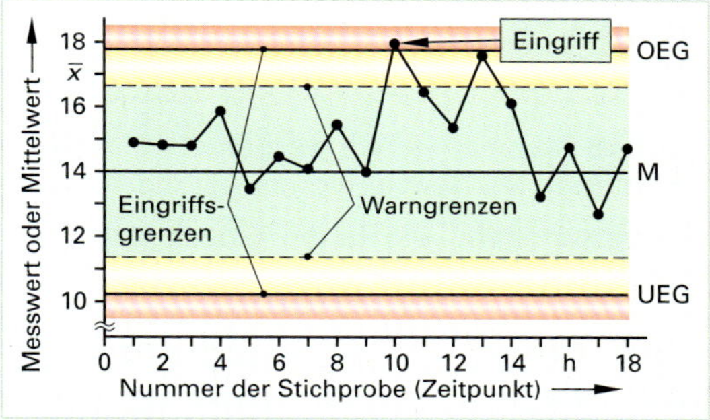

Bild 1: Qualitätsregelkarte (allgemeiner Aufbau)

Am Fertigungsbeispiel eines Kraftfahrzeugteiles (**Bild 2**) wird die Auswertung und Dokumentation der Qualitätskontrolle dargestellt. Für die durchzuführende **Prozessanalyse** sind dafür der Fertigungszeitraum, die Maschine, die Anzahl und Position der Messpunkte, die Anzahl der Prüfstücke n_{ges}, die zulässigen Größen von x_{min} und x_{max} festzulegen und der Fähigkeitsnachweis C_p nachzuweisen.

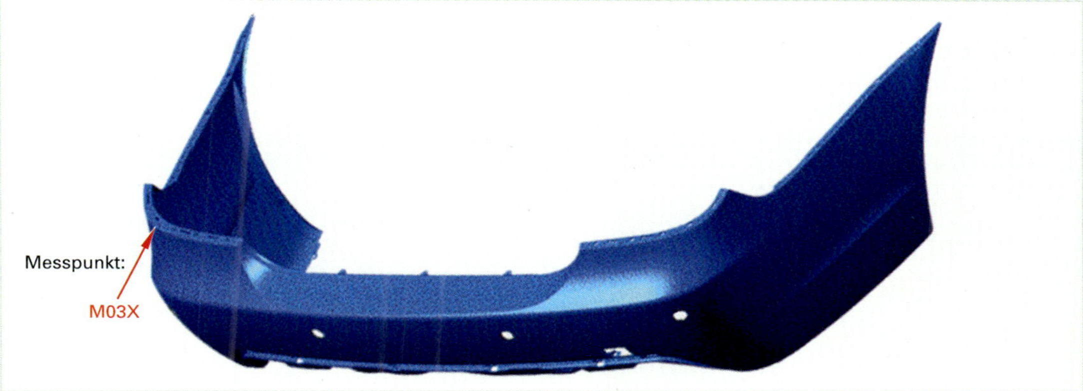

Bild 2: Messpunkt M03X am Heckteil eines Kraftfahrzeugteils

Kenngrößen und Formeln für die Berechnung von Mittelwert-Spannweiten-Karten zur Darstellung und Bewertung der Qualitätskontrolle (vergl. Tabellenbuch).

$x_1 \ldots x_n$ Werte der messbaren Merkmale, x_{max}/x_{min} Maximal- bzw Minimalwert des Merkmales

n Anzahl der Einzelwerte (Stichprobenumfang)

m Anzahl der Stichproben

Arithmetischer Mittelwert $\bar{x}$	Spannweite R	Mittlere Spannweite $\bar{R}$
$\bar{x} = \dfrac{x_1 + x_2 + \ldots + x_n}{n}$	$R = x_{max} - x_{min}$	$\bar{R} = \dfrac{R_1 + R_2 + \ldots + R_m}{m}$

Erfassung und Darstellung der Prüfdaten

Die Dokumentation und Auswertung der erfassten Messwerte kann in relativ einfacher Art und Weise erfolgen. In einer **Urliste** werden die Messergebnisse lediglich zusammengestellt. In einer **Strichliste** werden sie übersichtlich dargestellt und in einem **Histogramm** nach der Gauß´schen Normalverteilung dokumentiert.

Für die statistische Auswertung mithilfe einer Ur- und Strichliste bzw. einem Histogramm sind die folgenden Formeln zur Berechnung erforderlich.

Anzahl der Klassen:	Klassenbreite:	Relative Häufigkeit:
$k = \sqrt{n}$	$w = \frac{R}{k}$	$h_j = \frac{n_j}{n} \cdot 100\ \%$

- **Urliste**: In einer Urliste werden die Messwerte des Stichprobenumfangs in der Reihenfolge der Fertigung als Absolutwerte oder die Abweichungen vom Sollwert erfasst.

Auswertungshinweis für die Tabelle 1: Aufgrund einer Vertragsvereinbarung zwischen dem Kunden und dem Produzenten wurden **150 Werkstücke** geprüft. Zur internen Bewertung wurde daraus ein **Prüfumfang von 75 Prüfstücken festgelegt**, d. h., es wird der **Mittelwert der Abweichung vom Sollwert** in mm von zwei nacheinander gefertigten Werkstücken zur Auswertung verwendet.

Tabelle 1: Vertragsinterner Prüfumfang: 75 Werkstücke
Abweichung vom Sollwert am Messpunkt M03X (Bild 2, Seite 195)

Teile	1…15	+0,80	+0,22	+0,16	+0,11	+0,16	+0,32	+0,01	−0,03	+0,25	+0,42	+0,65	+0,61	+0,81	+0,66	+0,12
Teile	16…30	−0,24	+0,30	−0,10	+0,48	+0,42	+0,09	+0,40	+0,30	+0,35	−0,20	+0,23	+0,05	+0,67	+0,84	+0,20
Teile	31…45	+0,24	+0,08	+0,42	+0,41	+0,03	+0,62	+0,18	+0,08	+0,25	+0,18	+0,41	−0,04	+0,05	+0,35	+0,40
Teile	46…60	+0,88	+0,48	+0,26	+0,51	+0,24	+0,41	+0,33	−0,21	+0,64	+0,72	+0,12	−0,08	+0,08	+0,20	−0,33
Teile	61…75	−0,33	−0,20	−0,04	+0,18	+0,38	+0,31	+0,47	+0,72	+0,03	+0,71	+0,04	+0,59	+0,28	0	+0,16

- **Strichliste**: Die Eintragungen der berechneten Klassen und Klassenbreiten sowie der absoluten und relativen Häufigkeit der Messwerte in die Strichliste ergibt eine übersichtliche Darstellungsweise (**Tabelle 2**).

Tabelle 2: Strichliste

Klasse Nr.	Messwerte (mm) ≥	Messwerte (mm) <	Strichliste	Häufigkeit absolut n_j	Häufigkeit relativ n_j in %
1	− 0,52	− 0,39	I	1	0,67
2	− 0,39	− 0,26	卌 I	6	4
3	− 0,26	− 0,13	卌	5	3,33
4	− 0,13	0,00	卌 卌 卌	15	10
5	0,00	0,13	卌 卌 II	12	8
6	0,13	0,26	卌 卌 卌 卌 I	21	14
7	0,26	0,39	卌 卌 卌 卌 II	22	14,67
8	0,39	0,52	卌 卌 卌 卌 II	22	14,67
9	0,52	0,65	卌 卌 卌 II	17	11,33
10	0,65	0,78	卌 卌 III	13	8,67
11	0,78	0,91	卌 II	7	4,67
12	0,91	1,04	卌 I	6	4
13	1,04	1,16	III	3	2
				Σ 150	100

- **Histogramm**: Die Messwerte werden festgelegten Klassen zugeordnet und daraus die **absolute n_j** und **relative F_j Häufigkeit** berechnet.

  Die Verteilung der Messergebnisse ist aus dem Kurvenverlauf ersichtlich (**Bild 1**).

- **Mittelwertkarte**

  Die Aussage der grafischen Darstellung einer Mittelwertkarte gibt über den Fertigungsverlauf der einzelnen Stichproben innerhalb der gesamten Fertigung Auskunft. Die störenden Einflussfaktoren können dabei nicht identifiziert werden (**Bild 2**).

- **Spannweitenkarte**

  Spannweitenkarten dokumentieren den Fertigungsablauf in einfachen, auswertbaren grafischen Darstellungen. Aus dem Kurvenverlauf sind eindeutig charakteristische Prozessverläufe erkennbar, wie z. B. normale Fertigungsverläufe, RUN, Trend usw.

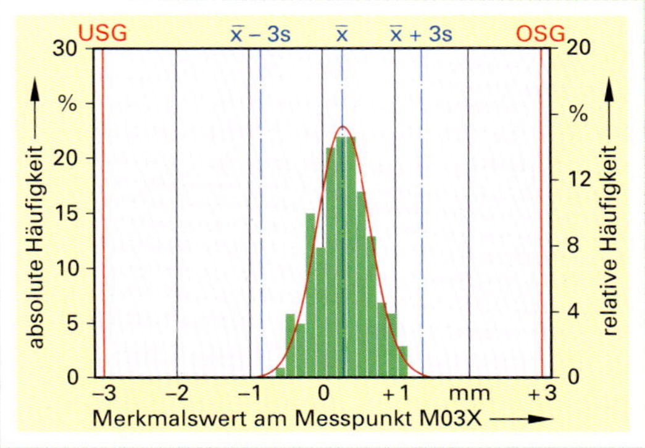

Bild 1: Histogramm der absoluten und relativen Häufigkeit

Zur Erarbeitung einer Mittelwert- und Spannweitenkarte sind weitere Berechnungen durchzuführen und die Ergebnisse in die Karten einzutragen:

Gesamtmittelwert $\bar{\bar{x}} = \dfrac{\bar{x}_1 + \bar{x}_2 + \ldots + \bar{x}_m}{m}$

Eingriffsgrenzen **OEG** $= \bar{\bar{x}} + 0{,}577 \cdot R$

UEG $= \bar{\bar{x}} - 0{,}577 \cdot R$

(Der Faktor 0,577 ist nur für die Berechnung von $n = 5$ Einzelwerten zu verwenden)

Die statistische Auswertung der Messstelle M03X ergibt für den Fertigungszeitraum von vier Wochen für den Gesamtmittelwert $\bar{\bar{x}}$ und für den Mittelwert der Standardabweichung $\bar{s}$ den dargestellten Kurvenverlauf (**Bild 2**).

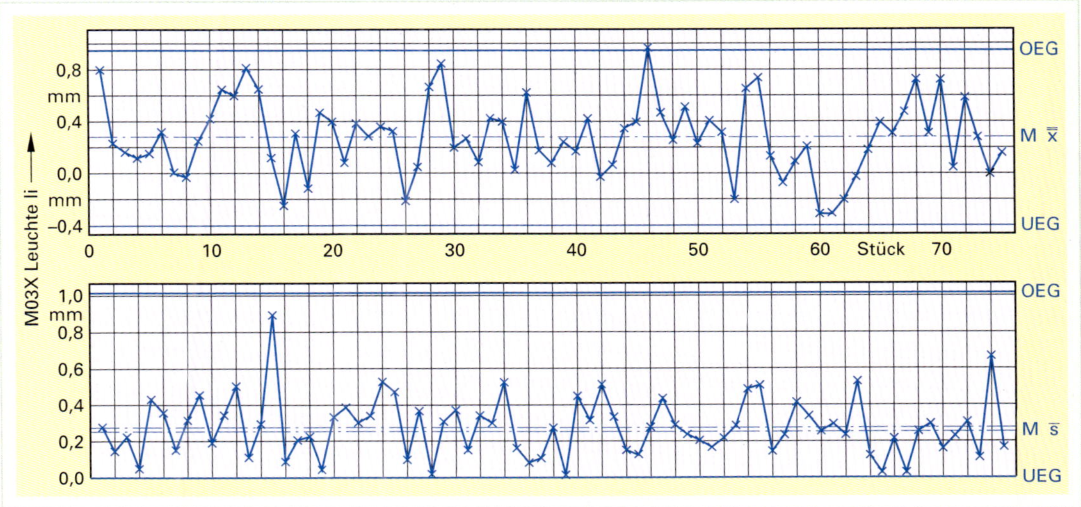

Bild 2: Darstellung des Fertigungsverlaufs mithilfe des Gesamtmittelwertes $\bar{\bar{x}}$ und der mittleren Standardabweichung $\bar{s}$

- **Summenlinie im Wahrscheinlichkeitsnetz**

Mithilfe der einfachen Darstellung der Summenlinie mit den geprüften Werkstücktoleranzen ist der Nachweis einer Normalverteilung möglich.

Ablesebeispiel:

Für die relative Häufigkeit von $P = 30\ \%$ Werkstücke ergibt sich mit dem Schnittpunkt der Wahrscheinlichkeitslinie auf der NV-Achse (Bauteilgröße) ein Wert von annähernd Null, d. h. um die Abweichung vom Sollwert des Werkstückes (**Bild 1**).

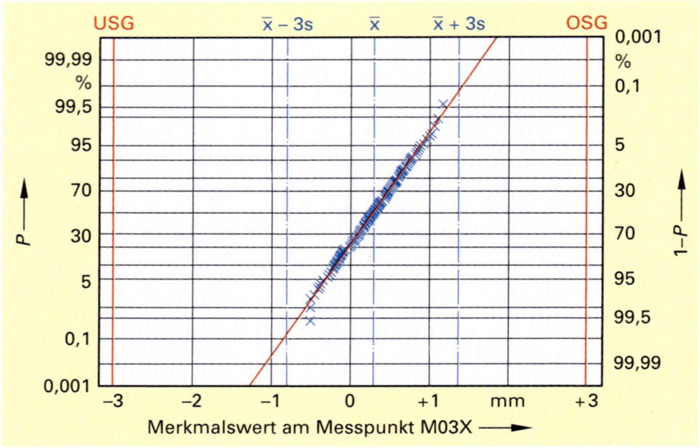

Bild 1: Wahrscheinlichkeitsnetz für das Prüfmerkmal M03X

Auswertung im Wahrscheinlichkeitsnetz:

1. Ergeben die Linien der Summenhäufigkeit mit den Linien der Merkmalswerte im Schnittpunkt eine **deutliche Gerade**, so ist auf normalverteilte Prozessergebnisse zu schließen.

2. Die Bestimmung des **Mittelwertes** $\bar{x}$ ergibt sich zeichnerisch aus dem Schnittpunkt zwischen der Achse der Summe der relativen Häufigkeit zwischen 50 % und der Wahrscheinlichkeitslinie.

- **Nachweis der Prozessfähigkeit**

Der Nachweis der Prozessfähigkeit C_p ist für den Produzenten und Kunden für laufende und für künftige Fertigungsaufträge wichtig. Die Prozessfähigkeit wird mithilfe der folgenden empirischen Gleichung berechnet:

$$C_p = \frac{T}{6 \cdot \hat{\sigma}} > 1{,}33$$

C_p = Prozessfähigkeitsindex
T = Toleranz
$\hat{\sigma}$ = geschätzte Standardabweichung

(Die Werte für die Toleranz T, der geschätzten Standardabweichung σ und dem Prozessfähigkeitsindex C_p sind Erfahrungswerte des Unternehmens)

Die Auswertung des Messpunktes M03X am Heckteil der gefertigten Serie des Kraftfahrzeugteiles ergab mit $C_p = 2{,}74$ einen sehr günstigen Wert für die laufende Produktion.

Wiederholungsfragen:

1. Was verstehen Sie unter dem Begriff „Qualität“? Welche Zusammenhänge bestehen innerhalb eines QM-Systems?
2. Beweisen Sie die Bedeutung der Zehnerregel an einem firmenspezifischen Produkt.
3. Welche Aufgaben erfüllen Sie entsprechend Ihres Ausbildungsstandes innerhalb des Qualitätsregelkreises?
4. Welche „Elementaren Werkzeuge“ werden in Ihrem Unternehmen zur Verbesserung der Qualität eingesetzt?
5. Bewerten Sie die Bedeutung der Aussagen von: Ur- und Strichlisten, Histogrammen sowie Mittelwert- und Spannweitenkarten.
6. Was verstehen Sie unter Produkthaftung? Welche unterschiedlichen gesetzlichen Vorschriften sind zu beachten?

3.2 Qualitätssicherungsmaßnahmen

Mit der Normengruppe nach **ISO 9000:2015-11** sind für die Unternehmen Vorschriften definiert, die die organisatorischen Maßnahmen zur Qualitätssicherung beschreiben. Die gesetzlichen Forderungen sind dabei produktbezogen anzuwenden.

3.2.1 Qualitätssichernde Elemente

Detaillierte Angaben zur **Produktsicherheit und -haftung** sind in der **ISO 9004:2018-04** aufgeführt. Darin sind alle einzuführenden Maßnahmen und Verfahren zur Produktsicherheit und -haftung aufgeführt. Folgende Maßnahmen sind verbindlich durchzuführen (**Tabelle 1**):

Tabelle 1: Maßnahmen zur Produktsicherheit und -haftung

Anforderungen	Risikominimierung	Produktinformationen	Dokumentation
• Gesetze • Stand der Technik • Kundenwünsche • Recycling	• Risikoanalyse • Musterprüfung • Substitution von Gefahrstoffen	• Gebrauchsanweisungen • Sicherheitsvorschriften • technische Daten	• Qualitätsnachweis • Personal- und Verfahrensnachweis • Sicherheits- und Zulassungsnachweis

3.2.2 Lieferantenbewertung

Stabile Geschäftsbeziehungen zwischen Lieferanten und Produzenten sind ein wesentliches Merkmal für eine kontinuierliche und qualitätsgerechte Fertigung. Als Grundlagen für reibungslose Geschäftsbeziehungen dienen **Lieferantenaudits**, die in **DIN EN ISO 13485:2015-05** und in **DIN EN ISO 9001:2015-11** festgeschrieben sind.

Zur Vermeidung von Imageverlusten durch fehlerhafte Produkte sind **Lieferantenaudits** ein geeignetes Instrumentarium. Lieferantenaudits werden mithilfe von Qualitätssicherungsvereinbarungen (QSV) in bestimmten Teilschritten durchgeführt.

- **Zuständigkeit:** Ein **Unternehmensbeauftragter** kann bereits in der Entwicklungsphase eines Produktes einen geeigneten Lieferanten auditieren.
- **Verfahren:** Die Qualitätssicherungsvereinbarungen und die Anweisung zum Lieferantenaudit sind die Grundlagen und die Basis für Normfestlegungen. Praktikable Formen sind die unternehmensspezifischen Formblätter (Auditchecklisten für Lieferanten).
- **Auditergebnis:** Die dokumentierten Ergebnisse aus den Auditchecklisten werden ausgewertet und entsprechende Maßnahmen festgelegt. Die gewonnenen Erkenntnisse werden dokumentiert und allen zuständigen Bereichen zugänglich gemacht.

3.2.3 Kundenzufriedenheit

Ein **Höchstmaß an Kundenzufriedenheit** ist das Ziel aller Unternehmen. Von den Unternehmensleitungen werden zahlreiche Möglichkeiten genutzt, um die Kundenzufriedenheit (**Bild 1**) am Markt festzustellen. Die direkteste Art und Weise sind die intensiven Kontakte mit Kunden, z. B. auf Veranstaltungen und Fachmessen. Dabei können vor Ort mit dem Kunden die unterschiedlichsten Fragen und Probleme besprochen und bewertet werden. Ergänzend werden in festgelegten Zeitintervallen alle Probleme in Formblätter zur Kundenzufriedenheit erfasst und durch spezifische Maßnahmepläne bearbeitet.

Bild 1: Kunststoffe im Sanitärbereich

3.2.4 Produkthaftung

Zwischen Hersteller und Verbraucher sind durch **Regressansprüche** alle Forderungen aus der Gewährleistung und Produkthaftung zusammengefasst.

- **Gewährleistung und Garantie** – gehören zum Vertragsrecht, d. h., Lieferanten stellen sicher, dass vertraglich zugesicherte Eigenschaften erfüllt werden. Gewährleistungs- und Garantiebedingungen können durch verschiedene gesetzliche und ergänzende vertragliche Bedingungen geregelt werden, z. B. durch das Bürgerliche Gesetzbuch, Allgemeine Geschäftsbedingungen, spezielle Vertragsbedingungen usw.
- **Haftung –** umfasst die Produkthaftung aus dem Produkthaftungsgesetz und regelt Schäden an Personen und Sachen (Folgeschäden). Durch das Bürgerliche Gesetzbuch BGB werden Schäden bei Verschulden geregelt.

Hersteller oder Lieferanten, die Produkte oder Dienstleistungen erbringen, **haften uneingeschränkt** für deren Mangelfreiheit und Folgeschäden.

Produkthaftungsansprüche können nur erhoben werden, wenn die Schuldfrage **eindeutig** klargestellt ist. Durch das **BGB** werden Produkthaftungen **mit Verschulden** und durch das **Produkthaftgesetz** alle Produkthaftungen **ohne Verschulden** geregelt.

Aus der Tabelle sind durch entsprechende Kriterien die Zuständigkeiten der gesetzlichen Regelungen ersichtlich (**Tabelle 1**).

Tabelle 1: Produkthaftung

	Produkthaftungsgesetz Haftung **ohne** Verschulden	**Bürgerliches Gesetzbuch** Haftung **bei** Verschulden
Wer haftet bei Verschulden?	Hersteller bzw. Lieferant	Hersteller bzw. Lieferant, Händler bei ungeklärten Herstellern
Haftungsumfang	Hersteller: für Konstruktionsfehler Zulieferer: für Instruktionsfehler, Produktionsbeobachtungspflicht Händler für: bekannte bzw. erkennbare Fehler	Folgeschäden an Personen und weiteren betroffenen Sachen. (festgelegte Geldleistungen)
Haftung	Schäden am Produkt und sich daraus ergebende Folgeschäden	
Haftungsausschluss	Ausreißer	Naturbelassene Produkte
Beweislast für Haftung	Geschädigter – muss den kausalen Zusammenhang von Fehler/Verschulden und entstandenem Schaden nachweisen. Haftungsbefreiung durch Stand der Technik, menschliches und materielles Versagen.	Der Schädiger muss einen Nachweis zum Haftungsausschluss erbringen. Eine Zahlpflicht entsteht auch ohne Verschulden.
Verjährung – vertraglicher Ausschluss	3 Jahre ab Schadensereignis, nach 30 Jahren Anspruchsverjährung **– Haftungsausschluss** durch **Arbeitsgesetzbuch**	3 Jahre ab Schadensereignis, nach 10 Jahren Anspruchsverjährung ab Inverkehrbringung – **unabdingbar**

3.3 Recycling

Unter **Recycling** versteht man jedes **Verwertungsverfahren**, durch das Abfälle zu **Erzeugnissen**, **Materialien** oder **Stoffen** entweder für den ursprünglichen Zweck oder für andere Verwendungen aufbereitet werden. Es schließt die Aufbereitung organischer Materialien ein, nicht aber die energetische Verwertung und die Aufbereitung zu Materialien, die für die Verwendung als Brennstoff oder zur Verfüllung bestimmt sind. Das **Symbol** (**Bild 1**) für diesen Kreislauf sind 3 Pfeile, die in Dreiecksform angeordnet sind.

Bild 1: Symbol für Recycling

3.3.1 Werkstoffliches Recycling

Beim **werkstofflichen Recycling** wird aus Kunststoffabfall ein neues Rohprodukt hergestellt. Bei Thermoplasten ist es möglich die Abfälle wieder in den thermoplastischen Zustand zu bringen und anschließend daraus neue Produkte herzustellen. Diese thermische Belastung führt jedoch zu einem Abbau der Molekülketten und somit zu einem **Downcycling** (**Tabelle 1**). Um die qualitativen Eigenschaften der Neuprodukte nicht zu verschlechtern, werden diese **Recyclate** nur in einem bestimmten Prozentanteil dem Neumaterial zugemischt. Durch diese Methode ist es möglich den Einsatz von Neuware bei der Produktion zu verringern, also kann man hier von einem **Upcycling** (**Tabelle 1**) und einem **optimalen Kreislauf** (**Bild 2**) sprechen.

Bild 2: Optimaler Kreislauf

Tabelle 1: Werkstoffrecycling

Downcycling	Upcycling
Jede weitere Verarbeitung des Abfalls senkt das Wertniveau des Recyclats. Zum Beispiel verkürzen sich bei Kunststoffen die Molekülketten oder die Faserlänge bei Verstärkungen.	Aus Abfall kann wieder ein neuwertiges Produkt entstehen, es kommt zu einer stofflichen Aufwertung und bei Neuprodukten sinkt der Anteil an eingesetztem Neumaterial.

Ein großes Problem ist die **Sortenreinheit** der Kunststoffabfälle. Wenn in einem kunststoffverarbeitenden Betrieb bei der Produktion Abfälle anfallen, zum Beispiel Angussabfälle beim Spritzguss oder Anfahrabfälle bei der Extrusion, weiß man in der Regel sehr genau, aus welchem Kunststoff diese Abfälle bestehen und kann diese relativ einfach der Produktion von Neuteilen zuführen.

Wenn Kunststoffe in den **Hausmüll** gelangen, ist es trotz der Einführung von **Recyclingcodes** (**Tabelle 2**), mit dem die häufigsten Verpackungskunststoffe durch Nummern gekennzeichnet werden, schwierig und kostenaufwendig, diesen wieder sortenrein zu trennen.

Tabelle 2: Recyclingcodes

01 PET	PET	Polyethylenterephthalat
02 PE-HD	PE-HD	Polyethylen hoher Dichte
03 PVC	PVC	Polyvinylchlorid
04 PE-LD	PE-LD	Polyethylen niedriger Dichte
05 PP	PP	Polypropylen
06 PS	PS	Polystyrol
07 O	O	andere Kunststoffe

Aus **vermischten Kunststoffen** können nur Produkte hergestellt werden, an die keine große Qualitätsanforderung gestellt wird, wie zum Beispiel Lärmschutzwände, Paletten oder Parkbänke.

Formen von Recyclingprodukten:

Recyclat

Ein **Recyclat** ist ein Oberbegriff für einen wiederverwerteten Kunststoff, der spezielle Eigenschaften aufweist. Als Recyclat kann Regranulat, Regenerat, Agglomerat und Mahlgut bezeichnet werden.

Bild 1: Skateboard aus recyceltem Fischernetz

Regranulat

Regranulate (Bild 3) werden unter anderem mit **Recyclinganlagen** (Bild 2) hergestellt, die den Kunststoffabfall zuerst mit einem Schneidverdichter zerkleinern und erwärmen. Im direkt angeschlossenen Extruder wird das Material plastifiziert, homogenisiert und wenn nötig in der Entgasungszone entgast. Die Schmelze wird anschließend im vollautomatischen, selbstreinigenden Filter gereinigt und anschließend granuliert. Wie das **Skateboard** (Bild 1), das aus alten granulierten PA-Fischernetzen erzeugt wurde, zeigt, können diese Regranulate bis zu 100 % den Einsatz von Neumaterial ausschließen.

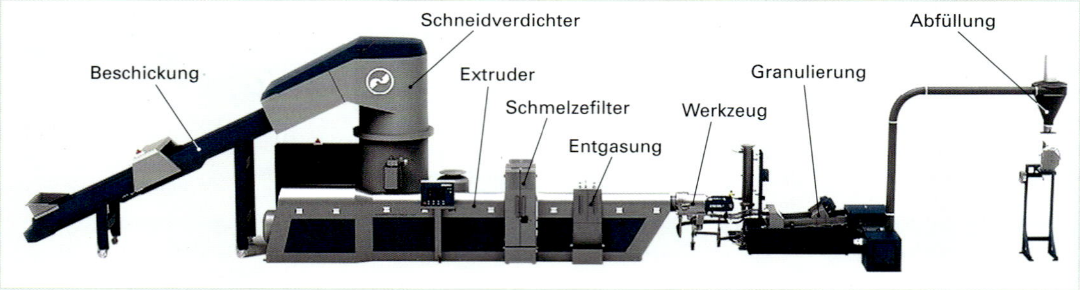

Bild 2: Recyclinganlage zur Herstellung von Regranulaten

Regenerat

Als **Regenerat** wird eine Formmasse definiert, der zur Verbesserung der Eigenschaften Additive beigemengt werden.

Bild 3: Regranulat

Agglomerat

Als **Agglomerat** wird eine Masse aus losen, durch Pressen oder Sintern miteinander verbundenen pulverförmigen oder körnigen Stoffen bezeichnet.

Mahlgut

Kunststoffteile werden in einer Mühle zerkleinert. Das Ergebnis dieser Zerkleinerung wird als **Mahlgut** (Bild 4) bezeichnet. Es besteht aus unterschiedlich großen Teilen und kann auch Staubpartikel beinhalten.

Bild 4: Mahlgut

3.3.2 Rohstoffliches Recycling

Unter **Rohstoffrecycling** versteht man die **chemische Umwandlung** von polymeren Werkstoffen unter Abbau der makromolekularen Struktur zu **niedermolekularen Rohstoffen.** Unter Einwirkung von Wärme entstehen Öle und Gase, aus denen z. B. wieder Kunststoffe hergestellt werden können. Das Rohstoffrecycling kann auch bei vermischten und verschmutzten Kunststoffabfällen angewendet werden.

Vergasung

Die Kunststoffabfälle werden unter **Sauerstoffmangel** bei **hohen Drücken** (bis 150 bar) und **hohen Temperaturen** (bis 1500 °C) unvollständig verbrannt. Dabei entstehen brennbare **Gase** wie CO und H_2, aus denen Monomere hergestellt werden können.

Anwendung: alle Kunststoffgemische und Reinkunststoffe

Solvolyse od. Hydrolyse

Mit diesem Verfahren werden die **Makromoleküle** unter Einwirkung eines **Lösungsmittels** gezielt **aufgespalten.** Die daraus gewonnenen Monomere werden durch Polymerisation wieder zu Kunststoffen.

Anwendung: für Reinkunststoffe

Pyrolyse

Bei der **Pyrolyse** (**Bild 1**) wird der Reinkunststoff unter **Luftabschluss** durch **Wärmeeinwirkung** (400 °C ... 800 °C) zersetzt. Die Makromoleküle verbrennen nicht, sondern werden in petrochemische **Grundstoffe** zerlegt. Nachfolgende Abkühlungsverfahren in der **Destillationskolonne** trennen die Pyrolyseprodukte.

Anwendung: sehr umweltfreundliches Verfahren, besonders für Reinkunststoffe anwendbar

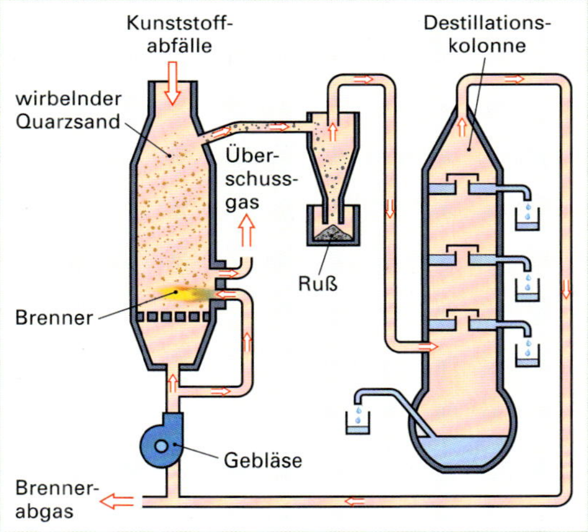

Bild 1: Pyrolyseanlage

Hydrierung

Ist eine Reaktion von chemischen Verbindungen mit **Wasserstoff.** Durch hydrierende **Spaltung** bei **hohen Temperaturen** (bis ca. 500 °C) und **Drücken** (bis ca. 300 bar) ist es bei Kunststoffen möglich, die Molekülketten aufzubrechen um wieder Monomere (erdölähnliches Gemisch) zu erzeugen.

Anwendung: für alle Kunststoffe ohne vorherige Sortierung

3.3.3 Thermische Verwertung

Trotz aller aufwendigen Sortieranlagen bleibt immer noch ein Rest an Altkunststoffen übrig, der nicht oder nur sehr aufwendig recycelt werden kann. Das Werkstoff- oder Rohstoffrecycling ist dann aus ökonomischer oder ökologischer Sicht nicht sinnvoll. Es bleibt noch die **thermische Verwertung.** Dabei wird Kunststoffabfall in **Kraftwerken** und **Müllverbrennungsanlagen** mitverbrannt oder bei der **Zementherstellung** eingesetzt. Kunststoff ist nichts anderes als gebundenes Erdöl und daher ist der **Heizwert** (**Tabelle 1**) von Kunststoff ähnlich hoch wie der von Heizöl. Kunststoffe können deshalb Heizöl oder Koks als Primärrohstoff teilweise ersetzen. Nachteilig ist jedoch, dass die entstehenden Rauchgase speziell gereinigt werden müssen.

Tabelle 1: Heizwert

Material	Heizwert in MJ/kg
PE	45,0
PP	44,0
PS	40,0
Koks	29,0
Heizöl	42,5
Holz	14,5

3.4 Werkstoffprüfverfahren der Kunststofftechnik

An die Kunststoffe werden immer mehr Anforderungen gestellt, sodass auch immer mehr Prüfverfahren notwendig werden. Einige Standardprüfungen sind nachfolgend aufgelistet:

- Verfahrenstechnische Untersuchungen: z. B. Schüttdichte, Rieselfähigkeit, Viskosität (**Bild 1**)
- Mechanische Eigenschaften: z. B. Zug-, Druck-, Biege-, Schlagbiegeversuch, Härteprüfung
- Physikalische Eigenschaften: z. B. Feuchte, Wärmeleitfähigkeit, Farbe, elektrische Leitfähigkeit, Härtungsverlauf von Duromeren mithilfe des Messkneters (**Bild 2**). Infrarotspektroskopie, Dynamische Differenzkalorimetrie oder DSC-Prüfung zur Ermittlung charakteristischer Temperaturen wie Schmelztemperatur oder Glasübergangstemperatur
- Technologische Prüfverfahren: z. B. Formbeständigkeit in der Wärme, Brandprüfungen

Die Durchführung der Prüfung wird durch einen Prüfbericht bestätigt. Dieser ist eine wichtige Aussage über bestimmte Eigenschaften des Kunststoffes. Im Prüfbericht müssen nachfolgende Punkte beachtet werden:

- Prüfnorm
- Kunststoffart
- Herstelldatum und Verfahren (spanende Bearbeitung oder Spritzguss)
- Lage im Formteil oder Halbzeug
- Prüfkörper mit genauen Abmessungen
- Anzahl der Proben
- Vorbehandlung
- Prüfbedingungen
- Aussehen nach der Prüfung
- verlangte Messwerte
- eventuelle Abweichungen von der Norm
- Datum der Prüfung
- Unterschrift des Prüfers

Die meisten Prüfverfahren sind im Ablauf automatisiert und bei Eingabe einiger verlangter Angaben zeichnen sie Diagramme und Messergebnisse auf und drucken fertige Prüfprotokolle aus, die nur noch unterschrieben werden müssen.

Ergebnisse der Prüfungen können nur miteinander verglichen werden, wenn sie unter gleichen Prüfbedingungen ermittelt werden. Zuständig für die Festlegung der Prüfbedingungen ist das Deutsche Institut für Normung (DIN). Darüber hinaus bestehen europäische Normengremien und Internationale Organisationen für Normung (ISO).

Europäische Normen (EN) sind Regeln, die durch einen öffentlichen Normungsprozess entstanden sind. Sie werden bei Bedarf, spätestens nach fünf Jahren, aktualisiert.

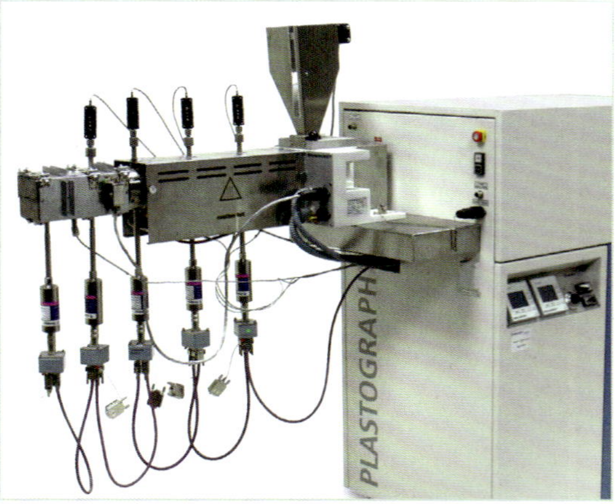

Bild 1: Ermittlung kinematischer Viskosität

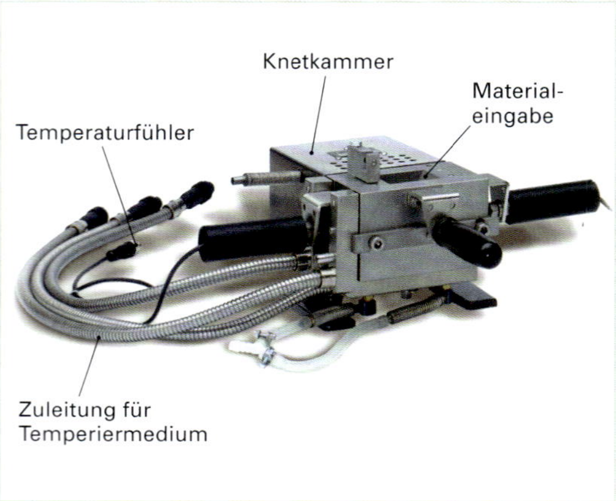

Bild 2: Messkneter

3.4.1 Kunststofferkennung

Der Facharbeiter in der Kunststoffindustrie muss in der Lage sein, Kunststoffe zu unterscheiden. Wird eine detaillierte Werkstoffanalyse verlangt, so werden genaue Untersuchungen mit speziellen Geräten durchgeführt (z. B. IR-Spektrometer und DSC-Anlage).

In vielen Fällen wird aber nur die vorliegende Kunststoffart geprüft. Das kann z. B. bei offenen Gebinden sein, um eine Verwechslung zu vermeiden. Manchmal möchte man wissen, aus welchem Kunststoff ein Gegenstand ist, um etwas zu kleben oder zu schweißen. Wenn der Kunststoff bekannt ist, kann man Rückschlüsse auf dessen Verarbeitungsparameter und Eigenschaftsrichtwerte ziehen.

Um den Kunststoff zu erkennen, gibt es eine Reihe von Prüfungen, die mit einfachen Hilfsmitteln durchgeführt werden können.

Mithilfe einer Kunststoffbestimmtafel lässt sich der Kreis der in Frage kommenden Kunststoffe immer weiter einengen, bis der betreffende Kunststoff erkannt wird. Am ehesten lassen sich Kunststoffe erkennen, wenn sie in reiner, uneingefärbter Form vorliegen. Sind sie eingefärbt, mit Zusatzstoffen versehen oder Blends, kann es leicht zu Fehlentscheidungen kommen. Das gilt insbesondere für Duromere, da diese selten ohne Füllstoffe verarbeitet werden.

Bild 1: Erwärmung mithilfe des Heizelementes

Die Frage, zu welcher Kunststoffgruppe der Werkstoff gehört, kann durch die Erwärmung bis zur Zersetzung beantwortet werden (**Bild 1, Tabelle 1**).

Tabelle 1: Verhalten der Kunststoffe bei Erwärmung

Zustandsbereiche	Kunststoffgruppe
fest – thermoelastisch – thermoplastisch – Zersetzung	Thermoplaste
fest – Zersetzung	Duromere
natürlich elastisch – Zersetzung	Elastomere

Die Unterscheidung von Thermoplasten und Duromeren kann auch durch eine Spanprobe herbeigeführt werden. Thermoplaste ergeben einen Fließspan, Duromere einen Bröckelspan.

Weitere einfache Prüfmethoden, den Kunststoff zu erkennen sind:

- Die **optische Prüfung** unterteilt die Kunststoffe in amorphe (durchsichtige) und teilkristalline (milchig trüb, opak).
- Beim **Oberflächenfühlen** unterscheidet man wachsartige und glatte Flächen.
- Die **Ritzbarkeit** wird mit dem Fingernagel durchgeführt (**Bild 2**).
- Das **Bruchverhalten** wird in Bruch, Weißbruch und ohne Bruch eingeteilt (**Bild 3**).

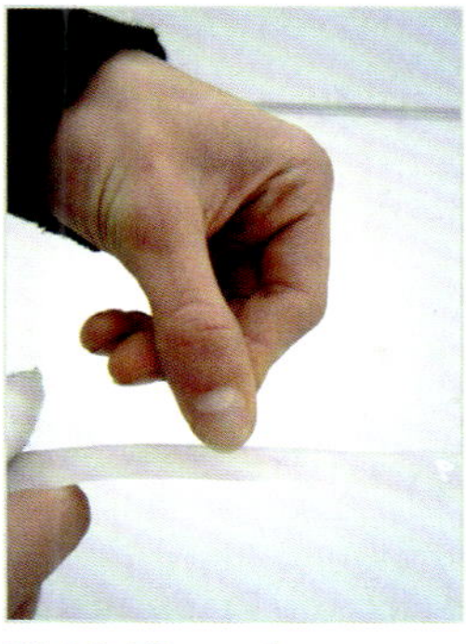
Bild 2: Ritzprobe

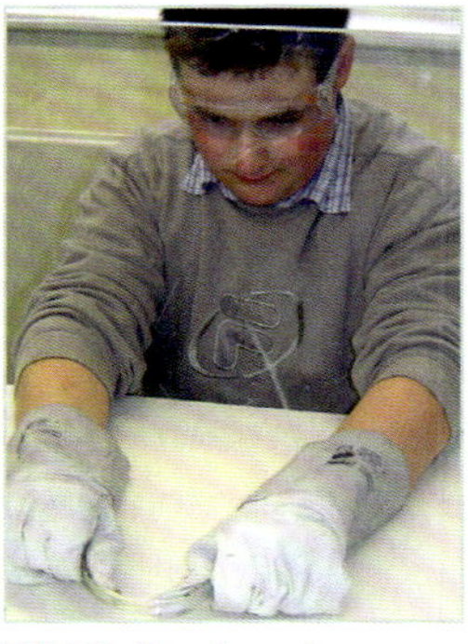
Bild 3: Bruchprobe

- Wirft man das Kunststoffteil auf ein Hartholzbrett, erkennt man das **Klangverhalten** (dumpf oder hell).
- Die Kunststoffe besitzen eine unterschiedliche Dichte. Das **Schwimmverhalten** unterscheidet Kunststoffe, deren Dichte kleiner als die des Wassers (1 g/cm^3) ist (der Kunststoff schwimmt), und Kunststoffe, deren Dichte größer als die des Wassers ist (der Kunststoff geht unter).
- Durch unterschiedlich hohe Flüssigkeitsdichten können weitere Dichteunterscheidungen vorgenommen werden. Die genaue Dichte kann durch das **Auftriebsverfahren** bestimmt werden.
- Beim **Brenntest** ergeben sich vier Möglichkeiten:
  - der Kunststoff brennt nur in der Flamme
  - er brennt außerhalb der Flamme weiter und erlischt
  - er brennt außerhalb der Flamme weiter und tropft brennend ab
  - er brennt außerhalb der Flamme weiter und schmilzt ab
- Bei manchen Kunststoffen sind noch **besondere Merkmale** zu beobachten:
  - der Kunststoff kann beim Brennen rußen (**Bild 1**)
  - er kann in den amorphen Zustand übergehen
  - er kann Fäden ziehen
- Die **Flamme** kann hellgelb, bläulich mit gelbem Rand (**Bild 2**) oder orange gefärbt sein.
- **Der Geruch der Schwaden** (**Bild 3**) nach dem Verlöschen der Flamme ist eines der hinweisendsten Merkmale auf den Kunststoff (z. B. PE = paraffinartig, PA = verbranntes Horn).
- Das Erhitzen im Reagenzglas gibt Aufschluss über das **Schmelzverhalten** (**Bild 4**) des Kunststoffes:
  - er kann sowohl ohne als auch mit Zersetzung schmelzen
  - er kann sich zersetzen, ohne dass er schmilzt
  - er zersetzt sich unter Verdampfung

Bild 1: Rußende Flamme beim Brennen von PS

Bild 2: Flammfärbung beim Brennen von PE

Bild 3: Geruch der Schwaden

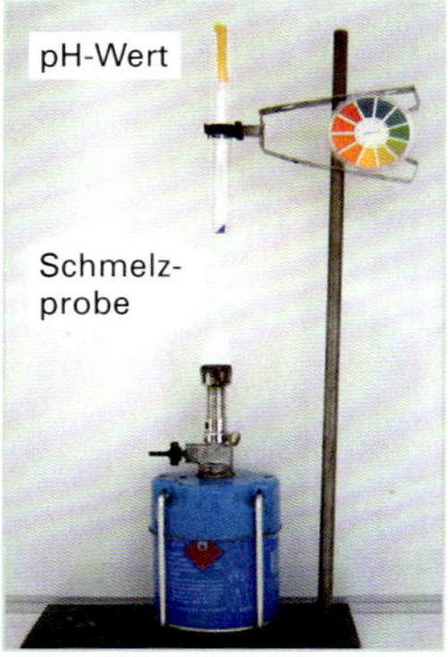

Bild 4: Schmelzverhalten

Bild 5: Beilsteinprobe

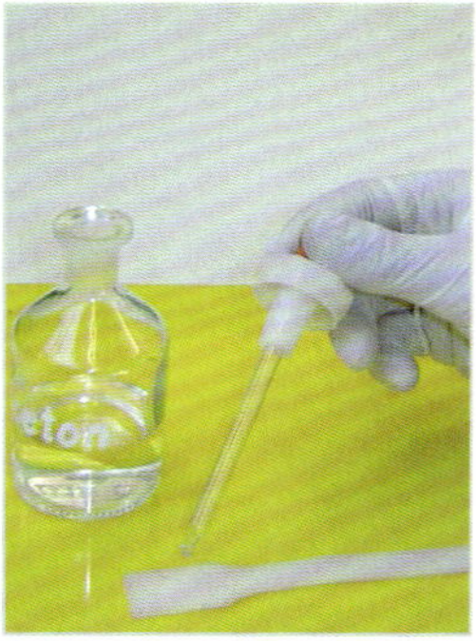

Bild 6: Lösungsmittelprobe

- Mit einem Indikatorpapier werden die aufsteigenden Dämpfe des erhitzten Kunststoffes auf den **pH-Wert** (**Bild 4**) geprüft (sauer, neutral, alkalisch).
- Die **Beilsteinprobe** (**Bild 5**) erbringt auf einfache Weise den Nachweis von Halogenen (z. B. Chlor) im Kunststoff. Ein glühender Kupferdraht wird auf die Probe gedrückt und wieder in die Flamme gehalten. Färbt sich die Flamme grün, so ist der Nachweis von Chlor erbracht.
- Mit **Lösungsmittel** beträufelte Kunststoffe können quellen, sich auflösen oder unverändert bleiben. Als Lösungsmittel werden hauptsächlich Azeton, Benzin, Dichlormethan, Essigsäure oder Benzol verwendet (**Bild 6**).

In nachfolgender Tabelle (**Tabelle 1**) sind die Verhaltensweisen einiger Standardkunststoffe bei den Kunststoffprüfungen beschrieben.

Tabelle 1: Kunststoffverhalten

Kunststoffprüfung	PE	PS	PVC
physikalische Eigenschaften wie Oberfläche, Ritzbarkeit, optische Prüfung, Bruchprobe (**Bild 2**), Klang	wachsartige Oberfläche, mit dem Fingernagel ritzbar, unzerbrechlich	bricht, klingt blechern	Weißbruch PVC weich ist gummiartig elastisch
Sichtprüfung (**Bild 1**)	teilkristallin	amorph	amorph
Schwimmprobe im Wasser	schwimmt	geht unter (langsam)	geht unter
Dichte in g/cm^3	0,92 ... 0,96	1,05	1,35
Brennprobe	brennt weiter und tropft	brennt weiter und schmilzt ab	brennt nur in der Flamme
Flammfärbung	bläulich mit gelbem Rand	gelbe Flamme	grüne Flamme
besondere Merkmale	wird beim Verbrennen glasklar	stark rußend	rußend
Geruch der Schwaden	kerzenwachsartig	süßlich, blumig	stechend, brenzlig
Schmelzverhalten	schmilzt ohne Zersetzung	schmilzt unter Zersetzung	zersetzt sich, ohne zu schmelzen
pH-Wert	neutral	neutral	stark sauer
Beilsteinprobe	negativ	negativ	positiv
Lösungsverhalten in Aceton	unlöslich/quellbar	quellbar/löslich	quellbar/löslich
Lösungsverhalten in Benzin	unlöslich/quellbar	löslich	unlöslich
Lösungsverhalten in Dichlormethan	unlöslich	löslich	quellbar/löslich

Um rasch zu einem Ergebnis zu kommen, sollte man folgende Vorgehensweise beachten:

- Kunststoffgruppe ermitteln (Erwärmung)
- Polyolefine erkennen oder ausschließen (Schwimmprobe) (**Bild 1 Seite 208**)
- Brennprobe durchführen, hierbei wird meist der Kunststoff schon erkannt (Brennverhalten)
- Danach zur Bestätigung weitere Kunststoffprüfverfahren durchführen

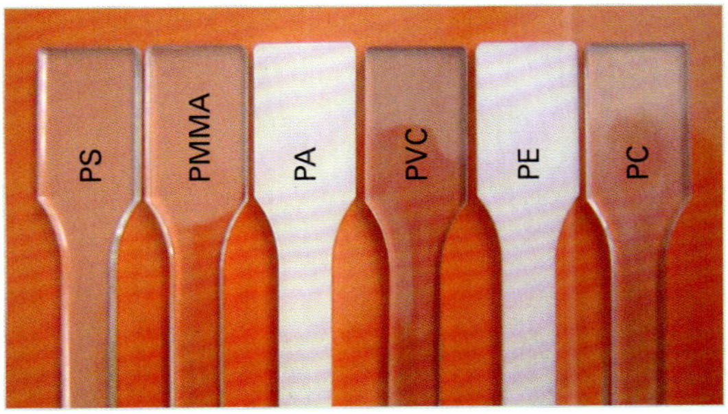

Bild 1: Sichtprüfung (amorph, teilkristallin)

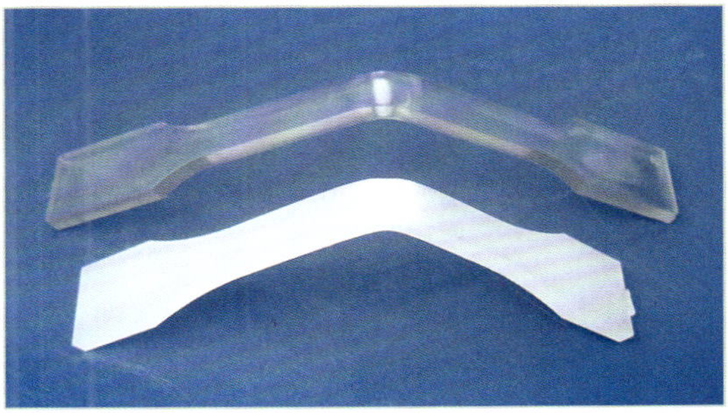
Bild 2: Weißbruch

Tabelle 1: Kunststoffverhalten

Kunststoffprüfung	PMMA	PA	PC
physikalische Eigenschaften	bricht	bricht nicht	bricht nicht
Sichtprüfung	amorph	teilkristallin	amorph
Schwimmprobe im Wasser	geht unter	geht unter	geht unter
Dichte in g/cm^3	1,18	1,04 ... 1,15	1,2
Brennprobe	brennt weiter, schmilzt ab	brennt weiter und tropft	brennt weiter, erlischt
Flammfärbung	hellgelb	bläulich mit gelbem Rand	gelbe Flamme
besondere Merkmale	bildet Bläschen, knistert	zieht Fäden	rußend, verkohlt
Geruch der Schwaden	fruchtig	nach verbranntem Horn	phenolartig
Schmelzverhalten	schmilzt unter Verdampfung	schmilzt unter Zersetzung	schmilzt unter Zersetzung
pH-Wert	neutral	alkalisch	neutral, sauer
Beilsteinprobe	negativ	negativ	negativ
Lösungsverhalten in Aceton	unlöslich	unlöslich	quellbar/löslich
Lösungsverhalten in Benzin	löslich	unlöslich	unlöslich
Lösungsverhalten in Dichlormethan	löslich	unlöslich	löslich

Wiederholungsfragen:

1. Was kann in einem Prüfbericht aufgeführt sein?
2. Welche Aussage zur Kunststofferkennung können Sie über PE machen?
3. Wonach riecht PA?
4. Unterscheiden Sie PVC von PC.
5. Welche Flammfärbung ergibt sich beim Anzünden von PS?
6. Nennen Sie 3 Kunststoffe, die brechen.
7. Was beweist die Beilsteinprobe?
8. Wie verhält sich ein thermoplastischer Kunststoff bei Erwärmung?
9. Nennen Sie je zwei amorphe und teilkristalline Kunststoffe.
10. Welcher Kunststoff ist ritzbar?
11. Welche Kunststoffe schwimmen?

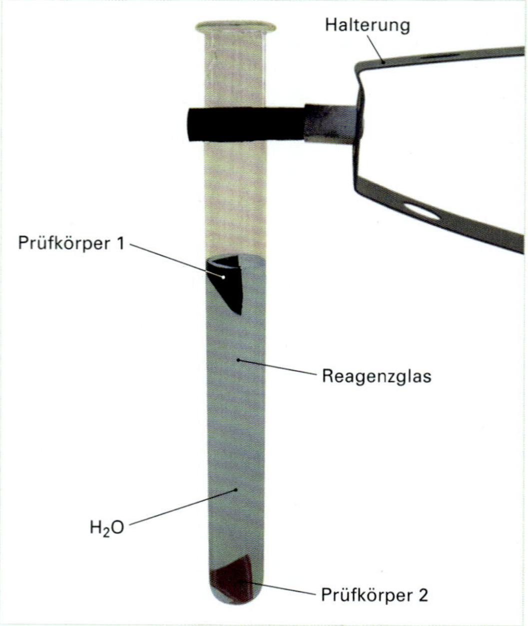

Bild 1: Schwimmprobe

3.4.2 Rieselfähigkeit

Beim Verarbeiten von körnigen Kunststoffformmassen (Pulver, Mahlgut) im automatischen Prozess muss sichergestellt sein, dass bei verschiedenen Lieferungen die Gleichmäßigkeit der Eigenschaften gewährleistet ist, um eine gleichbleibende Förderung zu erreichen.

Mit der Rieselprobe nach DIN EN ISO 6186: 1998-08 wird die Rieselfähigkeit mittels der Kriterien **Abflusszeit t_A** und **Rieselvolumen V_A** ermittelt. Außerdem wird die Art des Rieselns unter festgelegten Bedingungen (Prüfklima) beschrieben. Wenn die **Rohdichte** ϱ des zu prüfenden Kunststoffes nicht bekannt ist, kann auch die Rieselzeit als alleiniges Kriterium benutzt werden.

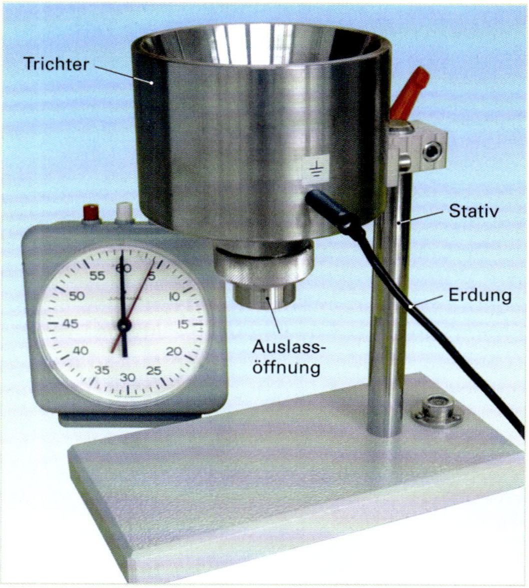

Bild 1: Rieselfähigkeitsprobe

Die **Ausflusszeit t_A** in Sekunden ist die Auslaufzeit einer bestimmten Menge einer körnigen Kunststoff-Formmasse durch einen definierten Trichter und dessen Durchmesser, der Trichteröffnung.

Das **Rieselvolumen V_A** in cm³/s ist der Quotient aus der Masse m einer körnigen Kunststoff-Formmasse und dem Produkt aus ihrer Rohdichte und der Rieselzeit t_R. $\boldsymbol{V_R = m/\varrho \cdot t_R}$

Versuchsvorbereitung

Aus dem zu prüfenden Kunststoff werden drei Durchschnittsproben von je 150 g entnommen. Die Versuche werden bei **Raumtemperaturen zwischen 18 °C und 28 °C** durchgeführt. In Schiedsfällen ist die Prüfung im Normklima durchzuführen, wobei auch festgelegt wird, wie lange die Probe in diesem Klima gelagert werden muss. Dies ist insofern wichtig, da speziell die relative Luftfeuchte einen Einfluss auf das Prüfergebnis hat.

Das Prüfgerät ist erschütterungsfrei und lotrecht ausgerichtet aufzustellen, und der Trichter ist zur Vermeidung elektrostatischer Aufladung zu erden (**Bild 1**).

Bild 2: Düsen- und Granulatformen

Die **Einwaage der Probe je Messung beträgt 150 g ± 1 g.** Reicht das Trichtervolumen für die Einwaage nicht aus, wird die Einwaage entsprechend reduziert und danach die gemessene Rieselzeit auf 150 g umgerechnet.

Versuchsdurchführung

Für den Trichter stehen 3 Auslassdüsen mit den Durchmessern 10 mm, 15 mm und 25 mm zur Verfügung. Die Prüfung beginnt man mit dem kleinsten Durchmesser. Rieselt die Probe nicht oder nicht vollständig durch die Düse, wird die nächstgrößere Düse eingesetzt. Erfolgt auch bei der größten Düse kein vollständiges Ausrieseln, so ist im Prüfbericht anzugeben „nicht rieselfähig nach DIN EN ISO 6186:1988-08" (**Bild 2**).

Nach dem Verschließen der Düsenöffnung wird die Einwaage in den Trichter gefüllt. Die Messung der Auslaufzeit beginnt mit dem erschütterungsfreien Öffnen der Düsenöffnung und endet sobald die Auslassöffnung beim Blick in den Trichter sichtbar wird. Die Auslaufzeit ist auf 0,1 s genau zu messen. Weiterhin ist im Prüfbericht zu vermerken, ob das Rieseln gleichmäßig, pulsierend oder in Form einer Schachtbildung erfolgte.

Ein weiteres Verfahren in der Qualitätssicherung zur Ermittlung der Kornverteilung von Schüttgütern ist die **Siebanalyse**. Sie wird nach DIN 66165 beschrieben, wobei ein Siebturm, der aus mehreren übereinander angeordneten Sieben besteht, eingesetzt wird (**Bild 1**). Bei der Durchführung wird das zu analysierende Schüttgut oben auf dem gröbsten Sieb aufgebracht und dort für eine vorgegebene Zeit geschüttelt. Die Maschenweite beträgt in der Regel von oben nach unten 2 mm, 1 mm, 0,5 mm, 0,25 mm, 0,125 mm und 0,063 mm.

Bild 1: Siebtürme für die Siebanalyse

Die **Kornverteilung** wird dann durch das Auswiegen der Rückstände auf den einzelnen Sieben ermittelt.

Die Aufgabe der Siebanalyse besteht darin, das körnige Material in Kornklassen aufzuteilen und deren Masse zu bestimmen.

Siebhilfen kommen bei sehr feinen, zu Anhaftung neigenden Gütern zum Einsatz. Sie sollen das Siebgut siebfähig machen. Hierbei unterscheidet man mechanische Siebhilfen wie z. B. Gummiwürfel zur Aufhebung von molekularen Haftkräften, Zusätze, z. B. Talkum bei klebrigen Produkten und Antistatiksprays zur Reduzierung elektrostatischer Aufladungen.

Bei der Auswertung werden die Rückstände des Siebgutes je Analysensieb durch Wägung erfasst und prozentual zur Summe der Einzelfraktionen zugeordnet. Die Differenz zwischen Einwaage und Summe der Einzelfraktionen ergibt den Siebverlust. Ist dieser größer als 1 %, so ist laut DIN 66151-2:2016-08 der Siebvorgang zu wiederholen.

Tabelle 1: Auswertung einer Siebanalyse

Kornklasse [mm]	Anteil [%]	Restmenge [%]
< 0,045	3,0	3,0
0,045 ... 0,063	10,0	13,0
0,063 ... 0,125	**19,0**	**32,0**
0,125 ... 0,250	35,0	67,0
0,250 ... 0,500	16,0	83,0
0,500 ... 1,000	10,0	93,0
1,000 ... 2,000	5,0	98,0
2,000 ... 4,000	2,0	100,0
> 4,000	0,0	100,0

Die Ergebnisse der Auswertung lassen sich tabellarisch und grafisch darstellen. Wie aus der Tabelle 1 ersichtlich, haben in diesem Beispiel 19 % des gesiebten Materials eine Korngröße zwischen 0,063 mm und 0,125 mm (**Tabelle 1**).

Wiederholungsfragen:

1. Warum muss die Rieselfähigkeit des Granulats überprüft werden?
2. Beschreiben Sie den Versuch zur Feststellung der Rieselfähigkeit.
3. Welche Aufgabe erfüllt die Siebanalyse? Beschreiben Sie dazu den Prüfablauf.
4. Was versteht man unter dem Siebverlust?

3.4.3 Roh- und Schüttdichte

Rohdichte

Wie jeder Werkstoff haben auch Kunststoffe ihre spezifische Dichte, die für die Anwendung der Produkte von großer Bedeutung ist. Um Unregelmäßigkeiten im Formteil, wie z. B. Lunker feststellen zu können, sowie bei der Kunststofferkennung wird die **Dichtebestimmung nach DIN EN ISO 1183-1:2013-04** durchgeführt. Das sehr häufig eingesetzte **Eintauchverfahren** mittels einer **Dichtewaage** wird nachfolgend beschrieben.

Bei diesem Verfahren wird das Gewicht der Probe zuerst in Luft und danach in einer Prüfflüssigkeit ermittelt. Mithilfe der Gewichtsdifferenz, bedingt durch den Auftrieb der Probe in der Prüfflüssigkeit und der Dichte der Prüfflüssigkeit kann nun die Rohdichte nach folgender Formel berechnet werden:

$$\text{Rohdichte} = \frac{\text{Masse, gewogen an der Luft} \cdot \text{Dichte der Prüfflüssigkeit}}{\text{Masse, gewogen an der Luft} - \text{Masse, gewogen in der Prüfflüssigkeit}}$$

Die Versuchsdurchführung umfasst folgende Schritte (**Bild 2**):

- Dichtewaage (**Bild 1**) für Prüfflüssigkeit kalibrieren
- Glaskörper an den Unterflurhaken hängen
- Glaskörper in die Prüfflüssigkeit absenken
- Dichte der Prüfflüssigkeit abspeichern
- Siebschale anhängen, in die Prüfflüssigkeit absenken und tarieren
- Probe auf die Waagschale legen und den gemessenen Wert der Gewichtskraft abspeichern
- Probe in die Siebschale legen, in die Flüssigkeit absenken und gemessene Gewichtskraft abspeichern
- berechneten Wert an der Anzeige ablesen

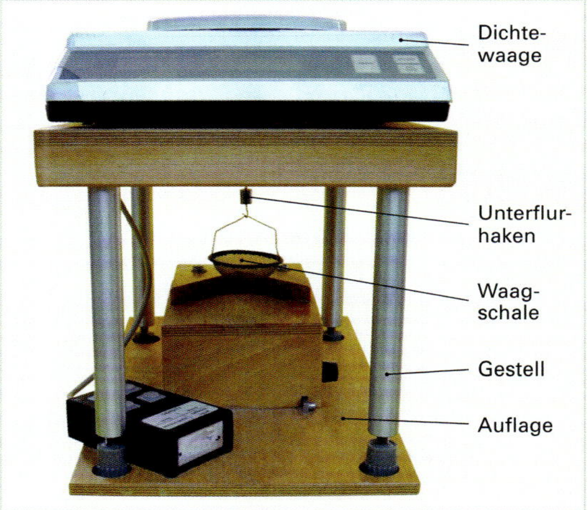

Bild 1: Dichtewaage

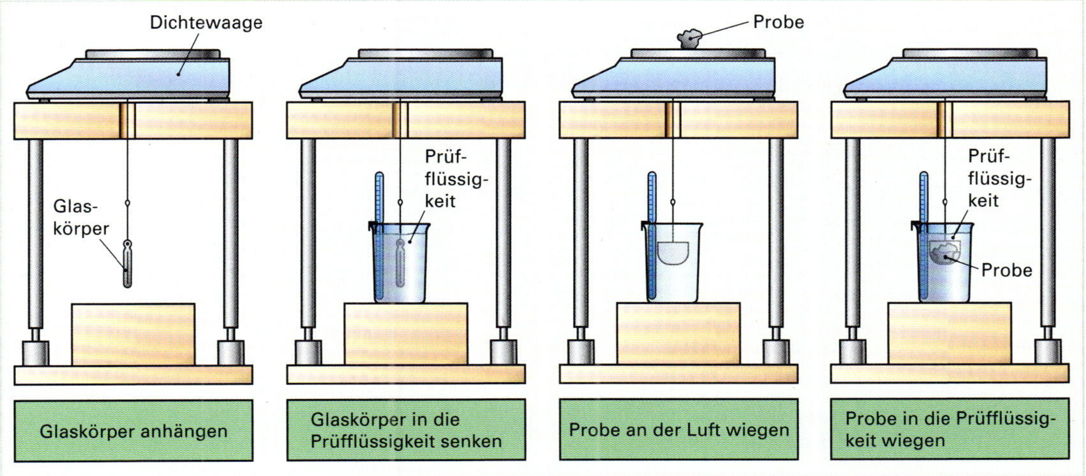

Bild 2: Arbeitsschritte zur Bestimmung der Rohdichte mittels Dichtewaage

Schüttdichte

Die Bestimmung der Schüttdichte dient als Grundlage die Berechnung des Füllraumes eines Presswerkzeuges und die Kontrolle der Struktur von Formmassen verschiedener Lieferungen, um gleichbleibende Eigenschaften zu gewährleisten. Die Schüttdichte wird nach DIN EN ISO 60:2000-01 an pulverförmigen, körnigen und kurzfaserigen Formmassen bestimmt (**Bild 1**).

Eine weitere Anwendung der Schüttdichte ist die Volumenbestimmung, z. B. wird die Liefermenge in Kilogramm angegeben, wobei aber das Volumen des Silos als Fassungsvermögen vorliegt.

Die **Schüttdichte** ist die lose geschüttete Menge, die einen definierten Becher von 100 cm^3 füllt. Sie wird in Gramm pro Milliliter angegeben.

Versuchsvorbereitung und -durchführung

Nachdem das Gerät in der Waagerechten ausgerichtet wurde, wird die Masse des Messbechers (m_0) auf 0,1 g bestimmt und danach unter den Fülltrichter gestellt.

Es werden zur Bestimmung der Schüttdichte drei Durchschnittsproben von je 110 ml bis 120 ml aus der zu bestimmenden Formmasse entnommen.

Die Bodenklappe des Fülltrichters wird geschlossen und die Probe in den Einfülltrichter gefüllt. Die Bodenklappe wird danach geöffnet, sodass die Formmasse in den Messbecher fällt.

Die angehäufte Formmasse wird nun unter einem Winkel von ca. 45° mit einer Spachtel über den Messbecherrand abgestreift.

Der so gefüllte Messbecher kann jetzt auf 0,1 g genau gewogen (m_1) und die Schüttdichte mit folgender Formel berechnet werden:

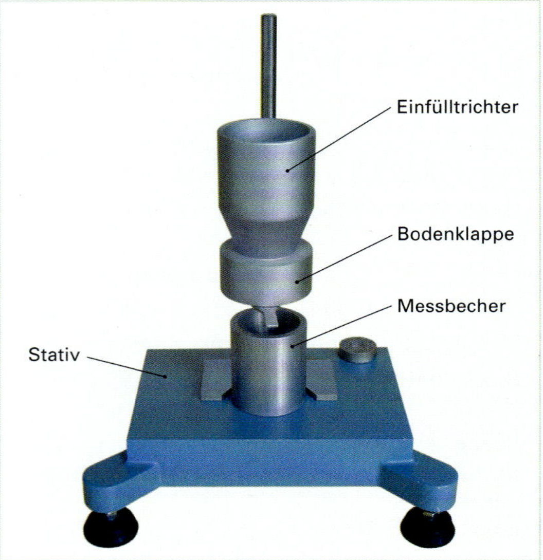

Bild 1: Schüttdichtemessgerät

$$\textbf{Schüttdichte } \sigma_{SG} = \frac{(m_1 - m_0)}{100\ \text{ml}} \qquad \text{Einheit: g/ml}$$

Im Prüfbericht müssen folgende Angaben unter Hinweis auf die DIN-Norm aufgeführt sein:

- Art und Kennzeichnung der Formmasse
- Herstelldatum der Formmasse und eventuelle Vorbehandlung der Formmasse
- Angabe der Schüttdichte in g/ml, auf 0,01 g/ml gerundet
- Einzelwerte der drei Proben und der arithmetische Mittelwert
- Prüfdatum und Name des Prüfers
- Füllfaktor

Füllfaktor

Aus den beiden Werten der Rohdichte und der Schüttdichte lässt sich der Füllfaktor berechnen. Er ist der Quotient aus der Rohdichte und der Schüttdichte und ist immer größer als Eins.

Dieser Faktor ist dann von Bedeutung, wenn der Füllraum eines Formwerkzeugs, z. B. beim Pressen, nicht beliebig groß gewählt werden kann. Das bedeutet, es muss ein Mindestschüttgewicht eingehalten werden, und somit lässt sich die kleinste Füllraumtiefe von Presswerkzeugen bzw. der erforderliche Spritzhub beim Spritzpressen ermitteln.

3.4.4 Härteprüfungen

Die **Härte** eines Stoffes wird als der Widerstand verstanden, den ein Körper dem Eindringen eines anderen härteren Körpers bestimmter Form und definierter Druckkraft entgegensetzt.

Bei Polymeren muss dabei das viskoelastische Verhalten dieser Werkstoffe berücksichtigt werden, denn bei Entlastung des Prüfkörpers geht der elastische Anteil der Deformation augenblicklich zurück. Deshalb wird bei der Ermittlung der Härte von Polymeren von der **Gesamtdeformation** ausgegangen.

Die Auswahl der jeweiligen Härteprüfverfahren hängt von der Härte des zu prüfenden Polymeres ab, wobei im Wesentlichen die Härteprüfungen nach **Shore** und die **Kugeldruckhärte** zur Anwendung kommen.

Härteprüfung nach Shore

Dieses Prüfverfahren ermöglicht eine schnelle Bestimmung der Härte an Proben aus Elastomeren bzw. gummielastischen Polymeren. Es ist nach Albert Shore benannt und die **Shore-Härte** ist ein Werkstoffkennwert, der nach DIN EN ISO 868:2003-10 und DIN ISO 7619-1: 2012-02 ermittelt wird. Dabei dringt ein federbelasteter Stift (Prüfkörper) in die Probe ein, und diese Eindringtiefe wird an einer Skala von 0 Shore bis 100 Shore (bei Eindringtiefen von 2,5 mm bis 0 mm) dargestellt (**Bild 1**).

Bild 1: Shore-Härteprüfgeräte

Man unterscheidet die beiden Verfahren Shore-A und Shore-D, die sich in der Form des Prüfkörpers und deren Auflagegewichte unterscheiden (**Bild 2**).

- **Shore-A** wird angewandt bei Weichelastomeren; Auflagemasse 1 kg auf Kegelstumpf.
- **Shore-D** wird angewandt bei Zähelastomeren; Auflagemasse 5 kg auf Kegelspitze.

Die **Probenvorbereitung** nach DIN ist festgelegt, dabei muss die Prüffläche mindestens 30 mm im Durchmesser sowie glatt, eben und sauber sein.

Die Probendicke soll mindestens 6 mm betragen. Dünneres Material kann geschichtet werden, wenn die Mindestprobendicke mit höchstens drei Schichten, keine dünner als 2 mm, erreicht wird.

Die **Versuchsdurchführung** soll bei 23 °C ± 2 °C und nicht früher als 16 Stunden nach der Herstellung des Produkts erfolgen.

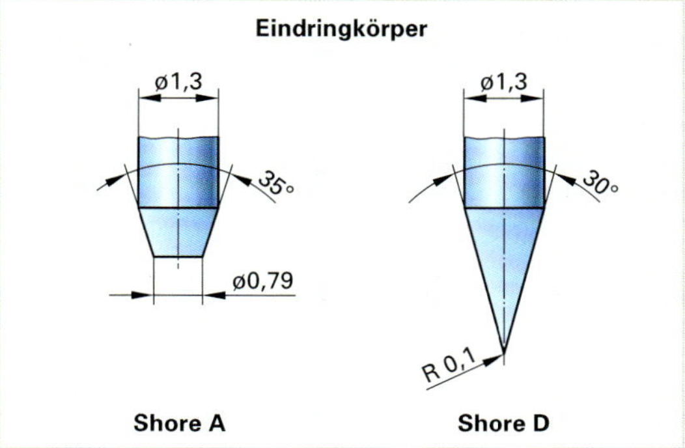

Bild 2: Prüfkörper von Shore-A und Shore-D

An jeder Probe sind mindestens 3 Messungen durchzuführen, deren Abstand vom Probenrand >13 mm und untereinander >5 mm sein muss. Nach dem Aufbringen der Gewichtskraft ist der Härtewert nach mindestens 3 Sekunden an der Skala unter Belastung abzulesen.

Der **Prüfbericht** enthält alle Abweichungen von den Normvorgaben, wie das Beispiel zeigt:

Shore-A-Härte 76 bei 28 °C und 15 Sekunden. Bei Normbedingung: 76 Shore A

Kugeldruckhärte – Kugeleindruckversuch nach DIN EN ISO 2039

Die **Kugeldruckhärte** ist der Quotient aus der Prüfkraft und der Oberfläche des Eindrucks, der unter bestimmter Last durch eine gehärtete Stahlkugel nach 30 s vorhanden ist.

Als Eindringkörper (Prüfkörper) wird eine Kugel mit 5 mm Durchmesser eingesetzt. Sie wird nach einer eingestellten **Vorprüfkraft F_0 von 9,81 N** unter bestimmter Prüfkraft (50 N, 135 N, 365 N oder maximal 980 N) je nach Härte des Kunststoffes in die Probe eingedrückt.

Zur Erfassung der sogenannten Kriechneigung des Materials wird die Eindringtiefe des Prüfkörpers unter Last gemessen.

Die Berührungsfläche (Kugelabdruck) des Eindringkörpers (**Bild 1**) steigt mit zunehmender Eindringtiefe. Die Härteprüfmaschine (**Bild 2**) hat eine Aufbiegung, die von der **Prüfkraft *F*** abhängig ist.

Bild 1: Prüfkörper

Um die Kugeldruckhärte richtig ausrechnen zu können, muss die Aufbiegung (max. 0,05 mm) der Maschine berücksichtigt werden.

Versuchsdurchführung

- Die Proben sollten 4 mm dick, glatt, eben und parallel sein und 16 Stunden vor dem Versuch bei einer Raumtemperatur von 23 °C und 50 % rel. Luftfeuchtigkeit gelagert werden.
- Den Probekörper plan auf die Unterlage legen und die Vorprüfkraft so aufbringen, dass der Berührungspunkt des Eindringkörpers **mindestens** 10 mm vom Rand der Probe entfernt ist.
- Die einzelnen Kugeleindrücke sollen einen Abstand von mindestens 10 mm haben.
- Es wird die kleinste Prüfkraft aufgelegt und nach 30 Sekunden der Skalenwert unter Belastung abgelesen. Erreicht nach 30 s **Prüfzeit** die **Eindringtiefe** nicht einen Betrag von **0,15 mm bis 0,35 mm**, muss die Prüfkraft *F* erhöht werden.
- Die Vorkraft wird dadurch aufgebracht, indem der Aufnahmetisch mit der Probe so lange gegen den Druckstempel gefahren wird, bis der kleine und der große Zeiger der Messuhr auf „0" stehen.
- Durch Drücken auf die entsprechende Prüfkraft *F* wird diese innerhalb von max. 3 s aufgebracht und nach 30 s wird die Eindringtiefe abgelesen.
- Die Prüfkraft *F* wieder aufheben und den Aufnahmetisch in Ausgangsposition zurückfahren.

Zur Auswertung wird die Anzeige der Messuhr abgelesen und mithilfe von Tabellen die Kugeldruckhärte festgestellt.

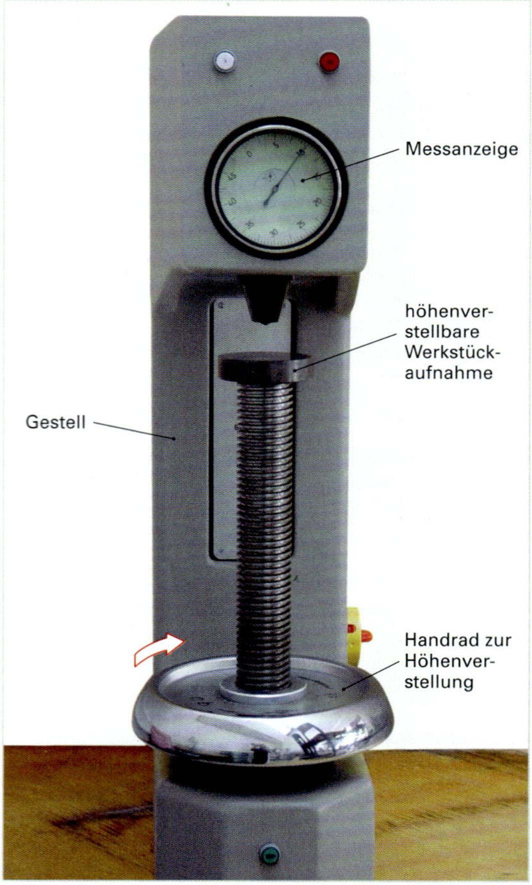

Bild 2: Kugeldruck-Härteprüfgerät

Kugeldruckhärte = Prüfkraft/Oberfläche des Eindruckes Einheit: N/mm^2

3.4.5 Feuchteprüfung

Es gibt Kunststoffe, die Wasser aufnehmen können (**hydrophil**) und Kunststoffe, die Wasser abweisen (**hydrophob**). Manche hydrophobe Kunststoffe können mit hygroskopischen (wasseraufnehmenden) Zusatzstoffen versehen sein und deshalb Wasser aufnehmen. Dadurch ändern sich auch die mechanischen Eigenschaften.

Bei der Kunststoffverarbeitung ist der Feuchtegehalt unerwünscht. Das Wasser verdunstet, und der Kunststoff quillt auf. Er hinterlässt am Fertigteil **Feuchtigkeitsschlieren** und beeinflusst die **Festigkeitswerte**.

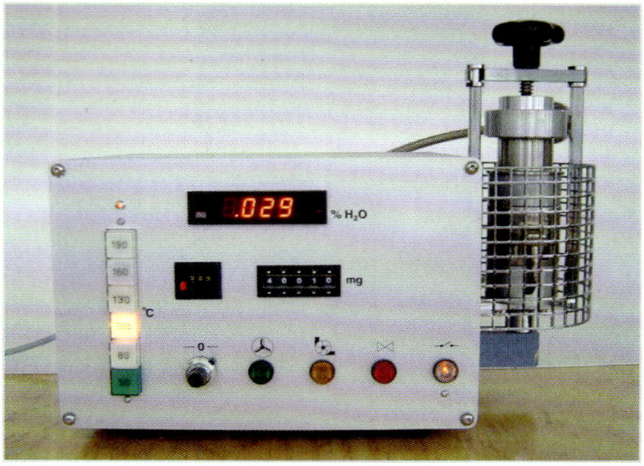

Bild 1: Feuchtemessgerät

Der Kunststoff muss entweder mit einer Entgasungsschnecke verarbeitet oder **vorgetrocknet** werden. Für die Vortrocknungstemperatur und die Vortrocknungszeit stehen Verarbeitungsrichtlinien der Hersteller zur Verfügung.

Um den tatsächlichen Feuchtegehalt zu ermitteln, benötigt man eine Prüfmethode. Eine Möglichkeit bietet ein Messgerät, das mit Calziumhydrid arbeitet (**Bild 1**).

Es stehen drei Messbecher zur Verfügung, um das Probengewicht je nach dem zu erwartenden Feuchtegehalt aufzunehmen (**Tabelle 1**).

Die Probe wird aufs tausendstel Gramm gewogen und der Wert im Gerät eingegeben.

Eine definierte Menge **Calciumhydrid** wird in einen Siebkorb gefüllt (**Bild 2**). Dieser wird in den Messbecher eingesetzt. Der Messbecher wird in das Gerät eingesetzt, verschlossen und unter Vakuum gesetzt.

Der entstehende Anzeigewert wird mit einem Potenziometer genullt. Danach stellt man die dem Kunststoff zugeordnete **Prüftemperatur** ein (**Tabelle 2**).

Das Wasser wird durch die Wirkung von Temperatur und Vakuum in Dampfform aus der Probe getrieben. In Verbindung mit Calciumhydrid erfolgt eine gaserzeugende Reaktion. Der sich entwickelnde Gasdruck in Verbindung mit dem Probengewicht ergibt den vom Gerät errechneten prozentualen Feuchtegehalt.

Das Gerät zeigt nach einiger Zeit (Hupton) den Feuchtegehalt der Probe an.

Tabelle 1: Auswahl Messbecher

Dichte	Becher A		Becher B		Becher C	
	Einwaage g ± 1 g	Bereich in %	Einwaage g ± 1 g	Bereich in %	Einwaage g ± 1 g	Bereich in %
0,8	32	0,125			beliebig, möglich sind u. a.	
1,0	40	0,1	10	0,4		
1,2	48	0,083				
1,4	56	0,071				
1,6	64	0,063	15	0,27		
1,8	72	0,056			0,5	8
2	80	0,05			1	4
2,2	88	0,045	20	0,2	2	2
2,4	96	0,042			4	1

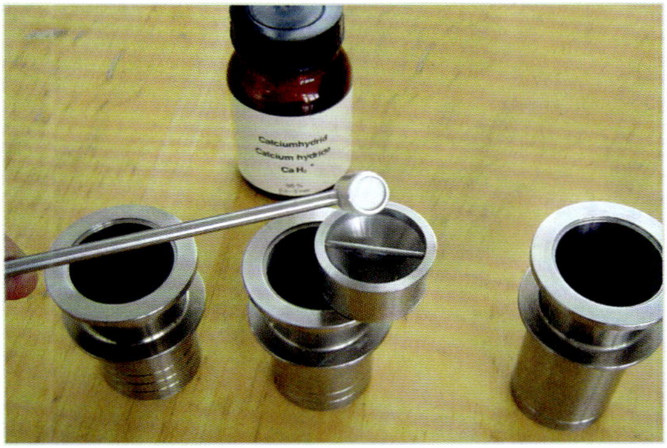

Bild 2: Befüllen des Siebeinsatzes mit Calciumhydrid

Tabelle 2: Auswahl der Prüftemperatur

Kunststoffart	Prüftemperatur in °C
PS	105
PC	130 bzw. 160
PMMA	160
PA	130 bzw. 160
LDPE	105

3.4.6 Schmelzindex (MFR)/(MVR) nach DIN ISO 1133-1:2012-03

Der Formmassenhersteller benötigt den Schmelzindex für die **Qualitätskontrolle** der Kunststoffe. Der Verarbeiter überprüft bei einer neuen Charge den Schmelzindex, um sicherzugehen, dass er gleichgeblieben ist (**Bild 1**).

Die Verarbeitungsparameter sind für ein bestimmtes Produkt festgelegt. Sobald sich die **Fließfähigkeit** ändert, kann dies Auswirkungen auf die Qualität des Produktes haben.

Der Schmelzindex ist ein Wert, der durch einen Test bestimmt wird. Er wird ausgedrückt in Gramm pro zehn Minuten. Er kennzeichnet das Fließverhalten unter genormten Bedingungen.

Die zu verwendende Menge an Testmaterial sowie das einzustellende Zeitintervall des Abschneidens vom austretenden Strang aus der Düse richten sich nach dem voraussichtlichen MFR-/MVR-Wert des Kunststoffes (**Tabelle 1**).

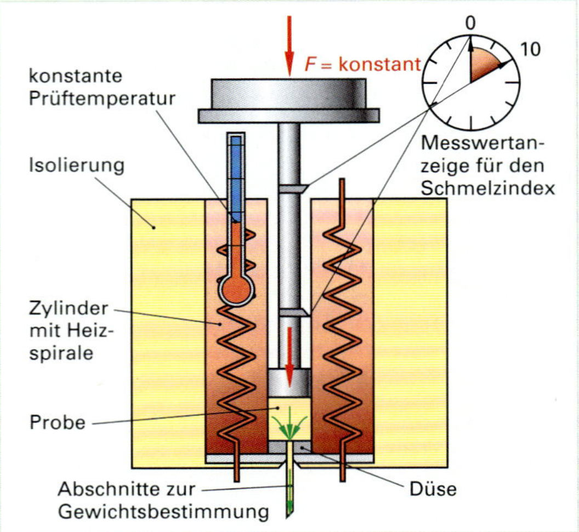

Bild 1: Schnitt durch das Prüfgerät für den Schmelzindex

Der **Schmelzindex MFR** gibt diejenige **Masse** an, die unter einem bestimmten **Druck** innerhalb einer bestimmten **Zeit** mit einer bestimmten **Temperatur** durch eine genormte Düse gedrückt wird. Der **Volumenfließindex MVR** gibt das **Volumen** an, das unter einem bestimmten **Druck** innerhalb einer bestimmten **Zeit** mit einer bestimmten **Temperatur** durch eine genormte Düse gedrückt wird.

Die Prüftemperatur und das Prüfgewicht werden nach der Kunststoffart eingestellt (**Tabelle 2**).

Tabelle 1: Einzustellender Wert von Testmaterial und Zeitintervall

Voraussichtlicher MFR-Wert in g/10 min	Menge an Testmaterial in g	Zeitintervall in sek
0,1 ... 0,5	3,0 ... 5,0	240
0,5 ... 1,0	4,0 ... 5,0	120
1,0 ... 3,5	4,0 ... 5,0	60
3,5 ... 10	6,0 ... 8,0	30
>10	6,0 ... 8,0	5 ... 15

Tabelle 2: Richtwerte für Prüftemperatur und Prüfgewicht für einige Thermoplaste

Kunststoffart	Prüftemperatur in °C	Prüfgewicht in kg
PS	200	5,000
PC	300	1,200
PMMA	230	3,800
PA	275	5,000
PE	190	2,160 bzw. 5,000

Prüfungsablauf für den Schmelzindex MFR:
Das abgewogene Material wird **innerhalb einer Minute** in den mit der **Prüftemperatur** beheizten Zylinder gefüllt und verdichtet. Der mit dem **Gewicht** belastete Kolben setzt nach einer Vorwärmzeit von vier Minuten auf die Masse auf. Durch die auftretende Kraft wird ein kleiner Kunststoffstrang durch die Düse gedrückt. Dieser soll in einer **Länge von zehn bis zwanzig Millimetern** abgetrennt werden. Die Länge kann durch das Zeitintervall und das Gewicht verändert werden. Die Abschnitte werden auf ein tausendstel Gramm gewogen und durch deren Anzahl geteilt, um den **Mittelwert** zu erhalten.

Umrechnungsfaktor, Mittelwert in Gramm, Zeit in Sekunden:

$$MFR\,(T, m_{nom}) = \frac{600 \cdot m}{t} \left[\frac{\text{g}}{10\ \text{min}}\right]$$

Umrechnungsfaktor, Querschnittsfläche, Kolbenweg, Zeit in Sekunden:

$$MVR\,(T, m_{nom}) = \frac{600 \cdot A \cdot l}{t} \left[\frac{\text{cm}^3}{10\ \text{min}}\right]$$

Der **Prüfungsablauf für den MVR** wird nach den Angaben des Geräteherstellers durchgeführt.

3.4.7 Zugprüfung, E-Modul

Die Festigkeitskennwerte und das Dehnungsverhalten eines Kunststoffes werden durch die Zugprüfung ermittelt. Hierzu bedarf es einer Zugprüfmaschine mit einstellbarer Geschwindigkeit. Eine Einrichtung zur Aufnahme eines **Spannungs-Dehnungsdiagrammes** muss ebenfalls gegeben sein. Zur Bestimmung des **E-Moduls** sind elektronische Ansetzdehnungsmesser (**Bild 1**) oder berührungslose Dehnungsmesser notwendig. Der E-Modul ist ein Materialkennwert, der den Zusammenhang zwischen Spannung und Dehnung durch Verformung eines festen Körpers beschreibt.

Die Kennwerte, die nach DIN EN ISO 527-1:2012-06 mit dem **Zugversuch** bestimmt werden können, sind nachfolgend aufgelistet (Spannung wird mit σ bezeichnet, Dehnung mit ε).

- σ_Y Streckspannung in MPa
- ε_Y Streckdehnung in %
- σ_M Zugfestigkeit in MPa
- ε_M Höchstdehnung in %
- σ_B Bruchspannung in MPa
- E_t Elastizitätsmodul in MPa

Die Zugprüfung kann mit jeder Kunststoffgruppe durchgeführt werden. Dazu ist ein Prüfkörper nach DIN anzufertigen (**Bild 2**).

Die Probekörper können durch Spritzgießen, Pressen, Gießen, Stanzen, Ausschneiden oder spanende Verfahren hergestellt werden.

Die Prüfgeschwindigkeit ist aus den Normen für das betreffende Erzeugnis zu entnehmen oder zu vereinbaren. Bevorzugt sind folgende Geschwindigkeiten zu wählen: 1 mm/min ... 500 mm/min.

Für den E-Modul ist eine Prüfgeschwindigkeit von 1 mm/min vorgeschrieben.

Für die Prüfung werden mindestens fünf Proben benötigt, die mindestens 16 Stunden im Normalklima gelagert wurden (23 °C ± 2 °C). Für Folienprüfungen werden zehn bis fünfzehn Proben benötigt.

Der Probekörper wird eingespannt und bis zum Bruch belastet (**Bild 3**).

Die Auswertung erfolgt unter Eingabe der Breite und Dicke (Querschnitt S_0) der Probe durch Berechnung (**Tabelle 1**).

Zugfestigkeit $\sigma_M = \frac{F_M}{S_0}$ Einheit: MPa

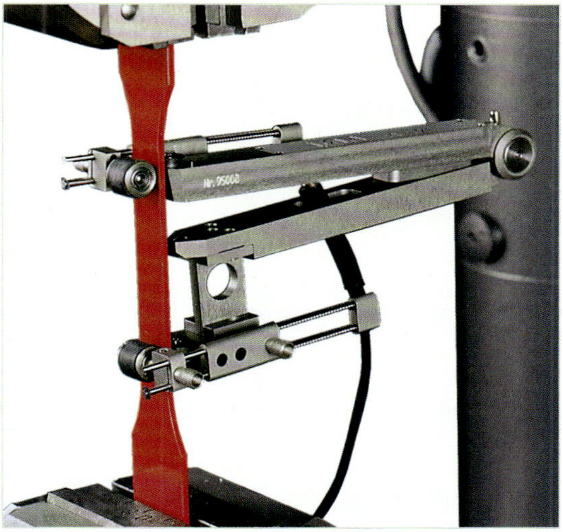

Bild 1: Ansetzaufnehmerdehnungsmesser

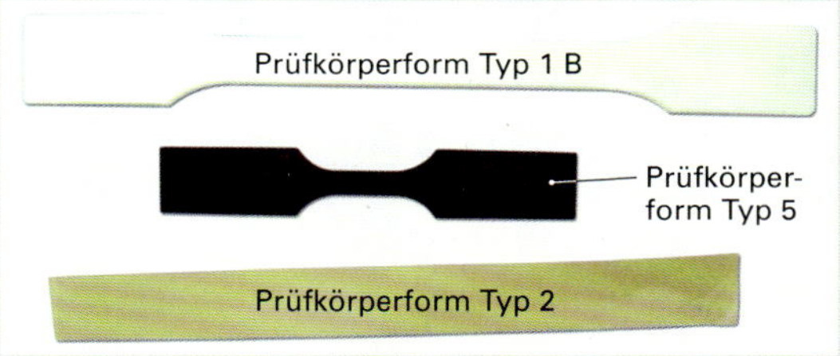

Bild 2: Prüfkörper zur Zugprüfung

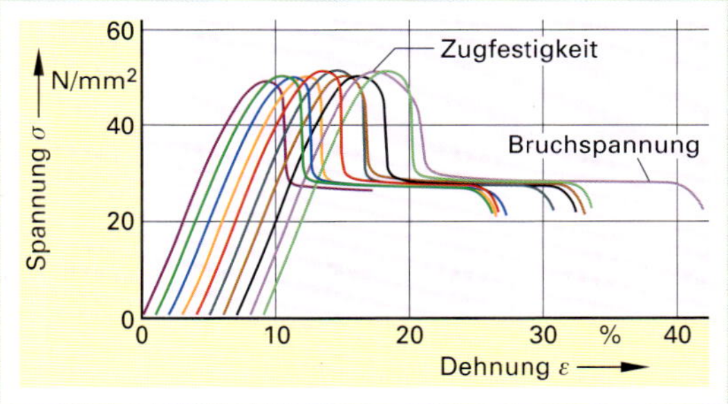

Bild 3: Diagramm einer Zugprüfung

Tabelle 1: Auswertung einer Zugprüfung

Nr	a_0 mm	b_0 mm	L_0 mm	S_0 mm²	E_t daN/cm²	σ_M MPa
1	4,1	10,15	70,00	41,61	4052,37	48,78
2	4,09	10,15	70,00	41,51	4131,32	49,97
3	4,09	10,18	70,00	41,64	4112,91	49,67
4	4,09	10,13	70,00	41,43	3808,40	49,82
5	4,09	10,13	70,00	41,43	4272,57	50,93
6	4,09	10,13	70,00	41,43	4595,44	51,09
7	4,09	10,13	70,00	41,43	5047,98	49,88
8	4,09	10,13	70,00	41,43	4179,07	50,00
9	4,09	10,13	70,00	41,43	5228,04	50,90
10	4,09	10,13	70,00	41,43	5122,92	50,92

3.4.8 Schlag- und Kerbschlagprüfung

Liegt bei einer Schlag- oder Kerbschlagprüfung der Prüfkörper an zwei Widerlagern mittig auf, so spricht man von einer CHARPY-Anordnung (**Bild 1**). Ist der Probekörper einseitig fest eingespannt, so handelt es sich um eine IZOD-Anordnung.

Am häufigsten wird die CHARPY-Prüfung mit dem Prüfkörper Typ 1 durchgeführt. Seine Maße sind: Länge 80 mm ± 2 mm, Breite 10,0 mm ± 0,2 mm, Dicke 4,0 mm ± 0,2 mm, Stützweite 62 mm. In dieser Form wird der Prüfkörper für den **Schlagbiegeversuch ohne Kerbe** verwendet. Für den **Schlagbiegeversuch mit Kerbe** wird eine V-förmige Kerbe mittig eingearbeitet, wobei eine Restbreite im Kerbgrund von 8 mm ± 0,2 mm verbleibt.

Der Prüfkörper wird bei der Prüfung zerstört. Ein Pendelschlagwerk durchschlägt den Prüfstab oder zieht ihn durch die Auflage. Dabei verbraucht es Energie. Es gibt drei verschiedene Möglichkeiten der Bruchart:

- C = vollständiger Bruch
- P = teilweiser Bruch (**Bild 2**)
- N = ohne Bruch

Die Auswahl des Pendelschlagwerkes (**Bild 3**) richtet sich nach der **verbrauchten Schlagarbeit** (Energie). Diese sollte zwischen 10 % und 80 % des Energievermögens des Pendelschlagwerkes liegen.

Die Pendelschlagwerke sind von 50 J bis 0,5 J abgestuft.

Es werden mindestens fünf Probekörper geprüft.

Bei Schichtpressstoffen muss die Prüfanordnung (**Bild 4**) zu den Schichten angegeben werden.

Die Auswertung erfolgt über Rechnersysteme. Dazu muss eine ermittelte **Verlustenergie** (Reibung und Luftwiderstand des Pendelschlagwerkes) und die Art des Probekörpers mit der Prüfmethode eingegeben werden. Die Berechnung der Schlagzähigkeit erfolgt über die **verbrauchte Schlagarbeit** und dem **beanspruchten Querschnitt** des Probekörpers.

Schlagzähigkeit $$a_{cU} = \frac{\text{verbrauchte Schlagarbeit}}{\text{Querschnitt}}$$

Kerbschlagzähigkeit $$a_{cN} = \frac{\text{verbrauchte Schlagarbeit}}{\text{Querschnitt Kerbgrund}}$$

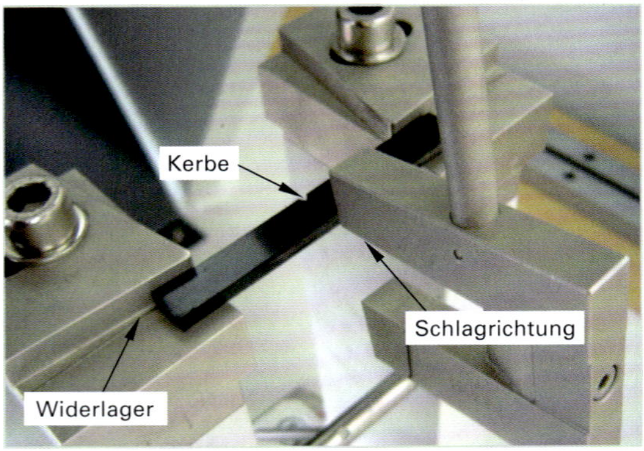

Bild 1: CHARPY-Anordnung

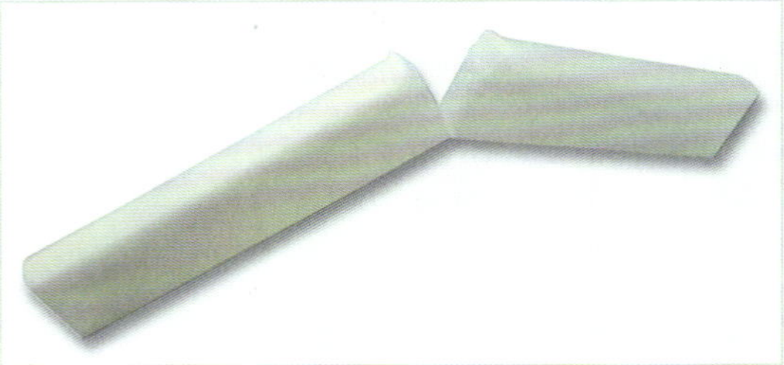
Bild 2: Teilweiser Bruch

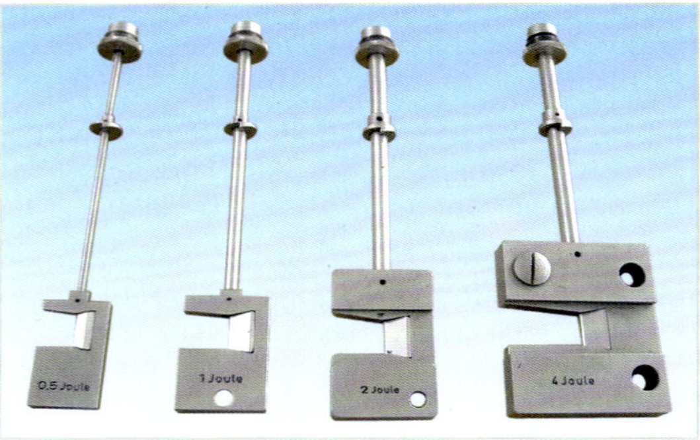

Bild 3: Pendelschlagwerke

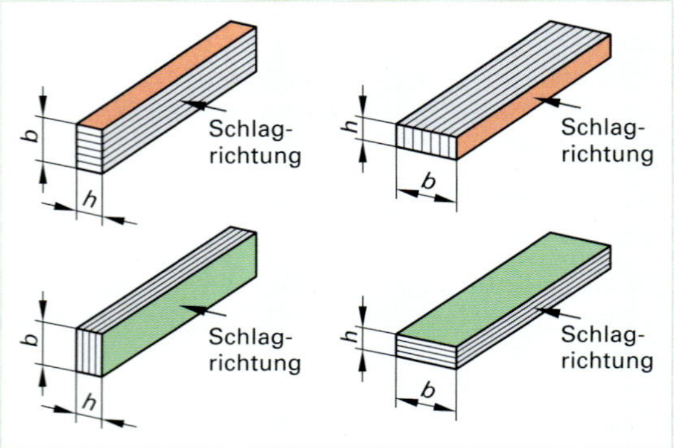

Bild 4: Anordnung Schichtpressstoffe

3.4.9 Formbeständigkeit in der Wärme

Die Formbeständigkeit in der Wärme kann nach verschiedenen genormten Messmethoden bestimmt werden. Die DIN EN ISO 75 unterscheidet nach Wärmeformbeständigkeitstemperatur und Standarddurchbiegung. Das Verfahren wird für Thermoplaste und Duromere eingesetzt. Hierbei wird die Formbeständigkeit in einem Flüssigkeitsbad bei einer konstanten Dreipunkt-Biegebelastung ermittelt (**Bild 1**).

Die DIN EN ISO 306 (VICAT-Erweichungstemperatur) ist die am meisten verwendete Prüfung für Thermoplaste (**Bild 2**). Dabei wird das Erweichungsverhalten des Materials bestimmt.

Wie bei allen bekannten Verfahren wird auch hier das gleiche Messprinzip zugrunde gelegt. Ein definiert belasteter Prüfkörper wird mit konstanter Aufheizgeschwindigkeit erwärmt. Die Temperatur wird an der Prüfstelle gemessen.

Der **Probekörper** muss **planparallel** sein und die Abmessungen 10 mm × 10 mm × 3 ... 6 mm aufweisen.

Das Wärmeübertragungsmittel darf den Kunststoff nicht angreifen. Die konstante Aufheizgeschwindigkeit beträgt entweder 50 K/h oder 120 K/h. Die Belastung kann entweder eine Kraft A von 9,81 N oder eine Kraft B von 49,05 N betragen. Das ergibt insgesamt vier Verfahren.

Verfahren B 50 bedeutet, dass mit einer Kraft von 49,05 N und einer Aufheizgeschwindigkeit von 50 °C pro Stunde geprüft wurde.

Die **VICAT-Erweichungstemperatur** ist erreicht, wenn eine zylinderförmige Stahlnadel von 1 mm² Querschnitt 1 mm tief eingedrungen ist.

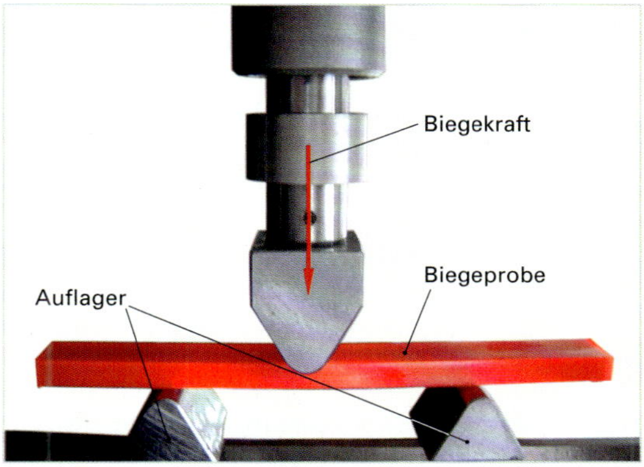

Bild 1: Biegeprüfung

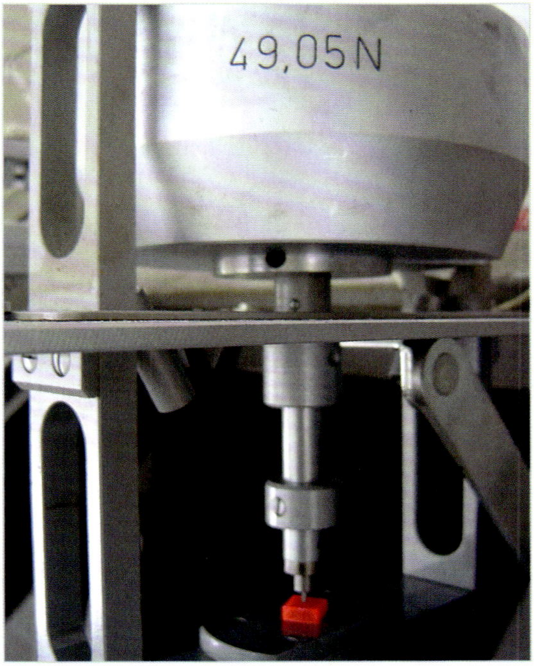

Bild 2: VICAT-Prüfung

Wiederholungsfragen:

1. Warum ist die Feuchte im Kunststoffgranulat unerwünscht?
2. Welche Prüfgeschwindigkeit ist für den E-Modul vorgeschrieben?
3. Wie können Prüfkörper für die Zugprüfung hergestellt werden?
4. Beschreiben Sie in Stichpunkten die Kerbschlagprüfung nach CHARPY.
5. Wie wird die Schlagbiegezähigkeit berechnet?
6. Welche Abmessungen hat der Probekörper bei der VICAT-Erweichungstemperatur?
7. Wann ist die VICAT-Erweichungstemperatur erreicht?
8. Was bedeutet „Verfahren A 120"?

3.4.10 Infrarotspektralanalyse

Trifft ein weißer Lichtstrahl (sichtbares Licht) aus einer Glühlampe auf ein Glasprisma, so wird er in seine **Spektralfarben** zerlegt (**Bild 1**). Dies ist damit zu erklären, dass z. B. violettes Licht eine Wellenlänge von ca. 450 nm im Vergleich zu 700 nm von rotem Licht hat und dieses stärker gebrochen wird. Ist die Lichtquelle z. B. eine Quecksilberdampflampe, so sind auf dem Schirm hinter dem Prisma nur einzelne farbige Linien zu sehen, die man als **Lichtspektrum** bezeichnet. Die Anzahl und die Farben sind dabei für jedes zum Leuchten angeregte gasförmige Element charakteristisch.

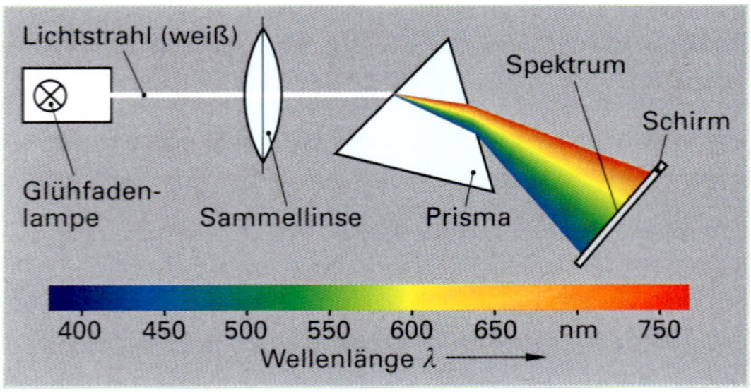

Bild 1: Lichtbrechung

Mit der **Spektralanalyse** können kleinste Mengen eines Stoffes **qualitativ** und **quantitativ** nachgewiesen werden. Dies ermöglicht u. a. Beimengungen und Verunreinigungen, z. B. bei Recyclaten, leicht und genau festzustellen.

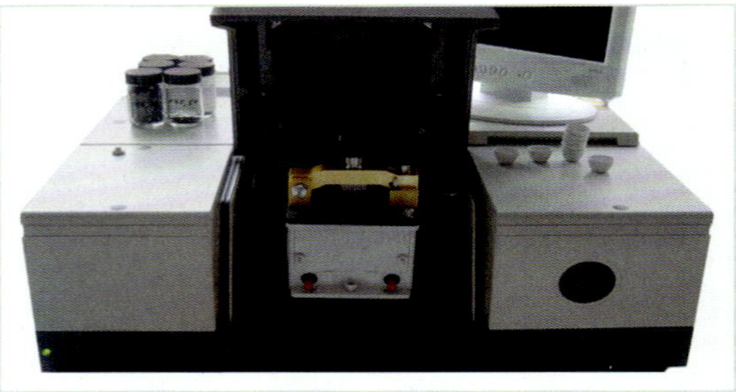

Bild 2: Infrarotspektrometer

Das mittlere Infrarot (MIR, nicht sichtbar) liegt im Wellenbereich zwischen 2,5 µm und 25 µm. Die Energien dieses Bereichs werden zur Anregung von Schwingungen von Molekülgruppen benutzt, was die Grundlage der **IR-Spektroskopie** ist (**Bild 2**).

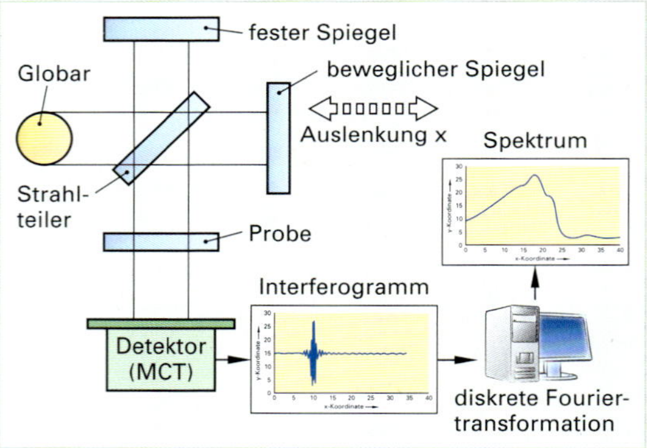

Bild 3: Prinzipdarstellung der Messanordnung

Jedes Molekül kann auf verschiedene Arten schwingen, wobei umso mehr Schwingungen möglich sind, je mehr Atome im Molekül vorhanden sind. Auch die Makromoleküle von Kunststoffen werden durch **IR-Strahlung** je nach Kunststoffart, bei ganz bestimmten Frequenzen zu Schwingungen angeregt. Sie absorbieren dabei Strahlungsenergie.

Nur Moleküle mit Dipolveränderung (Dipole entstehen durch unterschiedliche Elektronennegativitäten der Atome in einem Molekül) können aus den sinusförmig schwingenden elektrischen Wechselfeldern der IR-Strahlung Energie aufnehmen und dabei zu heftigeren Schwingungen angeregt werden. Voraussetzung ist weiter, dass die Strahlungsfrequenz der Eigenfrequenz der Schwingung entspricht. Nach dem im **Bild 3** gezeigten Prinzip lassen sich IR-Spektren aufnehmen, welche zumeist die Absorption bzw. Transmission in Abhängigkeit von der Wellenzahl (Kehrwert der Wellenlänge) darstellen. Wenn von einer Probe, die sich im IR-Strahl befindet, eine bestimmte Wellenlänge des IR-Lichts absorbiert wird, ändert sich das elektrische Signal im Detektor.

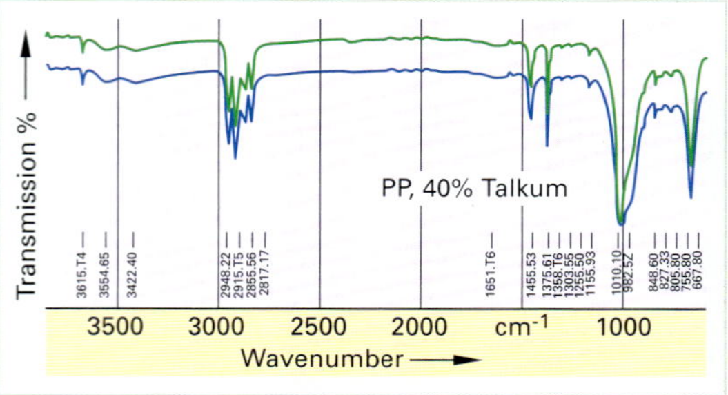

Bild 4: Infrarotspektren verschiedener Proben

Bei modernen FTIR-Spektrometern (Fourier-Transform-IR) wird die Probe mit allen Wellenlängen auf einmal bestrahlt und aus dem Zusammenhang zwischen Detektorsignal und der jeweiligen Stellung des Interferometerspiegels im Gerät das Spektrum (**Bild 4**) rechnerisch ermittelt.

3.4.11 Spannungsoptik

Bei der **Spannungsoptik** wird durch die Verwendung von **polarisiertem Licht** die Spannungsverteilung in lichtdurchlässigen Körpern wie PS, PC, (bedingt auch PMMA) oder in sehr dünnen Proben untersucht.

Natürliches Licht schwingt als Welle in allen Ebenen (**Bild 1**). Bringt man einen **Polarisator** (z. B. eine durchsichtige Kunststofffolie mit in einer Richtung ausgerichteten Molekülen) in den Strahlengang des natürlichen Lichtes, so können nur die Lichtwellen, die in Richtung der ausgerichteten Moleküle schwingen, die Folie durchdringen. Es entsteht ein System aus dunklen und hellen Streifen, deren Anordnung zuverlässige Rückschlüsse auf Verteilung und Größe der mechanischen Spannung an allen Stellen des Körpers erlaubt. Solche Untersuchungen werden durchgeführt, um **eingefrorene Orientierungen,** vor allem in spritzgegossenen Formstoffen, nachzuweisen.

Beim Spritzgießen entstehen Ausrichtungen der Molekülketten. In der Nähe der Formwand wird durch die Scherwirkung in der erkaltenden Masse eine Reckung der Molekülketten bewirkt. Dies ruft eine Vergrößerung der Polarisierbarkeit der Moleküle und somit die Orientierungs-Doppelbrechung hervor. Das linear polarisierte Licht in der Apparatur (**Bild 1**) wird beim Durchgang durch das mit Orientierung behaftete Spritzgussteil so zerlegt, dass man die Farbgleichen sieht.

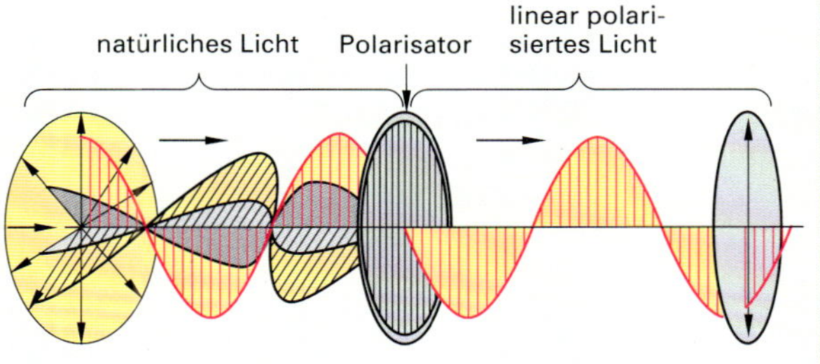

Bild 1: Aufbau einer Messapparatur zur Spannungsoptik

Mithilfe der **Spannungsoptik** können die Orientierungen in Spritzgießteilen in Abhängigkeit von der Formgestaltung, der Anspritzung und den Maschineneinstellungen untersucht werden.

Im Bild entstehen zwei Arten Streifen: Die **Isochromaten** sind Linien mit konstanter Hauptspannungs-Differenz. Die **Isoklinen** sind Linien, bei denen die Richtung einer Hauptspannung mit der Polarisationsrichtung des einfallenden Lichts zusammenfällt (**Bild 2**).

Zur Unterscheidung zwischen Isochromaten und Isoklinen kann die belastete Probe (oder die Polarisationsrichtung des Lichts) gedreht werden – im spannungsoptischen Bild verändern sich dadurch nur die Isoklinen, nicht aber die Isochromaten. Dies ergibt schwarze Streifen an den unbelasteten Stellen in der Probe.

Der orientierungsfreie Körper zerlegt den Lichtstrahl nicht, erscheint also dunkel. Sind Orientierungen vorhanden, so entstehen durch Addition der horizontalen Komponenten der Teilstrahlen helle und dunkle Stellen oder Linien, die einer bestimmten Differenz der Hauptdehnung entsprechen.

Mit dem Rechenverfahren der Finiten-Elemente-Methode werden diese Untersuchungen heute meist am Computer durchgeführt.

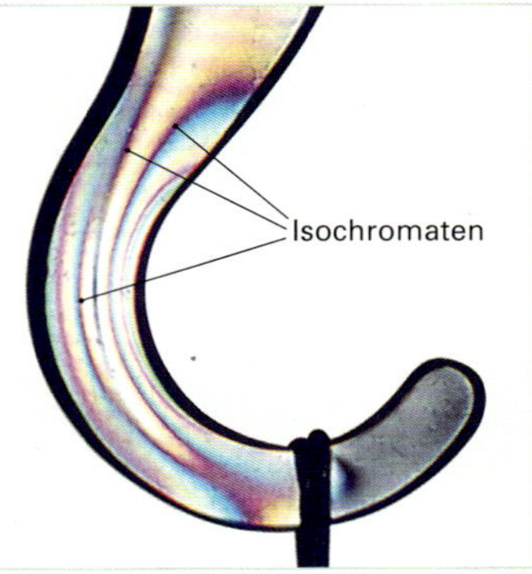

Bild 2: Spannungsverteilung im Probenkörper

4 Maschinentechnische Grundfunktionen an kunststoffverarbeitenden Maschinen

Im Bereich der Kunststoffverarbeitung sind eine Vielzahl von verschiedenen Anlagen, Vorrichtungen und Maschinen anzutreffen. Diese müssen ganz unterschiedliche Aufgaben erfüllen und daher sind ihre Bauweisen sehr verschieden. Um sie unabhängig von ihrer Bauweise gemeinsamen Betrachtungen unterziehen zu können, werden sie nach ihren zu leistenden Aufgaben oder Funktionen in **Funktionseinheiten** unterteilt. Erst durch Kenntnis der Aufgaben der einzelnen Funktionseinheiten und ihres Zusammenwirkens kann die Arbeitsweise der Maschine oder der Anlage verstanden werden. Dies wiederum ist die Grundlage für ein sicheres Arbeiten mit Maschinen und Geräten sowie deren werterhaltenden Umgang.

4.1 Systemanalyse

Die Gesamtaufgabe einer Blasformmaschine (**Bild 1**) besteht darin, Hohlkörper zu produzieren. Eine Teilfunktion dabei ist die Plastifizierung des Kunststoffs. Sie erfolgt in der Plastifiziereinheit. Im Speicherkopf wird aus dem plastischen Kunststoffstrang ein ringförmiger Vorformling geformt, und durch die Wanddickensteuerung erfolgt eine gezielte Beeinflussung der Schlauchwanddicke. Eine weitere Teilfunktion erfüllt die Schließeinheit, indem sie den Vorformling abquetscht und beim Aufblasvorgang die Formhälften gegen den Innendruck zuhält. Damit die einzelnen Baugruppen bzw. Funktionseinheiten ihre Aufgaben erfüllen können, sind sie auf einem gemeinsamen Maschinengestell montiert. So wie hier, setzt sich bei vielen Systemen die Gesamtfunktion aus mehreren Teilfunktionen zusammen. Für ein besseres Verständnis ist es sinnvoll, zunächst die einzelnen Teilfunktionen zu betrachten und anschließend diese zu einem Gesamtbild zusammenzufügen.

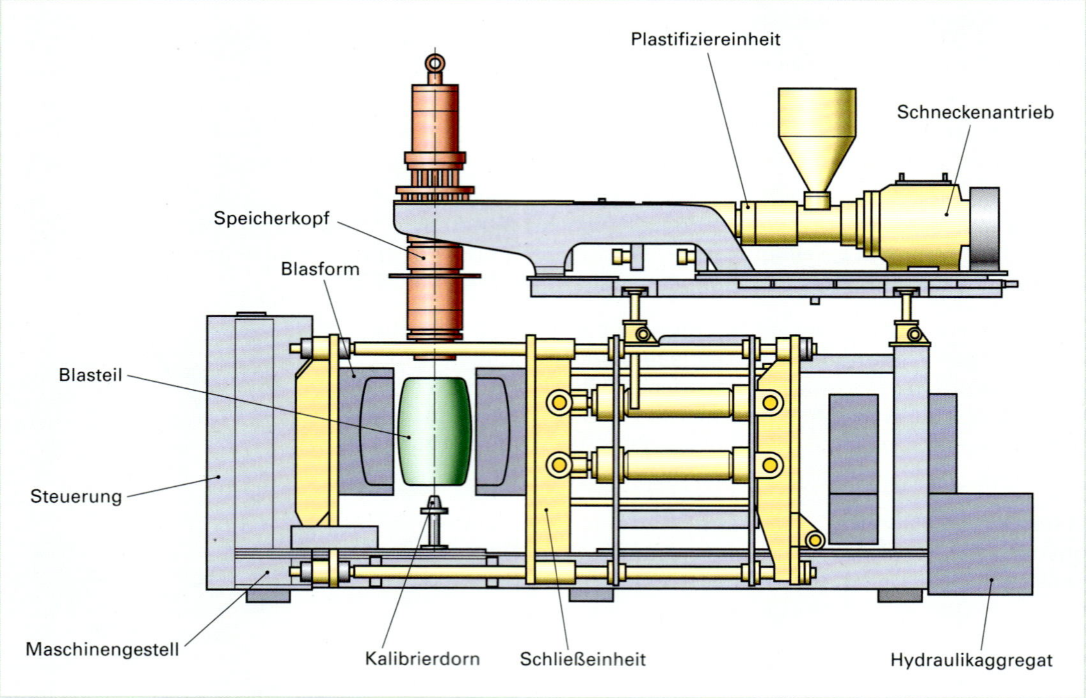

Bild 1: Baugruppen einer Blasanlage mit Speicherkopf

Anhand einiger Beispiele aus dem Gebiet der Kunststoffverarbeitung sollen die gebräuchlichsten Funktionseinheiten erläutert werden.

Zur Plastifizierung ist zunächst ein beheizbarer Zylinder erforderlich (**Bild 1**), der auf einem Untergestell befestigt werden muss. Zur Aufnahme der Baugruppen einer Maschine dienen die **Stütz- und Trageinheiten**. Sie gewährleisten zudem die Aufnahme aller beim Betrieb auftretenden Kräfte. Die ebenfalls zu den Stütz- und Trageinheiten zählenden **Lager** und **Führungen** gewährleisten dabei einen dauerhaften Betrieb.

Die Befestigung des Zylinders auf dem Grundgestell erfolgt meist durch lösbare Schraubenverbindungen. **Schrauben, Muttern, Stifte** und **Nieten** zählen wie die Verbindungen zwischen **Wellen und Naben** (**Bild 2**) zu den **Verbindungseinheiten**. Ihre Aufgabe besteht darin, die Bauteile und Baugruppen zu verbinden.

Die Schnecke fördert durch ihre Drehung den Kunststoff von der Einzugszone zur Schneckenspitze. Sie verrichtet dabei eine Arbeit und zählt somit zu der Gruppe der **Arbeitseinheiten**. Ebenfalls zu den Arbeitseinheiten zählen sämtliche Zylinder (**Bild 3**).

Damit sich die Schnecke dreht, ist ein **Elektro- oder Hydromotor** (**Bild 1 und Bild 3, Seite 224**) nötig, eine sogenannte **Antriebseinheit**. Antriebseinheiten stellen die zum Betrieb einer Maschine erforderliche mechanische Energie bereit. Die Stromversorgung und die Motor-Steuereinheit komplettieren die Antriebseinheit.

Die vom Motor erzeugte Drehzahl muss in eine wesentlich langsamere Schneckendrehzahl gewandelt werden. Dazu wird die Motorwelle über mehrere Keilriemen mit einem Getriebe verbunden. Kupplungen, Getriebe, Achsen und Wellen zählen zu den **Übertragungseinheiten**.

Damit die Temperatur in den Heizzonen immer einen konstanten Wert behält, wird über **Mess-, Steuer- und Regeleinheiten** die Ist-Temperatur ständig mit der Soll-Temperatur verglichen und bei Bedarf nachgeregelt. Fühler zur Temperatur- oder Druckerfassung werden ebenso hier zugeordnet wie die unterschiedlichen Möglichkeiten der Bedienoberflächen (**Bild 4**).

Zum Schutz der Mitarbeiter vor Verbrennungen befindet sich über dem beheizten Zylinder eine Abdeckung. Weitere Varianten der **Einheiten für Umweltschutz und Arbeitssicherheit** sind der NOT-AUS-Schalter (**Bild 4**), Schlüsselschalter, Schutzgitter oder Absauganlagen.

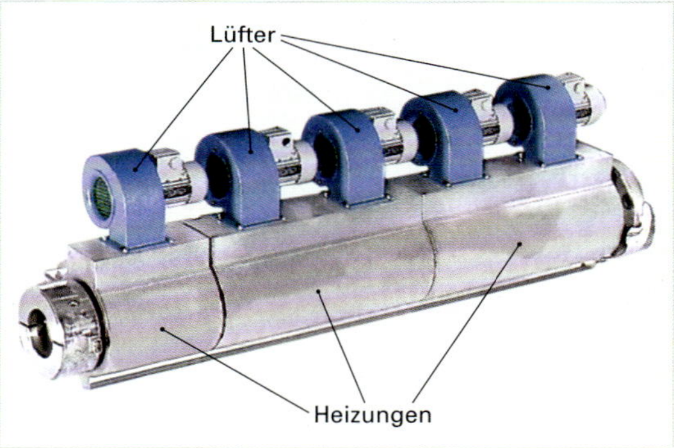

Bild 1: Plastifiziereinheit

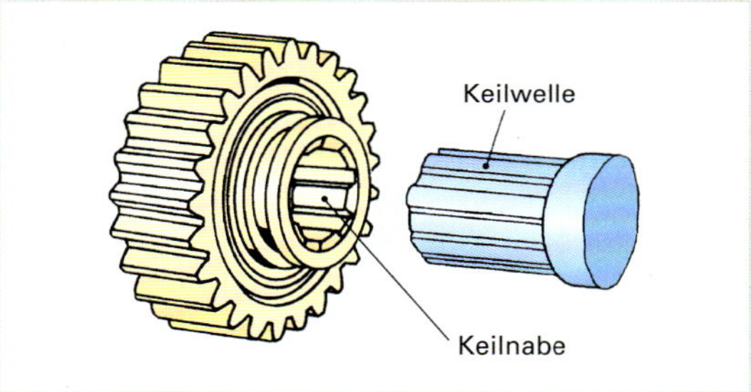

Bild 2: Keilwellenverbindung

Bild 3: Schließeinheit mit Hydraulikzylinder

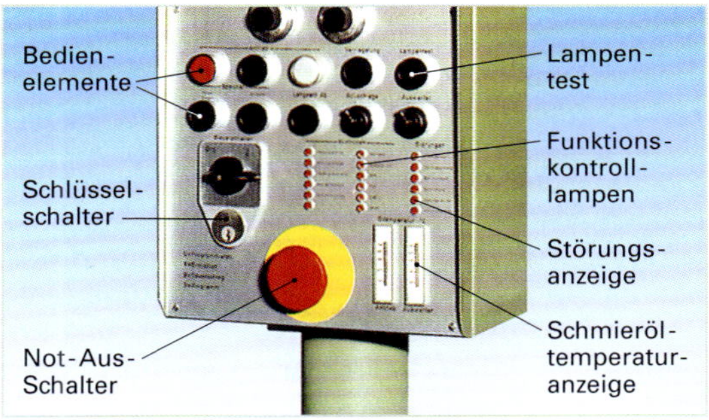

Bild 4: Steuerung mit NOT-AUS-Schalter

4.2 Antriebseinheiten

Antriebseinheiten haben die Aufgabe, die zum Betrieb der Anlage nötige mechanische Energie bereitzustellen. Dies geschieht meist durch Umformen einer Energieform in eine andere.

4.2.1 Elektromotor

Beim **Elektromotor** wird die elektrische Energie in Bewegungsenergie umgewandelt. Im Kunststoffmaschinenbau kommen **Drehstrom-** wie auch **Gleichstrommotoren** zum Einsatz. Für den Antrieb der Hydraulikpumpen genügt es, eine konstante Drehzahl bereitzustellen. Geeignet sind deshalb robuste und wartungsarme Drehstrom-Kurzschlussläufermotoren (**Bild 1**). Für den Schneckenantrieb einer Extrusionsanlage hingegen bedarf es eines drehzahlregelbaren Motors. Durch den Einsatz der Elektronik ist es sowohl möglich, die wartungsärmeren und günstigeren Drehstrommotoren, als auch die einfacher regelbaren Gleichstrommotoren (**Bild 2**) einzusetzen. Gleichstromantriebe entwickeln ein großes Anzugsmoment und erlauben eine stufenlose Drehzahlsteuerung. Moderne Gleichstrommotoren gewährleisten bei nahezu konstantem Drehmoment große Drehzahlbereiche und ermöglichen sehr hohe Drehzahlen. Ihr Nachteil besteht in den höheren Anschaffungskosten und ihrem höheren Wartungsaufwand durch den Einsatz von Kohlebürsten.

Argumente für Elektromotoren sind:

- guter Wirkungsgrad
- für sehr kleine bis sehr große Leistungen auslegbar
- elektrische Energie ist nahezu überall verfügbar
- für Reinraumfertigungen geeignet
- variable Drehzahlen realisierbar
- geräuscharmer Betrieb möglich

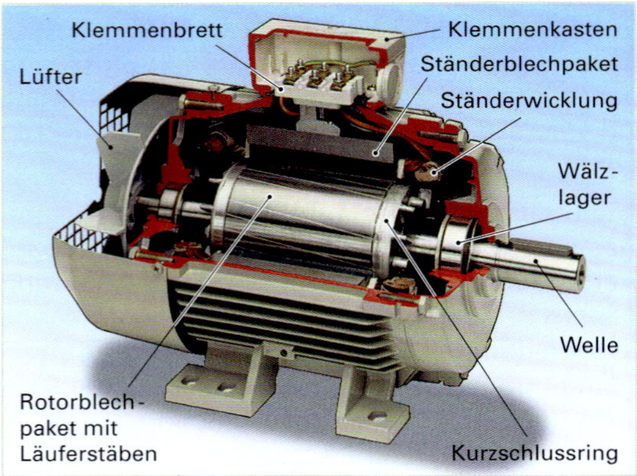

Bild 1: Drehstrom-Kurzschlussläufermotor

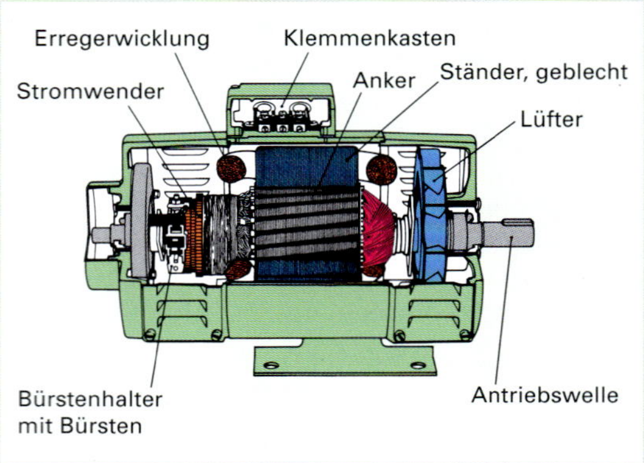

Bild 2: Gleichstrommotor

4.2.2 Hydromotor

Bei Anlagen mit vorhandenen Hydraulikaggregaten werden häufig auch **Hydromotoren** (**Bild 3**) eingesetzt. Hydromotoren formen die von Pumpen an die Druckflüssigkeit (meist Hydrauliköl) abgegebene Energie wieder in mechanische Dreharbeit um. Dabei treibt die Druckflüssigkeit die verschiedenen Verdrängungselemente wie Zahnräder, Flügel und Kolben an. Je nach Bauform liefern sie eine feste Drehzahl (**Konstantmotor**) oder verstellbare Drehzahlen (**Verstellmotor**). Hydromotoren können für **eine** oder **zwei Drehrichtungen** ausgelegt werden.

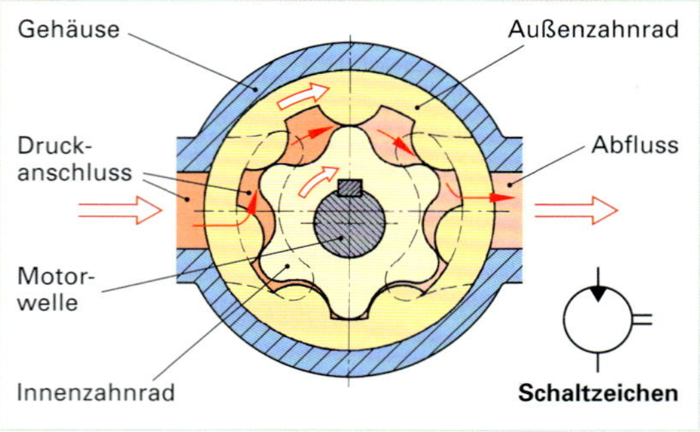

Bild 3: Zahnring-Hydromotor (Prinzip)

Für den Schneckenantrieb kommen vorwiegend Radialkolbenmotoren (**Bild 1**) zum Einsatz. Bei einer geregelten Druckbeaufschlagung der Kolben setzen sie sich auf ihren Gleitschuhen im feststehenden Hubring in Bewegung. Der sich ebenfalls mitdrehende Zylinderstern überträgt das Moment auf einen im Gehäuse fixierten Wellenzapfen. Durch Stellkolben kann der Hubring verschoben und somit die Drehzahl und das Drehmoment verändert werden.

Vorteile der Hydromotoren sind:

- Ein niedriges Trägheitsmoment, was ein sofortiges Anlaufen und einen exakten Stopp für den Dosiervorgang ermöglichen.
- Nahezu konstantes Drehmoment über den ganzen Drehzahlbereich.
- Stufenlose Drehzahlregelung über einen weiten Bereich.
- Einfache Drehmomentbegrenzung durch Überdruckventile.

Axialkolbenmotoren werden vorwiegend für schnelllaufende Hydroantriebe verwendet.

4.2.3 Druckluftmotor

Druckluftmotoren finden in vielen Bereichen der Technik Anwendung, beispielsweise im Maschinenbau, wo geringe Einbaumaße gefordert werden sowie in allen Industriebereichen, in denen Explosions-Schutz erforderlich ist, wie z. B. Lackieranlagen. Funken, wie sie beim Schalten von Elektromotoren entstehen, können zur Explosion des Gas-Luftgemisches führen. Wegen des geringen Gewichtes und der geringen Größe werden sie als Linearantrieb für Vorschubeinheiten oder als **Schleifer** auf einem Roboterarm verwendet. Als robuster **Schlagschrauber** (**Bild 2**) mit einstellbarem Drehmoment ermöglichen sie dem Verfahrensmechaniker einen schnelleren Werkzeugwechsel.

Der **Druckluft-Lamellenmotor** ist einer der vielseitigsten und robustesten Antriebe, der dem modernen Maschinenbau zur Verfügung steht. Er lässt sich über einen weiten Drehzahl- und Druckbereich regeln und hat sein größtes Drehmoment beim Anlaufen. Druckluftmotoren sind im Vergleich zu Elektromotoren gleicher Leistung erheblich kleiner und deutlich leichter. Wie bei den Hydromotoren gibt es Konstant- und Verstellmotoren mit einer oder zwei Drehrichtungen (**Bild 3**). Druckluftmotoren können bis zum Stillstand belastet werden, ohne Schaden zu nehmen. Nachteilig ist die Geräuschentwicklung.

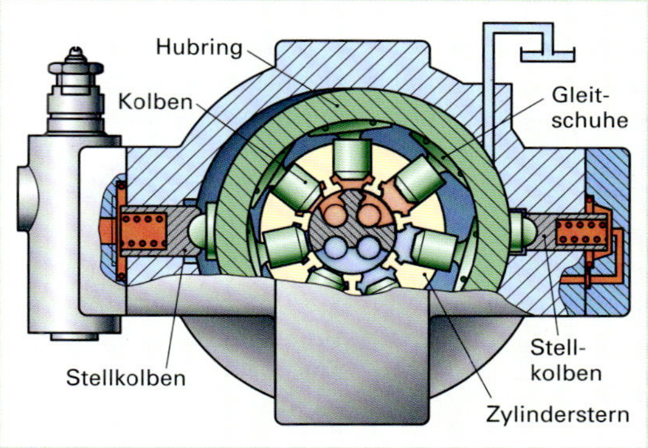

Bild 1: Radialkolbenmotor (Prinzip)

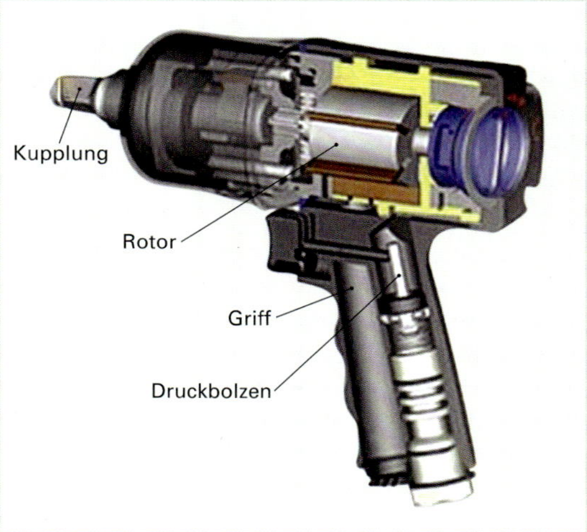

Bild 2: Schlagschrauber

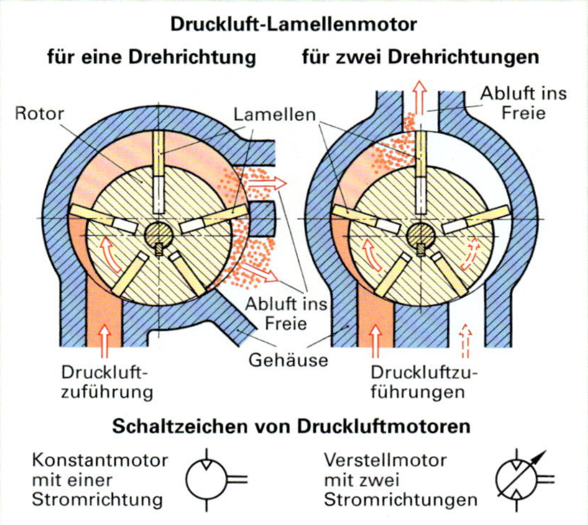

Bild 3: Druckluft-Lamellenmotor (Prinzip)

4.3 Übertragungseinheiten

Bei der von den Antriebseinheiten bereitgestellten Energie handelt es sich meist um Drehbewegungen und Drehmomente. **Wellen** übertragen das Drehmoment der Antriebseinheit auf die Arbeitseinheit. **Achsen** hingegen dienen nur zum Tragen von Bauteilen und übertragen kein Drehmoment. **Zapfen** sind der von einem Lager umschlossene Bereich einer Achse oder Welle.

4.3.1 Wellen

Wellen werden durch die auftretenden Kräfte mit einer **Umlaufbiegebeanspruchung** und durch das Drehmoment zusätzlich auf **Torsion** belastet. Mögliche auftretende Längskräfte verursachen **Zug- und Druckkräfte**, die für die Auslegung der Welle vernachlässigbar sind, aber von den Lagern aufgenommen werden müssen (**Bild 1**).

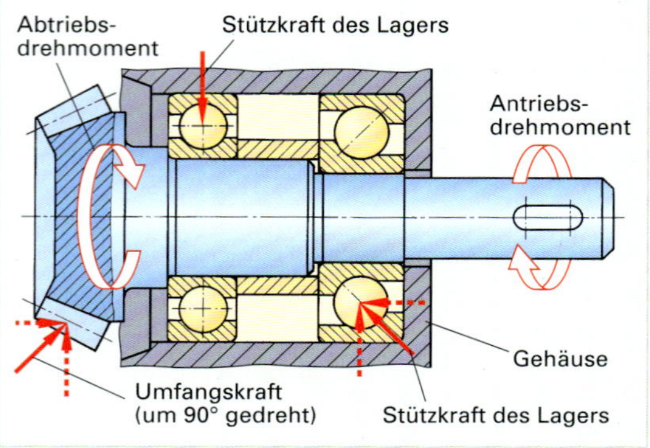

Bild 1: Beanspruchung einer Welle mit Kegelrad

Nach ihrem Verwendungszweck unterteilt man Wellen auch in Antriebswellen, Getriebewellen, Kurbelwellen, Nockenwellen sowie Gelenkwellen. Im Werkzeugmaschinenbau bezeichnet man die Wellen häufig als **Spindeln**. Kurbel- und Nockenwellen wandeln Drehbewegungen in Längsbewegungen um und umgekehrt. **Gelenkwellen** ermöglichen im Gegensatz zu den **starren Wellen** eine Übertragung des Drehmoments auch bei einem Versatz der Antriebsseite zur Abtriebsseite. Gelenkwellen werden den Kupplungen zugeordnet. **Biegsame Wellen** sind zum Übertragen kleiner Drehmomente geeignet und werden z. B. als Antriebswellen für Handschleifer eingesetzt.

Wegen der leichteren Montage und einer axialen Fixierung der Lager werden Wellen häufig mehrfach abgesetzt (**Bild 1**). Bei scharfkantigen Übergängen entsteht eine erhebliche Verminderung der Festigkeit durch Kerbwirkung, und deshalb müssen die Übergänge mit Ausrundungen oder Freistichen versehen werden (**Bild 2**).

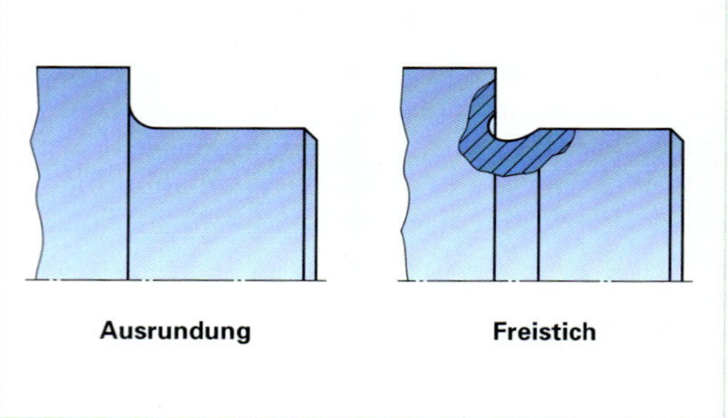

Bild 2: Durchmesserübergänge an Wellen

4.3.2 Achsen

Achsen sind Elemente zum Tragen und Lagern von Laufrädern, Seilrollen und ähnlichen Bauteilen. Sie übertragen kein Drehmoment und werden deshalb nur auf Biegung und eventuell auf Zug oder Druck beansprucht. Achsen werden in feststehende und umlaufende Achsen unterteilt.

Feststehende Achsen (**Bild 3**), auf denen sich die gelagerten Laufräder oder Rollen drehen, werden nur ruhend oder schwellend auf Biegung beansprucht und können somit kleiner dimensioniert werden als umlaufende Achsen. Ein Lagerwechsel und die Schmierung sind hierbei allerdings meist aufwendiger und schwerer zugänglich.

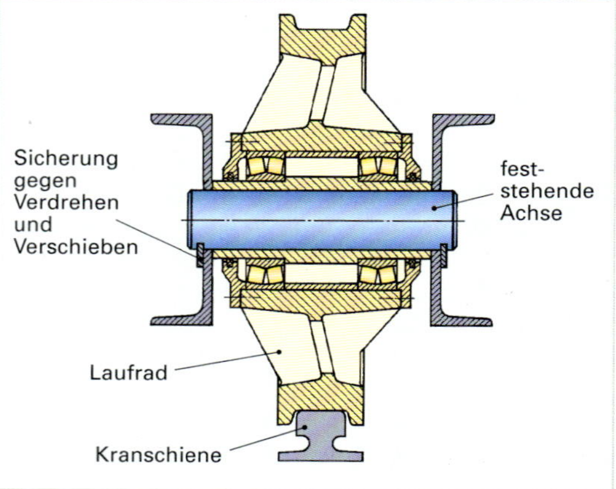

Bild 3: Feststehende Achse eines Kranlaufrades

Bei den **umlaufenden Achsen** sind die Bauteile fest mit der Achse verbunden und die Achse muss einer wechselnden Biegebeanspruchung standhalten, was wiederum eine größere Dimensionierung erfordert. Einfacher gestaltet sich üblicherweise die Lagerung und die Schmierung, da die Lager über die feststehenden Lagergehäuse gut zugänglich sind (**Bild 1**). Durch die Positionierung je eines Lagers unmittelbar neben den Laufrädern ist ein großer Abstand der beiden Laufräder bei lediglich zwei Lagern problemlos zu realisieren.

Kurze, feststehende Achsen werden als **Bolzen** bezeichnet. Sie verbinden Maschinenteile miteinander und müssen gegen ein Verschieben und oftmals auch gegen Verdrehen gesichert werden. Im **Bild 2** geschieht dies durch einen Axial-Sicherungsring. Gelenkbolzen verbinden ein feststehendes Bauteil mit einem beweglichen Bauteil. Meist wird dabei zwischen dem Bolzen und dem feststehenden Bauteil eine Übermaßpassung geschaffen und das Gelenkstück mit einer Spielpassung versehen. Bei Gefahr des Fressens wird das bewegliche Teil mit einem Lager ausgebuchst (**Bild 2**). Bolzen werden auf **Abscherung** und **Flächenpressung** beansprucht.

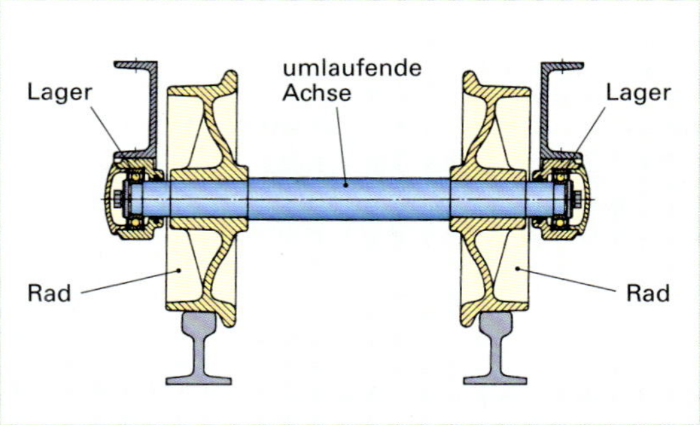

Bild 1: Umlaufende Achse eines Schienenfahrzeugs

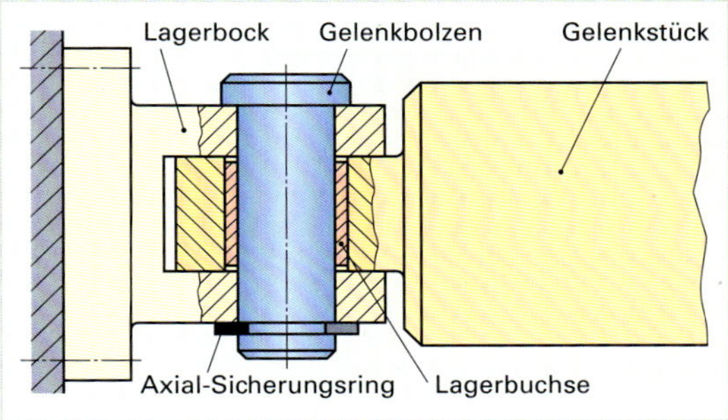

Bild 2: Gelenk mit Gelenkbolzen

4.3.3 Zapfen

Als **Zapfen** (**Bild 3**) bezeichnet man die zum Tragen und Lagern dienenden Achs- und Wellenbereiche. Sie sind meist abgesetzt und befinden sich vornehmlich an den Enden. Es kann sich dabei jedoch auch um Einzelelemente wie Spurzapfen oder Kurbelzapfen handeln. Bei hochbelasteten und schnelllaufenden Wellen und Achsen werden die Zapfen randschichtgehärtet und geschliffen.

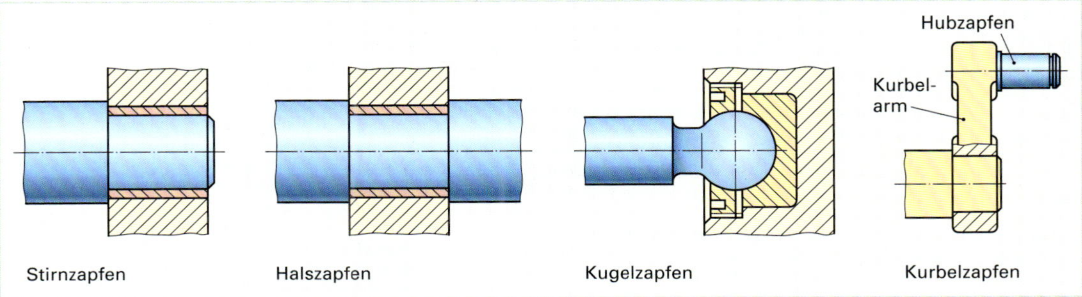

Bild 3: Zapfenformen

Wiederholungsfragen:

1. Nennen Sie Unterscheidungsmerkmale von Achsen und Wellen.
2. Warum sind Getriebewellen meist abgesetzt und weshalb dürfen die Übergänge der Durchmesser bei Achsen, Wellen und Zapfen nicht scharfkantig sein?
3. Wodurch unterscheiden sich feststehende Achsen von umlaufenden Achsen?

4.3.4 Kupplungen

Kupplungen dienen der festen oder beweglichen, starren oder elastischen und, falls betrieblich bedingt, der ein- und ausrückbaren Verbindung von Wellen und auch anderen Bauteilen zur **Übertragung von Drehmomenten**. Sie sollen darüber hinaus Verbindungen bei etwaigen Überlastungen unterbrechen und in vielen Fällen unvermeidliche radiale, axiale und winklige **Wellenverlagerungen ausgleichen**. Weiterhin sollen sie Schwingungen und Drehmomentstöße dämpfen.

Die Auswahl einer Kupplung richtet sich nach der zu verrichtenden Aufgabe und dem zu übertragenden Drehmoment. Demnach werden Kupplungen folgendermaßen eingeteilt (**Übersicht 1**):

Übersicht 1: Kupplungen

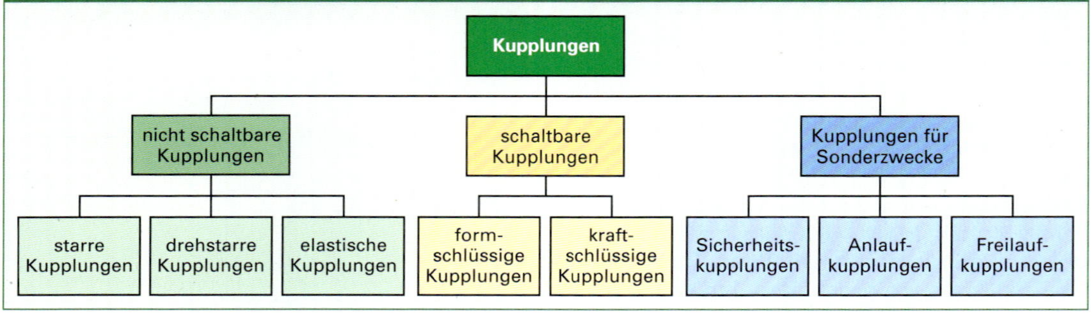

Nicht schaltbare Kupplungen

Bei nicht schaltbaren Kupplungen kann die Antriebswelle während des Betriebs nicht von der Abtriebswelle getrennt werden.

Starre Kupplungen werden zur Momentübertragung zwischen zwei fluchtenden Wellen eingesetzt, die auch in axialer Richtung fest miteinander verbunden werden sollen. Sie dienen vielfach zur leichteren Montage der Baugruppen und zur Verlängerung von Antriebswellen.

Die Vorteile starrer Kupplungen liegen im günstigen Preis, sie unterliegen **keinem Verschleiß**, bedürfen keiner Wartung und sind für beide Drehrichtungen geeignet.

Bei **Scheibenkupplungen** (**Bild 1**) erfolgt die gegenseitige Zentrierung der Wellenzapfen durch einen Zentrieransatz oder durch einen Zentrierring.

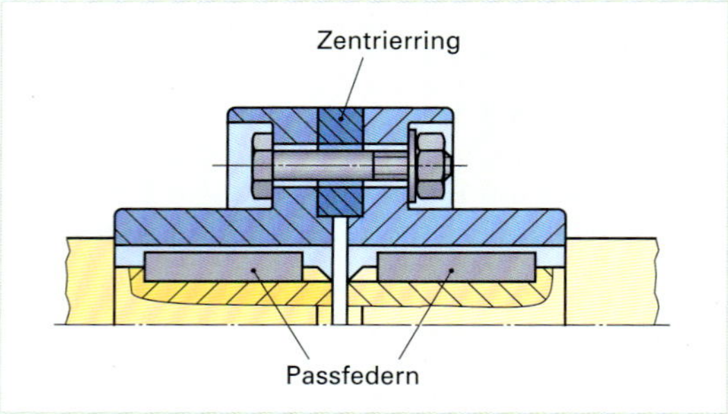

Bild 1: Scheibenkupplung

Schalenkupplungen mit Kegelhülsen (**Bild 2**) verbinden **fluchtende Wellen** mit gleichem Durchmesser miteinander. Durch die geschlitzten, kegeligen Klemmflächen lässt sich die Kupplung in jeder beliebigen Position kraftschlüssig auf den Wellenenden befestigen. Für eine sichere Verbindung sind gleiche Wellendurchmesser und saubere, glatte Oberflächen erforderlich. Wegen der ausschließlich kraftschlüssigen Momentübertragung sind sie weniger für wechselnde und stoßartige Belastungen geeignet.

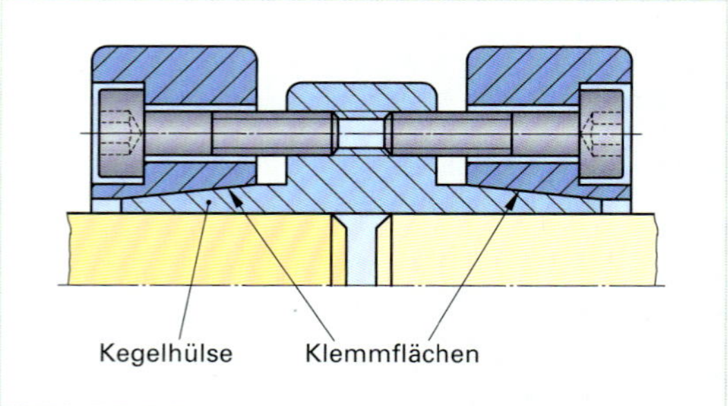

Bild 2: Schalenkupplung mit Kegelhülse

Zur drehstarren Übertragung von Drehmomenten und gleichzeitigem Ausgleich von geringen Wellenversätzen werden **drehstarre Kupplungen** eingesetzt. Mögliche Bauformen sind die Bogenzahnkupplung, Topfgelenkkupplung und die Gelenkwelle.

Bei der **Bogenzahnkupplung** (Bild 1) wird auf beiden Wellenenden je eine Kupplungsnabe mit einer **balligen Außenverzahnung** befestigt. Die balligen Zähne greifen in die Innenverzahnung des Gehäuses ein und ermöglichen so eine formschlüssige Drehmomentübertragung. Die Bogenzähne ermöglichen einen kleinen Winkelversatz zwischen den Wellen, wie er häufig durch eine Durchbiegung von Wellen entsteht.

Topfgelenke (Bild 2) sind Gleichlaufgelenke mit axialer **Verschiebemöglichkeit**. Sowohl der auf der Welle befestigte Kugelstern als auch die Kugelschale sind mit geraden Kugellaufflächen versehen. Wie bei Lagern werden die Kugeln in einem Kugelkäfig gehalten. Durch die Kugeln und die geraden Laufflächen ist es möglich, Drehmomente auch bei sich ständig verändernder Achsenmitte zu übertragen.

Für größere Wellenversetzungen eignen sich Gelenkwellen. **Gelenkwellen** oder **Kardanwellen** (Bild 3) bestehen aus zwei Kreuzgelenkkupplungen und einem Schiebestück für den Längsausgleich. Das Schiebestück besteht üblicherweise aus zwei ineinander passenden Profilrohren. Je nach Länge des Steckbereiches ist ein erheblicher Längenausgleich möglich. Durch den Einsatz von Weitwinkelgelenken ist eine Momentübertragung bei einem **Winkelversatz bis zu 80°** möglich. Gelenkwellen finden Verwendung, wenn sich während des Betriebes die Wellenenden in ihrem Winkel und in ihrem Abstand erheblich ändern. Die Drehzahlen der antreibenden und getriebenen Welle unterscheiden sich dabei nicht.

Von **elastischen Kupplungen** (Bild 4) spricht man, wenn eine Nachgiebigkeit in Umfangsrichtung gegeben ist. Je nach Bauart ermöglichen sie auch, einen axialen und radialen Wellenversatz auszugleichen. Durch ihre Nachgiebigkeit in Drehrichtung werden Stöße und Schwingungen gedämpft und ein weiches Anfahren bzw. Anhalten ermöglicht. Sie werden deshalb häufig zum Antrieb von Arbeitsmaschinen mit stark schwankenden Drehmomenten verwendet. Als elastische Elemente dienen Gummibälge sowie Schrauben- und Blattfedern. Die **Metallfederkupplung** ist auch für höhere Betriebstemperaturen geeignet.

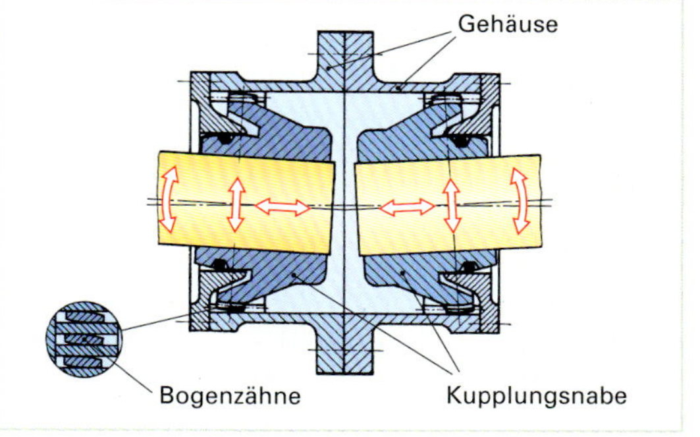

Bild 1: Bogenzahnkupplung

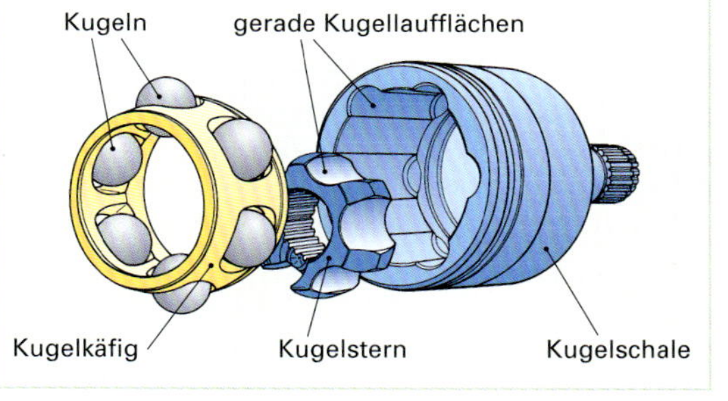

Bild 2: Topfgelenk

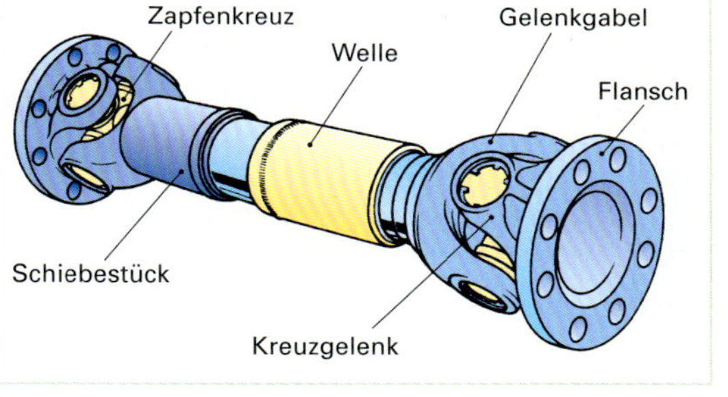

Bild 3: Gelenkwelle

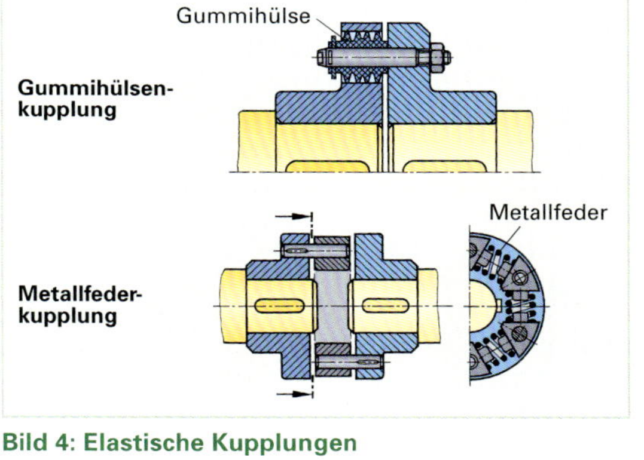

Bild 4: Elastische Kupplungen

Eine in jüngster Zeit sehr häufig verwendete Kupplung zwischen Servomotor und Kugelumlaufspindeln ist die **Metallbalgkupplung** (**Bild 1**). Sie gewährleistet selbst bei sehr kleinen Drehzahlen eine **ruhige und gleichmäßige Bewegung** des Werkzeugschlittens. Sie eignet sich für hohe Drehzahlen und bietet eine spielfreie Drehmomentübertragung. Die Form des Balges garantiert eine hohe Torsionssteifigkeit und ermöglicht gleichzeitig den Ausgleich von axialem, radialem und winkligem Wellenversatz. Die Bälge bestehen meist aus Edelstahllegierungen, was einen Einsatz bis ca. 250 °C erlaubt. Die Befestigung auf der Welle erfolgt überwiegend kraftschlüssig durch verschiedene Klemmsysteme.

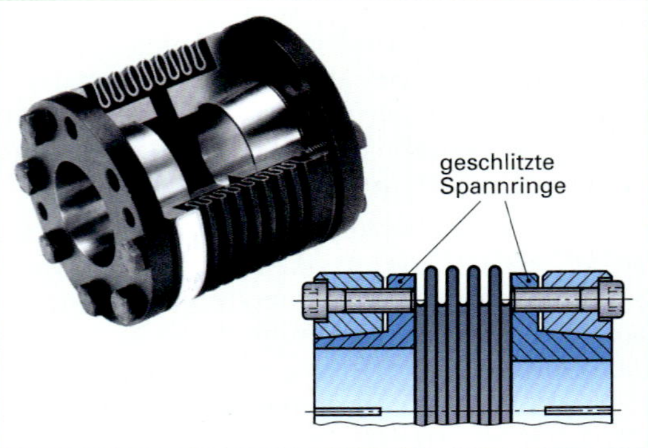

Bild 1: Metallbalgkupplung mit Spannringnabe

Schaltbare Kupplungen

Schaltbare Kupplungen kommen zum Einsatz, wenn die Verbindung zwischen den Wellen zeitweise unterbrochen werden soll. Je nach Art der Drehmomentübertragung unterscheidet man **formschlüssige** und **kraftschlüssige Schaltkupplungen**. Ihre Betätigung kann mechanisch, hydraulisch, pneumatisch oder elektromagnetisch erfolgen.

Formschlüssige Kupplungen wie die **Klauenkupplung** (**Bild 2**) dürfen **nur im Stillstand** oder bei ganz geringen Drehzahlunterschieden und nur **lastfrei geschaltet** werden. Im eingeschalteten Zustand ist keine äußere Schließkraft nötig, um die Drehmomentübertragung aufrechtzuerhalten. Die Kupplungselemente können als Klauen, Bolzen, Zähne usw. ausgeführt sein. Schaltbare, formschlüssige Kupplungen werden z. B. bei Schneckenantrieben eingesetzt, um einen größeren Drehzahlbereich als den stufenlos regelbaren Motordrehzahlbereich abzudecken. Die Betätigung erfolgt häufig über Hebel, welche die Schaltmuffe verschieben.

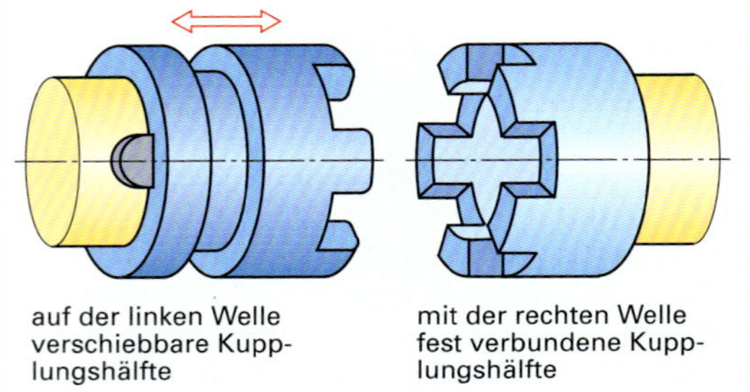

Bild 2: Klauenkupplung

Um ein Zuschalten oder Auskuppeln auch während des Betriebes und unter Last zu ermöglichen, bedarf es **kraftschlüssiger Kupplungen**. Die Drehmomentübertragung erfolgt hierbei **durch Reibung**. Während des Betriebes ist immer eine Kraft erforderlich, welche die Kupplungsscheiben aufeinanderpresst. Bei der **Einscheibenkupplung** wird durch Federkraft eine mit der Abtriebswelle verbundene Druckplatte gegen eine axial verschiebbare Kupplungsscheibe gepresst. Die Kupplungsscheibe drückt dadurch gegen das Schwungrad auf der Antriebswelle, und somit entsteht eine kraftschlüssige Verbindung. Bei der Übertragung größerer Momente auf begrenztem Raum kommen **Mehrscheibenkupplungen,** auch **Lamellenkupplungen** genannt, zum Einsatz (**Bild 3**). Der Schaltvorgang kann mechanisch über Hebel, hydraulisch, pneumatisch oder elektromagnetisch erfolgen.

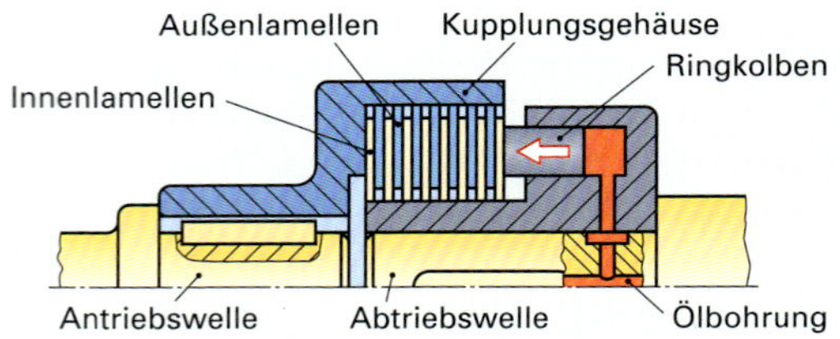

Hydraulisch geschaltete Lamellenkupplung

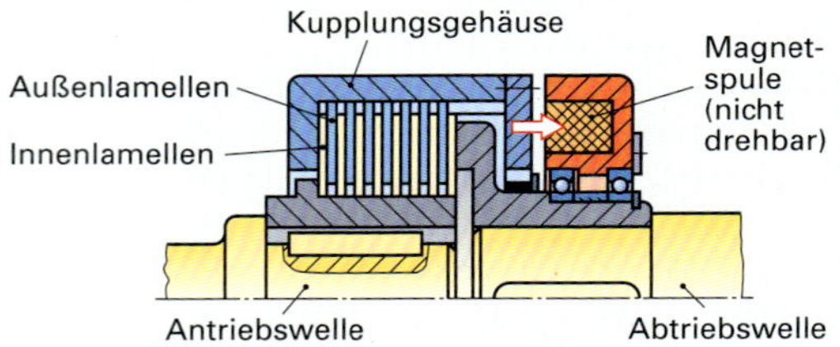

Elektromagnetisch geschaltete Lamellenkupplung

Bild 3: Betätigungsarten von Lamellenkupplungen

Kupplungen für Sonderzwecke

Hierzu zählen u. a. die **Sicherheitskupplungen**, **Anlaufkupplungen** und **Freilaufkupplungen**.

Sicherheitskupplungen sollen zum Schutz der Antriebseinheit, wie auch der getriebenen Baugruppen, bei **Überschreitung** des zulässigen Drehmoments den Kraftfluss zwischen beiden unterbrechen.

Die einfachsten **Sicherheitskupplungen** stellen der **Abscherstift-** und die **Brechbolzenkupplung** dar (**Bild 1**). Die Abscherstifte und Brechbolzen werden so ausgelegt, dass sie bei Überschreitung des zulässigen Drehmoments abscheren. Um die Verbindung wieder herzustellen, müssen die Maschine ausgeschaltet und die Abscherelemente erneuert werden. Dies führt zu einem unerwünschten Anlagenstillstand.

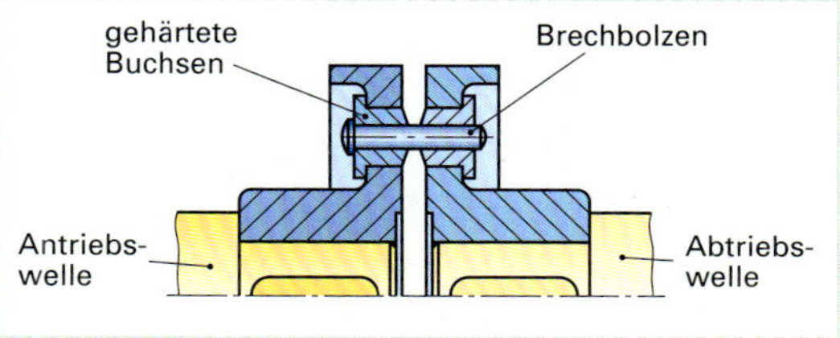

Bild 1: Brechbolzenkupplung

Bei **Rutschkupplungen** (**Bild 2**) kann nach Behebung der Störungsursache die Anlage sofort wieder in Betrieb gehen. Rutschkupplungen sind wie Einscheibenkupplungen oder Lamellenkupplungen aufgebaut und übertragen das Drehmoment kraftschlüssig über Reibbeläge. Das zulässige Drehmoment kann durch Vorspannung der Anpressfedern individuell eingestellt werden. Bei Überschreitung dreht die Kupplung durch. Wenn daraufhin nicht gleich der Antrieb abgeschaltet wird, führt dies zu einer Überhitzung der Reibbeläge und erhöhtem Verschleiß.

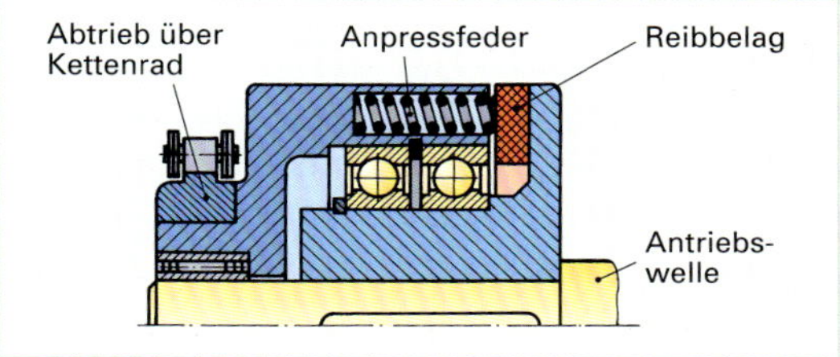

Bild 2: Rutschkupplung

Eine komfortable, aber auch teurere Variante der Sicherheitskupplungen stellen die **Durchrastkupplungen** (**Bild 3**) dar. Mittels skalierter Einstellmuttern, die auf Tellerfedern drücken, wird das Grenzdrehmoment eingestellt. Bei Überschreitung des Drehmomentes drehen sich die Kugeln aus ihrem Sitz heraus und bewegen das Schaltteil gegen einen Sensor, der den Antrieb innerhalb weniger Millisekunden abschaltet. Die Kugeln rasten automatisch bei den nächsten Kugelsitzen wieder ein, und bei Entfernung der Störung ist wieder eine sofortige Betriebsbereitschaft gegeben.

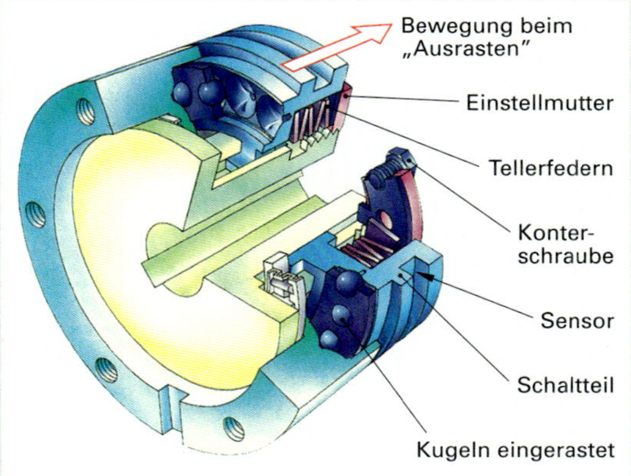

Bild 3: Durchrastkupplung

Anlaufkupplungen ermöglichen der Antriebsmaschine, unbelastet hochzufahren. Erst bei einer bestimmten Drehzahl wird die Verbindung zur Arbeitseinheit selbstständig hergestellt.

Freilaufkupplungen (**Bild 4**) sind z. B. im Nabenantrieb von Fahrrädern eingebaut und ermöglichen eine Mitnahme der Abtriebswelle, wenn sich diese langsamer dreht als die Antriebswelle. Dreht sich die Abtriebswelle allerdings schneller als die treibende Welle, wandern die Kugeln oder Rollen nach innen, und die Verbindung zwischen Nabe und Welle wird unterbrochen.

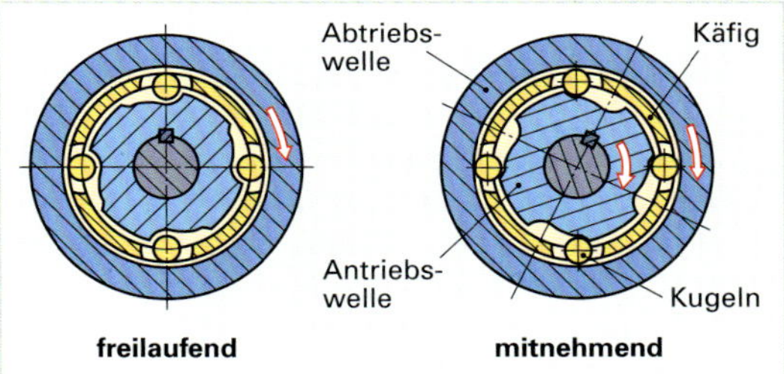

Bild 4: Freilaufkupplung

4.3.5 Riementriebe

Riementriebe werden wie die Kettentriebe als **Zugmitteltrieb** oder **Hüllgetriebe** bezeichnet. Sie übertragen Drehmomente auch zwischen Wellen mit größeren Achsabständen und können dabei je nach Übersetzung Drehzahlen und Drehmomente erhöhen beziehungsweise reduzieren.

Riementriebe kommen bei folgenden Anforderungen zum Einsatz:

- große Wellenabstände
- keine Schmierung erwünscht
- geräuscharmer, stoßgedämpfter Lauf
- Kraftübertragung soll elastisch erfolgen

Das Übertragungsvermögen wird wesentlich durch das **Reibungsverhalten** zwischen dem Riemen als Zugmittel und der Scheibenoberfläche bestimmt. Das Reibungsvermögen kann durch die **Anpresskraft**, die der **Normalkraft** F_N (**Bild 1**) entspricht und durch die **Reibungszahl** μ zwischen Riemen und Riemenscheibe beeinflusst werden.

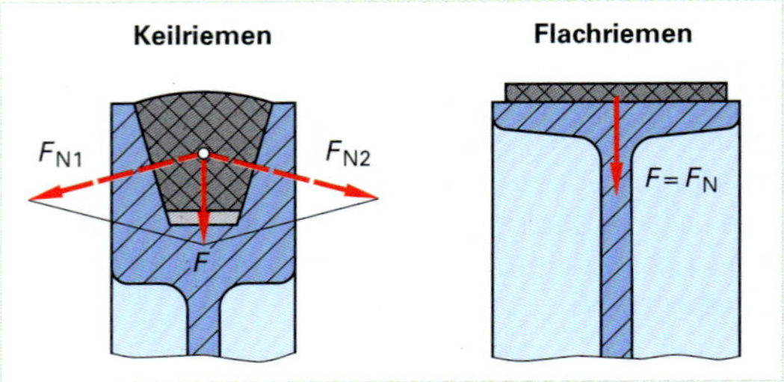

Bild 1: Vergleich Achskräfte F und Anpresskräfte F_N

Die Anpresskraft wird erhöht durch die Wahl des Riemens und durch eine passende Riemenvorspannung. Die **Riemenspannung** kann erhöht werden durch eine Veränderung des Wellenabstandes oder durch den Einbau von Spannrollen (**Bild 2**). Dabei ist jedoch immer die zusätzliche Lagerbelastung der Wellen zu berücksichtigen. Die Reibungszahl erhöht man durch den Auftrag von Pech bei Flachriemen oder die Materialwahl des Riemens. Eine Vergrößerung des **Umschlingungswinkels** (Spannrolle) oder Vergrößerung der Auflagefläche durch Mehrrippenkeilriemen erhöhen ebenfalls das Übertragungsvermögen.

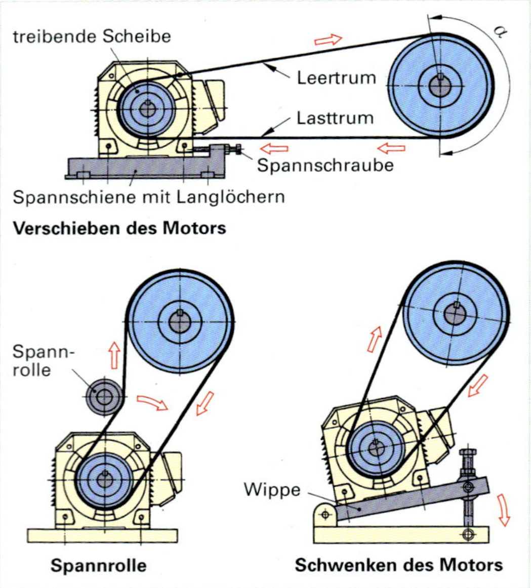

Bild 2: Möglichkeiten zum Spannen der Riemen

Bei Riementrieben ist dennoch immer ein geringer **Schlupf** vorhanden. Zum einen entsteht er durch ein Durchrutschen des Riemens auf der Riemenscheibe und zum anderen durch die Dehnung des Riemens. Vielfach wird der Riementrieb wegen diesem elastischen Anlaufverhalten eingesetzt. Andererseits ermöglicht dies mit Flach- und Keilriemen keine Übertragung von exakten Übersetzungsverhältnissen.

Bei **Zahnriemen** (**Bild 3**) erfolgt die Kraftübertragung nicht durch Reibkräfte, sondern formschlüssig durch die Zähne des Riemens. Zahnriemen verbinden die Vorteile der Riemen mit der Schlupffreiheit der Ketten. Durch den Formschluss zwischen Riemen und Riemenscheibe sind nur geringe Riemenspannungen erforderlich. Sie werden vorwiegend zur Übertragung kleiner und mittlerer Leistungen verwendet.

Bild 3: Doppelzahnriemen in einem Kopiergerät

4.3.6 Kettentriebe

Kettentriebe gehören wie die Riementriebe zu den Zugmittel- bzw. Hülltrieben. Sie übertragen ebenfalls Drehbewegungen zwischen zwei oder mehreren Wellen. Ketten werden meist aus vergütetem Stahl hergestellt und sind dadurch **belastbarer** und **unempfindlicher** gegen Schmutz, Feuchtigkeit und hohe Temperaturen.

Da es sich um eine formschlüssige und schlupffreie Leistungsübertragung handelt, ist ein **konstantes** Übersetzungsverhältnis möglich. Die Lager von Kettenrädern werden weniger durch Spannkräfte, sondern eher durch die Eigengewichte der Ketten belastet. Im Vergleich zum Riementrieb sind höhere Laufgeräusche und geringere Umfangsgeschwindigkeiten zu nennen. Zudem müssen Kettentriebe meistens regelmäßig geschmiert werden und neigen bei stoßartigen Belastungen zum Schwingen.

Bild 1: Glieder- und Gelenkketten

Grundsätzlich unterscheidet man in **Gliederketten** und **Gelenkketten** (Bild 1). Gliederketten werden lediglich als Lastketten verwendet. Gelenkketten werden je nach Bauform als Lastketten (Fleyerketten) und als Antriebsketten in Maschinen eingesetzt.

Bild 2: Aufbau von Buchsen- und Rollenketten

Die einfachste Form der Gelenkketten stellt die **Bolzenkette** dar. Sie besteht nur aus Bolzen und Laschen. Bei der **Buchsenkette** (Bild 2) sind die Bolzen ① mit den Außenlaschen ② vernietet und die Innenlaschen ③ fest mit den Buchsen ④ verbunden. Die Buchsen drehen sich über den Bolzen und haben gegenüber den Bolzenketten einen geringeren Verschleiß und einen ruhigeren Lauf. Bei **Rollenketten** (Bild 2) befinden sich um die Buchsen zusätzlich drehbare, gehärtete und geschliffene Rollen ⑤. Beim Abrollen des Kettenrades ergibt sich eine geringere Reibung und damit ein geringerer Verschleiß. Zudem wird durch den Schmierfilm zwischen den Rollen und Buchsen die Geräuschentwicklung zusätzlich gedämpft.

Mehrfachrollenketten (Bild 3) finden dann Anwendung, wenn sehr **große** Drehmomente übertragen werden müssen.

Fleyerketten (Bild 3) sind reine Lastketten und werden nicht über Kettenräder, sondern über Umlenkrollen geführt. Sie finden als Hubketten bei Gabelstaplern und als Lastausgleichsketten in Werkzeugmaschinen Anwendung.

Gallketten (Bild 3) sind reine Bolzenketten und werden bei **kleinen** Leistungen und Kettengeschwindigkeiten verwendet.

Zahnketten (Bild 3) stellen eine Sonderform der Bolzenketten dar und werden häufig als **Steuerketten** in Verbrennungsmotoren eingesetzt.

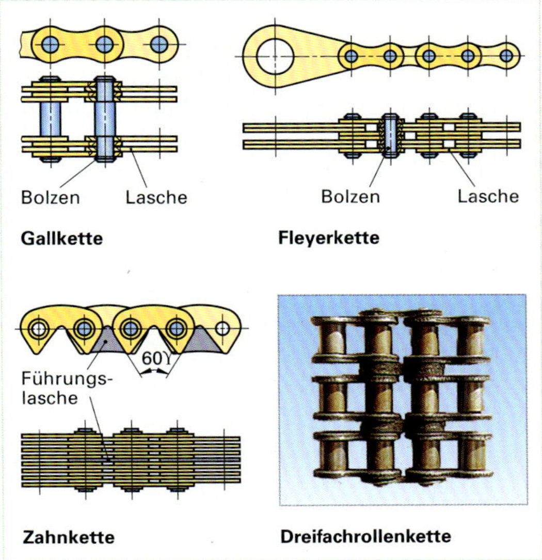

Bild 3: Bauformen von Gelenkketten

4.3.7 Zahnradtriebe

Mit Zahnradtrieben werden vorwiegend Drehbewegungen von einer Welle auf eine andere übertragen und dabei **Drehzahlen, Drehmomente und Drehrichtungen** geändert (**Bild 1**). Es können über Zahnrad-Zahnstangen-Kombinationen allerdings auch Dreh- in Längsbewegungen und umgekehrt umgewandelt werden. Bei Zahnradtrieben handelt es sich um eine formschlüssige und schlupffreie Leistungsübertragung, die eine Übertragung von exakten Übersetzungsverhältnissen ermöglicht. Weitere Kennzeichen von Zahnradtrieben sind die möglichen geringen Achsabstände.

Bei zwei ineinander greifenden Zahnrädern müssen die Zähne und die Zahnlücken gleich groß sein. Dies erfordert, dass auch die Teilung eines Zahnradpaares gleich groß ist und der Modul beider Zahnräder als Quotient aus der Teilung und π ebenfalls gleich sein muss.

Das **Modul** $\boldsymbol{m}$ ist genormt und hat die Einheit mm. Aus dem Modul und der erforderlichen **Zähnezahl** errechnet sich der **Teilkreisdurchmesser** der Zahnräder und somit auch der **Achsabstand** einer Zahnradpaarung.

$$\text{Modul } m = \frac{p}{\pi};\quad d = m \cdot z$$

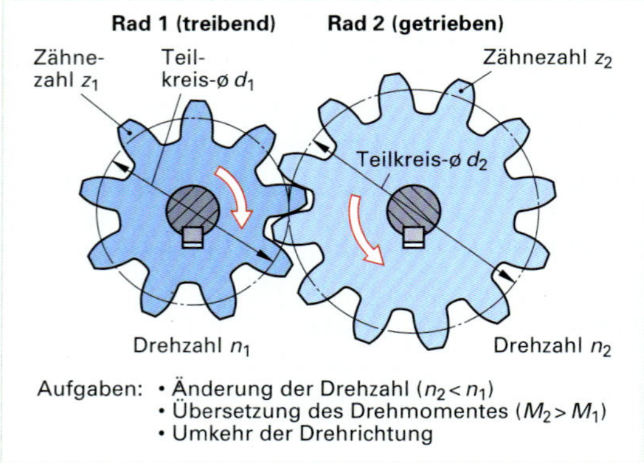

Bild 1: Größen einer Zahnradpaarung

Zwischen dem **Kopfkreisdurchmesser** $\boldsymbol{d_a}$ des einen Rades und dem **Fußkreisdurchmesser** $\boldsymbol{d_f}$ des anderen Rades befindet sich das erforderliche **Kopfspiel** $\boldsymbol{c}$. (**Bild 2**). Zur Berechnung und Herstellung von Zahnrädern sind das Modul, die Zähnezahl und das Kopfspiel erforderlich. Das Kopfspiel liegt üblicherweise bei $0{,}2 \cdot m$. Auch die **Zahnbreite** wird in Abhängigkeit vom Modul festgelegt und liegt je nach Fertigungsverfahren zwischen $6 \cdot m$ und $30 \cdot m$.

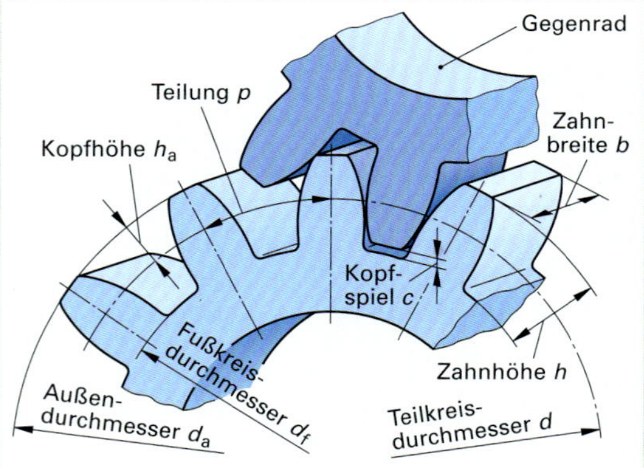

Bild 2: Zahnradabmessungen

Beim Ineinandergreifen zweier Zahnräder sollen die Zähne möglichst nicht aneinander gleiten, sondern sich **abwälzen**. Damit wird die Geräuschentwicklung, die Erwärmung und der Verschleiß vermindert. Diese Bedingungen führten zur Entwicklung der **Evolvente** als Zahnflankenform. Neben der Evolventenform werden noch die Kreisbogenverzahnung und die Triebstockverzahnung verwendet.

Beispiel: Von dem nebenstehenden Stirnradgetriebe (**Bild 3**) sind die eingetragenen Maße bekannt.

Zu berechnen ist die zur Bestellung eines Ersatzrades fehlende Zähnezahl z_2.

Lösung:

$$a = \frac{m \cdot z_1}{2} + \frac{m \cdot z_2}{2} = \frac{m \cdot (z_1 + z_2)}{2}$$

$$z_2 = \frac{2 \cdot a}{m} - z_1 = \frac{2 \cdot 75\ \text{mm}}{2{,}5\ \text{mm}} - 24$$

$$z_2 = 36$$

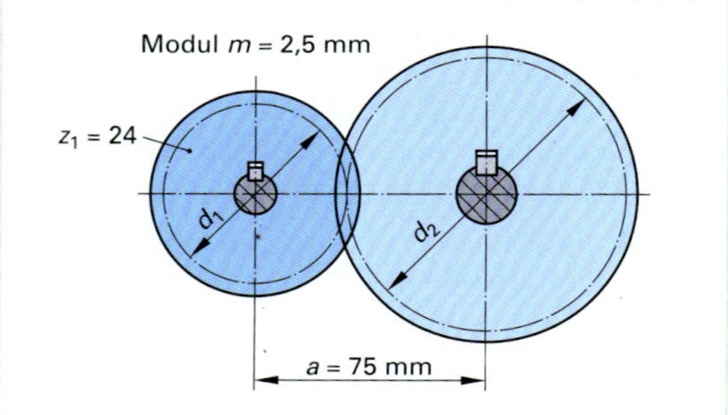

Bild 3: Stirnradgetriebe

Nach der Lage der Zähne zur Drehachse unterscheidet man in **geradverzahnte**, **schrägverzahnte**, **pfeilverzahnte** und **hypoidverzahnte** Zahnräder (**Bild 1**). Geradverzahnungen sind kostengünstig und eignen sich für Zahnstangenantriebe und Schieberädergetriebe. Schrägverzahnungen führen zu einem gleichmäßigeren Eingriff der Zahnflanken und so zu einem ruhigeren Lauf. Da sich gleichzeitig mehrere Zähne im Eingriff befinden, ist die Übertragung größerer Drehmomente möglich. Die **Schrägverzahnung** führt jedoch zu **Axialkräften**, die von den Lagern aufgenommen werden müssen.

Durch die noch aufwendigere Pfeilverzahnung werden die Axialkräfte wieder aufgehoben und es können noch **größere Momente** übertragen werden. Die Hypoid- oder Bogenverzahnung ermöglicht den außermittigen Eingriff eines Kegelrades (**Bild 2**).

Bei Stirnradgetrieben laufen die Wellen parallel zueinander. Kegelräder finden Anwendung, wenn sich die beiden Wellenachsen schneiden. Bei Schraubradgetrieben und Schneckengetrieben kreuzen sich die Wellen unter einem Winkel von 90°. Schneckentriebe (**Bild 1**) kommen vorwiegend für große Übersetzungen zum Einsatz.

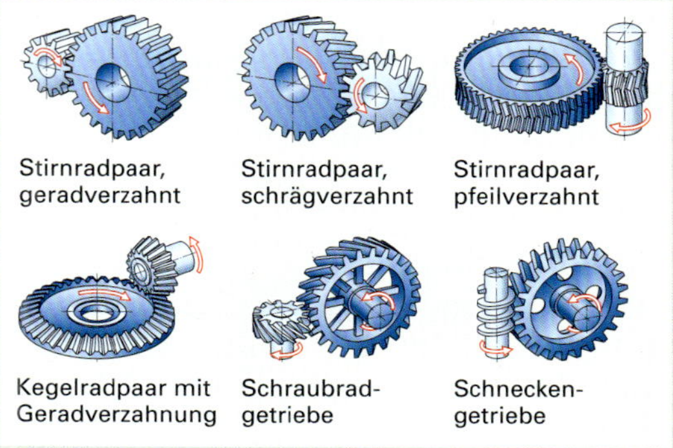

Bild 1: Grundformen von Zahnradgetrieben

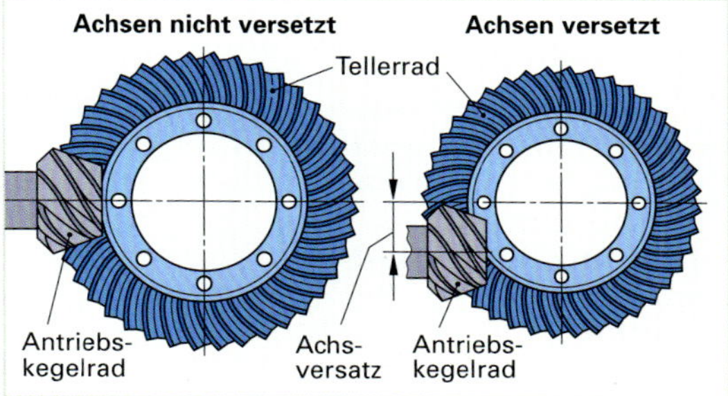

Bild 2: Hypoidverzahnte Kegelräder

4.3.8 Getriebe

Ist die von einer Antriebseinheit zur Verfügung gestellte Drehbewegung aufgrund ihrer Drehzahl oder des Drehmomentes nicht direkt nutzbar, muss diese über ein Getriebe umgeformt werden.

Getriebe ändern Drehzahlen und Drehmomente, falls erforderlich, auch Drehrichtungen.

Das Verhältnis der Antriebsdrehzahl zur Abtriebsdrehzahl bezeichnet man als das **Übersetzungsverhältnis** ***i***. Es kann aus den Drehzahlen, den Zähnezahlen oder den Durchmessern errechnet werden. Das meist kleine Drehmoment des Antriebsmotors wird um das Übersetzungsverhältnis unter Berücksichtigung des Wirkungsgrades erhöht. Deshalb wird auch mit abnehmender Drehzahl die Belastung der Bauteile größer. Durch den Wirkungsgrad berücksichtigt man die Verluste zwischen zugeführter und abgegebener Leistung.

Übersetzungsverhältinisse **> 6** sind aufgrund der ungünstig werdenden Zahnformen **nicht** möglich. Deshalb werden bei größeren Übersetzungsverhältnissen mehrere Getriebestufen nacheinander geschaltet (**Bild 3**).

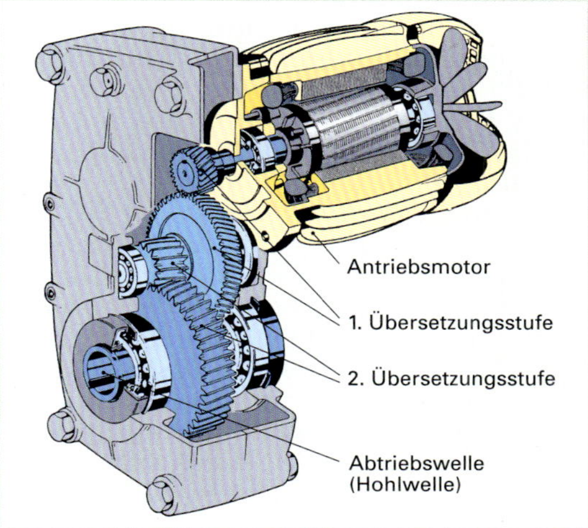

Bild 3: Getriebemotor

Nicht schaltbare Getriebe

Nicht schaltbare Getriebe besitzen eine oder mehrere feste Übersetzungen zwischen Antriebswelle und Abtriebswelle. Eine Veränderung der Abgangsdrehzahl ist nur durch Austausch von Räderpaaren möglich.

Schaltbare Getriebe

Bei **Schieberädergetrieben** werden die verschiedenen Drehzahlen durch **Verschieben eines Räderblockes** auf einer Getriebewelle hergestellt. Solche Getriebe können nicht unter Last und nur bei geringen Drehzahlunterschieden zwischen den Wellen oder im Stillstand geschaltet werden. Die konstante Drehzahl des Drehstrommotors kann an der Abtriebswelle in drei verschiedenen Drehzahlen abgegriffen werden (**Bild 1**).

Bei **Kupplungsgetrieben** sind die verschiedenen Zahnradpaare ständig im Eingriff. Durch Kupplungen werden die entsprechenden Zahnradpaare zugeschaltet. Wenn im Beispiel von **Bild 2** die Zahnradpaarung z_1 und z_2 wirksam sein soll, muss z_2 über eine Kupplung mit der Welle verdrehsicher verbunden sein. Das Zahnrad z_4 hingegen muss sich frei auf der Welle drehen können. Beim Umschalten der Kupplung wird z_2 von der Welle gelöst und z_4 überträgt das Moment. Werden reibschlüssige Kupplungen wie Lamellenkupplungen verwendet, kann unter Last geschaltet werden. Kupplungsgetriebe mit Zahnkupplungen können **nur bei Stillstand oder bei Gleichlauf** der Schaltmuffe mit dem Zahnrad **geschaltet** werden.

Getriebe mit stufenloser Übersetzung

Ständerbohrmaschinen sind häufig mit einem Drehstrommotor ausgerüstet, der zwei Drehzahlen abgibt. Damit dennoch eine stufenlose Drehzahleinstellung der Bohrspindel möglich ist, werden Breitkeilriemengetriebe eingebaut (**Bild 3**). Eine Scheibe der beiden Kegelscheiben auf der Antriebswelle wird mit einer Verstelleinrichtung (Hebel) verschoben. Da der Breitkeilriemen seine Länge nicht verändert, muss sich auch der Scheibenabstand der beiden Kegelscheiben auf der Abtriebswelle verändern. Durch eingebaute Tellerfedern versuchen die beiden Kegelscheiben der Abtriebswelle, immer den kleinsten Abstand zueinander einzunehmen. Durch die **unterschiedlichen** wirksamen **Durchmesser ändern** sich die **Drehzahlen** stufenlos. Eine Verstellung der Drehzahlen ist nur bei laufender Maschine möglich. Als Zugmittel kann auch die Rollenkette dienen.

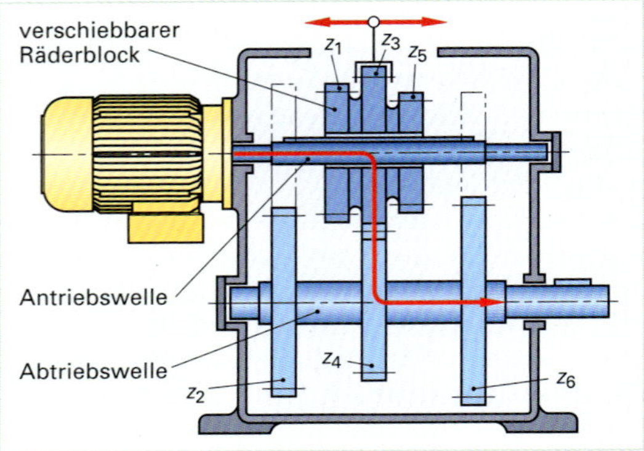

Bild 1: Schieberädergetriebe

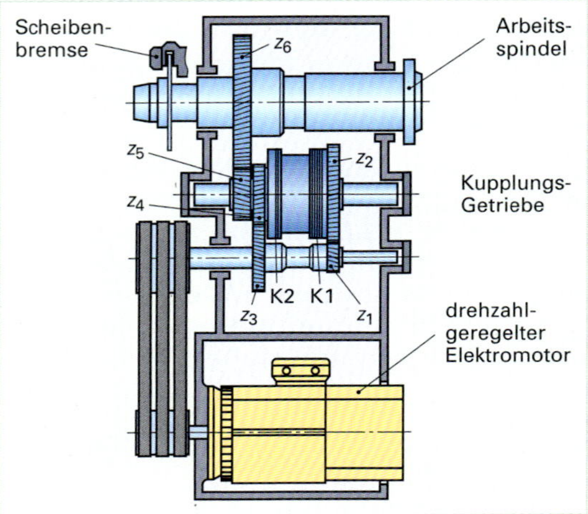

Bild 2: Kupplungsgetriebe

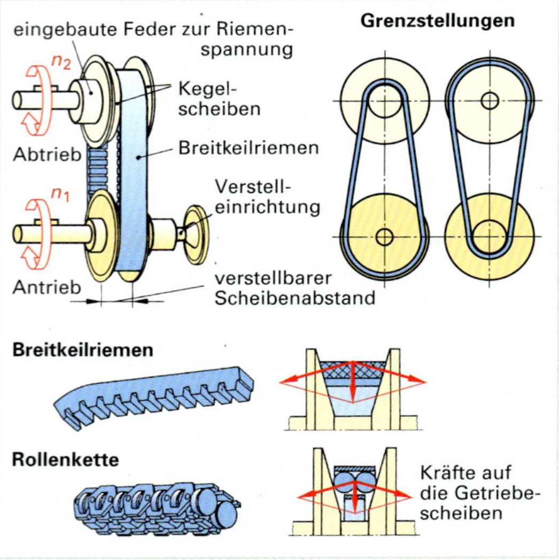

Bild 3: Breitkeilriemengetriebe

Kenngrößen von Getrieben

Bei allen Riemen-, Ketten- und Zahnradgetrieben sind die Umfangsgeschwindigkeiten der miteinander verbundenen Räder identisch. Ebenso sind die übertragenen Kräfte unverändert, wenn sie von einem Rad auf das andere übergeben werden. Daraus lassen sich folgende Formeln ableiten:

$v_1 = v_2 \qquad n_1 \cdot \pi \cdot d_1 = n_2 \cdot \pi \cdot d_2 \qquad \frac{n_1}{n_2} = \frac{d_2}{d_1}$

Für Zahnräder gilt:

$n_1 \cdot m \cdot z_1 = n_2 \cdot m \cdot z_2$

$n_1 \cdot z_1 = n_2 \cdot z_2 \qquad \frac{n_1}{n_2} = \frac{z_2}{z_1}$

Das Verhältnis der Antriebsdrehzahl n_1 zur Abtriebsdrehzahl n_2 bezeichnet man als **Übersetzungsverhältnis *i***. Es kann auch aus den Zähnezahlen oder den Durchmessern errechnet werden (**Bild 1**).

Übersetzungsverhältnis *i*:

$$i = \frac{n_1}{n_2}; \qquad i = \frac{d_2}{d_1}; \qquad i = \frac{z_2}{z_1}$$

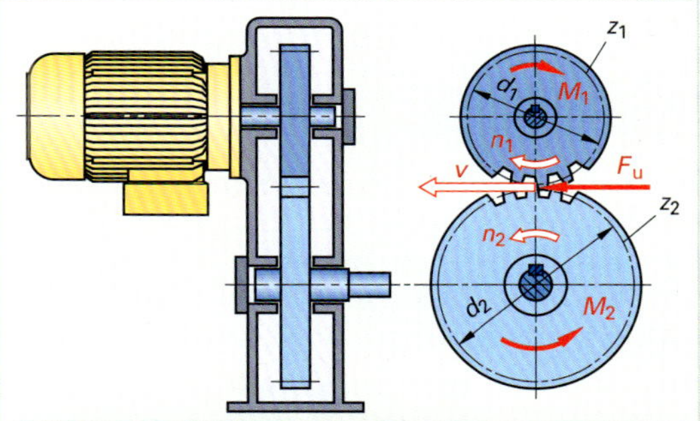

Größen	Antrieb	Abtrieb
Drehzahlen	n_1	n_2
Zähnezahlen, Durchmesser	z_1, d_1	z_2, d_2
Drehmomente, Leistungen	M_1, P_1	M_2, P_2

Bild 1: Kenngrößen am Zahnradgetriebe

Für die Drehmomente gilt:

$$i = \frac{M_2}{M_1}; \qquad M_{2\,\text{theor.}} = M_1 \cdot i$$

Reibungsverluste vermindern das Antriebsmoment und werden durch den **Wirkungsgrad** η (eta) berücksichtigt (**Bild 2**).

$$M_2 = M_1 \cdot i \cdot \eta$$

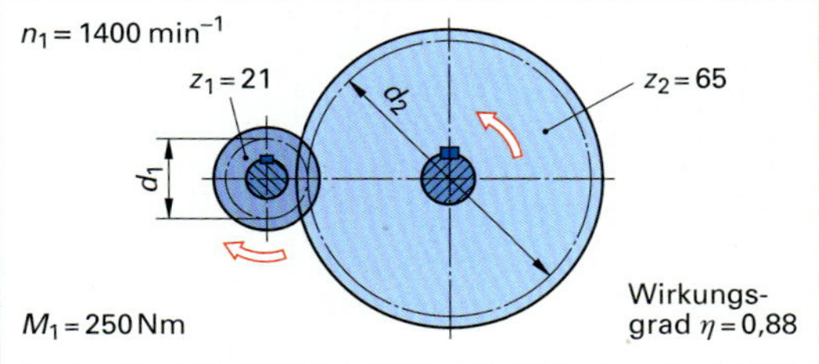

Bild 2: Einstufiges Zahnrädergetriebe

Bei mehrstufigen Getrieben (**Bild 3**) ergibt sich das **Gesamtübersetzungsverhältnis** aus dem Produkt der Einzelübersetzungen oder als Quotient aus der Anfangsdrehzahl zur Enddrehzahl.

Gesamtübersetzungsverhältnis:

$$i = i_1 \cdot i_2\,; \qquad i = \frac{n_a}{n_e}$$

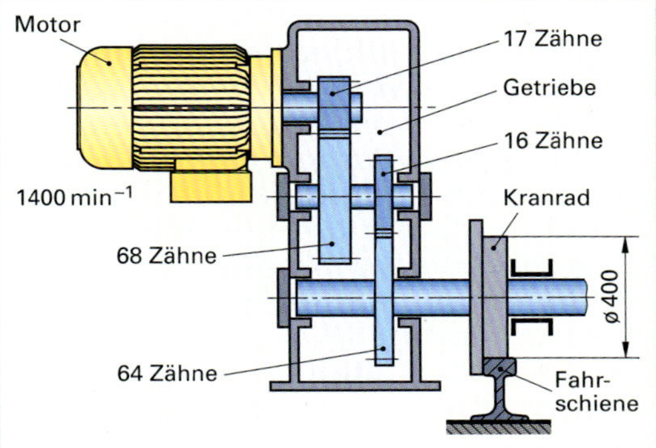

Bild 3: Mehrstufiges Zahnrädergetriebe

Beispiel: Fahrantrieb eines Kranes (**Bild 3**)

Wie groß sind *i*, i_1, i_2 und die Drehzahl des Kranrades?

Lösung: $\boldsymbol{i_1} = \frac{z_2}{z_1} = \frac{68}{17} = \mathbf{4}$

$\boldsymbol{i_2} = \frac{z_4}{z_3} = \frac{64}{16} = \mathbf{4}$

$\boldsymbol{n_e} = \frac{n_a}{i_{ges}} = \frac{1400\ \text{min}^{-1}}{16} = \mathbf{87{,}5\ min^{-1}}$

NR: $i_{ges} = i_1 \cdot i_2 = 4 \cdot 4$

$\boldsymbol{i_{ges} = 16}$

4.4 Stütz- und Trageinheiten

Die Aufgaben der Stütz- und Trageinheiten bestehen in der Aufnahme aller Baugruppen einer Maschine und der Aufnahme der während des Betriebes entstehenden Kräfte. Lager und Führungen übernehmen dabei die Aufgabe, die Bauteile in der gewünschten Funktionslage zu halten und die Kräfte mit möglichst geringen Reibungsverlusten weiterzuleiten.

4.4.1 Gehäuse und Gestelle

Das Grundgerüst einer Maschine wird häufig als das Maschinengestell oder im Werkzeugmaschinenbau als das Maschinenbett bezeichnet. Bei einfacheren Systemen spricht man auch vom Rahmen. Alle in einer Maschine auftretenden Kräfte müssen vom Gestell der Maschine getragen werden, ohne dass dieses dabei Schaden nimmt. Die Kräfte können statische Belastungen wie Gewichtskräfte, Druckkräfte oder dynamische Belastungen durch Schwingungen hervorrufen.

An moderne Maschinengestelle werden folgende Forderungen gestellt, sie müssen:

- biege- und torsionssteif sein, damit sie die am Gestell wirkenden Kräfte mit Sicherheit aufnehmen können,
- gute Dämpfungseigenschaften haben, damit z. B. die schnellen Schließbewegungen sich nicht negativ auf die Produktqualität auswirken,
- formschön und optisch ansprechend sein,
- nicht zu schwer sein,
- so konstruiert sein, dass auch eine möglichst ungehinderte Bestückung mit den Werkzeugen gegeben ist,
- so konstruiert sein, dass eine ungehinderte Teileentnahme möglich ist,
- ergonomisch gestaltet sein, damit der Werker alle Arbeiten in körpergerechter Haltung erledigen kann.

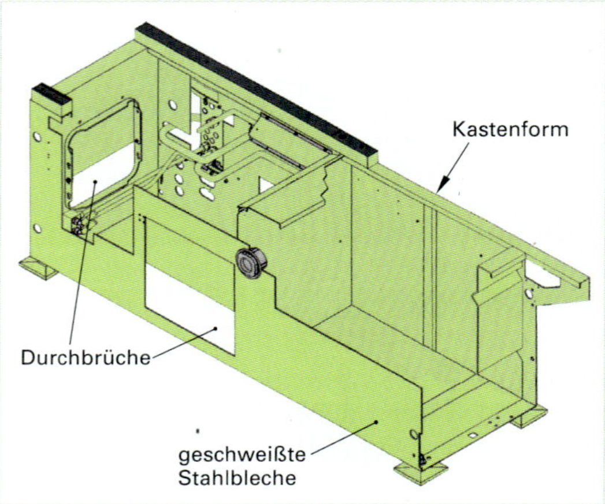

Bild 1: Gestell einer Spritzgießmaschine

Die Form und der Werkstoff des Maschinengestells richtet sich nach den jeweiligen Anforderungen. Die **geschweißte Stahlblechkonstruktion** (**Bild 1**) wird als **Kastenform** bezeichnet und dient häufig als Grundgerüst für Spritzgießmaschinen. Die Vorteile der Schweißkonstruktionen liegen in der universellen Gestaltung und der hohen Zähigkeit. Treten beim Betrieb einer Anlage Schwingungen und Stöße auf, so wird das Maschinengestell meistens als Gussteil gefertigt. **Stahl- oder Graugussbauteile** besitzen sehr gute **Dämpfungseigenschaften** und können bei größeren Stückzahlen wirtschaftlich gegossen werden. Schließgestelle von Spritzgießmaschinen und Blasmaschinen (**Bild 2**) sind Gussteile. Sie müssen besonders verwindungssteif und druckfest sein. Beides Eigenschaften, welche Gusswerkstoffe bestens erfüllen. Um bei Schließeinheiten eine freie Zugänglichkeit zu ermöglichen, werden sie als U-Gestell ausgelegt. Säulengestelle findet man bei Bohrmaschinen und Pressen. Exzenterpressen mit einem C-Gestell gelten als besonders stabil.

Bild 2: Gegossenes Schließgestell

4.4.2 Lager

Lager stützen und führen Achsen und Wellen. Nach Art der auftretenden Reibung werden sie in **Gleitlager** und in **Wälzlager** unterschieden. Nach der Richtung der vom Lager aufzunehmenden Kräfte erfolgt weiterhin eine Einteilung in **Axiallager** und **Radiallager** (Bild 1).

Gleitlager

Bei einem Gleitlager dreht sich der Zapfen in einer **Lagerschale** oder **Lagerbuchse**. Um die Reibungskraft möglichst gering zu halten, muss zwischen den Gleitflächen ausreichend Schmierstoff vorhanden sein. Lagerwerkstoff, Zapfenwerkstoff und Schmierstoff müssen dabei aufeinander abgestimmt sein.

Als **Lagerwerkstoffe** eignen sich Legierungen aus Kupfer, Zinn, Zink, Blei und Aluminium. Weiterhin verwendet man Sintermetalle, Gusseisen mit Lamellengrafit und Kunststoffe. Mehrschichtgleitlager werden bei hochbelasteten, schnell laufenden Wellen eingesetzt. Sie besitzen eine hohe Tragfähigkeit bei geringem Einbauraum.

Der **Schmierstoff** muss dem Gleitlager durch Schmierbohrungen und Schmiertaschen zugeführt werden. **Schmierfette** werden meist über Schmiernippel an die unbelastete Lagerseite gepresst. Niedrigviskose **Fette** und **Öle** werden durch dünne Rohrleitungen von der Zentralschmiereinheit zu den Schmierstellen geleitet. Schnell laufende Wellen werden oftmals mit einer **hydrodynamischen Schmierung** (Bild 2) ausgerüstet. Durch die Drehbewegung des Zapfens wird das Schmieröl mit in den sich verengenden Schmierkeil gezogen und schließlich die Welle minimal angehoben. Bei hohen Drehzahlen zentriert sich die Welle in der Buchse, und der Zapfen **schwimmt im Öl**.

Da beim Anlaufen noch kein Schmierfilm vorhanden ist, entsteht eine Mischreibung und durch die höhere Haftreibung eventuell ein Ruckgleiten (**Stick-Slip-Effekt**). Diesem nachteiligen Effekt begegnet man durch **hydrostatische Schmierungen** (Bild 3). Durch die am Umfang verteilten Öltaschen wird mittels Pumpen das Schmieröl zwischen Zapfen und Lagerschale gedrückt. So wird erreicht, dass auch bei Stillstand und geringen Drehzahlen ein vollständiger Schmierfilm aufgebaut wird. Diese kostenaufwendige Variante kommt vorrangig bei hohen Tragfähigkeiten und großen Rundlaufgenauigkeiten zum Einsatz.

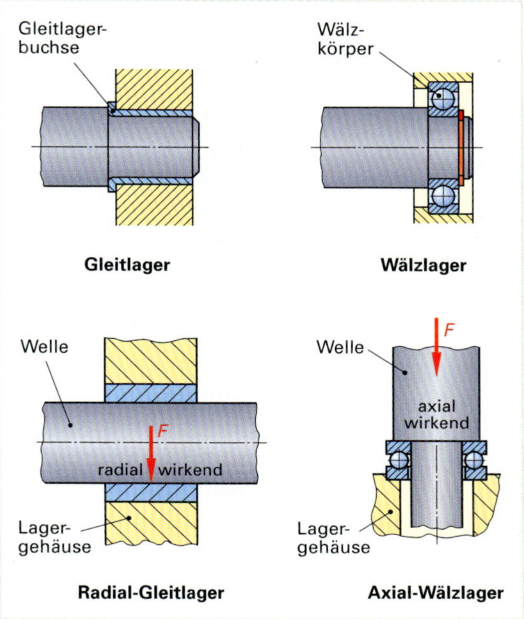

Bild 1: Einteilung der Lager

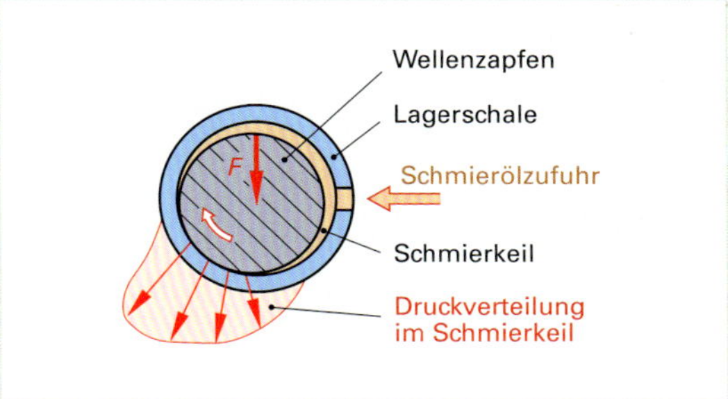

Bild 2: Prinzip der hydrodynamischen Schmierung

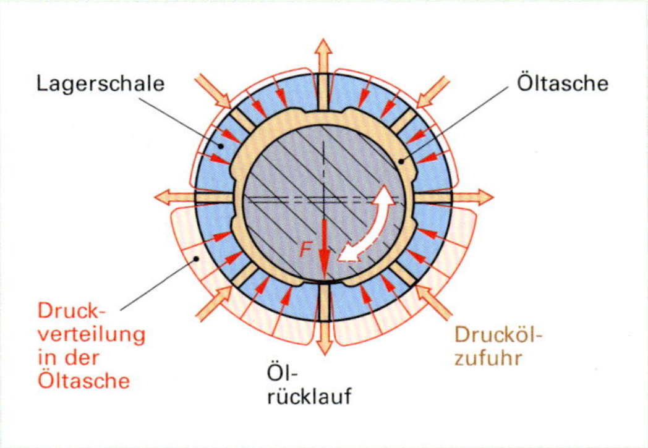

Bild 3: Hydrostatische Schmierung

Wartungsarme Gleitlager besitzen einen Schmierstoffvorrat, der teilweise für mehrere Monate ausreicht. Durch unterschiedliche Techniken wird der Schmierstoff automatisch zur Lagerstelle gepresst. Ist der Vorrat aufgebraucht, erneuert man den Vorratsbehälter.

Wartungsfreie Gleitlager sind mit einem für die gesamte Lebensdauer des Lagers ausgelegten Schmierstoffvorrat versehen oder benötigen keinen Schmierstoff, wie z. B. der Kunststoff PTFE. Häufige Varianten sind die schmierstoffgetränkten Sinterlager und Bronze-Laufschichten mit eingelagertem Grafit (**Bild 1**). Letztere sind für Temperaturen bis 350 °C geeignet.

Bild 1: Gleitlager mit Grafiteinlagerung

Wälzlager

Wälzlager (**Bild 2**) bestehen aus **Lagerringen** bzw. **Lagerscheiben** und dazwischen liegenden **Wälzkörpern**. Als Wälzkörper verwendet man **Kugeln**, **Zylinderrollen**, **Nadelrollen**, **Kegelrollen** oder **Tonnenrollen**. Je nach Lager werden die Wälzkörper in **Käfigen** auf Abstand gehalten und verhindern bei teilbaren Lagern ein Herausfallen. Bei einer Drehbewegung des Innenrings zum feststehenden Außenring rollen oder wälzen die Wälzkörper ab. Dadurch entsteht eine verhältnismäßig geringe **Rollreibung**.

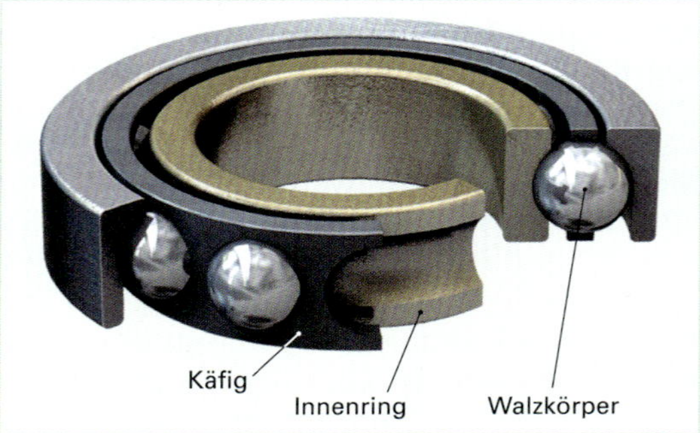

Bild 2: Kugellageraufbau

Je nach Höhe und Richtung der Belastung haben sich verschiedene Lagerarten entwickelt (**Bild 3**).

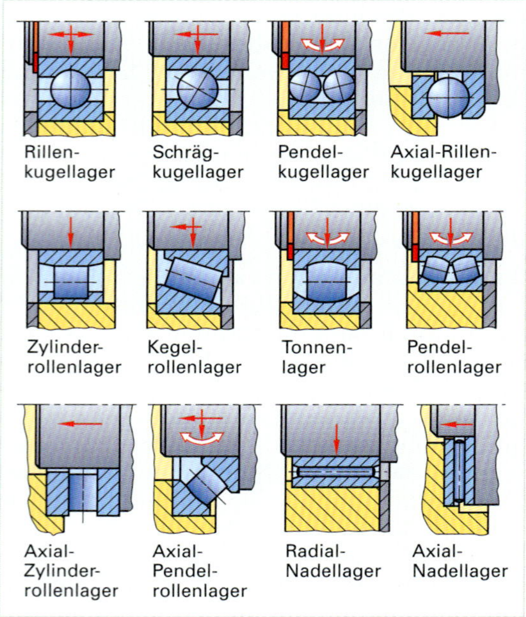

Bild 3: Wälzlagerarten

Rillenkugellager sind die meist verwendeten Wälzlager und eignen sich für geringe als auch für hohe Drehzahlen bei mittleren radialen und geringen axialen Kräften. Sie werden als ein- und zweireihige Lager gebaut.

Schrägkugellager sind für axiale Belastungen in einer Richtung und radiale Kräfte gedacht. Sie werden meist paarweise eingebaut.

Zylinderrollen-, **Kegelrollen-** und **Tonnenlager** können allesamt aufgrund ihrer größeren Auflagefläche auch größere Kräfte aufnehmen.

Axiallager nehmen ausschließlich Längskräfte auf und werden meist in Verbindung mit Radiallagern eingebaut.

Pendelkugel-, **Pendelrollen-** und **Tonnenlager** können Fluchtungsfehler ausgleichen, die bei schweren Wellen durch die Durchbiegung entstehen.

Nadellager finden Anwendung bei geringem Platzangebot und können auch ohne Laufringe eingebaut werden.

Die Laufringe und Wälzkörper werden üblicherweise aus speziellen durchhärtbaren Wälzlagerstählen gefertigt. Für hochpräzise Lager kommen auch Keramikwälzkörper zum Einsatz. Die Käfige bestehen aus Stahlblechen, CuZn-Blechen, massivem Messing oder Kunststoff. Wälzlager sind genormt und ermöglichen somit einen problemlosen Austausch.

Anhand der Vorteile der jeweiligen Lager kann eine Auswahl getroffen werden.

Vorteile Gleitlager

- gute Dämpfungseigenschaften und somit unempfindlicher gegen Stöße
- hohe Tragfähigkeit auch bei kleinen Einbaudurchmessern
- geringere Einbaumaße bei gleichen Belastungen
- geringere Geräuschentwicklung bei hohen Drehzahlen
- unempfindlich gegen hohe Einsatztemperaturen

Vorteile Wälzlager

- geringe Reibungsverluste, auch bei geringen Drehzahlen und beim Anlauf
- Austauschbarkeit durch genormte Größen
- geringer Schmierstoffverbrauch
- ausgleich von Durchbiegungen bei Pendellagern
- auch ohne aufwendige Schmierung hohe Laufgüte und lange Standzeiten

4.4.3 Führungen

Führungen übernehmen die Aufgabe, Kräfte von beweglichen Maschinenteilen auf das Maschinengestell zu übertragen und diese dabei geradlinig zu führen.

Führungen werden in erster Linie nach der **Form der Führungsbahn** und nach der **Art der Reibung** unterschieden.

Rundführungen sind kostengünstig herstellbar und können **beliebig gerichtete Kräfte** aufnehmen (**Bild 1**). Dennoch werden sie nur beschränkt verwendet, denn große Kräfte quer zur Achse und große Führungslängen erfordern große Durchmesser, damit die Durchbiegung der Führungssäulen klein bleibt. Sie lassen im Gegensatz zu anderen Führungen auch Bewegungen um den Führungskörper herum zu.

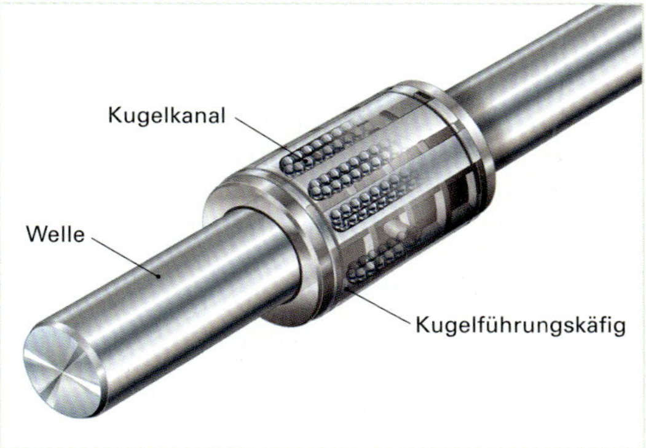

Bild 1: Rundführung

Flachführungen sind einfach herzustellen und nachzuarbeiten (**Bild 2**). Flachführungen können **nur Kräfte senkrecht** zur Führungsbahn aufnehmen. Für Kraftkomponenten parallel zur Hauptführungsebene sind seitliche Führungsflächen vorhanden. Das Führungsspiel muss ein- bzw. nachgestellt werden. Wie bei allen Führungen mit Spiel ist die Bahn des bewegten Teiles nicht eindeutig bestimmt. Schließleisten verhindern ein Abheben des Schlittens.

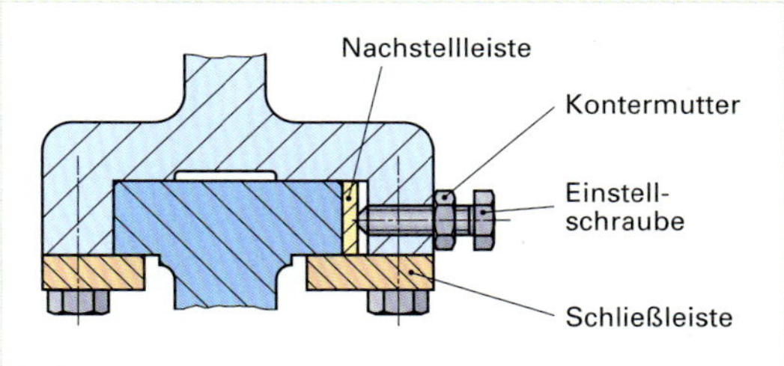

Bild 2: Flachführung

Die **Prismenführung** wird als **Dach-Führung oder V-Führung** ausgeführt. Beide sind selbstnachstellend, d. h., der Verschleiß hat keinen Einfluss auf den spielfreien Gang der Führung. Die Prismenführung bestimmt die Bewegungsbahn eindeutig. Vom Dachprisma gleiten Späne nach außen ab, aber auch das Schmiermittel.

Bei der **V-Führung** sammeln sich Öl und Schmutz innen. Es muss deshalb besonders sorgfältig vor Verschmutzung geschützt werden, ist aber für Druckölschmierung besser geeignet als jede andere Querschnittsform. Prismenführungen sind schwieriger nachzuarbeiten als Flachführungen. Wegen der eindeutigen Lagebestimmung werden Prismenführungen häufig mit Flachführungen **kombiniert** (**Bild 1**).

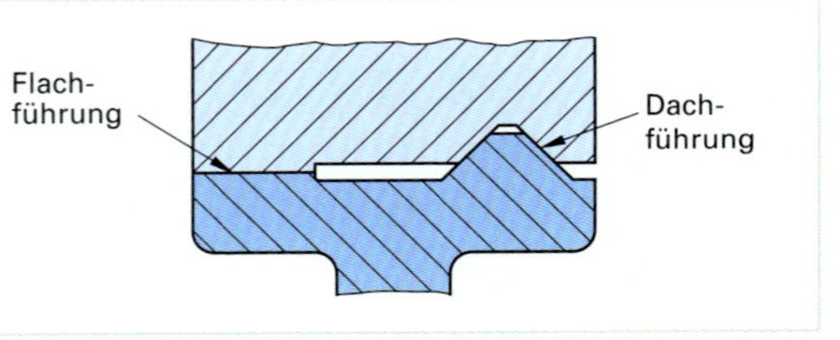

Bild 1: Kombinierte Führung

Ebenfalls eine Kombination von Flach- und V-Führung stellt die **Schwalbenschwanzführung** (**Bild 2**) dar. Sie kann **beliebig gerichtete Kräfte** aufnehmen und wird deshalb auch oft für senkrechte Führungsaufgaben verwendet. Sie ist niedrig und darum besonders geeignet, wenn mehrere Führungen für verschiedene Richtungen übereinander angeordnet werden müssen. Nachteilig wirkt sich aus, dass das Spiel häufig sorgfältig nachgestellt werden muss, damit die Führung nicht verklemmt. Sie ist zudem aufwendiger in der Herstellung und Nacharbeit als andere Führungsarten.

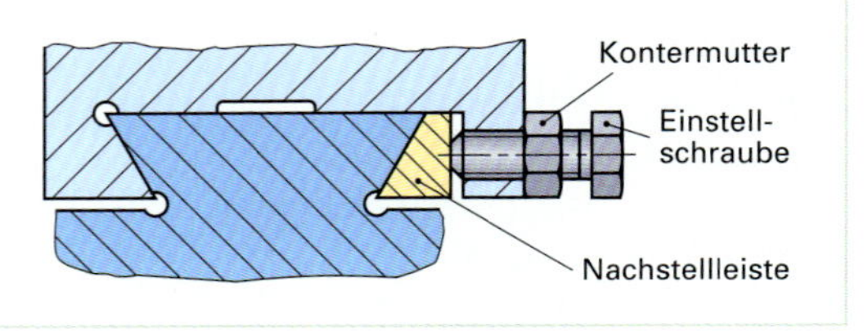

Bild 2: Schwalbenschwanzführung

Meistens sind die genannten Führungen als Gleitführungen ausgeführt. Damit die Reibung zwischen den Bauteilen so gering wie möglich gehalten wird, sind mehrere Maßnahmen zu beachten. Die Reibung ist abhängig von:

- Werkstoffpaarung
- Schmierung
- Oberflächenbeschaffenheit
- Normalkraft
- Größe der Führungsfläche

Flach- und Prismenführungen werden häufig mit Kunststoffbelägen versehen (**Bild 3**).

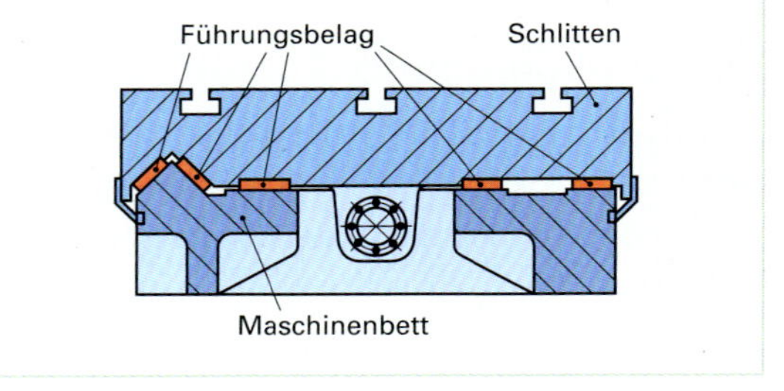

Bild 3: Kunststoffbeschichtete Führungsbahnen

Neben den geringen Haft- und Gleitreibungszahlen kommen die guten Dämpfungseigenschaften zum Tragen. Damit sich die Schmieröle gleichmäßig auf den Gleitflächen verteilen können, werden diese mit Schmierölbohrungen und Schmiernuten versehen, sowie die Flächen geschabt. Wird ein absolut **ruckfreies** Gleiten gefordert, werden **hydrostatische** oder **aerostatische Führungen** eingebaut. Bei der hydrostatischen Führung (**Bild 4**) „schwimmt" der Schlitten auf einem Ölfilm. Bei der aerostatischen wird das Öl durch ein Luftpolster ersetzt.

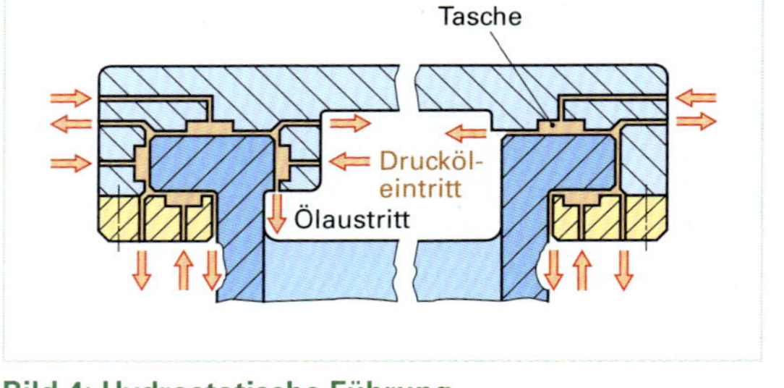

Bild 4: Hydrostatische Führung

Ebenfalls ein ruckfreies Gleiten ermöglichen die **Wälzführungen** (**Bild 5**). Als Wälzkörper kommen Kugeln oder Zylinder zum Einsatz. Wälzführungen haben geringes Spiel, hohe Genauigkeit und geringe Reibung.

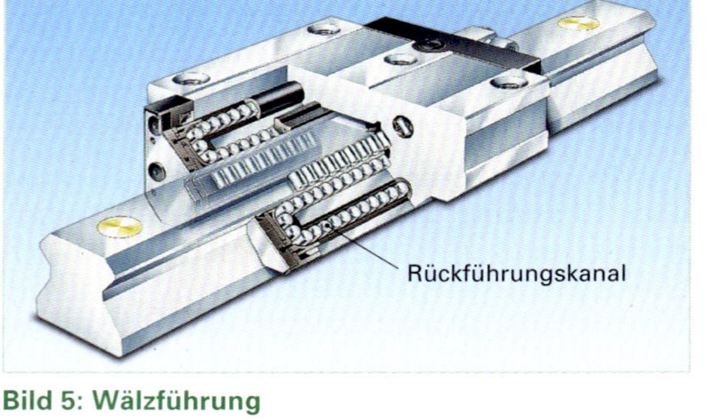

Bild 5: Wälzführung

4.5 Verbindungseinheiten

Die einzelnen Werkstücke oder Bauteile einer Anlage müssen miteinander verbunden werden, um ein funktionierendes System zu erhalten. Dabei ist eine **bewegliche** wie auch eine **feste Verbindung** möglich (**Bild 1**). Bewegliche Verbindungen stellen z. B. Gelenke und Bewegungsgewinde dar. Die festen Verbindungen unterteilt man zunächst in **lösbare** und **unlösbare Verbindungen**. Als unlösbar bezeichnet man eine Verbindung, die nur durch **Zerstörung des Verbindungsmittels** getrennt werden kann. Schraubenverbindungen sind die gebräuchlichsten lösbaren Verbindungen. Kleben, Löten und Schweißen sind Verfahren zur Herstellung von unlösbaren Verbindungen.

Eine weitere Unterscheidung der Verbindungseinheiten erfolgt nach der Art und Weise der Übertragung der Kräfte bzw. Momente. Greifen die zu verbindenden Bauteile ineinander ein und erfolgt die Kraftübertragung durch Scherkräfte, so spricht man von **formschlüssigen Verbindungen**. Als **kraftschlüssige Verbindungen** bezeichnet man Kegelverbindungen oder Klemmverbindungen. Die Übertragung der Kräfte bzw. Momente erfolgt dabei durch Reibung zwischen den Bauteilen. Wird die Verbindung durch einen zusätzlichen Stoff (z. B. Kleber) hergestellt oder erfolgt dabei eine Vereinigung der Fügeteile (Schweißen), so spricht man von **stoffschlüssigen Verbindungen**. Manche Verbindungen stellen auch eine Kombination der Wirkungsweisen dar.

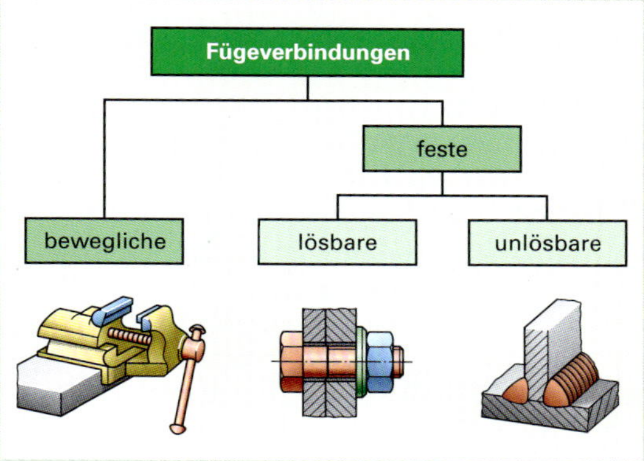

Bild 1: Einteilung der Fügeverbindungen

4.5.1 Welle-Nabe-Verbindungen

Zur Übertragung des Drehmomentes einer Motorwelle auf die Riemenscheibe ist eine Verbindung erforderlich. Solche Verbindungen zwischen Wellen oder Achsen und darauf befindlichen Riemenscheiben, Zahnrädern, Kettenrädern usw. nennt man Welle-Nabe-Verbindungen (**Tabelle 1**). Sie werden ebenfalls nach der Art der Momentübertragung unterschieden.

Tabelle 1: Arten der Welle-Nabe-Verbindungen

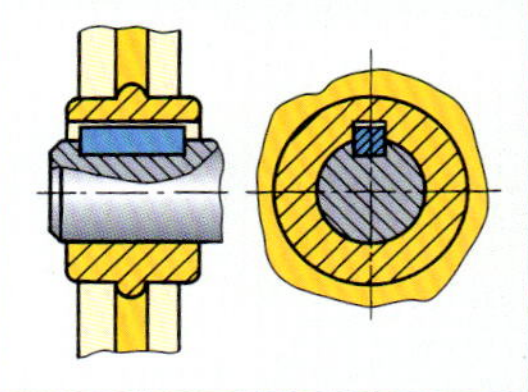	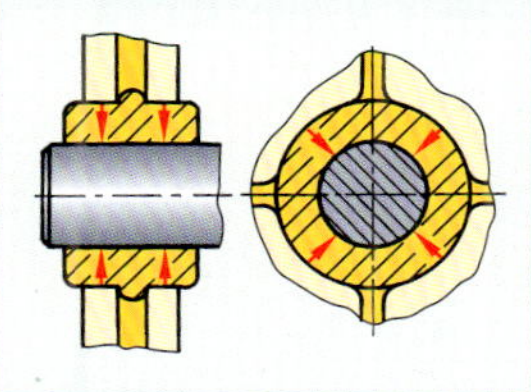	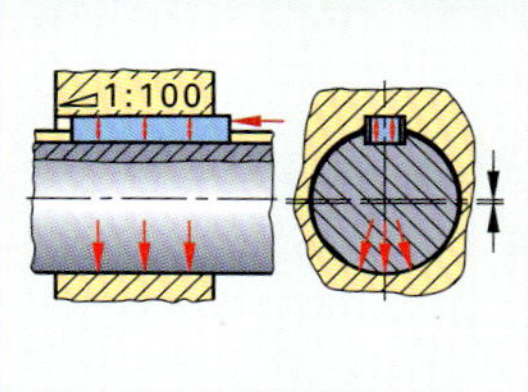	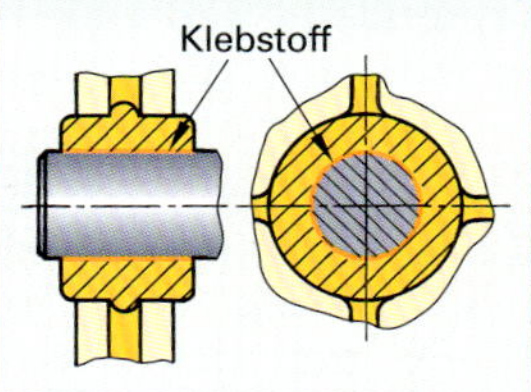
formschlüssig	**kraftschlüssig**	**vorgespannt formschlüssig**	**stoffschlüssig**
Die Übertragung des Drehmomentes erfolgt durch ein **zusätzliches Element** (Passfeder) oder durch die Profilform von Nabe und Welle. Es gilt: Je größer die Scherfläche, desto größer das übertragbare Moment.	Die Übertragung des Drehmomentes erfolgt durch **Kraftschluss** zwischen Nabe und Welle. Erzeugt wird dies durch Pressverbände wie: Aufschrumpfen, Dehnen des Innenteils, Längseinpressen, hydraulisches Fügen	Die Übertragung des Drehmomentes erfolgt durch ein zusätzliches Element (Keil) und durch die **Flächenpressung**, die dieses Element zwischen Nabe und Welle erzeugt.	Die Übertragung des Drehmomentes erfolgt ebenfalls durch Kraftschluss zwischen Nabe und Welle, wobei dies durch einen **zusätzlichen „Stoff"** erreicht wird. Beispiel: Klebeverbindung, Lötverbindung, Schweißverbindung

Formschlussverbindungen

Die einfachste und häufigste Welle-Nabe-Verbindung ist die **Passfederverbindung** (Bild 1). Die Passfeder, deren Seitenflächen in der Wellen- und Nabennut anliegen, wirkt dabei als Mitnehmer. Die Passfeder wird auf Abscherung und die Seitenflächen der Nuten auf **Flächenpressung** belastet. Passfederverbindungen eignen sich zur Übertragung geringer bis mittlerer Leistungen und sind nicht für stoßartige Belastungen oder wechselnde Drehrichtungen ausgelegt. Üblicherweise wird die Passfeder in die Wellennut eingepasst und klemmt dort fest. Die Nabe wird über die Welle mit Passfeder geschoben und muss gegen eine axiale Verschiebung gesichert werden. Zwischen der Passfeder und dem Nabengrund ist Spiel vorhanden.

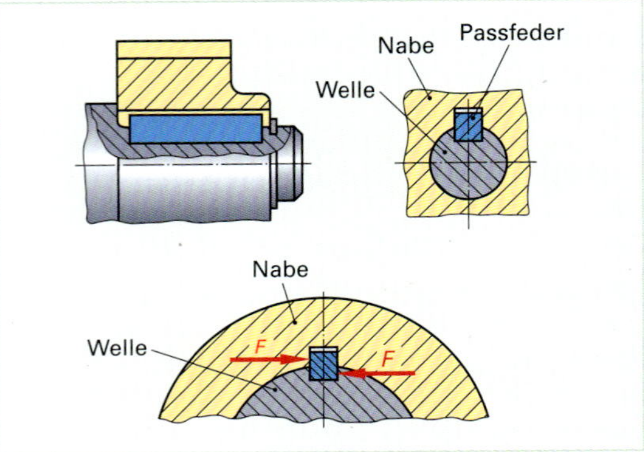

Bild 1: Passfederverbindung mit Belastungsfall

Für höhere Belastungen ist die **Keilwellenverbindung** (Bild 2 ①) ausgelegt. Hierbei sind mehrere Passfedern gleichmäßig am Umfang verteilt. Die Keilnabe kann axial auf der Keilwelle verschoben werden, weshalb sich diese Verbindung für Schieberädergetriebe eignet. Keilwellenverbindungen werden auch häufig für den Schaft von Plastifizierschnecken verwendet.

Zahnwellenverbindungen (Bild 2) wie das **Kerbzahnprofil** ② und das **Evolventenzahnprofil** ③ eigen sich für sehr **hohe Drehmomente** und **stoßartige Belastungen**, da sie gegenüber dem Keilwellenprofil Nabe und Welle weniger schwächen. Für maximale Drehmomente und wechselnde Belastungen sind die **Polygonprofile** (Bild 2 ④ ⑤) konzipiert. Sie sind selbstzentrierend und kerbwirkungsfrei. Ihre Herstellung ist jedoch vergleichsweise aufwendig.

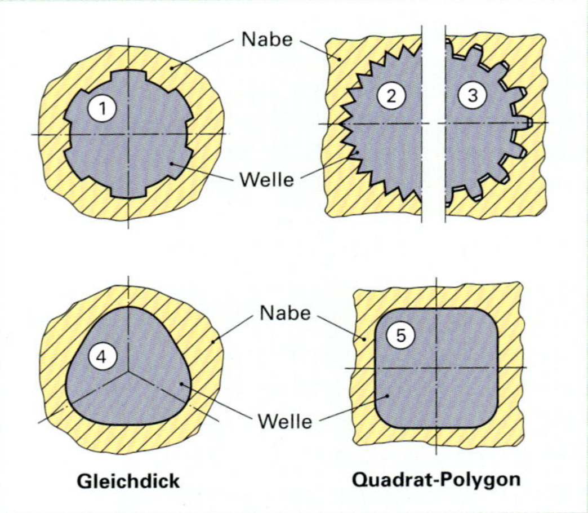

Bild 2: Profilwellen

Vorgespannte Formschlussverbindungen

Keilverbindungen (Bild 3 ①) eignen sich für **raue Bedingungen** im Großmaschinenbau. Durch das Eintreiben eines Keils mit einer Neigung von 1:100 werden Welle und Nabe miteinander verspannt. Dadurch entsteht ein minimaler Versatz der Mittelachsen von Welle und Nabe, was bei der Auswahl zu beachten ist. Das Drehmoment wird sowohl durch Reibkräfte als auch durch den Keil übertragen.

Eine weitere Variante stellt die **Kegelverbindung mit Scheibenfeder** (Bild 3 ②) dar. Die Scheibenfeder verhindert ein Durchrutschen bei Überschreitung der Reibkräfte. Für hohe Drehzahlen sind Keilverbindungen und Kegelverbindungen mit Scheibenfedern wegen der **Unwucht** nicht geeignet.

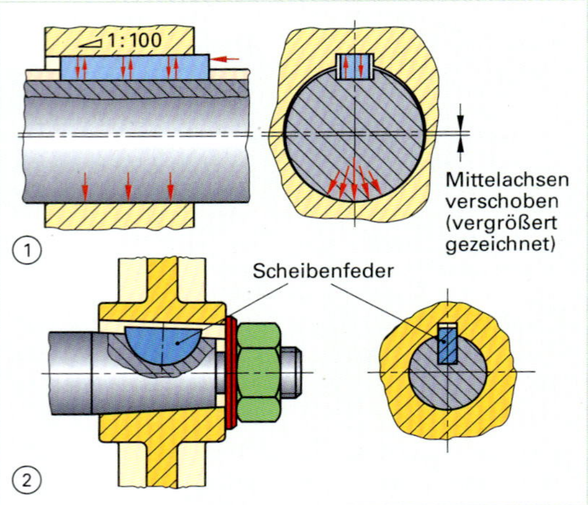

Bild 3: Vorgespannte Formschlussverbindungen

Kraftschlussverbindungen

Bei Kraftschlussverbindungen erfolgt die Übertragung der Kräfte ausschließlich **durch Reibung**. Welle und Nabe können dabei in beliebiger Position miteinander verbunden werden. Die Wellen werden hierbei nicht durch Nuten oder Bohrungen geschwächt. Die gebräuchlichsten Varianten sind die **Klemmverbindung** und die **Kegelverbindung** (**Bild 1**). Mittels der Klemmverbindung wird häufig die Längsbewegung einer Schubstange in eine Drehbewegung einer Kurbelscheibe umgewandelt und umgekehrt. Bei der Kegelverbindung wird der Wellenkegel in den Nabenkegel gezogen, wobei große Normalkräfte erzeugt werden. Kegelverbindungen eignen sich aufgrund ihrer geringen Unwucht auch für hohe Drehzahlen.

Ringfeder-Spannverbindungen, **Druckhülsen** (**Bild 2**) und **Sternscheibenverbindungen** werden vorwiegend für Verbindungen zwischen Wellen und Naben eingesetzt, wenn hohe Drehzahlen vorliegen. Die Elektromotoren werden mit Wellen ohne Passfedernut gefertigt, weil hierbei geringste Unwuchten und hohe Rundlaufgenauigkeiten zu erreichen sind. Die Naben, z. B. Riemenscheiben, werden auf den Wellen zentriert und kraftschlüssig gespannt.

Bei der **Ringfeder-Spannverbindung** (**Bild 3**) werden durch ein **axiales Verspannen** zweier oder mehrerer kegeliger Ringe radiale Normalkräfte erzeugt, welche die Nabe mit der Welle verspannen. Die kegeligen Spannelemente sind so gestaltet, dass keine Selbsthemmung eintritt und beim Lösen der Spannschrauben die Nabe entfernt werden kann.

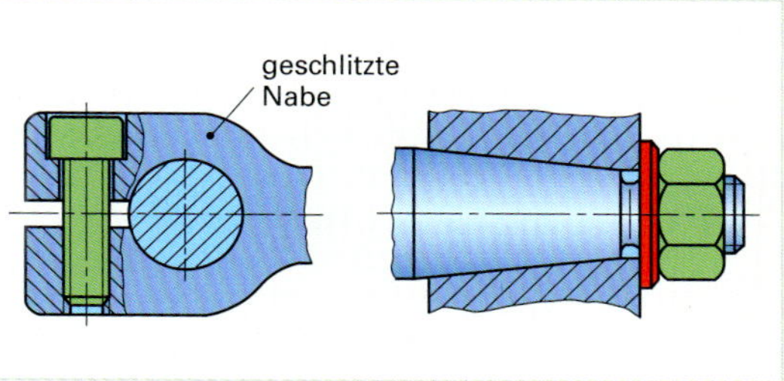

Bild 1: Klemmverbindung und Kegelverbindung

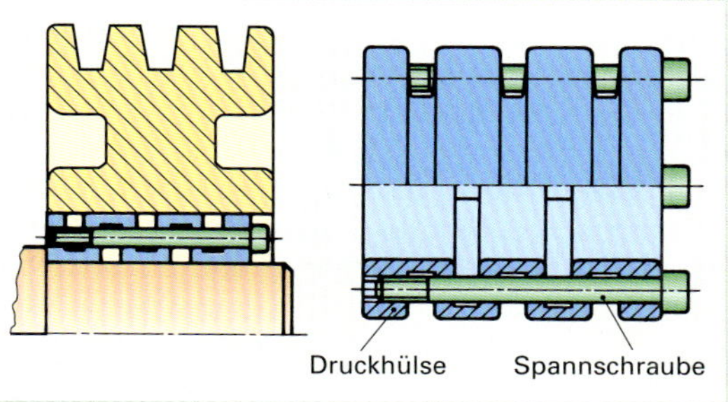

Bild 2: Druckhülse

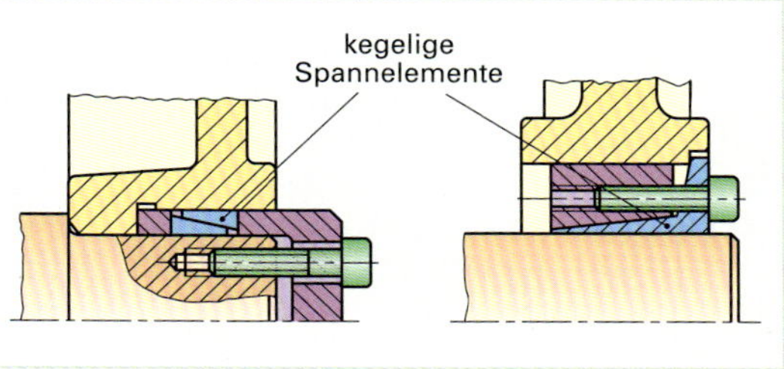

Bild 3: Ringfeder-Spannverbindung

Stoffschlussverbindungen

Stoffschlussverbindungen sind für **dauerhafte** Verbindungen gedacht. Durch Löten oder Schweißen wird eine Verbindung zwischen Welle und Nabe geschaffen, die **hohen** Belastungen standhält. Klebeverbindungen sind oftmals die günstigste und problemloseste Verbindung zweier Bauteile. Wie bei den kraftschlüssigen Verbindungen kommen glatte Wellenzapfen zum Tragen, welche hohe Umdrehungsfrequenzen erlauben.

Wiederholungsfragen:

1. Erläutern Sie die Begriffe formschlüssig, kraftschlüssig und stoffschlüssig.
2. Für welche Einsatzbereiche wird man Keilwellen-Verbindungen den Passfeder-Verbindungen vorziehen?
3. Weshalb eignen sich Keilverbindungen nicht für hohe Rundlaufgenauigkeiten?
4. Nennen Sie Vorteile der kraftschlüssigen Verbindungen gegenüber formschlüssigen.
5. Für welche Anwendungen kommen stoffschlüssige Verbindungen zum Einsatz?

4.5.2 Schraubverbindungen

Durch Schrauben werden vorwiegend solche Bauteile verbunden, die bei Bedarf wieder getrennt werden sollen. Bei **Befestigungsschrauben** wird durch das Anziehen der Schraube oder Mutter eine Flächenpressung zwischen den zu verbindenden Bauteilen oder Baugruppen erzeugt. Die Übertragung der Kräfte oder Momente erfolgt somit kraftschlüssig durch Reibung zwischen den Teilen. Neben den Befestigungsschrauben kommen **Bewegungsschrauben** mit Rund-, Sägen- oder Trapezgewinden zum Einsatz. Bewegungsschrauben haben große Steigungswinkel und können auch mehrgängig ausgeführt sein. Zum Verschließen von Ölablassöffnungen und ähnlichen Aufgaben werden feingängige **Dichtungsschrauben** verwendet. **Einstellschrauben** zum genauen Ausrichten und Positionieren von Maschinen oder Baugruppen besitzen meist metrische Feingewinde.

Damit sich Schraubverbindungen nicht von alleine lösen, muss das Gewinde **selbsthemmend** sein. Dies ist der Fall, wenn die Reibkraft F_R größer als die Abtriebskraft F_H ist (**Bild 1**). Große Reibkräfte erzielt man durch kleine Steigungswinkel und große Flankenwinkel. Bei **Befestigungsschrauben** liegt der Steigungswinkel α deshalb maximal zwischen 1° und 3°. Die Flankenwinkel von metrischen Spitzgewinden betragen 60° und die von Whitworthgewinden 55°.

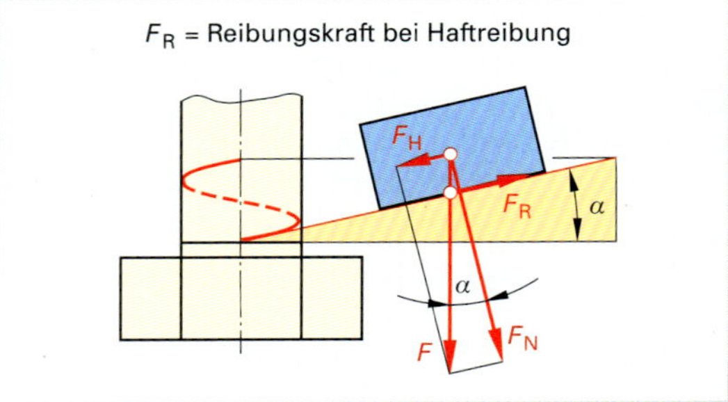

Bild 1: Kräfte und Winkel am Gewinde

Schrauben werden neben dem Verwendungszweck auch nach der **Verbindungsart** (**Bild 2**) unterschieden. **Durchsteckschrauben** kommen in Verbindung mit Muttern und häufig Unterlegscheiben zum Einsatz. Es werden damit Bauteile verbunden, welche beide mit Durchgangsbohrungen versehen werden können. **Einziehschrauben** dienen zur Befestigung von Bauteilen mit Durchgangsbohrungen an Bauteilen mit Innengewinde. Müssen Verbindungen häufig gelöst werden und das Gewinde im Bauteil ist dadurch in seiner Haltbarkeit gefährdet, so kommen **Stiftschrauben** zum Einsatz. Die Stiftschraube wird z. B. im Gehäuse eingeschraubt und zur Demontage eines Deckels wird die Mutter gelöst, damit der Deckel abgehoben werden kann. Stiftschrauben stellen auch eine besondere **Schaftform** dar. Weitere besondere Schaftformen besitzen die **Dehnschraube**, die **Passschraube** und die **Gewindestifte** (**Bilder 3 bis 5**). Dehnschrauben finden Anwendung bei dynamischen Belastungen und müssen mit definierter Vorspannkraft montiert werden. Passschrauben übernehmen durch ihren geschliffenen Schaft zusätzlich zwischen den geriebenen Bohrungen eine Zentrierfunktion. Zudem dient der Schaft zur Aufnahme von Querkräften. Gewindestifte besitzen keinen Schraubenkopf und sichern vorwiegend die Position von Naben auf Wellen oder Achsen.

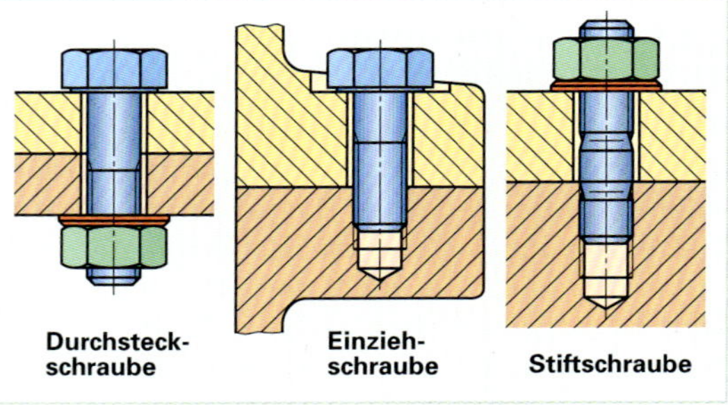

Bild 2: Verbindungsarten von Schrauben

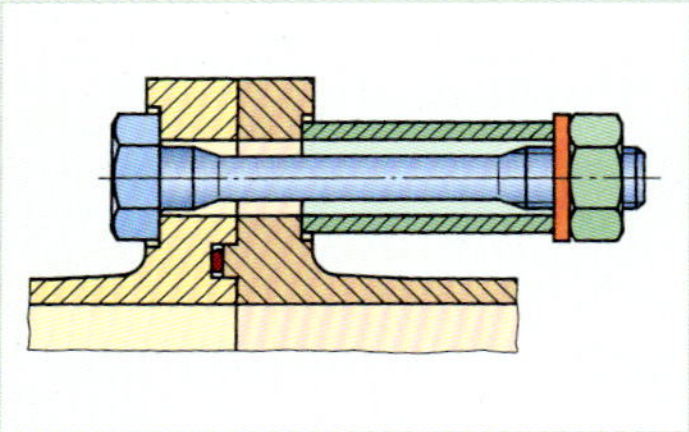

Bild 3: Dehnschraube

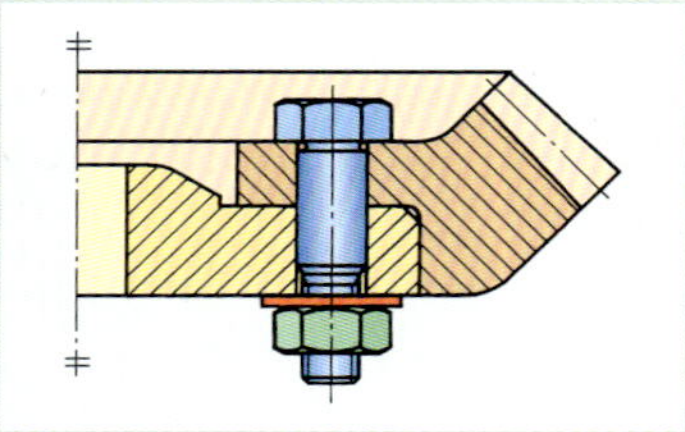

Bild 4: Passschraube

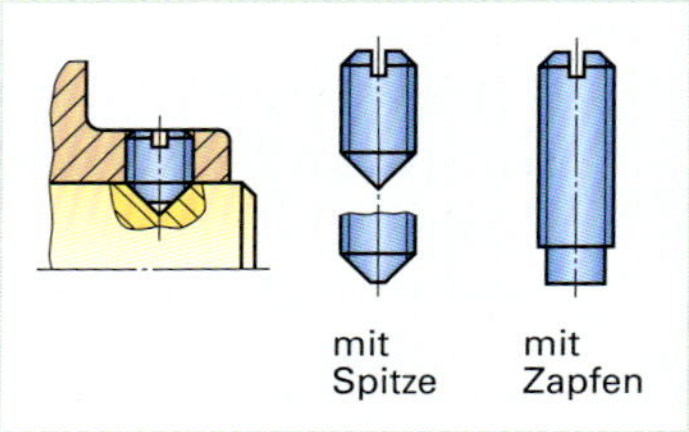

Bild 5: Gewindestift

Die Schraubenbezeichnungen beziehen sich zumeist auf die **Kopfform** (**Bild 1**).

Sechskantschrauben bieten einen großflächigen Ansatz für die Schlüssel und werden vorwiegend im Maschinenbau eingesetzt. **Zylinderschrauben mit Innensechskant** kommen bei sehr engen Schraubenabständen zur Anwendung, ebenso wenn der Schraubenkopf nicht über das Werkstück hinausragen darf. Bei begrenzten Platzverhältnissen kommen neben dem hohen Kopf ($h = d$) Schrauben mit niedrigem Kopf zum Einsatz. Zur Befestigung von dünnwandigen Bauteilen eignen sich **Senkschrauben**. Je nach erforderlicher Klemmkraft werden die Schraubenköpfe mit Innensechskant, Schlitz, Kreuzschlitz usw. versehen.

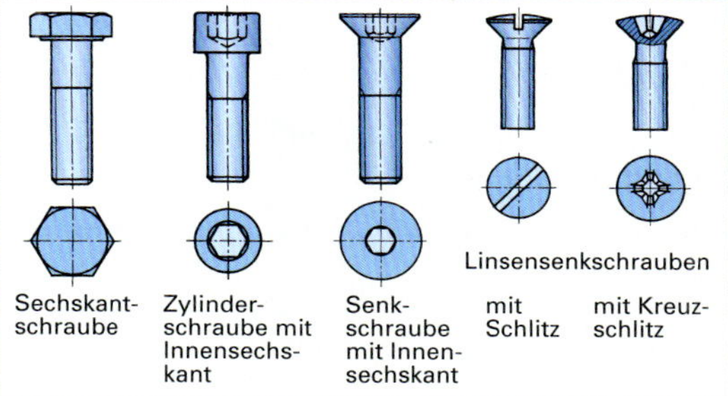

Bild 1: Kopfformen von Schrauben

Tabelle 1: Übersicht gebräuchlicher Muttern

Form	Verwendung	Form	Verwendung
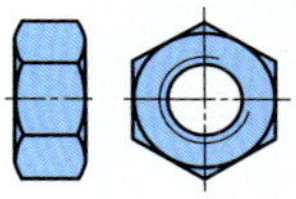	Sechskantmutter In Verbindung mit Sechskantschrauben	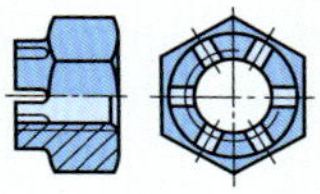	Kronenmutter wenn die Schraubenverbindung mit Splinten gesichert werden soll
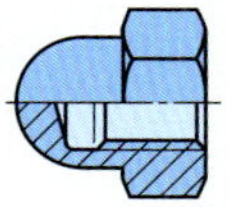	Hutmutter verhindern Beschädigung und Korrosion des Gewindeendes; schützen vor Verletzung durch scharfe Schraubenenden	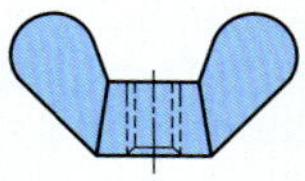	Flügelmutter wenn die Schraubenverbindung oft gelöst werden muss, z. B. bei Vorrichtungen
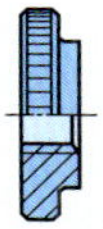	Rändelmutter wenn die Schraubenverbindung oft von Hand gelöst werden muss, z. B. bei Vorrichtungen	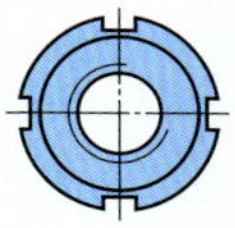	Nutmutter zum Ein- und Nachstellen des axialen Spiels und zum Befestigen von Wälzlagern auf Wellen
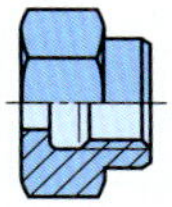	Überwurfmutter für Rohrverschraubungen	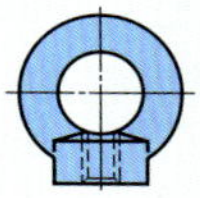	Ringmutter als Ösen zum Transport von Maschinen

Die Festigkeit von Schraubverbindungen ergibt sich maßgeblich aus der Festigkeit der Schrauben. Die **Festigkeitsklasse** (**Tabelle 2**) wird durch zwei Zahlen angegeben. Die erste Zahl mit 100 multipliziert ergibt die Mindestzugfestigkeit R_m. Die zweite Zahl steht für die Mindeststreckgrenze R_e und wird durch Multiplikation der ersten Zahl mit dem 10fachen Wert der zweiten Zahl ermittelt. Die Festigkeitsklasse einer Schraube ist auf ihrem Kopf zu erkennen (**Bild 2**).

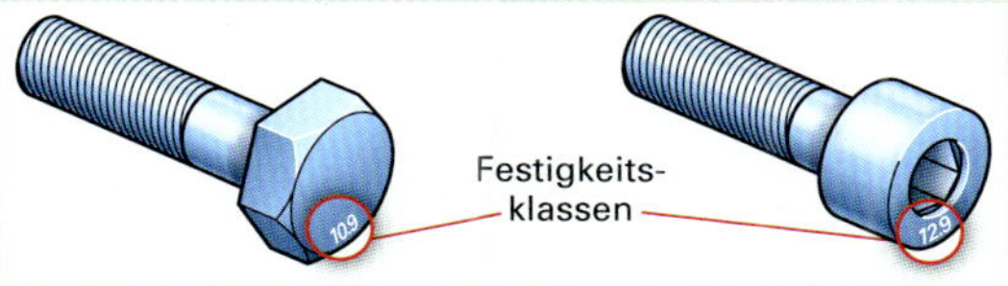

Bild 2: Festigkeitsklasse am Schraubenkopf

Tabelle 2: Festigkeitsklassen

Schraube			Verbindung	
Festigkeitsklasse	Zugfestigkeit R_m in N/mm²	Streckgrenze R_e bzw. Dehngrenze $R_{p0,2}$ in N/mm²	Beanspruchung der Verbindung	Werkstoff der Fügeteile
6.8	600	480	niedrig	alle Baustähle
8.8	800	640	mittel	
10.9	1000	900	hoch	Baustähle ab S355
12.9	1200	1080	sehr hoch	Vergütungsstähle

4.5.3 Stiftverbindungen

Stiftverbindungen sind **lösbare** Verbindungen. Die Bauteile werden **formschlüssig** gefügt.

Stifte erfüllen unterschiedliche Aufgaben:

- Zur **Fixierung und Lagesicherung** von Bauteilen dienen vorwiegend die **Passstifte**. Die Kraftübertragung erfolgt dabei hauptsächlich durch Schraubenverbindungen.
- Als **Befestigungsstifte** werden vorwiegend **Kegel-, Kerb-** und **Spannstifte** eingesetzt.
- **Abscherstifte** schützen Antrieb und Abtrieb vor größeren Schäden.

Zylinderstifte dienen als Passstifte, Befestigungsstifte und Abscherstifte. Je nach Aufgabe werden sie in verschiedenen Toleranzklassen gefertigt. Die Toleranzklasse ist an der Kuppenform der Stifte erkennbar. Zylinderstifte in Ausführung **m6** haben eine Linsenkuppe und werden vorwiegend als **Passstift** in geriebenen Bohrungen eingesetzt. Zylinderstifte für den Einsatz bei Grundbohrungen müssen mit einer Längsrille versehen sein, damit die Luft aus den Bohrungen entweichen kann. Zur Demontage des Stiftes befindet sich ein Innengewinde im Zylinderstift (**Bild 1**).

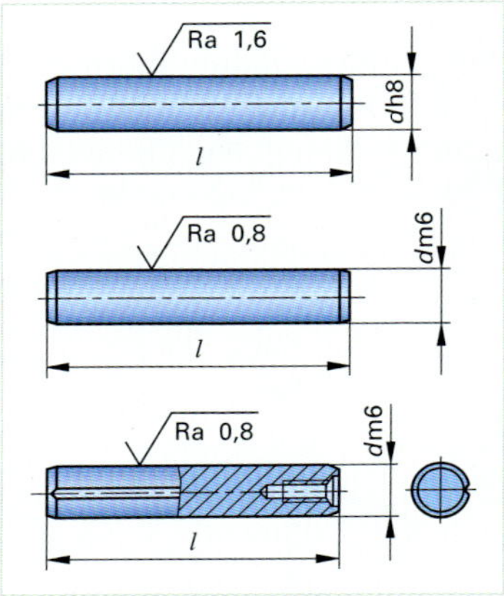

Bild 1: Zylinderstifte

Kegelstifte (**Bild 2**) haben ein **genormtes** Kegelverhältnis von 1:50, d. h., auf 50 mm Kegellänge ändert sich der Durchmesser um 1 mm. Werden Kegelstifte als Befestigungsstift verwendet, verspannen sie sich beim Eintreiben in die geriebenen Aufnahmebohrungen elastisch. Die dabei entstehende kraft- und formschlüssige Verbindung gilt jedoch als nicht rüttelsicher. Zur Demontage aus Grundbohrungen sind die Kegelstifte entweder mit einem Innengewinde oder einem Außengewinde versehen.

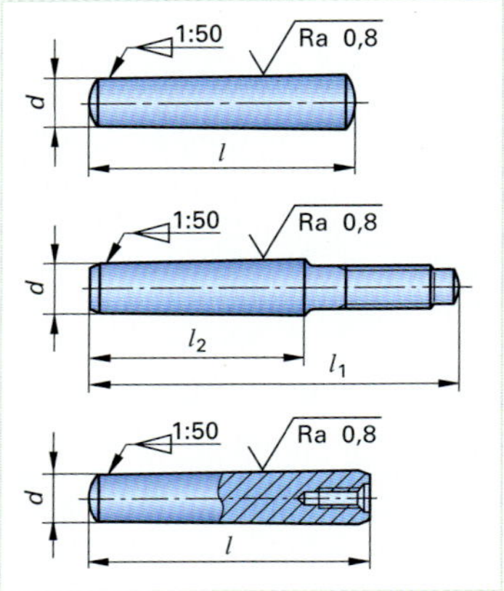

Bild 2: Kegelstifte

Kerbstifte (**Bilder 3 und 4**) werden zum Befestigen von gering beanspruchten Teilen, die selten gelöst werden müssen, benutzt. Sie haben am Umfang drei Längskerben, die sich beim Eintreiben **elastisch verformen**. Ihr Vorteil besteht darin, dass die Bohrungen im Gegensatz zu den Zylinder- oder Kegelstiften nicht gerieben werden müssen. Die Verwendung von Kerbstiften ist deshalb eine sehr kostengünstige Verbindungsform.

Spannstifte, auch als **Spannhülsen** (**Bild 5**) bezeichnet, weisen auch den Vorteil auf, in lediglich gebohrte Löcher eingebracht werden zu können. Während Kerbstifte häufig aus Aluminium oder weichen Stählen gefertigt werden, bestehen die Spannstifte **aus Federstahl**. In spiralförmiger Ausführung können damit beträchtliche Kräfte übertragen werden.

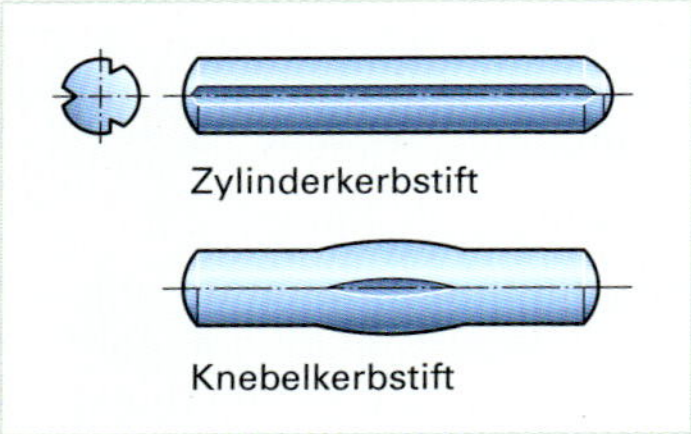

Bild 3: Kerbenvarianten

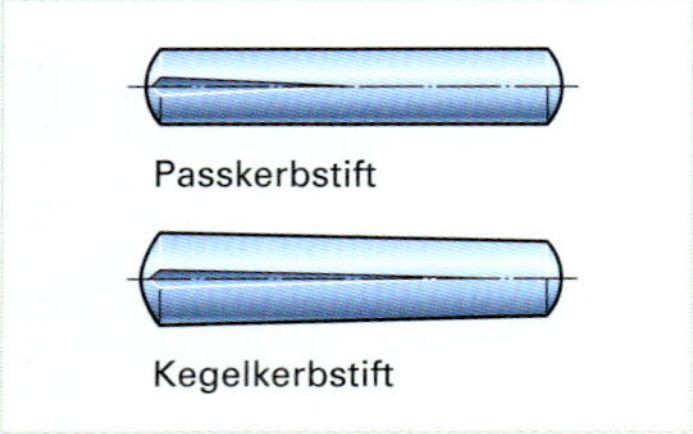

Bild 4: Zylindrisch oder kegelig

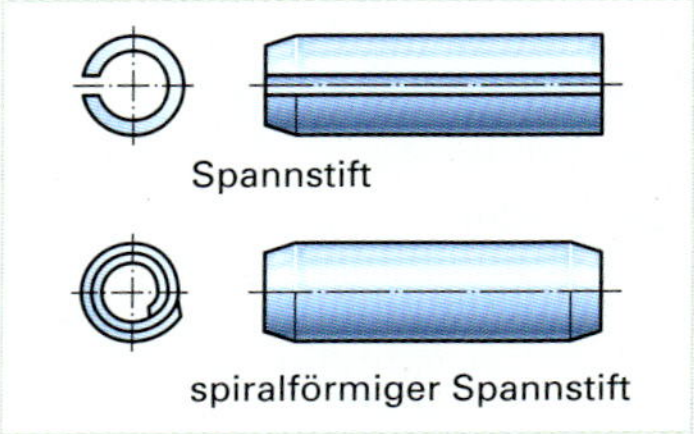

Bild 5: Spannstift

4.5.4 Nietverbindungen

Die Nietverbindungen zählen zu den **unlösbaren** Verbindungen und finden vorwiegend im Leichtmetallbau, wie z. B. im Flugzeugbau, Anwendung. Im Maschinen- und Fahrzeugbau wird das Nieten immer mehr vom Schweißen verdrängt. Nietverbindungen bedürfen einer aufwendigeren Vorbereitung und schwächen die Bauteile durch die Bohrungen. Im Gegensatz zum Schweißen ist beim Nieten aber eine problemlose Verbindung verschiedener Werkstoffe möglich. Bei unterschiedlichen Metallen muss allerdings die elektrochemische Korrosion berücksichtigt werden. Nietverbindungen erfüllen neben der kraftschlüssigen Verbindung zweier Bauteile auch häufig die Aufgabe der Abdichtung zwischen ihnen.

Die Bezeichnung der Niete kann nach der Kopfform (**Bild 1**), nach der Ausführung des Schaftes oder nach dem Nietverfahren erfolgen.

Der **Nietwerkstoff** sollte möglichst dem der Bauteile entsprechen. Die Gründe dafür sind die elektrochemische Korrosion zwischen verschiedenen Metallen und das unterschiedliche Verhalten bei Temperatureinfluss, was zu einem Lockern der Verbindung führen kann. Übliche Nietwerkstoffe sind neben dem Stahl noch Kupfer, Kupfer-Zink- und Aluminiumlegierungen. Auf den Einsatz von Kunststoffnieten wird im **Kapitel 15.4.3** eingegangen.

Für Einzelteile und Reparaturen kommt das **Hammernieten** (**Bild 2**) zum Einsatz. Die gebohrten und angesenkten Teile werden zunächst mit dem Nietzieher zusammengepresst. Durch Anstauchen mit dem Hammer wird die Bohrung vollständig ausgefüllt. Der herausragende Schaftteil wird anschließend mit einem **Döpper** zum Schließkopf geformt.

Bei **Schraubnieten** (**Bild 3**) und beim **Warmnieten** wird zusätzlich eine Flächenpressung zwischen den Bauteilen erzeugt, wodurch höhere Kräfte übertragbar sind. Ist eine Verbindungsstelle nur von einer Seite zugänglich, so kommen der **Dornniet** (**Bild 4**) und der **Spreizniet** zum Einsatz. Beim Dornniet wird nach dem Fügen der Bauteile mit einer **Nietzange** der Dorn des Dornnietes hochgezogen. Dabei weitet sich der überstehende Schaft des hohlen Niet auf. Bei Erreichen eines definierten Anpressdrucks reißt der Kopf des Dorns an einer Sollbruchstelle ab und der Dorn kann herausgezogen werden. Schraubnieten unter der Bezeichnung **Hi-Lok** (**Bild 3**) stellen eine moderne Art der Verbindungstechnik dar. Sie bestehen meist aus Titanlegierungen und werden vorwiegend zur Verbindung von mehrschichtigen Bauteilen eingesetzt.

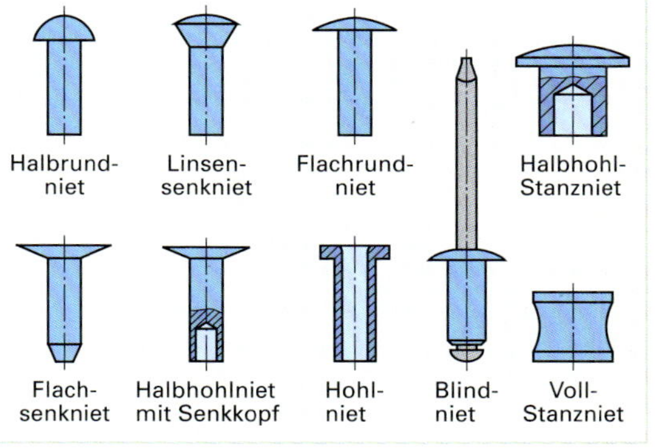

Bild 1: Nietformen

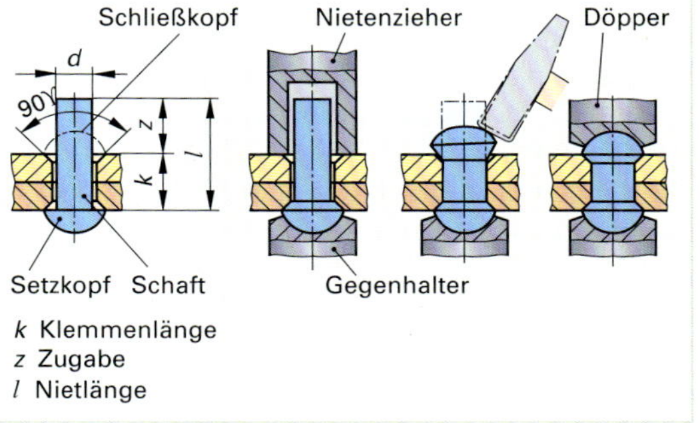

Bild 2: Hammernieten

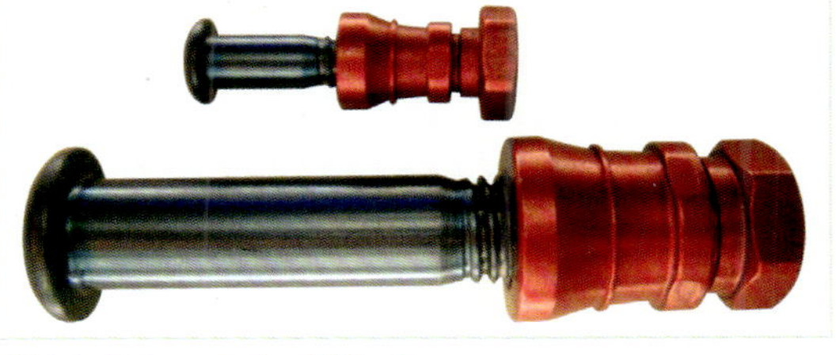

Bild 3: Schraubniet Hi-Lok

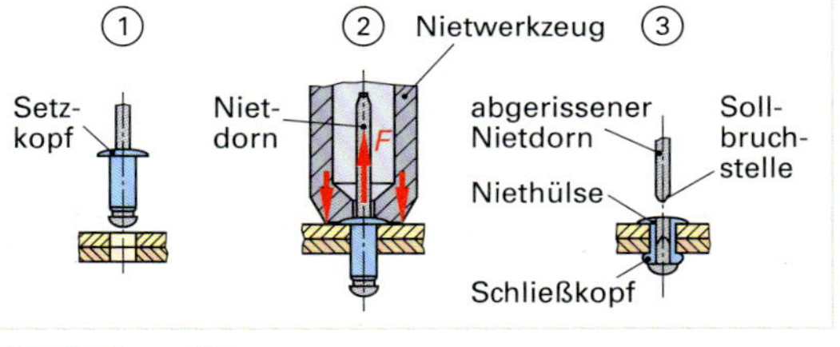

Bild 4: Dornniet

4.6 Begriffe und Größen der Elektrotechnik

Schon vor mehreren Jahrhunderten wussten die Griechen bereits, dass Bernstein durch Reiben in einen besonderen Zustand versetzt wird, indem er Wollfäden u. a. anzieht. Von dem griechischen Wort **elektron** für Bernstein abgeleitet entstand der Begriff der **Elektrizität**. Um eine sinnvolle und rationelle Nutzung der **elektrischen Energie** zu ermöglichen, muss man zum Wesen der **Elektrizität** und den Gesetzmäßigkeiten vordringen und die Ursache und Wirkung des **elektrischen Stromes** untersuchen.

4.6.1 Grundkenntnisse

In der Elektrotechnik werden verschiedene Werkstoffe verwendet, um einerseits den elektrischen Strom durch Leitungen und Kabel zu transportieren und andererseits durch Isolierung vor gefährlicher Spannung zu schützen. Werkstoffe, die den elektrischen Strom leiten, nennt man elektrische Leiter, in der Regel Metalle, wie Kupfer und Aluminium. Nichtleitende Stoffe werden als Nichtleiter oder Isolierwerkstoffe bezeichnet. Für Isolierwerkstoffe werden Kunststoffe (z. B. PVC-P), Glas oder Keramik eingesetzt.

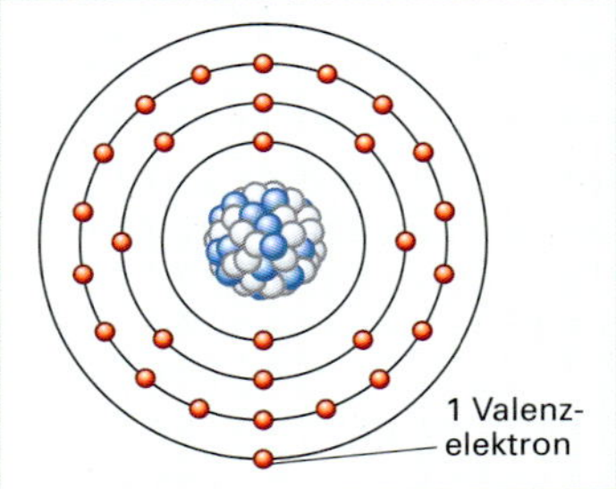

Bild 1: Kupferatom

Kupfer spielt in der Elektrotechnik aufgrund seiner guten elektrischen Leitfähigkeit eine sehr wichtige Rolle. Die Ursache für diese Eigenschaft ist die Metallbindung der Atome, denn Strom kann nur fließen, wenn freie Elektronen, die **Valenzelektronen** (**Bild 1**), des Atomgitters (**Bild 2**) verfügbar sind. Diese Außenelektronen bewegen sich im spannungsfreien Leiter ungeordnet im Atomgitter und es fließt kein Strom. Sobald Spannung anliegt bewegen sich die Elektronen gerichtet (siehe Kapitel 4.6.3). Silber und Gold besitzen zwar eine bessere elektrische Leitfähigkeit, werden aber aus Kostengründen nur für spezielle Zwecke, z. B. in elektronischen Geräten für hauchdünne Leiterbahnen eingesetzt.

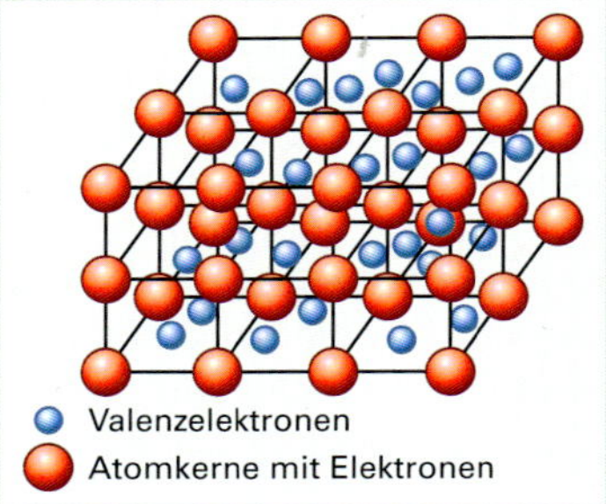

Bild 2: Atomgitter

Die Geschwindigkeit der Valenzelektronen ist abhängig vom Leiterwerkstoff, Leiterquerschnitt, von der Stromstärke und Leitertemperatur. Die Elektronengeschwindigkeit beträgt ca. 0,001 bis 10 Millimeter pro Sekunde.

4.6.2 Die elektrische Spannung

Getrennte Ladungen haben das Bestreben, die Trennung aufzuheben und die Ladung wieder auszugleichen. Dieses **Ausgleichsbestreben** getrennter Ladungen nennt man **elektrische Spannung**.

Die **elektrische Spannung** hat die Einheit **Volt** (**V**) und das Formelzeichen ***U***.

Spannungserzeugung

Alle Geräte, die die Ladungstrennung verursachen, werden **Spannungserzeuger** bzw. **Generatoren** genannt. Man kennt eine Vielzahl unterschiedlicher Möglichkeiten, Spannungen zu erzeugen:

- bewegte Magnete und Spulen, z. B. Generatoren
- Wärme, z. B. Thermoelement beim elektronischen Thermometer
- Licht, z. B. Fotoelement, Solarzellen
- chemische Vorgänge, z. B. Trockenbatterie (**Bild 3**)
- Induktion: Fahrradlichtmaschine (Dynamo), Generatoren in Kraftwerken

Bild 3: Batterien

Spannungsarten

Die einzelnen Spannungserzeuger liefern verschiedene Arten von Spannungen: **Gleichspannung** sowie **Wechselspannung**.

Gleichspannung ist von gleich bleibendem Betrag und gleicher Polarität (**Bild 1**).

Grafisches Symbol: – (Minuszeichen)

Kurzbezeichnung: **DC** (englisch: *Direct Current*)

Generatoren liefern in der Regel **Wechselspannung**. Diese Spannungsart ändert ständig ihre Polarität und ihren Betrag (**Bild 2**).

Grafisches Symbol: ~ (Tilde)

Kurzbezeichnung: **AC** (englisch: *Alternating Current*)

Bild 1: Gleichspannung DC

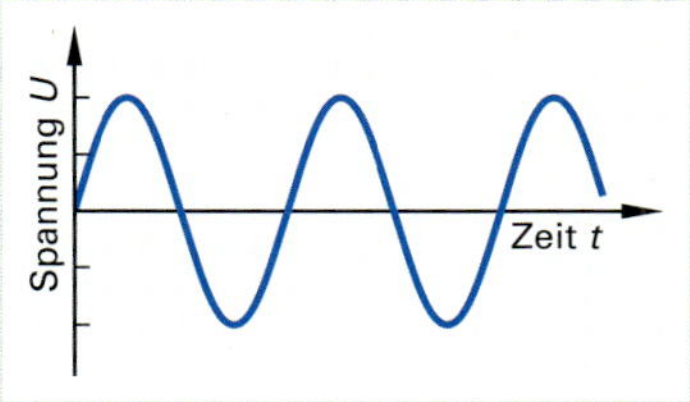

Bild 2: Wechselspannnung AC

Größenordnungen von Spannungen

Gehirnimpulse:	0,000 001 V	= 1 µV
Antennen:	0,001 V	= 1 mV
Fahrradlichtmaschine:	6 V	
Elektromotor, z. B. Förderband:	400 V	
Hochspannungsleitungen (**Bild 3**) der Energieversorger:	bis 400 000 V	= 400 kV
Gewitterblitz:	1 000 000 V	= 1 MV

Am **Generator** eines Großkraftwerkes wird eine **Spannung** von 27 kV erzeugt. Das Verbundnetz (Höchstspannung) arbeitet in der Regel mit 380 kV bzw. mit 220 kV. Dieses Netz verteilt die von Kraftwerken eingespeiste Energie landesweit zu Transformatoren in Umspannwerken. Das Hochspannungsnetz (50 kV bis 150 kV) sorgt für den regionalen Transport. Ein Mittelspannungsnetz (6 kV bis 30 kV) verteilt die elektrische Energie. Mit einer Spannung von 230 V/400 V wird schließlich das Niederspannungsnetz des regionalen Energieversorgers betrieben.

Bild 3: Hochspannungsleitung

4.6.3 Der elektrische Strom

Der Stromkreis und die Stromrichtung

Schließt man die **Spannungsquelle** über **elektrische Leiter** an einen **Verbraucher** an, dann erfolgt der Ausgleich der Ladung über diesen **Verbraucher**. Der **Stromkreis** ist geschlossen. Trotz des Ausgleichs der Ladung wird die **Spannung** allerdings aufrechterhalten, solange die Ladungstrennungskräfte wirken.

Die **Elektronen** bewegen sich innerhalb der **Spannungsquelle** vom Plus- zum Minuspol. Außerhalb der **Spannungsquelle** fließen die Elektronen vom Minus- zum Pluspol. Der elektrische Strom fließt vom Ort des Elektronenüberschusses zum Ort des Mangels (**Bild 4a**).

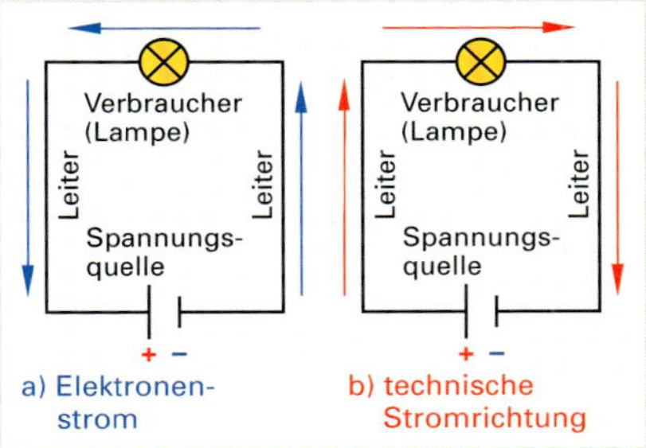

Bild 4: Stromrichtung im Stromkreis

Die **Spannung** ist eine Größenangabe für den Ladungsunterschied bei getrennten Ladungen. Ein elektrischer **Strom** kann erst fließen, wenn beide Ladungen elektrisch leitend verbunden sind.

Die tatsächlich auftretende Driftrichtung der Elektronen vom Minuspol zum Pluspol bezeichnet man als **Elektronenstromrichtung** oder **physikalische Stromrichtung**. Im 19. Jahrhundert waren die Ursachen des elektrischen **Stromes** noch nicht genau bekannt. Die Strömungsrichtung positiver Ionen wurde damals als Stromrichtung definiert. Es wurde also festgelegt, dass der elektrische **Strom** vom Pluspol zum Minuspol fließt. Diese Stromrichtung bezeichnet man als **technische Stromrichtung** (**Bild 4, Seite 251**).

Die elektrische Stromstärke

Der **elektrische Strom** oder die **elektrische Stromstärke** wird meist kurz **Strom** genannt.

Der **elektrische Strom** hat das Formelzeichen I und das Einheitenzeichen **Ampere** mit dem Formelzeichen **A**.

Stromstärke $I = \frac{Q}{t}$ Einheit: $\frac{1\,\text{A} \cdot \text{s}}{1\,\text{s}} = 1\,\text{A}$

Die **elektrische Stromstärke *I*** gibt an, welche Ladungsmenge ***Q*** in der Zeiteinheit ***t*** durch den Leiterquerschnitt fließt:

Bild 1: Leuchte mit LED-Lampe

Größenordnung für Stromstärken

Belichtungsmesser: ca. 0,001 A = 1 mA

Leuchte mit LED-Lampe (**Bild 1**): ca. 0,05 A

Bügeleisen: ca. 2 A

Straßenbahn: ca. 50 A

4.6.4 Der elektrische Widerstand

Grundwissen zum elektrischen Widerstand

Einen **elektrischen Leiter** stellt man sich wie folgt vor. Die **Atomrümpfe** bilden ein Gitter, zwischen denen sich freie Elektronen (**Valenzelektronen**) im Leiter (z. B. Kupferleiter) bewegen können (**Bild 2**).

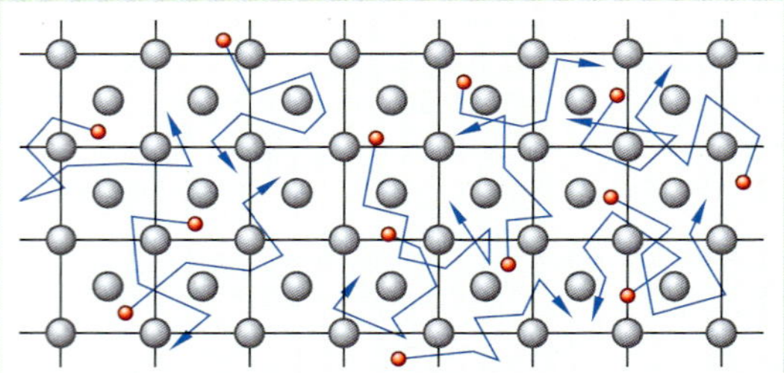

Bild 2: Elektronenbewegung im Leiter (Modell)

Die Atomrümpfe schwingen um ihre Ruhelage. Beim Zusammenstoß der **Elektronen** geben sie einen Teil ihrer **Bewegungsenergie** ab (**Bild 3**). Die Atomrümpfe werden dadurch in stärkere Schwingungen versetzt. Diese Bewegungen verursachen Wärme, folglich steigt die Temperatur. Je größer die Schwingungen, desto stärker erwärmt sich das Leitermaterial.

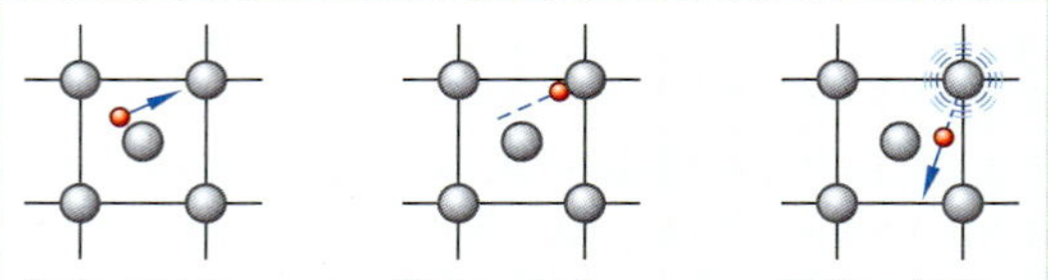

Bild 3: Energieweitergabe der Elektronen an die Atomrümpfe (Modelle)

Letztendlich kann man daraus schlussfolgern, dass die gerichtete **Elektronenbewegung**, der **elektrische Strom**, durch das Zusammenstoßen mit den schwingenden Atomrümpfen behindert wird. Diese Hemmung ruft dann den **elektrischen Widerstand** hervor.

Der **elektrische Widerstand** hat das Formelzeichen ***R*** und die Einheit **Ohm** mit dem Einheitenzeichen Ω (griechisch: *Omega*).

Der Widerstand eines Leiters hängt von seinen Abmessungen und vom Material, aus dem er besteht, ab. Die elektrische Größe, die hierbei das Material charakterisiert, wird als **spezifischer Widerstand** bezeichnet.

Er hat das Formelzeichen ϱ (kleines *Rho*) und die Einheit:

$$1\ \frac{\Omega\ \text{mm}^2}{\text{m}} \text{ bzw. } 1\ \Omega \cdot \text{m}.$$

Der Kehrwert des **spezifischen Widerstandes** wird **elektrische Leitfähigkeit** genannt. Formelzeichen: κ (kleines *Kappa*).

Leitfähigkeit	$\kappa = \frac{1}{\varrho}$	Einheit: $1\ \frac{\text{m}}{\Omega \cdot \text{mm}^2}$ bzw. $\frac{1}{\Omega \cdot \text{m}}$

Bild 1: Kupferleitung

Der **elektrische Widerstand** eines Leiters, z. B. Kupferleitung (**Bild 1**), ist außer vom Material auch von seinem Querschnitt A, seiner Länge l und seiner Temperatur ϑ (kleines *Theta*) abhängig.

Elektrischer Widerstand	$R = \frac{\varrho \cdot l}{A}$	$\frac{U}{I}$ = *konstant*	Einheit: 1 Ω

Bei Berechnungen wird in der Regel eine Raumtemperatur von 20 °C angenommen. Die (**Tabelle 1**) gibt die Werte des **spezifischen Widerstandes** einiger Leiterwerkstoffe bei 20 °C an. Die höchste Leitfähigkeit hat Silber.

Temperaturänderungen wirken sich je nach dem Material des Leiters unterschiedlich aus. Im Allgemeinen unterscheidet man zwischen Widerständen, die bei steigender Temperatur ihren Widerstandswert verringern (PTC), in etwa beibehalten oder vergrößern (NTC).

Tabelle 1: Leiterwerkstoffe

Beispiele	Spezifischer Widerstand ϱ in $\frac{\Omega\ \text{mm}^2}{\text{A}}$
Kupfer	0,0179
Aluminium	0,028
Eisen	0,13
Silber	0,015
Chromnickel	1,1
Kohlenstoff	35

4.6.5 Das Ohm'sche Gesetz

Das **Ohm'sche Gesetz** gilt nur bei **Widerständen,** bei denen der Widerstandswert als konstant angenommen werden kann.

Der elektrische Stromkreis

Der **elektrische Stromkreis** (**Bild 2**) besteht aus:

- Spannungsquelle, z. B. Batterie
- elektrische Leiter, z. B. Kupferleiter
- Ohmscher Widerstand *R* (Verbraucher)

In der **Spannungsquelle** (z. B. Batterie) wird Energie aus anderen Energieformen in **elektrische Energie** umgewandelt.

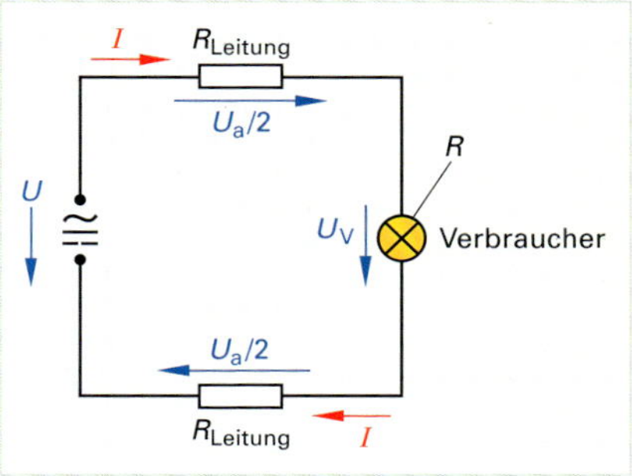

Bild 2: Elektrischer Stromkreis

Im dargestellten **Stromkreis** wandelt der **Verbraucher** die elektrische Energie in **Wärmeenergie** um. Die elektrische Energie wird dabei „verbraucht" und in eine andere Energieform umgewandelt. Der Verbraucher ist also streng genommen ein **Energieumwandler**.

Grundwissen zum Ohmschen Gesetz

In den **elektrischen Leitern** stehen **Spannung, Strom, Leistung** und **Widerstand** in gesetzmäßigem Zusammenhang zueinander. Verdeutlicht wird es in der Grafik (**Bild 1**) der Berechnungsformeln für diese Werte. Die Variierung der **Spannung**, führt zur Änderung des **Stromes** proportional zur **Spannung**: $I \sim U$

Bildet man für jede Messung das Verhältnis von **Spannung** und **Strom**, dann ergibt sich ein konstanter Wert:

$$\frac{\text{Spannung}}{\text{Strom}} = \text{Widerstand} = \text{konstant}$$

Diese Konstante entspricht dem **elektrischen Widerstand *R***.

Elektrischer Widerstand $R = \frac{U}{I}$ Ohmsches Gesetz Einheit: 1 Ω (Ohm)

Durch Umstellen erhält man für Spannung und Strom:

$U = R \cdot I$ und $I = \frac{U}{R}$

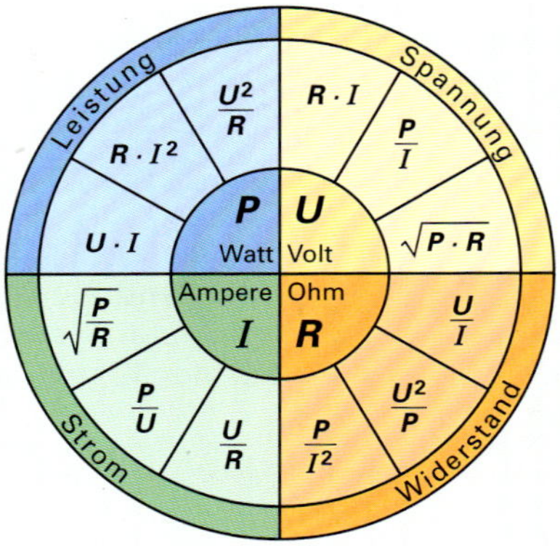

Bild 1: Berechnungsformeln (*U*, *I*, *R*, *P*)

4.6.6 Schaltung von Widerständen

An eine **Spannungsquelle** können mehrere **Verbraucher** angeschlossen werden. Dabei werden grundsätzlich zwei Schaltungsarten unterschieden, **Reihenschaltung** und **Parallelschaltung**.

Die Reihen- und Parallelschaltung

Bei der **Reihenschaltung** (**Bild 2a**) ist der **Gesamtwiderstand R_g** gleich der Summe aller Einzelwiderstände:

Gesamtwiderstand $R_g = R_1 + R_2 + R_3 + \ldots + R_n$

Bei der **Parallelschaltung** (**Bild 2b**) ist der Kehrwert des **Gesamtwiderstandes R_g** gleich der Summe der Kehrwerte der Einzelwiderstände.

Gesamtwiderstand $\frac{1}{R_g} = \frac{1}{R_1} + \frac{1}{R_2} + \frac{1}{R_3} + \ldots \frac{1}{R_n}$

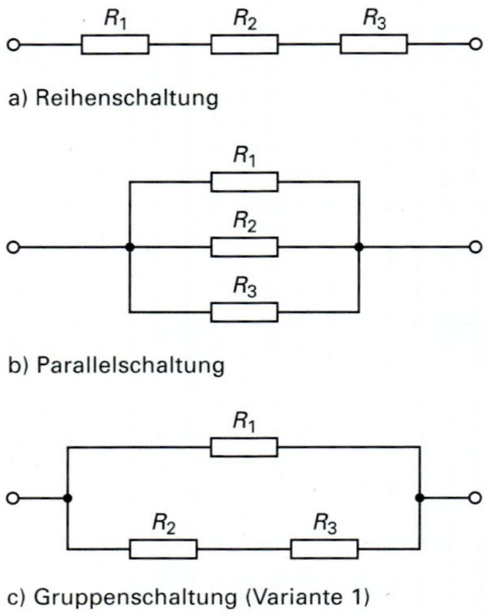

Bild 2: Schaltung von Widerständen

Die Gruppenschaltung (Gemischte Schaltung)

Diese Schaltungen werden wie folgt berechnet: Bei der **Gruppenschaltung** (**Bild 2c**) wird zunächst der Reihenwiderstand $R_{2/3} = R_2 + R_3$ berechnet, dann der Gesamtwiderstand.

Gesamtwiderstand $\frac{1}{R_g} = \frac{1}{R_1} + \frac{1}{R_{2/3}}$

Bei der Schaltung (**Bild 1**) wird zunächst der Parallelwiderstand

$\frac{1}{R_{1/2}} = \frac{1}{R_1} + \frac{1}{R_2}$ errechnet, dann der Gesamtwiderstand.

Gesamtwiderstand	$\mathbf{R_g = R_{1/2} + R_3}$

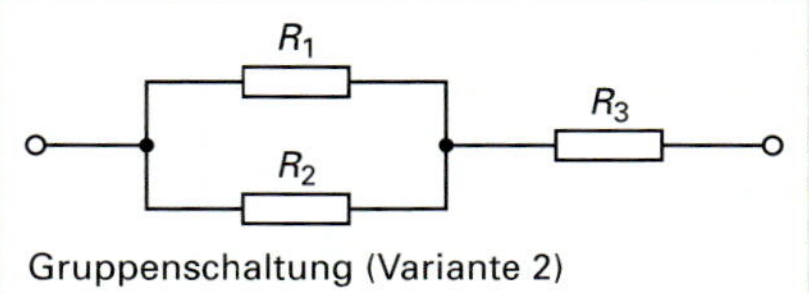

Bild 1: Schaltung von Widerständen

4.6.7 Die elektrische Arbeit und Leistung

Grundwissen zur elektrischen Arbeit

Spannungsquellen stellen **elektrische Energie** zur Verfügung. Zur Bereitstellung dieser Energie muss ein entsprechender Betrag an Arbeit aufgewendet werden z. B. durch eine Wasserturbine.

Elektrische Arbeit	$\mathbf{W = U \cdot I \cdot t}$	Einheit: 1 Ws (Wattsekunde)	Formelzeichen *W* (englisch: *work*)

Da die Einheit Ws sehr klein ist, werden in der Praxis größere Einheiten benutzt:
Wattstunden (Wh) bzw. Kilowattstunde (kWh). 1 Wh = 3600 Ws = 3,6 · 10^3 Ws = 3,6 kWs

Die **elektrische Arbeit *W*** ist das Produkt aus der Spannung ***U***, der Stromstärke ***I*** und der Zeit ***t***.

Messen der elektrischen Arbeit

Die **direkte Messung** erfolgt unter Verwendung eines **Elektrizitätszählers**, der oft nur als **Zähler** bezeichnet wird. Er besteht im Prinzip aus einem Spannungspfad (Spannungsmesser) und einem Strompfad (Strommesser). Beide wirken zusammen auf ein Zählwerk, das entsprechend der Einschaltdauer (Zeit) die Arbeit registriert (**Bild 2**). Die magnetischen Wirkungen der Spulen versetzen die Zählerscheibe in Drehung. Ein Zählwerk zeigt direkt die elektrische Arbeit in kWh an.

Kosten der elektrischen Arbeit

Soll der Verbrauch für einen bestimmten Zeitabschnitt festgestellt werden (Stunde, Monat, Tag, Jahr), sind zwei Ablesungen erforderlich, und zwar zu Beginn und am Ende des betreffenden Zeitraumes. Aus der Differenz der beiden Ablesungen ergibt sich der Verbrauch für den Zeitraum. **Beispiel:**

Ablesungstag	Zählerstand
30.09.	8916,4 kWh
31.10.	9379,2 kWh

Der Verbrauch im Monat Oktober beträgt 462,8 kWh.

Bild 2: Elektrizitätszähler

Grundwissen zur elektrischen Leistung

Die elektrische Leistung gibt an, wie schnell eine Arbeit verrichtet wird.

Elektrische Leistung	$\mathbf{P = U \cdot I}$	Einheit: 1 W (das Watt)	Formelzeichen *P* (englisch: *power*)

Zusammenhang zwischen Leistung und Widerstand: $P = I^2 \cdot R$ oder $P = \frac{U^2}{R}$

Elektrische Leistung *P* ist verfügbar, wenn gleichzeitig elektrische Arbeit *W* verrichtet wird.

Leistungsaufnahme bei Verbrauchern mit ohmscher Last

Diese Verbraucher können beispielsweise Infrarotlampen oder Heizgeräte sein. Die aus dem Energieversorgungsnetz zugeführte Leistung P_{zu} wird durch die Stromstärke und die Größe der Spannung bestimmt. Sie wird in der Regel als **Bemessungsleistung** (**Nennleistung**) auf dem Leistungs- und Typenschild angegeben oder direkt auf den Verbrauchern (z. B. Infrarotlampen) aufgedruckt (**Bild 1**).

Bild 1: Bemessungsleistung 100 W

Leistungsaufnahme bei Verbrauchern mit ohmscher, induktiver und (oder) kapazitiver Last

Verbraucher können beispielsweise Motoren oder Leuchten mit Leuchtstoffröhren sein. Die Leistungsangabe auf dem Leistungs- und Typenschild gibt hier die abgegebene Leistung P_{ab} an. Die Leistungsberechnung dieser Verbraucher erfolgt mit komplexen Werten.

4.7 Eigenschaften und Anwendung von Energieträgern

Gewinnung von elektrischer Energie

Elektrische Energie (**Bild 2**) kann aus **erneuerbaren Energien**, **fossilen Energien** oder aus **Kernenergie** gewonnen werden. Genau genommen lässt sich Energie nicht erzeugen, sondern nur umwandeln. Das Umwandeln von einer **Energieform** in elektrische Energie erfolgt in **Erzeugern**. Beispiele: Generatoren, Akkumulatoren oder Solarzellen. Betriebsmittel, die elektrische Energie in andere Energiearten umformen, heißen **elektrische Verbraucher**. Beispiele: Elektromotoren, Computer, Kühlschränke, Fernseher, Lampen aller Art oder Wasserkocher.

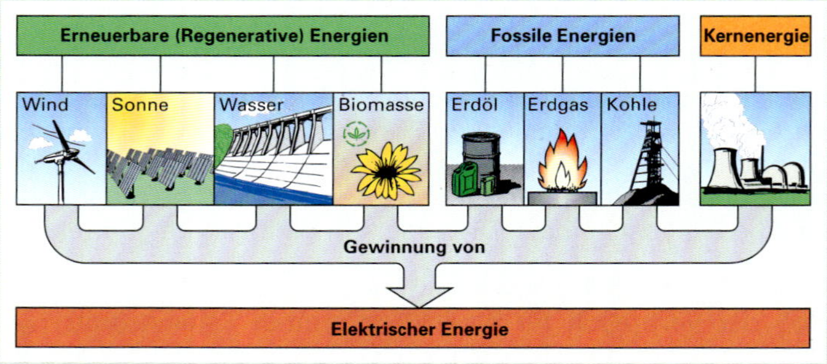

Bild 2: Gewinnung elektrischer Energie

Gewinnung elektrischer Energie am Beispiel eines Wasserkraftwerkes

Im Wasser eines Staudamms ist potenzielle Energie gespeichert. Strömt das Wasser in die Wasserturbine des tiefer gelegenen Kraftwerks, wird die **potenzielle Energie** in **kinetische Energie** (Bewegungsenergie) umgewandelt. Das Wasser verrichtet in den Turbinen Arbeit. Die **Turbinen** treiben **Generatoren** an, diese wandeln die mechanische Energie der Turbinen in elektrische Energie um. Der Transformator ändert die Spannungshöhe, bevor der gewonnene Strom über Stromleitungen das Wasserkraftwerk verlässt.

4.8 Gefahren des elektrischen Stroms

Elektrounfälle lassen sich meist auf technische Mängel, z. B. fehlende Schutzabdeckungen oder defekte Isolation zurückführen. Auch organisatorische Mängel, z. B. fehlende oder lückenhafte Arbeitsanweisungen und persönliche Fehler, z. B. Fehlhandlungen, führen oftmals zu Unfällen. Technische Anlagen müssen daher sicherheitsgerecht und in technisch tadellosem Zustand sein. Die meisten **Unfälle** lassen sich durch Umsicht und durch vorbeugende Maßnahmen verhindern. Mängel an Werkzeugen, Geräten, Maschinen und Anlagen müssen sofort dem Vorgesetzten gemeldet werden, um die Wahrscheinlichkeit für die Entstehung eines Unfalls so gering wie möglich zu halten.

Gefährliche Körperströme

Das folgende Bild zeigt Zeit-Strom-Gefährdungsbereiche für Wechselstrom bei einem Frequenzbereich von 15 Hz bis 100 Hz auf den menschlichen Organismus bei einem Stromfluss (**Bild 1**).

Der gefährliche Körperstrom (**Tabelle 1**) bezeichnet den elektrischen Strom, der den menschlichen Körper durchfließt und zugleich einen schädigen Effekt auslöst, z. B. Herzstillstand oder schwere Verbrennungen.

Die Gefährlichkeit nimmt mit der Höhe des Stroms und der Einwirkdauer zu. Gleichzeitig spielen weitere Faktoren, wie Stromweg, vulnerable Herzphase und Frequenz des Stroms eine Rolle.

Wechselspannung > 50 V und Gleichspannung > 120 V sind lebensgefährlich.

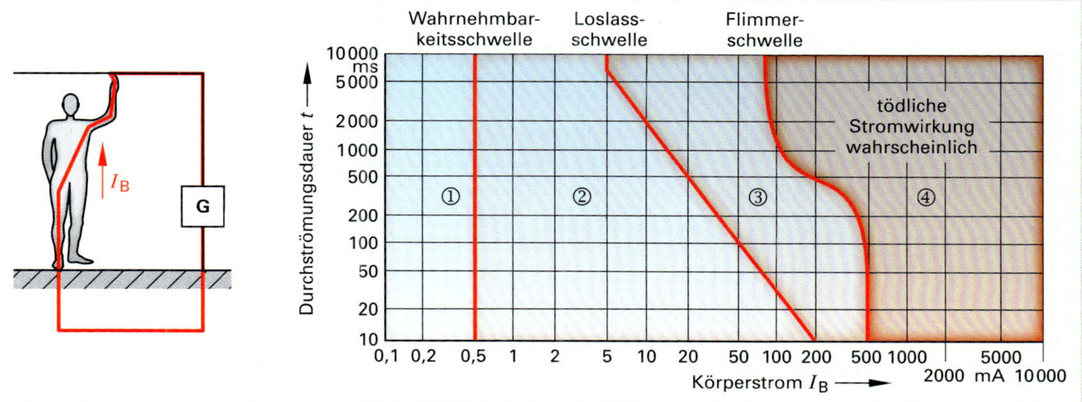

Bild 1: AC-Zeit-Strom-Gefährdungsbereiche 15 Hz … 100 Hz

Tabelle 1: Zeit-Strom-Gefährdungsbereiche

Einstufung der Bereiche	Wahrnehmung	Wirkung
① 0 mA … 0,5 mA	Wechselströme in diesem Bereich werden meistens nicht wahrgenommen.	**Keine** Reaktion auf den menschlichen Körper.
② 0,5 mA … 100 mA	Es ist ein Kribbeln zu spüren. Krampfartige Muskelreaktionen sind möglich. Leichte Schwierigkeiten beim Atmen.	Das Loslassen bereitet Schwierigkeiten. Die **Schreckreaktion** kann zum Folgeunfall führen, z. B. Absturz von einer Leiter.
③ 100 mA … 500 mA	Sehr starke Muskelverkrampfungen, deshalb liegt in diesem Bereich die Losslassschwelle.	Die Stromquelle kann aufgrund von starken Muskelverkrampfungen nicht mehr losgelassen werden. **Herzkammerflimmern** ist möglich.
④ 500 mA … 10000 mA	Starke Schmerzen („Stromschlag"). Der Kreislauf bricht zusammen, der Mensch wird ohnmächtig.	Schwere körperliche Schädigung und häufig tödliche Stromwirkung. Verursacht durch Herzkammerflimmern, sowie äußeren und inneren Verbrennungen.

Wiederholungsfragen:

1. In der Elektrotechnik wird zwischen Leitern und Nichtleitern unterschieden. Erklären Sie den Unterschied zwischen leitenden und nichtleitenden Werkstoffen.
2. Nennen Sie Unterscheidungsmerkmale von Strom und Spannung.
3. Welche Möglichkeiten gibt es, um elektrische Spannungen zu erzeugen?
4. Durch einen elektrischen Leiter fließt in einer Zeit von t = 50 ms eine Ladungsmenge Q = 0,5 As ab. Wie groß ist die elektrische Stromstärke im Leiter?
5. Beschreiben Sie kurz die Vorgänge, die den elektrischen Widerstand verursachen.
6. Bei Arbeiten in einer Schlosserei kam es durch Unachtsamkeit zu einem Elektrounfall. Der Widerstand des menschlichen Körpers liegt in der Größenordnung von 1,5 kΩ. Wie hoch war die Stromstärke, als der Verunfallte eine Spannung von 230 V überbrückte?

4.9 Instandhaltung

Die Instandhaltung wird nach DIN 31051:2003-06 definiert als:

Die Kombination aller technischen und administrativen Maßnahmen während des Lebenszyklus einer Betrachtungseinheit (**Bild 1**) zur Erhaltung des funktionsfähigen Zustandes oder der Rückführung in diesen, sodass sie die geforderte Funktion erfüllen kann.

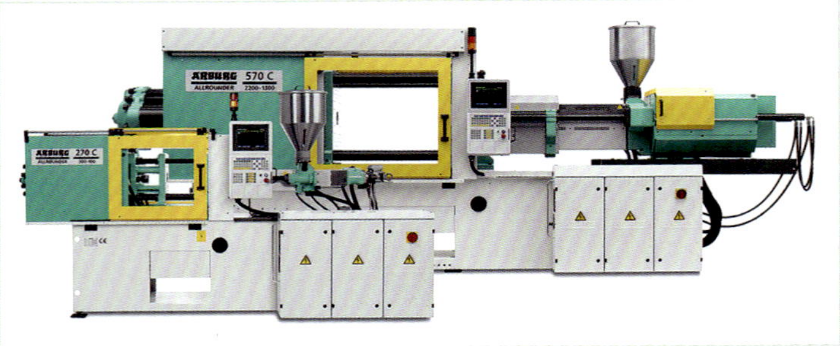

Bild 1: Betrachtungseinheit Spritzgießmaschine

Zur Sicherung des funktionsmäßigen Zustands eines Maschinenparks und zur Vermeidung von kostenintensiven Stillstandzeiten sind eine regelmäßige vorbeugende Wartung und Instandhaltung notwendig.

Die präventive Maschinenwartung kann zudem die Kosten der Instandsetzung (Reparatur) und damit die gesamten Betriebskosten minimieren. Sie umfasst alle Maßnahmen zur Bewahrung und Wiederherstellung des SOLL-Zustandes sowie zur Feststellung und Beurteilung des IST-Zustandes.

Die Instandhaltung umfasst die Inspektion, die Wartung, die Instandsetzung, sowie die Verbesserung und die Schwachstellenanalyse (**Übersicht 1**).

Übersicht 1: Teilgebiete der Instandhaltung

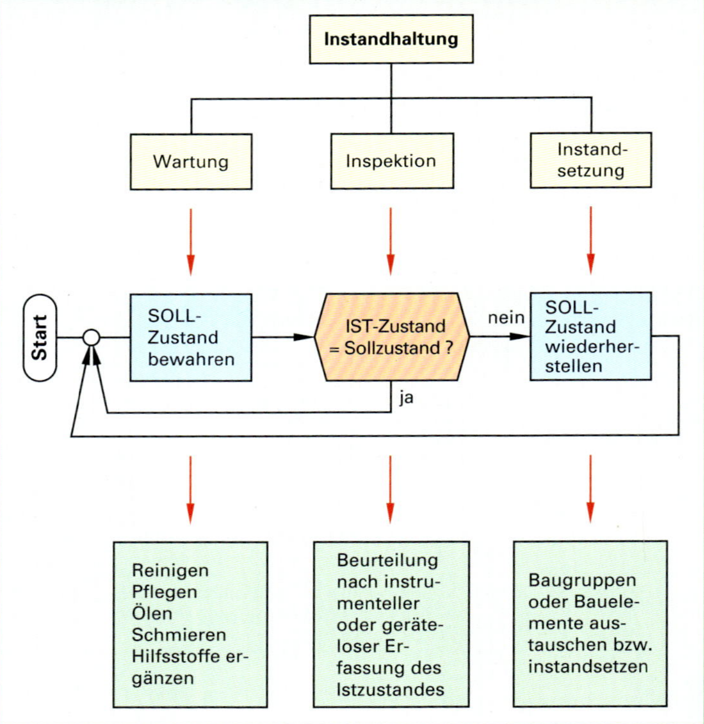

Wartungs- und Instandhaltungsmaßnahmen

Sie werden in regelmäßigen Abständen und in festgelegten Wartungsintervallen durchgeführt und danach in Wartungsplänen protokolliert. Festgestellte Mängel müssen dokumentiert und entsprechende Maßnahmen zur Mängelbehebung bzw. zur Instandsetzung eingeleitet werden.

Es muss eine Gefährdungsbeurteilung für die Wartung erstellt werden, um die Vorgaben des Arbeitsschutzgesetzes einzuhalten. Dazu gibt es nachfolgend beschriebene Pläne und Formulare.

Die regelmäßige Wartung einer Anlage erfolgt am Ende eines Arbeitstages oder einer Schicht durch den Maschinenführer nach einem festen Zeitplan.

Die **Prozessbeschreibung Instandhaltung** erklärt die Vorgehensweise und die Zuständigkeiten, wobei das Ziel die optimale Pflege der Produktionseinrichtungen zur Gewährleistung und Verbesserung von Wirtschaftlichkeit, Produktivität und Qualität ist.

Die **Inspektions- und Wartungsanweisung** beschreibt die maschinenbezogenen Maßnahmen und die Wartungsintervalle. Sie umfasst alle Maßnahmen zur Feststellung und Beurteilung des IST-Zustandes der gesamten Anlage, die zu prüfen und zu dokumentieren sind.

Der **Instandsetzungsplan und -nachweis** (**Tabelle 2, Seite 260**) dokumentiert für die Jahresplanung der Maschineninstandhaltung, die vorbeugende Wartung, die Inspektion, deren Durchführung und die festgestellten Mängel.

Der **Instandsetzungsbericht** ist dafür vorgesehen, dass Reparaturmaßnahmen sichergestellt, defekte Teile ausgetauscht und die Ursachen für das Problem ermittelt werden. Ist die Funktionsfähigkeit des Systems aufgrund des **IST-Zustands** nicht mehr gegeben, spricht man vom **Ausfall**.

Der Bericht umfasst alle Maßnahmen zur Wiederherstellung des **SOLL-Zustandes** vom jeweiligen System und das Feststellen von unzulässigen Abweichungen vom SOLL-Zustand. Alle Instandsetzungen sind im Wartungsprotokoll zu dokumentieren. Das Aufdecken einer erhöhten Abnutzung, welche zu einem zu frühen Ausfall führen kann, wird als **Schwachstellenanalyse** bezeichnet.

4.9.1 Wartung

Unter **Wartung** werden Maßnahmen zur Verzögerung des Abbaus des vorhandenen Abnutzungsvorrates (z. B. maximales Spiel in den Flachführungen) verstanden. Sie wird nach technischen Regeln oder einer Herstellervorschrift durchgeführt wie z. B. das Wartungsintervall (**Bild 1**) zeigt. Damit wird im Rahmen der Kaufentscheidung bereits der Umfang der Wartung und damit deren Betriebskosten festgelegt.

Die Wartung wird im Allgemeinen in regelmäßigen Abständen und häufig von ausgebildetem Fachpersonal durchgeführt. So kann eine möglichst lange Lebensdauer und ein geringerer Verschleiß der gewarteten Anlagen gewährleistet werden.

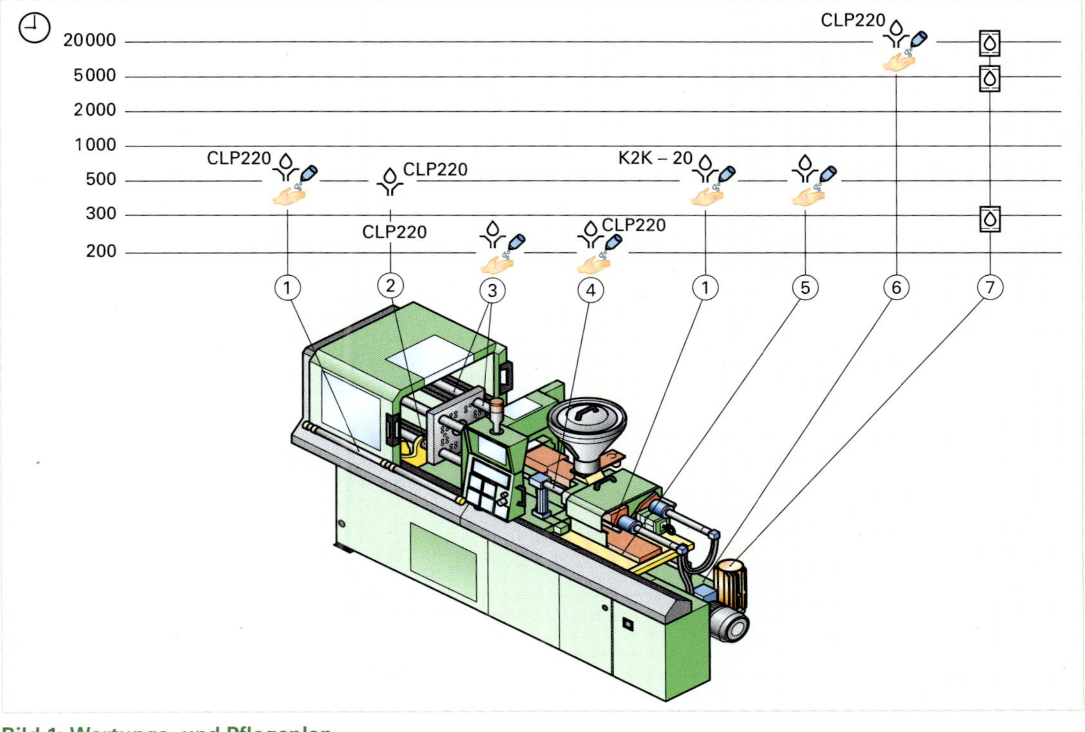

Bild 1: Wartungs- und Pflegeplan

Fachgerechte Wartung ist oft auch Voraussetzung für die Gewährleistung durch den Maschinen- bzw. Anlagenhersteller.

Wartungssicherungen umfassen z. B. das Nachstellen, Schmieren mit geeigneten bzw. vorgeschriebenen Schmierstoffen (**Tabelle 1**), Konservieren, Nachfüllen oder Ersetzen von Betriebsstoffen oder Verbrauchsmitteln. Das planmäßige Austauschen von Verschleißteilen ist dann gegeben, wenn deren noch zu erwartende Lebensdauer offensichtlich oder gemäß Herstellerangabe kürzer ist als das nächste Wartungs-Intervall es vorgibt.

Tabelle 1: Schmierarbeiten und Schmierstoffe

Maschinenteil	Zentralschmierung	Nebelöler	Hydrauliksystem	Kühlschmierstoff	Stößelstange	Werkzeugmagazin	Türführung
Wartungsarbeit Symbol Bedeutung	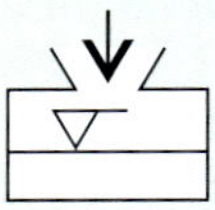	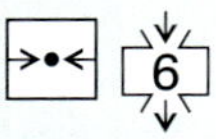	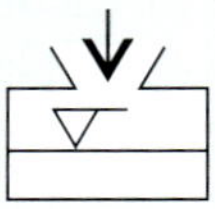	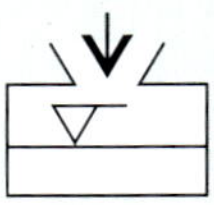	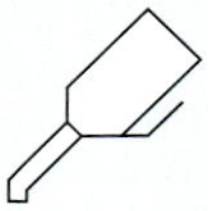	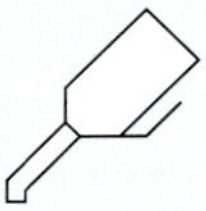	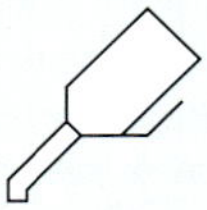
	kontrollieren, auffüllen (Menge in *l*)				ölen	ölen	ölen
Schmierstoff	CG-LP 68	HLPD 22	HLPD 22		CG-LP 68	CG-LP 68	CG-LP 68

Der Ersatz von defekten Teilen gehört zur Instandsetzung. Die Reinigung als Bestandteil einer Wartung muss durch den Benutzer des Gerätes regelmäßig und nach eigenem Ermessen erfolgen (**Tabelle 2**).

Tabelle 2: Instandhaltungsplan

Wartung und Instandhaltung nach Betriebsstunden	**1400**	**2000**	**4500**	**9000**
Reinigen der Anlage	X			
Leitungen auf Dichtheit und Beschädigungen prüfen	X			
Sichtprüfung der Kabel und Steckverbindungen	X			
Wartung der Sicherheitseinrichtungen	X			
Führungsschienen schmieren	X			
Luftfilter-Wartung an den Schaltschränken		X		
Hydraulik-Hochdruckschlauchleitungen prüfen		X		
Hydrauliköl durch Ziehen einer Ölprobe überprüfen (Analyse des Wasseranteils und Verschmutzung durch den Öllieferanten testen analysieren lassen)		X		
Ölkühler reinigen		X		
Düsenzentrierung prüfen	X			
Schneckenantrieb schmieren				X
Schnellschließzylinder schmieren				X
Motor schmieren				X
Austausch Hydrauliköl (Zustand durch Lieferanten) und bei Bedarf austauschen und Ölfilter wechseln				X
Maschinennivellierung prüfen				X
Sensorik und Maschinengenauigkeit prüfen			X	

Der **Wartungsbericht** weist auf Einschränkungen oder Risiken bei der weiteren Nutzung der Anlage hin und umfasst alle Maßnahmen zur Bewahrung des SOLL-Zustandes. Dazu sind am Tage der Wartung Anlagenteile zu pflegen, zu justieren, abzugleichen und nach Ablauf der Nutzungsdauer auszuwechseln. Alle Arbeiten sind nach Vorgabe des Herstellers zu dokumentieren.

4.9.2 Inspektion

Die Inspektion dient zur Feststellung der Fertigungsqualität und des Abnutzungsgrades einer Maschine. Es wird dabei untersucht, ob der gefundene vom erwarteten Abnutzungsvorrat abweicht. Gleichzeitig wird festgestellt, warum Abnutzungen aufgetreten sind. Bei Sammlung und Auswertung der Inspektionen können Schwachstellen an der Maschine bzw. Anlage herausgefunden werden. Man unterscheidet in:

Erst-Inspektion wird die nach der Inbetriebnahme einer Maschine nach einer Prüfvorschrift durchgeführt und dann als Abnahmeprotokoll (**Bild 1**) dokumentiert .

Regelinspektion wird in regelmäßigen Zeitabständen im Rahmen eines Instandhaltungsplans vorgenommen.

Sonderinspektion muss durchgeführt werden, wenn die Genauigkeit der gefertigten Werkstücke maschinenbedingt plötzlich abweicht oder Betriebsstörungen auftreten.

Säulenbohrmaschine

Abnahmebedingungen

Typ: ________ Maschinen-Nummer: ________ Tag: ________ Abnehmer: ________

Nr	Gegenstand der Prüfung	Bild	Prüfmittel	Prüfanleitung	Abweichungen zul./gemessen	
1	Ebenheit der Aufspannfläche (Bohrtisch / Grundplatte)	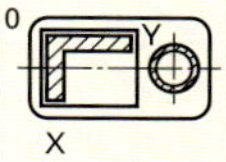	Stahllineal, Spion	Stahllineal in den Richtungen 0 – X und 0 – Y auflegen. Mit Spion Auflage prüfen 0 – X über die gesamte 0 – Y Aufspannfläche	0,1/1000 eben oder konkav	0 – X ..... 0 – Y .....
2	Rundlauf des Innenkegels der Bohrspindel a) dicht an der Aufnahme b) in der Entfernung „L"	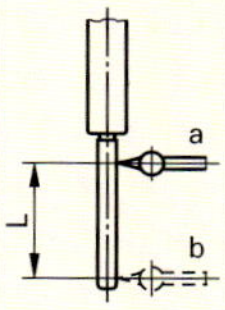	Messständer, Messuhr DIN 878, Prüfdorn	Messständer am Spindelstock befestigen. Taststift der Messuhr bei a am Prüfdorn anstellen, Bohrspindel drehen und Anzeigen ablesen. Messung bei b wiederholen. Messlänge „L" bei Morse 1 = 100 Morse 2 = 100 Morse 3 = 200 Morse 4 = 300	L = 100 a 0,015 b 0,020 L = 200 a 0,020 b 0,035 L = 300 a 0,025 b 0,050	a 0,01 b 0,015

Bild 1: Abnahmeprotokoll

4.9.3 Instandhaltungsstrategien

Neben dem technischen Aspekt sind auch die betrieblichen Kosten, die für den Wartungs- und Instandhaltungsaufwand anfallen, zu beachten. Bei einem Maschinenausfall entstehen Kosten, die durch eventuelle Reparaturarbeiten oder Neuanschaffung defekter Bauteile anfallen, es kommen der Fertigungsausfall, sowie Termintreue und Erhaltung der Produktqualität hinzu.

Die Zielsetzung der Instandhaltung, nämlich Maschinen und Anlagen in einem sicheren und störungsfreien Betrieb zu erhalten, ist mit verschiedenen Strategien zu realisieren. Hierbei sind betriebswirtschaftliche und sicherheitstechnische Kriterien zu beachten. Ein wichtiges Kriterium stellt dabei der Abnutzungsvorrat dar, der von der Abnutzungsgrenze bestimmt wird (**Bild 2**).

Die wichtigsten Strategien sind nach DIN EN 13306 festgelegt:

Reparatur nach Ausfall:

Es wird keine vorbeugende Instandhaltung betrieben, d. h., der Ausfall von unkritischen Bauteilen bzw. Baugruppen wird in Kauf genommen und Fehler werden beim Auftreten behoben z. B. Tausch von defekten Lampen.

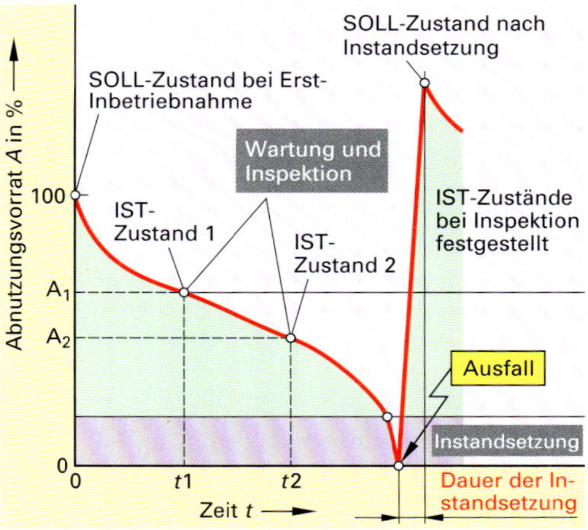

Bild 2: Abnutzungsvorrat und -grenze

Geplante Instandhaltung

Präventive Wartung: Es werden vorbeugende Maßnahmen wie Inspektionen und Wartungen durchgeführt, um gegebenenfalls vor Auftritt eines Fehlers Maßnahmen zu ergreifen. Wenige Maschinenstillstände innerhalb einer Fertigungszeit, kurze Instandsetzungszeiten an den Maschinen und geringe Auswirkungen von Maschinenstillstandszeiten auf den Fertigungsfluss sind die Gründe für diese Art der Wartung. Diese Aktivitäten können sich auf Kriterien wie Laufzeiten und Stückzahlen stützen, z. B. Ölwechsel in festen Intervallen.

Zustandsorientierte Wartung: Es werden die verschleißbezogenen Zustände permanent durch Sensoren oder Inspektionen durch den Fachmann überprüft. Es werden die Abnutzungsgrade erfasst und gegen die erforderlichen Abnutzungsvorräte für den sicheren Anlagenbetrieb verglichen, z. B. Ersatz von Zahnriemen beim Unterschreiten der Mindestprofiltiefe oder Überschreiten von Laufzeiten.

Korrektive Instandhaltung: Diese wird nach der Fehlererkennung ausgeführt, um eine Einheit in einen Zustand zu bringen, in dem sie die geforderte Funktion erfüllen kann.

Die Kombination aus vorbeugender und zustandsabhängiger Instandhaltung ist die optimale Lösung, um die Auswechslung von Verschleißteilen auf das Notwendigste, aber Erforderliche zu begrenzen und die Instandsetzungskosten sowie die Stillstandzeiten zu minimieren.

Störstellensuche

Das Auffinden von Störstellen wird zuerst mit einfachen Methoden mit dem Ziel der Eingrenzung und der Feststellung des **IST-Zustandes** (**Bild 1**) durchgeführt, wozu folgende Prüfungen gehören:

- Sichtprüfung auf Festsetzen, z. B. eingeklemmte Späne und verschmutze Kontakte
- Geräuschprüfung, z. B. ungewöhnliche Maschinengeräusche wie Kratzen und Pfeifen
- Überhitzungsprüfung, z. B. Fühlen mit der Hand auf Lagergehäusen
- Druckprüfung, z. B. Druckabfall im Hydrauliksystem
- elektrische Prüfung, z. B. der Versorgung, Kontakte und Steckverbindungen

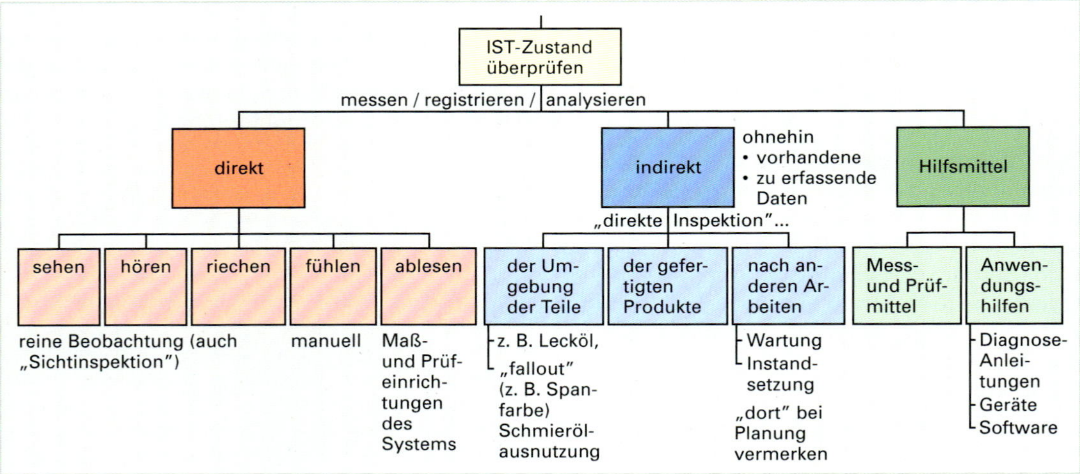

Bild 1: Überprüfung des IST-Zustandes

Danach wird weitergehendes Suchen vor allem in der Elektrik, Elektronik oder Hydraulik von Fachkräften ausgeführt, die sich meistens systematischer Anleitungen und Diagnosesysteme bedienen. Der Erfolg einer Instandsetzungsmaßnahme ist von der systematischen Diagnose der Fehlerquellen abhängig. Eine Möglichkeit zur Aufspürung der Fehlerquellen bietet dazu die Aufstellung eines Fehlerbaumes (**Bild 1, Seite 263**).

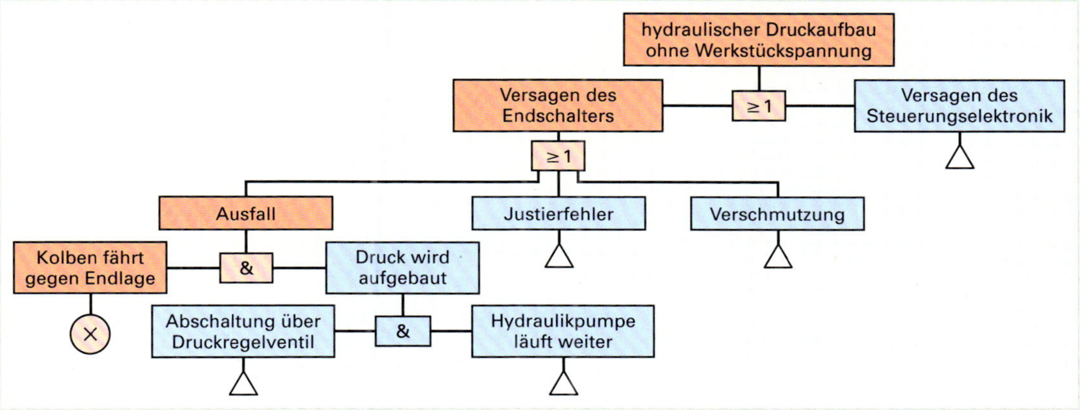

Bild 1: Fehlerbaum für hydraulische Spannvorrichtung

Die Betriebssicherheitsverordnung für Maschinen berücksichtigt das Arbeitsschutzgesetz und die Regelwerke der Berufsgenossenschaft und ist als Vier-Stufen-Methode definiert.

Die 4-Stufen-Methode

Sie beschreibt die Rangfolge der Schutzmaßnahmen (**Bild 2**), die vor Aufnahme der Tätigkeiten vom Unternehmer und den betrieblichen Vorgesetzten nach den Rängen 1 bis 4 zu bewerten ist, um das höchste Schutzniveau einhalten zu können.

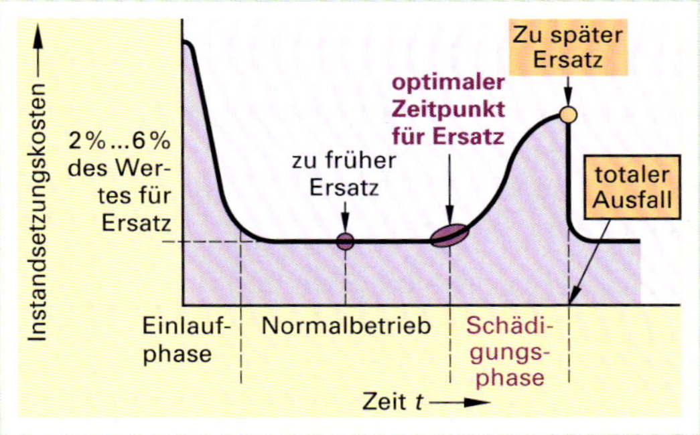

Bild 2: Instandhaltungskosten

Rang 1: Instandhaltung erst, wenn keine Gefährdung vorhanden ist, d. h., die Energieversorgung ist unterbrochen und das Ingangkommen infolge gespeicherter Energie ausgeschlossen und eine gefahrbringende Bewegung ist zum Stillstand gekommen. Physikalische, chemische und biologische Einwirkungen und unbefugtes, irrtümliches oder unerwartetes Ingangsetzen ist vermieden.

Rang 2: Instandhaltung mit vorhandenen Schutzeinrichtungen, d. h. ein Arbeiten ist nur mit den zum Betrieb notwendigen Schutzeinrichtungen wie z. B. trennenden oder ortsbindende Schutzeinrichtungen möglich

Rang 3: Instandhaltung mit zusätzlichen Einrichtungen durch z. B. Einrichtungen, die das Eingreifen in Gefahrenstellen entbehrlich machen, Herabsetzen der Geschwindigkeit, Abtrennen oder Verdecken von Gefahrstellen, Einrichtungen zum schnellen Stillsetzen (z. B. Zustimmschalter)

Rang 4: Instandhaltung mit besonderen Maßnahmen, d. h. Arbeiten nur mit besonderen organisatorischen oder personellen Maßnahmen wie z. B. nur fachlich geeignete Personen beauftragen und die ausführenden Personen speziell unterweisen.

Wiederholungsfragen:

1. Welche Aufgaben haben die Inspektionen bzw. die Wartung? Nennen Sie dazu je 2 Beispiele.
2. Nennen Sie zwei Instandhaltungsstrategien und beschreiben Sie vorbeugende Instandhaltung.
3. In welche Bereiche wird die Instandhaltung unterteilt und welche Maßnahmen beinhalten diese?
4. Was ist eine Gefährdungsbeurteilung und in welche Stufen wird diese eingeteilt?
5. Wie stehen die Abnutzungsgrenze und der Abnutzungsvorrat in Zusammenhang?
6. Was kann aus einem Wartungs- und Pflegeplan entnommen werden?

5 Steuerungs- und Regelungstechnik

Mit der Automatisierung von technischen Verfahren haben Steuerung und Regelung ständig an Bedeutung gewonnen. Da Steuerungen stets nach den gleichen Grundsätzen aufgebaut sind, kann man umfangreiche Steuerungsaufgaben nach gleichen Gesichtspunkten und Merkmalen untersuchen. Man unterscheidet dabei Steuerungs- und Regelvorgänge, wobei die Anlagenbestandteile verschiedene Funktionen aufweisen.

5.1 Steuerungs- und Regelungsvorgänge

Aufgrund der Behandlung von Ausgangssignalen bei technischen Anlagen wird nach Steuerungen und Regelungen unterschieden. Die einzelnen Vorgänge werden dabei durch Signale, durch äußere Einflüsse als Störgrößen und durch die Funktion der einzelnen Bauelemente beeinflusst.

5.1.1 Der automatische Prozess

Moderne Werkzeuge, Maschinen und Anlagen erfordern neue Denkweisen, d. h., die Steuerungs- und Regelungstechnik kann nicht mehr in reine **Pneumatik-**, **Elektropneumatik-** oder **SPS-Anlagen** eingeteilt werden, sondern sie stellt Kombinationen dar.

Man spricht deshalb besser von Prozessen, deren beide Komponenten, die Steuerung und die Maschine, in Wechselwirkung stehen und Informationen austauschen (**Bild 1**).

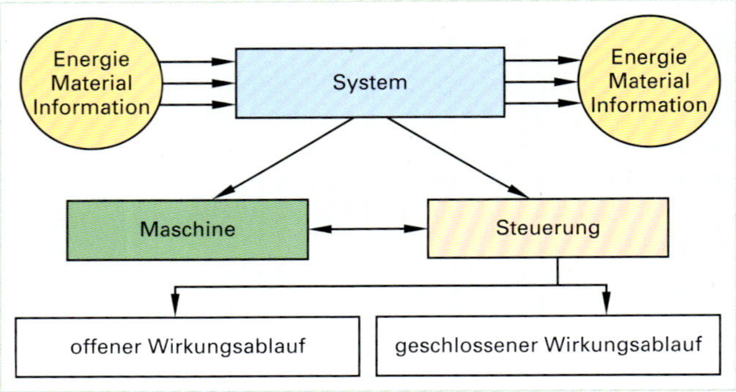

Bild 1: Prozessdarstellung

Man unterscheidet Prozesse aufgrund ihrer Anforderungen in **Prozessstufen** (**Bild 2**) und aufgrund ihrer Funktion in **Prozessklassen** (**Bild 3**), wobei der Prozessablauf in **kontinuierlich** (**Bild 1, Seite 265**) und **diskontinuierlich** (**Bild 2, Seite 265**) eingeteilt werden kann. Steuerungen arbeiten nach dem **E-V-A-Prinzip**, d. h. **E**ingabe, **V**erarbeitung und **A**usgabe der Signale. Die Teilsysteme eines Steuerungssystems sind die Sensorik, die Prozesssorik, die Aktorik, die Software und Netzwerke (**Bild 3, Seite 265**).

1	**Handarbeit**	z. B. Feilen	Befehlsgeber: Mensch Energiegeber: Mensch
2	**Mechanisierung**	z. B. Drehen	Befehlsgeber: Mensch Energiegeber: Maschine
3	**Halbautomatisierung**	z. B. CNC-Fräsen	Befehlsgeber: Mensch/Steuerung Energiegeber: Maschine
4	**Vollautomatisierung**	z. B. Spritzgießen	Befehlsgeber: Steuerung Energiegeber: Maschine

Bild 2: Prozessstufen

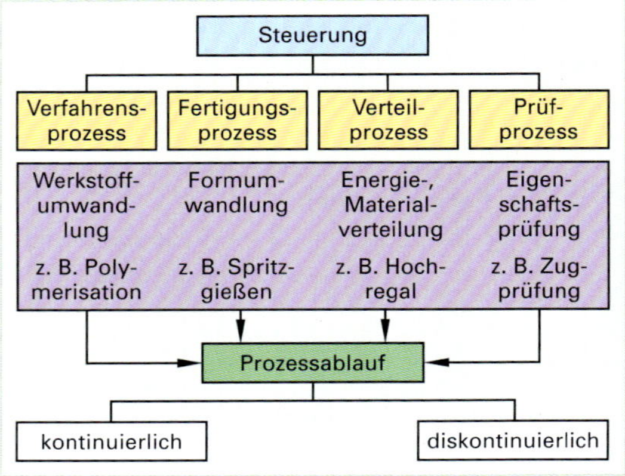

Bild 3: Prozessklassen

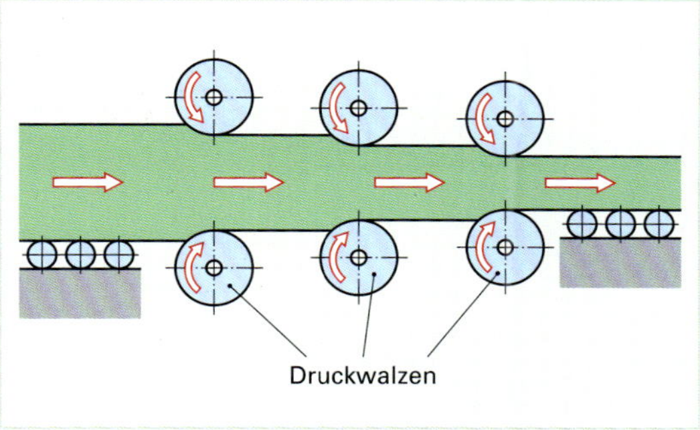

Bild 1: Kontinuierlicher Prozess

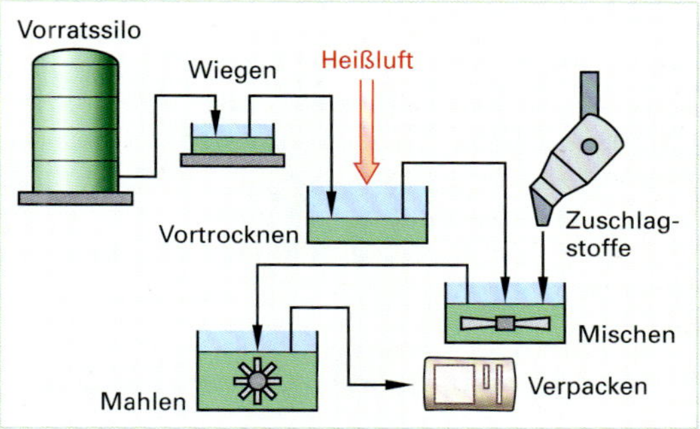

Bild 2: Diskontinuierlicher Prozess

5.1.2 Grundlagen der Steuerungstechnik

Die Elemente einer Steuerung werden vereinfacht durch einen Blockschaltplan (**Bild 4**) dargestellt und der Signalfluss durch Wirklinien ergänzt.

Am Beispiel eines Extruders geschieht die Signaleingabe durch ein oder mehrere **Signalgeber**. Das Steuergerät ist das **Stellglied**, die elektrische Spannung *U* ist die **Stellgröße**. Der Extrusionsstrang stellt die **Steuergröße** dar, und die Baueinheit der Maschine, welche durch die Signaleingabe beeinflusst wird, nennt man **Steuerstrecke**.

Signalfluss	Baugruppen	Beispiele elektrisch	Beispiele pneumatisch
Befehlsausführung Signalausgabe	Arbeitselemente (Aktoren) Stellglieder	Elektromotoren, Leistungsschütze	Zylinder, Wegeventile
Signalverarbeitung	Steuerelemente (Prozessoren)	Schütz- oder Relaissteuerungen, SPS	Kombination verschiedener Ventilarten
Signaleingabe	Eingabeelemente (Sensoren)	Schalter, Taster, Fühler	pneumatische Taster, Grenzgeber

Bild 3: Bestandteile von Steuerketten

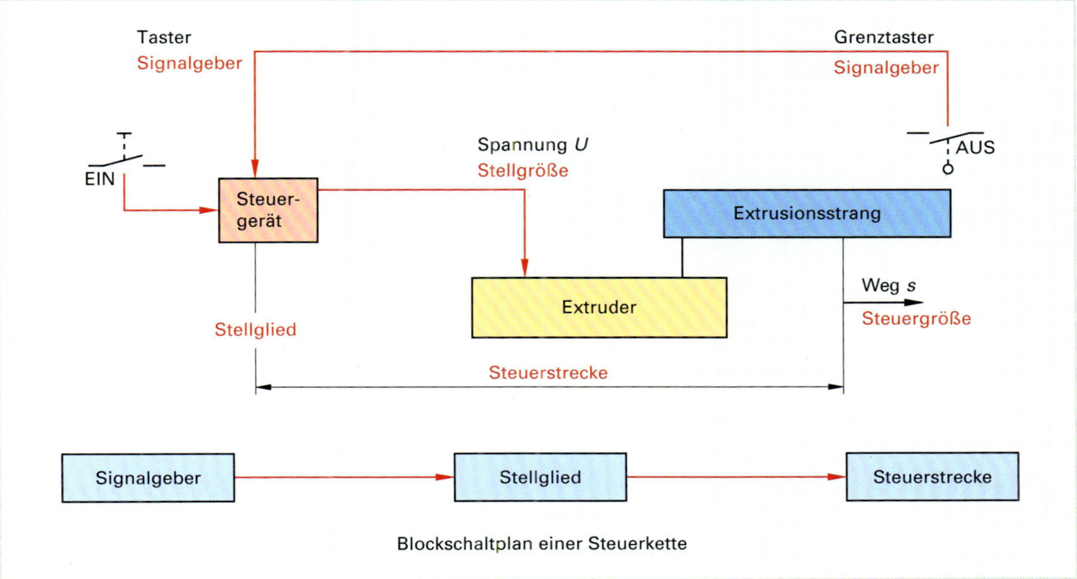

Bild 4: Beispiel einer Steuerung

Steuerungsarten

Steuerungen werden nach der Signalverarbeitung in **Verknüpfungs- und Ablaufsteuerungen** (**Bilder 1 bis 4**) unterschieden. Die Ablaufsteuerungen werden in zeitabhängige und prozessabhängige eingeteilt. Nach der Programmierungsart wird in **verbindungs-** und **speicherprogrammierte Steuerungen** unterschieden.

Bei Verknüpfungssteuerungen wird der Schaltbefehl nur dann ausgeführt, wenn die Signale logisch miteinander verknüpft sind, z. B. durch UND-/ODER-Bauelemente.

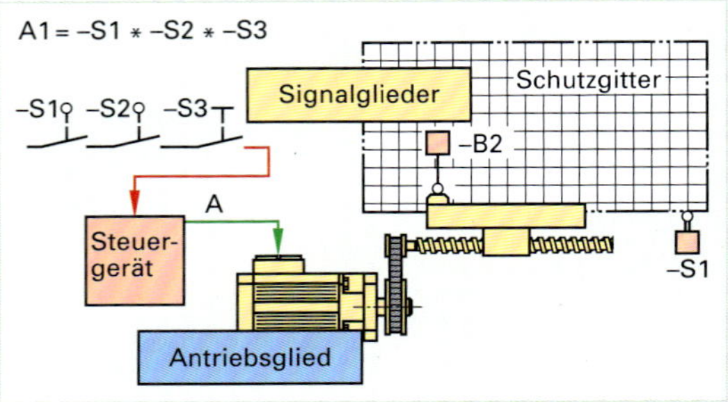

Bild 1: Beispiel einer Verknüpfungssteuerung

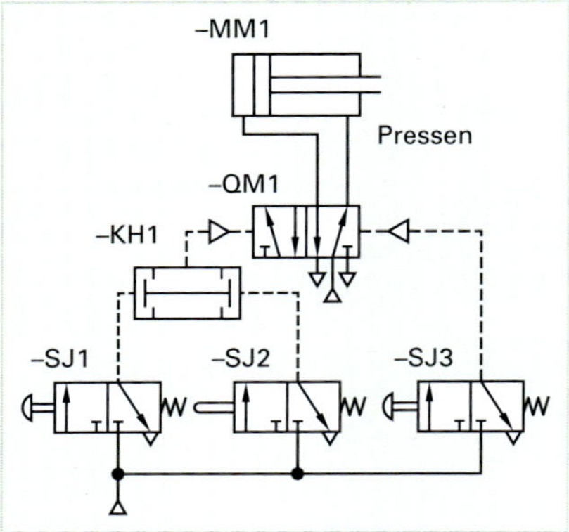

Bild 2: Beispiel einer Verknüpfungssteuerung

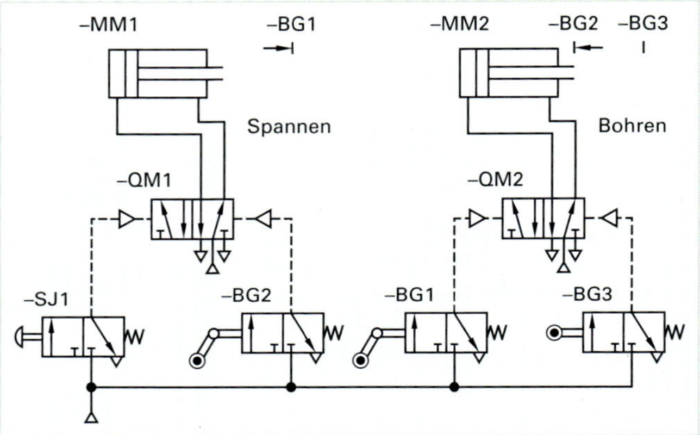

Bild 3: Beispiel einer Ablaufsteuerung

Bei **zeitabhängigen** Ablaufsteuerungen werden die Bewegungsvorgänge schrittweise ausgelöst, wenn durch ein Zeitrelais oder ein Nockenschaltwerk der Weiterschaltbefehl erfolgt. Bei **prozessabhängigen** Ablaufsteuerungen wird der Weiterschaltbefehl nur dann ausgelöst, wenn der vorhergehende Schritt abgeschlossen ist. Dadurch sind diese sicherer als zeitgeführte Ablaufsteuerungen.

Startbedingungen, Betriebsartenwahl und Gefahrabschaltungen erfolgen über Verknüpfungssteuerungen.

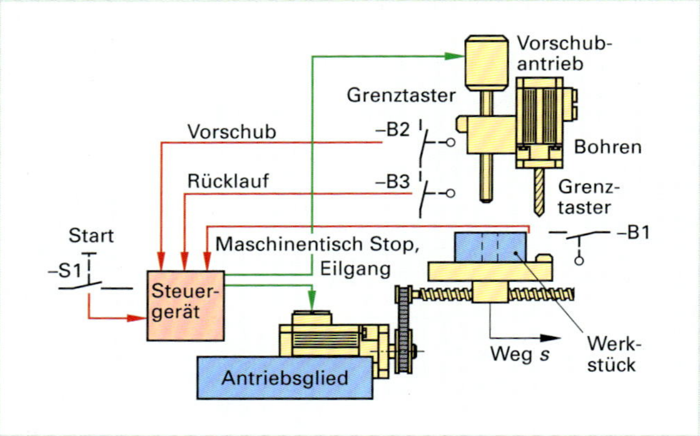

Bild 4: Beispiel einer Ablaufsteuerung

Aufgrund der Programmierungsart unterscheidet man die Steuerungen in verbindungsprogrammierte Steuerungen (**VPS**) und speicherprogrammierte Steuerungen (**SPS**).

Bei einer verbindungsprogrammierten Steuerung sind die Leitungen nach einem vorgegebenen Schaltplan (Stromlaufplan) fest miteinander verbunden, sodass bei einer Änderung des Ablaufes die Leitungen neu verlegt werden müssen. Speicherprogrammierbare Steuerungen erlauben eine Änderung des Steuerungsablaufes, ohne die Verschlauchungen bzw. die Verkabelungen neu zu verlegen oder anzuschließen, da dies hauptsächlich in der Software geschieht.

5.1.3 Grundlagen der Regelungstechnik

Die Regelung hat die Aufgabe, vorgegebene Werte wie Drehzahlen oder Temperaturen zu erreichen oder zu halten. Dabei wird der **Istwert der Regelgröße** fortlaufend mit dem **Sollwert als Führungsgröße** verglichen. Einflüsse auf die Istwertbildung werden als **Störgrößen** bezeichnet. Der Regler und die Nachstelleinrichtung bilden die **Regeleinrichtung**. Die durch die Regelung beeinflusste Einheit ist die **Regelstrecke** (**Bild 1**). Die Erfassung des Istwertes geschieht durch Sensoren, die mit der Regeleinrichtung verbunden sind.

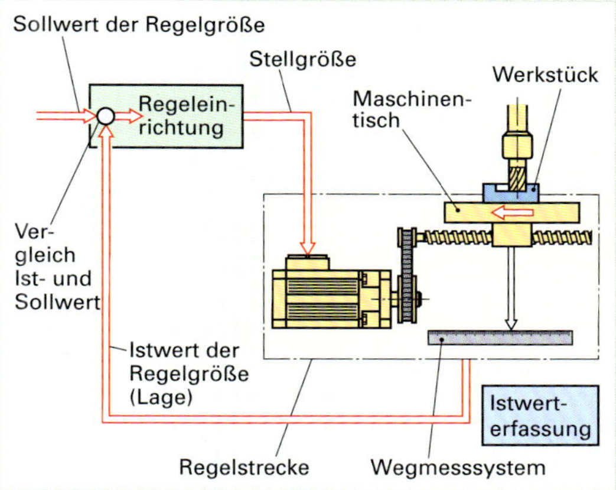

Bild 1: Beispiel einer Regelung

Die wichtigsten Funktionen einer Regelung sind:

- Die **Regelstrecke** als Teil der Anlage, in der eine Größe gegen die Einwirkung von Störgrößen konstant gehalten werden muss.
- Die **Regelgröße**, die fortlaufend zu regeln ist, wobei der Istwert der Regelgröße, z. B. die Temperatur, mit einem Fühler erfasst und zum Regler geleitet wird.
- Die **Führungsgröße**, die den Sollwert der Regelgröße darstellt und von außen in die Regeleinrichtung eingegeben wird.
- Der **Regler** als Teil der Anlage, indem ständig der Istwert mit dem Sollwert verglichen wird und dieser dann bei Abweichungen einen Stellbefehl an das Stellglied gibt.
- Das **Stellglied**, das am Eingang der Regelstrecke angreift, um den Istwert der Regelgröße dem Sollwert anzugleichen.
- Die **Stellgröße** als die Größe, welche durch das Stellglied beeinflusst wird.

Beim **Regeln** wird fortlaufend die Istgröße erfasst, mit der Sollgröße verglichen und angeglichen. Man spricht von einem Regelkreis oder einem geschlossenen Wirkungsablauf. In der Regelungstechnik wird die Signalverarbeitung fast ausschließlich elektronisch ausgeführt.

Beim **Steuern** wird eine Abweichung der Istgröße von der Sollgröße nicht korrigiert. Deshalb spricht man von einer Steuerkette oder von einem offenen Wirkungsablauf.

Es gibt **keine** Rückkopplung.

Regelungsarten

Man unterteilt die Regler aufgrund ihrer Wirkungsweise in unstetige und stetige Regler. **Unstetige Regler** besitzen zwei oder mehrere Schaltstellungen und verändern ihre Stellgröße unstetig durch Schalten in Stufen, z. B. Bimetallregler in Temperaturregelkreisen (**Bild 2**).

Den Unterschied zwischen der Einschalt- und Ausschalttemperatur bezeichnet man als **Schaltdifferenz**.

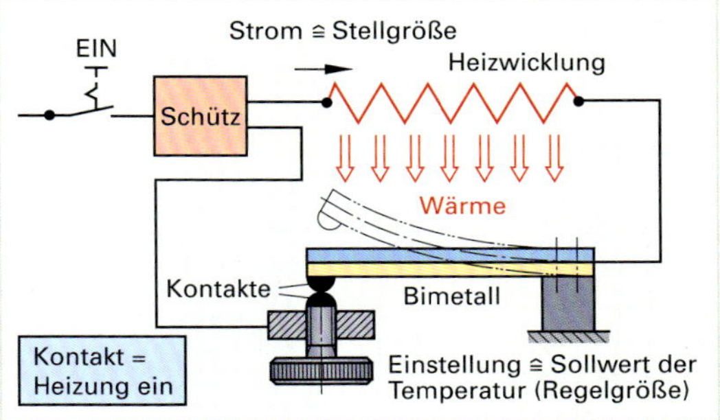

Bild 2: Beispiel einer unstetigen Regelung

Stetige Regler erfassen die Regelgröße x stufenlos (stetig) und ändern dann die Stellgröße y stufenlos innerhalb des Stellbereiches und können somit die Regelgröße genauer einhalten als unstetige Regler. Die stetigen Regler werden in P-Regler, I-Regler, PI-Regler, D-Regler und PID-Regler unterteilt. Die Eigenschaften eines stetigen Reglers erkennt man an der Reaktion des Ausgangssignals, das als **Sprungantwort** bezeichnet wird (**Bild 1**), nachdem das Eingangssignal sprunghaft geändert wurde.

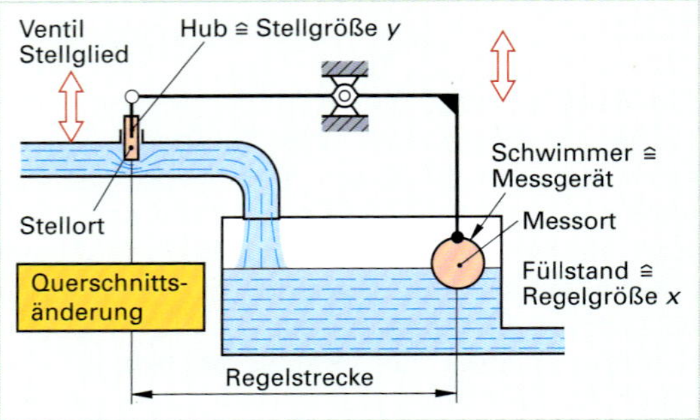

Bild 1: Beispiel einer stetigen Regelung

P-Regler (Proportionalregler) reagieren schnell auf Signaländerungen, besitzen aber eine bleibende Regelabweichung. Am Beispiel der Füllstandregelung bedeutet dies einen höheren Füllstand, da proportional hierzu das Ventil den Zulauf drosseln muss und dadurch eine Abweichung vom Sollwert entsteht (**Bild 2**).

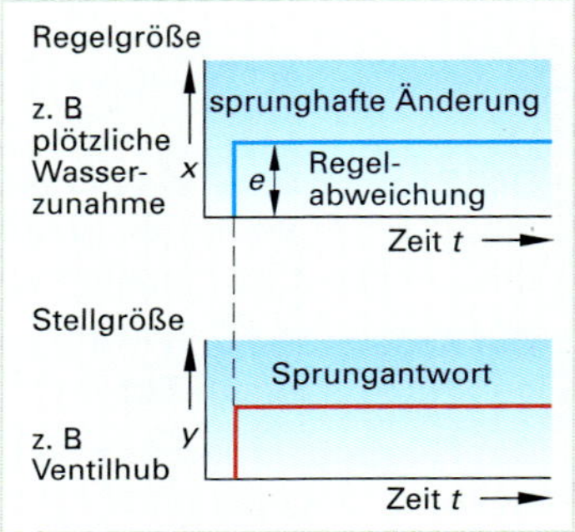

Bild 2: P-Verhalten

I-Regler (Integralregler) sind langsamer als P-Regler, beseitigen aber die Regelabweichung vollständig, da eine sprunghafte Änderung der Regelgröße eine Geschwindigkeitsänderung der Stellgröße bewirkt. Je größer die Regelabweichung ist, desto schneller wird das Stellglied verstellt (**Bild 3**).

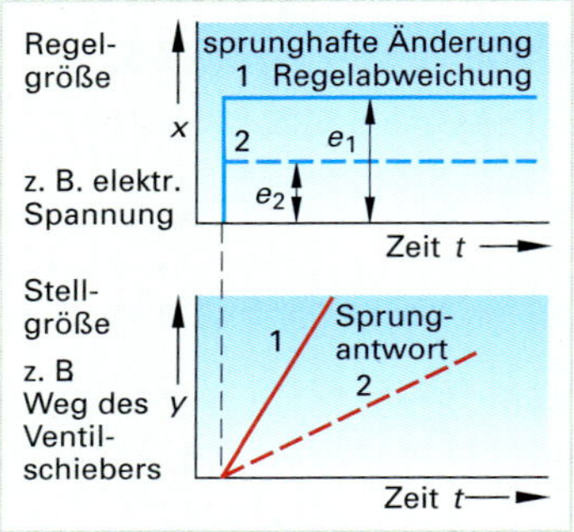

Bild 3: I-Verhalten

PI-Regler verbinden den Vorteil des P-Reglers, die schnelle Regelung, mit dem Vorteil des I-Reglers, keine bleibende Regelabweichung. Er wird z. B. zur Lageregelung bei der Positionierung von Maschinentischen eingesetzt.

D-Regler (differenzierend wirkender Regler) ändern bei einer sehr schnellen Regelabweichung die Stellgröße kurzzeitig und kehren dann wieder auf ihren ursprünglichen Wert zurück (**Bild 4**). Je größer die Abweichung ist, desto größer ist die kurzzeitige Stellgrößenänderung, und somit bewirken sie ein sehr schnelles Eingreifen. Konstante Regelabweichungen können nicht ausgeglichen werden, sodass der D-Regler nur zusammen mit P-, I- oder PI-Reglern zum Einsatz kommt.

PID-Regler verbinden die Vorteile des P-, I- und D-Reglers, d. h., sie reagieren schnell und heben die Regelabweichung völlig auf (**Bild 5**).

Beispiel: Drehfrequenzregelung

Die Plastifizierschnecke einer Spritzgießmaschine wird durch einen Hydromotor angetrieben. Um die Drehfrequenz des Motors konstant zu halten, wird ein PI-Regler eingesetzt. Das Stellglied ist ein Proportionalventil und ein Tachogenerator erfasst den Istwert. Sinkt die Drehfrequenz, wird über den PI-Regler der Durchfluss des Ventils verstellt und somit die Drehfrequenz anpasst.

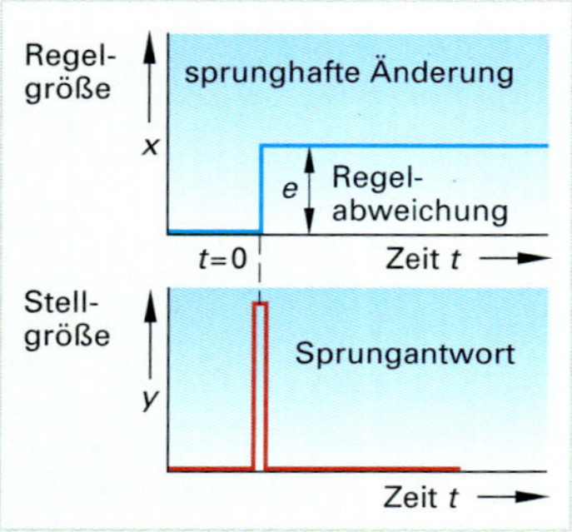

Bild 4: D-Verhalten

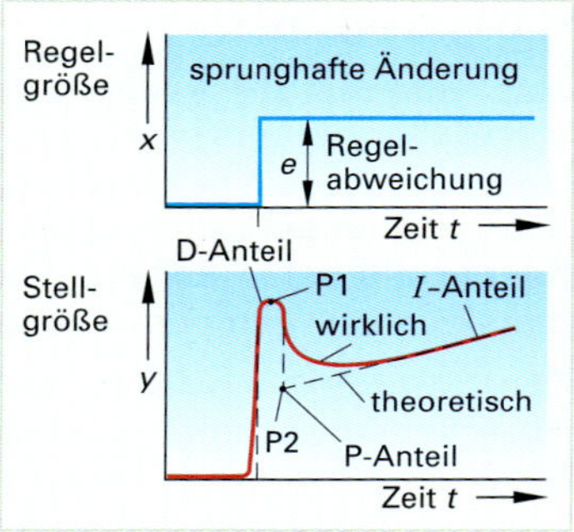

Bild 5: PID-Verhalten

5.1.4 Bauelemente von Steuerungen

Steuerungen bestehen aus Signalgebern, Steuerelementen, Schaltgeräten und Antriebselementen, wobei diese mechanisch, pneumatisch, hydraulisch oder elektrisch betrieben werden können.

Baugruppen von Steuerungen

Man unterteilt die Steuerungen in einen Steuer- und einen Leistungsteil. Um den Steuerteil möglichst klein zu halten, wird dieser mit kleinerer Spannung oder geringerem Druck betrieben. An der Schnittstelle müssen danach die Ausgangssignale verstärkt werden (**Bild 1**).

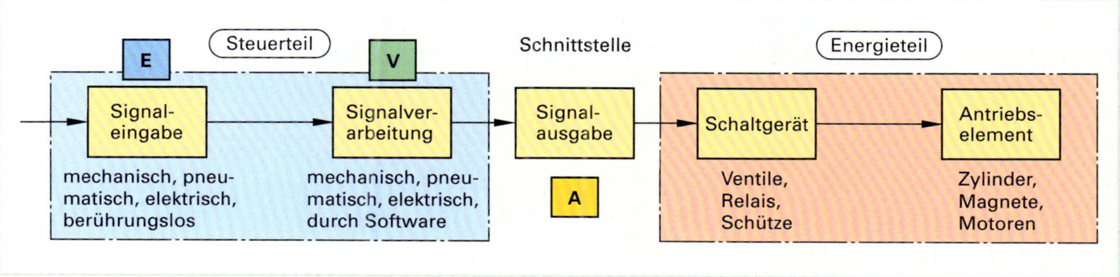

Bild 1: Baugruppen von Steuerungen

Signale, die von den Tastern, Schaltern oder Sensoren abgegeben werden, unterscheidet man in **analoge, binäre** und **digitale** Signale.

Analoge Signale ändern sich stetig mit der Eingangsgröße (**Bild 2**), z. B. bei Kurvenscheiben oder Potentiometern. Binäre Signale nehmen nur zwei Werte bzw. Zustände an (**Bild 3**). Diese Werte können mit 1 und 0, EIN und AUS, HIGH und LOW usw. bezeichnet werden, z. B. von Grenztastern oder Lichtschranken ausgelöst.

Digitale Signale bestehen aus einer bestimmten Anzahl meist binärer Signale (**Bild 4**) und können z. B. von Wegmesssystemen ausgelöst werden, indem ein Weg in Inkremente eingeteilt ist, die jeweils Impulse auslösen.

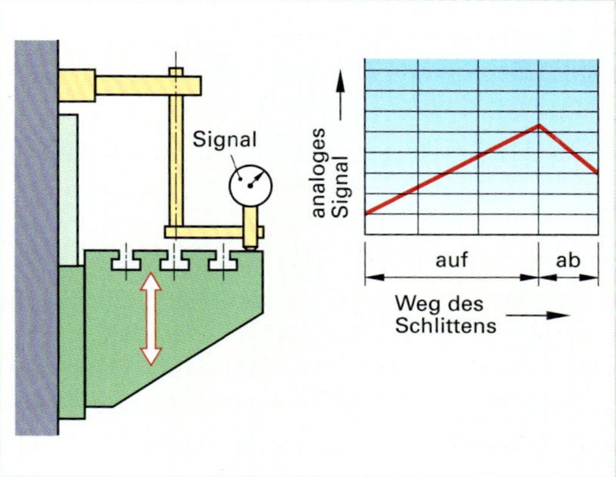

Bild 2: Analoges Signal

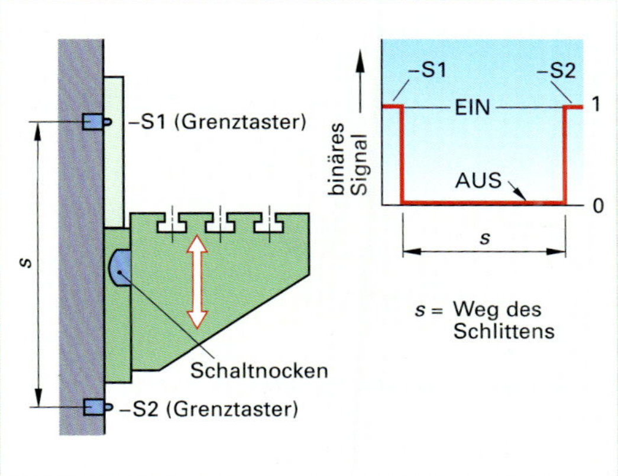

Bild 3: Binäres Signal

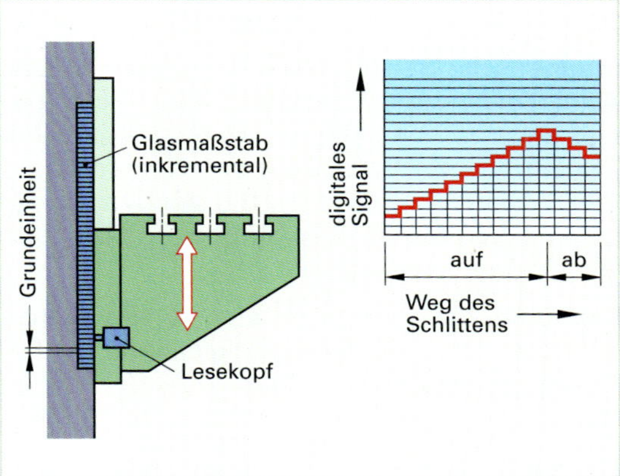

Bild 4: Digitales Signal

Bauarten von Signalgebern

Schalter werden von Hand, mechanisch (z. B. durch Schaltnocken), elektromagnetisch oder durch Luftdruck betätigt und geben binäre Signale ab. **Tastschalter** geben nur während der Betätigung ein Signal ab. **Stellschalter** rasten ein und geben ein Dauersignal ab. **Elektrische Schalter** können mit mehreren Kontaktpaaren ausgestattet sein, z. B. mit je einem Öffner und Schließerpaar. **NOT-AUS-Schalter** sind Stellschalter mit einer pilzförmigen roten Betätigungskappe, die erst nach der Behebung der Gefahr wieder entriegelt werden dürfen. **Grenztaster** werden in den Grenzstellungen einer Baueinheit betätigt (taktil: Objektberührung).

Sensoren (**Näherungsschalter**) arbeiten berührungslos, nutzen sich deshalb nicht ab und beeinflussen die zu steuernde Größe nicht (Initiatoren).

Arbeitsweise von Sensoren

Sensoren werden nach dem Werkstoff des zu kontrollierenden Teiles, nach der erforderlichen Reichweite und nach der Art der Umgebung ausgewählt (**Tabelle 1**).

Induktive Sensoren geben ein elektrisches Signal ab, wenn Bauteile aus Metall in den aktiven Raum vor dem Tastfeld gelangen und so das elektromagnetische Feld beeinflussen.

Kapazitive Sensoren reagieren auf alle Stoffe und auf Flüssigkeiten, da hierbei das elektrische Feld beeinflusst wird. Sie sind deshalb anfälliger bei feuchter oder staubiger Umgebung.

Optoelektronische Sensoren (Lichtschranken) senden einen Lichtstrahl aus, der dann von einem Reflektor oder Werkstück reflektiert und von einem Empfänger aufgenommen oder direkt zum Empfänger geschickt wird (**Bilder 1 und 3**).

Magnetische Sensoren als Grenztaster haben Schließer- oder Wechslerkontakte. Beispielsweise werden sie betätigt, wenn der mit einem Dauermagneten ausgestattete Kolben unter den Sensor fährt (**Bild 2**). Sie werden besonders bei begrenztem Einbauraum und robuster Umgebung eingesetzt.

Pneumatische Sensoren liefern ein Signal, wenn der Ausgang der Staudüsen oder der Reflexdüsen beeinflusst wird.

Tabelle 1: Bauarten von Sensoren

Wirkungsprinzip	Schaltabstand
induktiv	etwa halber Spulendurchmesser; 1 mm ... 150 mm
kapazitiv	abhängig vom Werkstoff; 1 mm ... 40 mm
optoelektronisch	mit Reflektor ≤ 2000 mm ohne Reflektor ≤ 200 mm
Ultraschall	50 mm ... 10000 mm; einstellbar auf ca. 10 mm
magnetisch	einige Millimeter

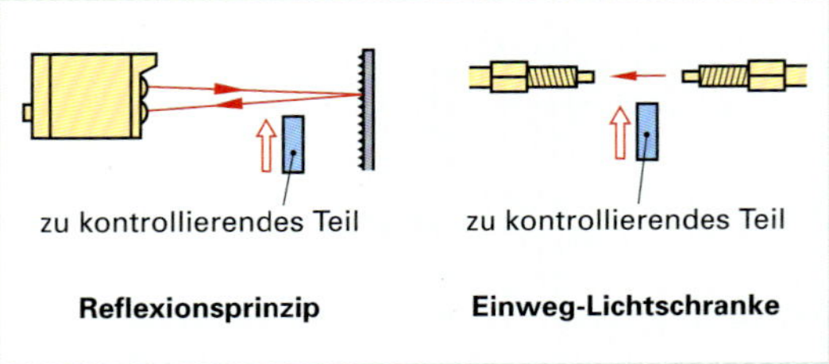

Bild 1: Optoelektronischer Sensor

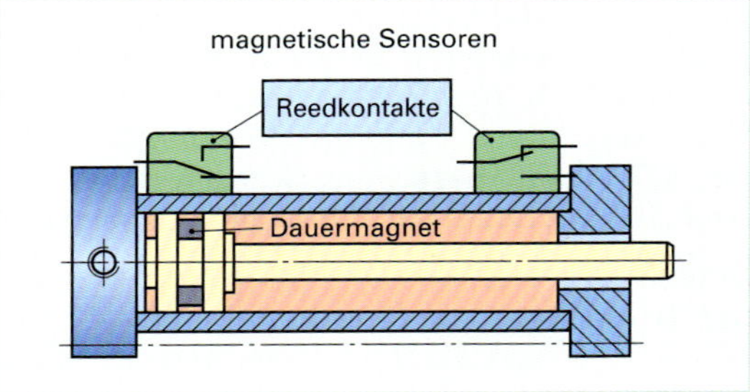

Bild 2: Magnetischer Sensor

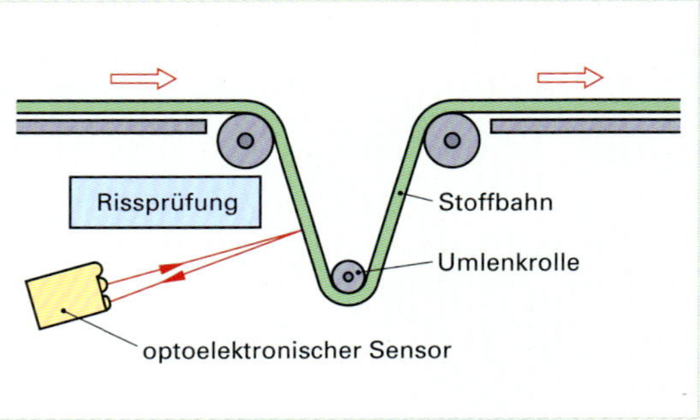

Bild 3: Überwachung einer Folienfertigung

Lichtschranken geben ein Signal ab,wenn der ausgesandte Lichtstrahl, z. B. durch Gegenstände unterbrochen wird (**Bild 1**). Sie werden häufig für Schutzmaßnahmen eingesetzt.

Binäre Sensoren

Diese Sensoren werden zum Erfassen von Zuständen, z. B. Endlageabfrage von Hubzylindern eingesetzt. Beim Annähern eines Gegenstandes an die aktive Sensorfläche wird das Streufeld gestört oder wie bei den optischen Sensoren der Infrarotstrahl unterbrochen bzw. absorbiert und dadurch ein Schaltkontakt ausgelöst (**Bild 1**).

Die Ansprechkennlinie des Sensors hat einen Reaktionsbereich, d. h. zwischen dem Ein- und Ausschalten gibt es eine Schaltdifferenz, die beim Einsatz des Sensors eine wichtige Rolle spielt (**Bild 2**).

Die wichtigsten Kriterien für den technischen Einsatz der Sensoren sind:

- Genauigkeit und Ansprechempfindlichkeit
- Langlebigkeit und Wartungsfreiheit
- Reaktionsgeschwindigkeit

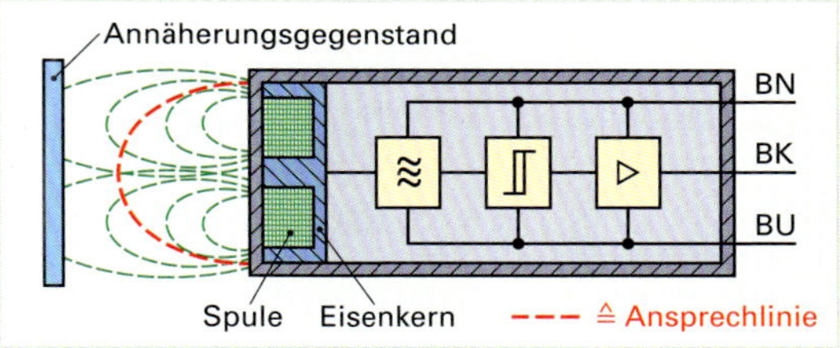

Bild 1: Aufbau eines induktiven Sensors

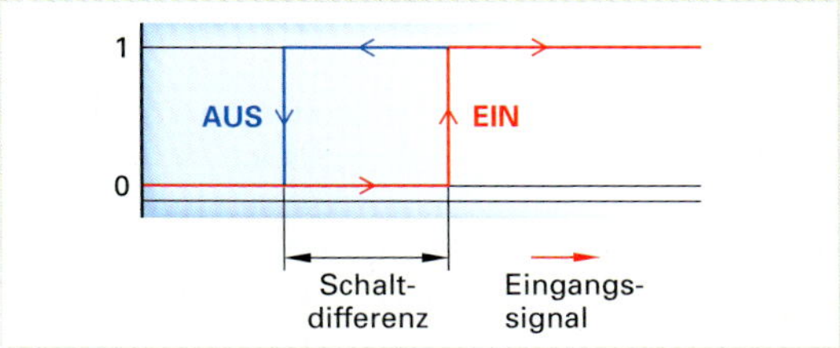

Bild 2: Schaltdifferenz

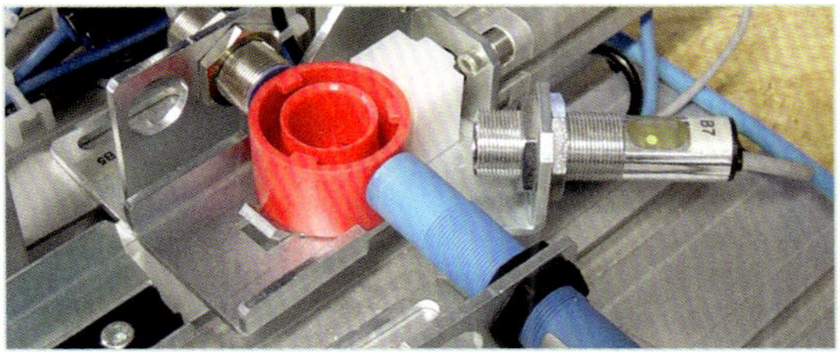

Bild 3: Prüfstation

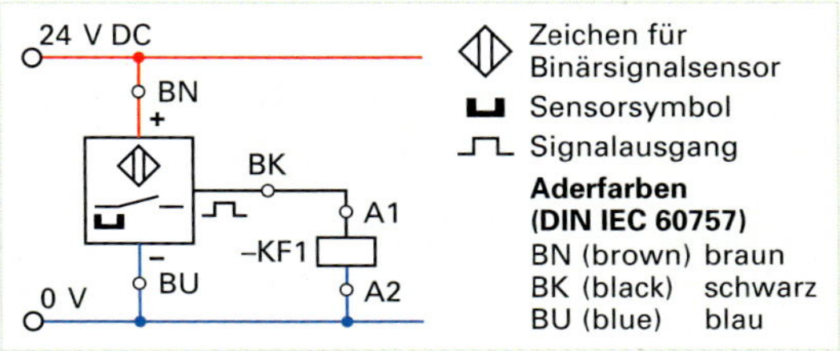

Bild 4: Bezeichnungen an Sensoren

Tabelle 1: Wirkungsweise und Einsatz von binären Sensoren

Symbol	Wirkungsweise	reagiert auf	Verwendung
induktiv 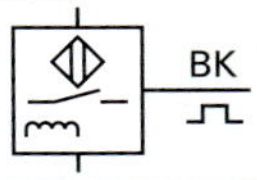	Ein elektromagnetisches Wechselfeld wird durch metallische Objekte beeinflusst.	elektrisch leitfähige Materialien	Abfrage und Erfassung von Kolbenstangen, Werkstückträgern und Objekten
kapazitiv 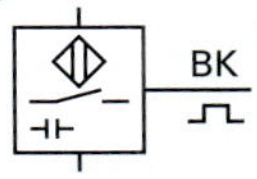	Das elektrische Feld eines Kondensators wird durch das Objekt beeinflusst, so dass sich dessen Kapazität ändert.	elektrisch leitende und nichtleitende feste, pulverförmige und flüssige Stoffe	Füllstände von Flüssigkeiten, Schüttgütern und Erfassung von nichtleitenden Werkstoffen
magnetisch 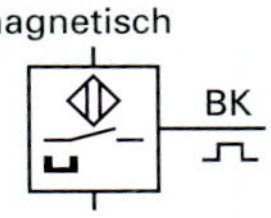	Die Annäherung eines Permanentmagneten führt zur Kontaktschließung.	magnetische Objekte	Kolbensteuerung, platzsparend, da direkt auf dem Zylinder angebracht
optisch 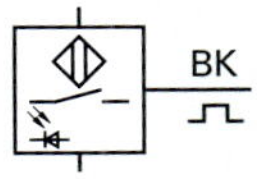	Helligkeitsänderung oder Unterbrechung des Lichtstrahles zwischen Sender und Empfänger.	verschiedene lichtundurchlässige und reflektierende Materialien	Lichtschranken, große Schaltabstände
Ultraschall 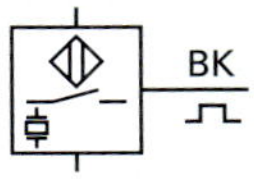	Der ausgestrahlte Schallimpuls wird vom Objekt zeitabhängig reflektiert zum Sensor zurück gesandt.	schallreflektierende oder schallabsorbierende Materialien	Überwachung von Füllständen, Objekten und Flächenbeschaffenheit

Vakuumtechnik

Mit Vakuumsystemen, die aus Sauggreifern, Verschlauchungen, Befestigungssystemen und dem Vakuumerzeuger bestehen, werden Bauteile mit glatter bis rauer Oberfläche unterschiedlicher Werkstoffe (z. B. Kunststoff, Holz, Metall) transportiert ohne das Bauteil zu klemmen (**Bild 1**). Das Vakuum wird als Unterdruck in Bezug zum Umgebungsdruck angegeben. Dabei sind folgende Arbeitsbereiche möglich:

- Dichte Oberflächen – 600 mbar ... – 800 mbar
- Poröse Oberflächen – 200 mbar ... – 400 mbar

Der Unterdruck wird dadurch erzeugt, indem die Druckluft in eine **Venturidüse** strömt und nach dem Austritt expandierend und durch den Schalldämpfer ins Freie abgegeben wird. An der engsten Stelle der Düse entsteht ein Unterdruck, der zum Absaugen von Luft aus dem angeschlossenen Greifer benutzt wird (**Bild 2**). Der höhere Atmosphärendruck drückt den Sauggreifer fest auf das Werkstück.

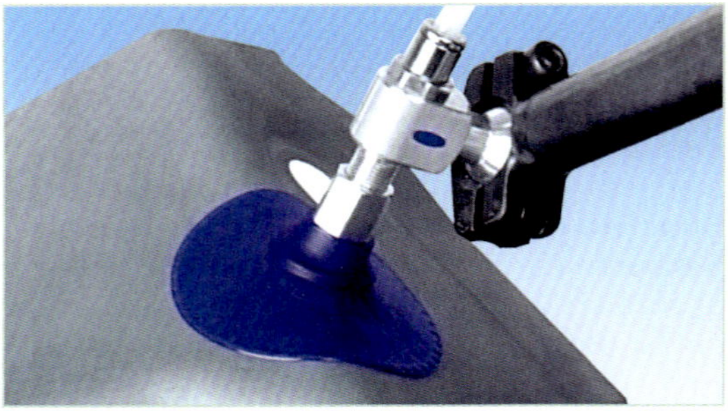

Bild 1: Sauggreifer an gekrümmter Fläche

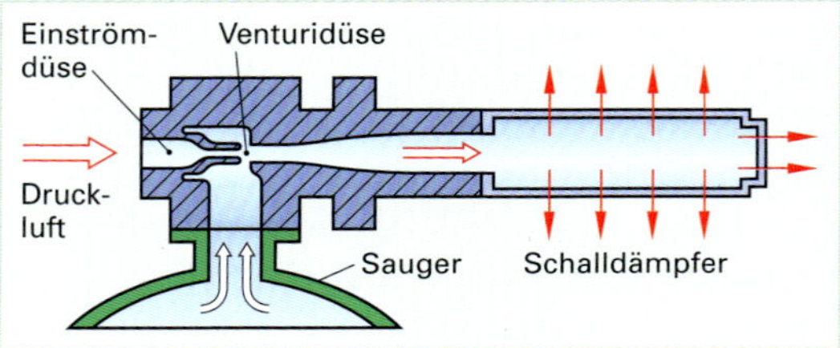

Bild 2: Vakuumerzeuger

Je höher der Druck an der Einströmdüse ist, desto höher wird die Strömungsgeschwindigkeit in der engsten Stelle des Venturidüse und der Unterdruck nimmt zu.

Die **Sauggreifer** bestehen aus einem Saugnapf und einem Anbindungselement. Das Material des Saugnapfes ist eine Elastomerelegierung, um sowohl flexibel als auch ölbeständig zu sein. Der Einsatz der beiden Arten, Flach- und Balgsauger, wird von der Oberfläche des zu transportierenden Teiles bestimmt (**Bild 3**).

Die Größe des Sauggreifers ist von der Einbaulage (horizontal oder vertikal), dem Unterdruck und der Beschaffenheit der Oberfläche abhängig (**Bild 4**).

Der Reibungskoeffizient μ wird von der Oberflächenbeschaffenheit bestimmt:

- trockene Glas- und Kunststoffoberflächen $\mu = 0{,}5$
- feuchte oder ölige Oberflächen $\mu = 0{,}1 \dots 0{,}4$

$$F_v = A \cdot p_e; \qquad F_H = F_v \cdot \mu$$

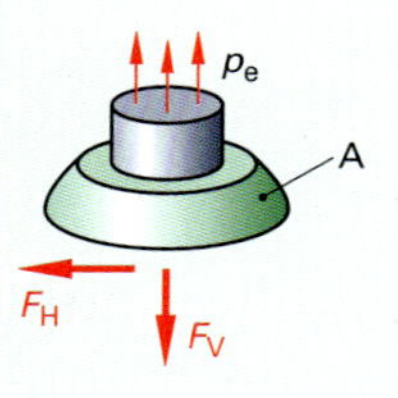

F_V	theoretische vertikale Haltekraft	N
F_H	theoretische horizontale Haltekraft	N
A	Fläche	cm²
p_e	Unterdruck	N/cm²
μ	Reibungskoeffizient	–

Bild 3: Haltekräfte

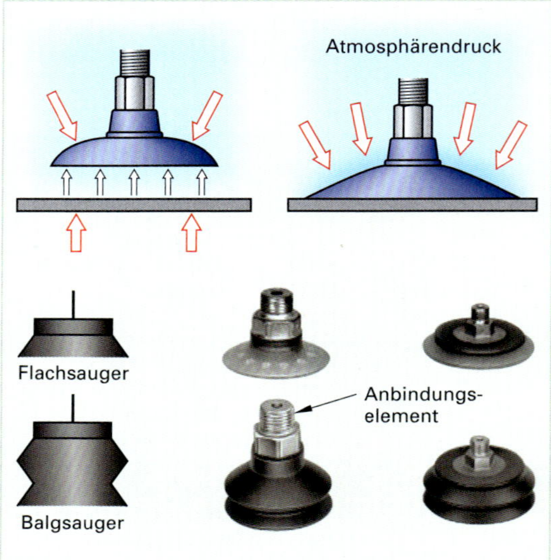

Bauart	Vorteile	Einsatz
Flachsauger	niedrige Bauform, minimale Ansaugzeit	glatte bis leicht raue Oberflächen, Prozess mit kurzen Zykluszeiten
Balgsauger	für unebene Flächen, Ausgleich unterschiedlicher Höhen	Karosseriebleche, Rohre, Kartonagen, empfindliche Elektronikbauteile

Bild 4: Sauggreiferfunktion, -formen und Einsatz

Steuerelemente

Die von den Signalgebern kommenden Signale werden durch die Steuerelemente verstärkt, verzögert oder verknüpft.

UND-Verknüpfungen liefern an ihrem Ausgang ein Signal (A = 1), wenn an allen Eingängen gleichzeitig ein Signal (E1 = 1 UND E2 = 1 UND E3 = 1) anliegt (**Bild 1**).

ODER-Verknüpfungen liefern an ihren Ausgang ein Signal (A = 1), wenn an einem der Eingänge oder an allen Eingängen ein Signal (E1 = 1 ODER E2 = 1 ODER E3 = 1) ansteht (**Bild 2**).

NICHT-Verknüpfungen kehren Eingangssignale um, d. h., aus einem „1“-Signal am Eingang wird ein „0“-Signal am Ausgang und umgekehrt (**Bild 3**).

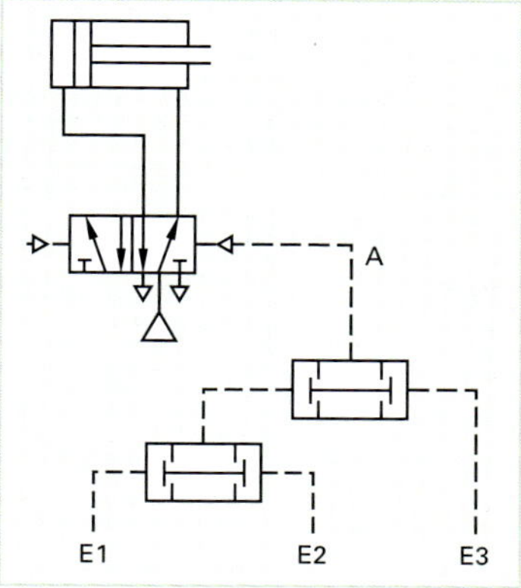

Bild 1: UND-Verknüpfung

Die Grundfunktionen und ihre Kombinationen können auf verschiedene Weisen dargestellt werden. Die **Schaltalgebra** beschreibt die Verknüpfungen durch Funktionsgleichungen. In **Wertetabellen** wird zu allen möglichen Kombinationen der Eingangssignale E1, E2, usw. die sich ergebende Ausgangsgröße A dargestellt. Im **Logikplan** werden die Verknüpfungen mit genormten Symbolen dargestellt. Die logischen Verknüpfungen können auch durch **Programme** beschrieben werden. Der Umfang und die Art der Aufgaben sind dabei ausschlaggebend, welche Darstellungsform gewählt wird (**Tabelle 1**).

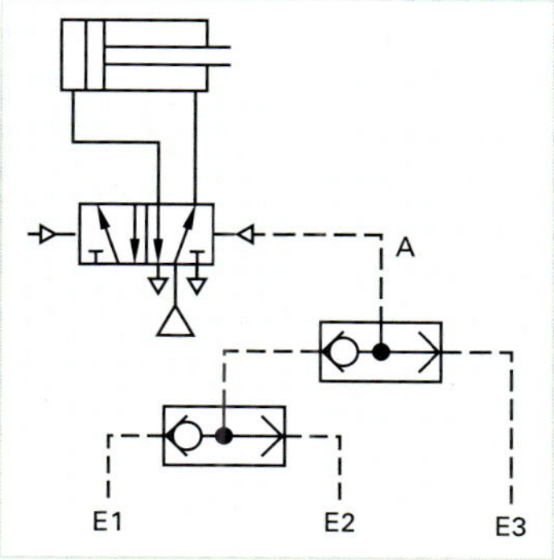

Bild 2: ODER-Verknüpfung

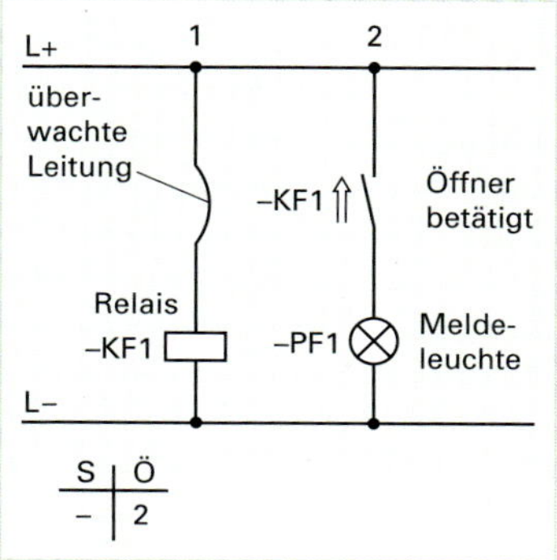

Bild 3: NICHT-Verknüpfung

Tabelle 1: UND-, ODER- und NICHT-Verknüpfung

Binäre Verknüpfungen vgl. DIN EN 60617-12: 1999-04

Funktion	Funktionstabellen	Schaltzeichen Logische Gleichung	pneumatische Lösung	elektrische Lösung
UND (AND)	E1 E2 A 0 0 0 0 1 0 1 0 0 1 1 1	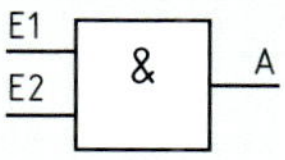 A = E1 * E2	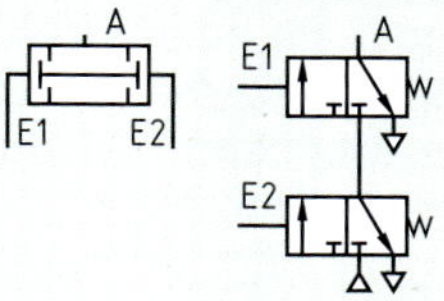	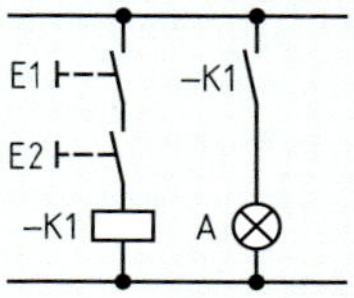
ODER (OR)	E1 E2 A 0 0 0 0 1 1 1 0 1 1 1 1	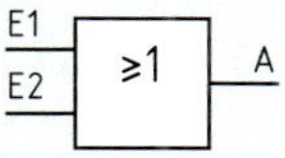 A = E1 + E2	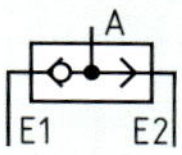	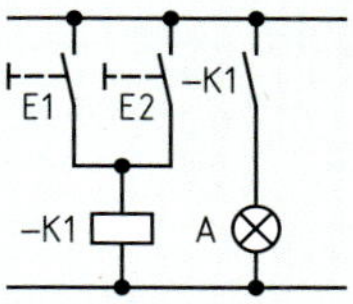
NICHT (NOT)	E1 A 0 1 1 0	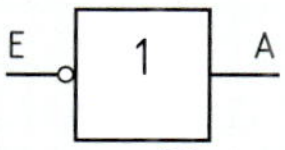 A = $\overline{E}$	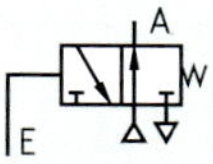	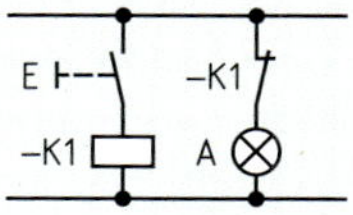

5.1.5 Darstellungsformen von Steuerungen

Der Aufbau einer Steuerung kann auf verschiedene Weisen grafisch dargestellt werden, wobei Funktionspläne, Funktionsdiagramme und Schaltpläne zu den wichtigsten Darstellungsformen gehören.

Funktionspläne enthalten die einzelnen Schritte, die logischen Verknüpfungen der Eingangssignale und die Bedingungen zum Weiterschalten zum nächsten Schritt. Sie werden aus wenigen genormten Symbolen aufgebaut (**Bild 1**).

Funktionsdiagramme werden für pneumatische, hydraulische und elektrische Steuerungen erstellt, wobei das Zustandsdiagramm die wichtigste Form der Darstellung ist. Der Zustand der Zylinderbewegung kann dabei in Abhängigkeit von der Zeit (**Bild 2**) oder vom Schritt (**Bilder 3 und 5**) dargestellt werden.

Schaltpläne zeigen die Funktion einer Steuerung in der gewählten Technik durch vereinfachte Darstellung der einzelnen Bauelemente und deren Verbindungen untereinander (**Bild 3 Seite 275**). Diese werden in der Regel durch **Lagepläne** ergänzt, welche die räumliche Anordnung der Zylinder darstellen, da im Schaltplan die räumliche Anordnung keine Berücksichtigung findet.

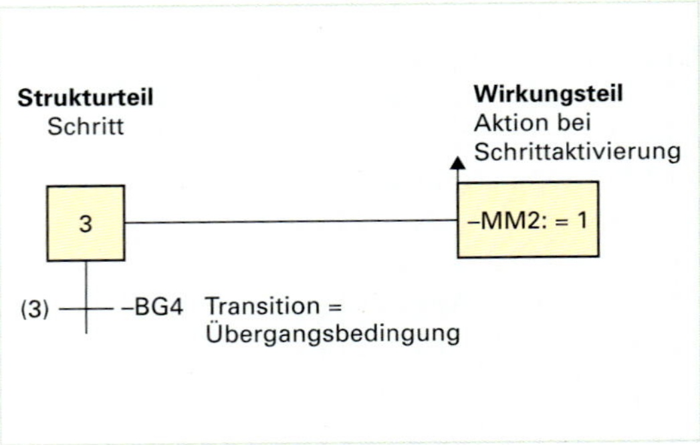

Bild 1: Symbole in Funktionsplänen

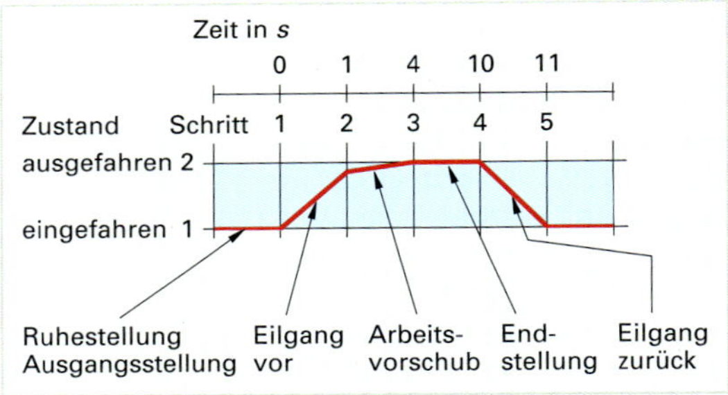

Bild 2: Weg-Zeit-Diagramm eines Zylinders

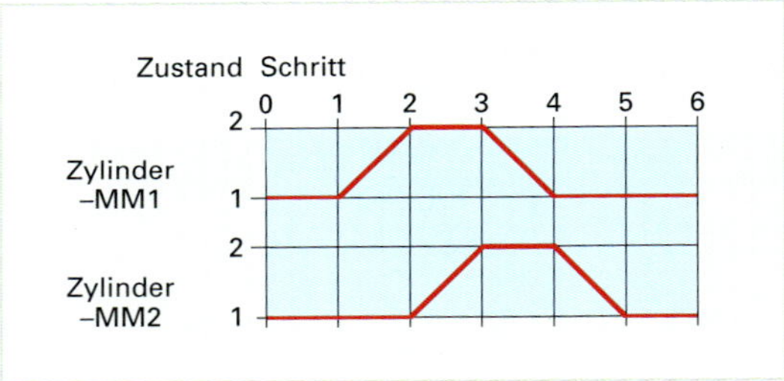

Bild 3: Weg-Schritt-Diagramm eines Zylinders

Regeln für Funktionspläne

Die Beschreibung eines Prozessablaufes in schriftlicher Form kann dann ungenau werden, wenn mehrere Arbeitsschritte gleichzeitig ablaufen, sodass hierbei die grafische Darstellung mit **GRAFCET** (**GRA**phe **F**onctionnel de **C**ommande **E**tape **T**ransition) häufig angewandt wird. Der Prozess ist dabei als eine aufeinanderfolgende Kette einzelner Arbeitsschritte zu verstehen, wobei die Arbeitsschritte durch Quadrate dargestellt werden (**Bild 4**).

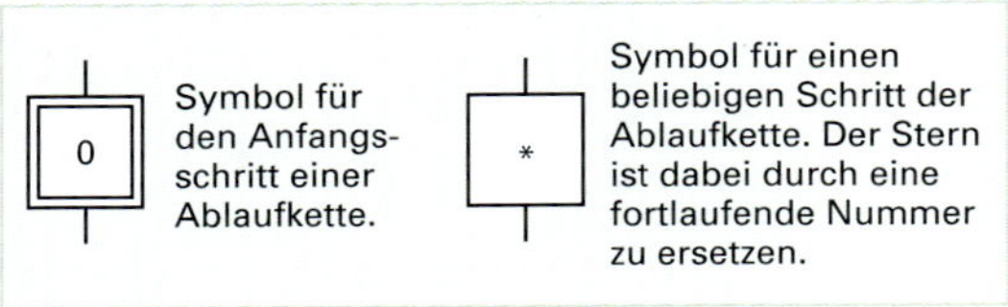

Bild 4: Darstellung eines Arbeitsschrittes

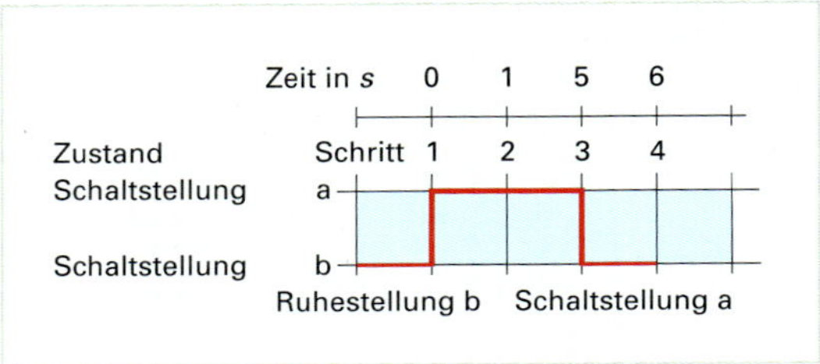

Bild 5: Weg-Zeit-Diagramm eines Ventils

Die einzelnen **Arbeitsschritte** werden nacheinander aktiviert, und der nachfolgende Arbeitsschritt setzt den vorausgehenden Arbeitsschritt inaktiv. Von einem aktiven Arbeitsschritt können mehrere Befehle ausgehen, diese **Befehlssymbole** werden an die rechte Seite des **Schrittsymbols** gezeichnet und bei mehreren Befehlen untereinander angeordnet.

Der Befehl kann unterschiedlich behandelt werden, d. h., er kann nur so lange wirken, wie der Arbeitsschritt aktiv ist oder er kann gespeichert bzw. zeitlich begrenzt werden. Diese Bedingungen werden im Wirkungsteil dargestellt (**Bild 1**).

Die einzelnen Schritte sind durch **Wirklinien** miteinander verbunden, die einen kurzen Querstrich als Übergang (Transition) haben. Der nachfolgende Arbeitsschritt wird erst nach Erfüllung der Übergangsbedingung aktiv. Die **Übergangsbedingung** darf als Text oder Logiksymbol dargestellt werden. Der **Signalfluss** erfolgt von oben nach unten, wenn nicht anders durch einen Richtungspfeil dargestellt, wie z. B. eine Rückführschleife (**Bild 2**).

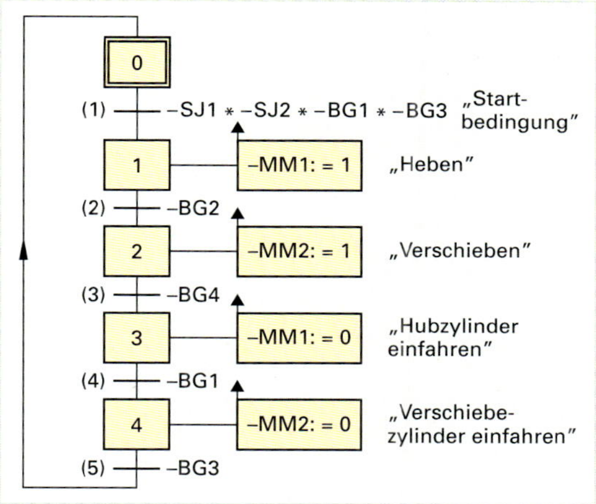

Bild 1: Darstellung eines Befehlsymbols

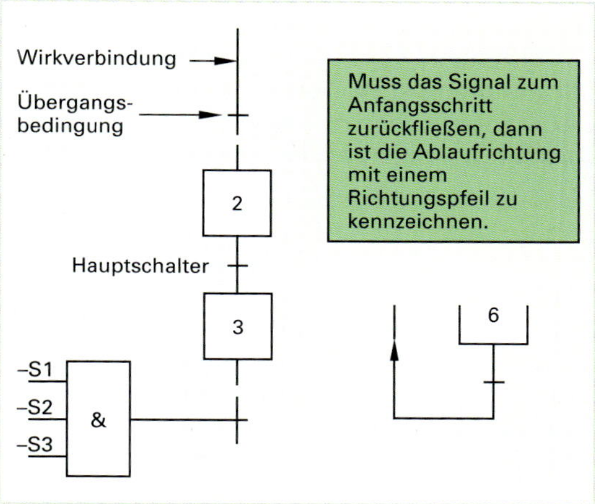

Bild 2: Darstellung einer Ablaufkette

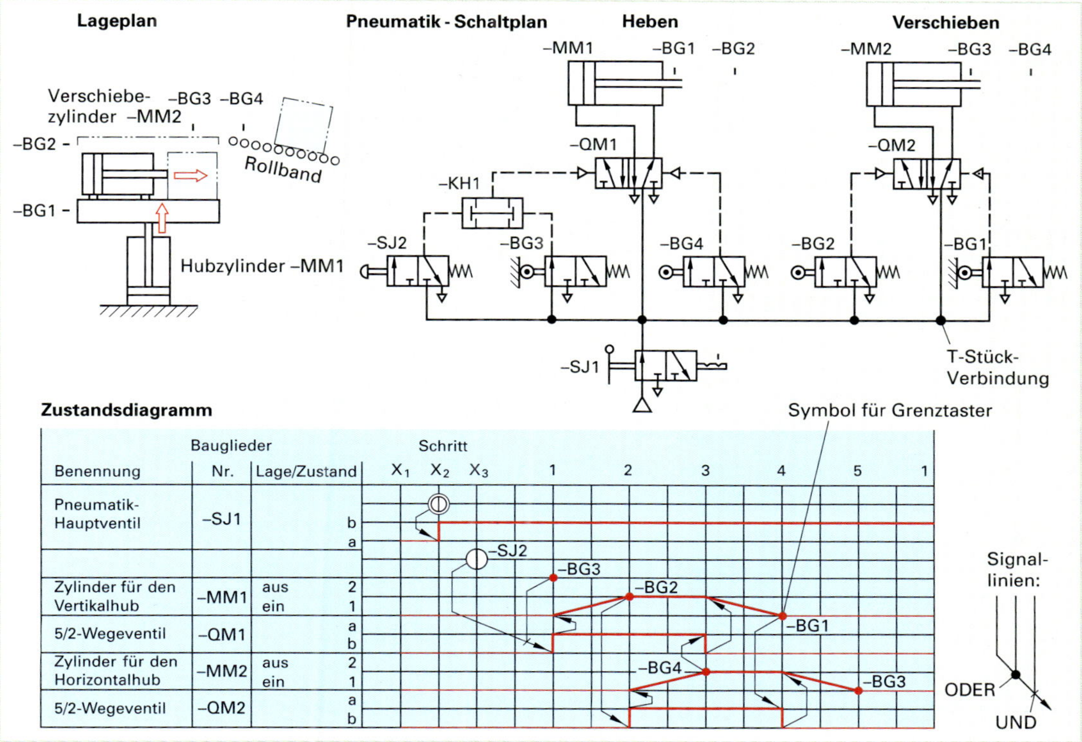

Bild 3: Schaltplan mit Lageplan einer pneumatischen Steuerung

Grundformen von Ablaufketten sind in der Regel linear (**Bild 1**), d. h., die Arbeitsschritte werden nacheinander aktiv, nachdem die Übergangsbedingung mit **„logisch 1"** erfüllt ist. Der vorhergehende Schritt wird dann zurückgesetzt (inaktiv). Sollen gleichzeitig mehrere Abläufe ausgelöst werden oder Abläufe alternativ zur Verfügung stehen, dann wird mit **Verzweigungen** gearbeitet.

Bei **gleichzeitigen Abläufen** (Parallel-Verzweigung) laufen mehrere Abläufe gleichzeitig ab, wenn der letzte Schritt und die Übergangsbedingung erfüllt sind. Ist der jeweils letzte Schritt der einzelnen Kette gesetzt und die Übergangsbedingung erfüllt, erfolgt die Weiterschaltung im linearem Ablauf (**Bild 2**). Der Start und das Ende der Verzweigung wird in der grafischen Darstellung mit einer **Doppellinie** gekennzeichnet.

Bei einer **Ablaufauswahl** (Alternativ-Verzweigung) stehen mehrere Varianten zur Verfügung. Erfüllt eine Übergangsbedingung den Wert **„logisch 1"**, wird diese Alternative durchlaufen, wobei alle anderen Auswahlmöglichkeiten automatisch gesperrt sind. Durchläuft die ausgewählte Kette den letzten Arbeitsschritt und die dazugehörige Übergangsbedingung oberhalb der Zusammenführungslinie, wird der nachfolgende Arbeitsschritt gesetzt (**Bild 3**). Die Anzahl der Alternativen und deren jeweilige Länge unterliegen keiner Beschränkung.

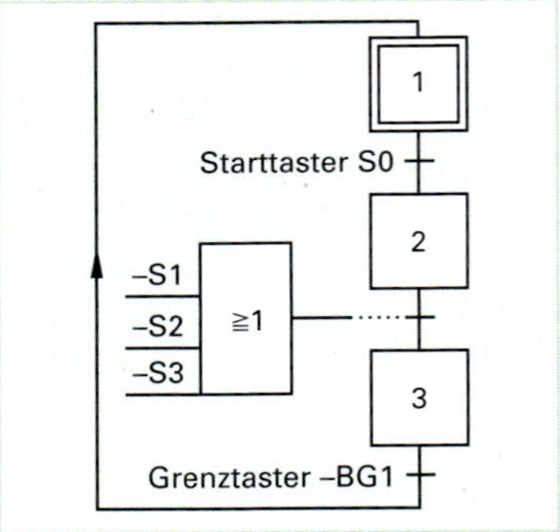

Bild 1: Lineare Ablaufkette

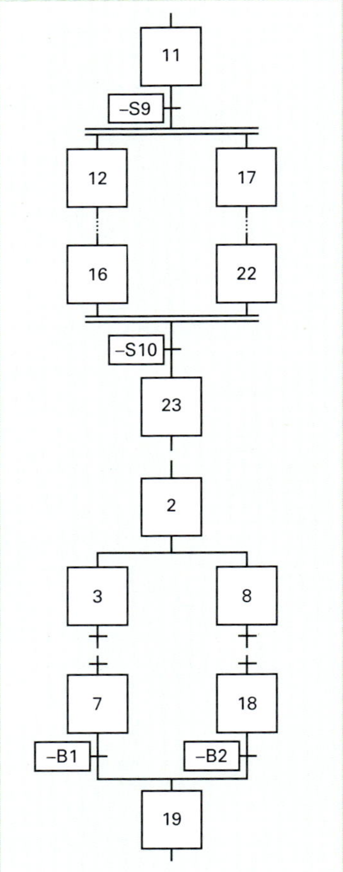

Bild 2: Verzweigungen

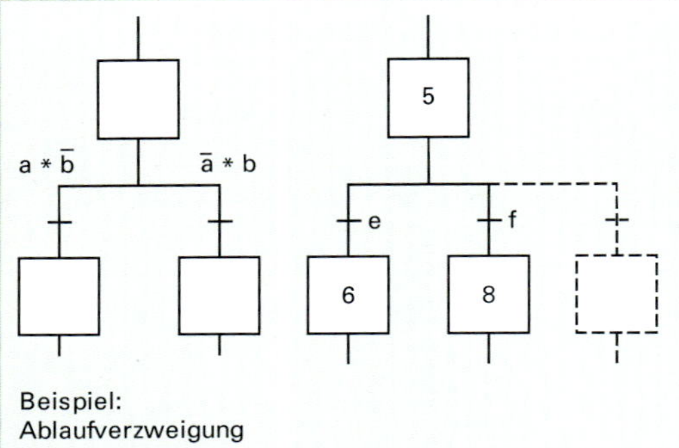

Ablaufverzweigung:

Der Ablauf findet statt, wenn Schritt 5 gesetzt ist.

a) nach Schritt 6, wenn die Übergangsbedingung „e" erfüllt ist (e = 1) **oder**

b) nach Schritt 8, wenn die Übergangsbedingung „f" erfüllt ist (f = 1).

Bild 3: Alternative Verzweigung

Wiederholungsfragen:

1. Beschreiben Sie den Unterschied zwischen einen stetigen und einen unstetigen Regler.
2. Nennen Sie drei Darstellungsformen von Signalen.
3. Aus welchen drei Grundverknüpfungen werden komplexe Programme erstellt?
4. Erklären Sie den Unterschied zwischen einem Weg-Schritt-Diagramm und einem Weg-Zeit-Diagramm.
5. Nennen Sie drei Befehlswirkungen und erklären Sie diese.
6. Was ist eine Übergangsbedingung?
7. Was ist eine Ablaufkette und welche Sicherheiten sind durch diesen Ablauf gegeben?
8. Wann werden Verzweigungen bei Ablaufketten notwendig?

5.2 Pneumatische Anlagen

Pneumatikanlagen kann man in drei Baugruppen aufteilen: die Drucklufterzeugung, die Druckluftaufbereitung und die pneumatische Steuerung. Sie arbeiten in der Regel mit einem Druck von 6 bar, wobei die untere Grenze bei 3 bar (ungenaues Schalten oder kein Schalten der Ventile wegen zu geringen Kräften) und die Obergrenze bei 15 bar liegt (Vereisung der Auslassöffnungen und Dieseleffekt).

5.2.1 Drucklufterzeugung

Druckeinheiten und Druckarten

Drückt ein Kolben der Fläche A mit der Kraft F auf eine eingeschlossene Luftmenge, entsteht ein Überdruck (**Bild 1**). Der Überdruck p_e ist die Differenz zwischen absoluten Druck p_{abs} und dem herrschenden Luftdruck p_{amb}, der sowohl positiv als auch negativ sein kann.

Überdruck $$p_e = \frac{F}{A} \qquad p_e = p_{abs} - p_{amb}$$

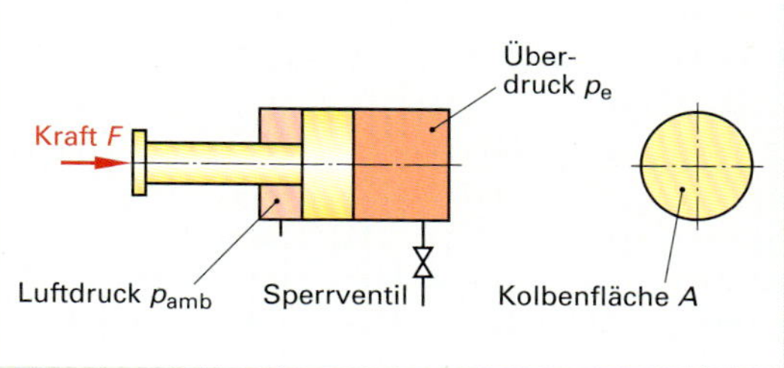

Bild 1: Entstehung des Druckes

$$1\ \text{Pa} = 1\ \frac{\text{N}}{\text{m}^2} = 0{,}00001\ \text{bar}; \qquad 1\ \text{bar} = 10\ \frac{\text{N}}{\text{cm}^2} = 0{,}1\ \frac{\text{N}}{\text{mm}^2} = 100\,000\ \text{Pa}$$

Verdichterbauarten

Kolben-, Membran- und Schraubenverdichter (**Bild 2**) saugen durch einen Ansaugfilter die Luft an, verdichten sie und drücken sie in den Druckluftbehälter. Bei Membranverdichtern kommt die Druckluft nicht mit Öl in Verbindung, sodass sich diese Verdichter besonders für die **Reinraumfertigung** eignen. Die Luft wird vorher durch einen Kühler gedrückt, sodass die Luftfeuchte als Kondenswasser ausgeschieden wird.

Der **Druckbehälter** übernimmt außer der Speicherung und Kühlung der Druckluft die zusätzliche Aufgabe der Abscheidung restlicher Luftfeuchtigkeit und den Ausgleich von Druckschwankungen.

Vor den Zylindern und den Ventilen einer Pneumatikanlage ist die **Aufbereitungseinheit** (**Bild 1 Seite 278**), bestehend aus Druckluftfilter, Druckregelventil, Druckanzeige und Öler angebracht. Der Öler hat dabei die Aufgabe, die bewegten Teile zu schmieren und gegen Korrosion zu schützen.

Bei Reinraumbetrieb oder bei Anlagen in der Lebensmittelindustrie entfällt der Öler, da dort eine ölfreie und hochreine Druckluft notwendig ist. Die Aufbereitungseinheit muss regelmäßig auf Öl- und Kondenswasserstand überprüft werden. Der Filtereinsatz ist auswechselbar.

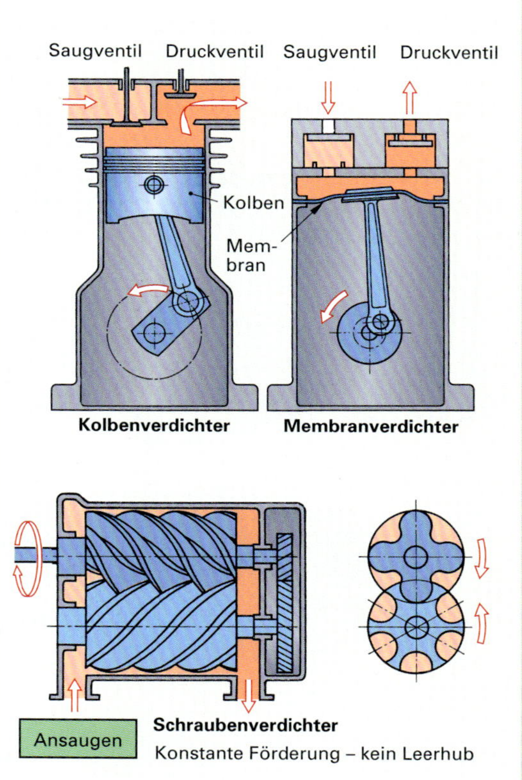

Bild 2: Bauarten von Verdichtern

Zur Lufttrocknung stehen das **Kühlverfahren**, die **Absorptions-** und die **Adsorptionstrocknung** zur Verfügung (**Bild 3**).

Atmosphärische Luft enthält immer mehr oder weniger Wasserdampf, dessen Sättigungsmenge neben dem Volumen von der Temperatur abhängt. Je niedriger die Temperatur ist, desto geringer ist die enthaltene Wassermenge. Der **Drucktaupunkt** ist dabei die Temperatur, bei der die unter Druck stehende Luft eine relative Feuchtigkeit von 100 % hat (**Bild 2**).

Im Allgemeinen reicht für Pneumatikanlagen ein Drucktaupunkt von + 5 °C aus, d. h., die Druckluft enthält nur noch den Wasserdampf-Sättigungsgrad von + 5 °C. Die verbreitetste Trocknerart ist dabei die Kältetrocknung (**Bild 3**) mit einem Drucktaupunkt bei etwa + 2 °C bis + 5 °C.

Die drei Lufttrocknungsverfahren funktionieren wie folgt:

- Bei der **Kältetrocknung** wird die Druckluft durch ein Kältemittel in einem Wärmetauscher abgekühlt und scheidet Wasserdampf aus.
- Bei der **Adsorptionstrocknung** wird die Druckluft durch ein Trocknungsmittel, meist Kieselgel, geleitet, an das sich die Feuchtigkeit anlagert. Durch Wechsel der beiden Behälter kann das Trocknungsmittel regeneriert werden.
- Bei der **Absorptionstrocknung** wird mit Salzen als Trocknungsmittel gearbeitet. Die Salze verbinden sich mit der Feuchtigkeit, indem sie sich auflösen, mit dem Wasser abtropfen und dabei verbraucht werden.

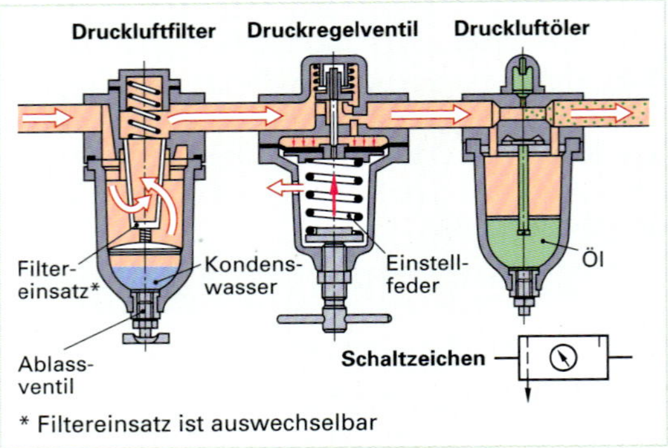

Bild 1: Aufbereitungseinheit

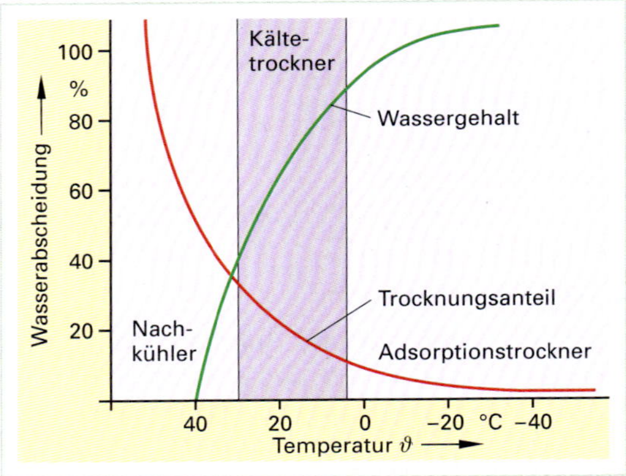

Bild 2: Drucktaupunkt und Arbeitsbereiche

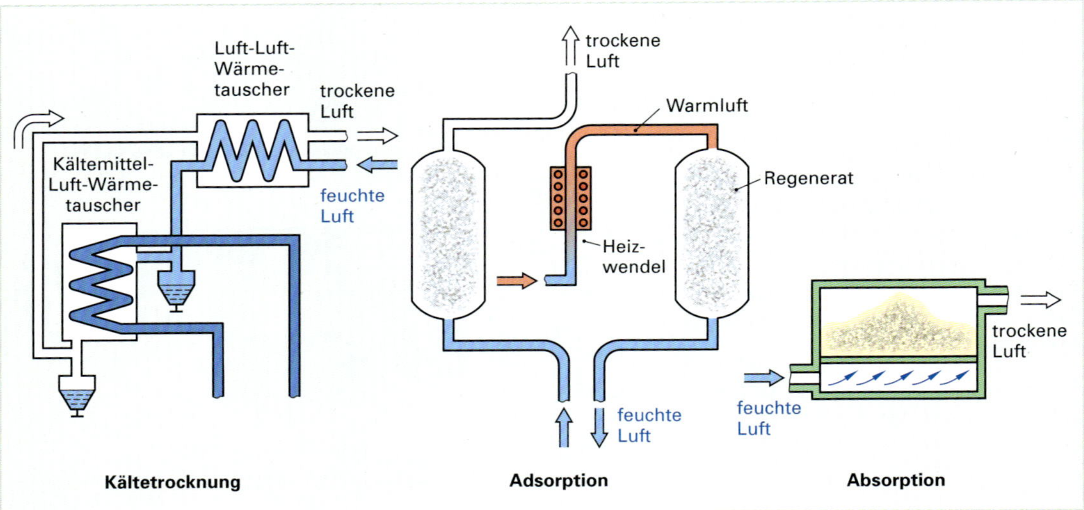

Bild 3: Trocknungsarten

Druckluftzylinder

Einfach wirkende Zylinder (**Bild 1**) verschieben den Kolben durch Druckluft nur in eine Richtung, und die eingebaute Feder drückt ihn in seine Ausgangslage zurück. Da die Feder entgegen der Kraft, hervorgerufen durch die Druckluft, wirkt, wird die beim Ausfahren des Kolbens wirkende Kraft mit zunehmenden Hub kleiner. Diese Zylinder werden für einfache Arbeiten, wie z. B. Spannen und Zuführen von Werkstücken mit einem Hub bis 100 mm eingesetzt.

Doppelt wirkende Zylinder (**Bild 2**) werden in beide Richtungen mithilfe der Druckluft bewegt und fahren deshalb bei einer Unterbrechung der Druckluftzufuhr nicht automatisch in die andere Richtung, sondern die Druckluft muss durch ein Wegeventil umgesteuert werden. Ein hartes Anschlagen des Kolbens in dessen Endlage kann verhindert werden, wenn der Zylinder verstellbare **Endlagendämpfungen** besitzt.

Bei der Endlagendämpfung fährt der Kolben mit verminderter Geschwindigkeit, veränderbar durch die Verstellung des Drosselventils, in seine Endlage ein (**Bild 3**).

Kolbenstangenlose Zylinder, Teleskop-, Tandem- und Differenzialzylinder sind weitere Bauarten, deren Anwendung durch die Anforderungen bestimmt werden (**Bild 5**).

Kolbenkräfte der Zylinder

Die Kolbenkraft F entsteht durch die Beaufschlagung der Kolbenfläche mit Druckluft, wobei die wirksame Kraft beim Einfahren kleiner ist, da durch die Kolbenstange die druckbeaufschlagbare Fläche kleiner ist. Weiterhin wirkt die Reibungskraft F_R der jeweiligen Aus- bzw. Einfahrkraft entgegen (**Bild 4**).

wirksame Kolbenkraft F	$F = F_{th} - F_R$
	$F = p_e \cdot A \cdot \eta$

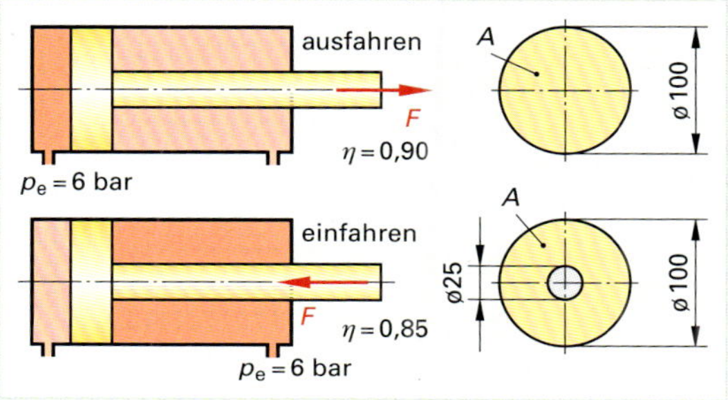

Bild 4: Kolbenkräfte

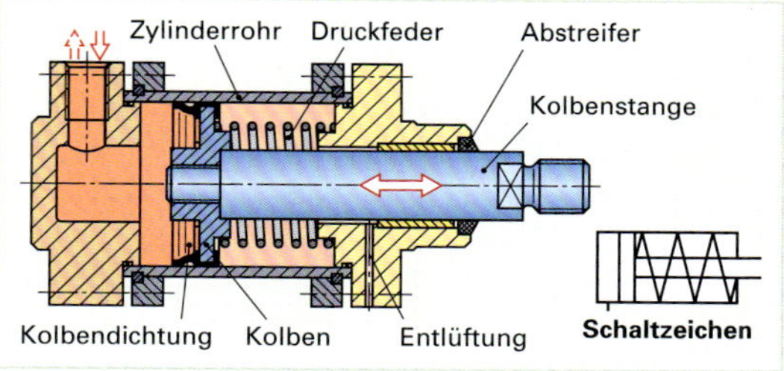

Bild 1: Einfach wirkender Zylinder

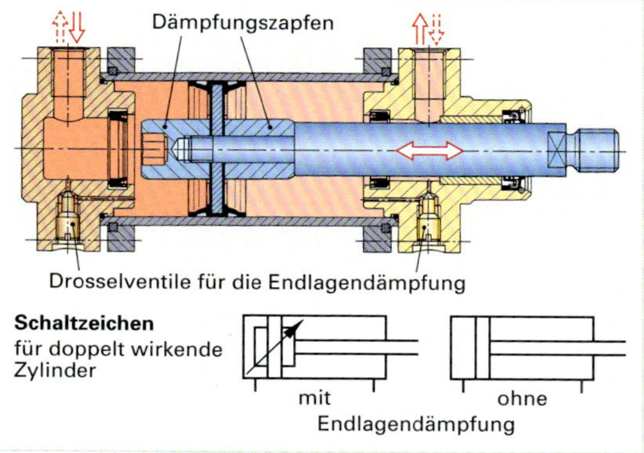

Bild 2: Doppelt wirkender Zylinder

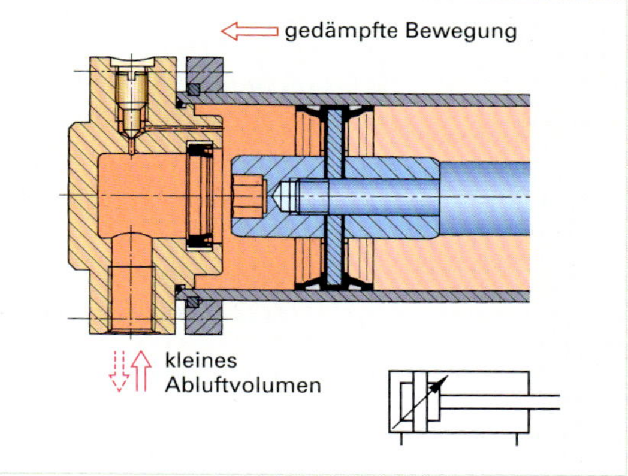

Bild 3: Endlagendämpfung

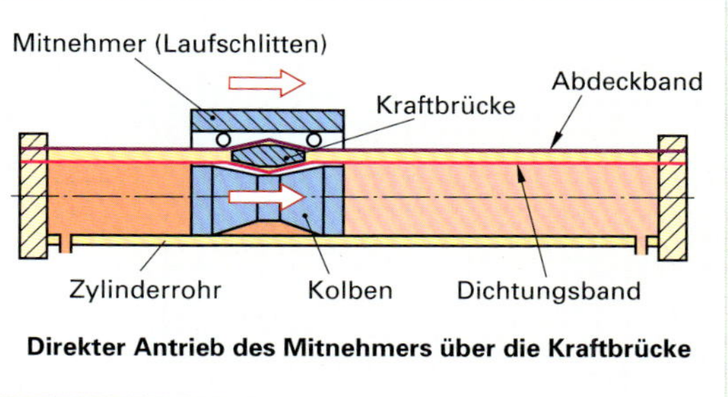

Bild 5: Bauarten von Zylindern

Zur Bestimmung der Kolbenkraft werden auch Diagramme des Herstellers benutzt (**Bild 1**).

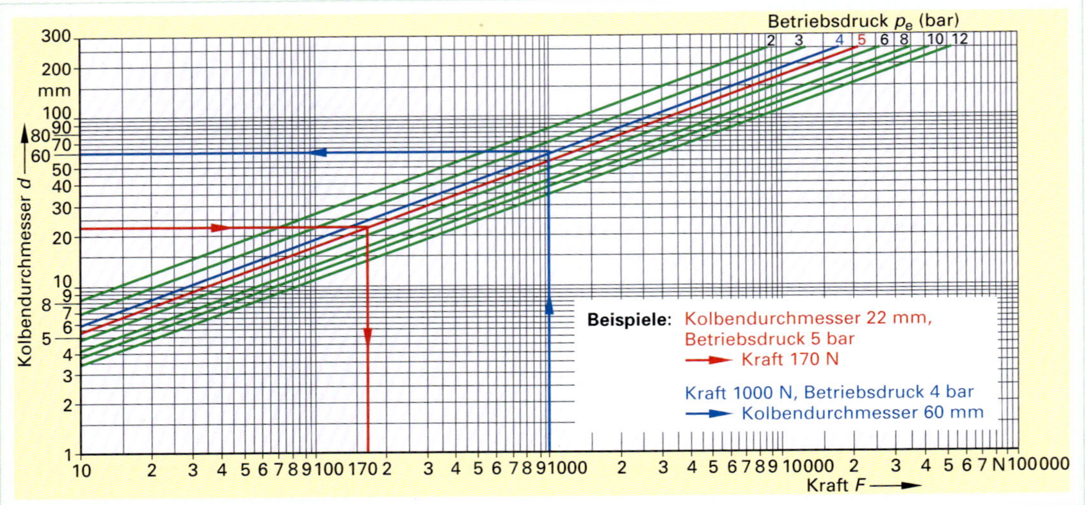

Bild 1: Diagramm zur Bestimmung der Kolbenkraft

Druckluftmotoren

Diese treiben z. B. Schrauber und Handschleifgeräte an und werden als **Lamellen-, Kolben- und Zahnradmotoren** gebaut. Der Druck der Luft und die beaufschlagbare Fläche der Lamellen bestimmen das Drehmoment. Die Drehrichtung kann durch das Schalten eines 4/2-Wegeventiles geändert werden, indem der jeweilige Druckanschluss beaufschlagt wird (**Bild 2**).

Die Leistung eines Pneumatikmotors ist druck- und drehzahlabhängig und kann mittels Diagrammen ermittelt werden (**Bild 4**).

Müssen in Steuerungen begrenzte Drehbewegungen ausgeführt werden, so kommen **Drehantriebe** zum Einsatz. Man setzt diese Antriebe besonders bei Wendeeinrichtungen, Rühr- und Mischwerken ein (**Bild 3**).

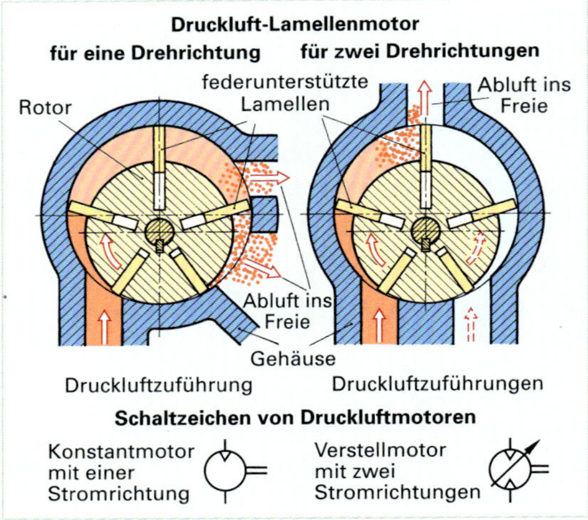

Bild 2: Druckluft-Lamellenmotor

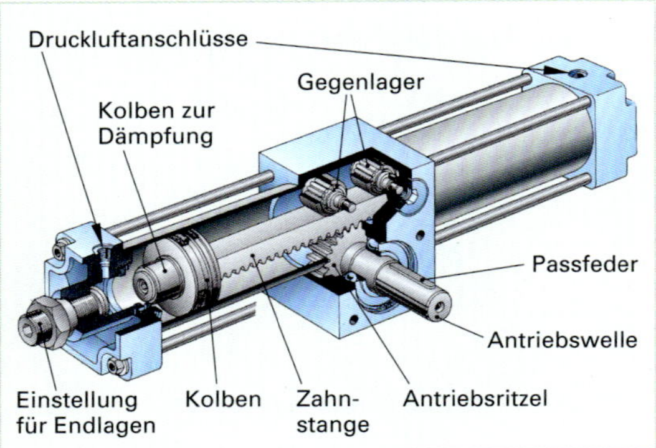

Bild 3: Drehantrieb

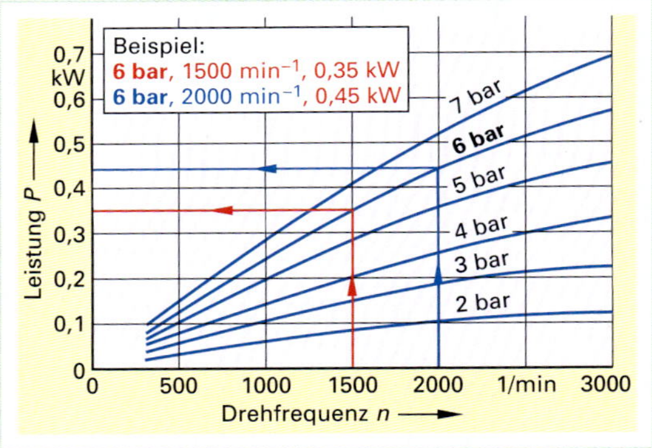

Bild 4: Leistungskennlinien-Diagramm

5.2.2 Ventile

In einer pneumatischen Anlage sind Bauteile notwendig, welche die Druckluft steuern (**Übersicht 1**). Solche Bauteile werden als Ventile bezeichnet, die man nach ihrer Funktion wie dargestellt einteilt:

Übersicht 1: Ventile

Ventile

- **Wegeventile** – Sie öffnen oder schließen die Durchflusswege des Luftstromes.
- **Sperrventile** – Sie sperren den Luftdurchfluss in einer Richtung und geben den Durchfluss in der entgegengesetzten Richtung frei.
- **Druckventile** – Sie regeln den Druck in einer Anlage oder werden durch einen vorgegebenen Druck betätigt.
- **Stromventile** – Sie beeinflussen die Durchflussmenge der Druckluft.

Wegeventile

Die **Funktion** der Wegeventile bestimmen Start, Stopp und Durchflussrichtung der Druckluft. Die unterschiedlichen Verbindungen (Wege) zwischen den Anschlüssen eines Wegeventils werden durch das Verschieben des Steuerkolbens hergestellt (**Bild 2**). Aufgrund der Konstruktion unterscheidet man Sitz- und Schieberventile.

Sitzventile sind klein, preiswert, haben kurze Ansprechzeiten und sind kaum schmutzempfindlich. Die Betätigungskraft ist ziemlich hoch, da die Federkraft und die Kraft der anstehenden Luft überwunden werden muss (**Bild 4**). Man unterteilt sie weiterhin aufgrund der Abdichtung in **Kugelsitz-** und **Tellersitzventile**.

Schieberventile können als Längsschieber- (**Bild 3**) oder Drehschieberventile ausgeführt sein. Sie haben gegenüber den Sitzventilen, wegen der größeren Betätigungswege, längere Anspruchszeiten. Zum Umschalten reicht eine kurzfristige Druckbeaufschlagung aus, deshalb werden sie auch **Impulsventile** genannt. Bei diesen Ventilen bleibt die Schaltstellung so lange erhalten – **sie wird gespeichert** – bis ein Gegenimpuls erfolgt.

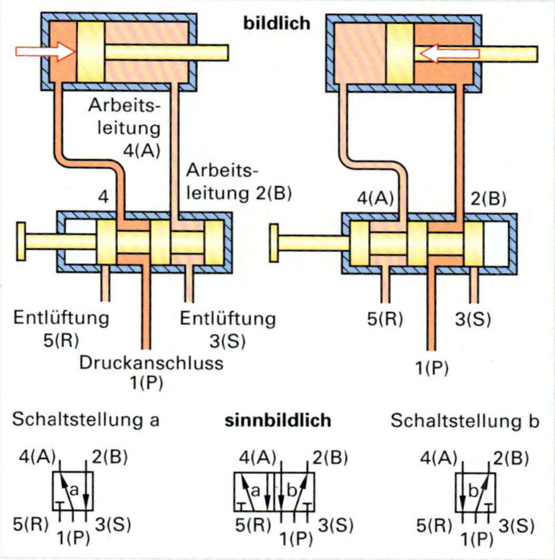

Bild 2: Darstellung von Wegeventilen

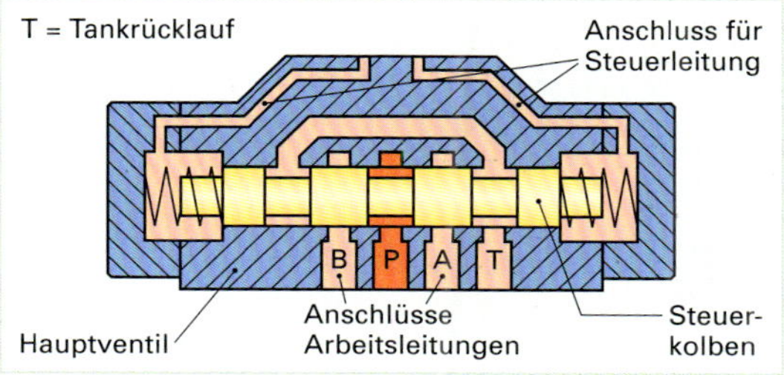

Bild 3: Längsschieberventil

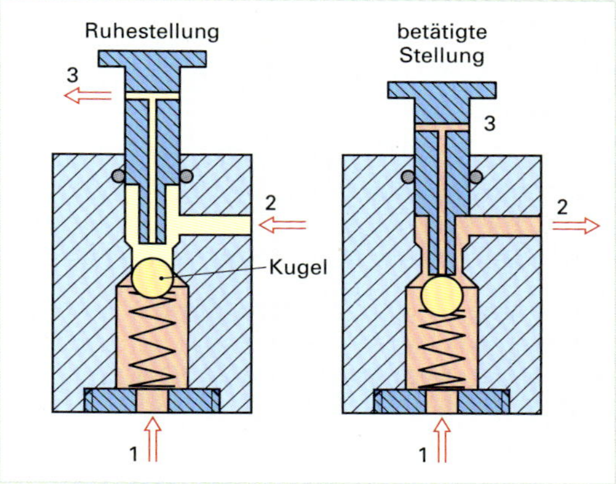

Bild 4: Kugelsitzventil

Die **Schaltzeichen** bestehen aus aneinander gefügten Rechtecken, den Anschlüssen und den Betätigungen, wobei die Anschlussleitungen vom Rechteck ausgehen, das die Ruhestellung symbolisiert (**Bild 1**).

Die **Betätigungen** können von Hand, mit dem Fuß, mechanisch, elektromagnetisch, durch Druck oder durch Kombinationen von zwei Betätigungsarten geschaltet werden (**Tabelle 1**).

Die **muskelkraftbetätigten** Ventile werden hauptsächlich bei Wahlschaltern, Starttastern und Not-Aus-Schaltern benutzt.

Mechanisch betätigte Ventile werden in der Regel zur Festlegung von Endlagen und zur Positionskontrolle eingesetzt.

Pneumatisch betätigte Ventile werden zur Ansteuerung von Arbeitselementen als Stellglieder verwendet. Die Impulsventile sind noch zusätzlich mit Handhilfsbetätigungen ausgerüstet. Dadurch kann das angesteuerte Arbeitselement in die gewünschte Ausgangsstellung gebracht werden.

Die **Bezeichnung** der Wegeventile richtet sich nach der Anzahl der Anschlüsse und nach der Anzahl der Schaltstellungen, d. h., ein Wegeventil mit 5 Anschlüssen und 2 Schaltstellungen wird als 5/2-Wegeventil bezeichnet.

Die **Anschlüsse** werden nach Druck-, Entlüftungs- und Arbeitsanschlüssen wie folgt bezeichnet:

- Druckanschluss **1**
- Arbeitsanschlüsse **2, 4**
- Entlüftungsanschlüsse **3, 5**

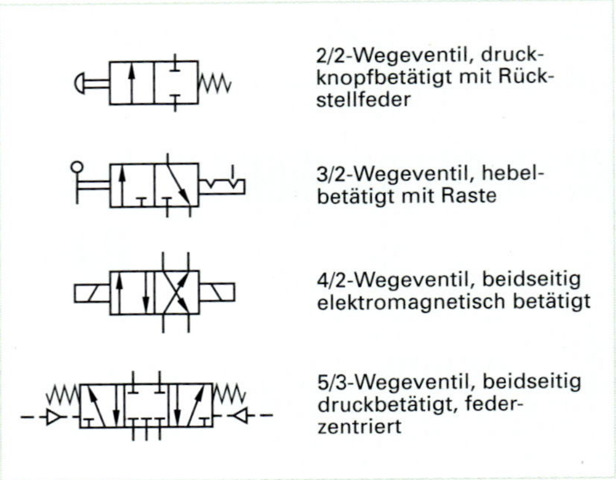

Bild 1: Schaltzeichen von Wegeventilen

Tabelle 1: Betätigungsarten von Wegeventilen

von Hand, mit dem Fuß	mechanisch
allgemein	Stößel
Druckknopf	Feder
Hebel	Rollenstößel
Pedal	Rollenhebel, eine Betätigungsrichtung
durch Druck	**elektrisch**
direkt	Elektromagnet
	2-stufige Betätigung
indirekt über Vorsteuerstufe	Elektromagnet und Druckluftvorsteuerung

Wichtige Kenndaten für die Größe eines Ventils sind die **Nennweite** (**Bild 2**) und der **Normal-Nenndurchfluss**.

Die Nennweite gibt den kleinsten Querschnitt des Ventils an, durch den die Druckluft strömt. Die lichte Weite der Druckluftleitungen muss mindestens dieser Nennweite entsprechen.

Der Normal-Nenndurchfluss gibt das Luftvolumen an, welches in einer Minute bei Luftdruck und einer Temperatur von 0 °C durch den Nennquerschnitt strömt. Die Nennweiten richten sich nach den Zylinderabmessungen und den Zylinderfahrzeiten, die den Luftverbrauch bestimmen.

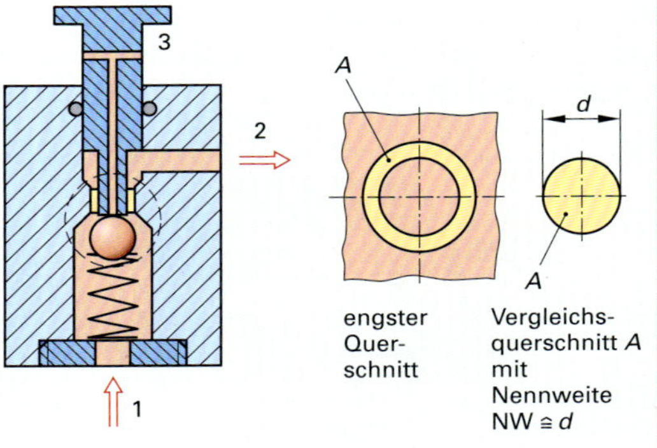

Bild 2: Nennweite bei Ventilen

Die **direkte Steuerung** von Wegeventilen wird bei einfachen und nicht automatisierten Maschinen eingesetzt. Bei diesen Steuerungen ist das Signalglied gleichzeitig das Stellglied, d. h., die Betätigung des Arbeitsgliedes, z. B. ein Motor oder Zylinder wird „direkt" betätigt (**Bild 1**).

Die **indirekte Steuerung** von Wegeventilen wird eingesetzt, wenn die Bewegung der Zylinder erst bei vorgesehenen Verknüpfungen oder wegabhängig erfolgen soll (**Bild 2**). Eine weitere Notwendigkeit liegt vor, wenn großvolumige Zylinder zum Einsatz kommen, die dann entsprechend dimensionierte Ventile benötigen. Bei einer indirekten Steuerung braucht nur das Stellglied entsprechend der Zylindergröße und Leitungsquerschnittgröße ausgelegt werden.

Sperrventile

Sperrventile verhindern den Durchfluss der Luft in eine Richtung. **Rückschlagventile** lassen die Luft von A nach B, aber nicht von B nach A durchströmen (**Bild 3**).

Wechselventile besitzen zwei wechselseitig sperrbare Anschlüsse 1 und 2, sowie einen Ausgang A (**Bild 3**). Ein Wechselventil wirkt als logische **ODER-Verknüpfung**.

Schnellentlüftungsventile leiten die aus dem Zylinder beim Rückhub ausströmende Luft nicht über das Wegeventil zurück, sondern unmittelbar ins Freie (**Bild 4**), wodurch die Rücklaufgeschwindigkeit des Kolbens erhöht wird.

Zweidruckventile besitzen zwei Eingänge 1 und 2. Wird nur einer dieser Eingänge beaufschlagt, so sperrt das Element den Ausgang A (**Bild 5**). Ein Zweidruckventil wirkt als logische **UND-Verknüpfung** und wird bei Zweihandbedienungen und bei Sicherheitsschaltungen eingesetzt, die nur dann gegeben ist, wenn die beiden Starttaster (UND-Verknüpfung) innerhalb von 0,5 Sekunden gemeinsam betätigt werden. Sie sind ein Blockbauteil, welches sich aus mehreren Bauteilen zusammensetzt.

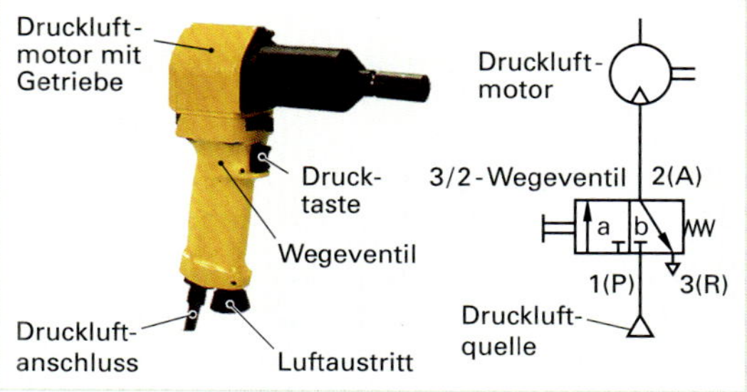

Bild 1: Direkte Steuerung

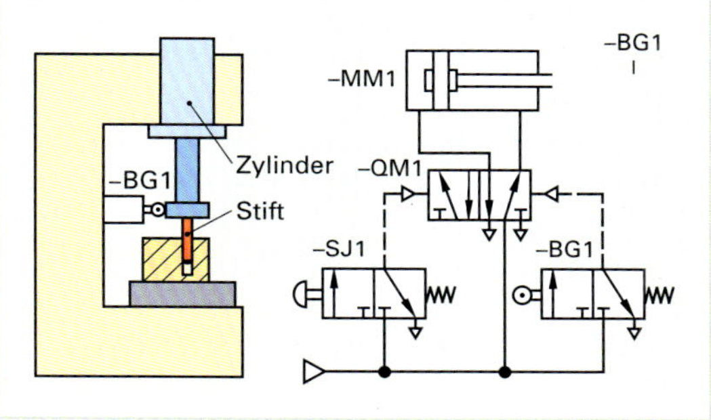

Bild 2: Indirekte Steuerung

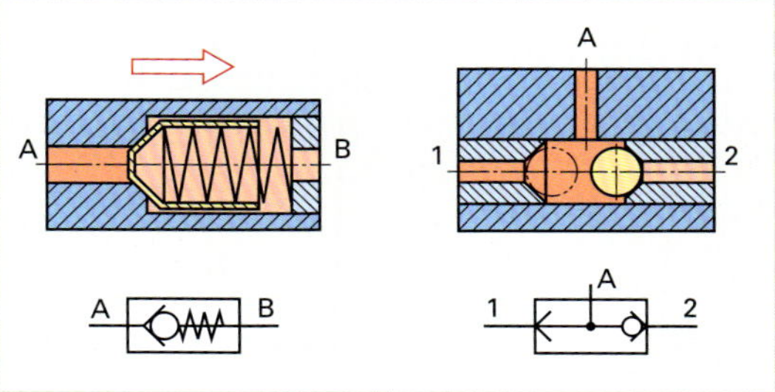

Bild 3: Rückschlagventil und Wechselventil

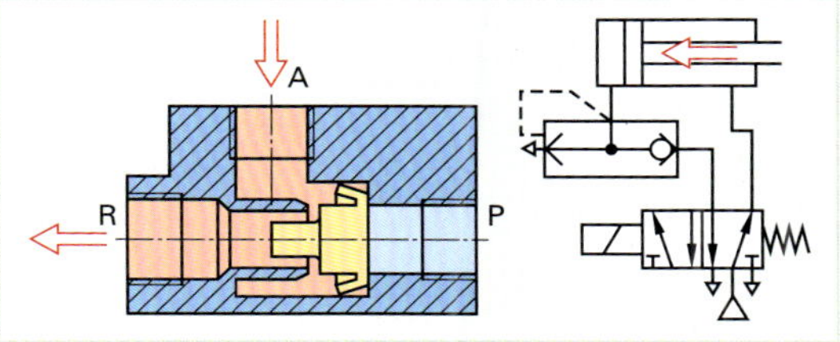

Bild 4: Schnellentlüftungsventil

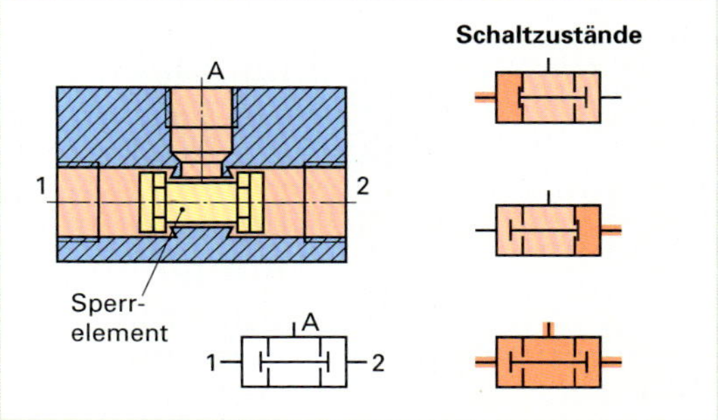

Bild 5: Zweidruckventil

Stromventile

Diese stellen die Größe des durch die Leitung fließenden Druckluftstromes ein. Sie werden in Drossel- und Drosselrückschlagventile unterschieden und eingesetzt, um die Geschwindigkeit des Kolbens zu verlangsamen.

Drosselventile haben eine konstante oder eine einstellbare Engstelle (Drossel), welche den Durchfluss der Luftmenge beeinflusst (**Bild 1 und Bild 2**).

Drosselrückschlagventile geben die Druckluft in eine Richtung „gedrosselt" frei und sperren den Durchfluss in die Gegenrichtung (**Bild 1**). Aufgrund der Einbaulage kann entweder die Zuluft oder die Abluft gedrosselt werden.

Die **Abluftdrosselung** ist bevorzugt einzusetzen, da die Beaufschlagung der Kolbenfläche ungedrosselt erfolgt und der Kolben zwischen zwei Druckpolstern „eingespannt" ist. Ein ruckartiges Ausfahren (Stick-Slip-Effekt) wird dadurch verhindert.

Die Drosseln und Drosselrückschlagventile sind so nah wie möglich am Zylinder zu platzieren, da die Leitungen selbst einen Widerstand darstellen und somit lange Leitungen wie Drosseln wirken.

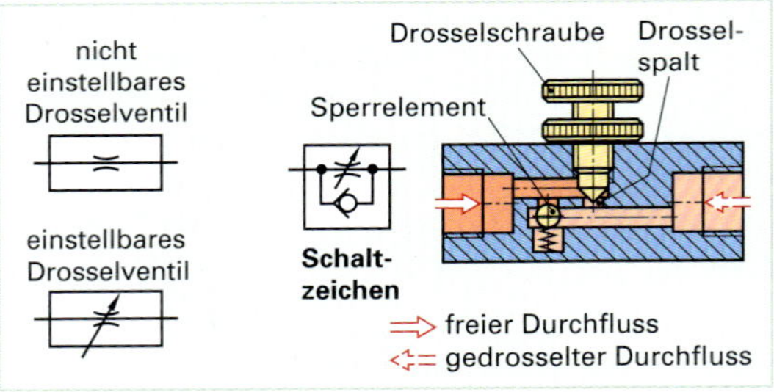

Bild 1: Drosselventile und Drosselrückschlagventil

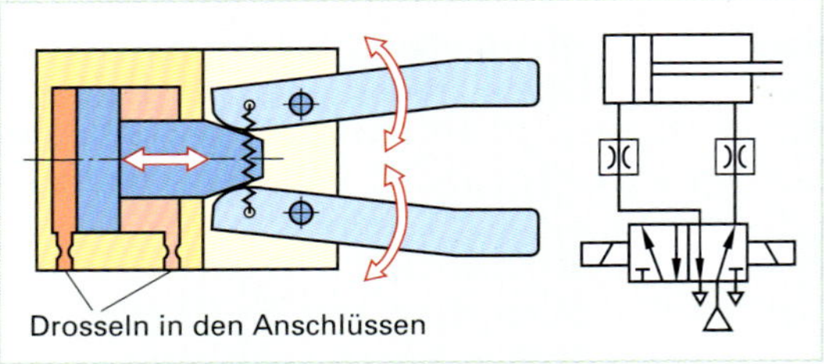

Bild 2: Pneumatischer Greifer mit Drosseln

Druckventile

Druckbegrenzungsventile sichern Druckbehälter, Leitungen und Bauelemente gegen unzulässig hohen Druck und sind in der Ruhestellung geschlossen (**Bild 3**).

Steigt die Druckkraft so hoch an, dass die Federkraft überwunden wird, so öffnet sich das Ventil. Die Druckluft strömt so lange ins Freie, bis die Federkraft wieder stärker als die Druckkraft ist.

Druckregelventile regeln den Druck über eine Membrane, auf die von oben der Arbeitsdruck und von unten die Kraft der Einstellfeder wirkt. Sinkt der Arbeitsdruck, dann drückt die Feder die Membrane nach oben. Steigt der Arbeitsdruck, dann hebt die Membrane vom Stift ab, und die Entlüftung erfolgt ins Freie (**Bild 4**). Diese Ventile gewährleisten einen konstanten Arbeitsdruck (Sekundärdruck) unabhängig vom Lieferdruck (Primärdruck) und Verbrauch.

Druckluftgeräte können ohne Schaden bis zum Stillstand überlastet werden. Kräfte und Geschwindigkeiten sind stufenlos einstellbar.

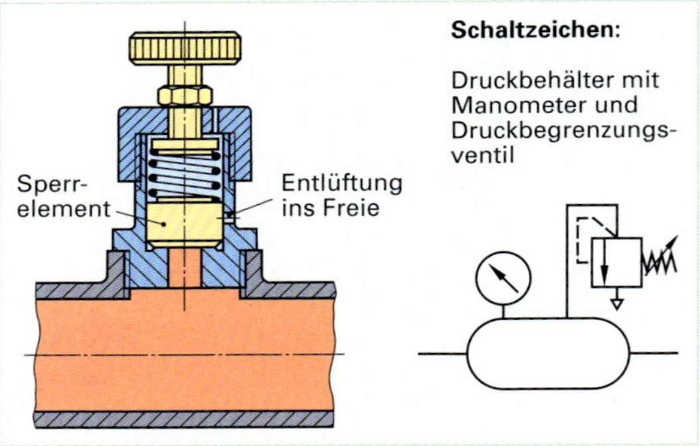

Bild 3: Druckbegrenzungsventil

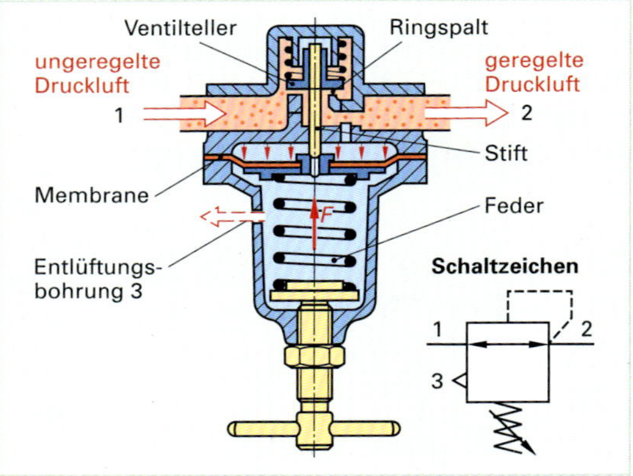

Bild 4: Druckregelventil

Vorgesteuerte Wegeventile

Größere Zylinderkräfte setzen größere Kolbendurchmesser voraus, welche wiederum größere Nennweiten besitzen und somit auch Ventile mit größeren Nennweiten notwendig werden. Ventile mit großen Nennweiten haben höhere Betätigungskräfte, sodass das **Hauptventil** mithilfe eines kleinen **Vorsteuerventils** betätigt wird (**Bild 1**). Deshalb werden vorgesteuerte Ventile auch als indirekt betätigte Ventile bezeichnet. Durch die Vorsteuerung werden die Schaltkräfte um ca. 90 % verringert. Im Schaltplan werden diese zwei Ventile vereinfacht in einem Symbol dargestellt (**Bild 2**).

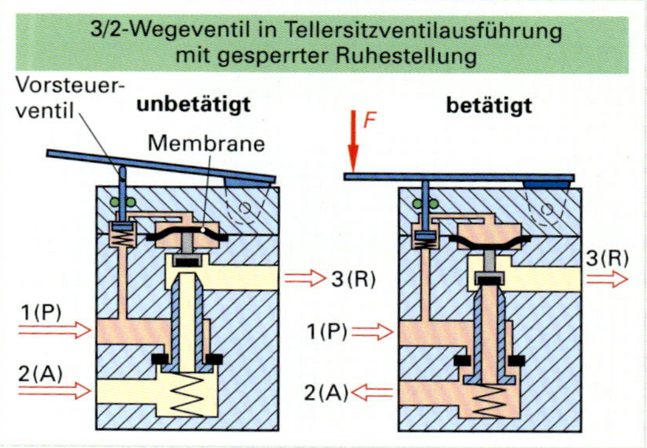

Bild 1: Aufbau eines vorgesteuerten Ventils

Verzögerungsventile

Diese Ventile bestehen aus den 3 Bauelementen Drosselrückschlagventil, Speicher und 3/2-Wegeventil. Je nach der Einstellung der Drossel füllt sich der Speicher mehr oder weniger schnell.

Die Zeit, in der sich der Druck im Speicher aufbaut, ist die **Zeitverzögerung** des Ventils. Die Schwankungen des Lieferdrucks führen zu Abweichungen von der eingestellten Verzögerungszeit, sodass oft mit vorgeschalteten Druckregelventilen gearbeitet wird (**Bild 3**).

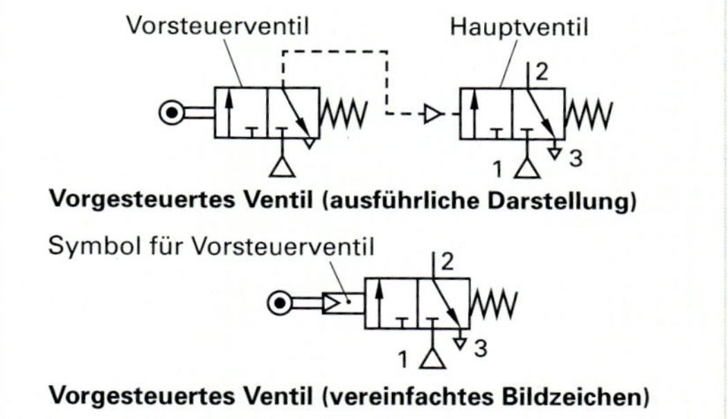

Bild 2: Darstellung eines vorgesteuerten Ventils

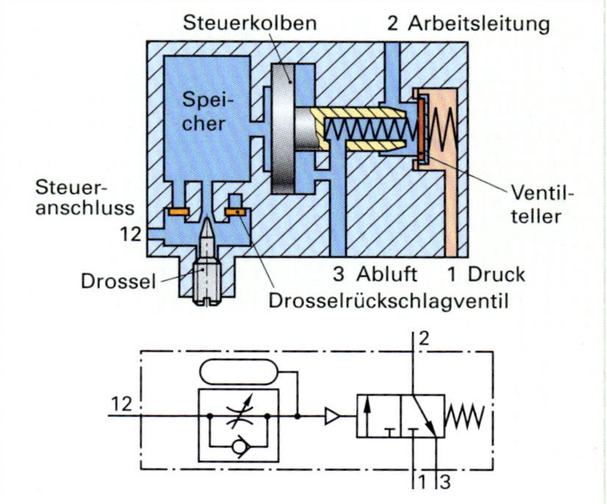

Bild 3: Verzögerungsventil

Wiederholungsfragen:

1. Erklären Sie den Unterschied zwischen Steuern und Regeln.
2. Erklären Sie den Unterschied zwischen Prozessstufen und Prozessklassen.
3. In welche Gruppen werden Steuerungen aufgrund ihrer Signalverarbeitung und ihrer Programmierungsart unterteilt?
4. Wie sind Störgrößen definiert?
5. Wie unterscheiden sich analoge, digitale und binäre Signale?
6. Nennen Sie fünf Arten von Sensoren und erklären Sie deren Arbeitsweise.
7. Nennen Sie drei Verknüpfungsarten.
8. Stellen Sie die drei Verknüpfungsarten als Wertetabelle und Funktionsplan dar.
9. Welche Aufgaben erfüllt die Aufbereitungseinheit in einer pneumatischen Anlage?
10. Warum ist eine Lufttrocknung bei der Druckluftaufbereitung notwendig?
11. Wie wirkt die Endlagendämpfung bei Zylindern und welche Vorteile ergeben sich?

5.3 Steuerungen entwerfen

Steuerungsaufgaben werden in Teilschritten wie Problemanalyse, Planung der Steuerung, Realisierung und Inbetriebnahme gelöst. Bevor man sich auf die Technologie festlegt, müssen Vor- und Nachteile, bezogen auf das zu lösende Problem abgewogen werden.

5.3.1 Gegenüberstellung der Vorteile und Nachteile der Pneumatik

Vorteile:

- Kräfte und Geschwindigkeiten sind stufenlos einstellbar.
- Zylinder und Druckluftmotoren erreichen hohe Geschwindigkeiten und Drehzahlen.
- Druckluft ist in Druckbehältern speicherbar.
- Druckluftgeräte können ohne Schäden bis zum Stillstand überlastet werden.

Nachteile:

- Große Kolbenkräfte sind nicht erreichbar, da der Betriebsdruck kleiner als 10 bar ist.
- Gleichförmige Kolbengeschwindigkeiten sind wegen der Kompressibilität der Luft nicht möglich.
- Ausströmende Druckluft verursacht Lärm.
- Ohne Festanschläge können mit Zylindern keine genauen Positionen angefahren werden.

5.3.2 Aufbau von Schaltplänen

Der Schaltplan wird in Schaltkreise gegliedert (**Bild 1**), die die Bauteile mit zusammenhängenden Funktionen zusammenfassen. In jedem Schaltkreis werden die Bauteile von unten nach oben in der Richtung des Energieflusses angeordnet.

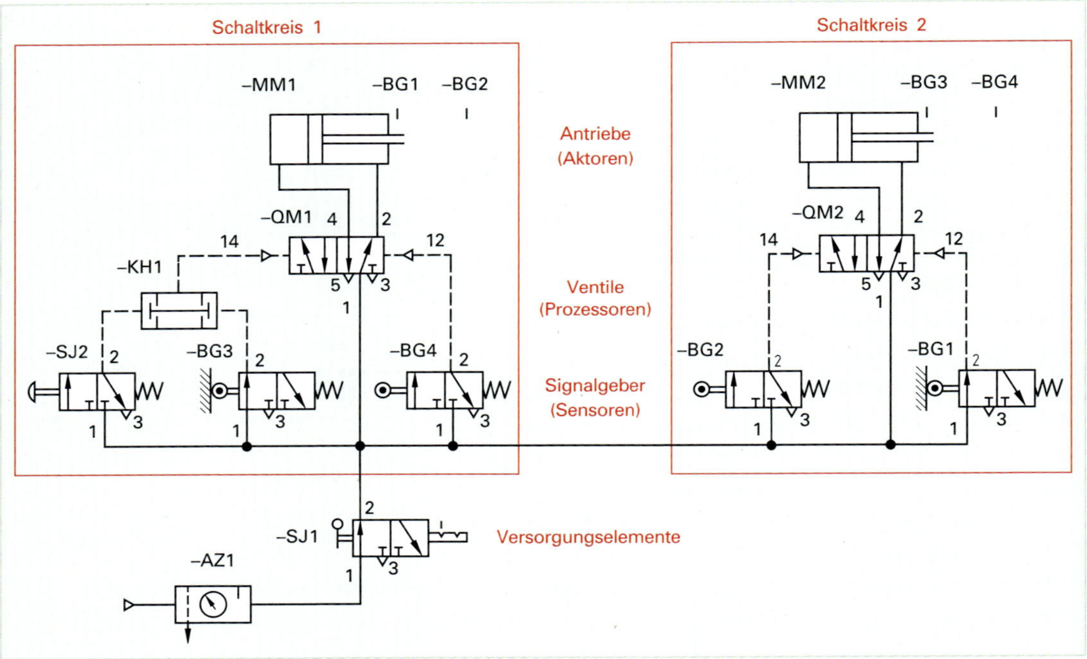

Bild 1: Aufbau pneumatischer Schaltpläne

5.3.3 Bezeichnung der Bauteile und pneumatische Grundschaltungen

Die Bezeichnung eines Bauteiles erfasst vier Positionen (**Bild 1**), wobei bei der vereinfachten Bezeichnung die Unterklasse weggelassen wird.

Pneumatische Steuerungen setzen sich in der Regel aus Grundschaltungen zusammen. Die einzelnen Bauelemente werden durch Kennbuchstaben unterschieden (**Tabelle 1**).

Für einfache Arbeiten, wie Spannen oder Zuführen mit einfachwirkenden oder kleinvolumigen Zylindern, reichen **direkte Steuerungen** aus, d. h., das Stellglied und das Signalglied sind das gleiche Bauteil (**Bild 2**).

Werden großvolumige Zylinder angesteuert, sind mehrere Signalglieder zur Ansteuerung nötig. Sind die Arbeitsglieder sehr weit vom Signalglied entfernt, wird mit **indirekten Steuerungen** gearbeitet (**Bild 3**). Dabei kann das Signalglied mit kleiner Nennweite und das Stellglied entsprechend der Zylindergröße mit großer Nennweite betrieben werden.

Viele Steuerungen setzen Startbedingungen voraus, d. h., es müssen gewisse Abfragen erfolgen bzw. Zustandsinformationen vorliegen, welche zum Startsignal verknüpft werden. Aufgrund der Verknüpfungsart kann in eine **UND-** bzw. **ODER-Verknüpfung** (**Bild 4**) unterschieden werden.

Die **UND-Verknüpfung** erfolgt dabei mittels eines Zweidruckventils oder indem die Startsignale in Reihe geschaltet werden. Bei Verwendung eines Zweidruckventils ist darauf zu achten, dass die beiden Signalglieder gleichen Druck und gleiche Ruhestellung besitzen.

Die **ODER-Verknüpfung** verlangt den Einsatz eines Wechselventils, das die Ansteuerung des Stellgliedes mit verschiedenen Signalgliedern ermöglicht, z. B. Hand- und Fußtaster. Die beiden Verknüpfungsarten können auch miteinander kombiniert werden.

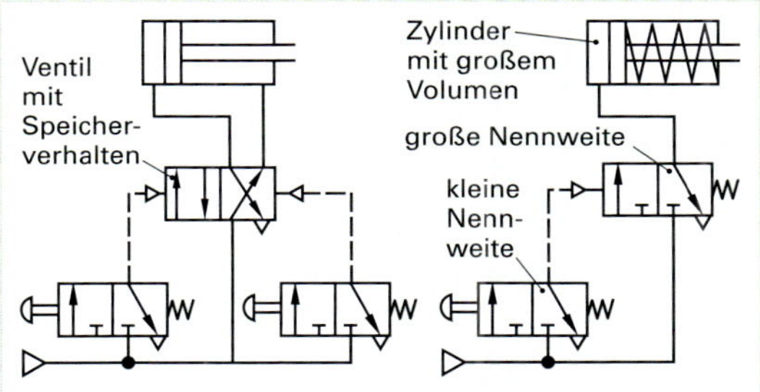

Bild 3: Indirekte Steuerung

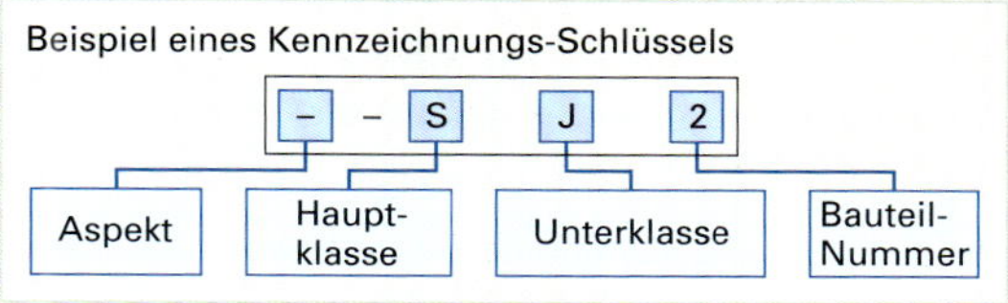

Bild 1: Kennzeichnungsschlüssel

Tabelle 1: Kennbuchstaben und Komponenten (Auswahl)

Kennbuchstaben	Komponente
AZ	Wartungseinheit
BG	Näherungsschalter, Endschalter
GQ	Druckluftquelle, Kompressor
KH	Signalverknüpfung, UND, ODER, Zeitglied
MM	Pneumatikzylinder, Pneumatikmotor
QM	Wegeventil, Schnellentlüftungsventil
RZ	Drossel-Rückschlagventil
SJ	handbetätigtes Ventil (pneum. Signal)

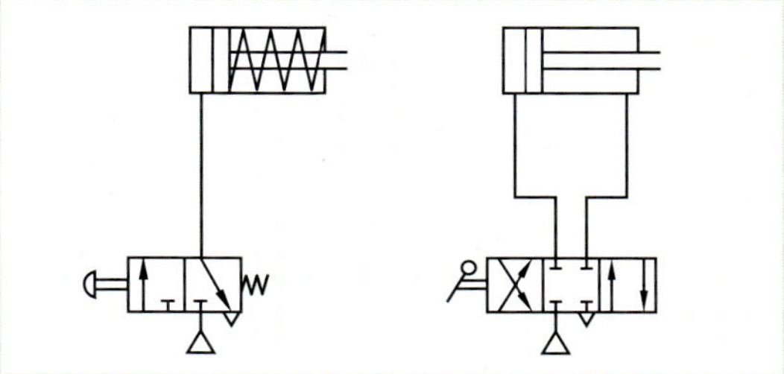

Bild 2: Direkte Steuerung

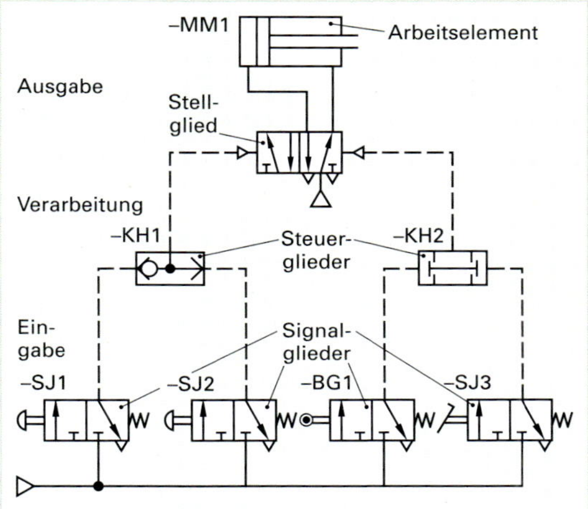

Bild 4: UND-/ODER-Verknüpfung

Beim Ein- bzw. Ausfahren des Zylinderkolbens wird eine Kolbenseite mit Druckluft beaufschlagt, und die Luft auf der gegenüberliegenden Zylinderkammer muss entweichen können. Die Entlüftung geschieht dabei durch die Abluftleitung und das Stellglied bzw. wenn vorhanden, zusätzlich durch das Drosselrückschlagventil.

Diese Bauteile wirken wie Drosseln, da sie einen Widerstand darstellen. **Schnellentlüftungsventile** sind unmittelbar an der Zylinderauslassöffnung angebracht, und so kann die Abluft sofort ins Freie geführt werden. Eine **Erhöhung der Kolbengeschwindigkeit** ist die Folge (**Bild 1**).

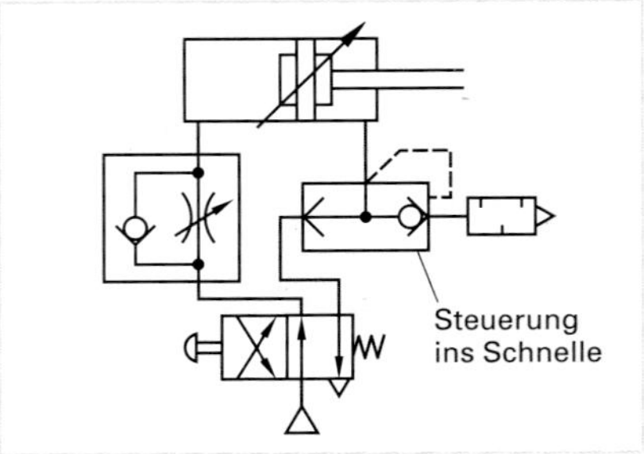

Bild 1: Schnellentlüftung

Soll die **Kolbengeschwindigkeit** oder bei Druckluftmotoren die Drehzahl verringert werden, so setzt man **Drosselrückschlagventile** ein. Sie führen die Druckluft in eine Richtung, zwangsweise durch einen veränderbaren Querschnitt (Drossel). In die entgegengesetzte Richtung erlauben sie einen ungehinderten Abfluss der Druckluft durch das Rückschlagventil. Durch die Einbaulage kann nun die jeweilige Zuluft bzw. Abluft gedrosselt werden.

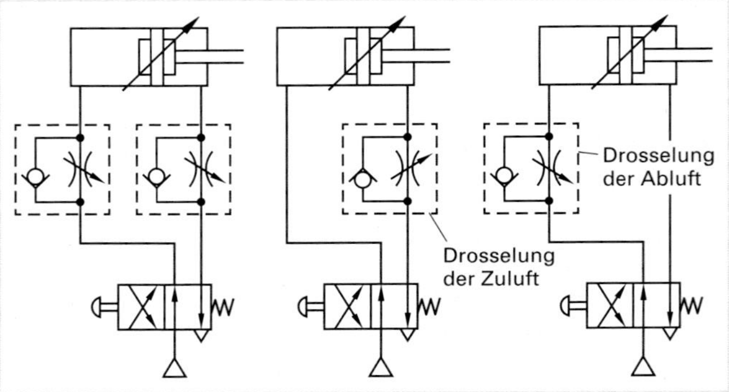

Bild 2: Zu- und Abluftdrosselung

Die **Drosselung der Abluft ist günstiger**, da der Kolben zwischen zwei Luftpolstern gespannt ist und die Beaufschlagung der Kolbenfläche mit vollem Druck erfolgt und dadurch eine gleichmäßige Bewegung erreicht wird. Das ruckartige An- und Ausfahren (**Slip-Stick-Effekt**) wird vermieden (**Bild 2**).

Wird mit Tastern zur Betätigung des Startventils und Stellgliedern mit Federrückstellung gearbeitet, kann das Signal nicht gespeichert werden.

Wenn der Kolben aber längere Zeit ausgefahren bleibt oder nach dem Loslassen des Starttasters komplett ausfahren soll, muss eine **pneumatische Selbsthaltung** eingebaut werden (**Bild 3**).

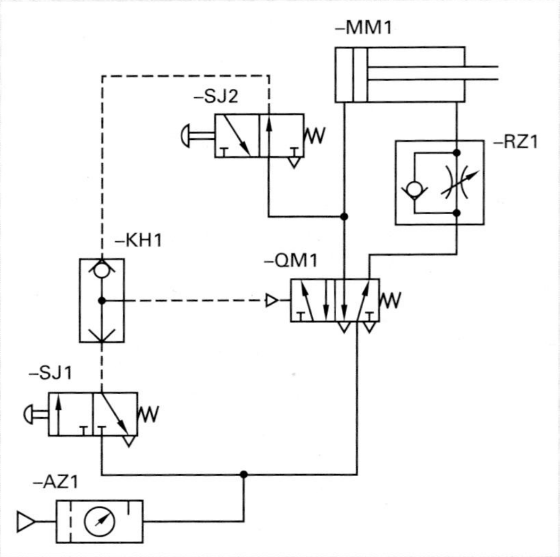

Bild 3: Selbsthaltung dominierend „ein"

Der Kolben fährt dann je nach Betätigungsart des Löseventils willens- oder wegabhängig ein. Bei der wegabhängigen Steuerung erfolgt die Betätigung des Löseventils über einen Grenztaster.

Die Einbaulage dieses Ventils bestimmt dabei, ob die Steuerung **dominierend aus** oder **dominierend ein** funktioniert.

Dominierend ein ist dann gegeben, wenn das Start- und Lösesignal gleichzeitig erfolgt und der Kolben trotzdem ausfährt.

Je nach Bedarf lassen sich die Abläufe der Elemente **willens-, weg- oder zeitabhängig** steuern. In der Praxis liegen sehr oft Kombinationen zweier oder mehrerer dieser Möglichkeiten vor. **Willensabhängige Steuerungen** sind von der Bedienperson abhängig, welche den Start- und die Weiterschaltbefehle ausübt. Sie werden nur für sehr einfache Arbeiten, wie z. B. Spannvorgänge eingesetzt.

Wegabhängige Steuerungen benutzt man, um Steuerketten miteinander zu verschalten (**Bild 1**). Die Weiterschaltbefehle werden durch die Bewegung des Kolbens (Antriebsglied) gesteuert, indem durch Nocken am Kolben die Signalglieder, ausgerüstet mit Tastrollen, betätigt werden. Sie werden auch als **Folgesteuerungen** bezeichnet und sind besonders sicher, da sie sofort unterbrochen werden, wenn ein vorgeschriebener Weg nicht zurückgelegt wurde.

Zeitabhängige Steuerungen werden für einfache Folgesteuerungen eingesetzt, d. h., zwischen dem Signaleingang und dem Auslösen der Steuerung entsteht eine Verzögerungszeit, die über eine Drossel eingestellt wird (**Bild 2**). Mithilfe des Speichers lassen sich Verzögerungszeiten von einigen Minuten halten, wobei sich aber durch die Kompressibilität der Druckluft und deren Druckschwankungen Abweichungen von der eingestellten Verzögerungszeit ergeben.

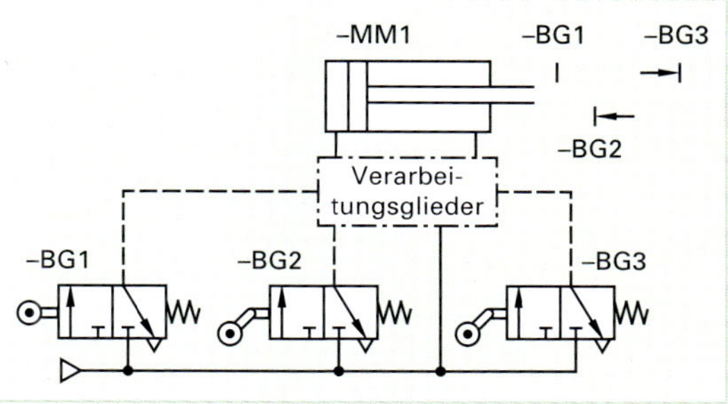

Bild 1: Wegabhängige Steuerung

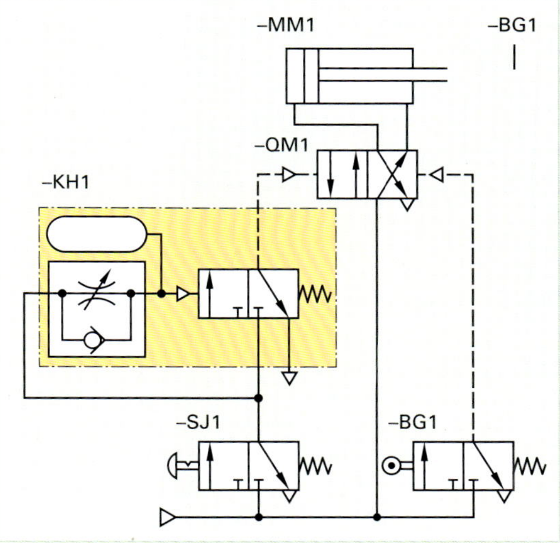

Bild 2: Zeitabhängige Steuerung

5.3.4 Signalüberschneidungen

In Steuerungen unterscheidet man nach der Signaldauer in Impuls-, Zeit- und Dauersignale (**Bild 3**).

Impulssignale werden durch einmaligen, kurzen Tastendruck ausgelöst. **Zeitsignale** werden mit Zeitgliedern auf die gewünschte Zeit eingestellt. Dabei ist zu beachten, dass bei Ablaufsteuerungen, die sicher ablaufen müssen, zeitlich einstellbare Signale zu Fehlschaltungen führen können. **Dauersignale** entstehen dann, wenn ein Taster oder ein Grenztaster dauernd betätigt bleibt, bzw. ein Taster mit Raste verwendet wird. Dauersignale können zu widersprüchlichen Signalfolgen führen, deshalb sollten Signale nur dann anliegen, wenn sie benötigt werden.

Wird ein Stellglied gleichzeitig von beiden Seiten betätigt, z. B. durch nicht abgeschaltete Dauersignale, kommt es zur **Signalüberschneidung**.

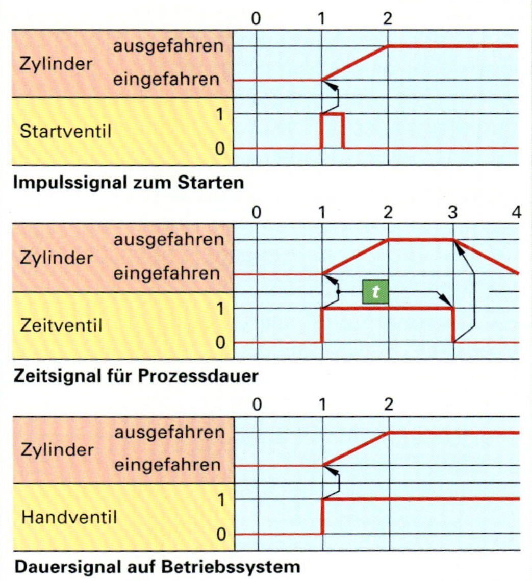

Bild 3: Signalarten

Signalabschaltung

Signalüberschneidungen (**Bild 1**) führen zu fehlerhaften Steuerungen. Signalabschaltungen können mithilfe von Leerrücklaufrollen, über Zeitverzögerungsventile oder durch zusätzliche Umschaltventile durchgeführt werden.

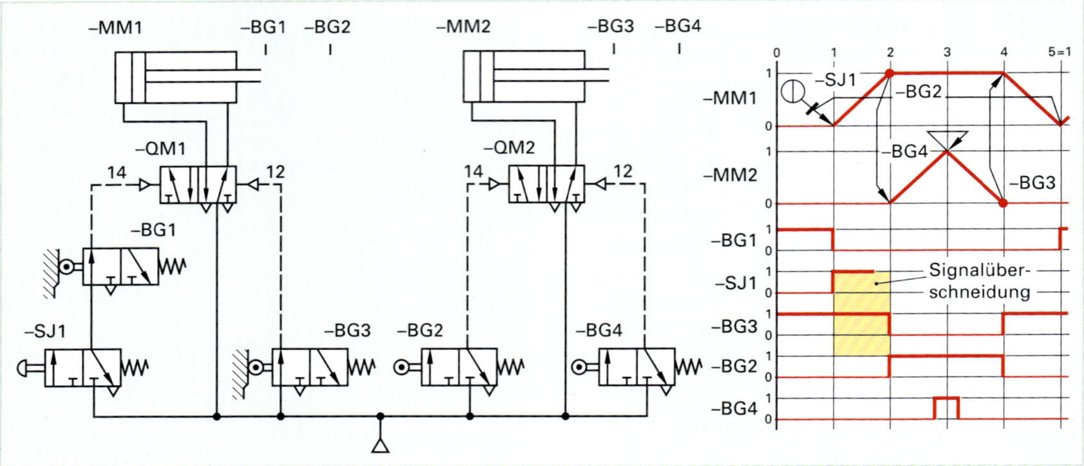

Bild 1: Schaltplan und Zustandsdiagramm einer Ablaufsteuerung mit Signalüberschneidung

Leerrücklaufrollen geben nur beim Überfahren in einer Richtung einen Impuls. Deshalb ist die **Einbaulage** zu beachten, die im Schaltplan durch einen Richtungspfeil gekennzeichnet wird (**Bild 2**). Sie sind die steuerungstechnisch einfachste Lösung, wobei zu beachten ist, dass sie nicht in den Endlagen angebracht werden, da dies wiederum zu Dauersignalen führen würde.

Verzögerungsventile erlauben einen genauen Ablauf der Steuerung auch bei schnellen Bewegungen, da die Luftzufuhr nach einer eingestellten Zeit unterbrochen wird (**Bild 3**). Diese Ventile sind jedoch teurer als andere Ventile und durch Druckschwankungen beeinflussbar.

Zusätzliche Umschaltventile eignen sich besonders bei umfangreichen Steuerungen und erlauben eine systematische Entwicklung von Schaltplänen.

Das Umschaltventil ist vor die Signalglieder geschaltet, bei denen die Dauersignale abgeschaltet werden müssen. Die Signalglieder sind daher im betätigten Zustand einmal an die Druckluft und einmal an die Abluft angeschlossen (**Bild 1, Seite 291**). Im Schaltplan werden **Verteilerstränge** gezeichnet, die mit dem Umschaltventil verbunden werden und je nach Schaltstellung mit Druckluft beaufschlagt werden und so die entsprechenden Signalglieder versorgen.

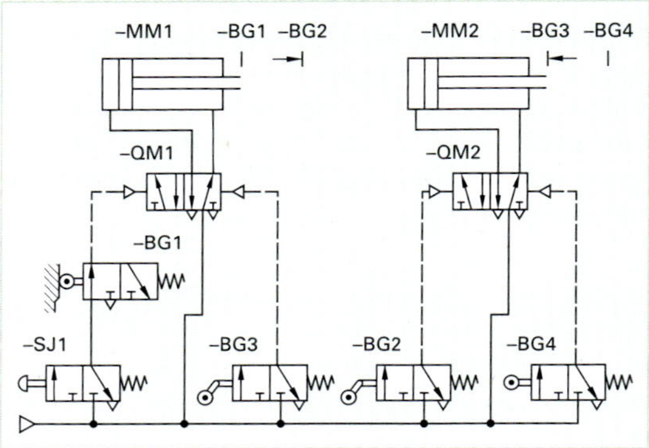

Bild 2: Signalabschaltung mit Leerrücklaufrolle

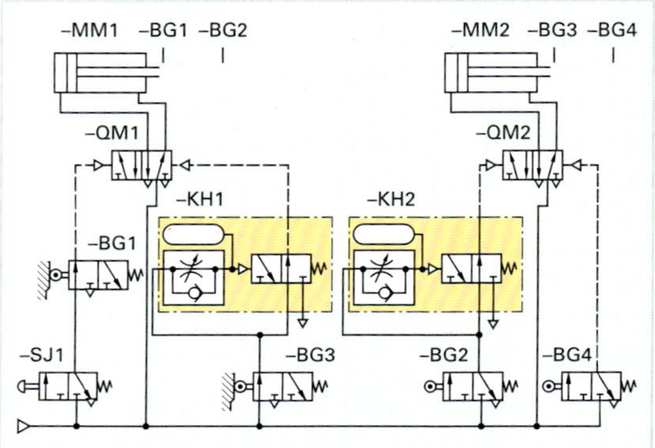

Bild 3: Signalabschaltung mit Verzögerungsventil

Wartungsarbeiten und Fehlersuche in pneumatischen Anlagen

Die Lebensdauer und die Funktionsfähigkeit einer pneumatischen Anlage wird im großen Maße durch regelmäßige Inspektionen und Wartung bestimmt (**Tabelle 1**).

Die Fehlersuche erfolgt dabei nach der Art der Störung und der Fehlerfolge. Die **Tabelle 2** gibt dazu einen Überblick.

Tabelle 1: Wartungsintervalle

Wartungs-intervall	Maßnahmen
täglich	Das Kondensat vollständig ablassen und die Funktion der Schmierstoffeinrichtung überprüfen.
wöchentlich	Funktionsprüfung der Signalglieder und der Druckbegrenzungsventile
vierteljährlich	Dichtheitsprüfung des Leitungssystems und der Verbindungsstellen Filterreinigung und Prüfung des Kondensatablasses Bauteilbefestigungen überprüfen
halbjährlich	Kolben und Dichtungen auf Verschleißerscheinungen untersuchen und bei Bedarf austauschen.

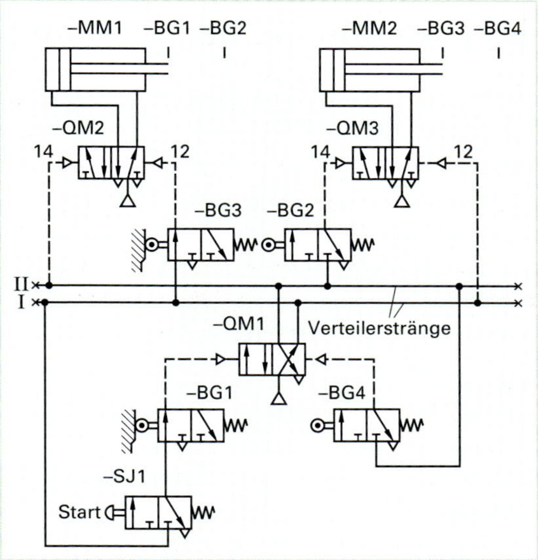

Bild 1: Signalabschaltung über Umschaltventil

Tabelle 2: Fehlersuche und Fehlerbehebung

Art der Störung	Fehlerursache	Fehlerfolge	Hinweise zur Behebung
Die **Ventile** führen die vorgeschriebene **Funktion nicht** aus.	**verunreinigte** Ventile **defekte** Federn im Ventil **beschädigte** Dichtsitze bzw. **aufgequollene** Dichtringe **defekte** Magnetspulen	**unregelmäßige** Taktfolge, Kolbenbewegungen sind **gestört** **Leckölverluste** an Ventilen **spannungslose** Anlage	**mechanische** Bauteile austauschen Ventile **komplett** austauschen **Spannungsprüfung**
Die Luftversorgung ist **unzureichend.**	Die Anlage ist **unterdimensioniert.** Unkontrollierter **Luftaustritt, verunreinigungsbedingte** Leitungsverengungen	Die zur Verfügung stehenden **Arbeitskräfte** reichen **nicht** für alle Aufgaben aus.	Filter **überprüfen** und verschmutzte Leitungen **reinigen** Leckstellen **beseitigen**
Die Zylinder führen die vorgesehenen **Bewegungen nicht** aus.	**Lecköl** am Rückschlagventil, **Funktionsstörungen** der Stellglieder **defekte** Rückstellfeder im Zylinder	Die Kolbengeschwindigkeit ist **nicht** mehr regelbar. Die Kolbenbewegung ist **ruckartig** bzw. fährt nicht mehr **ein** oder **aus.**	**mechanisch** hoch beanspruchte Bauteile **austauschen** Elektroanschluss **überprüfen**
erhöhter Kondensatanfall bzw. feuchte Luft	**defekter** Lufttrockner. Entfernung des Kondensates **unvollständig** bzw. Ablass **defekt**	Funktionsweise der Anlage wird beeinträchtigt. **erhöhte** Korrosion, Ventile werden **fest**	**Wartungsintervalle unbedingt einhalten**

5.4 Hydraulische Steuerungen

Hydraulik wird in der Technik dort eingesetzt, wo sehr große Kräfte aufzubringen sind und dabei präzise Geschwindigkeiten und -änderungen erfolgen sollen. Dabei sind Hydraulikanlagen ähnlich wie Pneumatikanlagen aufgebaut. Beim Einsatz sind vorher Vor- und Nachteile gegeneinander abzuwägen.

Spezielle Einsatzgebiete der Hydraulik sind der Schwermaschinenbau und der Pressen- und Kranfahrzeugbau. Hohe und gleichmäßige Spannkräfte sind im modernen Werkzeugmaschinenbau für die Gewährleistung der Qualität und der Arbeitssicherheit unverzichtbar.

5.4.1 Gegenüberstellung der Vorteile und Nachteile der Hydraulik

Vorteile:
- große Kräfte durch hohe Drücke möglich
- stufenlos einstellbare Geschwindigkeiten
- gleichförmige Bewegungen, da die Hydraulikflüssigkeit nicht kompressibel sind
- sicherer Überlastungsschutz durch Druckbegrenzungsventile
- feinfühlige und stufenlos verstellbare Motorgeschwindigkeiten

Nachteile:
- Entwicklung von Wärme und dadurch Änderung der Viskosität der Hydraulikflüssigkeit und des Wirkungsgrads
- Lärm durch Pumpen und Hydraulikmotoren sowie Schaltgeräusche der Ventile
- Entstehung von Lecköl (Umwelt)
- Rückleitungen müssen zum Tank geführt werden
- kostenintensiver, da teure Bauteile

5.4.2 Hydraulikflüssigkeiten und Bauteile

Die Hydraulikflüssigkeiten sollen schmierfähig und alterungsbeständig sein. Ihre **Viskosität** (Zähflüssigkeit), ein Maß für die innere Reibung, soll sich möglichst wenig mit der Temperatur ändern. Sie sollen nicht schäumen und die Dichtungen sowie die Werkstoffe der Bauelemente nicht angreifen. Man unterscheidet folgende Gruppen von Hydraulikölen (**Tabelle 1**):

- **H-Hydrauliköle** sind alterungsbeständige Mineralöle ohne besondere Wirkstoffzusätze.
- **HL-Hydrauliköle** enthalten Zusätze zur Erhöhung der Alterungsbeständigkeit und des Korrosionsschutzes.
- **HLP-Hydrauliköle** haben Wirkstoffe, um den Verschleiß von Bauteilen beim Anfahren aus dem Stillstand zu mindern.
- **HV-Hydrauliköle** besitzen Zusätze zur Verbesserung des Temperaturverhaltens bei stark wechselnden Betriebstemperaturen.
- **HLPD-Hydrauliköle** können eindringendes Wasser emulgieren, was Korrosion mindert.

Tabelle 1: Hydraulikflüssigkeiten

Hydrauliköle auf Mineralölbasis	
HLP	Hydrauliköl mit Zusätzen zur Verbesserung von Alterungsbeständigkeit, Korrosionsschutz und Verschleißschutz gute Luftabscheidung
HVLP	Hydrauliköl mit Eigenschaften wie Typ HLP, jedoch kleinerer Viskositätsänderung
Schwerentflammbare Flüssigkeiten	
HFC	wässrige Lösungen, z. B. 35 % Polyglykol in Wasser; nur für geringe Drücke
HFD	wasserfreie synthetische Flüssigkeiten, z. B. Phosphorsäureester
Biologisch abbaubare Flüssigkeiten	
—	Hydraulikflüssigkeiten auf der Basis von Pflanzenölen, z. B. Rapsöl, synthetische Ester oder Polyglykolöle; weitgehend abbaubar

Hydraulikpumpen

Die Pumpe saugt die Hydraulikflüssigkeit aus dem Behälter an und drückt sie über das Wegeventil in den Zylinder oder Hydromotor. Die verdrängte Flüssigkeit fließt über das Wegeventil in den Behälter zurück. Im Behälter können sich auch vom Öl aufgenommene Schmutzteilchen (z. B. durch Abrieb entstanden) absetzen. Eine Wartung der Anlage schließt deshalb auch einen Austausch der Hydraulikflüssigkeit und eine Reinigung des Behälters in gewissen Zeitabständen ein. Die Größe und die Bauart der Pumpen werden durch den **Volumenstrom**, den **Druck** und durch die **zulässigen Drehzahlen** bestimmt, wobei sie in **Konstant- und Verstellpumpen** eingeteilt werden können. Bei Verstellpumpen ist das Verdrängungsvolumen je Umdrehung einstellbar. Die Leistung der Pumpe wird vom Verdrängungsvolumen, der Drehzahl und dem Wirkungsgrad bestimmt (**Bild 1**). Der Wirkungsgrad wird hauptsächlich durch die Reibung und die Viskosität bestimmt.

Zahnradpumpen sind Konstantpumpen, welche die Flüssigkeit durch den Unterdruck in der „freiwerdenden“ Zahnkammer fördern. Sie werden aufgrund der Zahnradpaarung in Außen- und Innenzahnradpumpen eingeteilt (**Bild 2**).

Flügelzellenpumpen können als Konstant- oder Verstellpumpen ausgeführt sein. Bei einer Umdrehung ändert sich das Volumen der Zellen, und dadurch wird die Flüssigkeit von der Saugseite zur Druckseite hin verdrängt (**Bild 3**).

Kolbenpumpen unterscheidet man in **Axial-** und **Radial**kolbenpumpen. Durch die Verstellung der Trommel bei Axialkolbenpumpen bzw. Verstellung des Hubringes bei Radialkolbenpumpen kann das Verdrängungsvolumen stufenlos eingestellt werden (**Bilder 4 und 5**).

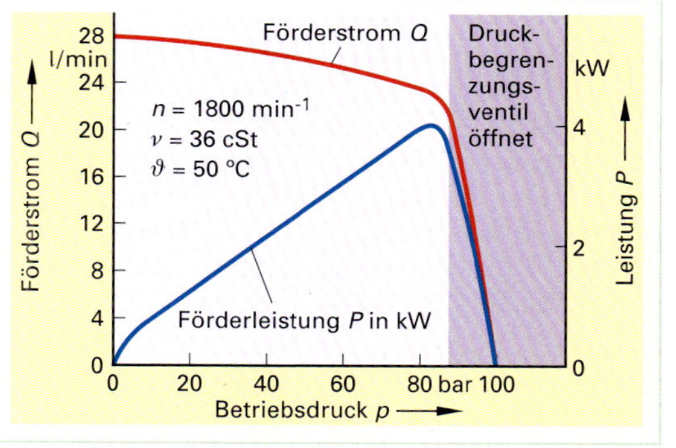

Bild 1: Pumpenkennlinien

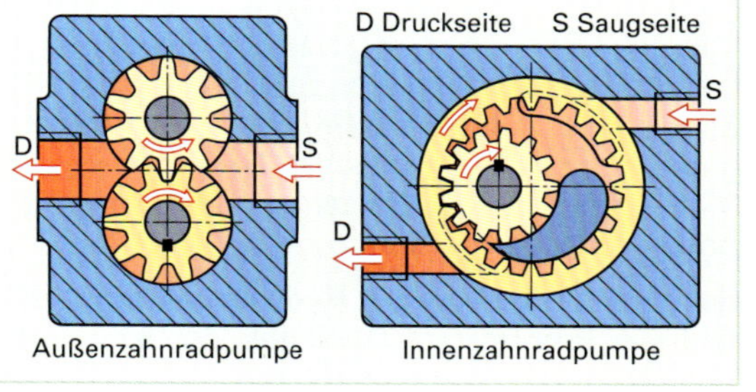

Bild 2: Zahnradpumpen

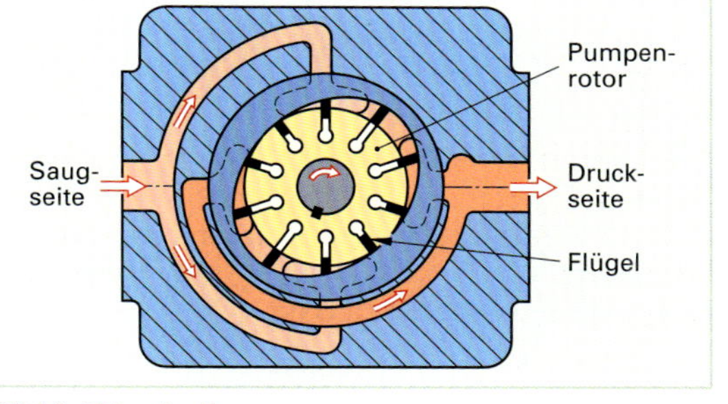

Bild 3: Flügelzellenpumpe

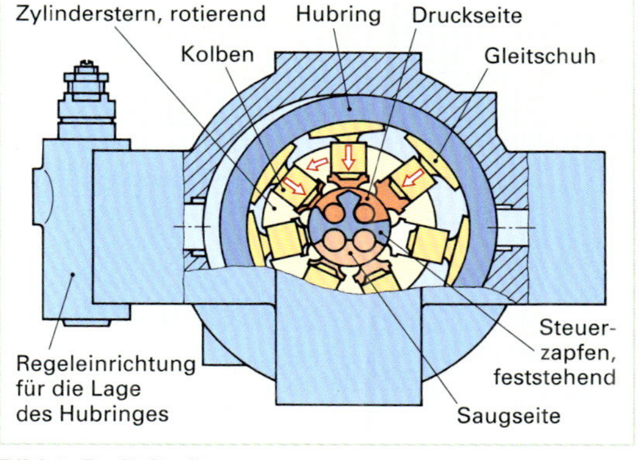

Bild 4: Radialkolbenpumpe

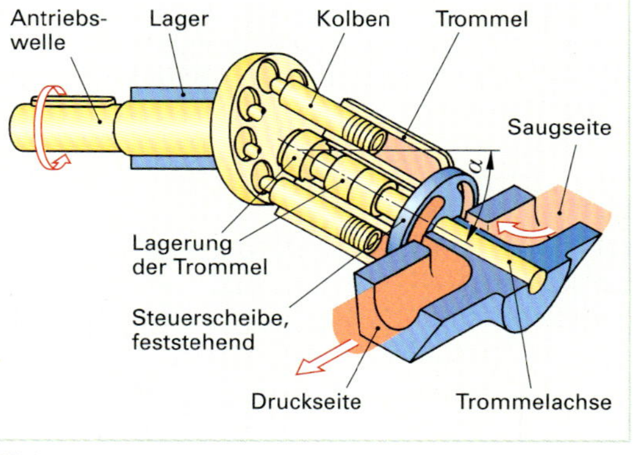

Bild 5: Axialkolbenpumpe

Hydromotoren

Hydromotoren werden als **Konstant-** und **Verstellmotoren** gebaut und wirken im Prinzip wie umgedrehte Pumpen (**Bild 1**). Die Druckflüssigkeit wird dabei als abgegebene Energie wieder in mechanische Dreharbeit umgesetzt. Sie können in beide Drehrichtungen angetrieben werden. Das Drehmoment an der Motorwelle berechnet sich wie folgt:

Drehmoment $M = F \cdot r_m = p \cdot A \cdot r_m$ in Nm

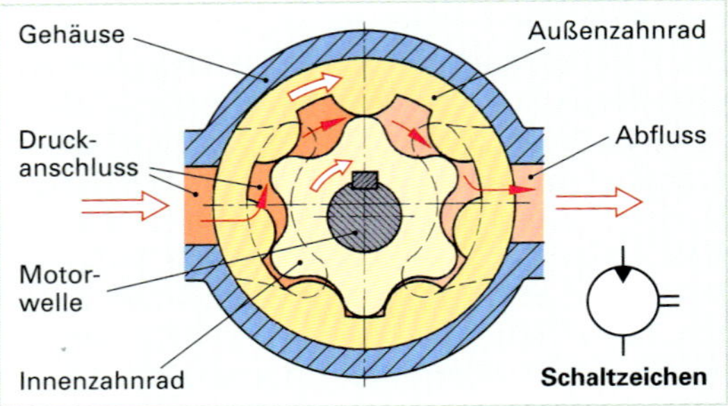

Bild 1: Zahnring-Hydromotor

Hydrospeicher

Sie speichern die Druckflüssigkeit, solange die Zylinder oder Hydromotoren nicht arbeiten. Sie geben zusätzliche Druckflüssigkeit bei Eilgangbewegungen ab, dämpfen Schwingungen und Druckstöße und gleichen **Leckverluste** aus. Man unterscheidet Blasen-, Membran- und Kolbenspeicher (**Bild 2**).

Bei einer Steuerung mit Hydrospeicher (**Bild 3**) füllt die Pumpe den Speicher, der sich beim Ausfahren des Kolbens entleert und beim Einfahren wieder füllt. Ist der Speicher voll, fördert die Pumpe direkt in den Behälter, da das Folgeventil öffnet.

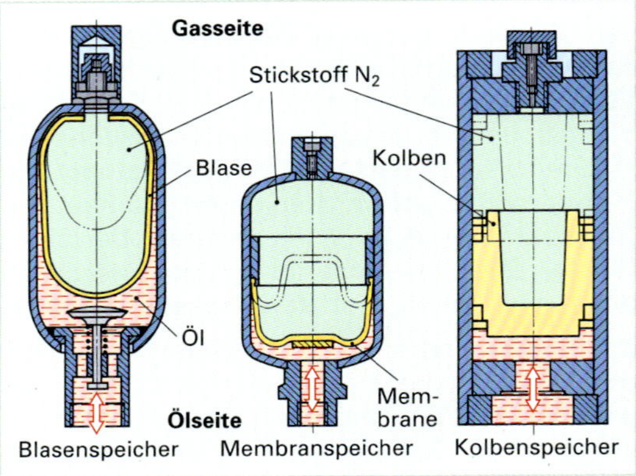

Bild 2: Speicherarten

Wegeventile

Die hydraulischen Wegeventile haben weitgehend die gleichen Bezeichnungen, Schaltzeichen und Betätigungen wie die pneumatischen Wegeventile. Sie werden in der Regel als **Längsschieberventile** gebaut.

Da in der Hydraulik mit höheren Drücken gearbeitet wird, ist die Betätigungskraft sehr groß, deshalb werden Ventile mit Vorsteuerventil eingesetzt. D. h., das kleine **Vorsteuerventil** wird z. B. elektromagnetisch betätigt, was zur Folge hat, dass die Druckflüssigkeit frei wird, die dann zum Betätigen des Hauptventils genutzt wird (**Bild 4**).

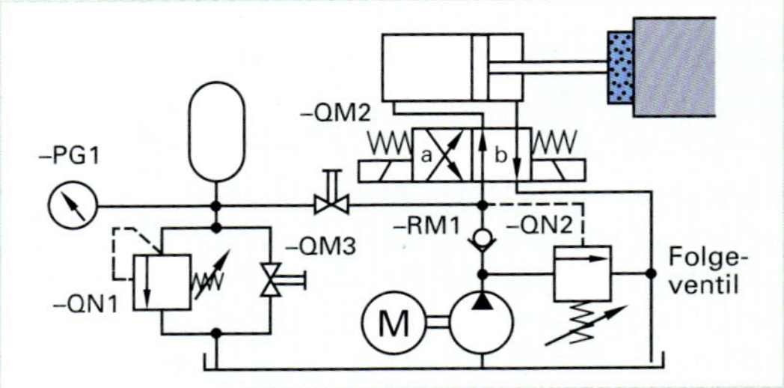

Bild 3: Steuerung mit Hydrospeicher

Sperrventile

Man setzt in der Hydraulik entsperrbare Rückschlagventile ein, d. h., die Sperrwirkung in die Rückflussrichtung kann über einen Steueranschluss Z aufgehoben werden.

Der Einbau solcher Ventile erlaubt das Stillsetzen des Zylinders in jeder Stellung (**Bild 1, Seite 295**).

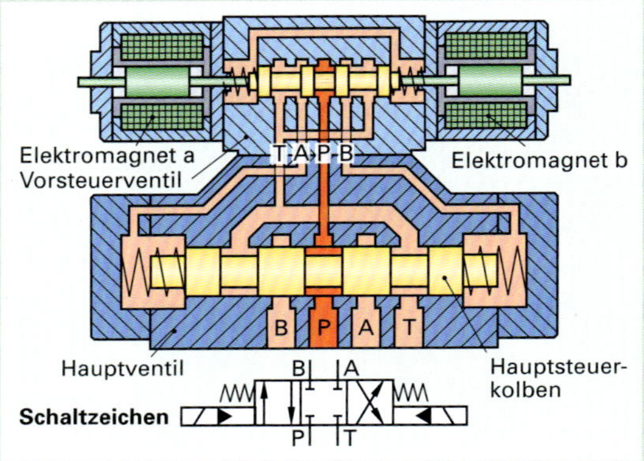

Bild 4: Vorgesteuertes Wegeventil

Druckventile

Druckregelventile sind die Druckbegrenzungs- und Druckminderventile. Beide halten in einem Hydrauliksystem den Druck unabhängig von der Belastung der Arbeitselemente konstant.

Druckschaltventile (Folgeventile) schalten bei dem eingestellten Druck weitere Zylinder zu oder schalten Pumpen ab. Sie öffnen, wenn der Druck an der vorgesehenen Stelle der Steuerung den Schaltdruck erreicht.

Mit dem Folgeventil zur Zuschaltung können z. B. zwei getrennte Hydraulikkreise aufeinander abgestimmt werden.

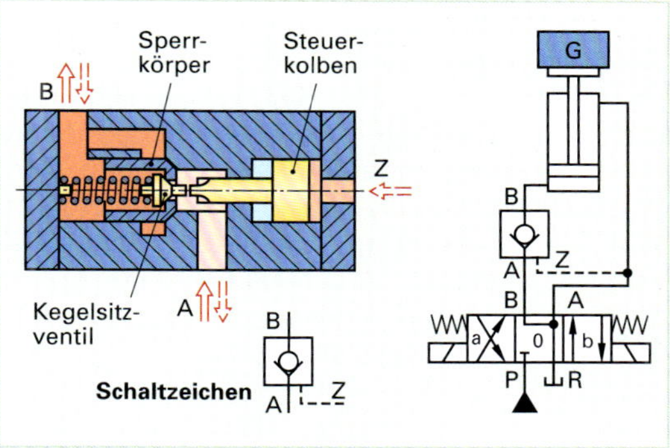

Bild 1: Entsperrbares Rückschlagventil

Stromventile

Wenn Volumenströme geändert werden müssen, um die Geschwindigkeit eines Zylinders oder die Drehzahl eines Hydromotors einzustellen, werden Stromventile eingesetzt.

Bei den **Drosselventilen** hängt der Volumenstrom vom eingestellten Durchflussquerschnitt und der Druckdifferenz zwischen den beiden Anschlüssen ab.

Stromregelventile besitzen eine einstellbare Blende und einen Regelkolben, welche die **Druckdifferenz** und damit den durchfließenden Volumenstrom unabhängig von der wechselnden Belastung des Zylinders konstant halten.

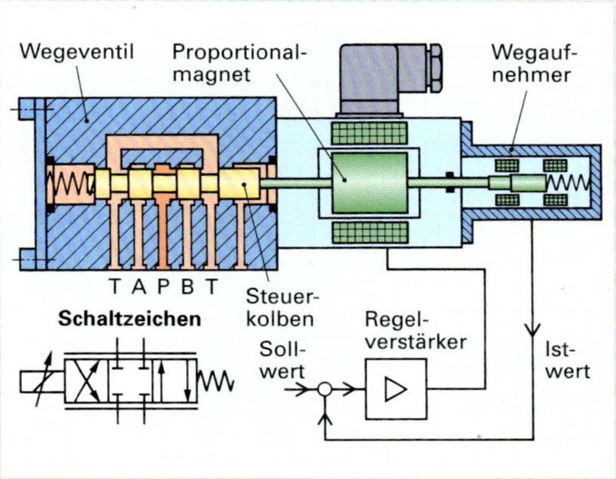

Bild 2: Proportional-Wegeventil

Proportionalventile

Dies sind Wegeventile, Strom- oder Druckventile, bei denen die Größe eines analogen oder digitalen Eingangssignals ein entsprechendes (proportionales) hydraulisches Ausgangssignal bewirkt.

So verschiebt z. B. bei dem Proportional-Wegeventil (**Bild 2**) der Proportionalmagnet den Steuerkolben und gibt damit den Volumenstrom Q frei, welcher der eingestellten Stromstärke entspricht.

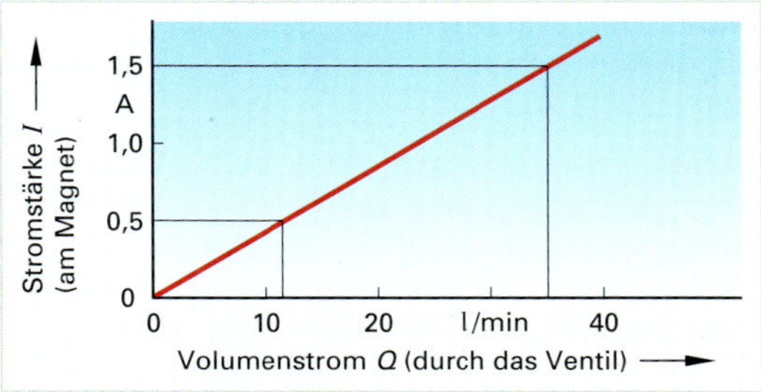

Bild 3: Kennlinie eines Proportional-Wegeventils

Die elektrische Stromstärke I in der Magnetspule und der durch das Wegeventil fließende Volumenstrom Q sind damit verhältnisgleich (proportional) (**Bild 3**).

Über den Wegaufnehmer und den Regelverstärker wird die Lage des Kolbens mit den Sollwert verglichen. Diese Funktion ist durch die besondere Form der Steuerkanten des Ventilkolbens möglich. Proportionalventile werden u. a. zum **weichen Beschleunigen und Verzögern** der Zylinder und Hydromotoren und zur stufenlosen Einstellung von Drücken und Volumenströmen eingesetzt.

Hydrozylinder

Sie sind wegen der höheren Drücke stabiler als pneumatische Zylinder gebaut. In abgeschlossenen Hydrauliksystemen, in denen einzelne Volumina miteinander verbunden sind, herrscht überall der gleiche Druck p_e (**Bild 1**). Wirkt der Druck auf unterschiedlich große Flächen, entstehen unterschiedlich große Kräfte. Man spricht von **Kraftübersetzung**, wobei folgende Gesetzmäßigkeiten gelten:

Einzelkräfte $F_1 = p_e \cdot A_1;\ F_2 = p_e \cdot A_2$ Einheit **N**

Kraftübersetzung $$\frac{F_2}{F_1} = \frac{p_e \cdot A_2}{p_e \cdot A_1} = \frac{A_2}{A_1}$$

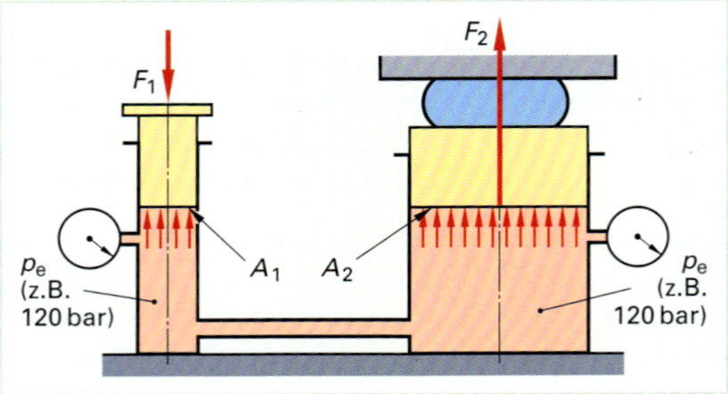

Bild 1: Kraftübersetzung

Die **Kolben- und Durchflussgeschwindigkeit** ist vom zugeführten Volumenstrom ***Q*** und der beaufschlagten Kolbenfläche ***A*** abhängig (**Bild 2**), wobei folgende Gesetzmäßigkeit gilt:

Geschwindigkeit $v = \frac{Q}{A}$ Einheit $\frac{\text{m}}{\text{min}}$

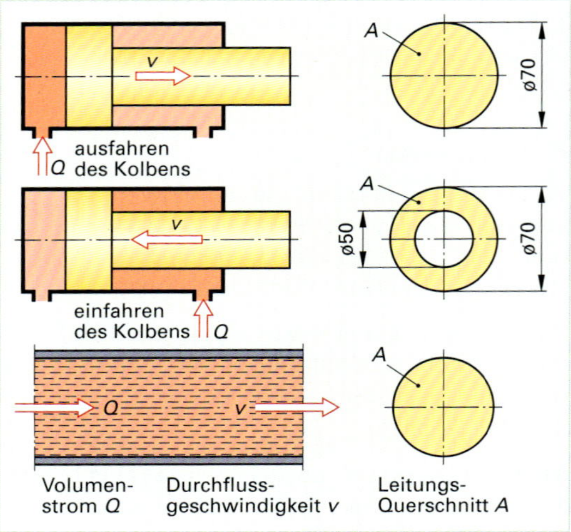

Bild 2: Kolben- und Durchflussgeschwindigkeiten

Hydraulikleitungen

Rohre sind vorwiegend blankgezogene Präzisionsstahlrohre, bei denen der Innendurchmesser nach dem Volumenstrom *Q* und die Wanddicke *s* nach dem Betriebsdruck bestimmt wird (**Tabelle 1**).

Die Rohre werden in Vorrichtungen gebogen, wobei der Mindestradius des Bogens in Abhängigkeit vom Rohrdurchmesser zu beachten ist.

Rohrverschraubungen sind mit Whitworth-Rohrgewinde oder mit metrischem Feingewinde versehen, z. B. G 1/8 oder M12x1. Die Dichtheit der Verschraubungen wird mithilfe von Dichtringen, flüssigen oder plastischen Dichtmitteln oder mit Schneidringen sichergestellt (**Bild 3**).

Schnellverschlusskupplungen kommen zum Einsatz, wenn die Hydraulikschläuche oft gelöst werden müssen, wie z. B. bei Prüfeinrichtungen. Eine Sperreinrichtung wird beim Verbinden gelöst und beim Entkuppeln durch eine Feder gesperrt, sodass beim Abziehen der Kupplung das Öl oder die Luft in den Zylinder oder den Leitungen eingeschlossen bleibt (**Bild 1, Seite 297**).

Tabelle 1: Hydraulik-Rohre

$d_a \cdot s$ mm · mm	d_i mm	p_{zul} bar	Q[1] l/min
8 × 1	6	300	7
8 × 2	4	550	3
12 × 1	10	230	19
12 × 2	8	400	12
20 × 2	16	250	48
20 × 3	14	350	37
25 × 2	21	220	83
25 × 3	19	340	68

[1] bei der Strömungsgeschwindigkeit v = 4 m/s

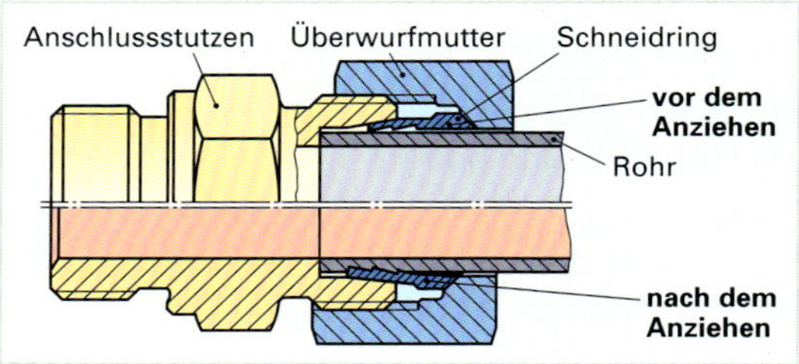

Bild 3: Schneidringverschraubung

Schlauchleitungen bestehen aus ölfesten Kunststoffen, die durch Textil- und Metallgewebe entsprechend dem Mindestdruck verstärkt sind. An beiden Enden werden sie mit Stutzen aus Stahl gefasst und mit Anschlusskupplungen oder Verschraubungen versehen.

Beim Verlegen der Schläuche muss auf genügend große Biegeradien und auf ausreichenden Bewegungsspielraum geachtet werden (**Bild 2 und Bild 3**).

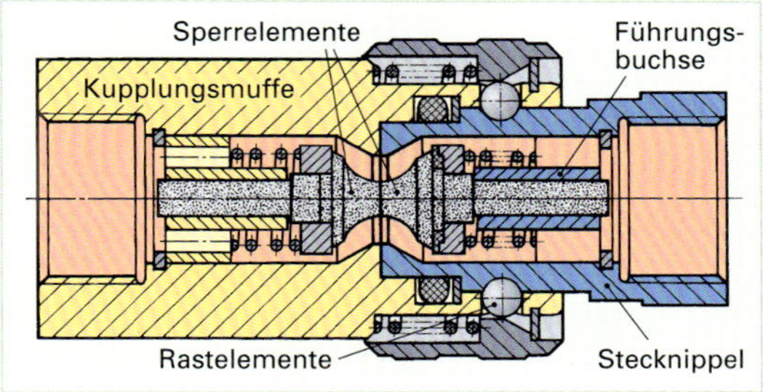

Bild 1: Schnellverschlusskupplung

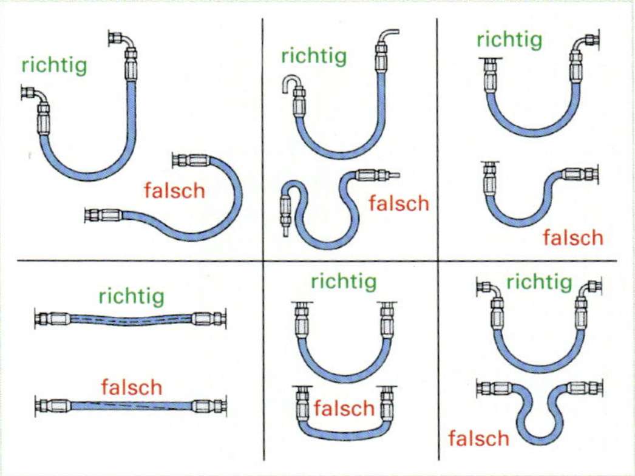

Bild 2: Verlegen von Schlauchleitungen

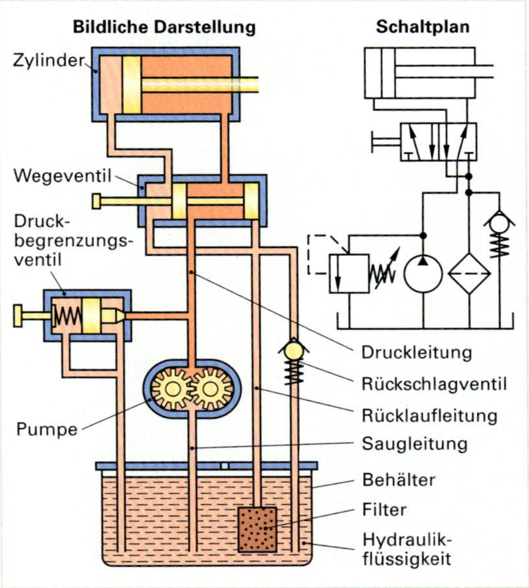

Bild 3: Darstellung einer Hydraulikanlage

Wiederholungsfragen:

1. Wann kommen vorwiegend Pneumatikanlagen und wann Hydraulikanlagen zum Einsatz?
2. Wann werden Schnellentlüftungsventile eingesetzt?
3. Warum werden Drosseln in die Abluftleitung eingebaut?
4. Wann kommt es in Steuerungsanlagen zu Signalüberschneidungen?
5. Welche Möglichkeiten gibt es, um Signalüberschneidungen zu vermeiden?
6. In welche zwei Arten können Hydraulikpumpen unterteilt werden? Nennen Sie zwei Beispiele.
7. Welche Aufgaben übernehmen in Hydraulikanlagen die Speicher? Nennen Sie drei Bauarten.
8. Wovon hängt die Kolbenkraft eines Hydraulikzylinders ab?
9. Wovon hängt die Durchflussgeschwindigkeit bzw. Kolbengeschwindigkeit ab?
10. Beschreiben Sie die Aufgaben von Wege-, Druck- und Stromventilen und nennen Sie jeweils zwei Ventile.
11. Wann und warum werden vorgesteuerte Wegeventile eingesetzt?
12. Welche Vorteile haben Proportionalventile und wann kommen sie zum Einsatz?
13. Worauf muss beim Verlegen von Rohrleitungen und beim Einsatz von Schläuchen in der Hydraulik geachtet werden?

5.5 Elektropneumatische Steuerungen

In der Elektropneumatik werden Elektrik und Pneumatik kombiniert, wobei die Pneumatik den **Leistungsteil** und die Elektrik den **Signalteil** und deren logische Verknüpfungen übernimmt. Die Signale werden dabei häufig mit der für den Menschen ungefährlichen **24 V Gleichspannung** erzeugt.

5.5.1 Elektrische Signaleingabeelemente

Diese Elemente haben die Aufgabe, den Stromfluss zum Verbraucher zu schließen oder zu öffnen. Sie werden als Stell- und Tastschalter ausgeführt und können als **Schließer, Öffner** oder **Wechsler** dienen (**Bild 1**).

Bei **Stellschaltern** werden die beiden Schaltstellungen mithilfe von Rasten mechanisch verriegelt, und bei **Tastern** schließt oder öffnet der Stromkreis nur für die Dauer der Betätigung. Im unbetätigten Zustand ist beim Schließer der Stromkreis unterbrochen und beim Öffner geschlossen. Der Wechsler vereinigt beide Funktionen in einem Gerät, wobei beim Umschalten beide Stromkreise kurzzeitig unterbrochen sind.

Die **Betätigungsart** kann auch mechanisch oder berührungslos erfolgen (**siehe Kapitel 5.1.4**) und wird im Schaltplan durch entsprechende Schaltzeichen dargestellt (**Tabelle 1**). Eine besondere Bauart ist der Druckschalter, auch **PE-Wandler** genannt, bei dem beim Erreichen eines voreingestellten Druckes der Kontakt ausgelöst wird (**Bild 2**).

Bei der Elektropneumatik wird in der Regel nur das **Arbeitsglied** (z. B. Zylinder), das **Stellglied** entsprechend der Zylinderart und die **Geschwindigkeitsbeeinflussung** (z. B. Drosselrückschlag- oder Schnellentlüftungsventil) pneumatisch ausgeführt. Es gelten hierbei die gleichen Aussagen aus **Kapitel 5.3.3**.

Tabelle 1: Elektrische Schaltzeichen

Betriebsmittel	Schaltzeichen	Betriebsmittel	Schaltzeichen
handbetätigter Taster		Notausschalter	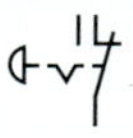
durch Drücken betätigter Taster	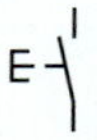	Näherungsschalter	
handbetätigter Schalter mit Raste	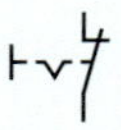	induktiver Näherungsschalter	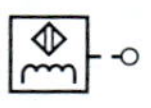
rollenbetätigter Taster		Relais mit Wechsler	
Rollentaster in Ausgangsstellung betätigt (Schließer)		elektromagnetisch betätigtes Wegeventil	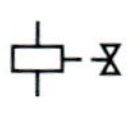

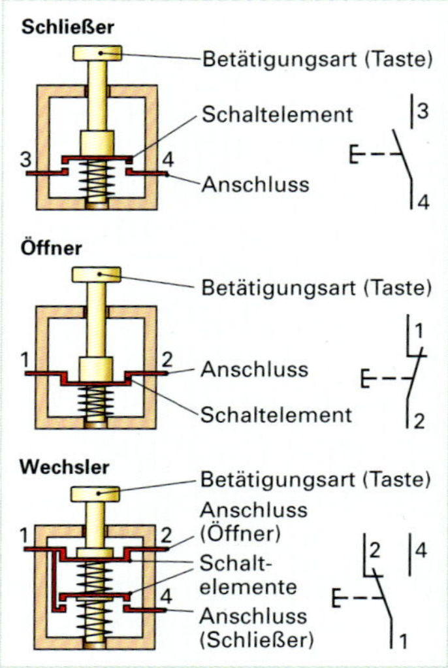

Bild 1: Eingabeelemente

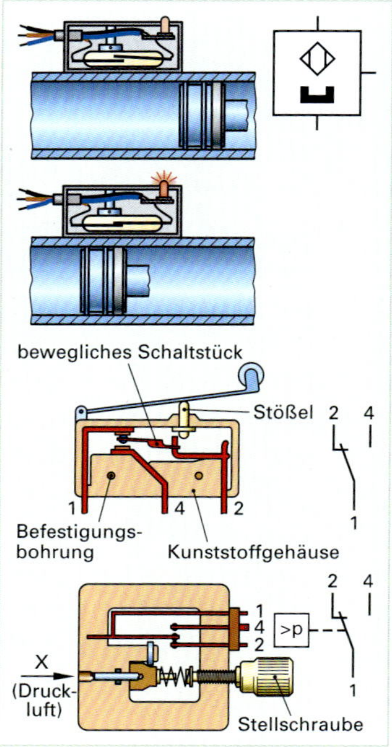

Bild 2: Elektrische Signalglieder

5.5.2 Relais, Schütze und Magnetventile

Relais und **Schütze** sind fernbetätigte Schalter mit **elektromagnetisch betätigten Kontakten**. Relais und Schütze funktionieren nach dem gleichen Prinzip (**Bild 1**). Sie werden im Schaltplan identisch dargestellt und unterscheiden sich nur in der Leistung (Relais bis ca. 1 kW). Mit ihnen können Stromkreise **potenzialfrei** geschaltet werden, d. h., die Kontakte können mit unterschiedlichen Potenzialen angeschlossen sein. In Steuerungsaufgaben können sie folgende Aufgaben übernehmen:

- Schnittstelle zwischen Signal- und Leistungsteil
- unterschiedliche Spannungspotenziale für Signal- und Leistungsteil
- Trennung von Gleich- und Wechselstrom
- Signalvervielfachung
- Signalverzögerung

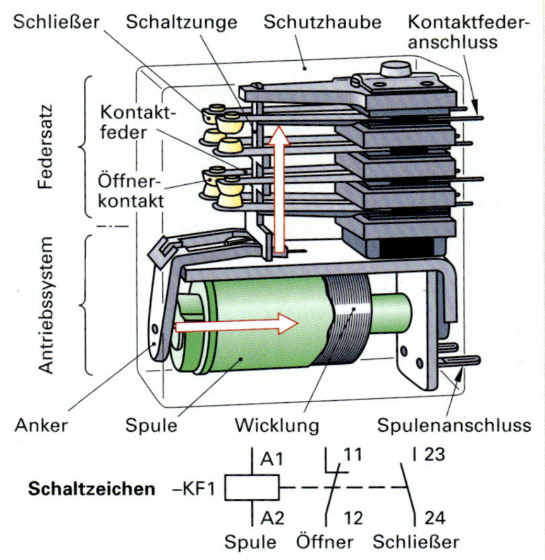

Bild 1: Relais bzw. Schütz

Je nach Bauart besitzen sie eine unterschiedliche Anzahl von Öffnern und/oder Schließern und/oder Wechslern. Die **Anschlussbezeichnungen** sind genormt (**Bild 2**).

- Spulenanschlüsse sind A1 und A2
- Bauteilkennzeichnungen sind –KF1, –KF2, usw.
- Die vom Relais geschalteten Kontakte werden im Schaltplan ebenfalls mit –KF1, –KF2, usw. bezeichnet.

Die Anschlüsse der Schaltkontakte werden durch zweistellige Ziffern bezeichnet, wobei die erste Ziffer zur Durchnummerierung dient und die zweite Ziffer die Art des Kontaktes angibt.

1 → 2		Öffner
3 → 4		Schließer
5 → 6		Öffner, zeitverzögert
7 → 8		Schließer, zeitverzögert
1 → 2	→ 4	Wechsler
5 → 6	→ 8	Wechsler, zeitverzögert

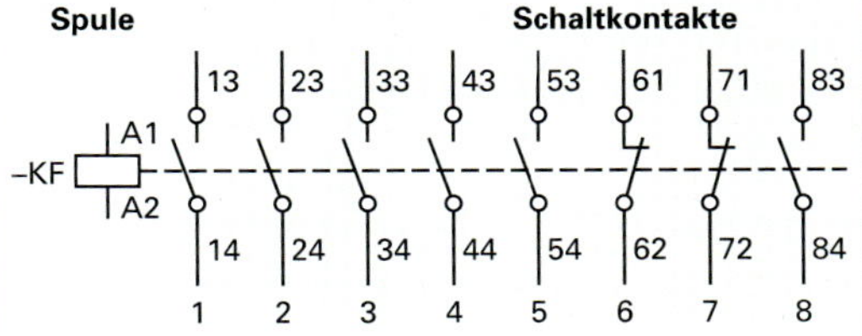

Bild 2: Anschlussbezeichnung

Magnetventile sind elektropneumatische Wandler, d. h., fließt durch die Magnetspule Strom, dann wird ein elektromagnetisches Feld aufgebaut, welches den mit dem Ventilstößel verbundenen Spulenanker bewegt und somit den Luftdurchfluss steuert (**Bild 3**).

Die Magnetventile werden in der Regel mit Vorsteuerung ausgeführt. Die Magnetspule kann dadurch klein dimensioniert werden. Dies bringt den Vorteil eines geringen Stromverbrauchs und somit eine geringe Leistungsaufnahme mit sich.

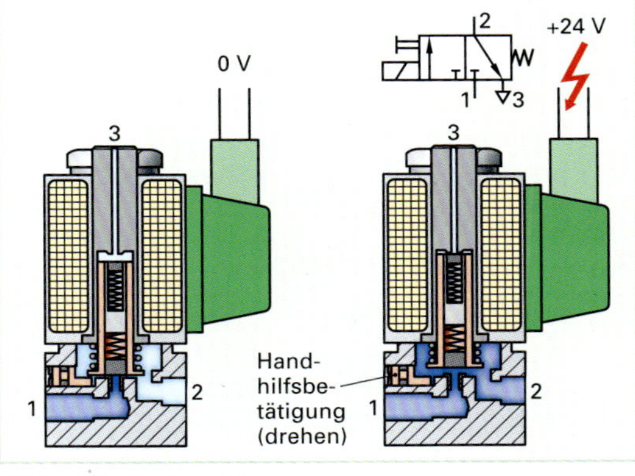

Bild 3: Magnetventil

5.5.3 Grundschaltungen

Direkte und indirekte Schaltungen

Wie in der Pneumatik setzen sich auch in der Elektropneumatik komplexere Schaltungen aus Grundschaltungen zusammen. Die Ansteuerung der Arbeitselemente kann direkt und indirekt geschehen. Bei der **direkten Steuerung** wird ein elektrisches Signalglied, z. B. ein Taster, direkt vor dem elektromagnetisch betätigten Stellglied eingebaut (**Bild 1**). Direkte Schaltungen spielen in der Elektropneumatik nur eine untergeordnete Bedeutung, da bei der zu **bevorzugenden indirekten Schaltung** das Schaltsignal über das dann notwendige Relais in mehrere Strompfade weitergeleitet werden kann (**Bild 2**).

Bei doppeltwirkenden Zylindern kann mit **federrückstellbaren** oder **impulsbetätigten Stellgliedern** gearbeitet werden. Impulsbetätigte Ventile haben den Vorteil, dass die angesprochene Schaltstellung nach kurzer Betätigung des Signalgliedes so lange erhalten bleibt, bis das Signalglied zum Schalten in die Gegenrichtung angesprochen wird (**Bild 3**).

Man spricht deshalb auch von **Speicherventilen**, da das Ventil die Schaltstellung nach dem Impuls speichert. Es muss aber sichergestellt werden, dass nicht gleichzeitig an beiden Magnetspulen ein Signal ansteht. Dies würde zur **Signalüberschneidung** führen.

Fixieren und Anhalten des Kolbenhubs

Das **Fixieren und Anhalten** des Kolbens in Zwischenstellungen wird durch den Einsatz von 5/3-Wegeventilen erreicht, deren beidseitige Betätigungen impulsbetätigt und federrückstellbar ausgeführt sind.

Sobald der Schaltimpuls nicht mehr anliegt, schaltet das Ventil durch die Federrückstellung in die **Mittelruhestellung** und der Kolben hält an, ohne seine Position zu verlassen (**Bild 4**).

Geschwindigkeitsregulierung

Die Beeinflussung der Geschwindigkeit, z. B. der Ein- und/oder Ausfahrgeschwindigkeit eines Kolbens wird bei der Elektropneumatik ausschließlich im pneumatischen Teil der Steuerung realisiert. Somit gelten die gleichen Aussagen, wie in der Pneumatik beschrieben.

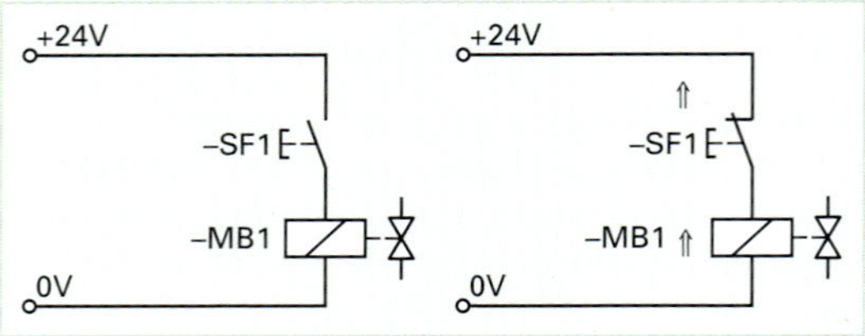

Bild 1: Direkte Ansteuerung

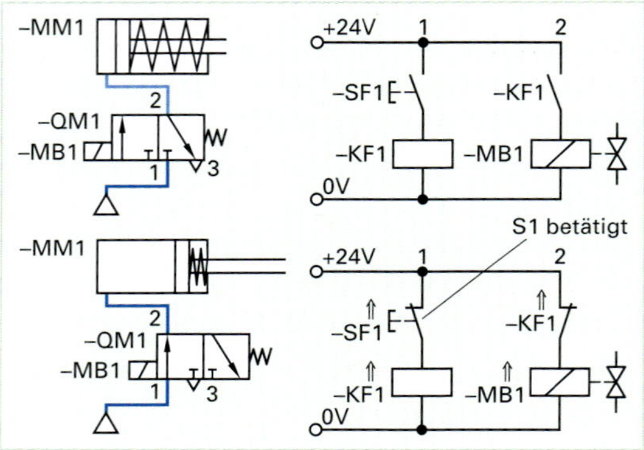

Bild 2: Indirekte Ansteuerung 1-fachw. Zylinder

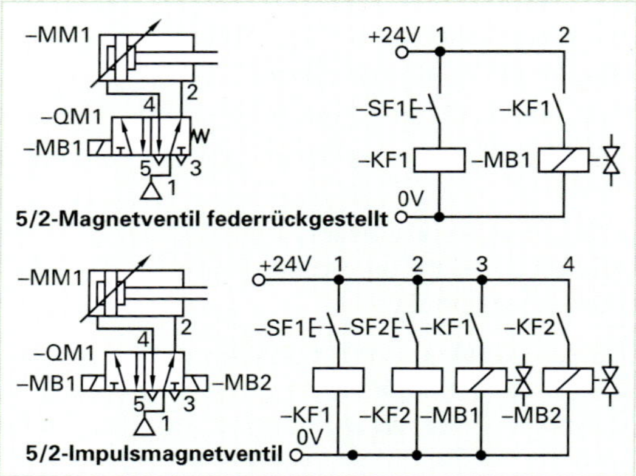

Bild 3: Indirekte Ansteuerung zweifachw. Zylinder

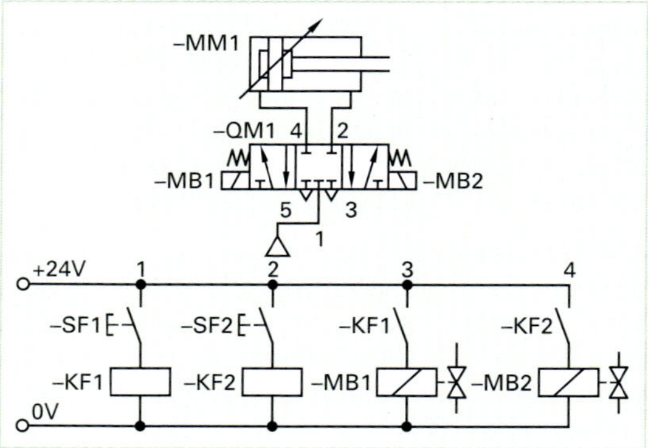

Bild 4: 5/3-Magnetventil mit Mittelruhestellung

Verknüpfung von Signalelementen

Die Verknüpfung geschieht im Gegensatz zur Pneumatik ohne zusätzliche Ventile, die Signalelemente werden schalttechnisch verbunden. Man unterscheidet die vier Grundverknüpfungen IDENTITÄT, UND, ODER und NEGATION. Bei der **Identität** wird das Ausgangssignal so lange gesetzt, solange ein Eingangssignal ansteht. Die **UND-Verknüpfung** wird durch eine **Reihenschaltung,** und die **ODER -Verknüpfung** durch eine **Parallelschaltung** realisiert. Die **Negation** wird durch die Kombination eines Öffners mit einem Schließkontakt bzw. eines Schließers mit einem Öffnerkontakt ermöglicht (**Tabelle 1**).

Tabelle 1: Zusammenfassung der Grundverknüpfungen

Erläuterung \ Verknüpfung	IDENTITÄT	UND	ODER	NICHT
Logikplan	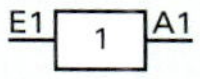	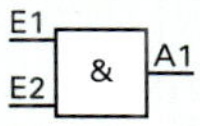	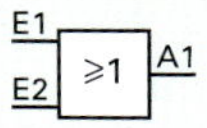	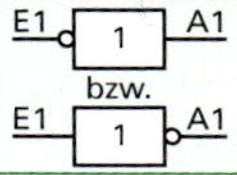
Schaltung	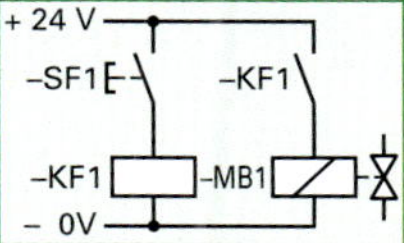	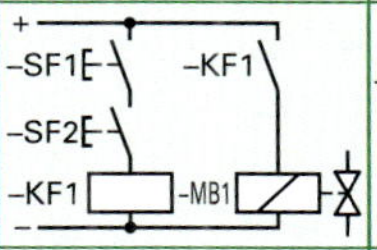	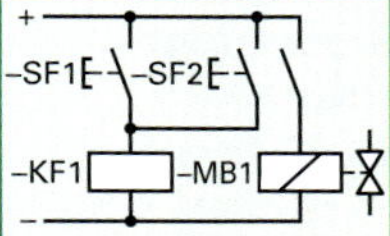	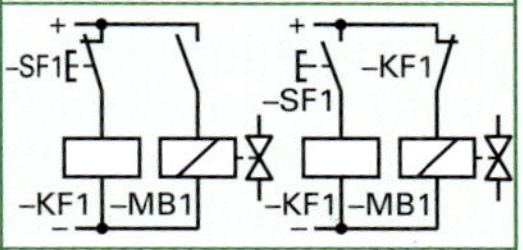
Impulsdiagramm	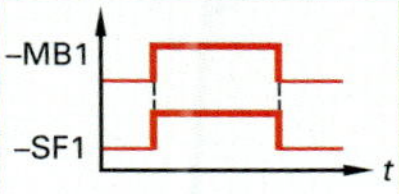	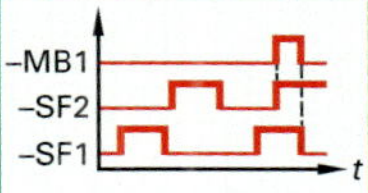	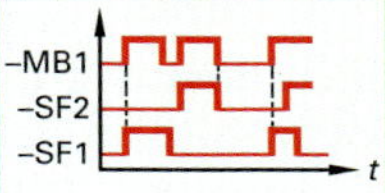	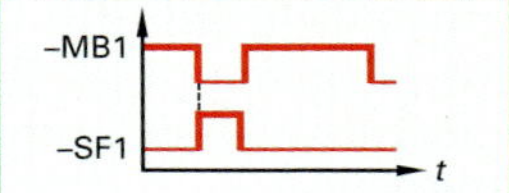

Selbsthaltung

Wenn Stellglieder mit Federrückstellung arbeiten und Taster ohne Raste als Signalglieder verwendet werden, müssen **Impulssignale** in **Dauersignale** umgewandelt werden, da der Umsteuervorgang nur für die Dauer der Betätigung aufrechterhalten bleibt. Ist die Betätigung nicht mehr vorhanden, stellt die Feder das Ventil in die Grundstellung. Die sogenannte Selbsthaltung wandelt diesen kurzzeitigen Impuls in einen Dauerimpuls um (**Bild 1**).

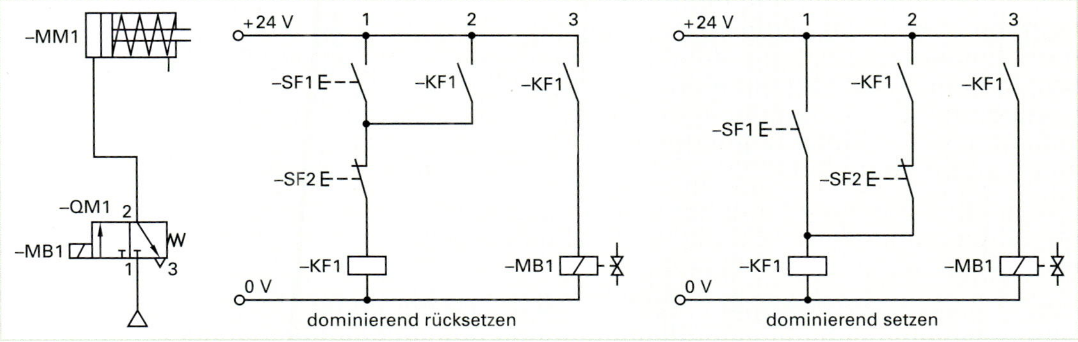

Bild 1: Selbsthaltung mit dominierend rücksetzen und dominierend setzen

Wenn –SF1 betätigt wird, schließt sich Strompfad 1 und das Relais –KF1 schaltet. Das Relais –KF1 schließt seine beiden Schließkontakte –KF1 in den Strompfaden 2 und 3, und das Magnetventil –MB1 wird geschaltet. Um diese Schaltung wieder lösen zu können, muss ein Öffner –SF2 eingebaut werden. Bei Betätigung von –SF2 wird das Relais –KF1 stromlos, wodurch seine Kontakte –KF1 wieder geöffnet werden und das Magnetventil durch die Feder zurückgestellt wird.

Je nachdem, ob der Öffner –SF2 im Strompfad 1 vor das Relais oder im Strompfad 2 nach dem Schließkontakt von –KF1 geschaltet wird, unterscheidet man in **dominierend ein** oder **dominierend aus.** Dominierend ein bedeutet, dass bei gleichzeitigem Betätigen von –SF1 und –SF2 das Relais –KF1 erregt wird. Bei dominierend aus bleibt bei gleichzeitiger Betätigung von –SF1 und –SF2 das Relais –KF1 stromlos.

Ablaufsteuerungen

Man unterscheidet aufgrund der Betätigungsart und deren Abhängigkeit in willens-, weg- und zeitabhängige Steuerungen bzw. deren Kombinationen. Am Beispiel einer Zuführeinheit (**Bild 1**) kann dies veranschaulicht werden.

Aufgabe: In der Zuführeinheit soll ein doppelt wirkender Zylinder Bauteile aus einem Magazin zur Bearbeitungsstation schieben. Danach soll der Zylinder wieder einfahren.

Bei **willensabhängigen Steuerungen** wird der Einschalttaster –SF1 und Taster –SF2 zum Auslösen des Wiedereinfahrens vom Bediener betätigt, der über die Bedingungen entscheidet (**Bild 2**).

Bei **wegabhängigen Steuerungen** wird das Bauelement in Abhängigkeit vom zurückgelegten Kolbenweg geschaltet. Mithilfe von Grenztastern und Relais werden diese Steuerungen verwirklicht (**Bild 3**).

Bei **zeitabhängigen Steuerungen** werden Verzögerungszeiten mithilfe von Zeitrelais verwirklicht, indem über einen verstellbaren Widerstand ein Kondensator aufgeladen wird.

Die Zeit, die der Kondensator zum Aufladen bis zur Schaltspannung braucht, nennt man **Ansprech-** bzw. **Anzugverzögerung**. Bei der **Abfall-** bzw. **Rückfallverzögerung** öffnet der Stromweg 1 zum Relais und der Kondensator entlädt sich über den einstellbaren Widerstand. Dadurch hält sich das Magnetfeld in der Spule eine gewisse Zeit aufrecht, bevor das Relais alle seine Kontakte zurückschaltet. Durch Kombinationen von Ansprech- und Rückfallverzögerung mit zugeordneten Öffnern oder Schließern können unterschiedliche Verzögerungsverhalten ausgelöst werden (**Bild 1 Seite 303**).

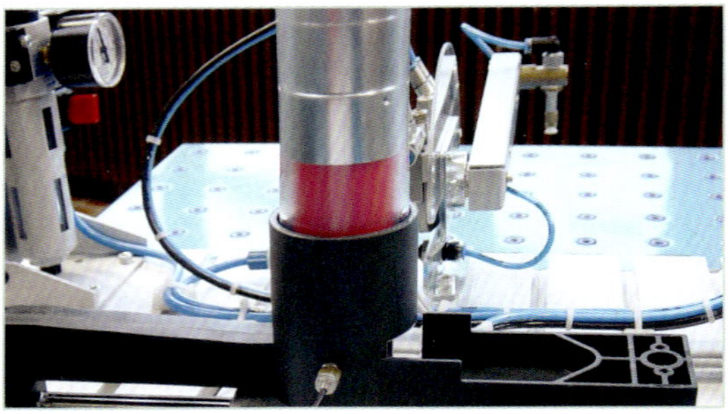

Bild 1: Zuführeinheit

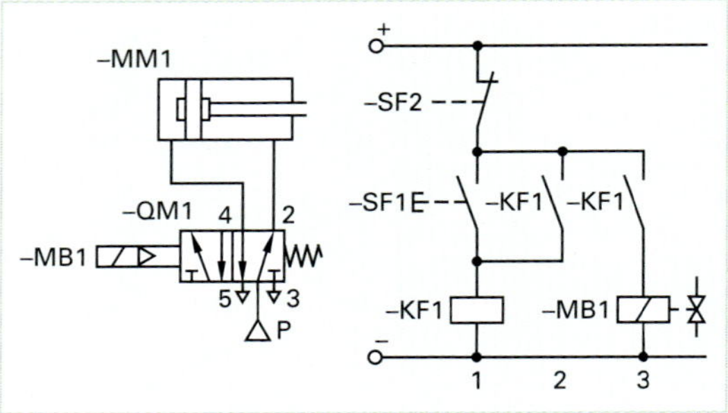

Bild 2: Willensabhängige Steuerung

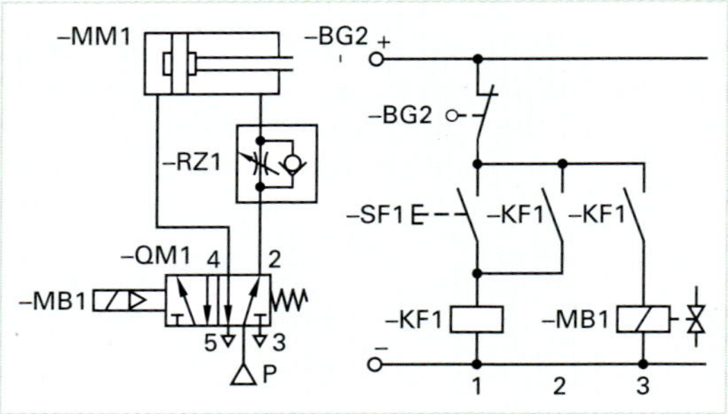

Bild 3: Wegeabhängige Steuerung

Werden pneumatische Signalelemente eingesetzt, so müssen deren Signale (Druck) in elektrische Signale umgewandelt werden. Man setzt hierzu **PE-Wandler** als Druckschalter ein (**druckabhängigen Steuerungen**) (**Bild 4**).

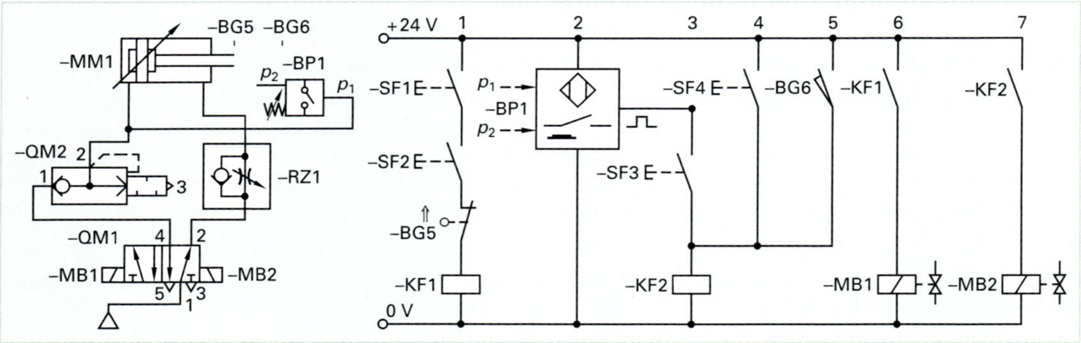

Bild 4: Druckabhängige Steuerung

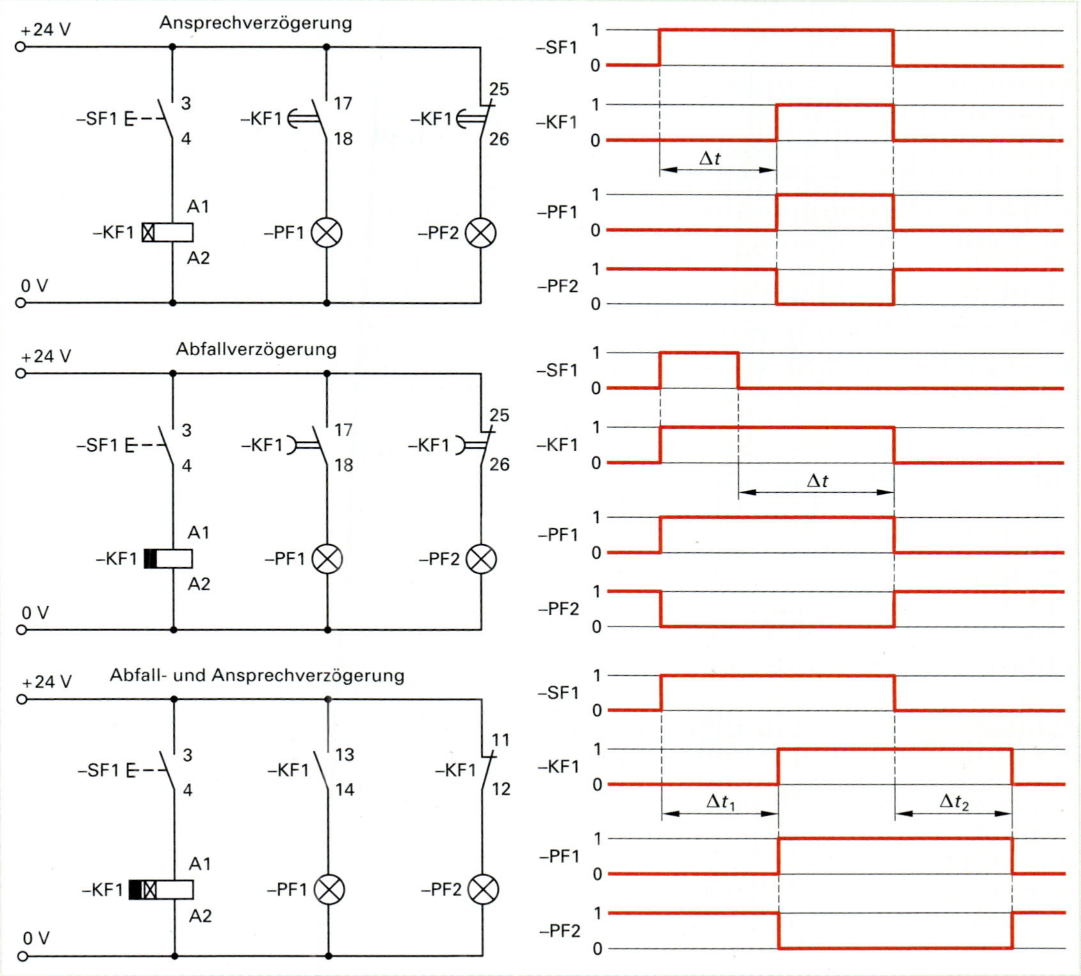

Bild 1: Kombinationen von Steuerungen mit unterschiedlichen Abfall- und Ansprechverhalten

Signalabschaltung

Wie in der Pneumatik, so hat man auch in der Elektropneumatik das Problem von **Dauersignalen**. Dies kann zu Signalüberschneidungen führen. Um dies auszuschließen und einen sicheren Ablauf zu gewähren, schaltet der jeweils betätigte **Steuerschritt** das Dauersignal des vorhergehenden Schrittes ab und bereitet den nächsten Schritt vor (**Bild 2**).

Im dargestellten Beispiel ist der betätigte Steuerschritt im Strompfad 5. Der Schließkontakt –KF2 wird durch den vorhergehenden Schritt betätigt. Bei Betätigung des Grenztasters –BG7 zieht das Relais –KF3 an und öffnet bzw. schließt seine Kontakte in den Strompfaden 3 und 7 und bleibt über den Strompfad 6 aktiviert.

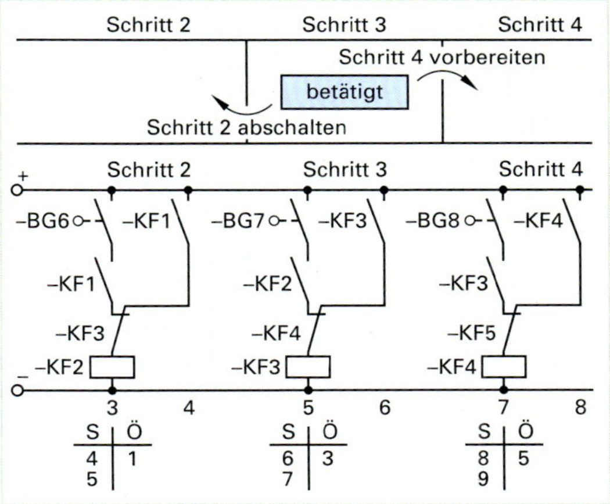

Bild 2: Signalabschaltung

5.6 Speicherprogrammierbare Steuerungen (SPS)

Bei diesen Steuerungen wird mithilfe von eingelesenen Programmen der Steuerungsablauf festgelegt. Dabei werden die Signale von Schaltern und Sensoren aufgenommen.

Aufgrund der Programmvorgaben werden sie miteinander verknüpft und als Ergebnisse, z. B. an die zu steuernden Ventile ausgegeben. Die Steuerung arbeitet nach dem **EVA-Prinzip** (**E**ingabe-**V**erarbeitung-**A**usgabe).

Bei **verbindungsprogrammierten Steuerungen** (**VPS**) wird der Steuerungsablauf durch die Leitungsverbindungen zwischen den Bauelementen bestimmt (**Bild 2**). Eine Änderung des Steuerablaufes hat eine Änderung der Verdrahtung und/oder einen Austausch von Bauelementen zur Folge (**Bild 1**).

Bei **speicherprogrammierten Verbindungen** (**SPS**) bedeutet eine Änderung im Steuerungsablauf nur eine Änderung des Programms (**Bild 3**), d. h. nur eine Softwareänderung.

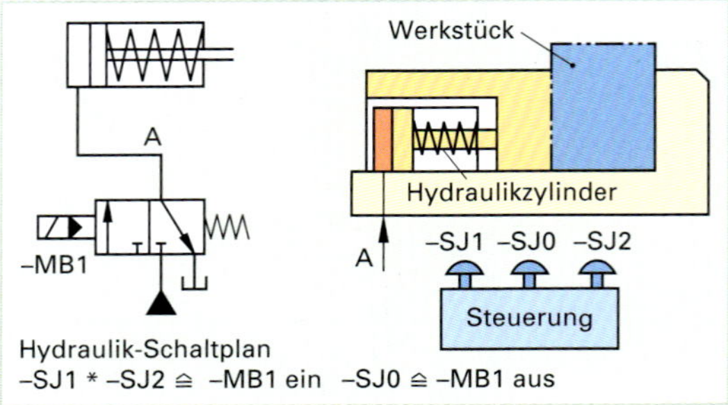

Bild 1: Hydraulischer Spannstock

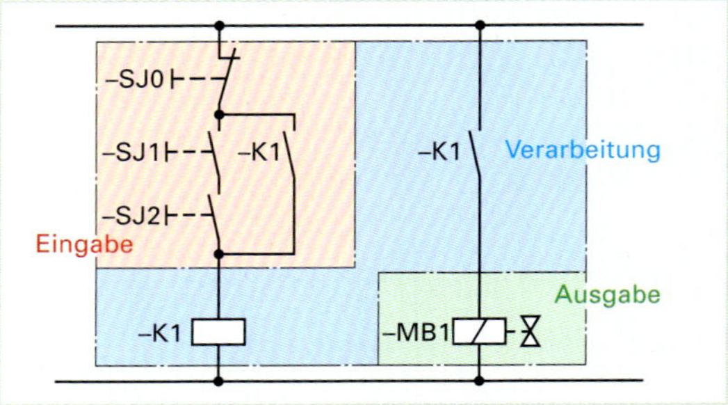

Bild 2: Verbindungsprogrammierte Steuerung

5.6.1 Aufbau einer SPS

Die meisten Steuerungen haben einen **modularen Aufbau** (**Bild 4**), wobei die einzelnen Baugruppen durch eine gemeinsame Datenleitung (**Bus**) verbunden sind. Eine Schnittstelle dient zur Programmeingabe durch ein Programmiergerät oder einen PC. Die einzelnen **Baugruppen** sind:

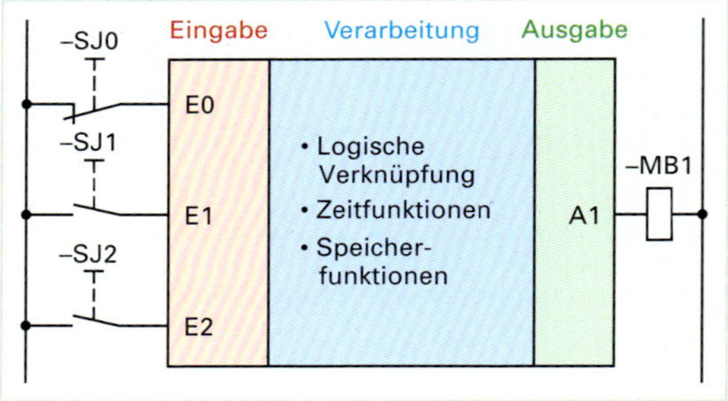

Bild 3: Speicherprogrammierte Steuerung

Eingabe-Baugruppe

Sie besitzt die Anschlüsse für die Signalgeber und ist durch einen Optokoppler (galvanische Trennung, die vor Überspannung schützt) mit der Zentraleinheit (**CPU**) verbunden.

Zentraleinheit mit Programmspeicher

Sie steuert die Funktion der SPS und enthält die Betriebssoftware, die Speicher für den momentanen Zustand der Ein- und Ausgänge (**Prozessabbild**), Zeitglieder, Zähler und Merker.

Ausgabe-Baugruppe

Sie gibt die Ausgangssignale der SPS an die angeschlossenen Geräte weiter.

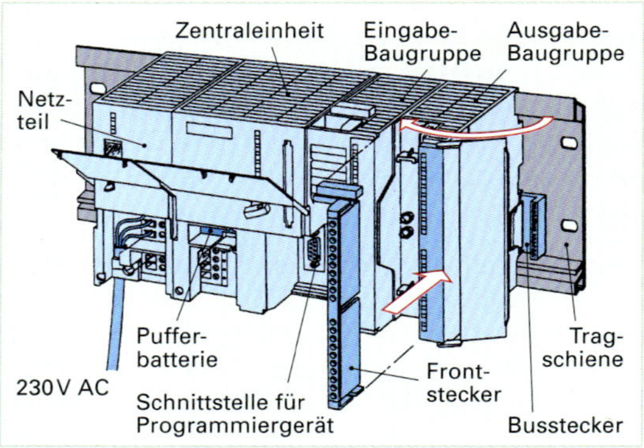

Bild 4: Modulare SPS

5.6.2 Arbeitsweise und Programmierung einer SPS

Beim Starten der SPS werden die Anweisungen des Anwenderprogramms zyklisch abgearbeitet, d.h., beim Erreichen des Programmendes (PE) springt das Programm wieder auf den Programmanfang zurück.

Der Durchlauf eines Programms wird als **Zykluszeit** bezeichnet, die je nach Programmlänge zwischen 0,0001 s und 0,1 s liegt.

Bei jedem Durchlauf werden die Zustände der Eingänge abgefragt, die dann als **Prozessabbild der Eingänge** (PAE) in die **Zentraleinheit** (ZE) weitergegeben werden. In der ZE werden die Signale entsprechend dem Anwenderprogramm verarbeitet und in Merkern abgelegt und den Ausgängen als **Prozessabbild der Ausgänge** (PAA) zugewiesen.

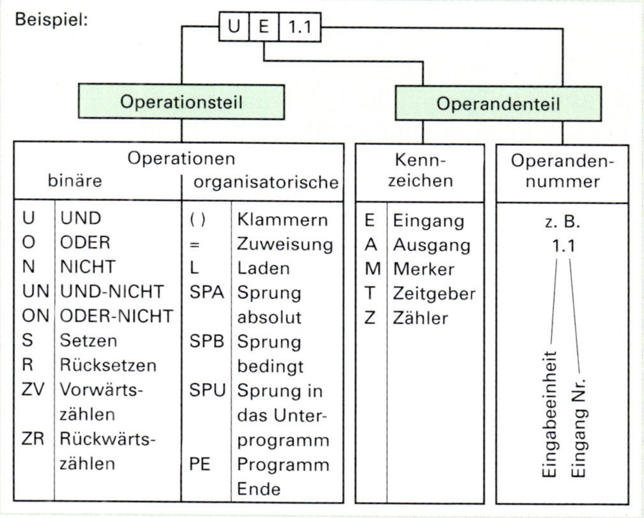

Bild 1: SPS-Anweisungen

Die Anweisungen (**Bild 1**) im Programmteil bestehen aus einem Befehl (**Operation**) und der Kennzeichnung des betroffenen Elementes (**Operand**). Jede einzelne Anweisung wird einer Adresse im Programm zugeordnet, z. B. Nr. 0001.

Programmierung einer SPS

Bevor die Programmierung erfolgen kann, wird jedem Signalgeber der Steuerung eine **Eingangsadresse** am Eingangsbaustein und jedem zu steuerndem Gerät eine **Ausgangsadresse** am Ausgangsbaustein zugewiesen und entsprechend verdrahtet.

Die Belegung wird in einer sogenannten Belegungs- oder Zuordnungsliste festgehalten (**Tabelle 1**). Die Adressen der Operanden können **absolut** oder **symbolisch** behandelt werden. Bei der absoluten Adressierung wird die Bausteinart (Ein- oder Ausgang), die Byte- und die Bit-Adresse angegeben, z. B. E 124.7 oder A 125.2. Die Bit-Adresse wird rechts vom Punkt angegeben z. B. 124.7 ⇒ 1 Byte; 8 Bit-Adresse.

Die **absolute Adresse** lässt sofort den Anschluss erkennen, erschwert aber bei umfangreichen Programmen das Erkennen der jeweiligen Signalgeber und angeschlossenen Geräte.

Die **symbolische Adressierung** erleichtert dies, da jede Adresse ein Text oder Symbol ist, z. B. **S1**, **Motor**, **Starttaster_ein**, **Zyl_ausfahren** usw. Eine **Symbolliste** bestimmt dann die dazugehörige absolute Adresse. Jedes Symbol darf nur einmal zugewiesen werden.

Tabelle 1: Zuordnungsliste

Bauteil	Kennzeichen	Zuordnung	Kommentar
Taster	–S0	E0	Signal „Öffnen"
Taster	–S1	E1	Signal „Schließen"
Taster	–S2	E2	Signal „Schließen"
Magnet	–M1	A1	Spannstock schließt

Tabelle 2: Funktionstabelle

E0	E1	E2	A1	Kommentar
0	0	0	0	vorige Stellung bleibt
0	0	1	0	vorige Stellung bleibt
0	1	0	0	vorige Stellung bleibt
0	1	1	0	vorige Stellung bleibt
1	0	0	0	vorige Stellung bleibt
1	0	1	0	vorige Stellung bleibt
1	1	0	0	vorige Stellung bleibt
1	1	1	1	Schraubstock schließt

Die Funktion der Steuerung, z. B. die Auswirkung von Verknüpfungen bestimmter Signalgeber kann in einer Funktionstabelle, auch Wahrheitstabelle genannt, dargestellt werden (**Tabelle 2, Seite 305**).

Die SPS-Programme werden je nach Anwendungsfall in verschiedenen Sprachen geschrieben (**Bild 1**). Diesen Sprachen liegt zwar eine Normung zugrunde, wobei die Darstellung sehr herstellerabhängig ist. Die am meisten verwendeten Programmiersprachen sind die Anweisungsliste (**AWL**), der Kontaktplan (**KOP**) und der Funktionsplan (**FUP**).

Anweisungsliste AWL

Sie ist eine textuelle Programmiersprache, die mit einem Ladebefehl „L" oder einem Verknüpfungsbefehl, z. B. „U" (UND) beginnt. Danach werden die Steuerschritte (Operationen) in zeitlicher Abfolge mit Programmadresse aufgeführt. Die AWL endet meist mit der Anweisung Programmende (**Tabelle 1**).

Kontaktplan KOP

Er ist dem Stromlaufplan ähnlich, indem im Vergleich die Strompfade waagrecht angeordnet sind. Sie werden von Anwendern eingesetzt, die vorwiegend Verknüpfungssteuerungen einsetzen und das Arbeiten mit Schützsteuerungen gewohnt sind (**Bild 2**).

Funktionsplan FUP

Er stellt eine grafische Programmiersprache dar, bei dem genormte Symbole zur Darstellung der Funktion der Steuerung genutzt werden. Diese Symbole bestehen aus Rechtecken, an denen links die Eingänge und rechts die Ausgänge gezeichnet werden (**Bild 3**).

In der SPS bestehen die einzelnen Aufgaben aus einfachen Operationen, bzw. sind darauf aufgebaut. Diese Grundfunktionen sind wie bei der Elektropneumatik die logischen Verknüpfungsschaltungen, das Setzen und Löschen von Ausgängen, Ein- und Ausschaltverzögerungen sowie Selbsthaltungen (**Tabelle 1, Seite 307**).

Nach der Erstellung der Zuordnungsliste und der Konfiguration der SPS wird das Anwenderprogramm in die Zentraleinheit (ZE) der SPS, auch **CPU** (**C**entral **P**rocessor **U**nit) genannt, geladen und getestet. Es kann dann im Onlinebetrieb mithilfe spezieller Software beobachtet werden.

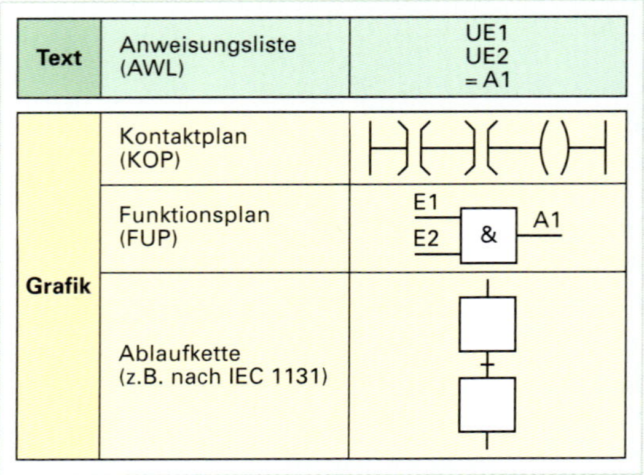

Bild 1: Übersicht zu Programmiersprachen

Tabelle 1: Beispiel einer Anweisungsliste			
Adresse	**Anweisung**		**Kommentar**
0000	U	E1	wenn –S1 betätigt
0001	U	E2	und –S2 betätigt
0002	UN	E0	und –S0 nicht betätigt ist
0003	S	A1	wird –M1 gesetzt
0004	U	E0	wenn –S0 betätigt
0005	UN	E1	und –S1 nicht betätigt
0006	UN	E2	und –S2 nicht betätigt ist
0007	R	A1	wird –M1 zurückgesetzt
0008	PE		Programmende

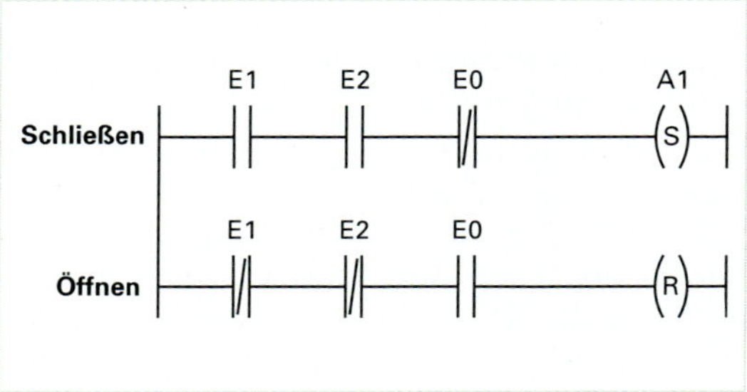

Bild 2: Beispiel eines Kontaktplanes

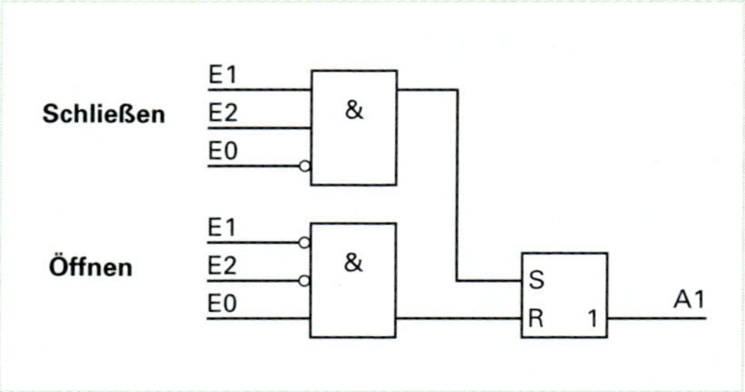

Bild 3: Beispiel eines Funktionsplanes

Tabelle 1: Operationen in SPS-Programmen

Funktion	Funktionsplan	AWL	Kontaktplan	Kommentar
		Logische Verknüpfungen		
UND mit 3 Eingängen	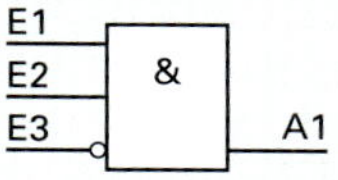	U E1 U E2 UN E3 = A1	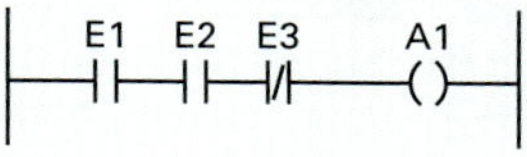	wenn E1 = 1 und E2 = 1 und E3 = 0, wird A1 = 1
ODER mit 3 Eingängen	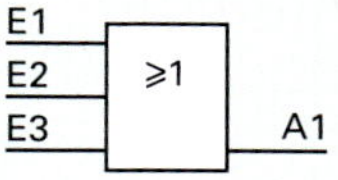	U E1 O E2 O E3 = A1	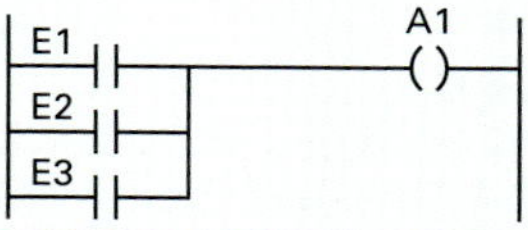	wenn E1 = 1 oder E2 = 1 oder E3 = 1, wird A1 = 1
UND vor **ODER**	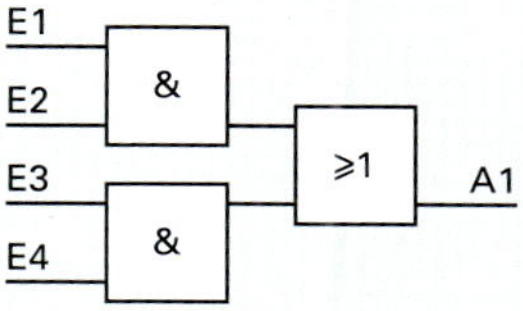	U E1 U E2 O U E3 U E4 = A1	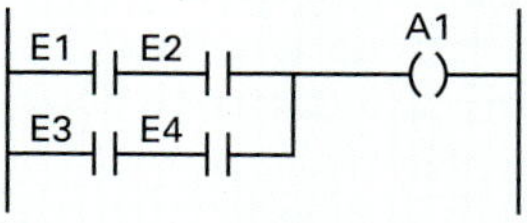	wenn E1 = 1 und E2 = 1 oder wenn E3 = 1 und E4 = 1, wird A1 = 1
Exklusiv-ODER	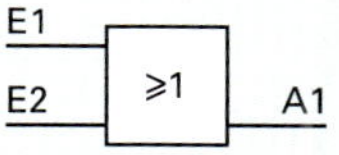	XO E1 XO E2 = A1	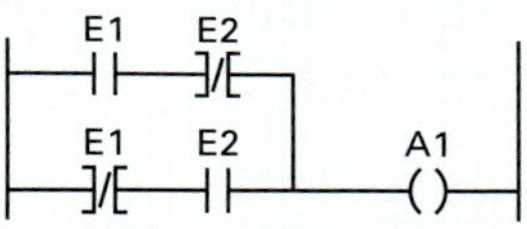	wenn nur E1 = 1 oder nur E2 = 1, wird A1 = 1
		Setzen und Rücksetzen von Speichern		
R/S-Speicher dominierend setzend	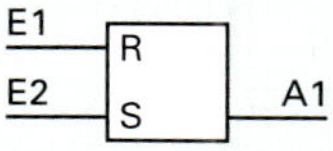	U E1 RA1 U E2 SA1	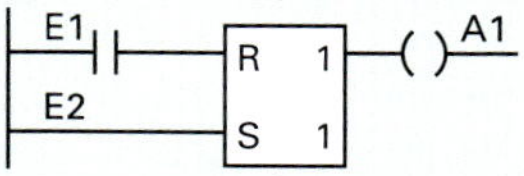	wenn E1 = 1 und E2 = 1 wird A1 = 1
S/R-Speicher dominierend rücksetzend	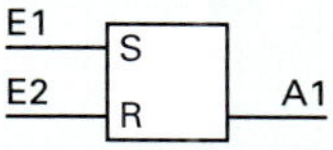	U E1 SA1 U E2 RA1	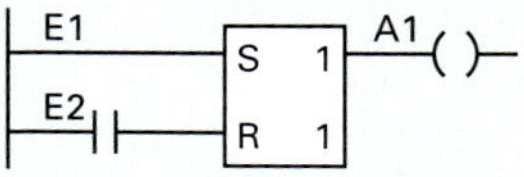	wenn E1 = 1 und E2 = 1 wird A1 = 0
		Ein- und Ausschaltverzögerung		
Einschalt-verzögerung	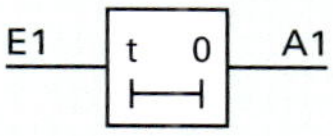	U E1 = T UT = A1	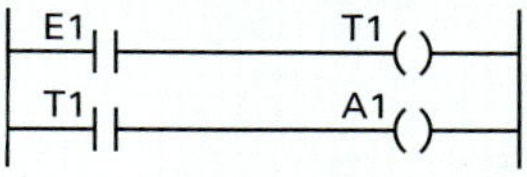	wenn E1 = 1 wird T gesetzt Nach der Zeit t wird A1 = 1
Ausschalt-verzögerung	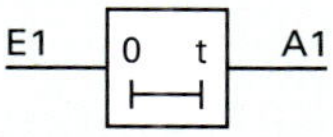	U E1 = T UT = NA1	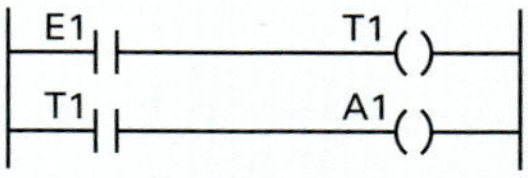	wenn E1 = 1 wird T gesetzt Nach der Zeit t wird A1 = 0
		Selbsthalteschaltung		
Selbsthaltung EIN (E1) dominierend	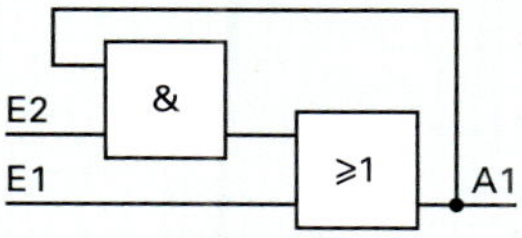	UN E2 U A1 O E1 = A1	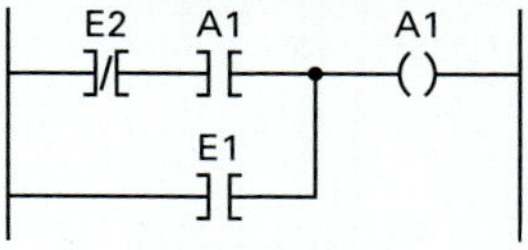	wenn E1 = 1 und E2 = 1 wird A1 = 1; die Selbsthaltung bleibt erhalten
Selbsthaltung AUS (E2) dominierend	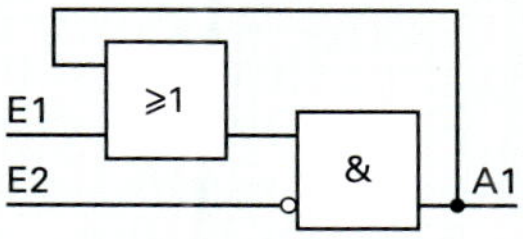	U E1 O A1 UN E2 = A1	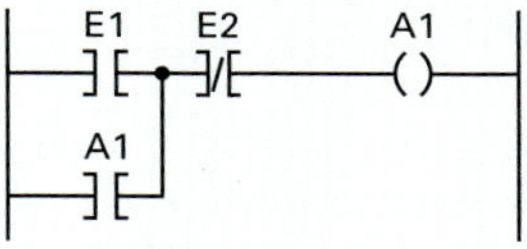	wenn E1 = 1 und E2 = 1 wird A1 = 0; die Selbsthaltung wird gelöscht

5.6.3 Programmieren einer Verknüpfungs- bzw. Ablaufsteuerung

Bei der Verknüpfungssteuerung stehen die logischen Verknüpfungen der Eingangssignale im Vordergrund. Beim Programmieren einer Ablaufsteuerung folgen die Schritte in einer festen Reihenfolge aufeinander. Der nächste Schritt wird erst ausgeführt, wenn der vorhergehende Schritt ausgeführt und die Weiterschaltbedingung erfüllt ist.

Verknüpfungssteuerung

Eine Presse zum Prägen von Kunststoffteilen wird mit der Hand beschickt (**Bild 1**). Eine Lichtschranke soll gewährleisten, dass der Prägevorgang nur dann beginnen kann, wenn die Hände aus dem Gefahrenbereich sind. Der Start erfolgt mit Taster –SF1, und der Rückhub wird mit Taster –SF2 ausgelöst.

Das Stellglied für den doppeltwirkenden Zylinder ist mit einer Federrückstellung ausgerüstet (**Bild 2**), d. h., da das Startsignal mithilfe eines Tasters erfolgt, muss das Ausgangssignal gesetzt werden.

Ablaufsteuerung

In einem Rührwerk soll Farbe zugeführt, eine bestimmte Zeit gemischt und dann abgelassen werden. Mit Starttaster –SF1 wird das Ventil –QM1 geöffnet, und die Farbe läuft bis zum Höchststand, erfasst durch den Sensor –BG2, ein. Danach wird das Ventil –QM1 geschlossen, der Rührwerkmotor –MM1 wird eingeschaltet und nach t = zwei Minuten wieder abgeschaltet. Die Pumpe, angetrieben durch Motor –MM2, pumpt den Behälter bis zum Ansprechen des Sensors –BG1 leer (**Bild 3**).

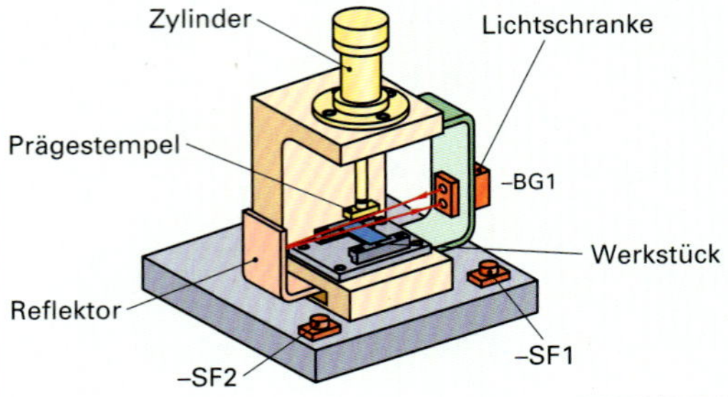

Bild 1: Presse

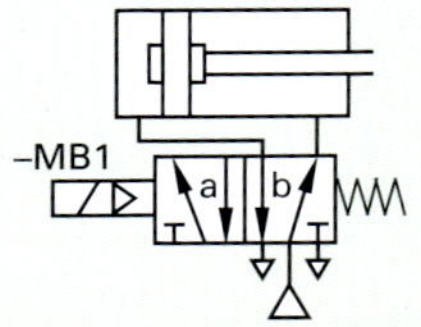

Bauteil	Zuordn.	Kommentar, Wirkung
Taster –SF1	E1	Signal „START“ (E1 = 1)
Taster –SF2	E2	Signal „ZURÜCK“ (E2 = 1)
Schranke –BG1	E3	nicht unterbrochen (E3 = 1)
Magnet –MB1	A1	Zylinder fährt aus (A1 = 1) Zylinder fährt zurück (A1 = 0)

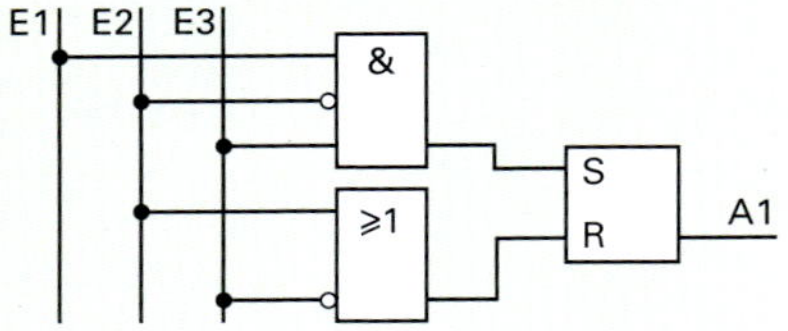

Bild 2: Pneumatikplan, Zuordnungsliste und Funktionsplan der Verknüpfungssteuerung

Bauteil	AWL[1]
Baustein „Ablaufkette“	
Schritt 1: Zulauf der Farbe	
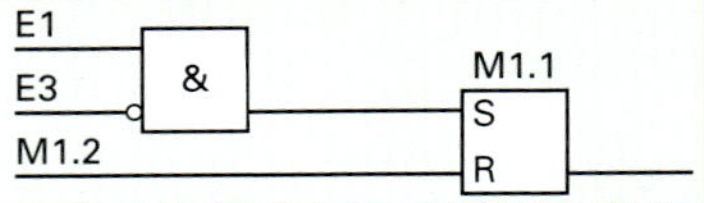	LD E1 U E3 S M1.1 LD M1.2 R M1.1
Schritt 2: Rühren	
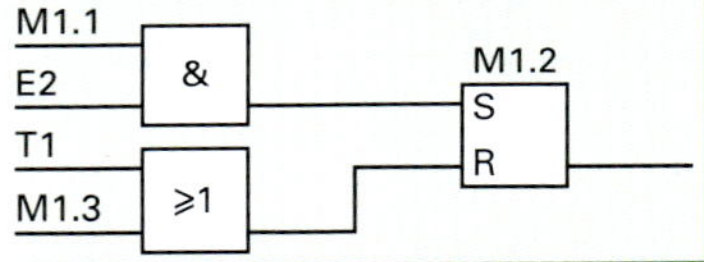	LD M1.1 U E2 S M1.2 LD T1 O M1.3 R M1.2
Rührzeit	
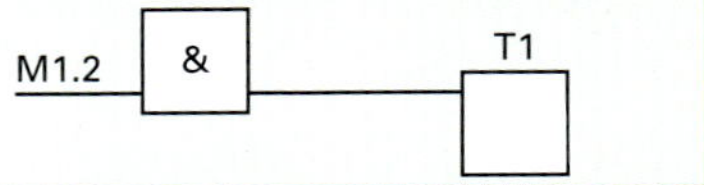	LD M1.2 = T1
Schritt 3: Abpumpen der Farbe	
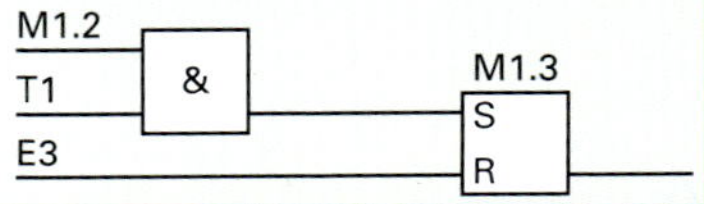	LD M1.2 U T1 S M1.3 LD E3 R M1.3
Baustein „Befehlsausgabe“	
Zulauf	
	LD M1.1 = A3
Rühren	
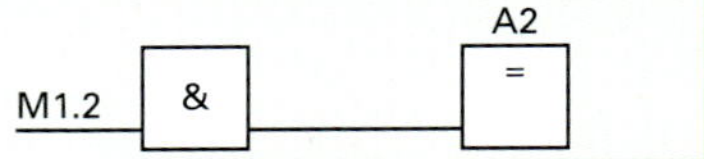	LD M1.2 = A2
Abpumpen	
	LD M1.3 = A3

[1] Bei dieser AWL wird LD (load) für das Setzen eines Operanden verwendet.

Bild 3: Baustein für Befehlskette und Befehlsausgabe der Ablaufsteuerung

5.7 Handhabungseinrichtungen

Wirtschaftliche Fertigungsprozesse benötigen Handhabungseinrichtungen, die Grundfunktionen wie **Greifen, Zuteilen, Einlegen, Ordnen, Positionieren und Spannen** prozessabhängig und wiederholgenau durchführen (**Bild 1**). Sie werden aufgrund ihrer Steuerung, Programmierung und des Bewegungsablaufes unterschieden (**Bild 2**).

Da unvorhergesehene Roboterbewegungen, das Lösen von Werkstücken und Werkzeugen sowie heiße Werkstücke und Strahlungen Gefahren darstellen, müssen Handhabungseinrichtungen mit Sperrgittern als **Sicherheitseinrichtung** abgeschirmt sein.

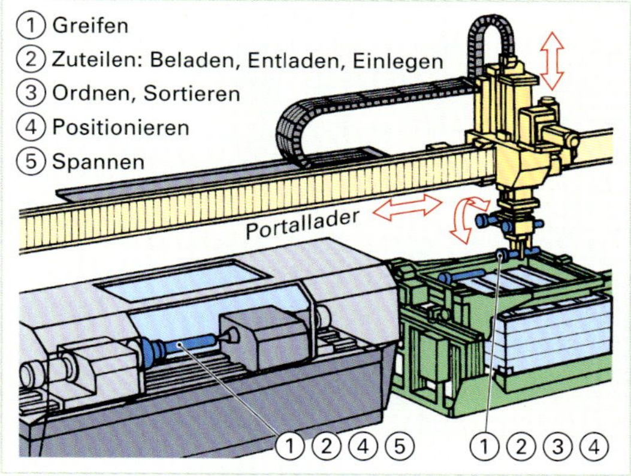

Bild 1: Beladen und Entladen

5.7.1 Einteilung von Handhabungseinrichtungen

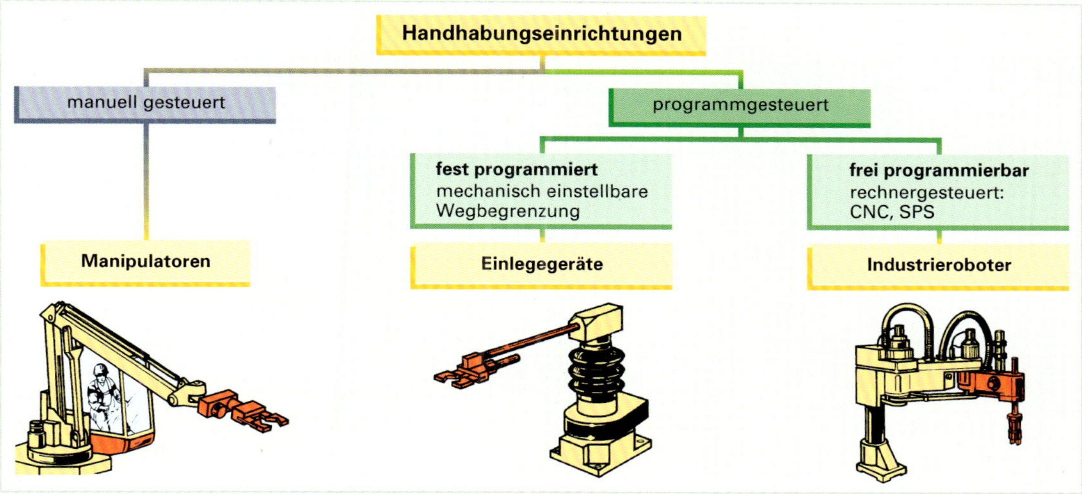

Bild 2: Einteilung von Handhabungseinrichtungen

Manipulatoren bewegen schwere Bauteile und gefährliche Lasten über Handsteuerungen. Sie werden ferngesteuert dort eingesetzt, wo wegen Kälte, Hitze oder Strahlung der Raum nicht betreten werden darf.

Einlegegeräte sind mit Greifern bestückt und können über Anschläge, Endschalter oder Nocken gesteuert werden, um **Punkt-zu-Punkt-Bewegungen** auszuführen, z. B. Werkstückzuführung aus Magazinen.

Industrieroboter können mit Werkzeugen oder Greifern bestückt werden, da sie frei programmierbar sind, weisen sie innerhalb ihres Arbeitsraumes nahezu unbegrenzte Bewegungsmöglichkeiten auf. Die hohe Beweglichkeit der Industrieroboter wird durch mindestens **6 Achsen** erreicht. Die **Hauptachsen** (Achsen 1 bis 3) bestimmen die **Lage des Werkstücks bzw. des Werkzeugs im Arbeitsraum**. Die **Nebenachsen** (Achsen 4 bis 6) bestimmen die **Orientierung** (gewünschte Richtung **Bild 1, Seite 310**). Man unterscheidet die Achsen zusätzlich in Linearachsen (**T = Translation**) und Drehachsen (**R = Rotation**), welche die Bauart und den Einsatzbereich bestimmen (**Tabelle 1, Seite 310**).

Leistungsmerkmale von Industrierobotern

Die **Anzahl der Bewegungsachsen** (Bild 1 und Tabelle 1) bestimmt die Beweglichkeit und wird mit dem **Freiheitsgrad *f*** beschrieben, z. B. $f = 6$ bedeutet 6 Bewegungsachsen.

Der **Arbeitsraum** ergibt sich aus den maximalen Verfahrwegen aller Achsen und stellt gleichzeitig den Gefahrenbereich dar.

Die **Nennlast** ist die Last, welche der Roboter ohne Geschwindigkeitseinschränkung bewegen kann und ist immer kleiner als die **Traglast** (maximale Gewichtskraft des Werkstücks).

Die **Geschwindigkeit** ergibt sich aus der Bewegung der Achsen.

Die **Wiederholgenauigkeit** ist die zufällige Abweichung beim wiederholten Anfahren einer Position unter gleichen Bedingungen.

Die **Positioniergenauigkeit** gibt die maximale Abweichung beim Positionieren mit Nennlast an.

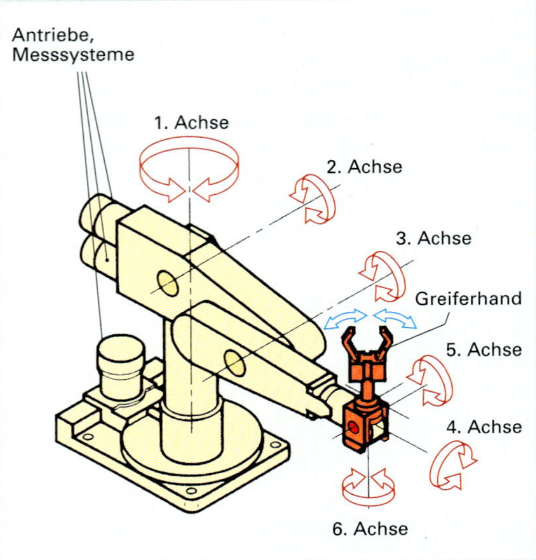

Bild 1: Achsen eines Industrieroboters mit Greifer

Tabelle 1: Bauarten und Einsatzbereiche von Industrierobotern

Merkmale	Bauart			
	Lineararm-Roboter	**Portalroboter**	**Horizontal-Schwenkarm-Roboter**	**Vertikal-Knickarm-Roboter**
Anordnung der Bewegungsachsen (kinematischer Aufbau)	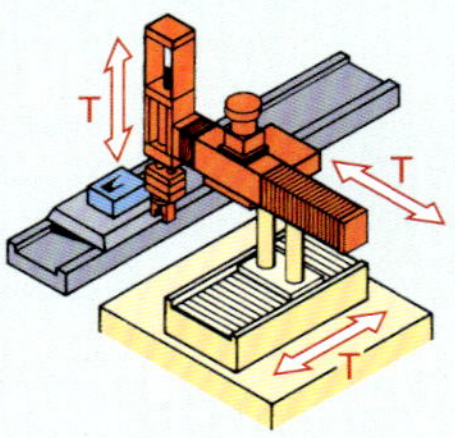	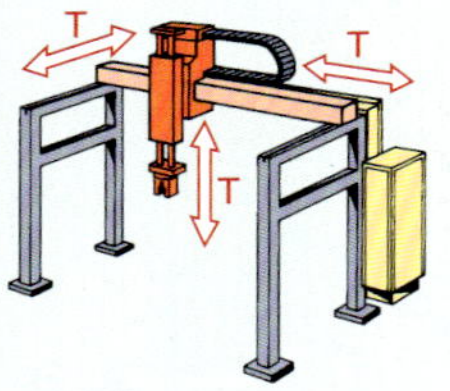	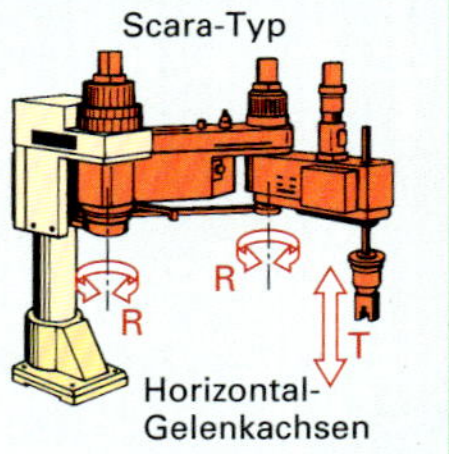	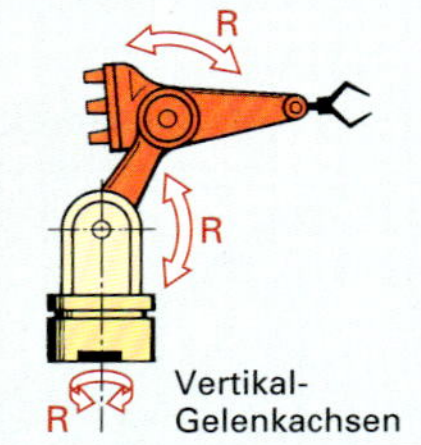
Achskombination	2 bis 3 Linearachsen (TT) TTT	3 Linearachsen Koordinatenbauweise (TT) TTT	1 Linearachse 2 Drehachsen RRT (TRR)	3 Drehachsen RRR
Arbeitsraum	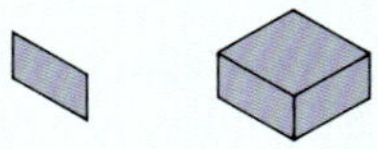	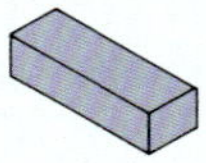		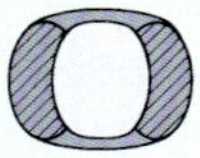
Einsatzbereiche	Prüfen Einlegen Palettieren	Werkzeug- und Werkstück-Beschichtung Montage, Palettieren	Montage Bohren, Fräsen Prüfen	Schweißen, Entgraten, Lackieren Montage

5.7.2 Funktionseinheiten und die Programmierung von Industrierobotern

Der **Antrieb der Achsen** erfolgt in der Regel mit einem Gleichstrommotor, wobei bei Stromausfall keine Bewegungen mehr ausgeführt werden dürfen. Die **Steuerung** steuert und überwacht den Bewegungsablauf, der durch ein in der Steuerung gespeichertes Programm festgelegt wird.

Die **Sensoren** erfassen die Lage des zu bearbeitenden Werkstückes, auftretende Kräfte und Bewegungen. Das **Wegemesssystem** erfasst die Bewegung des Greifers (Effektor).

Die Anwendung des Roboters wird wesentlich von der Steuerungsart beeinflusst, wobei man Punkt- und Bahnsteuerung unterscheidet (**Tabelle 1**).

Bei der **Punktsteuerung** (**PTP**) beginnen und stoppen alle Achsen gleichzeitig, sodass die Bahn nicht bestimmt ist.

Bei der **Bahnsteuerung** (**CP**) werden Zwischenpunkte berechnet, sodass sich der **Tool-Center-Point** (TCP = Werkzeugmittelpunkt) auf einer vorgegebenen Bahn bewegt. Die universellste Steuerung ist die **Spline-Interpolation**, bei der zusätzlich zur Bahn des TCP auch dessen Orientierung eingeschlossen wird.

Eine besondere Form der Bahnsteuerung stellt das **Überschleifen** dar. Das exakte Anfahren der Eckpunkte hat hohe Beschleunigungs- und Abbremskräfte zur Folge, die zu Lasten der Geschwindigkeit geht.

Ist das exakte Anfahren der Bahnstützpunkte nicht erforderlich, werden durch das Überschleifen der Eckpunkte die Bewegungsabläufe harmonischer, und es können höhere Geschwindigkeiten gefahren werden (**Bild 1**).

Das Programmieren kann direkt am Roboter ON-LINE oder OFF-LINE an einem Programmierplatz erfolgen. Man unterscheidet dabei die **Teach-In-**, die **Play-Back-** und die **textuelle Programmierung**, deren Anwendung vom Einsatzgebiet des Roboters abhängig ist (**Tabelle 2**).

Tabelle 1: Anwendung von Robotersteuerungen

Steuerungsart	Anwendung
Punktsteuerung 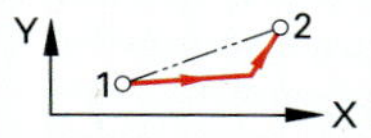	Punktschweißen Beladen und Entladen von Maschinen usw.
Bahnsteuerung 	Bahnschweißen Laserschneiden Entgraten, Lackieren Montieren

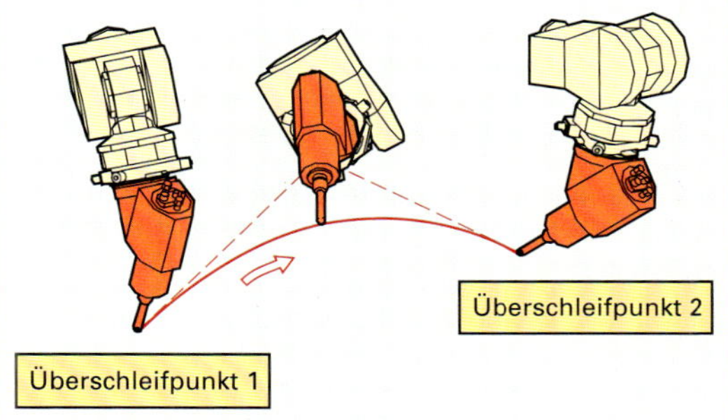

Bild 1: Überschleifen bei der Bahnsteuerung

Tabelle 2: Programmierverfahren von Industrierobotern

Direkte Programmierung: ON-LINE		Indirekte Programmierung: OFF-LINE
Teach-in-Programmierung	**Play-back-Programmierung**	**Textuelle Programmierung**
Anfahren und Speichern der Bewegungspunkte 	Abfahren und Speichern der Bewegungsbahn 	Programmierplatz 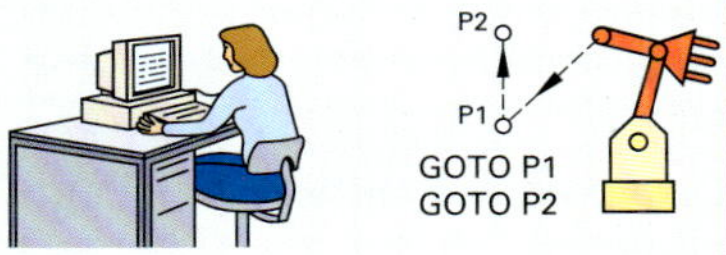

Wiederholungsfragen:

1. Erklären Sie den Unterschied zwischen einer verbindungsprogrammierten und einer speicherprogrammierten Steuerung.
2. Nennen Sie die Baugruppen einer SPS und beschreiben Sie deren Aufgaben.
3. Wie unterscheidet sich die absolute von der symbolischen Adressierung beim Programmieren einer SPS?
4. Nennen Sie die drei Programmiersprachen für die Programmierung einer SPS.
5. Wie unterscheiden sich Manipulatoren, Einlegegeräte und Industrieroboter voneinander?

5.7.3 Besonderheiten und Schutzvorkehrungen bei Industrierobotern

Roboterantriebe

Es werden überwiegend **Drehstrom-Servomotoren** eingesetzt. Ausnahmen bilden Roboter für Lasten über 200 dN oder für Arbeiten in explosionsgeschützten Räumen, wo hydraulische Antriebe eingesetzt werden. Pneumatische Antriebe kommen nur für sehr einfache Geräte, wie z. B. Einlegegeräte zum Einsatz.

Die Maximaldrehzahl der Motoren liegt bei ca. 3000 min^{-1}, wobei die maximale Drehzahl der Roboter-Armachsen nur bei 0,5 sec^{-1} liegt. Daher muss die Motordrehzahl mit einem Getriebe im Verhältnis 1:100 untersetzt werden.

Diese **Untersetzung** wird mit dem **Harmonic-Drive Getriebe** ermöglicht. Diese Getriebe sind spielfrei und bestehen aus einer ovalen kugelgeführten Antriebsscheibe, die eine flexible, außenverzahnte Hülse in einen innenverzahnten, feststehenden Ring presst (**Bild 1**).

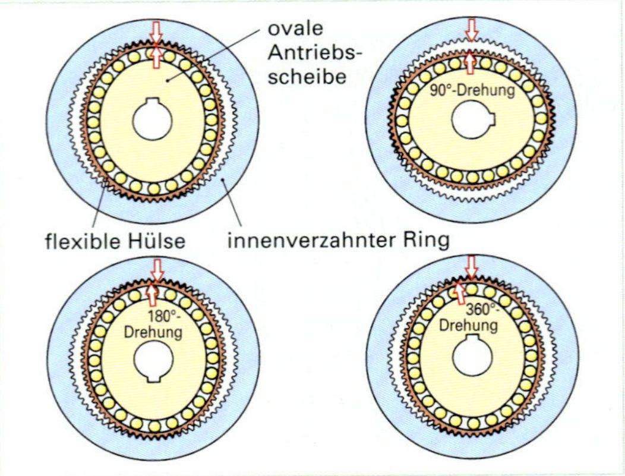

Bild 1: Wirkweise des Harmonic-Drive-Getriebes

Die Berührung der beiden Ringe erfolgt nur an zwei gegenüberliegenden Punkten. Besitzt die außenverzahnte Hülse 200 Zähne und der innenverzahnte Ring 202 Zähne, dann wird bei einer Umdrehung der ovalen Antriebsscheibe die Hülse um zwei Zähne weitergedreht, d.h. um 1/100 einer Umdrehung (Untersetzungsverhältnis 1:100).

Die **Bewegungserzeugung** erfolgt wie bei einer CNC-Maschine durch Interpolation zwischen einem Anfangspunkt und dem Endpunkt einer Bewegung. Die Berechnung der Roboterbewegung bezieht sich auf den **Tool-Centre-Point**.

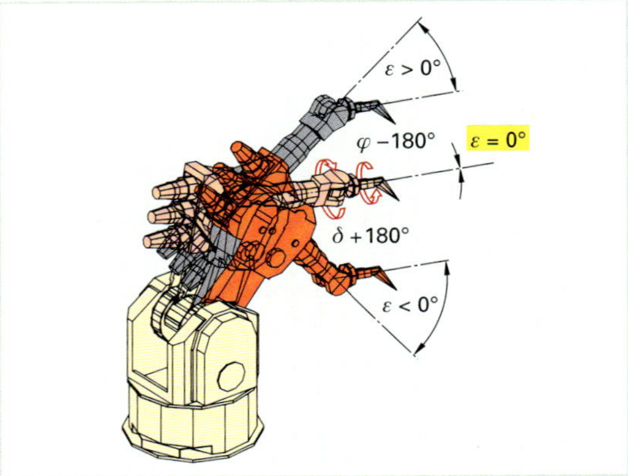

Bild 2: Epsilon-0°-Situation

Die **Achsstellungen** sind ein besonderes Problem bei der Robotersteuerung, da es für die gleiche Roboterpose verschiedene Achs- bzw. Gelenkstellungen geben kann (meist 4 verschiedene Gelenkstellungen).

Die **Epsilon-0°-Situation** ist eine besondere Position, die in der die 5. Achse den Gelenkwinkel 0° hat und die 4. und 6. Achse gegenläufig rotieren. Das Problem der Mehrdeutigkeit (**Bild 2**) bei der Epsilon-0°-Situation besteht, wenn die 4. und 6. Achse in einer Fluchtlinie sind, welches unendlich viele Kombinationen ermöglicht. Dies ist ebenfalls der Fall, wenn der Gelenkroboter aufrecht steht und dabei die 1., 2. und 6. Achse eine Fluchtlinie bilden. Roboterpositionen mit waagrecht oder senkrecht gestrecktem Arm sind deshalb zu vermeiden.

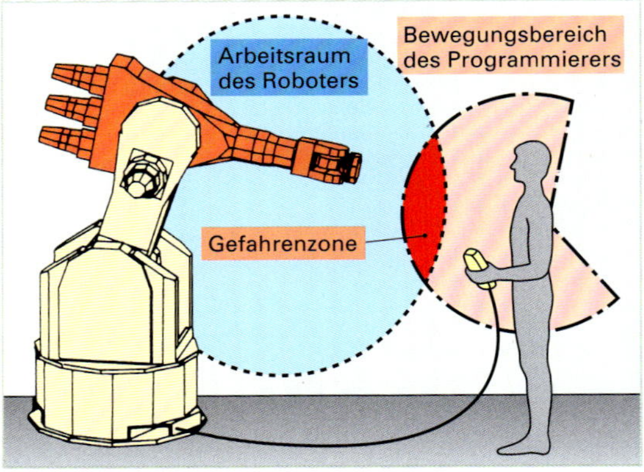

Bild 3: Überschneidung der Arbeitsräume

Die durch die Interpolation nicht genau vorhersehbaren Achsenbewegungen und die Überschneidung von Arbeitsraum und Bewegungsbereich des Bedieners (**Bild 3**) stellen Gefahrenquellen dar, die bestimmte Schutzmaßnahmen erfordern.

Programmierarten

Bei der **Teach-In-Programmierung** werden die Raumpunkte über die Teachbox oder Tastatur der Steuerung mitgeteilt, diese ermittelt dann die aktuelle Position. In einem Programm wird danach die Bewegungsabfolge mit aufsteigender Satznummer und deren Geometrie beschrieben.

Das **Play-Back-Verfahren** wird bei komplizierten Bewegungsabläufen angewandt, wobei die Steuerung den Bahnverlauf und die Geschwindigkeit „lernt", d. h., es wird der Roboterarm per Hand geführt und dabei werden alle 20 ms die Positionswerte der einzelnen Roboterachsen gespeichert. Der Nachteil liegt im hohen Speicherplatzbedarf, der Unveränderlichkeit des Programms und der geringeren Genauigkeit.

Das **Programmieren mit einer Hochsprache** (ähnlich PASCAL) ist strukturiert, d. h., es wird in Haupt- und Unterprogramme gegliedert. Im Hauptprogramm werden die Funktionen, z. B. die maximale Geschwindigkeit, definiert und in den Unterprogrammen die einzelnen Aufgaben mit allen Positionsdaten beschrieben.

Das **Programmieren mit Makros** ist eine Anwendersache, die besonders werkstattgerecht ist, da sie auf die Aufgaben, Bewegen, Schweißen u. Ä. zielt und alle Parameter vom Bediener in eine Tabelle eingetragen werden (**Bild 1**).

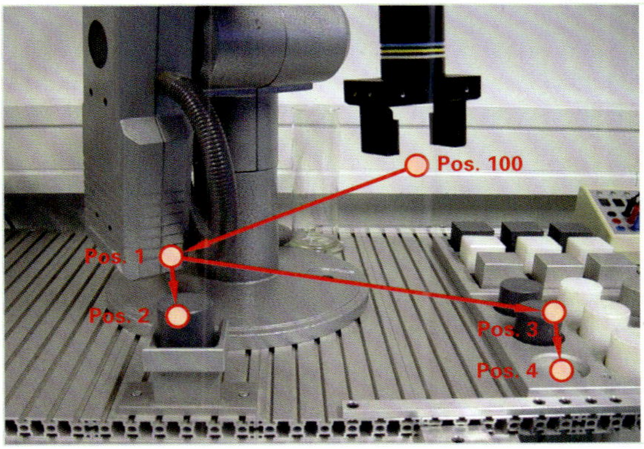

1	GP	100	schnell
2	GP	1	schnell
3	OG	(öffne Greifer)	
4	GP	2	langsam # 5
5	CG	(schließe Greifer)	
6	GP	1	langsam # 5
7	GP	3	schnell
8	GP	4	langsam # 5
9	OG		
10	GP	3	schnell

Bild 1: Roboterpositionen mit Programmausschnitt

Schutzmaßnahmen

Der Roboterarbeitsplatz ist wegen der schnellen Armbewegungen grundsätzlich ein Gefahrenbereich und muss vom allgemeinen innerbetrieblichen Verkehrsbereich und von menschlichen Arbeitsbereichen durch Schutzmaßnahmen gesichert werden, z. B. durch Umzäunung (**Bild 2**). Es gelten folgende Vorschriften:

- Vor Beginn und während der gefahrbringenden Roboterbewegung muss die Schutzeinrichtung zwangsläufig wirksam sein.
- Bei Entfernung oder bei Störung der Schutzeinrichtung muss der Roboter zwangsweise stillgesetzt werden.
- Das mitgeführte Programmierhandgerät muss NOT-AUS-Schalter und Zustimmungsschalter besitzen.

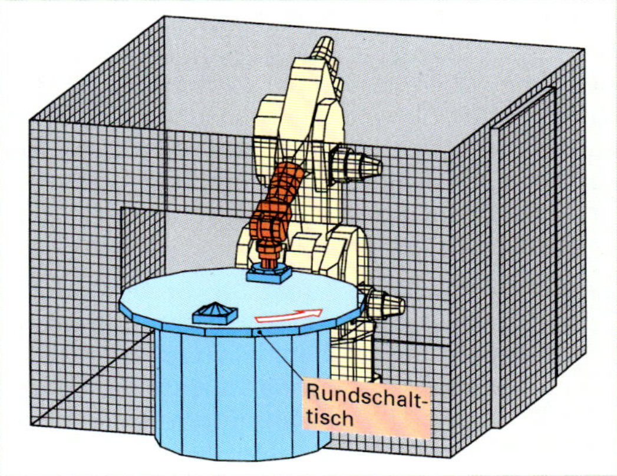

Bild 2: Roboter mit Umzäunung

Beim Programmieren im üblichen Teach-Modus muss meist der Arbeitsraum und damit der Gefahrenbereich betreten werden. In diesem Fall darf der Programmierer nur solche Standorte einnehmen, in denen er auch bei einem Fehlverhalten nicht eingeklemmt werden kann.

6 Fertigungsspezifische Vor- und Nachbehandlungsmaßnahmen

Viele Kunststoffe liegen nach Verlassen des Reaktionskessels in Pulverform vor und müssen der besseren Verarbeitbarkeit wegen granuliert werden (**Bild 1**). Andere müssen mit Zuschlagstoffen wie UV-Stabilisatoren, Farben oder Gleitmitteln versehen werden. Bei der Spritzgieß-Produktion anfallende Angüsse oder beim Extrusions-Blasformen müssen die Butzen zerkleinert und möglichst den Fertigungsprozessen wieder zugeführt werden. Immer häufiger werden Kunststoffprodukte nachträglich lackiert oder beschichtet. Manche werden spanend konfektioniert oder für eine spätere Verklebung vorbereitet. Da viele dieser Vor- und Nachbehandlungsmaßnahmen themenübergreifend von Bedeutung sind, werden sie in diesem Kapitel behandelt und nur noch die verfahrensspezifischen Maßnahmen in den jeweiligen Kapiteln erläutert.

Bild 1: Pulver- und granulatförmige Ausgangsstoffe

6.1 Vor- und Aufbereitungsmaßnahmen

Wenn man in der Kunststofftechnik vom **Aufbereiten** spricht, meint man alle Arbeitsschritte zwischen der Herstellung des Kunststoffes und seiner Formgebung. Es sind dies die Verfahren **Zerkleinern, Mischen, Plastifizieren, Granulieren** und **Trocknen**. Manchmal zählt man auch den **Transport** und die **Lagerung** noch dazu.

6.1.1 Zerkleinern

Bei den Kunststoffverarbeitungsverfahren fallen während der Einstellphase und während der Produktion die unterschiedlichsten „Abfallprodukte“ (**Bild 2**) an. Meist handelt es sich dabei um wiederverwertbare, thermoplastische Kunststoffe, die jedoch vor einem erneuten Aufschmelzen zerkleinert werden müssen. Duroplastische Produkte werden fein gemahlen und in vielen Fällen der Produktion als Füllstoff wieder zugeführt.

Je feinkörniger eine Kunststoffmasse und ihre Zuschlagstoffe sind, desto gleichmäßiger lassen sie sich vermischen. Ein weiterer Grund für das Zerkleinern liegt darin, dass sich große Körner schlechter aufschmelzen lassen und auch längerer Trockenzeiten bedürfen. Zu beachten ist jedoch, dass staubiges Material ebenfalls Probleme bereitet. Es besitzt eine schlechte Rieselfähigkeit und führt zu Förderschwankungen. Bei duroplastischen Formmassen ist eine gleichmäßige Korngröße qualitätsrelevant.

Bild 2: Beispiele für Zerkleinerungsaufgaben

Die Art der Zerkleinerung richtet sich nach der Aufgabenstellung und dem Kunststoff. So eignen sich der **Walzenbrecher** und die **Hammermühle** ausschließlich für spröde Materialien und werden z. B. zur Aufbereitung duroplastischer Formmassen eingesetzt. Ebenfalls zur Grobzerkleinerung finden **Shredder** (**Bild 1**) ihre Anwendung. Sie werden häufig bei Recyclingfirmen zur Zerkleinerung der unterschiedlichsten Kunststoffe verwendet. Entsprechend ausgelegt eignen sie sich zur Zerkleinerung von großen, harten Anfahrbrocken, Stoßfängern und Kästen, aber auch Polystyrol-Formteilen und Folien.

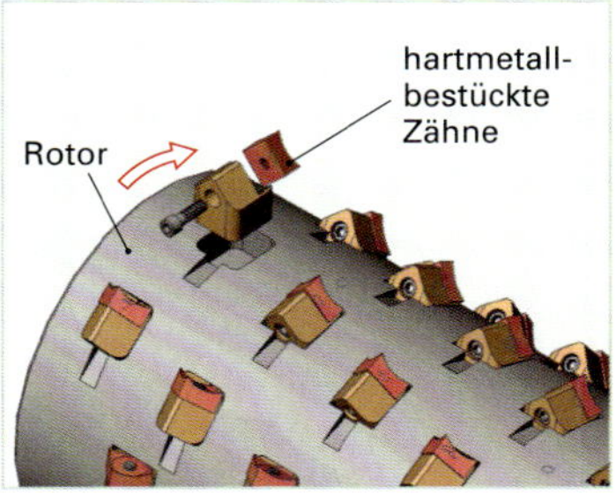

Bild 1: Shredderrotor

Bei der **Hammermühle** (**Bild 2**) erfolgt die Produktaufgabe über einen Einlauftrichter oberhalb des Rotors. Die am Rotorkörper ① pendelnd aufgehängten Schläger ② stellen sich bei Drehung des Rotors durch **Fliehkraft** nach außen und **zertrümmern** das in der Mahlkammer umherwirbelnde Mahlgut ③. Hierbei wird das Produkt sowohl gegen die Innenseiten der Gehäusewandung und die daran angeordneten Prallplatten geschleudert, als auch auf das im unteren Teil der Maschine eingebaute **Siebblech** oder den **Spaltrost** ④. Die Lochung des Siebes bzw. die Spaltweite des Spaltrostes bestimmt die **Endkorngröße** des Produktes.

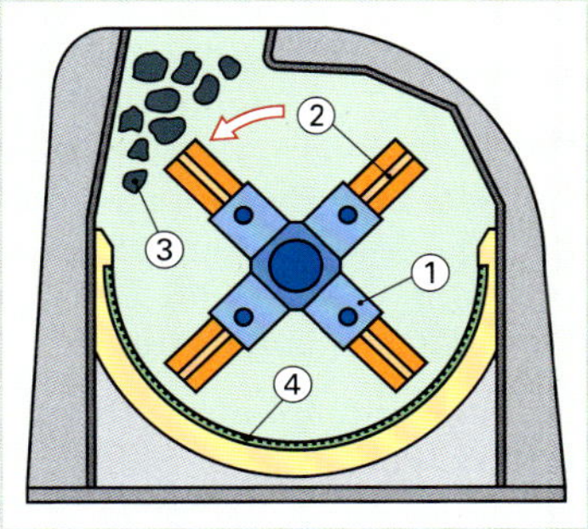

Bild 2: Hammermühle (Prinzip)

Walzenbrecher kommen als Einwalzen-, Zweiwalzen- und Vierwalzenbrecher zum Zerkleinern spröder Materialien zum Einsatz. Der definierte Walzenabstand und die Ausführung der Walzen ergeben ein gleichmäßiges und staubfreies Mahlgut.

Schneidmühlen (**Bild 3**) sind wegen ihrer Eignung für zähharte, elastische aber auch spröde Werkstoffe weit verbreitet. Sie werden eingesetzt für die Zerkleinerung von Angüssen, Hohlkörpern und deren Butzen, Extrusionsprofilen und Folien. Der Aufgabeschacht ① und der Rotor ② werden dabei den Produkten angepasst. Je nach Aufgabenstellung sind die Rotorausführungen und die Anordnung der Messer sehr unterschiedlich. Für Hohlkörper und deren Butzen kommen z. B. Rotoren zum Einsatz, die tief ausgearbeitet sind, damit die Rotormesser das Mahlgut erfassen und mitreißen können. Neben den Rotormessern ③ sind die Schneidmühlen meist mit zwei Statormesserleisten ④ ausgerüstet.

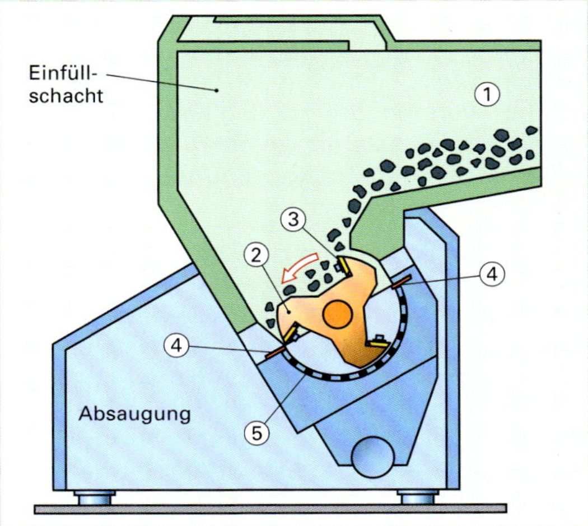

Bild 3: Schneidmühle (Prinzip)

Der Abstand zwischen den Stator- und Rotormessern und deren scharfer Schneide ist ausschlaggebend für die Schnittqualität. Ein Anzeichen für stumpfe Messer oder einen zu großen Spalt ist ein erhöhter Staubanteil und Flusenbildung. Die Größe des Mahlgutes wird durch die Löchergröße im Bodensieb ⑤ der Schneidmühle bestimmt. Übliche Durchmesser liegen um 6 mm. Das Mahlgut wird so lange in der Mahlkammer umhergewirbelt und zwischen den Rotormessern und Statormessern geschnitten, bis es durch das Bodensieb fällt. Mittels Gebläse und Zyklon erfolgt der Abtransport aus dem Auffangbehälter zu den gewünschten Materialbehältern. Auch ein direktes Absaugen durch Zwei-Komponentenförderer ist üblich. Zur Verarbeitung von heißem und teilweise plastischem Material ist eine Kühlung des Rotors erforderlich. Um die Lärmemissionen in Grenzen zu halten, werden die Mühlen auch in vollgekapselten Ausführungen angeboten.

Pralltellermühlen (**Bild 1**) sind für die **Feinmahlung** und **Pulverisierung** von mittelharten, spröden bis schlagzähen Kunststoffen konzipiert.

Das zu pulverisierende Aufgabegut hat Granulatform. Je nach Baugröße darf das zu pulverisierende Granulat eine maximale Körnung von 6 mm bis 8 mm aufweisen. Typische Anwendung ist die Feinmahlung von PE, PVC, PC und anderen Kunststoffen. Das zu pulverisierende Material wird durch die feststehende Scheibe zentrisch aufgegeben. In Verbindung mit der identischen und mit hoher Drehzahl arbeitenden Rotorscheibe wird das Material durch die Zentrifugalkraft nach außen befördert und zwischen den geriffelten Scheiben pulverisiert. Das resultierende Feinmahlgut wird mittels Gebläse und Zyklon ausgetragen und abgefüllt. Die Materialfeinheit wird durch die Bauform der Werkzeuge, Drehzahl und Abstand der Mahlscheiben bestimmt.

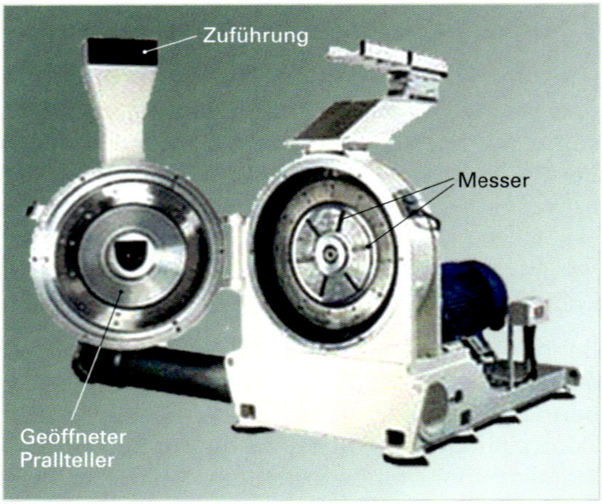

Bild 1: Pralltellermühle

Für die Feinmahlung wird auch der **Kollergang** (**Bild 2**) verwendet. Sein Einsatzgebiet liegt vorrangig im Bereich der Feinmahlung von Gestein und Lebensmitteln. In der Kunststoffbranche findet der Kollergang Anwendungen bei der Feinvermahlung von Farbpigmenten. Ausgangsmaterial für viele Farbstoffe sind Naturprodukte, die getrocknet und feinst gemahlen werden. Diese Pigmente werden anschließend von den Verarbeitern mit den Kunststoffgranulaten oder Kunststoffpulvern vermischt oder es werden damit Farbkonzentrate, sogenannte Masterbatches hergestellt.

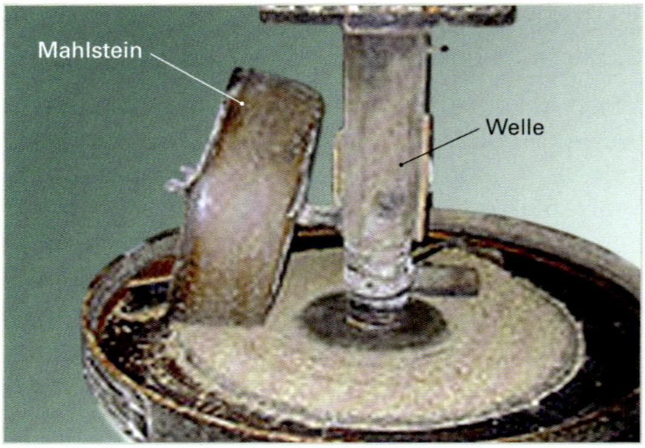

Bild 2: Kollergang

Bei **Stiftmühlen** erfolgt die Zerkleinerung über reine **Schlag- und Prallzerkleinerung**. Durch eine mit hoher Umfangsgeschwindigkeit rotierende **Stiftscheibe** und eine feststehende Stiftscheibe werden die Produktpartikel beansprucht. Durch den **Aufprall** der Mahlgutpartikel auf die Mahlstifte und den Aufprall der Partikel untereinander erfolgt die Vermahlung. Die Einstellung der Mahlfeinheit geschieht durch Anpassung der Aufgabemenge und der Drehzahl an der Rotorscheibe. Zusätzlich kann durch Stiftgeometrie und Bestückungsanzahl die gewünschte **Endfeinheit** beeinflusst werden. Durch Anbau eines **zweiten Antriebes** an der Gehäusetür der Universalmühle wird die bei der einläufigen Stiftmühle fest installierte Statorscheibe ebenfalls zum Rotor. Man spricht dann von gegenläufigen Stiftmühlen (**Bild 3**). Durch das gegensätzliche Antreiben dieser beiden Stiftscheiben wird die relative Umfangsgeschwindigkeit auf bis zu 250 m/s erhöht.

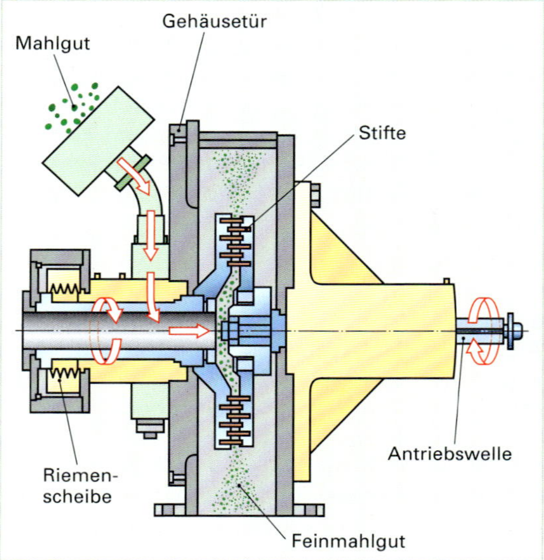

Bild 3: Gegenläufige Stiftmühle (Prinzip)

6.1.2 Mischen

Sehr viele Kunststoffe werden vor ihrer Verarbeitung mit **Zuschlagstoffen** oder **Additiven** vermengt. Damit diese Zusätze möglichst gleichmäßig verteilt werden, sind Mischer erforderlich. Je nach Beschaffenheit der Rohstoffe und der Zuschlagstoffe wählt man das Mischverfahren und entsprechende Mischertypen aus. Neben der homogenen Verteilung ist auch eine für das Mischgut schonende Vermischung von Bedeutung. Beides soll zudem kostengünstig und in möglichst kurzer Zeit erfolgen.

In vielen Bereichen der Kunststoffverarbeitung werden **Farbkonzentrate**, sogenannte **Masterbatches**, mit dem Granulat vermischt (**Bild 1**).

Für diese Aufgabe kommen mehrere Möglichkeiten in Betracht. Handelt es sich dabei um einen eher seltenen Vorgang, ist es durchaus möglich, dass der Anteil von wenigen Prozent des Farbkonzentrates abgewogen und per Hand mit einem Rührwerkzeug untergemischt wird. In den meisten Fällen wird man dafür jedoch ein Dosiergerät (**Bild 2**) verwenden, welches auf dem Trichter des Extruders angebracht oder separat aufgestellt ist.

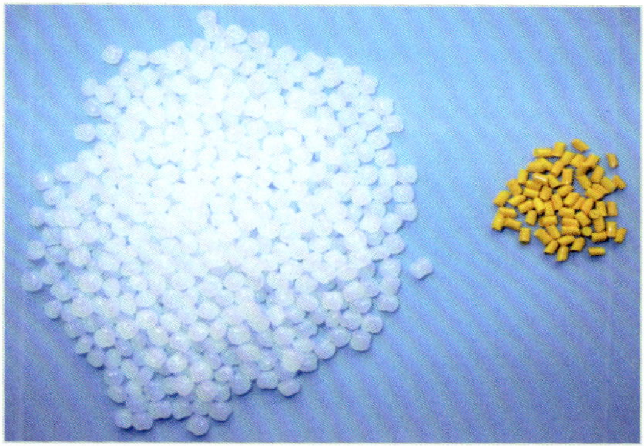

Bild 1: Granulat und Batch

Bei diesen Dosiervorrichtungen unterscheidet man **volumetrische (volumenabhängige) und gravimetrische (gewichtsabhängige) Dosiersysteme**.

Volumetrische Dosiersysteme arbeiten beispielsweise mit Förderschnecken, die sich eine definierte Zeit drehen und somit eine bestimmte Menge an Granulat in einen Mischbehälter fördern. Durch die Veränderung der Förderzeiten für die verschiedenen Komponenten werden die Mischungsverhältnisse angepasst. Vorteile dieser volumetrischen Dosiersysteme sind geringere Anschaffungskosten und höhere **Durchsatzleistungen** bei gleicher Anlagengröße. Aufgrund ungleicher Korngrößen und Granulatformen kann es hierbei jedoch zu minimalen Schwankungen in den Mischungsverhältnissen kommen. Diese Abweichungen können bei sehr hohen Qualitätsanforderungen zu unakzeptablen Produkteigenschaften führen.

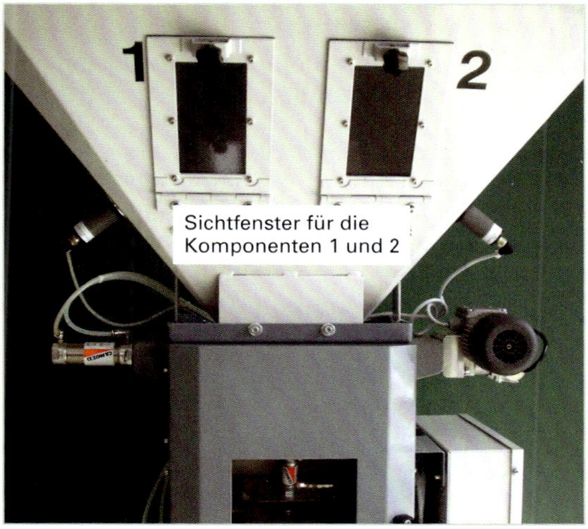

Bild 2: Dosiergerät für bis zu vier Komponenten

Die Lösung für solche Mischaufgaben stellen die gravimetrischen Dosiersysteme dar. Hierbei wird zunächst eine nicht genau definierte Menge der Hauptkomponente in einen Wiegebehälter gefüllt. Die im Gerät eingebaute Waage ermittelt das exakte Gewicht, und die Steuerung errechnet anhand des vorgegebenen Mischungsverhältnisses den Anteil der anderen Komponenten. Über spezielle Schnecken werden die jeweiligen Mengenanteile in den Wiegebehälter gefördert. Nach Abschluss der Wiegung wird der Inhalt in einen Mischbehälter abgelassen und dort mittels Rührern vermengt. Nach dem Rührvorgang öffnet der Mischbehälter, und die Mischung gelangt in den Einzugsschacht oder einen separaten Behälter. Die Gewichtsdosierung bietet die höchste Genauigkeit der Mischungsverhältnisse, erfordert aber einen höheren Zeitbedarf je Kilogramm-Mischung. Die Anschaffungskosten sind zwar höher, doch im Laufe der Zeit können diese durch Vermeidung von Überdosierungen der sehr teuren Zuschlagstoffe häufig ausgeglichen werden.

In der PVC-Verarbeitung ist es üblich, dass die Verarbeiter die **Compounds** (Mischungen) nach eigenen Rezepturen in den **Mischereien** zubereiten. Das pulvrige PVC wird dabei mit Weichmachern, UV-Stabilisatoren, Gleitmitteln, Pigmenten, Füllstoffen und weiteren Modifizierungsmitteln versehen. Die Aufgabe der Mischer ist dabei, die pulvrigen, pastösen und teilweise auch flüssigen Komponenten homogen zu verteilen und sie in einen trockenen und rieselfähigen Zustand zu überführen. Für diese Aufgabe eignen sich **Heiz-Kühlmischer-Kombinationen** (Bild 1).

Der **Heizmischer** hat die Aufgabe, das PVC und die Komponenten in wenigen Minuten zu vermischen und auf 110 °C ... 130 °C zu erwärmen. Durch die Temperatur haften die Komponenten an den PVC-Partikeln. Bei diesen Temperaturen sind die verbindenden Wachse jedoch noch leicht klebrig, und das Compound neigt zum Verpressen. Das Mischgut wird deshalb in einen **Kühlmischer** entleert, in welchem es auf ca. 40 °C abkühlt. Die Zuschlagstoffe sind nun dauerhaft an die PVC-Partikel gebunden. Die aufbereiteten **PVC-Heißpulvermischungen** stehen nun zur Verarbeitung an Extrusionsanlagen oder Kalandern bereit.

Die Heizmischer sind vertikal angeordnete **Wirbelmischer** (Bild 2). Wegen der hohen Umfangsgeschwindigkeit der Mischwerkzeuge bezeichnet man sie auch als **Schnellmischer**. Die Erwärmung des Mischgutes erfolgt vorrangig durch den Aufprall der Partikel auf die Mischwerkzeuge und die Reibung zwischen den Partikeln. Die Umfangsgeschwindigkeiten der Mischwerkzeuge können dabei bis zu 50 m/s betragen. Damit die Kühlzeit nicht länger dauert als die Heiz- und Mischzeit, haben die Kühlmischer ungefähr das 4-fache Volumen des Heizmischers. Sie können ebenfalls senkrecht oder wie in Bild 1 waagerecht angeordnet sein.

Zum Vermischen von Granulat mit pulvrigen Zuschlägen eignen sich die **Freifallmischer**. Neben den handelsüblichen Mörtelmischmaschinen aus der Baubranche kommen vorrangig **Taumelmischer** (Bild 3) zum Einsatz. Beim Abrollen der Granulatkörner laden diese sich elektrostatisch auf. Diese Ladung wirkt anziehend auf die Zuschlagstoffe, wodurch sie sich an der Granulatoberfläche anlagern. Die Drehzahlen der Mischerbehälter liegen in der Regel zwischen 25 min^{-1} ... 35 min^{-1}.

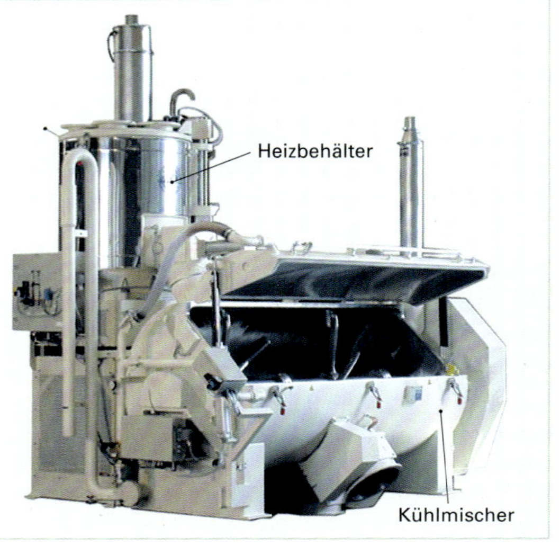

Bild 1: Heiz-Kühlmischer-Kombination

Bild 2: Innenansicht eines Wirbelmischers

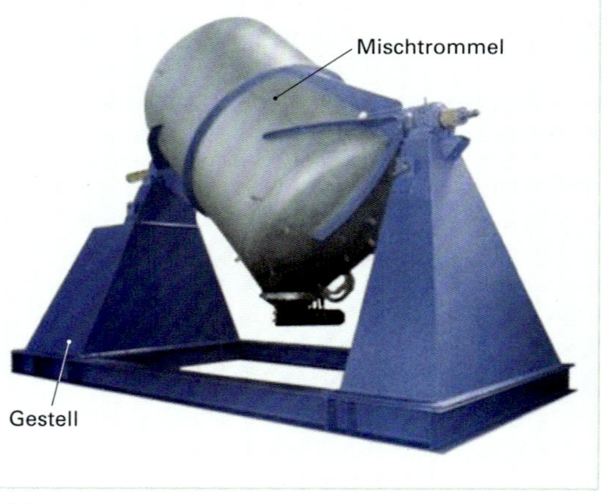

Bild 3: Taumelmischer

6.1.3 Plastifizieren

Beim **Plastifizieren** wird die **pulvrige, grießförmige** oder **granulatförmige Kunststoffformmasse** aufgeschmolzen und weiter **homogenisiert**. Die Plastifizierung im **Einschneckenextruder**, wie sie bei der Extrusion, beim Spritzgießen oder beim Extrusionsblasformen erfolgt, wird in den jeweiligen Kapiteln erläutert. Der Arbeitsgang Plastifizieren ist häufig aber auch eine Vorbehandlung der Kunststoffmasse, bevor sie mit einem anderen Verfahren weiterverarbeitet wird. Hierbei kann die Plastifizierung und deren Austrag **kontinuierlich** oder **diskontinuierlich** erfolgen.

Ein Beispiel für die **diskontinuierliche Plastifizierung** stellt die Herstellung eines **Walzfells** auf einem **Walzwerk** (**Bild 1**) dar. Die beiden hochglanzpolierten und gehärteten Walzen des Walzwerkes werden einzeln **beheizt** und drehen sich gegenläufig. Das zu mischende Gut wird zwischen den beiden Walzen aufgegeben. Nach und nach verbinden sich die Zuschläge mit dem Trägermaterial, und durch das wiederholte Durchquetschen durch den Walzenspalt erfolgt eine gründliche Vermischung. Meist ist dabei eine Person erforderlich, die das Walzfell seitlich einschneidet und immer wieder dem **Walzenspalt** zuführt. Anwendungen finden Walzwerke zur Aufbereitung von Pressmassen, Kautschukmischungen und wie in **Bild 1** dargestellt zur Untersuchung von neuen Werkstoffen im Labor.

Bild 1: Erstellung eines Walzfells

Ebenfalls diskontinuierlich arbeiten **Kneter**. In einer abgeschlossenen Knetkammer, welche von außen beheizbar ist, werden mittels Knetarme vorwiegend Mischungen mit hohen Füllstoffanteilen hergestellt.

Für die Beschickung von Kalandern bedient man sich meist **kontinuierlich arbeitender Plastifizieranlagen**. Grundsätzlich kommen hier Schneckenaggregate in verschiedenen Bauformen zum Einsatz. Neben speziell gestalteten **Einschneckenextrudern** finden auch **Kokneter** Anwendung. Hierbei handelt es sich um Einschneckenextruder, bei denen der rotierenden Bewegung der Schnecke noch eine oszillierende Längsbewegung der Schnecke überlagert ist. Für den gleichmäßigen Austrag der Schmelze ist dem Kokneter ein Schneckenaggregat nachgeschaltet.

In der **Kautschukaufbereitung** finden Einschneckenaggregate mit **Stiftzylindern** Anwendung. Die Schneckenstege sind in Stegabschnitte gegliedert, in welche die Stifte von außen bis fast auf den Schneckenkern hineinragen.

Die weitaus größte Bedeutung zur Aufbereitung von Kunststoffen haben die **Doppelschneckenextruder**. Sie werden vorwiegend zur Aufbereitung von **feinkörnigen** und **pulverförmigen Formmassen** verwendet, bei denen man mit den kostengünstigeren Einschneckenextrudern keine befriedigenden Ergebnisse erzielt. Wie im **Kapitel 11.3** näher erläutert wird, unterscheidet man zunächst **gleichsinnig drehende** und **gegensinnig drehende** Doppelschneckenextruder. Beim Doppelschneckenextruder erfolgt die Materialförderung spiralförmig um die Schnecke entlang der 8er-Bohrung. Es erfolgt dabei bei jeder Umdrehung eine Übergabe der Schmelze auf die andere Schnecke (**Bild 2**). Dadurch wird die Schmelze einer starken Scherung ausgesetzt, was den Vorteil einer besseren Homogenisierung gegenüber dem Einschneckenextruder bringt.

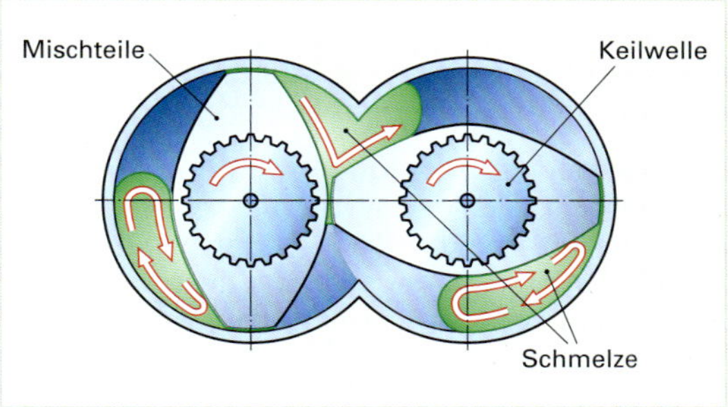

Bild 2: Funktionsprinzip des gleichsinnig drehenden Doppelschneckenextruders

Zusätzlich sind zur optimalen Anpassung an die Verarbeitungsaufgabe die Schnecken modular aufgebaut. Auf einer durchgehenden Welle mit Keilwellenprofil können unterschiedliche Knet-, Misch- und Scherteile miteinander kombiniert werden, um ein für die jeweilige Materialzusammensetzung optimales Ergebnis zu erzielen (**Bild 1**).

Gleichsinnig drehende Doppelschneckenextruder finden bei der Aufbereitung von Polyolefinen und anderen technischen Kunststoffen ihren Einsatz. Sie eignen sich hervorragend zum Einmischen von Füllstoffen (Talkum, Kreide) und Verstärkungsstoffen (Glasfasern, Kohlefasern). Ein weiterer Bereich ist die Herstellung von Masterbatch.

Bild 1: Gleichsinnige Doppelschnecken mit Mischteil

Gleichsinnig drehende **Doppelschneckenextruder** eignen sich besonders zum Einmischen und Dispergieren von pulverigen und grießförmigen Füll-, Verstärkungs-, Zusatz- und Hilfsstoffen.

Wegen der starken Scherbewegungen innerhalb der Schmelze eignen sich gleichsinnig drehende Doppelschneckenextruder nicht für PVC-Aufbereitungsaufgaben. Für diesen Bereich setzt man gegensinnig drehende Doppelschneckenextruder (**Bild 2**) ein. Die Förderung der Schmelze erfolgt grundlegend anders als bei den Einschneckenextrudern und den gleichsinnig drehenden Doppelschneckenextrudern. Jedes Segment der Schnecke bildet eine abgeschlossene C-förmige Kammer. Durch die Rotation der Schnecken wird die Kunststoffmasse jeweils beidseitig in axialer Richtung zum Schneckenende gefördert. Bis auf minimale Leckströmungen kommt es zwischen den einzelnen Kammervolumen zu keinem nennenswerten Materialaustausch.

Bild 2: Gegensinnig drehende Doppelschnecken

Geringe thermische und mechanische Belastungen der Schmelze bei kurzen Verweilzeiten im Verfahrensraum kennzeichnen den **gegensinnig** drehenden **Doppelschneckenextruder**.

Beim **Planetwalzenextruder** wird eine **Zentralspindel** angetrieben, auf welcher sich die einzelnen, in ihrer Zahl variierbaren **Planetenspindeln,** abwälzen (**Bild 3**). Die umlaufenden Planetenspindeln werden zusätzlich über eine innenverzahnte Buchse geführt. Die Temperierung erfolgt sowohl über die Zentralspindel als auch über den Walzenzylinder. Die wiederholte Dünnschichtauswalzung mit den Planetspindeln und die große wärmetauschende Oberfläche des extrem dünnwandigen Walzenzylinders gewährleisten eine optimale Plastifizierung, Dispergierung und Homogenisierung.

Die Planetwalzenextruder sind in der Lage, nahezu alle Thermoplastmaterialien zu verarbeiten. Nicht zuletzt können sie dank neuer Austragsysteme auch mit hoch gefüllten und temperaturkritischen Ausgangsstoffen beschickt werden. Sie werden für die Granulierung von PVC-Compounds ebenso eingesetzt wie zur Verarbeitung von Polyolefinen oder anderer technischer Kunststoffe.

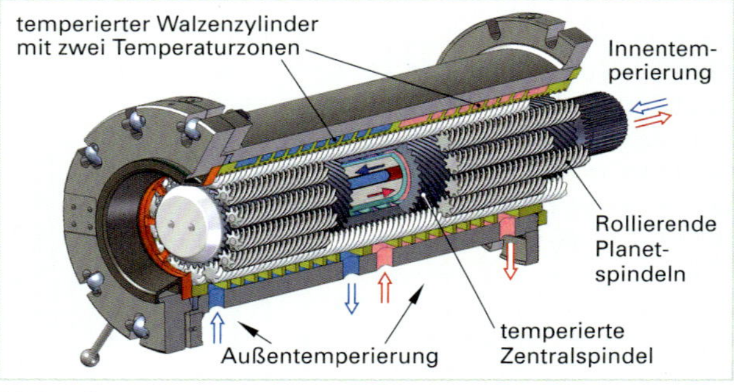

Bild 3: Querschnitt eines Planetwalzenextruders

6.1.4 Granulieren

Als wirtschaftlicher und qualitativ hochwertiger Ausgangsstoff liefern Granulate (**Bild 1**) in den unterschiedlichsten Herstellungsverfahren der Kunststoffproduktion exzellente Ergebnisse. Die Vorteile von Granulaten gegenüber Pulvern beim Spritzgießen, Blasformen und in der Extrusion liegen in der **höheren Betriebssicherheit**, einer **staubfreien Verarbeitung** und in der **unkomplizierten Lagerhaltung und Reinigung**. Darüber hinaus führt die Verwendung von Granulaten häufig **zu höheren, spezifischen Ausstoßleistungen**. Einschnecken-, Doppelschnecken- und Planetwalzenextruder produzieren Granulate von konstant hoher Qualität für die gezielte Weiterverarbeitung.

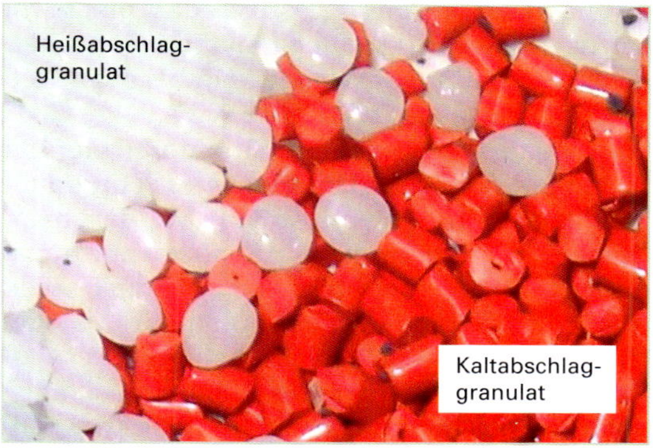

Bild 1: Beispiele für Granulatformen

Mit Ausnahme der PVC-Verarbeitung kommen bei der Verarbeitung von Thermoplasten vorrangig Granulate als Ausgangsstoffe vor. Die Herstellung des Granulats erfolgt bei großen Abnahmemengen bei den Rohstoffherstellern. Für kleinere Mengen und spezielle Compounds haben sich Firmen am Markt etabliert, die sich auf die Aufbereitung und Granulierung spezialisiert haben.

Aber auch beim Recycling von Kunststoffen ist das Granulieren, neben vielen anderen Arbeitsschritten, ein wichtiger Arbeitsgang. Ein Beispiel dafür ist die Wiederverwertung von Folien. Die gemahlenen Folienschnitzel werden zunächst granuliert und so für die nachfolgende Verarbeitung zu neuen Produkten in die ideale Ausgangsform gebracht.

Die Herstellung des Granulats kann auf zwei Arten erfolgen. Man unterscheidet in **Kaltgranulierung** oder **Stranggranulierung** und in **Heißabschlaggranulierung**.

Kaltgranulierung

Hierbei werden, wie bei der Extrusion, die aus der Düse ① (**Bild 2**) austretenden Stränge ② zunächst durch ein Wasserbad ③ gezogen und abgekühlt. Das den Strängen anhaftende Wasser wird entweder abgeblasen oder abgesaugt, ④ und in einem nachgeschalteten Granulator ⑤ werden die Stränge dann auf die gewünschte Länge geschnitten. Bei Bedarf durchläuft das Granulat ⑦ noch ein Klassiersieb, ⑥ in welchem unterschiedliche Korngrößen getrennt werden.

Kennzeichen des **Stranggranulats** ist die meist zylindrische Form und die **gerade Schnittfläche**.

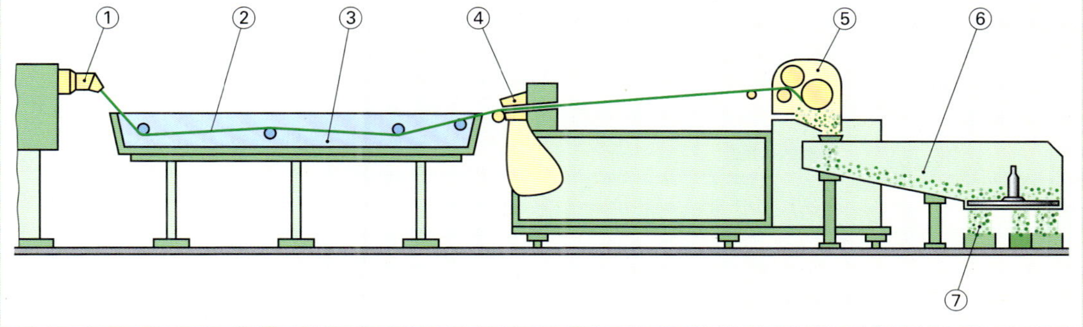

Bild 2: Prinzip einer Kaltgranulieranlage

Bei den meisten Kaltgranulieranlagen werden die Polymerstränge beim Anfahren manuell zum Schneidkopf transportiert (**Bild 1**). Treten Strangabrisse auf, müssen diese Stränge wieder manuell zugeführt werden. Dies erfordert einen verhältnismäßig hohen Personaleinsatz. Der Durchsatzbereich hängt von den Polymereigenschaften und von den Granulatmaßen ab. Je nach Anlagengröße beträgt er wenige kg/h bis etwa 10 t/h.

Eine weitere Variante der Stranggranulierung bilden **automatische Unterwasserstranggranulieranlagen**. Die Polymerstränge werden beim Anfahren automatisch zum Schneidkopf transportiert. Beim Auftreten von Strangabrissen werden die Stränge wieder automatisch eingefädelt. Daher arbeiten solche Anlagen mit reduziertem Personalbedarf. Die Granulatqualität ist aufgrund des automatischen Betriebs sehr konstant und das Verfahren ist zuverlässig stabil. Die Unterwasserstranggranulierung ist nicht geeignet für Polymere mit hohem Wärmeinhalt wie z. B. unverstärkte und ungefüllte Polyolefine. Sie finden vorwiegend bei verstärkten Polymeren wie PA und PET ihre Anwendung.

Bild 1: Strangaustritt an einer 4-fach-Düse

Die aus dem Stranggießer ① (**Bild 2**) austretenden Polymerstränge ② werden durch eine Leiteinrichtung ③ geführt und dort abgekühlt. Das mit den Strängen durch die Leiteinrichtung fließende Kühlwasser ④ passiert auch den Schneidkopf. Im Stranggranulator ⑤ erfolgt der Schnitt zwischen einer feststehenden Messerleiste und dem sich drehenden Schneidrotor. Das Granulat/Wasser-Gemisch wird in einer Nachkühlstrecke ⑥ weiter gefördert, die Granulate werden dort allseitig gekühlt. In einem am Ende der Nachkühlstrecke angeordneten Granulattrockner ⑦ wird das Granulat ⑧ vom Kühl- und Transportwasser abgetrennt.

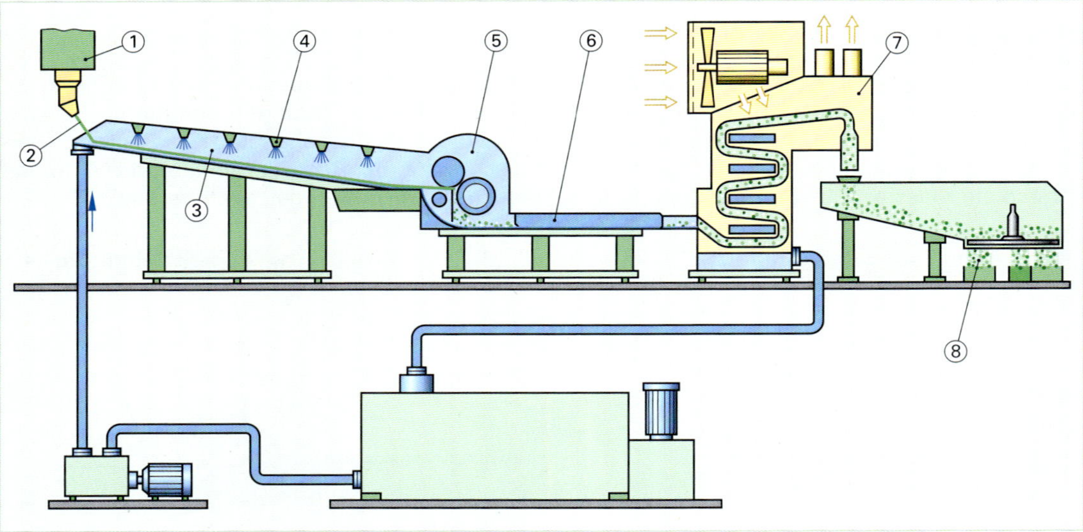

Bild 2: Prinzip einer Unterwasserstranggranulieranlage

Der Vorteil der **Kaltgranulierung** liegt in der höchstmöglichen Flexibilität beim **Produktwechsel**, z. B. in der Produktion von kleinen bis mittleren Chargen qualifizierter Compounds.

Heißgranulierung

Wichtige Kriterien für die **Heißgranulierung** sind die Form, die Qualität und die Gleichförmigkeit des herzustellenden Granulates. Die Einflussgrößen hierfür sind die Viskosität und der Kristallitschmelzpunkt des Produktes. Die aus einer Lochplatte (**Bild 1**) austretende Schmelze wird durch zentral oder dezentral angeordnete Messer an der Platte abgeschnitten und durch die Fliehkraft weggeschleudert. Damit die Partikel nicht unkontrolliert umherfliegen, ist um die Düsenplatte und das Messer ein Gehäuse gebaut. Zur Kühlung des Granulats wird entweder Kaltluft eingeblasen oder ein Wasserring erzeugt. Bei der **Unterwasser-Heißabschlaggranulierung** (**Bild 2**) befindet sich die Schneidkammer komplett unter Wasser. Die Unterwasser-Heißabschlaggranulierung eignet sich für Thermoplaste, die zum Schmieren an der Lochplatte und Kleben an den Messern neigen (z. B. PP, PE-LD-Copolymere). Ein weiterer Einsatzbereich sind Großproduktionsanlagen für Polyolefine und Polystyrol. Während der Abkühlung versuchen die Partikel eine möglichst kleine Oberfläche zu erreichen, wodurch sich die typische kugel- oder linsenförmige Gestalt ergibt.

Bild 1: Lochplatte

Die charakteristischen Merkmale für ein **Heißabschlaggranulat** sind die **Kugel-** oder **Linsenform**, **Gleichförmigkeit** und eine **glatte Oberfläche**.

Der Extruder fördert die Kunststoffschmelze über das Anfahrventil ① in die Lochplatte ②. In der Lochplatte wird der Schmelzestrom in einen Ring von Strängen aufgeteilt und in die mit Prozesswasser beströmte Schneidkammer ③ gedrückt. Der von einem frequenzgeregelten Drehstrommotor ④ angetriebene Messerkopf schneidet die Polymerstränge direkt im Wasserstrom zu Granulat, das sofort aus der Schneidkammer herausgefördert wird. Mit dem Prozesswasser ⑤ gelangt das Granulat zum Zentrifugaltrockner ⑥. Hier werden das Granulat und das Wasser getrennt. Das getrocknete Granulat tritt kontinuierlich aus dem Trockner aus. Das Wasser wird gefiltert, temperiert ⑦ und in den Prozess zurückgeführt.

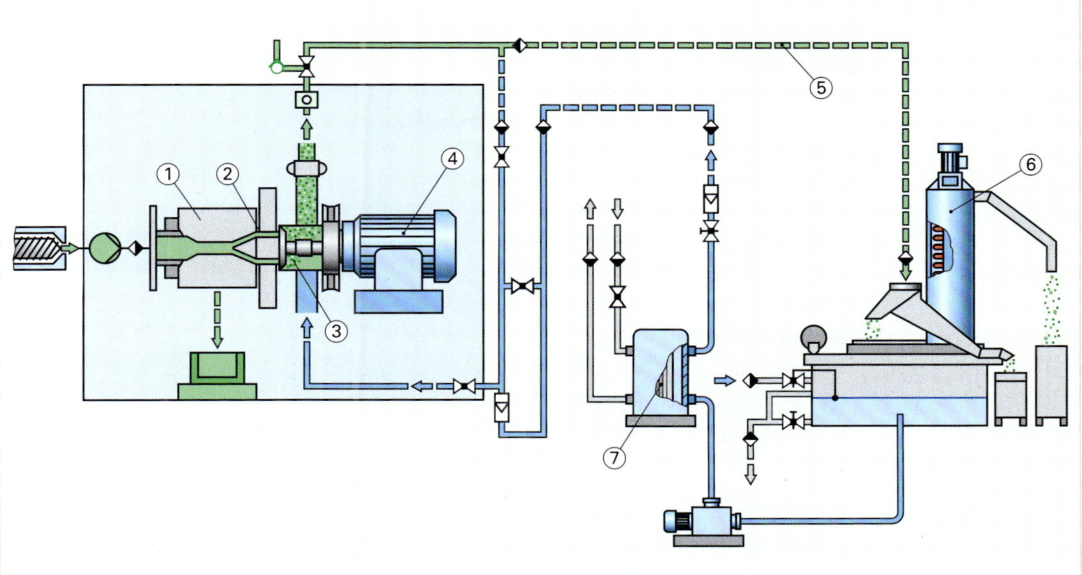

Bild 2: Funktionsschema des Unterwasser-Heißabschlag-Granuliersystems

6.1.5 Masterbatch

Ein **Masterbatch** ist ein **Kunststoffgranulat**, in dem die Anteile an **Farbmitteln** oder **Additiven** höher sind als in der Endanwendung. Sie werden dem Rohpolymer zum Einfärben oder zur Veränderung der Eigenschaften beigemischt.

Farb-Masterbatch

Farb-Masterbatches werden zum Einfärben von Kunststoffen verwendet. Dem **Rohpolymer** (unbehandeltes Kunststoffgranulat) werden **Farbpigmente** beigemischt. Diese Mischung wird dann im Extruder aufgeschmolzen und entweder **kalt-** oder bei größeren Mengen **heißgranuliert**. Wichtig dabei ist eine möglichst homogene Mischung, dafür eignen sich am besten Doppelschneckenextruder, bei denen die Schneckengeometrie ganz auf die schonende Dispergierung angepasst werden kann. Das Rohpolymer soll nur die Farbpigmente zusammenhalten.

Masterbatches werden hauptsächlich in **Granulatform** (Bild 1) hergestellt, allerdings gibt es auch sogenannte **Micropearls**, bei denen die Farbpigmente mit Wachs zusammengehalten werden und die eine bessere Homogenisierung bei geringerer Konzentration ermöglichen.

Bild 1: Granulatform

Additiv-Masterbatch

Die **Additiv-Masterbatches** werden dem Rohpolymer beigemengt um dessen **Eigenschaften** zu **verbessern**. Die am meisten eingesetzten Additiv-Masterbatches sind: UV-Stabilisatoren-, Antistatika-, Nukleierungsmittel-, Gleitmittel-, Flammschutzmittel- und Treibmittel-Masterbatches.

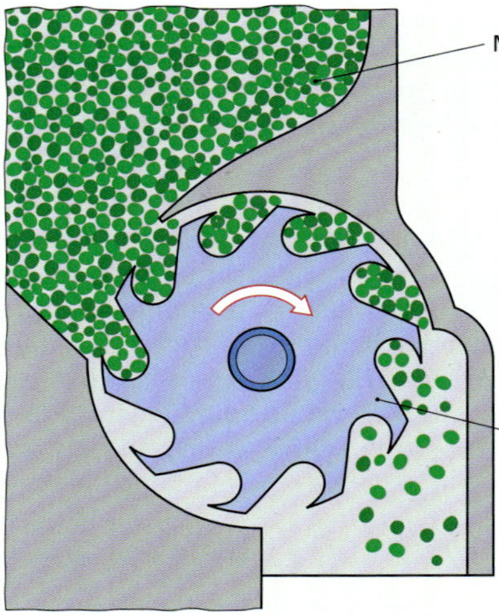

Bild 2: Dosierrolle (Prinzip)

Kombinations-Masterbatches

Kombinations-Masterbatches enthalten sowohl **Farbpigmente** als auch **Additive**. Da in einem Masterbatchgranulat nur eine bestimmte maximale Menge an Zusatzstoffen eingemischt werden kann, ist bei diesen Kombinations-Masterbatches meist eine **höhere Dosierung** im Verhältnis zum Rohpolymer notwendig.

Volumetrische Dosiereinrichtung

Bei **Volumetrischen Dosiereinrichtungen** erfolgt die Austragung ausschließlich durch Füllen eines Volumens. Dabei kommen sowohl **Dosierrollen** (Bild 2) als auch **Dosierschnecken** zum Einsatz. Die Dosiermenge wird über die Umdrehungsgeschwindigkeit gesteuert. Wichtig ist hier eine **gleichmäßige Schüttdichte** des Masterbatches und dass die Volumen immer vollgefüllt sind.

Gravimetrische Dosiereinrichtung

Bei **Gravimetrischen Dosiereinrichtungen** wird das Masterbatch durch integrierte Messzellen abgewogen. Durch die **Gewichtsmessung** ist die Zudosierung auch bei schwankender Schüttdichte konstant.

6.1.6 Compoundierung

Unter **Compoundierung** (Compound = Mischung) versteht man ein **Aufbereitungsverfahren** für **Rohpolymere**, bei dem die Eigenschaften des Kunststoffs mithilfe von Additiven, Füll- oder Verstärkungsstoffen an die Anforderungen des fertigen Kunststoffteils angepasst wird. Dieses so erzeugte **Compound** kann ohne weitere Beimengung von Additiven direkt dem weiteren Produktionsprozess (z. B. Spritzgießen oder Extrusion) zugeführt werden. Ziel ist es, das Compound soweit zu modifizieren, dass der daraus produzierte Kunststoffteil bestmögliche Eigenschaften (chemisch, mechanisch, usw.) aufweist.

Beim Einmischen von Zuschlagstoffen in Rohpolymeren wird zwischen 2 Mischarten unterschieden:

Distributives Mischen

Bei diesem Mischverfahren wird die einzumischende Partikelgröße nicht verändert. Der Trägerkunststoff wird aufgeschmolzen und die einzumischenden Partikel werden möglichst gleichmäßig (homogen) in das Rohpolymer verteilt (**Bild 1**).

Bild 1: Distributives Mischen

Dispersives Mischen

Bei diesem Mischverfahren wird die einzumischende Partikelgröße verkleinert. Ziel ist es die Partikel möglichst gleichmäßig zu zerkleinern und homogen in das aufgeschmolzene Rohpolymer zu verteilen (**Bild 2**).

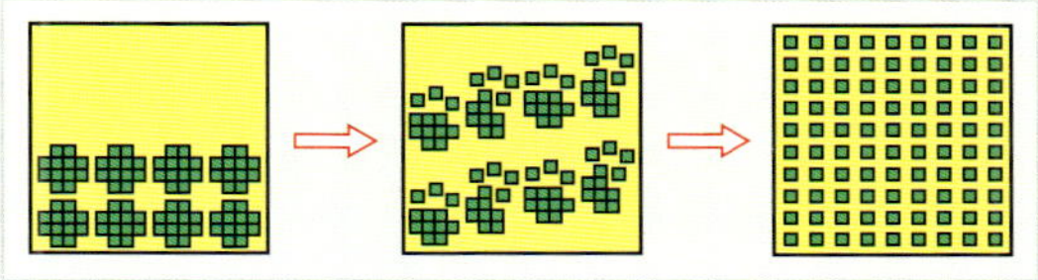

Bild 2: Dispersives Mischen

Bei der Compoundierung von Kunststoffen kommen folgende Anlagen zum Einsatz:

Heiz-Kühlmischer

Diese werden vor allem bei der Compoundierung von **PVC-Pulver** eingesetzt. Dabei wird das PVC-Pulver zusammen mit den **Additiven** bei einer Temperatur von 110 °C bis 130 °C gemischt, bis die Additive am Pulver haften bleiben und anschließend abgekühlt. Es entsteht eine **trockene** und **rieselfähige Masse**.

Walzwerke

Mit **Walzwerken** werden Kunststoffe zwischen zwei sich gegensinnig drehenden **polierten Walzen** erhitzt. Durch Zugabe der Zuschläge in den **Walzenspalt** werden diese homogen verteilt.

Ko-Kneter

Im **Ko-Kneter** führt die **rotierende Schnecke** gleichzeitig eine **Vor- und Rückwärtsbewegung** aus. Dies führt zu einer besonders materialschonenden Einmischung und es können Compounds mit hohem Zuschlagsgehalt hergestellt werden.

Doppelschneckenextruder

Beim **gleichläufigen Doppelschneckenextruder** können die Zuschlagstoffe mittels **Seitenbeschickung** in das plastifizierte Rohpolymer eingebracht werden. Im **Schneckenspalt** entsteht eine gegenläufige Schleppströmung, welche sich positiv auf das Mischergebnis auswirkt. Die Homogenisierung kann durch **Scher- und Mischteile** noch verbessert werden. Bei der Plastifizierung auftretende Gase werden durch die Entgasung abgezogen.

Planetwalzenextruder

Mit dem **Planetwalzenextruder** wird das Rohpolymer sehr schonend plastifiziert und es können sehr **hohe Füllstoffgrade** (bis 80 %) eingebracht werden. Sie werden für die Compoundierung von fast allen Thermoplasten eingesetzt.

6.1.7 Trocknung

Viele Kunststoffe nehmen auch in der Granulatform Feuchtigkeit aus ihrer Umgebung auf. Kunststoffe mit diesem Verhalten werden als **hygroskopische Kunststoffe** bezeichnet. Bei der Verarbeitung der Polymere führt die Erwärmung dazu, dass die Feuchtigkeit als Wasserdampf austritt. Bei der Verarbeitung kann dies z. B. zum Abriss des Extrusionsstranges führen. Zudem werden die Produkte durch Schlieren, Bläschen (**Bild 1**) oder Streifen optisch verschlechtert und vielfach unbrauchbar. Bei manchen Kunststoffen, z. B. Polycarbonat, führt die Feuchtigkeit auch zu einer Abnahme der Festigkeitswerte.

Auch Polymere, wie das Polyethylen oder das Polypropylen, die normalerweise nicht getrocknet werden müssen, können durch Füll- oder Verstärkungsstoffe zur Wasseraufnahme neigen. Ob ein Kunststoff vor seiner Verarbeitung getrocknet werden muss, ergibt sich anhand einer Feuchtebestimmung des Granulats. Als Anhaltswert kann ein maximaler Restfeuchtegehalt **von 0,02 %** angesetzt werden.

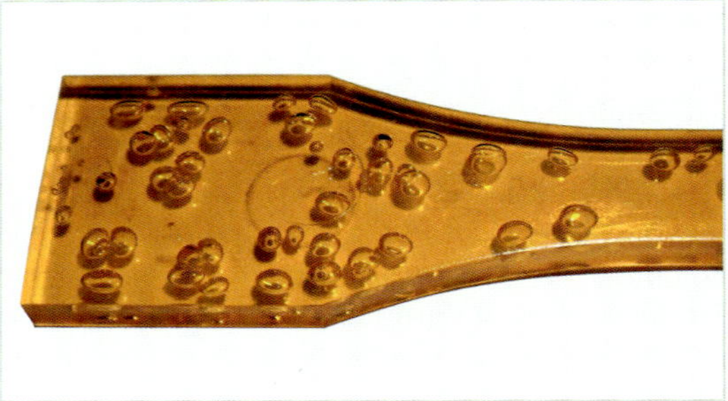

Bild 1: Bläschenbildung durch Restfeuchte

Eine zu hohe **Feuchtigkeit** im **Granulat** führt zu **Verarbeitungsproblemen** und zu einer Verschlechterung der Qualität des Kunststoffproduktes bis zu seiner Unbrauchbarkeit.

Die Trocknung soll grundsätzlich möglichst schnell erfolgen, was durchaus hohe Temperaturen benötigt. Andererseits dürfen sich die zu trocknenden Materialpartikel auch nicht miteinander verbinden oder thermisch geschädigt werden. Für die Bestimmung der Trocknungstemperatur und der Trockenzeit ist deshalb in erster Linie der Kunststoff maßgebend. Übliche Trocknungstemperaturen liegen bei **80 °C ... 120 °C**, die Trocknungszeiten bei ca. **vier Stunden**.

Je nach Menge des zu trocknenden Materials und der Materialvielfalt stehen entsprechende Trocknertypen mit verschiedenartigen Trocknungssystemen zur Verfügung.

Trockenschrank

Für **Kleinmengen** und sehr **häufige Materialwechsel** eignen sich Trockenschränke. Das Material wird auf Blechen in einer Schichtdicke von max. 3 cm ausgebreitet und mehrere Stunden bei einer dem Kunststoff angepassten Temperatur im **Umluftofen** getrocknet. Die erreichbare Restfeuchtigkeit ist für viele Anwendungen ausreichend. Vor der Verarbeitung empfiehlt sich eine Bestimmung des Restfeuchtegehalts.

Einkammer-Warmlufttrockner

Einkammer-Warmlufttrockner finden Anwendung bei der Trocknung nicht oder gering hygroskopischer Kunststoffe. Sie dienen vorrangig zur Beseitigung von Oberflächenfeuchte. Ihr einfacher und robuster Aufbau ist die Garantie für sichere Funktion und hohe Lebensdauer. Sie werden meist direkt auf dem Einzugsschacht der Plastifiziereinheit montiert. Ein Gebläse saugt über einen Filter Umluft an und fördert diese zum Materialbehälter. Sowohl die Luft als auch der Materialbehälter werden beheizt, und das Gebläse drückt die Warmluft von unten durch den Materialbehälter (**Bild 2**). Das Granulat wird von unten her getrocknet, und von oben nachfließendes Granulat wird bis zu seiner Verarbeitung ebenfalls getrocknet. Steuer- und Reglungstechnik verhindern durch Umschaltung auf Kühlluft eine thermische Schädigung durch zu langes Trocknen.

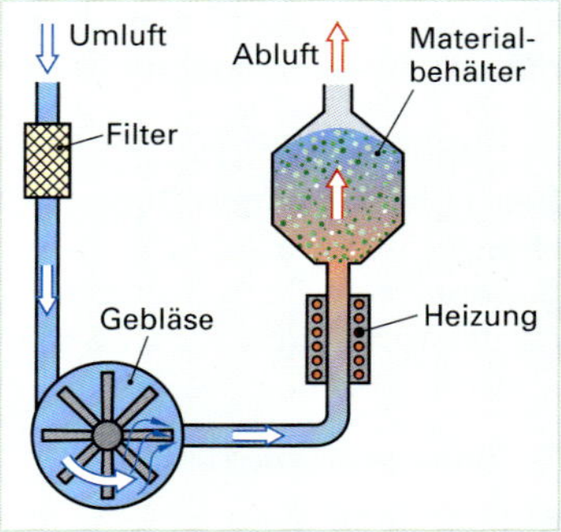

Bild 2: Warmlufttrockner (Prinzip)

Drucklufttrockner

Drucklufttrockner (**Bild 1**) arbeiten nach dem **Luft-Expansionssprinzip**. Die verwendete Druckluft muss trocken und frei von Wasser, Öl und Staub sein.

Die Druckluft (Betriebsdruck 6 bar) wird nach dem Passieren eines Magnetventils und einer Drossel ① definiert auf **atmosphärischen Druck** entspannt. Dabei entstehen Taupunkttemperaturen von ca. – 20 °C. Je tiefer der Taupunkt der Luft liegt, desto mehr Feuchtigkeit kann von ihr aufgenommen werden. Die so behandelte Luft gelangt in den Heizkanal ②, wird dort auf die erforderliche Trockentemperatur erhitzt und in den Trockenbehälter ③ weitergeleitet. Die feuchte Luft entweicht, gereinigt durch den auf dem Behälterdeckel befestigten Luftfilter ④, ins Freie. Bei Bedarf können durch die Vorschaltung von Membran- oder Adsorptionsmodulen Taupunkttemperaturen von ca. – 40 °C erreicht werden.

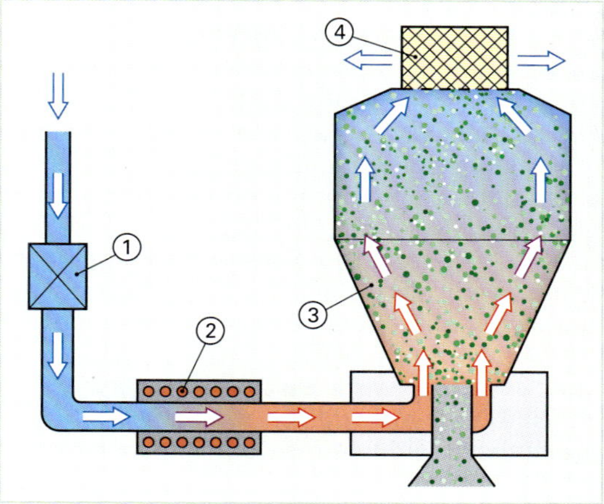

Bild 1: Prinzip des Drucklufttrockners

Trockenlufttrockner

Trockenlufttrockner arbeiten nach dem **Adsorptionsprinzip**, d. h., die Luft wird nicht nur erhitzt, sondern auch entfeuchtet, bevor sie durch das Material im Trocknungstrichter strömt. Die verwendeten **Adsorptionsmittel** oder **Trockenmittel** nehmen Feuchtigkeit aus ihrer Umgebung auf und binden diese bis zu einem bestimmten Sättigungsgrad. Beaufschlagt man die gesättigten Trockenmittel mit hohen Temperaturen von ca. 280 °C, können sie selbst wieder getrocknet werden. Durch diese Technik trocknet man Granulate bis zu extrem niedrigen Restfeuchtewerten (z. B. 0,002 % bei PET). Die kontinuierliche Trocknung bei einem Taupunkt von ≥ – 60 °C wird durch zwei **Trocknungszellen** realisiert. Die Trocknung erfolgt ohne Temperaturschwankungen bei konstanter Trockenluftmenge. Die Trockenlufttrockner sind weitgehend wartungsfrei, lediglich die Luftfilter müssen regelmäßig gereinigt werden. Die Trockenbehälter können entweder direkt auf dem Einzugsschacht einer Verarbeitungsmaschine oder als Zentraleinheit betrieben werden.

Das **Bild 2** stellt das Funktionsprinzip eines Trockenlufttrockners dar. Ein Gebläse ① transportiert warme Luft zu einem der beiden Trockenmittelbehälter ②. Ein Behälter steht immer im Kreislauf mit dem beheizbaren Materialbehälter ③ und entfeuchtet die Warmluft. Der zweite Trockenmittelbehälter befindet sich parallel dazu in der so genannten **Regenerationsphase**. Dabei wird das Trockenmittel bei Temperaturen ≈ 280 °C von der Regenerierheizung ④ und dem Gebläse ⑤ wieder getrocknet. Die Feuchtigkeit entweicht über das Abluftventil ⑥. Nach Sättigung des Trockenmittels schalten die Ventile ⑦ um und der andere Kreislauf wird aktiv. Durch die Trockenluftheizung ist die materialspezifische Trocknungstemperatur einstellbar. Der Umluftfilter ⑧ und optionale Umluftkühler komplettieren die Anlage.

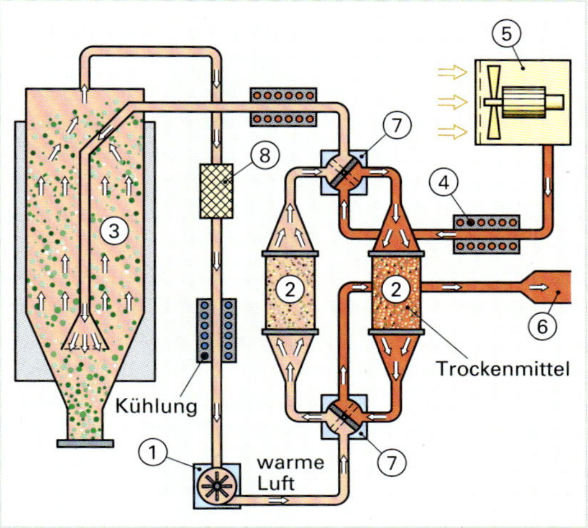

Bild 2: Prinzip des Trockenlufttrockners

6.1.8 Lagerung und Transport

Die Lieferung von kleineren Mengen erfolgt in der Kunststoffbranche meist in **„25-kg-Säcken"** (**Bild 1**), die auf **Einweg- oder Mehrwegpaletten** gestapelt angeliefert werden. Die Lagerung findet üblicherweise in Stapellagern innerhalb der Gebäude statt. Sind die Säcke in PE-Folie eingeschweißt, ist eine Lagerung auch im Freien möglich. Kunststoffgranulate, die zu einer starken Aufnahme von Feuchtigkeit neigen, werden in mit Alufolien kaschierten PE-Säcken geliefert. Die **Sackverpackung** bringt den Vorteil, dass auch bei kleinen Aufträgen keine offenen Gebinde übrig bleiben und somit die Gefahr von Verwechslung und Verunreinigung reduziert wird. Das Handling der Säcke ist allerdings im Vergleich zu den anderen Verpackungsvarianten am personalintensivsten.

Eine Alternative für größere Verbrauchsmengen stellen vier- oder achteckige **Pappcontainer**, sogenannte **Oktabins** dar. Auf Einwegpaletten platziert und innen mit PE-Folie ausgelegt werden sie üblicherweise als „1000-kg-Einheit" geliefert. Der innerbetriebliche Transport zu den Verarbeitungsmaschinen erfolgt meist mittels Gabelstaplern oder Gabelhubwagen. Bei ausreichender Raumhöhe kommen für ähnliche Bedarfsmengen noch **Bigbags** (**Bild 2**) zum Einsatz.

Betriebe mit **großen Bedarfsmengen** einer Kunststoffsorte bevorzugen **Silos** zur Lagerung. Silos können als **Außensilo** (**Bild 3**) mit einem Fassungsvermögen $\leq$ 150 m^3 oder als **Innensilo** für Tagesmengen ausgelegt werden. Im Außenbereich kommen vorwiegend Edelstahlkonstruktionen zum Einsatz. Im Innenbereich verwendet man auch Textilien auf Rohrgestellen. Die Vorteile der Silolagerung liegen meist schon im günstigeren Einkaufspreis für große Mengen. Des Weiteren kann der innerbetriebliche Transport der Rohstoffe über Rohrleitungen bis zu jeder einzelnen Verarbeitungsmaschine installiert und somit erhebliche Personalkosten eingespart werden. Aufgrund ihrer Bauform benötigen Silos zudem verhältnismäßig wenig Stellplatz. Die Anlieferung der Siloware erfolgt üblicherweise per LKW mit Aufliegern (Silozüge). Beim Entleeren blasen die Tankzüge das Granulat oder das Pulver über Schlauchleitungen in die Silos. Dabei ist bei einigen Kunststoffgranulaten, z. B. beim PE-LD, darauf zu achten, dass dies nicht zu schnell geschieht, da sich ansonsten feine Fasern (**Engelshaar**) bilden und später im Produktionsprozess zu Störungen führen.

Bild 1: Aufgabestation für Sackware

Bild 2: Bigbag

Bild 3: Außensilos für Kunststoffgranulate

Die Versorgung der Verarbeitungsmaschinen mit dem Rohstoff richtet sich ebenfalls nach den Bedarfsmengen und der Häufigkeit des Materialwechsels. Für geringere Mengen kann die Befüllung des Materialtrichters auch per Hand mittels einfacher Gefäße wie Eimer oder Messbecher erfolgen. Üblich und weit verbreitet sind jedoch **Saugförderer**, die auf dem Materialtrichter der Maschine montiert sind (**Bild 1**). Über zentrale Sauggebläse können auch mehrere Abscheidebehälter versorgt werden (**Bild 2**).

Durch ein Gebläse wird ein Unterdruck erzeugt, der das Fördergut aus dem Materialbehälter, z. B. Oktabin, in den mit einer automatisch schließenden Auslaufklappe bestückten Fördergutbehälter ansaugt. Der Fördervorgang wird durch Abschalten des Gebläses über eine am Steuergerät vorwählbare Zeit oder einen eingebauten Füllstandsmelder beendet. Der Unterdruck wird abgebaut. Das Material, das sich im Fördergutbehälter befindet, öffnet durch sein Eigengewicht die Auslaufklappe und fließt in den zu befüllenden Trichter. Nach Entleerung des Fördergutbehälters schließt die Auslaufklappe automatisch und leitet einen neuen Förderzyklus ein.

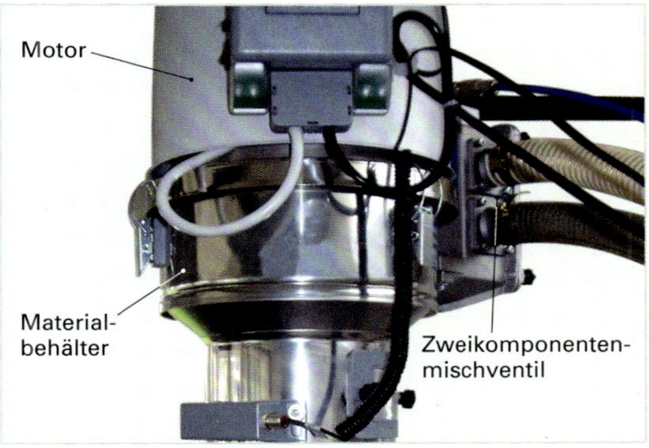

Bild 1: Saugförderer

Als **Zwei-Komponenten-Förderer** ausgelegt, ist es möglich, wechselweise Neuware und Regenerat anzusaugen und somit im Trichter einen schichtweisen Aufbau zu erhalten. Durch die zentrale Auslauföffnung des Trichters erfolgt eine für viele Anwendungen ausreichende Vermischung der beiden Komponenten. Saugförderer haben den Vorteil, verhältnismäßig sauber zu arbeiten. Ihre Einsatzmöglichkeiten werden allerdings durch begrenzte Saughöhen eingeschränkt. Mit einer Druckluftförderanlage können die granulat-, grieß- oder pulverförmigen Rohstoffe über Distanzen und Höhen bis zu ca. 8 m gefördert werden. Das Schüttgut wird über eine **Ejektorsauglanze** angesaugt und mittels Druckluft auf den Förderabscheider geblasen. Frühere Probleme durch zu starke Verschmutzungen bei pulvrigen und staubigen Fördergütern werden durch neue Filtertechniken weitgehend beseitigt.

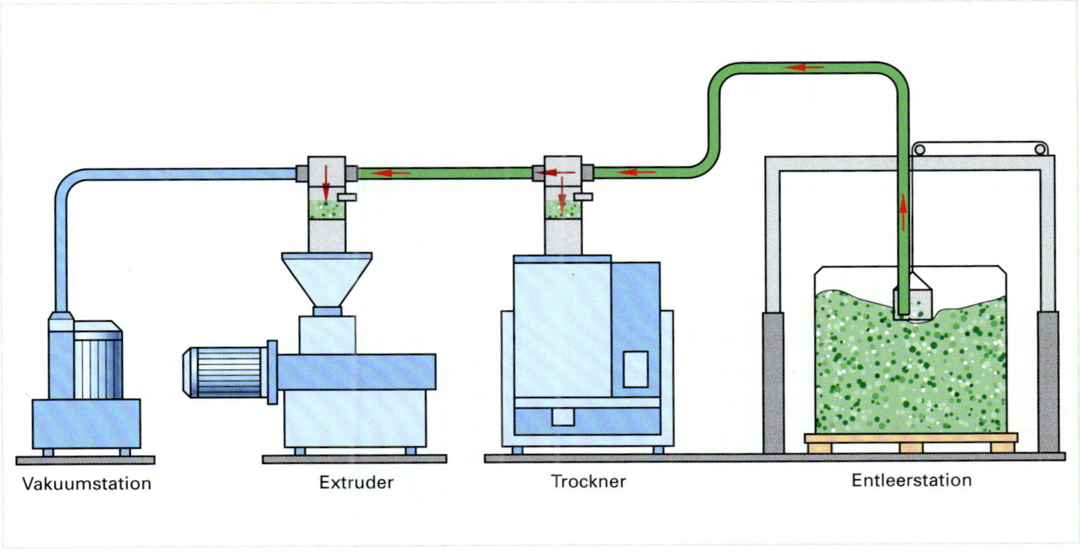

Bild 2: Beispiel für eine zentrale Vakuumstation

6.2 Nachbehandlungsmaßnahmen

Bei allen Bestrebungen, ein Produkt möglichst bei seiner Urformung in den Lieferzustand zu bringen, muss man doch erkennen, dass sehr viele Kunststoffartikel noch einer anschließenden Behandlung bedürfen. Diese Nachbehandlungsmaßnahmen dienen entweder der Verbesserung von Festigkeitswerten und Maßen, wie beim **Tempern** und **Konditionieren**, oder zur Verbesserung der **Oberflächenhaftung** bzw. **Oberflächenqualität** in Bezug auf ihr Aussehen.

6.2.1 Tempern

Der Grund für einen anschließenden Tempervorgang liegt im inneren Spannungsaufbau der Kunststoffe. Bei einer raschen Abkühlung der Kunststoffschmelze (**Bild 1**), wie es z. B. beim Spritzgießen vorkommt, können sich die Moleküldeformationen nicht mehr völlig ausgleichen, sie frieren ein. Diese eingefrorenen **Orientierungsspannungen** überlagern sich noch mit **Abkühlspannungen**, oft auch **Eigenspannungen** genannt. Sie entstehen dadurch, dass beim Erstarren des Formteils in der Form die äußere Schicht, die der gekühlten Formwand anliegt, zuerst fest wird. Beim weiteren Abkühlen erstarren auch die inneren Schichten und ziehen sich dabei zusammen. Letzteres wird aber durch die äußeren, schon festen Schichten gehemmt. Die auf diese Weise entstehenden **inneren Spannungen** lassen sich in einem gewissen Maße durch Temperführung der Schmelze und in Form und Wahl des Nachdrucks vermindern, doch selten ganz vermeiden.

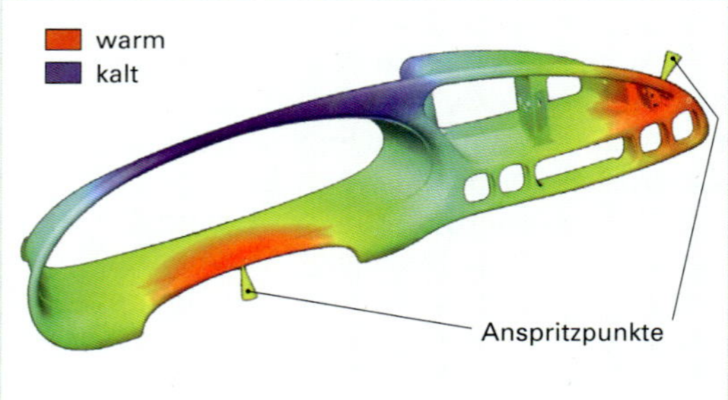

Bild 1: Abkühlprozess eines Spritzteils

Bei der Extrusion von Thermoplasten funktioniert der Abkühlprozess sehr ähnlich. Deshalb sind auch in jedem Halbzeug **innere Spannungen** vorhanden. Wird der Kunststoffartikel bei späterem Gebrauch höheren Temperaturen ausgesetzt, kann es durch Freiwerden dieser Spannungen zum Verzug kommen. Ebenso kann die spanende Bearbeitung eines Halbzeugs zu Verzug und Maßabweichungen führen. Beim Tempern versucht man die Spannungen und Strukturdefekte auszugleichen, indem man den Kunststoff auf eine Temperatur unterhalb der Warmformtemperatur erhitzt. Dies geschieht bei Kunststoffen üblicherweise in **Temperöfen** (**Bild 2**) über eine Zeit von einigen Stunden hinweg, bis hin zu Tagen. Die Artikel können dabei zur Erhaltung ihrer Geometrie auch auf Gestellen fixiert werden.

Beim Laminieren versteht man unter Tempern auch einen an die Formgebung anschließenden Nachhärteprozess bei Temperaturen um ca. 80 °C.

Vorteile des Temperns sind:

- Verbesserung der Temperaturstabilität
- Verbesserung der Formstabilität
- Erhöhung der Langzeitstabilität
- verbesserte Medienbeständigkeit

Die Nachteile des Temperns sind:

- arbeitsaufwendiger, kostenintensiver Zusatzschritt
- hohe Energiekosten
- Gefahr der Verschlechterung der Eigenschaften bis hin zum Ausfall bei zu langer Temperung

Bild 2: Temperofen

6.2.2 Konditionieren

Unter **Konditionieren** versteht man bei Kunststoffen die **Aufnahme von Feuchte** bei Wasserlagerung. Dabei ist die Feuchtigkeitsaufnahme der einzelnen Kunststoffe sehr unterschiedlich. Sehr wenig Feuchte nehmen z. B. unpolare Kunststoffe wie Polyolefine, Styrolpolymere und Fluorkunststoffe auf. Polare Kunststoffe wie Polyurethan oder Polyamid nehmen dagegen mehr Wasser auf.

Polyamide besitzen eine besondere Eigenschaft. Sie nehmen Feuchtigkeit aus der Umgebung auf und erhalten dadurch erst ihre endgültigen Eigenschaften. Durch die Feuchtigkeitsaufnahme sinken Festigkeit und Steifigkeit des Materials und die Zähigkeit steigt deutlich an. Gleichzeitig ändern sich durch die mit der Feuchtigkeitsaufnahme einhergehende Quellung auch die Maße der Bauteile. Besonders bei größeren Dimensionen kann die Maßänderung bis in den Millimeterbereich hineingehen. Der natürliche Prozess der Feuchtigkeitsaufnahme bis zum Sättigungszustand läuft sehr langsam ab. Bei größeren Bauteilwandstärken kann das bis zu **mehrere Monate** dauern. Deshalb ist es üblich, Formteile und Halbzeuge aus Polyamid (**Bild 1**) nach der Herstellung durch Konditionieren auf einen bestimmten Feuchtegehalt einzustellen.

Bild 1: PA-Schaufelrad

Vielfach geschieht die Konditionierung in warmen Wasserbädern, in welche die Polyamidteile mehrere Stunden eingelegt werden. Anschließend werden die Teile getrocknet. Bei neuen Anlagen ist es möglich sämtliche Parameter zu dokumentieren und die Befeuchtung ohne Entstehung von Kondenswasser auf den Teileoberflächen zu gewährleisten. Qualitätsbeeinträchtigende Wasserflecken werden so vermieden. Die Konditionierung läuft dabei in drei Phasen automatisch ab: **Aufheizen** auf Prozesstemperatur, **Konditionierphase** und **Abkühlen** auf Raumtemperatur.

6.2.3 Oberflächenvorbehandlung

Häufig sollen nicht lösbare Verbindungen zwischen zwei Kunststoffen oder zwischen Kunststoffen und Metallen hergestellt oder einfach eine Kunststoffoberfläche bedruckt werden. Dazu müssen die Flüssigkeit, der Klebstoff oder die Druckfarbe die Oberfläche des Materials benetzen können. Diese **Benetzbarkeit** (**Bild 2**) hängt von einer spezifischen Eigenschaft der Oberfläche ab, der **Oberflächenenergie**, die häufig auch als **Oberflächenspannung** bezeichnet wird.

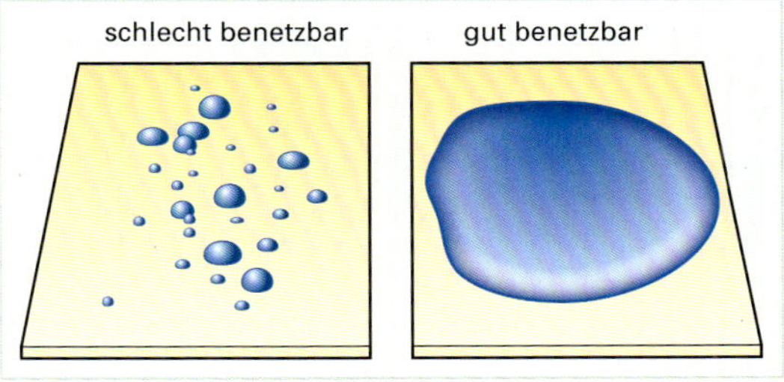

Bild 2: Benetzbarkeit einer Oberfläche

Die Oberflächenenergie eines Produktes ist entscheidend dafür, wie gut eine Flüssigkeit die Oberfläche benetzen kann. Die Benetzbarkeit lässt sich durch **Kontaktwinkelmessungen** ermitteln (**Bild 3**). Der Kontaktwinkel ist der Winkel zwischen der Berührungslinie am Berührungspunkt und der horizontalen Linie der Oberfläche des Feststoffs. Der Kontaktwinkel nähert sich Null, wenn eine komplette Benetzung stattfindet. Ist die Benetzung nur partiell, erreicht der Kontaktwinkel einen Wert im Bereich von 0° ... 180°.

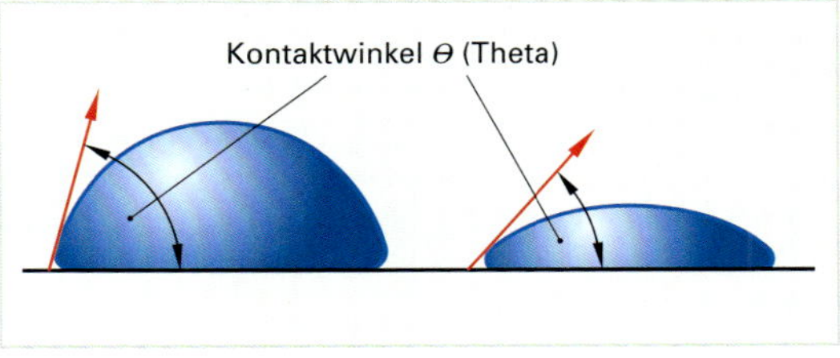

Bild 3: Kontaktwinkelbestimmung

Oberflächenenergie und Oberflächenspannung werden in mN/m (Millinewton pro Meter) gemessen. Damit eine einwandfreie Verbindung zwischen einer Flüssigkeit und einer Kunststoffoberfläche hergestellt werden kann, sollte die Oberflächenenergie des Kunststoffs um etwa 2 mN/m bis 10 mN/m größer sein als die Oberflächenspannung der Flüssigkeit.

Zur Überprüfung der Oberflächenspannung bedient man sich Testtinten mit unterschiedlichen Oberflächenspannungen (**Bild 1**). Wenn die Testtinte auf die Oberfläche aufgebracht wird, entsteht entweder ein Film oder die Tinte zieht sich zu Tropfen zusammen. Bleibt der Flüssigkeitsfilm für mindestens 2 ... 3 Sekunden bestehen, hat die Oberfläche mindestens den Energiewert der entsprechenden Testtinte. Zieht sich die Tinte vor den 2 ... 3 Sekunden wieder zu Tropfen zusammen, liegt der Wert der Oberfläche unterhalb der verwendeten Testtinte. Die genaue Oberflächenenergie wird daher durch Auftragen von auf- oder absteigenden Testtintenwerten bestimmt.

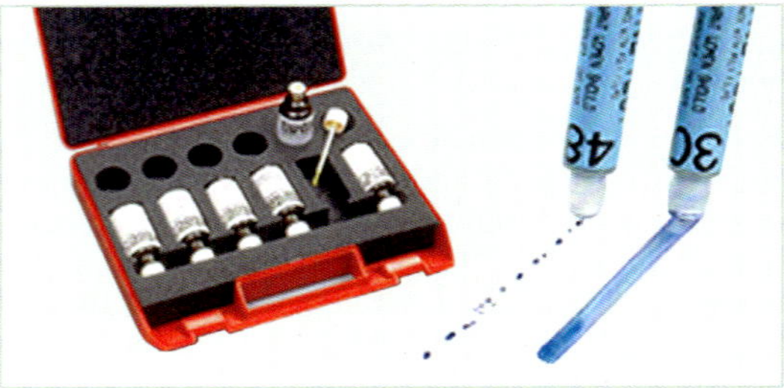

Bild 1: Testtinten mit Anwendungsbeispiel

Tabelle 1: Oberflächenenergien

Oberflächenenergie von:		Notwendige Oberflächenenergie für die Haftung mit:	
PTFE	< 20 mN/m	UV Druckfarbe	48 mN/m ... 56 mN/m
Silicone	< 20 mN/m	wasserbasierte Druckfarbe	50 mN/m ... 56 mN/m
PP	30 mN/m		
PE	32 mN/m	Coatings	46 mN/m ... 52 mN/m
PS	34 mN/m	UV Klebstoff	44 mN/m ... 50 mN/m
PC	34 mN/m	wasserbasierter Klebstoff	48 mN/m ... 56 mN/m
ABS	34 mN/m		
VPE	32 mN/m		
PUR	34 mN/m		

Die **Tabelle 1** zeigt die absoluten Werte der Oberflächenenergie für Feststoffe und die Oberflächenspannung gängiger Flüssigkeiten. Die Oberflächenenergie vieler Kunststoffe, einschließlich Polyethylen und Polypropylen, reicht oft für eine feste Haftverbindung oder das Bedrucken nicht aus. Durch verschiedene Oberflächenbehandlungen kann die Benetzbarkeit des Materials durch die Steigerung der Oberflächenenergie des Materials verbessert und die Hafteigenschaften durch die Schaffung besonderer Haftstellen positiv beeinflusst werden.

Bei der **Flammbehandlung** (**Bild 2**) wird die zu behandelnde Kunststoffoberfläche für eine sehr kurze Zeit der Flamme eines Brenners ausgesetzt. Durch die Wärmeeinwirkung werden Molekülketten an der Oberfläche aufgebrochen, und in der Flamme enthaltene Sauerstoffbestandteile lagern sich an. Auf diese Weise entstehen an der ursprünglich unpolaren Oberfläche polare Moleküle, an die sich Klebstoffe und Druckfarben anbinden können. Die mechanischen und optischen Eigenschaften der Oberflächen ändern sich dabei nicht. Durch die Gestaltung der Brenner ist es möglich, sowohl ebene, als auch stark strukturierte Oberflächen zu aktivieren. Die Brenner werden z. B. in den Extrusionsstrecken fest montiert, und die Profile durchlaufen die Flamme. Eine weitere Möglichkeit stellt die Montage des Brenners auf einem Roboterarm dar. Der Roboter führt die Flamme mit hoher Geschwindigkeit ($\leq$ 2 m/s) um die zu beflammenden Produkte.

Bild 2: Roboterbeflammung eines Stoßfängers

Durch seitliche Stützflammen verhindert man auch bei hohen Geschwindigkeiten das seitliche Wegkippen der Flamme. Als Brennergase werden fast alle handelsüblichen Heizgase verwendet.

Entscheidend für ein gutes Behandlungsergebnis sind:

- Das Mischungsverhältnis des Gas-Luft-Gemisches, da es über den Sauerstoffanteil, der für die Oxidation benötigt wird, entscheidet.
- Brennerform und Brennergröße
- Brennerleistung in Abstimmung mit Arbeitsgeschwindigkeit

Eine andere Art der Oberflächenbehandlung basiert auf dem Prinzip der **Hochspannungsentladung in Luft**. Es handelt sich hierbei um ein elektrisches Verfahren, die **Corona-Behandlung**.

Eine **Corona-Anlage** besteht aus einem **Hochfrequenzgenerator**, einem **Hochspannungstransformator** und **Behandlungselektroden**. Bringt man den Kunststoff in den Wirkbereich der Elektroden, so löst die hochfrequente Hochspannung (7 kV ... 10 kV) die Kohlen-Wasserstoff-Bindungen an der Oberfläche des Kunststoffs auf und Sauerstoffgruppen können sich anhängen. Die Oberfläche ist aktiviert und Arbeitsgänge wie Primerauftrag (Haftvermittler zwischen Kunststoff und z. B. Kleber) können erfolgen.

Je nach Geometrie der zu behandelnden Oberflächen kommen unterschiedliche Wirkprinzipien zum Einsatz. Bei der Verwendung von Gegenelektroden werden die Produkte zwischen zwei Elektroden positioniert oder zwischen ihnen hindurchbewegt (**Bild 1**). Eine weitere Möglichkeit bietet die Freistrahlentladung. Ohne Gegenelektrode arbeiten Anlagen, bei denen die ionisierten freien Elektronen mittels Druckluft aus einer Behandlungselektrode herausgeblasen werden. Die Extrusionsprofile werden dabei lediglich durch die Entladungszone der Elektroden hindurchgeführt. Solche Einheiten (**Bild 2**) können auch mehrfach an Extrusionsstrecken angebracht werden.

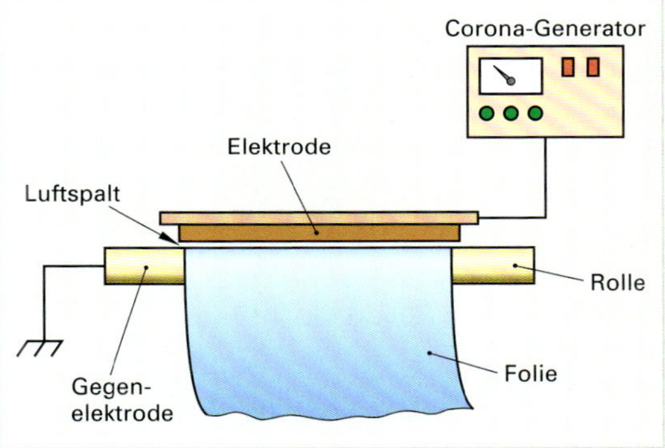

Bild 1: Coronabehandlung einer Folie (Prinzip)

Eine Coronabehandlung der Oberfläche hat im Vergleich zu einer Flammbehandlung nicht die **Tiefenwirkung** und hält in der Regel auch nicht so lange an. Während bei einer Flammbehandlung die Wirkung bis zu einem Jahr andauern kann, ist die Corona-Aktivierung einer Oberfläche eher kurzfristig (Minuten bis wenige Wochen) wirksam.

Die Corona-Behandlung wird bei sehr geringen Wanddicken eingesetzt, wie sie z. B. beim Folienblasen vorkommen. Eine Flammbehandlung scheidet hier aus, weil der Kunststoff bei Kontakt mit der heißen Flamme (ca. 1800 °C) verbrennen würde. Ein weiteres Einsatzgebiet ist die Integration der Coronabehandlung in die Extrusionsstrecke bei langsamen Abzugsgeschwindigkeiten der Extrudate oder Folien. Bei hohen Produktionsgeschwindigkeiten hingegen ergibt die Coronabehandlung bei einigen Kunststoffen keine befriedigenden Ergebnisse mehr, und man muss auf die für hohe Abzugsgeschwindigkeiten geeigneten Flammbehandlungen umsteigen. Die möglichen Arbeitsbreiten einer Coronaanlage liegen wie bei einer Flammbehandlungsanlage bei mehreren Metern.

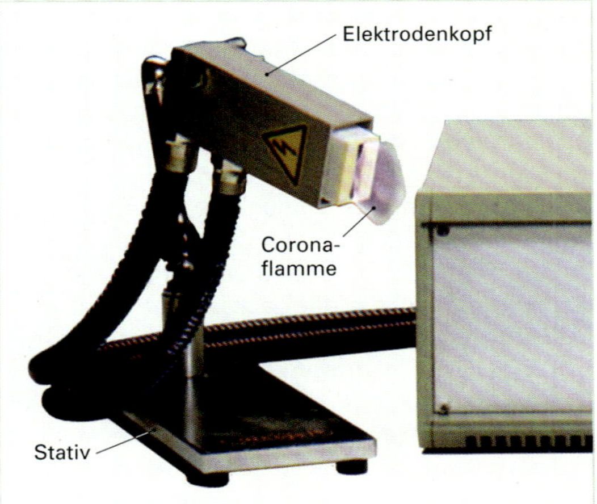

Bild 2: Elektrodenkopf

Möchte oder muss man die Behandlungsfläche begrenzen, weil z. B. eine anschließende Verschweißung erfolgen soll oder Nuten und enge Spalten behandelt werden müssen, so wählt man häufig ein weiteres Verfahren der Oberflächenaktivierung, die **Plasmavorbehandlung**. Sie verfügt über eine freistrahlende Elektrode (**Bild 1**), welche keine masseführende Gegenelektrode benötigt. Der Generator erzeugt eine Hochspannungsentladung in der Düse. Das dabei entstehende, nahezu potenzialfreie Plasma wird mittels Druckluft auf die zu behandelnde Oberfläche übertragen. Dadurch werden Kunststoff- und Metalloberflächen so aktiviert, dass sich Druckfarben, Lacke, Klebstoffe usw. darauf fest verankern können.

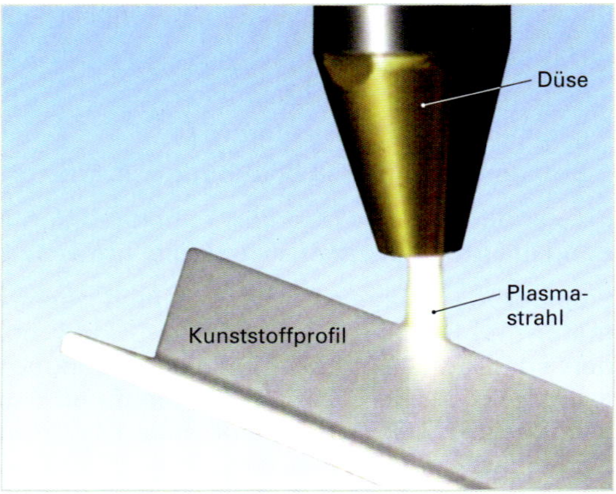

Bild 1: Plasmabehandlung

6.2.4 Oberflächenveredelung

Die Veredelung von Kunststoffoberflächen hat vielfache Gründe. Häufig kommt der optischen Aufwertung des Produktes durch eine metallisierte oder lackierte Oberfläche große Bedeutung zu. Manchmal sind es aber auch funktionale Anforderungen, die eine nachträgliche Behandlung der Kunststoffoberflächen erfordern. Hier ist die Erhöhung von Abriebfestigkeit oder Kratzfestigkeit zu nennen. Zur Beschriftung und Kennzeichnung von Kunststoffartikeln kommen neben dem Aufbringen von Folien die Verfahren **Siebdruck**, **Tampondruck** oder **Heißprägen** zur Anwendung.

Das **Metallisieren** von Kunststoffen hat die Zielsetzung, die Kunststoffteile durch die metallische Oberfläche aufzuwerten, diese zu verspiegeln um Reflexionseffekte zu erzielen oder ihnen eine elektrisch leitende Oberfläche zu verleihen (**Bild 2**). In manchen Fällen kommt der Metallschicht auch eine Schutzfunktion vor Strahlen zu.

Metallisieren

Beim Metallisieren haben unter mehreren Verfahren das **Bedampfen im Hochvakuum** und das **Galvanisieren** die größte Bedeutung erlangt. Das Bedampfen im Hochvakuum wird vorrangig für dekorative Zwecke eingesetzt. Hochvakuumbedampfen von Kunststoffteilen mit Aluminium oder Kupfer im Dickschichtverfahren (bis 50 µm) dient der elektromagnetischen Abschirmung und ersetzt aufwendige Blechabdeckungen. Beim Bedampfen im Hochvakuum erfolgt zuerst eine gründliche Entfettung der Formteile. Anschließend erfolgt das Versiegeln und Glätten der Oberfläche mit einer Lackschichtdicke von ca. 0,005 mm. Nach dem Härten des Lackes (die Lackschicht dient auch als Haftgrund für das Metall) kommen die Teile in eine Vakuumkammer. In der Vakuumkammer wird dann das Metall in einer beheizten Glühschale verdampft und setzt sich auf den Kunststoffteilen ab. Die Schichtdicke beträgt üblicherweise 0,1 µm ... 1,0 µm. Zum Schutz der empfindlichen dünnen Schicht bringt man einen Auflack von ca. 50 µm auf.

Bild 2: Metallisierte Kunststoffteile

Das Galvanisieren mit Schichtdicken bis ca. 40 µm ist im Gegensatz zum Vakuumbedampfen mit seinen meist sehr feinen Schichten auch für elektrisch leitende Aufgaben gut geeignet. Der Ablauf des **Galvanisierens** ist wie folgt:

1. beizen mit Chromschwefelsäure und dadurch Aufrauen der Oberfläche
2. entgiften der Oberfläche mit Eisensulfat
3. aktivieren der Oberfläche mit Palladiumchlorid
4. aufbringen einer Nickel- oder Kupferschicht auf chemischem Wege
5. aufbringen der eigentlichen Dekorschicht auf elektrolytischem Wege (meist Chrom)

Als Werkstoffe eignen sich z. B. das Polypropylen, das Polysulfon und besonders gut das ABS.

Lackieren

Das Lackieren von Kunststoffteilen erfordert zunächst häufig eine Vorbehandlung der Oberflächen, wie es im **Kapitel 6.2.3** beschrieben wird. Darüber hinaus ist auf eine absolut staubfreie Oberfläche zu achten. Da sich Kunststoffteile sehr leicht statisch aufladen, ist vielfach eine Entladung und Entstaubung der Teile vorausgehend. Der Aufbau der Lackschichten besteht meist aus einer **Grundierung**, der eigentlichen **Farbschicht** und dem **Schutzlack**, wobei die Farbschicht wesentlich dünner als der **Auflack** aufgetragen wird. Der Auftrag der Lacke erfolgt mittels **Sprühpistolen** per Hand (**Bild 1**) oder in automatisierten Lackierstraßen mittels Robotern. Die Abstimmung von Lackviskosität, Luftdruck, Lackmenge und Sprühgeschwindigkeit, um nur einige der Einflussfaktoren zu nennen, sind maßgebend für die Qualität der Oberfläche. In modernen Lackieranlagen erzielt man durch **Rotationszerstäuber** (**Bild 2**) hochwertige und sehr dünne Lackschichten. Die Lackersparnis amortisiert bei den Stückzahlen in der Automobilindustrie in kurzer Zeit den höheren Investitionsaufwand.

Bild 1: Lackieren per Sprühpistole

Umweltrechtliche Auflagen erfordern oft die Verringerung von Lösemittelemissionen beim Lackieren. Ein Weg ist der Einsatz von wasserbasierenden Lacken oder Pulverlacken. Ihre Verarbeitung bereitete anfänglich viele Probleme. Durch immer neue Lacksysteme und Ideen zu ihrer Verarbeitung nimmt ihr Anteil dennoch zu.

Damit beim Zusammenbau eines Fahrzeugs die lackierten Teile der unterschiedlichen Zulieferer keine Unterschiede aufweisen, kommt dem Farbmanagement eine wichtige Rolle zu. Zur Überprüfung der **Farbwerte** und des **Glanzgrads** setzt man z. B. **Farbspektrometer** ein (**siehe Kapitel 2.2.5**). Die Schichtdicke und Haftung des Lackes kann man mithilfe der **Gitterschnittprüfung** kontrollieren.

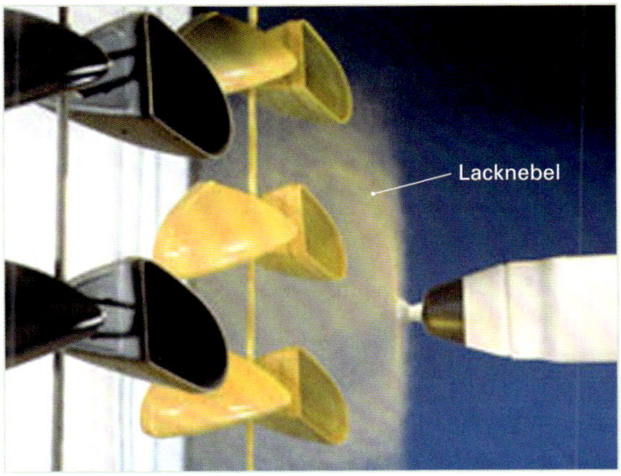

Bild 2: Lackieren mittels Rotationszerstäuber

Druckverfahren

Wie beim Lackieren muss eventuell zunächst eine Aktivierung der Oberfläche erfolgen, damit überhaupt eine Druckfarbe anhaften kann. Viele Kunststoffe lassen sich aber unmittelbar nach ihrer Entformung oder noch in der Extrusionsstrecke ohne Vorbehandlung bedrucken.

Für großflächige Druckbilder und ebene Oberflächen eignet sich der **Siebdruck** (**Bild 1**). Hierbei wird nach dem Prinzip des Durchdruckes gearbeitet. Die Druckfarbe wird durch ein auf einen stabilen Aluminiumrahmen gespanntes Gewebe (Sieb) gerakelt. Das Sieb ist eine Schablone mit farbundurchlässigen und farbdurchlässigen Stellen entsprechend dem Druckmotiv. Der Farbauftrag beim Siebdruck ist 5 ... 10-mal so dick wie bei anderen Druckverfahren.

Der Siebdruck ist sehr wirtschaftlich, und durch die Kombination mit Trocknungskammern können mehrere Farben hintereinander aufgetragen werden. Bei gewölbten Oberflächen dreht man die Artikel auch unter dem Sieb hindurch.

Bei kleinen Druckbildern und unebenen Oberflächen setzt man häufig den **Tampondruck** ein. Der Tampondruck ist ein indirektes Tiefdruckverfahren, das durch die stetige Weiterentwicklung des **Silikonkautschuks** in den letzten Jahren immer mehr an Bedeutung gewann.

Das Druckbild ist in eine Metallplatte, dem **Klischee** eingebracht und kann auch verzerrt ausgeführt sein. Mit einem Rakel wird die Druckfarbe über das Klischee gezogen und füllt die tiefergelegenen Bereiche aus. Der Tampon wird mit einem Zylinder auf das Klischee gedrückt. Dabei passt sich der Silikontampon aufgrund seiner hohen Elastizität problemlos an die Oberfläche an und übernimmt die Farbe. Der Tampon hebt ab und wird zum Formteil bewegt. Dort wird er auf die Oberfläche gedrückt und verformt sich. Die Farbe löst sich vom Tampon und haftet am Formteil an. Somit wird es ermöglicht, auch grob strukturierte Oberflächen zu bedrucken. Halbautomatische und vollautomatische Tampondruckmaschinen ermöglichen auf einfache Art mit hoher Qualität kostengünstiges Bedrucken auch mehrfarbiger Formteile.

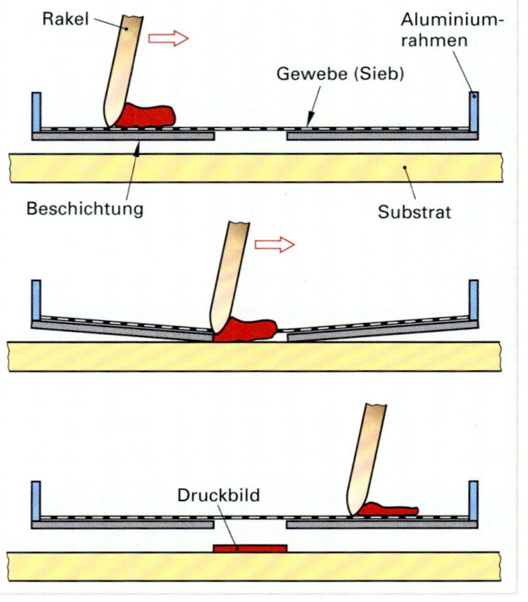

Bild 1: Prinzip des Siebdrucks

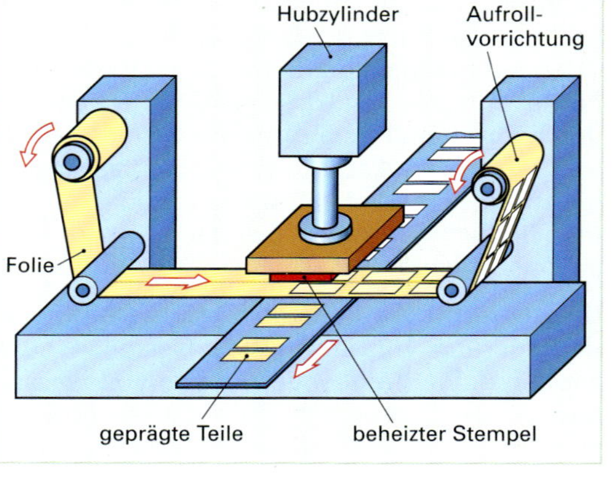

Bild 2: Heißprägen im Hubverfahren (Prinzip)

Heißprägen

Vorwiegend für silber- und goldfarbene Beschriftungen findet das Heißprägeverfahren Anwendung. Es kann im Hubverfahren (**Bild 2**) und im Abrollverfahren zur Anwendung kommen.

Aus einer Prägefolie werden über einen beheizten Stempel oder eine Rolle an deren erhabenen Stellen die Farb- oder metallisierten Aluminiumpigmente auf den Kunststoffartikel übertragen. Die Produktpalette geht von Chrom- über Holzdesign bis zu Mehrfarbenfolien. Das Verfahren ist in fast allen Bereichen der Kunststoffindustrie eingeführt und erfüllt dabei, neben wichtigen textlichen Hinweisen und Angaben, überwiegend dekorative Aufgaben. Die Prägungen sind mit den heutigen Folien sehr abrieb- und kratzfest und besitzen eine hohe physikalische und chemische Beständigkeit.

Tintenstrahldruck

In Extrusionsstrecken werden die Profile mitunter auch mittels Tintenstrahldruckköpfen gekennzeichnet. Informationen für den Kunden, wie Größenangaben, Materialkennzeichnung und Artikelnummern werden vom feststehenden Druckkopf auf das vorbeilaufende Extrudat aufgespritzt.

Laserbeschriftung

Die Kennzeichnung erfolgt kraftfrei und ohne Zusatzstoffe zwischen dem Laserstrahl und der Werkstückoberfläche. Während der Beschriftung wird der Laserstrahl durch die Spiegel eines computergesteuerten Schwenksystems auf die zu beschriftende Werkstückoberfläche gelenkt.

Je nach der Strahlungsintensität wird zwischen **Verfärben** (Erwärmung mit Strukturveränderung) und **Gravieren** (lokales Verdampfen mit Materialabtrag) unterschieden. Darüber hinaus kommt für Kunststoffe auch das Anschmelzen mit Strukturveränderung zur Anwendung. Das Lasern von Tag-Nachtdesigns für lackierte Kunststoffe im Automobilbereich (**Bild 1**) ist eines der Einsatzgebiete der Laseranlagen.

Bild 1: Beispiele für Laserbeschriftung

Beflocken

Durch das Beflocken erhält man textilähnliche Oberflächen mit Samt- oder Velourcharakter (**Bild 2**). Zunächst wird ein Klebstoff auf den Kunststoff aufgebracht, und anschließend werden die Flocken aus den gebräuchlichen Textilien aufgestreut, aufgeblasen oder durch Hochspannungsanlagen elektrostatisch aufgetragen. Das Beflocken erfolgt meist kontinuierlich auf Bahnen, kann durch Verwendung von speziellen Formelektroden jedoch auch an Formteilen erfolgen.

Bild 2: Beflocktes Zubehör für den Modellbau

Wiederholungsfragen:

1. Für welche Zerkleinerungsaufgaben setzt man Hammermühlen und Walzenbrecher ein?
2. Nennen Sie die wesentlichen Bestandteile einer Schneidmühle mit ihrer Funktion.
3. Für welche Mischaufgaben kommen die Heiz-Kühlmischer zum Einsatz?
4. Weshalb werden bevorzugt gleichsinnig drehende Doppelschneckenextruder zur Herstellung von Compounds eingesetzt?
5. Beschreiben Sie jeweils die Form eines Kalt- und eines Heißabschlaggranulatkorns.
6. Erläutern Sie die in der Kunststoffbranche verwendeten Materialtrocknungssysteme.
7. Beschreiben Sie den Grund für das Konditionieren und seinen Ablauf.
8. Welche Gründe können vorliegen, wenn Kunststoffoberflächen veredelt werden?

7 Herstellen von Formteilen durch Spritzgießen

Auf der Suche nach einem Ersatzstoff für Elfenbein gelang John Wesley Hyatt die Herstellung des bis heute bekannten **Celluloids.** 1872 wurde ihm ein Patent für eine „Stopfmaschine" erteilt, die alle Merkmale einer vertikalen Spritzgießmaschine zeigte.

Die Entwicklung der Spritzgießtechnik wurde mit der Markteinführung von Polystyrol (1920) vorangetrieben.

Eckert & Ziegler stellten im Jahre 1926 die erste serienmäßig gebaute Maschine in horizontaler Bauweise vor (**Bild 1**). Diese war handbetrieben und hatte ein Schussgewicht von 10 g ... 50 g. Das Werkzeug wurde durch das Anpressen der Düse geschlossen. Das Einspritzen erfolgte durch einen Druckluftzylinder. Bis zum Jahr 1944 wurden etwa 600 dieser Maschinen gebaut.

Erst 1956 verdrängte die axial verschiebbare Schnecke im Zylinder den bis dahin gebräuchlichen Kolben, obwohl es bereits 1905 ein Patent dafür gab.

Automatisch arbeitende Maschinen waren schon ab dem Jahr 1930 verfügbar. Da aber meist nur kleinere Serien hergestellt wurden, lohnte es sich kaum, die Handarbeit durch die teuren Maschinen zu ersetzen.

Heute ist das automatische **Spritzgießen** das am meisten eingesetzte Herstellungsverfahren für Kunststoffteile (**Bild 2**). Die Auswahl der Spritzgießmaschine (**Bild 3**) richtet sich nach der Größe und dem Volumen des zu fertigenden Spritzteiles und nach den Abmessungen des Werkzeuges.

Das Ausgangsmaterial liegt meist als Granulat oder in Pulverform vor. Dieses wird plastifiziert und mit hohem Druck bei geschlossenem Werkzeug in die Formhöhlung (Kavität) gespritzt. Hier verfestigt sich die Masse bei **Thermoplasten** durch **Abkühlung**, bei **Duromeren** und **Elastomeren** durch **Vernetzung**.

Den immer wiederkehrenden Ablauf der Arbeitsschritte mit unterschiedlichen Parametern nennt man **Zyklus**, die Dauer dieses diskontinuierlichen Vorganges **Zykluszeit**. Innerhalb dieser Zeit werden je nach Anzahl der Kavitäten ein oder mehrere Teile vollautomatisch gefertigt.

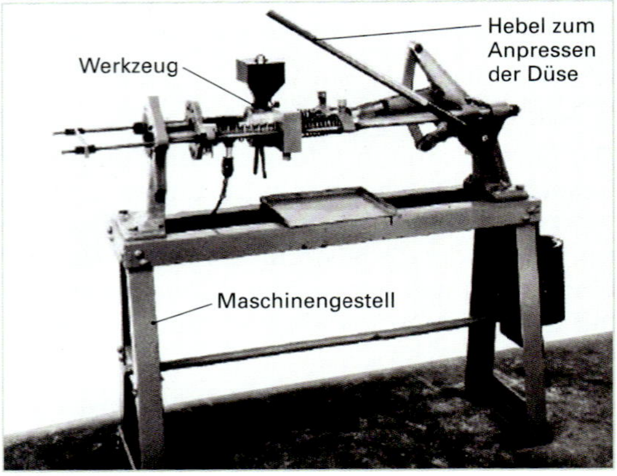

Bild 1: Spritzgießmaschine

Bild 2: Spritzgießteile

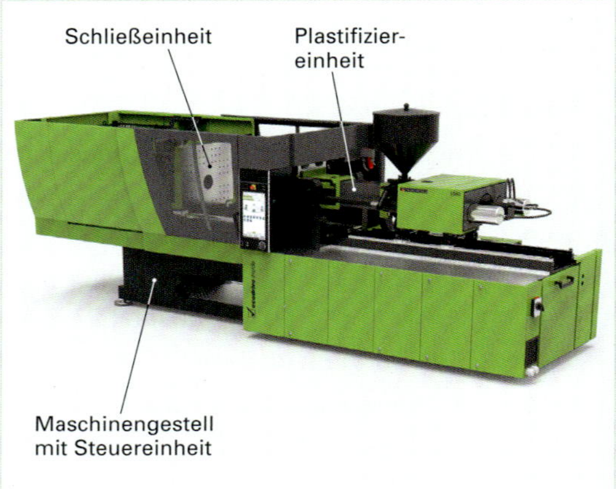

Bild 3: Spritzgießmaschine

7.1 Systemanalyse der Maschine und des Prozesses

Die heutigen Spritzgießmaschinen werden so gebaut, dass sie, je nach Ausstattung, Thermoplaste, Duromere oder Elastomere verarbeiten können (**Bild 1**).

Sie werden in vier wesentliche Baugruppen unterteilt (**Bild 2**).

- Schließeinheit
- Spritzeinheit
- Maschinenbett mit Hydraulik
- Schaltschrank und Steuereinheit

Die Größenangabe richtet sich nach der **Schließkraft**, die die Maschine aufbringen kann. Sie wird in der Einheit **kN** angegeben.

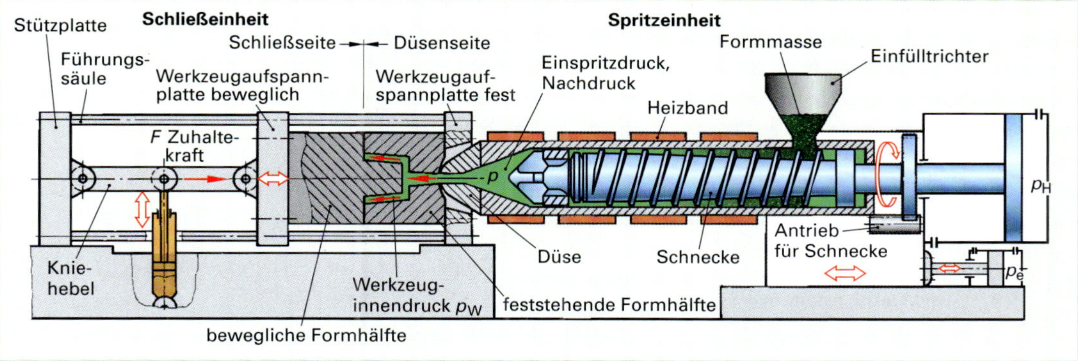

Bild 1: Schnitt durch eine Spritzgießmaschine

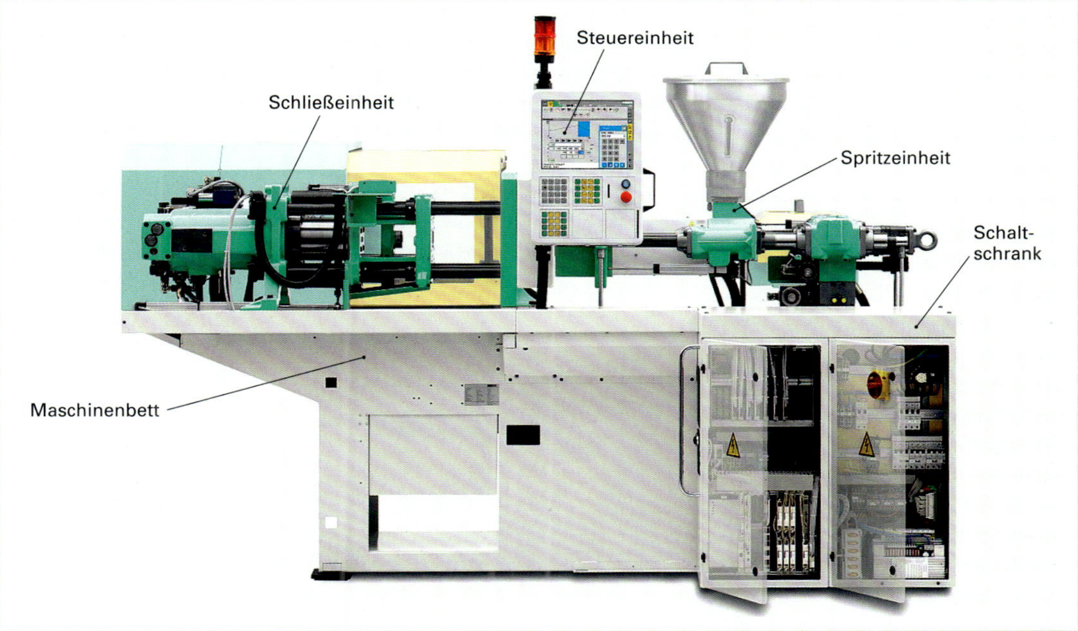

Bild 2: Spritzgießmaschine

7.1.1 Arbeitsstellungen der Maschine

Die Spritzgießmaschinen unterscheiden sich durch die verschiedenen Bauarten von Schließeinheiten und Spritzeinheiten, einschließlich Antrieb und Steuerungen. Viele Spritzgießmaschinen besitzen veränderbare Arbeitsstellungen. Die **Spritzeinheit** und die **Schließeinheit** können waagrecht oder senkrecht verstellt werden. Mehrere Spritzeinheiten können ebenfalls verwendet werden.

- Schließeinheit horizontal, Spritzeinheit horizontal (**Bild 1**):
  Diese Einstellung ist für **konventionelles** Einspritzen durch die feste Aufspannplatte geeignet, bei horizontal verschiebbarer Spritzeinheit auch für seitliches Anspritzen.
- Schließeinheit horizontal, Spritzeinheit vertikal (**Bild 2**):
  Diese Möglichkeit bringt beim Einspritzen in die Trennebene besonders bei **länglichen** und **flächigen Teilen** Vorteile.
- Schließeinheit vertikal nach unten, Spritzeinheit vertikal (**Bild 3**):
  Die **Einlegeteile** lassen sich besser einbringen als in einer vertikalen Trennebene.
- Schließeinheit vertikal nach unten, Spritzeinheit horizontal (**Bild 4**):
  Diese Zusammenstellung ist zum Einspritzen in die Trennebene und für **horizontal eingebrachte Einlegeteile** geeignet.
- Schließeinheit vertikal nach oben, Spritzeinheit horizontal (**Bild 5**):
  Diese Möglichkeit benutzt man für **empfindliche, leichte Einlegeteile** zum Einbringen in die feststehende Werkzeughälfte bei Einspritzen in die Trennebene
- Schließeinheit horizontal, Spritzeinheit horizontal und vertikal (**Bild 6**):
  Diese Arbeitsstellung eignet sich für **Zweikomponentenspritzen** oder Zweifarbenspritzen.
- Schließeinheit vertikal, Spritzeinheit horizontal und vertikal (**Bild 7**):
  Diese Maschine dient vorzugsweise zum Arbeiten mit **Einlegeteilen mit Zweistoffspritzen**. Auch werden Einlegeteile an verschiedenen Stellen mit unterschiedlichem Material umspritzt.
- Drehtischmaschine mit vertikaler Spritzeinheit (**Bild 8**):
  Die Einlegephase erfolgt **parallel** zum Umspritzen. Damit wird mit **kürzeren** Zyklen gearbeitet.

Bild 1: Horizontal/horizontal

Bild 2: Horizontal/vertikal

Bild 3: Vertikal/vertikal

Bild 4: Vertikal/horizontal

Bild 5: Vertikal/horizontal

Bild 6: Horizontal/horizontal/vertikal

Bild 7: Vertikal/horizontal vertikal

Bild 8: Drehtisch mit vertikaler Spritzeinheit

Ein Spritzgießteil wird innerhalb einer bestimmten Zeit hergestellt, die als Taktzeit, Schusszeit oder **Zykluszeit** bezeichnet wird.

Die **Zykluszeit** ist ein wichtiger Faktor zur Berechnung der Herstellungskosten. Durch den Facharbeiter kann dieser optimiert und damit so kurz wie möglich gehalten werden.

7.1.2 Zyklusablauf bei der Thermoplastverarbeitung

Das geteilte **Werkzeug** wird mit regelbarer Geschwindigkeit **geschlossen**, und danach wird die **Schließkraft** aufgebracht.

Die Düse des Spritzaggregates fährt an das Werkzeug und baut die **Düsenanlagekraft** auf (**Bild 1a**).

Das vor der Schneckenspitze befindliche Material wird durch die Düse mit hohem Druck über den Angusskanal in den Formhohlraum **eingespritzt** (**Bild 1b**).

Sobald sich die Formmasse im Werkzeug befindet, wird der **Nachdruck** eingeleitet. Dieser soll den Volumenschwund beim Abkühlen ausgleichen. Damit beginnt die **Gesamtkühlzeit** des Spritzteiles. Durch die Abkühlung schwindet das Material. Um den Schwund auszugleichen, muss ein Massepolster vorhanden sein.

Die **Restkühlzeit** beginnt, wenn die **Nachdruckzeit** abgelaufen ist. Innerhalb dieser Zeit wird durch die **Schneckendrehung** wieder neues Material aufdosiert.

Nach dem **Dosieren** muss bei einer **offenen** Düse die Schnecke vor dem Abheben der Düse etwas zurückgezogen werden, um den Schneckenvorraum zu entlasten (Kompressionsentlastung).

Die Düse wird jetzt in den meisten Fällen abgehoben, um ein Erkalten des Materials an der Düsenspitze zu vermeiden.

Wird in die **Trennebene** eingespritzt, muss die Düse abgehoben werden, um eine Beschädigung des Werkzeuges zu vermeiden.

Nachdem das Spritzgießteil abgekühlt ist, wird die **Form geöffnet** (**Bild 1c**), das Teil durch den Auswerfer ausgestoßen (**Bild 1d**) und nach einer **Pausenzeit** (wenn notwendig) wieder geschlossen. Der Zyklus beginnt von neuem.

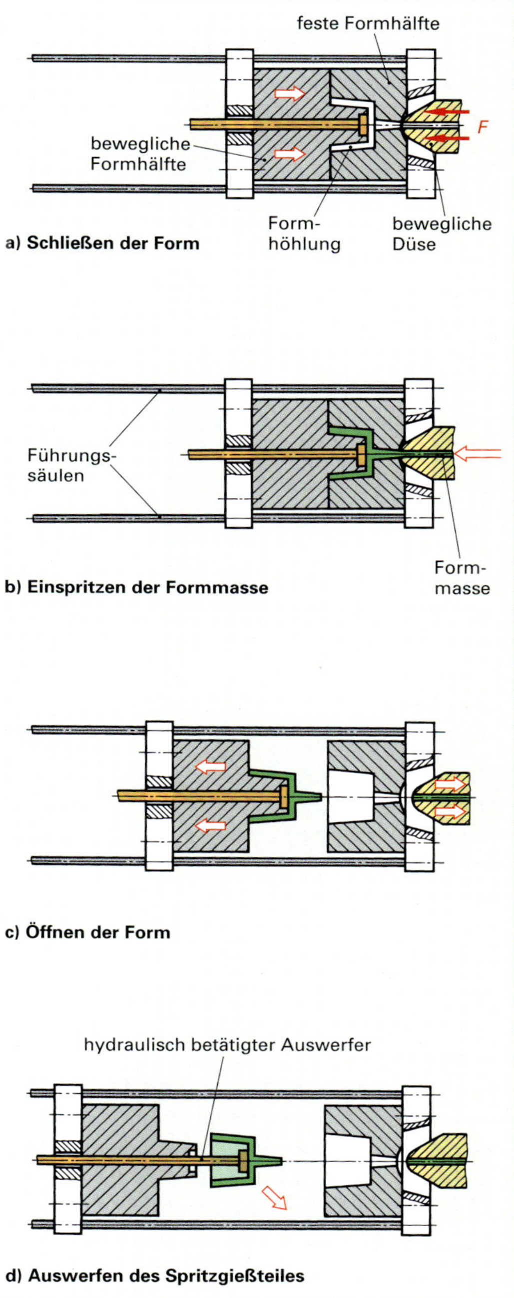

Bild 1: Zyklusablauf

Die Zeit, bis sich ein Vorgang beim Spritzgießen wiederholt, nennt man **Zykluszeit**.

7.1.3 Verarbeitungsparameter

Um ein Spritzgießteil zu fertigen, ist ein diskontinuierlicher (unterbrochener, immer wiederkehrender) Fertigungsablauf notwendig. Dazu ist ein Zusammenspiel verschiedener Verarbeitungsparameter erforderlich.

Jede Spritzgießmaschine verfügt über folgende **Verarbeitungsparameter**, die über die Tastatur verändert werden können (**Bild 1**):

- Temperaturen
- Drücke
- Wege
- Geschwindigkeiten
- Zeiten

Diese Verarbeitungsparameter werden je nach Herstellerfirma und nach Art der Maschine verschieden unterteilt.

Wichtige **Temperaturen** sind:

- Einfüllzonentemperatur
- Zylindertemperatur (**Bild 2**)
- Werkzeugtemperatur
- Öltemperatur

Wesentliche **Drücke** sind:

- Schließdruck (Schließkraft)
- Einspritzdruck
- Nachdruck
- Staudruck
- Auswerferdruck

Veränderbare **Wege** sind:

- Dosierweg
- Schneckenrückzugsweg
- Aggregatweg
- Werkzeugöffnungsweg
- Einspritzweg
- Auswerferweg

Einstellbare **Geschwindigkeiten** sind:

- Aggregatgeschwindigkeit
- Einspritzgeschwindigkeit
- Werkzeuggeschwindigkeit (**Bild 3**)
- Auswerfergeschwindigkeit
- Schneckenrückzugsgeschwindigkeit
- Schneckenumfangsgeschwindigkeit

Verstellbare **Zeiten** sind:

- Einspritzzeit
- Nachdruckzeit
- Restkühlzeit
- Anzahl der Hübe (Auswerferzeit)
- Pausenzeit
- Verzögerungszeit
- Überwachungszeiten

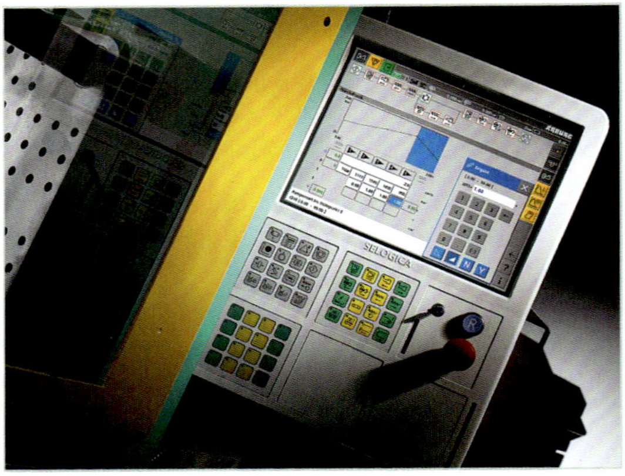

Bild 1: Tastatur

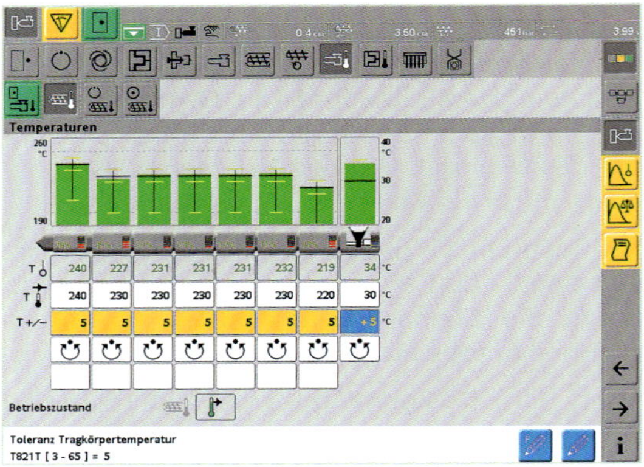

Bild 2: Parameteranzeige Temperatur

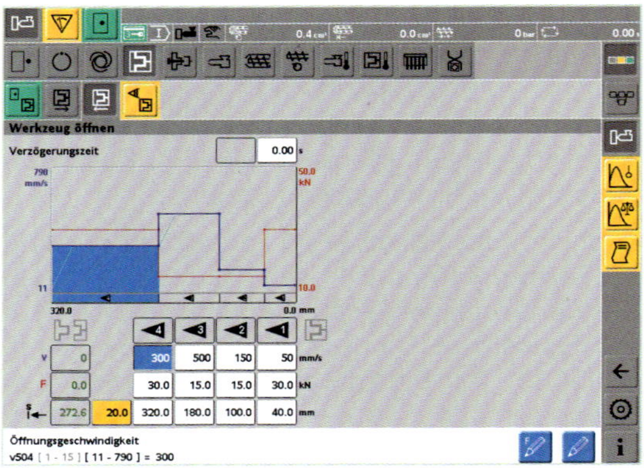

Bild 3: Parameteranzeige Geschwindigkeit

7.1.4 Schließeinheit

Die Schließeinheit einer Spritzgießmaschine erfüllt im Wesentlichen vier Aufgaben:

- Sie nimmt das Werkzeug auf und sichert es.
- Sie fährt die bewegliche Werkzeughälfte gegen die feste und schließt damit das Werkzeug.
- Sie bringt die notwendige Schließkraft auf, damit die Werkzeughälften nicht von der mit hohem Druck einströmenden plastifizierten Formmasse aufgetrieben werden können.
- Sie öffnet nach Ablauf der Kühlzeit das Werkzeug und betätigt das Entformungssystem.

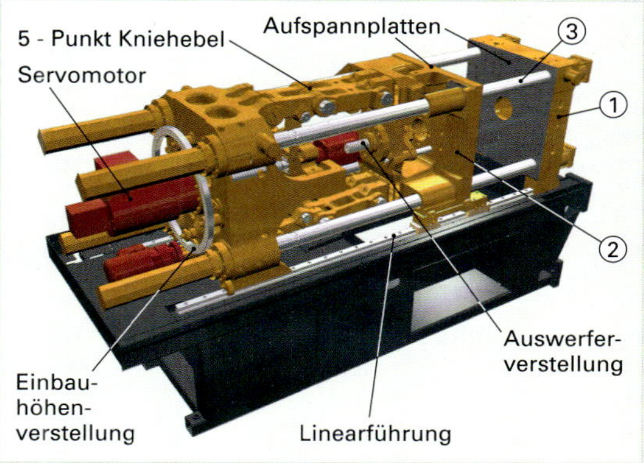

Bild 1: Schließeinheit

Die Schließeinheit hat eine **feste** ① und eine **bewegliche** ② Aufspannplatte (**Bild 1**). Diese sind mit Durchgangsbohrungen, Gewindebohrungen und einer Zentrierbohrung versehen. Das Aufspannbild ist der Betriebsanleitung (**Bild 2**) zu entnehmen.

Die Befestigung der Werkzeughälften erfolgt meist durch Anschrauben an die Aufspannplatten.

Weitere Befestigungsmöglichkeiten bieten Spannpratzen, pneumatische, hydraulische und elektromagnetische Spannsysteme.

Die Werkzeugbreite bei Maschinen mit Holmenführung ③ ist durch den **Holmenabstand** begrenzt, die Werkzeughöhe durch die **maximale Einbauhöhe** der Maschine.

Die Zentrierringgröße des Werkzeuges richtet sich nach der Zentrierbohrung der Aufspannplatte. Hier ist eine Spielpassung gefordert, um Mittigkeit mit der Düsenbohrung zu erhalten und das Werkzeug vor Verrutschen zu sichern. Die Länge des Auswerferbolzens wird mit dem Auswerferweg der Maschine abgestimmt. Das Kupplungsteil muss mit dem Gegenstück der Maschine zusammenpassen.

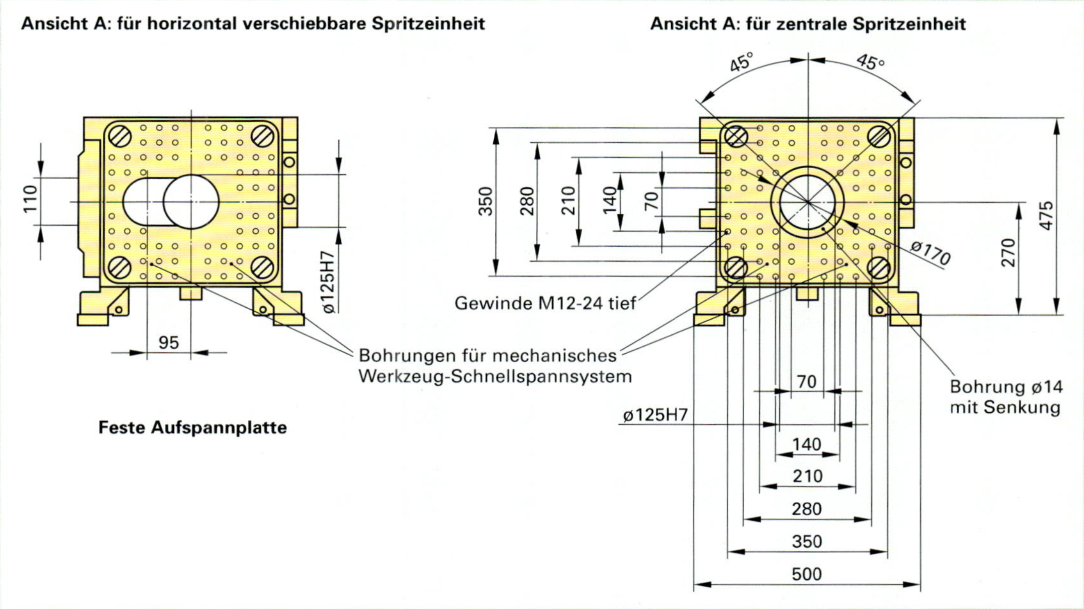

Bild 2: Aufspannbild

Auswerfer

In der Mitte der beweglichen Aufspannplatte befindet sich ein axial beweglicher Bolzen. Er wird als Auswerfer bezeichnet. Dieser wird mit dem im Werkzeug integrierten Auswerfersystem verbunden.

Man unterscheidet mechanische und hydraulische Auswerfer.

- **mechanische Auswerfer**

Auswerfer am Werkzeug, die beim Öffnen des Werkzeuges gegen einen Stehbolzen der Maschine fahren (**Bild 1**)

- **hydraulisch betätigte Auswerfer**

Direkt ans Werkzeug angebaute Auswerfer, die von der Maschine gesteuert werden (**Bild 2**).

Auswerfer, die von der beweglichen Aufspannplatte direkt aufs Werkzeug wirken (**Bild 3**).

Der am häufigsten verwendete Auswerfer ist der hydraulische Auswerfer. Er hat meist folgende Grundfunktionen:

- Schnellspannkupplung
- einstellbare Kraft für Vor- und Rücklauf
- einstellbarer Auswerferhub für Vor- und Rücklauf
- Auswerferhub (Rüttelschaltung) einstellbar

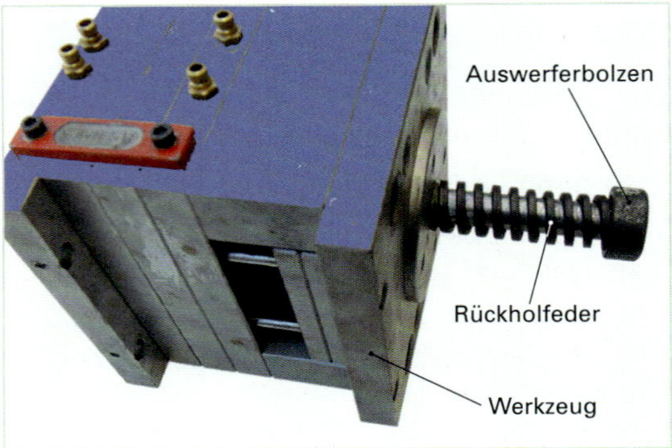

Bild 1: Mechanischer Auswerfer

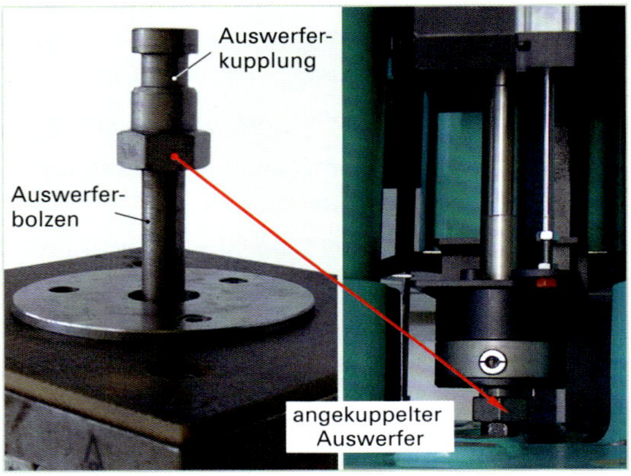

Bild 2: Hydraulisch betätigter Auswerfer

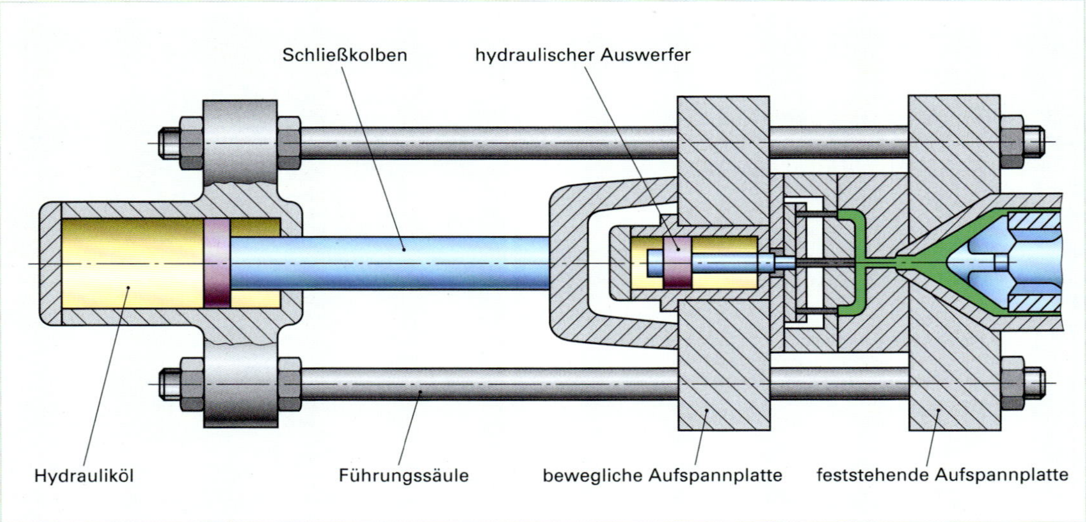

Bild 3: Lage hydraulischer Auswerfer

Werkzeugaufspannung

Um die exakte horizontale Ausrichtung der beiden Werkzeughälften während der laufenden Produktion zu gewährleisten ist das richtige Aufspannen des Spritzgusswerkzeugs entscheidend. Ein **vertikaler Versatz** von Düsenseite und Auswerferseite führt zu einem **erhöhten Verschleiß** der Führungen. Auch Einsätze und Kerne können dadurch einer höheren Abnutzung unterliegen (**Bild 1**).

Vor dem Aufspannen soll darauf geachtet werden, dass sowohl die **Aufspannplatten** der Schließeinheit als auch die des Werkzeugs **sauber und fettfrei** sind. Es können entweder beide Werkzeughälften **gemeinsam** oder **einzeln** aufgespannt werden (**Tabelle 1**). Für beide Varianten sind die in der Tabelle angeführten Hinweise zu beachten.

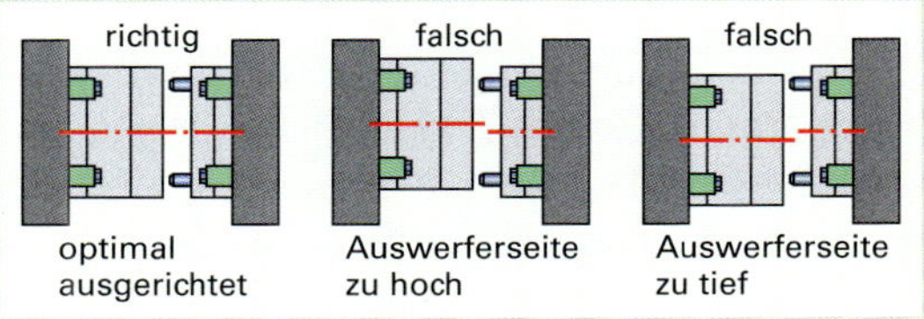

Bild 1: optimale Werkzeugaufspannung

Tabelle 1: Hinweise zur Werkzeugaufspannung

gemeinsames Aufspannen		einzelnes Aufspannen	
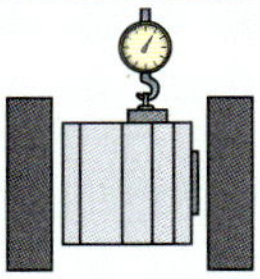	Die Werkzeughälften mit einer Brücke verbinden und mit der Kranwaage aufhängen. Das Werkzeug soll möglichst gerade am Kran hängen.	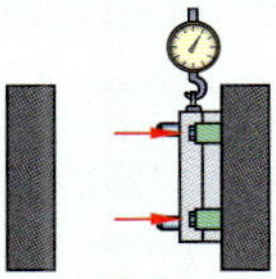	Mit Zentrierring versehene Seite (hier Düsenseite) zuerst in die feste Aufspannplatte der Schließeinheit zentrieren und festschrauben.
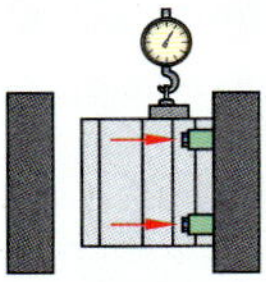	Der Zentrierring gleitet düsenseitig in die Ausnehmung der festen Aufspannplatte. Das Werkzeug eventuell mit einer Wasserwaage ausrichten und festschrauben.	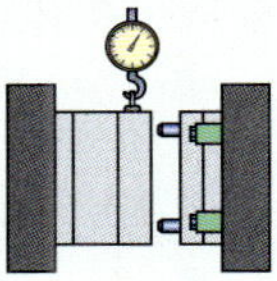	Die auswerferseitige Werkzeughälfte mit einer Kranwaage aufhängen und mittig an die bewegliche Aufspannplatte anlegen.
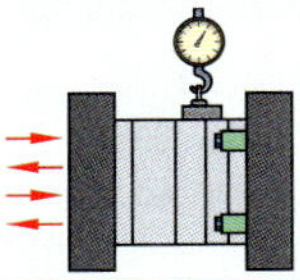	Im Einrichtmodus das Werkzeug schließen und die Formhöhe ermitteln. Danach mindestens drei Mal die Schließkraft auf-ab und wieder aufbauen.	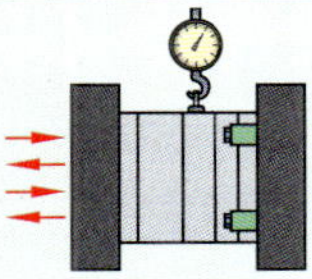	Im Einrichtmodus Werkzeug schließen und die Formhöhe ermitteln. Danach mindestens drei Mal die Schließkraft auf-ab und wieder aufbauen.
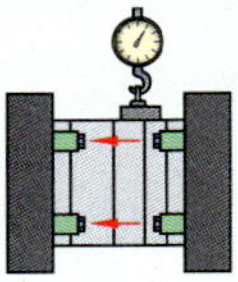	Die bewegliche Werkzeughälfte unter Schließkraft festschrauben und danach Kran und Bügel entfernen. Das Werkzeug kann jetzt geöffnet werden.	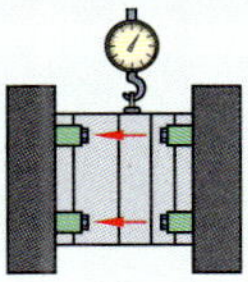	Die bewegliche Werkzeughälfte unter Schließkraft festschrauben und danach Kran und Bügel entfernen. Das Werkzeug kann jetzt geöffnet werden.

Zu beachten ist weiterhin:

- Die **Temperierung** des Werkzeugs kann zu einem **Versatz** von Düsenseite und Auswerferseite führen. Um diesen Versatz auszugleichen muss die nichtzentrierte Werkzeughälfte (meist Auswerferseite) wieder mit der Kranwaage aufgehängt werden. Danach werden bei dieser Hälfte die Spannschrauben gelockert und mindestens drei Mal die Schließkraft auf-ab und wieder aufgebaut. Danach die Schrauben wieder mit Drehmomentschlüssel anziehen und den Kran entfernen.
- Eventuell montierte **Isolierplatten** können **verschleißen** und somit ebenfalls dazu führen, dass die beiden Werkzeughälften nicht mehr zentrisch auf der Schließeinheit montiert sind.
- Die **Ausrichtung** der Düsen- und Auswerferseite zueinander kann mithilfe von **Messuhren** überprüft werden. Diese werden auf die Werkzeughälfte mit den Zentrierbohrungen befestigt und an die nicht in die Bohrungen eingetauchten Führungsbolzen angelegt. Danach wird das Werkzeug nur soweit geschlossen, dass die Bolzen gerade in die Bohrungen eintauchen. Der Werkzeugversatz kann jetzt an den Messuhren abgelesen werden.

Schließ- und Zuhaltesysteme

Bei allen Schließeinheiten ist ein Mechanismus zur Aufbringung der Schließkraft notwendig. Dabei unterscheidet man eine **formschlüssige Verriegelung** durch elektrisch oder hydraulisch betätigte Kniehebel von einer **kraftschlüssigen Verriegelung** durch Hydraulikzylinder.

Formschlüssige Verriegelungen über Kniehebel haben folgende Vorteile:

- sehr schnelles Schließen des Werkzeugs möglich, da die Kniehebelgeometrie die Schließgeschwindigkeit vor dem Werkzeugschluss abbremst
- Selbsthemmung im verriegelten Zustand
- der Öffnungsweg der beweglichen Aufspannplatte bleibt bei verschiedenen Formeinbauhöhen immer gleich

Kraftschlüssige Verriegelungen durch Hydraulikzylinder haben folgende Vorteile:

- Schließkraft kann sehr genau über die Druckmessung im Schließzylinder ermittelt werden
- sehr große Schließkräfte (bis zu 55 000 kN) möglich
- geringe Stellfläche der Maschine

Kniehebelsystem

Kniehebel werden durch einen hydraulisch betätigten Schließzylinder oder bei elektrischen Maschinen, mit einer Kugelumlaufspindel durchgestreckt (**Bild 1**). Dieses Strecken bewirkt, dass keine Kraft mehr aufzuwenden ist um die Kniehebel in gestreckter Lage zu halten. Kein auch noch so großer Werkzeuginnendruck kann das Werkzeug öffnen. Man spricht daher von einem formschlüssigen, **selbsthemmenden** System.

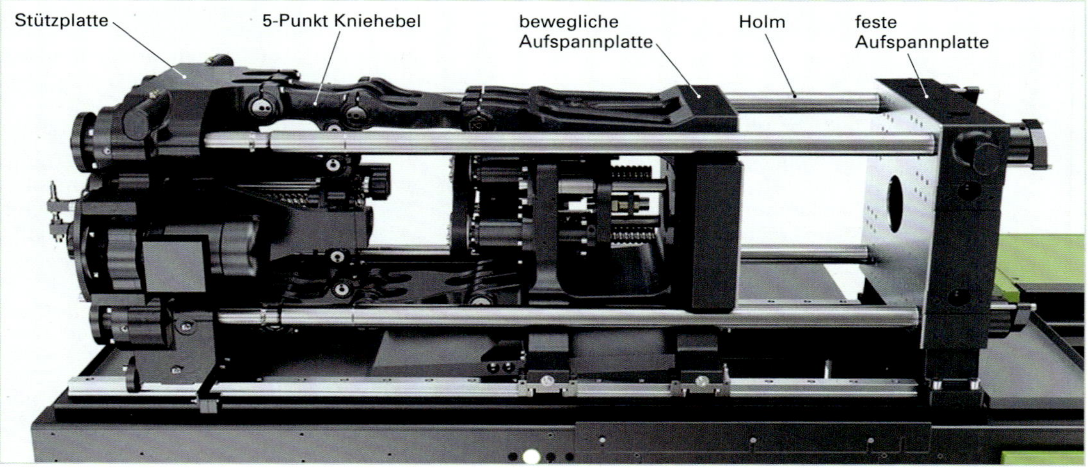

Bild 1: Kniehebel-Schließeinheit

Zur Einstellung der Werkzeugeinbauhöhe und der Schließkraft dreht ein Elektromotor ein großes Zahnrad, auch **Sonnenrad** genannt, welches mit den vier auf die Holme geschraubten **Holmmuttern** verzahnt ist (**Bild 2**). Die Stützplatte wird dadurch in Holmachsrichtung verschoben. Das Werkzeug wird geschlossen und die Schließkraft über die **Holmdehnung** oder die elastische Verformung der Stützplatte ermittelt. Die Kniehebel-Schließeinheit darf nicht unter Schließkraft abgeschaltet oder längere Zeit stehen gelassen werden, da sonst der Schmierfilm in den Gelenken abreißt.

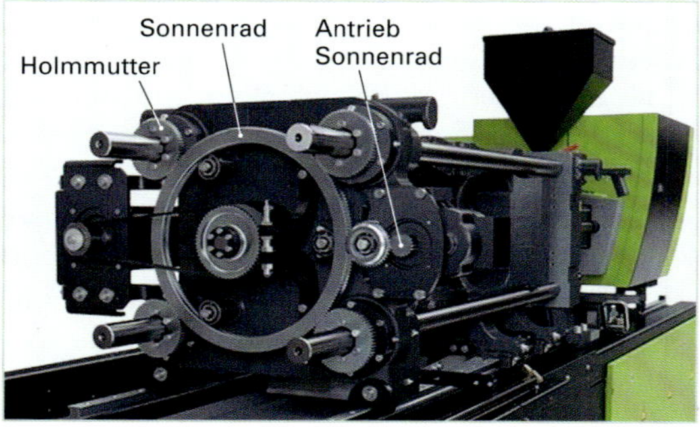

Bild 2: Formhöhenverstellung

Hydromechanisches System

Diese auch **2-Platten-Maschine** (**Bild 1**) genannte Schließeinheit wird vorwiegend für Schließkräfte von 3500 kN bis zu 55000 kN gebaut. Der hydraulische Druck zum Schließkraftaufbau muss bis zum Öffnen des Werkzeugs aufrecht gehalten werden, man spricht daher von einer **kraftschlüssigen Schließeinheit**.

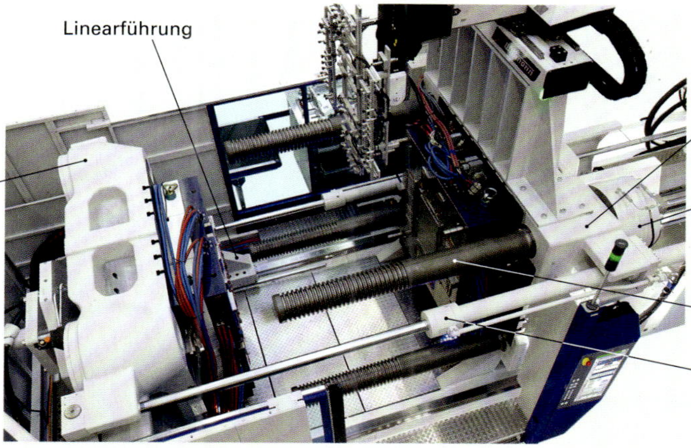

Bild 1: 2-Platten-Schließeinheit

Die Verfahrbewegung der beweglichen Aufspannplatte übernehmen zwei kleine diagonal angeordnete Fahrzylinder, die den Vorteil haben, dass für diese Bewegungen nur eine geringe Ölmenge erforderlich ist. Die bewegliche Aufspannplatte stützt sich über Linearführungen auf den Rahmen der Maschine ab. Die **Holme** übernehmen somit keine Führungsaufgabe, sondern sind freistehend in der festen Aufspannplatte beziehungsweise in Kurzhubzylindern, sogenannten **Druckkissen**, gelagert. Nach dem Schließen des Werkzeugs greifen an der beweglichen Aufspannplatte angebrachte, geteilte **Zahnsegment-Muttern** (**Bild 2**) in die Rillen der Holme und bilden eine mechanische Verriegelung. Die Druckkissen ziehen die Holme und somit auch die bewegliche Aufspannplatte gegen die feste Aufspannplatte und bauen die eingestellte Schließkraft auf.

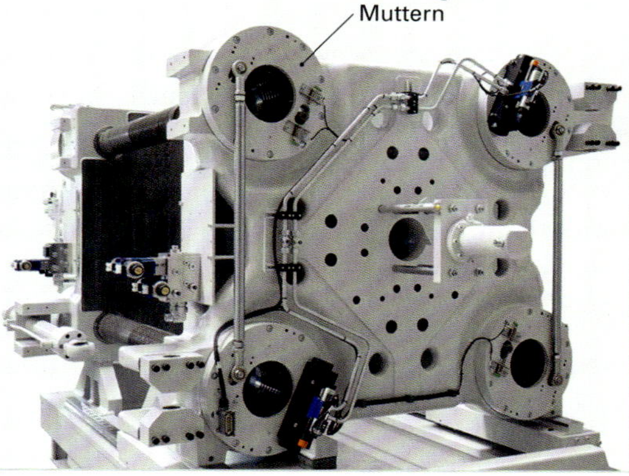

Bild 2: Mechanischer Verschlussmechanismus

Diese Bauart bietet folgende Vorteile:

- Bezogen auf die Größe der Maschine ist nur eine kleine Aufstellfläche nötig
- sehr hohe Schließkräfte realisierbar
- präziser Formschutz durch exakte Messung des Hydraulikdrucks
- schnelle, energiesparende Bewegungen durch hohe Verfahrensgeschwindigkeiten und kürzeste Verriegelungs- und Hochdruckaufbauzeiten
- Für den Einbau sehr großer Werkzeuge kann die Maschine mit einer automatischen Holmziehvorrichtung ausgestattet werden.
- exakte Werkzeugführung und Plattenparallelität
- Durch die vier Druckkissen ist es möglich jeden einzelnen Holm gleich zu belasten und somit wird ein gleichmäßiger Schließdruckaufbau über die gesamte Werkzeugfläche erzielt.

Direkt-hydraulisches System

Bei dieser Schließeinheit wird die Schließkraft über einen großen, zentral angeordneten Schließzylinder aufgebracht. Auch die Verfahrbewegung der beweglichen Aufspannplatte wird hydraulisch über einen kleinen, im Schließzylinder liegenden Schnellfahrzylinder ausgeführt. Der Hydraulikdruck im Schließzylinder muss bis zum Öffnen der Maschine aufrecht gehalten werden, man spricht daher von einer **kraftschlüssigen Schließeinheit** (**Bild 1**).

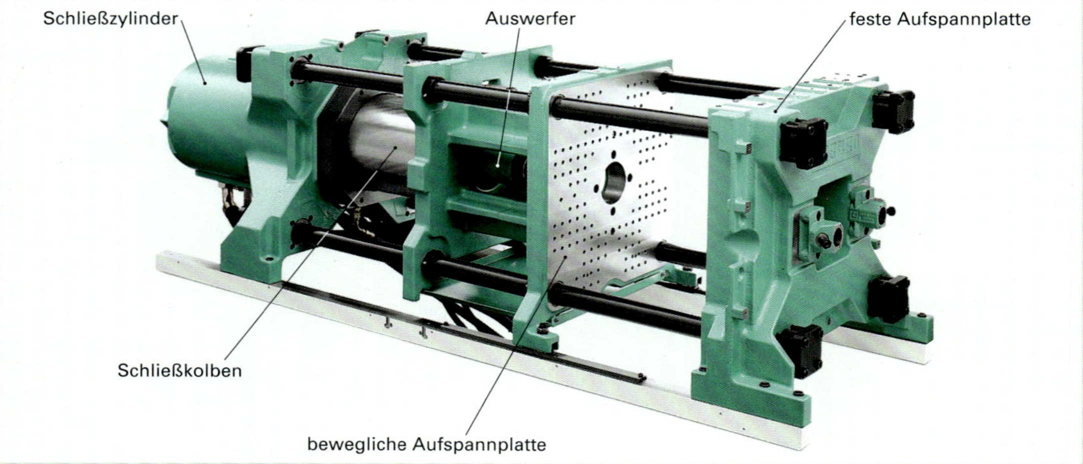

Bild 1: Direkt-hydraulische Schließeinheit

Beim Schließen des Spritzgusswerkzeugs wird zuerst der innen im Schließzylinder eingebaute Verfahrzylinder unter Druck gesetzt. Für diese Bewegung wird nur eine geringe Ölmenge benötigt. Das Hydrauliköl im großen Schließzylinder wird zugleich durch einen geöffneten **Ringkolben** (**Bild 2**) von einer Kolbenseite zur anderen gedrückt. Durch dieses **Differenzialkolbensystem** wird nur eine geringe Ölmenge des großen Schließzylinders mit dem Öltank ausgetauscht. Kurz vor Schließkraftaufbau wird dieser Ringkolben geschlossen und danach sowohl der Verfahrzylinder als auch der Schließzylinder mit Hochdruck beaufschlagt. Die Holme nehmen die Schließkraft auf und dehnen sich im elastischen Bereich wie Zugfedern. Beim Auffahren des Werkzeugs wird auch der Ringkolben wieder geöffnet und das Öl von der Schließseite des Zylinders in die Öffnungsseite gedrückt. Der **maximale Öffnungsweg** steht nur bei **minimaler Werkzeugeinbauhöhe** zur Verfügung, er verringert sich im gleichen Maße, wie die Einbauhöhe größer wird.

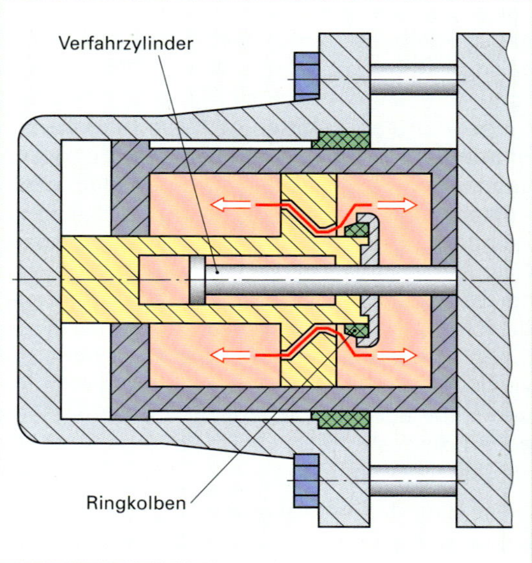

Bild 2: Differenzialkolben (Prinzip)

Diese Bauart bietet folgende Vorteile:

- hohe Fahrgeschwindigkeiten bei geringer Pumpenleistung durch kleinen Verfahrzylinder
- konstante Schließkraft unabhängig von der Wärmedehnung der Maschine und des Werkzeugs
- exakte Werkzeugparallelität durch Abstützung der beweglichen Platte am Maschinenbett und Führung durch vier Holme
- energiesparender Ölaustausch über das Differenzialkolbensystem

Holmloses System

Bei der **holmlosen Schließeinheit** (Bild 1) handelt es sich um eine **kraftschlüssige Schließeinheit**. Die Verfahrbewegung der beweglichen Aufspannplatte wird durch einen zentralen oder Schnellschlusszylinder ausgeführt. Der Druck im großen Schließzylinder wird nach dem Schließen des Werkzeugs bis zum Öffnen ohne weiteren Energieverbrauch aufrechterhalten.

Durch den Wegfall der Holme steht bei der Holmlos-Technologie der gesamte Werkzeug-Einbauraum zur Verfügung. **Große Werkzeuge** können auf verhältnismäßig **kleineren Maschinen** eingebaut werden. Der Freiraum zwischen der beweglichen und der feststehenden Aufspannplatte ermöglicht einen einfachen Werkzeugwechsel und weitgehend ungehinderte Roboterbewegungen.

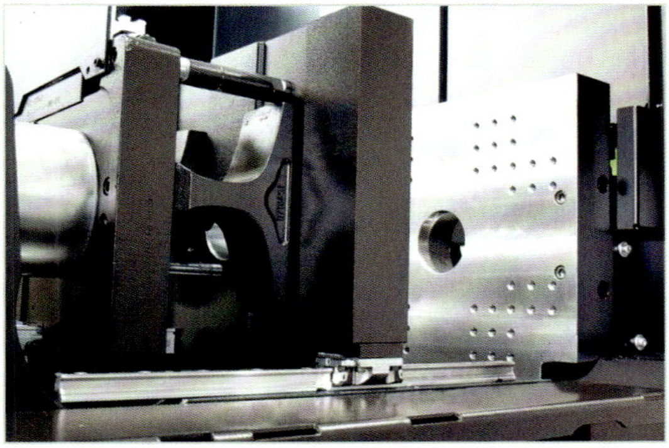

Bild 1: Holmlose Schließeinheit

Die feste Aufspannplatte ist nicht wie bei anderen Schließeinheiten auf den Maschinenrahmen aufgeschraubt, sondern stützt sich, wie auch der große Schließzylinder, direkt am hochgezogenen Rahmen ab. Die Form dieses Rahmens ähnelt dem Buchstaben C, man spricht daher von einem **C-Rahmen** (Bild 2).

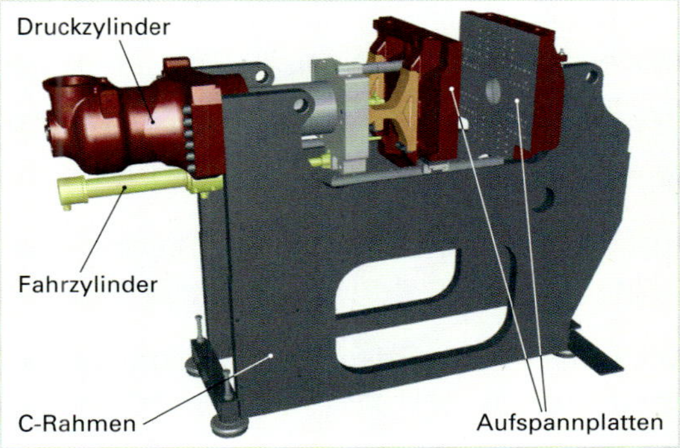

Bild 2: Aufbau holmlose Schließeinheit

Bei der durch den kleinen **Verfahrzylinder** ausgeführten Schließbewegung wird gleichzeitig Öl vom Tank durch ein großes Ventil in den **Schließzylinder** gesaugt. Sobald die Werkzeughälften anliegen, wird dieses Ventil geschlossen und durch eine Hochdruckleitung der benötigte Druck im Schließzylinder aufgebaut. Bei Erreichen der eingestellten Schließkraft, die über den Hydraulikdruck umgerechnet wird, schließt sich die Hochdruckleitung und der Druck im Schließzylinder wird bis zum Öffnen eingeschlossen. Die Schließkraft verformt den C-Rahmen minimal im elastischen Bereich. Diese Verformung wird durch ein Biegegelenk, den sogenannten **Force-Divider** (Bild 3) kompensiert und gleichzeitig wird die bewegliche Aufspannplatte aus der Linearführung gehoben.

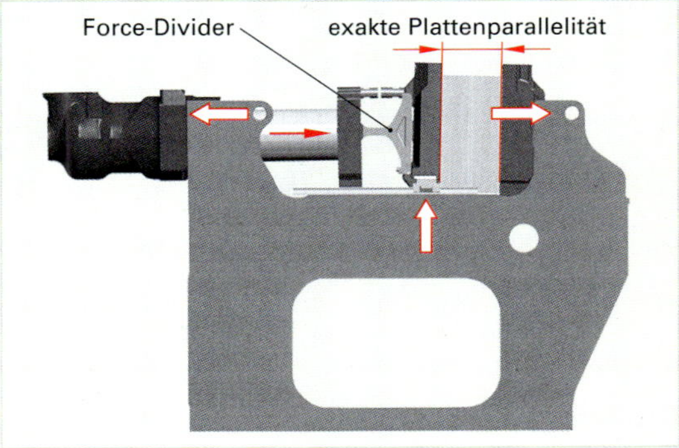

Bild 3: Force Divider (Prinzip)

Dieses flexible Gelenk erlaubt der beweglichen Aufspannplatte der Bewegung des Werkzeugs zu folgen und passt die **Plattenparallelität** exakt an die jeweilige **Werkzeugparallelität** an. Dadurch ergibt sich eine äußerst **gleichmäßige Schließkraftverteilung** bzw. Werkzeugstauchung und damit eine hervorragende Schonung des Werkzeuges. Beim Öffnen des Werkzeugs wird das Öl im Schließzylinder wieder durch das große Ventil in den Tank gedrückt.

Diese Bauart bietet folgende Vorteile:

- großer Werkzeugeinbaubereich bei kleiner Maschinengröße, daher kleine Standfläche der Maschine
- werkzeugschonend durch exakte Plattenparallelität sowohl in Bewegung als auch unter Schließkraft
- Die durch die Schließkraft in der Trennebene wirkende Flächenpressung wirkt vom Zentrum nach außen verlaufend, damit ist für ein gratfreies Spritzgießen eine geringere Schließkraft erforderlich.

Elektromechanische Spritzgießmaschine

Die Schließkraft wird meistens mit einem Servomotorantrieb über einen Kniehebel aufgebracht.

Obwohl ihre Schließkräfte zur Zeit nach oben hin begrenzt sind und sie im Allgemeinen bis zu 30 % höhere Anschaffungskosten verursachen, haben diese „vollelektrischen Spritzgießmaschinen" (**Bild 1**) folgende Vorteile:

- Sehr präzise und zuverlässige Arbeitsweise mit hoher Wiederholgenauigkeit bei schneller Bewegung.
- sehr gute Prozess- und Maschinenregelung
- reinraumtauglich und geräuscharm
- Energieeinsparung bis zu 50 %
- Leistung sofort verfügbar

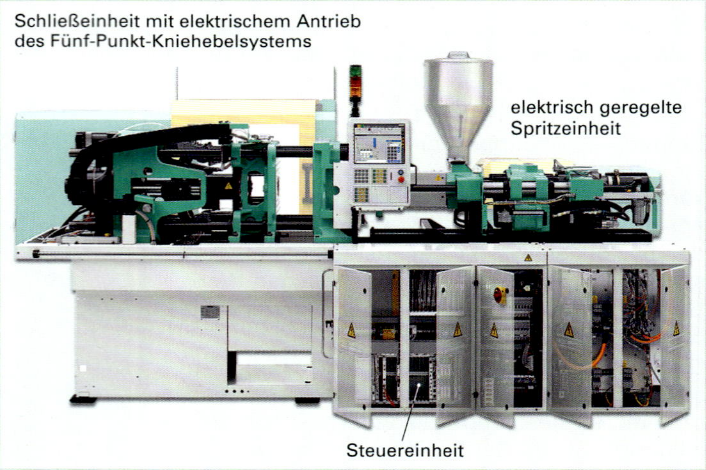

Bild 1: Elektromechanisches System

Schließkraftberechnung

Die **Schließkraft** sollte bei Dauerbetrieb **nicht mehr als 80 %** der maximal möglichen Schließkraft der Spritzgießmaschine betragen.

Die Schließkraft wird für jedes Werkzeug berechnet und auch für jedes Werkzeug neu eingestellt. Die Schließkraft ist die Kraft, mit der die Spritzgießmaschine das Spritzgießwerkzeug zusammendrückt. Eine falsche Einstellung der Schließkraft kann die Qualität der Teile und den Prozess beeinflussen (**Tabelle 1**).

Tabelle 1: Einfluss Schließkraft

niedrige Schließkraft	hohe Schließkraft
• Gratbildung am Werkstück • dickere Wandstärken und damit Gewichtszunahme • Beschädigung der Trennebene	• schlechtere Entlüftung des Werkzeuges • Werkzeug kann beschädigt werden • erhöhter Energieverbrauch

$$F_S = z \cdot A_p \cdot p_w$$

Schließkraft = Fachzahl · projizierte Spritzteilfläche · Werkzeuginnendruck

Die projizierte Spritzteilfläche kann anhand einer Zeichnung oder eines Formteiles berechnet werden (**Bild 2**).

Dazu wird die Werkstückfläche senkrecht zur Trennebene überschlagsmäßig ausgerechnet. Liegen der Anguss und der Verteilerkanal in der Trennebene, werden ihre projizierten Flächen mit zur Werkstücksfläche hinzugerechnet.

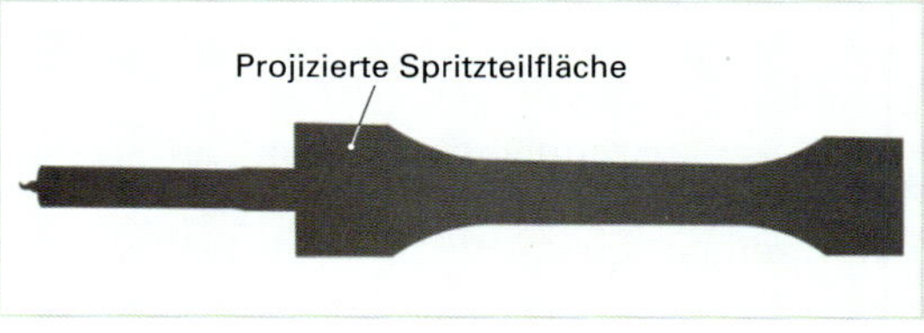

Bild 2: Projizierte Spritzteilfläche Zugprüfstab mit Anguss in der Trennebene

Der **spezifische Spritzdruck** (Druck vor der Schneckenspitze) wird über den Hydraulikdruck und den Schneckendurchmesser ermittelt, oder er kann direkt an der Maschine eingegeben werden.

Wird die thermoplastische Kunststoffmasse ins Werkzeug gespritzt, so nimmt der Spritzdruck stetig bis zum Ende des Fließweges ab (**Bild 1**). Auch das Abkühlen der Masse führt zu Druckverlusten.

Der gemessene Werkzeuginnendruck wird nie mit dem **Werkzeugauftreibedruck** gleichgesetzt, da der durch den Werkzeuginnendruckaufnehmer gemessene Wert die Druckverhältnisse nur an einer Stelle im Werkzeug wiedergibt.

Deswegen rechnet man in der Praxis mit einem angenommenen Werkzeuginnendruck, dem Werkzeugauftreibedruck (**Tabelle 1**).

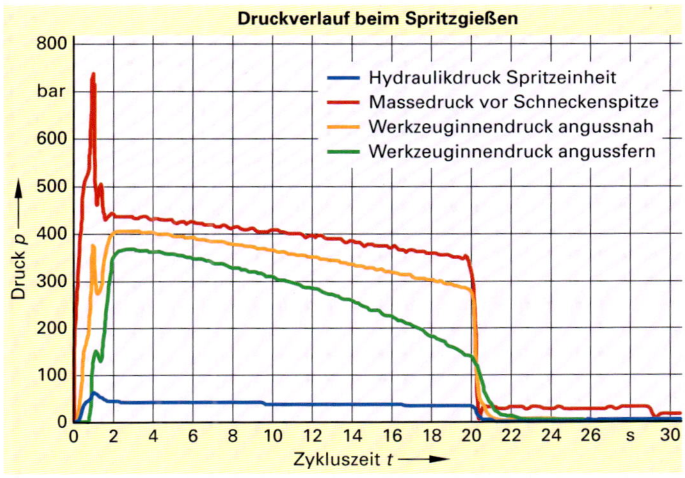

Bild 1: Druckprofil im Werkzeug angussnah und angussfern

Tabelle 1: Werkzeugauftreibedrücke

Material	Werkzeugauftreibedruck in N/cm²
Thermoplaste allgemein	3000 ... 3500
Thermoplast anspruchslos, dickwandig z. B. PE, PP	2500 ... 3000
Thermoplast bei technischen Teilen	3500 ... 4000
Duromere	4500 ... 5000
Elastomere	4500 ... 5000

Die Auftreibedrücke von **4000 N/cm²** bis **5000 N/cm²** kommen der Realität im Werkzeug am Nächsten. Bei niedrigviskosen Schmelzen (z. B. PA) können allerdings Auftreibdrücke bis zu 10 000 N/cm² entstehen.

Beispiel:

Die **Schließkraft** (F_S) für ein Spritzteil mit 25 cm² projizierter Spritzfläche ist zu berechnen. Für dieses technische Teil ist POM als Material vorgegeben.

$$F_S = A_p \cdot p$$

Lösung: $F_S = 25\ \text{cm}^2 \cdot 4000\ \text{N/cm}^2$

$F_S = 100\ \text{kN} + 10\ \%\ \text{Sicherheit}$

Der einzustellenden Schließkraft wird noch ein ca. 10 %iger Sicherheitswert hinzugerechnet. Dieser richtet sich nach der Abdichtungskraft (s. Seite 353). Die **einzustellende Schließkraft** beträgt **110 kN.**

Wiederholungsfragen:

1. Welche Verarbeitungsparameter können Sie an einer Spritzgussmaschine einstellen?
2. Beschreiben Sie den Zyklusablauf, beginnend mit dem Werkzeugschließen.
3. Welche Aufgaben erfüllt die Schließeinheit einer Spritzgießmaschine?
4. Unterscheiden Sie das Kniehebelsystem vom direkt-hydraulischen System.

Zuhaltekraft

Die Zuhaltekraft ist die Summe aller Kräfte, die während des Einspritz- und Nachdruckvorganges auf die Maschinensäulen (Holme) wirken (**Bild 1**).

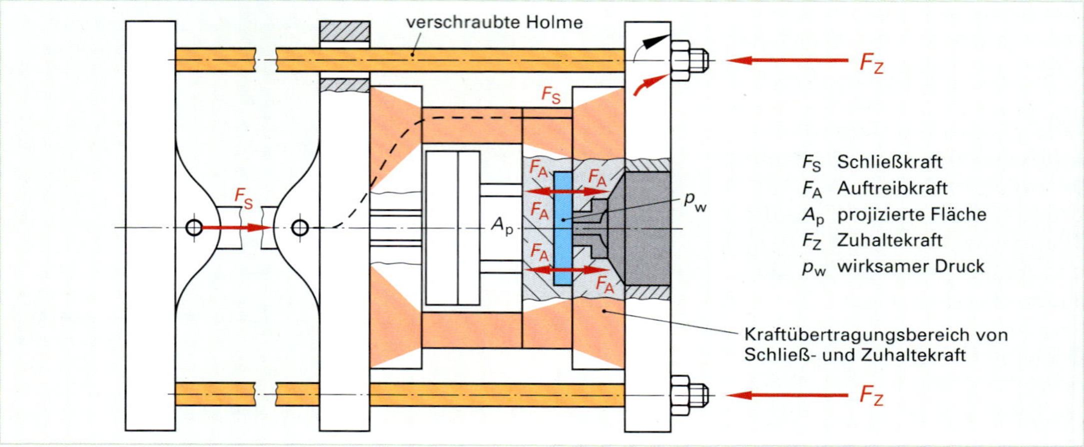

Bild 1: Kniehebel-Schließeinheit

Die **Zuhaltekraft** ist abhängig von der:

- maximalen Auftreibkraft im Werkzeug,
- Art des Schließsystems,
- Steifigkeit der Schließeinheit und des Werkzeuges.

Damit die Spritzgießform geschlossen bleibt, muss die Zuhaltekraft immer größer sein als die Schließkraft.

Eine Überprüfung der aufgebrachten Schließkraft beim Wiederanfahren sowie bei der laufenden Produktion wird durch die Messung der **Säulendehnung** ermöglicht.

Die Maschine drückt beim Aufbringen der Schließkraft das Werkzeug um einen bestimmten Betrag zusammen, während sich die Maschinenholme um einen bestimmten Betrag dehnen. Eine Maschine mit Kniehebel hat dann die größtmögliche Schließkraft erreicht, wenn der Schließzylinder den Kniehebel gerade noch durchdrücken kann. Bei einer hydraulischen Schließeinheit muss der maximale Druck im Schließzylinder anstehen, um die größte Schließkraft zu erhalten.

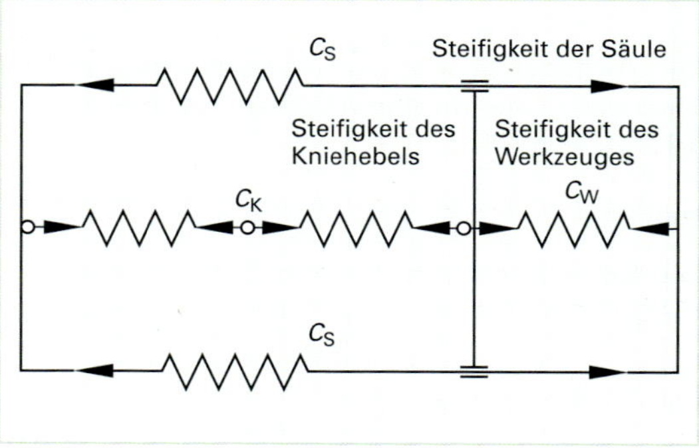

Bild 2: Kniehebel-Schließeinheit als Federkonstanten veranschaulicht

Ein wichtiger Kennwert für jede Maschine ist ihre Steifigkeit. Die Steifigkeit gibt an, mit welcher Kraft man die Maschine belasten muss, um sie um **einen Millimeter zu dehnen**. Die **Steifigkeit der Maschine** muss auf jeden Fall geringer sein als die des Werkzeuges (c_W), da sich sonst das Werkzeug unter der Schließkraft mehr staucht als sich die Maschine dehnt. Das hätte zur Folge, dass die nötige Schließkraft nicht aufgebracht werden kann. Natürlich ist es auch möglich, die Steifigkeit von Maschine und Werkzeug zu berechnen. Man stellt sich für die Berechnung die Maschine und das Werkzeug als ein System von Federn vor (**Bild 2**), berechnet die einzelnen Federkonstanten und fasst dann zusammen.

Beim Einspritzen in das Werkzeug versucht der Werkzeugauftreibdruck, das Werkzeug auseinanderzudrücken, während **die Maschinenholme** weiter gedehnt werden.

Die **Auftreibkraft**, verursacht durch den Druck der einfließenden Schmelze, wird vom Werkzeug und von der Maschine aufgenommen.

Die Zuhaltekraft ergibt sich also erst **während** der Einspritz- bzw. Nachdruckphase und ist nicht nur abhängig von der Schließkraft und der tatsächlichen Werkzeugauftreibkraft, sondern auch von den Steifigkeiten vom Werkzeug und von der Maschine (**Bild 1**).

Je steifer die Maschine und je steifer das Werkzeug dargestellt durch die Winkel α und β ist, desto höher kann die Auftreibkraft sein, ohne dass sich ein Grat bildet.

Rein theoretisch könnte die Restklemmkraft Null sein und damit die Werkzeugauftreibkraft gleich der Zuhaltekraft. Aber kein Werkzeug ist in der Trennebene und auf den Durchschlagsflächen ideal eben und parallel, sodass immer eine bestimmte Kraft notwendig ist, um das Werkzeug dicht zusammenzudrücken. Wird **diese Kraft unterschritten**, kann es an bestimmten Partien zur Gratbildung kommen. Die **Freiarbeitung** der Trennebene ermöglicht eine hohe Flächenpressung.

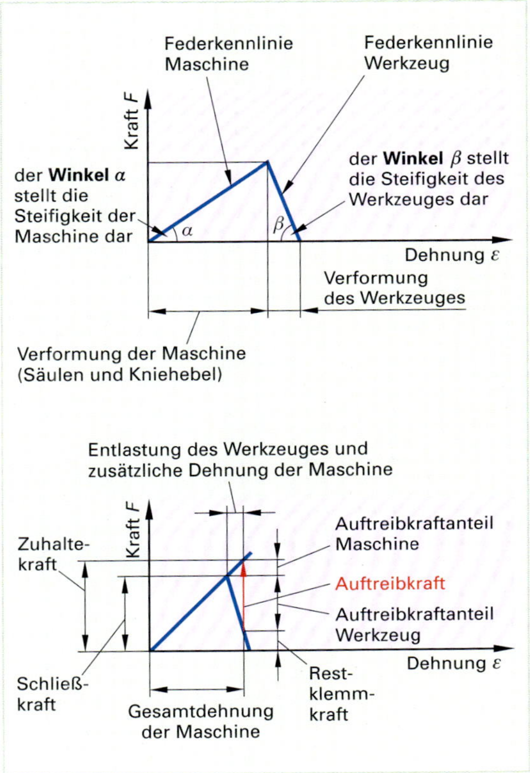

Bild 1: Schließkraftdiagramm

Richtwerte für die Abdichtungskraft:

- Einfache Werkzeuge, ohne Schieber und mit wenigen Durchschlägen (Öffnungen) bis 10 % der Schließkraft.
- Werkzeuge mit einer geringen Anzahl von Schiebern und Durchschlägen bis 20 % der Schließkraft.
- Komplizierte Werkzeuge mit einer großen Anzahl von Schiebern oder mit vielen Durchschlägen (z. B. 100 Bohrungen im Teil) bis 30 % der Schließkraft.

Wird ein Werkzeug durch die Auftreibkraft verformt (**Bild 2**), so können Stützrollen und größere Plattensteifigkeit Abhilfe schaffen (**Bild 3**).

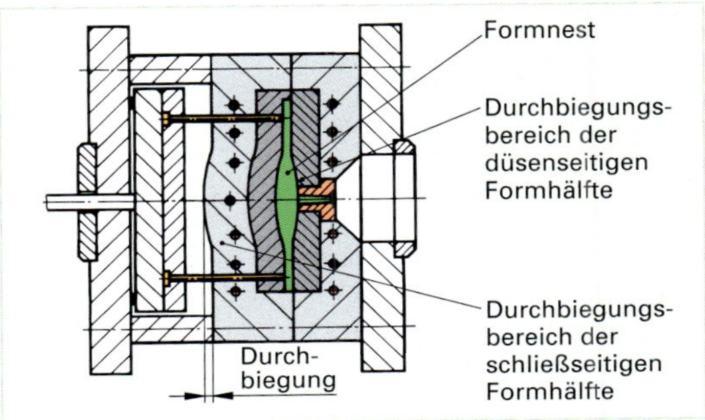

Bild 2: Durchbiegung von Formplatten

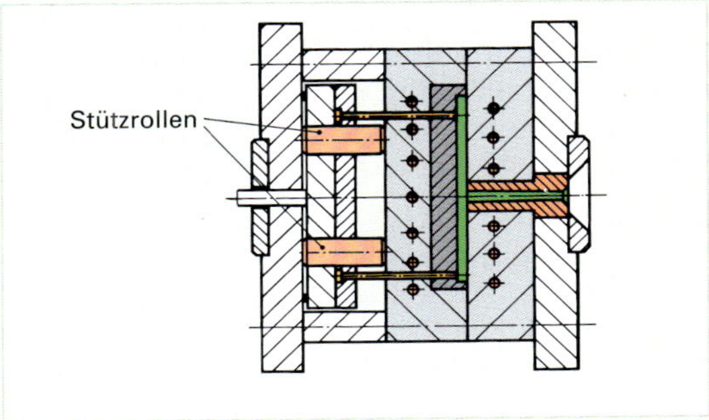

Bild 3: Stützrollen

7.1.5 Spritzeinheit

Die Spritzeinheit hat folgende Aufgaben zu erfüllen:

- das meist rieselfähige Granulat einzuziehen,
- das eingezogene Material vor die Schneckenspitze zu fördern,
- das Material zu plastifizieren (aufzuschmelzen) und zu homogenisieren,
- die Düse an das Werkstück zu fahren und einen Anlagedruck aufzubauen,
- die Masse unter Druck ins Werkzeug einzuspritzen und unter Druck zu halten.

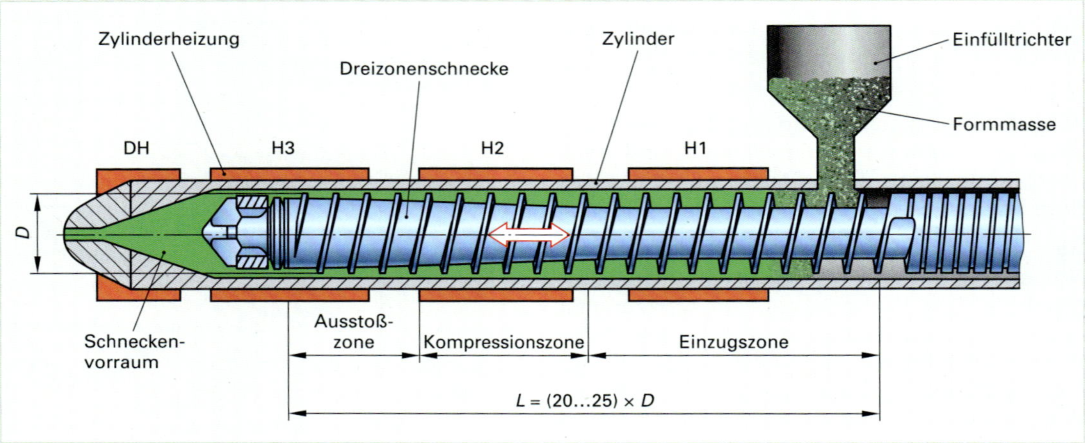

Bild 1: Schnitt durch den Spritzzylinder

Man unterscheidet Kolbenspritzeinheiten, Kolbenspritzeinheiten mit Schneckenplastifizierung und Schneckenkolbenspritzeinheiten. Oft besitzen die Spritzmaschinen heute eine Schneckenkolbenspritzeinheit (**Bild 1**).

Der **Trichter** wird meist mit automatischen Fördereinrichtungen gefüllt. Das **Eingabegut** (Thermoplaste, Duromere, Elastomere) ist bis auf wenige Ausnahmen rieselfähig. Kautschuk und Polyester werden auch als Band aufgenommen. Für pastöse Massen gibt es Stopfeinrichtungen.

Die Schnecke fördert das Material durch eine angepasste Drehzahl (**Bild 2**) zur Schneckenspitze. Es durchläuft dabei beheizte Zylinderzonen, deren Temperatur vom verwendeten Kunststoff abhängig ist. Dadurch wird der Kunststoff erwärmt, geschert und umgewälzt. Das führt zu einer **homogenen** Erwärmung. Die **Umfangsgeschwindigkeit v_u** einer Schnecke ist abhängig von ihrer Drehzahl und dem Schneckendurchmesser. Sie sollte bei PVC-U in einem Bereich von 0,05 m/s bis 0,2 m/s liegen, um Verarbeitungsprobleme zu vermeiden.

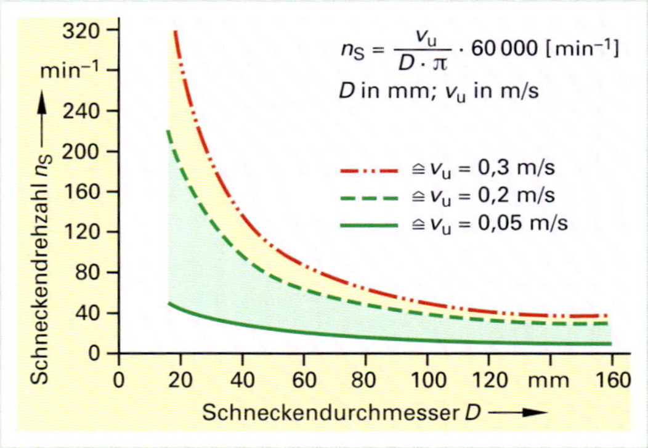

Bild 2: Umfangsgeschwindigkeits-Diagramm

Die geförderte Masse sammelt sich vor der Schneckenspitze und drückt dadurch die Schnecke zurück. Um einen **ungleichmäßigen** Rücklauf der Schnecke zu vermeiden und eine **Verdichtung** der Masse zu erreichen, wird beim Dosieren ein **Staudruck** (Hydraulikdruck, der auf die Schnecke wirkt) aufgebracht. Dieser bewirkt außerdem, dass die **Luft** zwischen den Granulatkörnern in Richtung Einzugszone **ausgetrieben** wird. Der spezifische Staudruck wird sich für die meisten Kunststoffe um ca. 100 bar bewegen.

Die Schneckenbewegung wird gestoppt, wenn sich so viel Masse vor der Schneckenspitze befindet, wie sie für den nächsten Zyklus benötigt wird.

Da die Kunststoffmasse im Schneckenvorraum nach dem Dosieren unter **Druck** steht, muss bei einer offenen Düse vor dem Abheben des Aggregates die Schnecke zurückgezogen werden. Dieser Vorgang wird als **Kompressionsentlastung** bezeichnet. Der Materialdruck wird dadurch reduziert. Die Schnecke muss so weit zurückgezogen werden, dass keine Schmelze ausfließt und keine Luft eingezogen wird.

Dosiervolumen

Neben der maximalen Schließkraft ist auch das maximale Dosiervolumen bei der Festlegung der Maschinengröße zu berücksichtigen.

Das Massevolumen, das ab Düsenspitze die **Formhöhlung** des Werkzeuges ausfüllt, nennt man **Dosiervolumen**. Es errechnet sich aus der **Masse** und der **Dichte** des eingespritzten Kunststoffes. Da sich die Masse beim Einspritzen im erwärmten Zustand befindet, ist die Dichte geringer als bei Raumtemperatur. Deshalb rechnet man mit einem **Austragsfaktor**.

Beispiel:

Das Gewicht der eingespritzten Kunststoffmasse (Schussgewicht) beträgt 25 Gramm, der Austragsfaktor beträgt 0,72 g/cm³ (siehe rheologische Werte oder Maschinenherstellerangaben).

Dieses Gewicht darf zusammen mit einem Restmassepolster das maximale Dosiervolumen der Spritzgießmaschine nicht übersteigen.

Gibt es für den Dosierweg nur eine Millimetereingabe (**Bild 1**), so muss das Dosiervolumen noch durch den Schneckenquerschnitt geteilt werden.

Lösung:

Dosiervolumen = Masse : Dichte

$= 25\text{ g} : 0{,}72\text{ g/cm}^3$

$= 34{,}72\text{ cm}^3$

Das Dosiervolumen beträgt **34,72 cm³**.

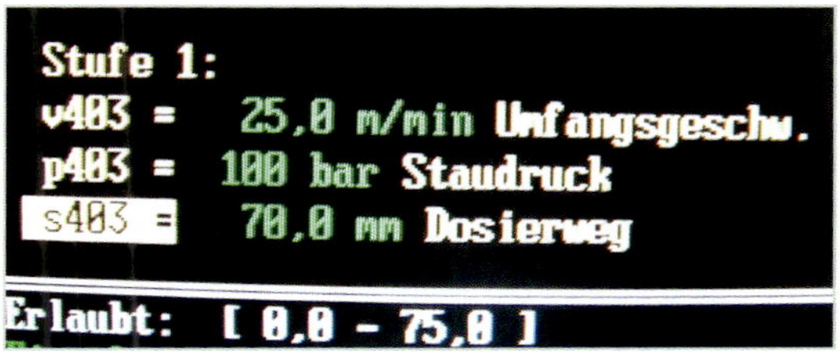

Bild 1: Dosierwegeinstellung

Um **Maschinenschwankungen** beim Dosieren und Einspritzen auszugleichen, ist noch ein **Restmassepolster** hinzuzurechnen. Dieses richtet sich nach der thermischen Empfindlichkeit der Masse und dem Schneckendurchmesser (ca. 15 % bis 20 % vom Schneckendurchmesser).

Wiederholungsfragen:

1. Unterscheiden Sie die Schließkraft von der Zuhaltekraft.
2. Wovon ist die Zuhaltekraft abhängig?
3. Welche Aufgaben erfüllt die Spritzeinheit?
4. Welcher prozentuale Zuschlag zur Schließkraft ist bei unterschiedlich gebauten Werkzeugen aufzubringen?
5. Wovon ist die Umfangsgeschwindigkeit der Schnecke abhängig?
6. Berechnen Sie den Dosierweg für ein Schussgewicht von 35 Gramm und einem Schneckendurchmesser von 22 mm. Als Material wird Polycarbonat (Dichte siehe Tabellenbuch) verwendet.

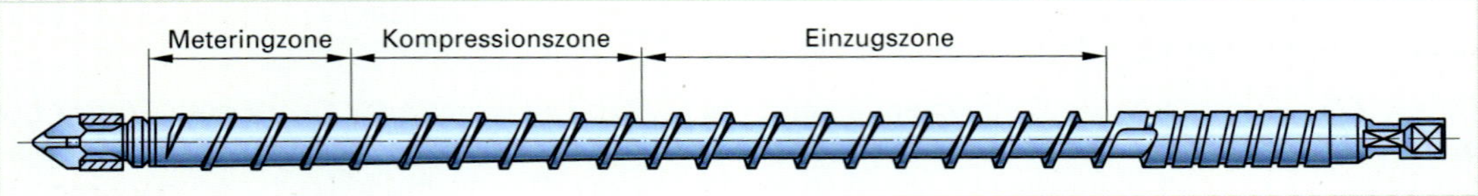

Bild 1: Dreizonenschnecke

Schneckengeometrie

An die Schnecke einer Spritzeinheit werden folgende verfahrenstechnische Forderungen gestellt:

- konstant gutes Einzugsverhalten bei allen Kunststoffen
- gutes Aufschmelzverhalten
- ausreichende Homogenisierung
- kein unzulässiger thermischer Abbau der Kunststoffe
- wiederholbarer Druckaufbau beim Fördern und Einspritzen
- leichte Austauschbarkeit
- hohe Verschleißfestigkeit

Zur optimalen Verarbeitung erfordert jeder Werkstoff eine eigene Schneckengeometrie (**siehe auch Kapitel 11 Extrudieren**). Eine Schnecke herzustellen, die für alle Kunststoffe sämtliche Anforderungen gleich gut erfüllt, ist nicht möglich.

Die Herstellung einer Schnecke ist sehr teuer.

Deswegen wird man auch aus wirtschaftlichen Gründen nicht für jeden Kunststoff eine spezielle Schnecke fertigen.

Die **Dreizonenschnecke** (Universalschnecke oder Standardschnecke) (**Bild 1**) stellt (außer bei PVC-U) einen guten Kompromiss dar. Die Herstellung dieser Schnecke erfordert genaue Angaben (**Bild 2**).

Standardschnecken für ungefüllte Kunststoffe werden durch Nitrieren oberflächengehärtet. Für verstärkte Kunststoffe werden verchromte, steggepanzerte Schnecken eingesetzt (**Bild 3**).

Die heute übliche Schneckenlänge ist 20 × *D* bis 22 × *D*. (Die Einzugszone beträgt ca. 50 % bis 60 %, die Kompressionzone ca. 20 % bis 30 % und die Meteringzone ca. 20 %).

Die maximale Drehzahl der Schnecke (**Tabelle 1**) richtet sich nach der maximalen Umfangsgeschwindigkeit, die der Formmassenhersteller vorgibt.

maximale Schneckendrehzahl $n_{max} = \frac{v_{max}}{d \cdot \pi}$ Einheit: $\frac{1}{min}$

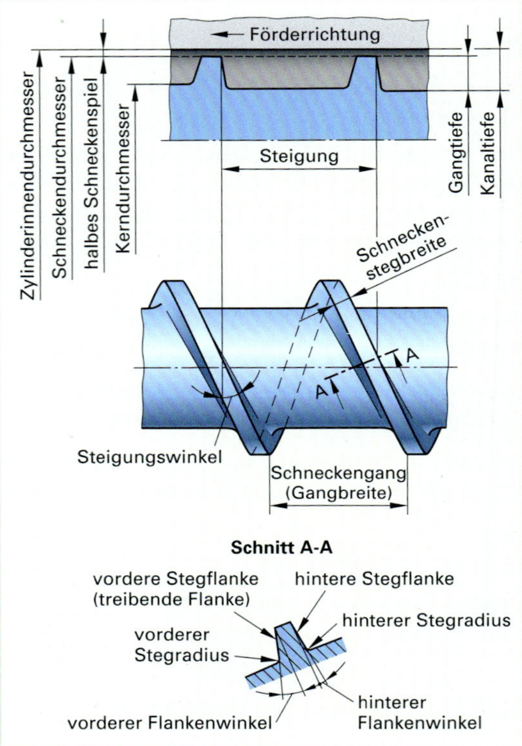

Bild 2: Bezeichnungen an der Schnecke

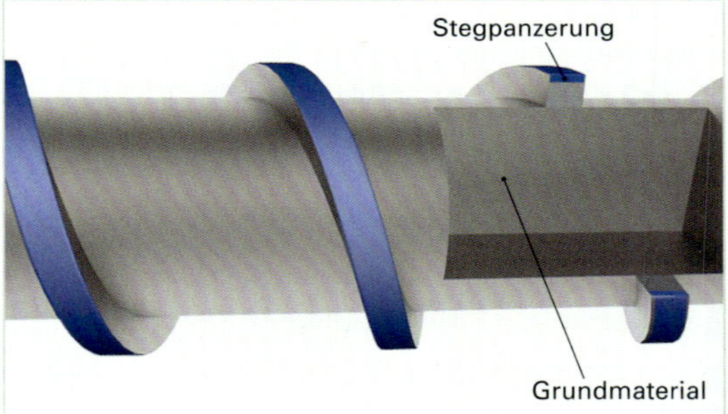

Bild 3: Stegpanzerung

Tabelle 1: Umfangsgeschwindigkeit

Formmasse	POM	PA	PS
v_{max} in m/s	0,7	1	1,2

Das Dosiervolumen bestimmt den Schneckendurchmesser *D* in Verbindung mit dem nutzbaren Dosierweg (**Bild 1**). Der optimale Schneckenhub ist außerdem von der Materialart abhängig.

Ist der Dosierweg kleiner als 1 × *D*, so kann die Schmelze thermisch geschädigt werden, da sich die Verweilzeit der Masse im Zylinder erhöht.

Ein größerer Dosierweg als 3 × *D* beeinflusst die Homogenität der Schmelze negativ.

Die Homogenität der Schmelze ist mitentscheidend für die Qualität der Spritzteile. Diese kann durch Spezialschnecken noch verbessert werden.

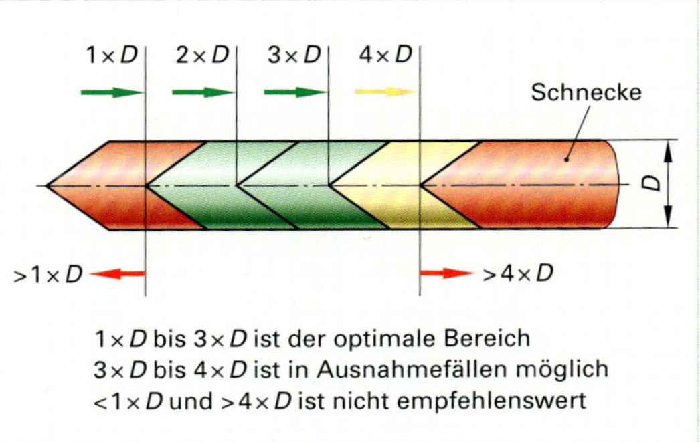

Bild 1: Nutzbarer Dosierweg

Dabei kommen Scher- und Mischteile zum Einsatz. Auch zweigängige Dreizonenschnecken und Barriereschnecken können verwendet werden (**Bild 2**).

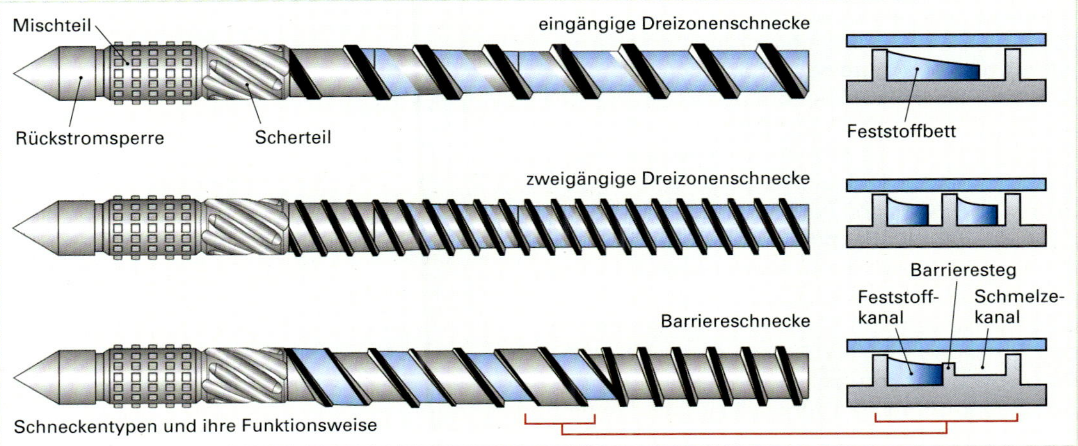

Bild 2: Sonderschnecken

Rückstromsperren

Beim Einspritzen der dosierten Masse wirkt die Schnecke im Massezylinder wie ein Kolben, der in Richtung Düse gedrückt wird. Um ein Zurückfließen des plastifizierten Kunststoffs in die Schneckengänge zu verhindern, werden bei Thermoplasten Rückstromsperren verwendet.

Standard-Rückstromsperren (**Bild 3**) bestehen aus einer Schneckenspitze, einem Sperrring und einem Druckring und werden in die Schnecke eingeschraubt. Beim Dosieren der Kunststoffmasse dreht sich die Schnecke und der Sperrring liegt an den Flügeln der Schneckenspitze an. Somit entsteht zwischen Druckring und Sperrring ein offener Kanal, durch den die Masse in den Schneckenvorraum gelangen kann. Beim Einspritzen wird der Sperrring gegen den Druckring gedrückt und dichtet ab, sodass die dosierte Masse nicht in die Schneckengänge zurückfließen kann.

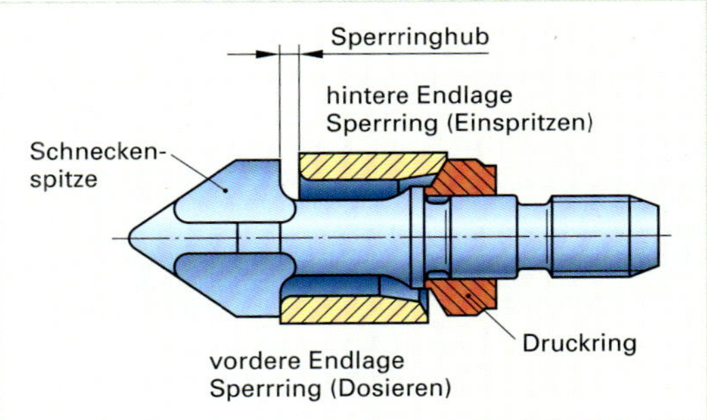

Bild 3: Sperrringfunktion

Beim Dosieren wird die Kugel der **Kugelrückstromsperre** (Bild 1) durch die plastifizierte Masse nach vorne gedrückt und gibt die seitlich am Umfang angeordneten Strömungskanäle frei. Beim Einspritzen reicht ein geringer Druck aus, um die Kugel gegen die Dichtfläche zu drücken. Kugelrückstromsperren schließen sehr exakt und weisen eine hohe Dichtigkeit bei gleichzeitig geringem Verschleiß auf. Sie werden vor allem bei größeren Schneckendurchmessern und niedrigviskosen Kunststoffen eingesetzt. Auch wenn zugunsten der Teilequalität keine Druckentlastung nach dem Dosieren eingestellt werden darf, werden Kugelrückstromsperren verwendet.

Mehrkugelrückstromsperren (Bild 2) sind speziell für die Verarbeitung glasklarer Kunststoffe geeignet. Die am Umfang zwischen der Schneckenspitze und dem Sperrring angeordneten Kugeln wirken wie ein Lager und verringern die Reibung beim Dosieren. Mehrkugelrückstromsperren weisen eine sehr gute Selbstreinigung auf.

Rückstromsperren mit einem Sperrring oder einer Kugel als Sperrkörper haben den Nachteil, dass diese erst am Beginn der Einspritzphase schließen. Dadurch kann es zu Schwankungen in der Schließzeit und dem Schussgewicht kommen. Bei der **zwangsschließenden Rückstromsperre** (Bild 3) wird die Schnecke nach dem Dosieren kurz in die andere Richtung gedreht und eine Kulisse am Sperrring drückt diesen gegen den Druckring und die Sperre ist geschlossen. Diese Rückdrehung ist bei elektrisch angetriebenen Spritzeinheiten möglich und es können exakt gleiche Schließzeitpunkte und Schussgewichte erreicht werden.

Düsen

Die Düse bildet das Vorderteil des Zylinders. Die **Düsenanlagekraft** sorgt für eine kraftschlüssige Verbindung zwischen der Düse und der Angussbuchse des Werkzeuges.

Düsenradien richten sich nach der Maschinengröße. Übliche Düsenradien sind 10 mm, 20 mm, 35 mm und 60 mm. **Der Radius der Angussbuchse** sollte 0,5 mm bis 1 mm **größer** sein als der Düsenradius, um eine gute Abdichtung zu gewährleisten (Bild 4).

Düsen mit flacher Anlage am Werkzeug erfüllen den gleichen Zweck. Sie benötigen aber eine höhere Düsenanlagekraft, um die gleiche Abdichtung zu erreichen. Außerdem ist eine genaue Flucht der Bohrungen herzustellen. Die Düsenbohrung sollte im Durchmesser ca. 1 mm kleiner sein als die der Angussbuchse, um eine gute Entformung herbeizuführen (Bild 4).

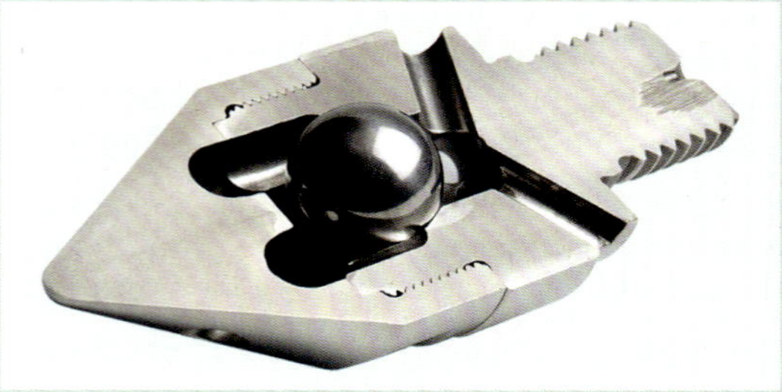

Bild 1: Kugelrückstromsperre

Bild 2: Mehrkugelrückstromsperre

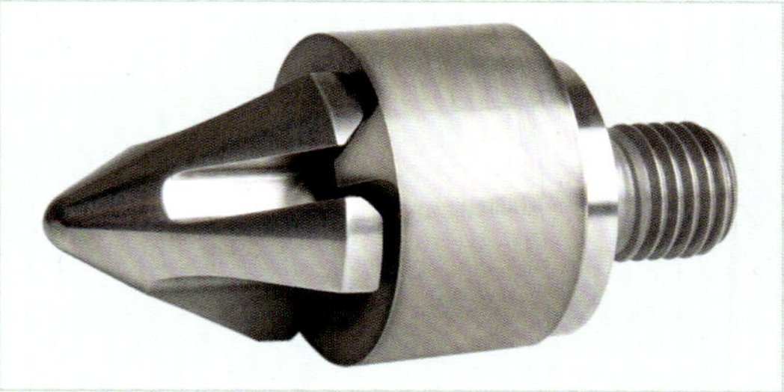

Bild 3: Zwangsschließende Rückstromsperre

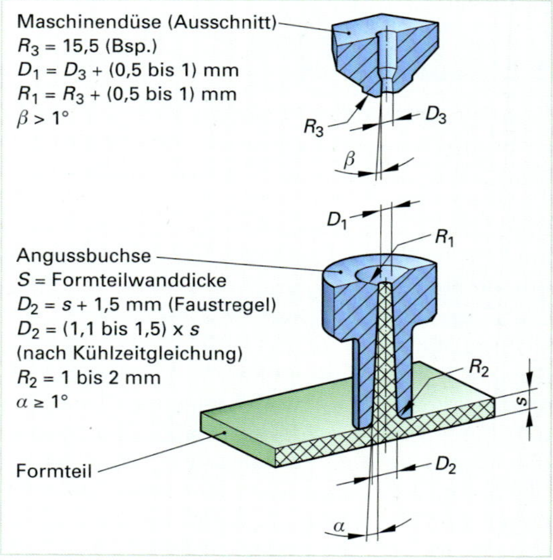

Bild 4: Düse und Angussbuchse im Schnitt

Man unterscheidet **offene Düsen** und **Verschlussdüsen**. Sofern es verfahrenstechnisch möglich ist, sollte eine **offene Düse** (**Bild 1**) verwendet werden. Sie hat wegen ihrer kleinen Baulänge und dem geringen Fließwiderstand wenig Druck- und Temperaturverluste. Auch die leichte Reinigung ist ein Vorteil. Die offene Düse zeigt wenig Verschleiß und ist kostengünstig.

Wenn es die Fertigung zulässt, wird mit anliegender Düse gefahren. Dadurch verkürzt sich die Zykluszeit. Längere Verweilzeiten der Düse am Werkzeug können durch Abkühlung zur Pfropfenbildung im Düsenmund führen. Um dies zu vermeiden, wird in solchen Fällen die Düse nach dem Dosieren abgehoben.

Durch die Möglichkeit der Kompressionsentlastung können sehr viele Thermoplaste damit verarbeitet werden.

Verschlussdüsen werden bei dünnflüssigen Kunststoffschmelzen verwendet. Sie werden auch eingesetzt, wenn ein Fadenziehen nicht vermieden werden kann oder wenn mit abgehobener Düse dosiert werden muss.

Die **Schieberverschlussdüse** (**Bild 2**) wird durch die Düsenanlagekraft geöffnet und durch eine Feder und dem Schmelzedruck beim Dosieren geschlossen. Ein ungewollt entstehender Druck, z. B. Überhitzung der Masse, kann nicht problemlos abgeführt werden. Auch kann die Masse nicht ins Freie abgespritzt werden. Deshalb werden sie selten verwendet.

Es gibt **Nadelverschlussdüsen**, die durch den Einspritzdruck öffnen. Sie müssen dabei einen Federdruck überwinden. Diese Feder kann außen (**Bild 3**) oder innen (**Bild 4**) liegen. Sie ist meistens austauschbar und in ihrer Schließkraft wählbar.

Bei diesen Düsen muss ein Temperaturanstieg der Schmelze und ein Druckverlust in Kauf genommen werden.

Bewährt haben sich Verschlussdüsen mit separater hydraulischer Betätigung. Sie können jederzeit zum verfahrenstechnisch günstigen Zeitpunkt geöffnet oder geschlossen werden.

Nadel- und Bolzenverschlussdüsen sind je nach Herstellerfirma und Anwendung unterschiedlich gebaut.

Sie sollten nach Möglichkeit unmittelbar an der Düsenspitze abdichten und möglichst kurze Fließwege haben.

Dadurch werden Fadenziehen, Druckverluste und thermische Schädigungen weitestgehend vermieden.

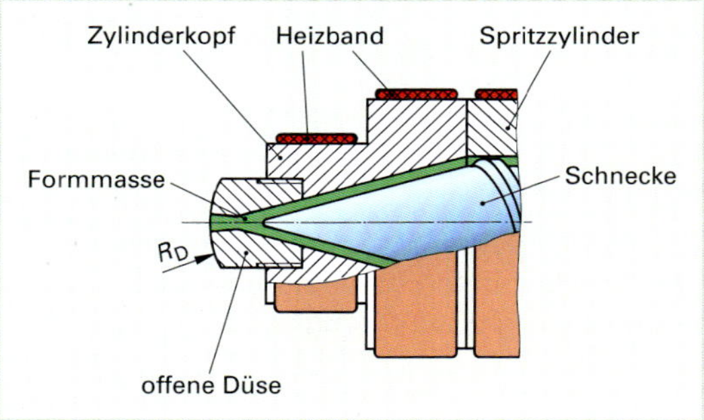

Bild 1: Offene Düse

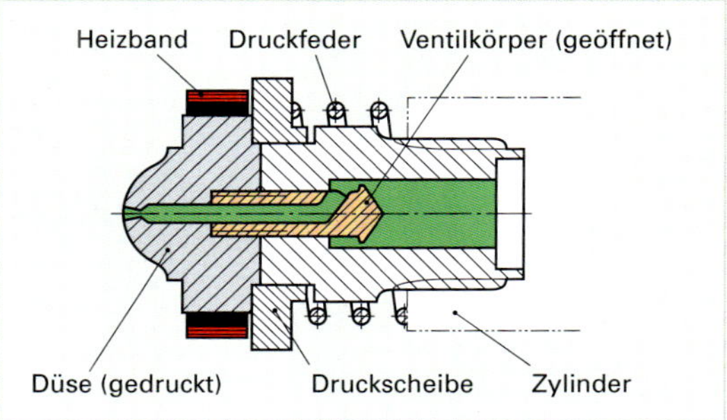

Bild 2: Schieberverschlussdüse

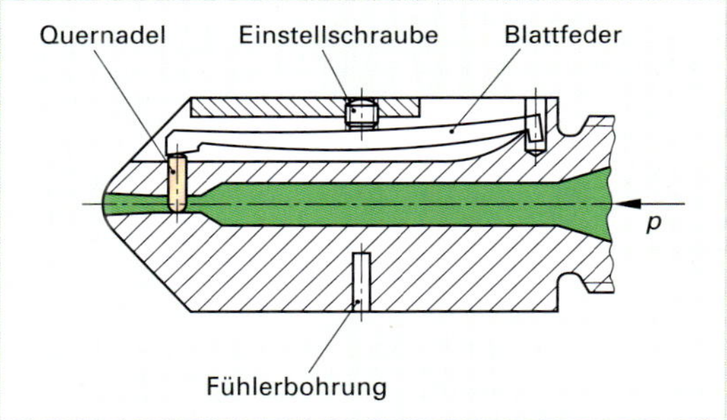

Bild 3: Quernadelverschlussdüse

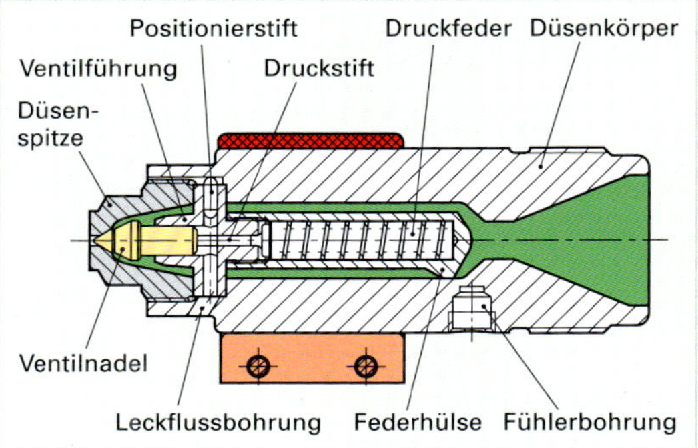

Bild 4: Nadelverschlussdüse

7.2 Aufbau von Spritzgießwerkzeugen

Die Werkzeuggestaltung richtet sich nach dem herzustellenden Formteil, nach der Materialart, nach der Anzahl der Teile, nach der Bauart der Spritzgießmaschine und nach den Kundenwünschen.

Die verwendeten Werkzeuge unterscheiden sich dadurch in ihrem Aufbau und der Wirkungsweise, angefangen von einem einfachen Spritzgießwerkzeug (**Bild 1**) bis zu einem Mehrkomponentenspritzgießwerkzeug mit Einlegeteilen.

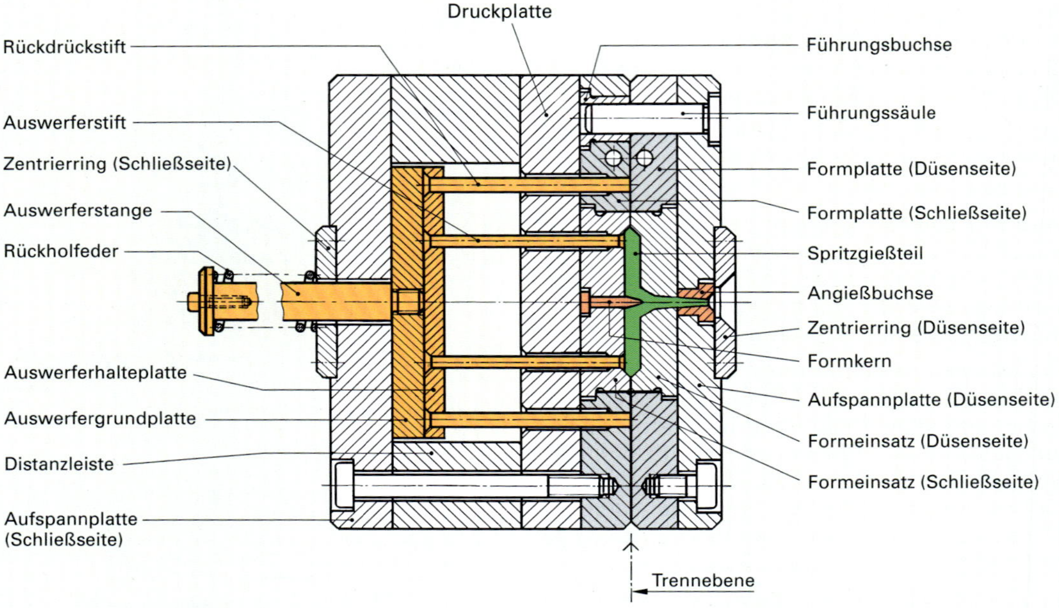

Bild 1: Einfaches Spritzgießwerkzeug

Die Spritzgießwerkzeuge werden nach der Anzahl der Formhohlräume (Kavitäten), nach der Art des Angusssystems, nach der Anzahl der Trennebenen und nach der Art der Entformung unterschieden. Die gängigsten Werkzeugarten sind in der Übersicht (**Tabelle 1**) aufgeführt.

Tabelle 1: Einteilung der Spritzgießwerkzeuge

Unterscheidungsart	Werkzeugart				
Art des Angusssystems	Werkzeuge mit erstarrendem Anguss			Werkzeuge mit nicht erstarrendem Anguss	
Anzahl der Kavitäten	Einfachwerkzeuge			Mehrfachwerkzeuge	
Anzahl der Trennebenen	2-Plattenwerkzeug	3-Plattenwerkzeug		Etagenwerkzeug	
Art der Entformung	Standardwerkzeug	Abstreiferwerkzeug	Schieberwerkzeug	Backenwerkzeug	Ausschraubwerkzeug

Die **Aufgaben** des Werkzeuges sind:

- das aufgeschmolzene Material in die Kavitäten zu leiten und diese auszufüllen,
- die Masse bis zur Entformungstemperatur abzukühlen,
- die Teile zu entformen.

Um das Werkzeug während des Betriebes zu schützen, sind folgende Verarbeitungsparameter einzugeben:

- Werkzeugsicherungsweg
- Werkzeugsicherungsdruck
- Werkzeugsicherungszeit

Die Funktion ist nach der Einstellung zu überprüfen.

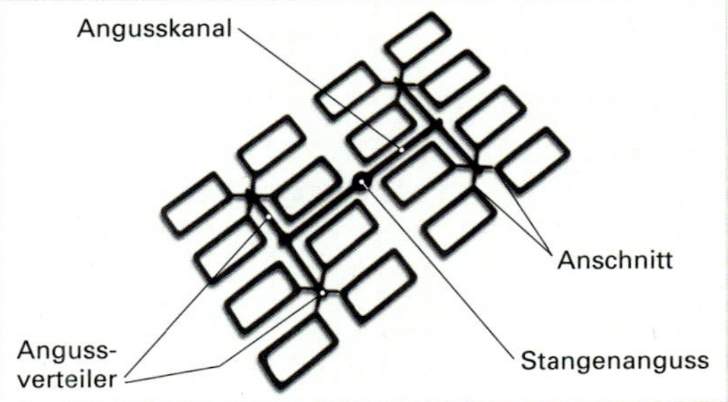

Bild 1: Bezeichnungen am Angusssystem

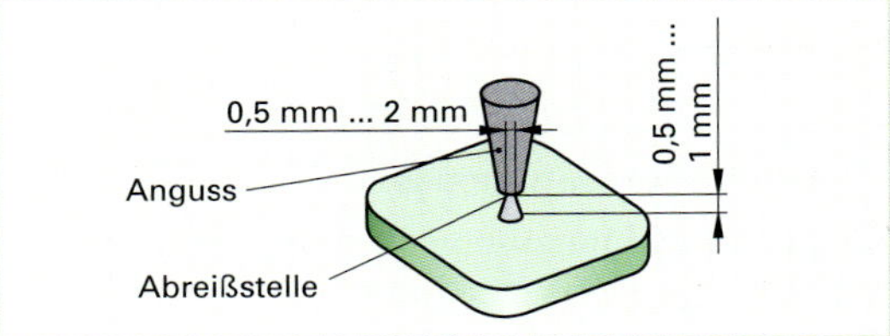

Bild 2: Direktes Angusssystem

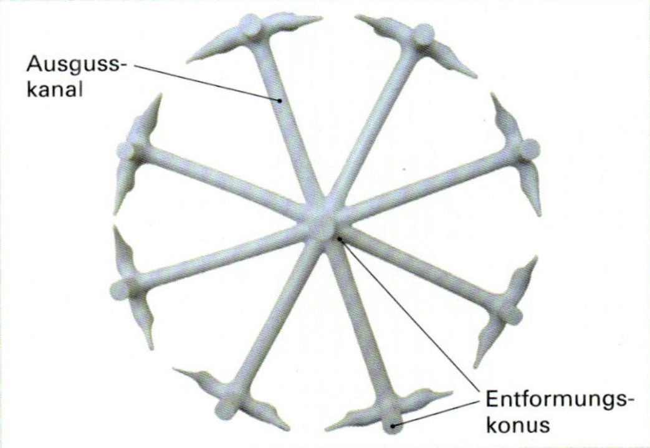

Bild 3: Angusssystem bei Mehrfachwerkzeug

7.2.1 Angusssysteme

Um die Masse von der Düse in die Werkzeughohlräume zu transportieren, bedarf es eines Angusssystems (**Bild 1**). Das kann je nach Werkzeugauslegung direkt (**Bild 2**) oder über ein Verteilersystem (**Bild 3**) erfolgen.

Den Punkt, an dem die Masse in die Kavität fließt, nennt man **Anschnitt** (**Bild 1**). Dieser wird so klein wie möglich gefertigt, um Abzeichnungen am Teil gering zu halten. Sobald diese Stelle erstarrt (eingefroren) ist, kann der Schmelzestrom nicht mehr fließen. Der Nachdruck hat ab diesem Zeitpunkt keinen Einfluss mehr auf das Teil. Eine längere Nachdruckzeit ist unnötig. Der Zeitpunkt, an dem diese Stelle versiegelt ist, nennt man **Siegelpunkt**. Dieser kann über das Teilegewicht ermittelt werden. Sobald das ermittelte Teilegewicht bei erhöhender Nachdruckzeit nicht mehr steigt, ist der Siegelpunkt erreicht.

Die Anschnittstelle ist mitentscheidend für die Qualität des Teiles. Mit entsprechender Software kann diese durch Füllstudien am Computer optimal ermittelt werden (**Bild 4**).

Bei mehreren Anschnitten soll möglichst zur gleichen Zeit Material mit **gleicher Temperatur** und **gleichem Druck** für die Füllung der Kavität zur Verfügung stehen. Hier ist ein Kompromiss mit den wirtschaftlichen Gesichtspunkten (schnelles Erstarren, wenig Abfall) einzugehen. In den Verteilerkanälen kühlt die Masse an den Wänden sehr schnell ab. Sie müssen so gestaltet sein, dass die dabei entstehende **plastische Seele** so lange erhalten bleibt, bis das Spritzgießteil erstarrt ist. Da für die Abkühlung die Oberfläche der Kanäle sorgt, ist diese möglichst gering zu halten. Ein runder Querschnitt bietet die beste Lösung.

Für den Anguss gilt das gleiche Prinzip. Für eine gute Entformung sorgt die konische Ausführung.

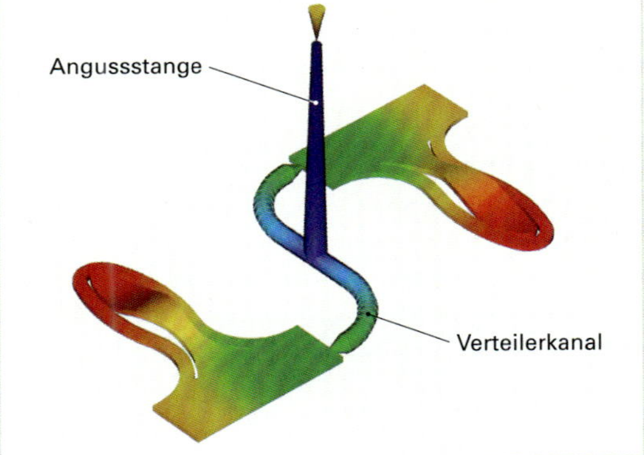

Bild 4: Füllstudie

7.2.2 Angussformen

Stangenanguss

Der Stangenanguss (**Bild 1**) ist die einfachste Art des Angusses. Er besitzt einen runden Querschnitt und geht mit seinem größten Durchmesser als Anschnitt in die Kavität über.

Der Anschnitt befindet sich vorzugsweise an der dicksten Stelle des Formteiles. Er muss nachträglich spanabhebend bearbeitet werden. Diese Stelle ist auch trotz feiner Bearbeitung noch zu erkennen. Deshalb wird er nie an Sichtflächen angebracht.

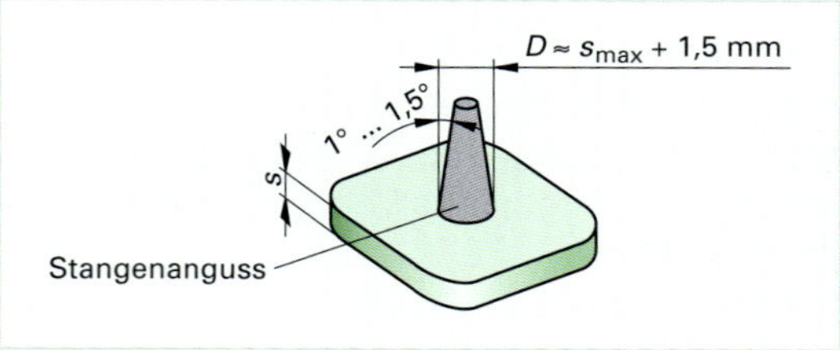

Bild 1: Stangenanguss

Band- oder Filmanguss

Bei **großflächigen** oder sehr **dünnwandigen** Teilen wird meistens der Band- oder Filmanguss angewendet (**Bild 2**). Er besitzt den Vorteil, dass keine Anschnittsmarkierungen auf der Fläche zu finden sind. Außerdem weisen die Moleküle eine parallele Orientierung über die gesamte Fläche auf.

Die Schwindung in Fließ- und in Querrichtung ist einheitlich. Die anströmende Masse füllt zunächst einen querliegenden Verteilerkanal, der als Drossel wirkt. Der Verteilerkanal füllt sich gleichmäßig und kann so auch gleichmäßig über den Anschnitt in die Formhöhlung eintreten. Eine Nacharbeit durch Abtrennen des Angusses ist notwendig.

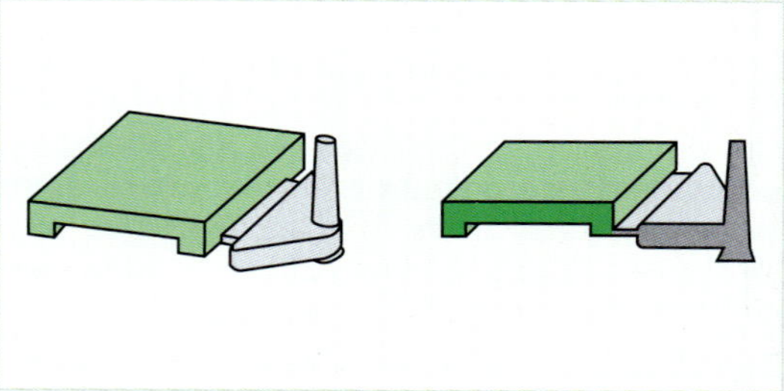

Bild 2: Band- oder Filmanguss

Schirmanguss

Bei rotationssymmetrischen Teilen ist es zweckmäßig, einen Schirmanguss (**Bild 3**) zu verwenden. Der Angusskegel wird mit einem **trichterförmigen Kanal** verbunden. Der Massestrom verteilt sich somit gleichmäßig auf das Spritzteil. Bindenähte und Verzug werden gegenüber einem Punktanguss vermieden.

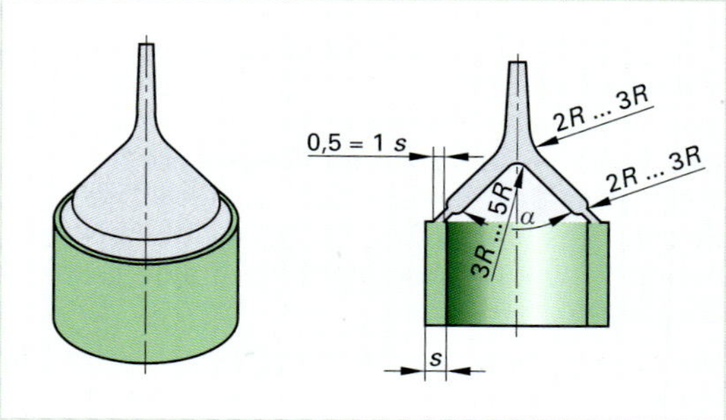

Bild 3: Schirmanguss

Ringanguss

Wenn bei rotationssymmetrischen, hülsenförmigen Teilen der Kern **beidseitig gelagert** werden muss, um ein Verdrücken zu vermeiden, wird der Ringanguss angewendet (**Bild 4**). Die plastifizierte Formmasse füllt den Ringkanal erst gleichmäßig auf und wirkt als Drossel. Die Masse kann danach unter gleichen Bedingungen (Druck und Temperatur) über den Anschnitt in die Kavität fließen.

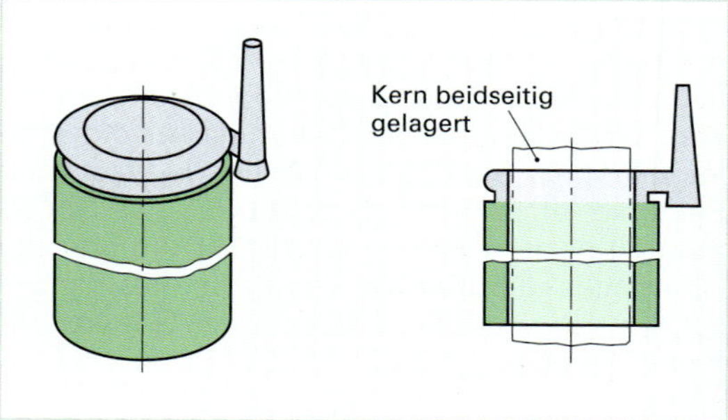

Bild 4: Ringanguss

Scheibenanguss

Um **Bindenähte** bei scheibenförmigen oder kurzen, zylindrischen Spritzgießteilen zu **vermeiden**, wird meist ein Scheibenanguss (Telleranguss) verwendet (**Bild 1**). Bindenähte können entstehen, wenn Masseströme bei vorzeitiger Abkühlung nicht mehr optimal verschweißen können. Je kälter diese zusammentreffen, desto mehr sieht man die Bindenähte. Die Festigkeitseigenschaften nehmen an dieser Stelle ab. Bindenähte können auch entstehen, wenn ein Massestrom sich teilt (z. B. an einem Kern) und wieder zusammenfließt.

Die Bindenähte könnten durch Parameteränderung ganz oder teilweise vermieden werden. Das ist aber meistens mit einer Zykluszeiterhöhung verbunden.

Der Scheibenanguss ermöglicht gute Qualität bei hoher Formtreue. Es ist jedoch immer eine Nacharbeit durch Abtrennen des Angusses erforderlich.

Punktanguss

Die einfachste Art der Anbindung ist ein Punktanguss (**Bild 2**). Der Verteilerkanal verjüngt sich in unmittelbarer Nähe der Kavität auf einen sehr kleinen Durchmesser (0,5 mm bis 2 mm). Je kleiner die Bohrung ist, desto leichter lässt sich der Anschnitt abreißen. Es entsteht keine Nacharbeit. Die Größe der Bohrung hängt von der Wandstärke, von der Zähflüssigkeit der Masse und von der Schmelzetemperatur ab.

Beim Vorkammeranguss ist in die Angießbuchse eine kegelförmige Tasche eingearbeitet. Die Vorkammer wird beim ersten Schuss durch die Düse abgedichtet und gefüllt. Jetzt wird mit anliegender Düse gearbeitet. Nebenstehendes Bild (**Bild 3**) veranschaulicht das Prinzip.

Die eingespritzte Schmelze kühlt an der Wand der Angießbuchse ab. Dadurch wird die übrige Schmelze isoliert. Es bildet sich eine plastische Seele. Diese darf während der Produktion nicht abkühlen. Das erfordert kurze Verweilzeiten. Deshalb sind mehrere Zyklen in der Minute notwendig.

Ist dies nicht möglich, wird eine Kupfer-Beryllium-Spitze (**Bild 4**) in die Vorkammer eingebracht. Zwischen ihr und der Vorkammerwandung entsteht durch die erkaltende Masse eine Isolierschicht. Die Spitze nimmt über die Düse genügend Wärme auf (geheizte Vorkammer), um die Masse im Inneren viskos zu halten.

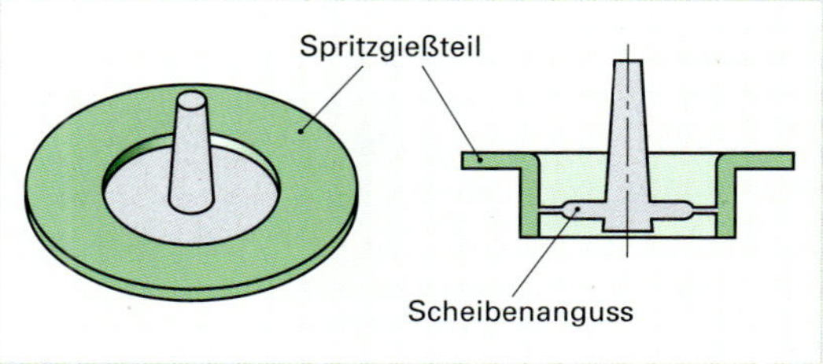

Bild 1: Scheibenanguss

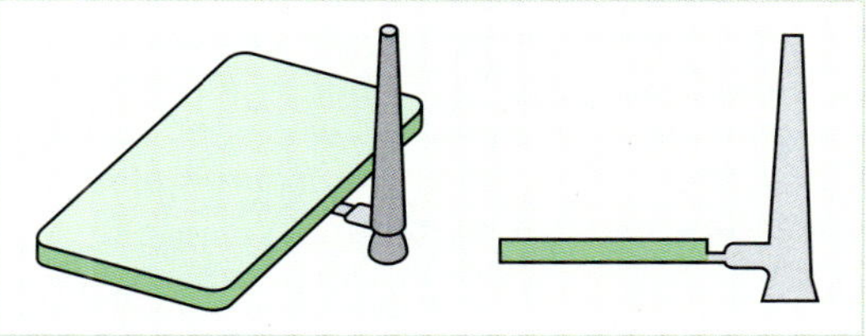

Bild 2: Punktanguss

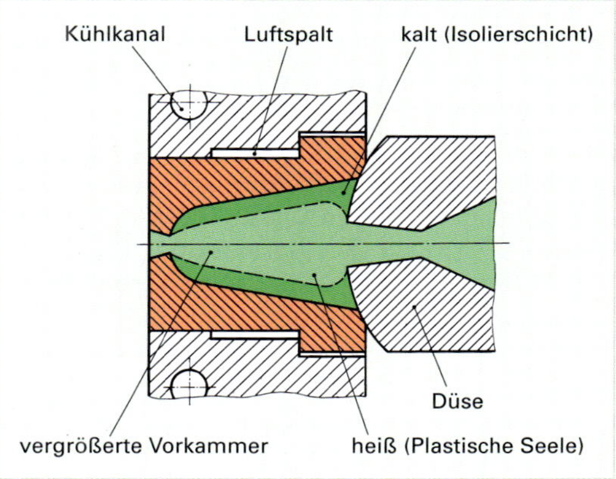

Bild 3: Vorkammeranguss

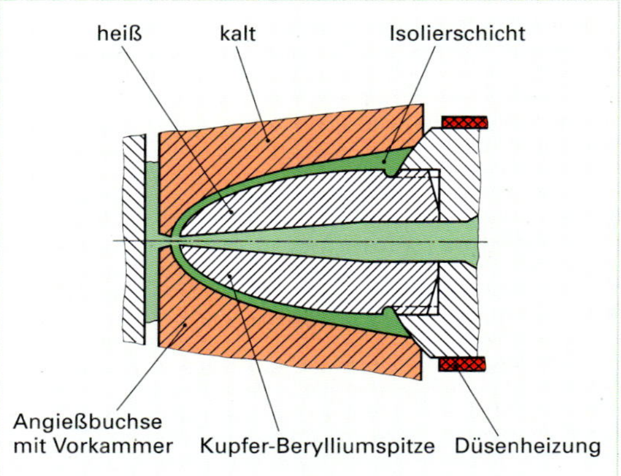

Bild 4: Vorkammer mit Kupfer-Beryllium-Spitze

Tunnelanguss

Der Tunnelanguss ist ein **selbstabtrennendes** Angusssystem mit einer Trennebene. Das Spritzteil wird seitlich angespritzt und beim Auswerfen vom Anguss getrennt (**Bild 1**).

Der Anguss und das Formteil liegen in **einer** Werkzeugtrennebene. Die Verteilerkanäle werden kurz vor der Formhöhlung umgelenkt und enden in einer konischen Bohrung. Das Ende dieser Bohrung ist der Anschnitt, der die Verbindung zur Formhöhlung herstellt.

Beim Öffnen der Form müssen Spritzteil und Angießsystem auf der **beweglichen** Formhälfte **verbleiben**. Das kann durch Hinterschneidungen am Spritzgießteil, wie auch am Angießsystem oder durch Aufschrumpfen auf einen Kern erreicht werden.

Der Tunnelanguss liegt in der düsenseitigen Werkzeughälfte. Durch die schräg in die Seitenwand des Spritzgießteiles eingebrachte Bohrung entsteht eine scharfe Kante. Diese **Schneidkante trennt** den Tunnelanguss **beim Öffnen** des Werkzeuges vom Spritzgießteil. Danach werden Spritzgießteil und Angusssystem durch den Auswerfer entformt.

Beim Öffnen des Werkzeuges muss gleichzeitig der konische Teil des Angusskanals mit aus der Bohrung gezogen werden. Dazu muss zu diesem Zeitpunkt der verwendete Kunststoff ausreichend biegbar sein. Dabei werden Werkzeug (Konizität der Bohrung), Kunststoffart und Temperatur (Entformungstemperatur) aufeinander abgestimmt.

Nachteile dieser Angussart sind der hohe Druckverlust und die Sichtbarkeit des kleinen Abrisspunktes.

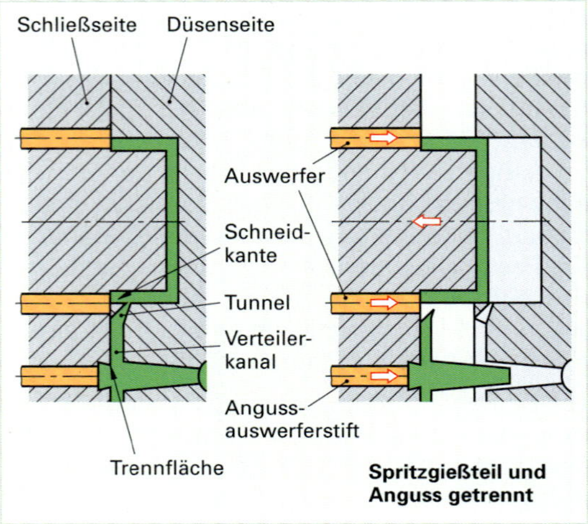

Bild 1: Tunnelanguss

Gebogener Tunnelanguss

Soll der Abrisspunkt an einer verdeckten Stelle angebracht werden, so bietet der gebogene Tunnelanguss diese Möglichkeit. Das Entformungsprinzip gleicht dem des Tunnelangusses (**Bild 2**).

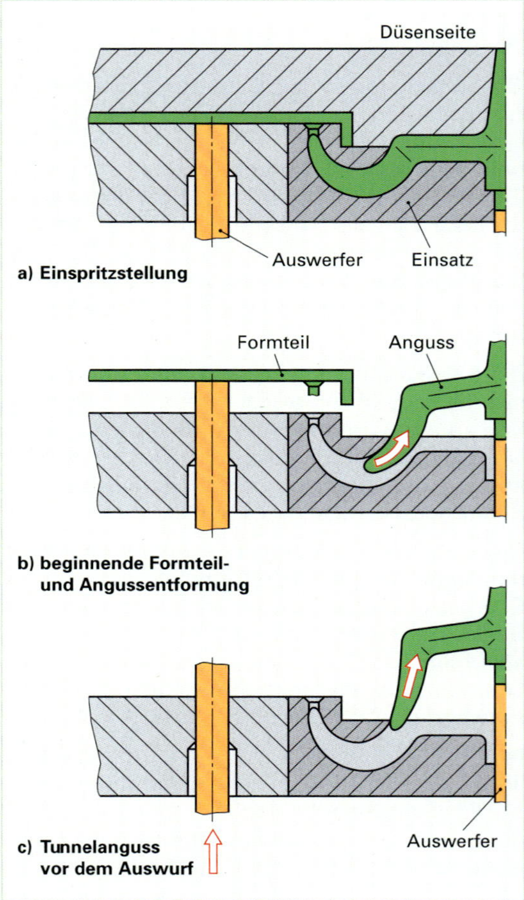

Bild 2: Gebogener Tunnelanguss

Wiederholungsfragen:

1. Welche Anforderungen werden an die Schneckengeometrie gestellt?
2. Wonach werden die Spritzgießwerkzeuge eingeteilt?
3. Welche Angussarten kennen Sie?
4. Woraus besteht ein Angusssystem?

Aufgaben und Forderungen an das Angusssystem

Das Angusssystem sollte:

- die Formmasse mit einem Minimum an Fließnähten in die Kavität bringen,
- den Massefluss möglichst ohne Behinderung in die Kavität fließen lassen,
- das Aussehen des Spritzgießteiles möglichst nicht beeinträchtigen,
- eine möglichst kurze Angusslänge besitzen,
- kein oder nur geringes Angussgewicht aufweisen,
- sich vom Spritzgießteil leicht entformen lassen,
- den Anschnitt immer an der größten Wanddicke haben,
- im Anschnitt so gelegt sein, dass kein freier Strahl in die Kavität erfolgen kann,
- bei Mehrfachwerkzeugen so gestaltet sein, dass die Anschnitte zur gleichen Zeit die Kavitäten füllen (**Bild 1**),
- im Querschnitt und im Anschnitt so groß sein, dass der Nachdruck bis zur Erstarrung des Spritzteiles wirken kann.

Gestaltung der Verteilerkanäle und der Anschnittsform

Die Gestaltung der Verteilerkanäle erfordert einen Kompromiss zwischen Fließfähigkeit der Masse, Wärme und Reibungsverlust gegenüber der Wirtschaftlichkeit (Menge des Abfalls und der Herstellungskosten).

Der Rundkanal (**Bild 2**) hat den Vorteil, dass er die geringste Oberfläche bezogen auf den Querschnitt besitzt. Er hat damit die geringsten Wärme- und Reibungsverluste. Da er in beide Werkzeughälften eingearbeitet werden muss (**Bild 5**), ist die Herstellung des Kanals schwierig und teuer.

Eine einfachere Herstellung bietet der **parabelförmige** Kanal (**Bild 3**). Er wird nur in eine Werkzeughälfte eingearbeitet. Nachteilig wirkt sich der etwas höhere Abfall- und Wärmeverlust aus. Bei einem runden **Anschnitt** ist die Einarbeitung ebenfalls in beide Werkzeughälften notwendig (**Bild 5**). Bei einem zentrischen, rechteckigen Querschnitt (**Bilder 4 und 6**) ist die Breite des Anschnittes ungefähr zwei Millimeter kleiner als die der Kanalquerschnitte. Der exzentrische Anschnitt ist einfacher herzustellen. Die Freistrahlbildung wird größtenteils vermieden (**Bild 5**).

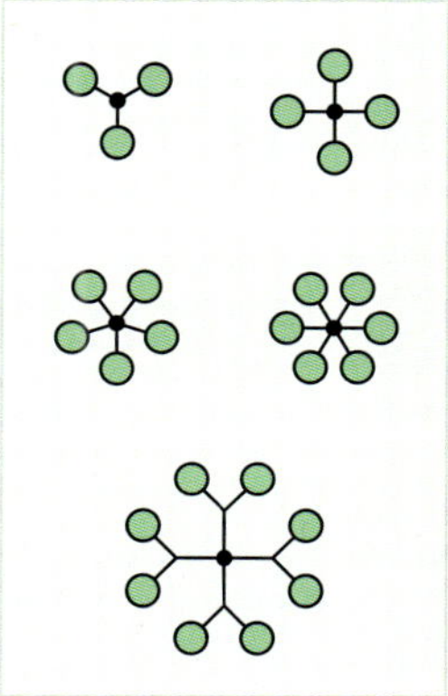

Bild 1: Ringanordnung

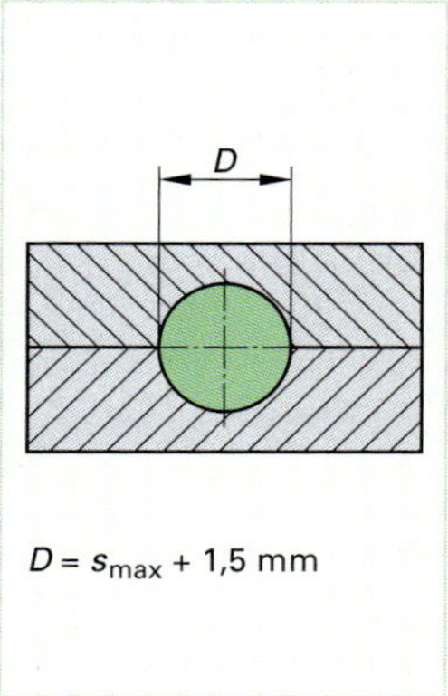

Bild 2: Rundkanal

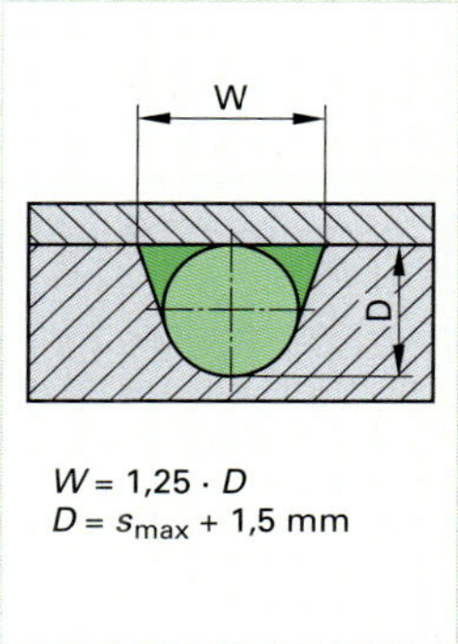

Bild 3: Parabelförmiger Kanal

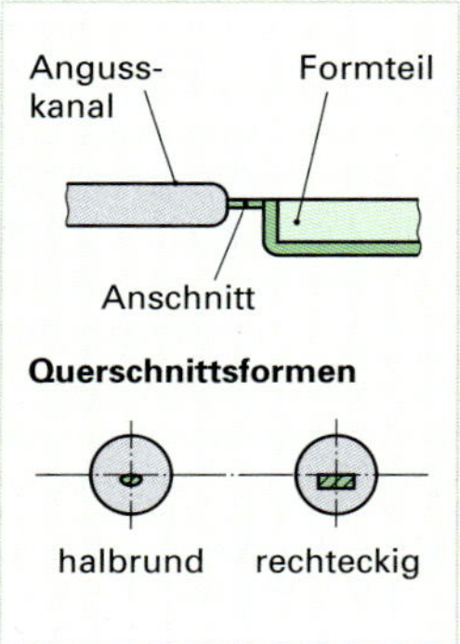

Bild 4: Anschnittform

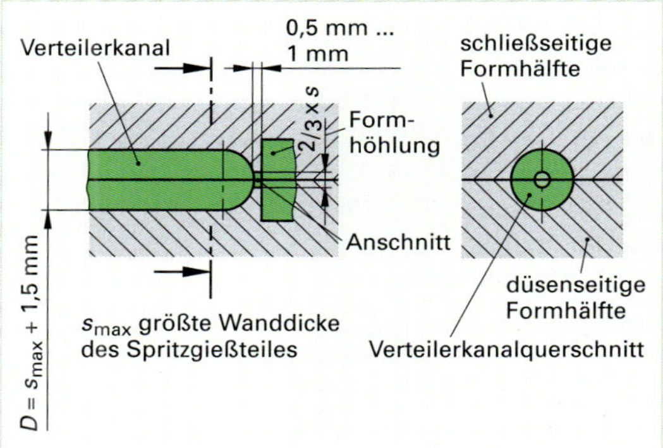

Bild 5: Verteilerkanal mit Anschnitt

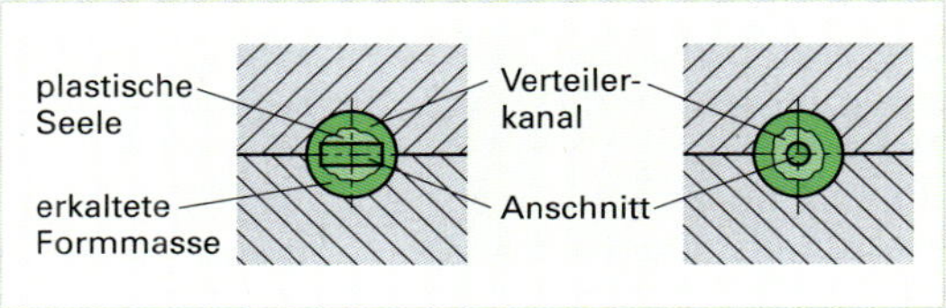

Bild 6: Anschnittformen

7.2.3 Werkzeugarten

Zweiplattenwerkzeug (Bild 1 Seite 360)

Dreiplattenwerkzeug

Ein Dreiplattenwerkzeug wird meistens verwendet, wenn bei Mehrfachwerkzeugen die Formteile auf ihrer Oberfläche angespritzt werden müssen. Hierbei findet der Abreißpunktanguss Verwendung. Dabei liegen Formteil und Angussverteiler in verschiedenen Trennebenen (Bild 1). Deshalb ist eine weitere Platte notwendig. Die Trennebenen werden zeitlich verschoben geöffnet. Diese Bauart erfordert einen großen Öffnungsweg, weil auch die Trennfläche für den Anguss ausgefahren werden muss. Beim Werkzeugöffnungsvorgang öffnet sich das Werkzeug zunächst in der Trennebene 1. Dabei muss das Spritzteil am Kern verbleiben, um vom Anschnitt abgerissen zu werden. Nach einem bestimmten Öffnungsweg wird die Zwischenplatte durch einen Zuganker oder Klinkenzug mitgenommen und somit die Trennebene 2 geöffnet. Der Anguss wird noch durch Hinterschneidungen festgehalten. Ein weiterer Zuganker betätigt danach das Auswerfersystem für den Anguss.

Isolierkanalwerkzeug

(Nur für thermisch beständige Formmassen)

Bei Isolierkanalwerkzeugen erspart man sich das Entformen des Angusses und somit auch das Recycling. Bei diesem Werkzeug werden die Verteilerkanäle von der Angussbuchse bis zum Anschnitt so stark dimensioniert, dass die Formmasse in der Kanalmitte plastisch bleibt (Bild 2). Diese plastische Seele wird durch die an den Kanalwänden erstarrte Formmasse isoliert. Dabei ist eine schnelle Zyklusfolge notwendig, um die Masse am Einfrieren zu hindern.

Etagenwerkzeug

Bei Etagenwerkzeugen wird ausschließlich mit Heißkanalverteilern gearbeitet. Das Werkzeug besitzt zwei Trennebenen. Dadurch wird die Anzahl der Spritzgießteile spiegelbildlich verdoppelt. Das Mittelteil trägt das Anguss- und Verteilersystem (Bild 3).

Die Zykluszeit verlängert sich etwas durch die längeren Öffnungs- und Schließwege. Das Dosiervolumen vergrößert sich gegenüber dem Normalwerkzeug. Es erhöht die Zykluszeit durch eine längere Einspritzdauer. Die Zuhaltekraft bleibt theoretisch gleich, praktisch sollte sie um ca. 10 % höher gegenüber einem Normalwerkzeug sein.

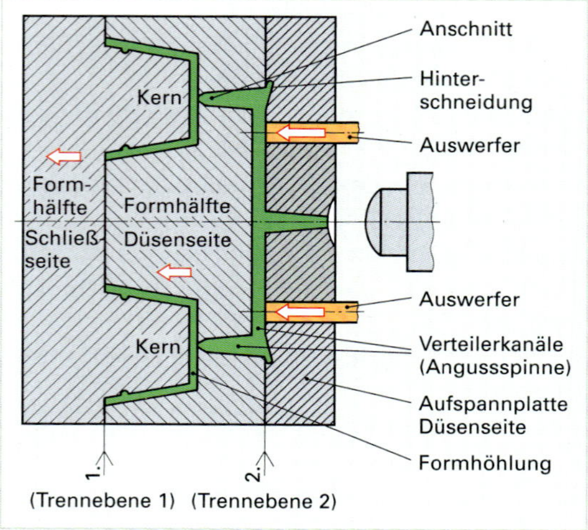

Bild 1: Dreiplattenwerkzeug

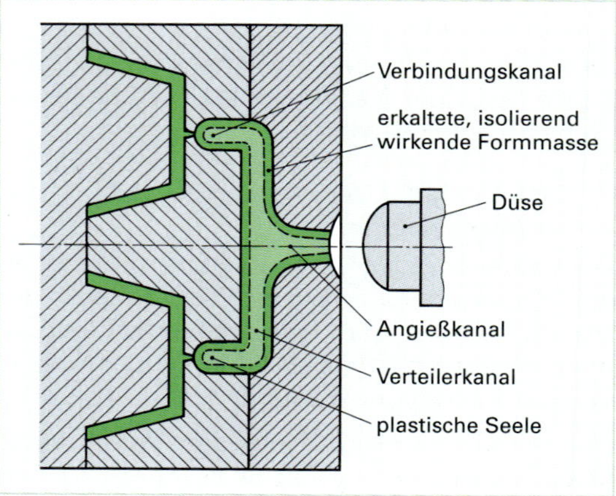

Bild 2: Isolierkanalwerkzeug

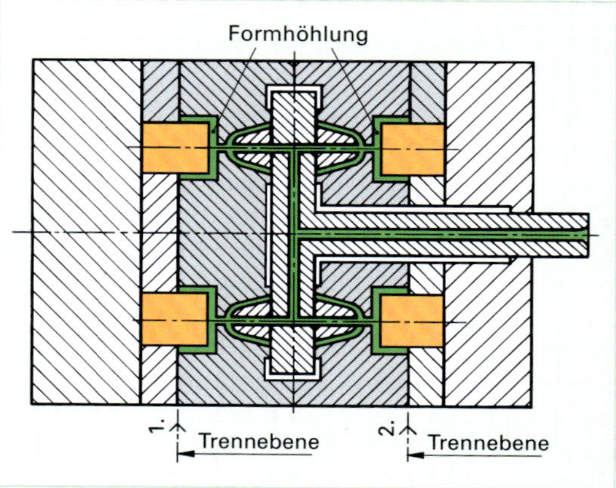

Bild 3: Etagenwerkzeug

Heißkanalsysteme

Im Heißkanalsystem sind Wärmequellen installiert, um den Kunststoff vor dem Anfahren des Werkzeuges aufzuschmelzen und ihn während der Produktion im thermoplastischen Zustand zu halten (**Bild 1**). Zur Vermeidung von Wärmeverlusten gegenüber dem kälteren Werkzeug sind Isolierungen vorzusehen (Luftspalt, Reflektorbleche).

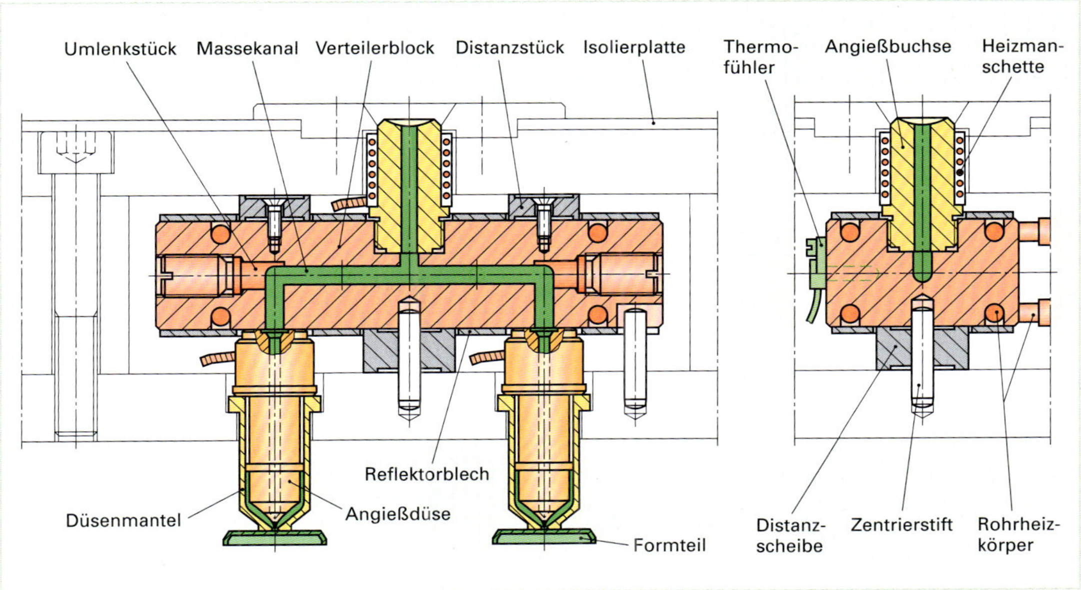

Bild 1: Heißkanalsystem

Der Heißkanalverteilerblock kann außen- oder innenbeheizt werden. **Außenbeheizte** Systeme funktionieren entweder mit Heizpatronen oder mit Rohrheizkörpern (**Bild 2**).

Innenbeheizte Systeme besitzen Heiztorpedos, die innerhalb des Massekanals liegen. Dadurch wird weniger Wärmezufuhr benötigt. Um die Wärme kontrolliert einzubringen, werden Thermoelemente eingesetzt.

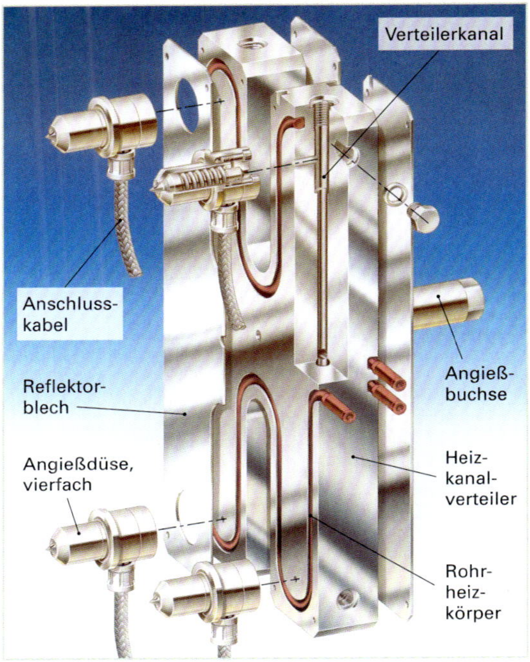

Bild 2: Heißkanalverteilerblock

Angießdüse

Die Angießdüse leitet die Schmelze vom Verteilerblock zum Anschnitt. Es werden innen- und außenbeheizte Düsen unterschieden.

Innenbeheizte Düsen werden meist durch Wärmeleitung indirekt beheizt. Hierbei dient der Heißkanalverteilerblock als Wärmequelle.

Außenbeheizte Düsen (**Bild 1b**) bieten den Vorteil einer genauen Temperaturregelung durch den integrierten Temperaturfühler.

Man unterscheidet nach der Art des Anschnittes offene Düsen, Mehrfachdüsen und Nadelverschlussdüsen (**Tabelle 1**).

Offene Düsen haben geringe Druckverluste. Mithilfe der **Mehrfachdüse** kann man ein Formteil mehrfach, oder mehrere Formteile einfach anspritzen.

Für dünnflüssige Formmassen verwendet man **Nadelverschlussdüsen**.

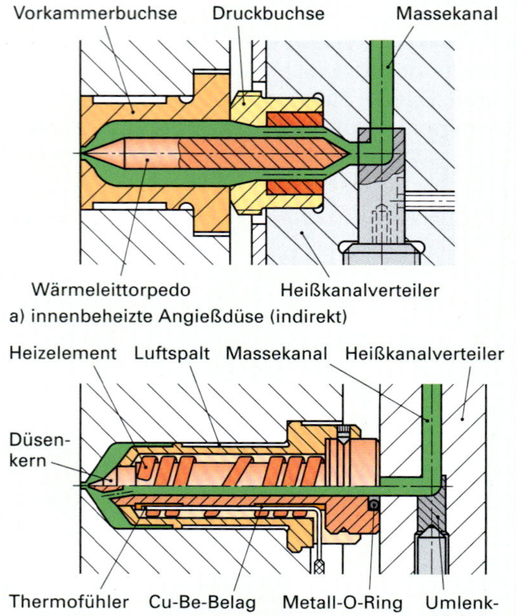

a) innenbeheizte Angießdüse (indirekt)
b) außenbeheizte Angießdüse (direkt)

Bild 1: Heißkanaldüsen

Das **Heißkanalsystem** bietet sehr viele **Vorteile**:

- Es fällt kein Angussabfall an.
- Man spart sich eventuell anfallende Kosten für Abtrennung der Angüsse oder deren Aufbereitung.
- Es kann mit kürzeren Zykluszeiten gearbeitet werden (Füllen der Angussverteiler entfällt, es wird mit anliegender Düse gefahren, automatische Angussentnahme nicht notwendig).
- Die Kühlzeit ist unabhängig vom Erstarren der Angüsse.
- Die projizierte Spritzfläche wird durch den Wegfall der Angussverteiler reduziert und damit auch die notwendige Schließkraft.
- Durch die Temperierung des Angusses können längere Fließwege realisiert werden.
- Manche Spritzgießtechniken lassen sich ohne Heißkanaltechnik kaum mehr realisieren (Mehrkomponentenspritzguss, Thermoplastschaumgießen, Hinterspritztechnik, Kaskadenspritzguss, Etagenwerkzeuge).

Einige **Nachteile** sind zu beachten:

- Es ist eine aufwendigere Werkzeugkonstruktion nötig. Damit sind auch höhere Werkzeugkosten verbunden.
- Die Einbauhöhe ist größer als bei Standardwerkzeugen.
- Der Farb- und Materialwechsel ist sehr aufwendig.
- Die höhere Verweilzeit der Schmelze im System kann zu Materialschädigungen führen.

Tabelle 1: Beheizte Düse

Art	Düsenspitze	Anguss/Formmassen
offene Düse mit Düsenmantel	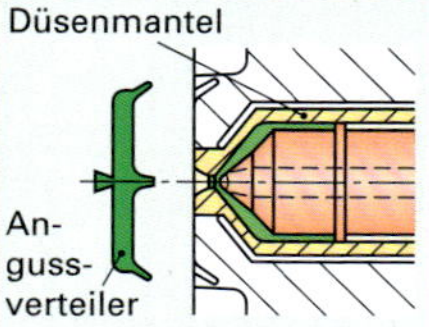	• kurzer Angusskegel • mit Düsenmarkierung • mit oder ohne Angussverteiler ▪ für fast alle Massen (neigt zum Faden ziehen)
Punktangussdüse mit oder ohne Düsenmantel	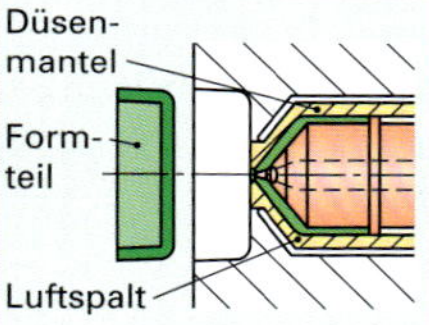	• mit oder ohne Mantel • kleiner Angusspunkt • mit oder ohne Düsenmarkierung ▪ für fast alle Massen, z.T. auch verstärkte
Mehrfachdüse mit Punktanguss	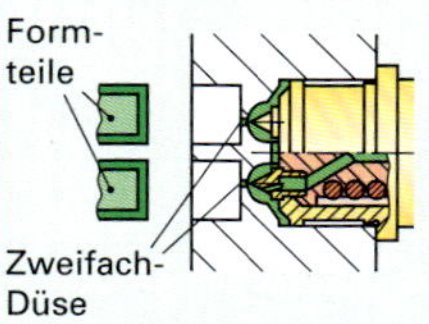	• kleiner Angusspunkt je Formteil • Einfach- oder Mehrfachanspritzung ▪ ABS, PMMA, PE, PP ▪ kleine Formteile
Nadelverschlussdüse	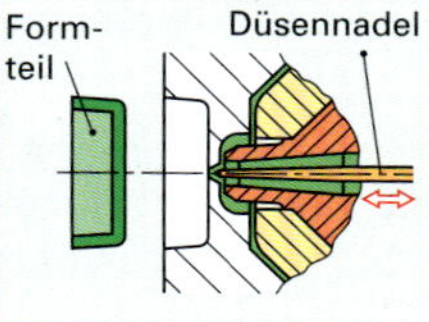	• geglätteter Anguss • ohne Düsenmarkierung ▪ sicherer Betrieb bei fast allen, auch verstärkten Massen ▪ für hohe Stückzahlen

7.2.4 Werkzeugtemperierung

Sobald die Masse ins Werkzeug eingespritzt wird, muss je nach Kunststoffart Wärme ab- oder zugeführt werden. Bei der Verarbeitung von **Duromeren und Elastomeren** werden hauptsächlich **elektrisch beheizte** Werkzeuge eingesetzt. **Thermoplaste kühlt** man mit **Wasser** oder **Öl** (**Bild 1**). Die Werkzeugtemperatur (Werkzeuginnenwandtemperatur) ist dabei entscheidend für die Qualität der Spritzteile.

Beeinflusst werden:

- das Fließverhalten der Masse im Werkzeug
- die Schwindung und damit die Abmessungen der Formteile
- die Oberflächengüte
- die Materialorientierung
- die Abkühlzeit und damit Zykluszeit

Die tatsächliche Werkzeugtemperatur stellt sich erst nach einer gewissen Zeit bei gleichmäßigem Zyklus ein. Diese fällt höher aus, als sie am Temperiergerät eingestellt ist. Beim Anfahren oder nach einer Störung benötigt man mehrere Zyklen, bis sich das **thermische Gleichgewicht** wieder einstellt (**Bild 2**).

Damit sich die Werkzeugtemperatur überwachen und regeln lässt, sollten in beiden Werkzeughälften nahe der Kavität **Temperaturfühler** angebracht werden.

Die Höhe der **Werkzeugtemperatur** ist in erster Linie **abhängig von der Kunststoffart** (s. Datenblatt vom Hersteller). Hohe Werkzeugtemperaturen bringen eine langsame Abkühlung der Formteile. Die Zykluszeit wird dadurch erhöht. Bei vielen teilkristallinen Thermoplasten ist dies aber notwendig, um die Kristallisation im Werkzeug abzuschließen. Eine Nachkristallisation kann maßliche Veränderungen und Verzug verursachen.

Die obere Grenze der Werkzeugtemperatur ist durch die maximale **Entformungstemperatur** gegeben. Sie sollte immer unterhalb der Einfriertemperatur des Materials liegen.

Der Temperaturunterschied des Kühlmediums zwischen Vor- und Rücklauf sollte zwischen 3 °C und 5 °C liegen. Es können aus diesem Grunde auch mehrere Kühlkreisläufe im Werkzeug eingearbeitet sein. Die Anschlüsse für Zu- und Ablauf sind genau gekennzeichnet und dürfen nicht verwechselt werden (**Bild 3**).

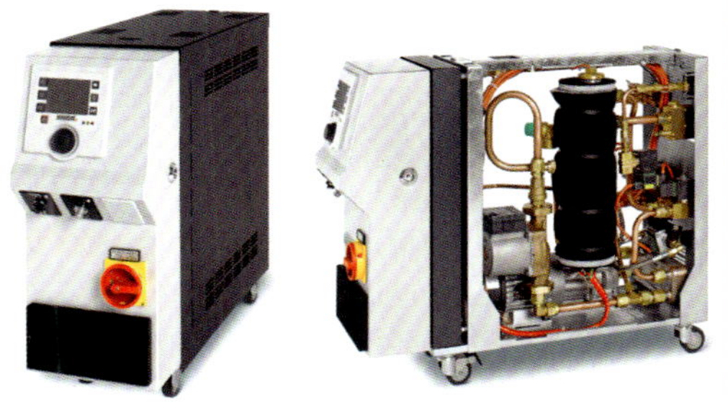

Bild 1: Temperiergerät für Wasser und Ölbetrieb

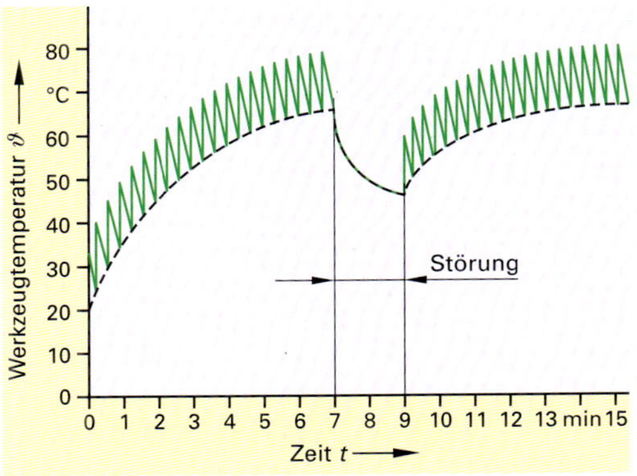

Bild 2: Einpendeln der Werkzeugtemperatur

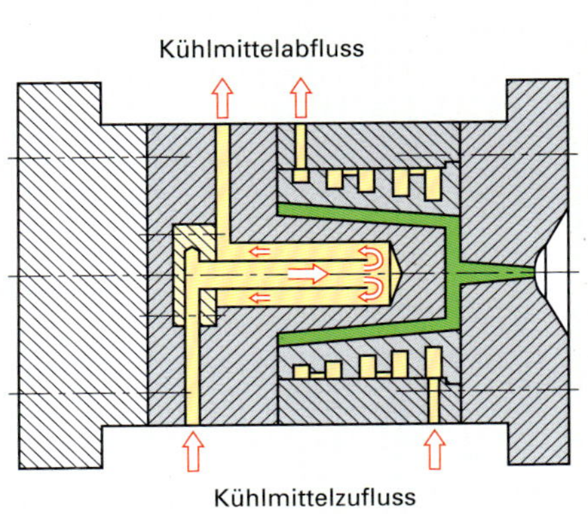

Bild 3: Werkzeugtemperierung

Temperiergeräte müssen über eine genügend hohe **Pumpleistung** bei einem ausreichend hohen Förderdruckniveau verfügen. Sie sollten den im Werkzeug auszutauschenden Wärmemengen angepasst sein. Dazu gehören auch **dicke** und **kurze Schlauchleitungen** zwischen Werkzeug und Temperiergerät. Diese Schlauchleitungen müssen die Temperaturen und den Druck des Durchflussmediums aushalten. Bei **Wasserkühlung** sind das **bis zu 160 °C**, wobei bei über 100 °C die Geräte unter Druck stehen müssen, um das Wasser flüssig zu halten.

Bei noch höheren Temperaturen wird eine **Ölkühlung** verwendet. Diese Geräte arbeiten meistens zwischen 30 °C und 250 °C. Es sollte aber dabei beachtet werden, dass die Wärmekapazität von Öl kleiner ist als die des Wassers. Das bedeutet, dass bei gleicher umgewälzter Flüssigkeitsmenge mit Wasser **mehr Wärme** entnommen werden kann als mit Öl.

Bei Wassertemperierung können sich durch Rost und Ablagerungen die Kühlkanäle **verengen**. Bei einem geschlossenen Kreislauf werden deshalb Korrosionsinhibitoren zugesetzt. Aber auch bei offenen Kreisläufen setzt man über eine Wasseraufbereitung kontinuierlich Chemikalien zu, die biologisch abbaubar sein sollten. Außerdem sollten diese Chemikalien Dichtungen und Metalle nicht angreifen und Kalk- und Rostanlagerungen verhindern.

Eine **Reinigung** der Kühlkanäle ist regelmäßig durchzuführen. Hier finden säurehaltige Spülmedien Verwendung, die mit hohem Druck angewendet werden. **Beschichtungen** der Kühlkanäle können eine Korrosion verhindern. Deshalb ist Vorsorge und Wartung besonders wichtig.

An der gleichbleibenden Qualität der Spritzgussteile ist ein leistungsfähiges Temperiergerät maßgebend beteiligt. Wichtige Parameter sind **Durchflussmenge, Druck, Kühlleistung, Heizleistung** und **Regelgenauigkeit**.

Wichtig ist auch die Lage der Kühlkanäle. Sie sollten möglichst konturnah liegen. Ist dies mit Kühlbohrungen nicht möglich, kann der Einsatz von Laser CUSING helfen. Die Laseranlagen arbeiten mit einkomponentigen Metallpulvern, die mit Lasertechnologie vollständig aufgeschmolzen werden. Damit können dreidimensionale Bauteile in beliebiger Geometrie mit den mechanischen Eigenschaften des Orginalwerkstoffes geschaffen werden (**Bild 1**).

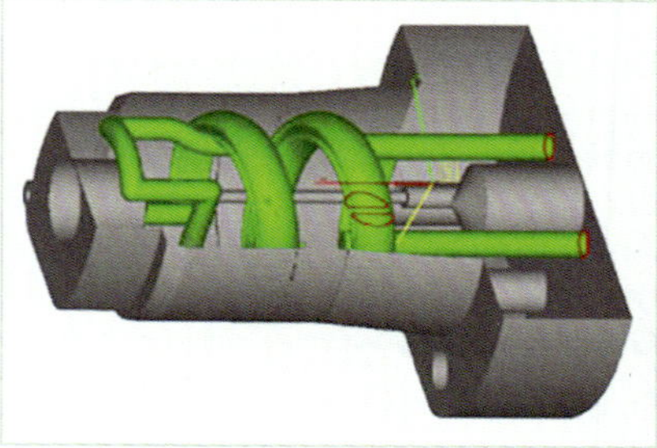

Bild 1: Bauteil mittels Laser CUSING

Temperierung für Duromere und Elastomere

Bei Elastomeren und Duromeren liegt die Werkzeugwandtemperatur im Normalfall zwischen 130 °C und 200 °C. Deshalb verwendet man hauptsächlich Heizstäbe zur Erwärmung. Da bei Duromeren während der Vernetzung noch zusätzlich Reaktionswärme entsteht, ist diese bei der Temperatureinstellung zu berücksichtigen.

Um Wärmeverluste zu vermeiden, ist eine ausreichende Isolierung des Werkzeuges gegenüber den Aufspannplatten notwendig (**Bild 2**).

Bild 2: Werkzeug mit Isolierplatten

Wiederholungsfragen:

1. Welche Anforderungen werden an das Angusssystem gestellt?
2. Wie funktioniert ein Isolierkanalwerkzeug?
3. Mit welchem Angusssystem arbeitet ein Etagenwerkzeug?
4. Welche Vorteile besitzt ein Heißkanalsystem?
5. Welche Eigenschaften können durch die Werkzeugtemperatur beeinflusst werden?
6. Welche Wartungsarbeiten sind an den Kühlkanälen des Werkzeuges durchzuführen?

7.2.5 Werkzeugentlüftung

Die Luft muss beim Befüllen der Kavität entweichen können. Kann die Kunststoffschmelze die im Werkzeug befindliche Luft nicht oder nicht schnell genug verdrängen, so wird diese komprimiert und damit erhitzt. Dadurch wird die Formmasse thermisch geschädigt (**Dieseleffekt**).

Die Entlüftungsmöglichkeit richtet sich nach der Gestalt und Lage des Formteiles und nach der Anbindung des Spritzlings an das Angusssystem.

Flache, einfache Formteile entlüftet man normalerweise über das Schliffbild in der Trennebene (**Bild 1**). Die Luft kann über eine gewollte Oberflächenrauheit ~ R_Z 10 entweichen.

Reicht das Schliffbild nicht aus, so können zusätzliche Entlüftungsmöglichkeiten geschaffen werden:

- Auswerferstifte
- Werkzeugeinsätze
- Lamellenpakete
- Sintereinsätze
- Entlüftungsstifte
- Zusätzliche Trennfugen (**Bild 2**)
- Entlüftungsspalt (**Bild 3**)

Ist der Spalt zu tief, bildet sich ein Grat am Spritzgussteil. Deshalb dürfen **kunststoffspezifische Spalttiefen** nicht überschritten werden.

- Teilkristalline Thermoplaste bis 0,015 mm
- Amorphe Thermoplaste bis 0,03 mm
- Sehr leicht fließende Massen bis 0,003 mm

Die Spaltbreite richtet sich nach dem Volumen des Formteiles. Der Entlüftungsspalt wird da eingearbeitet, wo ein Lufteinschluss zu erwarten ist.

Aktive Entlüftung

Bei extrem leicht fließenden Formmassen und auch bei der Verarbeitung von Elastomeren wird öfter mit einer Evakuierung (Entlüftung durch Vakuum) der Kavität gearbeitet.

Dazu ist ein Abdichten des Werkzeuges und eine angeschlossene Vakuumanlage notwendig.

Die Prozessführung muss der Evakuierung angepasst werden, da die Vakuumbohrungen beim Überspritzen verstopfen.

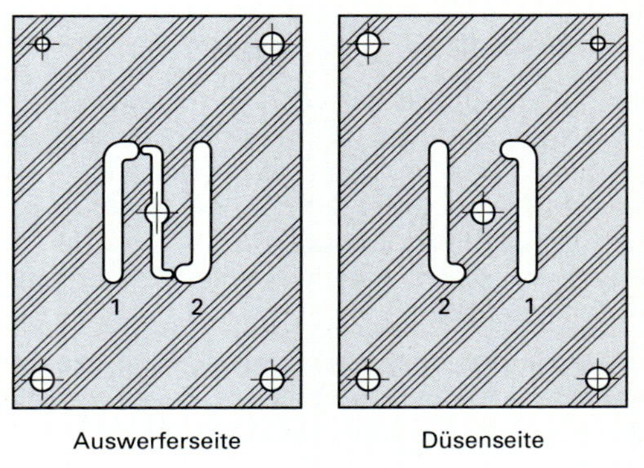

Bild 1: Entlüftung durch Schliffstruktur

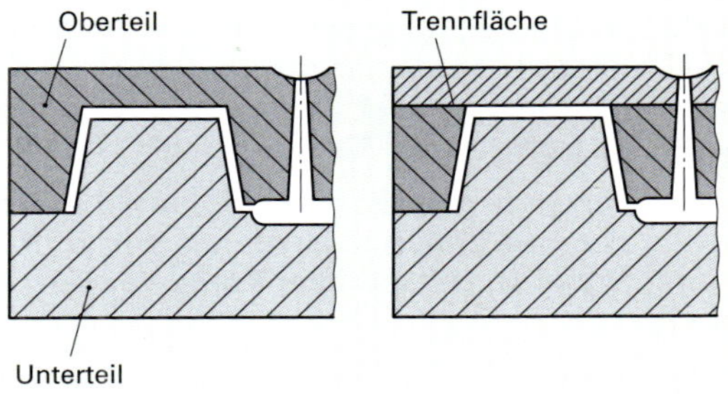

Bild 2: Trennfuge bei seitlicher Anspritzung

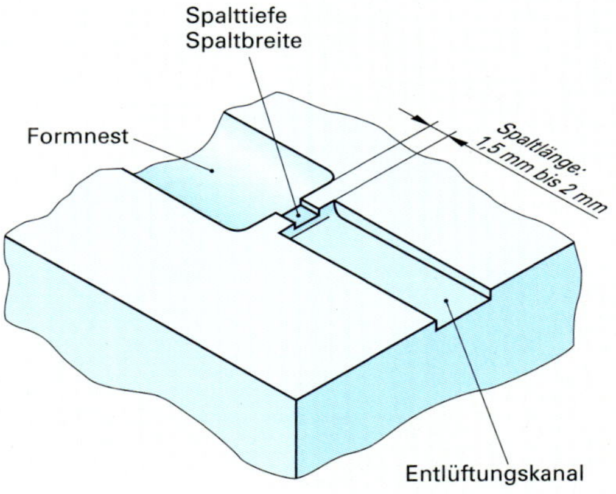

Bild 3: Werkzeugentlüftung über Spalt

7.2.6 Entformung

Es gibt verschiedene Arten der Entformung. Sie richtet sich nach der Form und Anzahl der Spritzgussteile.

Nach der Kühlzeit wird das Spritzteil aus dem Werkzeug entfernt. Dazu wird ein automatisches Entformungssystem benötigt. Das Spritzteil wird beim Öffnen des Werkzeuges auf der Schließseite gehalten. Anschließend können Auswerfer einfache flache Spritzteile entformen (**Bild 1**).

Es ist wichtig, dass beim ersten Einspritzen soviel Masse in die Form gelangt, dass möglichst alle Auswerfer greifen. Deshalb ist das Berechnen des Dosierweges erforderlich.

Beim Anfahren mit einer offenen Düse **nie mit angelegter** Düse aufdosieren.

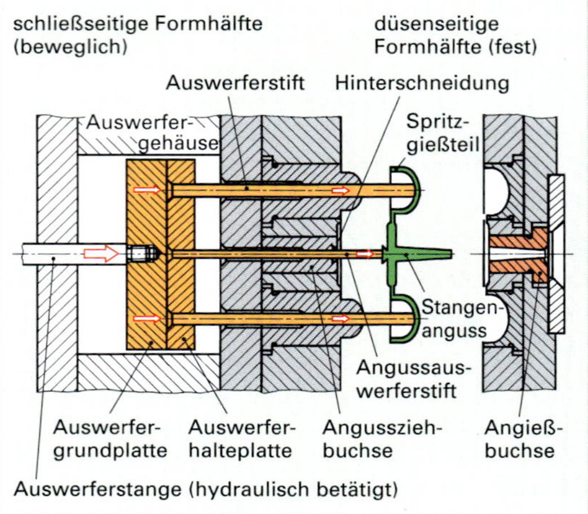

Bild 1: Auswerferstangen

Eine weitere Möglichkeit der Entformung bieten Abstreifringe. Dabei wird oftmals Druckluft zur Unterstützung eingesetzt (**Bild 2**). Sie wird meist dann verwendet, wenn sich zwischen Kern und Spritzteil ein Vakuum bilden könnte.

Bei Hinterschneidungen an Innen- und Außenseiten des Spritzgussteiles können zur Entformung Schieber, Backen oder Kerne verwendet werden.

Bei partiellen Hinterschneidungen am äußeren Spritzteil finden Schieber Anwendung (**Bild 3a**). Beim Öffnen der Formplatte wird der Schieber durch die Schrägstellung des Bolzens α_B nach oben bewegt. Die Hinterschneidung wird frei, und das Teil kann entformt werden (**Bild 3b**).

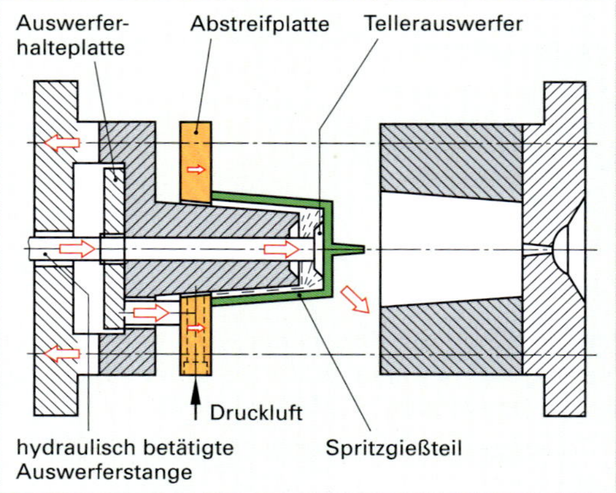

Bild 2: Abstreifplatte

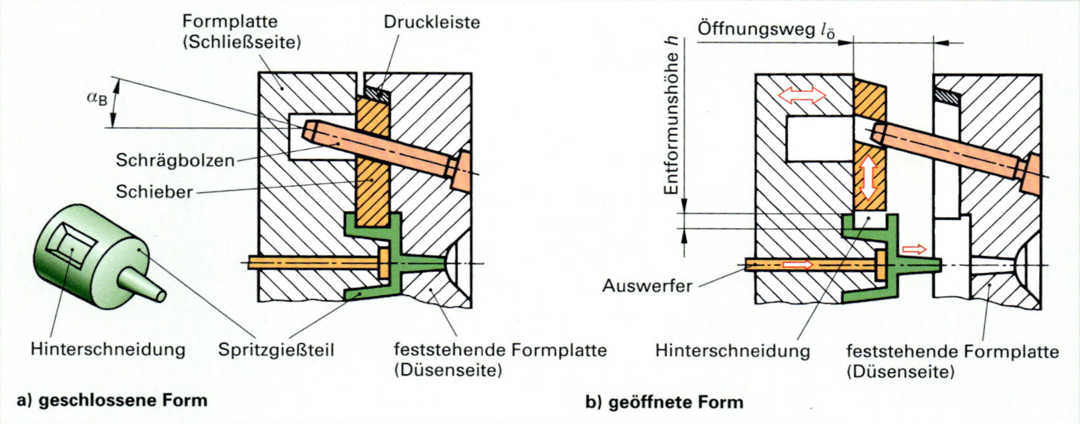

Bild 3: Schieberwerkzeug mit Schrägbolzen

Ein **Backenwerkzeug** wird verwendet, wenn sich am gesamten Umfang des Spritzteiles Hinterschneidungen befinden (**Bild 1**). Die Schrägbolzen bewegen die Backen beim Öffnen des Werkzeuges nach außen. Das Teil wird frei und kann durch den Auswerfer entformt werden.

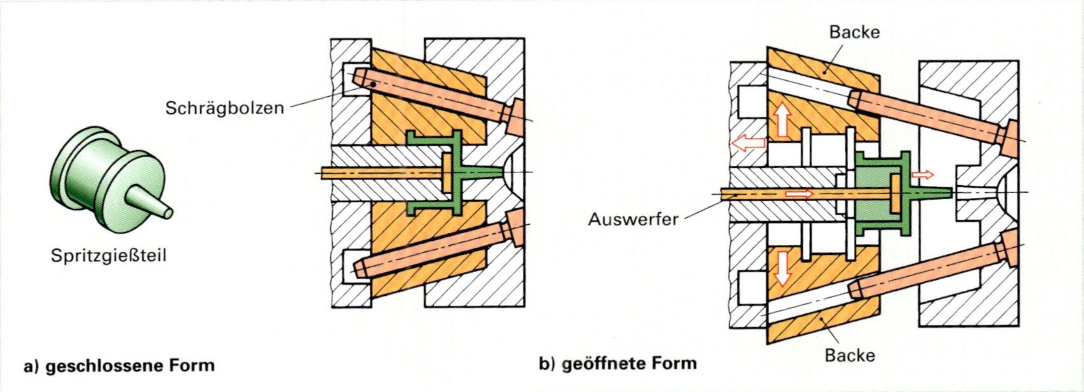

Bild 1: Backenwerkzeug

Entformung von **inneren Hinterschneidungen** kann durch bewegliche Kernsegmente, durch Rotation des Formteiles oder durch Ausschraubwerkzeuge erfolgen.

Bewegliche Kernsegmente werden bei **Teilhinterschneidungen** verwendet. Sie bewegen sich bei Betätigung der Auswerferplatte nach innen und geben die Hinterschneidung frei (**Bild 2**).

Die Entformung bei **Hinterschneidungen in Gewindeform** kann durch Drehen des abgekühlten Formteiles bei geöffnetem Werkzeug durch ein Reibrad erfolgen (**Bild 3a**).

Eine weitere Möglichkeit bietet der Ausschraubkopf (**Bild 3b**).

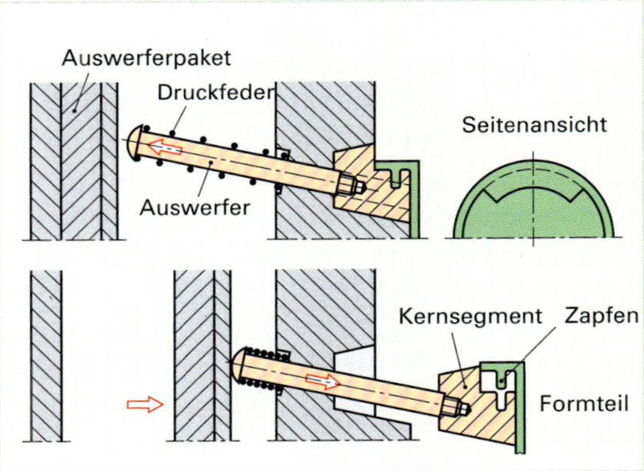

Bild 2: Entformung durch Kernsegmente

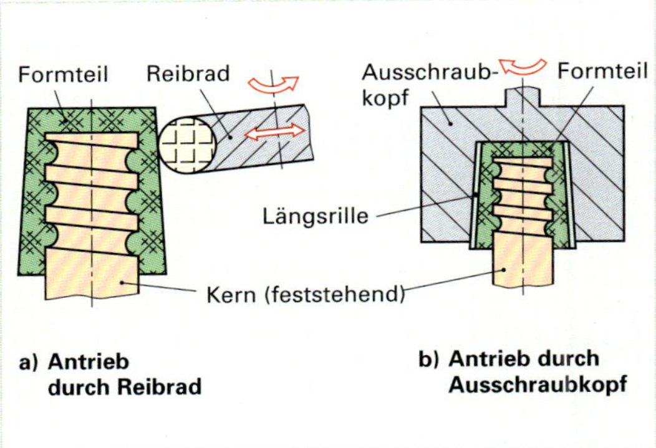

Bild 3: Entformung durch Drehen des Formteiles

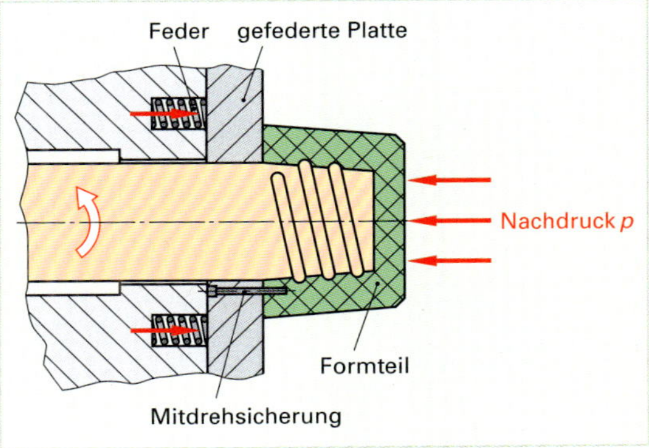

Bild 4: Entformung durch Kernrotation

Bei einem Ausschraubwerkzeug wird der Kern im geschlossenen Werkzeug ausgeschraubt (**Bild 4**). Erst danach wird das Teil entformt.

Die Drehbewegung des Kernes kann über einen Zahnstangenantrieb, mit einer Steilgewindespindel (**Bild 1**) oder mit einem separaten Antriebsaggregat (elektrisch/hydraulisch) erfolgen.

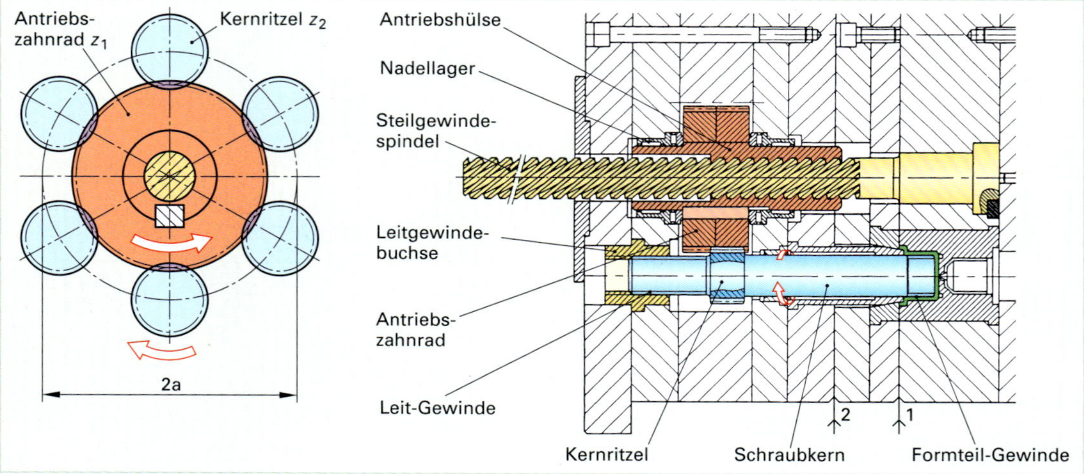

Bild 1: Ausschraubsystem mit Steilgewinde Spindelantrieb

Formmassen mit hoher Dehnfähigkeit können bei nicht zu großer Hinterschneidung auch **zwangsweise entformt** werden.

Die Dehnfähigkeit kann durch eine höhere Entformungstemperatur vergrößert werden. Dabei dürfen aber am Spritzteil keine plastischen Verformungen entstehen.

Das Entformen kann durch Auswerfer, einen Abstreifring (**Bild 2**) oder durch ein in zwei Stufen arbeitendem Auswerfersystem erfolgen (**Bild 3**).

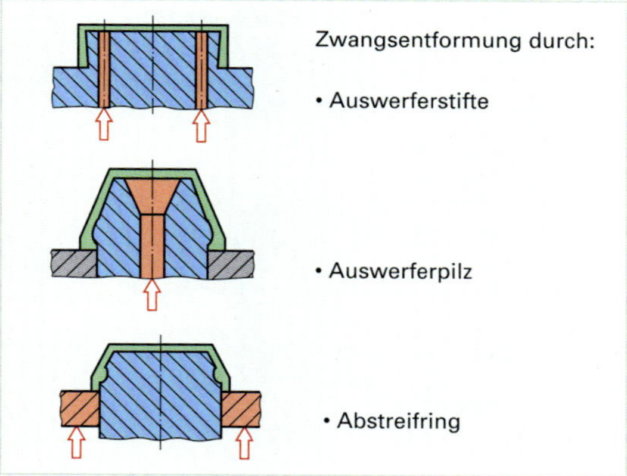

Bild 2: Möglichkeiten der Zwangsentformung

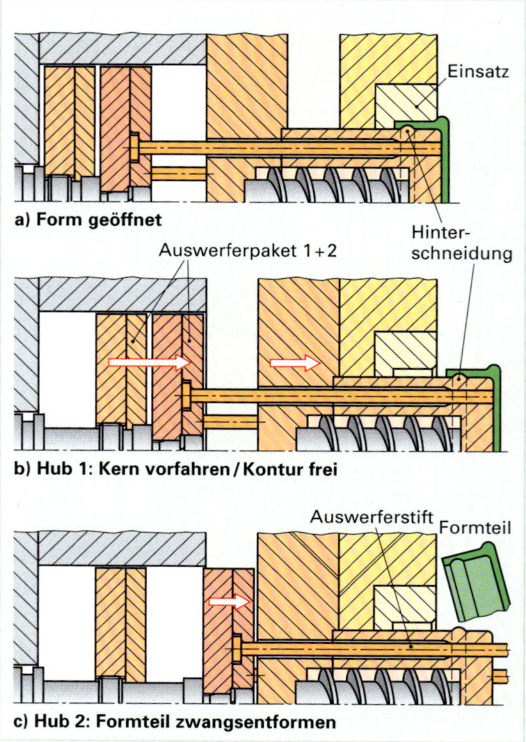

Bild 3: Zwangsentformung

Eine Entformung ist nach dem Öffnen des Werkzeuges noch nicht möglich (**Bild 3a**). Die Hinterschneidung wird erst frei, wenn der Kern vorfährt (**Bild 3b**). Das ist der erste Auswerferhub. Der zweite Auswerferhub (**Bild 3c**) streift das Formteil vom Kern.

Eine weitere Möglichkeit, Innengewinde zu entformen, bietet der **geteilte Kern**. Er besteht aus einem Metalldorn und einer **Kappe aus Silikonkautschuk** (Q). Durch das Schließen des Werkzeuges wird die Kappe auf den Dorn gezogen (**Bild 1**). Beim Öffnen des Werkzeuges zieht sich der Dorn aus der Kappe und bildet einen Unterdruck. Die Kappe zieht sich zusammen und gibt den Hinterschnitt frei.

Nachteilig sind längere Kühlzeiten durch die schlechte Wärmeleitfähigkeit von Silikon, eingeschränkte Maßgenauigkeit und die kurze Lebensdauer der Silikonkappe. Dafür kann das Werkzeug wesentlich kostengünstiger gefertigt werden.

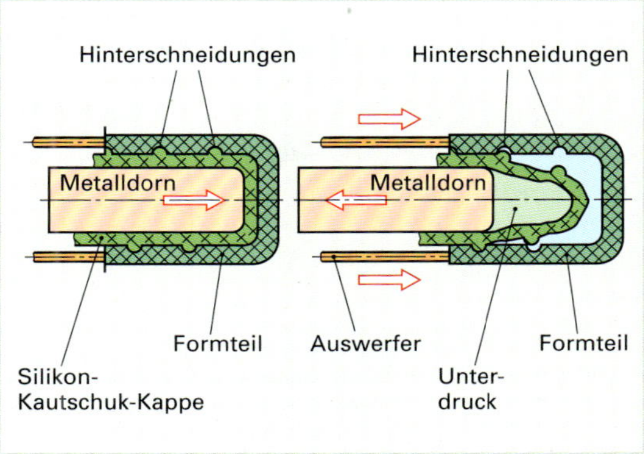

Bild 1: Geteilter Kern

Entformungsvorgang eines Dreiplattenwerkzeuges

Eine **Unterteilung** der Auswerferbewegung ist durch einen **Klinkenzug** bei einem Dreiplattenwerkzeug möglich (**Bild 2**).

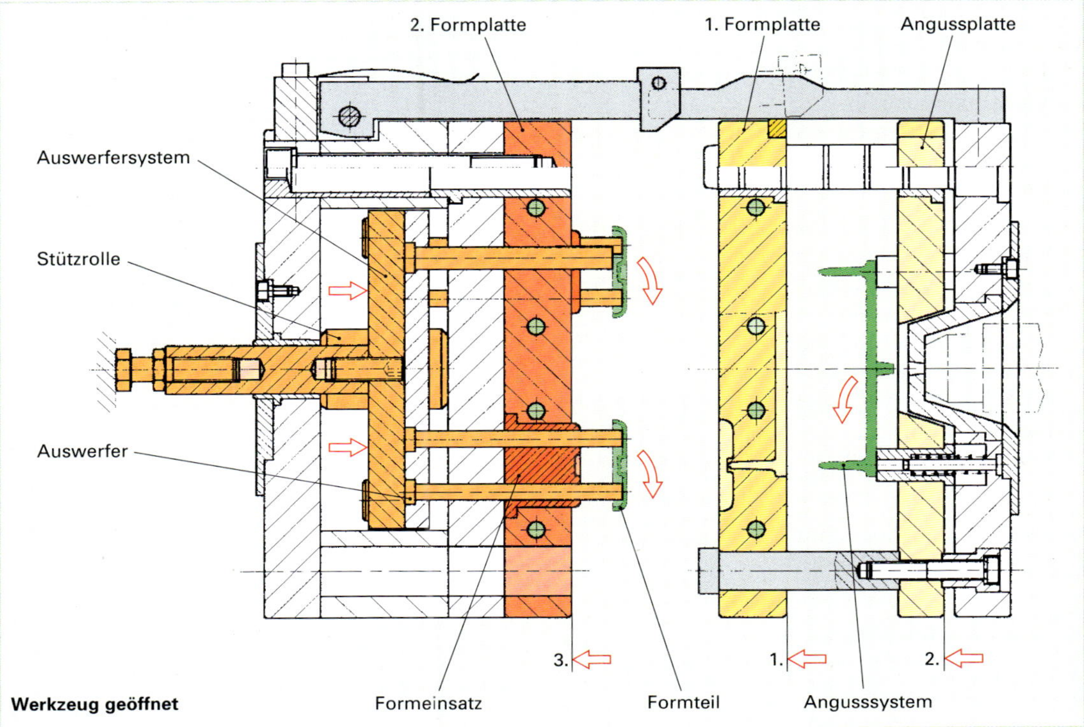

Bild 2: Dreiplattenwerkzeug

Nach der Kühlzeit öffnet das Werkzeug die Trennebene eins. Die Trennebenen zwei und drei bleiben noch durch das Klinkensystem geschlossen. Nachdem der Zugbolzen zur Anlage gekommen ist, öffnet die Trennebene 2. Das Angusssystem wird durch die Auswerferhülse ausgeworfen. Das Klinkensystem, das über eine Kurve gesteuert wird, gibt danach die Trennebene drei frei. Die Auswerferstifte können jetzt die Formteile auswerfen.

Viele Werkzeuge besitzen bereits eine **Temperatur- und Drucküberwachung** (**Bild 1**). Diese Prozessüberwachung ist eine Hilfe für die Reproduzierbarkeit der Teile und zur eventuellen Selbstregelung der Maschine.

Die **Temperaturfühler** (**Bild 1**) sind in jeder Formhälfte nahe der Kavität angebracht, um die Werkzeugoberflächentemperatur möglichst genau aufzuzeichnen.

Die **Druckaufnehmer** sind meist in der Kavität nahe dem Anschnitt eingesetzt, um das Drucksignal bis zum Siegelpunkt zu erhalten. Ein zweiter Druckaufnehmer wird meist angussfern platziert, um optimale Füllung zu gewährleisten.

Werkzeugwartung

Ein sorgfältiger, gewissenhafter und fachmännischer Umgang mit dem Werkzeug erhöht die Lebensdauer und trägt zu einem reibungslosen Ablauf der Produktion bei.

Eine regelmäßige Kontrolle ist deswegen wichtig. Zu prüfen sind:

- Schrauben auf gleichmäßigen Anzug (Drehmomentschlüssel)
- Schieber auf Rastfunktion (**Bild 2**), Gängigkeit und Schmierung (temperaturbeständiges Fett)
- Auswerfer auf Gängigkeit, Schmierung und Beschädigung
- Trennebenen und Dichtflächen auf Beschädigung und Sauberkeit
- Bewegliche Verbindungen auf festen Sitz und Verschleiß
- Bolzen und Gleitflächen auf Oberflächengüte und Schmierung
- Beschädigungen durch Korrosion (Rost)
- Richtigkeit des Datumsstempels (**Bild 3**)

Das Werkzeug ist bei längerem Stillstand durch Korrosionsmittel zu schützen.

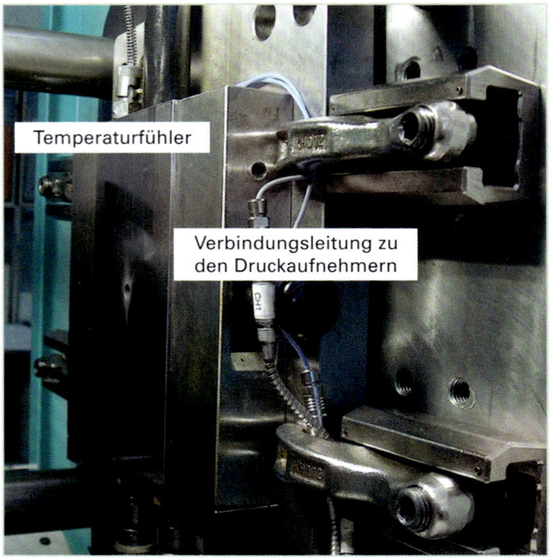

Bild 1: Anbringung Temperaturfühler

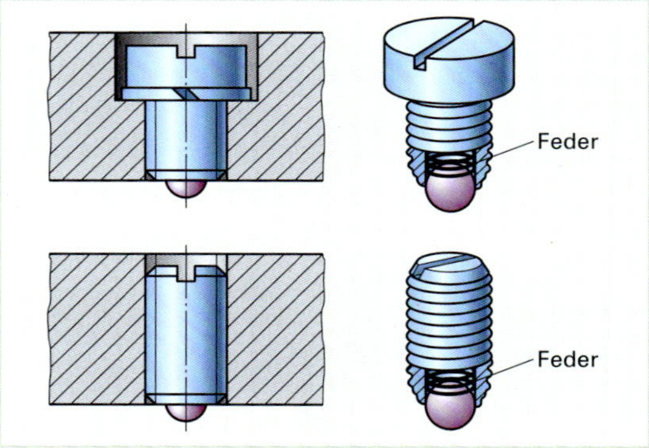

Bild 2: Kugelrasten mit Einbaufunktion

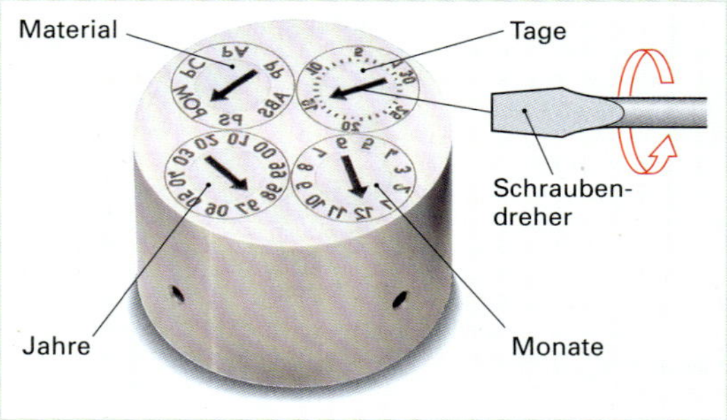

Bild 3: Mehrfachschriftstempel

Wiederholungsfragen:

1. Welche Möglichkeiten der Werkzeugentlüftung gibt es?
2. Wie funktioniert ein Backenwerkzeug?
3. Welche Nachteile muss man bei einem geteilten Kern (Entformung) in Kauf nehmen?
4. Erklären Sie die Entformung eines Dreiplattenwerkzeuges.
5. Nennen Sie regelmäßige Kontrollmaßnahmen am Werkzeug.

7.3 Fertigungsverfahren

Die Art, Form und Gestaltung des Kunststoffteiles bestimmt das Fertigungsverfahren. Maßgeblich dabei sind die drei Kunststoffarten. Sie stellen die klassischen Fertigungsverfahren für:

- Thermoplaste
- Elastomere
- Duromere

Daneben gibt es viele Sonderverfahren.

Die bekanntesten sind:

- Gasinjektionstechnik
- Mehrkomponentenverfahren
- Insert-Technik
- Outsert-Technik
- Montagespritzgießen
- Pulverspritzgießen
- Wasserinjektionstechnik
- Thermoplastschaumspritzgießen

Durch all diese Verfahren können die unterschiedlichsten Gegenstände – auch im Verbund mit fast allen Materialien – hergestellt werden (**Bild 1**).

Bild 1: Spritzgussteile

7.3.1 Spritzgießen von Thermoplasten

Das meist angewandte Fertigungsverfahren ist das Thermoplastspritzgießen. Alle thermoplastischen Kunststoffe können hiermit in Form gebracht werden.

Der Kunststoff wird in den thermoplastischen Bereich erwärmt. Die Schmelztemperatur ist je nach Kunststofftyp unterschiedlich (**Tabelle 1**).

Tabelle 1: Masse- und Einfüllzonentemperatur

Kunststoffart	Massetemperatur in °C	Einfüllzonentemperatur in °C
PA6	240 ... 260	60 ... 90
PC	290 ... 320	70 ... 90
PS	210 ... 280	30 ... 50
PE-HD	200 ... 280	30 ... 50
PMMA	200 ... 250	60 ... 80
PVC-U	180 ... 210	30 ... 50

Massetemperatur

Die genaue Verarbeitungstemperatur ist den Herstellerunterlagen zu entnehmen.

Dabei ist zu beachten, dass die **Massetemperatur** vor der Schneckenspitze **nicht** der eingestellten **Zylindertemperatur** entspricht. Es entsteht zusätzliche Wärme durch Friktion (Reibung). Diese kann je nach Kunststoffart, Massetemperatur, Schneckenart, Schneckendrehzahl und Staudruckhöhe unterschiedlich hoch sein.

Da die Masse immer über einhundert Grad Celsius erwärmt wird, ist eine **Vortrocknung** der **hydrophilen,** d. h. wasseraufnehmenden Kunststoffe notwendig (**siehe Kapitel 6.1.7 Trocknung**). Entgasungsschnecken finden wegen der schwierigeren Parameterabstimmung nur selten Anwendung.

Auch eine gute Trocknungstechnik macht die Entgasungsschnecke entbehrlich.

Die **Einfüllzonentemperatur** (**Tabelle 1**) beeinflusst die Rieselfähigkeit des Granulates und damit das Einzugsverhalten. Sie ist mitverantwortlich für eine gleichmäßige Aufschmelzung und eine konstante Materialförderung. Sie muss dem Kunststoff angepasst sein.

Schneckendrehzahl

Die Masse wird durch die Schneckendrehung in den Schneckenvorraum gebracht. Dies geschieht nach der Nachdruckzeit innerhalb der Restkühlzeit.

Der **günstigste Zeitpunkt** des Einspritzens liegt sofort nach dem Dosieren. Dann ist die Gleichförmigkeit der Masse am Größten. Deshalb wird die **Drehzahl** der Schnecke **so gering wie möglich** gehalten.

Die geringe Drehzahl ergibt auch einen konstanten Dosierweg. Die Dosierung schließt gegen Ende der Kühlzeit ab. Bei langen Restkühlzeiten kann zusätzlich eine Dosierverzögerung eingegeben werden. Die Dekompression und der eventuelle Düsenrückzug sollten ebenfalls noch in der Kühlzeit liegen, um eine Zykluszeitverlängerung zu vermeiden.

Bei temperaturempfindlichen Massen mit langer Kühlzeit muss ein Kompromiss mit der Verweilzeit an der Angussbuchse geschlossen werden, um eine Pfropfenbildung in der Düsenspitze zu verhindern.

Wenn es möglich ist, wird mit anliegender Düse gefertigt. Dies ergibt eine Zykluszeitverkürzung.

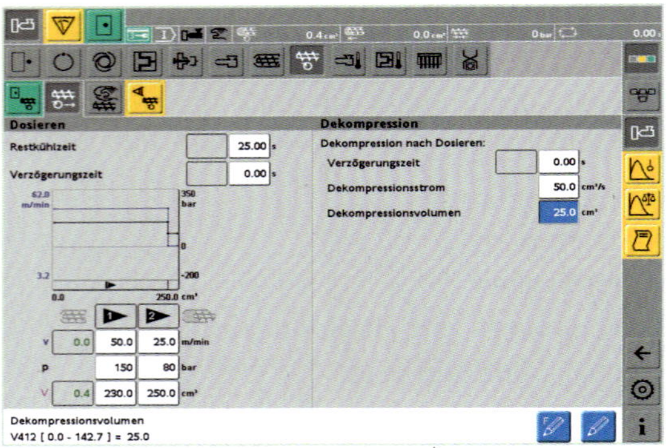

Bild 1: Staudruckeingabe

Tabelle 1: Staudruckeinstellung	
Kunststoffart	**empfohlener Staudruck in bar**
PA6	20 ... 80
PC	100 ... 150
PS	50 ... 100
PE-HD	40 ... 150
PMMA	100 ... 250
PVC-U	50 ... 150

Staudruck

Grundsätzlich wird mit einem Staudruck gearbeitet (Bild 1). Der Druck wird **während des Dosierens** auf die Schnecke gebracht. Er hat die Aufgabe, die **Masse zu verdichten**, die **Homogenität** zu steigern und einen **gleichmäßigen Schneckenrücklauf** zu gewährleisten.

Die Höhe des Staudruckes richtet sich in erster Linie nach der zu verarbeitenden Kunststoffmasse (Tabelle 1). Je leichter die Masse fließt, desto niedriger kann der Staudruck eingestellt werden.

Bild 2: Materialaustritt ohne Dekompression

Bei Entgasungsschnecken wird mit sehr wenig bis keinem Staudruck gearbeitet, um einen Masseaustritt aus der Entgasungsöffnung zu verhindern.

Auch mit Glasfaser **gefüllte Werkstoffe** werden mit wenig Staudruck beaufschlagt, um ein Brechen der Glasfasern zu vermeiden und Auswaschungen so gering wie möglich zu halten.

Durch den Staudruck entsteht im Schneckenvorraum beim Dosieren ein Schmelzedruck. Beim Abheben einer offenen Düse entspannt sich die Masse und ein Teil davon fließt ins Freie (Bild 2). Deshalb wird vor dem Abheben die Schnecke um den Betrag der Entspannung zurückgezogen (Dekompression). Die Schmelze soll mit dem Düsenöffnungsaustritt abschließen. Je höher der Staudruck, desto höher ist die Dekompression.

Kunststoffart, Zylindertemperatur, Schneckendrehzahl und Staudruck haben Einfluss auf das Drehmoment der Schnecke. Dieses sollte über die gesamte Dosierzeit **gleichmäßig** (ohne Schwankungen) sein, um mögliche Qualitätsschwankungen auszuschließen.

Umschaltpunkt

Wird ein Werkzeug angefahren, so wird zunächst die Kavität **ohne Nachdruck volumetrisch gefüllt**. Dies geschieht durch Einstellen des errechneten Dosiervolumens plus Massepolster. Der Umschaltpunkt wird durch schrittweises Verkleinern des Umschaltvolumens oder Umschaltweges gesucht. Beim ersten Füllvorgang sollten ca. 80 % der Kavität gefüllt sein, um Entformungsschwierigkeiten vorzubeugen.

Sobald die Kavität volumetrisch (konturmäßig) gefüllt ist, ist der **Umschaltpunkt** für den Nachdruck erreicht (**Bild 1 Teil 5**). Da die Nachdruckzeit noch nicht eingegeben ist, treten Einfallstellen durch Materialschwindung beim Abkühlen auf (**Bild 1**).

Die Umschaltung auf den Nachdruck kann auf unterschiedliche Weise erfolgen:

- wegabhängig
- zeitabhängig
- hydraulikdruckabhängig
- Werkzeuginnendruckabhängig

Bei der **wegabhängigen Umschaltung** wird der Nachdruck mit einer bestimmten festgelegten Schneckenposition eingeleitet. Der Einspritzweg ist damit zu Ende.

Zeitabhängiges Umschalten erfordert eine genau geschwindigkeitsgeregelte Spritzgießmaschine. Es wird eine Einspritzdauer eingestellt. Nach Ende dieser Zeit erfolgt die Nachdruckzeit.

Ein Druckaufnehmer im Einspritzzylinder regelt die **hydraulikdruckabhängige Umschaltung**. Beim Erreichen des eingestellten Druckes wird auf Nachdruckzeit umgeschaltet.

Die **werkzeuginnendruckabhängige Umschaltung** ist die präziseste Umschaltung. Notwendig ist ein Drucksensor im Werkzeug (Kavität). Es wird immer bei gleichem Innendruck umgeschaltet. Das ergibt stets eine gleiche volumetrische Füllung.

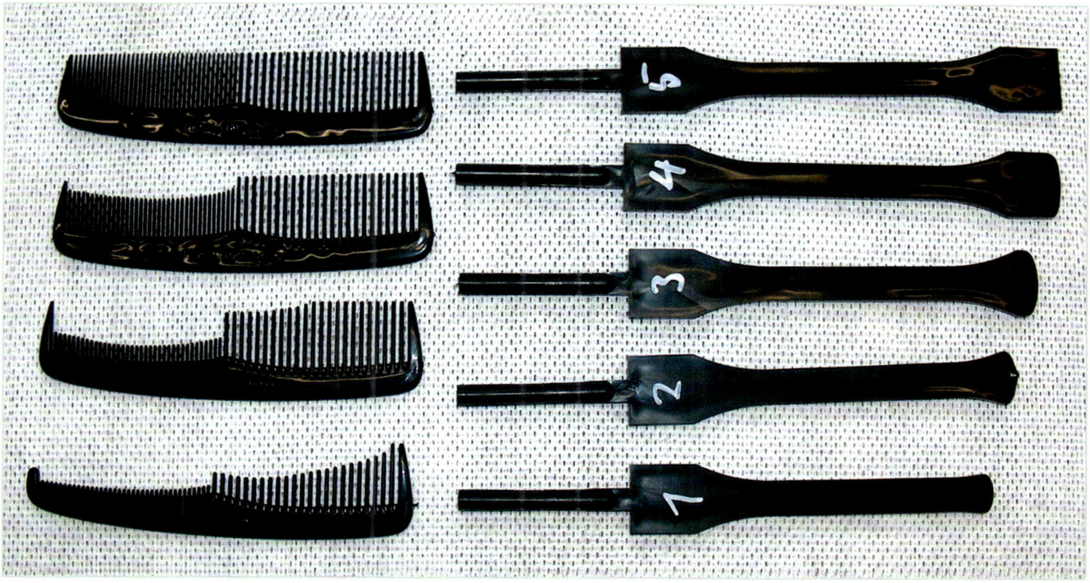

Bild 1: Füllstudie Kamm, Füllstudie Zugprüfstab

Die exakte **Umschaltung auf Nachdruck** ist, unabhängig von der Umschaltart, nur mit einer gut **abdichtenden Rückstromsperre** möglich.

Ein wegabhängiger Umschaltpunkt kann bei einer vollhydraulischen Spritzgießmaschine leicht durch Erhöhung der Einspritzgeschwindigkeit überfahren werden. Deshalb sollte die Einspritzgeschwindigkeit mit dem Umschaltpunkt zusammen optimiert werden.

Einspritzgeschwindigkeit

Die Einspritzgeschwindigkeit hat Einfluss auf die Zykluszeit. Deshalb wird, soweit es das Formteil zulässt, so schnell wie möglich eingespritzt. Die Fließfront des Kunststoffes sollte sich gleichmäßig ausbreiten. Bei Wanddickenunterschieden werden deshalb Geschwindigkeitsabstufungen eingegeben.

In der **Einspritzphase** können das Fließverhalten des Kunststoffes, die Orientierungen in der Randschicht, die Ausformung der Kontur und das Aussehen der Oberfläche beeinflusst werden.

Zu **schnelles Einspritzen** kann zu folgenden Fehlern führen:

- Freistrahlbildung (**Bild 1**)
- Oberflächenfehler im Anschnittbereich
- Brandstellen am Fließwegende (Dieseleffekt) (**Bild 2**)
- Gratbildung bei Überschreitung des Umschaltpunktes

Zu **langsames Einspritzen** könnte folgende Fehler nach sich ziehen:

- Einfrieren der Masse, bevor die Kavität gefüllt ist (**Bild 3**).
- Schallplatteneffekt am Ende des Fließweges (**Bild 4**)
- Bildung von Bindenähten

Der Einspritzdruck sollte im Zusammenhang mit der Einspritzgeschwindigkeit gesehen werden. Vom eingestellten Druck wird soviel entnommen, wie der Fließwiderstand benötigt. Ist die Kavität fast gefüllt, baut sich der eingestellte Druck bis zum Umschaltpunkt auf. Es sollte beim ersten Befüllen deshalb mit niedrigem Einspritzdruck gefahren werden.

Bild 1: Freistrahlbildung

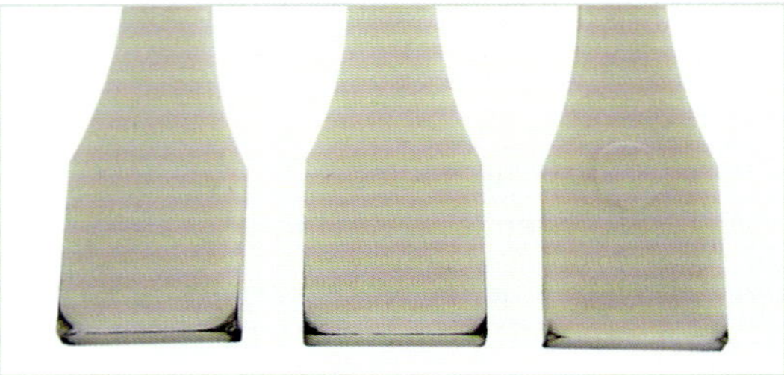

Bild 2: Dieseleffekt

Bild 3: Eingefrorene Masse mit Freistrahl

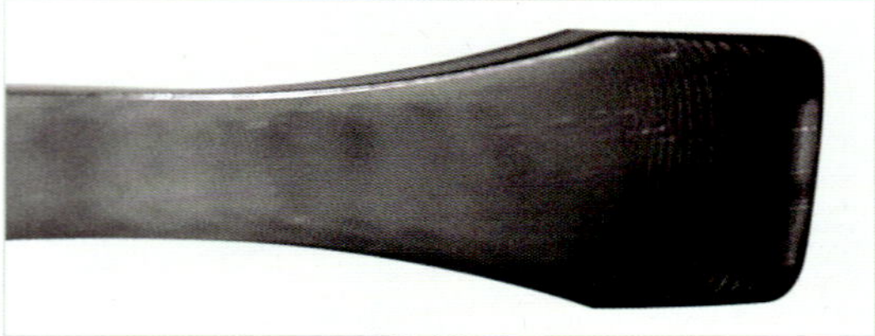

Bild 4: Schallplatteneffekt

Siegelpunkt

Ist der Umschaltpunkt erreicht, kann die Nachdruckzeit hinzugeschaltet werden. Der Nachdruck in Verbindung mit der Nachdruckzeit hat die Aufgabe, die Volumenschwindung während des Abkühlens auszugleichen.

Die Nachdruckhöhe ist im Normalfall niedriger als der Einspritzdruck (ca. 50 % bis 70 %).

Die Nachdruckzeit wird in Stufen von 0,5 Sekunden erhöht, bis das Teilegewicht nicht mehr zunimmt.

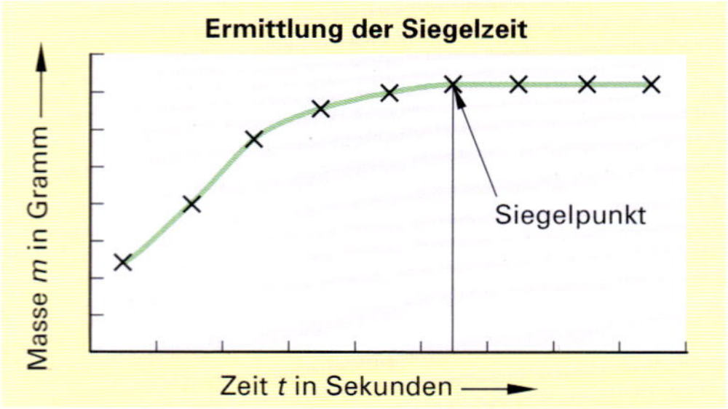

Bild 5: Siegelpunktermittlungsdiagramm

Diesen Punkt bezeichnet man als Siegelpunkt (**Bild 5 Seite 380**). Der Anschnitt ist zu diesem Zeitpunkt versiegelt und lässt keine Masse mehr vor oder zurück.

Da die Nachdruckzeit innerhalb der Gesamtkühlzeit liegt, muss mit der Erhöhung der Nachdruckzeit die Restkühlzeit mit der gleichen Zeit reduziert werden.

Die Höhe des Nachdruckes sollte so bemessen sein, dass sich keine Einfallstellen, aber auch keine Gratbildung (**Bild 1**) ergibt. Das Teil muss sich noch ohne Schwierigkeiten entformen lassen.

Die Nachdruckphase beeinflusst die Kristallbildung und Schwindung und nimmt Einfluss auf die Orientierung im Inneren des Formteiles.

In der Nachdruckphase werden folgende Formteileigenschaften optimiert:

- Masse
- Maßhaltigkeit
- Entformverhalten (**Bild 2**)

Der Nachdruckphase folgt die Restkühlzeit.

Nachdruckzeit und Restkühlzeit ergeben die Gesamtkühlzeit. Sie beginnt maschinentechnisch gesehen ab dem Umschaltpunkt und endet mit dem Öffnen des Werkzeuges.

Die Gesamtkühlzeit richtet sich nach:

- Wanddicke
- Massetemperatur (Materialart)
- Werkzeugtemperatur
- Entformungstemperatur

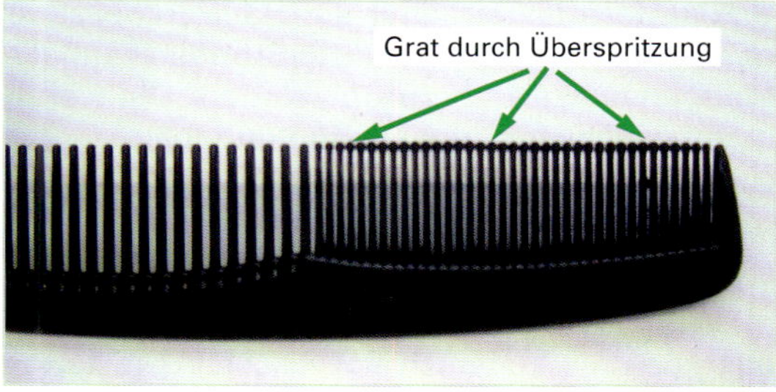

Bild 1: Gratbildung

Bild 2: Entformungsverhalten

Die nachfolgende Tabelle (**Tabelle 1**) enthält mittlere Richtwerte von Nachdruckzeit, Restkühlzeit und **Entformungstemperatur** bei unterschiedlichen Wanddicken und Werkzeugtemperaturen bis 50 °C. Bei höheren Werkzeugtemperaturen müssen entsprechende Zeitzuschläge gemacht werden.

Tabelle 1: Kühlzeitrichtwerte

Wanddicke in mm	Gesamtkühlzeit in s	Restkühlzeit in s	Nachdruckzeit in s	Mittlere Entformungstemperatur in °C					
				PA6	PC	PS	PE-HD	PMMA	PVC-U
1	3	2	1	80 … 140	90 … 130	50 … 80	50 … 80	70 … 100	60 … 80
2	10	7	3	Entformungstemperaturbereiche stehen in den Datenblättern der Hersteller. Die tatsächliche Entformungstemperatur sollte so hoch wie möglich sein, ohne dass Qualitätseinbußen entstehen. Je höher die Entformungstemperatur, desto kürzer die Zykluszeit.					
3	21	15	6						
4	36	25	11						

Das entformte Teil kühlt auf Raumtemperatur ab. Erst nach vierundzwanzig Stunden kann die Maßgenauigkeit überprüft werden. Die Verarbeitungsschwindung ist dann gegeben.

Kunststoffe schwinden unterschiedlich (Tabelle 1). Die Gesamtschwindung ergibt sich aus Verarbeitungsschwindung und Nachschwindung.

Man versteht unter der Verarbeitungsschwindung den Maßunterschied zwischen dem **kalten** Werkzeug und dem **kalten** Formteil. Die Verarbeitungsschwindung wird nach Abkühlung (24 h bis 168 h) bei Raumtemperatur (23 °C ± 2 °C) gemessen, die Nachschwindung nach sieben Tagen.

Tabelle 1: Verarbeitungsschwindung

Kunststoffart	Verarbeitungsschwindung in %
PA6	0,5 ... 2,0
PC	0,6 ... 0,8
PS	0,3 ... 0,6
PE-HD	1,5 ... 2,5
PMMA	0,3 ... 0,8
PVC-U	0,4 ... 0,8

Die Qualitätssicherung kontrolliert meist stichprobenartig (oder auch einzeln) in klimatisierten Räumen das fertige Teil. Neben der notwendigen **maßlichen** Überprüfung werden auch manchmal **Eigenschaftsrichtwerte** und **Funktionsprüfungen** durchgeführt.

Erstkontrollen sollten möglichst gleich **an Ort und Stelle** geschehen. Dadurch kann nach dem Auftreten von Fehlern sofort reagiert werden. Das geschieht entweder durch selbstständige Regelung der Maschinenparameter oder durch Aussortierung der schadhaften Teile.

Die Entnahme der Teile erfolgt meist durch den **Roboter**. Dieser übergibt danach das Teil an die verschiedenen Prüfstationen.

Wichtige Maße werden von **optischen Messstellen** erfasst (Bild 1). Dabei wird die nachträgliche Schwindung des Materials berücksichtigt.

Bild 1: Kontrollstation an der Spritzgussmaschine

Geeichte Waagen überprüfen die Masse.

Farbsensoren vergleichen die vorgegebene Farbe mit der tatsächlichen Farbe der **Oberfläche.**

Besteht das Spritzgussteil eine der Prüfungen nicht, wird es **verworfen** oder dem Recyclingsystem zugeführt. Die Teile, die den Qualitätsansprüchen genügen, werden durch den Roboter in Verpackungseinheiten gestapelt und auf Transportwagen mit Paletten gelagert. Diese fahren nach Abschluss der Beladung selbsttätig in die Versandabteilung.

Um die **verlangte Qualität** innerhalb kürzester Zykluszeit herzustellen, ist ein optimales Zusammenspiel aller Verarbeitungsparameter notwendig. Parameter, die die Zykluszeit **verkürzen**, sollten an der oberen Grenze des Machbaren gefahren werden. Dabei ist aber eine **Schädigung** von Maschinen, Geräten und Material zu vermeiden.

Wiederholungsfragen:

1. Was bewirkt der Staudruck?
2. Wann ist der Umschaltpunkt erreicht?
3. Warum ist die werkzeuginnendruckabhängige Umschaltung die genaueste?
4. Welche Fehler können beim zu schnellen Einspritzen auftreten?
5. Wann ist der Siegelpunkt erreicht?
6. Worauf hat die Nachdruckphase Einfluss?

7.3.2 Spritzgießen von Elastomeren

Elastomere werden aufgrund ihres gummielastischen Verhaltens in sehr vielen Bereichen eingesetzt (**Bild 1**).

Einsatzbeispiele sind Autoreifen, Förderbänder, Schläuche, Dichtungen, Membranen, Fußmatten, Gummiwalzen, Kabelummantelungen, Bodenbeläge, Dämpfungselemente, Auskleidungen und vieles mehr.

Das Spritzgießen von Elastomeren ähnelt vom Verfahrensablauf her dem des Thermoplastspritzgießens.

Unterscheidungen gibt es hauptsächlich bei den **Material**- und **Werkzeugtemperaturen**.

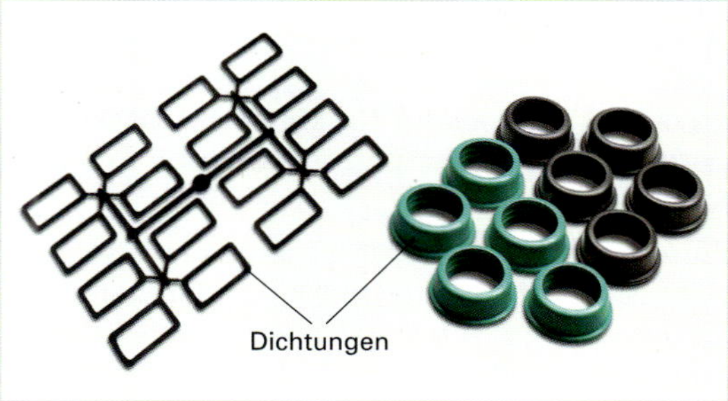

Bild 1: Elastomerteile

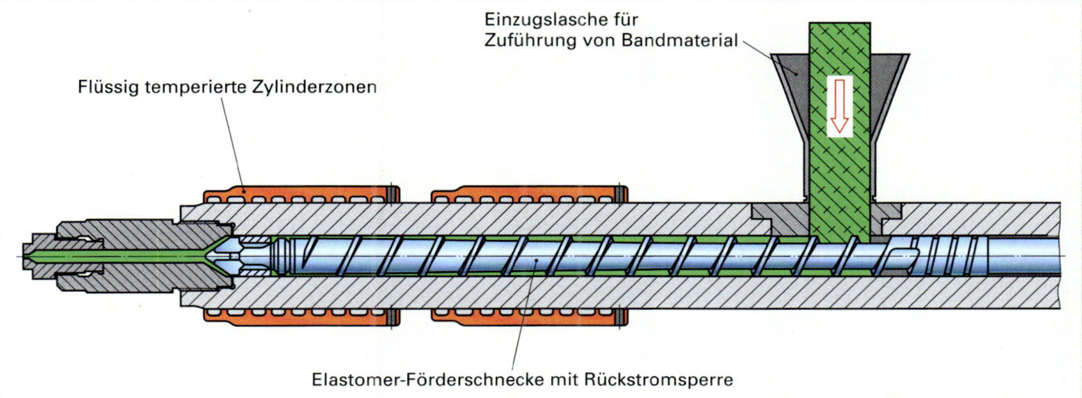

Bild 2: Zylinder für Elastomerverarbeitung

Einzug von Material

Im Normalfall werden als Materialform **Walzfellstreifen** verwendet. Diese werden durch Einzugslaschen in den Zylinder gezogen.

Eine weitere Möglichkeit bietet eine **Strangzuführung** durch einen Extruder.

Das Material kann auch zu **Granulat** verarbeitet und mit zusätzlichen Dosiereinrichtungen in den Trichter gefördert werden. Bei weichen Mischungen ist eine separate Zuführung unbedingt notwendig, um eine Brückenbildung im Zylinder zu vermeiden.

Für die Verarbeitung von Flüssigsilikonen (LSR) ist eine mit der Maschine zu synchronisierende Silikonpumpe notwendig. Dazu wird eine reine Förderschnecke eingesetzt, die eine spezielle Rückstromsperre besitzt. Dadurch wird ein Zurücklaufen von Material in die Schneckengänge verhindert. Die Reproduzierbarkeit beim Einspritzvorgang wird durch sicheres Schließverhalten gewährleistet.

Plastifizierung

Das Material muss von dem Spritzaggregat thermisch und mechanisch homogen aufbereitet werden.

Die Zylindertemperaturen liegen im Allgemeinen bei ca. 60 °C bis 110 °C, um ein vorzeitiges Vernetzen zu vermeiden. Bei Bedarf muss der Zylinder auch Friktionswärme abführen können, deshalb ist er flüssigkeitstemperiert (**Bild 2**).

Die Standardschnecke für Elastomere ist mit der Thermoplastschnecke zu vergleichen. Es ist eine **Dreizonenschnecke mit Rückstromsperre**. Die Höhe der Kompression ist nach der Materialart zu wählen. Je höher die Kompression desto höher ist die Zunahme der Massetemperatur durch **Dissipation** (Energieumwandlung in Wärme).

Für empfindliche Formmassen sind deswegen Schnecken ohne oder mit niedriger Kompression zu wählen. Ebenso haben **Staudruck** und **Schneckendrehzahl** einen großen Einfluss auf die Massetemperatur (**Bild 1**). Elastomere haben gegenüber Thermoplasten einen steileren Viskositätsanstieg.

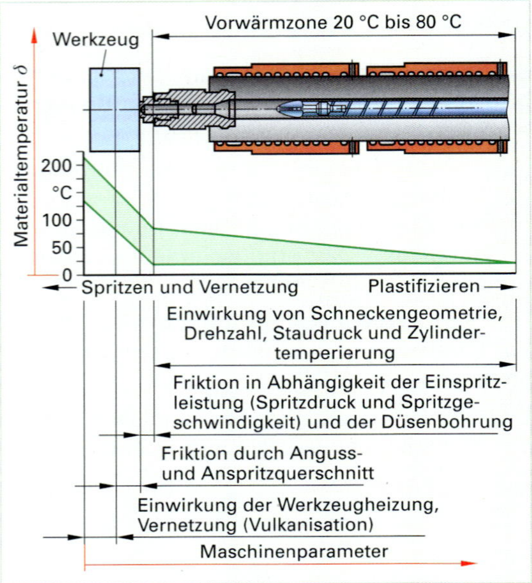

Bild 1: Temperaturdiagramm (Einfluss der Parameter auf die Materialtemperatur)

Einspritzen

Das Einspritzen erfolgt geschwindigkeitsgeregelt. Sobald das Material in die Kavität eingebracht ist, verhindert der Nachdruck ein Zurückfließen der Masse. Damit bleibt das Teil während der Vernetzung formstabil.

Werkzeugtemperatur

Die Werkzeugtemperaturen richten sich nach dem Material. Sie liegen bei ca. 130 °C bis ca. 210 °C. Diese hohen Temperaturen werden benötigt, um die Vernetzungsreaktion zu starten.

Bei herkömmlichen Verteilersystemen fällt der Anguss mit dem Verteilerkanal als Abfall an. Er vernetzt ebenso wie das Formteil. Abhilfe schafft ein Kaltkanalsystem (**Bild 2**).

Vernetzen

Die Vernetzzeit (Heizzeit) richtet sich nach der **Wandstärke** und den Vernetzungseigenschaften des **Formteilmaterials**. Sie ist normalerweise wesentlich höher als die Kühlzeit bei Thermoplasten.

Die Dauer der Heizphase muss genau eingehalten werden. Eine zu niedrige Verweilzeit im Werkzeug wirkt sich, ebenso wie eine zu hohe, negativ auf die Teilequalität aus.

Die **chemische Reaktion** bei der Vernetzung ist ein **exothermer** (wärmeabgebender) Vorgang. Die zusätzlich freiwerdende Energiemenge hat geringen Einfluss.

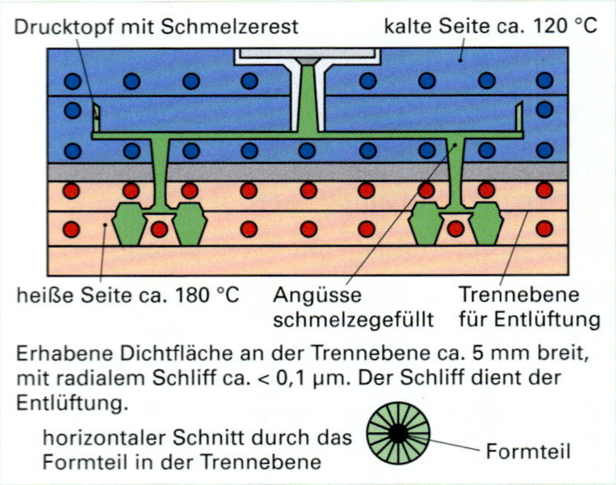

Bild 2: Kaltkanalwerkzeug

Entformen

Elastomerteile sind mit Auswerferstiften wegen ihrer Elastizität kaum zu entformen. Weitere Entformungsmöglichkeiten sind:

- Entformung mit Druckluftunterstützung.
- Entformung mit Roboter (Bei einfach zu entformenden Formteilen).
- Entformung von Hand (Temperaturhöhe beachten).
- Entformung durch Bürsten.

Voraussetzung für die gleichbleibende Qualität der Formteile ist nicht allein der Spritzprozess. In der Aufbereitung des Materials gibt es viele Stationen, die zu unterschiedlichen Mischungseigenschaften führen können. Dies sind:

- Eigenschaften des Rohmaterials (z. B. Naturkautschuk)
- Mischungszusammensetzung
- Verarbeitungsparameter des Innenmischers
- Verarbeitungsparameter des Walzwerks
- Lagerbedingungen zwischen den Aufbereitungsschritten

Sobald sich Abweichungen in der Aufbereitung des Materials ergeben, kann dies zu Qualitätseinbußen des Formteiles führen.

Oftmals kommt es zu störenden Ablagerungen am Werkzeug während des Spritzgießens. Diese beeinträchtigen ebenfalls die Formteilqualität. Abhilfe können Reinigungsbürsten schaffen, die automatisch nach jedem Schuss die Trennflächen des Werkzeuges säubern.

7.3.3 Spritzgießen von Duroplasten (Duromeren)

Duromere werden meist eingesetzt, wenn eine höhere Temperaturbeständigkeit erwünscht ist. Sie werden fast ausschließlich mit **Füll-** und **Verstärkungsstoffen** verarbeitet.

Typische Anwendungen sind Handräder, Pumpenteile, Griffe, Gehäuse, Lampenfassungen, Bauteile der Elektrotechnik (**Bild 1**) und vieles mehr.

Die zum Spritzgießen verwendeten rieselfähigen Formmassen enthalten bereits alle zur Aushärtung notwendigen Substanzen. Damit ist ihre Lagerfähigkeit begrenzt (zwischen sechs und vierundzwanzig Monaten).

Der Verfahrensablauf vom Duromerspritzgießen ist nahezu identisch mit dem des Elastomerspritzgießens.

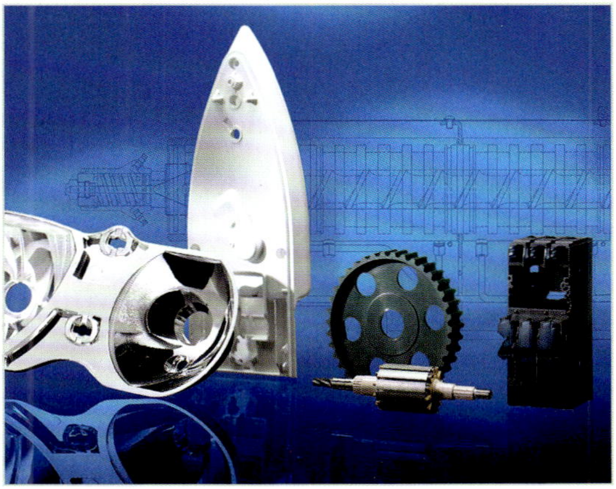

Bild 1: Duromerteile

Die Schnecke hat im Gegensatz zum Elastomerspritzen **keine Rückstromsperre**. Sie ist eine reine Förderschnecke (**Bild 2**).

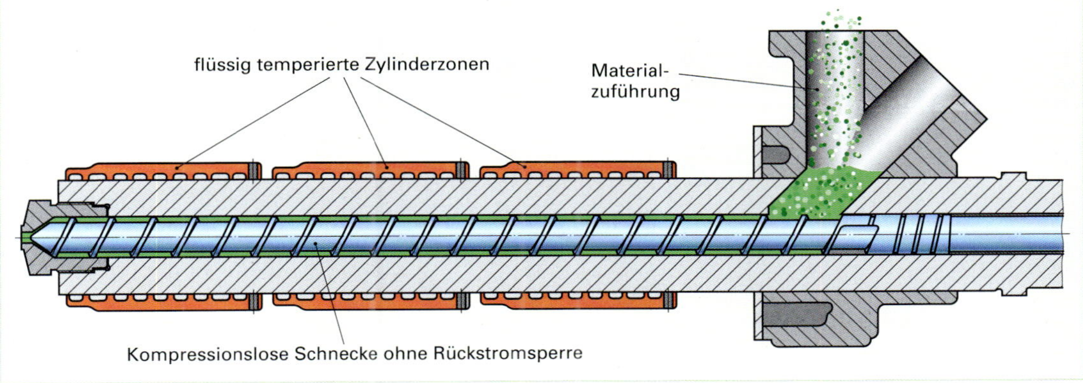

Bild 2: Zylinder zur Duromerverarbeitung

Material

Die Hersteller der Duromermassen geben konkrete Hinweise für die Verarbeitung heraus. Diese sind die Richtwerte für die Verarbeitungsparameter.

Das oft vorgetrocknete Material gelangt über den Trichter in die gekühlte Einzugszone.

Plastifizierung

Die Flüssigtemperierung des Zylinders bringt die Masse in den teigigen Zustand. Die Temperatur der Masse sollte so hoch wie möglich sein, ohne dass eine Anvernetzung stattfindet. Die Temperaturbereiche liegen hier bei ca. 55 °C bis 115 °C. Auch hier ist die Temperatursteigerung bei Erhöhung von Staudruck und Schneckendrehzahl zu berücksichtigen. Die Verweilzeit der Masse im Zylinder sollte möglichst kurz sein. Deshalb arbeitet man auch meist **ohne Massepolster**.

Einspritzen

Der große Füllstoffanteil macht oftmals sehr hohe Einspritzdrücke zwischen 800 bar bis 2500 bar notwendig. Füllstoff- und Verstärkungsanteile können durch das Einspritzen sehr stark orientiert werden. Das hat Einfluss auf die Formteileigenschaften (z. B. auf die Anisotropie).

Die Umschaltung vom Einspritzdruck auf den Nachdruck sollte sehr exakt geschehen. Druckspitzen müssen unbedingt vermieden werden. Die Verdichtungsphase hat die Aufgabe, die optimale Füllung der Form zu gewährleisten. Die abnehmende Viskosität der Masse bei steigender Temperatur ist dabei förderlich.

Die Nachdruckhöhe beträgt im Normalfall 40 bis 60 Prozent des Einspritzdruckes.

Werkzeugtemperatur

Die Werkzeugtemperatur hat die Aufgabe, das Material so schnell wie möglich zu vernetzen. Sie liegt im Regelfall zwischen 150 °C und 200 °C.

Beim Vernetzen der Duromere gilt das gleiche Prinzip wie beim Vernetzen von Elastomeren (**siehe Seite 384**).

Zur Entnahme des Teiles können die allgemeinen Entformungsmethoden angewendet werden. Zu beachten ist hier die hohe Entformungstemperatur. Sie entspricht der Werkzeugtemperatur.

Durch Einsatz von Tauchdüsen oder Kaltkanalwerkzeugen (**Bild 1**) kann man angusslos spritzen.

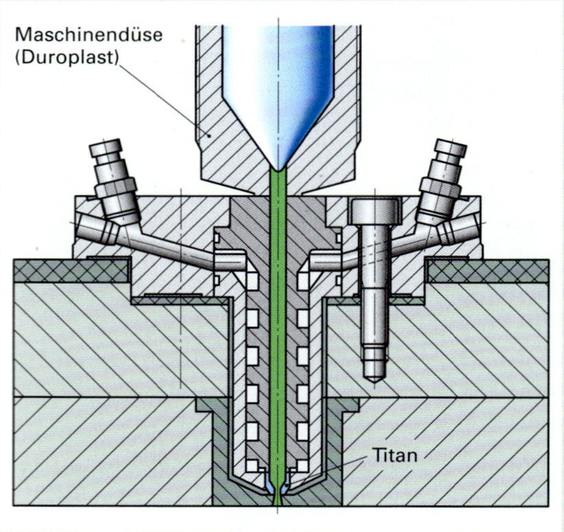

Bild 1: Kaltkanalwerkzeug für Duromere

Wiederholungsfragen:

1. Wodurch unterscheidet sich das Elastomerspritzen vom Thermoplastspritzen?
2. Warum ist eine genaue Verweilzeit von Duromeren im Werkzeug wichtig?
3. Wie entnimmt man Elastomerteile aus dem Werkzeug?
4. Nennen Sie Anwendungsbeispiele für Duromerteile.
5. Trotz eingestellter Zylindertemperatur kann die Temperatur weiter steigen. Welche Faktoren sind dafür verantwortlich?
6. Welchen Unterschied gibt es zwischen einer Schnecke für Elastomerverarbeitung und einer Schnecke für Duromerverarbeitung?

7.3.4 Sonderverfahren

Der Herstellung von Kunststoffteilen in Form und Verbund sind kaum Grenzen gesetzt. Erfindergeist und Innovation ermöglichen spezielle Verfahren, um den Kundenansprüchen gerecht zu werden. Einige dieser Verfahren werden im folgenden Abschnitt kurz dargestellt.

Gasinjektionstechnik (GIT)

Dieses Verfahren ist vorzugsweise bei **dickwandigen** Spritzgussteilen anzuwenden (**Bild 1**).

Beim Gasinnendruckverfahren verdrängt ein zeitversetztes, eingeleitetes Gas die **thermoplastische** Seele der Formmasse. Dadurch bildet sich ein Hohlraum (Gaskanal) aus. Der Gasinnendruck wirkt der Volumenkontraktion beim Abkühlen entgegen. Er wird bis zur Erstarrung der Schmelze aufrechterhalten.

Standard-Spritzgussmaschinen können auf den GIT-Prozess umgerüstet werden. Eine absolut **dicht schließende** Rückstromsperre ist dabei erforderlich, da anstelle des Nachdruckes ein Gasdruck bis 400 bar wirken kann.

Die Verbindung der Gasinnendruckanlage erfolgt über eine geeignete Schnittstelle.

Bild 1: Spritzgussteile

Die **Vorteile** dieses Verfahrens sind:

- Reduzierung der Kühlzeit (dadurch geringere Zykluszeit)
- Gewichtsreduzierung (dadurch Kosteneinsparung)
- Reduzierung der Einfallstellen
- verzugarme Teile
- höhere Bauteilsteifigkeit
- Gestaltungsfreiheit bei dickwandigen Profilen
- geringere Zuhaltekraft

Die **Nachteile** sind:

- Schnittstelle zum Gasaggregat muss vorhanden sein
- höhere Kosten durch Gasdruckerzeugungsanlage (**Bild 2**), Maschinen und Werkzeugdüsen
- erhöhter Aufwand bei Simulation und Bemusterung
- exakte Prozessführung bei gleich bleibender Gasblase notwendig
- eventuelle Oberflächenmarkierungen beim Zuschalten des Gasdruckes

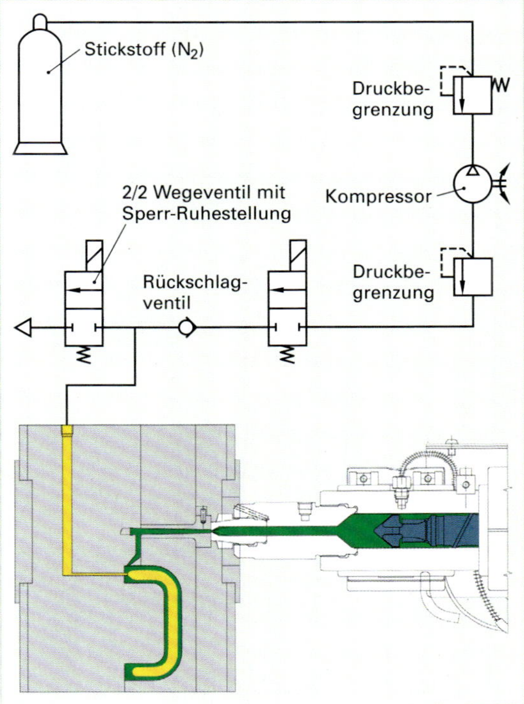

Bild 2: Schema der GIT-Anlage

Bei der Gasinjektionstechnik werden zwei Varianten unterschieden:

- Standard-Gasinjektionstechnik
- Schmelzausblasverfahren (SAV).

Bei beiden Verfahren kann der Gasinjektor entweder in die Maschinendüse (**Bild 2**) oder direkt ins Werkzeug integriert werden (**Bild 3**).

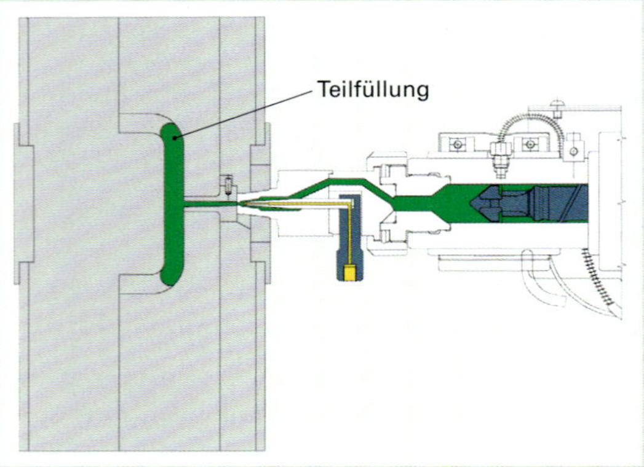

Bild 1: Teilfüllung des Werkzeuges

Standard-Gasinjektionstechnik

Bei diesem Verfahren wird eine Teilfüllung in das Werkzeug eingebracht (**Bild 1**). Das Gas kann je nach Bedarf zugeschaltet werden. Der an der Eingangsstelle herrschende Schmelzedruck sollte dabei unter den anliegenden Gasdruck abgefallen sein.

Der Startpunkt und die Höhe des Gaseintrittes sind dabei für die Oberflächenqualität entscheidend.

Nachdem der Gasdruck die Form durch Verdrängen der plastischen Materialseele gefüllt hat (**Bild 2**), bleibt der Gasdruck bis zur Formstabilität erhalten.

Danach wird der Gasdruck abgebaut. Dies geschieht entweder durch Entweichen in die Umgebung oder durch Gasrückführung. Jetzt kann, wenn notwendig, der Anguss versiegelt werden (**Bild 4**).

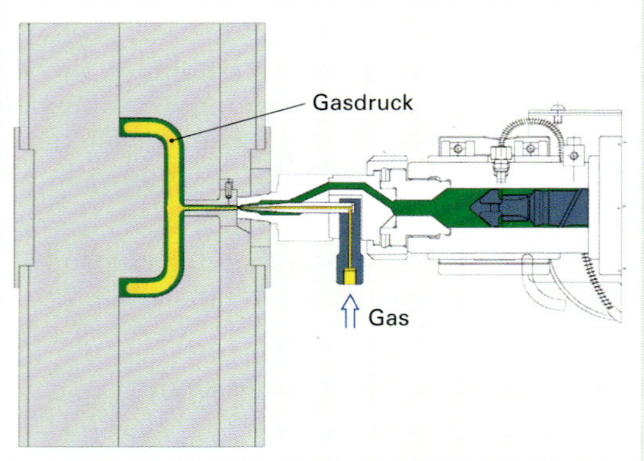

Bild 2: Gasinjektion durch die Maschinendüse

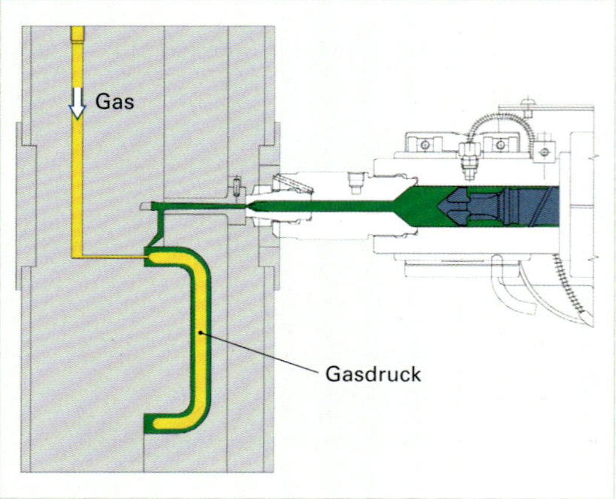

Bild 3: Gasinjektion durch das Werkzeug

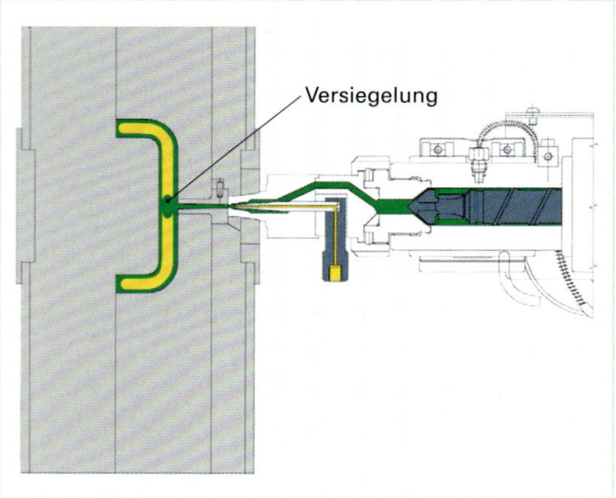

Bild 4: Versiegelung des Anspritzpunktes

Schmelzausblasverfahren

Wo Umschaltmarkierungen auf der Oberfläche des Formteiles nicht erwünscht sind, schafft das Schmelzeausblasverfahren Abhilfe. Verfahrensvarianten sind das **Schmelzerückdruckverfahren** und das **Kernzugverfahren**.

Zunächst wird beim Schmelzerückdruckverfahren die gesamte Kavität mit Masse gefüllt. Danach wird Stickstoff eingeleitet. Dieser drängt die plastische Seele zurück in den Plastifizierzylinder.

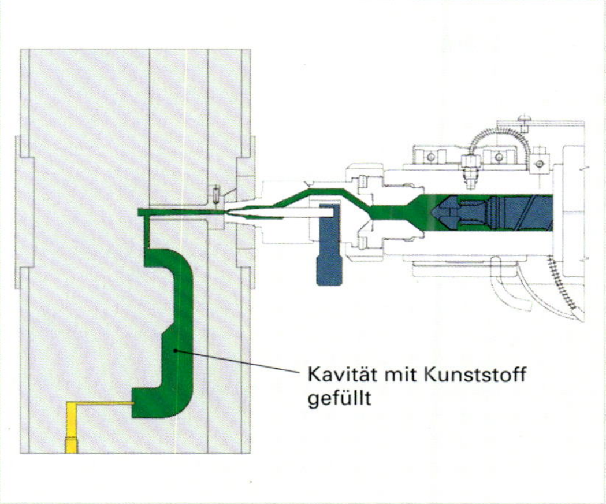

Bild 1: Füllung der Kavität

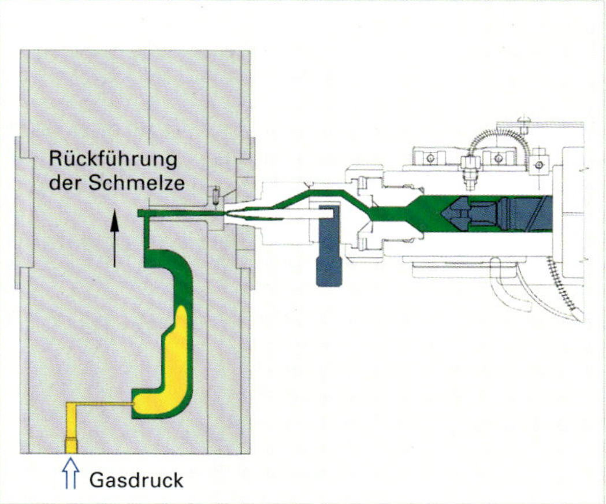

Bild 2: Erzeugung des Hohlraumes

- die Nadelverschlussdüse ist offen
- die Kavität wird gefüllt (**Bild 1**)
- Zur Ausbildung einer guten Oberfläche benötigt man einen kurzen Nachdruck.

- Die Gasinjektion erfolgt durch die offene Düse (**Bild 2**).
- die Schnecke wird zurückgezogen
- Wenn der gewünschte Hohlraum erreicht ist, wird die Düse geschlossen.

Kernzugverfahren

Auch hier wird zunächst die Kavität vollständig gefüllt. Bei Beginn der Gasinjektion werden gleichzeitig ein oder mehrere Kerne zurückgezogen. Dadurch wird ein Verdrängvolumen erzeugt.

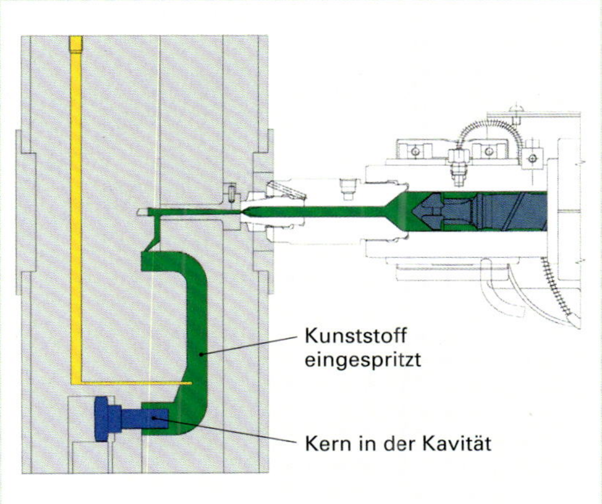

Bild 3: Füllung der Kavität

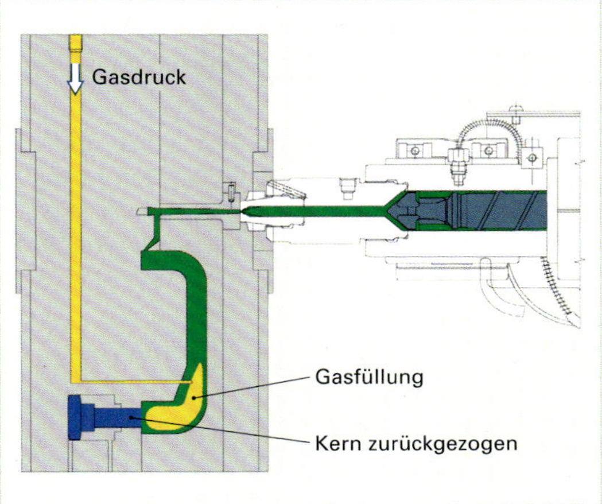

Bild 4: Kern zurückgezogen

- Die Masse wird bei eingefahrenem Kern vollständig eingespritzt. (**Bild 3**)
- Der Kern wird zurückgezogen und gleichzeitig erfolgt die Gasinjektion. (**Bild 4**)
- Sobald der Anschnitt erstarrt ist, kann die Schnecke bereits dosieren.

Mehrkomponentenspritzgießen

Die automatische Herstellung eines Teiles aus unterschiedlichen Materialien mit verschiedenen Eigenschaften zu einem Formteil innerhalb eines Zyklusses nennt man Mehrkomponentenspritzgießen (**Bild 1**).

Die Anzahl der Komponenten richtet sich nach den Kundenwünschen und der Wirtschaftlichkeit.

Die häufigste Art ist das Zweikomponentenspritzgießen.

Das kann durch Materialverdrängung oder durch Umspritzen geschehen.

Materialverdrängung

Die Materialverdrängung kann durch ein zweites, kostengünstigeres Material (Recycling-Werkstoffe) durchgeführt werden.

Zunächst wird das Material, das die Außenhaut bildet, als Teilfüllung eingespritzt (**Bild 2**).

Dies sollte niedrigviskoser sein als das Zweitmaterial. Dadurch kann das dünnflüssigere Erstmaterial leichter ausweichen. Das dickflüssige Material verdrängt die plastische Seele und bleibt kompakt erhalten (**Bild 3**).

Umspritzung

Durch die erste Einspritzung wird ein Vorformling mit Zylinder 1 hergestellt.

Danach wird die Drehplatte geschwenkt, und es kann mit beiden Aggregaten zugleich eingespritzt werden (**Bild 5**).

Der Vorformling wird nun umspritzt und ein weiterer entsteht in Kavität 1. Das fertige Teil in Kavität 2 wird entformt (**Bild 4**). Das Werkzeug dreht sich erneut und ein neuer Zyklus beginnt.

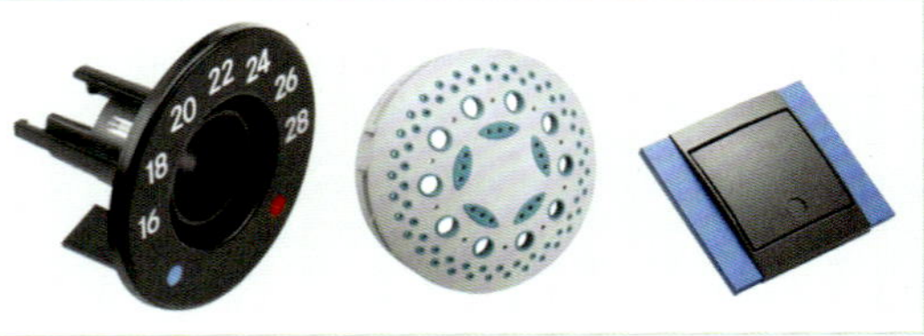

Bild 1: Kunststoffverbundteile

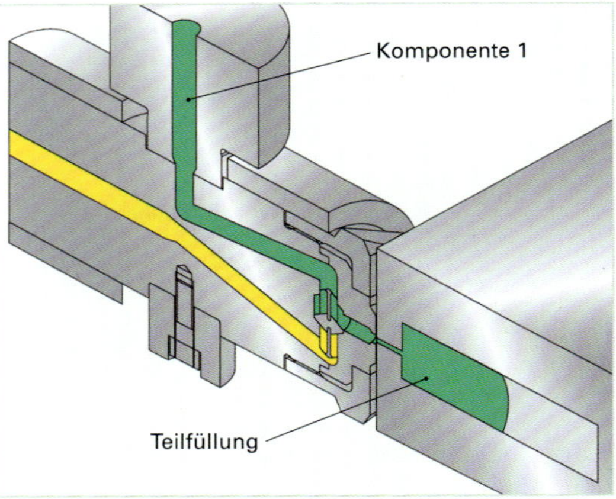

Bild 2: Teilfüllung bei Sandwichverfahren

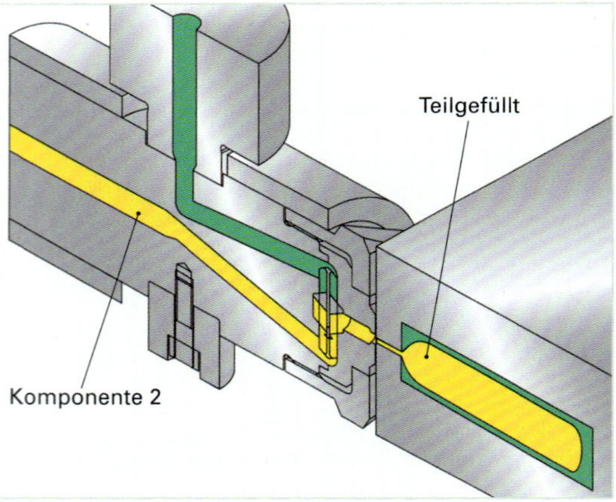

Bild 3: Zweitmaterial eingespritzt

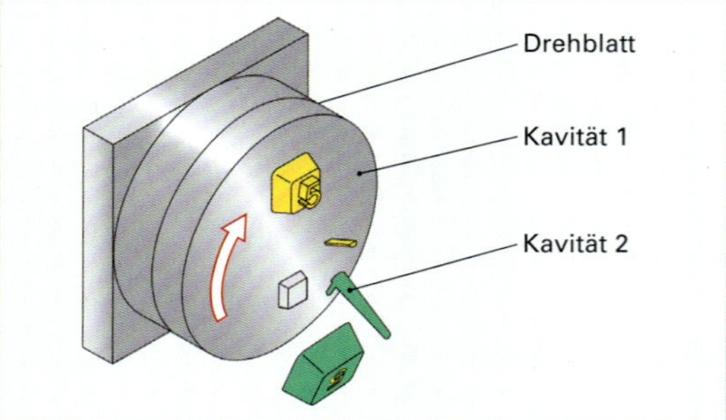

Bild 4: Entformen von Kavität 2

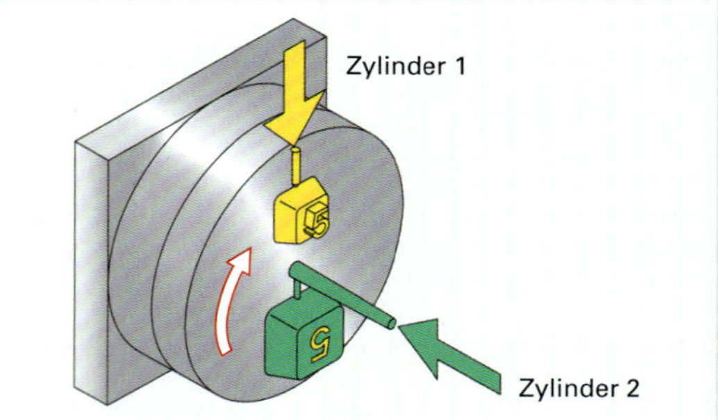

Bild 5: Gleichzeitiges Einspritzen

Das Drei- oder Vierkomponentenspritzen (**Bild 1**) funktioniert in ähnlicher Weise. Vorspritzlinge müssen umgesetzt werden. Dazu gibt es verschiedene Möglichkeiten.

Umsetz- oder Einlegetechnik

Der Vorspritzling aus der ersten Kavität wird per Hand oder Roboter in die zweite Kavität gesetzt. Hier erfolgt das Anspritzen des Zweitmaterials.

Dreheinheit

Diese Dreheinheit kann maschinenseitig bereits vorhanden sein oder direkt im Werkzeug integriert werden. Sie ist meist so ausgestattet, dass sie in verschiedenen Positionen einrasten (**Bilder 2 und 3**) oder sich in jeder beliebigen Lage justieren lässt.

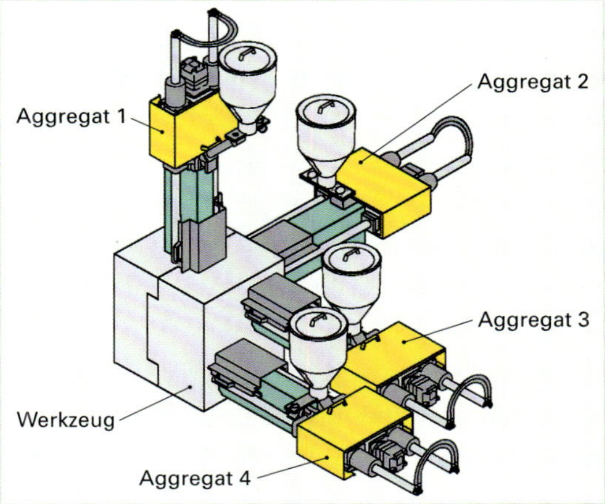

Bild 1: Vierkomponentenspritzen

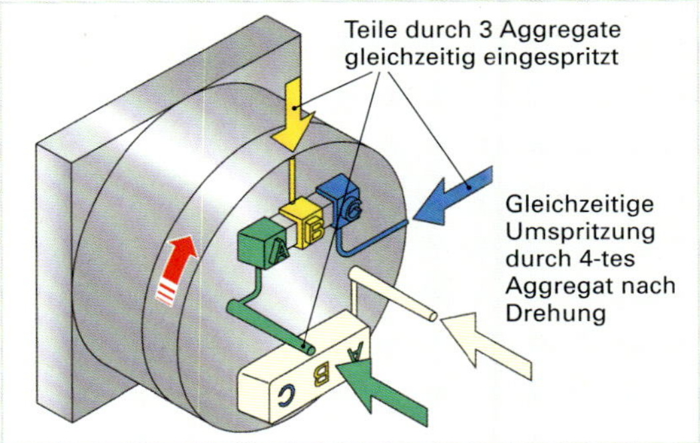

Bild 2: Verdrehung um 180°

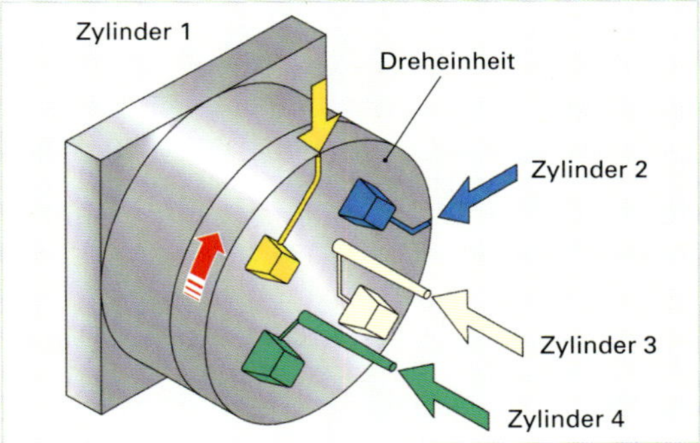

Bild 3: Verdrehung um 90°

Drehkerne

Bei dieser Technik wird ein im Werkzeug liegender Kern ausgefahren, gedreht und wieder eingefahren (**Bild 5**).

Drehbare Mittelplatte

Eine weitere Möglichkeit bietet eine Mittelplatte im Werkzeug, die sich um die eigene Achse drehen lässt (**Bild 4**). Hier kann gleichzeitig im vorderen und hinteren Bereich der Platte eingespritzt werden. Dadurch lassen sich die Schließkräfte reduzieren.

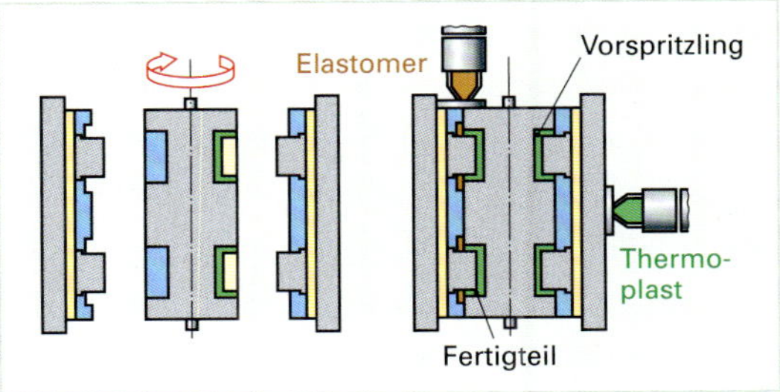

Bild 4: Werkzeug mit drehbarer Mittelplatte

Bild 5: Werkzeug mit ausfahrbarem Kern

Insert-Technik

Inserts sind Einlegeteile, die umspritzt werden. Allgemein üblich sind Metallinserts (**Bild 1**). Es eignen sich aber auch Duromer-, Elastomer-, Glas-, Keramik-, und High-Tech-Kunststoffeinlegeteile.

In der Hauptsache werden Gewindeeinsätze, Stifte, Muttern, elektrische Kontakte, Lagerbuchsen, Schraubendrehergriffe, Messergriffe, Achsen, Scherengriffe oder Siebeinfassungen mit dieser Technik umspritzt.

Geschieht das Einlegen innerhalb des Zyklus, wird entsprechend mehr Zeit für ein Teil benötigt. Deswegen setzt man vorzugsweise Vertikalmaschinen mit Schiebe- oder Drehtisch ein (**Bild 2**). Während der Spritzphase können Inserts eingelegt und ein fertiges Teil entnommen werden (**Bild 3**). Diese Aufgaben übernehmen Roboter. Die Einlegeteile sollten „metallisch blank“ und meist vorgewärmt eingelegt werden. Da sie dabei dicht abschließen müssen, ist auch eine genaue Fertigung notwendig. Wenn das Halten durch Einlegen nicht ausreicht, kann durch Stützstifte, Magnete, Schnappeinrichtungen oder angelegtes Vakuum eine sichere Lage erreicht werden.

Der optimale Anspritzpunkt kann bei der Werkzeugkonstruktion durch eine Computersimulation ermittelt werden.

Outsert-Technik

Kunststoffe dehnen sich um das Acht- bis Zehnfache mehr aus als Metalle. Eine Metallplatte ist im Gegensatz zu einer gespritzten Kunststoffplatte verzugsfreier. Wenn aber eine Ganzmetalllösung mit Gewindeführungen, Lagern, Achsen, Säulen, Distanzstücken und Schnappverschlüssen hergestellt werden soll, ist der Aufwand sehr arbeits- und lohnintensiv.

Vorteile der Outsert-Technik (**Bild 4**):

- kostengünstige, verzugsfreie und stabile Trägerplatine
- Vermeidung von Montagekosten
- gute Positionierung und feste Verbindung

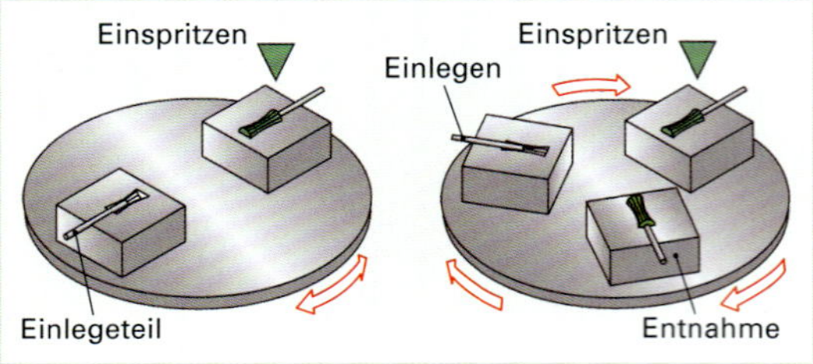

Bild 3: Drehtische mit Einlegeteilen

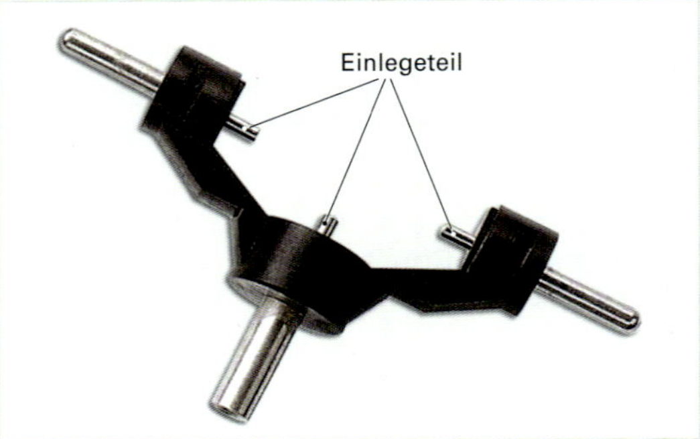

Bild 1: Einlegeteil

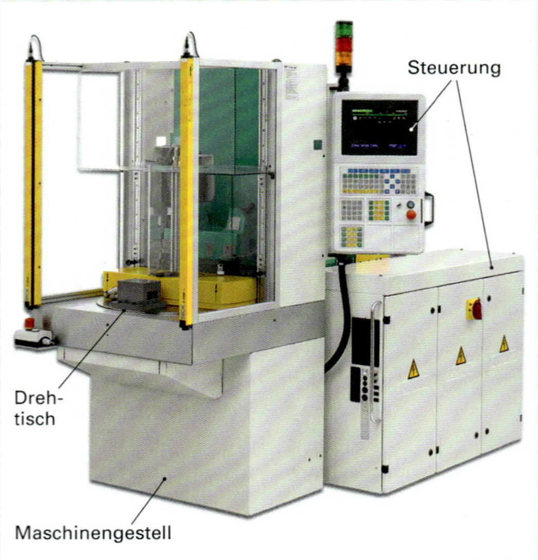

Bild 2: Vertikalspritzmaschine mit Drehtisch

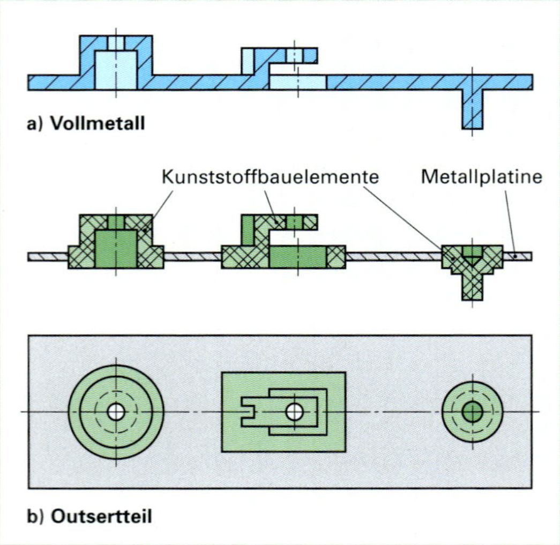

Bild 4: Vergleich Vollmetall/Outsert-Teil

Montagespritzen

Das Montagespritzen ist im Prinzip ein Mehrkomponentenspritzen.

Nur werden hier keine unlöslichen Verbunde angestrebt, im Gegenteil: Die Teile sollen beweglich sein.

Die Kavitäten des Werkzeuges müssen nacheinander gefüllt werden, bevor ein Teil bei jedem Zyklus vollständig entformt werden kann.

Unterschiedliche Materialtypen ermöglichen eine gute Beweglichkeit (**Bild 1**).

Maßgeblich dabei beteiligt ist die exakte Temperaturführung.

Pulverspritzgießen

Dieses Verfahren wird in erster Linie für Keramik- oder Metallpulver angewandt. Porzellangeschirr, Ventile, Lager, Zahnräder, Bohrer und Fräser (**Bild 2**) sind Beispiele dafür.

Diese Technik eignet sich besonders zur Fertigung hoher Stückzahlen bei schwierigen Geometrien.

Um das Keramik- oder Metallpulver auf der Spritzgießmaschine zu verarbeiten, bedarf es eines Binderzusatzes. Dieser besteht aus thermoplastischen Kunststoffen mit Verarbeitungshilfen. Im Scherwalzenextruder wird diese Mischung aus Pulver und Binder homogenisiert und granuliert (**Bild 3**).

Das Granulat kann jetzt im Zylinder fließfähig aufbereitet und ins Werkzeug gespritzt werden. Nach dem Abkühlen kann das kompakte Formteil entnommen werden. Es wird zu diesem Zeitpunkt **Grünling** (**Bild 4**) genannt.

Danach wird das Teil „entbindert". Das bedeutet, dass der Binder entfernt wird. Dies kann durch Lösungsmittel, katalytisch oder durch thermische Zersetzung erfolgen. Jetzt wird das Teil **Bräunling** genannt (**Bild 5**).

Beim nächsten Arbeitsschritt wird das Formteil gesintert (**Bild 2**). Das geschieht je nach Pulver bei bis zu 2 000 °C. So erhalten sie ihre endgültige, bis zu 40 Prozent geschrumpfte Form (**Bild 6**).

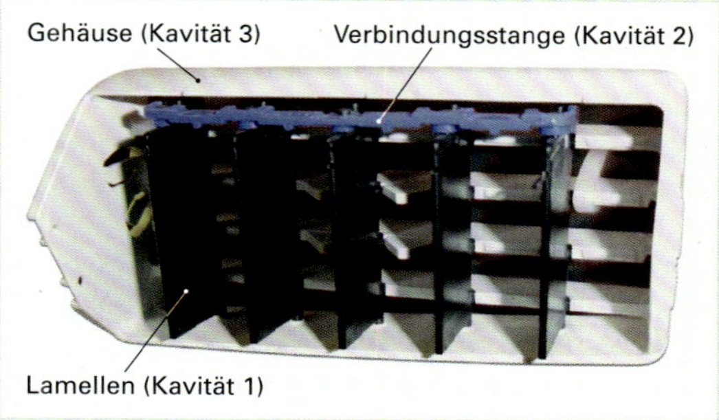

Bild 1: Luftklappe im Personenwagen

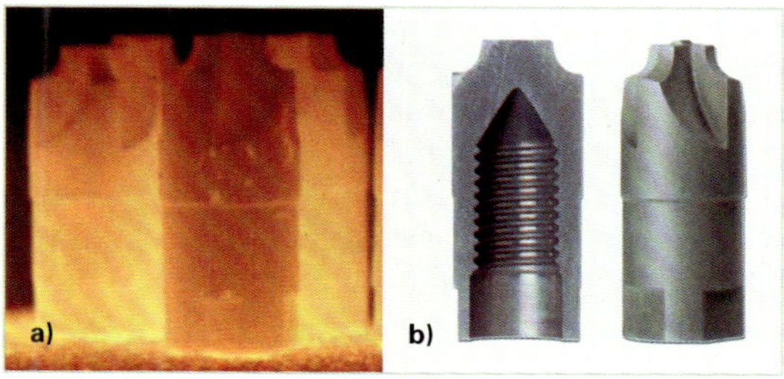

Bild 2: Fräser beim Sintern (a) und als Fertigteil (b)

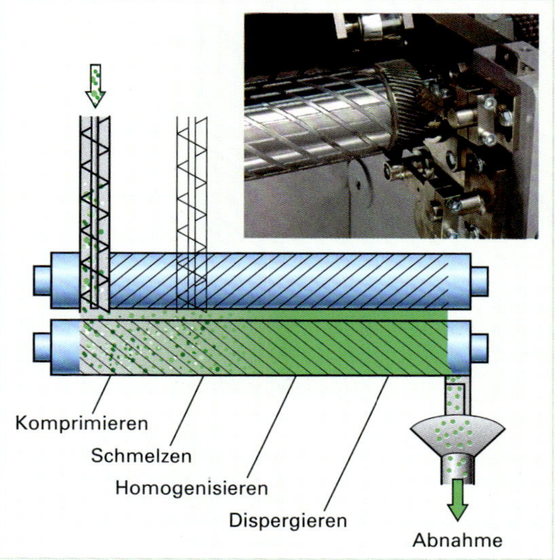

Bild 3: Scherwalzwerk

Bild 4: Grünling

Bild 5: Bräunling

Bild 6: Fertigteil

Folienhinterspritzen

Beim Folienhinterspritzen wird die Oberfläche eines Kunststoffteiles durch eine Folie gebildet. Dabei werden dekorierte, lackierte, geschäumte oder mehrschichtige Folien verwendet. Je nach Anforderung an die Oberfläche können dadurch Abriebfestigkeit, Farbtiefe, Farbvielfalt, Symbole und die Durchlichttechnik realisiert werden (**Bild 1**).

Bild 1: Hinterspritztes Teil

Bevor die Folien zum Einsatz kommen, werden sie bedruckt, umgeformt und beschnitten (**Bild 2**).

Beim Umformen der Folie ist die Folienschwindung durch das warme Umformwerkzeug zu beachten. Die Folie muss spielfrei in das Spritzgießwerkzeug passen, da sonst mit Faltenbildung und Überspritzung zu rechnen ist. Dabei ist die Ausdehnung der Kavität bei der Werkzeugtemperierung zu berücksichtigen.

An das Werkzeug werden besondere Anforderungen gestellt:

- Zur Vermeidung von Markierungen und Verschmutzungen dürfen keine Schieber und keine Auswerfer auf der Dekorseite angebracht werden.
- Die Lagen der Anspritzpunkte müssen so gelegt werden, dass sich das Dekor weder verzerren noch verschieben kann.
- Um Faltungen an Bindenähten zu verhindern, sollten mehrere Anspritzpunkte geschaffen werden.
- Günstig ist es, den Werkzeuginnendruck zu überwachen. Dazu werden Druckaufnehmer im Werkzeug eingearbeitet. Damit kann auch druckabhängig auf Nachdruck umgeschaltet werden.
- Wegen der Isolierwirkung der Dekorseite sollte das Werkzeug hier verstärkt gekühlt werden.
- Sollte sich die Folie durch ihre Form nicht selbst im Werkzeug halten, müssten Fixiersysteme eingebaut werden.

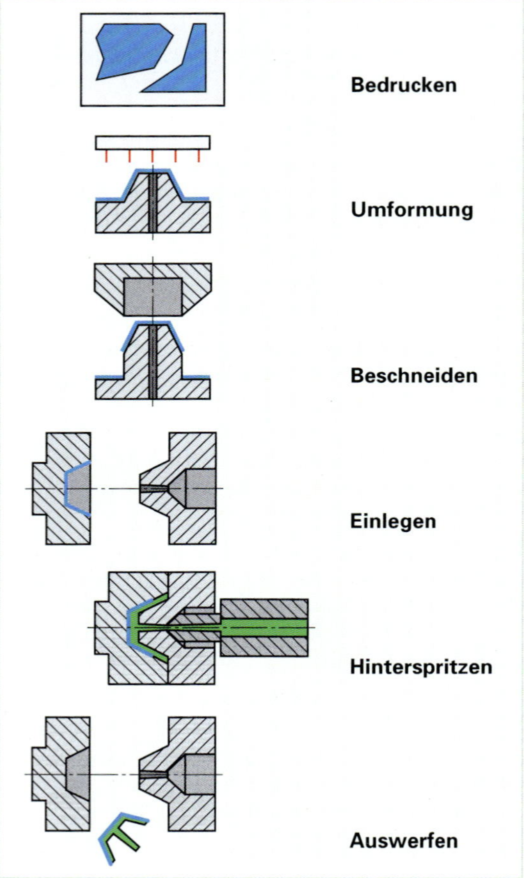

Bild 2: Folienherstellung und Verarbeitungsvorgang

Verarbeitungsvorgang

Zur Herstellung eines Formteiles mit Folienhinterspritzung eignen sich im Allgemeinen Standard-Spritzgießmaschinen. Folie und Farbsystem werden während des Spritzprozesses durch hohe Temperaturen und die Fließbewegung der Schmelze belastet. Deshalb müssen Folienmaterial, Farbsystem, Folienstärke und Folienkontur und die Schmelzetemperatur aufeinander abgestimmt sein.

Die Folie wird vor dem Einlegen in das Werkzeug von Staub und Verunreinigungen durch ionisierte Luft befreit. Das Einlegen geschieht durch einen Schwenkarmroboter. Sitzt die Folie fest im Werkzeug, z. B. durch elektrostatische Aufladung, kann hinterspritzt werden. Dazu ist eine gestufte, präzise Einstellung der Einspritzgeschwindigkeit notwendig.

Marmorierspritzgießen

Inhomogenes Vermischen kennzeichnet dieses Verfahren. Dabei werden unterschiedlich farbige Oberflächen erzielt.

Bei der Verwendung verschiedenfarbiger Materialien, meist gleichen Typs, stellt sich ein Marmoriereffekt ein. Es bilden sich durch die Inhomogenität der Schmelze verschiedenfarbige Bereiche, die mehr oder weniger ausgeprägt sein können.

Verwischbare Marmoriereffekte ergeben sich, wenn die Viskositäten sehr eng beieinander liegen.

Liegen sie weit auseinander, so tritt eine scharfe Abgrenzung zwischen den Farben ein.

Die Struktur der Farbeffekte wird bestimmt durch die:

- Unterschiede im Schmelzindex der Materialien
- prozentualen Anteile der Materialien
- Zylindertemperatur
- Einspritzgeschwindigkeit

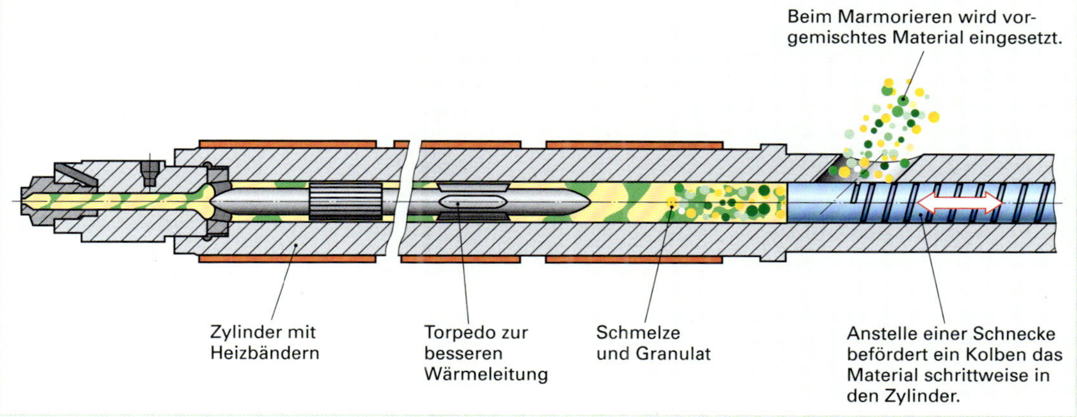

Bild 1: Zylinderaufbau für Marmorierspritzgießen

Verarbeitungsvorgang

Beim Marmorieren wird anstelle einer Schnecke ein **Kolben** eingesetzt (**Bild 1**). Das vorgemischte Material wird durch den Kolben schrittweise bei jedem Einspritzen nach vorne in den beheizten Zylinder geschoben. Dabei erwärmt sich das vom Trichter zugeführte, feste Material zur Düse hin zu einer schmelzflüssigen Masse.

Eine Dosiervorrichtung füllt nach jedem Spritzvorgang die verbrauchte Masse nach.

Bei dieser Verarbeitung erzielt man nahezu identische Teile (**Bild 2**).

Weitere Verfahrensmethoden zum Marmorieren gibt es durch den Einsatz von Sonderschnecken. Hier ist das Ergebnis der erreichten Farbverteilung meist rein zufällig und somit nicht reproduzierbar.

Bild 2: Spritzteile mit Marmoriereffekt

Inline-Compounding IMC

Beim **Inline-Compounding** wird ein Mischextruder (Doppelschneckenextruder) in den Verarbeitungsprozess eingebunden (**Bild 1**). Die modular aufgebaute Doppelschnecke ermöglicht eine gezielte Aufbereitung von Compounds. Basispolymere werden direkt beim Formteilprozess mit Additiven zur Eigenschaftsverbesserung beaufschlagt. So kann auch eine Zusammenstellung eingebaut werden, die die Ausgangsmaterialien schont.

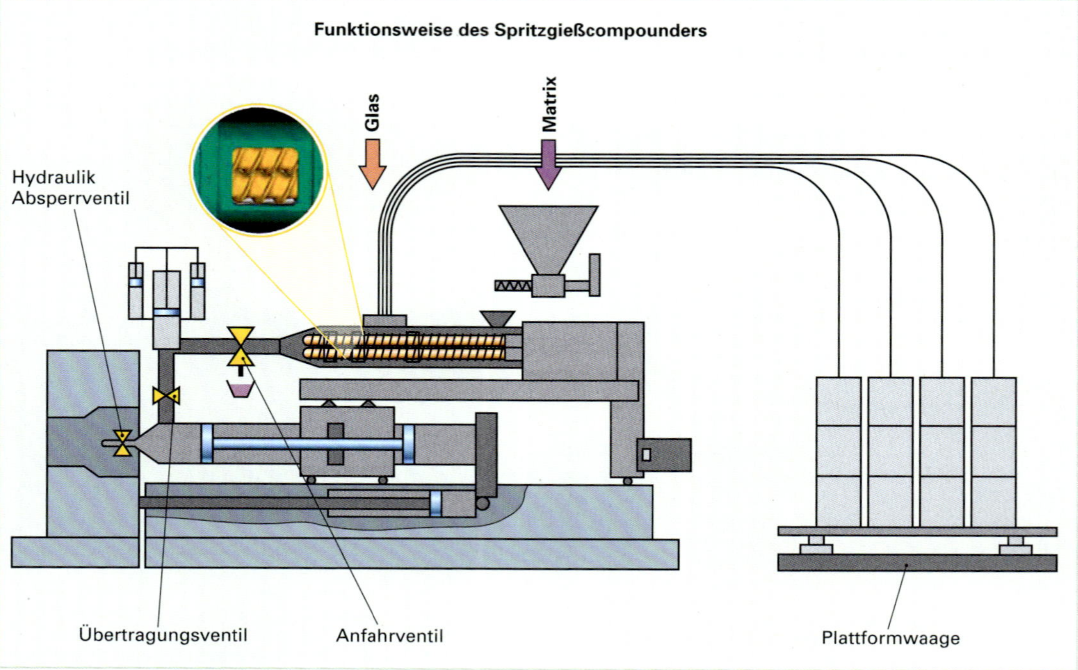

Bild 1: Inline-Compounding

Deshalb eignet sich dieses Verfahren auch für Langfasern (Glasfaser, Kohlenstoff-, Chemie- und Naturfaser). Diese Fasern werden zum aufgeschmolzenen Kunststoff hinzugefügt.

Um den kontinuierlich arbeitenden Exruder mit dem diskontinuierlichen Spritzgießprozess in Einklang zu bringen, ist ein Schmelzespeicher notwendig. Dieser nimmt die plastifizierte Masse auf und füllt sie zum gegebenen Zeitpunkt in die Spritzeinheit um.

Bild 2: Langglasfaserverstärktes Spritzgussteil

Vorteile des Verfahrens:

- Herstellung von langglasfaserverstärkten Kunststoffteilen (**Bild 2**) mit Faserlängen von mehreren Zentimetern möglich.
- Herstellung innovativer Werkstoffe (individuelle Rezepturherstellung möglich).
- Zeit- und kostenintensive Abkühl- und Aufheizvorgänge entfallen.
- Verarbeitung in erster Wärme (Verringerung thermischer Schäden)

Wasserinjektionstechnik (WIT)

Dieses Sonderverfahren wurde am Institut für Kunststoffverarbeitung entwickelt und ähnelt dem Gasinnendruckverfahren (GIT). Bei beiden Verfahren spricht man von der Fluidinjektionstechnik (FIT). Hier werden polymere Hohlkörper mit Zuhilfenahme eines fluiden Mediums (Gas/Wasser) hergestellt.

Vorzugsweise wird diese Technik dann angewendet, wenn sich Formteile weder durch Spritzgießwerkzeuge mit Kernen und Schiebern noch durch Blasformen herstellen lassen (**Bild 1**).

Bild 1: Formteilherstellung durch WIT

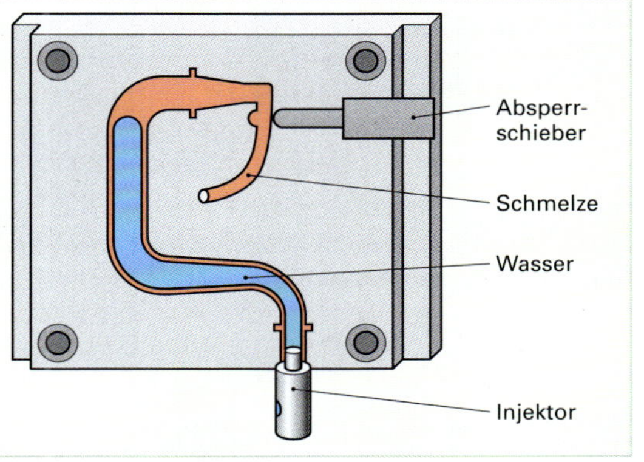

Bild 2: WIT Prinzip

Über einen Injektor (**Bild 2**) wird die Kunststoffschmelze in das Werkzeug gespritzt. Die Randschicht, die mit dem Werkzeug in Berührung kommt, erstarrt.

Danach wird mit hohem Druck das Medium in die noch plastische Seele des Kunststoffes injiziert. Der noch plastische Kunststoff wird verdrängt und das Medium tritt an dessen Stelle. Durch die Rückführung des Mediums entsteht der Hohlraum.

Diese Technik ist vom Ablauf her eigentlich ein Mehrkomponentenspritzen. Bei der WIT wird die Spritzgießmaschine zusätzlich mit einem Kolbeneinspritzsystem für die Wasserinjektion ausgestattet und in die Steuerung integriert (**Bild 3**).

Die **Vorteile** des WIT-Verfahrens sind:

- kürzere Zykluszeiten (Wasser hat gute Kühlwirkung)
- geringe Restwanddicken (Materialeinsparung)
- Realisierung von großen Außendurchmessern
- kostengünstiges Medium
- geringer Verzug

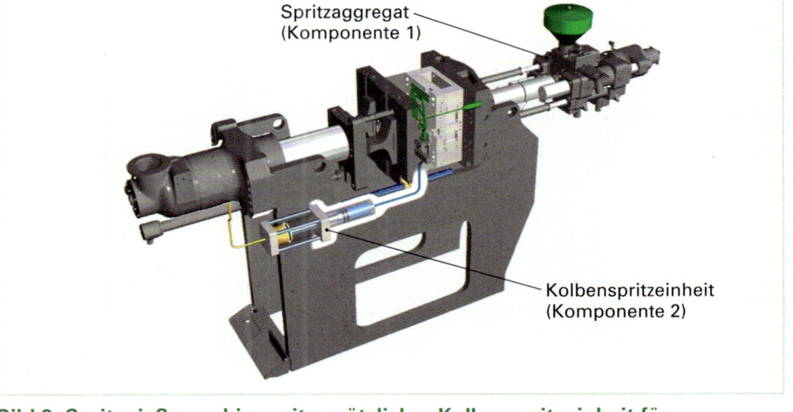

Bild 3: Spritzgießmaschine mit zusätzlicher Kolbenspritzeinheit für Wasserinjektion

Eine weitere Verbesserung der Fluidinjektionstechnik ist die Vereinigung der Vorteile der GIT und WIT-Technik durch das **TiK-WIT-Verfahren**.

Rohrförmige Bauteile können hiermit ohne Wassereinschlüsse (**Bild 1**), auch mit glasfaserverstärkten schnell kristallisierenden Formmassen (z. B. Polyamid 66 GF 30) hergestellt werden und weisen eine hervorragende Qualität der Innenoberflächen auf (**Bild 2**).

Bild 1: Bauteil aufgeschnitten

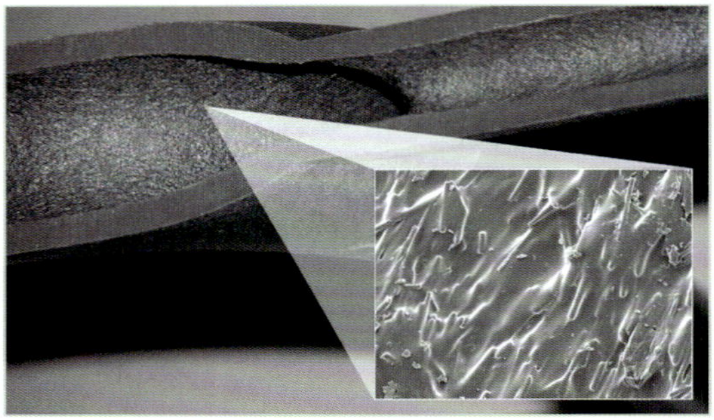

Bild 2: Innenoberfläche des Formteils

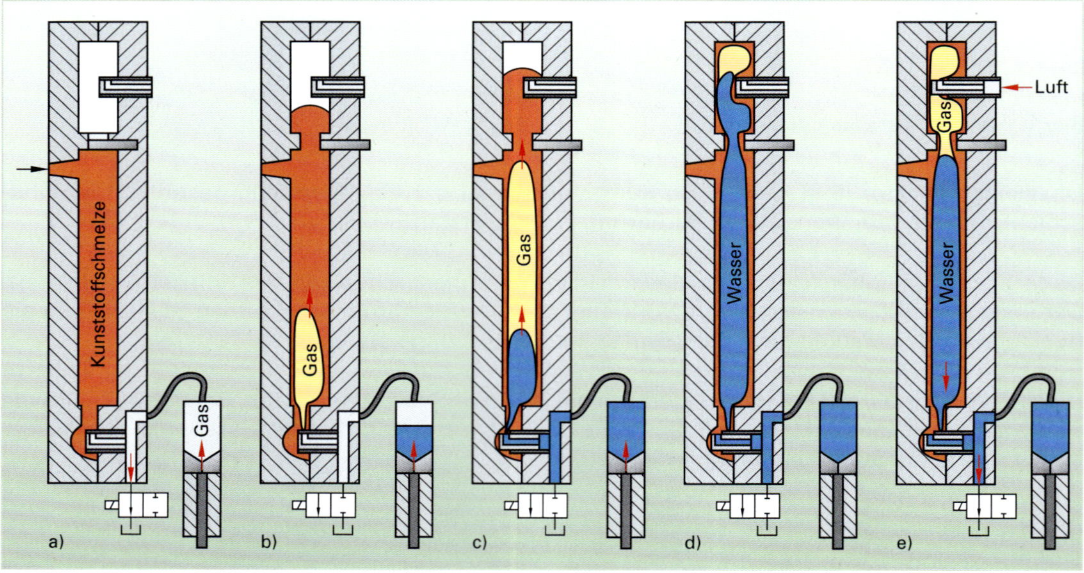

Bild 3: Verfahrensprinzip der TiK-WIT

Verfahrensprinzip der **TiK-Wasserinjektionstechnik** (**Bild 3**)

- **a:** Schmelzeinjektion (Füllung des Werkzeugs, anschließend kurze Nachdruckphase); das T1K-WIT-Volumen wird gespült und mit Luft/Gas gefüllt.
- **b:** Die Nebenkavität öffnet, der Injektor öffnet und das Luft/Gas-Polster wird mithilfe des Wassers in die Schmelze gedrückt.
- **c:** Das Luft/Gas-Polster formt den Hohlraum, während das Wasser das Luft/Gas-Polster durch die Schmelze „schiebt" und dabei unter Druck hält.
- **d:** Ende der Wasserinjektionsphase; Wassernachdruckphase; Kompression des Luft/Gas-Polsters auf das Endvolumen, was bei der Entleerung des Wassers hilft.
- **e:** Wasserentleerungsphase durch das Luft/Gas-Polster: Die Wasserentleerung wird mittels eines Spülinjektors (durch Luftausblasen) unterstützt.

Thermoplast-Schaum-Spritzgießen

Die Formteile, die mit dem TSG-Verfahren hergestellt werden (**Bild 1**), besitzen eine kompakte Außenhaut und einen geschäumten Kern (**Bild 2**).

Dieses Verfahren eignet sich für Wanddicken ab 3 mm. Bei geringerer Wanddicke ist die Schäumung nicht ausreichend.

Vorteile dieses Verfahrens sind:

- Gewichtsreduzierung bei gleichem Volumen gegenüber kompakt gespritzten Teilen
- Vermeidung von Einfallstellen bei dickwandigen Teilen
- weniger Spannungen im Fertigteil (geringer Verzug)
- hohe Biegesteifigkeit aufgrund der höheren Wandstärke bei gleichem Materialverbrauch.

Bild 1: Durch TSG-Verfahren hergestelltes Formteil

Nachteilig ist die entstehende, leicht raue, mit Silberschlieren versehene Formteiloberfläche. Diese kann, wenn gewünscht, durch Schleifen, Spachteln und Lackieren nachgearbeitet werden.

Dem Ausgangsmaterial wird Treibmittel in Form von Pulver oder Granulat beigemischt. Man unterscheidet physikalische und chemische Treibmittel. Der Treibvorgang bei physikalischen Treibmitteln erfolgt durch Verdampfen von niedrigsiedenden Flüssigkeiten. Hauptsächlich werden aber chemische Treibmittel eingesetzt. Diese wirken durch Zersetzung oder chemische Umwandlung im Bereich der Schmelzetemperatur. Dabei bilden sich Gasbläschen, die zum Aufschäumen benötigt werden.

Verarbeitung

Beim Plastifizieren wird dem Material so viel Wärme zugeführt, dass sich das Treibmittel zersetzt. Solange der Staudruck höher ist als der Schäumdruck des Treibmittels (ca. 15 bar), kann dieser nicht wirken. Die Verwendung einer Verschlussdüse ist hier von Vorteil.

Durch eine schnelle Einspritzgeschwindigkeit kann das Gas nicht aus der Schmelze entweichen. Die sich bildenden Blasen werden schnell an die Werkzeugwand gepresst und bleiben dadurch klein. Damit werden bessere Oberflächen erzielt.

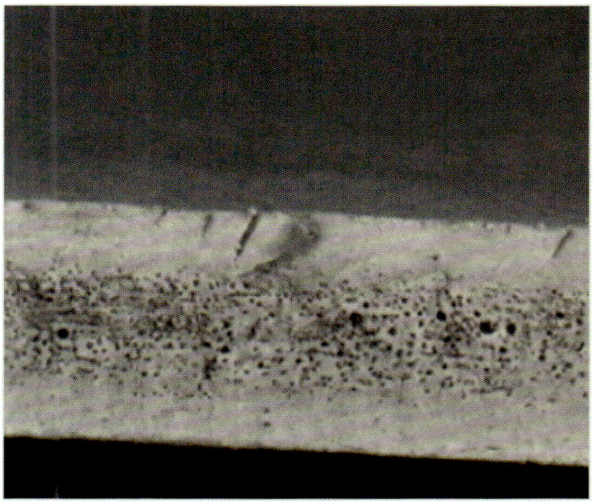

Bild 2: Schnitt durch ein geschäumtes Formteil

Die Dichte richtet sich nach der eingespritzten Menge. Die Kavität wird deshalb nicht vollständig gefüllt. Es darf kein oder nur ein sehr geringer Nachdruck wirken. Deshalb arbeitet man meist ohne Massepolster. Hierbei soll die Schnecke in vorderer Position gehalten werden, um ein Zurückströmen der auftreibenden Schmelze zu verhindern.

Die Kühlzeit sollte so bemessen sein, dass nach dem Entformen kein Aufblähen des Teiles möglich ist.

Weitere Sonderverfahren sind:

Spritzblasen (**siehe Seite 448**), Spritzprägen, Bandspritzgießen, Gasaußendrucktechnik, Kaskadenspritzen usw. Über diese und weitere Verfahren geben spezielle Spritzgießfachbücher erschöpfende Auskunft.

7.4 Spritzgießfehler

Um ein Spritzteil zu fertigen, bedarf es eines Zusammenspieles von **Werkzeug, Material, Maschine** mit **Zusatzgeräten** und entsprechenden **Verarbeitungsparametern.**

Um mögliche Fehler zu vermeiden, werden von Grund auf alle Einflussfaktoren durchleuchtet und nach bestem Wissen optimiert.

Das Werkzeug muss nach den Materialschwindungsmaßen des Herstellers konstruiert werden.

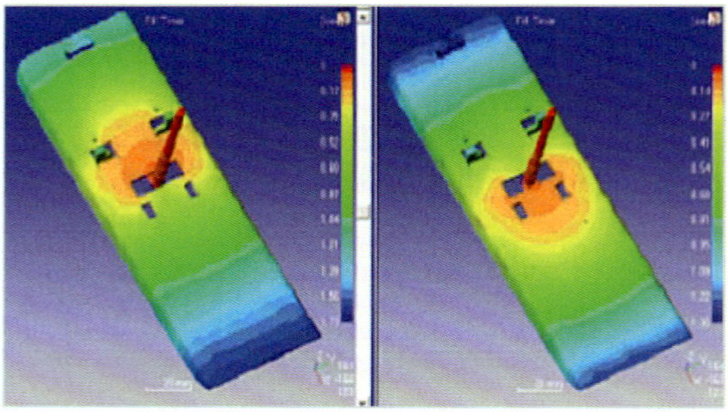

Bild 1: Angusssimulationen

Der **Anspritzpunkt** wird in einer Computersimulation festgelegt (Bild 1). Anhand dieser Simulation können bereits einige Verarbeitungsparameter übernommen werden, um den **Schmelzefluss** zu gewährleisten und Bindenähte zu verhindern. Auch lassen sich noch Formdetails konstruktiv „fließfreundlicher" gestalten, ebenso die Größe des **Anschnittes.**

Die computerunterstützte Simulation ist eine wertvolle Hilfe und kann erhebliche Folgekosten sparen.

Das Werkzeug muss mit der Maschine abgestimmt werden, angefangen von der Schließkraft, dem Dosiervolumen über die Schneckengeometrie bis hin zum Öffnungs- und Auswerferweg.

Zusatzgeräte und Handhabungsgeräte sollten auf das Formteil zugeschnitten sein.

Die Verarbeitungsparameter sollten **nicht** an der oberen Grenze ihrer Möglichkeit liegen.

Werkzeug- und Materialtemperaturen, Schneckendrehzahl, Staudruck, Einspritzgeschwindigkeit, Einspritzdruck und Nachdruck sind nach den Herstellerangaben zu wählen (Tabelle 1).

Tabelle 1: Auszug Herstellerangaben

Kunststoffdichte	Verarbeitungstechnische Parameter			
	Trocken- oder Vorwärmtemperatur °C	Trocken- oder Vorwärmzeit Std. (abhängig von der Feuchte und dem Trocknungsgerät)	Massentemperatur Spritzgießen °C	Werkzeugtemperatur Spritzgießen °C * für volle Kristalinität
0,939	70 ... 80	1	170 ... 270	15 ... 60
0,966	80 ... 90	1	200 ... 290	20 ... 60
0,960	60 ... 70	1	130 ... 240	10 ... 50
0,912	90 ... 120	3	200 ... 300	10 ... 90
1,240	90 ... 120	3	220 ... 280	20 ... 60
1,140	90 ... 120	3	220 ... 300	20 ... 70
1,55	-	-	170 ... 210	20 ... 60
1,35	60 ... 70	1 ... 3	160 ... 190	10 ... 60

Bevor das Material in den Trichter gefüllt wird, sollte für ausreichende **Trocknung** (Bild 2) und **Fließfähigkeit** des Materials gesorgt werden.

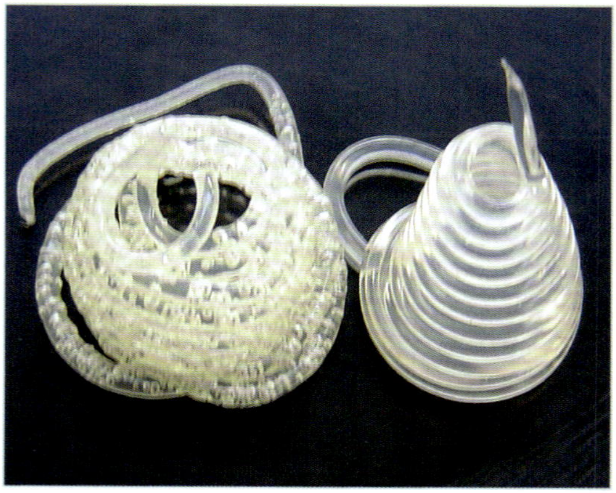

Bild 2: Feuchte und trockene Massen beim Ausspritzen

Trotz dieser sorgfältigen Vorgehensweise können Fehler am Spritzteil nicht ausgeschlossen werden. Hier können **Störungsratgeber** weiterhelfen, die von **erfahrenen Experten** zusammengetragen worden sind.

Nachfolgend wird auf häufig vorkommende Oberflächenfehler eingegangen.

Grat am Spritzteil

Ursachen eines Grates oder einer Schwimmhaut (**Bild 1**) können sein:

- zu geringe Schließkräfte
- Werkzeuginnendrücke zu hoch
- Die Viskosität der Formmasse ist zu gering.
- Die Fertigungstoleranzen sind zu groß.
- Beschädigungen an den Dichtflächen

Mögliche Abhilfe:

Schließkraft erhöhen, Umschaltpunkt erhöhen, Nachdruck reduzieren, Einspritzgeschwindigkeit senken, Einspritzprofil optimieren, Masse- oder Werkzeugtemperatur senken, Werkzeugstabilität erhöhen.

Bild 1: Schwimmhaut am Teil

Unvollständig gefüllte Teile

- **Ursachen** für unvollständig gefüllte Teile (**Bild 2**) können sein:
- Dosiervolumen zu gering
- Spritzdruck nicht ausreichend
- vorzeitiges Einfrieren der Masse
- Entlüftung zu gering

Mögliche Abhilfe:

Dosierung vergrößern, Rückstromsperre auswechseln, Einspritzdruck erhöhen, Massetemperatur erhöhen, Werkzeugtemperatur erhöhen, Einspritzgeschwindigkeit erhöhen, Nachdruck- und Nachdruckzeit erhöhen, Werkzeugentlüftung vergrößern, Düsenbohrung vergrößern, Angussgeometrie ändern.

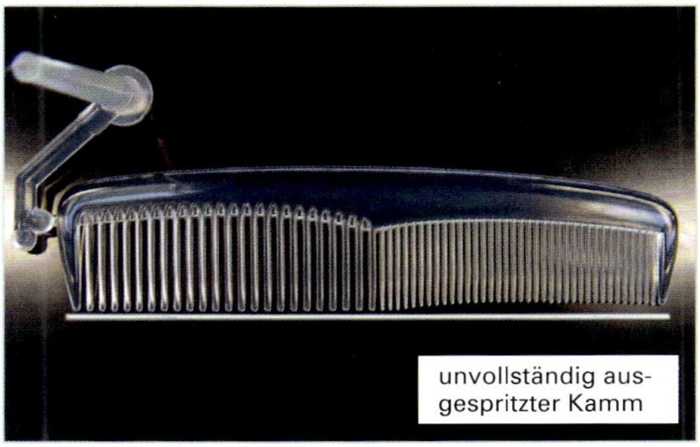

Bild 2: Unvollständig gefülltes Teil

Feuchtigkeitsschlieren

Ursachen für Feuchtigkeitsschlieren (**Bild 3**) können sein:

- unzureichende Materialvortrocknung
- Kondenswasser an den Werkzeugwänden
- undichte Werkzeugtemperierung
- unsachgemäße Materiallagerung

Mögliche Abhilfe:

Materialfeuchte, Verweilzeit im Trichter, Verpackung, Lagerung des Materiales und Werkzeugkühlung auf Dichtigkeit überprüfen.

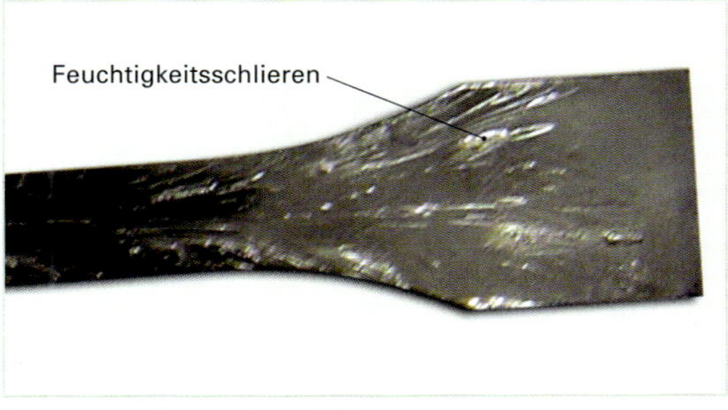

Bild 3: Feuchtigkeitsschlieren

Einfallstellen

Ursachen von Einfallstellen (**Bild 1**) können sein:

- Wirksamkeit des Nachdruckes oder der Nachdruckzeit zu gering
- Nachdruckhöhe kann Fließwiderstände im Werkzeug nicht überwinden
- Anschnitt zu früh erstarrt
- nicht genügend Material dosiert

Mögliche Abhilfe:

Dosierweg bzw. Massepolster vergrößern, Abdichtung der Rückstromsperre überprüfen, Massetemperaturen erhöhen oder verringern, Werkzeugtemperatur erhöhen oder verringern, Einspritzgeschwindigkeit erhöhen, Nachdruck und Nachdruckzeit erhöhen, Anschnittgröße und Entlüftung überprüfen.

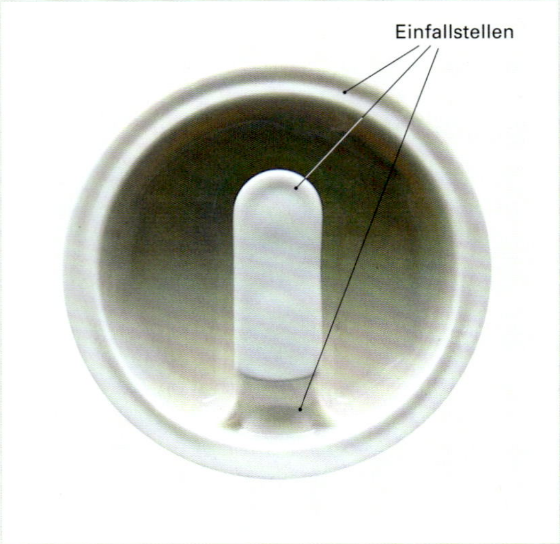

Bild 1: Einfallstellen

Dieseleffekt

Die **Ursache** für den Dieseleffekt (**Bild 2**) ist:

- unzureichende oder keine Entlüftung

Mögliche Abhilfe:

Schließkraft der Spritzmaschine reduzieren, Einspritzgeschwindigkeit verringern, Entlüftungskanäle reinigen, Trennebene reinigen, Massetemperatur senken, Lufteinschlüsse in Computersimulation erkennen und vermeiden.

Bild 2: Dieseleffekt

Lunker

Lunker (**Bild 3**) sind nur im glasklaren Material von außen zu sehen. Bei nicht transparenten Teilen ist eine stichprobenartige Gewichtsüberprüfung oder ein Aufschneiden der Probe vorteilhaft.

Ursachen für Lunker können sein:

- Kompressionsentlastung zu schnell oder zu groß
- Einzugsverhalten des Kunststoffes unzureichend
- Materialschwindung im Werkzeug wird behindert

Mögliche Abhilfe:

Dekompression (Schneckenrückzug) verringern oder verlangsamen, Staudruck erhöhen, Granulateinzug überprüfen, Nachdruck erhöhen, Nachdruckzeit erhöhen, Werkzeugtemperatur erhöhen.

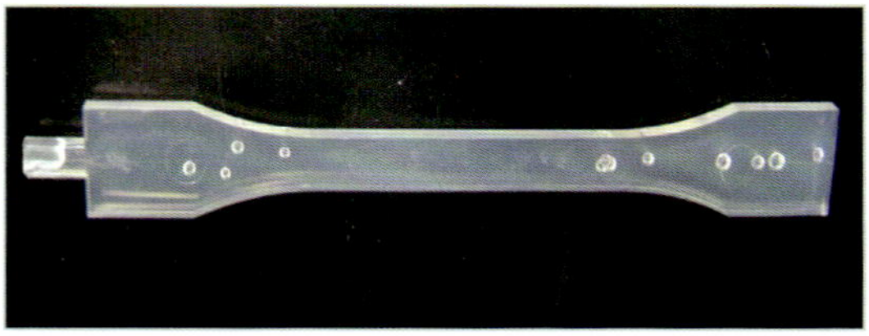

Bild 3: Lufteinschlüsse

Kalter Pfropfen

Ursache für einen kalten Pfropfen (**Bild 1**) ist:

- Die Kunststoffschmelze erkaltet teilweise im Angusssystem oder in der Düse.

Mögliche Abhilfe:

Düsentemperatur erhöhen, nicht mit anliegender Düse fahren, Düse nicht verzögert abheben, Verschlussdüse verwenden.

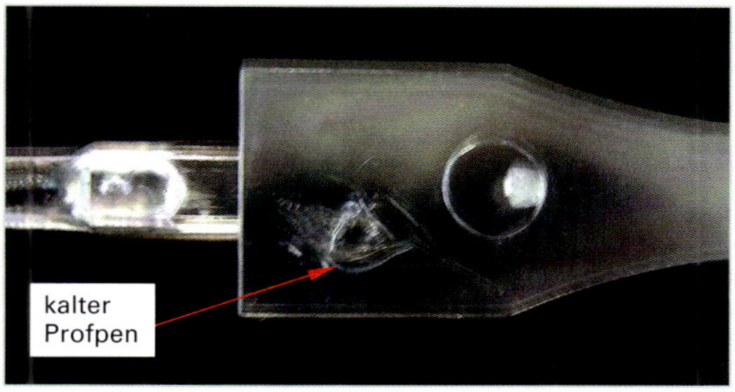

Bild 1: Kalter Pfropfen

Matte Stellen

Ursachen für matte Stellen (**Bild 2**) können sein:

- Anschnittsgeometrie
- hohe Einspritzgeschwindigkeiten

Mögliche Abhilfe:

Anschnitt an günstigere Stelle verlegen (Computersimulation), Anschnittsübergang verrunden, Anschnitt erweitern, Einspritzgeschwindigkeit senken oder gestuftes Einspritzprofil verwenden, Werkzeugtemperatur erhöhen, Zylindertemperatur erhöhen.

Bild 2: Matte Stellen

Luftschlieren

Die **Ursache** für Luftschlieren (**Bild 3**) ist:

- mitgerissene Luft während des Einfüllvorganges

Mögliche Abhilfe:

Dekompressionsvolumen verringern, Dekompressionsgeschwindigkeit verringern, Staudruck erhöhen, Einspritzgeschwindigkeit verringern

Bild 3: Luftschlieren

Wiederholungsfragen:

1. Wann ist die Anwendung eines GIT-Verfahrens sinnvoll?
2. Welche Vorteile bietet ein GIT-Verfahren?
3. Beschreiben Sie die Gasinjektionstechnik durch die Maschinendüse.
4. Welchen Vorteil bietet das Schmelzausblasverfahren gegenüber dem Standard-GIT-Verfahren?
5. Wie funktioniert das Sandwich-Verfahren?
6. Was verstehen Sie unter Outsert-Technik?
7. Welche Aufgabe hat das Scherwalzwerk bei der Herstellung des Materials für das Pulverspritzgießen?
8. Nennen Sie die Fertigungsstufen zu Herstellung einer Porzellantasse durch das Pulverspritzgießen.
9. Beim Spritzgießen bemerken Sie eine Gratbildung. Beschreiben Sie Möglichkeiten zur Abhilfe.
10. Am Spritzteil sind Einfallstellen zu erkennen. Nennen Sie mögliche Gegenmaßnahmen.

8 Herstellen von Formteilen durch Pressen

Das Pressen ist ein spanloses Formgeben von Kunststoffen, bei dem hauptsächlich härtbare Formmassen verwendet werden. Härtbare Formmassen werden für die verschiedensten Zwecke in der Elektrotechnik (z. B. für Schalterteile und Verteilerkästen), im Automobilbau (z. B. für Verteilerkappen und Verkleidungen) und für Haushaltsgeräte eingesetzt.

8.1 Systemanalyse der Maschine und des Prozesses

Man unterscheidet die Verfahren Formpressen und Spritzgießen, wobei für die Wahl des entsprechenden Fertigungsverfahrens die Anforderungen an das Formteil und die Wirtschaftlichkeit die Hauptrolle spielen. Teile mit großer Oberfläche bei kleinem Volumen sind für das Pressen besonders geeignet (**Bild 1**). Ein weiterer Vorteil ist der Rohmaterialpreis, der wesentlich günstiger im Vergleich zu Thermoplasten ist.

8.1.1 Formpressen

Beim Formpressen von härtbaren Formmassen wird die Pressmasse in ein **vorgewärmtes Werkzeug** gegeben. Durch das Schließen der beiden Werkzeughälften wird die Masse unter Druck gesetzt. Die Temperatur und der Druck bewirken das **Plastifizieren,** Pressmasse wird knetbar d. h., dadurch kann das **Ausfüllen des Hohlraums** des Werkzeuges erfolgen. Im geschlossenen und warmen Werkzeug kommt es dann zur **Aushärtung** (Vernetzung der Molekülketten) der Formmasse. Das ausgehärtete Formteil wird nach dem Öffnen der Form per Hand oder automatisch entnommen (**Bild 2**).

Dieser Prozess erfolgt in einzelnen Stufen, die durch verschiedene Maßnahmen in ihrer Zeit beeinflusst werden können. Das Ziel ist dabei eine kurze **Zykluszeit** bei hochwertiger Werkstückqualität. Diese Zykluszeit setzt sich aus folgenden Zeiten zusammen (**Bild 3**):

- Dosierzeit der Formmasse und Einlegeteile
- Schließzeit des Werkzeuges
- Lüftzeit
- Härtezeit
- Entformzeit
- Formreinigungszeit

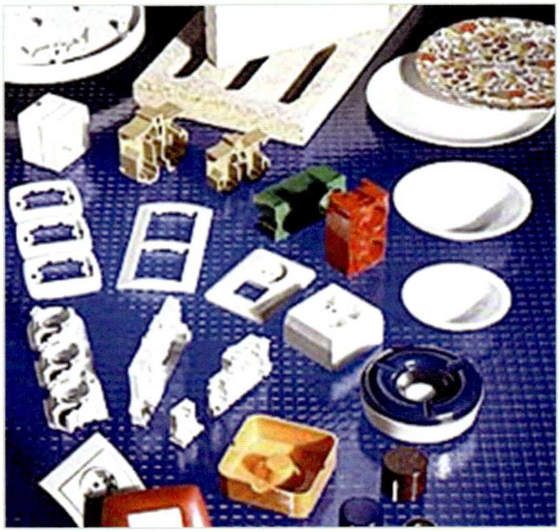

Bild 1: Pressteile

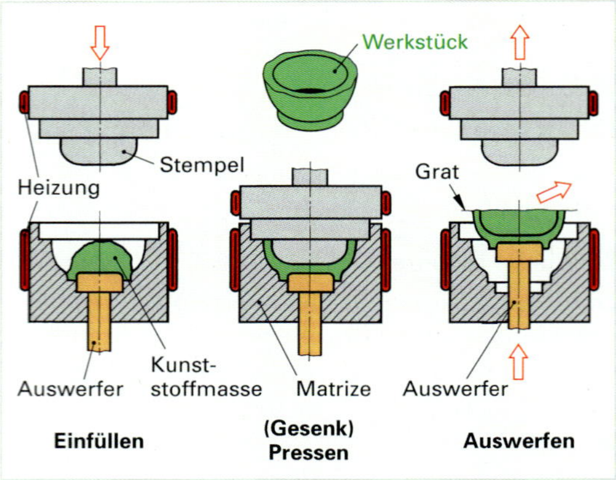

Bild 2: Formpressen

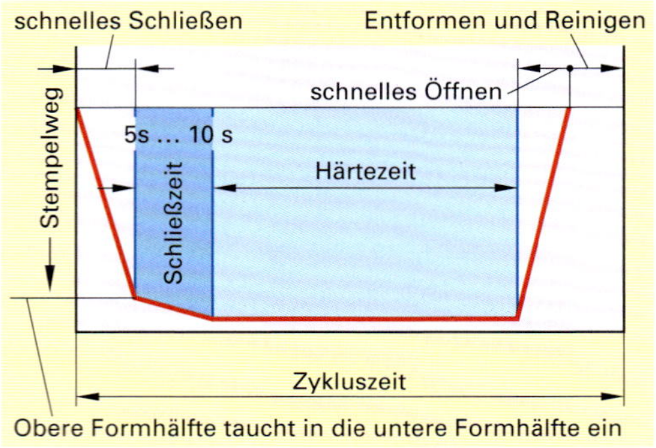

Bild 3: Presszyklus

Beim Eintauchen der oberen in die untere Werkzeughälfte wird die Formmasse von beiden Seiten erwärmt. Der Härtevorgang wird eingeleitet, wodurch Wasserdampf „austreibt" und überschüssige Formmasse in den Abdichtspalt gedrückt wird (**Bild 1**). Er muss durch „Lüften" der Form (ca. 2 Sekunden) entweichen können.

Ein unzureichendes „Lüften" bewirkt das Einschließen des Wasserdampfes, dies kann zu Blasenbildung an der Oberfläche oder zur Rissbildung des Teiles führen (**Bild 2**). Der für den Überschuss vorgesehene Spalt von ca. 0,15 mm sollte in der Regel senkrecht sein (**Bild 3**), da ein waagrechter Spalt, in dem die überschüssige Formmasse aushärtet, ein vollkommenes Schließen der Form verhindert.

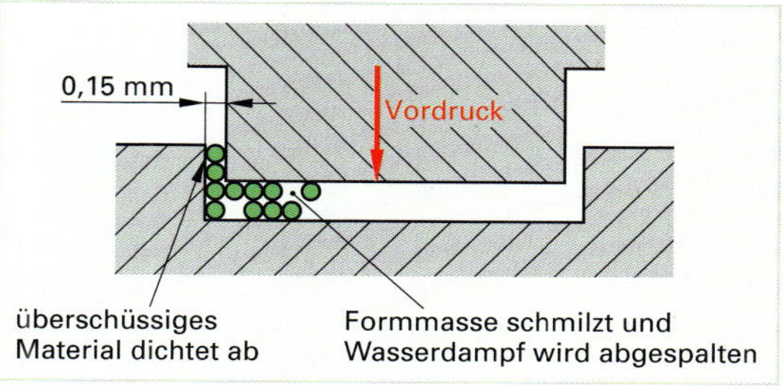

Bild 1: Pressvorgang

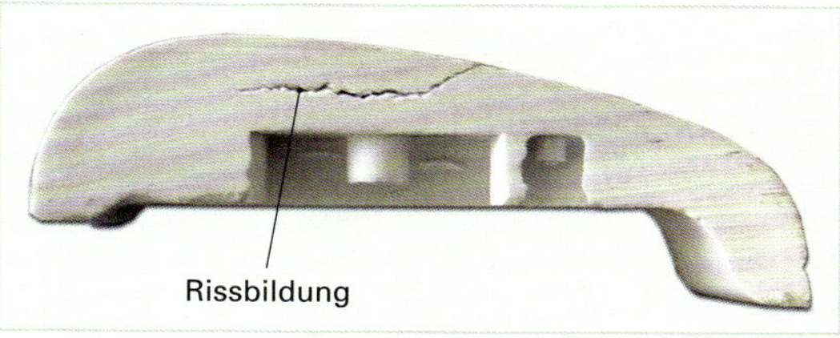

Bild 2: Fehler durch Wasserdampfeinschluss

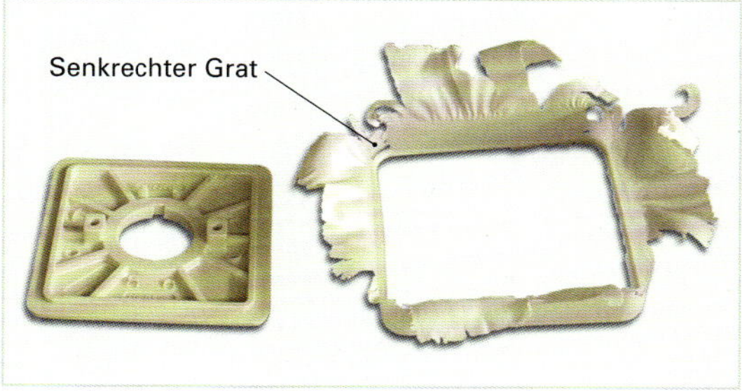

Bild 3: Senkrechter Grat

Dosierzeit

Die Dosierzeit ist von der **Beschickungs-** und der **Dosierart** abhängig. Die Beschickung des offenen Werkzeugs mit einer abgemessenen Menge Formmasse kann von Hand, mittels **Füllschablonen** (Platten mit eingesetzten Messbechern) oder mit **Kolbendosierschiebern** erfolgen.

Dosierungsart

Die genaue Dosierung der Formmasse gewährleistet eine einwandfreie Ausformung des Werkzeughohlraums. Eine **Unterdosierung** führt zu porösen Formteilen, eine **Überdosierung** zum übermäßigen Grat am Formteil, der unnötige Nacharbeit und Kosten verursacht (**Bild 4**).

Durch die automatisierte Dosierung kann die Dosierzeit kurz gehalten werden. Man kann dadurch gewährleisten, dass alle Hohlräume (Werkzeugnester) der gleichen oder mehrerer Formen, z. B. bei Rundläufern, zeitgleich gefüllt werden.

Ebenso muss der Kontakt der Formmasse mit dem offenen erwärmten Werkzeug kurz sein, um die Wärmeverluste gering zu halten.

Es stehen zwei Dosierungsarten zur Verfügung, wobei die gewählte Methode von der Lieferform der Formmasse abhängt. Man unterscheidet:

- Gewichtsdosierung (Genauigkeit ± 0,2 %)
- Volumendosierung (Genauigkeit ± 2 %)

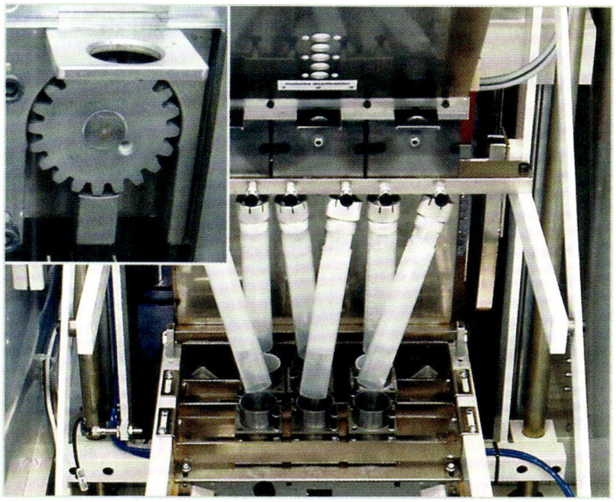
Bild 4: Dosiervorrichtung

Die **Gewichtsdosierung** oder gravimetrische Dosierung eignet sich besonders für Formmassen mit Füllstoffen, die zu nicht rieselfähigen Massen führen. Diese Methode ist zwar genauer, aber bei rieselfähigen Formmassen zu aufwendig, zu langsam und somit zu teuer. Sie hat nur bei Teilen mit sehr langen Härtezeiten Sinn, wobei dann automatische Waagen in den Prozessablauf eingebunden werden.

Die **Volumendosierung** wird am häufigsten eingesetzt (**Bild 1**), wobei die Formmasse ausreichend rieselfähig sein muss und eine gleichbleibende **Schüttdichte** von 0,65 g/ml ... 0,75 g/ml benötigt (**siehe Kapitel 3.4.3**).

Die Dosier- und Beschickungszeit liegt zwischen 8 s ... 10 s, wenn keine Einlegeteile benutzt werden. Einlegeteile, wie z. B. Gewindebuchsen (**Bild 2**) oder Messerklingen erhöhen natürlich diese Zeiten.

Eine weitere Art der Dosierung ist das **Tablettieren**. Hierbei wird nach erfolgter Volumen- oder Gewichtsdosierung die **Formmasse** bei einem Druck von ca. 1000 N/mm² in Tablettenform gepresst. Dadurch **entweicht** die **enthaltene Luft** bereits zum Teil in der losen Schüttung. Dies geschieht bei Raumtemperatur und kann bei rieselfähigen Massen automatisiert werden.

Die Dosierungszeit kann durch das leichtere Befüllen des Werkzeugs (Einlegen der Tabletten) nochmals reduziert werden. Zusätzlich werden die Tabletten **vorverdichtet**, und somit wird weniger Füllraum im Werkzeug benötigt.

Tablettiermaschinen gibt es in verschiedenen Ausführungen. Die **Exzenter-Tablettierpressen** arbeiten mit konstantem Hub und führen deshalb zu Tabletten gleicher Dicke. Dies wiederum setzt eine genaue Volumendosierung voraus, da unterschiedliches Volumen zu unterschiedlicher Verdichtung führt. Die Abmessungen der Tabletten können, je nach Exzenterkraft, einen Durchmesser ≤ 120 mm und eine Höhe ≤ 70 mm erreichen.

Bild 1: Dosierung und Beschickung

Langfaserige Formmassen, wie z. B. Polyester-Glasfasermatten, werden fast immer tablettiert oder brikettiert, um den sonst nötigen großen Füllraum stark zu reduzieren. Dabei werden die Tablettierwerkzeuge leicht temperiert (ca. 90 °C bis 110 °C), da dies die Füllstoffe wie Glasfasern weniger beschädigt. Die Werkzeugtemperatur liegt bei ca. 180 °C. Inzwischen gibt es auch diese Massen in Form von Zylindergranulaten, die eine automatische Fertigung erleichtern oder sogar hochschlagfeste Teile ermöglichen.

Bild 2: Einlegeteile

Lieferformen

Die Formmassen werden entsprechend den mechanischen Anforderungen in diversen Körnungen oder Tablettenform geliefert (**Bild 3**). Zu lange Lagerzeiten oder Lagerung bei zu hohen Temperaturen starten den Aushärteprozess.

Die Massen werden meist in 25 kg ... 50 kg-Papiersäcken verpackt, wobei diese mehrschichtig, z. B. mit PE-Einlage ausgeführt sind, um den Inhalt vor Feuchtigkeit zu schützen. Es sind auch Container ≤ 2000 kg lieferbar.

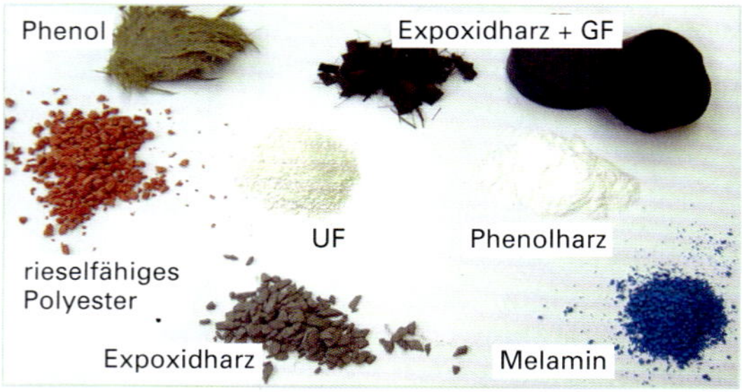

Bild 3: Lieferformen der Formmassen

Für feuchte, kittförmige Massen, wie z. B. feuchte Polyesterformmassen, werden Blecheimer als gasdichte Verpackungen gewählt, um das Entweichen von Styrol zu verhindern. Außerdem gibt diese stabile Verpackung einen ausreichenden mechanischen Schutz, da sonst feuchte Polyestermassen unter Stapeldruck zu Klumpen zusammenbacken könnten.

Die **Dosierzeit** wird durch **Tablettieren** und **automatisierte Beschickung** bzw. Füllung der Werkzeughohlräume verkürzt. Riesel- und schüttfähige Formmassen werden nach dem Volumen und nicht rieselfähige Massen nach dem Gewicht dosiert. Beim Tablettieren werden die Formmassen vorverdichtet und der notwendige Füllraum reduziert.

Schließzeit des Werkzeuges

Die Schließzeit ist abhängig vom **Schließweg** und der **Schließgeschwindigkeit**. Der Schließweg wird von der Beschickungsart der Formmasse bestimmt, d. h., das Werkzeug muss soweit geöffnet sein, dass die Hohlräume des Werkzeuges unfallfrei gefüllt werden können (**Bild 1**). Nachdem das Werkzeug geschlossen ist, wird die Formmasse plastifiziert und gleichmäßig im Hohlraum verteilt. Durch die von außen in das Werkzeug eingebrachte Wärme und durch die zusätzliche Reibungswärme beim Schließen des Werkzeuges wird die Masse auf Aushärtetemperatur gebracht.

Bild 1: Füllen des Werkzeuges

Verfolgt man während eines Pressvorganges die Druckanzeige, so stellt man zunächst ein Ansteigen des Druckes fest, danach fällt er wieder ab, um schließlich nach dem Schließen des Werkzeuges auf den eingestellten Endwert anzusteigen. Das zwischenzeitliche Abfallen des Pressendruckes ist auf die einsetzende Erweichung der Pressmasse zurückzuführen. Da die Schließzeit die Zykluszeit des Pressvorgangs wesentlich beeinflusst, arbeiten die Pressen normalerweise mit zwei Geschwindigkeiten. Das Werkzeug fährt bis kurz vor dem Aufsetzen des Oberstempels mit hoher Geschwindigkeit zu, und danach wird die Geschwindigkeit bis zum völligen Schließen verringert. Das Schließen des Werkzeuges kann auch kurzfristig, zum so genannten **Lüften** unterbrochen werden.

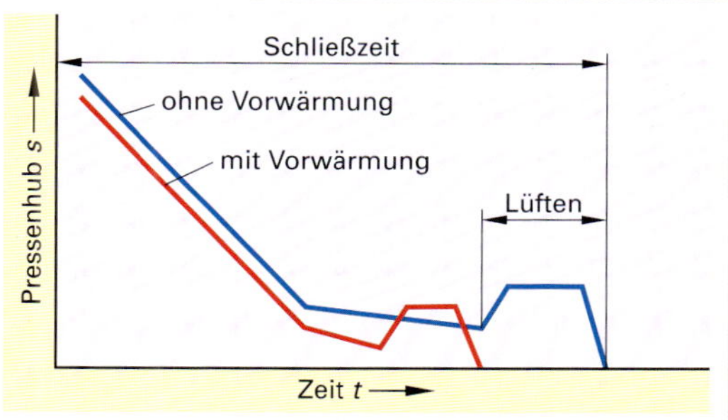

Bild 2: Diagramm für Schließ- und Lüftungszeit

Duroplastische Formmassen können gasförmige Stoffe enthalten oder solche beim Pressen entwickeln. Diese **„Flüchte"** müssen entweichen können, um **Blasenbildung** oder **Porosität** beim Formteil zu vermeiden. Manchmal genügt ein kurzes Aufheben des Pressendruckes von 2 s bis 3 s oder ein Abheben des Oberteils des Werkzeuges um einige Millimeter (**Bild 2**).

Das **Lüften** kann auch mit **Vordruck** kombiniert werden, indem das Werkzeug bis auf einige Millimeter geschlossen wird und dann einige Sekunden Vordruck wirkt. Anschließend wird das Werkzeug nochmals kurzzeitig geöffnet. Diese Art der Lüftung wird speziell bei unvorgewärmtem Material angewandt, um gleichzeitig ein Vorwärmen unter Druck zu erreichen. Das Lüften muss vor dem Eintreten der Härtung erfolgt sein, da sonst beim Wiederzufahren das Pressteil nicht mehr ausreichend verschweißt.

Härtezeit

Die Härtezeit ist die Zeit zwischen Schließen und Wiederöffnung des Werkzeugs und hat den größten Anteil am Presszyklus. Aus wirtschaftlichen Gründen muss versucht werden, diese möglichst kurz zu halten. Sie ist aber auch entscheidend für die Eigenschaften der Formteile.

Eine **Unterhärtung** führt zur schlechten Temperaturbeständigkeit und erhöhter Wasseraufnahme. Dies bringt wiederum schlechtere elektrische Eigenschaften mit sich. Es muss auch sichergestellt sein, dass die Verformung der Pressmasse und das volle Ausfüllen des Werkzeughohlraums vor dem Einsetzen der Härtezeit erfolgt ist. Für große Formteile ist es deshalb manchmal notwendig, mit **niedrigen Temperaturen** zu arbeiten, um genügend Zeit für das Fließen des Materials zu gewinnen.

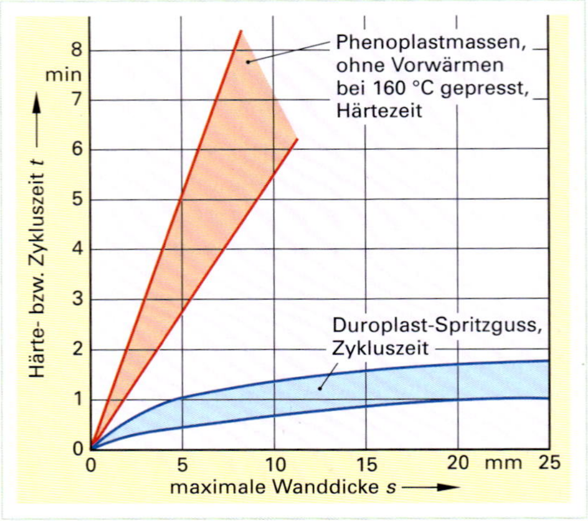

Bild 1: Abhängigkeit der Härtezeit von der Wanddicke

Eine **Überhärtung** führt zur Werkstoffversprödung und kann zu Haarrissen an der Oberfläche führen, die eine erhöhte Wasseraufnahme zur Folge haben. Es ist dabei zu beachten, dass der Aushärtevorgang d. h. die Vernetzung der Molekülketten, ein **exothermer Vorgang** ist. Dies bedeutet frei werdende Wärme, welche die Massetemperatur über den Wert der Werkzeugtemperatur hinaus erhöht. Dieser Effekt ist umso höher, je dickwandiger die Formteile sind und je schneller die Härtung erfolgt.

Als Richtwert beim Formpressen gilt für das Aufheizen und Plastifizieren weniger als eine Minute. Die eigentliche Härtezeit ist von der verwendeten Formmasse und der Verarbeitungstemperatur abhängig und kann zwischen 10 s/mm … 60 s/mm liegen (**Bild 1**).

Da die Aushärtung unter Temperatur und Druck erfolgt, müssen je nach Formmasse die beiden Parameter bestimmt werden (**Tabelle 1**). Die Härtetemperatur kann innerhalb gewisser Grenzen bei Beachtung folgender Regeln erhöht werden:

- **10 °C … 20 °C Temperaturerhöhung** bedeutet etwa eine Verdoppelung der Reaktionsgeschwindigkeit.
- **höhere Wanddicken** bedeuten eine längere Härtezeit, da die Formmasse ein schlechter Wärmeleiter ist und die Wärme vom heißen Werkzeug zum Formteilkern geleitet werden muss.
- **Wanddickenabhängige Härtezeit** bedeutet, dass auf gleichmäßige Wandstärken zu achten ist, um stellenweise Unter- bzw. Überhärtung zu vermeiden.
- **Unter-** oder **Überhärtung** beeinflusst die Farbe des Formteiles.

Tabelle 1: Richtwerte für Temperatur und Druck

Verarbeitungsrichtlinien	Einheit	EP	MP	PF	UP
Pressen					
Werkzeugtemperatur	°C	160 … 190	160 … 170	160 … 190	160 … 180
Forminnendruck	bar	> 100	> 150	> 150	> 100
Aushärtezeit pro 1 mm Wandstärke	s	30 … 60	20 … 40	20 … 40	20 … 40
Spritzgießen					
Werkzeugtemperatur	°C	170 … 190	160 … 170	160 … 190	160 … 180
Zylindertemperatur					
Förderzone	°C	60 … 75	60 … 75	60 … 75	60 … 70
Düse	°C	70 … 100	80 … 100	80 … 100	70 … 100
Massetemperatur	°C	90 … 100	80 … 100	80 … 100	70 … 100
Forminnendruck	bar	> 100	> 150	> 150	> 100
Staudruck	bar	5 … 20	5 … 20	5 … 20	5 … 10
Aushärtezeit pro 1 mm Wandstärke	s	15 … 25	10 … 20	10 … 20	10 … 20
Nachdruck		ca. 40 … 60 % des Spritzdrucks			

Der **Pressdruck** muss so lange aufrechterhalten werden, bis das Formteil eine ausreichende mechanische Festigkeit erreicht hat. Bei zu früher Entlastung führen die Abspaltprodukte wie Wasser, Ammoniak etc., die bei der Aushärtung entstehen zum **„Aufblähen"** der Formteile und dadurch zu einer **Beeinträchtigung** der **Maßgenauigkeit** und **Härte** der Formteile.

Der Pressdruck ist hauptsächlich von der projizierten Fläche des Formteiles und der verwendeten Formmassen abhängig, wobei folgende Regeln zu beachten sind:

- Formmassen mit geringer **Fließfähigkeit** benötigen einen höheren Pressendruck als solche mit guten Fließeigenschaften.
- Je höher der Pressdruck ist, desto höher ist der **Verschleiß** am Werkzeug und der Presse.
- Durch **Vorwärmung** der Formmasse kann der Pressdruck verringert werden.

$$\text{Pressdruck} = \frac{\text{Zuhaltekraft der Presse}}{\text{projizierte Fläche des Formteiles}} \qquad p_D = \frac{F_Z}{A} \qquad \text{Einheit: } \frac{\text{N}}{\text{cm}^2}$$

Vorwärmen der Formmasse

Das Vorwärmen der Formmasse beeinflusst entscheidend die Härtezeit, den Verschleiß des Werkzeugs und die Oberflächengüte der Formteile. Da es beim Pressen nicht gelingt, die erforderliche Wärme im Werkzeug (Wärmezufuhr über Wärmeleitung) selbst schnell zuzuführen, bieten sich Methoden an, bei denen die Pressmassen außerhalb des Werkzeuges vorgewärmt werden.

Je besser eine vorherige Zufuhr von Wärmeenergie möglich ist, desto rationeller ist der Verformungsprozess und schonender der Umgang mit dem Werkzeug und der Formmasse. Man unterscheidet folgende Vorwärmverfahren, um die Zykluszeit zu verkürzen (**Tabelle 1**):

Tabelle 1: Verfahren zur Vorwärmung der Formmassen

Prinzip	Beispiel	Vorteile	Nachteile
Wärmeleitung	warme Metallfläche	billig	sehr langsam
	Warmluft-Ofen	gleichzeitig Trocknung	langsam: 10 min ... 60 min
Strahlungswärme	Infrarot	für dünne Schicht, dann auch schnelle Trocknung	nicht für Tabletten
Wärme aus dielektrischen Verlusten	Mikrowelle	für Tabletten und Pulver	ungleichmäßige Durchwärmung
	Hochfrequenz	sehr gleichmäßige Materialdurchwärmung	vorwiegend für Tabletten; Tablettendicke und -dichte beeinflussen Vorwärmung
Wärme aus mechanischer Energie	Schneckenplastifikator	sehr schnelle und hohe Vorwärmung, gleichzeitiges Dosieren, Tablettieren und Einfüllen ins Werkzeug	höherer Schneckenverschleiß

Die **Vorwärmtemperaturen** liegen zwischen 80 °C ... 110 °C, da höhere Temperaturen wegen des schlechten Wärmeübergangs zum **oberflächlichen Anhärten** der Masse führen. Bei solchen Temperaturen bleibt noch genügend Zeit zum Transferieren der Formmassen und zum Schließen des Werkzeuges. Eine zu lange oder zu hohe Vorwärmung führt zu Verfärbungen der Oberfläche des Formteiles bzw. zu Fleckenbildung.

Tabletten nehmen durch die Vorverdichtung die Vorwärmtemperaturen schneller an, wobei sich die Vorwärmportionen nach der Vorwärm- und der Zykluszeit richten. Das bedeutet, dass bei einer Zykluszeit von ca. 3 Minuten und einer Vorwärmzeit von 30 Minuten im Ofen jeweils 10 Portionen Formmasse vorgewärmt werden. Im Hinblick auf die Oberflächenqualität und der Formteileigenschaften ist die **Ofenvorwärmung** am günstigsten, da sie gleichzeitig die Pressmasse vortrocknet.

Die **Hochfrequenzvorwärmung (HF)**, bei der durch das Hochfrequenzfeld eines Kondensators in der Pressmasse dielektrische Verluste entstehen, die in Wärme umgewandelt werden, ist wesentlich schneller. Je höher der **dielektrische Verlustfaktor** der Pressmasse ist, desto höher ist die Wärmeerzeugung. Dadurch verkürzt sich die Vorwärmzeit. Pressmassen mit kleinen Verlustfaktoren oder solche mit guter Leitfähigkeit, wie z. B. grafithaltige Formmassen, eignen sich daher nicht für die HF-Vorwärmung.

Bei der HF-Vorwärmung wird die Formmasse meist in tablettierter Form zwischen zwei Kondensatorplatten gebracht, wobei die Formmasse nicht mit der oberen Platte in Kontakt wegen möglicher Spannungsdurchschläge kommen darf. Nach dem Auflegen der Tabletten auf die untere Kondensatorplatte muss das haubenförmige Schutzgehäuse geschlossen werden. Das Schutzgehäuse stellt gleichzeitig eine Sicherung gegen Unfälle und Beeinträchtigung der Umgebung durch Funkstörungen dar. Der Hauptvorteil der HF-Vorwärmung liegt in der kurzen Aufwärmzeit, da die Wärme direkt in der Masse erzeugt wird.

Bei der Vorwärmung mittels **Mikrowellenöfen** liegen die Frequenzen noch höher als bei HF-Geräten, sodass auch pulverförmige Massen gut vorgewärmt werden können. Bei **Infrarotgeräten** erfolgt die Erwärmung durch Strahlungswärme, diese ist nicht für Tabletten geeignet.

Unter dem wirtschaftlichen Aspekt der Rationalisierung bietet die **Schneckenplastifikation** die meisten Vorteile, da gleichzeitig dosiert, tablettiert und das Werkzeug befüllt bzw. beschickt werden kann. Schneckenplastifikatoren ähneln der Plastifiziereinheit der Spritzgussmaschine (**Bild 1**). Die Pressmasse wird in einem beheizten Zylinder von einer Schnecke gefördert und plastifiziert.

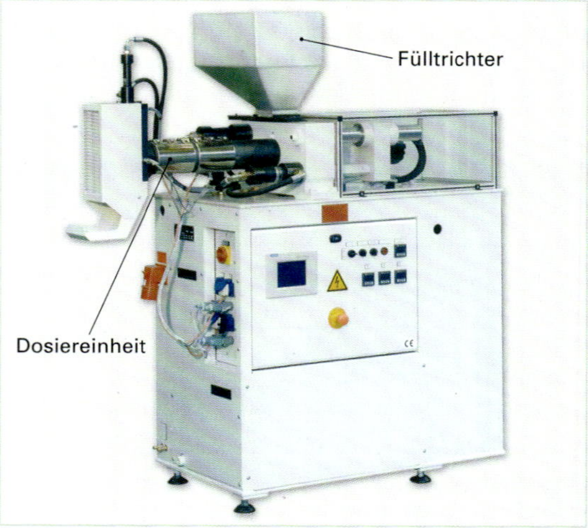

Bild 1: Plastifiziergerät

Die Schnecke schraubt sich dabei gegen einen einstellbaren Staudruck nach hinten weg. Der Zylinder ist vorne durch einen **messerartigen Schieber** verschlossen. Die Dosierung wird über Endschalter eingestellt, die den Rücklauf der Schnecke begrenzen. Zum Auswerfen öffnet der Schieber. Die Masse wird durch die Schnecke entsprechend dem eingestellten **Dosierweg** nach vorne gedrückt und vom wieder schließenden Schieber abgeschnitten (**Bild 2**). Die Einstellbarkeit des Dosierweges ermöglicht die Beschickung verschiedener Werkzeuggrößen.

Faserverstärkte Kunststoffe benötigen besondere Schnecken oder **Kolbendosierer**, da durch die gängigen Schnecken und Düsen die Fasern gebrochen werden. Die dadurch gesteigerte Festigkeit lässt sich in geringere Wanddicken und reduzierten Materialkosten umsetzen. Im sogenannten Transfer-Verfahren werden die vordosierten Mengen automatisch ins Presswerkzeug eingelegt (**Bild 2**).

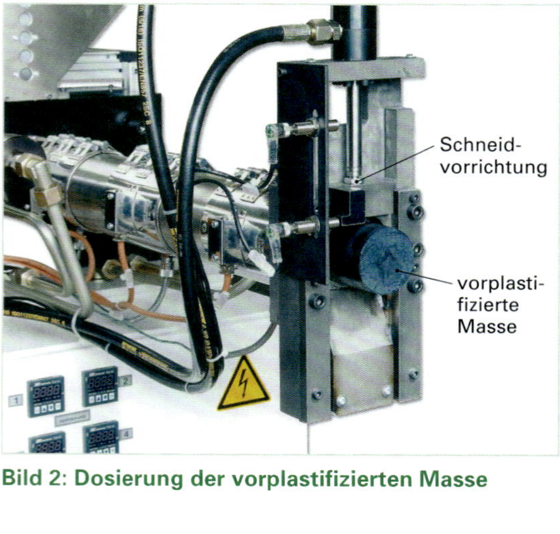

Bild 2: Dosierung der vorplastifizierten Masse

Die Wärme muss beim Pressen **schneller zugeführt** werden als die Vernetzung abläuft, wobei die Reaktionsenergie so schnell wie möglich zu jedem Harzkörnchen in der Form gelangt.

Bei Füllstoffen tritt eine leichte **Orientierung** auf, sodass die Lage der **Vorformlinge** im Werkzeug unter Umständen die Eigenschaften des Formteils beeinflussen. Ein weiterer Effekt beim Schneckenplastifizieren (**Bild 1**) ist eine gute **Vorplastifizierung**, d. h., es können Lufteinschlüsse auftreten, die sich dann beim Pressteil als „Brandstellen" bemerkbar machen. In solchen Fällen kann die Einlegetechnik der Tabletten in den Hohlraum des Werkzeuges oder ein langsameres Schließen der Presse Abhilfe schaffen. Sehr kurze Transferzeiten werden durch die Koppelung der Schneckenplastifiziereinheit mit der Presse erreicht (**Bild 2**).

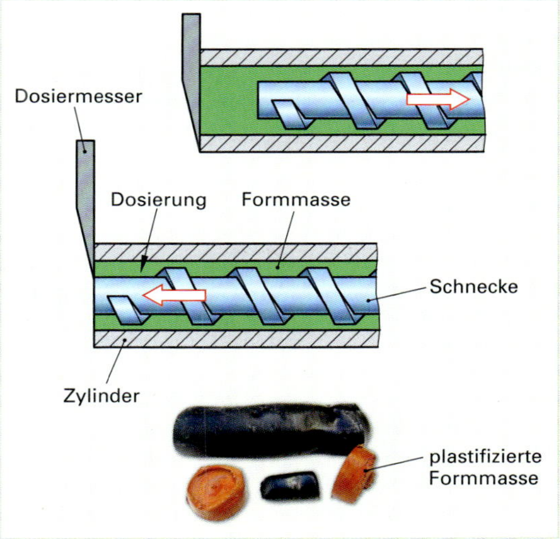

Bild 1: Prinzipskizze der Schneckenplastifizierung

Entformzeit

Die Entformzeit schließt das Öffnen der Werkzeughälften und das Entnehmen der Formteile ein. Wenn das Werkzeug richtig ausgelegt und einwandfreie Formmassen verwendet wurden, bereitet die Entnahme keine Schwierigkeiten. Es hat sich das Bestreichen der formgebenden Bereiche mit Bienenwachs vor dem ersten Pressvorgang bewährt. Tritt trotzdem ein „Kleben" der Formteile auf, muss die Ursache geklärt werden, wozu folgende Möglichkeiten zählen:

- stellenweise beschädigte Werkzeugoberfläche
- zu wenig oder ungeeignetes Trennmittel
- abgeplatzte Chromschicht
- Festhaften durch zu starke Schwindung oder ungenügender Härtezeit.

Unverchromte Flächen erfordern mehr **Trennmittel**, die aber zu Oberflächenbelag führen. Wenig **Trennmittel** führen zu schwerer zu entformenden Teilen und glänzenden Oberflächen.

Will man beim Entformen das Formteil absichtlich auf einer Seite des Werkzeuges (z. B. Stempel) halten, um es besser entnehmen zu können, so kann man dies durch leichte Hinterschneidungen oder tiefere Temperaturen erreichen.

Nach dem Entformen ist es oft nötig, die Formteile in Erkaltungslehren zu legen oder zu spannen. Damit wird Verzug vermieden.

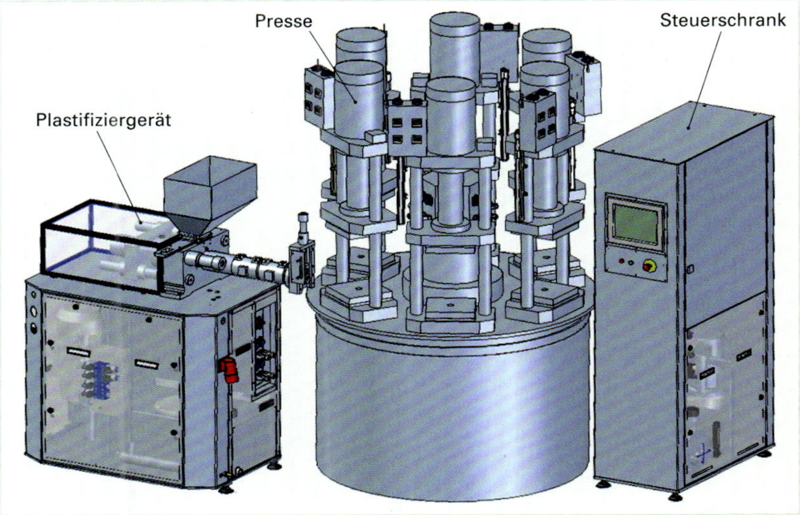

Bild 2: Kopplung von Plastifizierung und Presse

Formreinigungszeit

Bevor die Hohlräume des Werkzeuges wieder gefüllt werden, ist sicherzustellen, dass an der Werkzeugoberfläche keine Reste von Formmassen haften. Ein Ausblasen mit Druckluft ist wegen der Kondensflüssigkeit nicht immer zu empfehlen. Häufig werden die Formen mit Stearinsäurepulver ausgewischt und danach je nach Oberflächenbeschaffenheit und Formmasse mit Trennmitteln besprüht. Es ist daher sinnvoll, neue Formen mit Formwachs einzureiben, damit etwaige Metallrückstände vollständig entfernt werden. Je sauberer und sicherer das Entformen ist, desto kürzer ist die Formreinigungszeit.

8.1.2 Spritzpressen

Entgegen der landläufigen Meinung muss fachlich richtig nicht vom **„Spritzpressen"**, sondern vom Spritzgießen gesprochen werden, da sich beim Pressen das Werkzeug bzw. eine Werkzeughälfte während der Formgebung bewegt. Beim Spritzgießen wird die Formmasse in einer **vorgewärmten Druckkammer** vorverdichtet und durch ein System von Kanälen in den Hohlraum des **geschlossenen Werkzeuges** gespritzt. Den Formmassen, die aus Harz- und Füllstoffen bestehen, werden 1 % ... 2 % **Gleitmittel** als Regulatoren zugesetzt.

Da die Pressmasse durch die **Kanäle** gedrückt werden muss, wird die Formmasse zusätzlich durch Reibungs- und Scherkräfte erwärmt. Die Aushärtung erfolgt deshalb schneller als beim Formpressen, wobei aber auch die Formmasse in den Kanälen aushärtet. Diese muss nach dem Öffnen des Werkzeuges und dem Entnehmen des Formteils vom eigentlichen Werkstück abgetrennt werden (**Bild 1**).

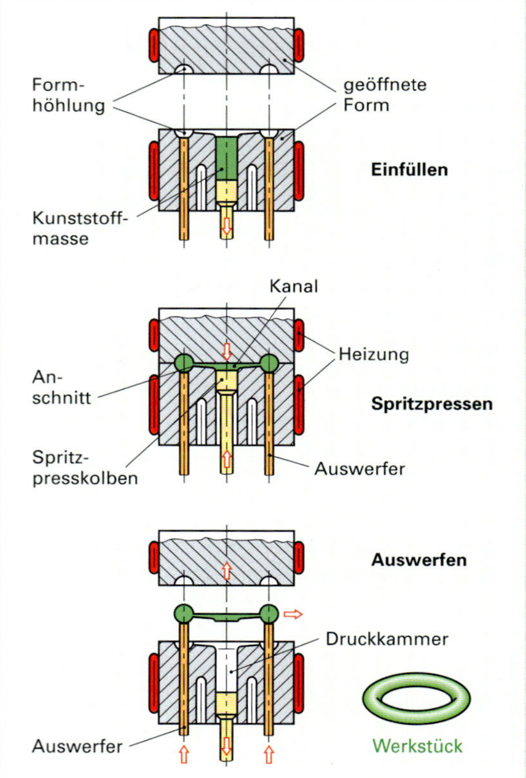

Bild 1: Stufen des Spritzpressens

Beim Spritzpressen benutzt man einfach- und doppeltwirkende hydraulische Pressen. Bei **einfachwirkenden Pressen** wird die Formmasse von oben in das auch von oben her schließende Werkzeug gespritzt (**Bild 2**). Bei **doppeltwirkenden Pressen** wird der obere größere Zylinderkolben zum Schließen und Zuhalten des Werkzeuges benutzt, und die Formmasse wird von unten durch einen kleineren Zylinderkolben in das geschlossene Werkzeug gespritzt.

Nicht benötigte Formmasse verbleibt im Spritzzylinder. Dadurch wird ein starkes **Überspritzen** mit Gratbildung am Formteil verhindert.

Die Nachteile des Spritzpressen liegen im zusätzlichen Abfall durch das **Angusskanalsystem**, der Trennung des Angusses vom Formteil und der **Orientierung der Füllstoffe** in Spritzrichtung. Dies bedeutet einen höheren Arbeitsaufwand bzw. eine Beeinflussung der Formteileigenschaften.

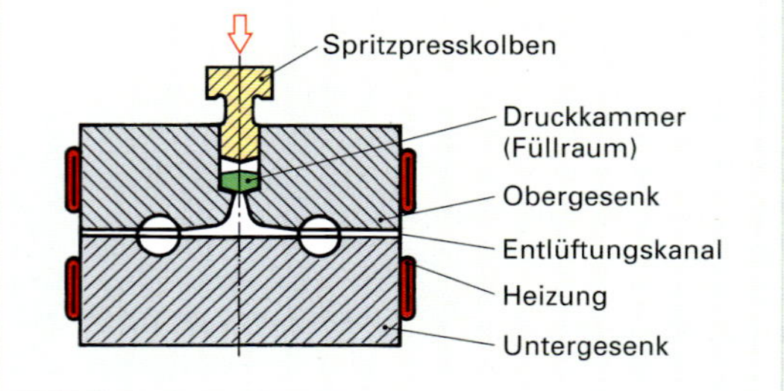

Bild 2: Werkzeug für einfachwirkende Presse

Eine besonders wirtschaftliche Form des **Spritzpressens** liegt dann vor, wenn das Schneckenplastifizieraggregat zur Dosierung, Vorwärmung und Vorverdichtung bereits im Pressautomaten integriert ist (**Bild 1**), wobei die größte Vorwärmung durch die Düse erreicht wird.

Der verfahrenstechnische Unterschied zum Formpressen liegt darin, dass beim Spritzgießen die Formmasse in das bereits geschlossene Werkzeug eingebracht wird. Die Zykluszeit setzt sich dabei aus folgenden **Arbeitsstufen** zusammen:

- Öffnen des Werkzeuges – ggf. Einlegen von Einlegeteilen – Befüllen des Spritzzylinders.
- Schließen des Werkzeuges – Spritzen – Aushärten des Formteiles unter Druck.
- Öffnen des Werkzeuges – Auswerfen und Entnehmen des Formteiles.
- Ausblasen und Reinigen des Werkzeuges.
- Angussentfernung und Entgraten.

Allgemeine Regeln für beide Pressverfahren:

Langfaserige Massen benötigen höhere

- **Pressdrücke** als kurzfaserige Formmassen.
- Pressteile mit orientierten Füllstoffen werden **anisotrop**, d. h., die Schwindung ist in Faserrichtung geringer.
- Anorganische Füllstoffe führen zu größerem Werkzeugverschleiß als organische, deshalb sind solche **Formmassen** besonders gut **vorzuwärmen**.
- **Marmorierungseffekte** erreicht man mit unterschiedlicher Körnung (feinkörnig → wolkenartig; grobkörnig → streifig).

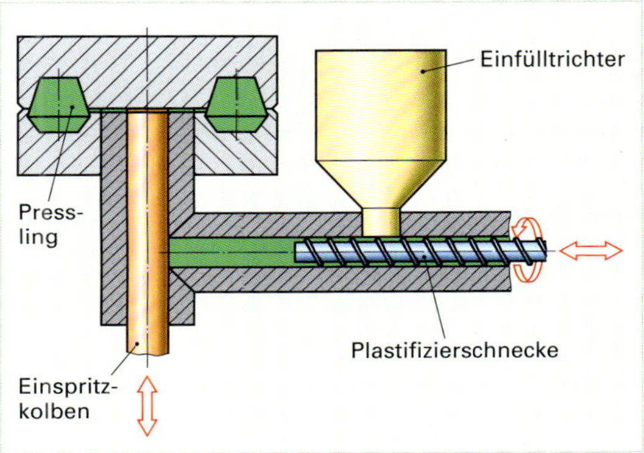

Bild 1: Stufen des Spritzpressens

Je höher die Anforderungen an die mechanischen Werte des Formteiles sind, desto größer sind die Füllstoffanteile. Relativ dickwandige Teile oder Formteile mit sehr unterschiedlichen Wandstärken sind besser mit dem **Spritzpressen** herzustellen, da die Härtetemperatur der Formmasse schneller erreicht wird. Damit hat sie einen geringeren Einfluss auf die Wandstärke.

Kernprägen

Eine Kombination aus Pressen und Spritzgießen stellt das Kernprägen dar. Dieses Verfahren ist dann sinnvoll, wenn im Pressteil, z. B. einer Riemenscheibe, entsprechende Aussparungen zur Gewichtseinsparung notwendig werden. Dabei wird durch eine Schnecke oder einen Kolben die vordosierte Formmasse in das geschlossene Werkzeug gespritzt. Danach werden die entsprechenden Kolben für die Aussparungen in das Werkzeug gefahren (**Bilder 2 und 3**).

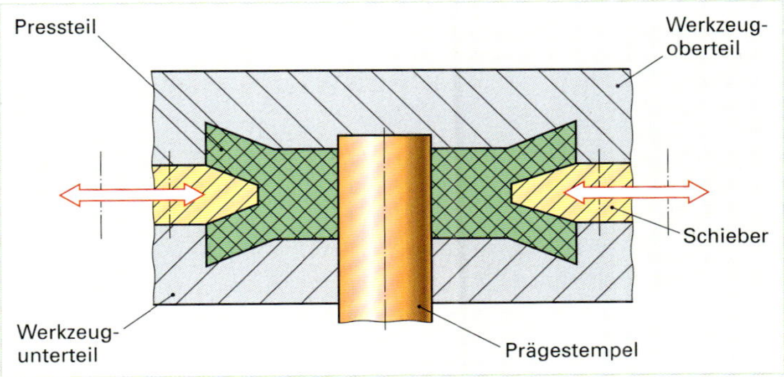

Bild 2: Prinzip der Kernprägung

Bild 3: Kerngeprägte Riemenscheibe

8.1.3 Presswerkzeuge

Der **Grundaufbau** der Presswerkzeuge setzt sich aus standardisierten Bauelementen zusammen. Die eigentlichen formgebenden Elemente **Stempel (Patrize)** und **Gesenkeinsatz (Matrize)** werden eingepasst und falls notwendig mit **Auswerfern** ergänzt (**Bild 1**).

Da die Oberflächen, speziell bei Formmassen mit anorganischen Füllstoffen, einem hohen Verschleiß unterliegen, werden Stempel und Gesenkeinsatz aus legierten oder hochlegierten Stählen wie 21MnCr5 oder X19NiCrMo4 hergestellt. Zusätzlich werden die formgebenden Oberflächen zur besseren Entformung und zur Verbesserung der Korrosionsbeständigkeit, meist noch mit einer Schichtdicke von 0,05 mm **hartverchromt**.

Man unterscheidet die Presswerkzeuge in:

- Füllraumwerkzeuge
- Abquetschwerkzeuge
- umgekehrte Füllraumwerkzeuge
- Spritzpresswerkzeuge

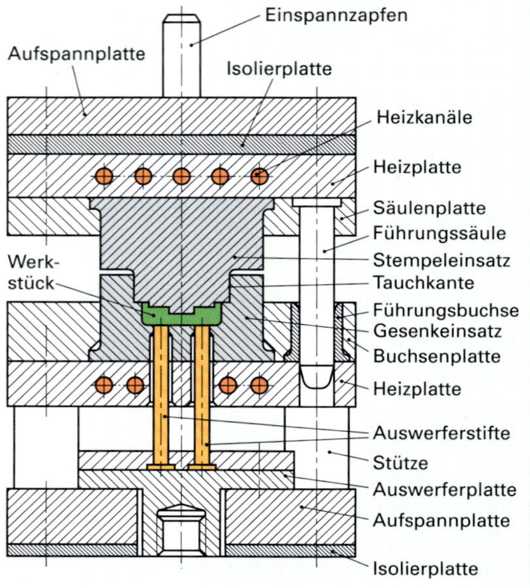

Bild 1: Aufbau eines Presswerkzeugs

Füllraumwerkzeuge

Bei einem Füllraumwerkzeug wird die Außenform des Formteiles in den Gesenkeinsatz eingearbeitet. Am Stempel und am Gesenk werden Flächen angebracht, die beim Zusammenfahren der beiden Formhälften zur Zentrierung und Führung des Stempels dienen. Um Nacharbeit und Werkstoff einzusparen, wird zwischen Stempel und Gesenk eine gut dichtende **Trennebene (Tauchkante)** hergestellt. Da die überschüssige Masse dadurch nicht mehr entweichen kann, muss sehr genau dosiert werden (**Bild 1**).

Abquetschwerkzeuge

Die genaue Dosierung ist in der Serienfertigung schwierig. Eine zu geringe Dosierung führt immer zur Lunker- und Porenbildung, deshalb wird mit Überschuss an Formmasse gearbeitet. Das überschüssige Material muss beim Pressvorgang entweichen können. Man bringt am Stempel **Austriebskanäle** an, die aber so dimensioniert sein müssen, dass ein zu großer Druckabfall in der Form vermieden wird (**Bild 2**).

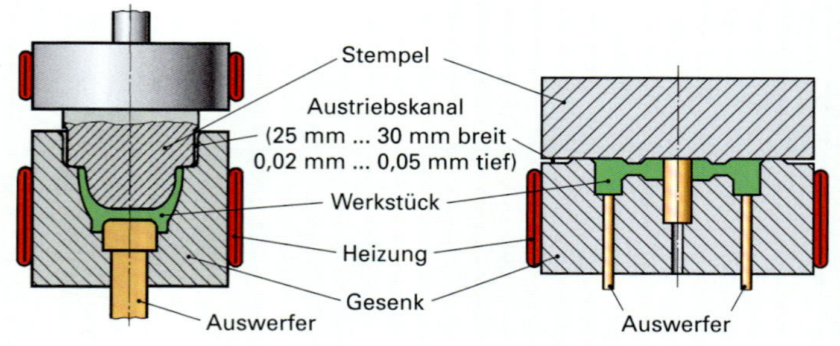

Bild 2: Abquetschwerkzeug

Diese Werkzeuge sind speziell für kleinere, flache Teile zu empfehlen, da bei hohen und steilwandigen Formteilen die Gefahr des Überfließens der Formmasse besteht.

Umgekehrte Füllraumwerkzeuge

Wenn Metallteile wie Muttern, Bolzen und dgl. in die Formmasse eingebettet werden müssen, werden diese **Einlegeteile** vor dem Befüllen der Form positioniert. Großvolumige Einlegeteile müssen dabei vorgewärmt werden. Die Einlegeteile befinden sich im Unterteil, um ein Herabfallen dieser Teile und dadurch Beschädigungen der Formoberflächen zu vermeiden. Eine Beschickung der Form ist deshalb nur mit Tabletten möglich. Wenn das Werkzeug bereits ringsum geschlossen ist, wird die Tablette mit Druck beaufschlagt, um ein Herausfallen der Formmasse aus dem Werkzeug zu verhindern (**Bild 1**).

Diese Formen bieten sich auch dann an, wenn bei notwendigen, langen Schließ- und Einlegezeiten oder bei hohen Werkzeugtemperaturen infolge vorzeitigen Anhärtens optische Fehler entstehen. Die weniger schöne Seite des Formteiles ist dann die „Innenseite".

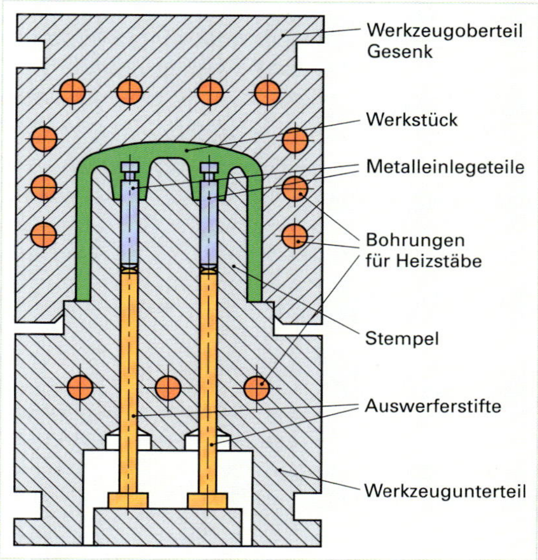

Bild 1: Umgekehrtes Füllraumwerkzeug

Spritzpresswerkzeuge

Diese Werkzeuge sind ähnlich der Spritzgießwerkzeuge bei Thermoplasten aufgebaut. Sie besitzen eine **beheizte Druckkammer**, den dazugehörigen **Spritzpresskolben** und den **Auswerfer**. Der Füllraum befindet sich in der unteren Werkzeughälfte, wobei sich die Form der **Spritzkanäle** nach der zur verarbeitenden Formmasse richtet (**Bild 2**).

Werden pulverförmige Massen verarbeitet, eignen sich flache und breite Kanäle. Für faserhaltige und teigige Formmassen muss der Spritzkanal rund und groß genug sein, um die Reibungs- und Scherkräfte in den Kanälen nicht unkontrolliert zu erhöhen. Ein frühzeitiges Aushärten der Formmasse in den Spritzkanälen wäre die Folge.

Beim **Spritzpressen** entsteht am Formteil fast kein Grat, da das Werkzeug bereits vor dem Einspritzen der Formmasse geschlossen ist.

Beheizung der Werkzeuge

Das Beheizen der Presswerkzeuge erfolgt mittels **Widerstandsheizung** mit **Heizbändern** oder **Heizpatronen**. Es muss sichergestellt werden, dass die nötige Temperatur möglichst schnell erreicht und mit geringeren Temperatur-schwankungen gehalten wird.

Je enger die Maßtoleranzen sind, desto gleichmäßiger muss der Temperaturbereich gehalten werden (von 2 °C ... 10 °C). Ebenso trifft dies auf Harnstoffharze zu, da diese auf Temperaturunterschiede sehr empfindlich reagieren.

Bei kleineren Werkzeugen werden die beiden Werkzeughälften mit Heizbändern erwärmt.

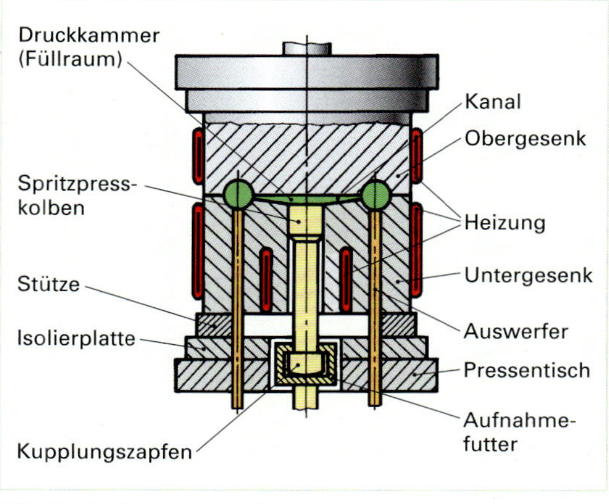

Bild 2: Spritzpresswerkzeug

Größere Werkzeuge beheizt man mit Heizpatronen, die in Bohrungen des Werkzeuges eingeschoben werden. In den Heizbändern und in den Heizpatronen befinden sich Widerstandsdrähte, die vom Strom durchflossen werden und so die Temperatur erzeugen. Eine weitere Art der Beheizung sind die „Hotflex", d. h., in eine schlangenförmig eingefräste Nut wird eine flexible Heizpatrone eingelegt. Die dadurch entstehende Wärme wird an das Werkzeug abgegeben.

Mit **Thermoelementen**, die mittig zwischen Heizpatrone und Hohlraumwandung des Werkzeugs angebracht werden, wird die Ist-Temperatur erfasst und mit **Heizreglern** auf den eingestellten Sollwert gebracht und gehalten. Bei der elektrischen Heizung rechnet man pro kg Formgewicht mit ca. 30 Watt **Heizleistung**. Um die Wärme im Werkzeug zu belassen und nicht über den Aufspanntisch der Presse abzuleiten, muss immer zwischen dem Aufspanntisch der Presse und dem Werkzeug eine genügend dicke **Wärmeisolierplatte** angebracht sein.

Regeln zur Werkzeugauslegung

Grundsätzlich hat man größere Gestaltungsmöglichkeiten bei Pressteilen aus Duromeren, da dickere Wandungen nicht zu Einfallstellen führen, sondern nur die Härtezeit verlängern.

Trotz guter Beherrschung der Presstechnik können aber falsch konstruierte Werkzeuge zu unbrauchbaren Formteilen führen. Folgende Grundregeln sind deshalb zu beachten (**Bild 1 und Bild 1 Seite 417**):

Flächen in Pressrichtung sind gegen die Pressrichtung geneigt und die Wandstärken zum Rand hin verjüngt, um die Formteile leichter entformen zu können. Das **Neigungsverhältnis** ist 0,4:100 für tiefe Teile bis zu 2,5:100 für flache Teile.

Scharfkantige Übergänge sind zu vermeiden, da diese das Fließen der Formmasse und die gleichmäßige Verteilung stören. Zusätzlich werden durch die **Abrundungen der Kanten** die Presswerkzeuge geschont.

Sehr dicke **Wandstärken** verbrauchen viel Material und führen zu längeren Aushärtezeiten. Ungleichmäßige Wandstärken führen zur ungleichmäßigen Durchhärtung und somit zu Verzug und Rissen.

Hinterschneidungen können durch Seitenschieber oder Backen erreicht werden, erfordern aber kompliziertere und teuere Werkzeuge.

Scharfe **Kanten** brechen vor allem beim anschließenden Entgraten leicht aus. Dicke **Ränder** führen zur ungleichmäßigen Aushärtung.

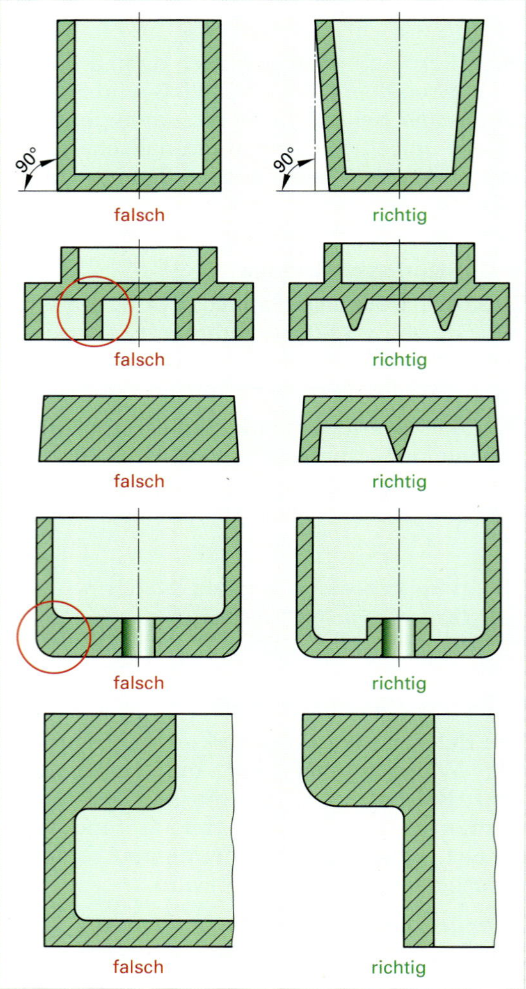

Bild 1: Gegenüberstellung der Grundregeln

Durchbrüche und **Löcher** werden durch Stifte und Kerne im Werkzeug ermöglicht, wobei es aber zu unvollständigen Verschweißen beim Zusammenfluss kommen kann. Löcher sind deshalb immer in ausreichendem Abstand vom **Formteilrand** anzubringen, wobei die Wandstärke nicht geringer als die allgemeine Wandstärke des Formteiles sein darf.

Sollbruchstellen müssen dünn genug ausgeführt werden, um beim Abbrechen ein Ausbrechen am Formteil zu vermeiden. Sie dürfen aber wegen der „Filterwirkung" auf die Füllstoffe nicht dünner als 0,2 mm ... 0,4 mm sein.

Eingepresste Gewinde müssen wegen der Kerbempfindlichkeit der Duroplaste als Rundgewinde ausgeführt werden. Das nötige **„Auge"** muss etwa den dreifachen Durchmesser aufweisen, um beim Anziehen der Schraube nicht gesprengt zu werden. Soweit möglich, sind eingebettete **Metallbuchsen mit Gewinde** vorzuziehen.

Einlegeteile aus Metall haben einen geringeren Ausdehnungskoeffizienten, d. h., im Metall eingepresster Duroplast schwindet vom Metall ab und der umhüllende Duroplast schwindet auf das Metall auf. Dies führt zum Lockerwerden bzw. zu Spannungen und Rissbildungen. Als Abhilfe dienen Verzahnungen bzw. ausreichende Wandstärken (**Bild 1**).

Der Werkzeugeinbau

Vor dem Einbau des Werkzeuges müssen alle **Spannelemente** auf Funktion und Beschädigungen überprüft werden. **Einschraubtiefen** und die Werkzeughöhen bestimmen die Schraubenlängen. Zuerst wird die Presse in ihre oberste Position verfahren und danach das **zusammengefahrene Werkzeug** auf den Pressentisch mit unterlegter **Wärmeisolierplatte** (**Bild 2**) mittig ausgerichtet.

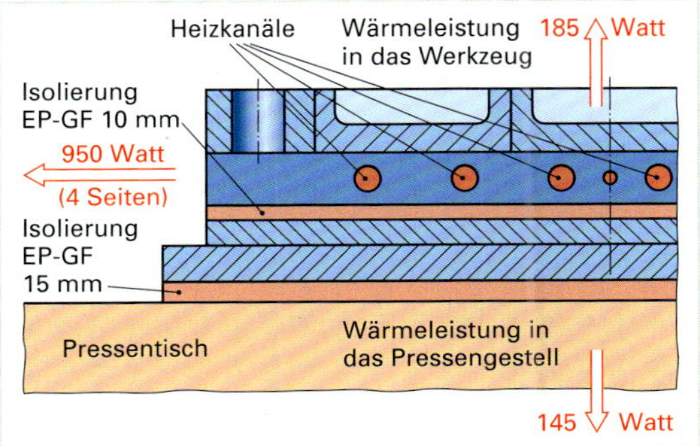

Bild 2: Werkzeug mit Temperaturströmen

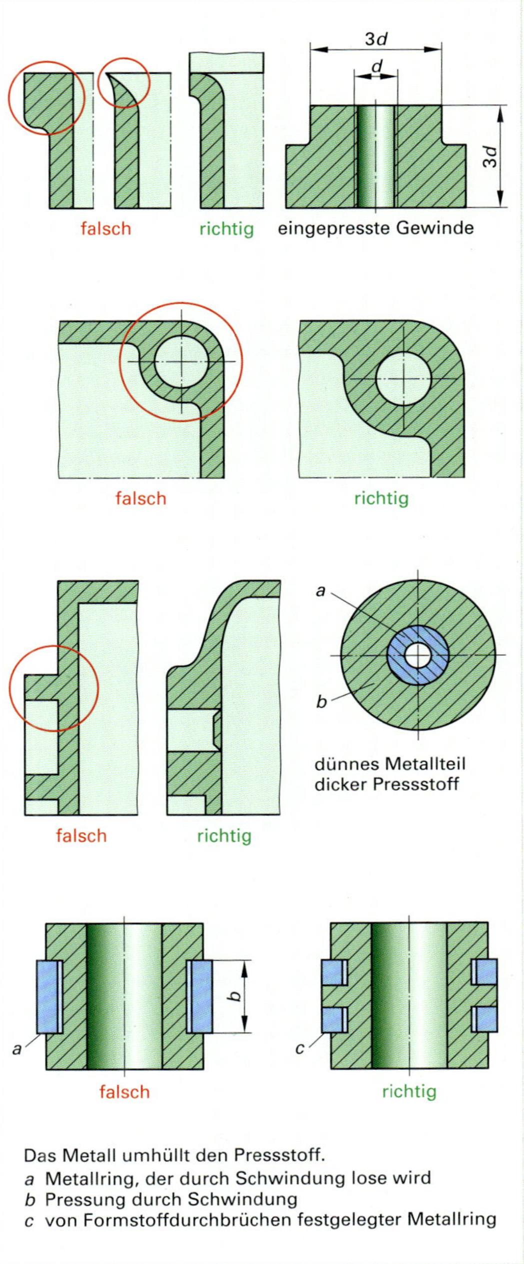

Bild 1: Gegenüberstellung der Grundregeln

Nachdem das Unterteil des Werkzeugs mit den entsprechenden Spannelementen handfest befestigt ist, wird die Wärmeplatte für das Oberteil aufgelegt und der Presstisch vorsichtig im Einrichtbetrieb auf das Werkzeugoberteil gefahren. Nun kann das Oberteil des Werkzeuges befestigt werden. Danach fährt man den Pressentisch mit Druck auf und zwar so, dass noch geringste **Zentrierungen** stattfinden können.

Abschließend werden unter der Spannkraft stehendem Werkzeug alle Befestigungsschrauben angezogen und die **Endschalter** für die entsprechende Pressenhubwege eingestellt.

8.1.4 Fehler und ihre Ursachen beim Verarbeiten von Formmassen

Die Fehler beim Pressen können oftmals verschiedene Ursachen haben. Man unterteilt die Fehler in die vier Kategorien **Material-, Oberflächen-, Gestaltungs-** und **Strukturfehler** ein. Die **Tabelle 1** unterteilt diese Kategorien und ordnet die möglichen Ursachen zu.

Tabelle 1: Fehler und ihre Ursachen

Porositäten durch ungenügende Füllung 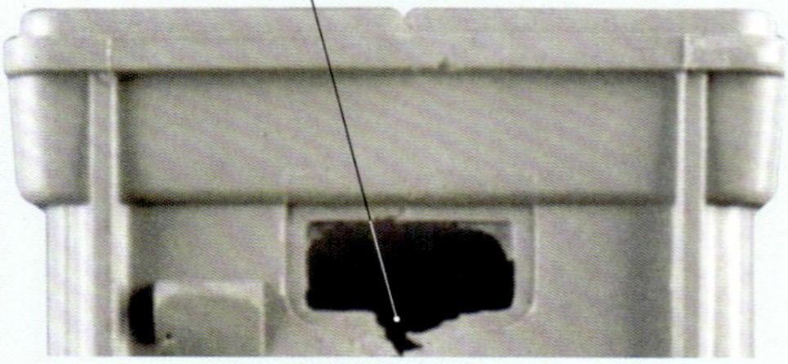	Blasenbildung durch zu schnelle Vernetzung 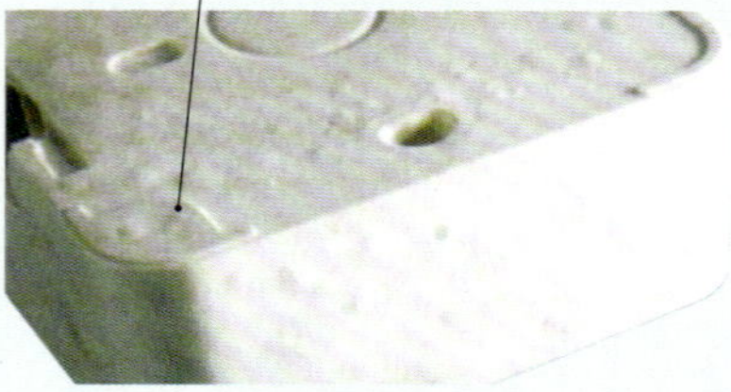
Matte Stellen durch unzureichende Verdichtung 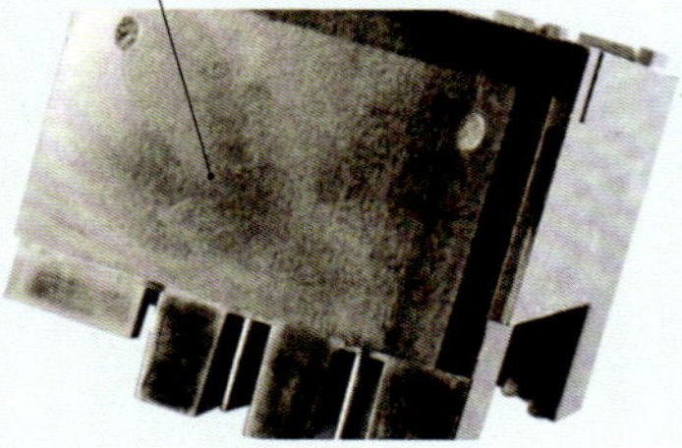	Dunkle Punkte durch Verunreinigungen 
Wolkenbildung durch Staubereiche 	Orangenhaut durch ungenügenden Pressdruck 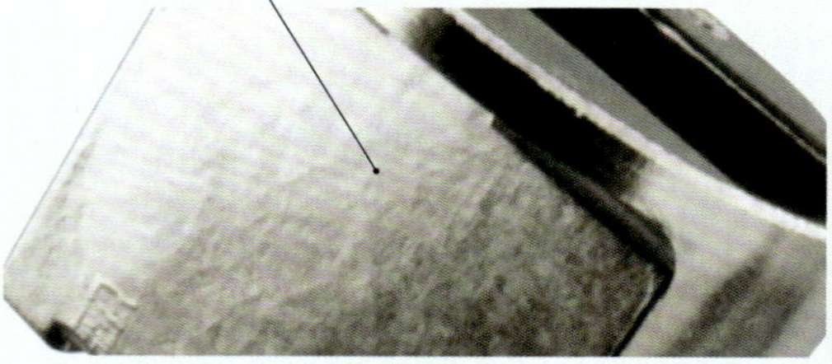
Korngrenzen durch ungenügende Aufschmelzung 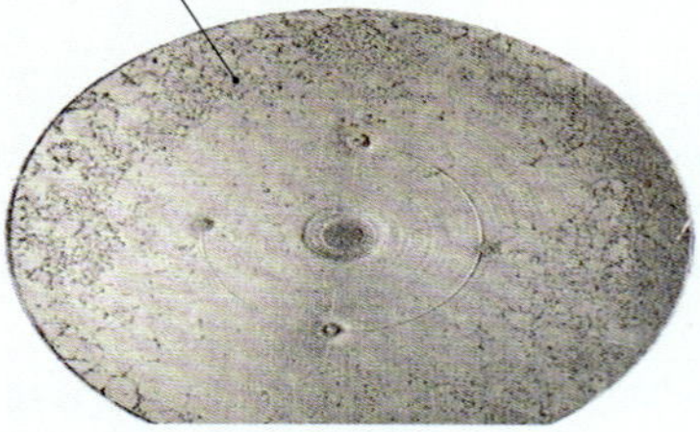	Gratbildung durch überfüllte Kavität 

Ein weiteres Problem sind Chargenschwankungen und Zweifel, ob die Zykluszeit nicht noch verkürzt werden könnte. Im sogenannten **VIDURTEST** (**Bild 1**) (von der Fa. Viebahn entwickelt) können aus den gewonnenen Kurven Grenzwerte für die Vordruckzeit, Vordruckposition, Lüft- und Härtezeit (**Bild 2**) sowie der Zustand der Massen abgeleitet werden:

- harte, weiche, gelagerte oder frische Massen
- vorgewärmte oder nichtvorgewärmte Massen
- Massen von verschiedenen Herstellern

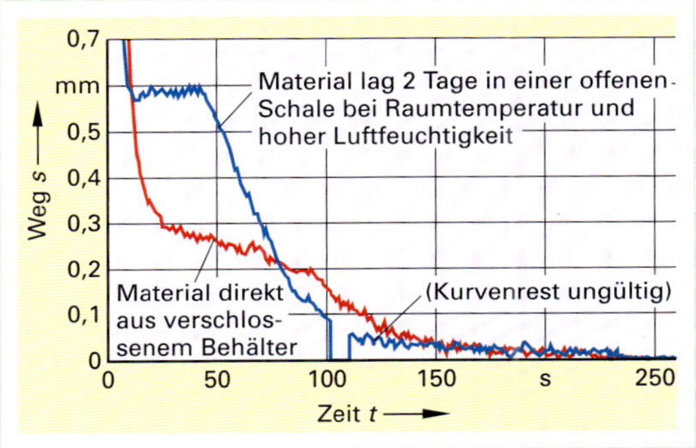

Bild 1: Auswertungskurven beim Vidurtest

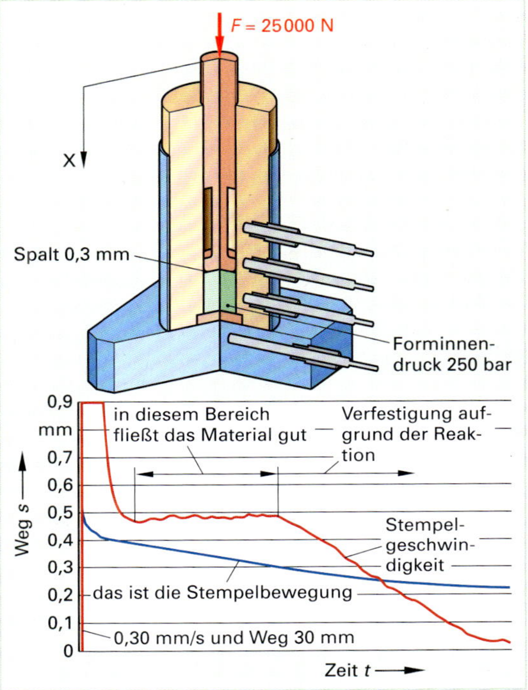

Bild 2: Vidurtest

8.2 Pressen und Pressautomaten

Eine Presse besteht im Wesentlichen aus einem Gestell, einem festen verstellbaren Tisch und einem gegenüberliegenden Stößel oder einem weiteren Tisch, der sich unter dem Einfluss der Presskraft bewegt. Der feste Tisch und der Stößel tragen das Unter- bzw. das Oberteil des Werkzeuges. Nach dem Einsatz der Presse unterscheidet man in:

- Pressen zum Herstellen von Formteilen aus härtbaren Formmassen
- Pressen zum Herstellen von Platten aus verstärkten Reaktionsmassen
- Spritzgießmaschinen zur Herstellung von Formteilen im Spritzpressverfahren
- Tablettiermaschinen zum Herstellen von Tabletten für das Formpressen und Spritzpressen

Gestellformen

Ständerpressen mit offenem, ausladenden Gestell haben einen von drei Seiten zugänglichen Pressentisch. Dadurch wird der Werkzeugwechsel sehr erleichtert und die Rüstzeit wesentlich verkürzt. Es sind in der Regel Kniehebelpressen, die den Vorteil haben, dass je nach Auslegung des Kniehebels der Druckanstieg verschieden schnell erfolgen kann.

Säulen- und Rahmenpressen mit geschlossenem Gestell können nur von hinten oder von vorne mit dem Werkzeug beschickt werden. Säulenpressen haben zwei oder vier Säulen. Rahmenpressen haben in der Regel einen geschweißten Rahmen und benötigen besondere Führungsplatten, um eine exakte Führung des Stößels zu gewährleisten (**Bilder 1 und 2, Seite 420**).

Art der Kraftübertragung

Mechanische Pressen sind meistens Kniehebelpressen, die mithilfe von Elektromotoren angetrieben werden. Da sie lediglich einen kleinen Schließzylinder benötigen, sind sie besonders energiesparend. Sehr hohe Schließgeschwindigkeiten und der sehr genaue Werkzeugschluss sind weitere Vorteile. Nachteilig sind der Verschleiß der Kniehebel und die begrenzte Pressenkraft.

Hydraulische Pressen sind in der Regel Säulen- und Rahmenpressen (**Bilder 1 und 2**), die mit Pressenkräften bis zu 300 MN arbeiten können. Sie sind deshalb besonders zur Herstellung von großflächigen Formteilen, wie Tafeln und Platten geeignet. Zum Formpressen werden sie als Oberkolbenpressen (beweglicher Stößel) ausgeführt und zum Spritzpressen zusätzlich mit einen Kolben im Untertisch versehen.

Da sich der Pressendruck gleichmäßig über den gesamten Pressentisch verteilen muss, wird eine **Parallellauf-Regelung** eingesetzt. Diese Regelung stellt zusätzlich ein planparalleles Schließen des Werkzeuges sicher.

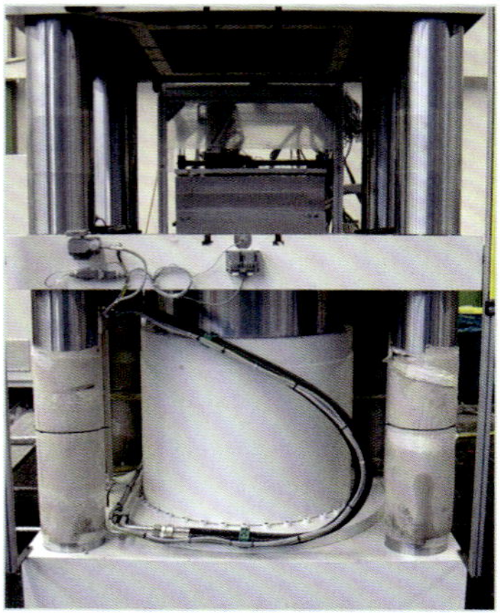
Bild 1: Hydraulische Säulenpresse

Betriebsweise

Die Vorgänge Öffnen des Werkzeuges, Einlegen von Einlegeteilen, Befüllen mit Formmasse, Schließen und Lüften des Werkzeuges und Auswerfen bzw. Entnehmen der Formteile werden im Einrichtbetrieb einzeln gestartet bzw. durchgeführt. Eine wirtschaftliche Fertigung verlangt nach einer Automatisierung dieser Vorgänge.

Halbautomatischer Betrieb bedeutet, dass die Beschickung mittels Volumendosierung mit Füllschablonen oder mit kalten bzw. vorgewärmten Tabletten geschieht. Die weiteren Arbeitsschritte erfolgen dann nach Betätigung des Startknopfes an der Presse, indem die Presse nach einem vorher eingestellten Programm bis zum Auswerfen des Formteiles hin automatisch arbeitet. Die Entnahme der Formteile geschieht danach von Hand.

Vollautomatischer Betrieb schließt alle Verfahrensschritte ein, dies setzt voraus, dass der Pressautomat mit einem Vorratsbehälter verbunden sein muss. Aus diesem wird die Formmasse entnommen und über Dosiervorrichtungen mittels Kolbenschieber oder Füllschablonen in das Werkzeug geschickt. Es werden auch genauere Dosierungen über automatische Waagen zur Gewichtsdosierung verwendet. Diese Dosierungen werden nach Bedarf automatisch vorbeheizt oder vorplastifiziert. Nach dem Aushärten und Öffnen des Werkzeuges werden die Formteile ausgeworfen und in einem Behälter oder über Förderbänder zur Weiterbearbeitung befördert.

Bild 2: Hydraulische Rahmenpresse

Spezielle Bauformen sind **Pressautomaten** und **Rundläufer**, die aus mehreren Einheiten bestehen und somit gleichzeitig gleiche oder verschiedenartige Teile herstellen können. Beim Rundläufer sind die einzelnen Arbeitsbereiche, wie Beschickungs-, Schließ-, Härte- und Entformungsstation in Reihe kreisförmig angeordnet.

Bei der **automatischen Beschickung** wird mit **Saug- oder Spiralförderern** gearbeitet, wobei an Saugförderern ein selbstreinigendes Filtersystem eingebaut sein muss. **Geschlossene Fördersysteme** sind am umweltfreundlichsten, weil sie vor allem die Staubbelästigung reduzieren.

8.2.1 Nachbearbeiten von Formteilen

Die aus dem Werkzeug entnommenen Formteile werden normalerweise an der Luft abgekühlt. Die Geschwindigkeit des Abkühlens hat einen Einfluss auf die Qualität der Formteile. Zu schnelles Abkühlen führt zum „Einfrieren von Spannungen". Spannungen werden durch **Tempern** ausgeglichen.

Das Tempern entspricht einer künstlichen Alterung und kann bei längerer Temperzeit die **Nachschwindung** vorwegnehmen. Wird das Formteil bei sehr hohen Temperaturen, wie z. B. beim Pfannengriff eingesetzt, so ist das Tempern immer sinnvoll. Bei Polykondensationsmassen wird dadurch ein langsames **Austreiben flüchtiger Bestandteile** erreicht, dies verbessert wiederum die Eigenschaften des Formteils, wie z. B. den Martenswert (**Bild 1**). Bei Phenolmassen wird das vorher dunkelgrüne Teil danach schwarz.

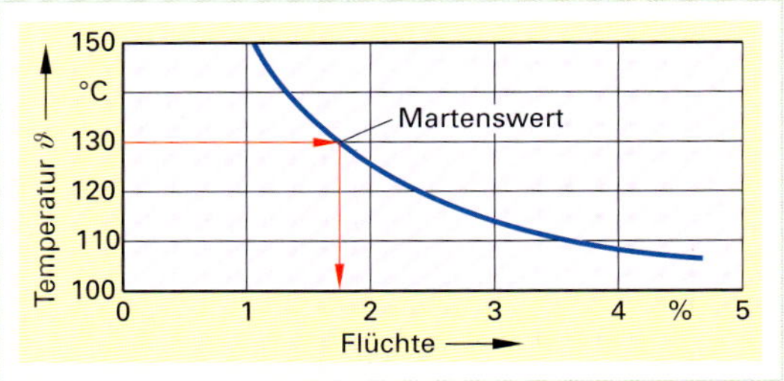

Bild 1: Flüchte und Martenswert bei Phenolmasse

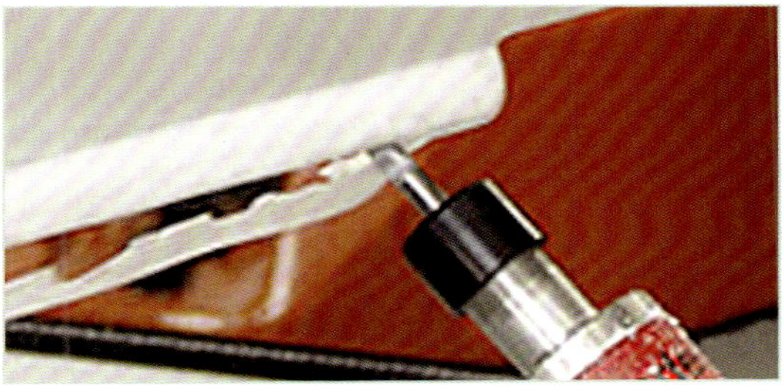

Bild 2: Entgratungsmaschine

Gratfreie Werkstücke beim Pressen sind kaum möglich, deshalb müssen die Formteile entgratet werden. Dies geschieht manuell oder maschinell. Große und unregelmäßig geformte Teile werden von Hand mit Feilen oder Schleifscheiben entgratet. Bei großen Stückzahlen werden Entgratungsmaschinen eingesetzt (**Bild 2**), mit denen ein Strahl feiner **„Granulate"** mit großer Geschwindigkeit auf die Formteile gerichtet wird. Der spröde Grat wird dadurch abgeschlagen.

Schwindung und Nachschwindung

Nach dem Verformungsvorgang erstarren und schrumpfen alle Kunststoffe mehr oder weniger stark, dies führt zu Maßdifferenzen. Die **Verarbeitungsschwindung** wird 24 Stunden nach dem Erkalten bestimmt. Die Verarbeitungsschwindung wird in Prozent auf das Maß des kalten Werkzeuges angegeben.

Die **Schwindung** wird senkrecht zur Orientierung der Fasern größer als in der Orientierrichtung. Die Art des Füllstoffes beeinflusst ebenso die Schwindungsgröße (**Tabelle 1**).

Durch Füllstoffe können die Pressmassen in ihrer Verarbeitung, Beständigkeit, sowie Belastbarkeit und Aussehen beeinflusst werden.

Tabelle 1: Einflüsse der Füllstoffe auf den Pressdruck, Schwindung und Nachschwindung

Typ	Füllstoff	Pressdruck N/cm^2	Presstemperatur °C	Härtezeit je mm Wanddicke s	Schwindung %	Nachschwindung %
11	Gesteinsmehl	1500	150 ... 170	50	0,3 ... 0,5	0,2 ... 0,3
12	Mineralmehl	2000	150 ... 170	50	0,2 ... 0,4	≈ 0,1
13	Glimmer	2500	160 ... 175	50	< 0,2	0,05 ... 0,15
31	Holzmehl	1500	160 ... 170	50	0,4 ... 0,8	0,15 ... 0,30
51	Zellstoff	2000	150 ... 170	50	0,2 ... 0,5	≈ 0,3
71	Textil	2000	150 ... 170	50	0,2 ... 0,5	≈ 0,2
74	Textil	2500	150 ... 170	50	0,2 ... 0,5	0,2 ... 0,4
83	Textil/Holzmehl	2500	150 ... 170	50	0,4 ... 0,6	0,2 ... 0,4

Die **Nachschwindung** ist der Unterschied zwischen den Maßen des erkalteten Formteils und dessen Maße nach einer 168-stündigen thermischen Nachbehandlung (**Tabelle 1, Seite 421**). Die Nachschwindung wird in % bezogen auf das Maß des Formteiles vor der Nachbehandlung angegeben. Die Nachbehandlung ist formmassenspezifisch und beträgt z. B. bei Phenolharzen 110 °C bzw. 80 °C bei Harnstoffmassen.

Die **Nachschwindung** kann durch ausreichende Aushärtung und Verwendung weit vorkondensierter, möglichst trockener Formmasse klein gehalten werden.

Unfallschutz und Umweltmaßnahmen

Wie im gesamten technischen Bereich bestehen auch für Pressen Vorschriften und Richtlinien wie Sicherheitseinrichtungen, die im Maschinenschutzgesetz verankert sind. Hinzu kommen **Absaugeinrichtungen**, welche den Arbeitsplatz frei von Stäuben und Flüchten halten.

8.2.2 Sonderverfahren zur Verarbeitung von Formmassen

Verarbeitung von SMC

Die Verarbeitung von **SMC** (**S**heet **M**oulding **C**ompounds), auch **Prepregs** (**pre** im**preg**nated) genannt, wird zur Herstellung qualitativ hochwertiger Formteile angewandt (**Bild 1**). Prepregs sind Halbzeuge aus reaktionsfähigen Harzen, wie z. B. UP-Harze. Sie sind mit Fasermatten wie Glas- oder Kohlefasern gefüllt. Diese Compounds werden wegen ihres klebrigen Zustands zwischen Folien eingebettet geliefert. Nach dem Entfernen der Folie erfolgt der genaue Zuschnitt entsprechend der Kavität, um starke Gratbildung und Werkzeugverschleiß zu vermeiden.

Die eingesetzten Pressen sind in der Regel **hydraulische Kurzhubpressen**. Sie garantieren durch die hohe Steifigkeit eine exakte Parallelität der Pressbewegungen. Alle Bewegungsvorgänge müssen den Materialeigenschaften angepasst werden, deshalb sind die Pressen programmierbar. Durch das Programm werden die Abläufe **Geschwindigkeit-Zeit** und **Druck-Zeit** werkstoffabhängig geregelt.

Bild 1: Kfz-Teile der SMC-Technik

Verarbeitung mittels Schichtpressen

Beim Schichtpressen werden **kunstharzbeschichtete Trägerbahnen** unter Druck und Wärme zu **Schichtpressstoffen** (Laminaten) wie **Hartpapier** und **Hartgewebe** verarbeitet. Die Harzträger können Natur- und Synthesefasern, Glas- oder Kohlefasern, Papier, Vliese, Folien, Holz oder Bleche sein.

Im ersten Arbeitsschritt wird die Trägerbahn mit Harz imprägniert, indem z. B. ein Harzbad durchlaufen wird. Danach kommen die Teile in den Trockenturm, wo die Bahnen durch Verdunsten der Lösungsmittel getrocknet werden. Am Ende der Anlage werden die Bahnen aufgewickelt und bei der Weiterverarbeitung auf Länge geschnitten und aufeinander gelegt.

Der Schichtaufbau ist anwendungsbezogen und muss äußerst sauber und staubfrei durchgeführt werden, da sich kleinste Partikel nach dem Pressvorgang an der Oberfläche abzeichnen. Dekorative Schichtpressplatten erhält man, indem man unter eine im ausgehärteten Zustand transparente Deckschicht eine gemusterte oder eingefärbte Bahn anordnet. Als Außenschichten sind Phenol- oder Kresolharze wegen der nach einiger Zeit auftretenden starken Vergilbung nicht geeignet.

Bei diesem Verfahren werden **Etagenpressen** eingesetzt (**Bild 1**). Die geschichteten Pakete werden dazu zwischen hochglanzpolierte Blechen gelegt und bei 130 °C ... 180 °C unter Drücken ≤ 20 N/mm^2 gepresst. Die **Temperaturführung** bestimmt im hohen Maße die Vernetzung und dadurch die Härtezeit sowie die Eigenschaften der Schichtpressstoffe. Ebenso können durch falsche Temperaturführung Verfärbungen der Oberflächen auftreten. Um die Pressplatten blasenfrei und verzugsfrei entnehmen zu können, werden sie langsam in der Presse abgekühlt. Die Beheizung erfolgt elektrisch oder mit Dampf. Zur Abkühlung kommen Wasserkreisläufe oder separat gekühlte Pressen zum Einsatz.

Bild 1: Etagenpresse

Pressen von Thermoplasten

Die wirtschaftliche Verarbeitung von Thermoplasten mittels Extrusion, Blasformen oder Spritzgießen hat dort ihre Grenzen, wo **Blöcke und dickwandige Tafeln** hergestellt werden müssen. Dann werden pulver- oder granulatförmige Formmassen in heiße Werkzeughohlräume eingefüllt und unter Druck komprimiert. Ist die Formmasse vollständig plastisch, wird der Druck weiter erhöht, bis sämtliche **Lufteinschlüsse** aus der Masse herausgedrückt sind.

Da keine Vernetzung der Molekülketten stattfinden muss, sind **keine Härtezeiten** erforderlich. Das Werkzeug muss langsam abgekühlt werden, um beim Entformen Beschädigungen oder Verzug zu vermeiden. Ein weiterer Vorteil des Pressens ist, dass man Formteile mit geringen Orientierungen erhält.

Großflächige Schutzeinrichtungen oder Versteifungsteile in der Automobil- und Luftfahrtindustrie werden vermehrt aus **glasfaserverstärkten Thermoplasten (GMT)** hergestellt (**Bild 2**). Hierzu dienen Polymere wie PP, PA oder Blends als Basis. Die imprägnierten Glasfasermatten werden meist als Tafel oder aufgerollte Bahn geliefert. Der Verarbeiter schneidet die Teile entsprechend zu, wärmt die Rohlinge z. B. mittels Infrarot vor und legt den plastifizierten Rohling in die Presse.

Bild 2: Formteile aus GMT

Die Funktion der Formteile legt die Anzahl der aufeinanderliegenden Lagen fest, die wiederum die Abkühlzeit bis zur Entformung weitgehend bestimmen.

Wiederholungsfragen:

1. Beschreiben Sie den Unterschied zwischen dem Formpressen und Spritzpressen von Duroplasten.
2. Nennen Sie die Arbeitsphasen des Presszyklus beim Formpressen.
3. Welche Arten der Dosierung werden beim Pressen eingesetzt?
4. Welchen Vorteile bringt das Vorwärmen der Formmasse?
5. Beschreiben Sie die Verarbeitung von SMC.
6. Beschreiben Sie den Unterschied beim Pressen von Duro- und Thermoplasten.

9 Herstellen von Formteilen durch Blasformen

Neben dem Spritzgießen ist das Blasformen das häufigste Verfahren zur Herstellung von Formteilen. Die Anwendungen reichen von Kleinstfläschchen für die Medizin und Spülmittelflaschen über technische Teile in der Automobilindustrie und den Spielzeugsektor bis hin zu Großbehältern für Heizöl (**Bild 1**).

Bild 1: Blasteile

Bereits am 28. Mai 1880 meldete die Celluloid Novelty Co. und Celluloid Manufacturing Co. in New York den Vorschlag an, einen Hohlkörper aus einem vorgefertigten Polymerschlauch zu fertigen.

In Deutschland und Europa entwickelt sich das Verfahren nach dem 2. Weltkrieg. So wurden Anfang der 50er Jahre die ersten Blasformmaschinen auf den Markt gebracht.

9.1 Systemanalyse der Maschine und des Prozesses

Schon zu Beginn wurde nach einem Prinzip gearbeitet, welches auch heute noch Anwendung findet. Die Plastifizierung der thermoplastischen Schmelze erfolgt im **Einschneckenextruder**, wobei die Schnecke als Dreizonenschnecke oder als kernprogressive Schnecke ausgelegt sein kann. Durch die ununterbrochene Rotation der Schnecke wird die Schmelze in den anschließenden **Umlenkkopf** gedrückt und dort zu einem **Schlauch** geformt. Dieser senkrecht von oben nach unten fließende **Vorformling** verlässt den Umlenkkopf und wird von einer zweiteiligen Form umschlossen. Mittels eines **Blasdorns** wird in das Innere des Schlauches Druckluft eingeblasen, wodurch dieser sich ausdehnt und sich an die Formhöhlung anlegt.

Die Formen sind mit teils aufwendigen Kühlkreisläufen versehen, damit sich der Kunststoff abkühlt. Nach einer von der Wanddicke abhängigen Blaszeit und der Standzeit, in welcher der Überdruck im Inneren des Blasteiles abgebaut wird, öffnet sich die Blasform. Das **Formteil** ① samt **Butzen** ② kann entnommen werden (**Bild 2**).

Häufig übergibt der Kalibrierdorn das Blasteil in eine seitlich an der Form angebrachte **Maske.** Das sind Alusegmente, die das Teil teilweise umschließen und festhalten. Während der nächste Artikel geblasen wird, erfolgt hier durch die Stanzeinheit die Entbutzung des Teiles.

Bild 2: Maschine mit offener Form und Blasteil

Grundsätzlich kann man beim Extrusions-Blasverfahren von einem **zweistufigen Prozess** sprechen.

- Die erste Stufe besteht aus der Herstellung des **blasfähigen Vorformlings** durch Extrudieren.
- In der zweiten Stufe wird dieser Vorformling in einer **Form aufgeblasen** und **kühlt** ab.

Der Vorformling, auch Schlauch genannt, kann stetig gefördert werden oder als Schlauchabschnitt taktweise bereitgestellt werden. Tritt der Schlauch stetig aus dem Umlenkkopf aus, ist es möglich, Hohlkörper bis zu 30 Litern Inhalt herzustellen. Die Schließeinheit mit der Form muss dabei Bewegungen zwischen Kopf und Blasstation ausführen, oder ein Greifer transportiert den Vorformling in die Blasform. Durch den Einsatz von Mehrfachköpfen in Kombination mit Mehrfachformen, von Maschinen mit zwei Schließeinheiten oder von Rundläufern kann die Ausbringmenge erheblich gesteigert werden.

Bei Speicherköpfen fördert der Extruder auch kontinuierlich Schmelze, diese wird aber im Kopf angesammelt und erst bei Bedarf von einem Hydraulikzylinder ausgestoßen. Die Artikelgröße liegt bei solchen Anlagen von 5 Litern ... 10 000 Litern Inhalt.

Während des Schlauchaustritts kann durch **Wanddickensteuerungen** die Wandstärke des Schlauches verändert werden. Man gleicht so zum einen die Reduzierung der Schlauchwanddicke durch das Eigengewicht aus. Zudem ist man damit in der Lage, gezielt Bereiche des Formteiles zu verstärken.

Unter Verwendung von **Coextrusionsköpfen**, die von mehreren Extrudern gespeist werden, fertigt man Flaschen und andere Formteile, deren Wände aus bis zu **sieben Schichten** bestehen.

Blasanlagen setzen sich aus den in Bild 1 dargestellten Funktionseinheiten zusammen. Bei Bedarf werden die Anlagen noch durch Entbutzeinheiten, Dichtheitsprüfstationen, Transportbänder, Etikettiereinrichtungen usw. ergänzt.

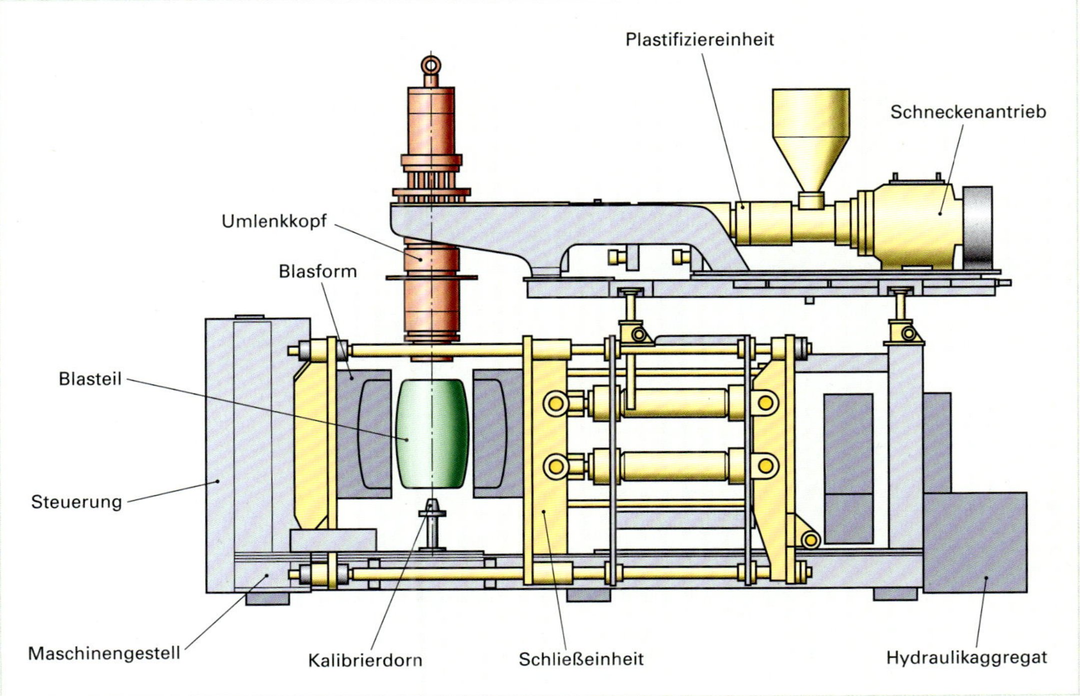

Bild 1: Baugruppen einer Blasmaschine mit Speicherkopf

Der erforderliche Durchmesser des Vorformlings richtet sich nach dem Blasteil und muss von Artikel zu Artikel veränderlich sein. Für jeden Schlauchkopf sind deshalb mehrere Düsen und Kerne mit unterschiedlichen Durchmessern vorhanden. Diese beiden als Werkzeug bezeichneten Teile des Schlauchkopfes werden bei einem Wechsel auf einen Artikel mit größerer Breite ebenfalls gewechselt.

Für kleinere Durchmesser kommen Düsen und Kerne zum Einsatz, deren Durchmesser sich vom Einlauf bis zum Austritt stetig verkleinern. Man spricht hier von Konus-Werkzeugen oder Innenpilz-Werkzeugen (**Bild 1**). Da wegen der Wanddickenregulierung am Düsenaustritt immer ein gewisser Winkel erforderlich ist, geht man ab einem bestimmten Durchmesser auf Pilz-Düsen über (**Bild 2**).

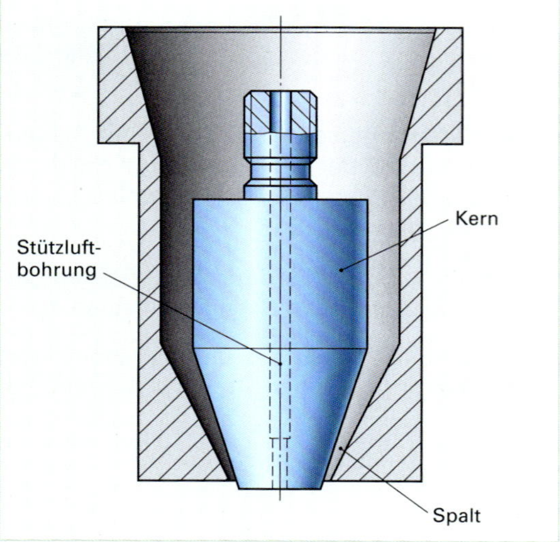

Bild 1: Konus-Werkzeug

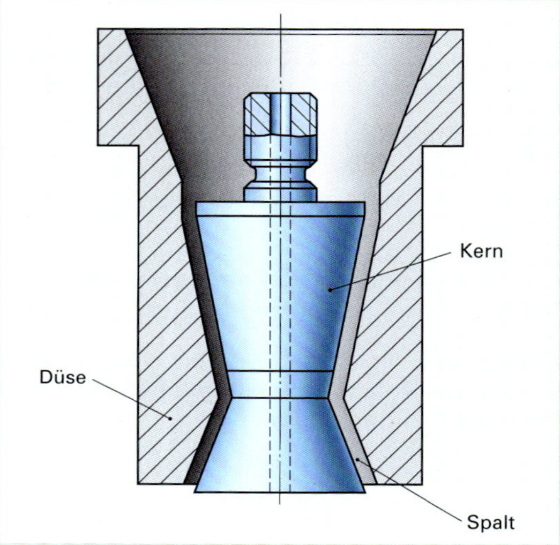

Bild 2: Pilz-Werkzeug

Damit der Schlauch gleichmäßig und gerade nach unten fließt, ist es erforderlich, dass der Spalt zwischen Düse und Kern rundum gleich ist. Ist dies nicht der Fall, so eilt der Schlauch an der Stelle vor, an der der Spalt größer ist. Der Schlauch muss deshalb zentriert werden (**Bild 3**).

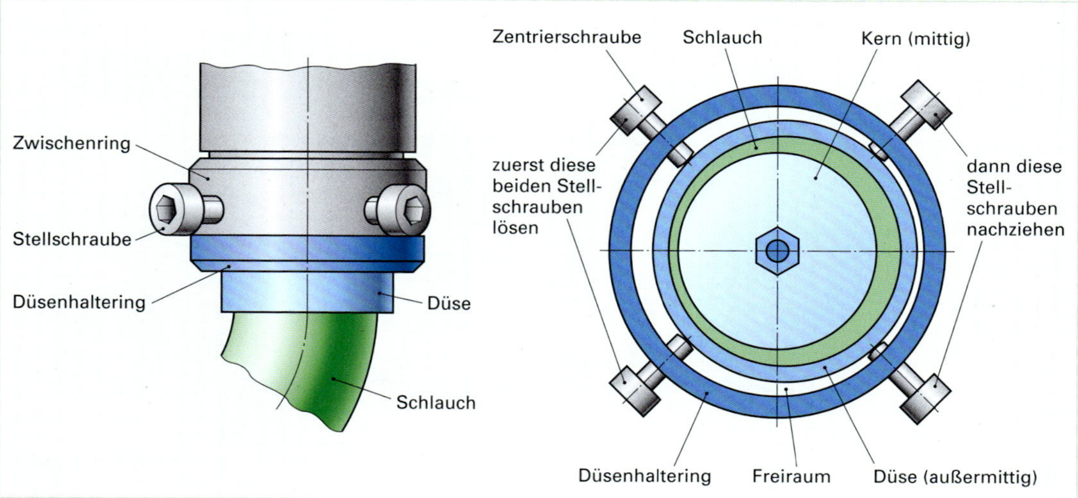

Bild 3: Zentrieren des Schlauches

9.1.1 Plastifiziereinheit

Die meist in Granulatform vorliegenden Kunststoffe gelangen über einen Trichter in den Einzugsbereich der Plastifiziereinheit (**Bild 1**). Damit das Granulat nicht bereits hier anschmilzt und somit ein schlechteres Einziehen folgt, wird dieser Bereich des Zylinderrohres mit einer Kühlung versehen. Als Kühlmedium dienen sowohl Wasser als auch Temperieröle.

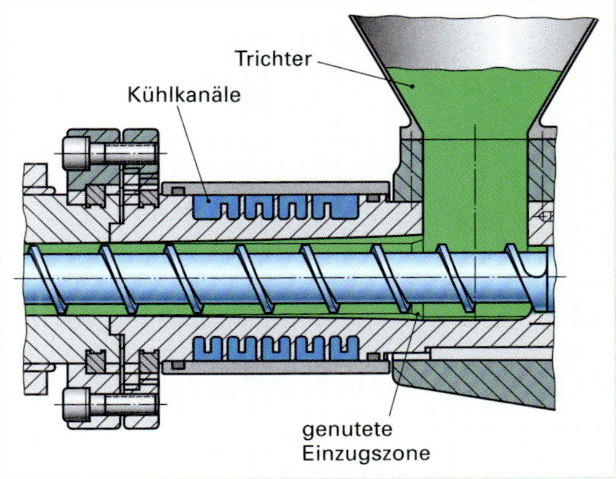

Bild 1: Einzugszone mit Kühlung

Der **Glattrohrextruder** kann für alle Werkstoffe verwendet werden. Wegen ihrer besseren Förderleistung werden bei Polyolefinen (PE, PP) häufig **genutete Einzugszonen** eingesetzt. Hier sind zusätzlich schräg auslaufende Nuten eingearbeitet, die aber bei scherempfindlichen Werkstoffen wie z. B. PVC eine Schädigung der Schmelze hervorrufen würden.

Nach dem Einzugsbereich, der meist als separates Stück ausgeführt ist, folgt das **Zylinderrohr** mit mehreren **Heizzonen**. Da bei den zu verarbeitenden Kunststoffen hohe Friktionswärme entstehen kann, sind die meisten Zonen mit **Heiz-Kühl-Kombinationen** ausgestattet (**Bild 2**). Dies bedeutet, dass neben der üblichen Heizmanschette noch ein Lüftergebläse angebracht ist, welches bei Überschreitung der eingestellten Temperatur die Zone kühlt.

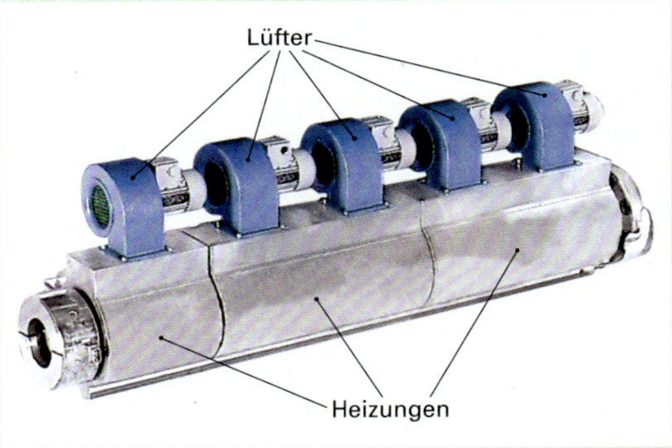

Bild 2: Zylinderrohr mit Heiz-Kühl-Kombination

Die Nomenklatur der **Schnecken** und deren Gestaltung ist mit denen der Extrusion (**siehe Kapitel 11**) vergleichbar. Standard sind Schnecken mit Durchmessern bis 150 mm und Längen von 20 x D ... 25 x D (die förderwirksame Länge entspricht 20- ... 25-mal dem Außendurchmesser der Schnecke). Häufig sind die Schnecken im **Austragsbereich mit Mischteilen** versehen, um bei Zugabe von Farbkonzentraten eine optimale Verteilung zu gewährleisten (**Bild 3**).

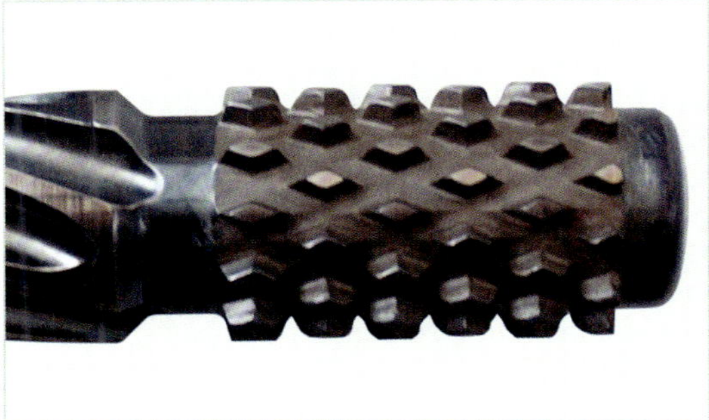

Bild 3: Schneckenspitze mit Mischteil

Bei der Verarbeitung von abrasiven Rohstoffen, wie glasfaserverstärktem PA, kommen gepanzerte Schnecken und Zylinder zum Einsatz. Bei der Verarbeitung von PVC werden wegen seiner Temperaturempfindlichkeit häufig auch innengekühlte Schnecken verwendet.

Der Antrieb der Schnecken erfolgt mit Gleichstrom- oder frequenzgeregelten Drehstrommotoren und nachgeschaltetem Getriebe. Weiterhin kommen Hydromotoren zum Einsatz, wobei das Vorhandensein der Hydraulikanlage genutzt wird. Entscheidend für die Auswahl ist ein möglichst hohes Drehmoment über den gesamten Drehzahlbereich und eine konstante Drehzahl auch bei unterschiedlichen Belastungen.

9.1.2 Schlauchköpfe

Die in der Plastifiziereinheit erzeugte homogene Schmelze tritt als Strang in den angeflanschten Schlauchkopf, wo sie in einen von oben nach unten laufenden Schlauch umgeformt wird. Man spricht deshalb auch von Umlenkköpfen. Ebenfalls gebräuchlich ist der Begriff Blaskopf, der allerdings missverstanden werden kann, denn der Aufblasprozess des Formteiles hat nichts mit dem Schlauchkopf zu tun.

Axial angeströmter Schlauchkopf

Beim thermisch empfindlich reagierenden PVC erfolgt die Umlenkung der Schmelze in einem Krümmer und die Schmelze trifft axial auf den kegelförmigen Verdrängungskörper (**Bild 1**). Die Befestigung des Verdrängungskörpers erfolgt mit dem Stegdornhalter. Bei einfachen PVC-Artikeln ist während des Schlauchaustritts keine Verstellung des Düsenspaltes notwendig und der Schlauchkopf kann zur Reinigung problemlos zerlegt werden. Ist eine Wanddickenregulierung erforderlich, muss bei diesen Köpfen die Düse auf und ab bewegt werden. So ausgeführt kommen diese **axial angeströmten Schlauchköpfe** auch für große PE-Artikel zum Einsatz.

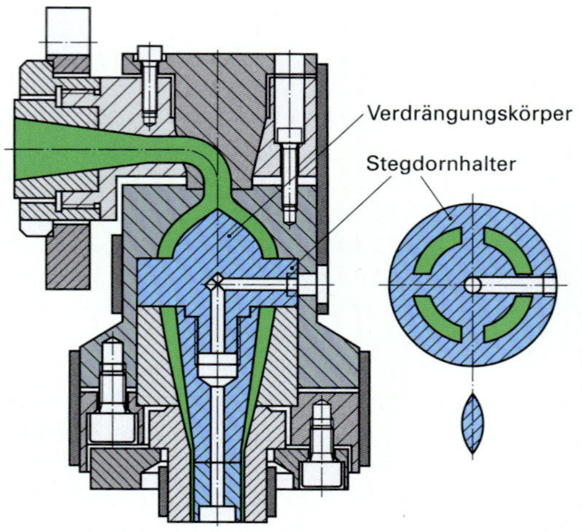

Bild 1: Querschnitt durch PVC-Kopf

Pinolenkopf

Da die **Wanddickenregulierung** durch die Verstellung des **Kerns** technisch einfacher zu lösen ist, werden meistens **Pinolenköpfe** eingesetzt. Man spricht auch vom **radial angeströmten Schlauchkopf** (**Bild 2**). Die Schmelze tritt dabei seitlich in den Kopf ein und umfließt das Innenteil des Kopfes, die **Pinole**.

Da die Schmelze zunächst aufgeteilt wird und an der gegenüberliegenden Seite wieder zusammentrifft, entsteht an der **Zusammenflussnaht** eine sich mehr oder weniger auswirkende Schwachstelle des Schlauchs. Um diese Schwachstelle so gering wie möglich zu halten, teilt man den Schmelzestrang zunächst in zwei gegenüberliegende Stränge, die man dann über **Herzkurven** verteilt. Diese Schmelzeströme lässt man zusätzlich überlappen, wodurch sich ungeteilte Schmelze über eine Zusammenflussnaht legt und die Schwachstelle kompensiert.

Durch definierte Engstellen erreicht man einen Druckaufbau im Kopf und die Schmelze vereint sich besser. Zudem muss sich eine gleichmäßige Fließgeschwindigkeit des Schlauchs bei gleicher Wanddicke ergeben. Dies erreicht man letztendlich durch das Zentrieren des Düsenwerkzeugs. Bei gleichem **Düsenspalt** ergibt sich dann ein gerade nach unten fließender Schlauch.

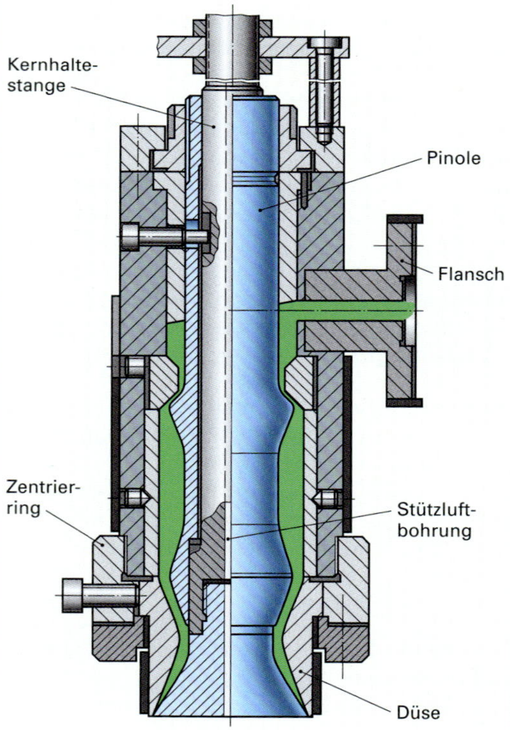

Bild 2: Querschnitt durch Pinolenkopf

Speicherkopf

Bei größeren Blasteilen (ab ca. 5 Liter Inhalt), welche einen langen oder schweren Schlauch benötigen, längt sich der Schlauch bei einer kontinuierlichen Extrusion zu sehr aus. Hier, wie auch bei niedrigviskosen Thermoplasten, kommt der **Speicherkopf** oder **Akkukopf** zum Einsatz (**Bild 1**).

Der Extruder fördert stetig, wie bei den anderen Schlauchköpfen, Schmelze in den Speicherkopf. Dort drückt die Schmelze einen Stahlring nach oben. Durch den **Düsenverschluss** verhindert man das ungewollte Austreten von Schmelze aus dem Düsenwerkzeug. Die Entleerung des Speichers erfolgt durch einen **Hydraulikzylinder** in wenigen Sekunden. Während der Kolben den Stahlring nach unten drückt, regelt die Wanddickensteuerung durch die Veränderung des Düsenspalts die Schlauchwanddicke (**Bild 2**).

Die **Speichervolumen** der Akkuköpfe reichen von weniger als 1 dm^3 bis 400 dm^3. Das jeweilige Füllvolumen für einen Schlauch ergibt sich durch die Schneckendrehzahl. Ist die Fördermenge höher als das ausgestoßene Schlauchvolumen, überfüllt der Kopf. Deshalb sind üblicherweise Regelungen der Schneckendrehzahl integriert.

Um eine Zersetzung des erforderlichen Materialrestpolsters zu vermeiden, sind die Köpfe nach dem Prinzip **first in-first out** konzipiert. Dies bedeutet, dass die Schmelze, die zuerst im Kopf war, auch zuerst ausgestoßen wird und das Restpolster immer aus frischer Schmelze besteht.

Wichtig für eine wirtschaftliche Fertigung sind die erforderlichen Zeiten für Materialwechsel oder Farbwechsel. Moderne Köpfe sind deshalb im Inneren häufig beschichtet und strömungsoptimiert, was zu schnelleren **Spülzeiten** und zur Vermeidung von **toten Bereichen** führt.

Die Speicherköpfe sind je nach Größe mit einer oder mehreren Heizmanschetten versehen, wobei die Düse immer eine eigene Heizzone besitzt. Bei kleinen und mittleren Schlauchköpfen erfolgt die Erwärmung auch der inneren Teile, wie der Pinole, ausschließlich über die außen am Kopf befindlichen Heizmanschetten. Dies hat zur Folge, dass je nach Größe des Kopfes mehrere Stunden vergehen, bis er vollständig erwärmt ist. Die Problematik liegt dabei darin, dass sich auch die Temperaturfühler nur im Außenbereich des Kopfes befinden und die tatsächliche Temperatur im Inneren des Kopfes nicht erfasst wird. Es sind somit beim Anfahren der Maschine Erfahrungswerte der Hersteller zu beachten.

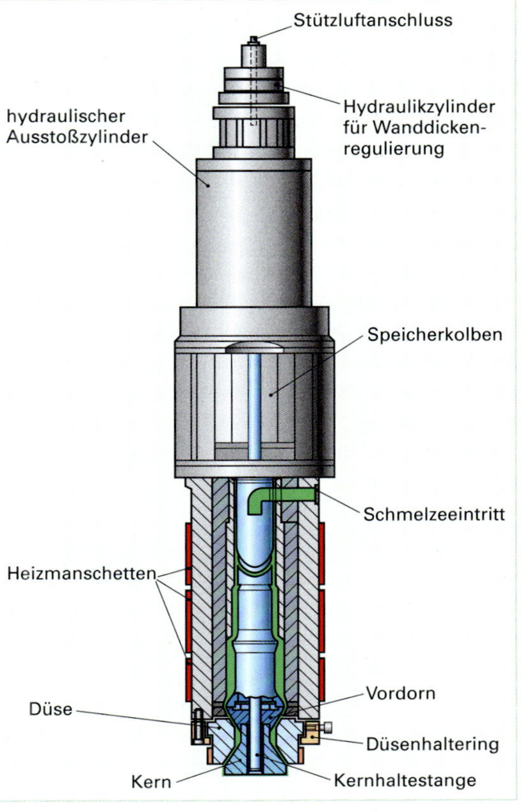

Bild 1: Querschnitt eines Speicherkopfes

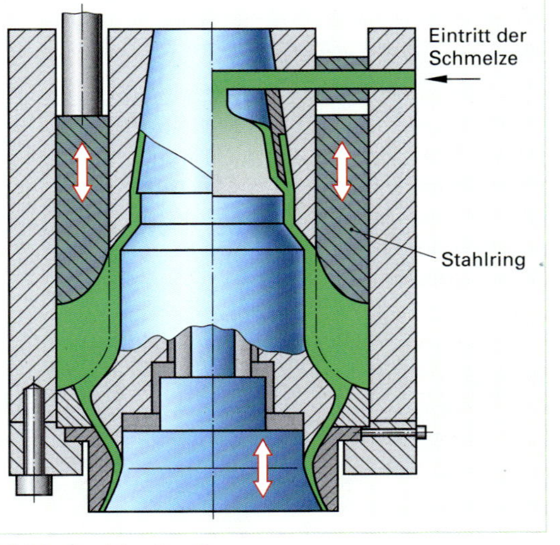

Bild 2: Speicherkopf

Immer häufiger sind Blasteile gefordert, die neben einer Beständigkeit gegen Laugen oder Säuren auch eine hohe Wanddicke oder eine glänzende Oberfläche aufweisen sollen. Um derartige Anforderungen wirtschaftlich umsetzen zu können, ist meist eine Kombination von mehreren Werkstoffen erforderlich.

Durch **Coextrusionsköpfe** (**Bild 1**) ist es z. B. möglich, ein kostengünstiges **PE-Regenerat** als Mittelschicht zwischen zwei Schichten mit Neuware einzubinden. PE-Flaschen für Kosmetik werden mit einer PA-Schicht optisch aufgewertet, und bei Kraftstofftanks werden Barriereschichten aus EVOH integriert. Bereits durch äußerst dünne Sperrschichten spezieller Werkstoffe werden Diffusionsvorgänge verhindert. Die Folge ist, dass Flaschen mit geringeren Wanddicken und somit einem geringeren Materialeinsatz gefertigt werden können. Dies macht bei großen Stückzahlen die Fertigungen mit Coex-Köpfen wirtschaftlicher.

Coex-Köpfe mit 6-Schichten sind keine Seltenheit. Da für jede Komponente ein eigener Extruder erforderlich ist, werden diese fächerförmig an den Blaskopf angeflanscht oder über senkrechte **Satelliten-Extruder** dem Kopf zugeführt. Die Schmelzeströme und eventuelle Haftvermittler werden im Blaskopf so verteilt, dass sie einen mehrschichtigen Schlauch ergeben, der als eine Einheit betrachtet werden kann. Coex-Köpfe werden als Speicherkopf, Pinolenkopf, axial angeströmter Umlenkkopf oder Mehrfachkopf angeboten.

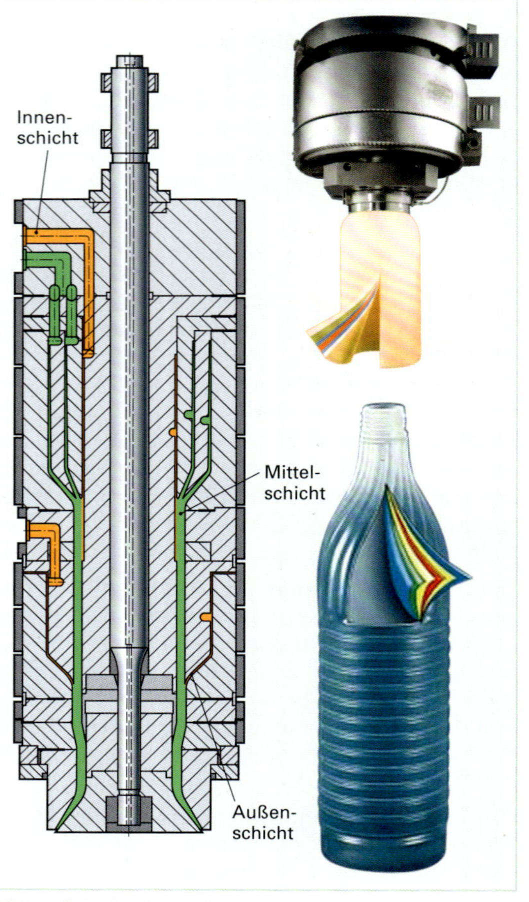

Bild 1: Schnitt durch Coex-Schlauchkopf

Eine weitere Variante von Materialkombinationen eröffnet der **SECO-Kopf** (SECO: sequenzielle Coextrusion) (**Bild 2**). Hierbei werden die unterschiedlichen Kunststoffe hintereinander mittels zweier Speicher zu einem Schlauch ausgestoßen. Anwendung finden solche Köpfe für die **Hart-weich-hart**-Bedürfnisse an Luftführungen im Motorraum (**Bild 3**). Die weichen Bereiche, in **Bild 3** schwarz dargestellt, gewährleisten eine bessere Abdichtung der Anschlussstutzen und die erforderliche Flexibilität in den Faltenbereichen. Als Materialkombinationen werden meist PP und EPDM verwendet.

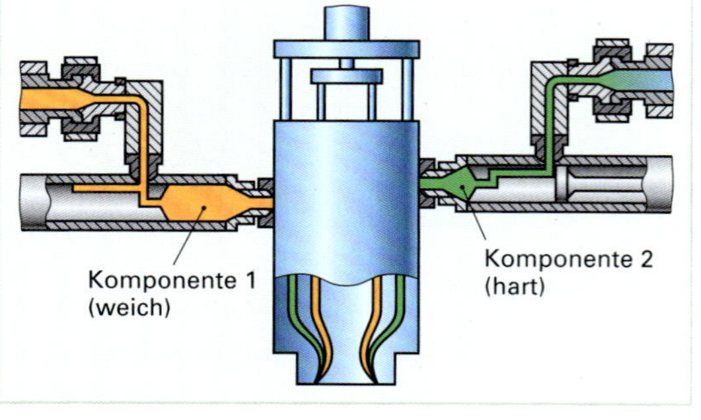

Bild 2: SECO-Kopf

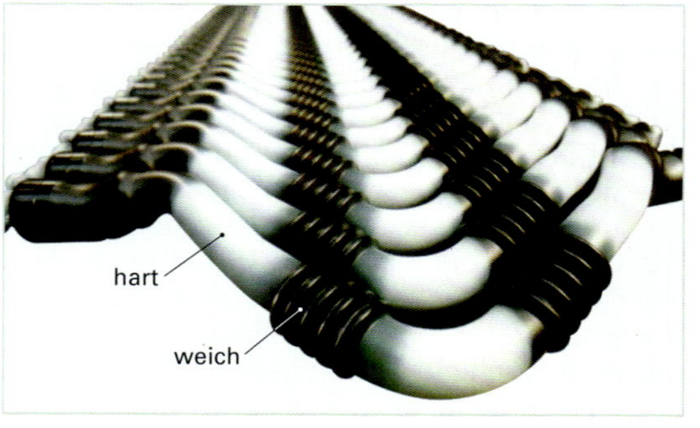

Bild 3: Beispiel für Hart-weich-hart-Luftführung

Mit einem zusätzlichen kleinen **Satellitenextruder** für eine naturfarbene PE-Komponente erzeugt man zur farbigen Hauptkomponente den **Sichtstreifen** an Ölbehältern (**Bild 1**).

Die naturfarbene Komponente wird im Schlauchkopf an so genannten Schiffchen eingeschleust und verschweißt mit der Hauptkomponente. Auch wenn es am Blasteil oft so aussieht, als sei der Streifen in der Länge begrenzt, so erkennt man am Butzen, dass er sich über die ganze Länge erstreckt. Die Breite des Sichtstreifens wird durch die Fördermenge des Satellitenextruders erzeugt. Den Sichtstreifen kann man auch in Mehrfachköpfen einfließen lassen.

Für Artikel mit großen Stückzahlen, wie Flaschen, setzt man **Mehrfachköpfe** ein. Hier wird der Schmelzestrang in mehrere Schläuche aufgeteilt. Üblich sind 2-fach-, 3-fach-, 4-fach- bis zu 16-fach-Köpfe. Die Strömungskanäle der Mehrfachköpfe müssen so gestaltet sein, dass jeder Schlauch bei gleicher Wanddicke gleich schnell austritt.

Den Gleichlauf der Schmelzeströme erzielt man durch:

- Druckverlustberechnungen
- **Drosselnadeln**, mit welchen man die einzelnen Strömungskanäle beeinflussen kann.
- eine Verstellung der einzelnen Kopf- und Düsentemperaturen

Die Wanddickenregelung (**siehe Kapitel 9.1.3**) kann für jeden Schlauch separat wie auch über einen Zylinder (**Bild 2**) für alle gleich ausgeführt sein.

Bild 1: Satellitenextruder und Sichtstreifenbehälter

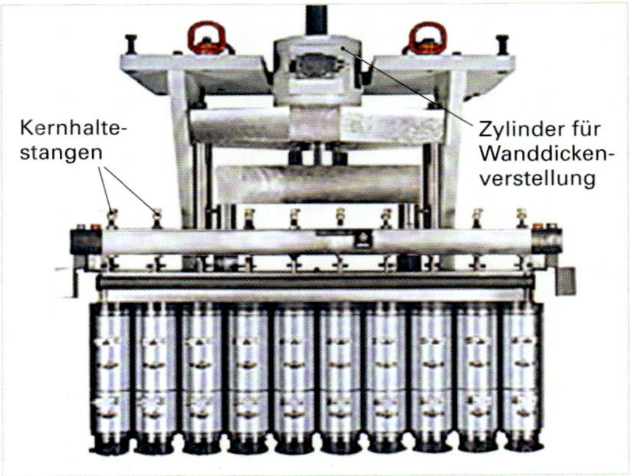

Bild 2: Mehrfachkopf (10-fach)

Alle Schlauchkopftypen sind mit **Stützluftbohrungen** zu bekommen. Diese Bohrung geht zentral durch das innerste Bauteil des Umlenkkopfes und den Kern (**Bild 1 folgende Seite**). Es wird dadurch ermöglicht, den austretenden Schlauch von innen zu stabilisieren und bei einem Verschluss des Schlauches am unteren Ende diesen durch gezielte Luftzufuhr zu vergrößern.

Wiederholungsfragen:

1. Wie bezeichnet man den für PVC geeigneten Schlauchkopf?
2. Worin liegt der Vorteil der Pinolenköpfe?
3. Erklären Sie das „first in-first out"-Prinzip der Speicherköpfe.
4. Nennen Sie Anwendungsbeispiele für den Einsatz von Coextrusions-Köpfen.
5. Erklären Sie die Entstehung eines Sichtstreifens an einem Ölbehälter.
6. Durch welche Maßnahmen erzielt man an Mehrfachköpfen den erforderlichen Schlauchgleichlauf?

9.1.3 Wanddickensteuerung

Die Wanddickenverteilung am Blasteil wird durch die Veränderung des Düsenspaltes bestimmt. Bei **Pilzdüsen** wird durch eine Bewegung des Dorns nach oben die Wanddicke dünner (**Bild 1**). Um Beschädigungen zu vermeiden, muss darauf geachtet werden, dass in der obersten Position des Kerns noch ein minimaler Spalt zwischen Düse und Kern vorhanden ist, der **Grundspalt**. Bei **Konusdüsen** ist der Grundspalt bei der untersten Position des Kerns einzustellen.

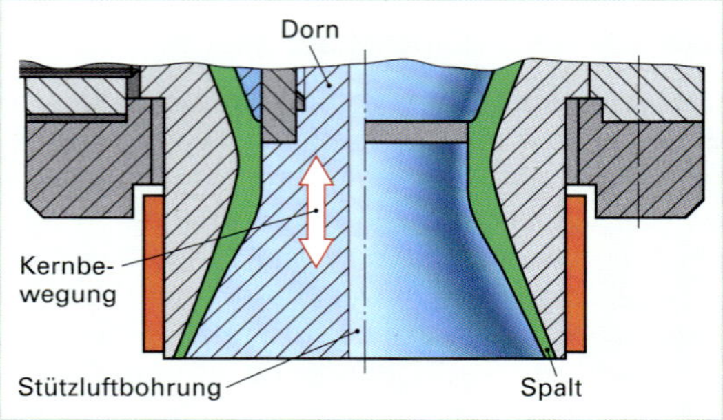

Bild 1: Pilzdüse im Schnitt

Verändert man den Düsenspalt während des Schlauchaustritts nicht, so wird durch das Eigengewicht des immer länger werdenden Schlauches die Wanddicke am Schlauch stetig abnehmen und letztendlich abreißen. Durch die axiale Wanddickensteuerung vergrößert man deshalb mit zunehmendem Schlauchgewicht den Düsenspalt und erreicht somit eine nahezu gleichbleibende Wanddicke am Vorformling.

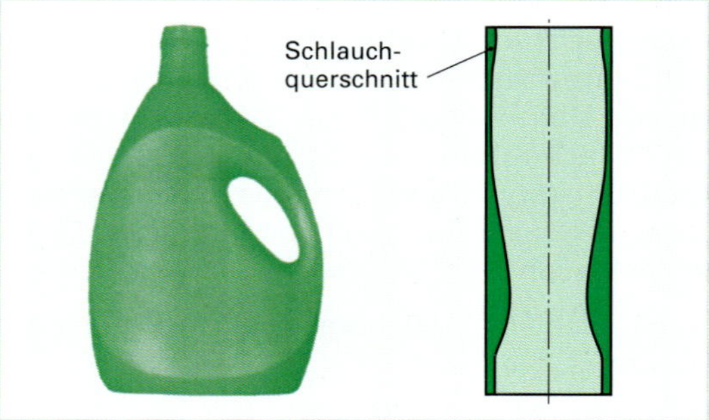

Bild 2: Blasteil mit Querschnitt des Schlauches

Häufig ist allerdings eine bewusst unterschiedliche Schlauchwandstärke in den einzelnen Zonen gewollt, um am späteren Blasteil an den gewünschten Stellen die Wanddicke gezielt zu beeinflussen (**Bild 2**). Der definierte Querschnitt gilt hierbei immer für den kompletten Schlauchumfang.

Die Wanddickensteuerungen (WDS) neuer Maschinen ermöglichen die Beeinflussung von beispielsweise 256 Punkten auf einer Schlauchlänge. Wichtig ist hierbei, dass die Schlauchlänge konstant gehalten wird, da sich ansonsten das Wanddickenprofil am Blasteil verschiebt.

Die Verstellung des Düsenspalts geschieht bei den Pinolenköpfen durch eine Bewegung des Kerns. Durch den Schlauchkopf verläuft die Kernhaltestange, in die von unten der Kern eingeschraubt wird. Am oberen Ende ist sie mit einem Hydraulikzylinder verbunden. Die Signale der Wanddickensteuerung werden über Servoventile oder Proportionalventile an den Zylinder weitergeleitet, und dieser setzt es in exakte Auf- und Abbewegungen des Kerns um.

Bei zentral angeströmten Schlauchköpfen bewegt man über einen Hydraulikzylinder die Düse und Bereiche des Kopfes (**Bild 3**). Die bewegten Massen sind hierbei erheblich größer, was sich nachteilig auf die Reaktionsgeschwindigkeit am Düsenspalt auswirkt. Durch die Notwendigkeit von mehreren Zugstangen steigt die Problematik des Verkantens, und es müssen entsprechende Führungen berücksichtigt werden.

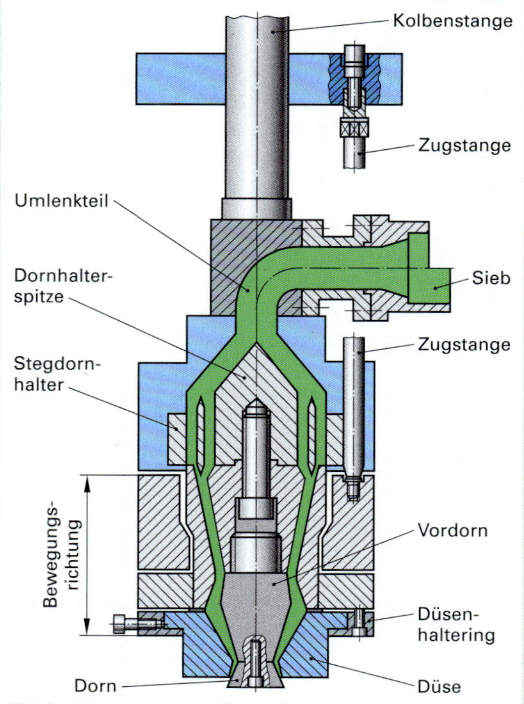

Bild 3: WDS durch Düsenbewegung

Neben der axialen Verstellung des Düsenspaltes werden auch **radiale Wanddickensteuerungen** angeboten, die den Düsenspalt nicht umlaufend, sondern nur **partiell** verändern (**Bild 1**).

Diese partiellen Wanddickenbeeinflussungen kommen häufig bei Maschinen zum Einsatz, auf denen rechteckige Fässer oder komplizierte technische Blasteile produziert werden. Verwendet man einen zylindrischen Schlauch mit umlau-fend gleicher Wandstärke, so wird sich durch den längeren Reckweg die Wanddicke in den entferntesten Bereichen, also den Ecken am deutlichsten reduzieren.

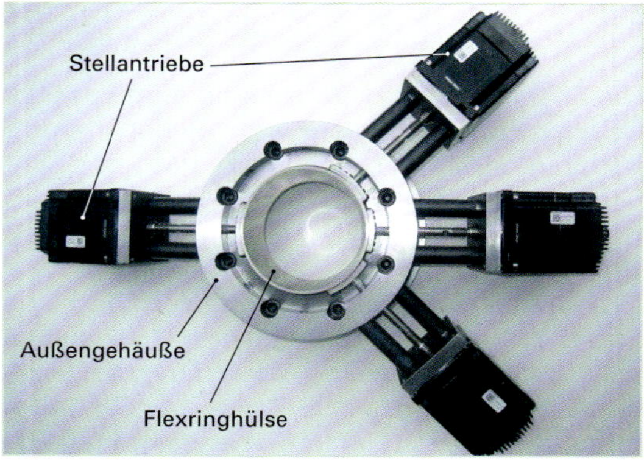

Bild 1: Unteransicht eines Flexringwerkzeuges

Gestaltet man den Vorformling so, dass die Zone mit der größten Dehnung dickwandiger ausgeführt wird, spart man in den übrigen Bereichen Material und somit auch Zykluszeit. Dies erreicht man zum einen, indem man die **Düse profiliert** – die Düse wird in bestimmten Bereichen nachgearbeitet, sodass der materialführende Kanal dicker wird und mehr Schmelze am Schlauch vorhanden ist. Der Nachteil dabei ist, dass der Schlauch auf seiner ganzen Länge an dieser Stelle des Umfangs stärker ist. Um diesen Makel zu beseitigen, entwickelte man die **PWDS**, mit der man die Verstärkung gezielt auf bestimmte Längen am Vorformling begrenzen kann (**Bild 2**).

Die Steuerung ① verarbeitet die Positionen vom Speicherweggeber ② und bewirkt die Verstellung der Servostellzylinder ③. Hierbei wird der aus einem hochelastischen Stahl gefertigte Düsenring verformt. Der normalerweise kreisringförmige Schlauch ④ wird durch die Ovalisierung des Düsenspaltes an die Reckverhältnisse während des Aufblasens angepasst ⑤.

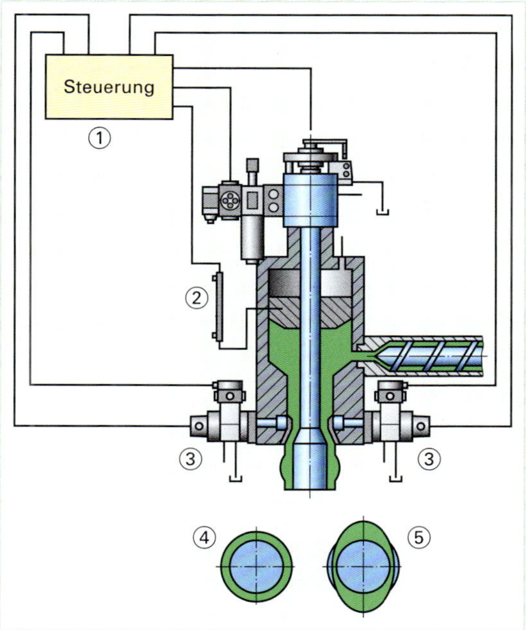

Bild 2: Prinzip des PWDS-Systems

Wiederholungsfragen:

1. Nennen Sie zwei Gründe für den Einsatz einer axialen Wanddickensteuerung.
2. Erläutern Sie den Begriff „Grundspalt".
3. Erklären Sie, wie die Verstellung des Düsenspaltes in einem Pinolenkopf erfolgt.
4. Wie geschieht die Verstellung des Düsenspaltes bei einem axial angeströmten Schlauchkopf?
5. Weshalb ist für viele Artikel unbedingt eine konstante Schlauchlänge erforderlich?
6. Welchen Nachteil bringt eine profilierte Düse mit sich?
7. Welche Möglichkeiten eröffnet das PWDS-System?

9.1.4 Schließeinheit

Die Schließeinheit dient zur Aufnahme der Formhälften und deren Bewegung. Die Schließ- und Öffnungsbewegung der Form soll dabei grundsätzlich möglichst schnell erfolgen. Beim Schließvorgang ist aber zu bedenken, dass der Schlauch mit abgequetscht werden muss und dabei verschweißen soll. Auch wegen des Verschleißes der Formtrennkanten und möglicher Erschütterungen darf der Bewegungsablauf nicht zu abrupt verlaufen.

Grundsätzlich werden beim Blasformen beide Formhälften bewegt. Bei kleineren Blasanlagen wird dafür häufig eine **Zahnstangen-Gleichlaufführung** eingesetzt. Bei einer Kolbenbewegung des Schließzylinders bewegen sich beide Hälften synchron. Auch bei Großanlagen, wo jede Schließplatte ihren eigenen Zylinder oder mehrere besitzt, kommen Gleichlaufführungen in unterschiedlichsten Ausführungen zur Anwendung. Neue Regelungstechnik ermöglicht es, bei Bedarf auch jede Schließplatte einzeln zu bewegen. Bei Hybrid-Maschinen erfolgt die Schließbewegung zunächst elektrisch mittels Kugelgewindetrieb. Zur Aufbringung der Schließkraft setzt man dann hydraulische Verriegelungszylinder ein.

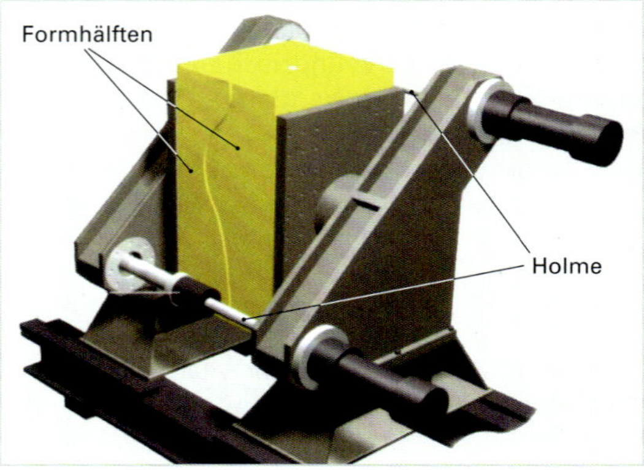

Bild 1: Schließeinheit mit diagonalen Holmen

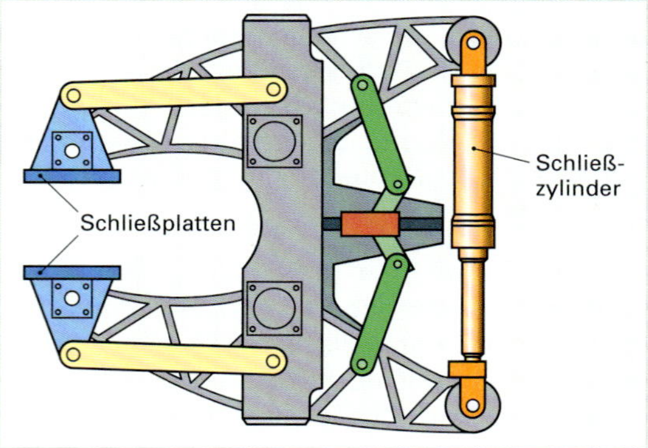

Bild 2: Holmenlose Schließeinheit

Neben der erforderlichen Abquetschkraft müssen die Schließzylinder auch die Zuhaltekraft gegen den von innen auftretenden Blasdruck aufbringen. Neben den rein hydraulischen Schließeinheiten kommen auch solche mit Verriegelungssystemen zum Einsatz. Dennoch sind die Schließsysteme im Vergleich zu Spritzgießmaschinen mit gleicher Plattengröße wesentlich schwächer ausgelegt. Bei Schließeinheiten stehen sich immer der Wunsch nach möglichst verwindungssteifen und parallel schließenden Formplatten und eine freie Zugänglichkeit beim Rüstvorgang sowie ungehinderte Teileentnahme gegenüber. Deshalb sind Schließeinheiten am Markt mit:

- zwei diagonal angeordneten Holmen (**Bild 1**)
- holmenlosen Zangenschließeinheiten (**Bild 2**)
- holmenlosen Schließplatten auf Führungsschienen (**Bild 3**)
- 4-Holmen-Schließeinheiten (**Bild 1 folgende Seite**)

Die Schließplatten sind mit Durchgangsbohrungen oder Innengewinden zur Befestigung der Formhälften versehen. Teilweise sind auch die Kühlwasserzu- und -abläufe in die Platten integriert, sodass beim Festspannen der Formhälften automatisch die Kühlwasserkreisläufe verbunden werden.

Bild 3: Schließplatten mit Führungsschienen

Bei großen Speicherkopfanlagen ist die Schließeinheit meist unter dem Kopf fixiert und wird lediglich zum Wechsel des Düsenwerkzeuges bewegt.

Bei kontinuierlich erfolgender Schlauchextrusion muss die Schließeinheit zusätzlich eine Bewegung unter den Blaskopf und von dort wieder zur Blasstation durchführen. Es wird hierbei auch von der Wagenbewegung gesprochen. Diese seitliche Bewegung erfolgt entweder bogenförmig, schräg oder waagerecht. Erfolgt die Bewegung waagerecht, so muss bei Formschluss entweder der Extruder kurz stoppen oder der Kopf eine Bewegung nach oben vollführen. Ansonsten besteht die Gefahr, dass der aus dem Kopf austretende Schlauch von der Form mit zur Seite gezogen wird und Produktionsstörungen eintreten. Gegenüber den Varianten schräg und bogenförmig hat man den Vorteil einer leichteren Übergabe in nachfolgende Stationen.

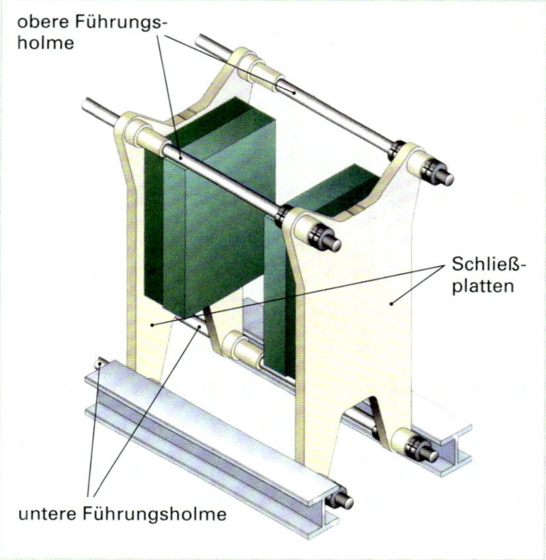

Bild 1: 4-Holmen-Schließeinheit

9.1.5 Schlauchtrennvorrichtung

Bei der kontinuierlichen Schlauchextrusion muss nach erfolgtem Formschluss, bevor der Wagen seitlich zur Blasstation verfährt, der Schlauch oberhalb der Form durchtrennt werden.

Bei der Verarbeitung von PVC kommen **„kalte" Schlagmesser** mit Speerspitzen oder Drehschnitten zur Anwendung (**Bild 2**). Bei vielen PE-Artikeln arbeitet man mit **Kaltschlauchscheren** (**Bild 3**). Der Schlauch wird dabei von zwei sich aufeinander zubewegenden Messerklingen durchschnitten. Bei Bedarf wird oberhalb des Schnittes der Schlauch mittels Leisten verschlossen. Einige Kunststoffe, wie das PP, ziehen bei dieser Variante aber Fäden und es kommt zu Störungen.

Bild 2: Speerschneide

Deshalb setzt man als dritte Alternative die **Warmschneide** ein (**Bild 4**). Mit einem Pneumatikzylinder bewegt man das von Gleichstrom durchflossene, heiße Glühband sehr schnell durch den Schlauch, wobei dieser durchschmolzen wird.

Bild 3: Kaltschlauchschere

Bild 4: Warmschneide

9.1.6 Blasstation

In der Blasstation wird der von der Form umschlossene Schlauch aufgeblasen. Am Einfachsten taucht dazu ein Dorn in die nach oben offene Tulpe des Schlauches ein. Formt der Dorn z. B. den Hals einer Flasche, so spricht man vom **Kalibrierdorn** (**Bild 1**). Bei kontinuierlicher Schlauchextrusion erfolgt dieses Eintauchen des Dorns meist senkrecht von oben. Sonderformen, wie schräg eintauchende Dorne oder sowohl von oben als auch von unten eintauchende Dorne, sind ebenfalls vorzufinden. Bei Speicherkopfmaschinen geschieht das Aufblasen meist über Dorne, die von unten in die Formen hineinragen. Der Schlauch wird dabei üblicherweise über den Dorn ausgestoßen, und bei Formschluss quetschen die Formhälften den Schlauch um den Dorn zusammen und bilden somit die gewünschte Öffnung (**Bild 2**).

Die Kalibrierdorne sind, wenn möglich, mit einer Wasserkühlung versehen und besitzen einen gehärteten **Kalibrierring**, der auf den Kalibrierbacken der Blasform aufschlägt. So wird die spätere Entbutzung ermöglicht. Neben der Blasluftzuführung weisen die Dorne meist eine weitere Öffnung für die Ableitung heißer Luft auf. Mit einem zusätzlichen Ventil wird nach der Ausformung der Teile die aufgeheizte Blasluft über diese Leitung abgelassen, und kalte Blasluft kann nachströmen. Der Effekt bei diesem Spülvorgang ist eine Verkürzung der Kühlzeit.

Bei **Mehrfachformen** kommen natürlich auch Mehrfachkalibrierungen zum Einsatz (**Bild 3**). Jeder Dorn muss dann auf seine Öffnung in der Blasform eingerichtet werden. Die Kalibrierdorne dienen dabei meist auch als Übergabedorne in die seitlich an der Form befindliche Stanzmaske. Durch den Schwund bleiben die Teile an den Dornspitzen hängen.

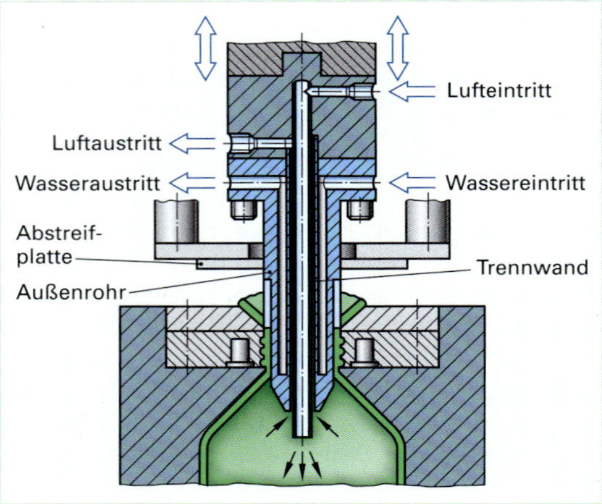

Bild 1: Kalibrierdorn mit Spülfunktion

Bild 2: Kalibrierung von unten

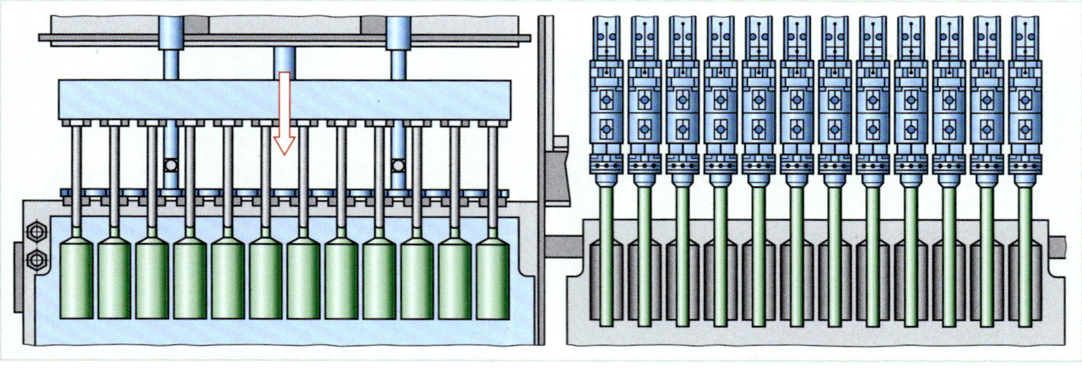

Bild 3: Mehrfachkopf mit Mehrfachkalibrierung

Bei vielen Artikeln (**Bild 1**) benutzt man **Hohlnadeln**. Dabei verwendet man Kanülen oder dünne Röhrchen und sticht diese mittels eines schnellen Pneumatikzylinders durch die Schlauchwand hindurch.

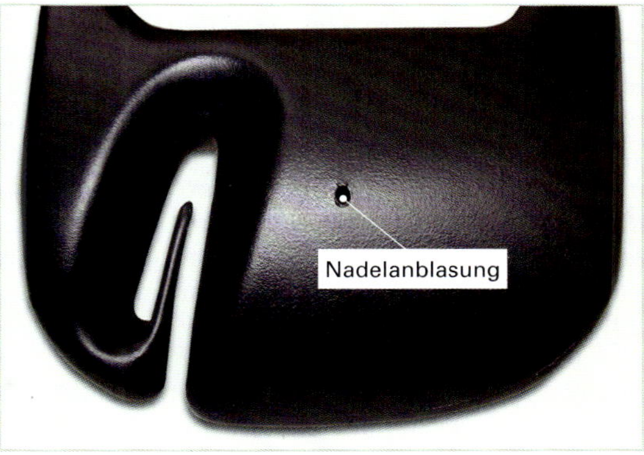

Bild 1: Blasteil mit Nadelanblasung

Gründe für ihren Einsatz können sein:

- Die Anblasöffnung soll am Blasteil möglichst nicht erkennbar sein.
- Die Geometrie des Artikels lässt keine Dornanblasung zu.
- Die Maschine, auf der das Blasteil gefertigt wird, hat keine Kalibrierstation.

Der Nachteil dieser Anblasung besteht darin, dass es länger dauert, bis das Teil entlüftet ist. Bei größeren Volumen verlängert sich dadurch die Zykluszeit.

Je nach Artikel ist es durchaus üblich, das Teil über zwei oder mehrere Dorne aufzublasen bzw. zu entlüften. Bei Speicherkopfanlagen bewegt man zwei Dorne zunächst mittig unter den Schlauchkopf und stößt den Schlauch über diese beiden Dorne aus. Spreizt man nun die beiden Dorne mittels Zylindern auseinander, so ziehen sie den Schlauch in die Breite (**Bild 2**). Durch ein Verschließen des Schlauches mithilfe zweier Leisten und anschließendem **Vorblasen** des Vorformlings über die Stützluftleitung erzielt man einen größeren Umfang. Die Wanddickenverteilung am Blasteil wird verbessert. Man erweitert so auch das Artikelspektrum der jeweiligen Blasanlage für Blasteile, die eigentlich einen größeren Blaskopf erfordern.

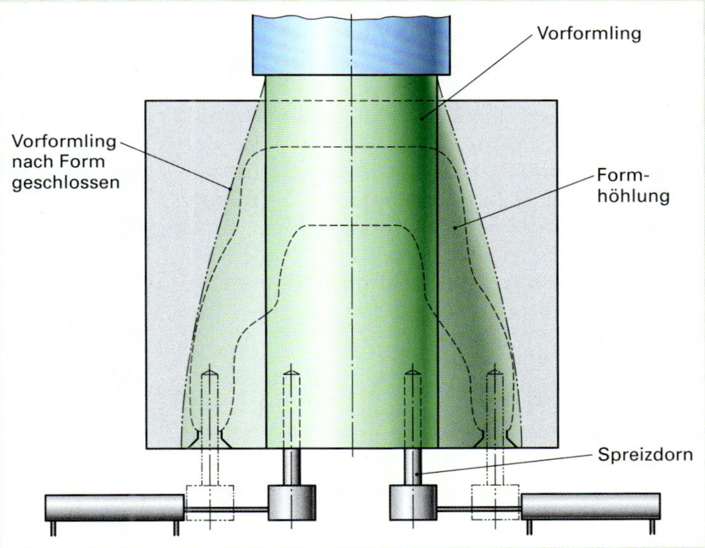

Bild 2: Spreizvorrichtung

Wiederholungsfragen:

1. Wodurch erreicht man eine gleichmäßige Bewegung der Schließplatten?
2. Welche widersprüchlichen Interessen gibt es bei der Auslegung von Schließeinheiten?
3. Welche Schlauchtrenneinrichtung eignet sich nicht für Polypropylen?
4. Wann spricht man vom Kalibrierdorn?
5. Welchen Zweck verfolgt man durch das Spülen beim Hohlkörperblasen?
6. Nennen Sie Gründe für den Einsatz von Hohlnadeln.
7. Beschreiben Sie den Ablauf beim Spreizen des Vorformlings.
8 Welche Vorteile bringt das Spreizen?

9.1.7 Nachfolgestationen

In den meisten Fällen bleiben die soeben geblasenen Flaschen beim Öffnen der Form durch die Schwindung am Kalibrierdorn hängen. Während die Form den nächsten Schlauch umschließt, wird der Rohling von der **Stanzmaske** (**Bild 1**) übernommen und der Kalibrierdorn fährt nach oben. Die Stanzmasken sind dabei an den Blasformhälften befestigt und bewegen sich somit wie die Form. Während das nächste Blasteil aufgeblasen wird, trennen die konturangepassten **Stanzsegmente** den Butzen ab. Die Bewegung der Stanzelemente erfolgt sowohl durch Pneumatik- als auch durch Hydraulikzylinder. Zur Kühlung der Butzen sind in den Stanzsegmenten häufig kleine Bohrungen eingebracht, über die Luft auf den Butzen geblasen wird. Nach der Entbutzung fahren die Übergabedorne in die Blasteile, damit diese beim Öffnen der Form bzw. Maske nicht auf das Abzugsband für die Butzen fallen. Wenn die Form den nächsten Schlauch umschließt, wird von der Stanzmaske der Rohling und von weiteren Segmenten seitlich an der Stanzmaske das entbutzte Teil umschlossen. Beim seitlichen Verfahren der gesamten Einheit (man spricht dabei vom Wagen) wird das fertige Teil meist auf ein Transportband gestellt, welches die Teile zur Verpackungsstation transportiert.

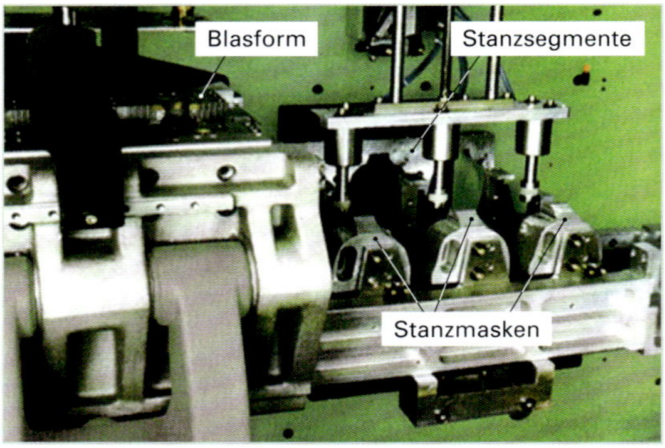

Bild 1: Integrierte Butzenstanze

In der Massenproduktion von Behältnissen ist es üblich, unmittelbar nach der Entbutzung die Teile auf **Dichtheit** zu überprüfen (**Bild 2**). Dazu setzt man Differenzdrucksysteme ein, welche die Teile abdichten, minimal mit Druck beaufschlagen und dann messen, ob dieser stabil bleibt. Undichte Teile werden automatisch ausgeschleust.

Bild 2: Dichtheitsprüfung

Weiterhin werden automatische **Wiegesysteme** in die Strecke integriert, die bei Abweichungen die Teile aussondern, bzw. in die Wanddickenregelung eingreifen.

Werden Artikel mit großen Stückzahlen auf Speicherkopfmaschinen produziert, übergibt häufig der Entnahmegreifer den Rohling von der Blasform an die **Stanzeinheit**. Die Stanze ist dann in der Regel eine eigene Einheit, welche mit der Steuerung der Blasmaschine gekoppelt ist (**Bild 3**). Die Übergabe des Rohlings von der Form in die Stanzmaske kann auch per Hand oder über Roboter erfolgen. Der Rohling wird dabei meist um 90° gedreht und die Stanzmesser bewegen sich senkrecht von oben über die Maske. Der abgetrennte Butzen wird dabei meist geteilt und über ein Abzugsband der Mühle zugeführt.

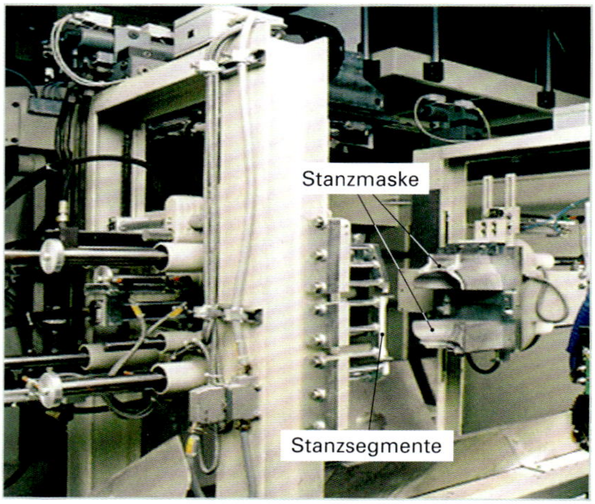

Bild 3: Separate Butzenstanze

9.2 Aufbau von Blaswerkzeugen

Die Blasform umschließt den Schlauch und in ihr entsteht das Blasteil. Sie ist somit hauptsächlich für das Aussehen des Artikels und die Zykluszeit verantwortlich. Eine Ausformung des Blasteils mit möglichst gleichmäßiger Wanddickenverteilung ist nur in einer sorgfältig konzipierten Form möglich.

9.2.1 Werkstoffe

Schon für die Wahl des Werkstoffs sind eine Vielzahl von Kriterien zu beachten. **Stahl** als Formkörper (**Bild 1**) wird vorrangig eingesetzt bei Großserien, bei hoher Schneidkantenbelastung, im Bereich dekorativer Teile und bei transparenten Teilen. Folgende Vorteile der verschiedenen Legierungen stehen dann im Vordergrund:

- hohe Festigkeit
- geringer Verschleiß
- härtbar
- ätzbar
- gut polierbar

Die Nachteile, wie hohes Gewicht, geringere Wärmeleitfähigkeit sowie hohe Werkzeugkosten werden dann bewusst in Kauf genommen.

Bild 1: Formkörper aus Stahl

Kupfer-Beryllium-Legierungen kommen als Formeinsätze (**Bild 2**) zum Tragen. Sie haben eine gute Wärmeleitfähigkeit und sind verschleißfest. Durch ihren Einsatz reduziert man die Kühlzeit. Kupfer-Beryllium steht nur in beschränkten Abmessungen zur Verfügung und ist schwierig zu zerspanen.

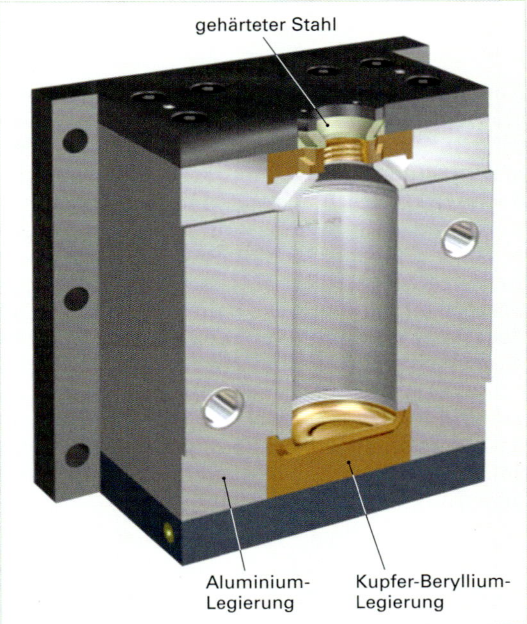

Bild 2: Formeinsätze aus Kupfer-Beryllium

Eine echte Alternative zu den Stahlwerkstoffen stellen **Aluminiumlegierungen** mit hohen Festigkeitswerten und guten Oberflächenhärtewerten dar. Damit werden nicht nur Versuchsformen und Prototypenwerkzeuge, sondern auch Großformen und Serienwerkzeuge mit beträchtlichen Stückzahlen hergestellt. Die Vorteile der Aluwerkstoffe sind:

- sehr gute Wärmeleitfähigkeit
- geringes Gewicht
- kürzere Werkzeugbearbeitungszeiten
- geringere Werkzeugkosten

Zudem sind Aluformen auch ätzbar und bedingt polierbar. Bei gewalzten Blöcken muss aber mit Verzug bei der Zerspanung der Blöcke gerechnet werden.

Häufig kommt es zu Kombinationen der Werkstoffe. Dabei werden die weniger belasteten Mittelbereiche in Aluminium und die Kopf- und Bodenbereiche in Stahl ausgeführt. Bei Formen für Flaschen ist es üblich, den Flaschenhals zu kalibrieren. Die Kalibrierbacken müssen dabei aus einem härtbaren Stahl gefertigt werden.

Weiterhin kommen **Feinzink-Gusslegierungen** vorwiegend bei größeren Blasformen zum Einsatz (**Bild 1**). Die Formkörper werden gegossen und die Kühlrohre aus Kupfer können miteingebettet werden (**siehe Kapitel 9.2.4**). Im Vergleich zu einer gefrästen Form ist der Aufwand für die Zerspanung geringer, wodurch Kosten eingespart werden können. Zudem spart man Materialkosten. Nachteilig wirken sich die Aufwendungen für das Ur- und das Gießmodell aus.

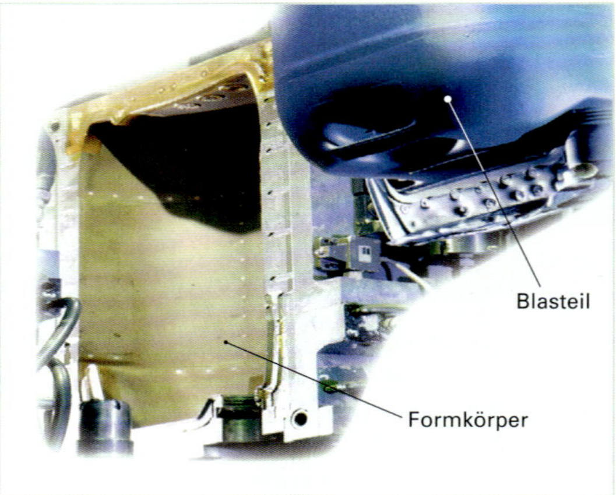

Bild 1: Zink-Guss-Blasform

Für Schieber- und Auswerferelemente kommen noch **Messing (Kupfer-Zink-Legierung)** oder **Rotbronzen** zur Anwendung. Dabei sind die guten Notlaufeigenschaften dieser Werkstoffe ausschlaggebend für die Verwendung.

9.2.2 Trennkanten

Schon bei der Entwicklung der Blasteile spielt der **Verlauf der Trennkante** eine entscheidende Rolle. Ihre Festlegung ist bei runden und ovalen Teilen einfach, wird aber bei technischen Teilen für die Automobilindustrie (**Bild 2**) oft zum Problem. Nicht nur, dass die Blasteile möglichst ohne viel Schieber entformbar sein sollen, es muss überhaupt möglich sein, den Vorformling an die Formwand zu blasen, ohne dass er zuvor platzt. Erfahrungen darüber, welche Reckwege der geplante Kunststoff ermöglicht, sind sehr wichtig.

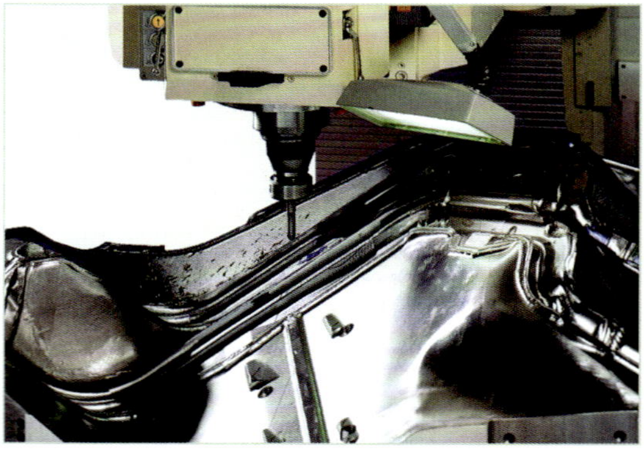
Bild 2: Schlichtzerspanung einer Formhälfte

Nachdem der Verlauf der Trennkante festgelegt wurde, muss die Ausführung definiert werden (**Bild 3**). Die Gestaltung der Trennkante mit den anschließenden Bereichen **Staustufe** und **Freifläche** sind ausschlaggebend für die Verschweißung des Vorformlings und somit die Festigkeit der Blasteilschweißnähte. Bei schwierig zu verschweißenden Kunststoffen setzt man **Staubalken** so ein, dass beim Schließvorgang das Material nach innen in den Formhohlraum gequetscht wird und so die Schweißnaht verstärkt. Es muss aber ein Kompromiss zwischen „**Verbinden**" und „**Trennen**" gefunden werden, da ein leichtes Abtrennen des Butzens vom Formteil für eine wirtschaftliche Produktion unabdingbar ist.

Erschwert wird die Festlegung durch den Tatbestand, dass sich die Kunststoffe sehr unterschiedlich verhalten. So ist die Trennkante für einen Artikel aus PP anders auszulegen als für einen Artikel aus LD-PE.

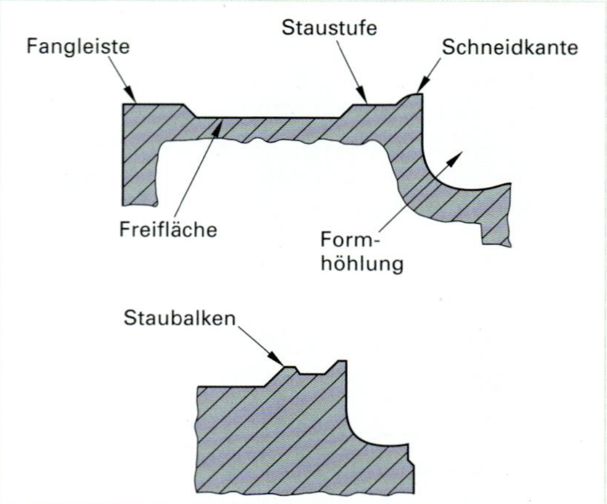

Bild 3: Bezeichnungen der Formbereiche

Pauschal kann man sagen: Je schmaler und schärfer die Trennkante, desto geringer die Schweißnahtfestigkeit. Die Entbutzung wird jedoch erleichtert und die Grate am Blasteil sind minimal. Durch die schmale Ausführung erhöht sich allerdings der Druck auf die Trennkanten und die Lebensdauer der Form verkürzt sich.

Bei Flaschen beschränkt sich die gezielte Ausbildung der Trennkante meist auf den Bodenbereich und den Hals der Flasche. Alle nicht vom Schlauch überquetschten Bereiche können nahezu auf dem Niveau der Trennebene parallel nach außen geführt werden. Bei vielen anderen Teilen verläuft die Schweißnaht allerdings umlaufend, was eine umlaufende Trennkantenausbildung erfordert (**Bild 2, vorhergehende Seite**).

Bei der Formenherstellung werden die **Trennkanten** der beiden Hälften und die **Fangleisten** am seitlichen Rand der Form genau aufeinander **abtouchiert**. Bei geschlossener Form treffen die Trennkanten der beiden Hälften so genau aufeinander, dass nicht der kleinste Spalt dazwischen bleibt. Die Fangleisten am Rand nehmen dabei einen Großteil der Schließkraft auf und verhindern so ein Zusammenstauchen der Trennkanten. Die Tiefe der Freifläche ist ebenfalls wohlüberlegt und leitet sich aus der Dicke des geplanten Schlauches ab. Ist die Freifläche nicht tief genug, wird die Form nicht vollständig schließen. Ist sie zu tief, wird der Butzen kaum Kontakt zur Form haben und nicht mit abkühlen. Ein gekühlter, stabiler Butzen ist aber Voraussetzung für eine anschließende, störungsfreie Entbutzung durch die Stanzeinheit.

9.2.3 Formentlüftung

Schon beim Schließen der Form kann ein Luftpolster zwischen der Formhöhlung und dem Schlauch dazu führen, dass der Schlauch zusammengedrückt wird und ungewollt verschweißt. Eine vollständige Abführung der Luft wird aber spätestens dann erforderlich, wenn der Schlauch aufgeblasen wird und sich an die Formwand anlegen will.

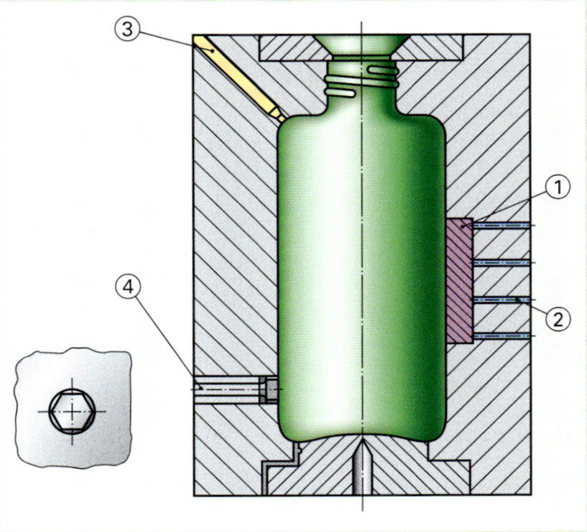

Bild 1: Entlüftungsvarianten

Ungenügend entlüftete Formen führen z. B. zu einer undeutlichen Abbildung der Formnestoberfläche auf dem Blasteil. Fleckenbildung, Glanzstellen, unlesbare Kennzeichnungen und nicht zuletzt ein schlechterer Wärmeübergang vom Formteil zur Form sind die möglichen Folgen.

Bei Teilen, die nur oben und unten überquetscht sind, erfolgt die Entlüftung meistens vollständig über die seitlichen Längsbereiche. Die Formtrennkanten werden durch einen Kreuzschliff (**Bild 1** ①) so gestaltet, dass **kein luftdichter Abschluss** stattfindet, oder man bringt **feine Schlitze** mit einer Tiefe zwischen 0,02 mm bis 0,1 mm ein. Einige Millimeter hinter der Trennkante verlaufen deutlich sichtbare tiefere Kanäle (**Bild 1** ②) nach außen, wodurch die Luft dann ungehindert entweichen kann. Eine einfache Art die Entlüftung zu verbessern, ist das **Sandstrahlen** der Formnestoberflächen. Bevor der Vorformling vollständig an die Formwand gepresst wird, kann die Luft über die raue Oberfläche zur Trennkante gelangen. Ist ein Formteil vollständig vom Butzen umschlossen, kann bei geschlossener Form keine Luft über die Trennkante entweichen. Es ist deshalb eine Abführung der Luft durch den Formkörper erforderlich. Bei Formteilen mit geringeren Anforderungen an die Oberfläche erreicht man dies durch **Schlitzdüsen** (**Bild 2**) und **Sintermetalle**.

Bild 2: Schlitzdüse

Befinden sich in der Form **Schieber, Auswerfer** oder andere **Einsätze,** ist dies eine weitere Möglichkeit die Luft abzuführen. Schwierig wird es bei sogenannten Sichtteilen mit polierten oder fein genarbten Oberflächen. Mögliche Lösungen können eine Vielzahl sehr **feiner Bohrungen** oder bewusst gesetzte Einsätze darstellen (**Bild 1, vorhergehende Seite ③ und ④**).

Bei der Positionierung der Schlitzdüsen oder Bohrungen ist zu überlegen, wo sich die Luft vermutlich sammelt. Um die Entlüftung zu beschleunigen, kommt es mitunter auch zum Einsatz von Vakuum. Die Entlüftungsbohrungen jeder Hälfte werden zusammengefasst und mittels Injektordüsen oder Vakuumpumpen zeitgesteuert die Restluft abgesaugt.

9.2.4 Formkühlung

Die Kühlleistung der Blasform ist bestimmend für die Taktzeit und somit für den Preis eines Produkts. Der richtigen Bemessung und Anordnung der Kühlkanäle kommt eine außerordentliche Bedeutung zu. Die besten Voraussetzungen bieten Kühlungsverläufe mit einem möglichst gleichmäßigen Abstand zur Werkzeugnestoberfläche. Bei Formen für Flaschen fräst man deshalb oft die Kühlkanäle von hinten ein (**Bild 1**) und dichtet sie anschließend mit einer Platte ab. Vielfach werden die Formen jedoch auch gebohrt (**Bild 2**).

Der Aufwand, die Bohrungen möglichst konturangepasst zu positionieren, ist oftmals höher als bei der Fräszerspanung der Blasform. Bei Gussformen wird im Vorfeld ein Kupferrohrkreislauf (**Bild 3**) hergestellt, der dann eingegossen wird. Dies hat den Vorteil der bestmöglichen Positionierung der Kühlkanäle und damit eine gleichmäßige und schnelle Abkühlung der Blasteile. Auch der Kostenaufwand ist im Vergleich zu gebohrten Kühlungen geringer. Als Kühlmedium verwendet man in erster Linie kaltes Wasser. Temperierungen der Formhälften sind vorwiegend bei Formteilen mit hohen Anforderungen an die Oberflächenqualität anzutreffen.

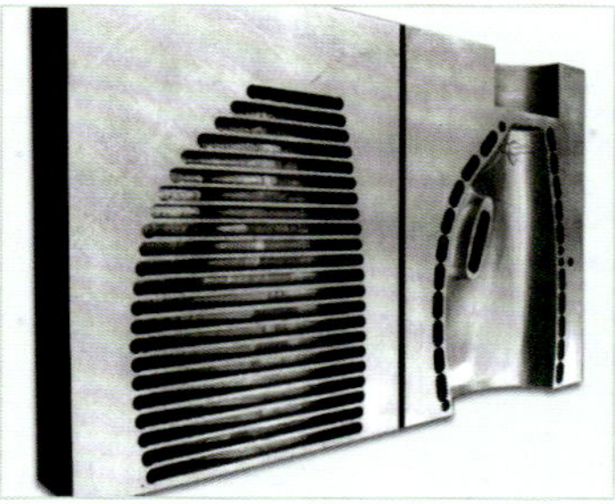

Bild 1: Gefräste Kühlung

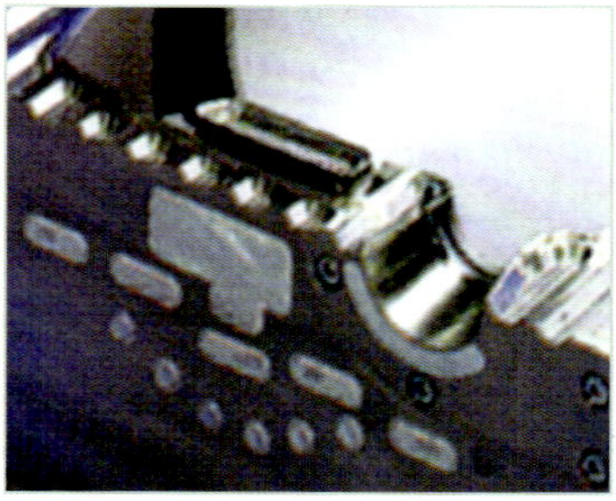

Bild 2: Gebohrter Formbereich

Bild 3: Kupferrohrkühlung

9.2.5 Formunterbau

Um die Blasformen auf die erforderliche Einbauhöhe der vorgesehenen Blasmaschine zu bringen, ist es meist erforderlich, den eigentlichen Formkörper durch Platten, Leisten (**Bild 4**) oder I-Träger zu hinterfüttern. Dies schafft auch den Raum für eventuelle Auswerferzylinder oder Hydraulikzylinder für Schieberelemente. Die Befestigung der Blasform kann von hinten durch die Schließplatte erfolgen oder von vorne durch die Leisten bzw. Träger. Im ersten Fall haben die Schließplatten Durchgangsbohrungen, und die Formen sind mit Innengewinden versehen. Bei der Befestigung von vorne muss der Formaufbau die Durchgangsbohrungen haben, und die Schließplatten sind mit einer Vielzahl an Gewindebohrungen versehen.

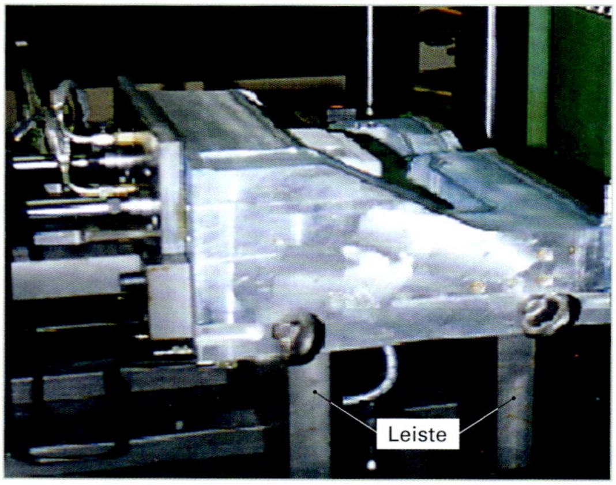

Bild 4: Formunterbau mit Leisten

9.2.6 Entformungshilfen

Bei sehr vielen Flaschen und Behältern erfolgt die Entformung ausschließlich durch den Kalibrierdorn. Durch die Schwindung des Flaschenhalses auf den gekühlten Dorn entsteht eine ausreichende Reibkraft, die verhindert, dass das Blasteil abrutscht.

Bei der Verwendung von **Hohlnadeln** oder dünnen **Blasdornen** sind zur sicheren Entformung Auswerferstifte erforderlich. Diese konturangepassten oder zylindrischen Messing- oder Stahlstempel werden mit Pneumatikzylindern während der Öffnungsbewegung der Form ausgefahren und drücken so das Formteil aus der Kavität. Durch die beliebige Ansteuerung der Auswerferzylinder ist es auch möglich, die Teile bei geöffneter Form an Handlingssysteme zu übergeben. Bei Formteilen mit Hinterschneidungen werden häufig ganze Formbereiche – z. B. Fassböden – mit Hydraulikzylindern bewegt, um eine ungehinderte Teileentnahme zu gewährleisten (**Bild 1**). Diese Schieber können aus Messing oder aus den Formenmaterialien Aluminium oder Stahl bestehen, wobei sie dann mit Gleitelementen bestückt sein müssen.

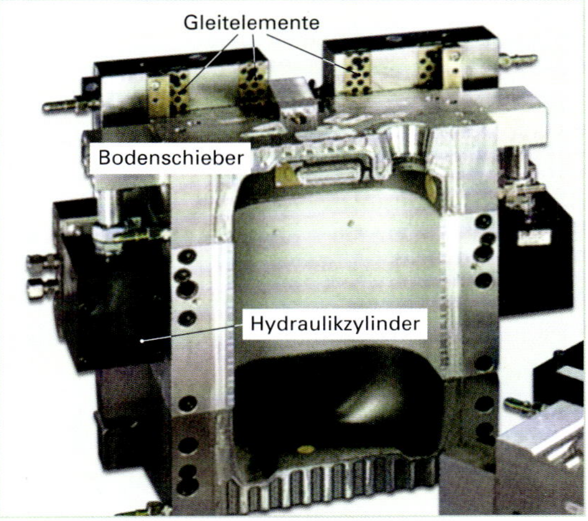

Bild 1: Formhälfte mit Bodenschieber

9.2.7 Zusatzeinrichtungen

Durch die Integration von Schneidsystemen in die Blasform (**Bild 2**) oder in die an der Form befestigte Maske (**Bild 3**) reduziert man die Folgekosten für den Beschnitt der Blasteile. Manschetten aus thermoplastischen Elastomeren sind zudem außerhalb der Blasform nicht in der geforderten Qualität zu beschneiden. Die Schneidsysteme sind vielfältig und häufig patentrechtlich geschützt.

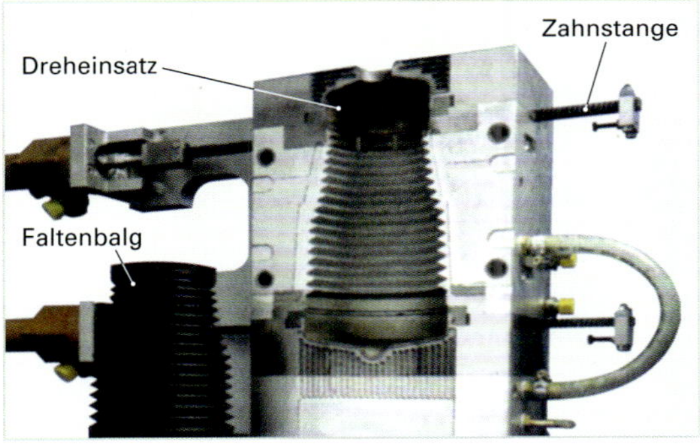

Bild 2: Schneiden in der Form

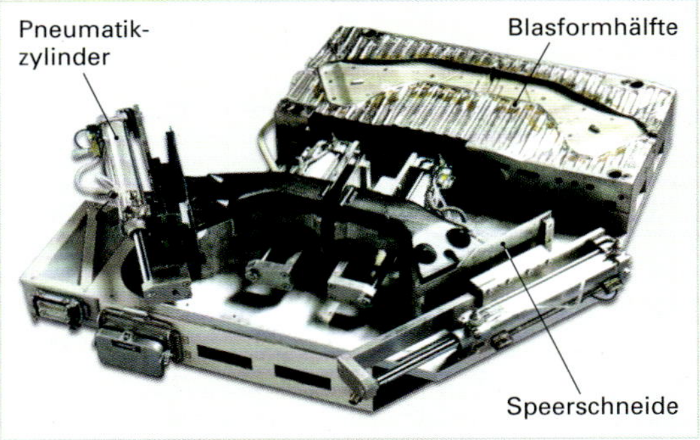

Bild 3: Beschnitt in der Maske

Wiederholungsfragen:

1. Welche Argumente sprechen für den Einsatz von Stahl als Formwerkstoff?
2. Für welche Bereiche der Blasform verwendet man auch Kupfer-Beryllium-Legierungen?
3. Für welche Einsatzgebiete der Blasformen kommen Alulegierungen zum Einsatz?
4. Welche Aufgabe kommt der Staustufe zu?
5. Weshalb darf die Freifläche einer Blasform nicht zu knapp bemessen werden?
6. Nennen Sie die verschiedenen Möglichkeiten der Formnestentlüftung beim Blasen.

9.3 Fertigungsverfahren

Bedingt durch die Vielzahl unterschiedlicher Extrusionsblasteile wurden im Laufe der Zeit auch die Fertigungsverfahren den Bedürfnissen angepasst und werden ständig noch weiterentwickelt. Eine häufig vorgenommene Unterteilung der Verfahren erfolgt zunächst nach der Art des Schlauchaustritts.

9.3.1 Verfahren mit kontinuierlichem Schlauchaustritt

Die einfachste Variante besteht darin, dass ein Extruder die plastifizierte Schmelze durch den Schlauchkopf drückt und der Vorformling stetig aus dem Schlauchkopf austritt. Durch Veränderung der Schneckendrehzahl wird die Schlauchlänge der jeweiligen Form angepasst. Die Blasform wird hierbei mit dem sogenannten Wagen zum Kopf bewegt und umschließt dort den Schlauch. Dieser wird abgetrennt, und der Wagen fährt zurück zur Blasstation, wo der Schlauch zum Formteil aufgeblasen wird. Damit der Schlauch nach dem Durchtrennen offen bleibt und der Kalibrierdorn ungehindert eintauchen kann, hat man mehrere Verfahren entwickelt:

- Die Blasform fährt bei ihrer seitlichen Bewegung schräg nach unten.
- Die Blasform bewegt sich bogenförmig nach unten und zur Seite.
- Die Extruderbühne mit dem Schlauchkopf bewegt sich zum Zeitpunkt des Durchtrennens nach oben und die Form bewegt sich waagrecht zur Seite.
- Die hydraulisch angetriebene Schnecke stoppt kurzzeitig.

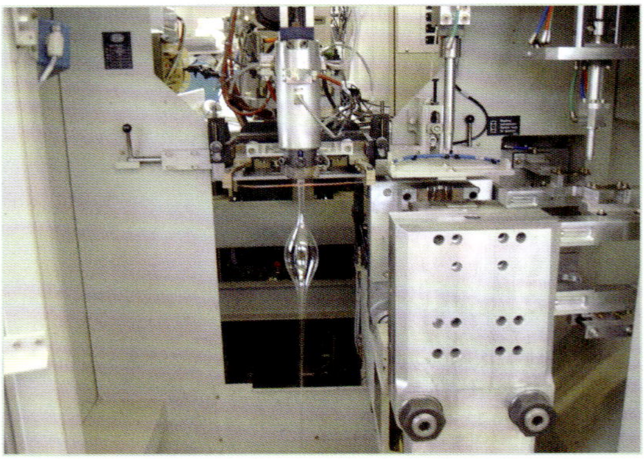

Bild 1: Einstationenanlage mit Einfach-Schlauchkopf

Derartige Maschinen (**Bild 1**) kommen grundsätzlich bei Artikeln mit geringeren Stückzahlen und Volumen bis ca. 5 Liter und bei geringen Wanddicken zum Einsatz. Dabei handelt es sich meist um technische Teile oder um Versuchswerkzeuge.

Bei höheren Produktionszahlen wird es wirtschaftlich, zwei Formen zu erstellen und mit einer **Zweistationen-Anlage** (**Bild 2**) nun den Schlauch wechselseitig vom Blaskopf abzuholen.

Bild 2: Doppelstationen-Anlage

Der Extruder muss dabei zwar die doppelte Masse plastifizieren und dementsprechend ausgelegt werden, was sich durch die doppelte Stückzahl pro Stunde aber sehr schnell amortisiert. Ein weiterer Vorteil ergibt sich aus der Zeithalbierung, in der der Schlauch am Umlenkkopf austritt. Es können so auch dickwandigere Artikel gefertigt werden, bei denen aufgrund ihrer längeren Kühlzeit der Schlauch ansonsten am unteren Ende zu kalt wäre und sich nicht mehr hinreichend formen ließe.

Die zweite Form kann sowohl den gleichen Artikel als auch einen spiegelbildlichen Artikel enthalten. Letzteres kommt beispielsweise bei Luftführungen von Fahrzeugen häufig zur Anwendung.

Sowohl die Ein- als auch die Zweistationen-Blasmaschinen eignen sich mit einem Einfachkopf vorrangig für technische Teile. Die Entbutzung der Teile erfolgt mittels spezieller Messer von Hand oder per separater Butzenstanze halbautomatisch.

Bei schlanken Teilen, wie z. B. Flaschen, die in großen Stückzahlen gefertigt werden, ist es üblich, mehrere gleiche Kavitäten nebeneinander in eine Form einzuarbeiten. Der Abstand der Formhöhlungen zueinander muss dabei exakt dem Stichmaß des Mehrfachkopfes entsprechen. Mit der Größe des Jahresbedarfes steigt normalerweise auch die Anzahl der Teile, die man mit einer Mehrfachform produziert. Durch die Montage eines **Mehrfachkopfes** auf eine **Zweistationen-Blasmaschine** (Bild 1) ist es möglich, mehrere tausend Flaschen in einer Stunde zu produzieren. Sinnvoll ist dies wegen dem hohen Rüst- und Einstellaufwand, allerdings nur bei entsprechenden Bedarfszahlen. Wie in Kapitel 9.1.7 erwähnt, erfolgt hierbei die Entbutzung automatisch, und die fertigen Flaschen werden auf Transportbändern zur Verpackungsstation geleitet. In jüngster Zeit sind vermehrt Flaschen gefragt, die aus mehreren Schichten bestehen. Somit kommen Mehrfachköpfe als Mehrschichtkopf, kombiniert mit speziellen Zwei-Stationen-Blasmaschinen zum Einsatz. Damit ist es möglich hochwertige Dekorschichten auf eine kostengünstige Trägerschicht für Massenartikel aufzubringen.

Vorwiegend in den USA sind **Räder-Anlagen** anzutreffen. Auf einem Rad mit mehreren Metern Durchmesser sind eine Vielzahl von gleichen Blasformen (**Bild 2**) montiert. Die Formen umschließen den kontinuierlich austretenden Schlauch und während sich das Rad einmal um seine Achse dreht, werden die Teile mit Hohlnadeln aufgeblasen und kühlen ab. Kurz vor der Aufnahme des nächsten Schlauchabschnitts werden die Blasteile ausgeworfen. Gefertigt werden damit Flaschen und Kanister mit sehr großen Bedarfsmengen. Die Volumen der Teile liegen zwischen 100 ml und ca. 30 Litern Inhalt. Wie bei den anderen Verfahren sind ebenfalls mehrschichtige Artikel möglich. Von einem Saftbehälter werden beispielsweise auf einem Rad mit 22 Formen 7500 Stück in der Stunde produziert.

Bild 1: Mehrfach- und Zweistationen kombiniert

Bild 2: Räder-Technologie

Wiederholungsfragen:

1. Welche technischen Lösungen verhindern, dass der Schlauch nach dem Trennen wieder verschweißt?
2. Bringen Sie die für die Flaschenproduktion üblichen Maschinenkonzepte in eine Reihenfolge, beginnend mit geringen Stückzahlen.
3. Welche Vorteile und welche Nachteile bringt der Einsatz von Zweistationen-Anlagen?
4. Erläutern Sie den Verfahrensablauf bei der Räder-Technologie.

9.3.2 Verfahren mit diskontinuierlichem Schlauchaustritt

Bei **großvolumigen Hohlkörpern** oder Artikeln aus Kunststoffen mit einer geringen Schmelzestabilität (PC, ABS) muss man Maschinen mit einem **Speicherkopf** einsetzen (**Bild 1**). Der Speicherkopf kann dabei auch als Mehrschichtkopf ausgelegt sein.

Derartige Blasanlagen sind für Artikel von ca. 5 Litern ... 10 000 Litern (**Bild 2**) am Markt. Typische Anwendungsbeispiele sind Fässer, Tanks, Luftführungen für Pkws, Lkws und Traktoren. Normalerweise handelt es sich hierbei um Einstationen-Blasmaschinen, bei denen die Schließeinheit während der Fertigung stets unter dem Speicherkopf verbleibt. Bei der Fertigung von Kraftstoffbehältern für die Autoindustrie kommen auch Groß-Blasanlagen mit zwei sich auf Schienen bewegenden Schließeinheiten zum Einsatz.

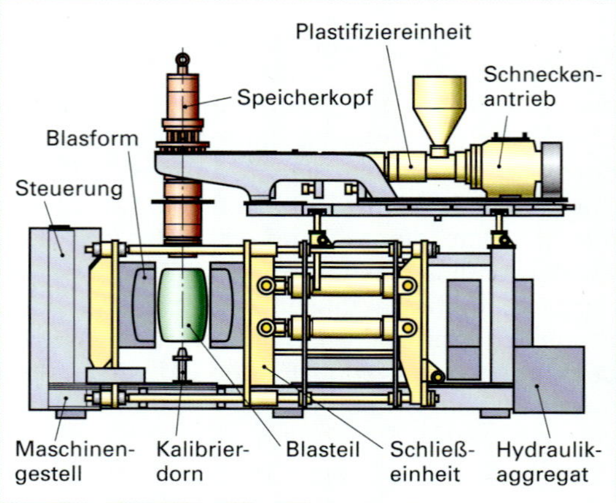

Bild 1: Prinzip einer Speicherkopfmaschine

Der Extruder mit dem Speicherkopf befindet sich auf der sogenannten Extruderbühne, die über Spindeln in ihrer Höhe verstellt werden kann. Somit ist es möglich, auch Formen aufzuspannen, deren Oberkante einige hundert Millimeter über die Schließplatte übersteht.

Der Schlauch wird in wenigen Sekunden ausgestoßen und möglichst schnell von den Formhälften abgequetscht. Nach Bedarf wird der Schlauch nach Ausstoßende am unteren Ende mit Leisten verschlossen und über den Speicherkopf vorgeblasen.

Die Anblasung der Artikel erfolgt entweder über die Kalibrierstation unterhalb der Form oder über **Nadelanblasungen**. Da es sich häufig um dickwandige Hohlkörper handelt, ist eine Kühlzeit von mehreren Minuten keine Seltenheit. Durch die Verfahren **Spülen** und **Intervallblasen** erreicht man einen Austausch der aufgeheizten Blasluft und somit einen Kühleffekt auch von innen. Verstärkt wird diese Wirkung durch den Einsatz von gekühlter Blasluft oder von tiefgekühlten Flüssiggasen wie Kohlendioxid.

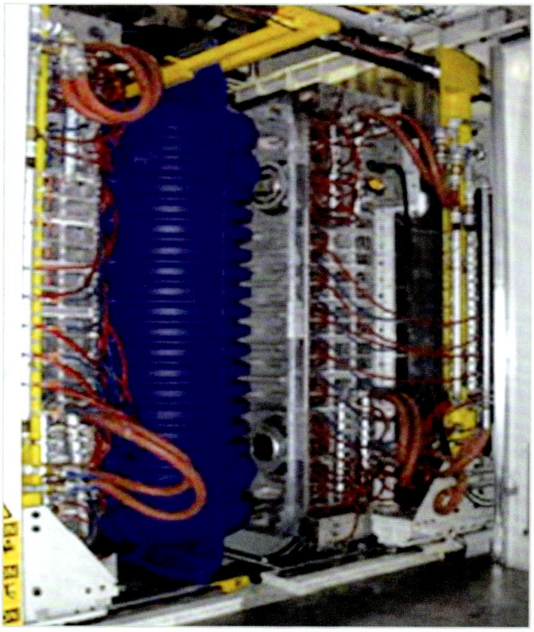

Bild 2: Zangenentnahme eines Großbehälters

Die Artikelentnahme erfolgt über **Zangensysteme**. Zunächst muss die Zange den zwischen der Oberkante der Blasform und der Düse befindlichen Schlauchabschnitt zusammenquetschen. Dabei reißt der Schlauch endgültig vom Düsenwerkzeug ab. Beim Öffnen der Form bilden das Formteil und der Butzen noch eine Einheit und so kann die Zange den kompletten Rohling aus dem Bereich der Schließeinheit transportieren (**Bild 2**).

Zur weiteren Entbutzung wird der Rohling in Rutschen abgelegt. Durch die oftmals meterlangen Quetschnähte ist ein einfaches Abstoßen des Butzens nicht möglich. Manuell oder mit Roboter werden Spezialmesser entlang der Trennkante geführt und schneiden somit die Blasteile aus dem Rohling heraus. Der Butzen wird anschließend in die Schneidmühle geworfen und das Mahlgut dem Prozess wieder zugeführt.

Innenschlauchtechnologien

Im Automobilbau werden zunehmend dreidimensional ausgerichtete Teile wie z. B. Einfüllrohre benötigt, deren Butzenanteil ein Vielfaches vom Artikelgewicht beträgt. Die teils meterlangen Quetschnähte erfordern zudem hohe Schließkräfte. Durch geschickte Gestaltung der Artikel und Auslegung der Formen ist es möglich Blasteile ohne seitliche Überquetschungen herzustellen (**Bild 1**).

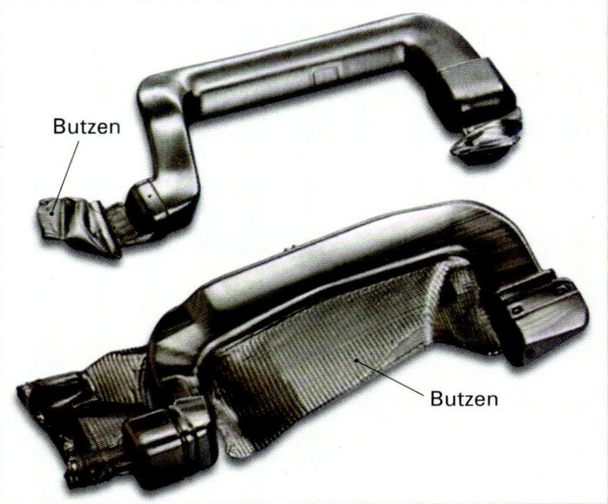

Bild 1: Vergleich Innenschlauch – konventionell

Dies wiederum eröffnet die Möglichkeit, kurzglasfaserverstärkte Thermoplaste zu blasen, die wegen ihrer schlechten Schweißnahtfestigkeit ansonsten nicht einsetzbar wären. Diese Werkstoffe besitzen eine sehr hohe Temperaturbeständigkeit und werden gerne im Motorraum verwendet. Durch die Kombination einer 3D-Anlage mit einem SECO-Kopf (**siehe Kapitel 9.1.2**) ist es möglich, Ansaugrohre aus einem harten PP mit einem weichen Faltenbereich aus EPDM einteilig herzustellen (**Bild 2**).

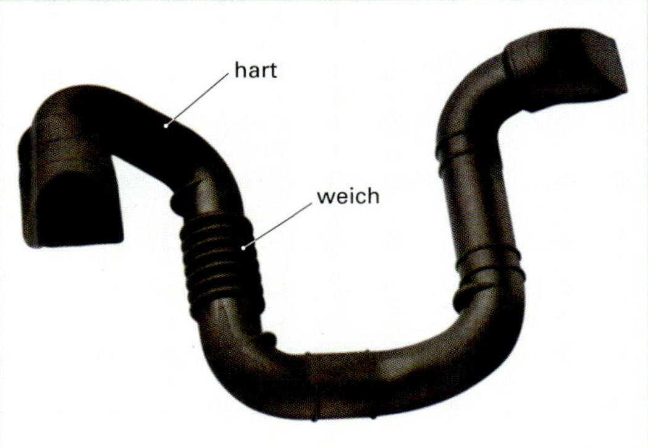

Bild 2: Ansaugrohr PP+EPDM

Weitere Argumente, die für den Einsatz dieser Technologie sprechen, sind:

- Geringerer Regeneratanteil und damit reduziert sich die Gefahr des Abbaus sensibler Polymere.
- gleichmäßige Wanddickenverteilung
- Geringere Investitionskosten durch den Einsatz kleinerer Extruder und kleinerer Schließzylinder.
- Geringere Betriebskosten, da weniger Material plastifiziert und gekühlt werden muss.

Die Lösungen der Verarbeiter und Maschinenhersteller dieser Herausforderungen sind unterschiedlich. Eine Möglichkeit besteht darin, den Vorformling durch die geschlossene Blasform hindurchzusaugen. Der Schlauch gleitet dabei auf dem entstehenden Luftpolster auch um gekrümmte Konturen.

Eine weitere Lösung sind Maschinen, bei denen der Schlauch von einem Roboter oder Manipulator in die Formhöhlung eingelegt wird. Die Formen bestehen dabei aus mehreren nacheinander schließenden Segmenten. Dabei ist es auch möglich, an bestimmten Positionen Haltelaschen mit anzuquetschen (**Bild 3**). Durch das Verschließen des Schlauches und Stützen durch Injizieren von etwas Luft verhindert man das Zusammenfallen des Vorformlings. Die Abstimmung der Roboterbewegungen mit den Bewegungen der einzelnen Hydraulikschieber und der Formschließbewegung erfordert ein Höchstmaß an technischer Präzision.

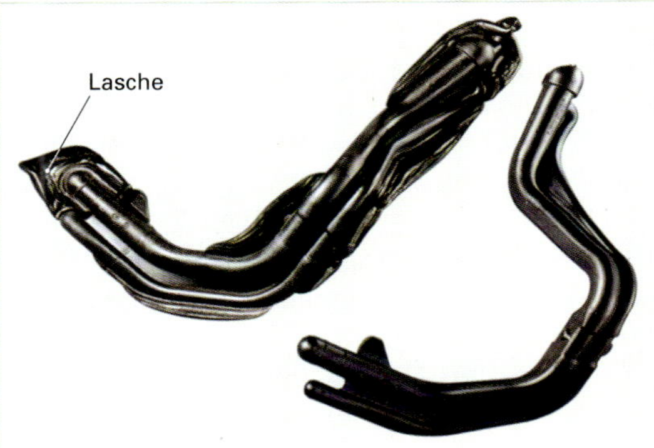

Bild 3: Abfallarmes Blasteil mit Lasche

9.3.3 Streckblasen und Spritzblasen

Beim Streck- und Spritzblasen werden gespritzte Vorformlinge nochmals erwärmt und zu Flaschen umgeformt. Die Makromoleküle erfahren bei dieser Verstreckung eine Ausrichtung in Längs- und Umfangsrichtung. Diese **biaxiale Orientierung** führt zu einer Verbesserung von Zugfestigkeit, Schlagzähigkeit und Transparenz (**Bilder 1 und 2**).

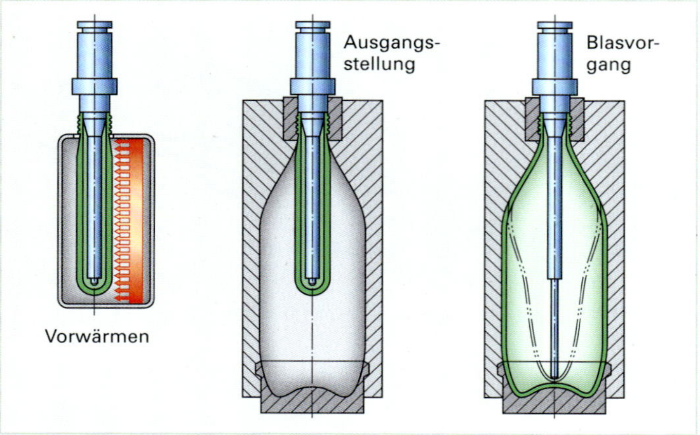

Bild 1: Prinzip des Streckblasens

Bild 2: Spritzling und Formteil

Bei gleichen Festigkeitseigenschaften hat dies dünnere Wandstärken und somit günstigere Teile zur Folge. Zudem ergänzen sich die Vorteile des Spritzlings bezüglich Genauigkeit und die vielfältigen Gestaltungsmöglichkeiten der Blasteile. Ein weiterer Pluspunkt ergibt sich aus dem nahezu abfallfreien Fertigungsverfahren. Im Gegensatz zu den Extrusionsblasteilen gibt es keinen Hals- und Bodenbutzen und somit auch keine gefährdeten Schweißnähte. Erkennen kann man solche Teile am Anspritzpunkt in der Bodenmitte der Flaschen. Zunächst waren nur **PVC** und **PET** für dieses Verfahren geeignet, mittlerweile kommt aber auch **PP** als wirtschaftliche Alternative zum Einsatz (**Bild 3**).

Die Spritzlinge werden in Mehrfach-Werkzeugen (oftmals an anderer Fertigungsstätte) zeitlich vollkommen unabhängig voneinander produziert. An der **Streckblasanlage** werden die Spritzlinge sortiert und gerichtet einem Durchlaufofen zugeführt. Nach erfolgter Temperierung auf Umformtemperatur werden sie von der Form umschlossen und über den Aufsteckdorn aufgeblasen. Meistens erfolgt vor dem Aufblasen noch eine mechanische Verstreckung in Längsrichtung. Der Blasvorgang dauert nur wenige Sekunden, und somit können bei bis zu 16 Kavitäten in der Stunde über 20 000 Stück gefertigt werden. Streckblasanlagen sind häufig direkt beim Abfüller installiert und werden mit den Abfüllanlagen verknüpft.

Bild 3: Streckblasteile aus PP

Das **Spritzblasen** ist vergleichbar mit dem Streckblasen. Es unterscheidet sich durch die Kombination der beiden Herstellverfahren Spritzgießen und Blasformen in einer Maschine. In der ersten Station werden die Spritzlinge gespritzt. Nachdem die Form geöffnet hat, werden die Spritzlinge auf ihrem Kern eine Station weitergedreht. Hier werden die Vorformlinge wieder mittels Heizungen auf Umformtemperatur gebracht. Beim nächsten Takt erfolgt dann der Transport in die Form, wo ein Vorstrecken und der Aufblasprozess stattfinden. In der letzten Station werden die Spritzblasteile vom Kern abgestreift.

9.3.4 Bottlepack-Verfahren

Bottlepack-Anlagen ersetzen herkömmliche Abfüllanlagen. Ein typischer Arbeitsablauf einer Blasen-Füllen-Verschließen-Anlage ist in den **Bildern 1 bis 5** beschrieben.

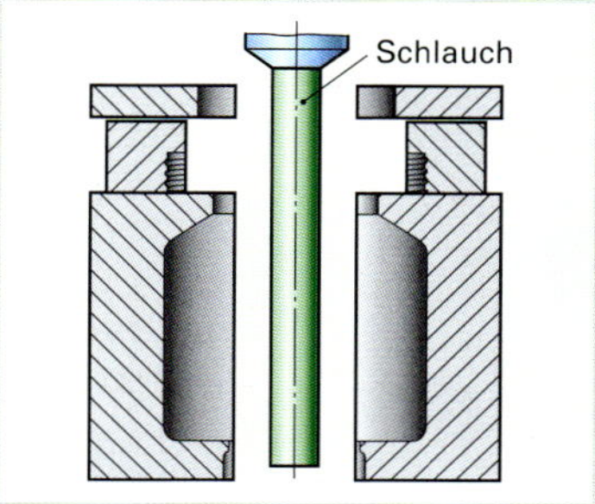

Bild 1: Extrudierung

In der Bottlepack-Anlage werden stetig heiße Kunststoffschläuche erzeugt, die von einer Blasform umschlossen werden.

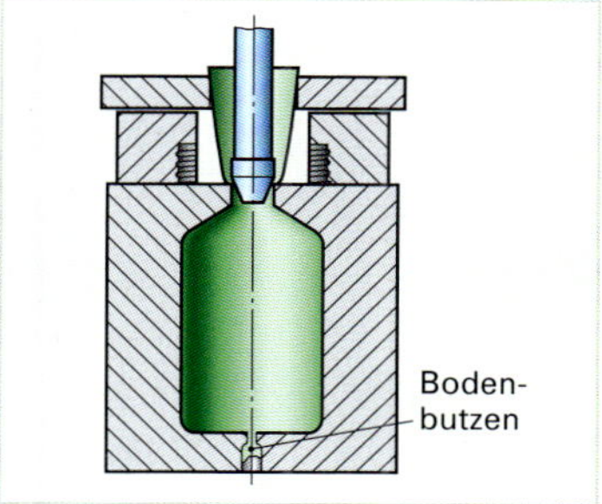

Bild 2: Ausformung

Mit Schließen der Hauptform wird zuerst das Bodenteil hermetisch verschweißt. Eine Spezialdorneinheit setzt sich auf den Formenhals und bläst den Behälter mit Druckluft auf.

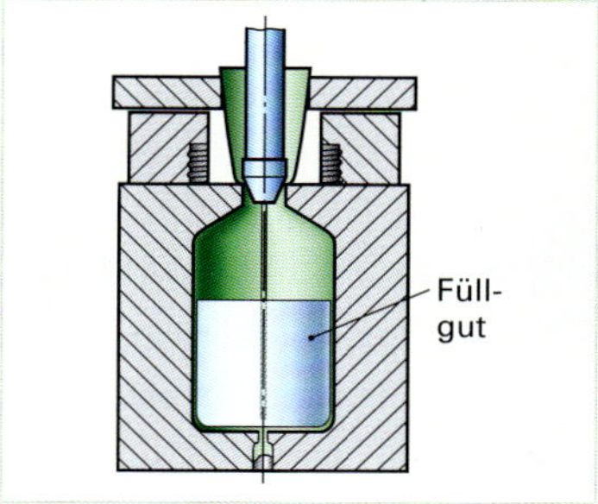

Bild 3: Abfüllung

Im patentierten Verfahren wird nun das exakt von der Bottlepack-Dosiereinrichtung abgemessene Füllgut in den Hohlkörper eingefüllt.

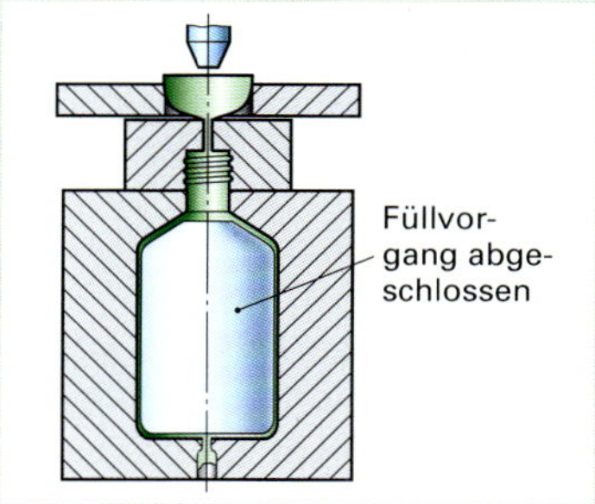

Bild 4: Verschließen

Der obere, noch ungeformte Schlauchabschnitt wird mit dem Abheben der Spezialdorneinheit durch die sich schließenden Kopfbacken verschweißt. Gleichzeitig formt Vakuum den hermetischen Garantieverschluss.

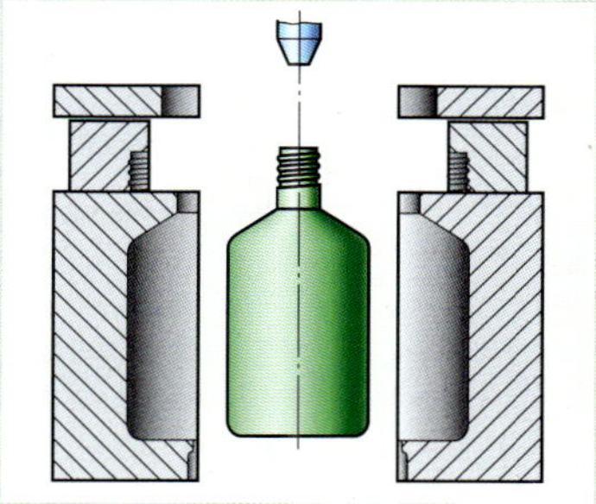

Bild 5: Formöffnung

Die komplett in der Bottlepack-Anlage hergestellte, gefüllte und verschlossene Verpackung wird entformt. Der Kreislauf beginnt von vorn.

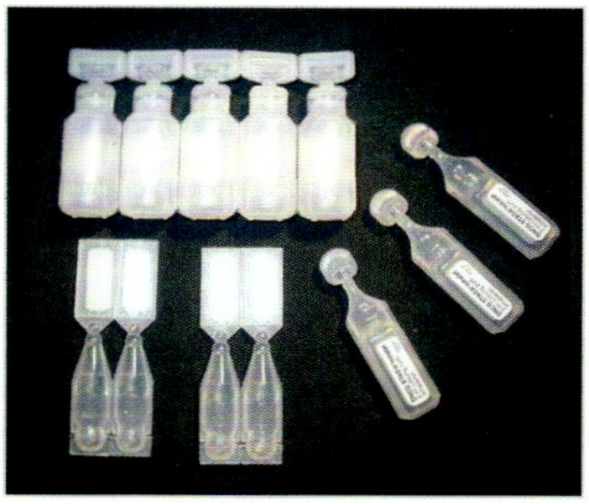

Bild 6: Artikel aus der Pharmazie

Weitere Anwendungen finden sich im Lebensmittelsektor und in der chemischen Industrie.

Das Verfahren bietet gegenüber einem herkömmlichen Abfüllprozess folgende Vorteile:

- Der hochautomatisierte Arbeitsvorgang macht **menschliches Eingreifen** im Füllbereich **überflüssig**.
- Das Füllgut wird niemals einer nichtsterilen Umgebung ausgesetzt; dadurch wird ein Höchstmaß an **Sterilität** erzielt.
- Die Effizienz wird durch die **kurze Anfahr- und Vorbereitungszeit** erhöht.
- Die **Kosten** können wegen des geringen Platzbedarfs, des hohen Grades an Automation und des kostengünstigen Verpackungsmaterials drastisch **gesenkt** werden (**Bild 6**).

10 Herstellen von Formteilen und Halbzeugen durch Schäumen

Der immer größer werdende Marktanteil von Schaumstoffen ist unter anderem darauf zurückzuführen, dass fast alle Kunststoffe geschäumt werden können (**Bild 1**).

Man unterteilt die Schäume nach ihrem Herstellverfahren zunächst in drei Gruppen:

- **Schäume aus Thermoplastschmelzen**
- **Schäume aus blähfähigen Einzelteilchen**
- **Schäume aus flüssigen Ausgangskomponenten**

Mittlerweile sind geschäumte Spritzgießteile, geschäumte Folien oder geschäumte Extrudate Standard. Die Herstellung dieser Schaumteile wird in den jeweiligen Kapiteln erläutert. Ziel ist dabei meistens, bei verhältnismäßig dicken Wandstärken eine Verkürzung der Kühlzeit und eine Reduzierung der Verzugsneigung zu erreichen. Derartige Schaumprodukte entstehen durch die Injektion von Treibmitteln in die **Thermoplastschmelze** oder durch Abspaltung von Treibgasen bei der Plastifizierung. Hierbei werden dann die Treibmittel in konzentrierter Form als Batch beigemischt.

Bild 1: Beispiele für Schaumteile

10.1 Allgemeines über Schäume

Schaumstoffe sind nach der DIN EN ISO 7726:2002-04 künstlich hergestellte Werkstoffe mit **zelliger Struktur** und **niedriger Rohdichte.**

Der zellige Aufbau der Schaumstoffe ergibt folgende markante Eigenschaften:

- niedrigere Rohdichte als der Grundwerkstoff
- gute Isoliereigenschaften
- geringe Eigenspannungen
- vielseitige Gestaltungsmöglichkeiten
- einfache Nachbearbeitung

Die wohl bekanntesten Schaumprodukte sind die **Styropor**®-Teile, der **Bauschaum** oder die **Polstermöbelschäume**. Ein Polystyrol-Schaumteil besteht bis zu 98 % aus Luft. Dies macht es zum einen sehr leicht, zum anderen ist Luft ein sehr schlechter Wärmeleiter, wodurch die guten Isoliereigenschaften entstehen. Durch den Einschluss von Gasen verringert sich auch das Schwindungsverhalten, und selbst Artikel mit starken Wanddickenunterschieden weisen geringe Eigenspannungen auf, wodurch ein unerwünschter Verzug der Teile vermieden wird. Über die klassischen Anwendungsgebiete der Wärmedämmung und Verpackung hinaus gibt es zahlreiche weitere Beispiele. Schuhsohlen, Armaturentafeln, Lenkräder, Kopfstützen, Laufbahnen in Sportstätten oder der Tafelschwamm in der Schule sind nur einige davon.

Die zellige Struktur der Schäume wird durch **Treibmittel** hervorgerufen. Diese Treibmittel können chemische Verbindungen sein, die bei einer bestimmten Temperatur zu sieden beginnen und somit Gasblasen bilden. Da es sich bei der Entstehung des Gases um einen physikalischen Vorgang handelt, spricht man von **physikalischen Treibmitteln**. Das bekannteste physikalische Treibmittel ist das **Pentan**. Es wird sowohl beim EPS als auch beim PUR eingesetzt. Durch den niedrigen Siedepunkt erfolgt ein frühzeitiges Aufblähen, dadurch können gleichmäßige, niedrige Dichten erzielt werden.

Ist die Entstehung der Gasbläschen eine Folge einer chemischen Reaktion zwischen **zwei reagierenden Komponenten**, so spricht man von einem **chemischen Treibmittel**. Ein Beispiel dafür ist das Kohlendioxid. Chemische Treibmittel benötigen zu ihrer Entstehung aber höhere Temperaturen, weshalb sie meist bei Thermoplastschmelzen und PUR-Schäumen verwendet werden, bei denen die Brennbarkeit von Pentan hinderlich ist.

Die Treibmittel und weitere Zusatzstoffe wie **Reaktionsbeschleuniger**, **Keimbildner** oder **Zellstabilisatoren** bestimmen somit die Struktur des Schaums.

Daraus ergibt sich neben der Einteilung der Schäume nach ihrem Herstellverfahren noch die Unterscheidung nach den verschiedenen **Zellstrukturen** der Schäume. Man bezeichnet Schäume, deren Zellhohlräume nicht miteinander in Verbindung stehen, als **geschlossenzelligen Schaum**. Schäume ohne abgeschlossene Hohlräume nennt man **offenzellige** Schäume. Sind sowohl geschlossene Zellen als auch offene Zellwände vorhanden, wird von einem **gemischtzelligen Schaum** gesprochen (**Bilder 1 bis 3**).

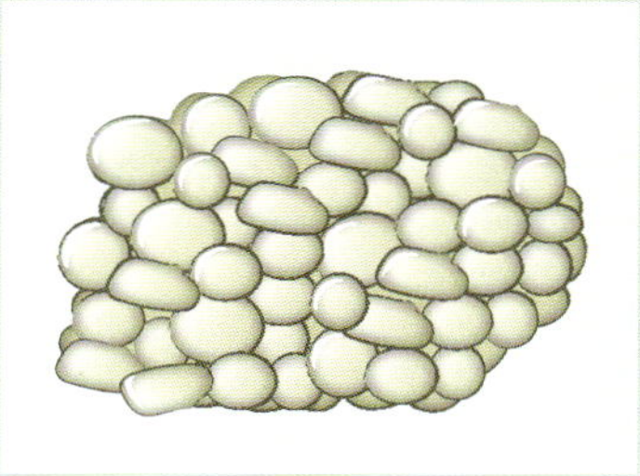

Bild 1: Geschlossenzellige Struktur

Bild 2: Offenzellige Struktur

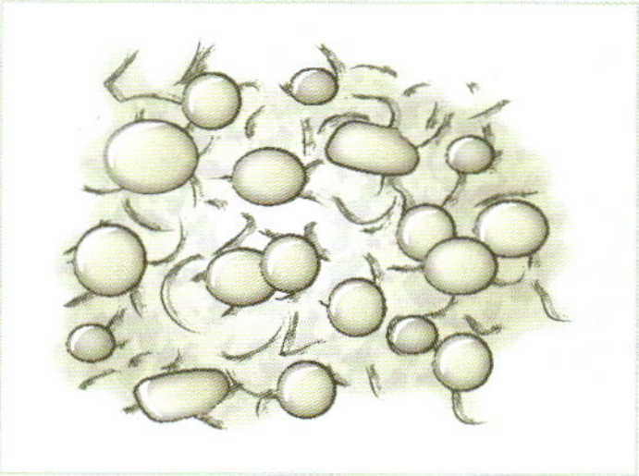

Bild 3: Gemischtzellige Struktur

Durch spezielle Verfahren ist es auch möglich Schäume herzustellen, die im Inneren eine zellige Struktur besitzen und deren Randzone ungeschäumt ist. Solche Ausführungen bezeichnet man als **Struktur- oder Integralschäume** (**Bild 4**).

Verfügt ein Schaumstoff über einen hohen Verformungswiderstand und eine geringe Elastizität, so spricht man vom **Hartschaum**. Schäume mit guter Verformbarkeit und hohem Rückstellbestreben, z. B. für Sitzmöbel und Matratzen, werden als **Weichschaum** bezeichnet.

Schäume kommen als Formteile und als Halbzeuge vor. Zudem eignen sich **PUR (Polyurethan), UF (Harnstoff-Formaldehydharz) und PF (Phenol-Formaldehydharz)** zum Versprühen. Fensterrahmen und Türzargen werden damit fixiert. Teppichrückseiten und andere textile Träger werden mit schäumfähigen **PVC-Pasten** oder **PUR-Pasten** bestrichen. Dadurch werden die Gebrauchseigenschaften wesentlich verbessert.

Bild 4: Integralschaum im Querschnitt

10.2 Schäume aus blähfähigen Einzelteilchen

Das Polystyrol, das Polypropylen als auch das Polyethylen lassen sich zunächst zu kleinen Kügelchen aufschäumen und in einem anschließenden Fertigschäumprozess zu Formteilen oder Blöcken formen. Kennzeichen dieser Schäume ist die **geschlossenzellige Struktur**, die kaum Feuchtigkeit aufnimmt. Viele ihrer Eigenschaften sind durch die Veränderung der Zellgröße bereits vor der eigentlichen Formgebung beeinflussbar.

10.2.1 Expandierfähiges Polystyrol EPS

Ende 1949 sollte Fritz Stastny, Chemiker bei der BASF, eigentlich eine Isolierung für Telefonkabel entwickeln. Eine in einem Versuchsschrank vergessene Polystyrolprobe hatte das Versuchsgefäß gesprengt. So wurde völlig zufällig der Polystyrolschaum entdeckt. Die BASF nannte den neuen Werkstoff **STYROPOR®** und ließ den Namen schützen. Der erste nennenswerte Artikel war ein Schwimmring für eine schwedische Firma. Heute wird der **Polystyrolschaum** vorwiegend für Verpackungen und in der Baubranche zur Wärmedämmung genutzt. **EPS** hat die Form glasartiger Perlen mit einem Durchmesser von 0,2 mm bis 3 mm und wird als **Perlgranulat** bezeichnet (**Bild 1**). In diesen Perlen sind ca. 5 % Pentan enthalten. Pentan ist ein Kohlen-Wasserstoff, der bei 38 °C siedet. Pentan gilt als physikalisches Treibmittel.

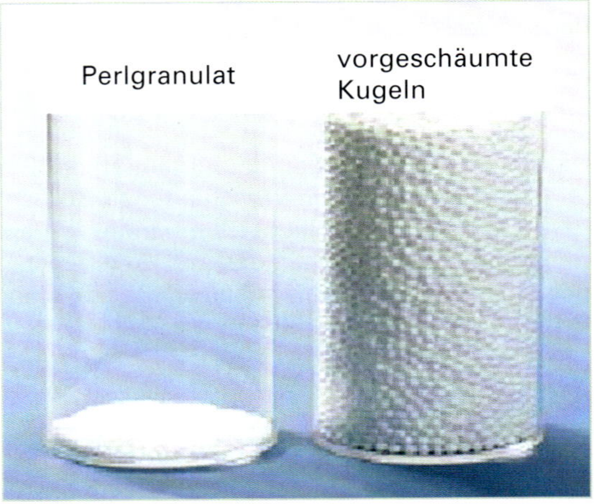

Bild 1: Perlgranulat und vorgeschäumte Kugeln

Vorschäumen

Die Hersteller von EPS-Schaumprodukten bekommen dieses Perlgranulat zur weiteren Verarbeitung geliefert und beaufschlagen es mit Wasserdampf. Beim Erwärmen auf ca. 100 °C erweicht das Polystyrol und gleichzeitig steigt durch das Pentan der Druck im Inneren. Dabei vergrößert sich das Volumen der Kügelchen bis zum 60-fachen der Ausgangsgröße (**Bild 1**). Diesen Arbeitsschritt bezeichnet man als das **Vorschäumen**.

Die **Schüttdichte** und ihre konstante Einhaltung beim Vorschäumen ist maßgebend für die späteren Eigenschaften des Schaumteiles. Je größer die Schüttdichte, desto druckfester und filigraner können die Schaumformteile gestaltet werden.

Die gewünschten **Schüttgewichte** werden dabei durch die Dauer des Vorschäumens bestimmt (**Bild 2**). Obwohl die verschiedenen Marken von EPS beim Vorschäumen ein unterschiedliches Verhalten zeigen, so ist doch allen gemein, dass sie sich in den ersten Sekunden schnell vergrößern, dann etwas im Wachstum nachlassen. Nach Erreichen ihrer maximalen Vergrößerung ist ein Schrumpfen feststellbar. Die Schüttdichte in kg/m³ nimmt somit anfangs ziemlich linear ab und erreicht, je nach EPS-Type, (z. B. nach einer Minute) ihr Minimum. Die Schüttdichten liegen üblicherweise zwischen 10 kg/m³ und 250 kg/m³.

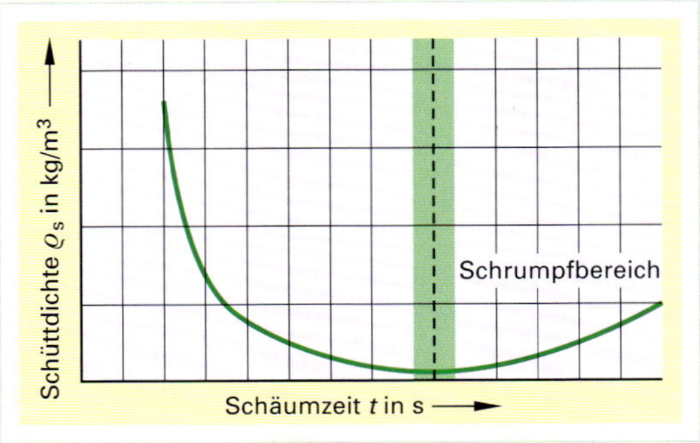

Bild 2: Entwicklung der Schüttdichte

Das Vorschäumen erfolgt für laufende Produktionen meist mittels **kontinuierlicher Vorschäumer**. Bei der Versorgung von Formteilautomaten kommen **diskontinuierliche Vorschäumer** zum Einsatz.

Beim **diskontinuierlichen Vorschäumer** (**Bild 1**) wird eine definierte Menge an EPS eingefüllt und unter stetigem Rühren von unten bedampft. Der Prozess wird entweder nach Ablauf der Vorschäumzeit oder durch das Signal einer Lichtschranke beendet. Nach einer kurzen Wartezeit werden die Kügelchen ausgetragen und der Trocknung zugeführt.

Beim **kontinuierlichen Vorschäumen** (**Bild 2**) werden die Perlen ständig über Förderschnecken von unten in den Schäumbehälter transportiert. Dort werden sie mit Sattdampf bei möglichst geringem Druck beaufschlagt. Rührwerke garantieren ein gleichmäßiges Aufschäumen. Die Schüttdichte wird entweder durch eine Veränderung der Überlaufhöhe oder bei festem Überlauf durch den Materialdurchsatz bestimmt. Schüttdichte-Regelungsanlagen gewährleisten durch Veränderung der Förderschneckendrehzahl eine gleichbleibende Schüttdichte. Der optimale Schüttdichtebereich solcher Anlagen liegt bei 14 kg/m³ bis 30 kg/m³. Werden niedrigere Schüttdichten benötigt, wird auch ein **Nachschäumen** durchgeführt. Nach einer Zwischenlagerung von 4 Stunden bis 10 Stunden wird dann zum zweiten Mal geschäumt.

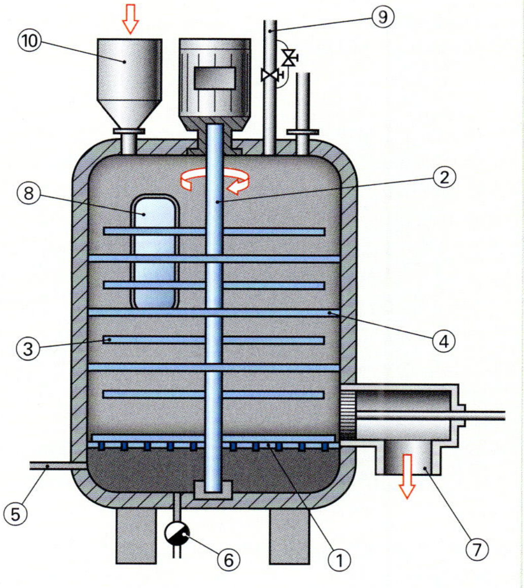

① perforierter Behälterboden
② Rührwelle
③ Rührarme
④ Brecherstäbe
⑤ Dampfeintritt
⑥ Kondensatablass
⑦ Materialaustrag
⑧ Schauglas
⑨ Entlüftung
⑩ Einfülltrichter

Bild 1: Diskontinuierlicher Vorschäumer

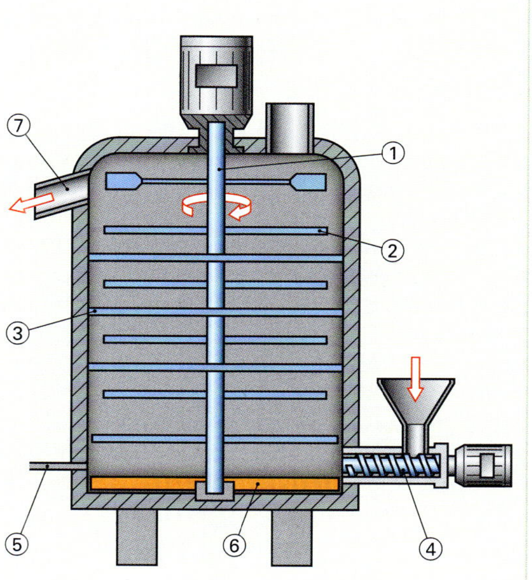

① Rührwelle
② Rührarme
③ Brecherstäbe
④ Förderschnecke
⑤ Dampfeintritt
⑥ Bodenabstreifer
⑦ Materialaustrag

Bild 2: Kontinuierlicher Vorschäumer

Bevor das vorgeschäumte PS den Silos zur **Zwischenlagerung** zugeführt wird, ist es zweckmäßig, das Material zu trocknen. Der Transport und auch die Überprüfung der Schüttgewichte ist im nassen Zustand nicht möglich. Zur Trocknung und Stabilisierung der Kügelchen haben sich Fließbetten bewährt (**Bild 1, folgende Seite**). Hierbei wird das zu trocknende Gut von unten mit Luft durchströmt. Bei einer bestimmten Strömungsgeschwindigkeit lockert sich das Schüttgut auf und fängt an zu wirbeln. Das Anwärmen der Fließbettluft kann durch zu starkes Austrocknen des Materials die elektrostatische Aufladung der vorgeschäumten Perlen begünstigen. Diese Maßnahme ist deshalb nur bei speziellen Produktionsbedingungen sinnvoll.

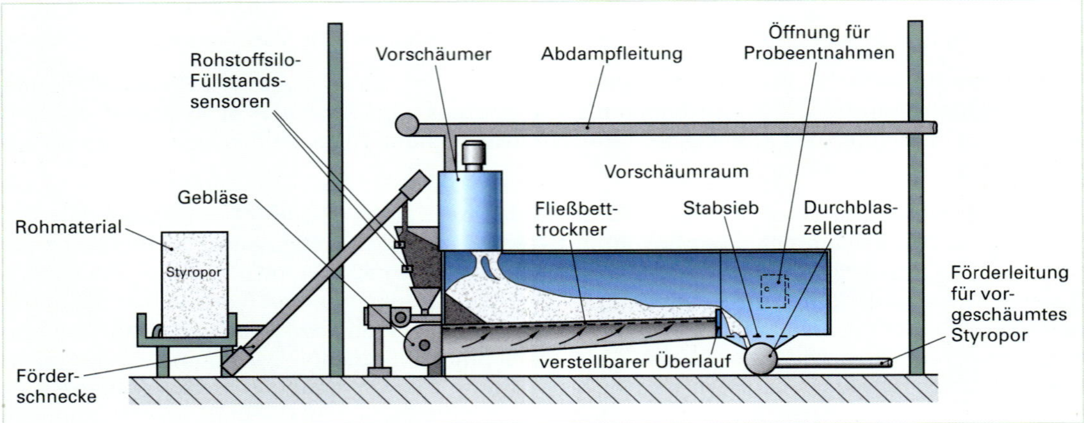

Bild 1: Vorschäumer mit anschließendem Fließbett (Prinzip)

Die frisch vorgeschäumten Teilchen sind druckempfindlich und müssen vorsichtig mithilfe von Druckluft transportiert werden. Dies gewährleistet eine Förderung durch eine **Zellradschleuse**. Diese bietet neben der schonenden Behandlung auch große Durchsätze.

Zwischenlagerung

Beim Abkühlen der Schaumstoffperlen kondensiert das Gasgemisch im Inneren, und der Druck sinkt sehr schnell unter den Umgebungsdruck. Zunächst muss die polymere Matrix der Kugeln dieser Differenz standhalten. Erst durch ein sehr langsames **Eindiffundieren** von Luft in die Zellen stabilisieren sie sich und können weiterverarbeitet werden. Bei hohen Schüttdichten wurde nur wenig Pentan verbraucht, was beim nachfolgenden Fertigschäumen ebenfalls zu Problemen führt. In diesem Fall ist es deshalb durchaus erwünscht, dass während der Zwischenlagerung auch Pentan aus den Zellen herausdiffundiert. Da Pentan schwerer als Luft ist, besteht in geschlossenen Lagerräumen Erstickungsgefahr. Um eine Entzündung des Gas-Luft-Gemisches zu verhindern, besteht zudem ein Rauchverbot und der Gebrauch von offenen Flammen. Je nach Perlgröße und Zellwandstärke betragen die Zwischenlagerungszeiten 12 Stunden ... 24 Stunden. Eine zu kurze Zwischenlagerung führt zu instabilen Schaumteilen. Eine Möglichkeit, die Zwischenlagerungszeit zu verkürzen, besteht durch das kontrollierte Beimischen von **EPS-Mahlgut**. Die Zwischenlagerung erfolgt in Silos, wobei für jede EPS-Marke und jede Schüttdichte ein gesondertes Silo vorhanden sein muss.

Daraus ergeben sich häufig viele kleinere Silos, die im Inneren von Gebäuden stehen. Sie bestehen dann oft aus luftdurchlässigen Geweben wie Jute. Bei Kunststoffgeweben werden leitfähige Metallfäden eingearbeitet, um eine elektrostatische Aufladung zu verhindern. Silos im Außenbereich sind teils gemauert und besitzen einen durchlässigen Boden aus Metallsieben. Ebenfalls zum Einsatz kommen luftdurchlässige Rundsilos aus nichtrostendem Metall (**Bild 2**).

Das Zwischenlagern hat drei Gründe:

- Druckausgleich zwischen dem Inneren der Zellen und der Umgebung
- Abbau der Restfeuchte
- Bei hohen Schüttdichten eine Reduzierung des Treibmittelanteils.

Bild 2: Zwischenlagersilos

Fertigschäumen

Nach erfolgter Zwischenlagerung werden die Kügelchen in die gewünschten Formen geschüttet oder geblasen. Anschließend werden die Werkzeuge verschlossen. Je nach Bedarf kann es sich hierbei um große Blockformen oder auch um kleinere Formteilwerkzeuge handeln (**Übersicht 1**).

Übersicht 1: Verschiedene Verarbeitungsverfahren

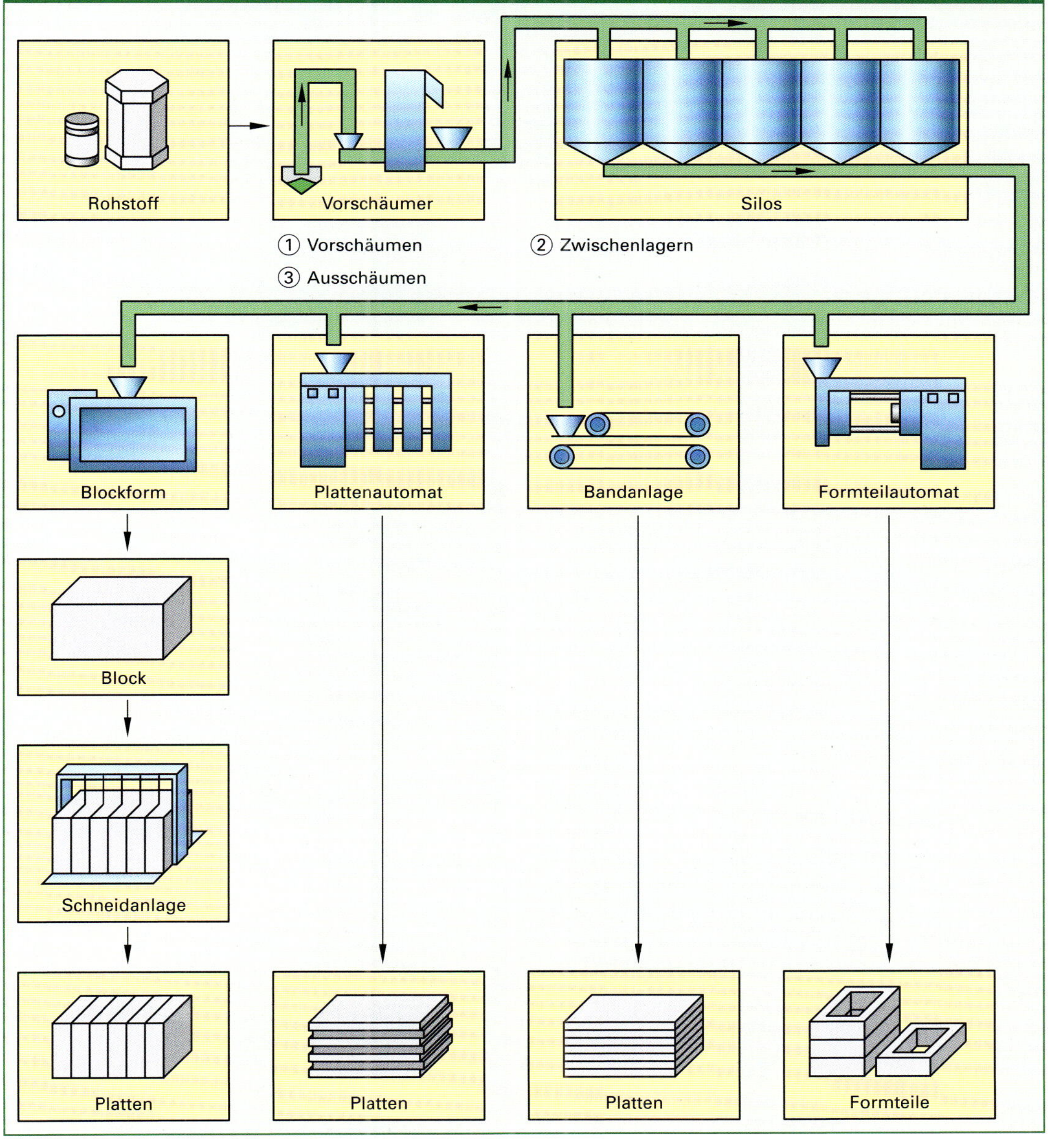

Am häufigsten kommen Schäumautomaten mit Blockformen zum Einsatz. Nach der Abkühlung können die gewünschten Plattendicken geschnitten werden. Plattenautomaten bieten den Vorteil, dass die Platten das Werkzeug fertig verlassen. Nut und Feder oder Profilierungen der Platten sind bereits vorhanden. Auf Bandanlagen fertigt man endlos und schneidet anschließend auf die gewünschte Längen ab. Platten von Bandanlagen werden vorwiegend zu Trittschalldämmplatten weiterverarbeitet.

Da die Werkzeuge ständig von Heißdampf umspült werden und somit Feuchtigkeit ausgesetzt sind, kommen für die Formen nur Werkstoffe in Betracht, die nicht aufquellen und korrodieren. Bei den Werkzeugen handelt es sich deshalb meist um Aluminiumformen, die mit einer Vielzahl von **Lochdüsen** ausgestattet sind (**Bild 1**).

Durch diese Düsen strömt der Heißdampf von 100 °C ... 120 °C und beim Überschreiten der Glasübergangstemperatur blähen sich die Kügelchen nochmals auf. Der Grund dafür liegt im Restgehalt von ca. 2 % Pentan in den Kügelchen und daran, dass der Wasserdampf viel schneller in die Kügelchen eindringen kann als die Luft von innen heraus. Bei entsprechendem **Dampfdruck**, **Spülzeit** und **Druckwirkzeit** wird die Luft zwischen den Partikeln vollständig aus dem Werkzeug verdrängt und die Kügelchen verbinden sich miteinander zu einem kompakten, homogenen Schaumteil. Nach einer verhältnismäßig kurzen Abkühlzeit werden die Schaumprodukte entformt und abgelagert. Diese Lagerung dient, wie die Zwischenlagerung, ebenfalls zur Stabilisierung der Zellen. Dies ist besonders vor einer eventuellen Weiterverarbeitung wichtig. Mittels Formteilautomaten und den entsprechenden Formteilwerkzeugen ist es möglich, selbst komplizierte Geometrien herzustellen. Zur Herstellung von Platten kommen mehrere Verfahren in Frage. Zum einen werden dabei mehrere Platten senkrecht in Plattenautomaten geschäumt. Auf Bandanlagen entstehen ebenfalls Platten mit gewünschten Dicken. Flexibles Reagieren auf die gewünschten Plattenstärken ermöglichen Blockschäumanlagen mit nachgeschalteten Schneidanlagen.

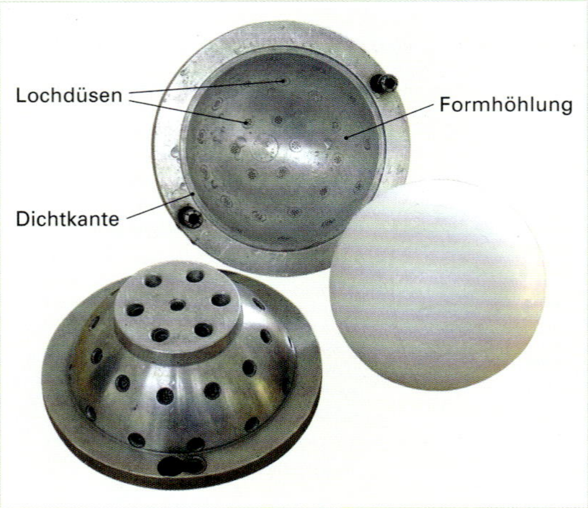

Bild 1: Formteilwerkzeug für eine Kugel

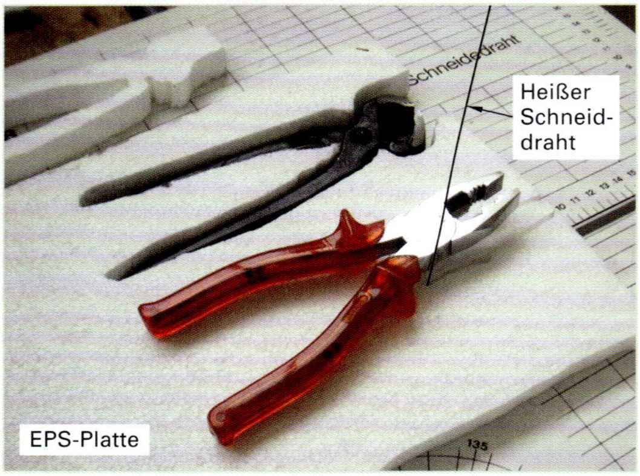

Bild 2: Schneiden mit heißem Draht

Weiterverarbeitung

Die geschäumten Blöcke werden meist durch Schneidanlagen mit heißen Drähten in die gewünschten Plattenstärken geschnitten. Das PS wird hierbei aufgeschmolzen. So können auch wellige und bogenförmige Schnitte erfolgen (**Bild 2**).

Ein Trennen mittels Messern oder spanabhebender Verfahren ist ebenfalls möglich. Von Rundblöcken schält man 2 mm ... 20 mm dicke Bahnen ab. Platten für Trittschalldämmungen werden nachträglich definiert gepresst. PS-Platten für den Bausektor werden häufig als Verbundplatten mit Gipskarton angeboten. PS-Schaumteile lassen sich zudem problemlos bedrucken und kleben. An den bunten Kinderfahrradhelmen ist ersichtlich, dass auch ein Einfärben des EPS möglich ist (**Bild 3**).

Bild 3: Kinderfahrradhelm aus EPS

Wiederverwertung

Sicherlich hat auch die problemlose Wiederverwertung der Polystyrol-Schaumstoffprodukte einen wesentlichen Anteil an der breiten Verwendung dieses Werkstoffes (**Übersicht 1**). Zerkleinert und gemahlen werden die sauberen Schaumstoffe, z. B. bei **Blockschaumanlagen** als Zuschlagstoffe beigemischt. In diesem Zustand werden sie auch häufig im Bauwesen zur Erhöhung der Isolierwirkung und zur Gewichtsreduzierung dem Beton zugesetzt. Wegen seiner ökologischen Unbedenklichkeit wird es als Zusatz von Substraten und zur Bodenauflockerung verwendet. Eine weitere Verwertung ist das Aufschmelzen des EPS und die Granulierung zu PS-Granulat, wie es zur Verarbeitung an Spritzgießautomaten, z. B. für Lineale oder andere Büroartikel verwendet wird. Ist keines dieser Verfahren wegen Verunreinigungen sinnvoll, kommt immer noch die thermische Verwertung in Betracht.

Übersicht 1: Möglichkeiten der Wiederverwendung von EPS

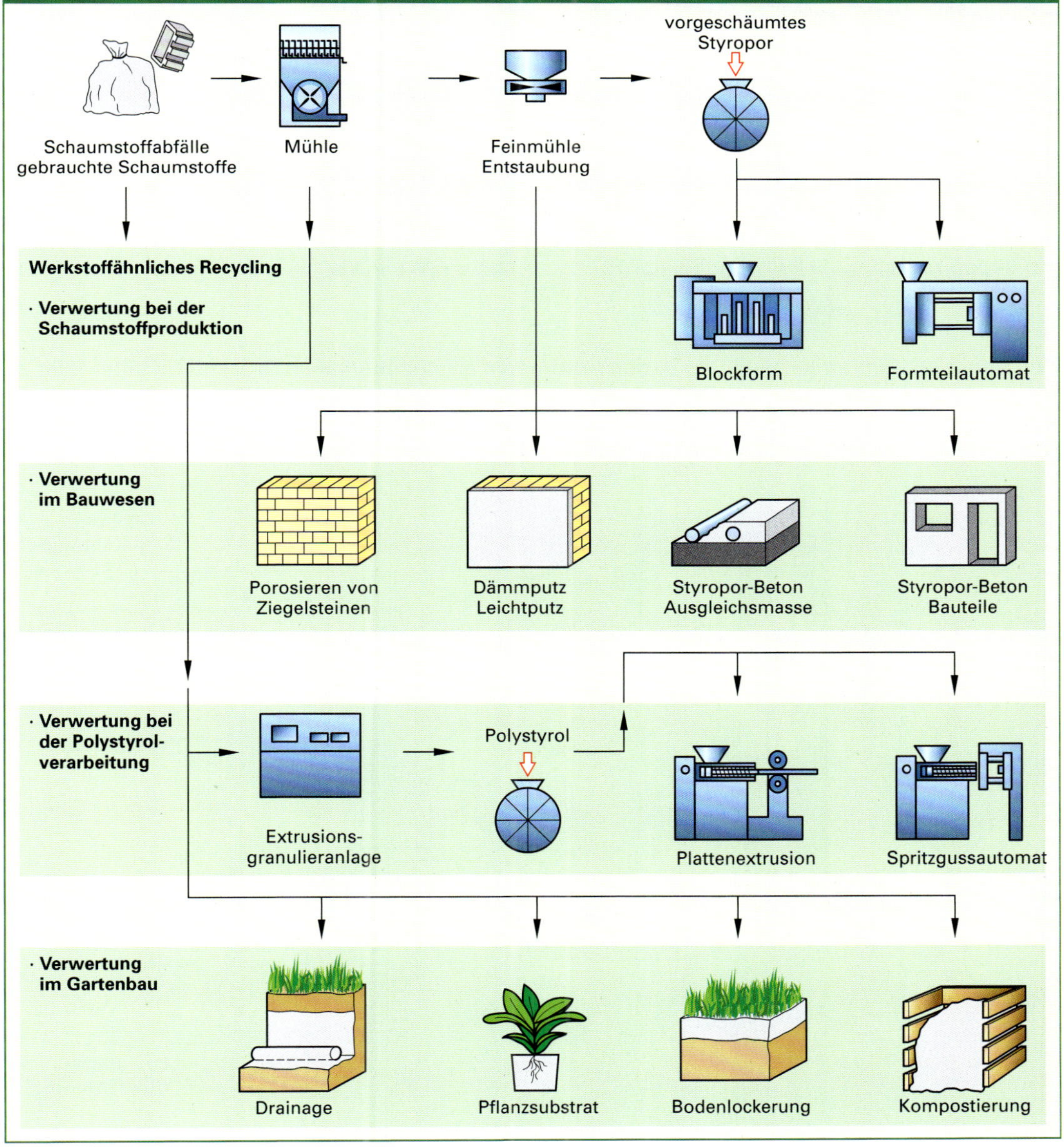

10.2.2 Expandierfähiges Polypropylen EPP

Anders als beim EPS werden beim EPP bereits die mit Luft gefüllten Schaumstoffpartikel in loser Schüttung angeliefert (**Bild 1**). Die Hersteller liefern die Partikel in Schüttdichten zwischen 10 g/l und 40 g/l mit Großraum-Lkws. Der mittlere Durchmesser schwankt dann ungefähr von 2 mm ... 7 mm. Vor Witterungseinflüssen sowie vor übermäßiger Druckbeanspruchung durch zu große Lagerhöhen geschützt, werden die Partikel in Silos gelagert.

Die Verarbeitung erfolgt auf Schäumautomaten, die für einen Dampfkammerdruck von mindestens 5 bar ausgelegt sind. Die Herstellung der Formteile oder Blöcke erfolgt grundsätzlich in fünf Schritten:

- **Füllen des Werkzeugs**
- **Verschweißen der Partikel**
- **Kühlen**
- **Entformen**
- **Stabilisieren**

Die gewünschte Dichte des Schaumteils wird erreicht durch die Wahl der Partikelgröße und der Füllverfahren. Die üblichen Formteildichten liegen zwischen 20 kg/m³ ... 85 kg/m³.

Bild 1: EPP-Partikel

Füllen

Der Transport der Partikel vom Silo zu den Automaten erfolgt über einen Druckfüllbehälter (**Bild 2**). Die Partikel werden über spezielle Schlauchleitungen in die geschlossene Form gedrückt. Bei gefüllter Form verschließt ein Stößel das Werkzeug und die Partikel in den Schlauchleitungen werden zurück in das Druckfüllgerät gefördert.

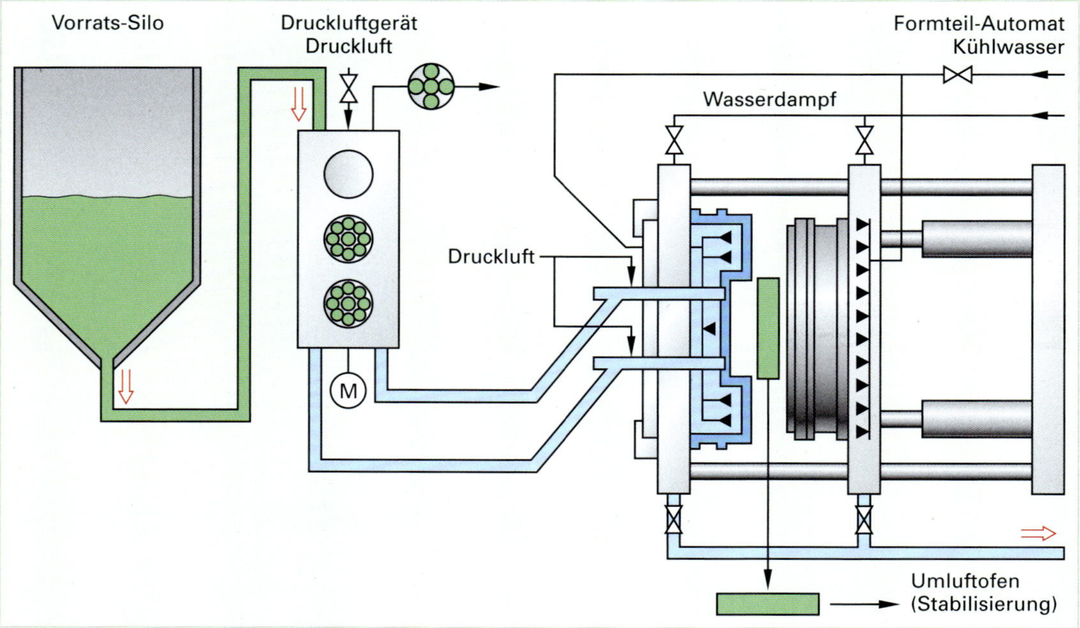

Bild 2: Anlage zur Herstellung von EPP-Formteilen

Da EPP-Schaumstoffpartikel kein Treibmittel enthalten, müssen sie in der Form komprimiert werden. Hierbei kommen vorwiegend drei Verfahren zum Einsatz:

- **Druckfüllverfahren**: Füllen des Werkzeugs unter Gegendruck
- **Crackverfahren**: Füllen des Werkzeugs bei geringem Gegendruck und nach Beendigung des Füllvorgangs wird das Werkzeug vollständig geschlossen. Dadurch erfolgt die gewünschte Verdichtung. Dichteunterschiede sind durch ein mehr oder weniger weit geschlossenes Tauchwerkzeug bei der Befüllung zu erzielen.
- **Druckbeladung**: Durch eine mehrere Stunden vor der Verarbeitung durchgeführte Behandlung der Partikel bei erhöhtem Druck und erhöhter Temperatur erreicht man einen höheren Partikelinnendruck. In Kombination mit einem der beiden anderen Füllverfahren lassen sich Formteile mit geringen Dichten herstellen.

Verschweißen der Schaumstoffpartikel

Als Energieträger für die Verschweißung der Partikel dient Wasserdampf. Je nach der gewünschten Dichte der Formteile (**Bild 2**) ist ein Bedampfungsdruck von 2 bar … 4 bar erforderlich. Wie beim EPS tritt der **Sattdampf** über ein flächendeckendes System von Lochdüsen in die Form zu den Partikeln vor (**Bild 1**).

Bild 1: Teileoberfläche mit Lochdüsen

Kühlen

Durch das Kühlen wird der Formteilinnendruck soweit abgebaut, dass ein Aufplatzen der Formteiloberflächen verhindert wird. Die Kühlzeit richtet sich im Wesentlichen nach der Dicke des Teils und seiner Dichte.

Entformen

Die Entformung geschieht durch mechanische Auswerfer oder durch Druckluft.

Stabilisieren

Zur Beseitigung des **Zwickelwassers** und zur Dimensionsstabilisierung müssen die EPP-Formteile nach der Entformung normalerweise getempert werden. Die **Temperung** erfolgt bei 80 °C und dauert mindestens sechs Stunden. Teile mit Dichten ab 60 kg/m³ erfordern keine Temperung.

EPP-Schaumteile zeichnen sich durch vielfältige Eigenschaften aus:

- frei von Treibgasen und anderen chemischen Treibmitteln (FCKW-frei)
- gutes Wärmedämmvermögen
- gute Beständigkeit gegenüber Chemikalien
- geringe Wasseraufnahme
- Funktionssicherheit über einen weiten Temperaturbereich
- hohe Energieabsorption bei geringem Gewicht
- gutes Rückstellvermögen nach statischer und dynamischer Belastung
- weitgehend unveränderte Energieabsorption nach mehrfacher Stoßbeanspruchung
- Formteildichte einstellbar auf spezifische Anforderungen
- vielfältige Recyclingmöglichkeiten

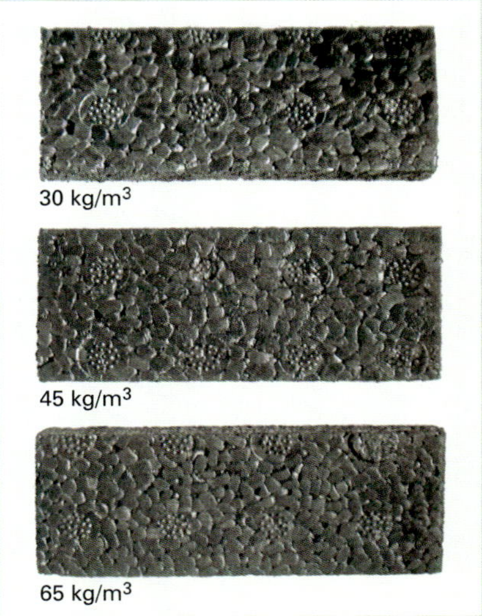

Bild 2: Unterschiedliche Formteildichten

Diese Eigenschaften unterscheiden sich teils von EPS und anderen Schäumen und führen zu ihren speziellen Einsatzbereichen. Aufgrund der hohen Energieabsorption und einem günstigen Verformungsverhalten kommen EPP-Schaumteile häufig als Pralldämpfer in Stoßfängern von Pkws zum Einsatz (**Bild 1**).

Das unkomplizierte Recycling macht EPP für weitere Autoteile wie Sonnenblenden, Kofferraumauskleidungen, Werkzeugaufnahmen und vieles mehr interessant. EPP dient auch zum Schutz von empfindlichen Messgeräten oder Computern und kann mehrfach wiederverwendet werden. Bei Heizungsarmaturen dient das Gehäuse aus EPP zunächst als Transportverpackung, und nach dem Einbau wird es zur hochwirksamen Wärmedämmung (**Bild 2**).

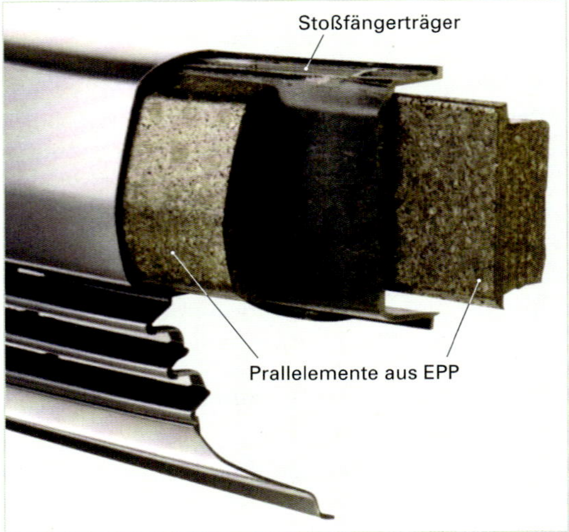

Bild 1: Stoßfängerkern

Bild 2: Armatur für eine Solaranlage

Wiederverwertung

Dank seiner sehr guten Festigkeitswerte wird das EPP häufig als Mehrwegverpackung in der Industrie eingesetzt. Als Warmhaltebox für Nahrungsmittel überzeugen EPP-Schaumteile ebenfalls durch eine lange Haltbarkeit. Verbrauchte Verpackungen oder Autoaltteile werden mittels Shreddern und Mühlen zerkleinert und können dem Formteilherstellungsprozess anteilig zugeführt werden. Ein Regranulieren von sortenreinem Alt-EPP und eine anschließende Verarbeitung mit den bekannten Verarbeitungsverfahren Extrusion, Spritzgießen usw. ist ebenfalls möglich. Beim Regranulieren werden die geshredderten Partikel aufgeschmolzen und zu Granulat verarbeitet. EPP hat einen hohen Heizwert und extrem geringe Rauchgastoxizität, weshalb es auch bei Müllheizkraftwerken sehr begehrt ist.

Wiederholungsfragen:

1. Nennen Sie einige typische Eigenschaften der Schäume.
2. Wodurch unterscheiden sich beim Schäumen die chemischen von den physikalischen Treibmitteln?
3. Erläutern Sie die unterschiedlichen Zellstrukturen der Schäume.
4. Welcher Zusammenhang besteht zwischen der Vorschäumdauer und dem Volumen der vorgeschäumten PS-Kügelchen?
5. Wozu dient das Zwischenlagern der vorgeschäumten PS-Kügelchen?
6. Mit welchen Anlagen werden PS-Blöcke üblicherweise geschnitten?
7. Nennen Sie die fünf Schritte beim Schäumen von EPP.
8. Durch welche Maßnahmen kann man die Formteildichte eines EPP-Teiles verändern?
9. Nennen Sie einige Beispiele für den Einsatz von EPP-Teilen.

10.3 Schäume aus reaktionsfähigen flüssigen Ausgangskomponenten

Im Baugewerbe werden wegen ihrer Eigenschaften schwerer Entzündbarkeit und gutem Dämmvermögen neben **PUR-Schäumen** auch **Phenolharzschäume (PF-Schaum)** und **Harnstoff-Formaldehydschäume (UF-Schaum)** eingesetzt. Sie können zur Füllung von Hohlräumen versprüht werden oder als Platten eingebaut werden. Im Bergbau und Tunnelbau wird z. B. UF-Schaum zur Hinterfüllung und Dämmung eingesetzt. Die Harzlösung und die Schaumlösung werden mittels Druckluftgeräten und Schaumapparaturen vermischt und versprüht. Nach kurzer Zeit erfolgt die Aushärtung zu einem weißen, weitgehend offenzelligem Schaum. Im Bereich der Kunststoffverarbeitung kommen jedoch vorwiegend Schäume aus Polyurethan (PUR) zum Einsatz.

10.3.1 PUR-Schaum

PUR–Schäume sind wegen ihrer universellen Einsetzbarkeit und Gestaltungsvielfalt die **Schaumstoffe nach Maß**. Als Weichschaum kommen sie in Polstermöbeln (**Bild 1**), Matratzen, Autositzen usw. zum Einsatz. Als Hartschaum dienen sie vorwiegend zur Isolation von Gebäuden, Kühlschränken (**Bild 2**), Warmwasserboilern und vielem anderen mehr.

PUR-Schäume kommen sowohl als geschlossenzelliger, gemischtzelliger, als auch als offenzelliger Schaum, mit oder ohne Haut, mit gleichmäßiger Zellstruktur oder als Strukturschaum vor. Diese vielfältigen Erscheinungsformen ergeben sich aus den unzähligen Varianten der beiden Ausgangskomponenten. Als **A-Komponente** bezeichnet man das **Polyol**. Es ist je nach Bedarf mit den unterschiedlichsten Zuschlagstoffen versetzt. Seine Farbe ist meist transparent bis leicht gelblich. Die **B-Komponente** ist ein **Isocyanat**, welches ebenfalls stark variiert werden kann. Die Farbnuancen reichen von transparent bis braun. Es gilt als mindergiftig. Der Umgang erfordert deshalb entsprechende Schutzausrüstungen für Atmungsorgane und die Haut. Werden beide Komponenten vermischt, entstehen durch die exotherme Reaktion Gasbläschen. Dies wiederum führt zum Aufschäumen des Gemisches und zur Bildung des Schaums. Bei farbigen Produkten, z. B. Schuhsohlen, wird eine entsprechende Paste als dritte Komponente dem Mischkopf zugeführt. Die eingesetzten Treibmittel sind ebenfalls Pentan oder das bei der Reaktion in der Gegenwart von Wasser entstehende **Kohlendioxid**. **CO_2** kann auch in flüssiger Form als physikalisches Treibmittel zugesetzt werden. Häufig werden zur Erzielung von gleichmäßigen Schaumstrukturen Keimbildner und Stabilisatoren in die Ausgangskomponenten eingebunden. Durch Reaktionsbeschleuniger kann die Zeit zwischen Vermischen und Beginn des Aufschäumens, der sogenannten **Startzeit**, verkürzt werden.

Bild 1: Anwendungsbeispiel für PUR-Weichschaum

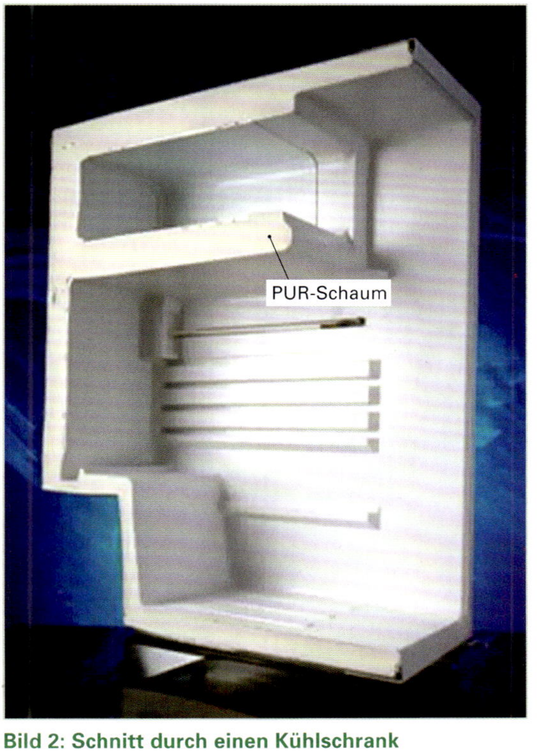

Bild 2: Schnitt durch einen Kühlschrank

Beim **Freischäumen** (**Bild 1**) müssen die beiden Komponenten nach einem vorgegebenen Mischungsverhältnis exakt abgewogen ① und anschließend möglichst schnell und intensiv vermischt ② werden. Nach Ablauf der **Startzeit** beginnt sich das Gemisch zu verfärben und die **Steigzeit** ③ beginnt. Je nach Typ kann der Steigprozess sehr schnell erfolgen. Nach Erreichen des maximalen Volumens ④ beginnt der Schaum zu vernetzen. Es ist eine deutliche Wärmeabstrahlung vom entstandenen Schaum spürbar. Der entstehende PUR-Schaum ist gelblich und gilt als physiologisch unbedenklich. Die Startzeit der Komponenten darf beim Freischäumen nicht zu kurz sein, da der Mischprozess vor Ablauf der Startzeit abgeschlossen sein muss. Während des Aufschäumens darf die Masse auch nicht ruckartigen Bewegungen unterliegen, da der Schaum ansonsten **kollabiert**. Dies bedeutet, dass die Zellen in sich zusammenfallen und kein gleichmäßiger Schaum entsteht.

Bild 1: Phasen des Freischäumens

Die Polyol- wie auch die Isocyanatkomponente sind in verschiedenen Gebinden zu beziehen. Neben Dosen (**Bild 2**) und Kanistern kommen 200-Liter-Fässer und IBC (Intermediate Bulk Container) zum Einsatz. IBC (**Bild 3**) werden zum Transport und zur Lagerung von flüssigen und rieselfähigen Gütern verwendet. In entsprechender Ausführung eignen sie sich auch zum Transport von Gefahrgütern. Bei entsprechender Lagerkapazität und Verbrauch erfolgt die Lieferung per Tanklastzug. Eine Temperierung der Komponenten auf 18 °C … 23 °C verhindert ein Auskristallisieren des Isocyanats und gewährleistet konstante Viskosität. Beim Isocyanat ist besonders auf ein absolut dichtes Leitungssystem zu achten, da es bereits bei Kontakt mit Luftfeuchtigkeit auskristallisiert. Die dabei entstehenden harten und spröden Reaktionsprodukte zerstören Schlauchleitungen und sind nur sehr aufwendig von metallischen Bauteilen zu entfernen.

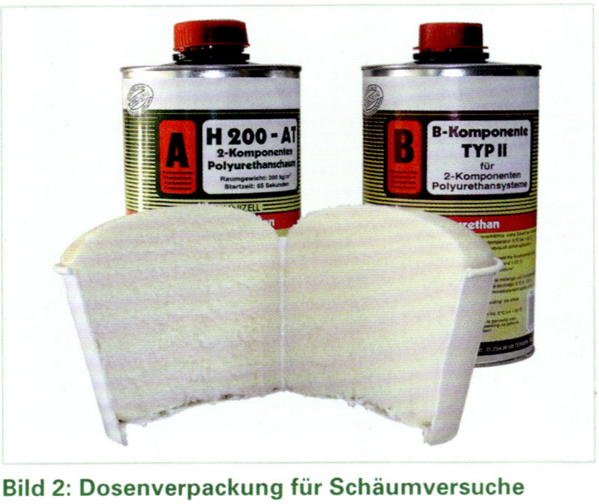

Bild 2: Dosenverpackung für Schäumversuche

Bild 3: Intermediate Bulk Container (IBC)

Grundsätzlich unterscheidet man nach der Art des Gemischaustrages in **kontinuierliches** und **diskontinuierliches Schäumen**.

Kontinuierliches Schäumen von PUR

Beim dargestellten kontinuierlichen Schäumen (**Bild 1**) wird über einen stationären Rührwerksmischer ① das Iso-Polyol-Gemisch über der Auftragsplatte ② auf eine Papierbahn ③ ausgebracht. Durch eine Kalibriervorrichtung ④ erreicht man eine gleichmäßige Auftragshöhe über die komplette Bahnbreite. Neben der unteren Papierbahn werden zur Begrenzung noch je eine seitliche ⑤ und eine obere ⑥ Papierbahn benötigt. Diese werden am Ende der Strecke wieder aufgerollt ⑦. Die Rechteckblockeinrichtung ⑧ und die Aushärtestrecke ⑨ vervollständigen die Anlage.

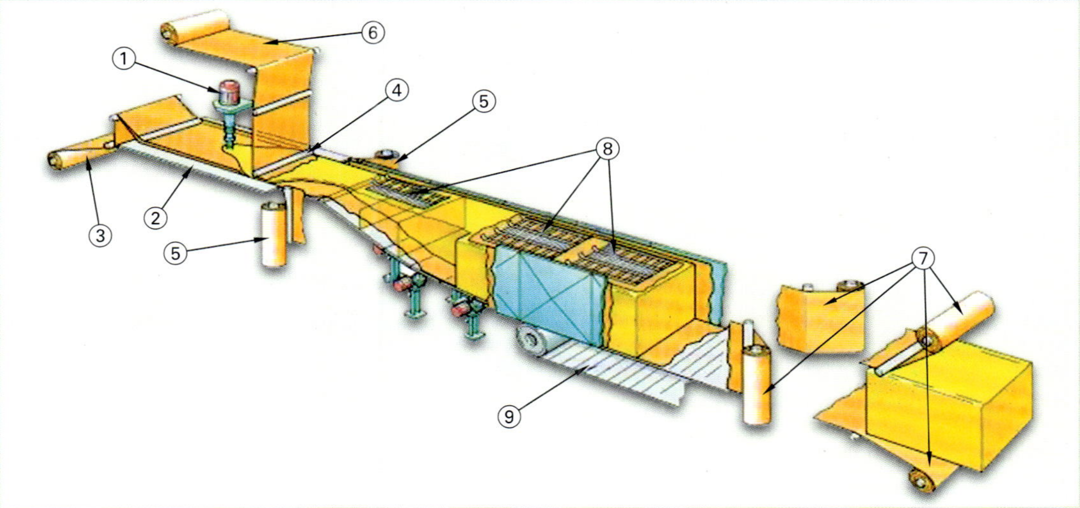

Bild 1: Prinzip einer Blockschaumanlage

Bild 2: Sandwichplatten mit PUR-Kern

Die entstehenden Produkte sind vorwiegend Schaumblöcke und Sandwichplatten. Die Abmessungen der Schaumblöcke können bis 2,20 m breit, 1,20 m hoch und ≤ 120 m lang sein. Die Blöcke werden anschließend im Reaktionslager zur Abkühlung und Erreichung ihrer endgültigen Eigenschaften aufbewahrt. Über Transportbandsysteme werden die Blöcke Schälvorrichtungen, Schneidmaschinen und anderen Konfektionseinrichtungen zugeführt. Bei hochelastischen Weichschäumen schließt sich häufig eine Vorrichtung zum Aufdrücken noch geschlossener Zellen an.

Als Blockschäume sind sowohl **Weich-** als auch **Hartschäume** üblich. Die Blöcke werden anschließend durch Trennvorrichtungen, wie z. B. Wasserstrahlschneidanlagen, umlaufende oder oszillierende Bandschneidanlagen konturgeschnitten oder einfach nur zu Tafeln bestimmter Breite und Höhe zugeschnitten. Aufgrund der guten Haftungseigenschaften des PUR-Schaums eignet er sich vorzüglich zur Herstellung von Sandwichplatten mit beliebigen Deckschichten. Eine häufig gewählte Kombinationsvariante sind farbig eloxierte Blechbahnen mit einem Schaumkern (**Bild 2**), wie sie für Fassaden von Industriehallen verwendet werden.

Diskontinuierliches Schäumen

Dieses Verfahren wird vorwiegend zur Herstellung von Formteilen angewandt, wobei aber auch das diskontinuierliche Schäumen von Blöcken zum Einsatz kommt. Zur Herstellung der Formteile wird das Reaktionsgemisch entweder in die offene Form eingebracht (**Bild 1**) und diese vor Beginn des Steigprozesses verschlossen oder ähnlich dem Spritzgießen über eine Öffnung in die geschlossene Schäumform eingespritzt. Um die Schaumteile unbeschädigt entformen zu können, ist es äußerst wichtig, dass die Formen vorher gründlich mit einem **Trennmittel** eingesprüht wurden. Nach jeder Entformung sind die Werkzeughälften zudem von eventuellen Schaumresten zu reinigen. Ein Ausschäumen von Hohlräumen wie bei Kühlschränken oder Surfbrettern ist ebenfalls weit verbreitet.

Durch die sehr guten Haftungseigenschaften des PUR kommen auch vielfältige Kombinationen mit anderen Werkstoffen vor. Ein Beispiel dafür sind umschäumte Holzkerne bei Armlehnen in Bussen (**Bild 2**). Bei Schaltknöpfen in Fahrzeugen aller Art wird ein Gewindestift oder eine Mutter aus Stahl umschäumt.

Schäumanlagen und Mischköpfe

Man unterscheidet grundsätzlich **Niederdruck- und Hochdruckschäumanlagen**. Bei **Niederdruckanlagen** werden die Komponenten mittels **Zahnradpumpen**, die Drücke bis max. 40 bar erzeugen, gefördert. Niederdruckanlagen (**Bild 3**) arbeiten mit einem **Rührwerksmischkopf**, der stationär oder beweglich ausgeführt sein kann. Das Polyol und das Isocyanat werden in einem stetigen Umlauf über den Mischkopf gehalten. Die Leitungen sind mit **Temperiereinrichtungen** ausgestattet, die beide Komponenten üblicherweise auf 23 °C halten. Beide Behälter sind mit **Rührwerken** ausgerüstet, damit sich die Zuschlagstoffe in den Komponenten nicht absetzen. Beim Einsatz von Rührwerksmischköpfen ist zu bedenken, dass nach dem Austrag des Reaktionsgemisches noch Reste im Mischkopf verbleiben und diese ebenfalls aufschäumen würden. Um dies zu vermeiden, muss der Mischkopf bei längeren Intervallen gereinigt werden. Das geschieht teilweise über **Spülmittel** und **Druckluft**, wobei jedes Mal Abfall anfällt. Um Kosten zu sparen, hat man Spülverfahren entwickelt, die mit Hochdruck und ohne Spülmittel arbeiten. Der Verlust an Rohstoff bleibt aber erhalten.

Bild 1: Austrag in eine offene Form

Bild 2: Armlehne für Kfz

Bild 3: Niederdruckanlage

Um die Reinigungsintervalle möglichst lange zu gestalten, werden häufig mehrere Formen verwendet, die nacheinander befüllt werden (**Bild 1**). Dabei kann es sich um konturgleiche Werkzeuge oder auch um verschiedene Geometrien handeln. Die eingesetzten Steuerungen erlauben, jeden Schuss mit individuellen Parametern zu programmieren. Die Werkzeuge werden dafür hintereinander, kreisförmig oder im Oval aufgebaut. In der Kopfstützenproduktion kommen beispielsweise Rundtischanlagen mit 24 Werkzeugträgern zum Einsatz (**Bild 2**). Die Drehung kann getaktet sein, wobei der Mischkopf jedes Mal an das Werkzeug heran und wieder zurückfährt. Auch eine kontinuierliche Bewegung mit einem mitfahrenden Mischkopf ist möglich.

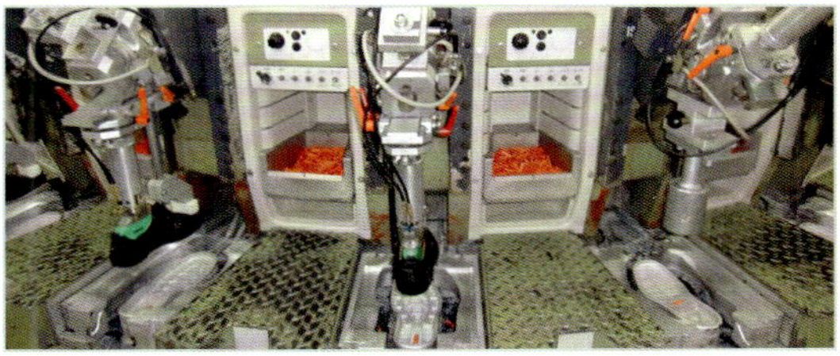

Bild 1: Anlage zum Anschäumen der PU-Sohle

Bild 2: Rundtischanlage

Bei **Hochdruckanlagen** erfolgt die Förderung durch **Kolbenpumpen** mit Arbeitsdrücken um 300 bar. Die Vermischung erfolgt im **Gegenstromprinzip** durch das Aufeinandertreffen der beiden Komponenten im sogenannten **Injektionsmischkopf** (**Bild 3**). Je nach Hersteller kommen Linearmischköpfe oder Umlenkmischköpfe zum Einsatz. Beim Linear- wie beim Umlenkmischkopf werden die beiden Komponenten in einem genau definierten Winkel mit hoher Geschwindigkeit in die Mischkammer injiziert. Durch die feinen Düsen und das Aufeinandertreffen der Komponenten erfolgt eine gleichmäßige Vermischung. Beim Linearmischkopf wird die Mischung in Längsachse des Mischkopfes ausgetragen oder über Stempel ausgeschoben. Bis zum nächsten Zyklus zirkulieren die Komponenten zurück zu den Tagesbehältern. Beim Umlenkmischkopf ist ein Hydraulikzylinder mit Stempel für den Austrag der Mischung zuständig und ein weiterer für die verschiedenen Stellungen beim Mischen und der Rezirkulation. Bei beiden Varianten sind auch mehrere Komponenten gleichzeitig mischbar.

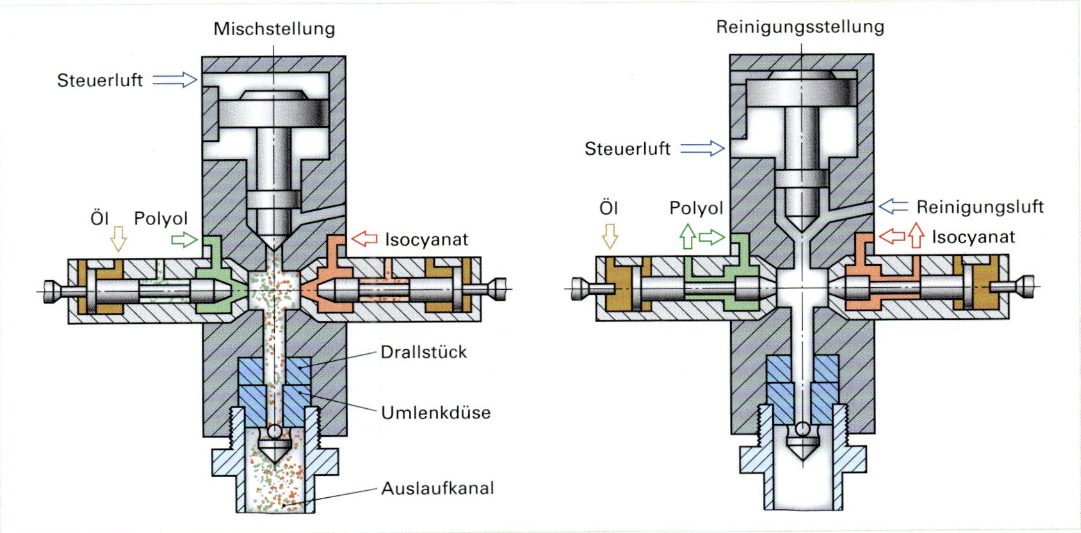

Bild 3: Linearmischkopf in Mischstellung und Reinigungsstellung (Prinzip)

Der Ausführung des **Mischkopfes** kommt eine sehr hohe Bedeutung für die Qualität der Schaumteile zu, deshalb spricht man hier häufig vom **Herzstück** der Anlage. Die Bewegungen der Bauteile erfolgen zum Teil hydraulisch oder zwangsweise mechanisch. Die Reinigung der Mischkammer erfolgt somit ebenfalls zwangsweise mechanisch oder über hydraulisch betätigte Stempel, wobei der Reinigungsvorgang durch Druckluft unterstützt werden kann. Wie bei den Niederdruckanlagen werden auch hier die Komponenten in einem Kreislauf zwischen den Tagesbehältern und dem Mischkopf gehalten. Der Druck in der Zuleitung zum Mischkopf entspricht dabei dem Arbeitsdruck, die Rückleitung ist drucklos.

Sollen neben den Hauptkomponenten Polyol und Isocyanat noch andere Zusatzstoffe eingebracht werden, kommt es auch zu einer Kombination von Hoch- und Niederdrucktechnik. Dabei werden die Komponenten durch Kolbenpumpen mit Hochdruck in die Rührwerksmischkammer durch Düsen gedrückt. Ausschlaggebend für den Einsatz der Kolbenpumpen ist deren exaktere Dosiergenauigkeit.

Die **Vorteile der Hochdruckanlagen mit Injektionsmischköpfen sind**:

- Exakte Dosierung der Komponenten und somit gleichbleibende Qualität des Schaums.
- Hohe Wiederholgenauigkeit und Einhaltung der Schussgewichte in engen Toleranzen.
- Verarbeitung hochreaktiver und schneller Schaumsysteme mit dem Vorteil kurzer Zykluszeiten.
- Geringe Materialverluste und daraus resultierend geringe Umweltbelastungen.
- Mehrere Mischköpfe können an ein Werkzeug montiert werden.

Diese Vorteile wiegen die höheren Anschaffungskosten von Hochdruckanlagen in vielen Fällen auf.

Werkzeuge und Werkzeugträger

Einfache Werkzeuge bestehen oft aus Reaktionsharzen mit anorganischen Füllstoffen. Ist eine Temperierung erforderlich, kommen vorwiegend Aluminiumwerkzeuge oder Stahlformen zum Einsatz.

Damit der aufsteigende Schaum die Form vollständig ausfüllen kann, ist auf eine gute Entlüftung zu achten. Dies wird meist über die Gestaltung der Trennebene und eine gezielte Lage der Werkzeuge realisiert. Ein zu großer Spalt zwischen den beiden Formhälften führt allerdings zur Ausbildung von Schwimmhäuten an den Formteilen, welche dann oft aufwendig entfernt werden müssen.

Die geringen Drücke von 3 bar ... 6 bar beim Schäumen, außer bei den Verfahren RIM und RRIM, machen es möglich, die Schaumteile in Werkzeugen ohne Werkzeugträger herzustellen. Die Formhälften werden mit Scharnieren und einfachen Verriegelungen versehen und per Hand verschlossen. Beim Ausschäumen von Hohlkörpern verwendet man meist Stützkonstruktionen oder aus Reaktionsharzen gegossene Formen. Bei großen Stückzahlen und höheren Drücken sind Werkzeugträger sinnvoll, die zur besseren Reinigung, einem lückenlosen Einsprühen und einer besseren Entnahme wegen, häufig schwenkbar ausgelegt sind (**Bild 1**).

Bild 1: Schwenkbarer Werkzeugträger

Integralschaumstoff

Integral- oder auch **Strukturschaumstoffe** sind Schaumstoffe mit einer kompakten Randzone und einer nach innen zunehmend zelligen Struktur.

Die Verfahrensbezeichnungen zur Herstellung solcher Schaumteile sind das **Reaktionsschaumgießen**, kurz **RSG** oder **Reaction Injection Molding**, kurz **RIM**. Werden Verstärkungsfasern, z. B. Glasfasern miteingearbeitet, spricht man vom **Reinforced Reaction Injection Molding**, kurz **RRIM**.

Anwendungsbeispiele sind dafür Fahrradsättel (**Bild 1**), Karosserieteile an Lkws, sowie Kopfstützen und Lenkräder in Pkws (**Bild 2**).

Bild 1: Fahrradsättel aus Integralschaumstoff

Integralschaumteile besitzen normalerweise eine hohe Oberflächengüte, weisen jedoch im Vergleich zu Spritzgussteilen eine hohe Elastizität auf. Durch die niedrigen Drücke ist es möglich, großflächige Formteile mit wesentlich geringerem Werkzeugaufwand herzustellen. Der Verzug dickwandiger Teile ist auch bei kürzeren Taktzeiten geringer als bei Spritzgießteilen.

Die Ausgangsstoffe beim **Reaktionsschaumgießen** RSG sind Polyol, Isocyanat und Treibmittel. Während der Aufschäumphase wird durch eine gezielte Temperierung und Wärmeableitung erreicht, dass die Zellen an den Randzonen kollabieren und somit eine kompakte Zone entsteht. Durch die Menge des Gemischeintrags und die Zusammensetzung der Komponenten kann die Dichte der Teile bestimmt werden. Das hochreaktive Gemisch wird in die geschlossene Form injiziert. Beim Aufschäumen solcher Systeme können Drücke $\leq$ 30 bar entstehen, was den Einsatz von Metallformen und Werkzeugträgern erforderlich macht.

Bild 2: Lenkrad aus Integralschaumstoff

Integralschaumstoffe lassen sich noch durch eine zweite Verfahrensvariante herstellen, der **drucklosen Schäumtechnik DST**. Es entspricht im Grundsatz der Technik des Rotationsformens. Zuerst wird ein Material zur Bildung der Randzone eingebracht, welches kein Treibmittel enthält. Nach erfolgtem Rotationsvorgang, wobei sich das Material gleichmäßig an der Forminnenwand verteilt, wird ein mit Treibmittel versetztes Gemisch eingebracht. Der Hohlraum schäumt aus.

Nachbehandlungsverfahren

Bei Weichschäumen unterscheidet man **kalthärtende** und **warmhärtende** Systeme. Die **Kaltschäume** durchlaufen eine Vorrichtung zum Aufdrücken noch geschlossener Zellen. Die **Heißschäume** durchlaufen einen Heiztunnel zur vollständigen Aushärtung, bevor sie entformt werden können.

PUR-Schaumteile lassen sich je nach Härte spanend oder schneidend bearbeiten. Ein Konturschneiden mit Wasserstrahlanlagen ermöglicht sehr kurze Bearbeitungszeiten. Zum Entfernen der Grate, auch als Schwimmhäute bezeichnet, eignen sich Messer, Schleifpapier oder Feilen.

Da PUR-Schaum im Laufe der Zeit vergilbt, werden Sichtteile entweder komplett eingefärbt oder nachträglich mit PUR-Lacken behandelt. Durch den Einsatz von Trennmitteln bei der Verarbeitung kommt es beim Lackieren zu einem hohen Reinigungsaufwand und Ausschuss. Eine praktizierte Möglichkeit, dies zu umgehen, ist das **In-mold-coating**, kurz **IMC-Verfahren**. Hierbei wird nach dem Einbringen des Trennmittels der Lack in das Werkzeug eingebracht. Nach dem Trocknen beginnt dann der normale Schäumvorgang.

Müssen die Oberflächen von Trennmittelresten gereinigt werden, kommen mechanische oder chemische Reinigungsverfahren in Betracht. Abwischen, Strahlen oder Schleifen sind übliche mechanische Verfahren. Das Bedampfen der Oberflächen hat sich als chemisches Verfahren gegenüber dem Waschen als vorteilhaft erwiesen.

Wiederverwertung

Grundsätzlich gibt es drei Möglichkeiten, um die während der Produktion von Schaumteilen anfallenden Abfälle und die nach meist langjährigem Gebrauch auftretenden Abfälle zu verwerten:

- die **werkstoffliche oder physikalische,**
- die **rohstoffliche oder chemische** und
- die **thermische Wiederverwertung.**

Bild 1: Beispiel für Hartschaumrecycling

Unter **werkstofflichem (physikalischem) Recycling** von Polyurethanen versteht man eine der vielen Formen der „Partikelverwertung". Unter diesem Sammelbegriff summieren sich unterschiedlichste Technologien. Bei der Flockenverbundherstellung aus Weichschaumstoffen werden ca. 90 % Partikel und etwa 10 % Polyurethan-Bindemittel unter Wärme und Druck miteinander verpresst. Beim Klebpressen von Hartschaumstoffen (**Bild 1**) wird die gleiche Methodik wie bei der Flockenverbund-Herstellung angewandt.

Chemisches Recycling kommt bei kleineren Mengen, jedoch sortenreinen Abfällen in Frage. Zum Beispiel durch Glykolyse ist es möglich, flüssige Spaltprodukte aus Polyurethanen zu erhalten, die zusammen mit frischem Material zur Herstellung neuer Polyurethane verwendet werden können. Dieses Verfahren kommt zum Einsatz, wenn für das Glykolysat eine geeignete Anwendung gefunden ist. Vor allem in jüngerer Zeit sind solche günstigen Bedingungen häufiger anzutreffen. Erhebliche Forschungsaktivitäten haben zur Entwicklung zahlreicher Prozessvarianten geführt.

Durch **Verbrennung** von organischen Abfällen Energie gewinnen, ist zurzeit die sinnvollste und wirksamste Methode, um das Aufkommen an organischen Stoffen zu verringern, die ansonsten deponiert werden müssten. Die **thermische Verwertung** von polyurethanhaltigen Erzeugnissen ist immer dann aktuell, wenn stoffliches Recycling nicht möglich ist. Gegen werk- oder rohstoffliches Recycling können ökologische, ökonomische oder auch logistische Gründe sprechen.

Wiederholungsfragen:

1. Nennen Sie die Ausgangskomponenten und mögliche Zusatzstoffe beim PUR-Schaum.
2. Weshalb darf das Isocyanat nicht mit Feuchtigkeit in Berührung kommen?
3. Nennen Sie die wichtigsten Baugruppen einer Niederdruckschäumanlage.
4. Wodurch zeichnen sich Hochdruckanlagen aus und wo liegen ihre Vorteile?
5. Nennen Sie Gründe für den Einsatz schwenkbarer Werkzeugträger.
6. Erläutern Sie den Begriff Strukturschaumstoff.
7. Welche Nachbehandlungsmaßnahme erfahren Heißschäume?

10.3.2 Melaminharzschaumstoff

Melaminharzschaumstoffe sind im Vergleich zu Polyurethanschäumen noch neu entwickelte Schaumstoffe. Lange Zeit zeigten Melaminharzschaumstoffe sprödharte Eigenschaften und konnten deshalb nicht mit den flexiblen Polyurethan-Weichschäumen konkurrieren. Aufgrund des bestehenden Entwicklungsvorsprungs werden elastische Melaminharzschaumstoffe bisher ausschließlich durch die BASF unter dem Handelsnamen Basotect produziert. Die Schaumstoffblöcke werden von den Verarbeitern auf ähnlichen Maschinen, wie man sie für die Polyurethanschaumstoffe verwendet, zugeschnitten und können somit für exakte Formteile verwendet werden.

Melaminharzschaumstoffe verfügen über folgende Eigenschaften:

- schwer entflammbar
- halogenfrei
- hochtemperaturbeständig
- tieftemperaturelastisch
- schallabsorbierend
- wärme- und kälteisolierend
- extrem leicht
- flüssigkeitsspeichernd
- beständig gegen Kraftstoffe, Öle, Fette, Lösungsmittel und Alkohole
- thermoverformbar (falls speziell ausgerüstet).

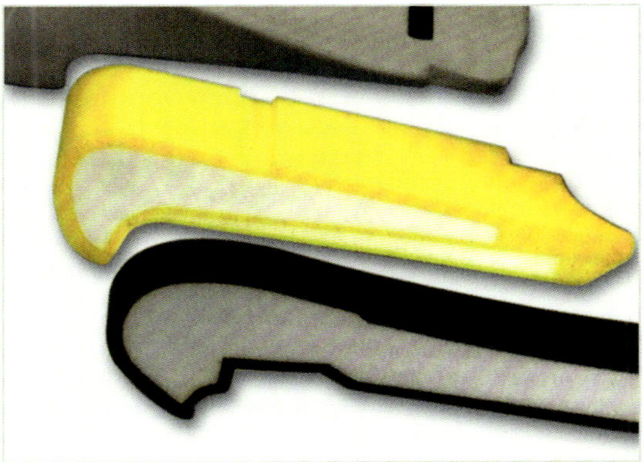

Bild 1: Flugzeugsitzkerne aus Melaminharzschaum

Diese Eigenschaften erschließen eine Vielzahl von Anwendungen. Da Melaminharzschaumstoff bei Flammenberührung weder schmilzt noch tropft, sondern bei geringer Rauchentwicklung verkohlt, eignet er sich insbesondere für Anwendungen mit erhöhten Brandschutzanforderungen. Dies und seine sehr geringe Dichte von 7,8 kg/m^3 machen ihn besonders für Anwendungen in Luft- und Raumfahrt interessant (**Bild 1**).

Wegen seiner Hochtemperaturbeständigkeit und der geringen Wärmeleitfähigkeit eignet sich dieser Schaum auch zur Isolierung von Heißdampfleitungen und Behältern. Die hohe Härte und damit verbundene leichte Abrasivität des Melaminharzes machen diesen Schaumstoff zum idealen Putz- und Reinigungsschwamm. Ohne Zusatz von Reinigungsmitteln, lediglich mit Wasser angefeuchtet, entfernt er selbst stark anhaftender Schmutz und stellt den ursprünglichen Oberflächenglanz wieder her (**Bild 2**).

Durch seine offenzellige Struktur kann ein Schaumblock von 1 m^3 Volumen und einem Gewicht von 7,8 kg bis zu 990 Liter Flüssigkeit speichern. Die offenzellige Struktur ist auch für die herausragende Schallabsorption verantwortlich. Dies und die Langzeittemperaturbeständigkeit von 200 °C ermöglichen den Einsatz vom Melaminharzschaum auch im Motorraum von Pkws.

Bild 2: Reinigen von Edelstahl ohne Zusätze

11 Herstellen von Halbzeugen durch Extrudieren

Der Begriff **Extrusion** leitet sich vom lateinischen Wort „extrudere" ab und kann mit den Worten herauspressen, austreiben oder hinausstoßen beschrieben werden. Ein **Extruder** ist eine stetig arbeitende, beheizte **Schneckenstrangpresse** mit vorgesetztem Formwerkzeug.

11.1 Systemanalyse der Maschine und des Prozesses

Das **Extrudieren** ist das grundlegende **Urformverfahren** der Kunststoffverarbeitung. Es werden pulver- oder granulatförmige thermoplastische Kunststoffe und Elastomermassen verarbeitet. In modifizierter Form wird das Extrusionsverfahren auch bei der Verarbeitung von Duromeren eingesetzt. Extrudieren findet Anwendung bei der **Halbzeugfertigung** (Bild 1) zur Herstellung von:

- Profilen, Rohren, Schläuchen, Folien
- Tafeln, Kabelummantelungen
- Fasern, Garnen, Bändern

Bild 1: Beispiele für Kunststoffhalbzeuge

Das Extrusionsverfahren wird auch im Aufbereitungsprozess zum Mischen und Granulieren von thermoplastischen Kunststoffformmassen (**Compoundierung**) sowie bei der Verarbeitung verschiedenster Werkstoffe wie Keramikmassen und Metallpulvern eingesetzt. Vor der Weiterverarbeitung des thermoplastischen Extrudates auf einer Hohlkörper-Blasformmaschine (Bild 2) oder bei Blasfolienextrusionsanlagen (Bild 3) als Vorplastifizieraggregat bei der Aufbereitung der Kunststoffformmassen auf Kalanderanlagen und bei der Aufbereitung und Verarbeitung von Kautschukmischungen werden Extruder mit verschiedenen Ausführungsformen und unterschiedlichen Leistungen eingesetzt.

Bild 2: Extruder an einer Blasformmaschine

Bild 3: Extruder an einer Blasfolienanlage

Extrudieren ist das Urformen von Formmasse zu strangförmigen Erzeugnissen beliebigen Querschnittes und theoretisch endloser Länge, wobei plastifizierte Formmasse unter Druck durch ein düsenförmiges Werkzeug ins Freie gedrückt wird.

11.1.1 Aufbau einer Extrusionsanlage

Die bestimmende Baugruppe, auf die alle Extrusionsanlagen und Verfahren aufbauen, ist der **Extruder**. Zu einer vollständigen Extrusionsanlage (**Bild 1**) gehört neben dem **Extruder** das **Formwerkzeug** mit nachfolgender **Kalibrierstrecke, Kühlstrecke, Abziehvorrichtung** und **Ablängvorrichtung**, z. B. für Fensterprofile. An Stelle der Ablängvorrichtung wird bei der Herstellung flexibler Halbzeuge, z. B. von PVC-Schläuchen, eine **Aufwickelvorrichtung** eingesetzt.

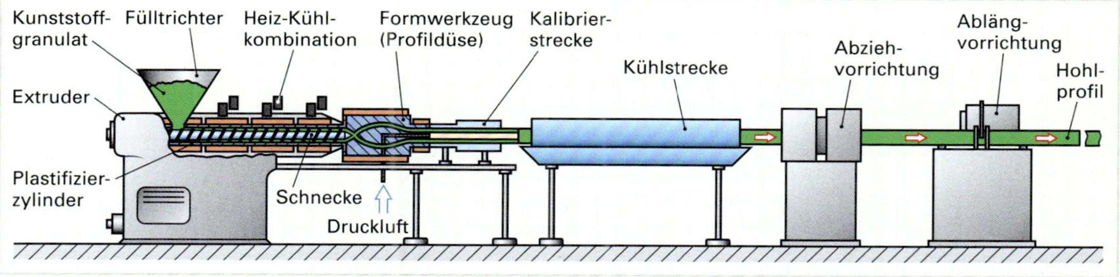

Bild 1: Extrusionsanlage zur Fertigung von Hohlprofilen

Die Einsatzgebiete (**Übersicht 1**) und Aufgaben (**Tabelle 1**) verschiedener Ausführungsformen von Extrudern sind im Kunststoffbereich sehr vielfältig.

Übersicht 1: Einsatzgebiete von Extrudern

Einsatzgebiete des Extruders

- Urformen von Halbzeugen
- Plastifizieraggregat beim Spritzgießen
- Aufbereitungseinheit beim Kalandrieren
- Knetmaschine bei der Formmasseaufbereitung
- Herstellung von Vorformlingen beim Extrusionsblasformen
- als Reaktionseinheit bei der Kunststoffherstellung (Polyreaktionen)

11.1.2 Aufgaben des Extruders

Tabelle 1: Aufgaben und Vorgänge im Plastifizierextruder

Aufgabe	Verfahrenstechnische Merkmale	Maschinenbauliche Lösung
Fördern des Feststoffes	(kleine) Schüttdichte kleine Schleppkräfte	große Gangtiefe genutete Einzugszone
Fördern der Schmelze	große Schmelzdichte (zumeist) Zylinderwandhaftung	kleinere Gangtiefe als in der Einzugszone
Plastifizieren	Feststoff-Schmelze-Gemisch mit schlechter Wärmeleistung und zunehmender Dichte	abnehmende Gangtiefe Scherelemente
Homogenisieren	inhomogene Stoff- und Temperaturverteilung	flachgeschnittene Mischzone Mischteile

Die Aufgabe des **Extruders** besteht darin, die ihm zugeführte Kunststoffformmasse einzuziehen, zu verdichten, diese gleichzeitig unter Energiezufuhr zu plastifizieren und zu homogenisieren und unter Druck einem profilgebenden Werkzeug zuzuführen.

11.1.3 Extruderbauarten

Je nach Bauart (**Übersicht 1**) kann ein Extruder mit einer oder mehreren Schnecken ausgestattet sein.

Übersicht 1: Extruderbauarten

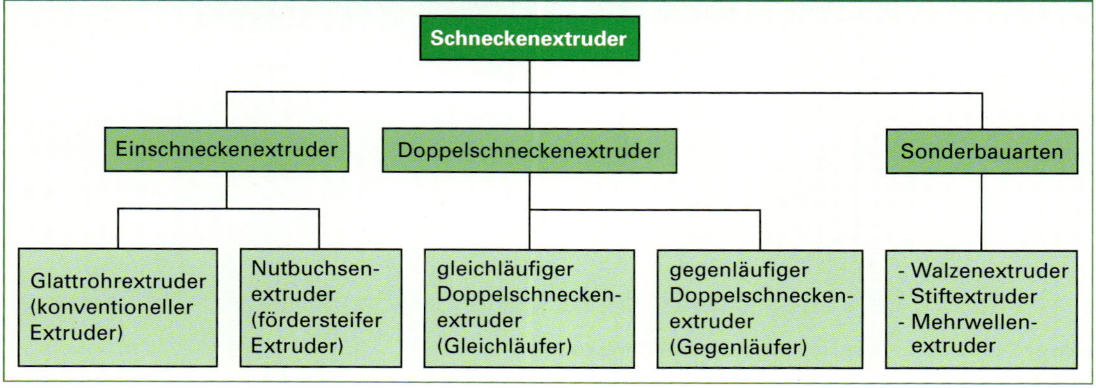

Der **Einschneckenextruder** ist der am meisten eingesetzte Extrudertyp. Vom konstruktiven Aufbau einfach, ist die Kunststoffverarbeitung sein wichtigstes Aufgabengebiet. **Doppelschneckenextruder** findet man sowohl in der Kunststoffverarbeitung als auch in der Kunststoffaufbereitung. Neben diesen beiden Bauarten gibt es noch Sonderbauarten wie **Stiftextruder**, vorwiegend für die Verarbeitung von Elastomermassen, **Walzenextruder** und **Ringextruder** für die Aufbereitung thermisch empfindlicher Formmassen. Einschneckenextruder werden auch in **Schmelzeextruder** und **Plastifizierextruder** unterteilt. Schmelzeextruder werden mit bereits vorplastifizierten Material beschickt und haben ihr Haupteinsatzgebiet in der chemischen Industrie zur Herstellung von Kunststoffen und bei der Compoundierung. Plastifizierextruder haben ihr Haupteinsatzgebiet bei der Herstellung von Halbzeugen und werden mit Granulat bzw. Pulver befüllt.

11.2 Einschneckenextruder

Einschneckenextruder (**Bild 1**) sind modular aus Baugruppen aufgebaut.

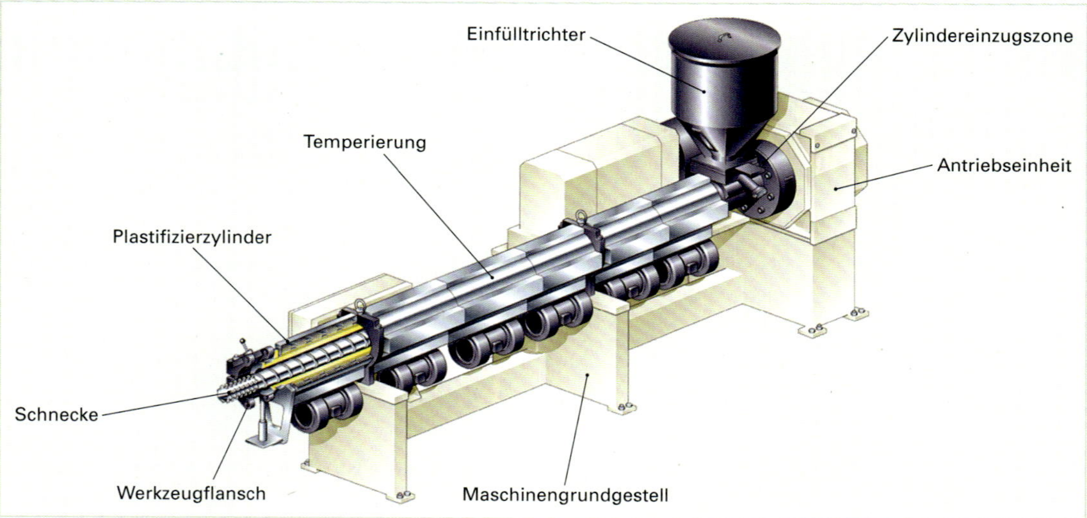

Bild 1: Aufbau eines Einschneckenextruders

11.2.1 Extruderschnecken

Das wichtigste Bauteil eines Extruders ist die Schnecke (**Bild 1**). Abhängig von ihrer geometrischen Gestaltung ergeben sich unterschiedliche verfahrenstechnische Werte wie **Fördermenge**, **Fördergeschwindigkeit** und **Fördergleichmäßigkeit**. Diese haben Einfluss auf die Qualität der Schmelze und somit auch auf die Eigenschaften des Extrudates. Aufgrund unterschiedlichster Eigenschaftswerte der Kunststoffe sind eine große Zahl von Schneckenausführungen im Einsatz. Es gibt keine Universalschnecke für alle Arten von Kunststoffen und Verarbeitungsaufgaben. Unabhängig von der Ausführungsform und vom Anwendungsfall hat die Schnecke folgende Aufgaben zu erfüllen:

- Über einen Trichter oder eine Dosiervorrichtung gelangt das Kunststoffgranulat oder -pulver in den Einzugsbereich der Schnecke. Dort wird es erfasst und durch die sich drehende Schnecke weiter befördert.
- Der stetig abnehmende freie Raum zwischen Zylinderwandung und Schnecke verdichtet das Material, baut den Druck auf und schmilzt es durch von außen zugeführte Wärme und Scherwärme auf.

Zur Verbindung mit dem Ausgang der Getriebebaugruppe hat die Schnecke am hinteren Ende einen Schaft mit Nut und Feder. Größere Schnecken mit größerem Durchmesser besitzen eine Keilwellenverzahnung, um das höhere Drehmoment aufzunehmen. Das vordere Ende ist von einer Spitze oder Kuppe abgeschlossen.

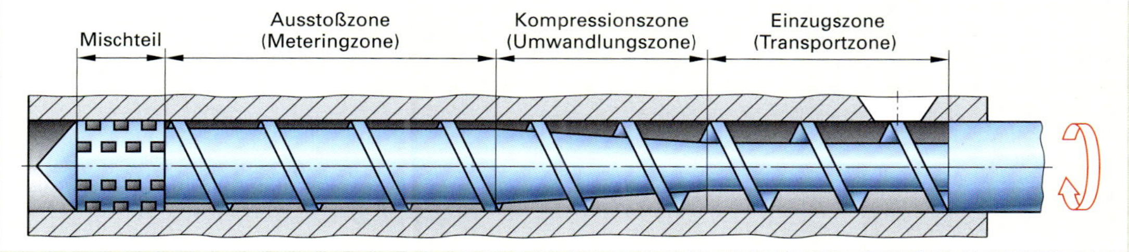

Bild 1: Grundaufbau einer Extruderschnecke (Drei-Zonen-Schnecke mit Mischteil)

Unabhängig von ihrer Bauform haben Schnecken weitere Forderungen zu erfüllen:

- konstante Förderleistung
- Erzeugung einer homogenen Schmelze
- Verarbeitung des Materials ohne thermische, chemische und mechanische Schädigung

Nomenklatur der Schnecke (Bild 1, Seite 474)

Der Grundaufbau aller Schnecken ist ähnlich. Aus einem Rundstahl werden durch spanende Fertigung umlaufende Vertiefungen herausgefräst. Diese Vertiefungen winden sich um den **Schneckenkern**, vergleichbar mit dem Gewinde einer Schraube. Das bei der Zerspanung verbleibende Material bildet den **Schneckensteg**. Die beiden Seiten des Schneckenstegs nennt man **Stegflanken**. In Förderrichtung der Schnecke gesehen, ist die vordere Flanke die **„treibende Flanke"**. Sie fördert die Kunststoffformmasse in Richtung der Schneckenspitze. Der freie Raum zwischen zwei Schneckenstegen wird als **Schneckengang** bezeichnet. Beim Durchmesser der Schnecke wird zwischen dem **Kerndurchmesser** und dem **Schneckendurchmesser** unterschieden. Der freie Abstand zwischen Schnecke und Zylinderinnenfläche wird als **Schneckenspiel** bezeichnet. Dieser Freiraum verhindert eine übermäßige mechanische Reibung zwischen Zylinderwand und Schneckensteg im Betrieb und somit das „Fressen" der Bauteile. Umläuft ein Schneckensteg den Schneckenkern, so handelt es sich um eine **eingängige Schnecke**, umlaufen mehrere Stege den Kern, entstehen genauso viele Schneckengänge. Die Angabe erfolgt mit der **Gangzahl**. Die Gangzahl kann auf der gesamten Schneckenlänge innerhalb einzelner Zonen variieren. Der Abstand zwischen der Stegoberfläche und der Oberfläche des Schneckenkerns wird als Gangtiefe bezeichnet. Eine Verringerung der **Gangtiefe** führt zu einer Verkleinerung des freien Volumens im Schneckengang. Die **Gangsteigung** ist der Abstand zweier treibender Flanken desselben Steges, gemessen an einer gedachten Geraden, parallel zur Schneckenachse.

Eine wichtige charakteristische Größe eines Extruders ist die Angabe des **Schneckendurchmessers *D*** und der **Schneckenlänge *L*** als ein **Vielfaches des Schneckendurchmessers**. Man spricht vom ***L*/*D*-Verhältnis**. Die Bezeichnung erfolgt mit 90/25 *D*.

Beispiel:

Eine Schnecke hat die Bezeichnung 125/30 *D*. Wie groß ist der Schneckendurchmesser (*D*) und die wirksame Länge der Schnecke (*L*)?

Lösung:

$D = 125$ mm;

$L = 30 \cdot D = 30 \cdot 125 \text{ mm} = 3750 \text{ mm}$

Die Schnecke mit dem *L*/*D*-Verhältnis 125/30 hat einen Außendurchmesser von 125 mm und eine Länge von 3750 mm.

Als verallgemeinerte Konstruktionsdaten können angegeben werden (**Tabelle 1**):

Länge (*L*): $25 \cdot D$;

Länge (L_1) der Einzugszone: $2 \cdot D$ bis $15 \cdot D$;

Länge (L_2) der Kompressionszone: $1 \cdot D$ bis $7 \cdot D$;

Länge (L_3) der Ausstoßzone: $5 \cdot D$ bis $10 \cdot D$;

Stegbreite (*e*): $0{,}08 \cdot D$ bis $0{,}12 \cdot D$;

Schneckenspiel (*s*): wenige Zehntel mm.

Das **Kompressionsverhältnis** ist das Verhältnis der Gangtiefe h_1 der Einzugszone zur Gangtiefe h_2 der Ausstoßzone. Es beträgt in der Regel 2:1 bis 3:1.

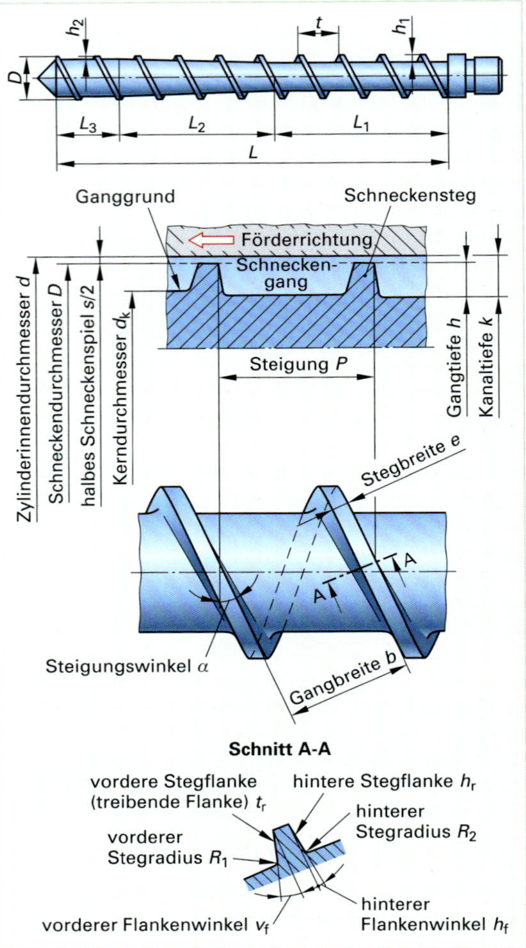

Bild 1: Schneckengeometrie

Tabelle 1: Bezeichnungen zu Bild 1: Schneckengeometrie

Kurzzeichen	Beschreibung	Kurzzeichen	Beschreibung
D	Außendurchmesser Schnecke	h_f	hinterer Flankenwinkel
L	Schneckenlänge ab Ende Einfüllöffnung bis Ende der Geometrie	h_1	Gangtiefe Einzugszone
L_1	Einzugszone	h_2	Gangtiefe Dekompressions-, Kompressions-, Ausstoß-(Metering-)zone
L_2	Umwandlungs-, Kompressionszone	P	Steigung
L_3	Homogenisierungs-, Metering-, Ausstoßzone	A	Schnecken- und Zylinderachse
d_k	Kerndurchmesser Schnecke	k	Kanaltiefe
$s/2$	halbes Schneckenspiel	h	Gangtiefe
α	Steigungswinkel	d	Innendurchmesser Zylinder
e	Stegbreite	b	Gangbreite
t_r	vordere Stegflanke	R_1	vorderer Stegradius (treibende Flanke)
h_r	hintere Stegflanke	R_2	hinterer Stegradius
v_f	vorderer Flankenwinkel		

Schneckentypen

Bei Einschneckenextrudern finden hauptsächlich zwei Schneckentypen Anwendung:

Die **Drei-Zonen-Schnecke** (**Bild 1, Seite 473**) hat ihren Namen von den drei Zonen ihres Aufbaus. Sie werden nach ihrer Funktion als **Einzugszone, Umwandlungs-** oder **Kompressionszone** und **Ausstoß-** oder **Meteringzone** (engl.: to meter → dosieren) bezeichnet.

Diese Zonen übernehmen vom **Materialeinzug** bis zum **Materialausstoß** die folgenden Aufgaben:

- Im Einzugsbereich wird über die Öffnung des Plastifizierungszylinders das Material durch die rotierende Schnecke erfasst, im Schneckengang dosiert und in Richtung Kompressionszone gefördert.
- Die Gangtiefe, d. h., der freie Raum, der zwischen Schneckenkern und Zylinderinnenwand für das Material zur Verfügung steht, nimmt in der Kompressionszone stetig ab. Das Material wird verdichtet und entgast. Durch die Scherwärme und die Beheizung des Plastifizierzylinders beginnt der Aufschmelzvorgang.
- Von der Kompressionszone gelangt das entstandene Feststoff-Schmelzegemisch in die Ausstoßzone. Die Schmelze wird weiter gefördert, homogenisiert und auf die materialspezifische Schmelzetemperatur gebracht. Die Gangtiefe in der Ausstoßzone ist sehr gering und der erforderliche Druck für den Schmelzeaustoß in das Extrusionswerkzeug wird aufgebaut.

Die **Barriereschnecke** (**Bild 1**) ist eine Schnecke mit Schmelzetrennung. Die Urform dieses Schneckentyps ist die sog. **Maillefer-Schnecke**, deren wesentliches Konstruktionsmerkmal die Überlagerung von zwei Gewindegängen mit unterschiedlicher Steigung ist. Durch das abnehmende Teilvolumen für den Feststoff und das zunehmende Teilvolumen für die Schmelze wird eine **Phasentrennung** zwischen Feststoff und Schmelze vollzogen. Der zusätzliche Barrieresteg hat eine etwas geringere Höhe als der Hauptsteg. Seine Höhe ist so gewählt, dass das aufgeschmolzene Material überströmen kann, ohne dass Feststoffteilchen in den dahinterliegenden Feststoffkanal gelangen können.

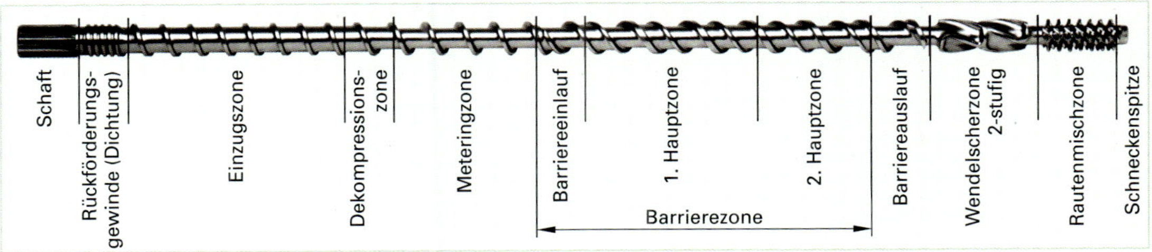

Bild 1: Grundaufbau Barriereschnecke

Außer den oben erwähnten und abgebildeten Schneckenformen sind für spezielle Aufgaben auch noch andere Schneckentypen im Einsatz. Erwähnt sei hier die **Kurzkompressionsschnecke** für Kunststoffschmelzen mit schmalen Schmelztemperaturbereichen.

Ein anderer Schneckentyp, die **Entgasungsschnecke** (**Bild 2**), besteht im Prinzip aus zwei hintereinander geschalteten Drei-Zonen-Schnecken. Beim Übergang von der Ausstoßzone I der ersten Schneckenstufe zur Einzugzone II der zweiten Schneckenstufe entsteht eine **drucklose Zone**, an deren Stelle über eine Bohrung im Zylindermantel die flüchtigen Bestandteile entweichen oder abgesaugt werden können (Vakuumentgasung).

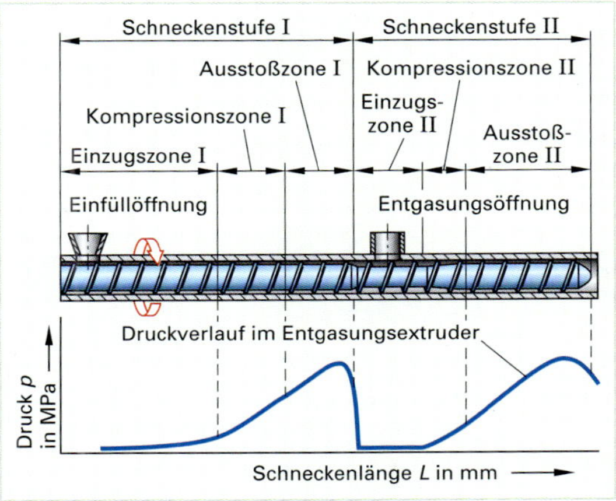

Bild 2: Entgasungsschnecke

Dieser Schneckentyp ermöglicht es, Kunststoffe wie PC, PS, ABS, PMMA ohne vorherige, energieaufwendige Vortrocknung zu extrudieren. Extruder mit hohem spezifischem Materialdurchsatz benötigen zusätzliche Elemente zum Mischen und Homogenisieren des Materials.

Mischvorgänge im Feststoffzustand des Materials bzw. im Bereich der Schnecke, in der noch nicht alle Materialkomponenten aufgeschmolzen sind, führen zu keiner oder zu einer nicht ausreichenden Homogenität der Kunststoffschmelze. Eine strenge Unterteilung in **Scherteile** und **Mischteile** (**Bild 1**) ist nicht immer möglich, da Scher- und Mischvorgänge miteinander einhergehen. Mischvorgänge werden in **distributives** (verteilendes Mischen) und in **dispersives Mischen** (zerteilendes Mischen) unterteilt. Beim distributiven Mischen werden miteinander verträgliche Stoffe gemischt. Dies erfolgt durch Scherung, Umlagerung von Materialteilchen und Oberflächenvergrößerung. Beim dispersiven Mischen werden miteinander unverträgliche Stoffe gemischt. Dazu müssen durch Zerteilen (beispielsweise bei Farb- und Füllstoffen) die Kohäsionskräfte überwunden werden.

Bild 1: Misch- und Scherteile

Wiederholungsfragen:

1. Aus welchen Baugruppen ist ein Extruder aufgebaut?
2. Welche Aufgabe hat eine Extruderschnecke?
3. Was versteht man bei einem Extruder unter dem *L*/*D*-Verhältnis?
4. Wie bezeichnet man die Zonen einer Drei-Zonen-Schnecke?
5. Beschreiben Sie den Unterschied zwischen einer Entgasungsschnecke und einer Drei-Zonen-Schnecke.
6. Eine Schnecke hat die Bezeichnung 40/25D. Wie groß ist die wirksame Schneckenlänge?
7. Welche Aufgabe haben Misch- und Scherteile?

11.2.2 Plastifizierzylinder

Der Plastifizierzylinder (**Bild 2**) eines Einschneckenextruders ist ein Hohlzylinder aus verschleißfestem Stahl, in dessen Bohrung die Schnecke rotiert. Die Innenseite des Zylinders eines konventionellen Einschneckenextruders ist glatt. Die hintere Seite ist mit der Antriebseinheit verbunden. Im Bereich der Einzugszone der Schnecke hat der Zylinder eine Öffnung mit einer Aufnahme, auf die ein Einfülltrichter bzw. ein Fördergerät montiert werden kann. Auf dem Zylindermantel sind die Heiz-Kühl-Kombinationen befestigt, mit denen der Zylinder temperiert wird. Das vordere Ende des Zylinders (stromabwärts) im Bereich der Schneckenspitze ist als Flansch ausgebildet. Dieser dient zur Befestigung des nachfolgenden Extrusionswerkzeuges.

Bild 2: Plastifizierzylinder

Thermodynamische Vorgänge

Um ein Plastifizieren (Aufschmelzen) der Formmasse im Extruder zu gewährleisten, muss für die notwendige Wärmeenergie gesorgt werden.

Isotherme Arbeitsweise
Die benötigte Wärmeenergie zum vollständigen Plastifizieren der Formmasse wird allein durch die äußere Beheizung des Zylinders erbracht. Die Schnecke ist bei dieser Art der Beheizung nicht beteiligt. Wärme, die durch Reibung entsteht, müsste sofort und vollständig durch Kühlung ausgeglichen werden. Die Formmasse behält theoretisch von Anfang bis zum Ende des Aufschmelzprozesses die gleiche Temperatur.

Autogen adiabate Arbeitsweise
Die notwendige Temperatur für den Aufschmelzprozess wird durch die Umsetzung mechanischer Energie (Drehbewegung) der Schnecke im Zusammenwirken mit der Zylinderinnenwand in der Formmasse selbst erzeugt. Dabei wird die mechanische Antriebsleistung des Extruders in Wärme umgewandelt. Diese Art der Energieumsetzung beruht auf der erzeugten Reibungswärme der plastifizierten Formmasse und wird durch die Drehzahl und Schneckengeometrie bestimmt.

Polytrope Arbeitsweise
Bei der polytropen Arbeitsweise verlaufen die thermodynamischen Vorgänge weder rein isotherm noch rein adiabatisch, sondern durch eine sinnvolle Kombination beider Wärmequellen.

Konventionelle Extruder arbeiten mit relativ langsam laufenden Schnecken (Drehzahlbereich zwischen 20 ... 100 min^{-1}). Der Aufschmelzvorgang beruht vorwiegend auf der isothermen Arbeitsweise. Bei sogenannten Schnellläufern liegt der Drehzahlbereich über 300 min^{-1}. Hier überwiegt die autogen adiabate Arbeitsweise.

Betriebsverhalten des Extruders

Das Betriebsverhalten eines Extruders kann nur aus der Betrachtung des Zusammenwirkens von Schnecke und Extrusionswerkzeug verstanden werden. Zur Darstellung dieser Wechselbeziehungen verwendet man Arbeitsdiagramme, in denen die Ausstoßleistung $\dot{m}$ über dem Druck p aufgetragen wird.

Bild 1 zeigt den Verlauf der Ausstoßleistung $\dot{m}$ bei drei Werkzeugen (W_1, W_2, W_3) die sich u. a. aus den Querschnittsflächen der Extrudate ergeben.

Alle Kurven beginnen im Nullpunkt und steigen linear mit zunehmendem Werkzeugdruck p an. Die dargestellten **Düsenkennlinien** sind durch unterschiedliche Steigung gekennzeichnet.

Der Werkzeugdruck p ist somit im Werkzeug W_3 am höchsten, da bei gleichem Werkzeugdruck p die Förderleistung $\dot{m}$ abnimmt.

Bild 2 zeigt entsprechend den Verlauf von **Schneckenkennlinien**. Die Geraden verlaufen von einer maximalen Ausstoßleistung $\dot{m}$ bei einem Druck p = 0 (ohne Werkzeug) zum Druckmaximum p_{max} bei gesperrter Förderung (Werkzeug verschlossen). Sie sind abhängig von der Schneckengeometrie. Die Schnecke S_1 weist hier ein höheres Gangvolumen als die Schnecke S_2 auf.

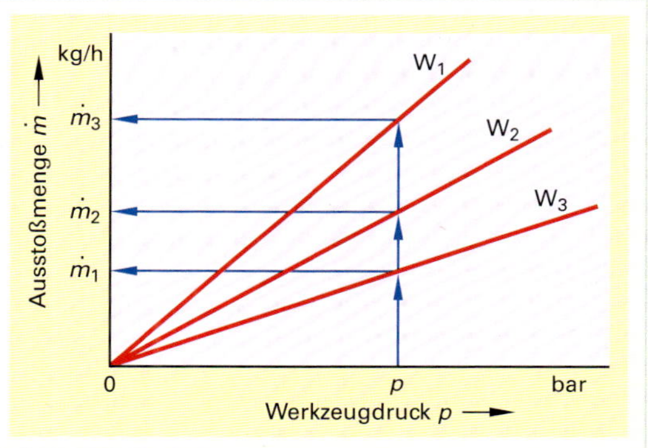

Bild 1: Förderleistung

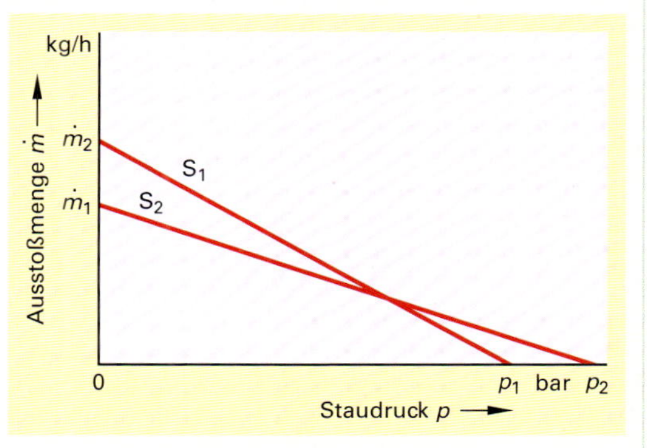

Bild 2: Schneckenkennlinie

Aus diesen beiden Diagrammen (**Bild 1 und 2, Seite 477**) ergibt sich das Arbeitsdiagramm für die isotherme Arbeitsweise (**Bild 1**). Der Arbeitspunkt A, d. h. der Schnittpunkt von **Düsen-** und **Schneckenkennlinie** gibt den vorliegenden Betriebszustand des Extruders wieder.

Im Bild sind zwei Schneckenkennlinien mit verschiedenen Drehzahlen ($n_1 > n_2$) dargestellt. Es ist zu erkennen, dass durch Drehzahlerhöhung die Ausstoßleistung $\dot{m}$ ansteigt, während gleichzeitig der Druck p zunimmt.

Das **Bild 1** zeigt den Idealfall der isothermen Arbeitsweise. Dabei wird von keiner Temperaturänderung ausgegangen.

Bei der autogen adiabaten Arbeitsweise verlaufen die Kennlinien aufgrund der Temperaturänderung gekrümmt. Zwischen diesen beiden Arten der Kennlinien liegt die praktische Betriebsweise des Extruders. Sie wird als polytrope Arbeitsweise bezeichnet. Der sich daraus ergebende Arbeitsbereich ist im **Bild 2** schraffiert dargestellt.

In der **Schneckenkennlinie** spiegeln sich alle Faktoren der Schneckengestaltung wider. Die Einflüsse des Werkzeugdruckes sind in den **Düsenkennlinien** dargestellt.

Bild 3 zeigt zusätzlich den Einfluss der Temperatur sowie Betrachtungen zur Qualität und Wirtschaftlichkeit des zu verarbeitenden Werkstoffes. Der Arbeitsbereich ist schraffiert dargestellt. Die Qualitätsgrenze trennt den Bereich ungenügender Homogenisierung (links) vom Bereich guter Mischwirkung (rechts).

Oberhalb der Temperaturgrenze T_{max} wird die Formmasse entweder thermisch geschädigt oder hat eine zu geringe Viskosität.

Wird die Wirtschaftlichkeitsgrenze unterschritten, muss die nächstkleinere Extrudergröße verwendet werden.

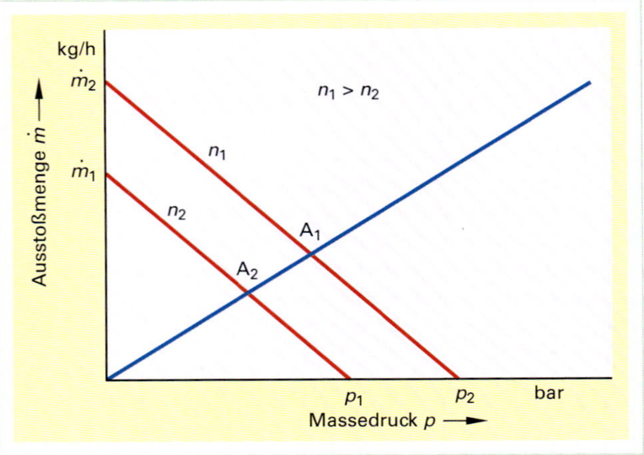

Bild 1: Arbeitsdiagramm isotherme Arbeitsweise

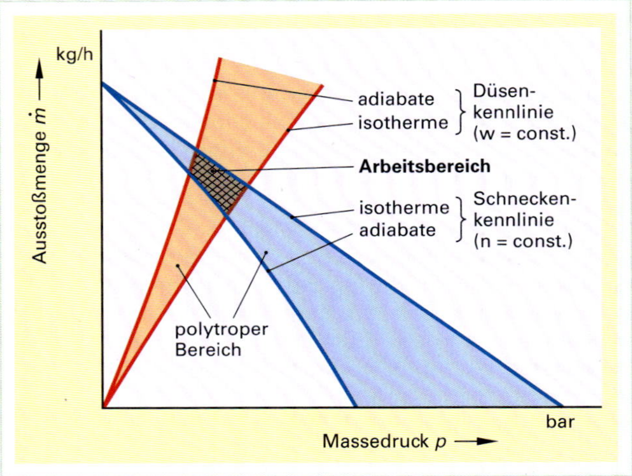

Bild 2: Arbeitsdiagramm polytrope Arbeitsweise

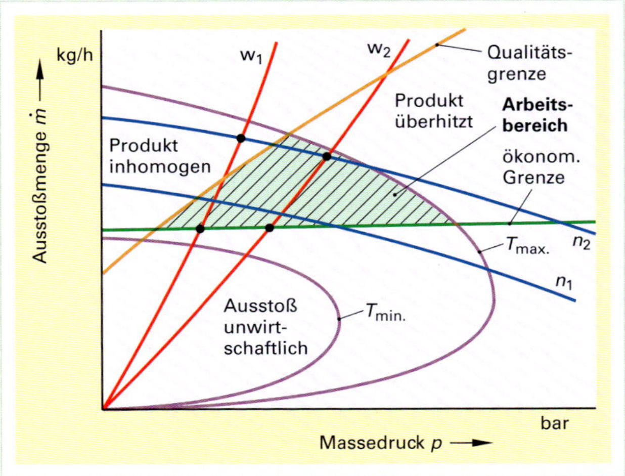

Bild 3: Arbeitsfläche polytrope Arbeitsweise

Aufschmelzvorgang (Bild 1)

- **Phase 1**:
  Das Material gelangt über den Einfüllschacht des Einfülltrichters in den **Einzugsbereich** der Schnecke. Durch die Schneckendrehung wird der noch feste Kunststoff gefördert. In Richtung der Schneckenspitze (stromabwärts) verringert sich das **Gangvolumen** durch das Anwachsen des Schneckenkerndurchmessers. Dies wiederum bewirkt eine **Verdichtung** des Materials. Durch die zunehmende Kompression verstärkt sich die **Reibung** des Granulats bzw. Pulvers untereinander. Gleichzeitig erfolgt ein intensiverer **Wärmeaustausch** zwischen dem Kunststoff und den Oberflächen des Zylinders und der Schnecke. Die entstehende Wärme lässt den **Aufschmelzvorgang** beginnen.
- **Phase 2**:
  Der temperierte Zylinder bewirkt ein Aufschmelzen der **Randschichten** des Feststoffbettes an der Zylinderinnenwand. Diese bleibt als **Schmelzefilm** an der Zylinderwandung haften und wird von der treibenden Flanke der Schnecke abgeschabt und zwischen den Schneckenstegen abgelagert.
- **Phase 3**:
  Infolgedessen bildet sich an der aktiven **Flanke** des Schneckensteges ein rotierendes **Schmelzebecken**, das an Volumen in Förderrichtung der Schnecke ständig zunimmt. Der Anteil nicht aufgeschmolzenen Materials nimmt entsprechend ab. Gleichzeitig strömt über einen Leckspalt zwischen oberem Ende des Schneckensteges der aktiven Flanke und der Zylinderinnenwand Schmelze aus dem vorhergehenden in den dahinterliegenden Schneckengang zurück.

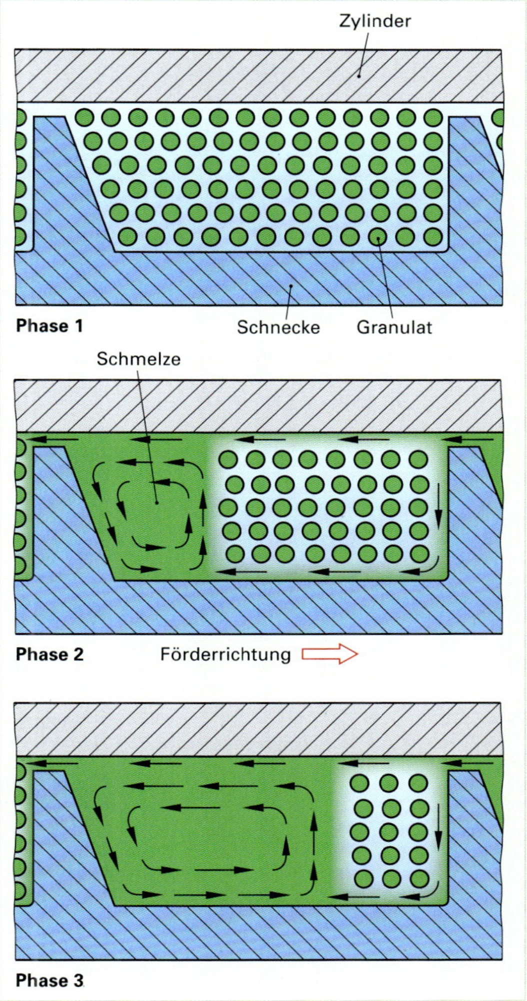

Bild 1: Aufschmelzvorgang

Die **Plastifiziereinheit** (Schnecke-Zylinder) unterliegt im Betrieb hohem **Verschleiß**, der sich negativ auf deren **Standzeit** auswirkt. Neuartige Kunststoffe, hohe Anteile an verschleißfördernden **Füll- und Verstärkungsstoffen** und hohe **Durchsatzmengen** stellen erhöhte Anforderungen an die Plastifiziereinheit. In der Praxis treten unter folgenden Voraussetzungen **Verschleißerscheinungen** auf:

- hohe **Verarbeitungstemperaturen**
- hohe spezifische **Drücke** in Verbindung mit hohen Temperaturen
- verarbeitung von Füll- und Verstärkungsstoffen
- **Reibungsprozesse** bewirken Abrasion, das führt wiederum zu „Fresserscheinungen"
- verstärkte **Korrosion** durch flammhemmende Additive
- hohe Durchsatzleistungen und daraus resultierende höhere mechanische und thermische Belastungen von Zylinder und Schnecke

Mechanischer Verschleiß wird meistens durch Füllstoffe wie z. B. Glasfasern verursacht. Diese Materialien wirken wie Schleifmittel auf Stahl. Durch Einwirkung der kleinen, harten Partikel werden die Zylinderinnenwand und die Schnecke kontinuierlich abgeschliffen. Um den erhöhtem Verschleiß entgegenzuwirken, bestehen Zylinder und Schnecken aus verschleißfestem Werkzeugstahl.

11.2.3 Einfülltrichter, Förder- und Mischgeräte

Einfülltrichter und **Fördergeräte** sind auf dem Zylinder montiert und haben die Aufgabe, die Plastifiziereinheit kontinuierlich mit Material zu versorgen. Häufig erfolgt ihr Einsatz mit **volumetrischen** oder **gravimetrischen Dosiersystemen** (**Bild 1**) zur Materialeinfärbung.

Bild 1: Dosiergerät

11.2.4 Antriebseinheit

Die Antriebseinheit hat die Aufgabe, die erforderliche **Drehfrequenz** und das **Drehmoment** für die Schnecke zur Verfügung zu stellen. Die Antriebseinheit besteht aus Elektromotor, Kupplung und Reduziergetriebe. Als Elektromotoren kommen sowohl **Gleichstrommotore** als auch **Wechselstrommotore**, deren Drehfrequenz stufenlos regelbar ist, zum Einsatz. Üblich ist auch der **Direktantrieb mit Gleichstrommotoren** (**Bild 3**).

11.2.5 Temperiersystem

Bild 2: Heiz-Kühl-Kombination

Bild 3: Extruderdirektantrieb

Das zu verarbeitende Material wird nicht nur von der **Scherwärme** (innere Reibung) auf Verarbeitungstemperatur gebracht. In der Regel muss eine abgekühlte Plastifiziereinheit vor dem Anfahren des Extruders auf Betriebstemperatur gebracht werden. Zu diesem Zweck erfolgt eine Beheizung des Zylinders durch außen angebrachte elektrische **Heiz-Kühl-Kombinationen** (**Bild 2**). Das gesamte Temperiersystem ist in mehrere Heizzonen aufgeteilt. Die **Ist-Temperatur** jeder Heizzone wird von einem Thermoelement erfasst, mit der eingestellten **Soll-Temperatur** verglichen und so die Heizung bzw. das Kühlluftgebläse zu- oder abgeschaltet. Die Unterteilung in mehrere, unabhängig voneinander regelbare **Heizzonen** ermöglicht die Einstellung eines **Temperaturprofils** für die Plastifiziereinheit. Die einzustellenden Temperaturen sind abhängig von den Verarbeitungseigenschaften des Kunststoffes.

11.2.6 Glattrohrextruder (Konventioneller Extruder)

Der **Glattrohrextruder** (**Bild 1, Seite 481**) hat einen durchgehend glatten Zylinder. Er wird üblicherweise mit einer Drei-Zonen-Schnecken ausgerüstet. Die rotierende Schnecke fördert die Kunststoffschmelze gegen einen Strömungswiderstand.

Die **Höhe des Widerstandes** ist im Wesentlichen abhängig von:

- der **Querschnittsfläche** des nachfolgenden Extrusionswerkzeuges
- der **Viskosität** der Schmelze
- der **Schneckengeometrie**
- dem **Massedurchsatz**.

Die Förderung gegen diesen Widerstand bewirkt den **Druckaufbau** im Zylinder, der für eine gute **Homogenisierung** der Schmelze unbedingt erforderlich ist. Die Ausstoßzone übernimmt das in der Kompressionszone aufgeschmolzene Granulat, um es weiter zu homogenisieren und es auf die **werkstoffabhängige Verarbeitungstemperatur** zu bringen.

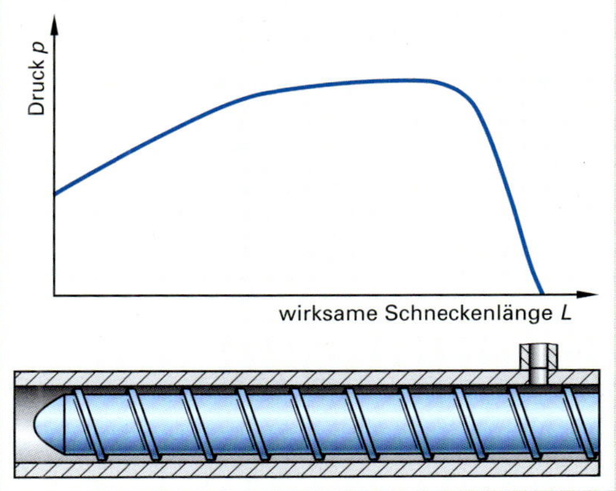

Bild 1: Druckverlauf – Glattrohrextruder

Die **Ausstoßleistung** eines Glattrohrextruders ist wesentlich abhängig vom **Werkzeuggegendruck**.

Strömungsverhältnisse

Die **Misch- und Förderleistung** eines Glattrohrextruders wird in der Hauptsache von den Strömungsvorgängen der Schmelze im Schneckenkanal der Ausstoßzone beeinflusst. Aus der Umwandlungszone kommend, muss die aufgeschmolzene Formmasse in der Ausstoßzone vollkommen homogenisiert, gleichmäßig temperiert und mit dem erforderlichen Druck und der erforderlichen Viskosität dem nachfolgenden Formwerkzeug kontinuierlich zugeführt werden.

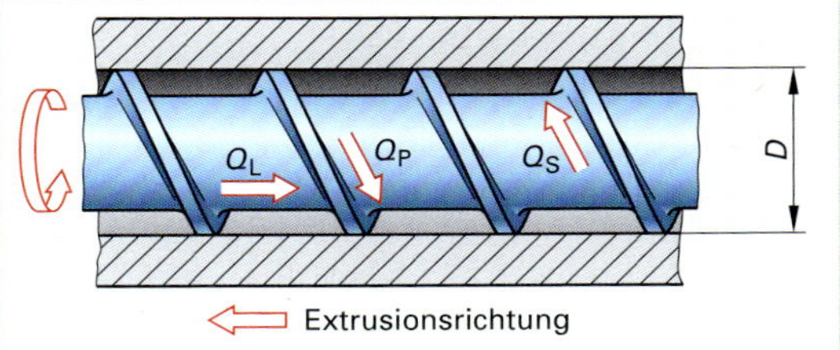

$\boldsymbol{Q_L}$: Leckströmung
$\boldsymbol{Q_P}$: Druckströmung
$\boldsymbol{Q_S}$: Schleppströmung

Bild 2: Strömungskomponenten

Es werden drei **Strömungskomponenten** (**Bild 2**) unterschieden:

- **Schleppströmung $\boldsymbol{Q_S}$**: Die Schleppströmung Q_S verläuft entlang des Schneckenkanals in Förderrichtung der Schnecke. Sie entsteht durch die Relativbewegung zwischen der rotierenden Schneckenoberfläche und der unbewegten Zylinderwandung.
- **Druckströmung $\boldsymbol{Q_P}$**: Die Druckströmung Q_P verläuft entlang des Schneckenkanals entgegen der Schleppströmung Q_S. Sie wird durch den Widerstand des nachfolgenden Werkzeuges hervorgerufen. Staueelemente im Werkzeug (Siebe, Lochscheiben) verstärken diesen Widerstand und führen zur Vergrößerung der Druckströmung.
- **Leckströmung $\boldsymbol{Q_L}$**: Die Leckströmung Q_L verläuft entgegen der Förderrichtung der Schnecke, längs der Innenwandung des Zylinders über die Schneckenstege. Hervorgerufen wird sie durch das Schneckenspiel s und das Druckgefälle in der Schmelze.

Gesamtströmung $\boldsymbol{Q}$ = Schleppströmung $\boldsymbol{Q_S}$ – Druckströmung $\boldsymbol{Q_P}$ – Leckströmung $\boldsymbol{Q_L}$

$$Q = Q_S - Q_P - Q_L$$

Die **Gesamtströmung $\boldsymbol{Q}$** kommt durch **Überlagerung** der drei **Teilströmungen** zustande. Dadurch wird der Mischeffekt der plastifizierten Kunststoffformmasse weiter verstärkt.

11.2.7 Nutbuchsenextruder (Extruder mit genuteter Einzugsbuchse)

Der **Nutbuchsenextruder** unterscheidet sich vom Glattrohrextruder im Wesentlichen durch die unterschiedliche Gestaltung des Einzugsbereiches, der **Nutbuchse** (**Bild 1**). Im Einzugsbereich des Zylinders eines Nutbuchsenextruders sind in der Innenwandung des Zylinders **konisch verlaufende**, meist **rechteckförmige Axialnuten** eingebracht. Diese laufen nach etwa 4 × *D* bis 6 × *D* ab Vorderkante der Einfüllöffnung aus. Die Anzahl der **Nuten** am Umfang beträgt zwischen *D*/10 und *D*/5. Der Einzugszone schließt sich ein **Glattrohrzylinder** an. Um zu verhindern, dass sich kein Schmelzefilm im Einzugsbereich bildet und um die Reibung an der Zylinderwand zu erhöhen, wird die Nutbuchse gekühlt. Die **Kühlung** erfolgt mit Wasser oder Kühlluft. Zwischen temperiertem Glattrohr und gekühlter Nutbuchse befindet sich eine **Wärmeisolierung**.

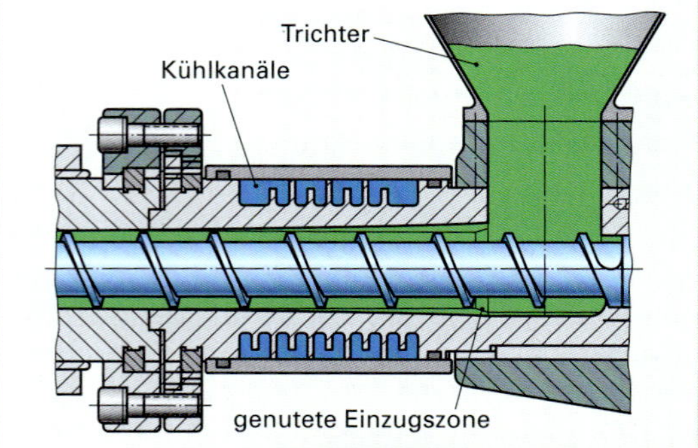

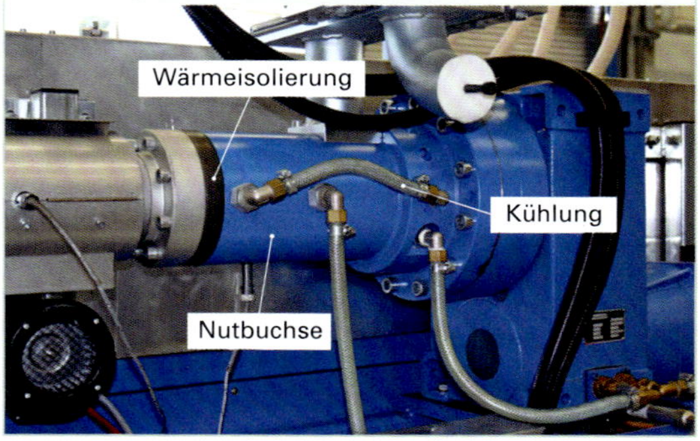

Bild 1: Nutbuchse

Strömungsverhältnisse

Die aktive Schneckenflanke fördert das Material stromabwärts in Richtung Schneckenspitze. Die Aufgabe der Nuten ist, dass sich das einrieselnde Kunststoffgranulat in den Nuten „verkrallt" und dadurch ein Mitdrehen des Materials im Schneckengang verhindert wird. Somit wird eine **Zwangsförderung** erreicht, die zu einer wesentlichen Erhöhung der Durchsatzleistung im Vergleich zum Glattrohrextruder führt. Beim Nutbuchsenextruder wird bereits in der Einzugszone der erforderliche Druck für das Durchströmen der nachfolgenden Zylinderabschnitte aufgebaut. Eingesetzt werden zylindrische Schnecken ohne Kompressionszone (fördersteife Schnecken). Bei modernen Schneckenkonzepten findet der Druckaufbau nicht nur im Bereich der Einzugszone statt. Er verteilt sich auf die gesamte Schneckenlänge. Grundsätzlich haben Schnecken für Nutbuchsenextruder im Vergleich zu Schnecken für Glattrohrextruder im Bereich der Einzugszone eine geringere Gangtiefe.

Die **Ausstoßleistung** eines Nutbuchsenextruders ist **unabhängig** vom **Werkzeuggegendruck**.

Die größere Durchsatzleistung eines Nutbuchsenextruders bewirkt eine vollständigere Füllung der Schneckengänge (Schleppströmung $\boldsymbol{Q}_S$) im Vergleich zum Glattrohrextruder. Eine stromaufwärts gerichtete Druckströmung $\boldsymbol{Q}_P$, die einer guten Homogenisierung dienlich wäre, ist nicht vorhanden. Das führt zwangsläufig zu einer schlechteren Homogenisierung der Kunststoffformmasse. Um diesen nachteiligen Effekt entgegenzuwirken, befinden sich am Ende der Schnecke im Ausstoßbereich des Plastifizierzylinders Misch- und Scherteile (**Bild 2**).

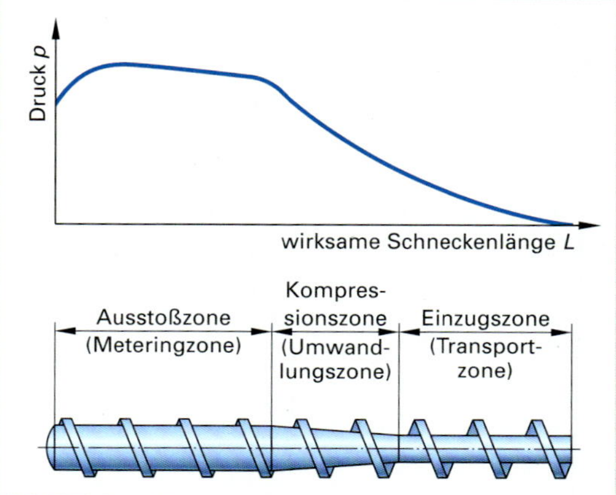

Bild 2: Druckverlauf – Nutbuchsenextruder

11.3 Doppelschneckenextruder

Der **Doppelschneckenextruder** (Bild 1) unterscheidet sich vom Einschneckenextruder hinsichtlich der gemeinsam im Plastifizierzylinder laufenden Anzahl von Schnecken. Sie liegen horizontal dicht nebeneinander. Im Zylinderprofil entsteht die Form einer liegenden „8" (Bild 2). Der maschinentechnische Grundaufbau ist ähnlich dem eines Einschneckenextruders. Ein Doppelschneckenextruder ist in seiner Bauart wesentlich aufwendiger und somit in seiner Anschaffung teurer. Einsatzgebiet ist in erster Linie die Verarbeitung **feinkörniger** und **pulverförmiger** Formmassen wie z. B. PVC-U, die sich auf einem Einschneckenextruder nicht oder nur sehr schwer verarbeiten lassen.

Bild 1: Doppelschneckenextruder

Die Einteilung der Doppelschneckenextruder erfolgt nach dem Drehsinn der Schnecken. Dabei unterscheidet man in:

- **Gegenläufige Doppelschneckenextruder (Gegenläufer)** mit gegensinniger Drehrichtung der Schnecken
- **Gleichläufige Doppelschneckenextruder (Gleichläufer)** mit gleicher Drehrichtung

Vom „Kämmen" der Schnecken wird gesprochen, wenn die Schneckenstege der einen Schnecke in den Arbeitsraum der anderen Schnecke eingreifen und somit den Schneckengrund der anderen Schnecke mehr oder weniger „sauber schaben". In Abhängigkeit vom Abstand der beiden Schneckenachsen unterscheidet man zwischen **kämmenden** und **nicht kämmenden Doppelschneckenextrudern**. Der Eingriffsbereich der beiden Schnecken, in Achsrichtung gesehen, wird als „**Zwickel**" bezeichnet.

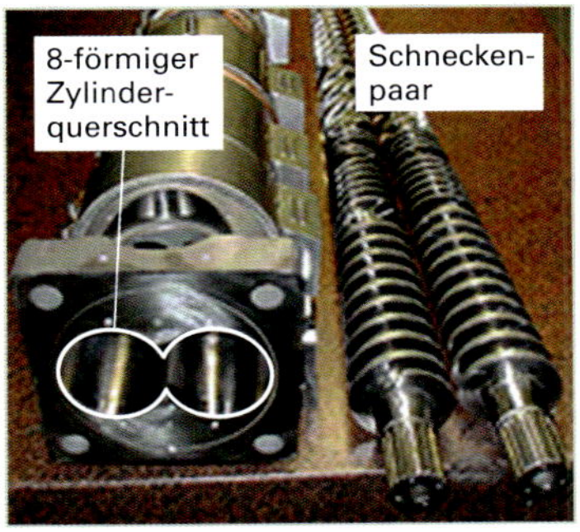

Bild 2: Liegende „8"

11.3.1 Gleichläufiger Doppelschneckenextruder (Gleichläufer)

Aufbau

Unter gleichsinnig drehenden Doppelschnecken (Bild 3) versteht man zwei **geometrisch identische Schnecken**, die **achsparallel** nebeneinander liegen und sich mit **gleicher Drehfrequenz** und in **gleicher Drehrichtung** bewegen. Ein charakteristisches Merkmal für gleichläufige Doppelschneckenextruder ist der modulare Aufbau der Schnecken und des Gehäuses. Die Schnecken bestehen aus einer durchgehenden Welle mit aufgesteckten individuell konfigurierbaren Schnecken- und Knetelementen. Die einzelnen Elemente sind formschlüssig, z. B. durch Keilwellen-Keilnaben-Verbindung mit der Schneckenwelle verbunden und werden über die Schneckenspitze verspannt. So können je nach Verarbeitungsaufgabe abwechselnd verschiedene Verfahrenszonen aufgebaut werden. Diese Verfahrenszonen dienen dem:

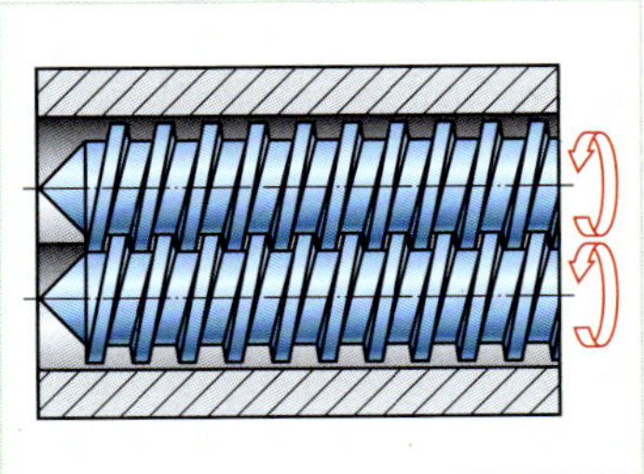

Bild 3: Schneckenpaar

- Fördern
- Mischen und Scheren
- Entgasen
- Homogenisieren
- Plastifizieren
- Druckaufbau

Die nach einem Baukastensystem des Maschinenherstellers verfügbaren Schneckenelemente (**Bild 1**) werden in

- Förderelemente
- Mischelemente
- Knetelemente
- Sonderelemente

eingeteilt. Das Baukastenprinzip erlaubt ebenfalls bei den Gehäusen eine individuelle Zusammenstellung entsprechend der Verfahrensaufgabe (**Übersicht 1**). Die Gehäuse-Module sind separat temperierbar. Die Beheizung kann mit Heizschalen oder Heizpatronen erfolgen. Die Kühlung erfolgt mit Wasser oder anderen flüssigen bzw. dampfförmigen Wärmeträgern.

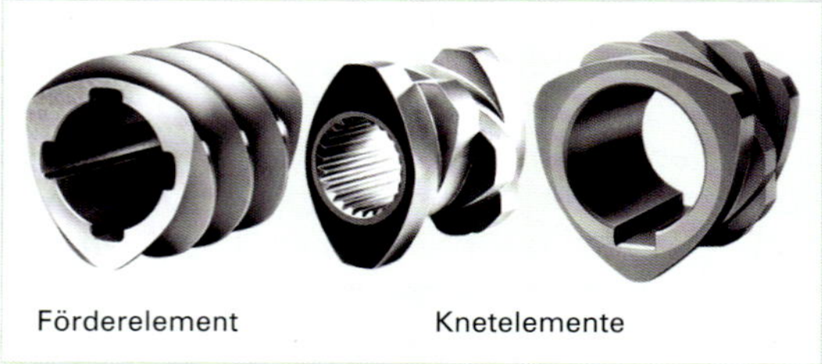

Bild 1: Förder- und Knetelemente

Bei den Gehäuse-Modulen (**Bild 2**) unterscheidet man zwischen:

- **offenen Gehäusen** für Produkteinzug, Entlüftung und Entgasung
- **Gehäusen mit Bohrungen** für Messeinsätze (Temperatur- und Druckaufnehmer)
- **geschlossenen Gehäusen**
- **Kombigehäusen** zum Anschluss einer Seitenbeschickung (Coextruder)

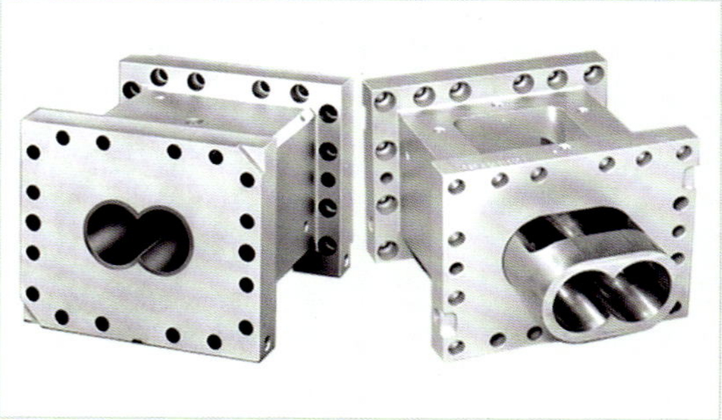
Bild 2: Gehäuseelemente

Übersicht 1: Verfahrensaufgaben

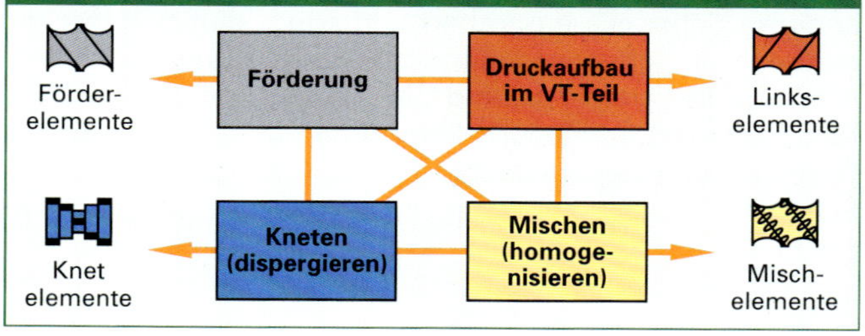

Arbeitsprinzip

Das Prinzip der Materialförderung eines gleichlaufenden Doppelschneckenextruders (**Bild 3**) ist dem Arbeitsprinzip eines Glattrohr- bzw. Nutbuchsenextruders nicht unähnlich. Die **Materialförderung** erfolgt durch **Schleppströmung**. Das Förderprinizp eines gleichlaufenden Doppelschneckenextruders beruht auf dem **spiralförmigen Transport** und der **kontinuierlichen Umlenkung** des Extrudates um die Schnecken entlang der „8"-förmigen Innenformen des Plastifizierzylinders. Das gegenseitige **Abschaben** verhindert das Anhaften von Material. Somit können **strömungsarme Zonen (Totzonen)** über die gesamte Länge des Verfahrensteils verhindert werden. Dies wiederum führt zu einer kürzeren, materialschonenden Verweilzeit und einer konstanten Förderleistung.

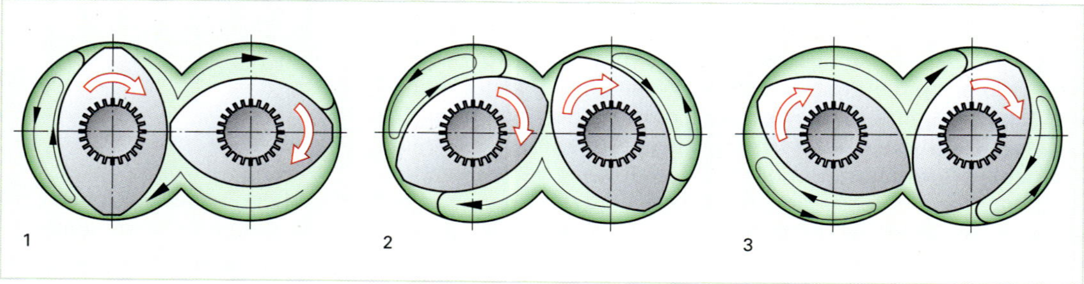

Bild 3: Fördermechanismus

Im Unterschied zum Einschneckenextruder, bei dem die Materialzufuhr über einen gefüllten Materialtrichter erfolgt, verfügen gleichläufige Doppelschneckenextruder (**Bild 1**) über eine **Materialdosierung**. Das bewirkt eine gleichbleibende Materialzuführung im Einzugsbereich der beiden Schnecken. Das gilt auch für solche Anwendungsfälle, bei denen neben Granulat auch Pulver oder Regenerat verarbeitet wird. Auch aufgrund der immer enger werdenden Materialtoleranzen ist der Einsatz **gravimetrischer Dosiersysteme** erforderlich.

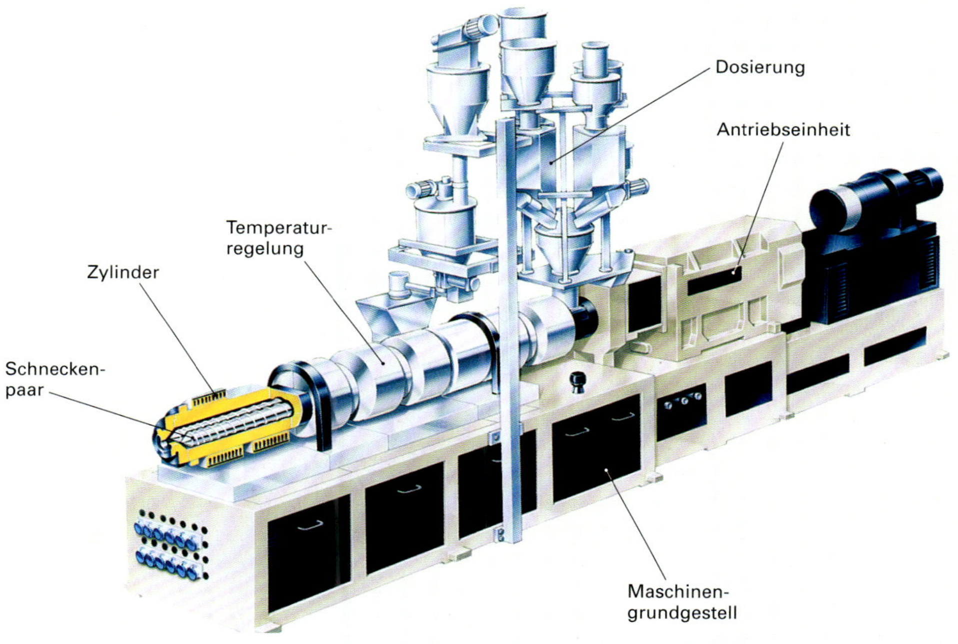

Bild 1: Aufbau eines Doppelschneckenextruder (Gleichläufer)

Gleichlaufende Doppelschneckenextruder sind nach dem **Baukastenprinzip** aufgebaut. Durch die Kombination von Schneckenelementen und Gehäuseelementen kann der Extruder an die Verarbeitungsaufgabe optimal angepasst werden.

Anwendungsgebiete

Gleichlaufende Doppelschneckenextruder haben ihr Anwendungsgebiet bei der Aufbereitung von Polyolefinen, technischen Kunststoffen und anderen kontinuierlichen Prozessen mit hohem spezifischen Energiebedarf. Neben den klassischen Anwendungen wie Plastifizieren, Mischen und Homogenieren sind das insbesondere:

- Einmischen und Dispergieren von Zusatz- und Hilfsstoffen in Grundwerkstoffe
- Verstärken mit Glasfaser-, Kohle- oder anderen Faserstoffen von Grundwerkstoffen
- Füllen von Grundwerkstoffen mit Talkum, Kreide, Holzmehl und anderen Füllstoffen
- Einmischen und Dispergieren von Pigmenten und Additiven
- Herstellung verschiedener Kunststoff- und Thermoplast-Elastomer-Mischungen (z. B. TPE)
- Entgasen von flüchtigen Bestandteilen (Restfeuchte, Lösungsmittelrückstände)
- Durchführen der chemischen Polyreaktionen
- Regranulierung von Mahlgut

11.3.2 Gegenläufiger Doppelschneckenextruder (Gegenläufer)

Aufbau

Bei einem **gegenläufigen Doppelschneckenextruder** (Bild 2) drehen sich die beiden achsparallel angeordneten Schnecken ebenfalls in einem **doppelten Zylinderhohlraum**, der die Form einer liegenden „8" besitzt. Dadurch, dass sich die Schnecken (Bild 1) in entgegengesetzter Richtung drehen, besitzen sie auch unterschiedliche **Gewinderichtungen** (links-rechts). Schnecken und der Plastifizierzylinder eines gegenläufigen Doppelschneckenextruders sind **nicht modular** aufgebaut. Während bei gleichlaufenden Doppelschneckenextrudern durch unterschiedliche Anordnung der Schneckenelemente und Zylindermodule verschiedenste Verfahrensaufgaben umsetzbar sind, beschränkt sich der Einsatz eines gegenläufigen Doppelschneckenextruders auf eine einzelne Verfahrensaufgabe.

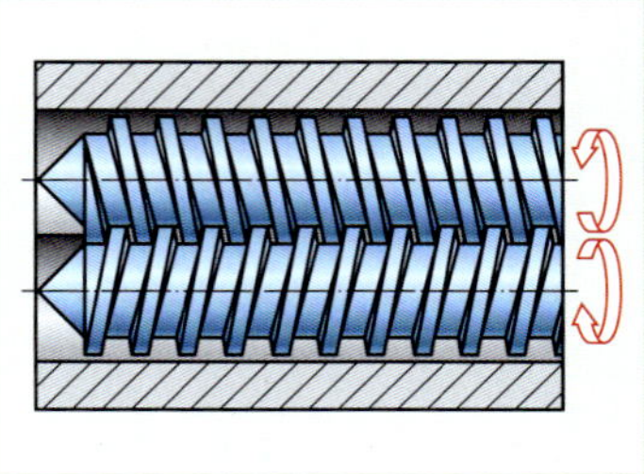

Bild 1: Schneckenpaar

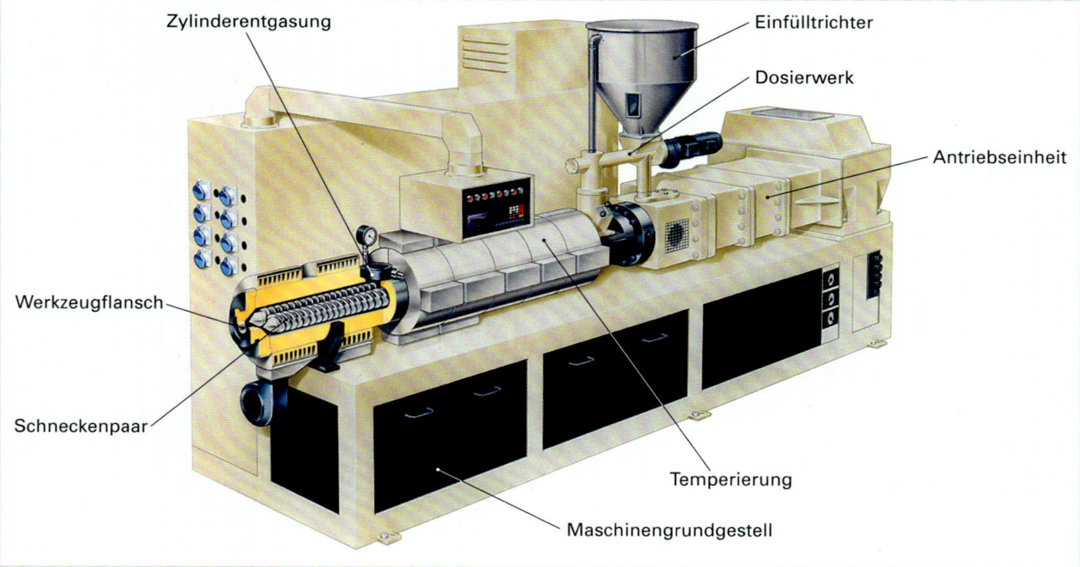

Bild 2: Aufbau eines Doppelschneckenextruders (Gegenläufer)

Arbeitsprinzip

Der Fördermechanismus eines gegenläufigen Doppelschneckenextruders unterscheidet sich grundlegend von den Fördermechanismen der Einschneckenextruder und der gleichlaufenden Doppelschneckenextruder. Erfolgt die Förderung bei letztgenannten durch die **Schleppströmung** Q (siehe Kapitel 11.2.6), so spricht man beim gegenläufigen Doppelschneckenextruder von einer **Kammerförderung**. Der Schneckensteg der einen Schnecke greift in den Schneckengang der kämmenden, gegenüberliegenden zweiten Schnecke ein. Der Kammerraum wird begrenzt durch die vordere und die hintere Stegflanke zweier aufeinander folgender Stege der einen Schnecke, deren Schneckengrund, der umgebenden Zylinderwandung und dem Berührungspunkt zwischen Schneckengrund und Schneckensteg (Zwickel) der anderen Schnecke. Durch den Kammerabschluss im Zwickel entsteht ein **C-förmiges Kammervolumen** (Bild 3), das vom Umfang her gesehen einmal um den Schneckensteg läuft und mit Schmelze ausgefüllt ist.

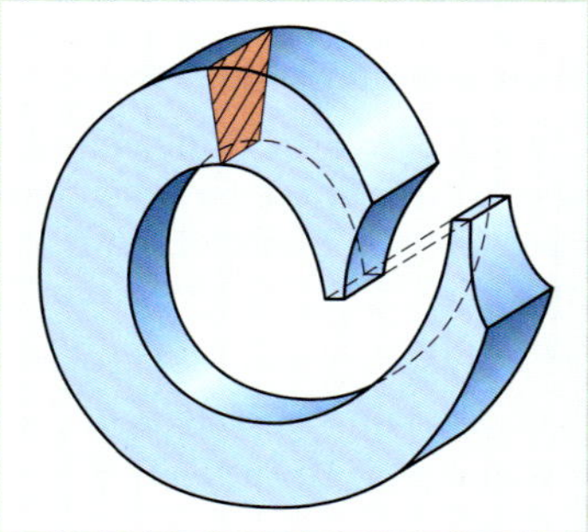

Bild 3: C-Kammervolumen-Modell

Durch die gegensinnige Drehbewegung der beiden Schnecken kommt es jeweils beidseitig stromabwärts zu einer zwanghaften Materialförderung. Aufgrund dieser geometrischen Bedingungen kommt es zwischen den C-förmigen Kammern der beiden Schnecken, bis auf geringe Verluste bedingt durch eine **Leckströmung** Q_L, zu keinem nennenswerten Materialaustausch.

Das Prinzip der Kammerförderung führt zu einer geringen mechanischen und thermischen Belastung der Schmelze bei kurzen Verweilzeiten im Verfahrensraum. Diese Art der schonenden Förderung eignet sich für temperaturempfindliche Kunststoffe wie PVC.

Die Art der Kammerförderung führt zu einem pulsierenden Ausstoß der Schmelze am Ende des Verfahrensteils, weil abwechselnd die Kammerinhalte der beiden Schnecken entleert werden. Diesem Effekt wird durch Veränderung der Scheckengeometrie entgegengewirkt.

Die Abschnitte des Schneckenpaares für gegenläufige Doppelschneckenextruder werden in mehrere Zonen unterteilt (**Bild 1**).

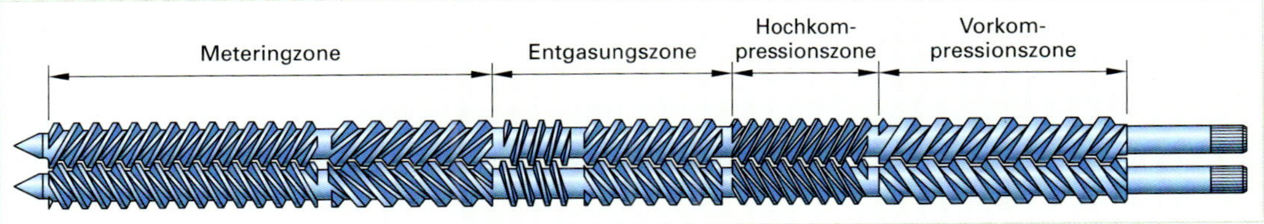

Bild 1: Zonen eines Schneckenpaares für einen gegenläufigen Doppelschneckenextruder

Die **Vorkompressionszone** beginnt im Bereich des Einfüllschachtes des Plastifizierzylinders. Das eingezogene Material beginnt den freien Raum in der Schnecke einzunehmen. Durch Verkleinerung der Schneckensteigung oder auch durch Erhöhung der Anzahl der Schneckengänge verkleinert sich das freie Kammervolumen. Das Material wird zunehmend verdichtet. In der Vorkompressionszone wird das Material nur einer geringen mechanischen Scherbelastung ausgesetzt. Die Erwärmung erfolgt vorwiegend durch den extern beheizten Plastifizierzylinder.

Die **Hochkompressionszone** ist eine Zone mit kleiner Schneckensteigung. Im Vergleich zur Vorkompressionszone ist sie auf die Schneckenlänge bezogen kurz ausgeführt. Geringere Steigung und damit auch geringeres freies Volumen im Schneckengang führt zu einem Materialrückstau am Ende der Vorkompressionszone und zum Druckaufbau. Die Hochkompressionszone besitzt, bedingt durch die geringe Schneckensteigung, nur eine geringe Eigenförderung.

Die **Entgasungszone** hat die Aufgabe, der Schmelze flüchtige Bestandteile wie z. B. Lösungsmitteldämpfe, Feuchtigkeit, eingezogene Luft usw. zu entziehen. Dazu besitzt die Schnecke in dieser Zone eine große Gangsteigung. Der Füllgrad im Schneckenzylinder muss unter 100 % liegen, da ansonsten Schmelze in den Entgasungsstutzen des Plastifizierzylinder gedrückt würde.

Die **Meteringzone** ist stromabwärts der letzte Verfahrensteil der Schnecke. Die Schmelze wird weiter homogenisiert und der erforderliche Druck zur Überwindung des Werkzeugwiderstandes wird aufgebaut.

Schnecken (Bild 2)

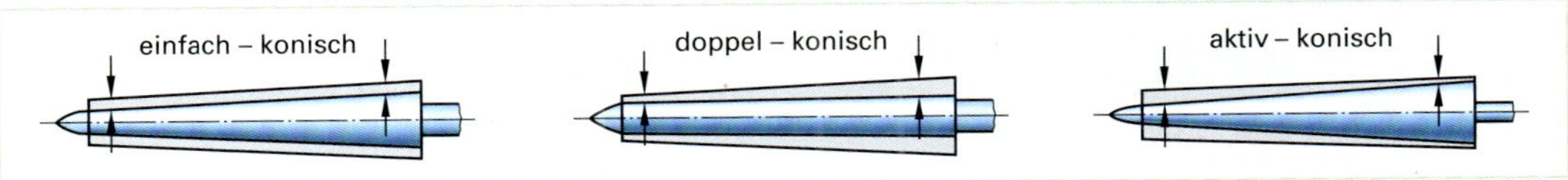

Bild 2: Ausführungsformen konischer Schneckenpaare

- **Zylindrische Schnecken**: Schneckenaußendurchmesser, Schneckeninnendurchmesser, Achsabstand und Gangtiefe sind über die gesamte Schneckenlänge konstant.
- **Einfach-konische Schnecken**: Schneckenaußendurchmesser und Achsabstand nehmen von der Schneckenspitze aus betrachtet stetig zu; die Gangtiefe bleibt konstant.

- **Doppel-konische Schnecken**: Schneckenaußendurchmesser nimmt stärker als der Schneckeninnendurchmesser ab; damit verringert sich die Gangtiefe stromabwärts bis zur Schneckenspitze.
- **Aktiv-konische Schnecken**: Schneckenaußendurchmesser nimmt weniger als der Schneckeninnendurchmesser ab; damit vergrößert sich die Gangtiefe stromabwärts bis zur Schneckenspitze.

Die Schnecken gegenläufiger **Doppelschneckenextruder** (**Bild 1**) sind hohlgebohrt und werden innen temperiert (**interne Temperierung**). Das Temperiermedium (Wasser) wird zur Schneckenspitze gefördert, nimmt dort die Verfahrenswärme auf und fördert sie zurück in Richtung der Vorkompressionszone, wo sie wieder an das kühlere Schneckenmaterial abgegeben wird. Bei der **externen Temperierung** wird mithilfe eines Ölkühlkreislaufs die Wärme nach außen abgeführt und geht somit für das System verloren. Die interne Temperierung als die energieeffizientere Methode wird immer mehr zum Standard der Schneckentemperierung.

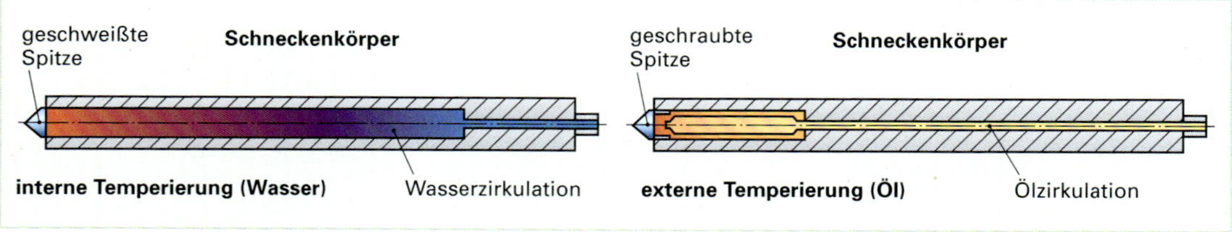

Bild 1: Schneckentemperierung

11.3.3 Planetwalzenextruder

Der **Planetwalzenextruder** (**Bild 3**) findet in vielen Bereichen der Kunststoffaufbereitung Einsatz, wie z. B.:

- Granulierung
- Kalanderbeschickung
- Duroplastaufbereitung
- Beschickung von Anlagen zur Beschichtung textiler Trägerbahnen

Bild 2: gezogene Schnecken

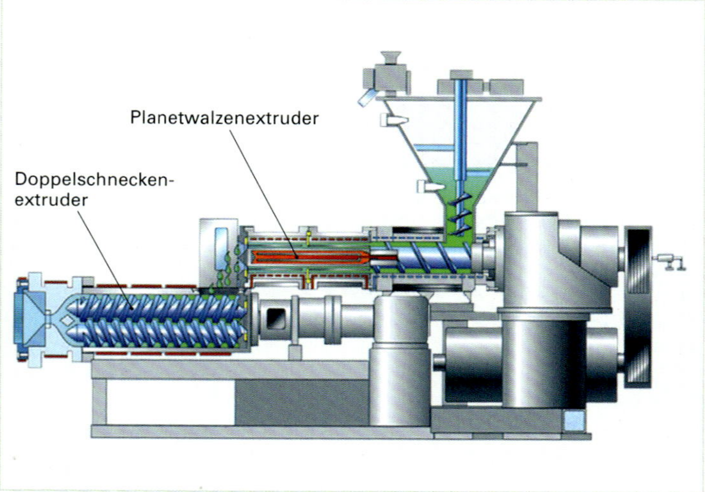

Bild 3: Planetwalzenextruder mit Doppelschneckenextruder

Das **Bild 2** zeigt gezogene Schnecken am Verfahrensteil eines Planetwalzenextruders. Das Förderverhalten entspricht dem der Einschneckenextruder. Hinsichtlich der Bauart unterscheidet man zwischen einstufigen und zweistufigen Maschinenkonzepten. Die Kombinationen Planetwalzenextruder/Planetwalzenextruder wird bei der Verarbeitung temperaturempfindlicher Materialien sowie für die PVC-Kalanderbeschickung angewandt. Die Kombination aus Planetwalzenextruder/Gegenläufiger Doppelschneckenextruder ist ideal für die Direktextrusion.

11.4 Extrusionswerkzeuge

Im Extrusionswerkzeug wird die von der Schnecke geförderte homogenisierte Kunststoffschmelze zum Halbzeug (Extrudat) umgeformt. Die abschließende Formgebung erfolgt häufig in einer nachfolgenden Kalibriereinrichtung. Die Extrusionswerkzeuge teilt man ein in:

- **Werkzeuge mit kreisringspaltförmigen Austrittsquerschnitt** (z. B. für Rohre, Schläuche, Schlauchfolien, Ummantelungen, Rundstäbe)
- **Profilwerkzeuge** (z. B. für Rohrprofile, Hohlprofile, offene Profile, Vollprofile)
- **Folien- und Plattenwerkzeuge** (z. B. für Flachfolien und Platten)

11.4.1 Werkzeuge mit kreisringspaltförmigem Austrittsquerschnitt

Zur Herstellung der oben genannten Halbzeuge werden hauptsächlich vier **Werkzeugarten** eingesetzt (**Bild 1**).

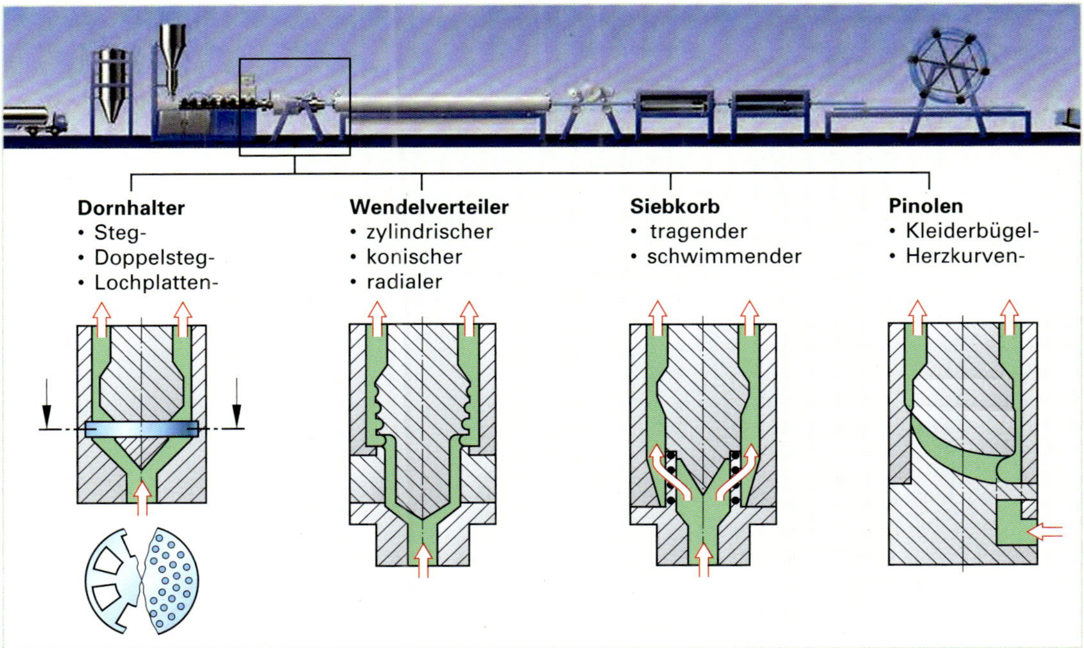

Bild 1: Werkzeuge mit kreisringspaltförmigem Austrittsquerschnitt

Während bei der Rohrextrusion und der Extrusion unverstärkter Schläuche größtenteils **axial angeströmte Werkzeuge** eingesetzt werden, erfolgt bei Werkzeugen zur Herstellung von Schlauchfolien, verstärkten Schläuchen und bei Ummantelungswerkzeugen die **Anströmung in radialer Richtung**, überwiegend im Winkel von 90° zur Austrittsrichtung des Halbzeuges. Allen Werkzeugen ist gemeinsam, dass sich am Werkzeugaustritt (Düsenmundstück) eine **Parallelzone** oder **Bügelzone** befindet. Deren Aufgabe besteht darin, die in die Schmelze eingebrachten Deformationen durch **Relaxation** (Entspannung) zumindest teilweise abzubauen. Durch die separate externe Temperierung dieses Werkzeugbereiches kann weiterhin Einfluss auf die gewünschte Oberflächengüte des Extrudates genommen werden.

Dornhalterwerkzeuge

Der **Dorn** (Verdrängerkörper) wird durch einen **Dornhalter** im Werkzeug zentrisch fixiert (**Bild 1**). Der vom Extruder gelieferte Schmelzestrom wird in einen **kreisringförmigen Schmelzestrom** durch die Dornspitze umgeformt. Nach dem Durchströmen der Öffnungen des Dornhalters fließt der Schmelzestrom wieder zusammen. Bis zum Austritt aus dem Werkzeug geht er langsam in den Halbzeugquerschnitt über.

An der Stelle des Zusammenfließens hinter dem Dornhalter besteht die Gefahr des Entstehens von **Bindenähten**, die sich am Extrudat als **Fließmarkierungen** abzeichnen und sich negativ auf dessen spätere Festigkeitseigenschaften auswirken können. Um dem entgegenzuwirken, wird das **Doppelstegdornhalterwerkzeug** (**Bild 2**) eingesetzt. Eine versetzte Anordnung (Kreuzstellung) der Stege im Doppelstegdorn (**Bild 3**) führt zur Verbesserung der **Schmelzehomogenisierung**. Die Gefahr des Entstehens von Fließmarkierungen wird vermindert. Das wiederum verbessert die Festigkeitseigenschaften des extrudierten Halbzeuges.

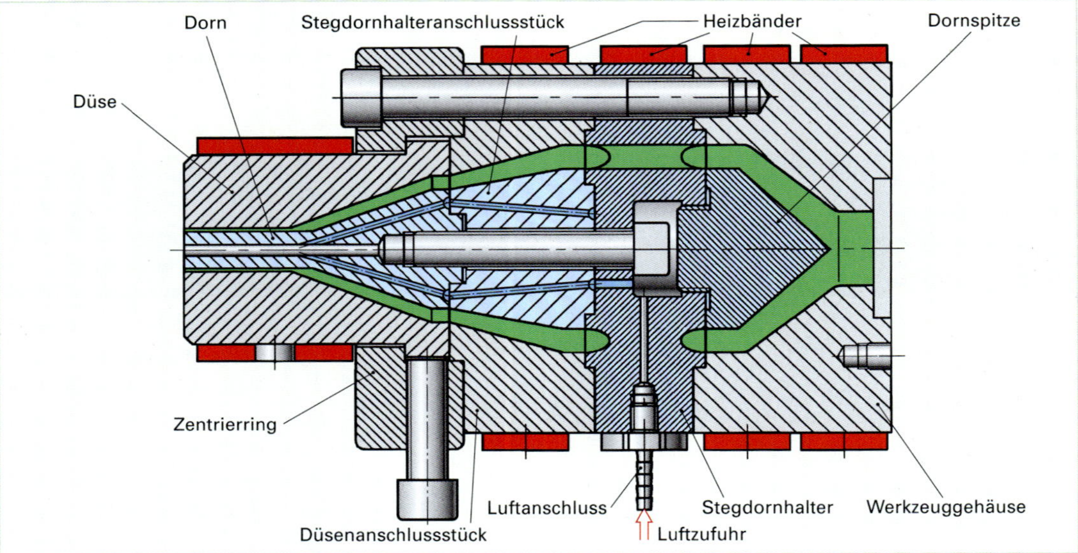

Bild 1: Dornhalterwerkzeug-Prinzip

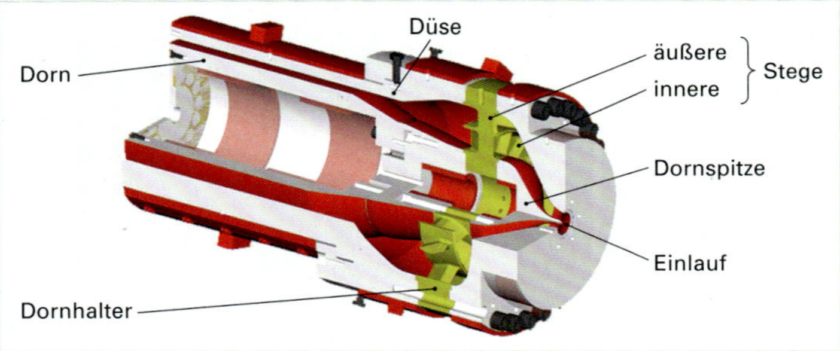

Bild 2: Doppelstegdornhalterwerkzeug

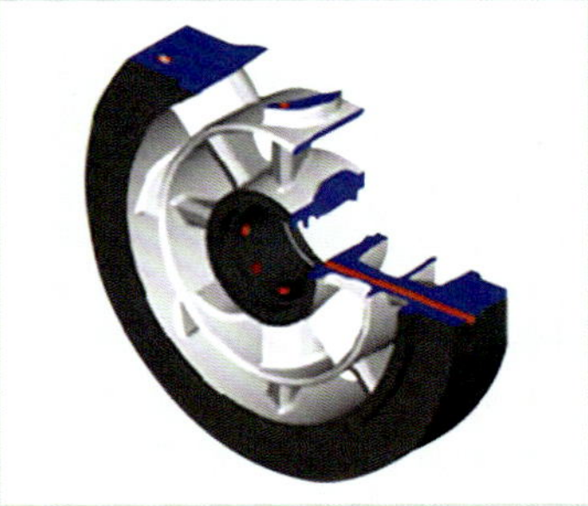

Bild 3: Doppelstegdornhalter

Das Haupteinsatzgebiet von Stegdornhalterwerkzeugen ist die Extrusion von Vollwandrohren aus PVC-U (ø12 mm ... ø1000 mm).

Die Aufgabe eines **Dornhalterwerkzeugs** besteht darin, den vom Extruder geförderten Schmelzestrom in eine kreisringförmige Ringspaltströmung (z. B. für ein Rohrprofil) umzuformen.

Siebkorbwerkzeug

Sowohl die Verarbeitungsaufgabe als auch der Aufbau eines **Siebkorbwerkzeuges** (**Bild 1**) sind dem eines Dornhalterwerkzeuges ähnlich. Anstelle des Dornhalters zentriert ein mit kleinen radialen Bohrungen (ø1 mm ... ø3 mm) versehener hohlzylindrischer Körper, der **Siebkorb**, den Dorn im Werkzeug.

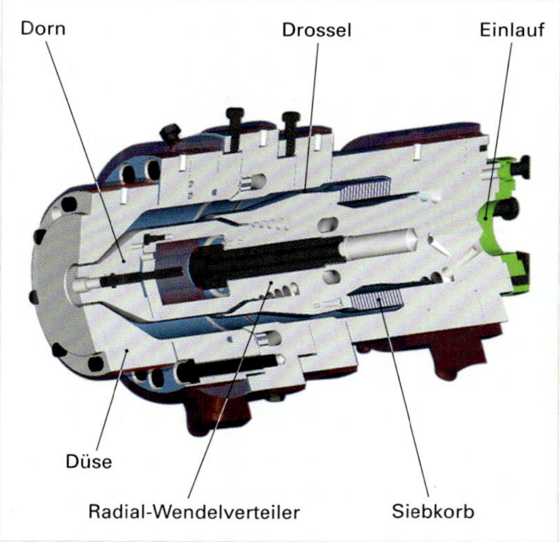

Bild 1: Siebkorb- und Wendelverteilerwerkzeug

Der in das Werkzeug in axialer Richtung eintretende Schmelzestrom umfließt den **Verdrängerkörper** und wird anschließend radial umgelenkt und durch die Siebkorbbohrungen gedrückt. Dabei wird er in viele kleine Teilströme aufgeteilt. Die mehrfache Umlenkung des Schmelzestromes und die Aufteilung in viele Teilströmungen bewirkt eine gute Homogenisierung der Schmelze. In einer nachfolgenden **Kompressionszone** wird der Schmelzestrom wieder vereinigt. Bevor er das Werkzeug verlässt, passiert er noch eine **Formgebungs- oder Bügelzone**, die der Schmelze weitestgehend den späteren geforderten Halbzeugquerschnitt gibt.

Siebkorbwerkzeuge werden vorwiegend für die Extrusion von Vollwandrohren mit Durchmessern von 6 mm ... 20 mm aus Polyolefinen (PE-HD, PE-LD, PP) eingesetzt. Siebkorbwerkzeuge sind im Vergleich zu Dornhalterwerkzeugen kompakter aufgebaut, besitzen eine geringere Masse und sind damit leichter zu handhaben.

Pinolenwerkzeug

Die Aufgabe der **Pinolenwerkzeuge** (**Bild 2**) ist mit den Dornhalte- und Siebkorbwerkzeuge vergleichbar. Hinsichtlich des Aufbaus unterscheiden sie sich darin, dass der Schmelzestrom nicht axial, sondern **radial** unter einem Winkel von 90° zur Extrusionsrichtung zugeführt wird. Das kann immer dann erforderlich sein, wenn durch den Dorn, die sogenannte **Pinole** z. B. ein Rohr oder Kabel bzw. Blas- oder Stützluft hindurchgeführt werden muss.

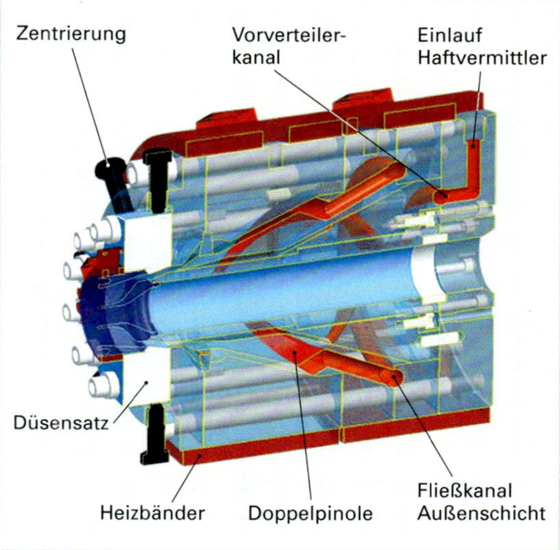

Bild 2: Pinolenwerkzeug

Bei den Pinolen (**Bilder 1 und 2, Seite 492**) unterscheidet man nach dem Aussehen des Verteilerkanals, der radial um den Werkzeugkörper geführt ist – **Pinolen mit Kleiderbügelverteiler** und **Pinolen mit Herzkurvenverteiler**. Beiden ist gemeinsam, dass der radial zugeführte Schmelzestrom in eine **axiale Abströmrichtung** umgelenkt wird. Das Umströmen der Pinole erzeugt Bindenähte, die mit den Fließmarkierungen bei Dornhaltewerkzeugen vergleichbar sind. Wichtig ist eine gleichmäßige Abströmgeschwindigkeit der Schmelze am Zusammenfluss. Dieser Umstand ist bei der geometrischen Gestaltung des Fließkanals zu beachten.

Die Geometrie des Kleiderbügelverteilers (**Bild 1**) stammt aus dem Bereich der Breitschlitzwerkzeuge. Den **Breitschlitzverteiler** stellt man sich um den Kegelstumpf des Pinolenwerkzeuges gewickelt vor. Beim **Herzkurvenverteiler** (**Bild 2**) befindet sich auf dem Kegelstumpf des Pinolenwerkzeuges ein **herzförmiger Verdrängungskörper**, der von der Schmelze umströmt wird. Wie bei den vorgenannten Werkzeugen schließt sich eine Formgebungs- oder Bügelzone an.

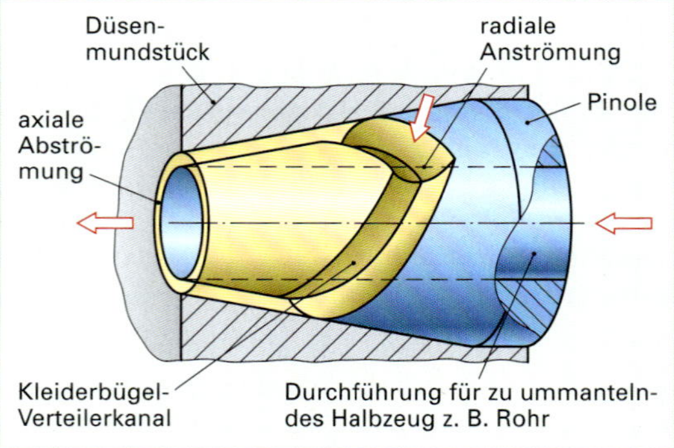

Bild 1: Pinole mit Kleiderbügelverteiler

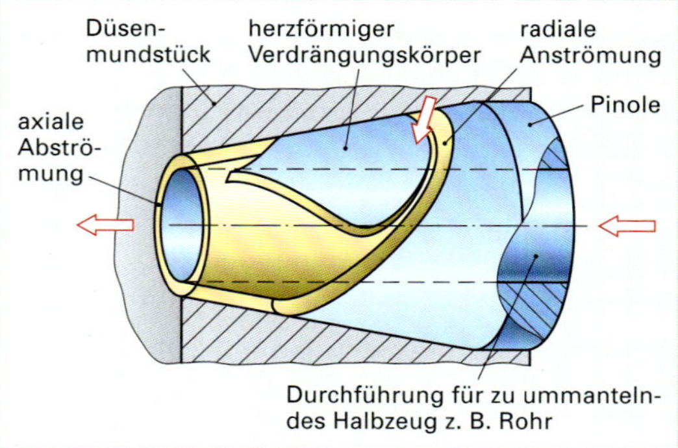

Bild 2: Pinole mit Herzkurvenverteiler

Typische Einsatzgebiete der Pinolenwerkzeuge sind die Ummantelung elektrischer Leiter bei der Kabelherstellung, die Rohrummantelung sowie die Herstellung von Mehrschichtverbundrohren.

Wendelverteilerwerkzeug

Bei einem **Wendelverteilerwerkzeug mit Axialwendelverteiler** (**Bild 3**) wird der Schmelzestrom zuerst in mehrere **Einzelströme** aufgeteilt. Das erfolgt mit **stern- oder ringförmigen Primärverteilersystemen**. Die Primärverteiler münden in **wendelförmigen Fließkanälen**, die radial um den **Wendeldorn**, vergleichbar mit einem mehrgängigen Gewinde, verlaufen. Während die **Fließkanaltiefe** stetig abnimmt, wird der Spalt zwischen dem Wendeldorn und dem ihn umgebenden Werkzeugteil in Extrusionsrichtung immer größer. Der in einer Wendel fließende **Schmelzestrom** teilt sich auf in einen Anteil, der weiterhin im Fließkanal um den Wendelkern strömt und mengenmäßig abnimmt und einen Anteil, der den Spalt zwischen Wendeldorn und umgebendem Werkzeugteil ausfüllt und mengenmäßig zunimmt. Damit überlagern sich an jeder Stelle des Spaltes **axiale und tangentiale Schmelzeströme**, die keine Bindenähte oder Fließmarkierungen entstehen lassen.

Bild 3: 2-fach Axial-Wendelverteiler für Schlauchkopfwerkzeug

Bei einem **radialen Wendelverteiler** (**Bild 4**) liegen die **Wendeln in einer Ebene**. Der Schmelzestrom wird in den Fließkanälen in Richtung Werkzeugmitte gefördert. Durch die Öffnung in der Mitte wird beispielsweise das zu ummantelnde Halbzeug (Rohr) geführt. Die flache Bauform ermöglicht es, mehrere Radialverteiler hintereinander anzuordnen. Dieses Verfahrensprinzip wird bei Werkzeugen zur Herstellung von Mehrschichtverbundrohren sowie bei mehrschichtigen Schlauch- und Blasfolien angewendet.

Bild 4: 2-fach Radial-Wendelverteiler

11.4.2 Profilwerkzeuge

Profile

Bei der Extrusion von Halbzeugen in der Kunststoffverarbeitung versteht man unter dem Begriff Profil nicht nur die geometrische Querschnittsform des Extrudates. **Alle Halbzeuge,** die einen unregelmäßigen Querschnitt besitzen und die nicht den Rohren, Platten, Kabeln oder Folien zugeordnet werden, sind **„Profile"**.

Bei den Profilformen (**Bild 1**) unterscheidet man grob zwischen:

- offenen Profilen (z. B. U-Profilen)
- Hohlprofilen (z. B. Fensterprofilen)

Die überwiegende Anzahl der Profilwerkzeuge werden axial angeströmt. Das Extrudat hat dabei annähernd die Kontur des fertigen Halbzeuges. Die Profilwerkzeuge kann man einteilen in:

- Blendenwerkzeuge
- Stufenwerkzeuge
- Werkzeuge mit allmählicher Querschnittsänderung

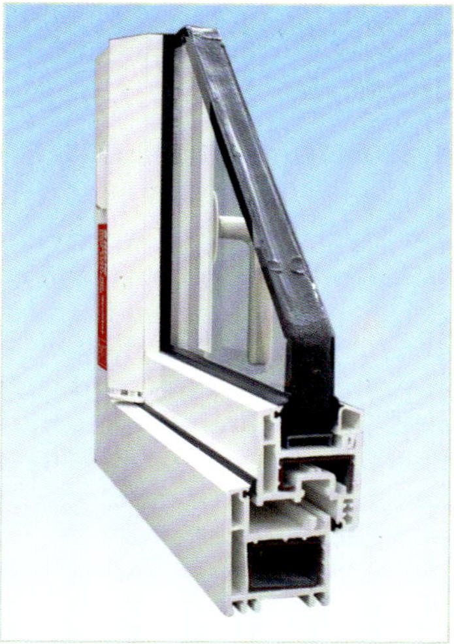

Bild 1: Fensterprofilformen

Blendenwerkzeug

Die einfachste Art, ein offenes Profil durch Extrusion zu erzeugen, wäre eine **Blende mit einer Öffnung**, die dem Profilquerschnitt entspricht, an die Austrittsöffnung des Extruders zu montieren. Abhängig vom Profilquerschnitt und den Abmessungen des Profilsteges käme es zu unterschiedlichen Fließgeschwindigkeiten beim Austritt des Extrudates an der Blende und hinter der Blende zu **Totwasserzonen** mit langer Materialverweildauer, was zur thermischen Schädigung des Materials führt.

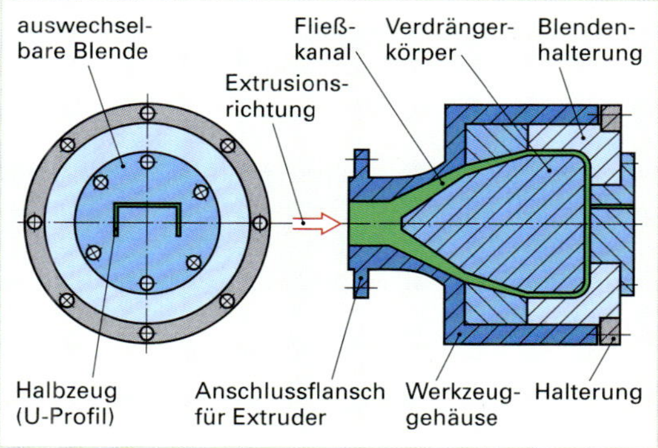

Bild 2: Blendenwerkzeug mit Verdrängerkörper

Die Lösung dieses Problems ist der Einsatz eines **Verdrängerkörpers**, ähnlich dem Verdrängerdorn bei einem Dornhalterwerkzeug. Das Blendenwerkzeug mit Verdrängerkörper (**Bild 2**) besteht aus einem Stammwerkzeug mit einer auswechselbaren Blende mit dem Halbzeugprofil. Bei diesem Werkzeugtyp kommt es immer noch zu Änderungen des **Strömungsquerschnittes** und damit zur Erhöhung der **Fließgeschwindigkeit**. Dabei kann es ebenfalls zu Materialschädigungen kommen. Hohe Extrusionsgeschwindigkeiten sind somit ausgeschlossen. Obwohl diese Werkzeuge einfach aufgebaut und kostengünstig herzustellen sind, ist die Anwendung begrenzt.

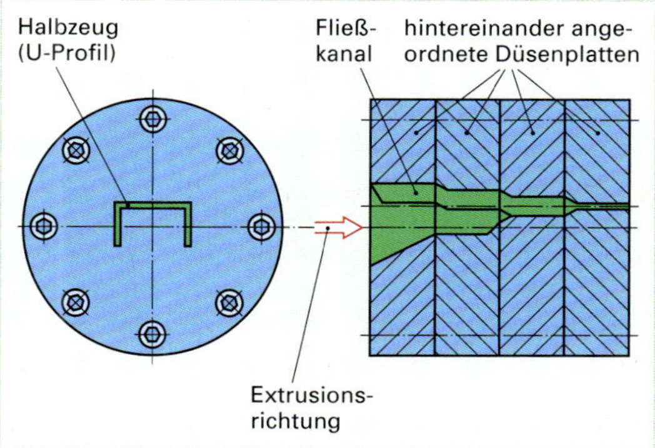

Bild 3: Stufenwerkzeug

Stufenwerkzeug

Ein Stufenwerkzeug (**Bild 3**) besteht aus mehreren hintereinander montierten Platten. Mit jeder Platte wird die Kontur des späteren Halbzeugprofils, stromabwärts gesehen, mehr herausgearbeitet.

Die Übergänge zwischen den Platten sind fließend, sodass Totwasserzonen weitestgehend ausgeschlossen sind. Stufenwerkzeuge werden ebenfalls nur für die Extrusion einfacher Profile eingesetzt.

Werkzeuge mit allmählicher Querschnittsveränderung

Der Einsatz solcher Werkzeuge (**Bild 1**) macht sich dann erforderlich, wenn Profile mit komplizierten geometrischen Formen bei hoher Maßgenauigkeit und mit hohen Abzugsgeschwindigkeiten produziert werden. Diese Werkzeuge sind aus mehreren hintereinander liegenden Platten aufgebaut und besitzen einen von Stegen gehaltenen Verdrängerkörper zur Erzeugung des Profilhohlraumes. Die Werkzeugplatten (**Bild 2**) können in drei Werkzeugabschnitte unterteilt werden:

- Anschlussteil
- Übergangsteil
- Parallelführungsteil

Im Anschlussteil wird der vom Extruder gelieferte Schmelzestrom beruhigt und mit der Umformung in eine dem späteren Extrudatquerschnitt ähnliche äußere Kontur überführt. Im Übergangsteil erfolgt eine weitere Beruhigung und Parallelführung des Schmelzestromes. Anschließend umfließt die Schmelze den Verdrängerkörper, der bis in die Parallelführung hineinreicht. In der Parallelführung erhält die Formmasse weitestgehend ihre spätere Profilkontur.

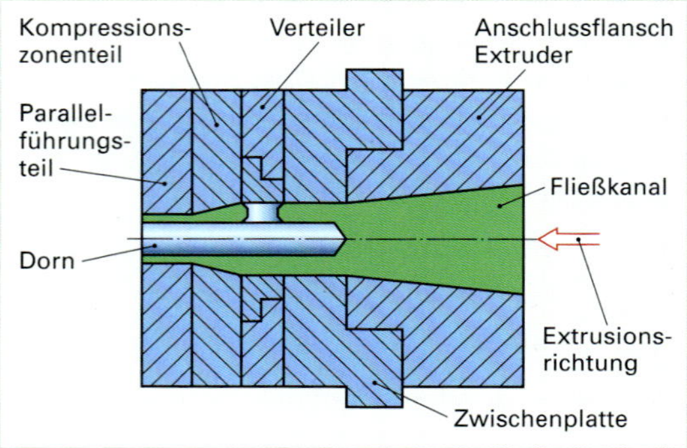

Bild 1: Hohlkammerprofilwerkzeug

Bild 2: Profilwerkzeug

11.4.3 Flachfolien- und Plattenwerkzeuge

Für die Herstellung von Flachfolien und Kunststoffplatten aus Thermoplasten (großes Verhältnis Breite/Dicke) verwendet man Breitschlitzwerkzeuge. Diese bestehen aus einem Werkzeugunter- und einem Werkzeugoberteil mit verstellbarem Spalt für den Schmelzeaustritt.

Die Aufgabe des Breitschlitzwerkzeuges besteht darin, den vom Extruder kommenden kreisrunden Schmelzestrom in einen flachen Schmelzestrom mit großem **Breiten-Dickenverhältnis** umzuformen (**Bild 3**). Der Schmelzestrom wird zentral vom Extruder kommend dem Werkzeug zugeführt und von einem **Verteilerkanal** beidseitig verteilt. Beim Überströmen eines **Drosselfeldes** breitet sich die Schmelze gleichmäßig flächig aus. Anschließend wird sie über eine Parallelzone bis zur Düsenlippe geleitet.

Bei der **Plattenextrusion** werden auftretende unterschiedliche Fließgeschwindigkeiten der Schmelze im Werkzeug durch eine verstellbare Profilleiste, dem **Staubalken**, ausgeglichen.

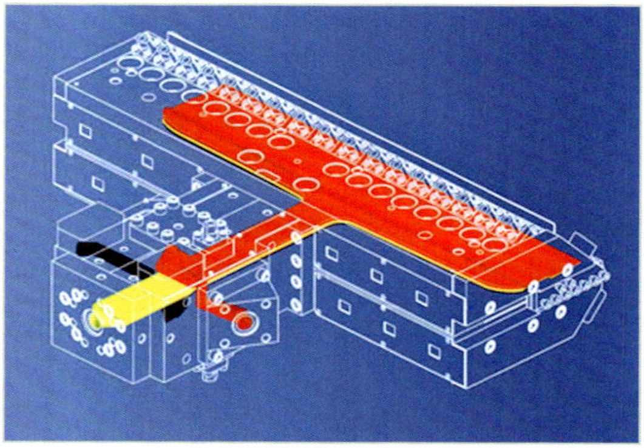

Bild 3: Prinzip der Schmelzeverteilung

Bei Werkzeugen zur Folienextrusion erfolgt die Dickenkorrektur des Halbzeuges durch die Korrektur der **Lippenspaltbreite**. Die Veränderung erfolgt hier mit einer **flexiblen Lippe (Flex-Lip)**, die am Werkzeugoberteil angebracht ist (**Bilder 1 und 2**).

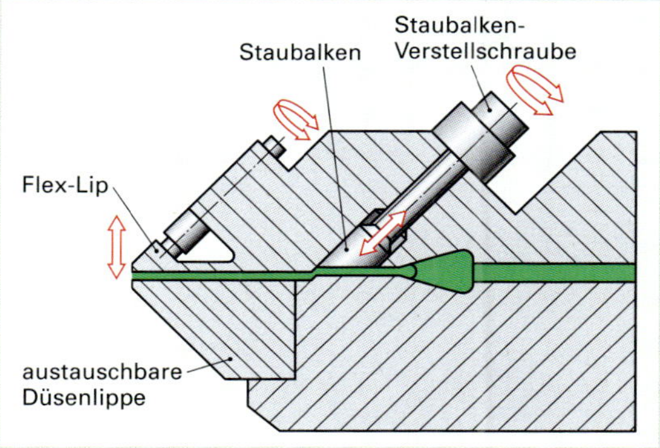

Bild 1: Prinzip Breitschlitzwerkzeug

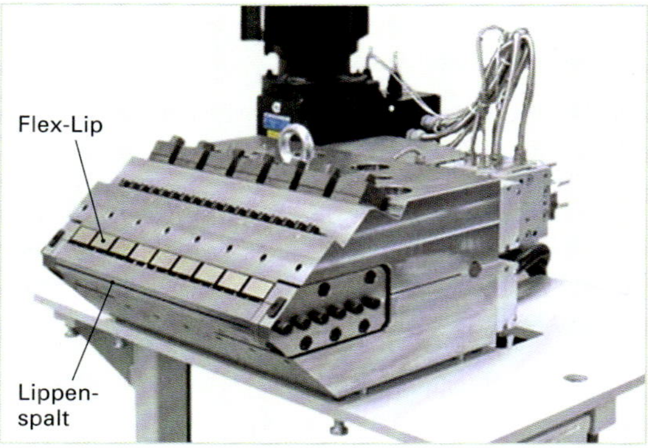

Bild 2: Breitschlitzwerkzeug

11.4.4 Coextrusionswerkzeuge für Thermoplaste

Viele Kunststoffhalbzeuge können die an sie gestellten Anforderungen an Gebrauchs- und Verwendungseigenschaften nicht mit einem einzelnen Werkstoff nachkommen. Durch Kombination verschiedener Kunststoffe und deren Zusammenführen zu einem Verbundwerkstoff können die positiven Eigenschaften der Einzelwerkstoffe vereint werden. Ein Beispiel ist die Herstellung von Mehrschichtverbundfolien (**Bild 3**).

Das hierbei gängigste, wirtschaftlichste und technologisch günstigste Verfahren ist die **Coextrusion**. Allen Coextrusionswerkzeugen ist gemeinsam, dass mehrere thermoplastische Schmelzen zusammengeführt werden. Dazu können zwei oder mehrere Schmelzen:

- vollständig getrennt bis zu ihrer Düse geführt und außerhalb des Werkzeuges zusammengeführt,
- teilweise getrennt geführt und die Schmelze in einer Düse kurz vor dem Werkzeugaustritt zusammengeführt oder
- die Schmelze vorher in einem Adapter zusammengeführt und anschließend dem Werkzeug zur Formgebung zugeführt werden.

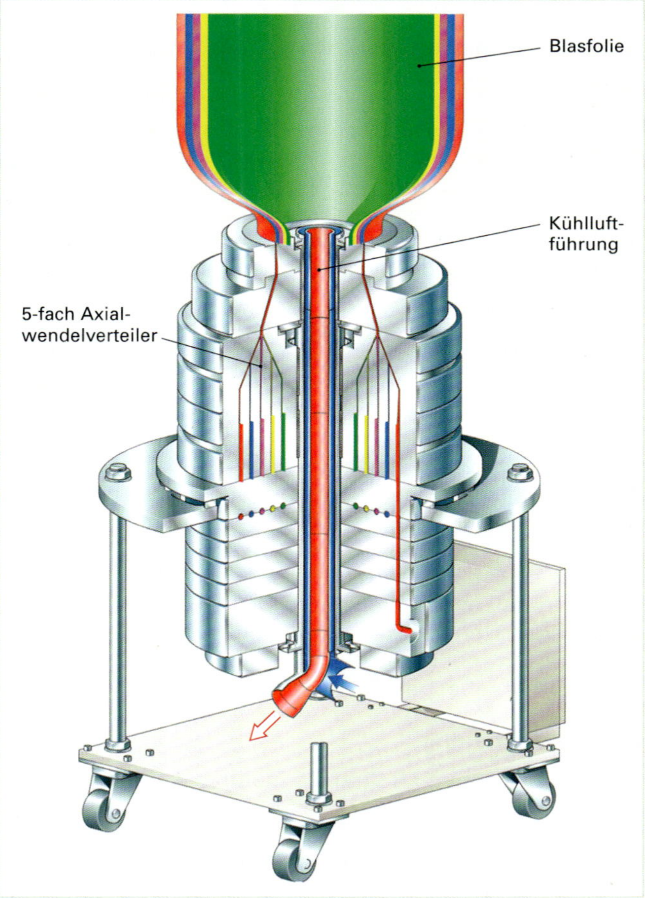

Bild 3: 5-Schicht-Blasfolienwerkzeug

11.5 Nachfolgeeinrichtungen

Nachdem die Kunststoffschmelze das Werkzeug verlassen hat, schließt sich bei der Extrusion von Rohren, Profilen, Folien und Platten die **Kalibrier- und Kühlstrecke** an.

Die Aufgabe der Kalibrierung besteht darin, beim Extrudat die geforderte Querschnittsgestalt in den geforderten Halbzeugmaßen zu fixieren und die Kunststoffschmelze soweit einzufrieren, dass eine ausreichend starke, erstarrte Schicht entsteht, die die notwendigen Abzugskräfte aufnehmen können.

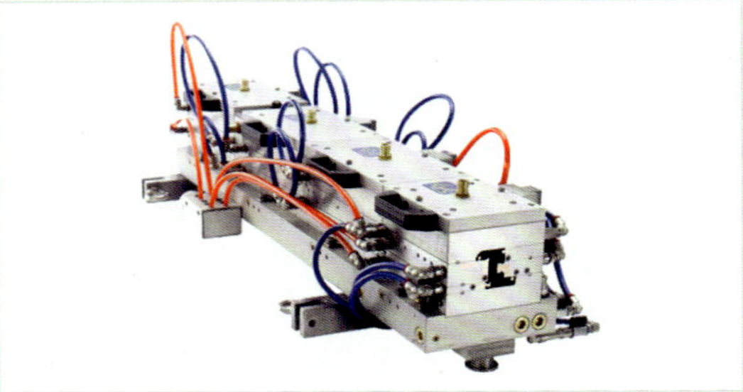

Bild 1: Trockenkalibrator

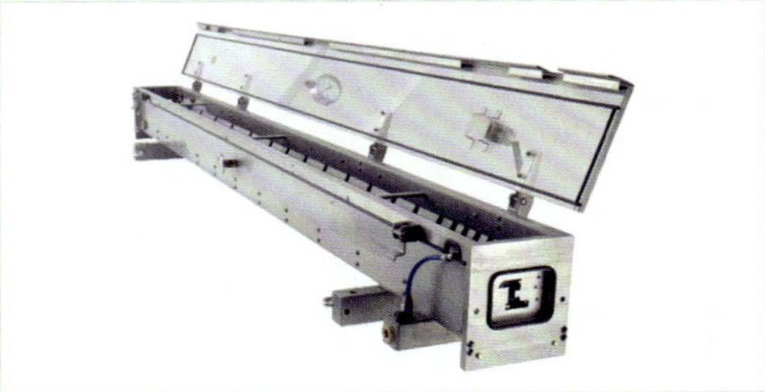

Bild 2: Nasskalibrator

Profilkalibrierung

Extrudierte Kunststoffprofile müssen, um ihre engen Fertigungstoleranzen einhalten zu können, kalibriert werden.

Dazu wird das Extrudat, nachdem es das Extrusionswerkzeug verlassen hat, durch **Kalibratoren** gezogen. Diese bestehen aus einem gut wärmeleitenden und verschleißfesten Metall und werden mit einem Kühlmedium temperiert. Die Kühlwirkung erfolgt, wenn die heiße Oberfläche des Extrudatstranges die gekühlte **Kalibratorinnenfläche** berührt. Die Kontaktfläche des Kalibrators ist mit kleinen Schlitzen versehen. An diesen ist ein **Vakuum** angelegt. Durch das Vakuum wird die Profiloberfläche an die Kalibrierinnenfläche gezogen. Hinsichtlich der Art und Weise der Wärmeabführung unterscheidet man zwischen:

- **Trockenkalibrierung** (Bild 1)
- **Nasskalibrierung** (Bild 2)

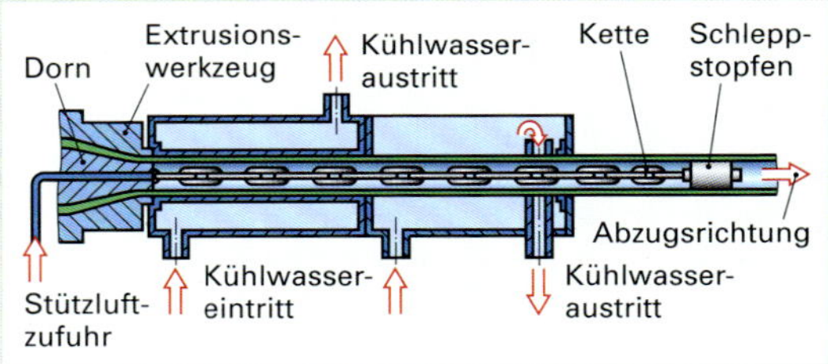

Bild 3: Rohraußenkalibrierung mit Überdruck

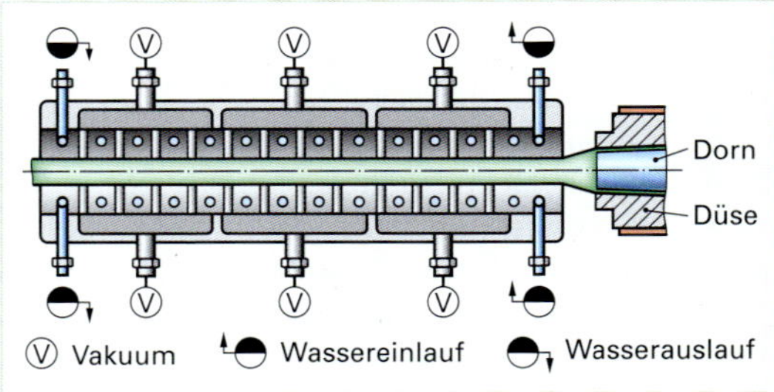

Bild 4: Vakuumkalibrierung mit Sprühkühlung

Beim Trockenkalibrieren kommt das Extrudat mit dem Kühlmedium nicht in direkten Kontakt. Die Prozesswärme wird ausschließlich an die Oberfläche des Kalibrators abgegeben. Von dort aus wird die Wärme an das **Kühlmedium** weitergeleitet. Der Trockenkalibrierung schließt sich die Nasskalibrierung an, wenn das Extrudat eine genügende Eigenstabilität erreicht hat. Der Nasskalibrator ist ein Wassertank, der mit mehreren Blenden versehen ist, durch welche das Profil geführt und mit Wasser oder Wassernebel gekühlt wird. Ein angelegtes Vakuum wirkt der Schwindung entgegen.

Rohrkalibrierung

Die Kalibrierung von Rohren kann durch **Außen- oder Innenkalibrierung** erfolgen. Bei der **Außenkalibrierung mit Überdruck** (Bild 3) tritt das Rohr sofort nach Verlassen des Werkzeuges in den Kalibrator ein. Das Rohr wird mit Überdruck an die gekühlte Außenkalibrierung gedrückt. Der Verschluss des Rohres erfolgt mit einem **Verschluss- oder Schleppstopfen**. Bei der **Rohraußenkalibrierung im Vakuumtank** (Bild 4) durchläuft das Extrudat eine nach außen luftdicht abgeschlossene Kühlstrecke, die unter einem Vakuum steht.

Die Kalibrierung übernehmen gekühlte **Schlitz- oder Lochkörbe**, die am Einlauf angeordnet sind. Der atmosphärische Druck im Rohr wirkt gegen das Tankvakuum und drückt es gegen die Körbe. Bei der **Innenkalibrierung** (**Bild 1**) werden die Innenmaße des extrudierten Profils fixiert. In Verlängerung des Extrusionswerkzeuges ist ein gekühlter **Kalibrierdorn** angeordnet, über den das Extrudat gezogen und somit abgekühlt wird. Von außen kann zusätzlich mit Wasser oder Sprühnebel gekühlt werden.

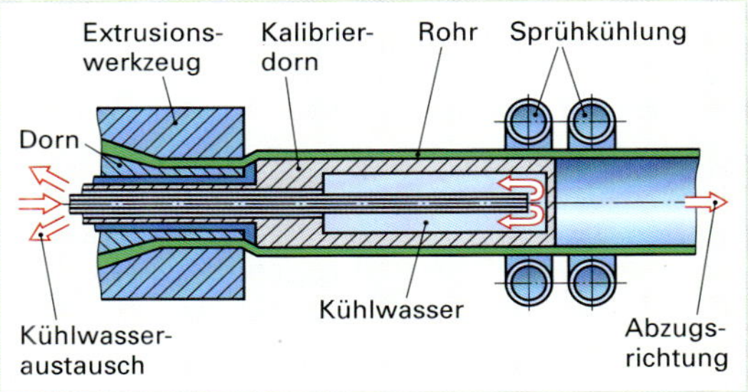

Bild 1: Innenkalibrierung

Kühlstrecke

Weil das Halbzeug nach Verlassen der Kalibriereinrichtung noch nicht durchgekühlt ist, muss es weiter abgekühlt werden, was mit Wasser oder Luft erfolgt. Für kleinere Rohrdurchmesser und Profilquerschnitte erfolgt dies in wassergefüllten Wannen, an deren Stirnseiten das Halbzeug durch Gummimembranen läuft. Zur Minderung des Auftriebs wird das Halbzeug durch Rollen unter Wasser gehalten. Die Sprühkühlung (**Bild 2**) wird bei Rohren mit größeren Durchmessern angewendet. Diese können aufgrund ihrer Abmaße und ihres Volumens und des damit verbunden Auftriebs nicht im Wasserbad gekühlt werden.

Bild 2: Sprühkühlbad

Abzugseinrichtung

Nach der Kalibier- und Kühlstrecke folgt eine **Abzugeinrichtung**. Bei der Rohr- und Profilextrusion werden vorwiegend **Bandabzüge** (**Bild 3**) eingesetzt. Deren Abzugsgeschwindigkeit ist der Förderleistung des Extruders angepasst. Sie erfassen das Halbzeug und ziehen es mit konstanter Geschwindigkeit vom Extrusionswerkzeug ab.

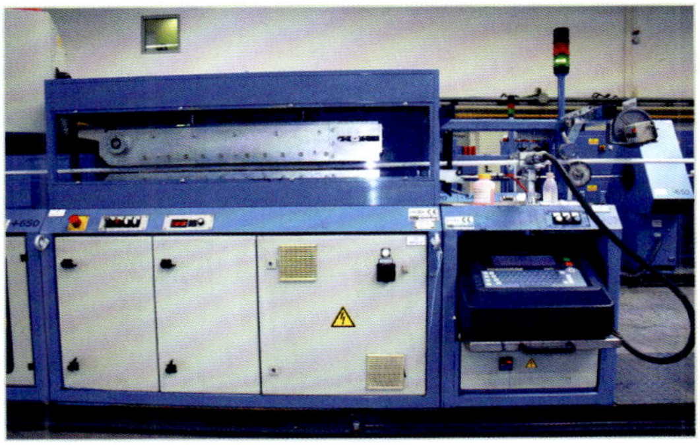
Bild 3: Bandabzug und Signiergerät

Je nach Halbzeug werden auch:

- **Raupenabzüge**
- **Walzenabzüge**
- **Rollenabzüge**
- **Trommelabzüge**

eingesetzt

Eine besondere Bauart einer Abzugeinrichtung ist der **Corrugator** (**Bild 4 und Bild 1 auf Seite 498**). Eingesetzt wird er bei der Extrusion von Wellrohren. Er ist gleichzeitig **Kalibrator**, der nach dem Prinzip der **Vakuumaußenkalibrierung** arbeitet und **Abzug**. Die **Formbacken** bestehen aus einem gut wärmeleitenden Material und besitzen Vakuum- und Kühlkanäle. Die Formbacken sind auf beweglichen **Formbackenträgern** montiert und werden durch lineare Antriebe in Bewegung gesetzt. Durch eine chronologische Aneinanderreihung dieser Bewegungen ist eine ununterbrochene Bewegung und damit die Produktion eines Endlosrohres möglich.

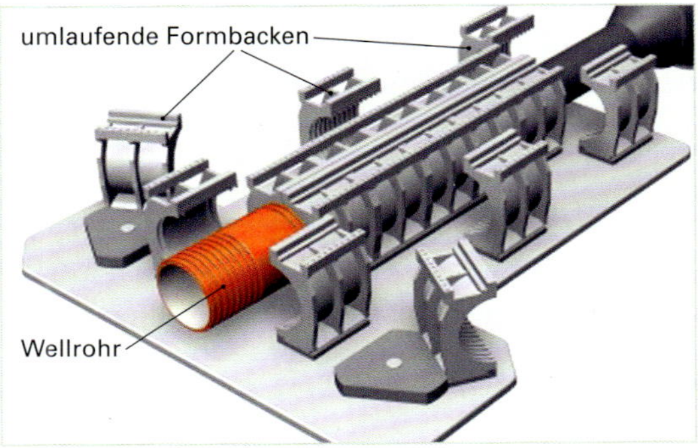

Bild 4: Corrugator-Arbeitsprinzip

Trennvorrichtung

Nach der Abzugseinrichtung folgt eine **Trennvorrichtung**. Je nach Größe und Profil des Halbzeuges werden verschiedene Sägentypen eingesetzt. Dazu läuft die Säge auf einem in Extrusionsrichtung laufenden Schlitten synchron der jeweiligen Abzugsgeschwindigkeit. Für kleinere Profilquerschnitte werden **Tauchkreissägen**, für größere Querschnitte, wie bei Rohren, **Planetensägen** (**Bild 2**) eingesetzt.

Bild 1: Corrugator

Aufwickeleinrichtung

Elastische Halbzeuge wie Weichprofile, Folien, Kabel und PE-Rohre, PE-Mehrschichtverbundrohe kleineren Durchmessers werden ebenfalls aufgewickelt (**Bild 3**). Hierbei ist zu beachten, dass die Wickelgeschwindigkeit und auch das Abzugsmoment gleich bleiben, weil sich mit zunehmendem Wickeldurchmesser die Wicklerdrehzahl verringert.

Bild 2: Planetensäge

Bild 3: Wickler für Mehrschichtverbundrohre

Weitere Vorrichtungen und Geräte

Neben den Hauptteilen einer Extrusionsanlage wie Extruder, Extrusionswerkzeug, Kalibrator, Kühlstrecke, Abzugseinrichtung und Trenn- oder Aufwickeleinrichtung sind weitere Vorrichtungen und Geräte integriert. Dazu zählen **Signiergeräte** (Ink-Jet oder Laser) (**Bild 3, Seite 497**), **Präge- und Stanzgeräte, Wanddicken-Messgeräte, Dichtigkeitsprüfgeräte, Muffgeräte** zur Formung von Muffen an Rohren, **Vakuumsaugeinrichtungen** für den Tafeltransport, **Kipprinnen** für Rohre und **Stapeleinrichtungen**.

11.6 Produktionslinien

Bei den Produktionslinien unterscheidet man in Anlagen, auf denen die Halbzeuge Rohre, Profile, Blasfolien und Flachfolien hergestellt werden. Allen ist gemeinsam, dass sie aus den Komponenten Extruder, Extrusionswerkzeug, Kalibrierstrecke, Kühlstrecke, Abzugseinrichtung und Trenn- bzw. Aufwickeleinrichtung bestehen.

11.6.1 Blasfolienanlagen

Beim Folienblasen wird ein Folienschlauch aus einer kreisringspaltförmigen Düse extrudiert, mithilfe von Luft aufgeblasen und anschließend von einem Quetschwalzenpaar flachgelegt und abgezogen.

Aufbau

Grundsätzlich unterscheidet man bei modernen Blasfolienanlagen zwei Richtungen des Folienabzuges:

- Folienabzug nach oben
- Folienabzug nach unten

Blasfolienanlagen (**Bild 1**) bestehen grundsätzlich aus den Baugruppen:

① Extruder
② Blaskopf mit Kühlluftring
③ Kalibrierkorb
④ Dickenmessung
⑤ Flachlegung
⑥ Reversierung
⑦ Bahnkantensteuerung
⑧ Wickler

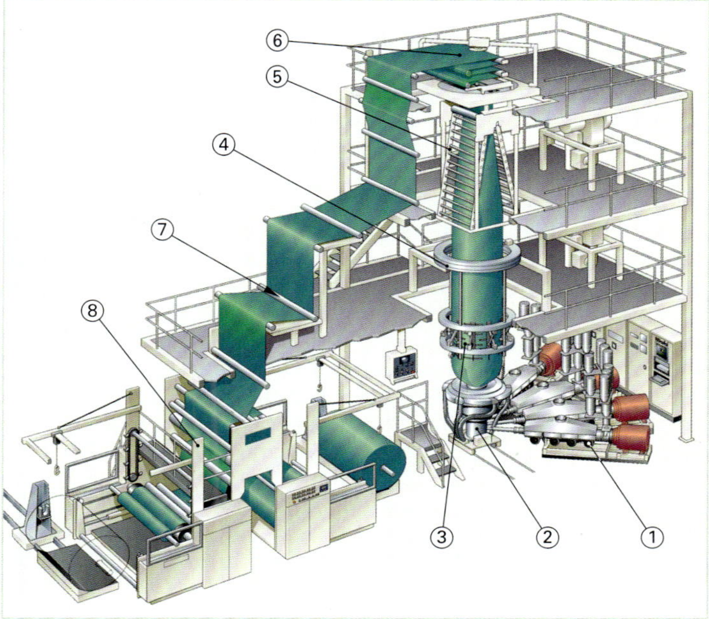

Bild 1: Mehrschicht-Blasfolienanlage

Wirkungsweise

Die vom Extruder geförderte Schmelze verlässt die kreisringspaltförmige Düse des Blaskopfes (**Bild 2**). Während des Anfahrens der Anlage wird der aus dem Blaskopf austretende Folienschlauch möglichst luftdicht abgebunden. Er wird zuerst noch manuell in Richtung des Abziehwerkes, danach in Richtung des Wicklers gezogen und zwischen den Rollen „eingefädelt". In Verbindung mit der Kühlung und der Zugabe von Stützluft wird der Folienschlauch auf seine Fertigungsmaße aufgeblasen und kann aufgewickelt werden.

Bild 2: Blaskopf und Kalibrierkorb

Anlagenbaugruppen

Als Extruder kommen hauptsächlich getriebelose Einschneckenextruder zum Einsatz. Als Blaskopfwerkzeuge findet man überwiegend Wendelverteilerwerkzeuge. Sie erfüllen am Besten die gestellten Anforderungen an die geforderten Foliendickentoleranzen. Die **Kühlung** des extrudierten Schlauches erfolgt unterhalb der Erstarrungs- bzw. Frostlinie durch Luftkühlung. Dazu verwendet man **Kühlluftringe**, die auf dem Werkzeug montiert sind. Die austretende Luft umströmt den thermoplastischen Schlauch dabei gleichmäßig. Oberhalb der Frostlinie erfolgt die weitere Schlauchkühlung durch die Umgebungsluft und die in der Folienblase zirkulierende Stützluft (Innenluftkühlung). Die von der Stützluft aufgenommene Wärmeenergie wird dabei über einen Wärmetauscher abgeführt. Anschließend wird die abgekühlte Stützluft wieder der Folienblase zugeführt.

Der **Kalibrierkorb** besteht aus verstellbaren Rollen- oder Leitschalensegmenten, die dem zu fertigenden Schlauchdurchmesser angepasst werden (**Bild 2, Seite 499**). Dem Kalibrierkorb folgt eine **Dickenmessung**. Eine Messeinrichtung umfährt kontinuierlich den Folienschlauch. Die Messdaten dienen zur Regelung des Düsenspaltes am Blaskopf. Zum **Abziehwerk** (**Bild 2**) gehören Flachlegung und Abzugswalzen. Die Flachlegung besteht aus zwei keilförmigen Rahmenelementen, in denen Rollen oder Holzführungen montiert sind. Die Abzugswalzen quetschen die Folienblase ab und ziehen den Folienschlauch mit konstanter Geschwindigkeit ab. Es ist nicht möglich, einen Folienschlauch mit exakten Maßen am gesamten Umfang herzustellen. Bei der aufgewickelten Rolle würden an der gleichen Stelle Erhebungen, sog. Kolbenringe, entstehen. Die **Reversierung** (**Bild 3**) übernimmt die Aufgabe, die Dickenunterschiede über die gesamte Folienbreite gleichmäßig zu verteilen. Dem **Wickler** (**Bild 4**) kommt die Aufgabe zu, die gefertigte Folie unter Beachtung möglicher Einflussfaktoren wie Foliendicke, Foliensteifigkeit, Folientemperatur, u. a. aufzuwickeln. Er kann als Einstellen- oder Tandemwickler ausgeführt sein. Hinsichtlich des Wirkprinzips beim Aufwickelvorgang unterscheidet man zwischen Kontakt- und Zentralwickler.

Bild 1: Blaskopf

Bild 2: Abziehwerk

Bild 3: Reversierung

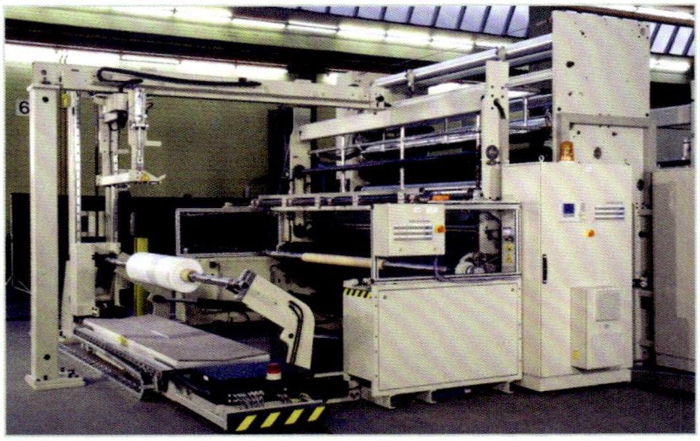

Bild 4: Wickler

Wiederholungsfragen:

1. Welche Aufgabe hat ein Extrusionswerkzeug zu erfüllen?
2. Nennen und skizzieren Sie die Arten von Profilen, die von den verschiedenen Werkzeugarten erzeugt werden.
3. Extrusionswerkzeuge werden grundsätzlich in drei Abschnitte eingeteilt. Nennen Sie die Abschnitte und beschreiben Sie deren Aufgaben.
4. Nennen Sie die unterschiedlichen Verteilersysteme für den Fließkanal und stellen Sie deren Vorteile und Nachteile gegenüber.
5. Warum werden zwischen dem Extruderzylinder und dem nachgeschalteten Extrusionswerkzeug Lochscheiben und Siebpakte eingebaut?
6. Welche Aufgaben haben Kalibriereinrichtungen?
7. Welche Arten von Abzugseinrichtungen werden an Extrusionsstrecken eingesetzt?
8. Wie erfolgt die Regulierung der Folienstärke an einer Blasfolienanlage?

11.6.2 Flachfolienanlage

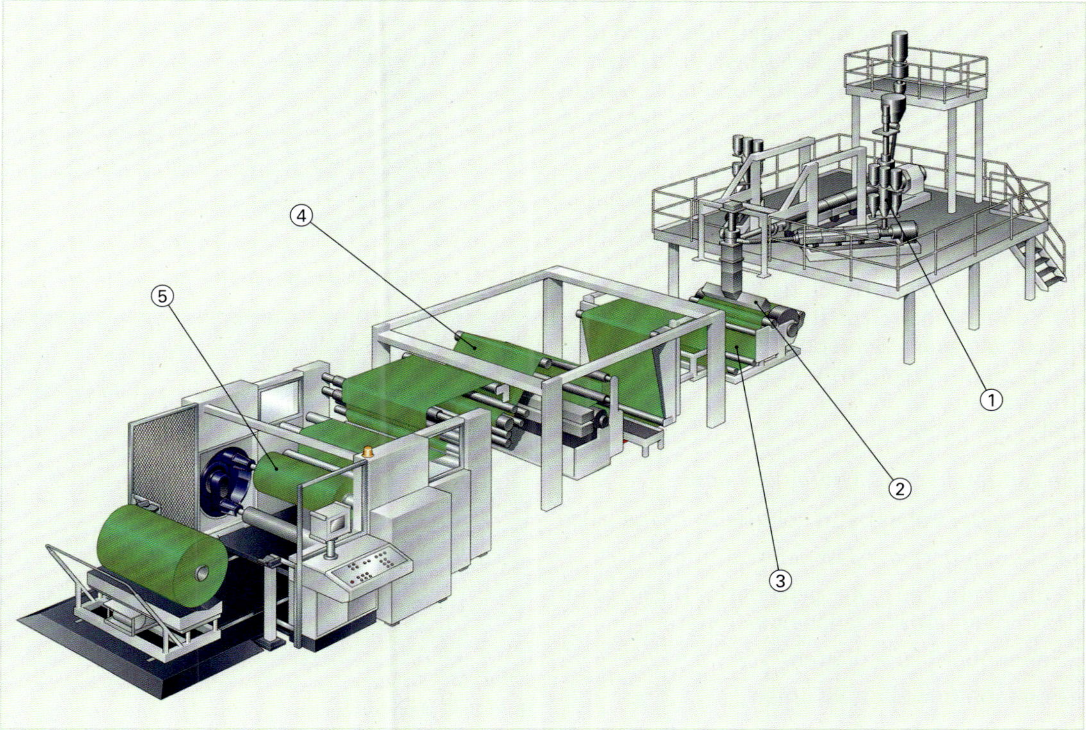

Bild 1: Flachfolienanlage

Ein weiteres Verfahren zur Herstellung von Kunststofffolien ist die Flachfolienextrusion. Eine Ausnahme bildet die Herstellung von PVC-P-Folien. Diese werden überwiegend mit dem Verarbeitungsverfahren Kalandrieren (**Kapitel 12**) hergestellt. Der wesentliche Unterschied zur Folienherstellung durch Blasfolienextrusion besteht darin, dass die durch einen Extruder plastifizierte Formmasse aus einem Breitschlitzwerkzeug austritt, in deren Folge eine flache Folienbahn entsteht. Nach dem Durchlaufen der Produktionsstrecke wird die Folienbahn flach abgezogen.

Flachfolienanlagen (**Bild 1**) (**Chill-Roll-Verfahren**) bestehen aus den Anlagenkomponenten:

① Extruder (Haupt- und Beistellextruder)
② Breitschlitzwerkzeug
③ Abzugs- und Kühleinrichtung (Chill-Roll-Walzen)
④ Nachfolgeeinrichtungen
⑤ Wickler

Zur Plastifizierung und Homogenisierung kommen Ein- oder Doppelschneckenextruder zum Einsatz. Ein nachgeschalteter Siebwechsler filtert die Schmelze. Der für eine konstante Folienqualität erforderliche Druck im Breitschlitzwerkzeug wird mithilfe einer Schmelzepumpe (**Bild 2**) aufgebaut. Deren Wirkungsweise ist vergleichbar mit der einer Zahnradpumpe, wie sie in der Hydraulik eingesetzt wird. Zwei außenverzahnte Zahnräder greifen beim Drehen ineinander. Einlaufseitig füllt der vom Extruder gelieferte Massestrom die Zahnzwischenräume. Auslaufseitig bewirkt das Ineinandergreifen der Verzahnung das Verdrängen der Schmelze in den Zahnkammern.

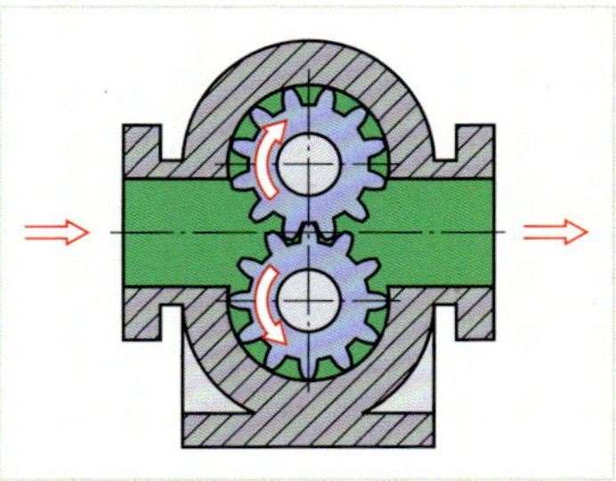

Bild 2: Schmelzepumpe

Der aus der Düse ① des **Breitschlitzwerkzeuges** (**Bild 1**) austretende flache Schmelzestrom wird auf die erste Walze ②, auch als Chill Roll Walze bezeichnet, extrudiert und dort gekühlt. Um zu verhindern, dass ein Luftpolster zwischen Folie und Walze entsteht, was zu einer ungleichmäßigen Abkühlung der Folie führt, wird von einer Luftdüse (Luftrakel) ③ die Folie mit einem starken Luftstrahl auf die Walze gedrückt. In unmittelbarer Nähe des Anlegebereiches des Schmelzestromes verstärkt eine Vakuumabsaugung ④ den Anlegevorgang auf die Auftragswalze. Durch den Sog wird sowohl die Schmelzebahn zusätzlich auf die Walze gezogen, als auch Schleppluft vor der Kontaktstelle Schmelzestrom-Walze abgesaugt. Die Abzugswalze ⑤ ist die erste Walze, die zum Glättwerk gehört.

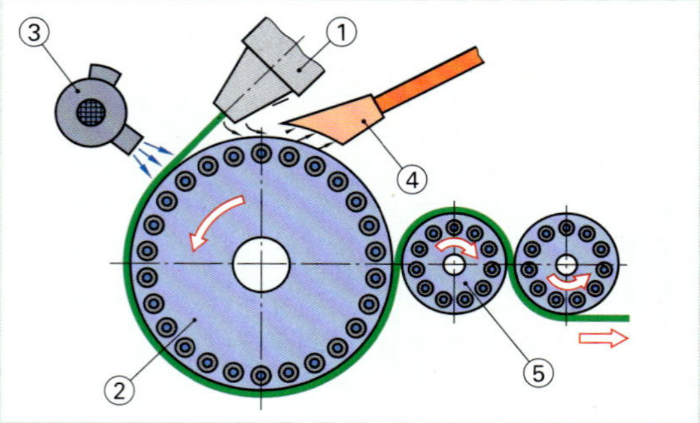

Bild 1: Chill-Roll-Walzensystem

Die Aufgaben des Glättwerkes sind:

- Abzug der Folienbahn von der Auftragswalze
- Folienbahn dem Glättwerk zuführen
- Folienbahn auf die geforderte Dicke beim Durchlauf im Walzenspalt kalibrieren
- Folienoberfläche glätten
- Folienbahn weiter abkühlen

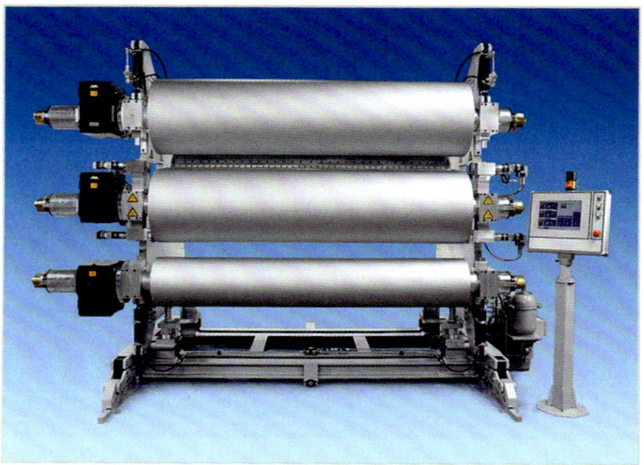
Bild 2: Walzensystem mit vertikaler Anordnung

Die Folienbahn wird jeweils um eine halbe Umschlingung um die Abzugswalze und jeweils um eine halbe Umschlingung der nachfolgenden Walzenpaare geführt. Dabei werden die Ober- und die Unterseite der Folie gleichmäßig gekühlt. Die Kontaktzeit beider Folienseiten mit jeder Walze wird genau gleich gehalten, während die Folie mehrere Walzenspalten durchläuft. Dadurch wird ein gleichmäßiges und spannungsarmes Abkühlen der Folie erreicht.

Die optischen Eigenschaften der Folie entstehen durch die Anpresskräfte im Walzenspalt und durch die Übertragung der Walzenoberfläche (poliert bzw. matt) auf die Folie.

Bild 3: Glättwerk mit horizontaler Walzenanordnung

Zu den Polymeren, die im Chill-Roll-Verfahren verarbeitet werden können, gehören u. a. PE, PP, PET, PS, PC, PMMA, ABS, PLA.

Weitere Verfahren der Flachfolienextrusion sind die Folienherstellung auf Glättwerk- bzw. Kalanderanlagen.

Die erreichbare Foliendicke liegt beim Chill-Roll-Verfahren zwischen 0,015 mm und 0,5 mm, bei Glättwerkanlagen zur Folienherstellung zwischen 0,2 mm und 2 mm und bei Kalanderanlagen für die Herstellung von PVC-P-Folien bei 0,05 mm ... 0,8 mm. Bei der Herstellung von Tafeln (Platten) auf Glättwerkanlagen sind Dicken von 2 mm ... 40 mm üblich.
Die Abzugsgeschwindigkeiten liegen bei einer Foliendicke von 0,25 mm bei etwa 20 m/min.

11.7 Fehler an Extrudaten

Die Sichtprüfung ist die einfachste und effektivste Methode der Qualitätskontrolle (**Tabelle 1**) in der laufenden Produktion. Sie kann mit einfachen Hilfsmitteln und praktisch von jedem qualifizierten Mitarbeiter durchgeführt werden. Um subjektive Einflüsse zu minimieren, sind wenige Hilfsmittel erforderlich und Randbedingungen zu schaffen. Dazu gehören:

- Ein Fehlerkatalog, in welchem der Fehler bezeichnet, das Erscheinungsbild beschrieben und dargestellt, auf Ursachen zur Entstehung hingewiesen und Maßnahmen zur Behebung genannt werden.
- vergleichbare Beurteilungsbedingen, wie z. B. Beleuchtung an allen Arbeitsplätzen
- Vorgabe einer Fehlerbeseitigungsstrategie, in der in logischer Reihenfolge alle technologischen und technischen Größen aufgeführt werden, die zum Auftreten des Fehlers geführt haben können.
- Hervorhebung der technologischen und technischen Größen in der Fehlerbeseitigungsstrategie, bei denen mit Folgefehlern zu rechnen ist.
- gesonderte Ausweisung von Fehlern, die miteinander in Beziehung stehen können

Tabelle 1: Häufig auftretende Fehler an extrudierten Halbzeugen

Fehlerbezeichnung	Erscheinungsbild	Ursachen	Auswirkungen	Fehlerbehebung
Black Specks	schwarze bzw. dunkle Einschlüsse durch verbranntes Material	verbranntes Material im Schmelzestrom	Ausschuss	Werkzeug ggf. Extruder reinigen, Extruder mit Reinigungsmaterial fahren
Blasen	kleinere runde oder längliche Blasen, regellos verteilt; größere Blasen nur mit Kunststoffhäutchen überzogen	zu hohe Materialfeuchte; schlechte Entgasung	Ausschuss	Feuchtegehalt bestimmen; Vortrocknung; Vakuum überprüfen
Farbschlieren	von der Farbe des Extrudates abweichende farbige Linien in Extrusionsrichtung	Fremdmaterial; Farbstoffe eingemischt und ungenügend homogenisiert	Ausschuss; bei nachfolgender Oberflächenbeschichtung verwendbar	Homogenisierung verbessern; Temperatur in der Einzugszone verringern; Druck in der Kompressionszone erhöhen
Knoten	nicht aufgeschmolzenes Material, erkennbar durch Erhöhungen an der Oberfläche	Verarbeitungstemperatur zu niedrig; Schmelzefilter defekt oder zu grob	Anwendungsbeschränkung; Ausschuss	Schmelzetemperatur in der Kompressionszone und Meteringzone erhöhen; Schmelzfiltration überprüfen
Runzel	runzelige Oberfläche mit schuppenartigen Ablösungen	Unverträglichkeit der Materialkomponenten bei Coextrusion	Ausschuss	Materialkombination ändern, evtl. mit Haftvermittler als Zwischenschicht fahren
Schlitzblasen	kleine, wie auf einer Schnur aufgefädelte Blasen an der Oberfläche in Extrusionsrichtung (Perlenschnüre)	schlechte Entgasung; Material feucht	Ausschuss	Material trocknen; Empfehlungen des Materialherstellers beachten
Schmutzpunkte	dunkle bis schwarze Punkte unterschiedlicher Größe und Form	Fremdpartikel aus verschmutztem Granulat; abgebaute Rückstände aus Extruder und Werkzeug	Anwendungseinschränkung; Ausschuss	feineren Schmelzefilter einsetzen
Schuppen	schuppige Oberfläche	nicht ausreichend homogenisierte Schmelze; Entmischung bei Mehr-Komponentenmaterialien oder Füll-/Farbstoffen	Ausschuss	Schmelzetemperatur erhöhen; Druck in der Kompressionszone durch Absenkung der Temperatur der Einzugszone erhöhen
Stippen	sehr kleine, nahezu punktförmige Unregelmäßigkeiten im Extrudat, die häufig aus der Oberfläche hinausragen	Inhomogenitäten der Schmelze, häufig bei Copolymerisaten; unaufgeschmolzene Partikel; nicht fein genug verteilte Füllstoffe/Pigmente; zu große Körnung der Füllstoffe/Pigmente	Anwendungseinschränkung; Ausschuss	Schmelzetemperatur erhöhen; feineren Schmelzefilter verwenden; fein gemahlenere Füllstoffe/Pigmente verwenden

12 Herstellen von Halbzeugen durch Kalandrieren

Das Kalandrieren dient in der Kunststoffverarbeitung in erster Linie der Herstellung von vergleichsweise **dicken Folien** (meist aus PVC), die zu Dekorfolien (**Bild 1**) (z. B. für Möbelbeschichtungen), Kunstleder oder Büromaterialien weiterverarbeitet werden. **Dünnere Folien** (z. B. aus PE) können dagegen im Blasfolienextrusionsverfahren wesentlich kostengünstiger hergestellt werden. Das Verfahren wird vor allem für Kunststoff-Halbzeuge mit hochwertigen Oberflächen oder engen Toleranzen genutzt. Kalanderfolien haben üblicherweise Stärken von 30 µm … 800 µm und Breiten ≤ 2 500 mm. Zum Kalandieren von Bodenbelägen, die meist etwas dickere Folien erfordern, setzt man spezielle Kalander ein. Kalander werden auch zur Herstellung von Elastomer-Mischungsplatten z. B. für Transport-Fördergurte oder zur Herstellung von Gummifolien im Bereich von 0,03 mm bis 0,8 mm eingesetzt. Dickere Gummifolien lassen sich mittels Dublieren auf dem Kalander erzeugen. Neben der Kunststoffindustrie setzt auch die Papier- und Textilindustrie (beispielsweise zum Prägen, Glätten, Verdichten und Satinieren) Kalander ein.

Bild 1: Kalandrierte Folien

12.1 Systemanalyse der Kalanderanlage und des Prozesses

Ein Kalander ist ein System aus zwei oder mehr abwechselnd aufeinander angeordneten temperierbaren und geschliffenen Walzen.

Kalandrieren (franz. *calandrer*: rollen, mangeln) ist ein Verfahren, bei dem der Kunststoff im plastischen Zustand zwischen den engen Spalten der Rollen unter starkem Druck durchgeführt wird. Durch das Auswalzen entsteht ein endloses Band.

Das Kalandrieren ist, verglichen mit anderen Kunststoffverarbeitungsverfahren, wenig verbreitet, denn Kalanderanlagen (**Bild 2**) lassen sich nur dann wirtschaftlich betreiben, wenn sie neben den hohen Anforderungen an die Präzision auch große Materialdurchsätze erlauben.

Bild 2: Kalanderanlage

Eine **Kalanderstraße** besteht in der Regel aus der Kunststoffaufbereitung, der Folienformung und ggf. der Nachbehandlung.

Die Kunststoffaufbereitung richtet sich nach den verwendeten Materialien. Typische Nachbehandlungsverfahren (**vgl. Kapitel 12.4**) sind Tempern, Bedrucken, Dublieren, Kaschieren, Beflocken, Metallisieren, Unterschäumen, Lackieren oder das Aufbringen einer Klebschicht.

12.2 Kalandrierbare Kunststoffformmassen

Auf dem Kalander können grundsätzlich **Thermoplaste** und **Kautschukmischungen** (**Kapitel 12.5**) verarbeitet werden. Thermoplaste eignen sich dann zum Kalandrieren, wenn sie einen ausgeprägten plastischen Bereich aufweisen und eine ausreichend hohe Viskosität besitzen. Diese Eigenschaften weisen z. B. das Polyvinylchlorid mit oder ohne Weichmacher (PVC-P/PVC-U), die Copolymere des Vinychlorids (VC), das Styrolbutadien (SB/PS-I/SBS), das Acrylnitril-Butadien-Styrol (ABS) und Zelluloseester auf. Auch die Polyolefine sind kalandrierbar. Mit Ausnahme des Polyisobutylens, das im Bausektor Bedeutung erlangt hat, werden Polyolefine jedoch überwiegend mit dem Blasfolienextrusionsverfahren verarbeitet. Polyethylen (PE) lässt sich auf dem Kalander ohnehin nur mit bestimmten Additiven zu brauchbaren Folien verarbeiten. Kalandrierte Folien gibt es auch aus Polyamid (z. B. PA 6 und PA 66), Polyacetal (POM) und Polyethylenterephthalat (PET).

Einen besonderen Stellenwert nimmt die **Kalanderverarbeitung** bei der Herstellung von Folien aus PVC sowie bei der Verarbeitung von Copolymeren des Vinylchlorids ein.

Die besondere Eignung des PVC ist auf den, im Vergleich zu anderen Thermoplasten, ausgebildeten **zähplastischen Schmelzbereich** zurückzuführen.

12.3 Aufbau der Kalanderstraße

Die Abbildung (**Bild 1**) zeigt schematisch den Aufbau einer Kalanderstraße. Der Aufbau ist typisch für die besonders häufige Verarbeitung von PVC-P (weich), kann aber, mit gewissen Einschränkungen, auch auf die Verarbeitung anderer Thermoplaste übertragen werden:

- Beim PVC wird zur **Materialaufbereitung** zunächst im Mischer eine trockene Mischung (Dry-Blend) hergestellt. Diese wird anschließend (z. B. im Extruder) vorplastifiziert. Auf dem Walzwerk wird die Formmasse weiter plastifiziert und homogenisiert. Über ein **Förderband** wird das aufbereitete PVC schließlich an den Kalander übergeben.
- Die hochpräzise **Kalandereinheit** übernimmt im Idealfall lediglich den Formgebungsvorgang, d. h., die Plastifizierung des Kunststoffes sollte bereits weitgehend abgeschlossen sein.
- Die Folie wird anschließend über separat angetriebene **Abzugswalzen** aus der Kalandereinheit entnommen und ggf. verstreckt oder gereckt. Im Anschluss daran ist ggf. eine Nachbehandlung durch Prägen möglich.
- Danach wird die Folienbahn über **Kühlwalzen** geführt und auf eine Temperatur von ca. 25 °C heruntergekühlt.
- Am Ende der Kalanderstraße steht die **Aufwickeleinheit**.
- Nach dem Aufwickeln wird die Folie meist der **Nachbehandlung** zugeführt.

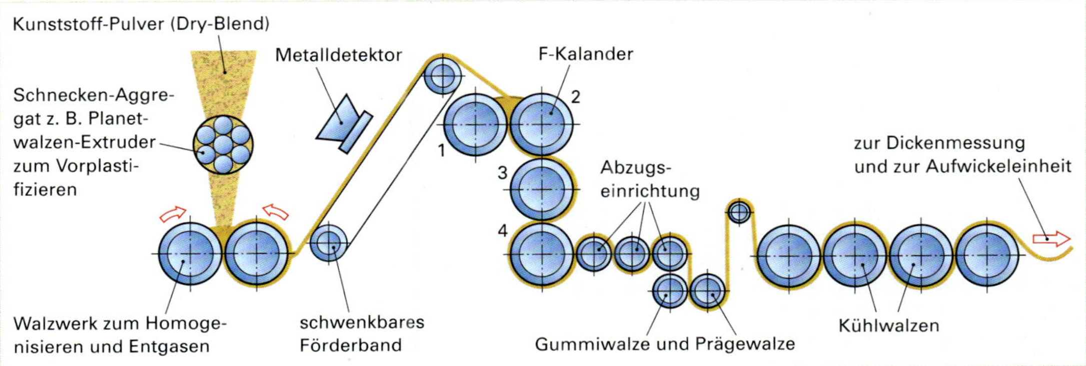

Bild 1: Aufbau einer Kalanderstraße für PVC-P

12.3.1 Materialaufbereitung beim Kalandrieren

Die Materialaufbereitung hängt natürlich vom zu verarbeitenden Material ab. Einige Thermoplaste werden direkt vom Materialhersteller als fertig compoundiertes (gemischtes) Granulat bezogen. In der Mehrzahl der Fälle werden die Formmassen jedoch vor Ort gemischt. Dies ergibt wegen der großen Materialdurchsätze und den hohen Anforderungen an die Qualität durchaus Sinn (**Bild 2**).

Beim in großen Mengen verarbeiteten PVC ist das Mischen (Compoundierung) von pulverförmigen Ausgangstoffen üblich (**Bild 1**). Die im **Heiz-/Kühlmischer** hergestellte trockene Mischung des PVC wird anschließend plastifiziert.

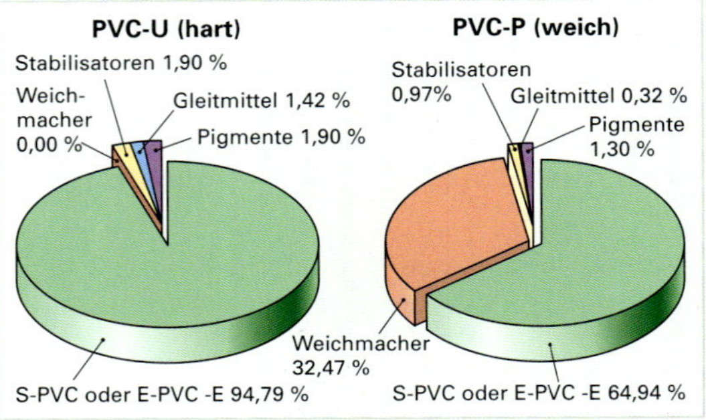

Bild 1: Typische PVC-Mischungen

Dem Plastifizieren kommt beim Kalandrieren eine besondere Bedeutung zu. Eine vollständig plastifizierte Formmasse fördert nicht nur die Qualität der Folie, sie schont auch den hochpräzisen Kalander, der dann lediglich die Formgebung übernehmen muss. Zum Plastifizieren setzt man fast immer mehrere Systeme hintereinander ein. Zur Vorplastifizierung kann man diskontinuierlich arbeitende Innenkneter und Mischwalzwerke einsetzen. Bei der Verarbeitung der meisten Thermoplaste werden jedoch kontinuierlich arbeitende Schneckenaggregate, die mit speziellen Knet- und Mischelementen ausgerüstet sind, bevorzugt. Sie erzeugen besonders homogene und gleichmäßig aufgeschmolzene Kunststoffformmassen. Beim PVC-P (weich) setzt man zum Vorplastifizieren häufig **Planetwalzenextruder** oder **Ko-Kneter** ein. Die Formmasse wird anschließend über ein Förderband an ein **Walzwerk** übergeben. Im **Walzwerk**, das zugleich als Material-Puffer dient, wird die Kunststoffformmasse homogenisiert und entgast. Der Walzenspalt wird so eingestellt, dass die Kunststoffschmelze von einem Ende über den Walzenspalt zum anderen Ende der Walze wandert. Ein rotierendes Messer schneidet anschließend einen schmalen Streifen ab, der dem Kalander zugeführt wird.

Bevor der Kalander beschickt wird, muss man sicherstellen, dass sich keine Metallpartikel in der Schmelze befinden. Sie könnten die hochwertigen Oberflächen der Walzen beschädigen. Dazu setzt man hochsensible **Metalldetektoren** und/oder sogenannte **Strainer** ein. Der Metalldetektor wird so angebracht, dass er im Alarmfall das Förderband, das den Kalander mit Material versorgt, stoppt. Strainer (engl. Sieb) sind Schneckenpressen, die an ihrer Austrittsöffnung ein Siebpaket besitzen. Zum wirksamen Schutz werden sie dem Förderband, das den Kalander beschickt, vorgeschaltet.

Eine wesentliche Voraussetzung für qualitativ hochwertige Folien ist die gleichmäßige Beschickung des Kalanders. Das gilt nicht nur für die Homogenität der Schmelze, sondern auch für die zugeführte Materialmenge. Letztere lässt sich mit schwenkbaren Förderbändern gewährleisten.

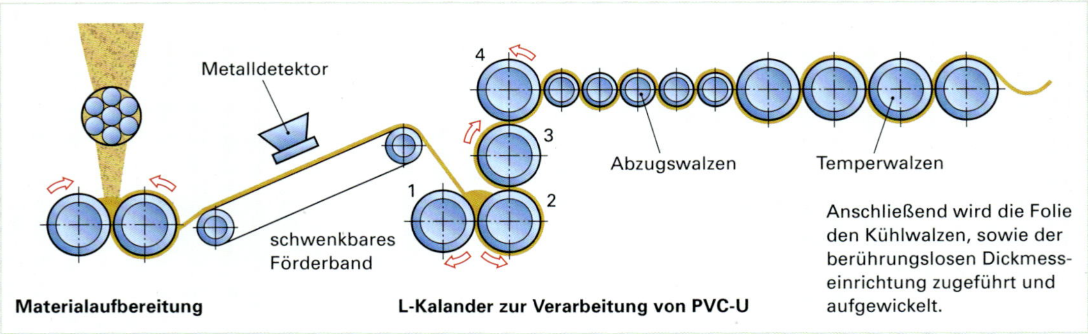

Bild 2: Materialaufbereitung und Beschicken des Kalanders beim PVC-U

12.3.2 Die Kalandereinheit

Die Kalandereinheit besteht im Wesentlichen aus einem **Gestell** mit achsparallel angeordneten temperierbaren **Walzen**, einem **Getrieblock** sowie den **Antrieben** (**Bild 1**). Neben einem stabilen Rahmen sichern Rollen- oder Gleitlager den Rundlauf der Walzen. Damit die Übergabe von einer Walze auf die andere erfolgt, lässt man in der Regel die nachfolgenden Walzen jeweils etwas schneller laufen. Aus diesem Grund wird bei modernen Kalandern für jede Walze ein eigener stufenlos regelbarer Gleichstrommotor vorgesehen. Das Drehmoment wird vom Getriebeblock über Gelenkwellen auf die Walzen übertragen.

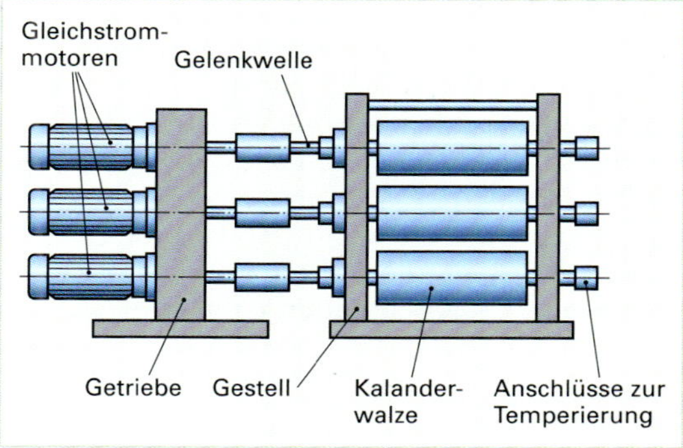

Bild 1: Aufbau der Kalandereinheit

Anordnung der Walzen

Die Anordnung der Kalanderwalzen (**Bild 2**) hängt vom zu verarbeitenden Werkstoff ab. Die **L-Anordnung** lässt sich besonders einfach mit Material beschicken, weil der erste Spalt für den Massedurchlauf unten liegt. Sie wird z. B. bei der Verarbeitung von PVC-U (hart) eingesetzt. Die Verarbeitung von PVC-P (weich) erfolgt dagegen auf **F-Kalandern,** denn bei der von oben beschickten F-Anordnung können die aufsteigenden Weichmacherdämpfe optimal abgesaugt werden. Eine Schädigung der Folie kann so vermieden werden. **Z-Kalander** werden überwiegend dann eingesetzt, wenn z. B. Gewebe- oder Kordbahnen in die Kunststoffschmelze eingearbeitet werden sollen. **I-Kalander** werden im Kunststoffbereich wegen der schlechten Beschickung mit der Kunststoffschmelze nur als Glättwalzwerke eingesetzt.

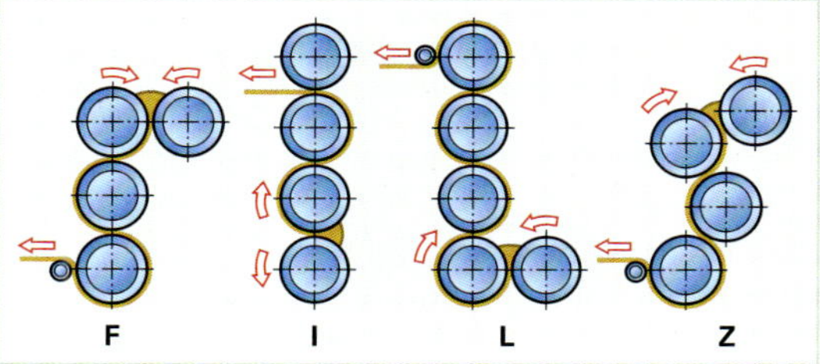

Bild 2: Anordnung Kalanderwalzen

Aufbau der Kalanderwalze

Die Walzen von Produktionskalandern im Kunststoffbereich müssen viele Anforderungen erfüllen. Sie sollen große Drehmomente übertragen, hohen Spaltkräften standhalten, den Materialtransport gewährleisten und einen geringen Verschleiß aufweisen. Dazu müssen die Walzen neben einer hohen Zähigkeit auch eine hohe Kernfestigkeit aufweisen. Um diese widersprüchlichen Forderungen erfüllen zu können, stellt man die Walzen als Stahlwalzen mit flammgehärteter Oberfläche her. Die Oberfläche der Walzen wird **feinstgeschliffen** oder **hochglanzpoliert**. Geschliffene Walzen weisen Rautiefen von 0,1 µm auf, um eine bestimmte Griffigkeit zu erhalten. Polierte Walzen haben Rautiefen $\leq$ 0,01 µm. Die Härte der Oberflächen beträgt 500 HB ... 550 HB. Bei starker chemischer Beanspruchung (z. B. bei speziellen PVC-Mischungen) setzt man mit Chrom legierte Walzen ein. Bei der Herstellung transparenter Folien, etwa für Büroartikel, werden die Chromoberflächen der beiden letzten Walzen häufig elektrolytisch mattiert. Die Struktur solcher Walzen erinnert an Orangenschalen. Dadurch werden etwaige Fehler wie Fließstrukturen, Mattflecke oder Knetmarkierungen unsichtbar. In der Produktion haben sich Walzen mit Durchmessern von 600 mm ... 800 mm und Längen $\leq$ 2500 mm durchgesetzt. Zur exakten Temperierung der Walzen $\leq$ 200 °C verwendet man heißes Druckwasser. Es fließt durch ca. 50 mm unter der Walzenoberfläche liegende Bohrungen (**Bild 3**). Wegen der Drehbewegung der Walzen muss das Heizmedium über aufwendige Labyrinthdichtungen (sog. Rotary-Anschlüsse) eingeleitet werden.

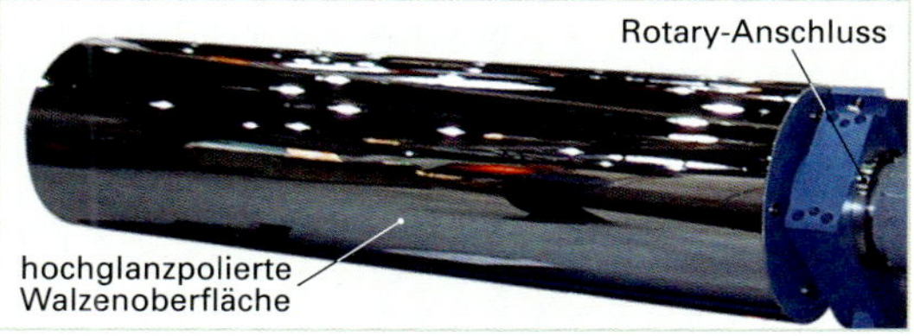

Bild 3: Hochglanzpolierte Kalanderwalze

Optimierung der Kalandereinheit (Korrekturmaßnahmen)

Die kalandrierten Produkte erfordern in der Regel eine große Breite ≤ 2000 mm der Walzen und einen extrem fein regelbaren Abstand zwischen den Walzen. Zudem sollen die Walzen bei geringer Masse einer möglichst großen Aufbiegung standhalten. Neben den mechanischen Beanspruchungen wirkt sich auch die thermische Ausdehnung auf die Kalanderwalzen aus. Wegen der großen Länge und der hohen Spaltkräfte durch den plastischen Kunststoff sind geringe Biegeeffekte entlang der Walzen letztlich unvermeidbar (**Bild 1**). Die während der Verarbeitung in den Walzenspalten entstehenden großen Kräfte führen zur **Durchbiegung** der Walzen und damit zu unerwünschten Maßabweichungen. Damit die Foliendicke über die gesamte Breite der Walze konstant bleibt, führt man Korrekturmaßnahmen durch.

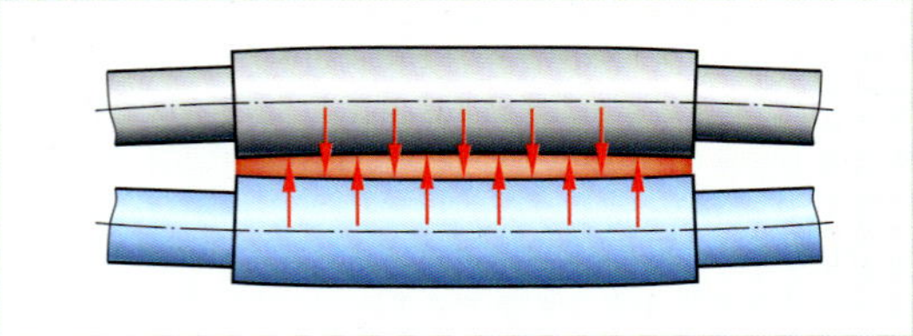

Bild 1: Walzendurchbiegung

Korrekturmaßnahmen im Längsverlauf sind die **Schrägverstellung**, die **Gegenbiegung** der Walzen und das **Profilschleifen** (**Bild 2**).

Alle Korrekturen werden häufig an den letzten beiden Walzen vorgenommen. Bei der **Schrägverstellung** (bzw. Schränkung) wird eine Walzenachse winklig so versetzt, dass der Spalt an den Walzenenden größer wird. Dadurch wird die Durchbiegung in der Mitte zum Teil ausgeglichen. Diese Maßnahme wird für gewöhnlich an der vorletzten Walze vorgenommen.

Bei der **Gegenbiegung** wird die Walze meist mit hydraulischen Kräften der Spaltkraft des Knetes entgegen gebogen. Die Kräfte wirken über Hilfslager auf die verlängerten Walzenzapfen ein. Diese auch „roll bending" genannte Maßnahme wird an der letzten Walze eingesetzt.

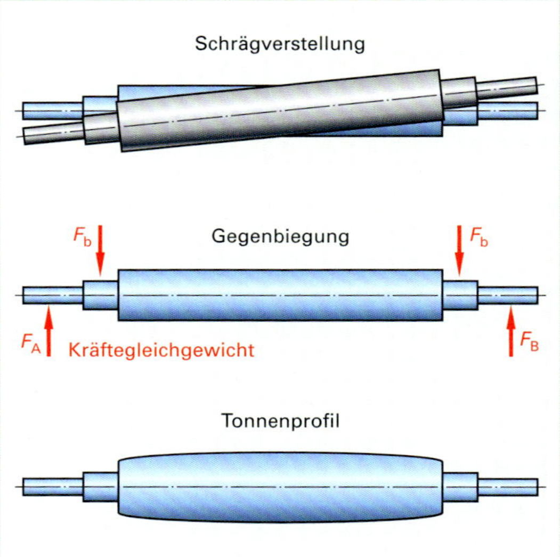

Bild 2: Korrekturmaßnahmen

Beide Maßnahmen reichen in der Regel nicht aus. Die Walzen weisen auch im Querverlauf (meist winzige) Abweichungen vom zylindrischen Profil auf. Deshalb ist das Profilschleifen der Walzen sinnvoll. Dies wird an im Kalander eingebauten Walzen durchgeführt. Optimale Ergebnisse erzielt man z. B. durch Schleifen der letzten beiden Walzen im aufgeheizten Zustand. Damit wird die Rundlaufgenauigkeit erhöht. Neben **Tonnenprofilen** werden auch zwei gegenläufige Trapezprofile oder S-Profile eingesetzt. Die beiden zuletzt genannten erlauben die Abstandsfeinregulierung durch Verfahren der Walzen. Die häufig verwendeten Tonnenprofile sind ballig geschliffene Profile, die in der Mitte leicht verdickt sind. Diese Verdickung in der Mitte wird auch Bombage genannt.

12.3.3 Der Kalandriervorgang bei Thermoplasten

Beim Kalandriervorgang lassen sich die Materialanlieferung, die Temperaturführung und die Friktion beeinflussen. Die richtige Abstimmung der Parameter auf den verwendeten Kunststoff und die Foliendicke bestimmt die Qualität und Toleranz des fertigen Produkts.

Der folgende Abschnitt geht vor allem auf die PVC-Verarbeitung ein. Neben allgemeingültigen Regeln werden in diesem Kapitel auch Verarbeitungshinweise zu anderen kalandrierbaren Thermoplasten gegeben. Das Kalandrieren von Kautschuken wird dagegen in **Kapitel 12.5** beschrieben.

Materialzuführung

Zur Fertigung hochwertiger Platten und Folien muss das Material dem Kalander möglichst gleichmäßig und weitgehend plastifiziert zugeführt werden. Dazu nutzt man üblicherweise ein **schwenkbares Förderband.** Die zugeführte Formmasse bildet dann vor dem ersten Walzenspalt eine Wulst, den sogenannten **Knet** (**Bild 1**) aus. Dieser besteht in der Regel aus mehreren, sich überlagernden Knetwirbeln. Der Knet breitet sich seitlich im Walzenspalt aus und wandert zu den Enden der Walzen. Seitlich angebrachte Begrenzungsbacken verhindern das Abfließen des Knets.

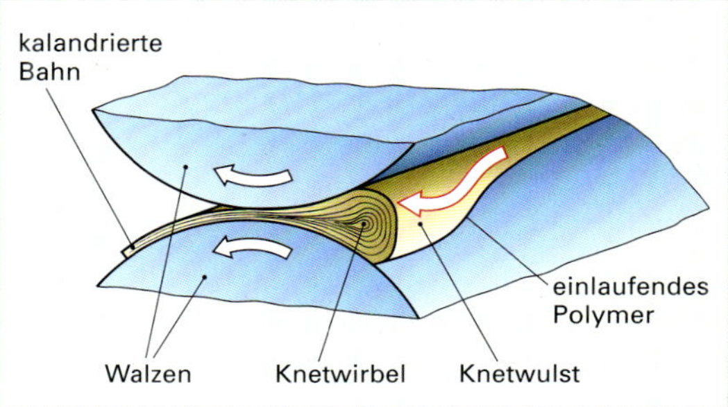

Bild 1: Knet

Beim Hochtemperaturverfahren für PVC-U und bei PVC-P bildet sich beispielsweise ein **rollender Knet** aus, der zu einer verlängerten Verweilzeit des Materials und damit zur thermischen Schädigung des Materials führen kann. Diese kann mit entsprechenden Stabilisatoren vermieden werden. Bei der Verarbeitung von PVC-U im Normaltemperaturverfahren (Luvitherm-Verfahren) entsteht dagegen kein rollender Knet. Hier kann jedoch herabfallendes oder abbröckelndes Knetmaterial zu Schäden führen. Aus diesem Grund empfiehlt sich beim PVC-U die Verwendung von L-Kalandern.

Temperaturführung

Zum Verarbeiten der Polymere muss das Material auf dem Kalander eine genügend hohe Viskosität (Zähflüssigkeit) aufweisen. Da das Material nur kurze Zeit auf dem Kalander verbleibt, muss die Formmasse bereits **vorplastifiziert** vorliegen. Im Kalander selbst kann, wegen der geringen Wärmeleitfähigkeit von Kunststoffen, nur eine **geringe Temperaturerhöhung** erfolgen. Neben den beheizten Walzen tragen (in begrenztem Umfang) auch die durch Friktion (Reibung) eingeleiteten Scherkräfte zu einer Verringerung der Viskosität bei. Das Material darf daher weder zu heiß (übergeliert) noch zu kalt (untergeliert) angeliefert werden. Die erforderliche Temperatur hängt allgemein vom Schmelzebereich der Polymere ab. Die höchsten Temperaturen benötigt man beim Kalandrieren von Polypropylen. Beim PVC sinkt die Temperatur mit steigendem Weichmacheranteil.

Allgemein gilt beim Kalandrieren die folgende Regel: Damit die Folie im Kalander korrekt läuft, muss sie jeweils von der **heißeren** und/oder **schnelleren** Walze übernommen werden.

Dazu wird meist die Temperatur von Walze zu Walze in Laufrichtung der Folie erhöht. Eine weitere Möglichkeit den Folienübergang zu sichern, besteht darin, die Friktion zu erhöhen. Häufig werden beide Möglichkeiten kombiniert. Generell gilt, dass für dünnere Folien niedrigere Temperaturen ausreichen, weil mehr Scherwärme eingeleitet werden kann. Demnach stellt man bei dicken Folien höhere Temperaturen ein. Bei einer Erhöhung der Kalandergeschwindigkeit wird, bei gleicher Dicke und Rezeptur/Material, eine niedrigere Temperatureinstellung gewählt.

Friktion

Die Übergabe der Folie von einer Walze auf die andere erfolgt immer an der heißesten Stelle. Dazu kann man entweder die Walzen entsprechend **temperieren** oder die durch Friktion (Reibung) eingebrachte Scherwärme nutzen. Die Friktion wird über die Walzengeschwindigkeit geregelt. Dazu lässt man die nachfolgende Walze etwas schneller laufen. Moderne Kalander haben daher für jede Walze einen eigenen Antrieb. Wenn die nachfolgenden Walzen in Laufrichtung der Folie jeweils eine höhere Temperatur aufweisen, kann die Friktion weitgehend frei gewählt werden. Bei einem fallenden Temperaturprogramm ist dagegen eine relativ hohe Friktion zum Erzwingen der Folienübergabe nötig. Eine zu hohe Friktion kann jedoch zu Oberflächeninhomogenitäten, sogenannten „bank marks" (engl.), führen.

Verarbeitung von PVC-U

Bei der Verarbeitung von weichmacherfreiem PVC-U unterscheidet man das Hochtemperaturverfahren und das aufwendigere Normaltemperaturverfahren (Luvitherm-Verfahren).

Beim **Hochtemperaturverfahren** (**Bild 1**) werden die Kalanderwalzen auf hohe Temperaturen im Bereich zwischen 180 °C ... 220 °C geheizt. Zur Erzielung hoher Kalandergeschwindigkeiten wird beim Emulsions-PVC mit einem fallenden Temperatur-Programm gearbeitet. Beim Suspensions-PVC kann auch mit einem steigenden Temperaturprogramm gearbeitet werden. Die Praxis hat jedoch gezeigt, dass auch bei S-PVC zumindest die letzte meist sogar die letzten beiden Walzen kälter gehalten werden müssen. Der Temperaturgradient ist dabei relativ klein. Meist reicht eine Differenz von 3 °C ... 5 °C. Die Friktion zwischen den einzelnen Walzen hängt stark vom Temperaturprogramm ab. Die Gesamtfriktion sollte jedoch zwischen 1 : 1,3 bei dünnen Folien und 1 : 1,6 bei dicken Folien liegen. Die Kalandergeschwindigkeiten hängen stark von den Foliendicken ab. Bei pigmentierten Folien im Dickenbereich um 0,3 mm werden Geschwindigkeiten bis 60 m/min erreicht. Dicke Platten mit 0,75 mm lassen Geschwindigkeiten bis ca. 12 m/min zu. Foliendicken ≤ 0,3 mm werden durch Ziehen im plastischen Bereich hergestellt. Bei glasklaren Hart-Folien werden ≤ 20 m/min erreicht.

Wegen der hohen Temperaturen und der teilweise erheblichen Verweilzeiten des Materials müssen beim Hochtemperaturverfahren entsprechende **Stabilisatoren** eingesetzt werden.

Die aufbereitete Rezeptur sollte vor dem Walzwerk eine Temperatur von etwa 160 °C bis 180 °C haben. Das Walzwerk selbst wird so eingestellt, dass das Fell nicht an der Walze klebt. Durch Schererwärmung im Walzwerk wird erreicht, dass der dem Kalander zugeführte Fütterstreifen 180 °C ... 190 °C aufweist. Trotz der hohen Temperaturen ist die Viskosität des Materials sehr hoch. Dadurch werden erhebliche Scherkräfte eingeleitet, die das Material zusätzlich erwärmen. An der Oberfläche des Knets am zweiten Spalt eines Vier-Walzen-Kalanders wurden beispielsweise 235 °C gemessen. Charakteristisch für das HT-Verfahren ist ein rollender Knet.

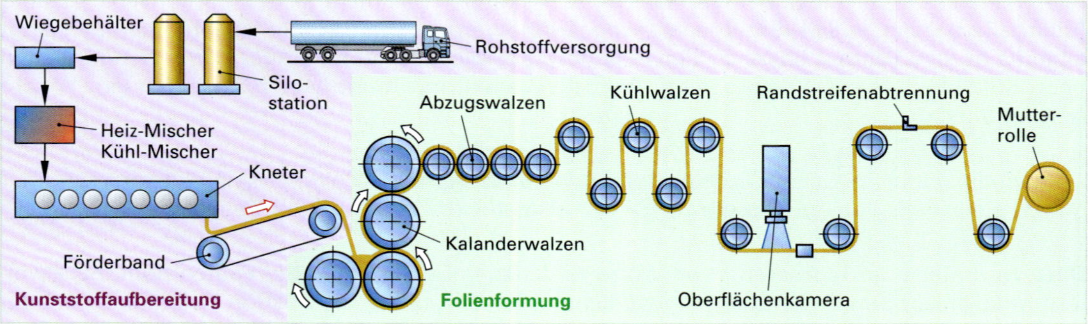

Bild 1: PVC-U-Verarbeitung-Hochtemperaturverfahren

Mit dem **Normaltemperaturverfahren** hergestellte Folien werden vor allem für hochbeanspruchte, gereckte Folien, z. B. im Klebebandsektor eingesetzt. Das Luvitherm-Verfahren wurde bereits 1936 entwickelt und ist somit das älteste Verfahren zur Herstellung von Hart-PVC-Folien. Damals standen noch keine hochwirksamen Stabilisatoren zur Verfügung, die lange Verweilzeiten bei hohen Temperaturen erlaubten. Aus diesem Grund erfolgt das Formen der Folie bei relativ niedrigen Temperaturen (160 °C ... 180 °C). Dabei entsteht eine mechanisch spröde Folie. Die nicht ganz aufgeschmolzene Folie wird nach dem Abnehmen durch kurzzeitigen Kontakt mit einer nachgeschalteten, hochbeheizten Walze „geliert". Die so „luvithermisierte" Folie wird üblicherweise nach dem Abkühlen zur Erreichung hoher Reißfestigkeiten in Reckrichtung oberhalb der Einfriertemperatur längsgereckt. Zur Herstellung wird vorwiegend Emulsions-PVC mit K-Werten von 70 ... 80 verwendet. Beim Niedertemperatur-Verfahren werden L-Kalander eingesetzt, weil sich wegen der niedrigen Temperaturen kein rollender Knet ausbildet. Dadurch vermeidet man eine Beschädigung der Folie durch herabfallendes Knetmaterial.

Verarbeitung von PVC-P

Bei der Herstellung von weichmacherhaltigen Folien gibt es keinen Unterschied zwischen dem Hochtemperatur- und Niedertemperaturverfahren. Alle Folien werden „durchgeliert" vom Kalander übernommen. Von der Anwendung her sind Folien mit Weichmacheranteilen ≤ 8 % **Hartfolien**. Der Weichmacher hat hier lediglich die Funktion eines Verarbeitungshilfsmittels, das jedoch die Formbeständigkeit in Wärme erheblich verringert. Die Verarbeitungstemperaturen liegen etwa zwischen 150 °C ... 190 °C. Bei kleinen Weichmacheranteilen wählt man die Temperatur etwas niedriger als bei der PVC-Hartverarbeitung. Die Hartfolien werden in der Regel zu technischen Folien, z. B. für tiefgezogene Display- und Büro-Artikel sowie zu Möbelfolien verarbeitet. Insgesamt ist die Verarbeitung weichmacherhaltiger Hartfolien mit der reinen Hartverarbeitung vergleichbar. **Halbharte PVC-Folien** bereiten bei der Verarbeitung die wenigsten Probleme. Die Temperaturen liegen allgemein etwa 10 °C bis 15 °C unter denen beim PVC-U.

Folien mit höherem Weichmachergehalt (**Bild 1**) bereiten bei der Produktion häufig Probleme. Insbesondere Folien, bei denen der Weichmacheranteil sehr hoch ist, neigen zum Kleben auf den Walzen von Walzwerk und Kalander. Der Kalander wird abhängig vom Weichmachergehalt mit Temperaturen zwischen 155 °C und 175 °C betrieben. Die Friktion muss wegen der geringen Viskosität sehr hoch sein, um ausreichende Scherkräfte zu erhalten. Mit steigenden Weichmacheranteilen sinkt die Kalandergeschwindigkeit geringfügig ab. Allgemein können jedoch sehr hohe Geschwindigkeiten bis zu 150 m/min erreicht werden. Zur Herstellung von **Weich-PVC-Folien** werden fast immer Vier-Walzen-F-Kalander eingesetzt. Bei der F-Anordnung können die aufsteigenden Weichmacherdämpfe sehr gut abgesaugt werden.

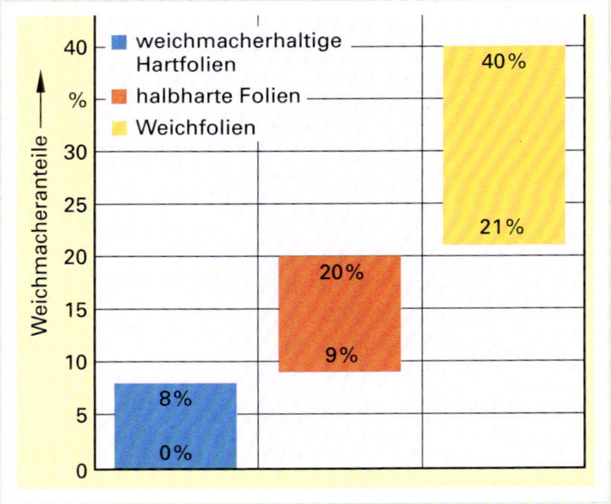

Bild 1: Weichmacheranteile von PVC-P-Folien

Verarbeitung weiterer kalandrierbarer Thermoplaste

Beim **Polystyrol** kann man nur schlagzähe Typen auf Kalandern verarbeiten, weil das Standard-Polystyrol zu stark an den Walzen haftet. Besonders geeignet sind höhermolekulare SB-Typen. Auch das **Acrylnitril-Butadien-Styrol** (ABS) lässt sich ohne Probleme kalandrieren. Die Kalandertemperaturen liegen dabei etwa im Bereich des Hart-PVC. Ein großer Teil der Folien, die in der Automobilindustrie und bei der Kofferherstellung zum Einsatz kommen, wird auf Kalandern erzeugt. **Styrol-Acrynitril-Copolymere** (SAN) sind grundsätzlich kalandrierbar, werden jedoch in der Regel nur als Verarbeitungshilfe für PVC eingesetzt.

Die **Polyolefine** lassen sich nur mäßig gut kalandrieren. Der enge Schmelzbereich und der scharfe Kristallitschmelzpunkt, z. B. von Polyethylen (PE) und Polypropylen (PP) erschweren die Verarbeitung auf dem Kalander. **Polyethylen** wird nur selten auf dem Kalander verarbeitet. Vom PE lassen sich nur die Niederdruck-Typen (PE-HD) mit hoher Dichte kalandrieren. Die Walzentemperaturen betragen dabei üblicherweise 150 °C bis 160 °C. Als Gleitmittel dient Stearinsäure. Zur besseren Abnahme der Folien von der Walze wird häufig Industriekreide zugesetzt, die jedoch zur erheblichen Beeinträchtigung der mechanischen Werte führt. Die erreichbaren Kalandergeschwindigkeiten orientieren sich an der PVC-U-Verarbeitung. Beim **Polypropylen** müssen die Walzentemperaturen über dem Kristallitschmelzpunkt (164 °C) liegen. Die Temperaturführung sollte so gewählt werden, dass an der letzten Kalanderwalze 190 °C ... 200 °C erreicht werden. Bei der Verarbeitung ist eine geringe Friktion und ein kleiner Knet sinnvoll. Das **Polyisobutylen** kann nur mit einem entsprechend hohem Füllstoffgehalt auf Kalandern verarbeitet werden. Je nach Art des Füllstoffs wird das Polymer zunächst im Innenmischer mehr oder weniger stark abgebaut. Mit entsprechenden Zusätzen können bei Temperaturen zwischen 160 °C und 180 °C Folien hergestellt werden, die vor allem in der Bauindustrie als Dachbelag oder zur Grundwasserisolierung Anwendung finden.

12.3.4 Abzugs-, Kühl- und Aufwickeleinrichtung

Nach der letzten Kalanderwalze wird die Folie von einem angetriebenen Walzensystem (**Abzugseinrichtung**) abgenommen. Bei der Herstellung dünner Weich-PVC-Folien kommen beispielsweise Abzugvorrichtungen mit bis zu 10 Walzen zur Verwendung.

Man unterscheidet das Recken im thermoelastischen Bereich und das sogenannte plastische Ziehen im thermoplastischen Bereich, das oft auch „Verstrecken" genannt wird.

Die Anwendung von Zugkräften oberhalb der Einfriertemperatur der Folie führt grundsätzlich zu einer Flächenvergrößerung. Dabei nimmt die Dicke der Folie wegen des gleichbleibenden Volumens zwangsläufig ab. Die zunächst knäuelartig liegenden Makromoleküle erhalten dabei sowohl beim Recken als auch beim Verstrecken eine Orientierung in Reckrichtung. Die Menge der orientierten Makromoleküle hängt allerdings vom gewählten Verfahren ab. Allgemein kann man sagen, dass durch Recken im thermoelastischen Zustand eine Änderung der physikalischen Eigenschaften erreicht wird. Gereckte Folien weisen z. B. eine höhere Reißfestigkeit und Bruchdehnung auf. Beim Verstrecken im thermoplastischen Bereich ändern sich die Eigenschaften dagegen kaum. Das Recken beschränkt sich in der Regel auf Hart-PVC-Folien. Das plastische Ziehen bzw. Verstrecken wird wegen der dort noch hohen Materialtemperatur unmittelbar nach der letzten Kalanderwalze durchgeführt. Der Reckvorgang kann auch in einer speziell aufgebauten Abnahmevorrichtung vorgenommen werden. In der Mehrzahl der Fälle wird er jedoch in einer Reckmaschine ausgeführt, die zwischen Abnahmevorrichtung und Kühlwalzen geschaltet wird. Die Umfangsgeschwindigkeit der Walzen des Förderorgans muss grundsätzlich höher sein als die Bahngeschwindigkeit. Außerdem ist darauf zu achten, das kein Schlupf entsteht. Das Ziehverhältnis kann bei ungereckten PVC-Hart-Folien 1:2 bzw. 1:4 bei gereckten Folien betragen. Bei Weichfolien geht man in der Regel nicht über ein Ziehverhältnis von 1:3 hinaus.

Zum Abkühlen der Folienbahn verwendet man **Kühlwalzen**. Dazu wird die Folie mit einem großen Umschlingungswinkel über mehrere Walzen mit großem Durchmesser geführt. Dabei wird die Folie auf ca. 25 °C heruntergekühlt. Die Folienränder werden dabei mit Messerwalzen abgeschnitten und dem Mischwalzwerk wieder zugeführt. Am Ende der Kalanderstraße setzt man Wickeleinrichtungen mit drehzahlgeregelten Motoren ein, damit die Folie mit gleichbleibender Geschwindigkeit aufgewickelt werden kann. Moderne Wickler sind z. B. als Dreifachwendewickler aufgebaut (**Bild 1**).

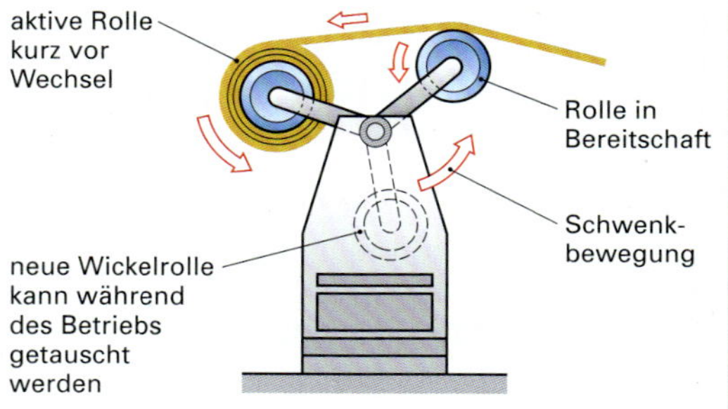

Bild 1: Dreifachwendewickler

12.4 Nachbehandlung

Die Nachbehandlung kann mit Ausnahme des Prägens getrennt von der Kalanderfertigung erfolgen. Dazu werden die Folien meist auf fahrbare Großwickler mit Durchmessern von 1 m aufgewickelt.

Zur Erhöhung der Maßhaltigkeit können die Folien beispielsweise durch **Tempern** veredelt werden. Damit lassen sich Spannungen in der Folie beseitigen. Das **Bedrucken** der Folien wird in der Regel mit Rotationsdruckmaschinen, die mehrfarbige Dekore ermöglichen, durchgeführt. Zur Herstellung dicker Folien werden die Folien **dubliert**. Neben eigens dafür hergestellten Maschinen kann dies auch direkt an der letzten Kalanderwalze erfolgen. Das verbinden artfremder Folien/Materialien nennt man **Kaschieren** (z. B. Gewebe und Folie). Zum **Prägen** muss die Folie thermoplastisch sein, deshalb erfolgt es direkt nach der Abzugeinheit. Dazu wird die Folie zwischen einer Prägewalze und einer gummibelegten Gegenwalze hindurchgeführt. Neben den genannten Verfahren werden Kalanderfolien auch **metallisiert, lackiert, beflockt, unterschäumt** oder mit **Klebeschichten** versehen.

12.5 Besonderheiten beim Kalandrieren von Kautschuk

Kautschuke haben vor der **Vulkanisation** ein ähnliches Temperaturverhalten wie Thermoplaste und können grundsätzlich wie diese durch Kalandrieren verarbeitet werden. Erst nach der Vulkanisation vernetzen sie weitmaschig und werden zu **Elastomeren**, die kein weiteres Mal mehr umgeformt bzw. urgeformt werden können. Allerdings sind Kautschuke im thermoplastischen Zustand bedeutend zäher und elastischer als Thermoplaste, weil sie aufgrund der enthaltenen Vulkanisationsmittel nicht zu heiß verarbeitet werden dürfen. Diese höhere Zähigkeit bewirkt ein **Schrumpfen** der Kautschukbahn in Kalanderrichtung, den sogenannten „**Kalandereffekt**".

Bild 1: Kalandrierte Gummifolie

Kautschuke werden durch Kalandrieren zu Gummifolien (**Bild 1**), Platten und Beschichtungen für Trägerbahnen (so genannte Substrate) verarbeitet. Wegen der notwendigen Vulkanisation im Anschluss kommen diese Produkte allerdings selten als fertige Halbzeuge auf den Markt, sondern werden mit anderen Halbzeugen zu **Verbundprodukten**, z. B. Autoreifen, zusammengesetzt (konfektioniert) und erst danach vulkanisiert.

In der Regel sind kalandrierbare Kautschukmassen bereits mit einem entsprechenden **Vulkanisations-** und **Beschleunigersystem** ausgestattet, das ab einer bestimmten Temperatur anspricht und die Masse dreidimensional vernetzt. Somit ist die Verarbeitungstemperatur nach oben hin begrenzt und liegt in der Regel bis zu 100 °C niedriger als bei Thermoplasten, um ein Anvulkanisieren (engl. *scorch*) zu vermeiden. Auch die Tatsache, dass Kautschukmassen meistens **Mischungen** (Compounds) verschiedener Kautschuksorten und einer Vielzahl weiterer Füllstoffe sind, verlangt gewisse Kompromisse zwischen der Verarbeitbarkeit durch Kalandrieren und den geforderten Eigenschaften der fertigen Elastomerprodukte.

12.5.1 Kalandrierbare Kautschuke

Die Auswahl an Kautschuken (**siehe auch Kapitel 1.7.3**) ist deutlich größer als bei den Thermoplasten und reicht von **Naturkautschuk** bis zu ca. 20 gebräuchlichen **Synthesekautschuken** mit unterschiedlichen **Polymerisationsgraden**. **Tabelle 1** zeigt die wichtigsten kalandrierbaren Kautschuksorten.

Tabelle 1: Kalandrierbare Kautschuke

Styrol-Butadien-Kautschuk	SBR
Acrylnitril-Butadien-Kautschuk	NBR
Chloropren-Kautschuk	CR
Butadien-Kautschuk	BR
Isopren-Kautschuk	IR
Naturkautschuk	NR
Silikon-Kautschuk	SiR
Ethylen-Propylen-Terpolymer	EPDM
Copolymerisate aus Ethylen und Vinylacetat	EVA

Kautschukmischungen werden, wie bereits erwähnt, nach den Erfordernissen der Endprodukte zusammengestellt, somit steht ihre Verarbeitbarkeit durch Kalandrieren eher an zweiter Stelle. Entscheidend dabei ist, dass die **Viskosität** im Verarbeitungszustand hoch genug ist, um das Schrumpfen durch den Kalandereffekt möglichst zu begrenzen. Vor allem bei Naturkautschuk muss hierzu oft der Polymerisationsgrad abgebaut werden.

Als **gut kalandrierbar** gelten Kautschuke bzw. Kautschukmischungen bis zu einer Viskosität von etwa ML 4 °C … 100 °C nach Mooney 40 … 50 (ca. 1200 DH … 1500 DH – Deformationshärte).

Kautschukmischungen werden durch verschiedene Misch- bzw. Knetverfahren hergestellt (**siehe Kapitel 14.3 bis 14.5**). Anschließend wird in der Regel die Viskosität und der Vernetzungsgrad durch das ungewollte Anvulkanisieren geprüft. Danach werden sie auf den Kalander zur Formgebung aufgebracht.

12.5.2 Besonderheiten der Kalandereinheit

Walzenschliff und Walzenanordnung

Kalanderwalzen biegen sich unter ihrem **Eigengewicht** und durch die **Spaltkräfte** beim Durchquetschen der Kautschukmasse durch. Da Kautschukmischungen beim Kalandrieren in der Regel eine höhere Viskosität als Thermoplaste besitzen, treten hier noch größere Spaltkräfte auf. Diese Durchbiegung wird durch einen **konkaven** bzw. **konvexen** Walzenschliff weitgehend kompensiert. Bei einem **Dreiwalzenkalander** wird die Walze 1 meist ballig (konvex), die Walze 2 zylindrisch und die Walze 3 mit einem Hohlschliff (konkav) ausgeführt (**Bild 1**). Unter Last wird die zylindrische Walze 2 in den Hohlschliff der Walze 3 gedrückt, sodass zwischen ihnen ein weitgehend **paralleler Walzenspalt** entsteht (**Bild 2**).

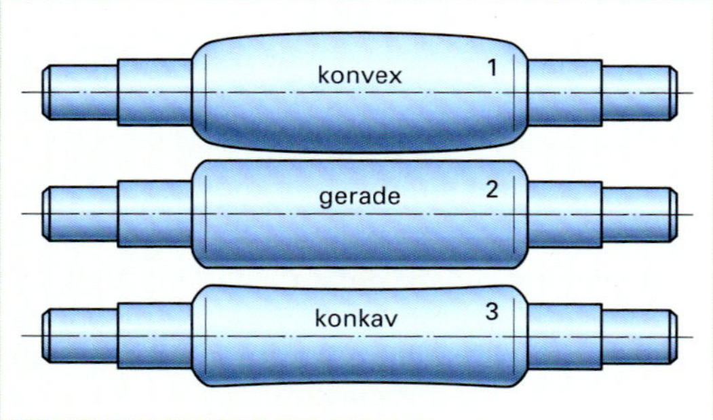

Bild 1: Walzenkontur ohne Last

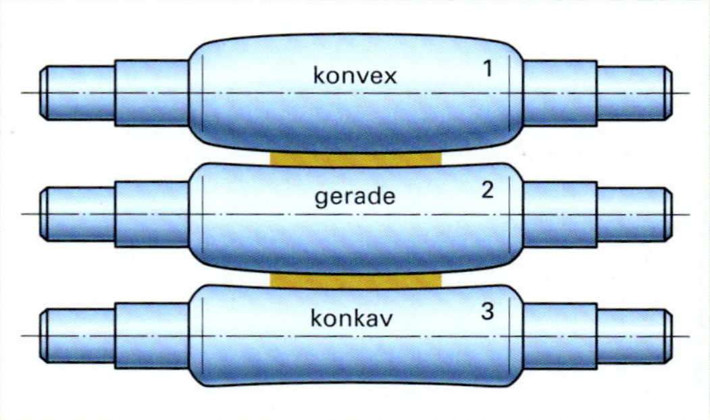

Bild 2: Walzenkontur unter Last

Die Konkavität der dritten Walze sollte beim einseitigen Belegen mit Textilgeweben (Cord) möglichst klein gewählt werden, bei der Herstellung von Elastomerplatten wird sogar eine zylindrische Walze empfohlen.

Zum **beidseitigen** Belegen von Cord kommen sowohl **Vier-Walzen-F-Kalander** (**Bild 3**) als auch **Vier-Walzen-I-Kalander** (**Bild 4**) mit den angegebenen Walzenschliffen zum Einsatz. Ein Vorteil des I-Kalanders ist hier die **symmetrische** Lastverteilung.

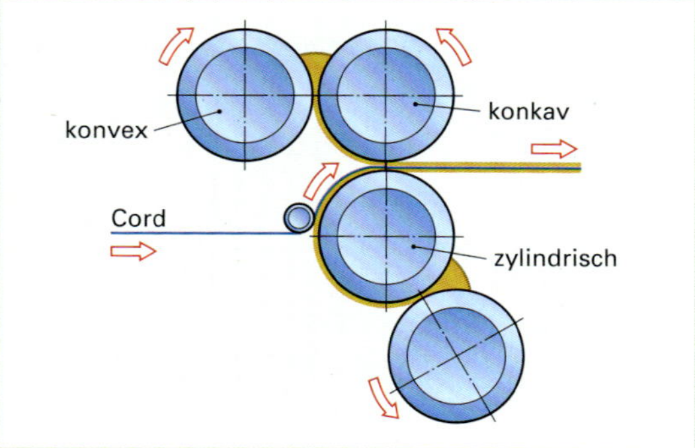

Bild 3: Vier-Walzen-F-Kalander

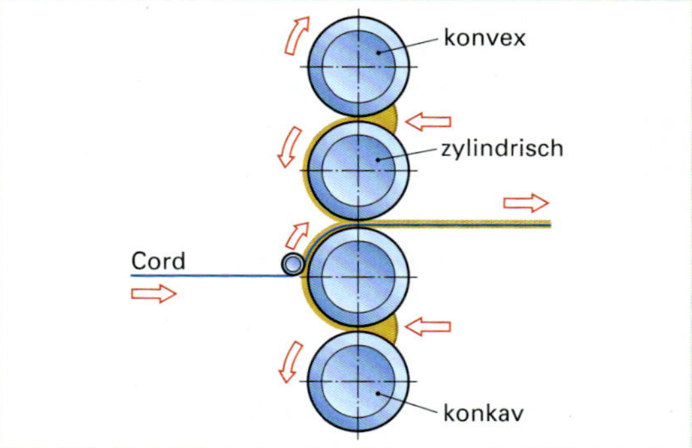

Bild 4: Vier-Walzen-I-Kalander

Größere Kompensationen der Durchbiegung sind mit einem Schrägstellen der Walzen oder durch ein höheres Temperaturniveau im Kalander möglich.

Walzenantrieb

Auch bei der Kautschukverarbeitung werden die Walzen meist einzeln angetrieben, um vor allem die notwendige Friktion einstellen zu können. Das notwendige Drehmoment für die Walzenantriebe hängt zum einen vom **Walzendurchmesser** und zum anderen von der zu erzielenden **Dicke** der kalandrierten Erzeugnisse ab.

Dabei gilt:

Je dünner die erzeugte Platte und je größer der Walzendurchmesser ist, desto höher ist die Beanspruchung der Walze und damit die notwendige Antriebsleistung.

Man unterscheidet 3 Beanspruchungsarten für die Walzen:

- **leichte Beanspruchung**: beim Friktionieren und Dublieren, bei dicken Platten
- **normale Beanspruchung**: bei Platten- und Universalkalandern, bei mittleren Platten
- **schwere Beanspruchung**: bei Folien- und Spezialkalandern, bei dünnen Platten

Temperaturführung

Wie bereits erwähnt ist die Verarbeitungstemperatur auf dem Kalander sehr stark davon abhängig, ob der Kautschukmischung Vulkanisationsmittel zugesetzt wurden oder nicht.

Bei zugesetzten Vulkanisationsmitteln, vor allem Schwefel und Beschleunigern, muss die Verarbeitungstemperatur **unterhalb** der **Anspringtemperatur**, der so genannten ***Scorch*-Temperatur**, dieser Mittel gehalten werden. Ab der *Scorch*-Temperatur spricht das Vulkanisationsmittel an. Die Kalandertemperaturen liegen in aller Regel zwischen 40 °C und 100 °C.

Schon bei der Herstellung der Kautschukmischungen im **Walzwerk** (**siehe Kapitel 14.4**) bzw. im **Innenkneter** (**siehe Kapitel 14.5**) muss besonders auf die Temperatur geachtet werden. Zum Einen ist eine bestimmte Temperatur nötig, um Füllstoffe, z. B. Ruße, zu aktivieren. Zum Anderen dürfen die **Zerfallstemperaturen** anderer Mischungsbestandteile, wie z. B. des Beschleunigers, nicht erreicht werden. Da durch das Mischen bzw. Kneten der Masse **Scherwärme** entsteht, muss insbesondere auf eine Kühlung des Systems geachtet werden.

Bei Kautschukmischungen wird zwischen **warmhaftenden** und **kalthaftenden** Mischungen unterschieden. Bei **warmhaftenden** Mischungen muss wie bei den Thermoplasten die Walzentemperatur von der ersten zur letzten Walze steigen, um einen sauberen **Walzenübergang** zu gewährleisten. Hierbei wird die zweite Walze auf die Temperatur des Walzfelles eingestellt, während die erste Walze 5 °C … 10 °C kühler bleibt. Die dritte Walze wird dann meist um 30 °C … 40 °C kühler als die zweite Walze gehalten. Ist die Mischung dagegen **kalthaftend**, wird mit einem fallenden Temperaturprogramm gefahren. Dabei liegt die erste Walze auf der Temperatur des Walzfelles, die zweite liegt um 5 °C … 10 °C tiefer.

Friktionseinstellung

Aufgrund von unterschiedlichen Umfangsgeschwindigkeiten zweier benachbarter Walzen entsteht Reibung, die sogenannte **Friktion**, zwischen der Walze und der Kautschukmasse. Diese sorgt zum einen für einen verbesserten Übergang von einer Walze zu anderen. Zum anderen wird beim **Belegen** einer Trägerbahn (**Bild 1**) bewirkt, dass sich der Kautschuk fest in die Bahn hinein reibt und es somit zu einer guten Haftung kommt. Gerade in der Kautschukverarbeitung hat sich sehr lange der Einmotorantrieb mit Sondergetrieben für bestimmte fest eingestellte Friktionen gehalten, die meist mit einem Friktionsverhältnis von 1:1,2 arbeiten. Stand der Technik ist aber der Einsatz von Einzelantrieben für jede Walze, um die Friktion auf die Kautschukmischung einstellen zu können.

Bild 1: Belegtes Gewebe

Zu beachten ist hierbei, dass gerade bei härteren Mischungen die Friktion eine mehr oder weniger starke **Erwärmung** bewirkt und so die Scorch-Temperatur überschritten werden kann.

Üblich sind **Friktionsverhältnisse** zwischen 1:1 (Gleichlauf) und 1:1,25, wobei die größte Friktion meist zwischen der ersten und zweiten Walze eingestellt ist und zur letzten Walze hin abnimmt.

Dickere Platten werden in der Regel mit einer höheren Friktion hergestellt als dünnere. Ebenso wird für weichere Mischungen eine kleinere, für härtere Mischungen eine höhere Friktion empfohlen.

Spezielle Verfahren zum Kalandrieren von Kautschuken, wie das Beschichten von Geweben, Herstellen von Profilen und das Ziehen von Gummibahnen werden im **Kapitel 14** näher beschrieben.

13 Herstellen von Halbzeugen durch Beschichten

Unter Beschichten versteht man ein **kontinuierliches Auftragen** einer Kunststoffschicht auf eine **Trägerbahn**, um ein neues **Verbundmaterial** zu erhalten. Als Trägerbahnen kommen u.a. Textilien, Papiere, Metall- und Kunststofffolien, sowie Holzfurniere zum Einsatz.

Die **Beschichtungsmassen** sind in der Regel Thermoplaste, die als Dispersionen, Pasten oder in Lösungen aufgetragen werden. Es kommen auch Elastomere, Pulver oder aufgeschmolzene Thermoplaste zum Einsatz. Aus diesen beschichteten Materialien werden z. B. Polsterstoffe, Bodenbeläge und technische Artikel, wie Planen, Verpackungsmaterial, Förderbänder und Berufskleidung hergestellt (**Bild 1**).

Man unterscheidet folgende Verfahren:

- Beschichten mit fließfähiger Masse
- Tauchverfahren und Imprägnieren
- Kaschieren
- Beschichten aus der Schmelze

Bild 1: Beschichtete Textilien

13.1 Beschichten mit fließfähigen Materialien

Beim Beschichten mit fließfähigen Massen wird die Masse so gleichmäßig wie möglich über die ganze Breite einer Trägerbahn verteilt und durch entsprechende mechanische Einrichtungen zu einem **flexiblen Film** umgeformt. Danach wird die so beschichtete Trägerbahn durch eine **Heizvorrichtung** hindurchgezogen. Die geforderten Ansprüche bestimmen die Anzahl der Schichten, z. B. drei Schichten bei Schaumkunstleder (Grundierung, Schaumstrich, Deckstrich).

13.1.1 Trägerstoffe

Das Trägermaterial muss eine ausreichende Festigkeit und eine geringe Dehnfähigkeit aufweisen, um den Zugkräften standzuhalten. Ebenso muss gewährleistet sein, dass die Porosität so gering ist, dass die Beschichtungsmasse nicht durchschlägt. Textilbahnen bestehen aus **Naturstoffen** wie Baumwolle oder **synthetischen Stoffen** wie Polyamid- oder Polyesterfasern. Der Vorteil der synthetischen Fasern liegt in der geringeren Wasseraufnahme, der Beständigkeit gegen Verrottung und geringeren Dichte. Nachteilig wirkt die schlechtere Haftung der Beschichtungsmasse am Trägerstoff (**Bild 2**).

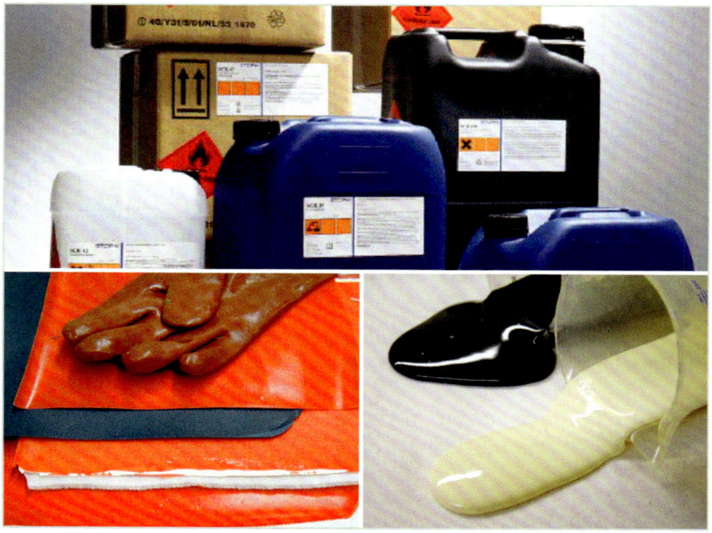

Bild 2: Trägerstoffe und Beschichtungsmassen

13.1.2 Beschichtungsmassen

Die Beschichtungsmassen sind Pasten, auch **Plastisole** genannt, die aus Kunststoffpulver, Zusätzen und Weichmachern bestehen. Es sind Dispersionen, deren Konsistenz von nahezu wässrig über pastös bis schnittfest reichen. Außer den Hauptbestandteilen PVC und Weichmacher enthalten Pasten noch andere Zuschlagsstoffe, welche die Endprodukteigenschaften verbessern. Zu den gängigen Additiven gehören z. B. Thermo- und UV-Stabilisatoren, Treibmittel zur Absenkung der Zersetzungstemperatur, mineralische Füllstoffe, Pigmente und Verdünner.

Diese Pasten werden z. B. nach dem Streichverfahren in dünnen Schichten appliziert, versprüht, nach dem Rotationsgießverfahren verarbeitet, mit Schablonen oder Walzen aufgetragen sowie in Tauchbädern eingesetzt. Diese Formgebung erfolgt in der Regel bei Raumtemperatur.

Die wichtigsten Kunststoffe sind **PVC-Pulver** und **PUR** bei textilen Trägerbahnen, wobei die Weichmacher hochsiedende organische Ester sind.

Durch Wärmebehandlung werden diese Dispersionen in **kolloidales Gelatinat** überführt. Nach dem Abkühlen wird es **formstabil, abriebfest** und **gummiartig**. Wird dieser Dispersion noch flüchtiges Lösungsmittel zur Erniedrigung der Viskosität zugesetzt, so spricht man von **Organisolen**.

Kolloid (griechisch *kolla* „Leim" und *eidos* „Form") ist ein System aus Teilchen mit bis zu 50 000 Atomen oder um kleine Festkörper (Teilchen mit > 50 000 Atomen), die innerhalb eines Mediums fein verteilt vorliegen. Das Dispersionsmedium kann ein Feststoff, eine Flüssigkeit oder ein Gas sein. Ist dabei die Konzentration der dispersen Phase so hoch, dass keine bzw. nur eine sehr geringe Fließfähigkeit vorliegt, spricht man von einer Paste.

Die **Zuschläge**, wie **Treibmittel** zur Erzielung von Schaumschichten, **Pigmente** zur Farbgestaltung, **Stabilisatoren** und **Füllstoffe** werden mit dem PVC-Pulver in den Weichmacher eingerührt. Als Füllstoff hat sich z. B. Kreide bewährt, die das Ausschwitzen des Weichmachers im Gebrauch vermindert.

Je nach Verwendungszweck und der geforderten mechanischen Eigenschaften des herzustellenden Fertigartikels werden PVC-Pasten in der Regel mit einem Verhältnis PVC : Weichmacher von 100 : 33 bis 100 : 140 verarbeitet. Mit steigendem Weichmacheranteil sinken sowohl die Viskosität der Pasten als auch die mechanische Festigkeit der hergestellten Artikel, während Dehnbarkeit, Weichheit und Kältefestigkeit verbessert wird.

Nach ca. 24 Stunden (Entlüftungs- und Reifezeit) ist die PVC-Paste streichfähig. Um Menge an teueren Weichmachern einzusparen, werden bei der Herstellung von PVC-Beschichtungsmassen auch sogenannte Extenter eingesetzt.

Diese **Extenter**, auch Pastenverschnittharze genannt, sind niedrigviskose Flüssigkeiten, die selbst nicht gelierend wirken. In vielen Anwendungen werden Verschnittharze als emissionsfreie Viskositätsreduzierer eingesetzt, um die Verarbeitbarkeit von Plastisolen zu verbessern. Die Weichmacheranteile werden erheblich verringert und härtere Produkte mit trockener Oberfläche können problemlos hergestellt werden.

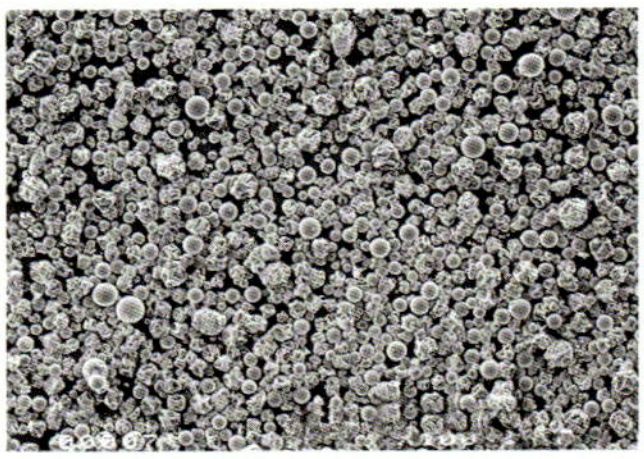
Plastisol

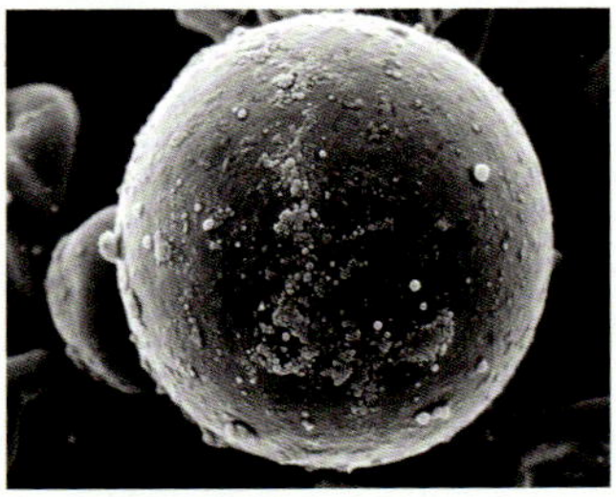
Extenter

Bild 1: Korngrößen von Plastisolen und Extentern

Während der mittlere Korndurchmesser für Pasten-PVC im Bereich von 1 µm bis 15 µm liegt, weisen Verschnittharze Werte von 25 µm bis 35 µm auf. Über die Größe der Korngrößenverteilung ergibt sich auch die Wirkungsweise der Pastenverschnittharze als Viskositätsreduzierer (**Bild 1**). Kleine Körner (Pasten-PVC) haben relativ viele Hohlräume zwischen den Partikeln.

Diese Zwickelvolumina müssen mit Weichmachern ausgefüllt werden und aufgrund einer relativ hohen spezifischen Kornoberfläche adsorbiert Pasten-PVC deutlich mehr Weichmacher. Allerdings neigt das Verschnittharz, aufgrund der Korngröße, in der Paste zur Sedimentation.

Pastenaufbereitung

In der Regel enthalten Plastisole nach der Aufbereitung Luft, die in kompakten Strichen zu Fehlstellen führen, die wiederum die mechanischen Festigkeiten herabsetzen oder Krater in den Oberflächen verursachen. Durch den Zusatz von Verschnittharz ergibt sich eine niedrigere Viskosität. Die eingeschlagene Luft kann leichter vor der Gelierung entweichen.

Eine unzureichende **Lagerstabilität** äußert sich in einem über mehrere Tage verteilten, stetigen Anstieg der Viskosität. Der Fachmann spricht von Pastenreifung bzw. Pasteneindickung. Schon bei der Rezepturentwicklung müssen deshalb alle Komponenten sorgfältig ausgesucht werden, um die angestrebte Lagerstabilität zu erzielen.

Die Anwendung bestimmt auch das notwendige **Kältebruchverhalten**, dies ist sowohl von der Art des Pasten-PVCs, als auch vom Verschnittharz sowie von der Art und Menge der eingesetzten Additive abhängig. Zum Beispiel sollten Dachbahnen bei niedrigen Temperaturen problemlos abrollbar und verlegbar sein, und Lkw-Planen müssen auch in der kalten Jahreszeit flexibel sein.

Die Herstellung von PVC-Pasten umfasst die Arbeitsgänge Einmischen von PVC in Weichmacher, Dispergieren/Homogenisieren, Entlüften und Sieben (Filtrieren).

Schnellmischer (z. B. Dissolver) erlauben kurze Mischzeiten mit hervorragender Dispergierung bzw. Homogenisierung von hauptsächlich niederviskosen Pasten. Mit Vakuumvorrichtung ausgestattete Mischer erlauben zusätzlich die gleichzeitige Entlüftung der Pasten.

Zu Beginn werden alle flüssigen und pastösen Bestandteile wie Weichmacher, Stabilisatoren, Additive sowie Farbstoff- bzw. Treibmittelpasten in den Mischbehälter gegeben und bei niedriger Rührerdrehzahl vorhomogenisiert.

Durch Wahl einer entsprechenden Umdrehungszahl bildet sich in der flüssigen Mischung eine trichterförmige Vertiefung. In diese sind die Pulver (PVC und Füllstoffe) so kontrolliert zu dosieren, dass kein Pulverstau auf der Oberfläche entstehen kann (**Bild 1**).

Bild 1: Pastenmischer

Anschließend wird bei hoher Drehzahl in 5 ... 10 Minuten homogenisiert. Gleichzeitig kann die Paste mittels Vakuum entlüftet werden. Unabhängig vom eingesetzten Verfahren sollte am Ende eines jeden Mischvorganges immer ein Filtrierprozess stehen, um sicherzustellen, dass selbst geringste Mengen unzureichend verteilter Feststoffe separiert werden. In der Praxis haben sich hierfür besonders Siebe mit Maschenweiten von 100 µm ... 300 µm bewährt.

13.1.3 Arbeitsablauf von PVC-Beschichtungsverfahren

Die Anlagenkonzeptionen reichen von Einfach-Beschichtungsmaschinen bis hin zu Kombinationen mehrerer Beschichtungsaggregate, in Verbindung mit Lackier-, Bedruckungsstationen und mehreren Trocknungskanälen. Bei der **Mehrschichtauftragung** einer **Haftschicht**, verschäumter **Mittelschicht** und verschleißfester **Deckschicht** können die Streichanlagen 100 m und länger sein. Diese Anlagen werden automatisch gesteuert und erreichen Arbeitsgeschwindigkeiten von 80 Metern pro Minute.

Die einzelnen **Arbeitsschritte** sind (**Bild 1**) dargestellt: ① Abwickeln der silikonbeschichteten Papierbahn ② Auftragen der Deckschicht ③ Gelieren der Deckschicht ④ Abkühlung ⑤ Auftragen der Schaumschicht ⑥ Gelieren der Schaumschicht ⑦ Abkühlen ⑧ Auftragen der Haftschicht ⑨ Auflegen der Trägerbahn ⑩ Gelieren der Haftschicht ⑪ Abkühlen ⑫ Aufwickeln der beschichteten Bahn ⑬ Aufwickeln der Papierbahn

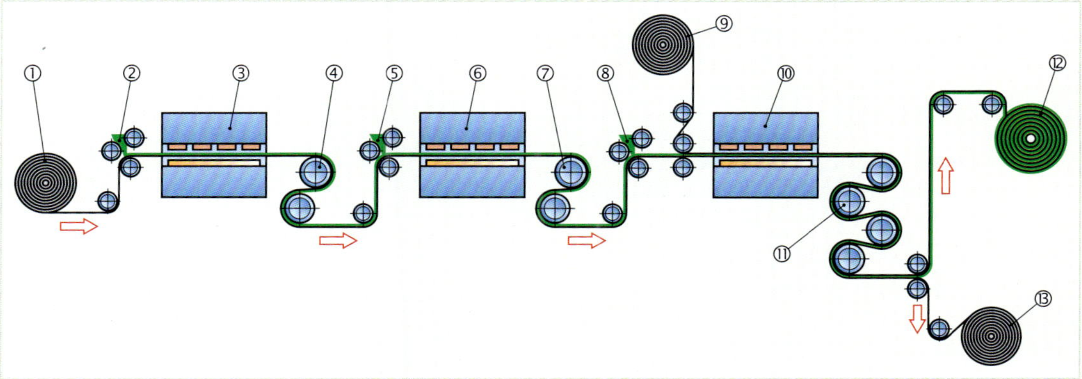

Bild 1: PVC-Beschichtungsanlage

Eine der wichtigsten Verarbeitungsgrößen von PVC-Pasten ist ihr Fließverhalten (Rheologie). Diese wird u. a. beeinflusst durch die Art des PVCs, der Weichmachermenge und der Temperatur. Temperatur- und Pastenviskosität stehen in einem engen Zusammenhang. Im Bereich von 40 °C bis 65 °C durchläuft die Viskosität ein Minimum. Bei höheren Temperaturen steigt die Viskosität wegen der zunehmenden Anquellung des PVC-Korns durch den Weichmacher und wegen beginnender Gelierung an.

Die flüssige Plastisolschicht geliert durch Erwärmen aus und wird damit verfestigt. Hierbei werden, bedingt durch die Diffusion, die zwischenmolekularen Kräfte im PVC weitgehend gelockert, und die Einzelkomponenten verschmelzen miteinander. Aus der anfangs heterogenen Feststoff-Dispersion bildet sich mit steigender Temperatur, vorzugsweise 160 °C ... 220 °C, in Abhängigkeit von der Art und Menge der eingesetzten Weichmacher und Zuschlagstoffe ein elastischer Kunststoff.

Die benötigte **Gelierzeit** lässt sich nur experimentell ermitteln, da sie nicht nur von Rezepturkomponenten, sondern auch von Verarbeitungsparametern wie z. B. Schichtdicke, Intensität der Wärmeübertragung usw. bestimmt wird.

Gelierkanal

Zur Gelierung müssen die beschichteten Trägerbahnen einen geheizten Kanal (Gelierkanal) durchlaufen. Dieser kann auf verschiedene Weise geheizt werden. Man unterteilt die Trocknungs- und Geliervorrichtungen in **Heißlufttrockner, Infrarot-Strahler, UV-Trockner** und **Zylindertrockner**.

Zylindertrockner sind immer dann sinnvoll, wenn gleichzeitig ein Bügeleffekt verlangt wird. Der dabei entstehende Wasserdampf wird abgesaugt, um Kondenswasserbildung zu vermeiden. Speziell bei Weich-PVC-Plastisolen wird der Grundstrich mit Trockenzylindern durchgeführt. Dies gewährleistet eine glatte und gleichmäßige Trocknung zur Aufbringung der weiteren Schichten.

Der **Transport** durch den Gelierkanal, der bis zu 40 m lang sein kann, erfolgt mittels Tragwalzen oder Spannrahmen. Die Spannrahmen sind mit Kluppen- oder Nadelketten ausgeführt, um die Spannung der Trägerbahn aufrechtzuerhalten.

Die **Temperaturen** sind abhängig von der Beschichtungsmasse und liegen bei PVC um 180 °C und bei verschäumten PVC bei ca. 200 °C. Im Gelierkanal dringt der Weichmacher sehr schnell in die PVC-Körnchen ein. Sie quellen auf und vereinen sich untereinander. Es entsteht eine gallertartige PVC-Weich-Schicht, bei der PVC- und Weichmachermoleküle eine homogene Masse bilden.

Kühlung

Die den Gelierkanal verlassende Bahn muss vor dem Aufwickeln gekühlt werden. Dazu wird die Bahn über zwei bis zu sechs **wassergekühlte Walzen** geführt. Danach wird die beschichtete Trägerbahn mit gleichbleibender Geschwindigkeit aufgewickelt. Oftmals ist es nötig, die plastische Beschichtung zu glätten. Hierzu wird die Bahn zwischen eine wassergekühlte Stahlwalze und eine Gummiwalze hindurch geführt, die pneumatisch oder hydraulisch gegeneinander gepresst werden. Danach wird die Trägerbahn dem Kühlwalzensystem zugeführt.

13.1.4 Beschichtungsverfahren und -maschinen

Die fließfähige Masse, z. B. E-PVC (PVC nach dem Emulsionsverfahren hergestellt) kann durch Streichen oder mittels Walzen auf die Trägerbahn aufgebracht werden.

Das gewählte Verfahren wird dabei von der Viskosität der Kunststoffmasse, der Auftragsmenge je m² und dem zu erzielenden Ergebnis bestimmt. Man unterscheidet dabei das Streich-, Walzenbeschichtungs- und Rotationssiebdruckverfahren.

So ist jede Verarbeitungstechnologie charakterisiert durch das angewandte Schergefälle und das zugehörige Viskositätsband (**Bild 1**).

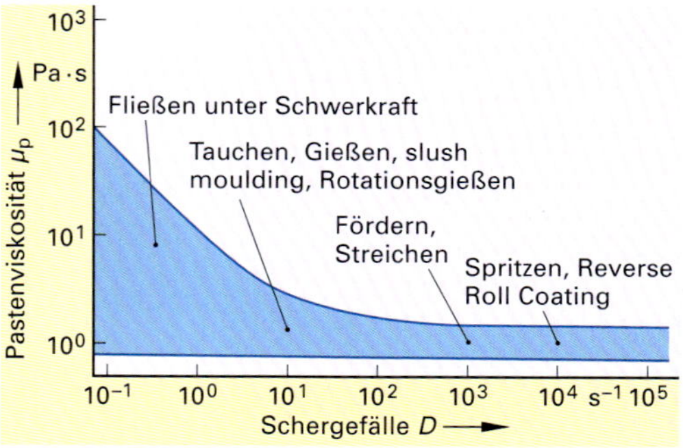

Bild 1: Auswahl der Pasten

Streichverfahren

Bei diesem Verfahren wird die Trägerbahn unter einem feststehenden **Messer (Rakel)** durchgezogen und dabei mit der Masse bestrichen. Die pastöse Masse wird vor die Rakel gebracht, die entsprechend der Schichtdichte mit einem **Parallelspalt** zur Trägerbahn eingestellt ist. Dadurch verteilt die Rakel die Masse als Schicht über die Trägerbahn. Die gleichmäßige Auftragsmassenvorlage vor dem Rakelmesser wird über eine einstellbare Massenzuführeinheit erzielt.

Die Trägerbahn kann entweder freitragend oder über ein Gummiband oder eine Walze geführt werden. Die Rakelvorrichtungen nennt man diesbezüglich **Luft-, Gummituch-** oder **Walzenrakel** (**Bild 2**).

Die **Luftrakel** wird zum Beschichten sehr dünner Schichten eingesetzt (**Bild 2**). Die Rakelschneide hat dabei, um Beschädigungen am Träger zu vermeiden, eine abgerundete Kante von 1 mm bis 2 mm (**Bild 1, folgende Seite**).

Die **Gummituchrakel** wird zum Beschichten rauerer Gewebe eingesetzt, da das Gummituch etwaige Unebenheiten ausgleichen kann. Die Masse kann dabei auch in geschäumter Konsistenz ausgebracht werden.

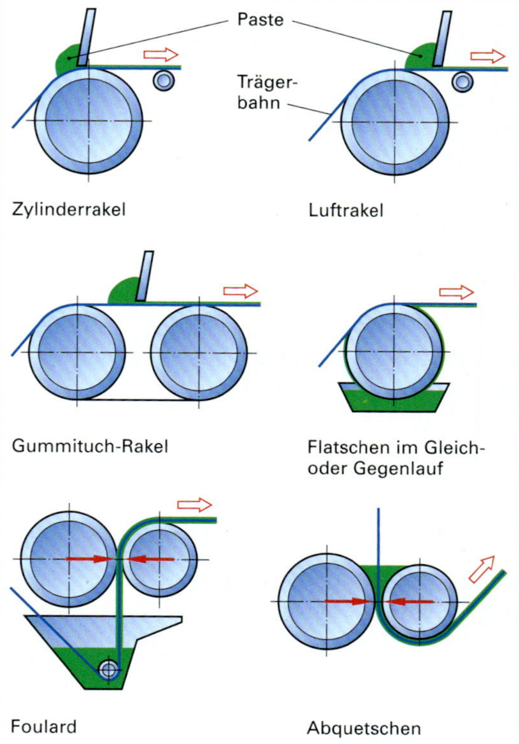

Bild 2: Luft-, Gummituch- und Walzenrakel

Die **Walzenrakel** wird bei glatten Geweben eingesetzt, wobei die Rakelschneide abgeflacht ist und an der Rückseite eine scharfe gewinkelte Hinterschneidung hat (**Bild 1**). Diese Hinterschneidung verhindert, dass Pastentropfen nicht mit der Bahn weggeführt werden.

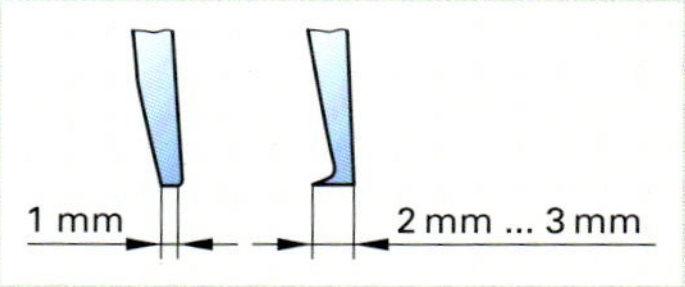

Bild 1: Rakelschneiden

Höhere Anforderungen an die Geschwindigkeit oder Gleichmäßigkeit des Auftrags, sowie Schichtdicken ≤ 1 g/m² oder sehr starke Auflagen, setzen dem Streichverfahren die Grenzen. Bei diesen Anforderungen kommen Walzenauftragswerke zum Einsatz.

Bild 2: Walzenrakelstreichmaschine

Walzenbeschichtungsverfahren

Bei diesem Fertigungsverfahren gibt es verschiedene Konstruktionsmöglichkeiten. Z. B. kann in einem **Tandem-Auftragsverfahren** (**Bild 2**) die Warenober- und -unterseite in nur einem Arbeitsgang beschichtet werden. Es ersetzt die konventionellen Rakelauftragswerke mit einseitiger oberseitiger Luftrakel- oder Zylinderrakelbeschichtung (**Bild 3**).

Ein weiteres Verfahren besteht aus einem **Mehrwalzensystem**, welches die Beschichtungsmasse zu einem Film ausformt und diesen anschließend im **Umkehrprinzip** auf der Trägerbahn ablegt. Man nennt dieses Verfahren aus dem Englischen übernommen auch Reverse-Roll-Coating (reverse = umkehren, roll = Walze, coating = Beschichtung).

Bild 3: Luftrakelstreichmaschine

Es ist besonders für gutfließende Pasten geeignet, wobei die Auftragsmenge über den **Walzenspalt** und die **Drehzahl** dosiert wird. Zur automatischen Regelung des Auftragsgewichtes werden die motorischen Spalteinstellungen über eine Flächengewichtsmessanlage angepasst. Da die Paste nicht wie beim Streichverfahren abgerakelt werden muss, sondern als Film aufgelegt wird, können sehr hohe Arbeitsgeschwindigkeiten gefahren werden.

Rotationssiebdruckverfahren

Erzeugnisse wie strukturierte Schaumtapeten oder Musterdekors werden mit diesem Verfahren hergestellt. Dabei wird die Paste über ein geschlitztes Rohr von innen auf die Innenseite einer **Schablonenwalze** aufgebracht (**Bild 4**). Sie sind besonders für sehr geringe Plastisolauftragsmengen von 20 bis 200 g/m² geeignet. Die **Schablonenwalze** ist entsprechend dem gewünschten Dekor bzw. der Struktur mit ausgestanzten Lochformen (Perforierung) versehen.

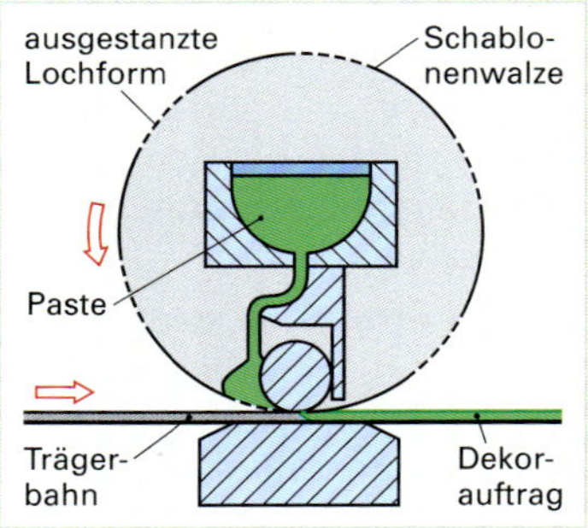

Bild 4: Rotationssiebdruck

Eine Rakel streift die Paste von der Innenseite der Schablonenwalze ab und trägt diese auf die zwischen der Außenseite der Schablonenwalze und einer **Gegendruckwalze** hindurchlaufende Trägerbahn auf (**Bild 1**). Durch die vertikale Führung ist ein gleichzeitig beidseitiges Auftragen möglich.

Bild 1: Rotationssiebdruckanlage

Indirekte Beschichtung

Für Erzeugnisse, bei denen Oberflächenstrukturen wie bei Naturleder verlangt werden, wird das indirekte Beschichten angewandt. Dabei wird PVC oder PUR auf **Trägerbahnen aus Gewirken** aufgebracht, da diese weicher und flexibler als Gewebe sind. Es wird ein mit **Silikon** oder **Melaminharz** beschichtetes Papier verwendet, auf das die Beschichtungsmasse aufgebracht wird (**Bild 2**). Das Trennpapier weist die gewünschte Strukturierung auf, welche sich in der Beschichtungsmasse widerspiegeln soll. Danach wird das Gewirke unter Walzen zugeführt und in den Gelierkanal geleitet. Nachdem das so beschichtete Trennpapier den Gelierkanal verlassen hat, wird das Trennpapier wieder abgezogen und erneut den Anfangswalzen zugeführt. Das Trennpapier kann mehrmals verwendet werden.

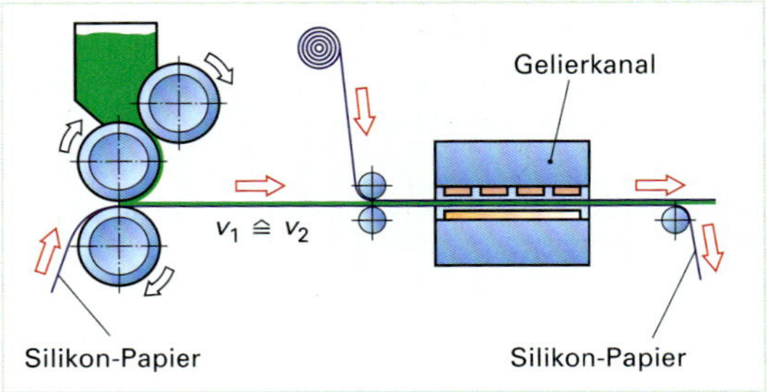

Bild 2: Indirekte Beschichtung

13.2 Das Tauchverfahren und Imprägnieren

Wenn **Gewebe doppelseitig geschützt** werden müssen, wasserabstoßend sein sollen, **grobmaschige Gewebe** als Trägerbahn verwendet werden und man bei synthetischen Geweben den Haftgrund vermeiden will, dann wird das Tauchverfahren angewandt (**Bild 3**).

In der Praxis unterscheidet man zwischen Warm- und Kalttauchen. Beim **Warmtauchen** wird der zu beschichtende Gegenstand/Formkörper erhitzt, dann in die Paste getaucht und mit langsamer gleichmäßiger Geschwindigkeit wieder herausgezogen. Durch eine sofortige Nachbehandlung z. B. Heissluft erfolgt das Gelieren. Nun bildet sich am Tauchkörper aus der Paste heraus eine weiche PVC-Haut, deren Dicke von der Vorwärmtemperatur, der Wärmekapazität des Formkörpers, der Tauchzeit sowie der Gelierfreudigkeit der Paste abhängt.

Anschließend wird der Formkörper langsam aus der Paste entfernt und bei 180 °C ... 220 °C ausgeliert. Nach diesem Verfahren werden z. B. Werkzeuggriffe, Faltenbälge, Dichtungsmanschetten, Kleiderbügel und vieles mehr hergestellt.

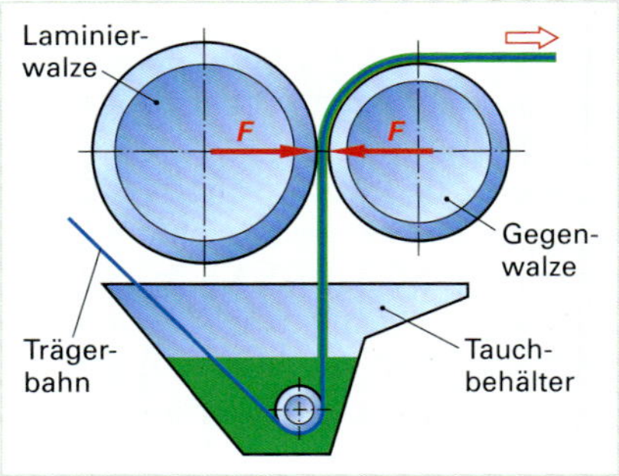

Bild 3: Imprägnieranlage und Tauchverfahren

Beim **Kalttauchen** wird der zu beschichtende Gegenstand ohne Vorwärmung in die Paste getaucht und nach dem Herausnehmen geliert. Die Schichtdicke wird durch die Pastenrheologie vorgegeben. Durch mehrmaliges Tauchen mit nachfolgendem Angelieren der Paste kann die Schichtdicke auf dem Formkörper entsprechend gesteigert werden. Nach diesem Verfahren werden bevorzugt Gegenstände mit geringer Wärmekapazität wie z. B. Gewebe (Handschuhe), Drahtgitter usw. beschichtet.

Es wird die Trägerbahn durch eine Wanne mit **Paste niedriger Viskosität** gezogen und in der Regel vertikal durch den Gelierkanal gezogen. Zuvor wird durch **beidseitige Abstreifer** überschüssiges Pastenmaterial abgestreift.

Für das Herstellen von Papieren, Geweben und Vliesen, die später zu mehrlagigen Platten verpresst oder zusammenkaschiert werden, müssen die Kunstharze das Trägermaterial vollständig durchdringen. Dies geschieht in **Tauchbädern**, wo das Trägermaterial ein- oder mehrmalig hindurchgezogen und anschließend getrocknet wird.

Der **Trocknungsvorgang** führt zum **Verdampfen der verwendeten Lösungsmittel** und das aufgebrachte Kunstharz kann **aushärten** bzw. **vorpolymerisieren**. Die Imprägnieranlage besteht aus den Baugruppen Tauchbad, Trockenkanal und Kühlzone. Für eine einwandfreie Imprägnierung ist der Trockenvorgang sehr wichtig, da gleichzeitig zwei Vorgänge, wie oben beschrieben, ablaufen. Der Trocknungskanal ist deshalb mit möglichst vielen Heizzonen ausgestattet.

Man verwendet in der Regel **Heißluft** oder **Infrarot-Dunkelstrahler**, wenn Kunstharze verwendet werden, die eine hohe Absorption im IR-Bereich aufweisen. Der Vorteil der IR-Beheizung besteht darin, dass die Harzschicht von innen her aufgeheizt wird.

Dies ermöglicht eine schnelle und gründliche Verdampfung der Lösungsmittel und Polymerisation der Kunstharze. Eine gleichmäßige Trocknung und hohe Produktionsgeschwindigkeit sind weitere Vorteile.

Eine besondere Form der Imprägnierung stellt das **Druckimprägnieren** dar. Es werden Harze in der Konzentration des fertigen Prepreg verwendet. Das Harz wird vorgewärmt und über Dosierwalzen zwischen zwei Trägerbahnen eingebracht. Danach durchläuft diese Verbindung einen beheizten Kanal, sodass das Trägermaterial das Harz aufsaugen kann. Zum Schluss werden die Schichten in einem Hochdruckkalander zusammengepresst.

Durch diese Art der Verarbeitung wird das Verdampfen der Lösungsmittel, die bei der vorherbeschriebenen **Nassimprägnierung** entsteht, vermieden.

Imprägnierte Gewebe und Papiere, kurz **Prepregs** genannt, werden zum Herstellen von Schichtstoffen oder Schichtpressstoffen weiterverarbeitet. Technische Laminate haben in der Luft- und Raumfahrtindustrie einen hohen Stellenwert. Sie besitzen eine hohe Festigkeit bei niedrigem Gewicht, sowie sehr gute chemische Eigenschaften und Korrosionsbeständigkeit. Durch Einlegen von **Glasfasern** und **Aramidfasern** werden diese hohen Ansprüche mittels Kaschieren ermöglicht.

13.3 Kaschieren von Trägerbahnen

Das Kaschieren ist ein Fertigungsverfahren, bei den **artfremde Warenbahnen** mit einer gewissen Flexibilität, um sie aufrollen zu können, miteinander zu einem **Laminat (Schichtpressstoff)** verbunden werden. Dies geschieht beim Kaschieren durch das **Beschichten** der Trägerbahn mit einem Klebstoff, dem **Zulaufen** der nächsten Bahn, dem **Anpressen** der zweiten Bahn und der **Wärmebehandlung** des so entstandenen Verbundes (**Bild 1**).

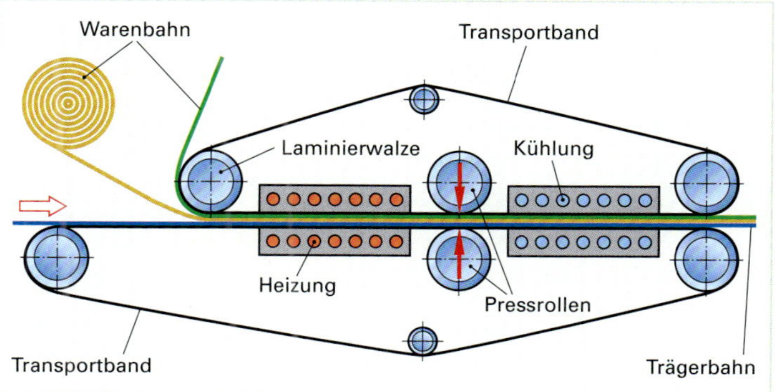

Bild 1: Prinzipdarstellung einer Kaschieranlage

Flachbett-Kaschier-Anlagen sind Doppelbandpressen mit integrierter Kontaktheizung und Kühlung. Durch die Länge der Heizzone ergibt sich eine relativ lange Verweilzeit in der Kaschierpresse, was zu einer optimalen Verklebung mit hohen Haftwerten und Schonung der Materialien führt.

Unmittelbar nach der Heizzone wird das Kaschiergut mit den Kalanderwalzen verpresst oder auf eine gewünschte Endstärke kalibriert. Um diesen Verbund zu stabilisieren, wird das Kaschiergut noch innerhalb der Kaschieranlage abgekühlt und so können Platten bis zu einer Materialstärke von 150 mm kaschiert werden.

Die **Prozessparameter** sind:

- Verweilzeit in der Heizung = Fördergeschwindigkeit
- Temperaturen in der Heizzone
- Pressdruck
- Kalibrierspalt der Presswalzen
- Höhenverstellung = Abstand der beiden Bänder
- Temperaturen in der Kühlzone

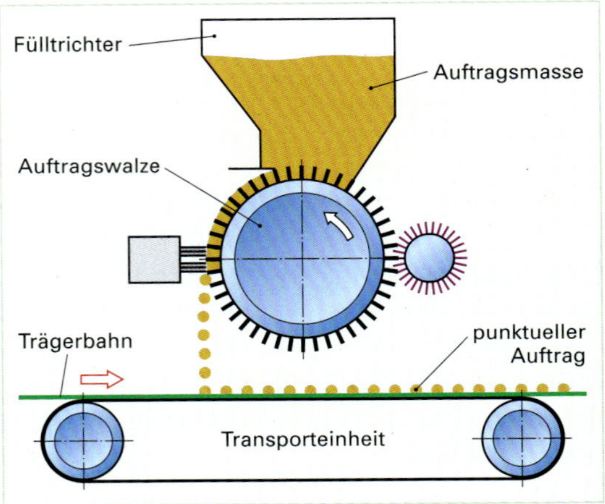

Bild 1: Punktauftragung

Der Kleberauftrag kann sowohl wie beim Beschichten mit fließfähigen Massen als auch mittels Beschichten aus der Schmelze aufgetragen werden. Diese zweite Möglichkeit des Kaschierens, dem Aufbringen der Beschichtungsmasse aus der Schmelze, wird im **Kapitel 13.4** beschrieben. Zum Herstellen eines Verbundes gibt es prinzipiell vier Klebstoffarten:

- Thermoplaste und Reaktivklebstoffe
- Selbstklebesysteme und Lösemittelklebstoffe

Diese werden je nach Applikationssystem als Pulver, Flächengebilde (Webs, Netze und Filme) oder als thermoverflüssigte Granulate benötigt.

In der Regel werden thermoplastische Klebstoffe eingesetzt, da diese umweltfreundlich und einfach in der Handhabung sind. Auch die Recyclingfähigkeit oder die Anforderung bezüglich Sortenreinheit, Umwelt- oder Gesundheitsverträglichkeit lassen sich leicht mit thermoplastischen Klebstoffen erreichen.

Trägerbahnen, die für Lösungsmittel- oder Wasserdampf undurchlässig sind, werden mit Kunstharzschmelzen im Extrusions- oder Kalanderverfahren beschichtet.

Liegen die Beschichtungsmengen im Grammbereich, ist ein gleichmäßiger Auftrag nur mittels Walzensystemen möglich. Eine weitere Auftragsart von Klebstoffen besteht im **Aufsprühen** oder **Aufspritzen**, was einmalig oder mehrmals geschehen kann.

Gleiche Vorteile erreicht man auch durch punktförmiges Auftragen (**Bilder 1 und 2**), wobei zusätzlich Spezialeffekte erzielt werden können. Dies ist geeignet zum Auftragen von pulverförmigen Produkten, wie thermoplastische Pulver, Aktivkohle, Füllstoffe usw. auf technische Textilien, Folien, Leder, Schäume, Vliese, Bleche und andere bahnenförmige Materialien.

Für einen Verbund sind neben der Haftung und der geforderten Eigenschaften auch die Fertigungsgeschwindigkeit, die Klebstoffkosten und die Flexibilität der Systeme, die eine Umrüstung auf einen anderen Verbund schnell realisieren lassen, wichtig.

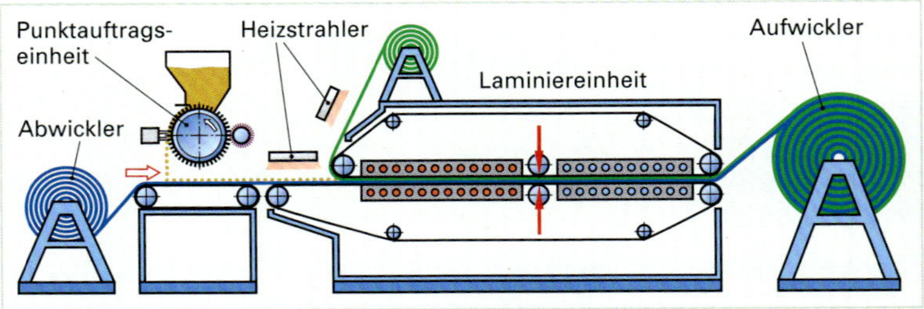

Bild 2: Prinzipdarstellung einer Kaschieranlage

Die **Streu-Technologie** kann man in folgende Schritte einteilen:

- Das zu bestreuende Substrat läuft mit gleichmäßiger Geschwindigkeit unter dem Pulverstreukopf hindurch und gelangt von einem Trichter auf eine Walze, die mit einem speziell strukturierten Belag versehen ist.
- Ein an der Streuwalze anliegendes Abstreifblech streicht das überschüssige Pulver ab, sodass das Pulver nur in den Zwischenräumen des Walzenbelages zurückbleibt.
- Eine oszillierende Bürste streicht das Pulver aus der Streuwalze. Die Gleichmäßigkeit des Pulverauftrages wird durch ein- bzw. mehrere oszillierende Verteilersiebe gewährleistet.
- Durch die regelbare Drehzahl der Streuwalze wird die Pulverauftragsmenge eingestellt. Die Streubreite wird durch eine Breitenverstellung im Pulvertrichter bestimmt.
- Zusammen mit dem zweiten Material läuft nun der Verbund in die Flachbett-Kaschieranlage, wo der Verbund erwärmt wird, um das Klebepulver zu schmelzen.
- Der Verbund wird mittels Kalanderwalzen verpresst und in der Kühlzone abgekühlt.

Bei höheren Produktionsgeschwindigkeiten oder wenn das von oben zugeführte Material keine hohen Temperaturen verträgt, kann das gestreute Pulver mit einem IR-Strahler geschmolzen werden, bevor der Verbund in die Kaschieranlage fährt.

Die Temperatur und der Druck bestimmen die Materialdichte. Der Spalt zwischen den Bändern der Doppelbandpresse und der Presswalzen haben direkten Einfluss auf die Materialstärke und die Oberfläche.

Die **Glasvlies-Kaschierung** ist ein weiteres Verfahren, bei dem endlose Glasfasern dem Roving Cutter zugeführt und auf ein bestimmtes Maß von ca. 6 mm bis 48 mm geschnitten werden. Die geschnittenen Fasern fallen gleichmäßig auf das Transportband bzw. auf ein Abdeckvlies. Anschließend wird ein thermoplastisches Klebepulver aufgestreut, das die einzelnen Fasern bindet. Dabei wird nun das Klebepulver erhitzt und geschmolzen. Für die Herstellung textiler Verbunde benutzt man das **Flammkaschieren**. Das Verbindungsmittel zwischen den einzelnen Schichten ist eine mehr oder weniger dicke **Schaumschicht aus PUR**. Die Schaumstofffolie wird durch Beflammen mit Gasbrennern an der Oberfläche angeschmolzen und dann mit der Textilbahn verpresst. Die Schmelze stellt den Klebstoff dar und die Haftung erfolgt nach dem Abkühlen.

Werden besondere Oberflächenstrukturen, wie z. B. in der Möbelindustrie verlangt, sind vor dem Abkühlen Prägewalzen einzusetzen. Um beim Prägen den Verzug und die Spannungen gering zu halten, wird der plastifizierte Verbund vertikal in den Prägespalt eingeführt. Die im **Bild 1** gezeigte Anlage ist eine Doppelbandpresse zur Herstellung von mehrschichtigen Laminat.

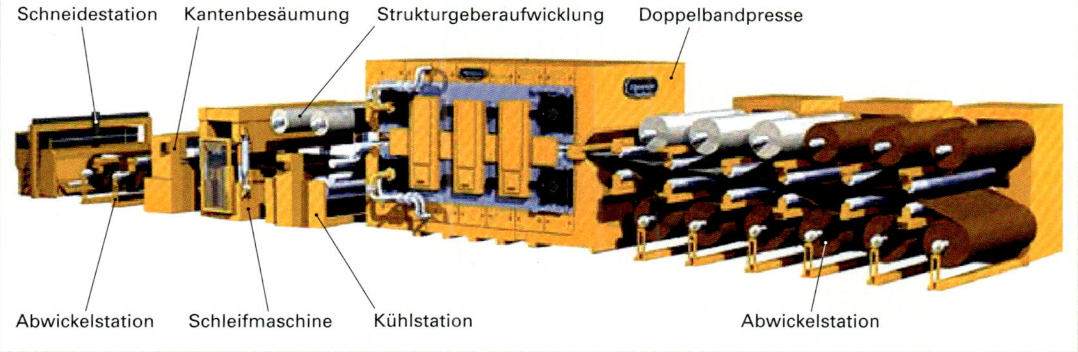

Bild 1: Doppelbandpresse

13.3.1 Hotmelt-Kaschierung

Bei diesem Verfahren wird der Hotmeltkleber berührungslos oder mittels Walze auf die Warenbahn aufgebracht. Es können dabei Auftragsgewichte unter 1 g/m² Kleberauftrag und Auftragsgeschwindigkeiten bis über 200 m/min erzielt werden. Die Vorteile liegen in den hohen Produktionsgeschwindigkeiten und dem Wegfall der Aufheizung der Warenbahn über Flachbettpressen oder IR-Strahlern (**Bilder 1 und 2**). Die Arbeitstemperaturen liegen im Bereich von 50 °C ... 210 °C.

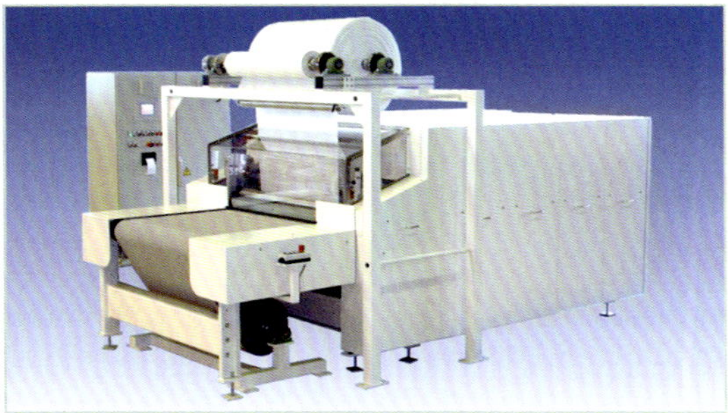

Bild 1: Hotmelt-Sprüh-Kaschierung

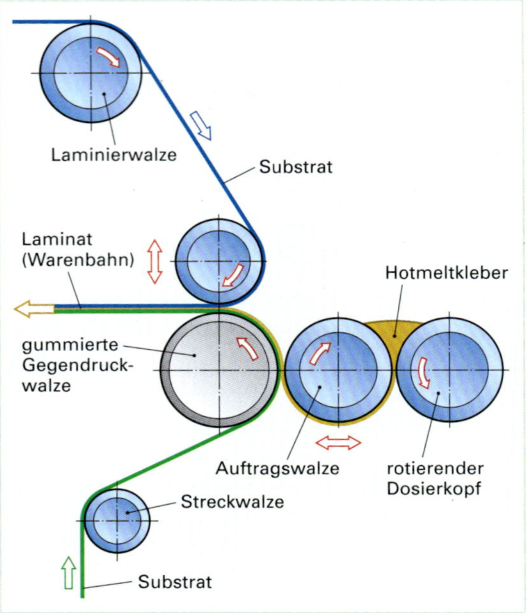

Bild 2: Hotmelt-Kaschierung

13.4 Beschichten aus der Schmelze

Es lässt sich nur eine begrenzte Anzahl von Kunststoffmassen mit entsprechenden Weichmachern bei Raumtemperatur als fließfähige Beschichtungsmassen verarbeiten. Viele Thermoplaste benötigen höhere Temperaturen, sodass ein Beschichten nur aus der Schmelze möglich ist. Man unterscheidet dabei in Extrusions- und Kalanderbeschichtung.

Extrusionsbeschichtung

Dieses Verfahren wird hauptsächlich zum Beschichten von Papieren, Folien oder sehr dünnen Blechen angewandt, um diese z. B. mit PE, PP, PVC, PUR, PS-HI oder EPDM zu überziehen. Der Anwendungsbereich liegt dabei zu einem Großteil in der Verpackungsindustrie.

Das Prinzip besteht darin, das in einem Extruder plastifizierte Material durch eine **Breitschlitzdüse** auf eine vorbeigeführte Trägerbahn auftrifft (**Bild 1, Seite 527**). Die Breitschlitzdüse gewährleistet die gleichmäßige Verteilung der Masse. Die Trägerbahn wurde vorher mit Heizstrahlern vorgewärmt. Nun wird die Trägerbahn mit der aufgebrachten Beschichtungsmasse in einen Walzenspalt von zwei gegeneinander laufenden Stahlwalzen geleitet. Durch das Gegeneinanderlaufen der gekühlten Walzen wird die Schmelze mit dem Trägermaterial unter Druck verbunden.

Wegweisende Techniken wie z. B. modular aufgebaute Zweischneckenextruder, sowie fünf verschiedene Glättwerksbauformen sorgen für Zuverlässigkeit und höchste Folienqualitäten. Machbar sind Beschichtungen mit ≤ 80 % Füll- und Verstärkungsstoffen. Dicken zwischen 250 µm ... 3000 µm, Folienbreiten ≤ 3000 mm und Durchsätze ≤ 4 t/h.

Ein besonderer Vorteil dieses Verfahrens besteht darin, dass keine Lösungsmittel oder Weichmacher im Gelierkanal verdampfen. Um die Haftung zweier Schichten zu verbessern, werden die Oberflächen vor der nächsten Aufbringung vorbehandelt. Dies geschieht mittels **Corona-Vorbehandlung** (Entladung hochfrequenter Spannung), **Primern** (Haftvermittler) oder mit **Ozon-Behandlung** (Funkenentladung mit ozonangereicherter Luft).

Speziell konstruierte Breitschlitzdüsen erlauben das Zuführen von Beschichtungsmassen aus verschiedenen Extrudern. Die sogenannte **Coextrusion** lagert die plastifizierten Schmelzen übereinander, sodass ein **mehrschichtiger Schmelzeverbund** entsteht.

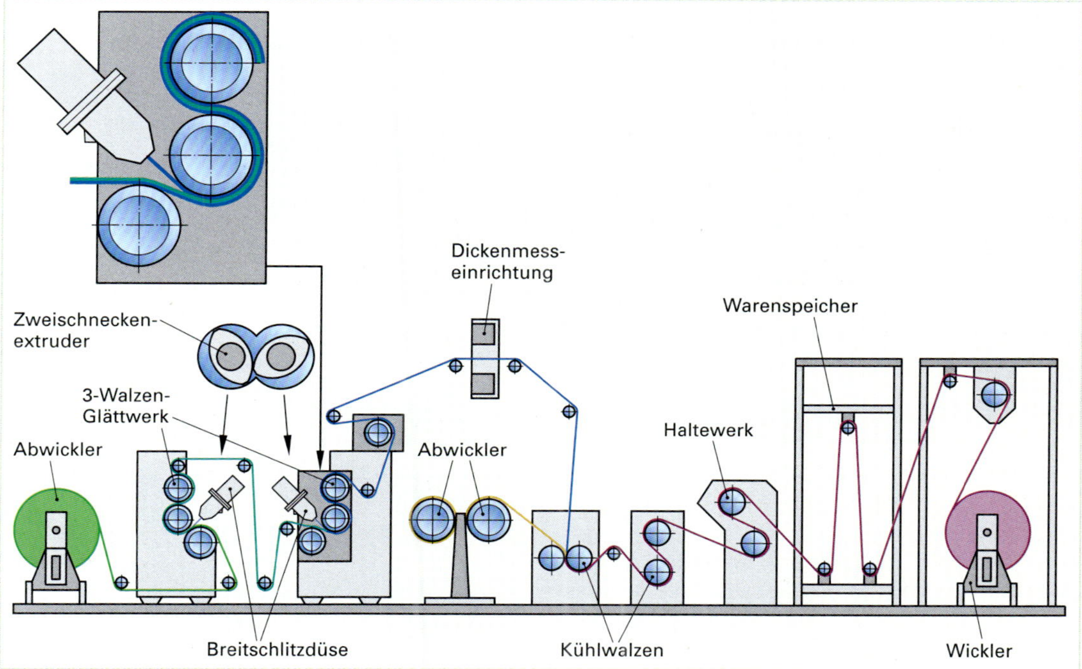

Bild 1: Extruderbeschichtung

Kalanderbeschichtung

Der Kalander wird überwiegend zur Folienherstellung verwandt. Wird er zum Beschichten benutzt, so läuft neben der Schmelze die Trägerbahn ab der zweiten oder dritten Walze mit in den Walzenspalt ein (**Bilder 2 und 1, folgende Seite**). Die Walzenanordnung kann wahlweise horizontal oder vertikal sein.

Im Gegensatz zum Extrusionsverfahren wird die Kunststoffformmasse bereits im ersten Walzenspalt aufgeschmolzen. Zusätzlich können am Kalandereinlauf IR-Strahler zur Temperaturregelung angebracht werden.

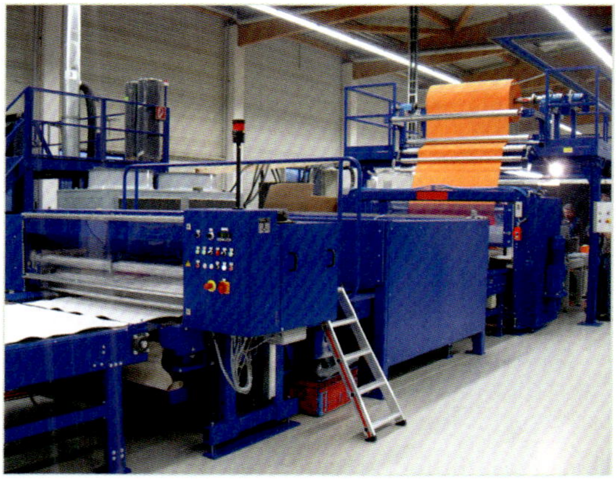

Bild 2: Kalander

Die Trägerbahn wird vorher über eine oder mehrere **Vorheizwalzen** geführt, um enthaltene Feuchtigkeit zu verdampfen und die Oberfläche aufzuheizen. Dadurch wird beim anschließenden Beschichten ein Abschreckeffekt vermieden, der die Haftung nachteilig beeinflusst. Das Plastifizieren des aufzutragenden Thermoplasts erfolgt durch Einstreuen von Granulat oder Pulver zwischen die beheizten Walzen, dies führt zur Aufschmelzung.

Eine weitere Möglichkeit besteht in der vorherigen Aufschmelzung im Extruder, aus dem dann der Strang auf die Kalanderwalzen geführt wird. Der Vorteil liegt dabei in der **höheren Beschichtungsgeschwindigkeit** und einer **gleichmäßigen** und **schlierenfreien Beschichtung**.

Die Anzahl der Walzen ist abhängig von den Ansprüchen des Erzeugnisses. Je dünner die Beschichtung sein soll, umso stärker machen sich Schwankungen im Flächengewicht über die Breite bemerkbar. Bei drei Walzen ist die Gleichmäßigkeit größer als bei zwei Walzen, dies bedeutet natürlich auch höhere Investitionskosten.

Werden **sehr glatte** oder **strukturierte Oberflächen** verlangt, so muss die beschichtete Ware in den Spalt einer **Prägevorrichtung** geführt werden. Nach dem Beschichten und Prägen muss die beschichtete Ware gekühlt werden, um beim Aufwickeln keine Beeinträchtigung der Oberfläche zu bekommen. Dies geschieht, indem die Ware über mehrere **Kühlwalzen** geführt wird, bis sie auf Raumtemperatur gebracht ist.

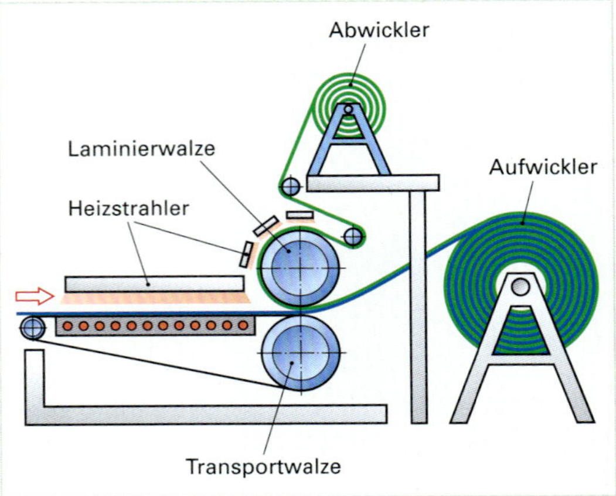

Bild 1: Kalander-Streubeschichtungsanlage

13.5 Oberflächenbehandlung beschichteter Trägerbahnen

Besondere Ansprüche an die Oberfläche von beschichteten Halbzeugen, wie z. B. bei Täschnerei- und Polsterstoffen, erfordern eine spezielle Oberflächenbehandlung der Kunststoffbeschichtung. Um den gewünschten Ledereffekt zu erreichen, muss die Oberfläche genarbt sein und einen schattierenden Farbeffekt aufweisen. Für diese Effekte müssen die Oberflächen geprägt, überfärbt oder lackiert werden.

13.5.1 Prägen

Am Ausgang des Gelierkanals ist unter Umständen eine Prägevorrichtung angeordnet, die es ermöglicht, die aus dem Kanal kommende gelierte Ware in heißem Zustand zu glätten oder Strukturen einzuprägen. Derartige Prägevorrichtungen bestehen aus glatten oder gravierten, wassergekühlten, verchromten Stahlwalzen sowie gummibeschichteten Gegendruckwalzen.

Abschließend werden einige Artikel in einem zusätzlichen Arbeitsgang mit einer sogenannten Decklackierung versehen.

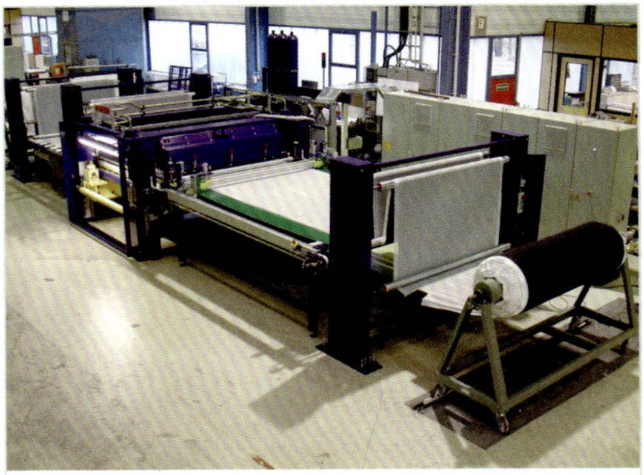

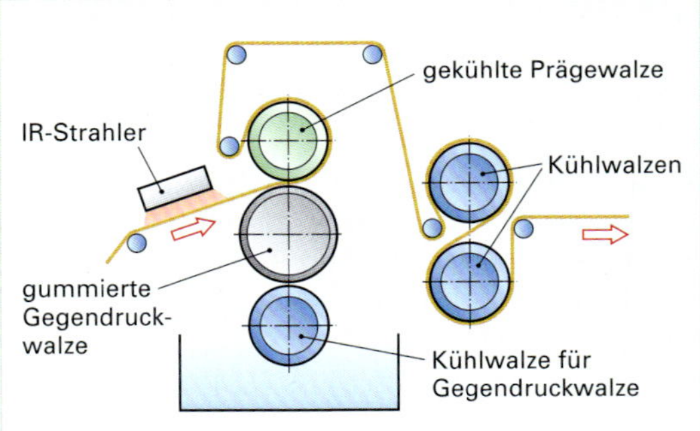

Bild 2: Prägekalander

Damit soll ihnen eine möglichst trockene und schmutzabweisende Oberfläche verliehen und gleichzeitig die Weichmacherwanderung verringert werden. Eine **Narbungstiefe** $\leq$ 1 mm an der Oberfläche erreicht man bereits im Umkehrverfahren mit genarbtem silikonbeschichteten Trennpapier. Gröbere Narbung wird mit **Prägekalandern** erreicht. Dazu läuft die beschichtete Trägerbahn, deren Kunststoffschicht noch bis zum **thermoplastischen Zustand** erwärmt ist bzw. zwischen zwei Walzen erwärmt wird (**Bild 2**).

Die gekühlte **Prägewalze** aus Stahl wird dann gegen eine **gummibeschichtete Walze** gedrückt. Anschließend wird die so flächenstrukturierte Ware über Kühlwalzen zur Aufwickelstation geleitet.

13.5.2 Überfärben

Das Überfärben der Oberflächen kann mittels **Tiefdruck-** oder **Flachdruckverfahren** erzielt werden. Die Beschichtungsoberfläche weist nach dem Gelieren die Farbe der naturbelassenen Kunststoffmasse oder die Farbe auf, die durch die Einarbeitung von Farbpigmenten in die Paste entsteht.

Diese Grundfarbe kann nach der Prägung durch eine **Schattierung** mit einer andersfarbigen Druckfarbe überfärbt werden. Beim Tiefdruck geschieht dies durch eine **Rasterwalze**. Der Flachdruck arbeitet mit einer **Gummiwalze**, auf der der **Farblack** abgelegt wird.

13.5.3 Lackieren

Beim Lackieren kann der Lack mittels Raster- oder Gummiwalze als Rollauftrag oder im Spritzverfahren aufgebracht werden. Das besonders wirtschaftliche Tauchlackieren ist aber nur für einfarbige Überzüge geeignet.

Das Ziel ist dabei, z. B. einer PVC-beschichteten Textilbahn eine **weichmachersperrende, kratzfeste Oberfläche** mit einem angenehmen Griff zu versehen oder die Feuchtedurchlässigkeit zu vermindern.

Die Lackbasis ist werkstoffabhängig und bei jedem Verfahren spielt die **Sauberkeit der Oberfläche** die wichtigste Rolle. Die Folgeeinrichtungen sind im gesamten Beschichtungsvorgang eingebettet, um nur einen Durchlauf notwendig zu machen.

13.6 Umweltschutzmaßnahmen

Das größte Problem bei Beschichtungsanlagen ist die **Abluftreinigung**. Durch den Trocknungsvorgang wird die Prozessluft mit Lösungsmittel- oder Weichmacherdämpfen belastet.

Die Schadstoffe müssen klassifiziert werden und danach wird das Luftreinigungsverfahren festgelegt. Folgende Luftreinigungsanlagen stehen zur Verfügung:

- Wasch- und Filterverfahren bei reinen Aerosolen
- Lösungsmittelrückgewinnung bei hohen und gleichbleibenden Lösungsmittelanteilen
- Nachverbrennungsanlagen bei abwechselnd auftretenden Aerosole und Lösungsmitteldämpfen
- Absorptionsanlagen mit Aktivkohle bei chlorhaltigen Lösungsmitteln mit anschließender Desorption mit Dampf, da beim Verbrennen Salzsäure entsteht

Bei Anlagen mit Lösungsmittelrückgewinnung werden vermehrt die Trockenkanäle als abgeschlossene Systeme betrieben. Dazu wird **Inertgas** zur Trocknung eingesetzt und die Lösungsmittel werden durch **Ausfrieren** bei sehr tiefen Temperaturen kondensiert und entsorgt.

Wiederholungsfragen:

1. Wann werden die Rakelformen Luft-, Gummituch- und Walzenrakel eingesetzt?
2. Bei welchem Verfahren wird die Trägerbahn gleichzeitig beidseitig beschichtet?
3. Durch welche Zugaben zur Beschichtungsmasse können Schaumschichten entstehen?
4. Beschreiben Sie das Verfahren zur Herstellung von strukturierten Oberflächen.
5. Beschreiben Sie den Unterschied zwischen einer Extrusions- und Kalanderbeschichtung.
6. Nennen Sie die Reihenfolge der Arbeitsschritte in einer Kaschieranlage.
7. Nennen Sie den Anwendungsbereich von drei Oberflächenbehandlungen.
8. Beschreiben und begründen Sie für die verschiedenen Abfallprodukte die entsprechenden Umweltschutzmaßnahmen.

14 Herstellen von Mehrschicht-Kautschukteilen

Mehrschicht-Kautschukteile sind Verbundwerkstoffe, die in produktionsspezifischen Konfektionierverfahren hergestellt werden. Diese Verbundwerkstoffe bestehen hierbei aus unterschiedlichen Kautschukmischungen, speziellen Textilgeweben und Stahleinlagen. Beispiele für Mehrschicht-Kautschukteile sind Fahrzeugreifen, Keilriemen und Transportbänder.

14.1 Mischen und Kneten

Die Verarbeitung von klassischen Elastomeren erfolgt im Allgemeinen in drei Schritten:

- Herstellung der Kautschukmischung nach Rezept und Mischplan
- Formgebung des Elastomers
- Vulkanisation

Ziel des Mischens und Knetens ist die Herstellung einer homogenen, zusammenhängenden und gut verarbeitbaren Kautschukmischung. Für Mehrkomponenten-Systeme heißt das, dass durch Verteilen und gegebenfalls Zerteilen örtlich gleiche Konzentrationsverteilungen der entsprechenden Bestandteile geschaffen werden. Für das Mischen von Polymeren mit Füllstoffen wird nach folgenden Verfahren unterschieden:

Laminares Mischen

Die als viskoelastische Flüssigkeiten oder deformierbare Substanzen vorliegenden Komponenten werden durch Scher- oder Dehnbelastungen im Strömungsfeld deformiert. Die Oberfläche wird vergrößert, die Dicke und der Abstand der Schichten voneinander werden geringer. Die einzelnen Schichten werden so nah zusammen gebracht, dass sie in der Mischung nicht mehr zu erkennen sind. Die einzelnen Komponenten sind aber aufgrund der laminaren Strömung nicht miteinander vermischt (**Bild 1**).

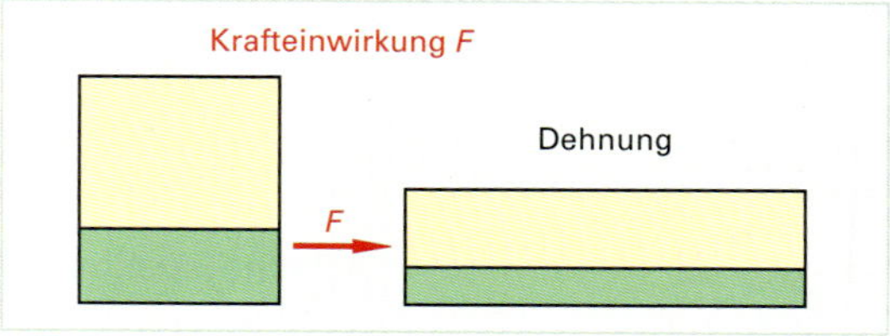

Bild 1: Laminares Mischen der Komponenten

Distributives Mischen

Die zu vermischenden Komponenten sind hierbei entweder ineinander lösliche Flüssigkeiten oder Feststoff-Feststoff-Systeme. Diese werden durch Einleiten von Kräften gegeneinander bewegt und vermischt. Die Güte wird an der gleichmäßigen Verteilung der Komponenten bewertet. In beliebigen Proben des Mischgutes soll ihre Konzentration möglichst gleich sein (**Bild 2**).

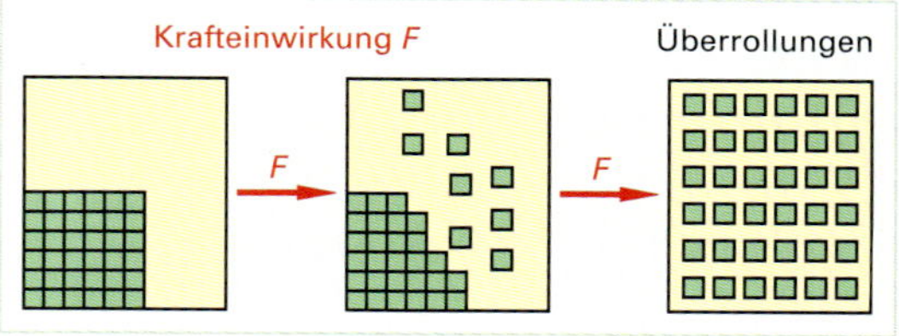

Bild 2: Distributives Mischen der Komponenten

Dispersives Mischen

Es dient zum Einmischen von verstärkenden Füllstoffen (Ruß) in eine Kautschukmatrix. Hierbei werden die Feststoffpartikel aufgebrochen und bis in ihre kleinsten Einheiten zerteilt. Ein Beispiel ist Ruß, der zur Bildung von **Agglomeraten** (Anhäufungen) neigt. Wird dieses Agglomerat nicht vollständig zerstört, liegt eine potenziale Fehlerstelle vor, die die physikalischen Eigenschaften des Elastomerproduktes beeinflussen kann (**Bild 3**).

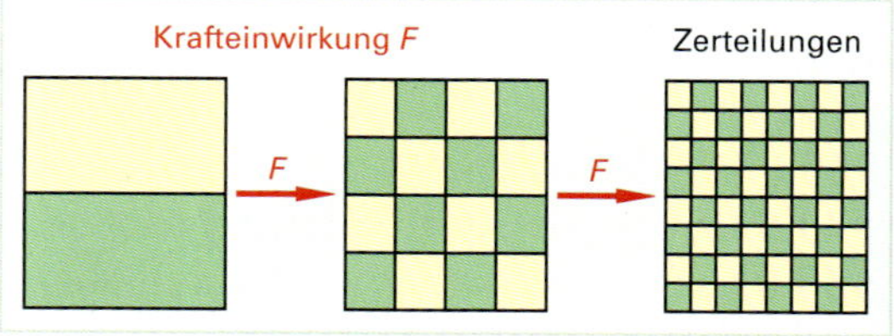

Bild 3: Dispersives Mischen der Komponenten

Alle drei Grundarten des Mischens laufen während des Mischvorganges von Kautschuk parallel ab. Die hergestellten Mischungen werden in Form von Fellen, Pellets (Granulaten) oder Streifen den weiterverarbeitenden Maschinen, wie Kalander oder Extruder zugeführt und zu Halbzeugen verarbeitet.

Der **Mischplan** ist die Grundlage für den Arbeitsablauf, welcher in drei Schritte unterteilt werden kann:

- Mastizieren
- Grundmischen (Vormischen)
- Fertigmischen

Mastizieren

Das Mastizieren ist ein dem Mischen vorgeschalteter Arbeitsvorgang, der für hochviskose Kautschuke (z. B. Naturkautschuk) angewandt wird. Diese Kautschuke lassen sich nicht mischen, sondern müssen durch Walzen und Kneten erst bearbeitet werden. Hierbei sollen die Kettenmoleküle zerrissen werden. Es wird dabei mit Temperaturen um 70 °C ... 80 °C gearbeitet.

Grundmischen

Dies ist ein hauptsächlich dispersiver Vorgang, bei dem durch das Einarbeiten der Hauptkomponenten eine Wechselwirkung mit den Polymeren erzeugt wird. Das Grundmischen erfolgt in vier Schritten:

- Zerkleinerung des als Ballen zugeführten Kautschuks
- Einarbeitung der Füllstoffe und Weichmacher
- Verkleinerung der Füllstoffagglomerate durch dispersives Mischen
- Verteilung (distributives Mischen) der zerteilten Füllstoffe in der Kautschukmatrix

Der Ablauf des Grundmischens bestimmt die Qualität des Verfahrens, da hier das Maximum der Füllstoffdispersion (Feinstverteilung) erreicht werden muss.

Fertigmischen

In die Grundmischung werden die verformungs- und fließfähigen Vernetzungschemikalien laminar eingemischt. Das Strömungsfeld muss dabei viele Stromverzweigungen haben, um eine möglichst gute Verteilung (Oberflächenvergrößerung) der Chemikalien und eine Verringerung der Ausstreichdicke zu erreichen. Dem laminaren Mischen ist aber auch hier das distributive Mischen vorzuziehen.

Verfahren für das Vor- und Fertigmischen

Kautschukmischungen können mit verschiedenen Verfahren hergestellt werden, daraus folgt die Unterteilung in:

- **diskontinuierliche** Verfahren, entweder auf dem Walzwerk oder bei großen Mischungsmengen in Innenmischern
- **kontinuierliche** Verfahren in speziellen Extrudern

14.2 Mischverfahren

Einstufenverfahren: Dieses Verfahren beinhaltet alle Abläufe, bei denen die Vernetzungschemikalien ohne Abkühlung der Grundmischung zugegeben werden.

Zweistufenverfahren: Nach dem Ausformen der Grundmischung wird diese über mehrere Stunden zwischengelagert. Die Mischung kühlt ab und wird zusammen mit Vernetzungschemikalien dem Innenmischer wieder zugeführt und fertig gemischt.

Dreistufenverfahren: Hochgefüllte Kautschukmischungen werden zum Teil einem „Nachzwicken" unterworfen, bei dem die Mischungsviskosität nach dem Grundmischen in einem separaten Mischgang verbessert wird.

Tandem-Mischverfahren: Dieses System besteht aus dem Innenmischer und einem darunter befindlichen stempellosen Kneter mit größerer Mischkammer. Die im Innenmischer hergestellte Mischung (Grundmischung) fällt direkt in den größeren Tandemmischer, der eine kämmende Wirkung auf das Mischgut hat. Durch die größere Kühlfläche und eine niedrigere Drehzahl wird die Mischung auf ca. 100 °C abgekühlt. Nach etwa 50 % ... 70 % der Zykluszeit können die Vernetzungschemikalien in den Tandemmischer zugegeben werden.

14.3 Der Innenmischer

Der Innenmischer (**Bilder 1 und 2**), oder auch **Stempelkneter**, verlangt weniger Bedienpersonal und mischt in kurzer Zeit, je nach Größe der Mischkammer, große Mengen. Das Kammervolumen von Betriebsmischern beträgt zwischen 40 Liter und 250 Liter bis zu den Großknetern mit Mischkammervolumen von 700 Liter. In der Reifenindustrie werden hiermit Chargengewichte von weit über 500 kg erreicht. Innenmischer arbeiten mit einem Füllgrad zwischen 60 % und 75 %, also im teilgefüllten Zustand.

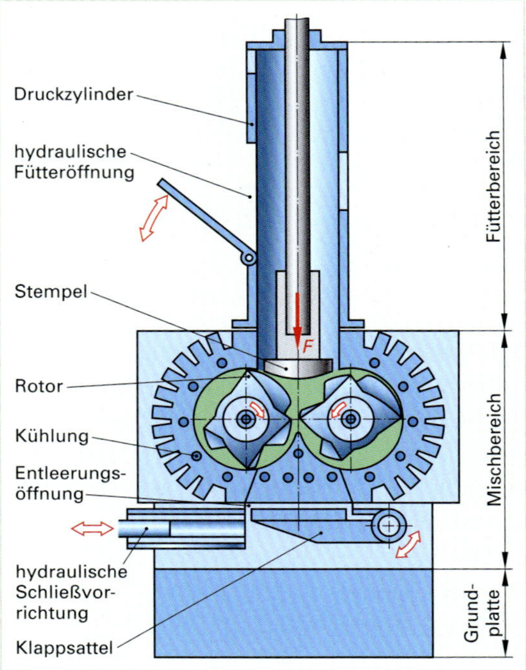

Bild 1: Innenmischer (Prinzip)

Konstruktive Merkmale eines Innenmischers

Innenmischer werden mit einem Gleichstrommotor angetrieben, wobei sie entweder mit drehzahlkonstanten Antrieben mit einer oder mehreren festen Drehzahlen betrieben werden oder mit variablen Antrieben und stufenloser Drehzahlregelung der Rotoren. Die Antriebsleistung von Innenmischern liegt bei 6 kW je kg ... 10 kW je kg Mischung mit einer mittleren Dichte von 1,2 g/cm³, was auf die hohe Misch- und Scherwirkung zurückzuführen ist.

Der pneumatisch oder hydraulisch betätigte Stempel kann variable Drücke zwischen 2 bar ... 12 bar auf das Mischgut ausüben. Die Mischungsbestandteile wie Kautschuk, Ruße, helle Füllstoffe, Kautschuk-Chemikalien und Weichmacher werden manuell mithilfe von Kippkübeln halb- bzw. vollautomatisch über Dosier-Verwiegeanlagen eingegeben. Der Mischprozess erfolgt in einer geschlossenen Kammer mithilfe von zwei mächtigen rotierenden Knetschaufeln.

Die Arbeitsweise eines Innenmischers ist diskontinuierlich, er fertigt in jedem Falle chargenweise. Ist eine Charge (Batch) fertig gemischt, wird der so genannte Mischklumpen aus dem Innenmischer ausgestoßen. Anschließend wird er auf einem Walzwerk mit Stockblender weiter homogenisiert, abgekühlt und zu Gummifellen verformt. Eine Fellkühlanlage übernimmt das vom Walzwerk kommende, ca. 60 cm ... 80 cm breite und zwischen 12 mm ... 18 mm dicke Fell.

Der **Innenmischer** (**Bilder 1 und 2**) besteht aus einer temperierbaren Mischkammer. Verschlossen wird diese durch einen gekühlten **Klappsattel**. Die **Mischkammer** besitzt einen Einfüllschacht mit Klappe und einen mit Druckluft beaufschlagten **Stempel**. Deshalb wird diese Maschine auch oftmals als **Stempelkneter** bezeichnet. Es gibt aber auch hydraulisch gesteuerte Stempel. Der Vorteil liegt hier in einem geringeren Energieverbrauch und einer schnelleren Stempelführung.

Bild 2: Innenmischer

Die **Mischleistung** wird durch zwei gekühlte Knetschaufeln (Rotoren) erbracht. Diese sorgen für den laminaren, dispersiven und distributiven **Mischeffekt**. Durch die schraubenförmig mit Durchbrüchen versehenen Rotorstege wird das Material in Längs- und Umfangsrichtung und durch den Walzenspalt bzw. Arbeitsspalt, transportiert. Das **dispersive Mischen** erfolgt durch die Dehnbeanspruchungen beim Passieren des Arbeitsspaltes. Das **laminare** und **distributive** Mischen wird durch die Stromteilung und -umlegung in der ganzen Mischkammer erreicht.

Die Zugabeform des Kautschuks erfolgt als Ballen, wobei auf die Größe geachtet werden muss, um ein schlechtes Einzugsverhalten zu vermeiden. Eine andere Alternative sind Chips oder Pellets (Granulat). Der Stempel drückt das Mischgut in das Rotorsystem, wobei Stempeldrücke von 4 bar ... 12 bar auftreten. Es wird kurz plastifiziert, bevor der Stempel wieder hochgefahren wird, um Füllstoffe, Weichmacher, Alterungsschutzmittel usw. zugeben zu können. Danach wird der Mischvorgang fortgesetzt. Der Stempel hält das Mischgut während des Mischens zwischen Kammerwand und Rotoren.

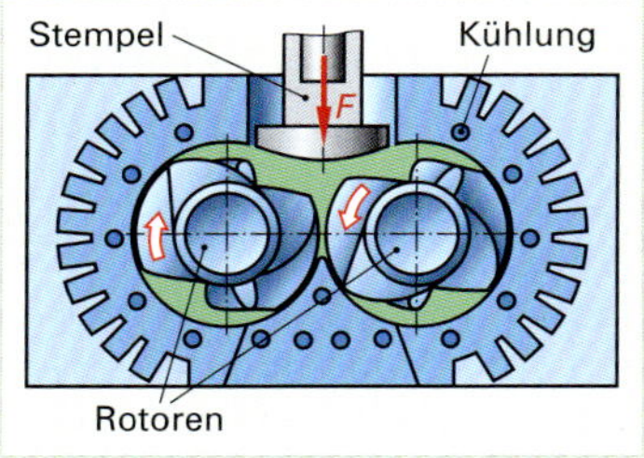

Bild 1: Tangierende Rotoren (Prinzip)

Die **Knetschaufelsysteme** der Innenmischer werden entweder mit tangierenden (**Bilder 1 und 2**) oder **ineinandergreifenden Rotoren** (**Bilder 3 und 4**) betrieben.

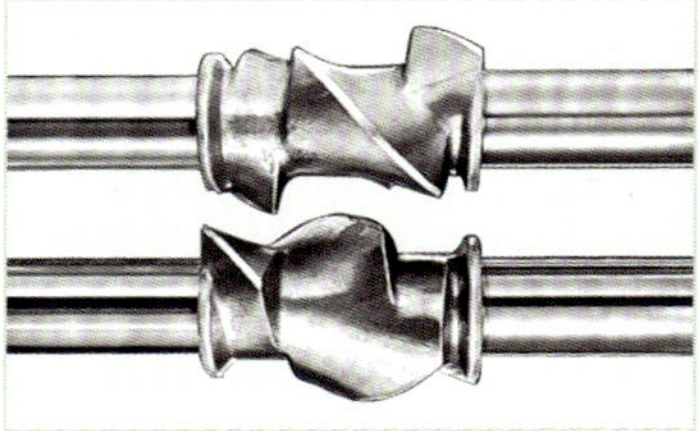
Bild 2: Tangierende Rotoren

Beide Mischertypen unterscheiden sich in der Temperaturführung, Dispersionswirkung, Energieeinleitung, dem Einziehverhalten und dem Entleerungsvorgang. **Tangierende Rotoren** haben einen größeren Mischungsdurchsatz und werden in der Reifenindustrie eingesetzt. Bei ihnen können die Drehzahlen der beiden Schaufeln unterschiedlich eingestellt werden und so mit Friktion arbeiten. Der äußere Rotordurchmesser entspricht etwa dem Achsabstand, während dieser bei den **ineinandergreifenden Rotoren** kleiner als der Durchmesser ist. Die schraubenförmigen Rotoren kämmen also ineinander und bewirken damit eine Zwangsförderung der Mischung. Es können höhere Scherkräfte eingeleitet werden und damit eine deutlich bessere dispersive Mischwirkung als bei tangierenden Systemen.

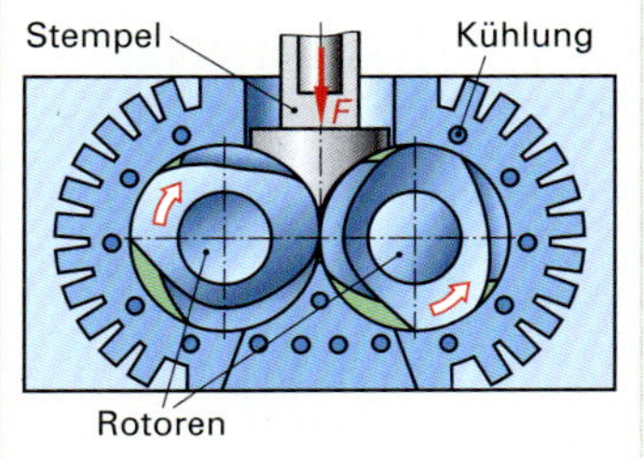

Bild 3: Ineinandergreifende Rotoren (Prinzip)

Hauptvorteile des Innenmischers sind:

- kürzere Mischzeiten
- geringe Staubbelästigung aufgrund der geschlossenen Mischkammer
- größerer Mengenausstoß
- gute Automatisierbarkeit
- bessere Reproduzierbarkeit des Mischablaufes

Eine weitere Möglichkeit bei dem kämmenden System ist der **VIC-Mischer** (Variable Intermesting Clearance), bei dem der Schaufelabstand während des Mischens verändert werden kann. Das führt zu einem besseren Einzugsverhalten.

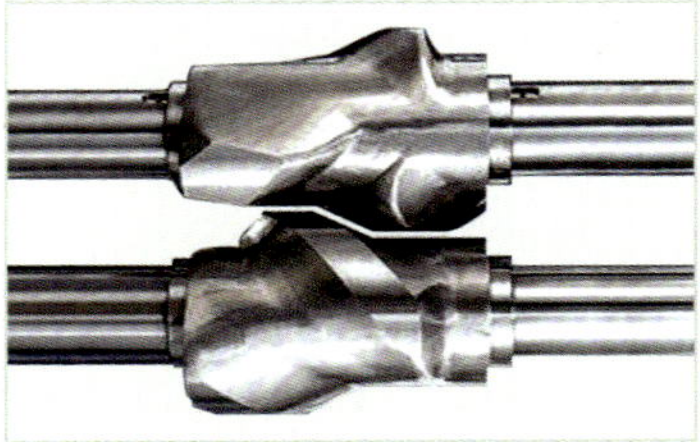
Bild 4: Ineinandergreifende Rotoren

Die tangierenden Rotoren eignen sich für große Mengenleistungen, schnelle Füllstoffeinarbeitung, Beschickung und Entleerung sowie Mehrstufenmischverfahren (Tandem-Mischverfahren). Die ineinandergreifenden (kämmenden) Rotoren werden verwendet, wenn Temperatur-, Verteilungs- und Dispersionsprobleme vorliegen. Es handelt sich häufig um ein Einstufenverfahren.

Der Mischvorgang im Einstufenverfahren

Für die Beschickung von Innenmischern werden entweder hydraulisch oder pneumatisch angetriebene **Stempel** verwendet. Im Gegensatz zu pneumatisch angetriebenen Stempeln haben hydraulische den großen Vorteil, einen konstanten und reproduzierbaren **Stempeldruck** zu erzeugen. Damit trägt er maßgeblich zu gleich bleibend hoher **Mischungsqualität** bei. Darüber hinaus lassen sich hydraulische Stempel feinfühliger regeln, verbrauchen weniger Energie und sind geräuscharm.

Hauptbestandteile der Beschickungseinrichtung sind der **Stempelschacht** und der Stempel mit Pneumatik- oder Hydraulikzylinder als Stempeldruckeinrichtung.

Die **Mischungsqualität** und die **Mischungszeit** hängen zum größten Teil vom Kühlsystem der Schaufeln ab. Für kleinere Betriebskneter werden Schaufeln mit gegossenen Wellen verwendet. Für diese kleinen Mischer ist eine **Kavernenkühlung** (**Bild 1**) ausreichend. Sie wird auch als **Spritzkühlung** bezeichnet. Für die großen Kneter, die ausschließlich in Reifenwerken zum Einsatz kommen und extrem hohe Ausstoßleistungen erbringen müssen, besitzen die Schaufeln aus Festigkeitsgründen durchgehende Wellen und sind mit einer **Ringkühlung** (**Bild 2**) ausgelegt. Diese **Kühlung** reicht bis in die äußersten Bereiche der Schaufeln.

Beim Mischen kann eine Temperaturerhöhung von 10 °C pro Minute auftreten. Diese Wärme muss abgeführt werden. Dazu wird die gesamte Arbeitsfläche der Mischkammer, der Knetschaufeln, des **Klappstuhls** und des Stempels gekühlt.

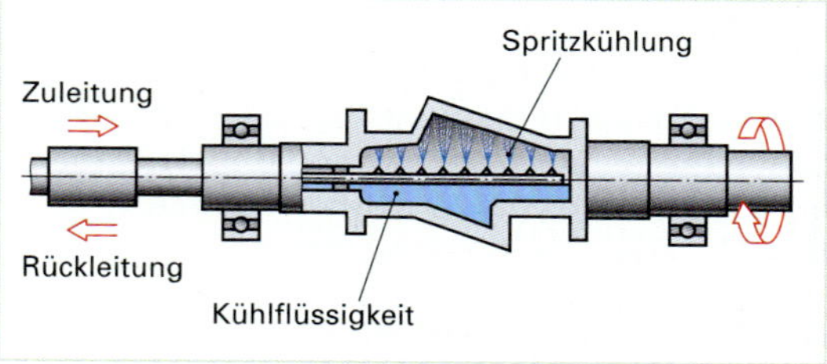

Bild 1: Kavernenkühlung (Spritzkühlung)

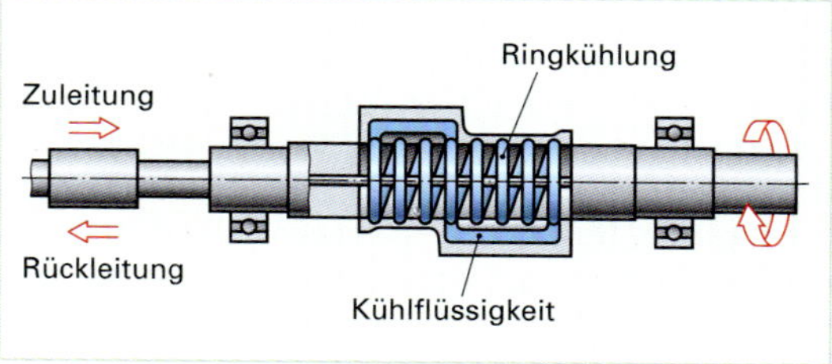

Bild 2: Rotor mit Ringkühlung

Bei diesem beschriebenen **Einstufenverfahren** erfolgt die Zugabe von Beschleunigern und Vernetzungsmitteln ohne Abkühlung der Grundmischung auf Raumtemperatur im letzten Drittel des Mischzyklus. Dazu wird die Drehzahl abgesenkt um, ein entsprechendes Temperaturniveau zu erhalten.

Speziell bei Mischungen mit hohen Füllstoffgehalten werden während des Mischvorgangs sehr hohe Temperaturen im Bereich von 140 °C ... 170 °C erreicht. Diese hohen Temperaturen lassen eine Zugabe der Vernetzungschemikalien Beschleuniger, Peroxide und Vulkanisierharze aufgrund ihrer Temperaturempfindlichkeit nicht zu. Für diese Mischungen wird eine zweite Mischstufe auf dem Walzwerk oder im Innenmischer nachgeschaltet. In dieser werden Temperaturen oberhalb 120 °C vermieden. Diese zwei Stufen werden **Grundmischen** und **Fertigmischen** genannt.

Die Mischarbeit wird bei tangierenden Systemen sowohl zwischen den Schaufeln als auch zwischen den Rotoren und der inneren Mischkammerwand geleistet. Zur Steigerung der Wirksamkeit dieses Rotorsystems ist ein hoher Druck in der Mischkammer, bedingt durch den Füllgrad der Maschine und Stempeldruck entscheidend. Ein maximaler Wirkungsgrad kann bei stufenloser Drehzahlregelung der Rotoren erreicht werden, wenn die Schaufelgeschwindigkeit so hoch ist, dass jede Mischung an der obersten **technologischen Temperaturgrenze** gefahren und damit in kürzester Zeit hergestellt werden kann. Zur weiteren Verbesserung der Knetarbeit drehen tangierende Schaufeln unabhängig von der Mischergröße mit einer Friktion von ungefähr 1 : 1,1. Der Schaufeldrehzahlbereich von Maschinen mit 60 kg Batchgewichten liegt zwischen 30 und 90 Umdrehungen pro Minute. Bei Großknetern mit ca. 550 kg Chargengewicht liegt der Bereich zwischen 15 und 55 Umdrehungen pro Minute. Entleert wird der Mischer durch Wegschwenken des Klappsattels. Das Mischgut wird von einem direkt unter dem Mischer angeordneten Walzwerk oder Extruder aufgenommen und zu Platten, Streifen oder Pellets ausgeformt.

14.4 Das Walzwerk

Das **Walzwerk** (**Bilder 1 und 2**) ist ein sehr gutes und vielseitiges Misch- und Homogenisierungsaggregat, das jedoch aufgrund des offenen Verfahrens nur noch in speziellen Anwendungen zum Mischen eingesetzt wird und heute hauptsächlich als **Folgeanlage** für Innenmischer eine Bedeutung hat. Mit zunehmender Anzahl von Kautschukprodukten aus den vielfältigster Rezepturen in Verbindung mit steigenden Ausstoßmengen pro Zyklus wurde das **Walzwerk** durch den Innenmischer zur Herstellung von Kautschukmischungen ersetzt.

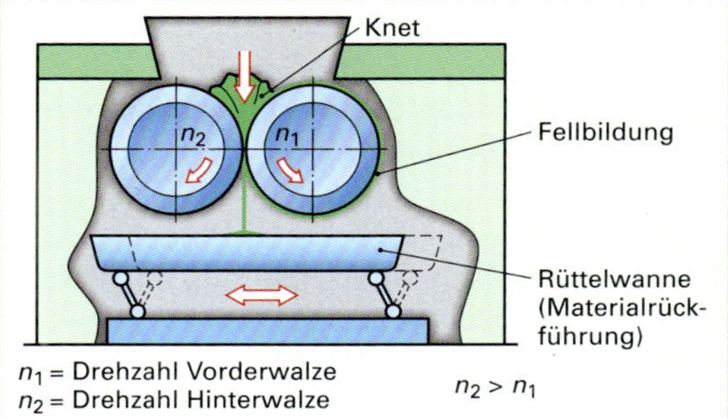

Bild 1: Walzwerkaufbau

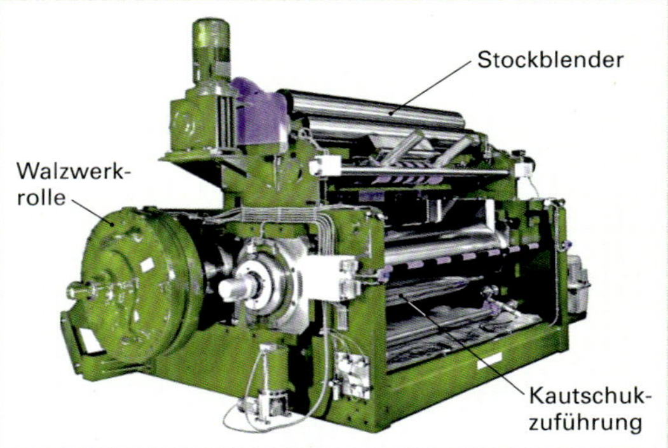

Bild 2: Walzwerk mit Stockblender

Durch zwei horizontal hintereinander angeordnete Walzen, die mit leicht unterschiedlicher Geschwindigkeit (Friktion) drehen, werden die Scherkräfte erzeugt. Das Fell befindet sich auf der langsamer laufenden Vorderwalze. Die Walzen sind meist in Wälzlagern gelagert und sind heiz- oder kühlbar. Die Mischwirkung wird durch die **Zerteilwirkung** (Dispersion) im Walzenspalt und durch die **Verteilwirkung** (Distribution) im **Rollwulst** erreicht. In zeitlich festgelegter Reihenfolge werden die zu mischenden Bestandteile dem Walzenspalt zugeführt. Mit steigender Zugabe der Mischungsbestandteile wird der **Walzenspalt** (**Bild 5**) weitergestellt, damit der notwendige rollende **Materialwulst** (**Knet**) über dem Walzenspalt erhalten bleibt. Ist der Kautschuk ausreichend viskos und hat sich ein weitgehend geschlossenes Fell um die vordere langsamere Walze gebildet, wird der Walzenspalt wieder verringert. Das Maß hängt von der auf den Walzen befindlichen Mischungsmenge ab. Die Fellbildung, wird außer durch die Spaltdicke, auch von der Friktion und der Walzentemperatur beeinflusst. Bei großen Mischungsmengen, und auch zum besseren Homogenisieren wird das Mischungsfell mehrmals vom Walzwerk abgenommen und wieder aufgegeben. Zum Abnehmen von Hand wird das Fell auf der Walze durchgeschnitten.

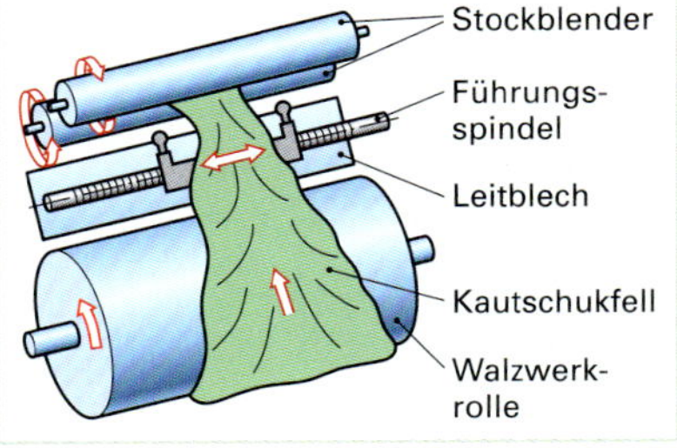

Bild 3: Fellführung mit Stockblender

Bild 4: Stockblender

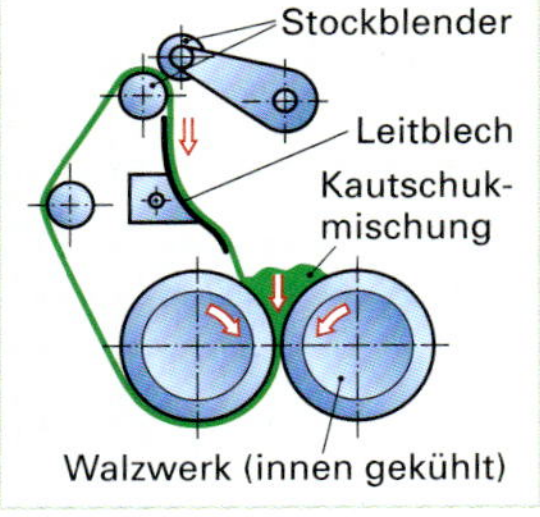

Bild 5: Walzwerk

Es wird zu einer Puppe, die Form ähnelt einem Kokon, aufgerollt und dem Walzenspalt eingegeben. Durch den Einsatz von Stockblendern (Hilfswalzen) wird der Prozess der Zuführung automatisiert. Der **Stockblender** (**Bilder 3 und 4**) besteht aus einem Zugwalzenpaar, das über der Vorderwalze und den hin- und hergehenden Mitnehmer- bzw. Führungsrollen angeordnet ist. Die Rollen falten das Fell und führen es in wechselnder Lage über ein Leitblech dem Walzwerk zu.

Ein seitliches Ausweichen der Kautschukmischung wird durch abklapp- und verschiebbare **Materialführungsbacken** verhindert. Am Ende des Mischungsvorganges wird ein relativ gleichmäßig dickes Fell abgezogen. Dabei wird der Walzenspalt so weit gestellt, dass die gewünschte Felldicke erreicht wird. Das Abziehen erfolgt im Gleichlauf der Walzen. Es können bis zu 100 kg Mischung hergestellt werden. Fallen Mischungsbestandteile durch den Mischungsspalt, werden diese durch Bleche aufgefangen und dem Prozess wieder zugeführt oder eine unter den Walzen angebrachte Schürze führt diese automatisch zu.

Zur Produktionssicherheit können Walzwerke über speicherprogrammierbare **Walzenschrittsteuerungen** automatisch gefahren werden. Dazu werden unter anderem Friktion, Walzenspaltöffnung, Oberflächengeschwindigkeit, Anzahl der Stockblenderbewegungen und die Dauer der einzelnen Arbeitschritte als Daten vorgegeben. Dem Bediener wird der komplette Ablauf auf dem Monitor eines angeschlossenen PC angezeigt. Können im Laufe des Prozesses vorgegebene Werte nicht eingehalten werden, ist es möglich manuell einzugreifen. Eine dem Walzwerk angebaute **Streifenschneidvorrichtung** ermöglicht es, die Felle in Streifen zu schneiden, um so eine bessere Weiterverarbeitung, z. B. auf dem Extruder zu ermöglichen.

Der **Stockblender** besteht aus zwei Hilfswalzen, diese verstärken die Mischwirkung im Walzwerk.

14.5 Nachfolgeeinrichtungen

Bild 1: Batch-off-Anlage

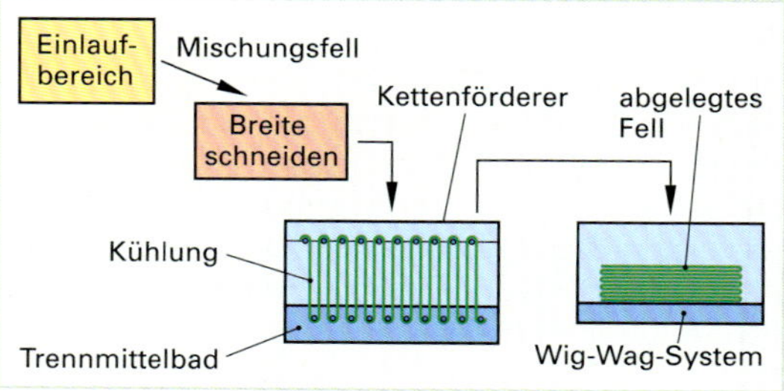

Bild 2: Batch-off-Anlage (Prinzip)

Je nach Weiterverarbeitung werden die sich auf den Kalanderwalzen bildenden Mischungsfelle, beispielsweise einer **Fellkühlanlage** (Batch-off-Anlage) zugeführt. In dieser Anlage werden diese Produkte endgültig abgekühlt und zur weiteren Lagerung mit Trennmitteln behandelt. Eine **Batch-off-Anlage** (**Bilder 1 und 2**), in der Funktion einer Fellabnahme-Maschine, kann das vom Walzwerk kommende Fell sofort übernehmen. Im verarbeitungstechnologischen Fertigungsablauf wird am Walzwerk das Mischungsfell kontinuierlich auf Breite geschnitten. Dabei wird das 60 cm bis 80 cm breite Fell in Endlosschlaufen an Querstäben eines Kettenförderers durch die Maschine gefördert. Am Ende der Maschine wird das Fell endlos in Schlaufen, d. h. nach dem **Wig-Wag-System** abgelegt.

Ein weiteres Beispiel für eine mögliche **Nachfolgeanlage** ist die **Streifenkühlanlage** (**Bild 3**), denn Kaltextruder und Spritzgießmaschinen benötigen fertig ausgeformte Streifen.

Die Kühlung erfolgt auf einer Streifenkühlanlage. Diese erfüllt die geforderten Qualitätsanforderungen:

- ausreichende Abkühlung
- gute Maßgenauigkeit
- große Längen
- genaue Ablage

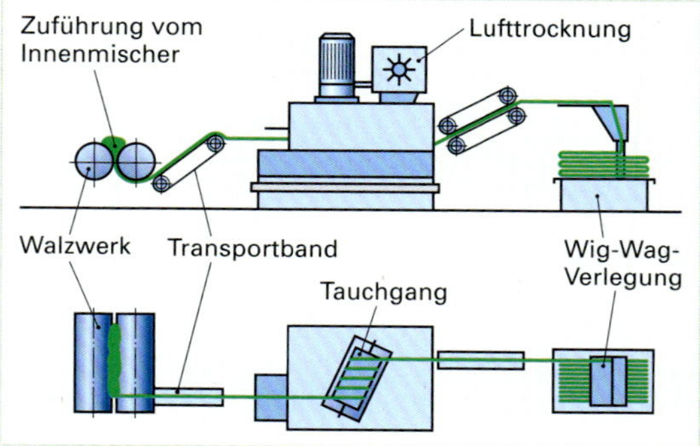

Bild 3: Streifenkühlanlage

14.6 Mischsaalsystem mit zentralem Innenmischer

Ein komplettes **Mischsaalsystem** (Bild 1) bietet die Gewähr, dass von der Rohstoffaufnahme bis zum Austrag des fertigen Felles oder Granulats alle erforderlichen Untersysteme und Komponenten bis hin zur Mess-, Steuerungs- und Regelungstechnik optimal aufeinander abgestimmt sind.

Bild 1: Mischsaalsystem – Herstellung von Kautschukmischungen

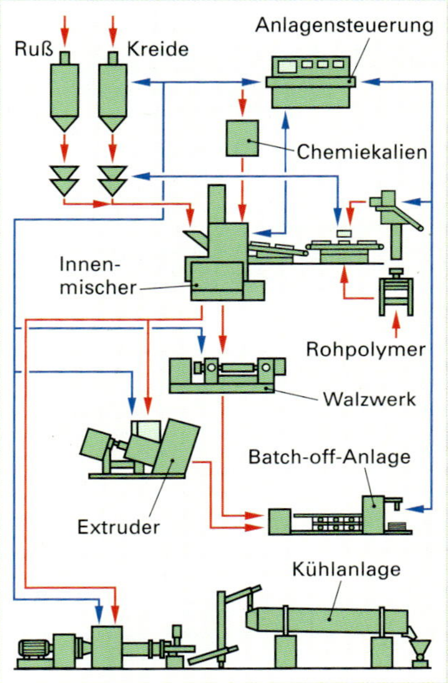

Bild 2: Fließschema – Herstellung von Kautschukmischungen im Mischsaalsystem

Es besteht die Möglichkeit, sowohl manuelle Mischersteuerungen als auch Prozessrechner-Systeme mit Steuerzentrale für den gesamten Mischsaal einzusetzen. Dieser besteht aus der Automatiksteuerung für Verwiegung, über Innenmischer, Walzwerke, Extruder und Batch-off-Anlage, bis hin zur dazugehörigen Datenverwaltung und den Datennetzwerken sowie Ferndiagnose und Fernwartung.

Das **Fließschema** (Bild 2) zeigt die Herstellung von **Kautschukmischungen** im Mischsaalsystem. Es sind Lagerung, Dosierung, Mischungsherstellung und Kühlung in einer Batch-off-Anlage berücksichtigt. Das zentrale Teil ist der Innenmischer, in dem die Mischungsbestandteile Kautschuk, Weichmacher, für die Füllstoff und Chemikalien eingegeben werden Das kann sowohl manuell oder vollautomatisch über Dosier- und Vorwiegeanlagen erfolgen.

Die Herstellung der Kautschukmischungen im Mischsaal durchläuft die folgenden Stationen: 1. Eingangsprüfung, 2. Vorbereitungen, 3. Kautschuk mastizieren, 4. Mischen, 5. Nacharbeit, 6. Freigabeprüfung und 7. Lagerung.

Wiederholungsfragen:

1. Worin werden tangierende und ineinandergreifende Rotoren unterschieden?
2. Welche Aufgaben hat der Stockblender zu erfüllen?
3. Wo werden Ring- und Spritzkühlungen eingesetzt?
4. In welchen Schritten ist der Mischplan durchzuführen?
5. Erklären Sie die Fachausdrücke Mastizieren, Grundmischen und Fertigmischen.
6. Weshalb werden Innenmischer auch oftmals Stempelkneter genannt?
7. In welchen Schrittfolgen wird eine Kautschukmischung im Mischsaalsystem hergestellt?

14.7 Herstellung von Platten und gummierten Festigkeitsträgern

Kalander sind die geeigneten Maschinen zur Herstellung von Kautschukplatten bzw. Bahnen. Es kommen verschiedenste Kalanderbauformen zum Einsatz. Soll eine vorgewärmte Kautschukmischung im Kalander bearbeitet werden, erfolgt die Beschickung über **Vorwärmextruder** (Kaltfütterextruder) oder über **Vorwärmwalzwerke** mit **Streifenabzug**. Der Bereich der erzielten Dicken beträgt 0,1 mm ... 1,5 mm. Werden dickere Bahnen benötigt, müssen diese durch **Dublieren** gefertigt werden (**Bilder 1 und 2**). Hier wird eine vorgefertigte Bahn durch den Kalanderprozess ein zweites Mal beschichtet. Dieser Fertigungsprozess kann auch auf **Roller-Head-Anlagen** erfolgen.

Das **Konfektionieren** dieser **Platten** oder **Bahnen** aus Kautschuk soll im folgenden Text erläutert werden. Das Einfügen von Gewebe und Stahl in die Kautschukbahnen wird durch Anwendung verschiedener Verfahren realisiert.

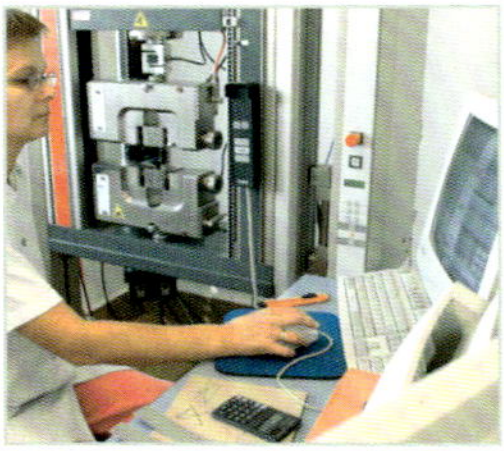

Bild 1: Prozessüberwachung

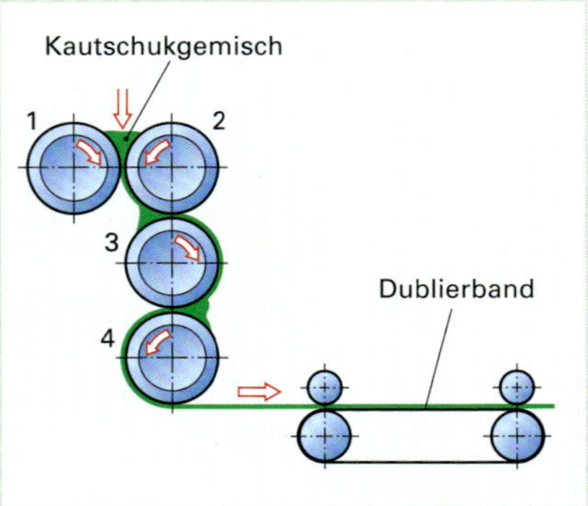

Bild 2: Bahnen ziehen und Dublieren

14.7.1 Gummieren von Gewebe

Das **Gummieren** wird auch als **Friktionieren** (**Bilder 3 und 4**) bezeichnet und ist der Fachausdruck für den technischen Prozess, in dem Gewebe mit einer dünnen Kautschukmischung versehen wird. Dabei wird Gummi in die Hohlräume zwischen den Fäden gedrückt. Anwendung finden diese Gewebe in der Reifentechnologie, aber auch bei der Transportband- und Keilriemenherstellung.

Die Gewebe werden hierbei haftfreundlich gemacht. Es soll also eine gute Oberflächenklebrigkeit erreicht werden, indem eine besonders weiche Kautschukmischung verwendet wird. Ebenfalls werden Hohlräume zwischen den Fäden geschlossen. Für das Friktionieren findet vorrangig ein 3-Walzen-Kalander Anwendung, ist aber auch mit dem 4-Walzen-Kalander technisch möglich. Das vorher getrocknete Gewebe wird direkt vom Ballen dem zweiten Walzenspalt zugeführt.

Die weiche Kautschukmischung wird im Spalt zweier mit **Friktion** arbeitenden Walzen regelrecht eingerieben, d. h. die Walze zwei läuft schneller als Walze drei. Das Friktionsverhältnis liegt beispielsweise bei 1 : 1,1 Umdrehungen. Die mittlere Walze hat gegenüber den beiden äußeren die größte Umdrehungsgeschwindigkeit. Der Begriff **Friktion** bedeutet in diesem Zusammenhang Reibung.

Sollen Gewebe beidseitig belegt (gummiert) werden, ist ein weiterer Durchgang notwendig. Das Gewebe wird stark beansprucht, und es ist darauf zu achten, dass die **Friktion** nicht zu hoch ist. So benötigen dünne Gewebe grundsätzlich eine geringere Friktion. Die Temperaturen der Walzen sollen so eingestellt sein, dass ein optimales Fließen der Mischung erreicht wird. Abhängig sind diese von der Polymerbasis, den Adhäsionseigenschaften und der Viskosität der Kautschukmischung (**siehe Kapitel 12**).

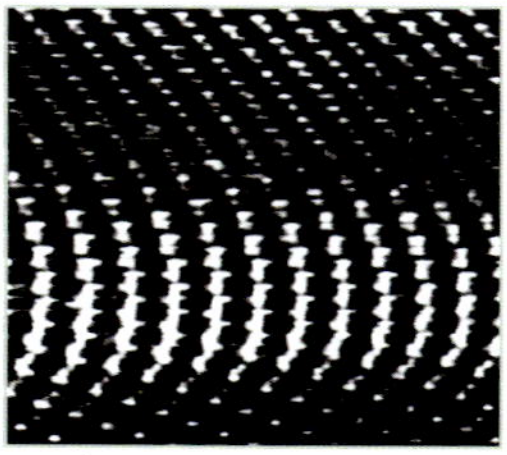

Bild 3: Friktioniertes Gewebe

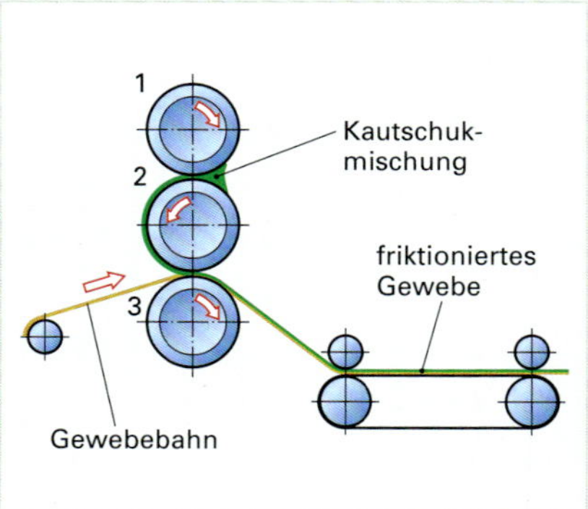

Bild 4: Friktionieren von Geweben

14.7.2 Skimmen

Skimmen ist ein Verfahren (**Bild 1**), bei dem Gewebe mit einer harten, trockenen Mischung belegt oder friktioniert werden soll. Hierbei wird mit **Walzengleichlauf** gearbeitet, das heißt, die Umfangsgeschwindigkeit der Walze zwei ist gleich der Umfangsgeschwindigkeit der Walze drei. In einem Durchgang wird eine Seite geskimmt. Sollen beide Seiten geskimmt werden, sind zwei Durchgänge notwendig.

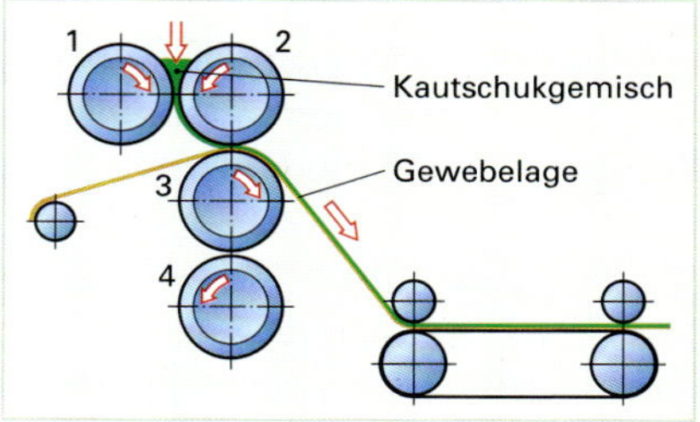

Bild 1: Skimmen

14.7.3 Belegen von Stahlkord und Geweben

Für die Weiterverarbeitung der friktionierten Gewebe bzw. von Stahlkord müssen diese noch mit einer weiteren dünnen Kautschukschicht ein- oder beidseitig belegt (beschichtet) werden. Das erfolgt ebenfalls auf Kalandern und kann einseitig auf einem **3-Walzen-Kalander** oder beidseitig auf einem **2- bzw. 4-Walzen-Kalander** erfolgen. Dieser Fertigungsprozess bildet bei der Reifen- und Förderbandfertigung den größten Anteil an der Verarbeitung von Kautschukmischungen auf Kalandern. Es wird hierbei in Warmbelegen und Kaltbelegen unterschieden.

Warmbelegen (Beschichten)

Das **Warmbelegen** hat den Vorteil, dass die Kordstränge und das Gewebe gut umflossen werden, was zu einer Verbesserung der dynamischen Eigenschaften führt. Diese besondere Eigenschaft ist für die Herstellung von **Radialreifen** von großer Bedeutung. Die zu belegenden Gewebe werden aus Speichern, Fäden von Spulengattern dem Kalander zugeführt. Beim Einsatz des 4-Walzen-Kalanders wird die vorgewärmte Mischung auf das einlaufende Gewebe oder Stahlkord gedrückt.

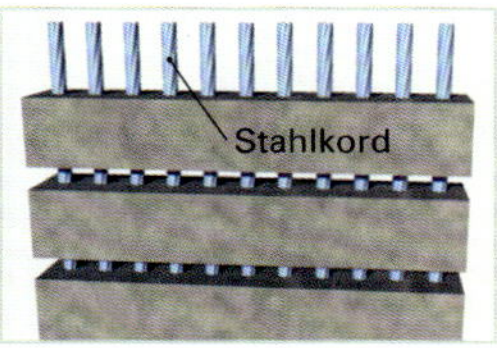

Bild 2: Stahlkord

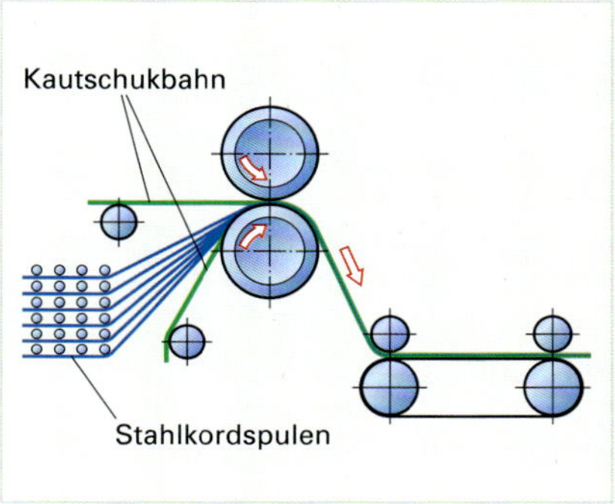

Bild 3: Kaltbelegen, Stahlkord

Kaltbelegen (Beschichten)

Das **Kaltbelegen** von Stahlkord (**Bild 2**) kann auch auf einem 2-Walzen-Kalander (**Bild 3**) erfolgen. Auch hierbei werden die schusslosen Kordfäden von Spulengattern zwischen den beiden Kalanderwalzen hinein gezogen. Kostengünstig ist das Kaltbelegungsverfahrens bzgl. des erforderlichen Maschinenparkes. Nachteilig ist aber, dass die Durchdringung der Gewebe nicht so gut ist. Deshalb muss die Anlage langsamer gefahren werden, damit der Kord ausreichend umhüllt werden kann.

14.7.4 Profilieren

Auf der 3- oder 4-Walzen-Kalanderanlage (**Bild 5**) werden bei diesem Fertigungsprozess profilierte Bahnen (**Bild 4**) hergestellt. Die **Profilwalze** drückt das gewünschte Formmuster in die vorher glatte Kautschukbahn. Durch die austauschbare Profilwalze lassen sich die verschiedenen profilierten Bahnen herstellen. Die Weiterverarbeitung der gefertigten Bahnen erfolgt beispielsweise bei der Herstellung von Fahrradreifensegmenten, profilierten Platten und Spezialgummiteilen.

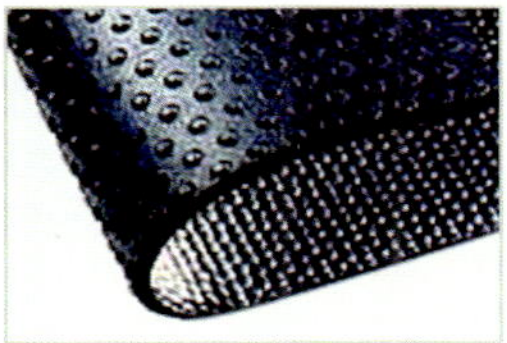
Bild 4: Profilierte Bahn

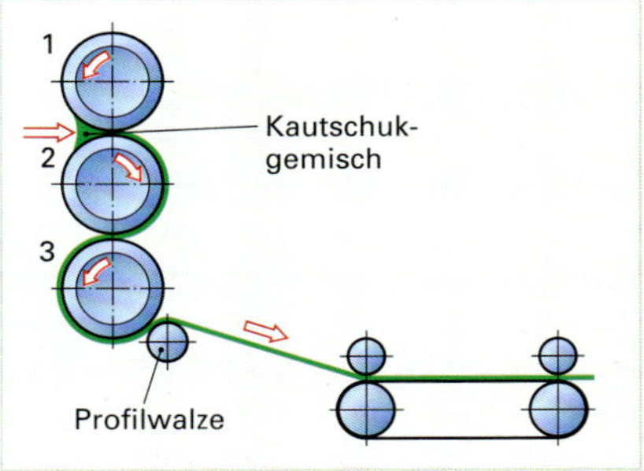

Bild 5: Profilwalzenkalander

14.7.5 Roller-Head-Verfahren (Extrudierverfahren)

Dieses Verfahren kommt ebenfalls bei der Herstellung von Platten zum Einsatz. Es ist eine Maschinenkombination aus Extruder und Kalander (**Bild 1**). Die in einem **Kaltfütterextruder** vorgewärmte und plastifizierte Mischung wird in einer Breitschlitzdüse gleichmäßig und direkt in den Walzenspalt eines 2-Walzen-Kalanders extrudiert.

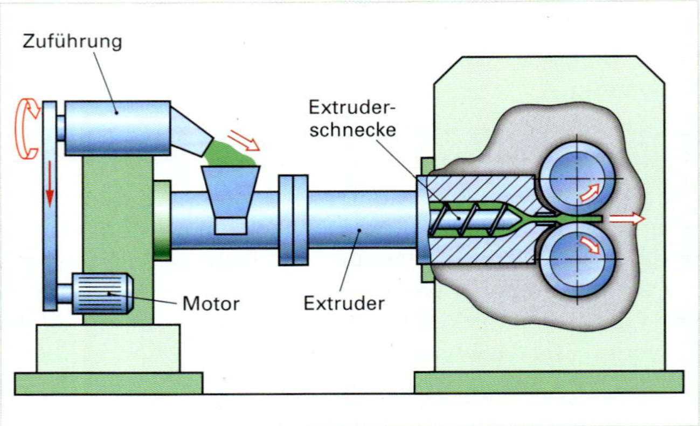

Bild 1: Roller-Head-Anlage

Im Betriebsverhalten liegt die **Roller-Head-Anlage** zwischen Extruder und Kalander. Bei dicken Platten ist der gleichmäßige Fluss in der Extrudüse qualitäts- und dimensionsbestimmend, bei dünneren Platten überwiegt das Kalanderverhalten.

Die Walzen (**Bilder 2 und 3**) arbeiten im Gleichlauf und bilden das maß- und formgebende Werkzeug. Da die Mischung direkt dem Spalt zugeführt wird, entsteht **kein Rollwulst** und der Einzug von Luft wird vermieden. Es werden Platten bis zu 25 mm Dicke und 3200 mm Breite profiliert oder planparallel hergestellt.

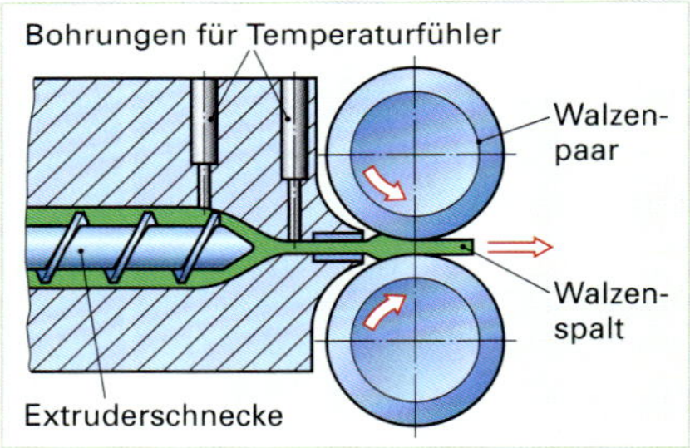

Bild 2: Kalander-Walzenspalt

Bild 3: Walzenspalt

Die Leistungen von Extruder und Kalander müssen gut aufeinander abgestimmt sein, dies erfolgt über den **Massedruck**. Der Massedruck wird durch einen im Spritzkopf installierten Druckfühler (PID-Regler) überprüft. Das Signal wird zum Beeinflussen der **Umfangsgeschwindigkeit** der Kalanderwalzen (Vorwärtsregelung) benutzt, sodass wesentliche Störgrößen ausgeregelt werden können. Des Weiteren besteht die Möglichkeit, den Massedruck konstant zu halten, d. h., durch eine Veränderung der Extrudergeschwindigkeit mithilfe eines Massedruckfühlers bzw. PID-Reglers.

Zum Friktionieren von Geweben oder Belegen von Fördergurten kommen auch 3-Walzen-Kalander zum Einsatz, bei denen dann durch **Schränkung** und **Rollbending** die Plattenstärke justiert wird. Roller-Head-Anlagen finden aber auch Anwendung bei der Herstellung der Innenschicht (Innerlinern) für Reifen. Dämmplatten oder Bahnen aus Faser oder Kork gefüllten Elastomeren, Transportbändern aus PVC oder Dekorlaminate aus harzgetränkten Papieren gehören ebenfalls zum Einsatzgebiet dieser Anlage.

14.7.6 Nachfolgeeinrichtungen

Die aus dem Kalander kommende Bahn wird in der Regel von einer **Abnahmewalze** kleineren Durchmessers der letzten Kalanderwalze abgenommen. Die notwendigen Kräfte werden im Wesentlichen von der Bahndicke und der Adhäsion der Kautschukmischung an der letzten Kalanderwalze bestimmt. Schwierigkeiten bereiten besonders stark klebende Mischungen. Diese Klebneigung kann durch geringere Temperaturen und niedrigere Geschwindigkeiten herabgesetzt werden. Gegebenfalls ist die Zugabe von Stearinsäure eine weitere Möglichkeit, dieses Ankleben zu vermeiden. Über Rollenbahnen, Gurtförderer oder auch direkt werden die Bahnen der Kühleinrichtung zugeführt.

Kühlung

Die kalandrierten Bahnen müssen nun vor dem Aufwickeln von etwa 120 °C auf Temperaturen von unter 40 °C abgekühlt werden. Je nach Produktart, Bahndicke und Mischungstyp werden folgende Verfahren zur Kühlung unterschieden:

- **Wasserkühlung** als Tauch- oder Sprühkühlung, geeignet für dickere Platten.
- **Kontaktkühlung** mit Kühlwalzen (**Bilder 1 und 2**), für kleine bis dickere Platten und Mischungen, die mit Wasser nicht in Berührung kommen dürfen.
- **Luftkühlung** für dünne Bahnen und Mischungen, die ebenfalls nicht mit Wasser in Berührung kommen dürfen.

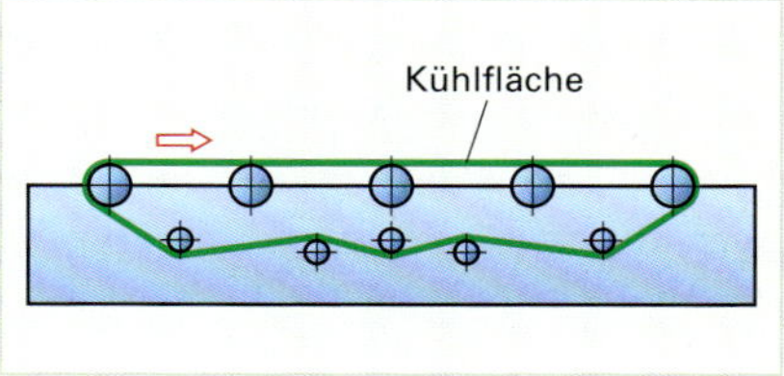

Bild 1: Kühlstrecke

Die doppelseitige Wasserkühlung ist die schnellste Abkühlungsart. Nicht so schnell ist die Kontaktkühlung, die meistens nur einseitig wirkt.

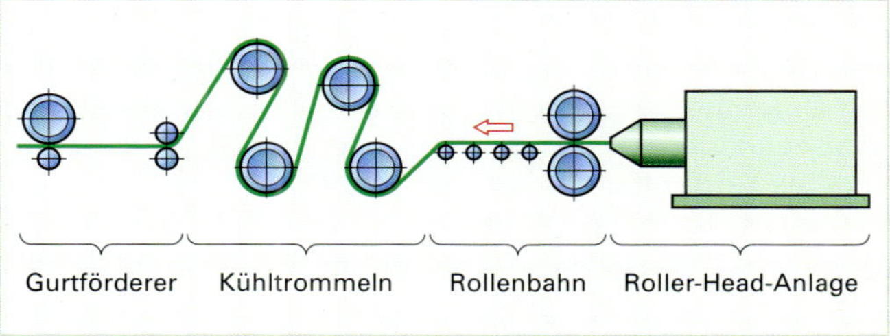

Bild 2: Kühlstrecke nach einer Roller-Head-Anlage

Stets ist bei allen Transport- und Kühlvorgängen darauf zu achten, dass keine Materialspannungen entstehen, bzw. bestehen bleiben. Die Abkühlphase der hergestellten Produkte bei Roller-Head-Anlagen ist problematischer als bei Kalanderanlagen. Aufgrund der quadratischen Abhängigkeit der Zeit von der Produktstärke. Die Dimensionierung der Kühlstrecke nach einer **Roller-Head-Anlage** muss deshalb genau stimmen.

Aufwicklung

Für die **Aufwicklung** der abgekühlten Bahnen bieten sich grundsätzlich zwei verschiedene Varianten an:

- **Zentrumswickler**
- **Kontaktwickler**

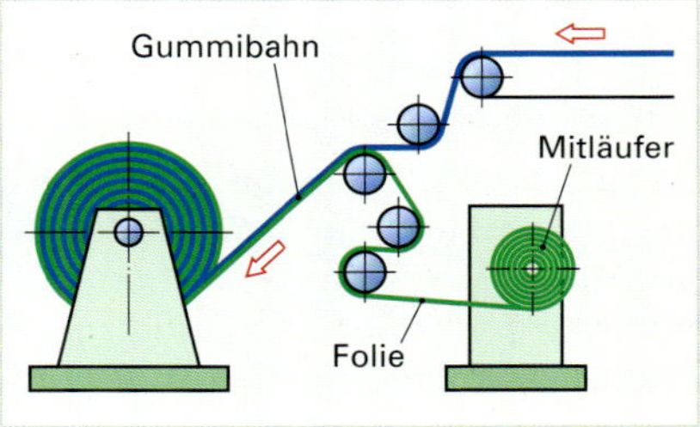

Bild 3: Zentrumswickler

Es ist wichtig, die kalandrierten Gummibahnen spannungsarm und bei klebenden Mischungen zusammen mit einem Mitläufer aus speziellen Gewebe oder Folie aufzuwickeln. Der **Zentrumswickler** (**Bild 3**) erfüllt diese Forderungen, in dem eine Tänzerrolle den Materialdurchhang abtastet und mit diesem Signal den Antriebsmotor regelt. Mit diesem Wickler können problemlos große Wickeldurchmesser bewältigt werden. Außerdem ist der Zentrumswickler für einen automatischen Betrieb geeignet. Bei der Festlegung von Wickler- und Wickeldimension ist es erforderlich, den Zusammenhang zwischen folgenden Größen zu kennen:

- Bahndicke
- Bahnlänge
- äußerer Wickeldurchmesser
- innerer Wickeldurchmesser

Der Kontaktwickler (**Bild 4**) ist die kostengünstigere Variante, jedoch nur für kleinere Wickeldurchmesser geeignet. Ein automatischer Betrieb ist jedoch nicht möglich.

Der Wickelumfang wird im einfachsten Fall durch den transportierenden Gurtförderer mit dem Wickelgut angetrieben.

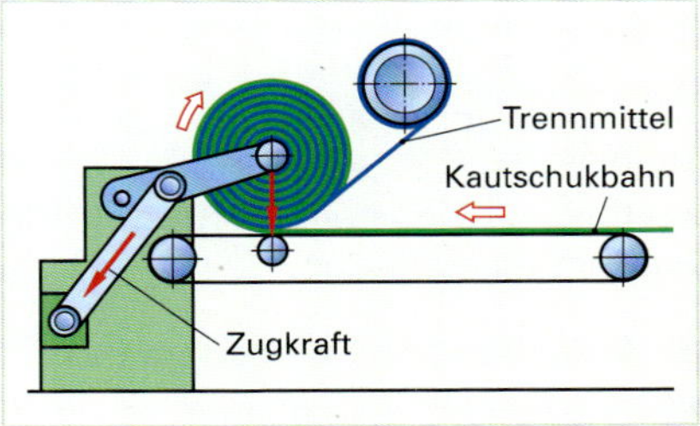

Bild 4: Kontaktwickler

Stapeleinrichtung

Die Stapeleinrichtung (**Bild 1**) mit Vakuumsauger wird vorwiegend für dicke Platten (> 4 mm) eingesetzt. Diese müssen vor der Verarbeitung häufig auf bestimmte Längen zugeschnitten und gestapelt werden. Das Ablegen der Platten erfolgt auf einer Palette, die sich auf einem Hubtisch befindet. Der Hubtisch sorgt dabei für eine konstante Ablagehöhe. Die Anlage arbeitet bis zu Geschwindigkeiten von 10 Meter pro Minute. Für höhere Geschwindigkeiten sorgen Rollensegmente für das Abstreifen der Platten.

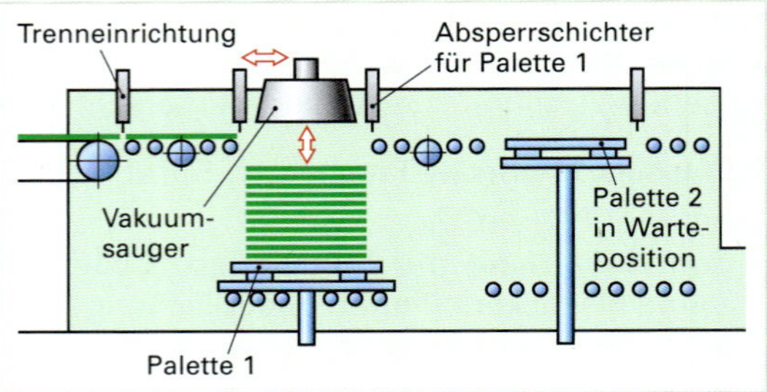

Bild 1: Stapeleinrichtung

Pelletizer

Diese Einrichtung hat die Aufgabe, die unförmigen, schwer zu verarbeitenden Mischungsklumpen des Innenmischers in kleine, leicht zu transportierende **zylindrische Pellets** bzw. Granulate mit Durchmessern von 10 mm bis 15 mm und Längen von 15 mm bis 20 mm zu formen. Die Mischungen werden von der Extruderschnecke durch eine Lochscheibe gepresst. Hinter der Lochscheibe sind rotierende Messer angebracht, die die Massenstränge zu Pellets schneiden. Danach passieren die Pellets ein Kühlbad, dem ein Trennmittel zugesetzt ist. Abschließend werden die Granulate pneumatisch oder mechanisch in Lagerbehälter gefördert.

14.8 Herstellung von Reifen

Auf der Basis der Definition **Mehrschicht-Kautschukteile** soll am Beispiel der **Reifenherstellung** die Technologie im Überblick dargestellt werden.

Das Zusammenfügen vorbereiteter Kautschukteile zu verkaufsfähigen Produkten wird mit dem Begriff **Konfektionieren** erklärt.

Geschichtlicher Überblick

Der Brite R. W. Thomson erhielt als Erster 1845 ein Patent auf einen pneumatischen Gummireifen. Allerdings war schon 1818 die Verwendung erster elastischer Reifen für ein Laufrad von Freiherr Drais von Sauerbaum vorgenommen worden. John Boyd Dunlop, schottischer Tierarzt, entwickelte 1887 einen luftgefüllten Gummireifen für Fahrräder, später auch für Automobile.

Für mehr Sicherheit erhielten die Reifen ab 1904 ihr **Profil** und ihre schwarze Farbe durch die Zugabe von Ruß. Dieser macht den Reifen (**Bild 2**) haltbarer und widerstandsfähiger. 1920 wurde in den USA der **Cordreifen** entwickelt. Dieser Reifen hatte einen Unterbau aus Baumwoll-Cord, einem integrierten Textilgewebe (**Bild 4**), dadurch wurde er weniger pannenanfällig und haltbarer.

In den frühen Jahren des Automobils kam der **Diagonalreifen** auf dem Markt. Neue Maßstäbe hinsichtlich der Laufleistung und des Fahrverhaltens setzte mit Beginn der 50er Jahre der **Radialreifen** (**Bilder 3 und 4**). Um 1970 begann die Ära dieser Reifenart, so ist beim modernen Pkw der Diagonalreifen heute nicht mehr zu finden.

Aufgaben von Fahrzeugreifen

Bei modernen, schnellen Autos ist der Fahrzeugreifen ein qualitativ hochwertiges Bauteil des Fahrwerks.

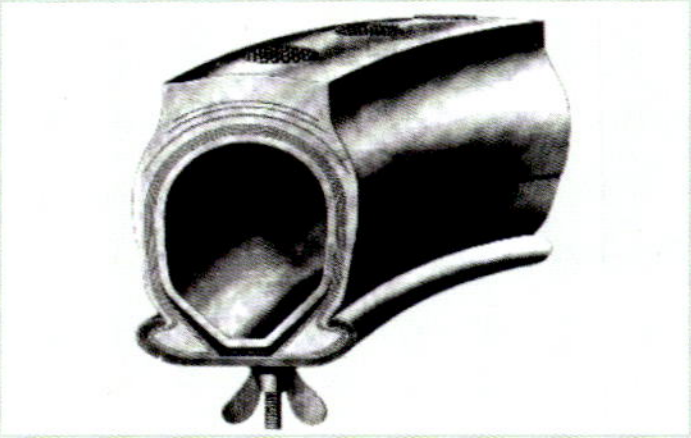

Bild 2: Reifenquerschnitt um 1910

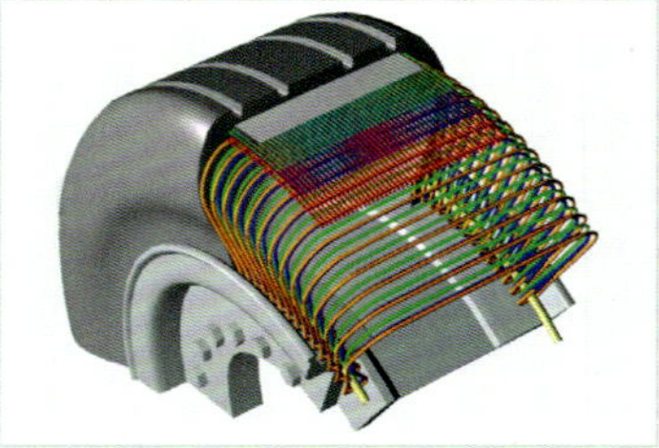

Bild 3: Reifenquerschnitt um 2000

Bild 4: Cordfäden im Radialreifen

Die **konfektionierten** Fahrzeugreifen (**Bild 1**) sollen

- den Kraftfluss zwischen Fahrzeug und Straße optimal herstellen
- Fahrzeug- und Beladungsmassen aufnehmen
- Stöße der Fahrbahn dämpfen
- eine hohe Laufleistung und lange Lebensdauer bieten.

Bild 1: Radialreifen

Reifenarten – stofflicher Aufbau

Der Pkw-Reifen setzt sich aus verschiedenen Bestandteilen (**Bild 2**) zusammen. Das Mischungsverhältnis der einzelnen Beimengungen variiert je nach Reifengröße und Reifenart, z. B. Sommer-, Winterreifen usw. Ein führender Reifenhersteller verwendet beispielsweise für seine Sommerreifen folgende stoffliche Zusammensetzung.

① **Kautschuk**
Natur- und Synthesekautschuk (41 %)

② **Füllstoffe**
Ruß, Kohlenstoff, Silicat, Kreide u. a. (30 %)

③ **Festigkeitsträger**
Stahl, Nylon, Rayon (15 %)

④ **Weichmacher**
Öle, Harze (6 %)

⑤ **Chemikalien (Bild 4) für die Vulkanisation**
Schwefel, Zinkoxid u. a. Chemikalien (6 %)

⑥ **Chemikalien als Alterungsschutzmittel**
Firmengeheimnis (1 %)

⑦ **Sonstiges**
(1 %)

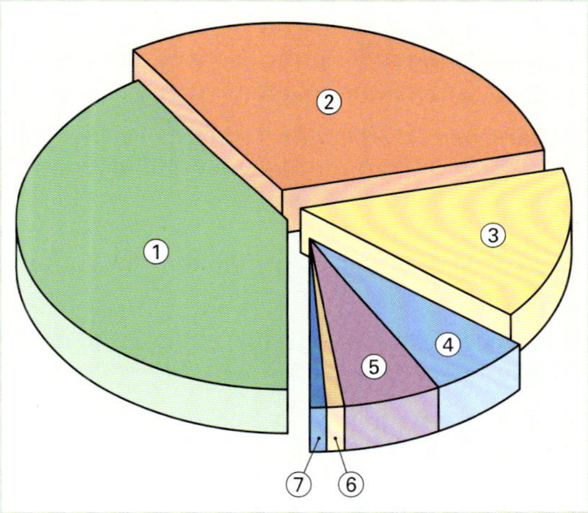

Bild 2: Stoffliche Bestandteile eines Reifens

Die Beschaffenheit der **Kautschukmischung** (Gummi) hat einen direkten Einfluss auf die Lebensdauer und Haftungseigenschaften des Reifens. Eine weiche Laufstreifen-Kautschukmischung fördert den **Grip** (Haftung) (**Bild 3**) und die **Traktion** (Vorwärtszug). Eine harte Kautschukmischung bringt Vorteile hinsichtlich des Verschleißes. Eine mit Silicaten verstärkte Kautschukmischung zeichnet sich besonders bei Nässe aus. Die ganz genaue Rezeptur (**Bild 4**) für die Herstellung eines Reifens bleibt natürlich ein gut gehütetes Geheimnis der Reifenhersteller. Die Forschung und Entwicklung auf diesem Gebiet ist längst noch nicht abgeschlossen. Wie wichtig die Reifenzusammensetzung ist, wird am Deutlichsten bei jeder Rennveranstaltung der Formel 1.

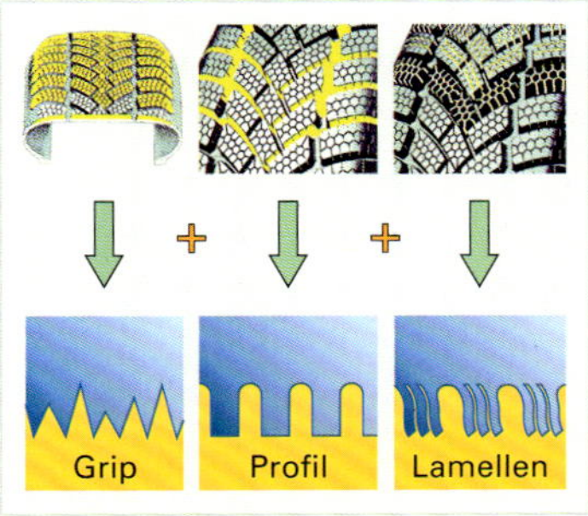

Bild 3: Bodenhaftung

Reifen – Bauteile

Bei modernen, schnellen Autos ist der Reifen ein hochwertiges, konstruktives und komplexes Bauteil. Er muss federn, dämpfen, für einen perfekten Geradeauslauf sorgen, gute Rundlaufeigenschaften und eine hohe Lebensdauer besitzen. Vor allem muss der Reifen auch große Kräfte in verschiedene Richtungen übertragen können (Beschleunigen, Kurvenfahrten, Bremsen), um eine optimale Straßenlage zu erzielen.

Bild 4: Chemikalien – Vulkanisation

Die Vielseitigkeit der Anforderungen führt teilweise zu **Kompromissen** bei der Reifenkonstruktion, da oftmals gegensätzliche Eigenschaften kompensiert werden müssen.

Einem Punkt aber haben sich alle **Zielkriterien** in der Reifenentwicklung unterzuordnen, der **Sicherheit**. Auf der Basis dieser Aspekte entwickelten Forschungsteams Reifen der heutigen Generation.

Der moderne Reifen besteht im Prinzip aus dem **Laufband** und der **Karkasse**. Diese bestehen wiederum aus mehreren Einzelkomponenten.

Der Reifen ist ein komplexes Bauteilgefüge, bei dem die gefertigten Kautschukkomponenten eine sehr wichtige Rolle spielen.

Ein Radialreifen (**Bild 1**) hat ein vielschichtiges Innenleben, das aus folgenden Bauteilen besteht:

Laufband

① **Laufstreifen** – sichere Straßenhaftung und Wasserverdrängung

② **Spulbandagen** – ermöglichen das Fahren hoher Geschwindigkeiten

③ **Stahlcord-Gürtellagen** – garantieren optimale Fahrstabilität und Rollwiderstandswerte

Karkasse

④ **Textilcordeinlage** – Formhalten des Reifens auch bei hohem Innendruck

⑤ **Innenschicht** – sorgt für einen luftdichten Reifen

⑥ **Seitenstreifen** – wirkt schützend vor seitlichen Beschädigungen

⑦ **Kernprofil** – Voraussetzung für ein gutes Lenk- und Komfortverhalten

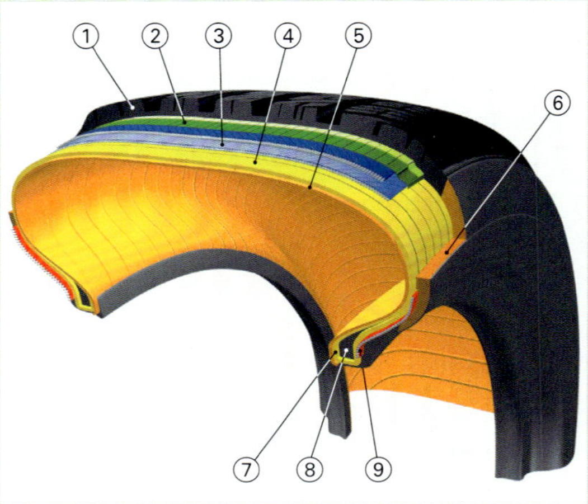

Bild 1: Technologischer Reifenaufbau

⑧ **Stahlkern** – gewährleistet einen festen Sitz auf der Felge

⑨ **Wulstverstärker** – garantiert Fahrstabilität und präzises Lenkverhalten

Der Cord (die Corde), gleichbedeutend mit der Kord (die Korde) ist eine **Kombination** von **Garnen oder Drähten**. Dieser besteht aus den Werkstoffen Rayon, Polyamid, Polyester, Aramid (Kevlar), Glas und sonstigen Zusätzen.

Wiederholungsfragen:

1. Erläutern Sie den Begriff Friktionieren.
2. Unterscheiden Sie zwischen Warm- und Kaltbelegen von Stahlkord.
3. Nennen Sie die Maschinenkombination einer Roller-Head-Anlage.
4. Welche Möglichkeiten der Kühlung von kalandrierten Bahnen gibt es?
5. Nennen Sie Aufgaben von Fahrzeugreifen.
6. Erläutern Sie den technologischen Aufbau eines Reifens.
7. Was verstehen Sie unter den Begriff Kord?

14.8.1 Reifenherstellung mit der „Single-Stage"-Reifenaufbaumaschine

Diese Maschine ist zur Herstellung von Reifenrohlingen für Pkw-Radialreifen und Lkw-Radialreifen gleichermaßen geeignet. Der Zusammenbau des Reifenrohlings erfolgt zeitgleich in zwei Stufen. Bei der 1. Stufe wird der Unterbaurohling angefertigt. In der 2. Stufe erfolgt die Konfektionierung. Abschließend werden die Teilprodukte der Stufe 1 und Stufe 2 ineinander geschoben und mittels Luftdruck fest miteinander verbunden. Durch die beschriebene zweistufige Herstellungsweise werden Unwuchten größtenteils vermieden, außerdem wird dadurch eine sehr präzise Herstellung gewährleistet.

Die meisten Pkw-Radialreifen werden mit diesem Verfahren hergestellt, weil die Produktion von Rohlingen mit der „Single-Stage"-Reifenaufbaumaschine (**Bild 1**) sehr effektiv ist. Die „Single-Stage"-Reifenaufbaumaschine besteht aus folgenden Hauptbauteilen: den Aufbautrommeln, Servicer, Transferring und Anrollvorrichtungen. Auf einer derartigen „Single-Stage"-Maschine sind beide Aufbaustufen in einer Maschine kombiniert.

Bild 1: „Single-Stage"-Maschine

Für die Herstellung anderer Reifenarten und Reifengrößen, z. B. Fahrradreifen, Motorradreifen, Kartreifen, Lkw-Reifen, Flugzeugreifen, Ackerschlepperreifen und Diagonalreifen für PKWs, werden mitunter auch andere Aufbauverfahren angewandt.

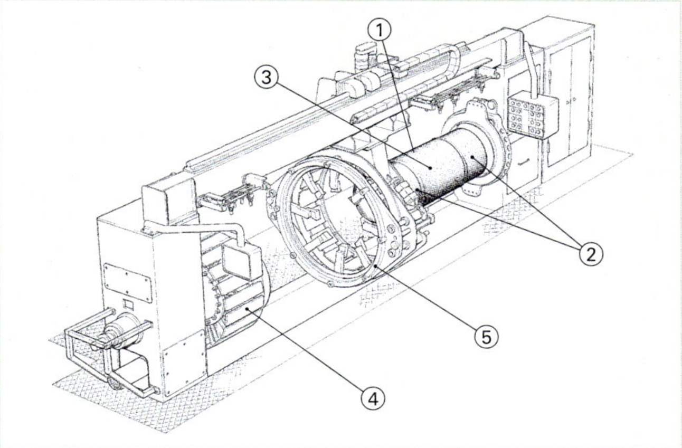

Bild 2: Prinzip der „Single-Stage"-Maschine

Die Funktionsweise der „Single-Stage"- Reifenaufbaumaschine wird wie folgt beschrieben (**Bild 2**). Auf der rotierenden **Aufbautrommel** ① der „Single-Stage"-Maschine, die aus zwei axial beweglichen **Stahlringen** ② (Wulstsitz-Schalen) und einem **flexiblen Mittelteil** ③ besteht, wird die Karkasse ohne Stahlgürtel und den Laufstreifen aus den verschiedenen Rohmaterial-Lagen und mit Wulstringen gefertigt. Dies erfolgt in einer bestimmten, vom Reifentyp abhängigen, Reihenfolge. Die verschiedenen Bestandteile werden hierbei aus einem **Servicer**, dem Lager für die verschiedenen Rohmaterial-Lagen zugeführt. Wenn die Lagen aufgelegt und die Wulste gesetzt sind, sorgt eine Anrollvorrichtung dafür, dass die Elemente konsolidiert, d. h. verfestigt werden und somit keine Lufteinschlüsse zwischen den Lagen entstehen können. Zeitgleich zum Aufbau der Karkasse wird auf einer anderen **Trommel** ④ mit radial beweglichen Segmenten, das Stahlgürtelpaket mit dem Laufstreifen und der Spulbandage zusammengeführt. Auch hier werden die erforderlichen Materialien aus einem Servicer zugeführt und angerollt, um Lufteinschlüsse zu vermeiden. Wenn das Gürtelpaket komplett ist, wird der **Transferring** ⑤ über die Gürteltrommel positioniert. Die Trommelsegmente werden eingezogen und die Greifer des Transferrings übernehmen das Gürtelpaket. Anschließend wird der Transferring mit dem Gürtelpaket über die **Karkassetrommel** gesetzt.

Die Stahlringe der Karkassetrommel, in denen die Reifenwulste fest eingespannt sind, fahren nun axial auf einen bestimmten Abstand zusammen und gleichzeitig wird der flexible Innenteil der Trommel mit Druckluft beaufschlagt. Auf diese Weise wird die Karkasse „aufgeblasen" und in das Gürtel- und Laufstreifenpaket hineingedrückt **„bombiert"**. Anschließend wird der Transferring wieder in die Ausgangsposition bewegt und die Anrollvorrichtung konsolidiert die beiden Karkasse- und Gürtelpakete auf der Karkassetrommel. Je nach Reifentyp werden eventuell auch die Ränder der Karkasse vor dem Anrollen noch über dem Gürtelpaket umgeschlagen. Nach dem Anrollen wird die Trommel entlüftet und der fertige Reifenrohling kann von der Karkassetrommel genommen werden. Das Abnehmen erfolgt entweder manuell (**Bild 1**) oder maschinell, mit Unterstützung des Transferrings (**Bild 2**).

Bild 1: Manuelles Abnehmen eines Reifenrohlings

Damit der Reifen die erforderlichen Gebrauchseigenschaften erhält, wird der so konfektionierte Rohling einer **Heizpresse** zur Vulkanisation zugeführt.

Bild 2: Maschinelles Abnehmen eines Reifenrohlings

14.8.2 Reifenheizpressen

Reifenheizpressen werden in verschiedenen Bauarten angeboten. Es gibt hydraulische **Heizpressen** in Rahmenbauart. Diese verfügen über zwei unabhängig voneinander operierende Heizstellen und können mit einer stufenlosen **Formhöhenverstellung** ausgerüstet werden. Verschleißfreie und wartungsarme **Präzisionsführungen** tragen zu einer optimalen Produktqualität bei. Hydraulischen Pressen in Säulenbauart haben eine V-förmige Anordnung der Säulen. Sie zeichnen sich durch folgende Vorzüge aus:

- optimale Produktqualität
- gleichmäßige Verteilung der Schließkraft
- beste Zugänglichkeit, beispielsweise für Formen- und Balgwechsel
- platzsparende Anordnung der Pressen
- Verriegelung und Kraftübertragung unabhängig von den Führungen
- höchste Produktivität durch schnelle Umladezyklen

Ein weiteres Unterscheidungsmerkmal bei Heizpressen ist das Funktionsprinzip des **Heizbalgs**. Der Heizbalg kann in zwei Varianten aus dem fertig geheizten Reifen entfernt werden. Zum einen das **„standing post"-Verfahren**, in dem der Reifen nach oben hin gestreckt wird, sodass eine Entnahme des Reifens aus der Presse erfolgen kann. Und zum anderen das **„roll in-Verfahren"**, bei dem der Heizbalg in die Presse eingerollt bzw. versenkt wird und somit der Reifen freiliegt.

Segmentierte Formen in **Containern** (**Bilder 1 und 2**) können in diesen Heizpressen (**Bild 1**) ebenso wie zweiteilige Formen eingesetzt werden. Einfache und zuverlässige Greif-, Klemm- und Verriegelungsmaschinen erleichtern die Umrüstung der Maschinen und führen zu einer deutlichen Verringerung der Nebenzeiten. Nicht zuletzt tragen auch die optimierten elektrischen, hydraulischen und pneumatischen Steuerungen wesentlich dazu bei, dass moderne Heizpressen eine sehr hohe Verfügbarkeit bei minimalem Wartungsaufwand erreichen.

Bild 1: Container mit Heizpressen

① Gleit- u. Führungsrolle

② Führrungsstück zur Segmentführung

③ Obere Containerplatte zur Befestigung an der Heizpresse

④ Konischer Schließring mit Dampfraum zur Heizung, der die axiale Bewegung in radiale Schließbewegung der Segmente umsetzt

⑤ Segmentschuhe zur Aufnahme der Profilsegmente

⑥ Profilsegmente mit gefräster Profilgebung

⑦ UntereContainerplatte zur Befestigung des Containers an der Presse

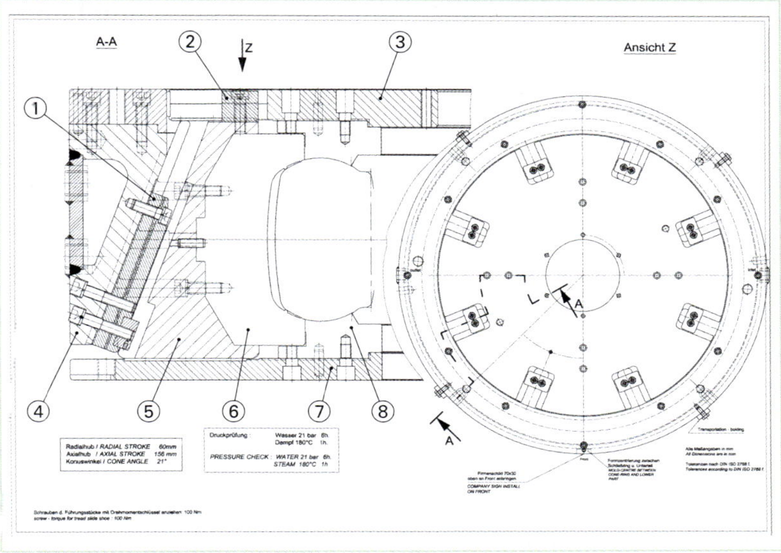

Bild 2: Schnittdarstellung des Containers

⑧ Untere Seitenwandplatte mit Seitenwanddekor z. B. Hersteller, Reifenbezeichnung usw.

Der Reifenheizpressenzyklus (Tabelle 1 und 2)

Die Schrittfolgen werden in den Tabellen erläutert (Tabellen der Seiten 548 … 549).

Tabelle 1: Schrittfolgen 1 bis 3

Ausgangslage		Beschickungsvorgang	
Schritt 1	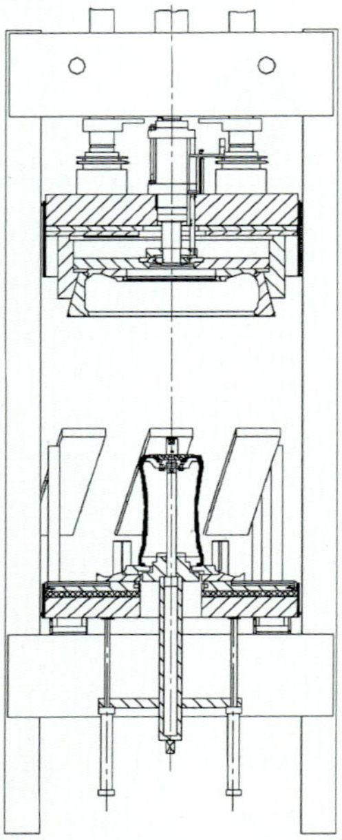	**Schritte 2 und 3**	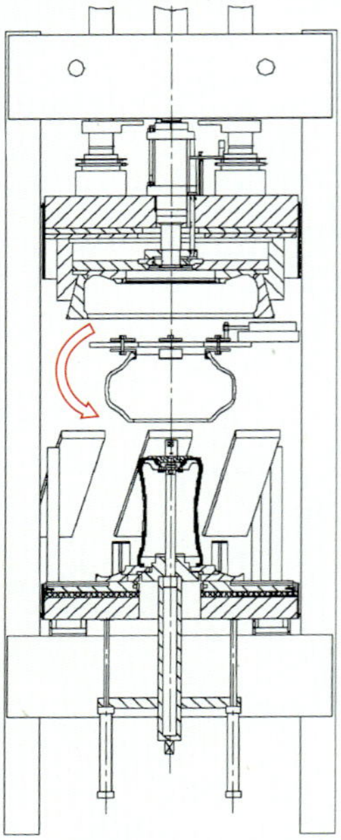
• Presse wird geöffnet • Heizbalg ist gestreckt		• Beschickung wird eingeleitet • Beschickung ist zentrisch über der Heizstellenmitte geschwenkt • Beschickung erfolgt • Reifenrohling wird auf den Wulstheizring aufgesetzt	

Tabelle 2: Schrittfolgen 4 bis 6

Beschickungsvorgang		Beschickungsvorgang	
Schritt 4	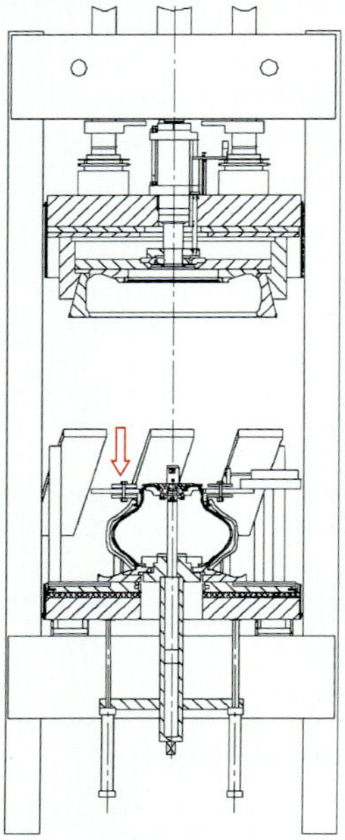	**Schritte 5 und 6**	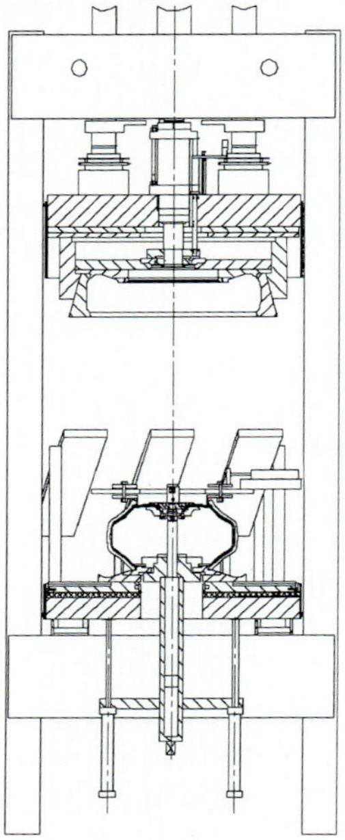
• Oberer Balgklemmring fährt abwärts • Heizbalg fährt in den Reifen hinein • Oberer Balgklemmring ist auf Rohlingswulstabstand positioniert		• Heizbalg mit Vorbombagedruck gefüllt • Beschickung hält Reifenrohling in Position • Rohlingswulstabstand erreicht • Heizbalg ist im Reifenrohling • Greifer öffnet und der Reifenrohling wird gelöst • Beschickung ist geöffnet und nach außen geschwenkt • Beschickungsvorgang ist abgeschlossen	

Tabelle 1: Schrittfolgen 7 bis 8

Pressenschließvorgang		Heizvorgang	
Schritt 7		**Schritt 8**	
• Presse schließt mit geöffneten Formsegmenten bis zur Bombagestellung • Obere Fußheizringe haben oberen Wulst des Reifenrohlings erfasst • Druck im Heizbalg wird auf Bombierdruck erhöht • Anschließend fährt die Presse weiter zu und schließt dabei die Formsegmente	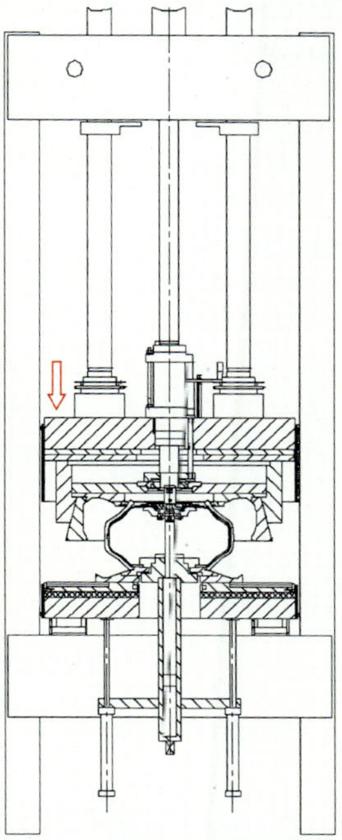	• Presse ist geschlossen • Innendruck im Reifen erhöht • Vulkanisation erfolgt	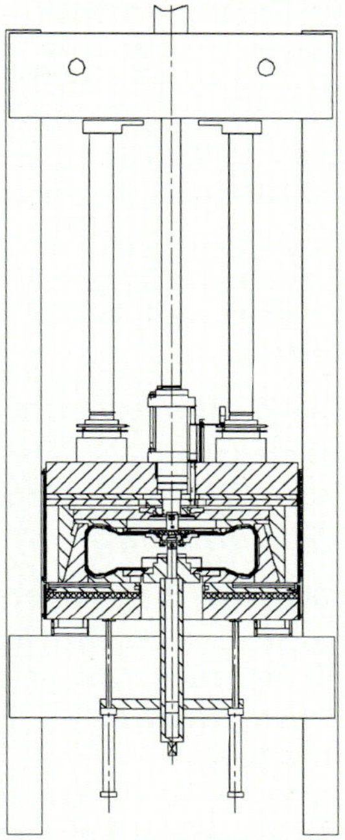

Tabelle 2: Schrittfolgen 9 bis 11

Entladevorgang		Entladevorgang	
Schritte 9 und 10		**Schritt 11**	
• Presse wird geöffnet • Geheizter (vulkanisierter) Reifen wird ausgestoßen • Balg gestreckt • Entladung ist eingefahren	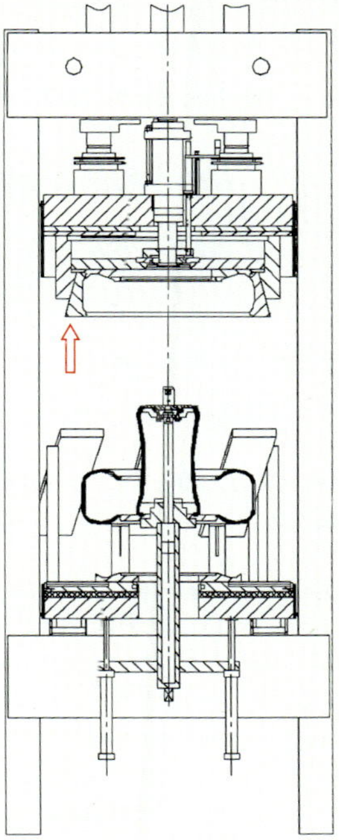	• Ausstoßer wird abgesenkt • Entladung zusammen mit Reifen über den gestreckten Balg hochgefahren und bereit zum Ausschwenken • Reifen wird zur Qualitätskontrolle freigegeben • Zyklus abgeschlossen	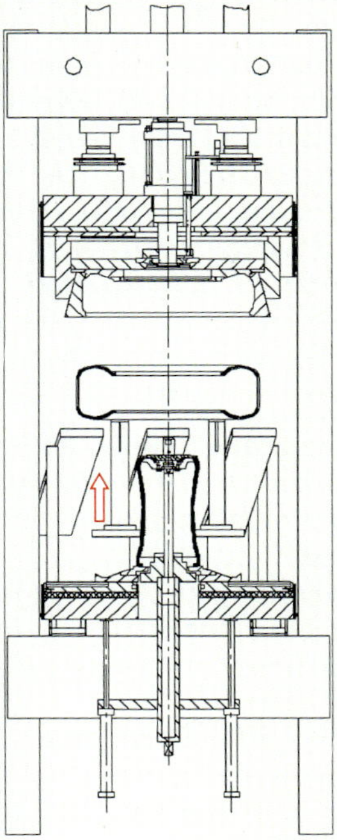

14.9 Herstellung von Keilriemen

Die Geschichte des Riementriebes begann mit der Industrialisierung im 18. und 19. Jahrhundert, als die Dampfmaschine entwickelt wurde. Diese sollte ihre erzeugte Leistung zum Antrieb vieler Maschinen in einer Halle nutzbar machen. Die erzeugte Energie wurde hierbei durch Flachriemen übertragen. Früher verliefen die Wellen teilweise durch die gesamte Halle und überall dort, wo eine Maschine stand und anzutreiben war, wurde mithilfe einer Riemenscheibe ein Flachriemen zu dieser Maschine geführt. Die Flachriemen wurden hauptsächlich aus Leder oder Textilien hergestellt und durch Nähte oder Metallklammern zu Endlosverbindungen.

Heute werden Elektromotoren und Verbrennungsmotoren für Einzelantriebe verwendet. Für die Kraftübertragung ist der Riementrieb mit seinen verschiedenen modernen Ausführungen als Treibriemen noch immer im Einsatz. Die heutigen Riementriebe werden als Endlosverbindung hergestellt.

Vorteile der Riementriebe:

- Stoßdämpfung
- hohe Drehzahlen
- ruhiger Lauf
- geringe Lärmbelastung
- geringe Wartung

Nachteile der Riementriebe:

- Empfindlichkeit gegen äußere Einflüsse (z. B. Temperatur, Schmutz, Benzin, Öl)
- Dehnung, deshalb werden Spanneinrichtungen benötigt
- begrenzter Temperaturbereich
- hohe Verletzungsgefahr, Sicherheitsgitter oder Abdeckungen sind notwendig

Grundsätzliche Ausführungsformen:

- Flachriemen
- Keilriemen

Für moderne Riemengetriebe hat sich der Keilriemen durchgesetzt, da er bei kleinen Vorspannungen große Kräfte übertragen kann (**Kapitel 4.3.5**). Es besteht die Möglichkeit der Drehzahlverstellung. Durch die Profilnormung sind diese international austauschbar. In diesem Kapitel wird nicht auf die zahlreichen Bauformen eingegangen, sondern nur auf die grundsätzlichen Herstellungsarten.
Hierbei wird entsprechend den Anforderungen unterschieden in:

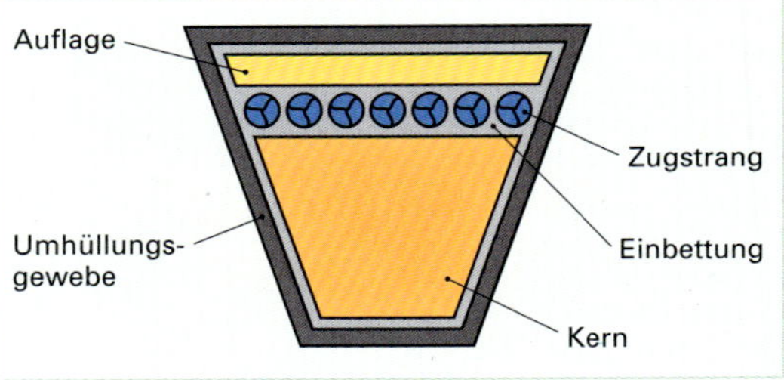

Bild 1: Ummantelte Keilriemen

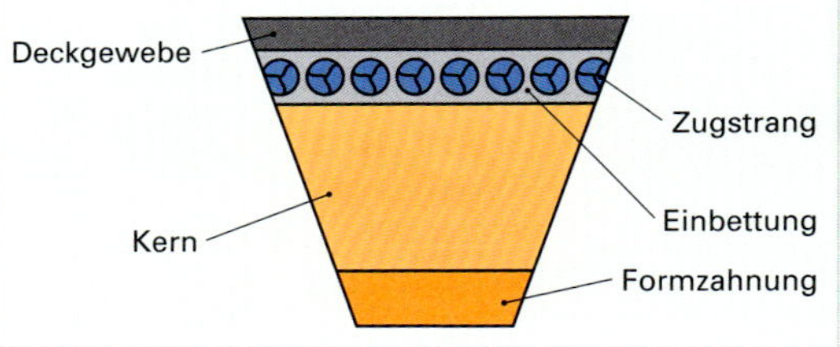

Bild 2: Flankenoffene Keilriemen

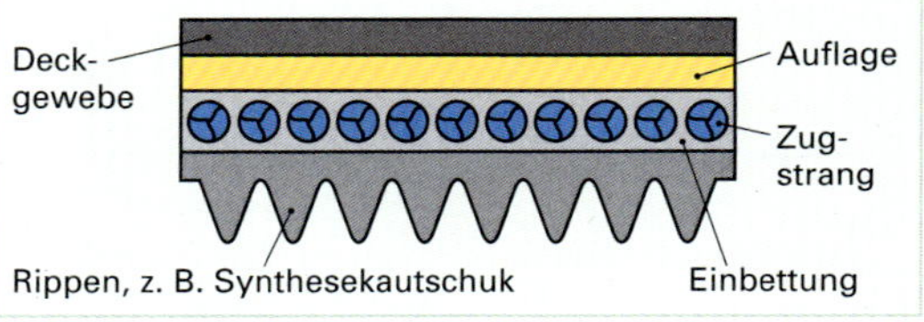

Bild 3: Keilrippenriemen

Ummantelte Keilriemen (**Bild 1**)

- maximale Riemengeschwindigkeit: 40 m/s
- serienmäßig temperaturbeständig von – 40 °C … +70 °C

Anwendungsgebiete: Allgemeiner Maschinenbau, Landmaschinenbau (Mähdrescher, Erntemaschinen) und Feinmechanik

Flankenoffene Keilriemen (**Bild 2**)

- maximale Riemengeschwindigkeit: 50 m/s
- serienmäßig temperaturbeständig von – 30 °C … +70 °C

Anwendungsgebiete: Allgemeiner Maschinenbau und Automobilindustrie

Keilrippenriemen (**Bild 3**)

- maximale Riemengeschwindigkeit: 50 m/s
- serienmäßig temperaturbeständig von – 30 °C … +80 °C

Anwendungsgebiete: Automobilindustrie, Serpentinenantriebe, Haushaltsmaschinen, insbesondere bei Maschinen mit großen Übersetzungsverhältnissen

Herstellungstechnologie ummantelter Keilriemen mit der Spreiztrommel-Aufbaumaschine 1000 0600-250

Zuerst findet der lagenweise Aufbau auf der Spreiztrommel (Aufbautrommel) mit einer Spreiztrommel-Aufbaumaschine statt (**Bild 1**). Die Spreiztrommel (**Bild 2**) ist im Durchmesser verstellbar und in verschiedenen Grundausführungen erhältlich (**Bild 3**). Sie zeichnet sich durch ein geringes Gewicht, minimale Wartung und niedrigen Verschleiß aus. Die Aufbaumaschine verfügt über einen Servicer mit 4 Materialspeichern (Gummibahnen, Folie, gummiertes Gewebe). Dieser Materialspeicher bewegt sich im Uhrzeigersinn, wobei die Lagen automatisch abgewickelt und an die Aufbautrommel angelegt werden. Das Aufwickeln erfolgt in den erforderlichen Lagenzahlen. Das Abschneiden und Rückwickeln der Materialbahnen ist ebenfalls automatisch. Zusätzliche Cordlagen (Fäden) werden über den Support bei minimaler Toleranz der Cordspannung und Cordsteigung aufgelegt. Sind alle Lagen vollständig, wird ebenfalls über den Support das Aufschneiden des Riemenwickels zu trapezförmigen Rohlingen im Y-Schnitt realisiert. Es ist möglich ca. 3 Wickel/h zu erzeugen. Im Anschluss an das Profilieren und Ausstechen des Riemenrohlings erfolgt das Ummanteln in der Ummantelungsmaschine **UMW 0600-3500**. Dazu wird der Riemen eingespannt und zusätzlich mit gummiertem Gewebe ummantelt.

Bild 1: Spreiztrommel-Aufbaumaschine

Bild 2: Spreiztrommel

Die Folie zwischen dem gummierten Gewebe verhindert das Zusammenkleben der Bahnen.

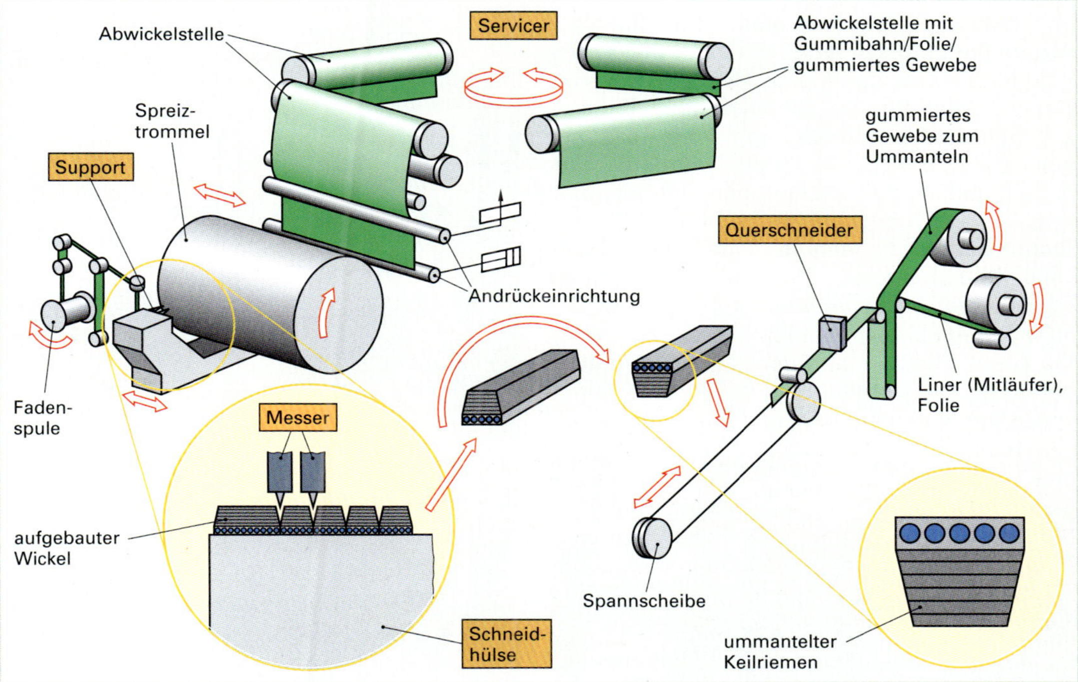

Bild 3: Herstellungstechnologieschema mit der Spreiztrommel-Aufbaumaschine

Vulkanisation und Stabilisierung der Keilriemen

Es sind Ummantelungs-Geschwindigkeiten bis zu 80 m pro min möglich. Im Anschluss erfolgt die Vulkanisation und Stabilisierung in der **Keilriemen-AUMA KAH 160** (**Bild 2**). Diese AUMA wird dampfbeheizt und wassergekühlt. Die Vulkanisation kann bei unterschiedlichen Zugspannungen erfolgen. Außerdem kann in mehreren Riemenumläufen vulkanisiert werden. Es erfolgt ein kontinuierlicher, automatischer Vulkanisationsablauf ohne partielle Übervulkanisation. Die Vulkanisation kann aber auch im **Autoklaven/Vulkanisationskessel VUK 1000 0000** (**Bild 3**) durchgeführt werden.

Herstellungstechnologie flankenoffener Keilriemen und Keilrippenriemen mit der Trommelschneidmaschine TSM 1000 0600-2500

Der Aufbau und das Auflegen der Lagen an dieser Maschine gleicht der obigen, nur die Spreiztrommel wird jetzt durch eine glatte oder formgezahnte **Trommel ATG 1000** (**Bild 1**) ersetzt. Diese Trommel besteht aus Stahl, welche an der Oberfläche verchromt ist. Die Trommelnutzlänge kann 1000 mm betragen und die Keilriemeninnenlänge 600 mm bis 2500 mm. Auf dieser Trommel erfolgt auch die Vulkanisation im Autoklaven. Das Abkühlen der Riemenwickel findet mit der Trommel im Kühlwasserbecken statt. Im Stripper, **Abzieheinrichtung WAE 1000 0600-2500** (**Bild 5**), erfolgt das Lösen des Wickels von der Trommel mithilfe von Hydraulikzylindern. Mit Standardhebezeugen kann die Trommel aus dem Wickel gezogen werden. Das Aufschneiden zu Einzelriemen erfolgt erst jetzt auf einer Schneidmaschine. Mit der **Trommelschneidmaschine TSM 1000 0600-2500** (**Bild 4**) können bis zu 800 Riemen pro Stunde hergestellt werden. Keilrippenriemen (**Bild 3, Seite 550**) werden ebenso, aber als glatte Riemen auf der glatten Trommel gefertigt. Die Profilierung erfolgt mit einer speziellen Schleifmaschine.

Bild 4: Trommelschneidmaschine

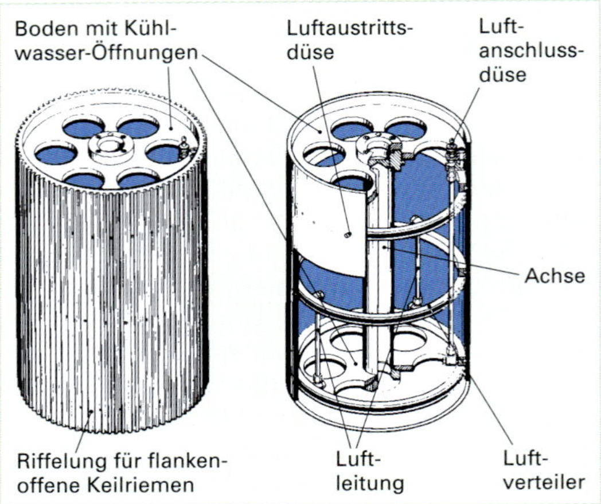

Bild 1: Formgezahnte Trommel

Bild 2: Keilriemen-AUMA

Bild 3: Autoklaven/Vulkanisationskessel

Bild 5: Abzieheinrichtung

14.10 Vulkanisation

Der römische Gott Vulkan stand Pate bei der Namensfindung, ihm werden die Attribute Feuer, Hitze und Schwefel zugeschrieben. Die Vulkanisation ist ein technisches Verfahren, bei dem der vorwiegend **plastische** Kautschuk in den **gummielastischen** oder hartgummiähnlichen Zustand übergeht.

14.10.1 Grundkenntnisse zur Vulkanisation

Art und Dimensionierung des herzustellenden Produktes: Dickwandige Artikel müssen bei relativ niedriger Temperatur lange geheizt werden, um eine gleichmäßige Durchvulkanisation zu erreichen.

Betriebswirtschaftliche Sichtweise: Aus ökonomischen Gründen ist man an möglichst kurzen Heizzeiten interessiert und strebt daher nach schnell vulkanisierenden Mischungsqualitäten und hohen Vulkanisationstemperaturen.

Eigenschaften vulkanisierter Produkte: Oftmals erreicht man das Optimum der verschiedenen Eigenschaften vulkanisierter Produkte zu unterschiedlichen Heizzeiten. Die höchste Zugfestigkeit und Bruchdehnung erreicht man bei einem niedrigeren, die maximale Elastizität und den besten Druckverformungsrest bei einem hohen **Vulkanisationsgrad**.

Gesundheitliche Aspekte: Bei der Vulkanisation in Salzbädern entstehen Amine. Sekundäre Amine bilden krebserregende Nitrosamine und führen zu Belastungen (erhöhtes Krebsrisiko, Berufskrankheiten). Es wird geforscht, Vernetzungssysteme zu entwickeln, die keine oder ungefährliche Nitrosamine bilden.

Vernetzungsmittel: Anorganische und organische Aktivatoren, Vulkanisationsbeschleuniger und Vulkanisationsverzögerer.

Vulkanisation: Sie ermöglicht die Herstellung von **Elastomeren** aus Kautschuk durch weitmaschige chemische Vernetzung von Molekülketten. Voraussetzung für eine erfolgreiche Vulkanisation ist das optimale Zusammenwirken der notwendigen Temperatur, des richtigen Druckes und der entsprechenden Zeitdauer. Eine Faustregel besagt, dass im Bereich von 140 °C ... 170 °C eine Temperaturerhöhung von 10 °C die Halbierung der Heizzeit bewirkt (siehe 1.7.3 Elastomere).

Die Eigenschaften des Kautschuks **vor** der **Vulkanisation** (**Bild 1a**):

- lange Molekülketten (Makromoleküle)
- elastisch
- thermisch empfindlich
- klebrig
- plastisch verformbar

Die Eigenschaften des Elastomers **nach** der **Vulkanisation** (**Bild 1b**):

- Vernetzung der Molekülketten
- gummielastisch
- thermisch unempfindlich

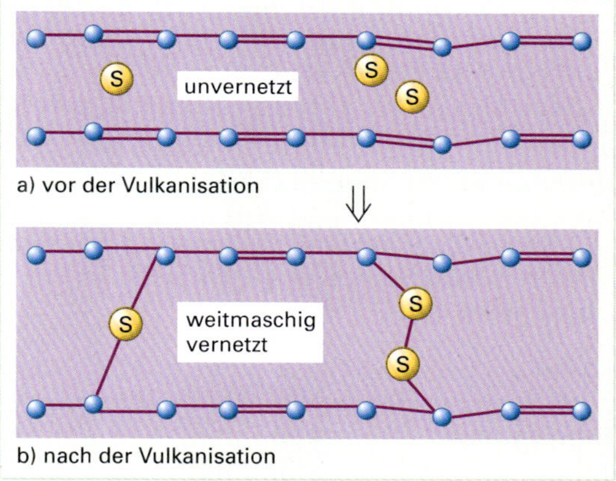

Bild 1: Vulkanisation durch Schwefel

Die **Vulkanisation** von Kautschuk wird erst möglich, wenn in einem Zeitabschnitt eine bestimmte Temperatur und ein Pressdruck auf ihn einwirken.

Vulkanisationsgeschwindigkeit und Fließfähigkeit der Kautschukmischung: Es ist zu beachten, je schneller eine Mischung eingestellt ist, desto größer ist auch die Gefahr der vorzeitigen Anvulkanisation.

Vulkanisationsmittel: Bei der Vulkanisation werden Vulkanisationsmittel und Vulkanisationsbeschleuniger eingesetzt. **Schwefel** ist das wichtigste Vulkanisationsmittel. Er benötigt ungesättigte Moleküle, d. h. Doppelverbindungen in den Kautschukmolekülen. Ein Schwefelgehalt von 1 % ... 5 % ergibt Weichgummi und bei einem Gehalt von 30 % ... 50 % ensteht Hartgummi. Für die **Heißvulkanisation** bei 140 °C wird meist elementarer Schwefel benutzt. Bei der **Kaltvulkanisation** werden Tionylchlorid in Schwefelkohlenstoff, Leichtbenzin als Lösungsmittel oder Dischwefeldichlorid (S_2Cl_2) verwendet. **Vulkanisationsart:** Bei der Formvulkanisation ist die Wärmeübertragung günstiger als bei der Kesselvulkanisation, z. B. mit Heizluft. **Peroxide** vernetzen auch ungesättigte Makromoleküle, z. B. Silikonkautschuke. Die Heißvulkanisation bei Silikonkautschuken, z. B. bei Peroxidvernetzung eines Silikonkautschuks benötigt eine Zeit von 6 bis 16 Stunden bei 200 °C.

14.10.2 Vulkanisationsverlauf

Drei Merkmale kennzeichnen eine „ideale" **Vulkanisationskurve** (**Bild 1**):

- Verzögerte Anvulkanisation, um eine ausreichende Fließzeit der Mischung zu erhalten.
- Schnelle Ausvulkanisation, um kurze Heizzeiten zu erreichen.
- Durch eine mäßige oder gar nicht einsetzende Reversion, d. h. breites Ausvulkanisations-Plateau.

Zur Ermittlung der Vulkanisationszeit werden Vulkanisationskurven, sog. **Rheometerkurven** aufgezeichnet. In einer geschlossenen, beheizten Kammer wird die unvulkanisierte Kautschukmischung einer periodischen Verformung ausgesetzt. Über der Zeitachse wird das Drehmoment registriert, das die Probe während des Vulkanisierens der periodischen Verformung entgegensetzt. Nach der plastischen **Fließphase** folgt die **Anvulkanisation**, die Kurve steigt und erreicht schließlich ein **Plateau**, der Gummi ist ausvulkanisiert. Mit anschließend fallender Kurve wird die **Reversion** eingeleitet.

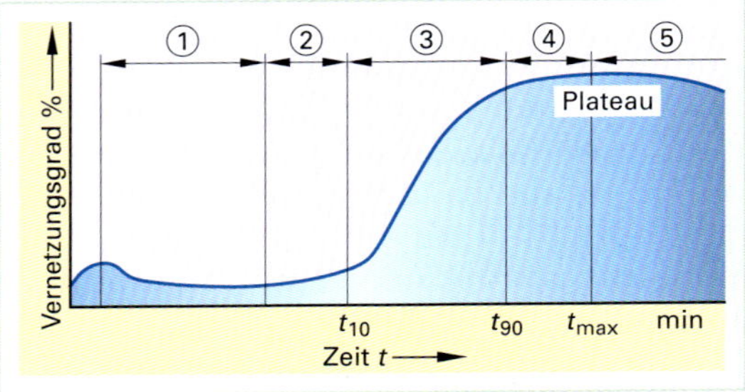

Bild 1: Vulkanisationskurve

Erläuterungen zu der Vulkanisationskurve:

① **Fließphase:** Die plastifizierte Mischung fließt unter Einwirkung des Press- oder Spritzdruckes und der Temperatur in die Form.

② **Anvulkanisation:** (Induktionsperiode) Die ersten Vernetzungsreaktionen sind erkennbar, die Fließfähigkeit wird geringer. Dieser Abschnitt wird auch als Scorch-Phase bezeichnet.

③ **Untervulkanisation:** Der Vernetzungsgrad nimmt fortwährend zu, das Optimum der Vulkanisation ist jedoch noch nicht erreicht.

④ **Ausvulkanisation:** Die Vulkanisationsreaktion verringert sich, die Kurve flacht zu einem Plateau ab. Ein Großteil des Vernetzungsmittels hat sich mit dem Kautschuk verbunden. In diesem Augenblick ist das Optimum der Vulkanisation erreicht.

⑤ **Reversion:** Durch thermischen Einfluss brechen die Vernetzungsteilchen bzw. Kautschukmoleküle. Die optimale Vulkanisation ist zeitlich überschritten.

Wichtige **Vernetzungszeitpunkte:**

$\boldsymbol{t_{10}}$ ist der Zeitpunkt der **10 %igen Vernetzung** – Ende der Anvulkanisation; $\boldsymbol{t_{90}}$ ist der Zeitpunkt der **90 %igen Vernetzung** – Ende der Untervulkanisation; $\boldsymbol{t_{max}}$ ist der Zeitpunkt des **Vulkanisationsoptimums** – Plateau erreicht.

Abhängig vom Beschleunigungsgrad der Mischung kann die Vulkanisation weniger als eine Minute, aber auch länger als eine Stunde dauern. Um die Vulkanisationszeit zu beeinflussen werden **Beschleuniger** verwendet.

Es handelt sich hierbei um Chemikalien, die die Vulkanisation oder die Heizzeit durch Erhöhung der Vulkanisationsgeschwindigkeit verkürzen. Sie müssen sorgfältig ausgewählt werden. Mischungen, die im Press- oder Spritzgießverfahren verarbeitet werden, erfordern eine relativ lange Fließzeit, um zu vermeiden, dass die Vulkanisation schon vor dem Füllen der Form beginnt. Danach ist aber eine schnelle **Ausvulkanisation** erwünscht.

Bei der Herstellung von Schläuchen soll eine möglichst schnelle **Teilvernetzung** stattfinden, um ein Zusammenfallen des Profils beim Verlassen des Extruders zu verhindern. Als Beschleuniger werden oft Schwefel- und Stickstoffverbindungen verwendet. Der Einsatz von **Verzögerern** (z. B. Natriumacetat,Salicylsäure) erfolgt, wenn kein Beschleunigersystem gefunden werden kann, das die Anvulkanisation verzögert. **Vulkanisiermittel** sind Additive, mit denen sich zwischen zwei Polymerketten Verknüpfungen herstellen lassen. Dafür eignen sich Schwefel oder Schwefelspender, organische Peroxide, Metalloxide, organische Amine oder Phenolharze. **Aktivatoren** sollen die Beschleuniger aktivieren und ihre Effektivität erhöhen. Hauptsächlich werden Zinkoxid und Stearinsäure eingesetzt. In bestimmten Fällen finden auch Bleioxid, Magnesiumoxid und Amine Anwendung.

Die Vulkanisation kann unmittelbar in einer heißen Form stattfinden, beispielsweise beim Pressen und dem Spritzgießen. Bei Verarbeitungsverfahren wie Extrudieren, Walzen oder Kalandrieren wird die Vulkanisation getrennt in einer zusätzlichen Arbeitsstufe durchgeführt.

14.10.3 Vulkanisationsverfahren

Die Komplexität dieser Thematik lässt sich mit dieser groben **Übersicht 1** der Vulkanisationsverfahren im Organigramm leicht erkennen. Die Prozesse, die zur Anwendung kommen, können kontinuierlich oder diskontinuierlich gefahren werden. Als Wärmeübertragungsmedium kann man Dampf, Gase, Flüssigkeiten oder Schmelzen verwenden. Energiereiche Strahlung eignet sich ebenfalls zur Vernetzung.

Übersicht 1: Vulkanisationsverfahren

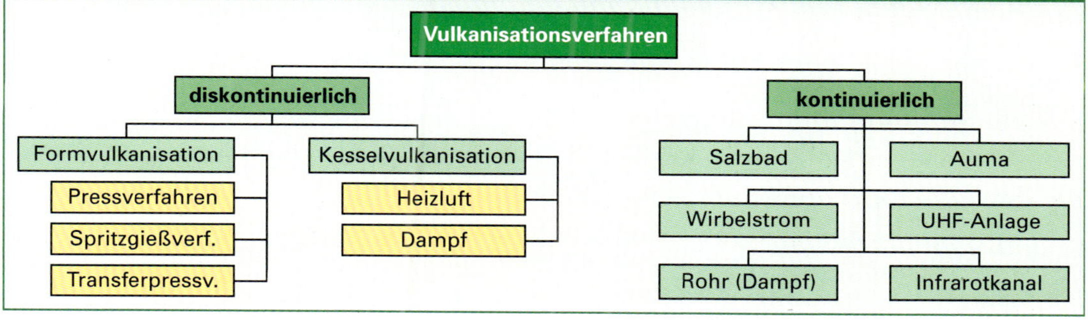

Die Auswahl des Verfahrens und des Wärmeübertragungsmediums wird von verschiedenen Kriterien bestimmt:

- Rezeptaufbau
- Aussehen des Produktes
- Wärmeübertragungskoeffizient des Mediums
- Produkteigenschaften (mechanische und dynamische Eigenschaften)
- Abmessungen und Aufbau des Produktes
- Gesundheits- und Umweltschutz
- Verfahrensbedingungen

14.10.4 Kontinuierliches Vulkanisationsverfahren unter Druck

Im Folgenden werden anhand von Beispielen kontinuierliche Vulkanisationsverfahren beschrieben. Zunächst eine Variante, die unter Druck abläuft. Diese Verfahren verwendet man für die Herstellung von Schläuchen, Kabeln, Leichtförderbändern und Elastomerbahnen.

Vulkanisation der Kautschukbahnen mit der Rotationsvulkanisationsanlage

Diese Anlage wird auch **AUMA** (**Bild 1**) genannt, es ist die sprachliche Kurzform von automatischer **Mattenmaschine**. Mit dieser Technik wird das kontinuierliche Vulkanisieren von Kautschukbahnen praktiziert. Die AUMA besteht aus einer dampfbeheizten, drehbaren Trommel. Der Durchmesser der Trommel beträgt etwa 1 m … 3 m und die Nutzbreite beträgt bis zu 2,5 m.

Die Kautschukbahn wird mittels eines Stahlbandes oder eines mit Gummi belegten Stahlbandes auf die beheizbare Trommel gepresst. Der Umfang umfasst hierbei ca. 83 % der Trommel. Durch eine hydraulische Spannvorrichtung wird der Anpressdruck aufgebracht. Er beträgt in der Regel etwa 6 bar. Die Umlenkwalzen werden beheizt oder gekühlt. Um die Vulkanisationsgeschwindigkeit zu erhöhen, kann auf der Rückseite des Metallbandes eine aus mehreren Infrarotstrahlern bestehende Zusatzheizung angebracht sein. Ein mit Heißluft beheizter Nachheizkanal kann noch zusätzlich auf den Maschinenständer aufgesetzt werden.

Die **Vulkanisationstemperaturen** liegen zwischen 140 °C … 200 °C. Durch das Fließen der Mischung liegt in den Randbereichen die Produktdicke außerhalb der Toleranz. Dieser Bereich muss beschnitten werden.

Bild 1: AUMA – Die Rotationsvulkanisationsanlage

Um den Abfall zu reduzieren, können Begrenzungsleisten aus Gummi oder Metall eingebaut werden. Die Trommel wird mit Wasserdampf beheizt. Die Umlenkrollen können geheizt oder gekühlt werden. Die Produktionsgeschwindigkeit ist von der Temperatur, dem Trommeldurchmesser und der Produktdicke abhängig.

Eine kontinuierliche Fahrweise ist mit einer „**AUMA-Extruder-Roller-Head-Maschinenkombination**" (**Bild 1**) durchführbar.

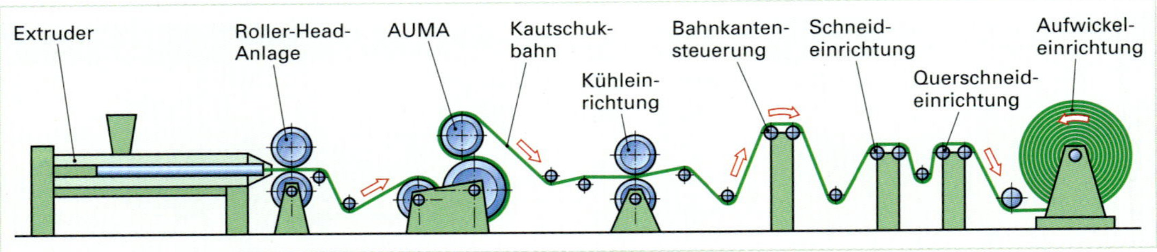

Bild 1: AUMA-Extruder-Roller-Head-Maschinenkombination

14.10.5 Kontinuierliches Vulkanisationsverfahren ohne Druck

Bei **Flüssigkeitsbadvulkanisationen** ist kein zusätzlicher Druck erforderlich. Flüssigkeiten sind gute Wärmeübertragungsmedien und ermöglichen auch den Sauerstoffabschluss während der Vulkanisation. Es dürfen nur solche Zusätze verwendet werden, die den Kautschuk nicht quellen oder angreifen.

Metalllegierungen, organische Flüssigkeiten oder anorganische Salze sind mögliche Zusätze:

- Blei-Zinn-Legierung, Schmelzpunkt 183 °C
- Zink-Zinn-Legierung, Schmelzpunkt 199 °C
- Organische Flüssigkeiten (Glyzerin, Polyalkylenglykol, Silikonöle)
- Anorganische Salze (Natriumnitrat, Natriumnitrit, Kaliumnitrat und Lithiumnitrat)

Der Nachteil organischer Flüssigkeiten ist jedoch, dass sie das **Vulkanisat** benetzen und zu Verlusten des Mediums und zu **Umweltproblemen** führen. Auch Metallschmelzen bereiten Probleme, weil sie ein hohes Gewicht aufweisen und zu dem teuer sind.

Die Salzbadvulkanisation

Aufgrund der Verwendung von Salzschmelzen wird das Salzbadverfahren auch als **LCM-Vulkanisation** bezeichnet. LCM ist die Kurzbezeichnung für die englische Wortgruppe: **Liquid-Curing-Method**. Es ist das einzige Verfahren, das für die drucklose kontinuierliche Vernetzung mit Peroxiden geeignet ist.

Das **LCM-Verfahren** wird bei der Vulkanisation von Kabeln oder Schläuchen angewendet sowie bei Moosgummi-Profilen. Das **Salzbad** besteht aus einem eutektischen Gemisch von Natriumnitrat, Natriumnitrit und Kaliumnitrat, die sich industriell durchgesetzt haben. Weitere Gemische sind Kaliumnitrat und Lithiumnitrat, die aber wesentlich teurer sind oder Kaliumnitrat und Natriumnitrat. Das letzte Beispiel ist wegen des hohen Schmelzpunktes des Gemisches für viele Anwendungen ungeeignet.

Verfahren: Das Salzbad ist direkt dem Vakuumextruder nachgeschaltet und kann je nach Vernetzungssystem und Kautschuk Temperaturen bis 260 °C ermöglichen. Außerdem gehören zur Anlage noch die Mess- und Regeleinrichtungen, ein Einlauftransportband, eine sich im Salzbad befindliche Transporteinrichtung, eine Wasch- und Trockenstrecke sowie eine Aufwickelstation. Die Wannen haben eine Länge zwischen 10 m und 30 m und werden entweder elektrisch oder mit Heißluft (ca. 450 °C) durch einen Gasbrenner erhitzt. Das Extrudat muss aufgrund der Auftriebskräfte in der Schmelze, mithilfe eines Stahlbandes oder einer Rollenbahn unter der Oberfläche gehalten werden. Um **Deformierungen** zu vermeiden, kann bei der Herstellung von Hohlkammerprofilen Stützluft eingeblasen werden. Eine **Salzberieselung**, die zwischen Extruderaustragsband und Salzbad liegen kann, bewirkt eine schnelle Anvulkanisation. Sie ermöglicht es, komplizierte Querschnitte zu verarbeiten.

Die Salzschmelze besitzt hierbei eine höhere Temperatur als die des Salzbades. Nach Verlassen des Salzbades muss das Salz, das teilweise an der Oberfläche anhaftet, entfernt werden. Dies wird durch ein Wasserbad, in dem sich Bürsten befinden, realisiert.

Die Wasch- und Kühlwässer müssen behandelt werden, um eine **Umweltgefährdung** zu vermeiden. Es werden unterschiedliche Reinigungsverfahren angewandt. Man unterscheidet den **bakteriellen Abbau** der Nitrate oder die biologische **Abwasserreinigung**. Die **Salzrückgewinnung** erfolgt durch Verdampfen des Wassers. Da dieser Vorgang sehr energie- und damit kostenaufwendig ist, sollte Abwärme genutzt werden. Die Abluft des Salzbades enthält eine Vielzahl von organischen Stoffen, deren Menge und Zusammensetzung vom Rezept abhängt. Es handelt sich hierbei um Weichmacherbestandteile, Spaltprodukten von Beschleunigern, Vernetzungshilfsmitteln und Alterungsmitteln, sie treten als Aerosole und Dämpfe auf. Es können verschiedene Reinigungsverfahren der Abluft zum Einsatz kommen. Es gibt die thermische Nachbehandlung, den Elektrofilter, die katalytische **Abluftreinigung**, Adsorptionsverfahren, biologische Filter und Wäscher. Welches Verfahren zum Einsatz kommt, ist von der Abluftmenge, der Schadstoffzusammensetzung und der Schadstoffkonzentration abhängig.

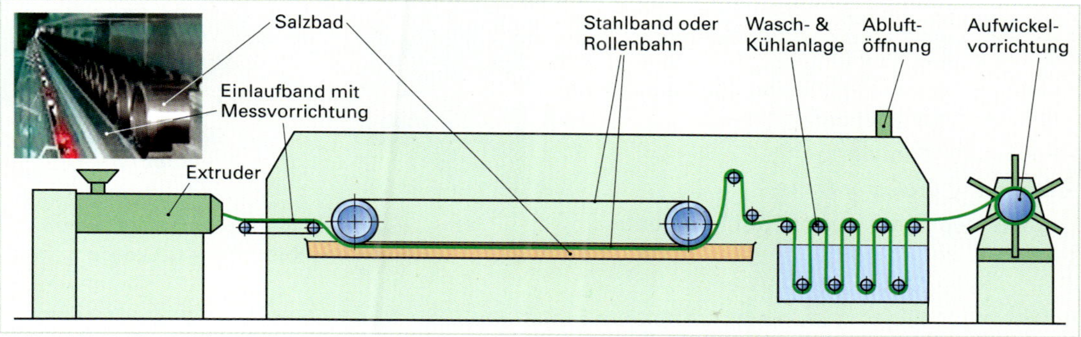

Bild 1: LCM-Anlage

Nachfolgend sollen noch einige Vor- und Nachteile der **LCM-Vulkanisation** (**Bild 1**) genannt werden.

Vorteile sind der Ausschluss von Luft, eine glatte Oberfläche und hohe Vulkanisationstemperaturen. Sie ist für alle Kautschuktypen geeignet.

Die **Nachteile** bestehen in der Abwasserverschmutzung, sie ist für Hohlkammerprofile nicht geeignet und sie ist ungünstig für Wanddicken über 10 mm.

Die **Produktionsgeschwindigkeit** ist von der Geometrie des Extruders und von der Länge des Salzbades abhängig und kann bei geringen Querschnitten bis 80 m pro Minute betragen.

Wiederholungsfragen:

1. Welche Eigenschaften hat der Kautschuk vor der Vulkanisation?
2. Erläutern Sie den Begriff „Reversion".
3. Erläutern Sie den Begriff „Bombieren".
4. Die gefertigten konfektionierten Reifenrohlinge werden einer Heizpresse zugeführt. Wozu ist dieser Vorgang notwendig?
5. Hydraulische Pressen in Säulenbauart haben eine V-förmige Anordnung der Säulen. Wodurch zeichnet sich diese Pressenart besonders aus?
6. Ein Unterscheidungsmerkmal bei Heizpressen ist das Funktionsprinzip des Heizbalgs. Erklären Sie in diesem Zusammenhang das „standing post"-Verfahren.
7. Das Reifenheizpressen wurde in 11 Schritten beschrieben. Welche Vorgänge werden in einem Zyklus durchlaufen?

15 Herstellen von Bauteilen durch Bearbeitung von Halbzeugen

Bauteile werden zum einen aus **Formteilen**, die bereits eine feste Form mit bestimmten Abmessungen besitzen, und zum anderen aus **Halbzeugen** hergestellt.

Halbzeuge aus Kunststoff sind **vorgeformte** Produkte wie Rohre, Profile oder Folien, die durch Extrudieren, Kalandrieren, Pressen oder Schäumen hergestellt werden (**Bild 1**).

Halbzeuge werden durch **Umformen**, z. B. Biegen, durch **Trennen**, z. B. Sägen, oder durch **Fügen**, z. B. Schweißen, in ihre endgültige Form gebracht.

Halbzeugformen sind:

- Rohre und Schläuche
- feste und flexible Profile mit den unterschiedlichsten Querschnitten
- Folien und Bahnen
- Tafeln mit größerer Dicke
- zylindrische oder quaderförmige Blöcke

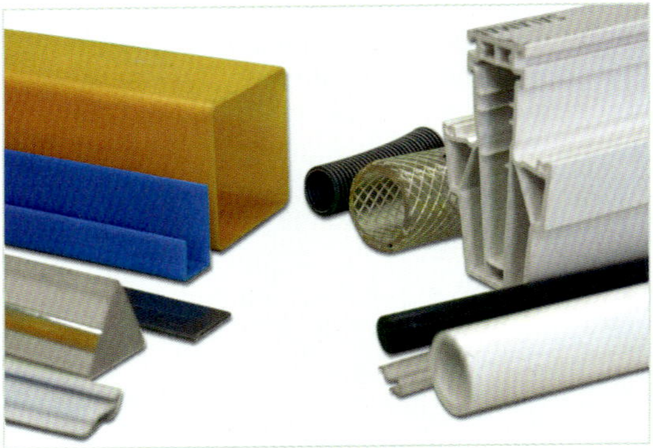

Bild 1: Sortiment von Kunststoff-Halbzeuge

15.1 Umformverfahren

Das **Umformen** von Kunststoffen, auch **Thermoformen** genannt, stellt eine sehr **wirtschaftliche** Methode der Herstellung von Produkten aus **Halbzeugen** (**Bild 2**) bei kleineren Stückzahlen (bis 1000/Jahr) dar. Dabei werden die Vorprodukte im meist **warmen** Zustand durch eine äußere **Krafteinwirkung plastisch** verformt. Es lassen sich zwar einige Kunststoffe, z. B. Polycarbonat, auch im kalten Zustand verformen, doch kommt dieses Kaltumformen aufgrund der Gefahr des **Weißbruches** eher selten zum Einsatz.

Das **Thermoformen** erfolgt im **thermoelastischen** Zustand, da hier die Nebenvalenzkräfte **weitgehend** abgebaut sind und ein **Verschieben** der Fadenmoleküle möglich ist. Daher lassen sich **nur** Thermoplaste umformen.

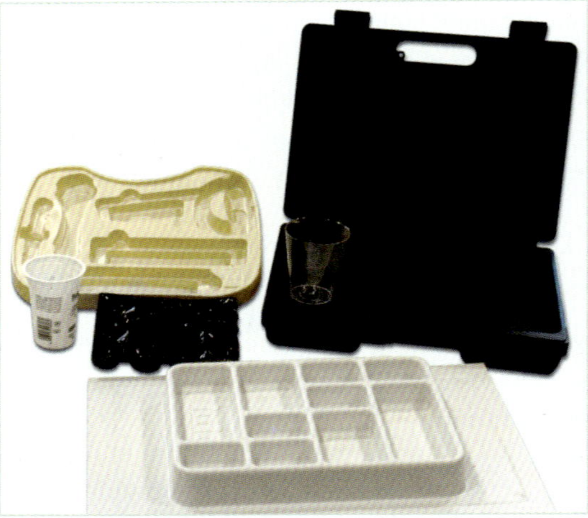

Bild 2: Umgeformte Produkte aus Kunststoff

Die Umformverfahren werden nach der Art der Umformkräfte eingeteilt (**Tabelle 1, folgende Seite**). Dabei können die Umformkräfte von **Hand**, pneumatisch durch **Druckluft** bzw. **Vakuum** oder mechanisch durch einen formgebenden **Stempel** aufgebracht werden. Die Kräfte sind dabei deutlich **geringer** als beim Umformen von metallischen Werkstoffen. Zudem kann die Art der Kraftaufbringung auch **kombiniert** werden. Beim **Zugumformen** vergrößert sich die Oberfläche des Werkstückes und die Wanddicke wird dabei geringer. Dagegen bleibt beim **Zugdruckumformen** die Wanddicke nahezu konstant.

Tabelle 1: Einteilung der Umformverfahren nach VDI-Richtlinie 2008

Verfahren:	Zugumformen	Druckumformen	Biegeumformen	Zugdruckumformen
Art der Kraftaufbringung:	Druckluft/Vakuum Stempel	per Hand, Stempel	manuell, Biegevorrichtung	Druckluft/Vakuum Stempel

Für die Praxis zeigt sich anstelle von Zug-, Druck- bzw. Zugdruckumformung eine Einteilung in **Positiv-** und **Negativ-Formung** als sinnvoller, da eine eindeutige Bezeichnung der einwirkenden Umformkräfte oft nicht möglich ist.

Bei einer **Positivformung** wird die Werkzeugform auf der **Innenseite** des Halbzeuges abgebildet. Kommt dagegen die **Außenseite** des Halbzeuges mit dem Werkzeug in Kontakt, spricht man von einer **Negativformung**.

15.1.1 Werkstoffverhalten beim Umformen

Das Umformen führt bei Kunststoffen zu einer **Veränderung** der **Anordnung** der Fadenmoleküle. Dadurch werden vor allem die **Nebenvalenzkräfte** zwischen den Molekülketten beeinflusst und es kommt zu einer **Vergrößerung** oder auch **Verminderung der Festigkeit**. Ebenso zeigen umgeformte Kunststoffprodukte bei einer Wiedererwärmung ein **Rückstellbestreben**, auch **Memory-Effekt** genannt auf, d. h., sie nehmen teilweise ihre alte Halbzeugform wieder an. Um den Einfluss dieser Veränderungen auf die Qualität der Produkte zu beherrschen, muss eine Reihe von Bedingungen für das Umformen beachtet werden.

Umformgrad

Hierunter versteht man, wie **stark** die ursprüngliche Form beim Umformen verändert wird. Es kann z. B. durch das **Ziehverhältnis** β (**Bild 1**) ausgedrückt werden, wenn aus einem runden, flächigen Zuschnitt ein Hohlkörper geformt wird (**Bild 1**).

Ziehverhältnis: $$\beta = \frac{D}{d_1}$$

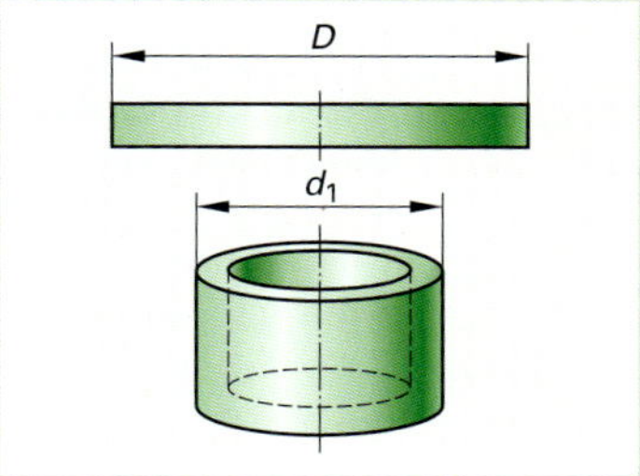

Bild 1: Ziehverhältnis β

Ein Werkstoff kann nicht beliebig stark umgeformt werden. Der maximal mögliche Umformgrad hängt ab von der **Reißdehnung** des Werkstoffes und damit auch von der **Umformtemperatur**.

Rückstellbestreben („Memory-Effekt")

Grundsätzlich hat jeder Werkstoff aufgrund seines **elastischen** Verhaltens ein gewisses Rückstellbestreben, er muss also um den elastischen Anteil **überstreckt** bzw- **gestaucht** werden, um den gewünschten Umformgrad zu erreichen. Bei Kunststoffen tritt zudem bei einer **Wiedererwärmung** ein **Rückstellbestreben** ein, der den Werkstoff veranlasst seine frühere Form wieder einzunehmen. Dieser **Memory-Effekt** kann zum Einen gewünscht sein, z. B. bei einer Verpackung mit Schrumpffolie, zum Anderen führt er zu einem **geringeren Wärmestandsverhalten** und muss entsprechend berücksichtigt werden. Im festen Zustand werden die **Fadenmoleküle** ① von Thermoplaste durch **Nebenvalenzkräfte** (rote Doppelpfeile) ② zusammen gehalten (**Bild 2**).

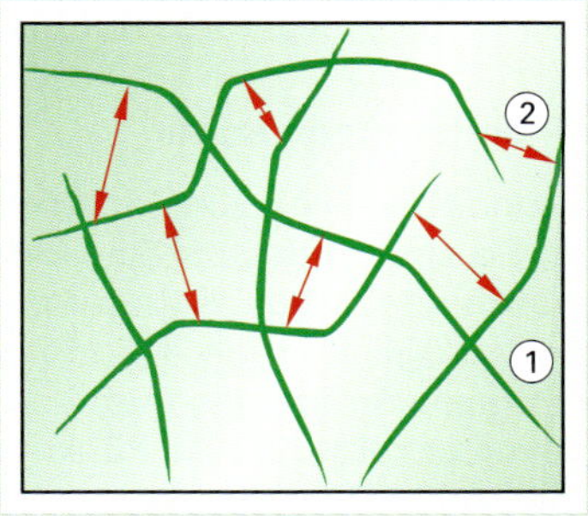

Bild 2: Fester Zustand eines Kunststoffes

Im **thermoelastischen** Zustand haben sich diese physikalischen Bindungskräfte bis auf einige **wenige** temperaturbeständige Kräfte abgebaut (**Bild 1**).

Durch einen Umformprozess, z. B. durch Druckkräfte ①, werden die Fadenmoleküle in Kraftrichtung **zusammengedrückt, quer** dazu werden sie **gestreckt** ② und richten sich in dieser Streckrichtung aus (**Bild 2**). Beim Abkühlen bilden sich **neue** Kräfte (blau) aus, die den Werkstoff in der **neuen Form „einfrieren"** (**Bild 3**).

Bei einer erneuten Erwärmung verschwinden diese neuen Nebenvalenzkräfte wieder und die Fadenmoleküle versuchen ihre frühere (und „bequemere") Lage wieder einzunehmen: die **frühere Form** ② wird **nahezu wieder** eingenommen (**Bild 4**).

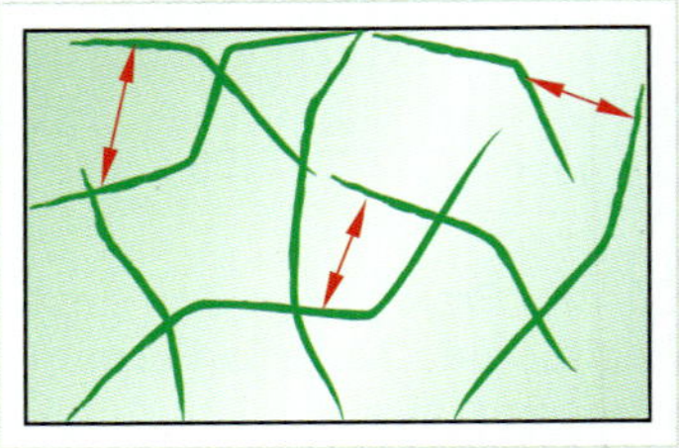

Bild 1: Thermoelastischer Zustand

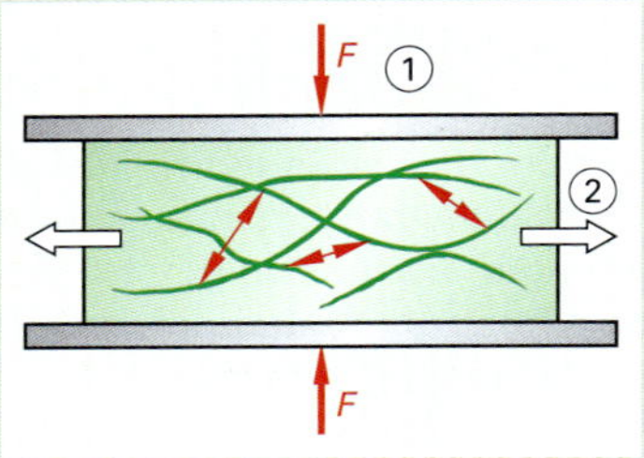

Bild 2: Umformprozess

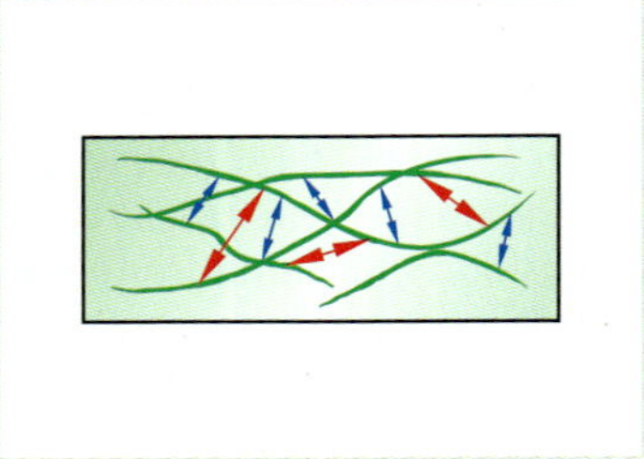

Bild 3: „Einfrieren"

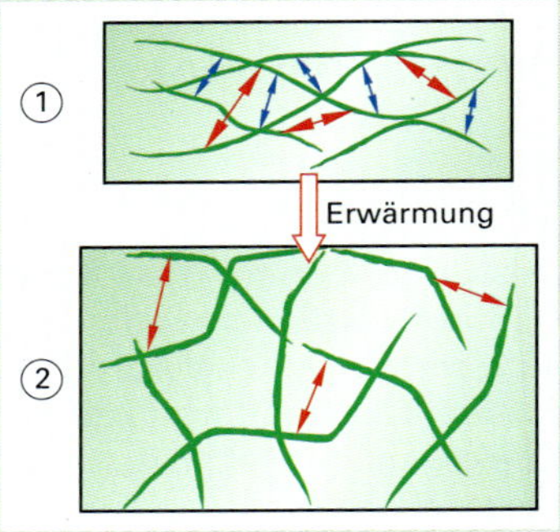

Bild 4: Memoryeffekt von ① nach ②

Die Höhe des Rückstellbestrebens ist abhängig von der **Umformtemperatur** und damit auch von der **Molekülstruktur** der Thermoplaste. So zeigen amorphe Thermoplaste, z. B. Polystyrol, ein deutlich höheres Rückstellbestreben als teilkristalline. Durch Umformen hergestellte Jogurtbecher aus PS lassen sich nahezu in ihre scheibenförmige Ausgangsform durch eine gleichmäßige Erwärmung zurückführen (**Bild 5**).

Bild 5: Memoryeffekt bei Jogurtbechern

Viele Lebensmittelbehältnisse werden nach dem Befüllen unter Wärmeeinfluss **sterilisiert**. Dabei darf es zu **keiner** Rückformung kommen.

Zunutze macht man sich den Memoryeffekt in der Verpackungstechnik mit **Schrumpffolien**. Diese vorgestreckten Folien ziehen sich bei Erwärmung wieder zusammen und passen sich der Kontur des Verpackungsgutes optimal an.

Umformtemperatur

Grundsätzlich entscheidet die Umformtemperatur über die **Höhe** der notwendigen **Umformkräfte**. So sind im festen Zustand sehr hohe Kräfte notwendig, die sich nicht mehr durch Druckluft aufbringen lassen. Kaltumformungen sind nur bei zähen Kunststoffen, wie PC, ABS, PE-HD oder SAN möglich, ohne das Material zu schädigen. Die Umformtemperaturen liegen um das **Dehnungsmaximum**, also um den Punkt, bei dem der Werkstoff am **meisten** gedehnt werden kann, bevor er reißt. Dieser Punkt liegt in der Regel im **thermoelastischen** Bereich des **Zustandsdiagrammes**. Damit ist für die Wahl der Umformtemperatur die Molekülstruktur des Kunststoffes ausschlaggebend (**siehe Kapitel 15.1.2**). Zudem ist bei einer **Vakuumformung** eine **höhere** Umformtemperatur erforderlich als bei einer **Druckluftformung**.

Umformgeschwindigkeit

Die Geschwindigkeit, mit der umgeformt wird, hängt ebenfalls vom Werkstoff und der Umformtemperatur ab. Allerdings können auch **Kaltumformungen** sehr schnell (unter einer Sekunde) erfolgen.

Je **höher** die Umformtemperatur ist, desto höher liegt die mögliche Umformgeschwindigkeit.

Gefügeveränderungen beim Umformen

Durch das Umformen **nimmt** die Festigkeit in **Richtung** der gestreckten Fadenmoleküle **zu**, da allein die starken chemischen Bindungen, also die **Hauptvalenzkräfte**, der Längskraft $F_{längs}$ entgegenwirken (**Bild 1**).

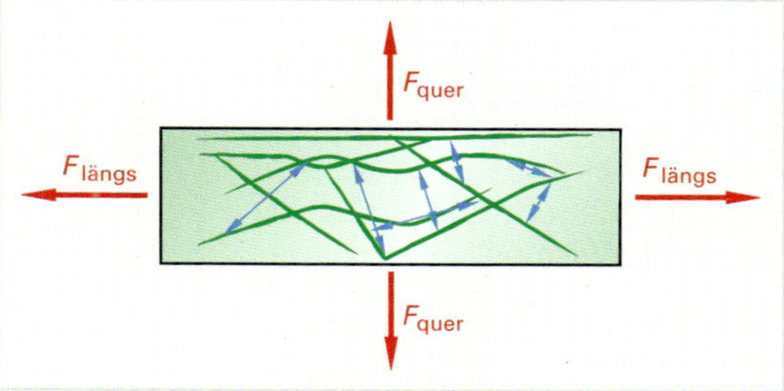

Bild 1: Festigkeitsänderungen beim Umformen

Die Festigkeit **quer** zu den Fadenmolekülen nimmt dagegen **ab**, da nur die schwächeren **Nebenvalenzkräfte** die Querkraft F_{quer} aufnehmen können. In Querrichtung besteht daher die Gefahr von **Spannungsrissbildung**.

Jogurtbecher reißen deshalb viel leichter vom Rand zum Boden, also parallel zu den gestreckten Fadenmolekülen (**Bild 2**).

Bei umgeformten Produkten muss die Gefahr der **Spannungsrissbildung quer** zur Reckrichtung durch eine **verminderte** Festigkeit unbedingt berücksichtigt werden.

Bild 2: Spannungsrissbildung an umgeformten Bechern

15.1.2 Umformbereiche

Um einen Kunststoff umformen zu können, darf er den Umformkräften nur einen möglichst **geringen** Widerstand bieten, d. h., er muss bei der Umformtemperatur möglichst wenige Nebenvalenzkräfte besitzen. Für sehr große Umformgrade wiederum muss er bei der Umformtemperatur **maximal** dehnbar sein, d. h., die **Reißdehnung** muss hier möglichst **groß** sein.

Duromere haben eine **hohe Festigkeit** bei einer **geringen Dehnbarkeit**, die sich auch mit der Temperatur nur unwesentlich ändern. **Elastomere** dagegen besitzen eine sehr **hohe Dehnbarkeit** bei einer relativ **geringen Festigkeit**, die ebenfalls beide nur wenig temperaturabhängig sind.

Duroplaste und Elastomere sind daher nach ihrer Vernetzung **nicht** umformbar.

Bei **Thermoplasten** hängen diese Eigenschaften von der Temperatur ab, somit besitzen sie einen **ausgeprägten Umformbereich** je nach Typ bei Temperaturen zwischen 90 °C und 170 °C. Sie werden also **warmgeformt**. Thermoplaste mit **ausgeprägter Streckgrenze** (siehe Kapitel 3.4.8), z. B. PC und ABS, können auch **kaltumgeformt** werden. Die Lage des Umformbereiches hängt dabei stark von der Molekülstruktur des Thermoplasten ab.

Amorphe Thermoplaste

Der Umformbereich amorpher Thermoplaste beginnt im 1. Drittel des **thermoelastischen** Zustands und reicht knapp in den Fließtemperaturbereich hinein (Bild 1, nächste Seite). Im höchsten Punkt der Reißdehnungskurve, dem **Dehnungsmaximum**, sind die **größten** Umformgrade möglich. Das Rückstellbestreben ist relativ **groß**, da noch immer eine gewisse Festigkeit (also noch eine relativ hohe Anzahl von Nebenvalenzkräften) vorhanden ist.

Oberhalb des Dehnungsmaximums beginnt die sog. **Warmsprödigkeit**, bei der keine hohen Umformgrade mehr möglich sind.

Da die Zugfestigkeit aber immer geringer wird, nimmt auch das Rückstellbestreben ab, d. h., die Produkte haben hier ein deutlich **besseres Wärmestandverhalten**.

Der relativ große Umformbereich lässt sich hier in drei Unterbereiche einteilen, je nachdem welche Umformgrade erforderlich sind bzw. welches Rückstellbestreben erwünscht wird (**Tabelle 1**).

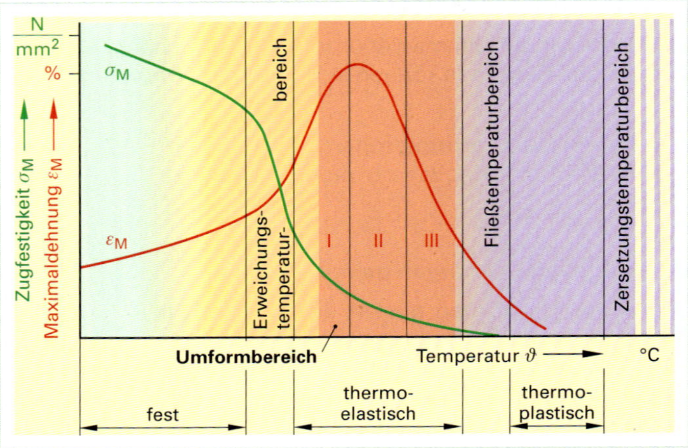

Bild 1: Umformbereich amorpher Thermoplaste

Tabelle 1: Umformbereiche amorpher Thermoplaste

Kunststoff	Umformbereich I in °C hohe Umformgrade Rückstellbestreben hoch	Umformbereich II in °C mittlere Umformgrade Rückstellbestreben mittel	Umformbereich III in °C geringe Umformgrade Rückstellbestreben gering
PVC-U	90 ... 105	105 ... 120	120 ... 150
Polystyrol (PS)	95 ... 115	115 ... 125	125 ... 135
ABS	100 ... 120	120 ... 135	135 ... 150
Plexiglas (PMMA)	130 ... 140	140 ... 150	150 ... 170
Polycarbonat (PC)	150 ... 170	170 ... 190	190 ... 210

Teilkristalline Thermoplaste

Tabelle 2: Umformbereiche teilkristalliner Thermoplaste

Kunststoff	Dichte in g/cm³	Umformbereich in °C
PE-LD	0,92	105 ... 107
PE-HD	0,96	130 ... 135
PP	0,91	160 ... 164
POM	1,41	170 ... 180
PA 12	1,02	164 ... 167
PPS	1,34	260 ... 270

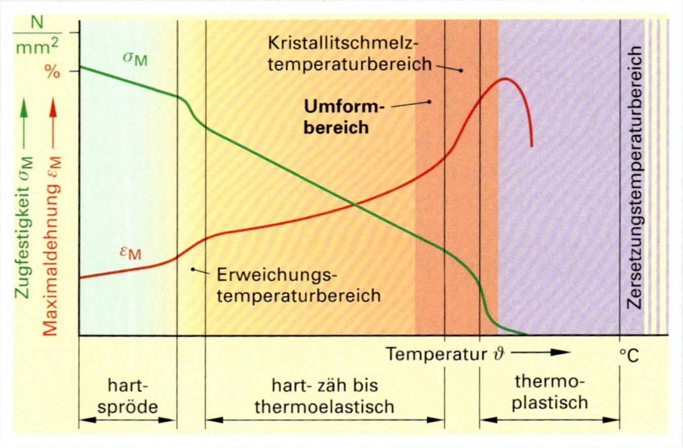

Bild 2: Umformbereich teilkristalliner Thermoplaste

Bei **teilkristallinen** Thermoplasten erweichen zuerst nur die amorphen Bestandteile. Sie gehen in den thermoelastischen Zustand über. Die Kristallite erweichen erst im **Kristallitschmelztemperaturbereich** (KT), somit liegt der Umformbereich um den KT herum und ist deutlich **kleiner** als bei den amorphen Thermoplasten (**Bild 2**). Die Festigkeit des Werkstoffes ist gerade im oberen Bereich so gering, dass er nahezu **thermoplastisch** ist. Um Werkstoffschädigungen zu vermeiden, muss man die Umformtemperatur bei teilkristallinen Thermoplasten **genau** einhalten.

Die Kristallitschmelztemperaturbereiche und damit auch die Umformbereiche sind abhängig von der Dichte der Werkstoffe (**Tabelle 2, vorhergehende Seite**).

Amorphe Thermoplaste haben einen **breiten** Umformbereich im **thermoelastischen** Bereich. Entsprechend dem benötigten Umformgrad bzw. des gewünschten Rückstellbestrebens kann hier aus drei Umformbereichen ausgewählt werden.

Teilkristalline Thermoplaste lassen sich um den **Kristallitschmelztemperaturbereich** herum umformen. Da der Umformbereich relativ klein ist, muss er exakt eingehalten werden.

15.1.3 Biegeumformen

Biegeumformverfahren kommen bei Kunststoffen vor allem in Form des **Abkantens** von Tafeln und als **Biegen** von Rohren und Profilen zur Anwendung. Biegen ist eine zusammengesetzte Beanspruchung aus Zug- und Druckbelastung. Dabei werden die **äußeren** Bereiche des Werkstückes **gestreckt**, die **inneren** Bereiche **gestaucht**. Dazwischen verläuft die **neutrale Faser**, die weder gestreckt noch gestaucht wird und dadurch ihre Ausgangslänge **beibehält** (**Bild 1**).

Der Biegeradius *R* darf dabei **nicht** beliebig klein gewählt werden. Je **kleiner** der Biegeradius ist, desto weiter verlagert sich die neutrale Faser nach **innen**. Die Folgen davon sind **Risse** an der Außenseite und **Druckfalten** an der Innenseite. Aus diesem Grund werden **Mindestbiegeradien** festgelegt, die abhängig vom gebogenen Werkstoff sind (**Tabelle 1**).

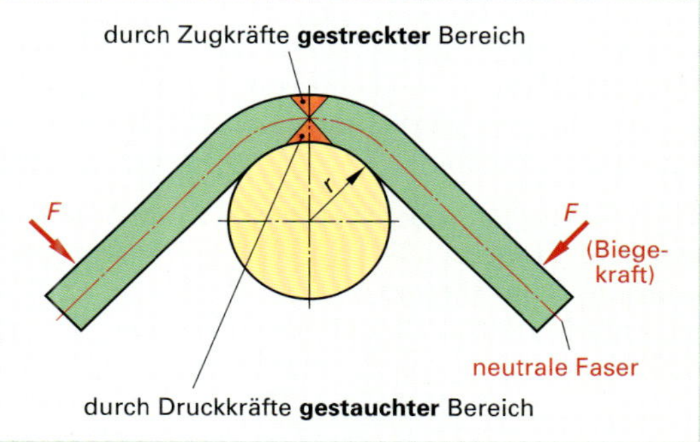

Bild 1: Werkstoffverhalten beim Biegen

Der Biegewiderstand, den der Werkstoff dem Biegevorgang entgegensetzt, hängt von verschiedenen Faktoren ab. Er ist um so höher,

- je größer die Festigkeit des Werkstoffes,
- je kleiner der Biegeradius,
- je größer der Querschnitt des Bauteiles,
- und je tiefer die Umformtemperatur ist.

Tabelle 1: Mindestbiegeradien

Werkstoff	Blech/Tafel (Blechdicke *s*)	Rohr (Rohr- ø*d*)
Stahl	$1 \cdot s$	$1,5 \cdot d$
Kupfer	$1,5 \cdot s$	$1,5 \cdot d$
Thermoplaste	$\mathbf{2 \cdot s}$	$\mathbf{4 \cdot d}$

Gestreckte Länge

Um ein gebogenes Bauteil nach Plan fertigen zu können, muss zunächst ein gerades Stück von einem entsprechenden Halbzeug mit der notwendigen Länge abgetrennt werden. Diese **gestreckte Länge** entspricht der Länge der **neutralen Faser** und muss berechnet werden.

Hierzu wird die neutrale Faser in **gerade** und **kreisförmige** Abschnitte l_1, l_2, l_3 usw. aufgeteilt.

Gestreckte Länge $\quad L = l_1 + l_2 + l_3 + \ldots l_n$

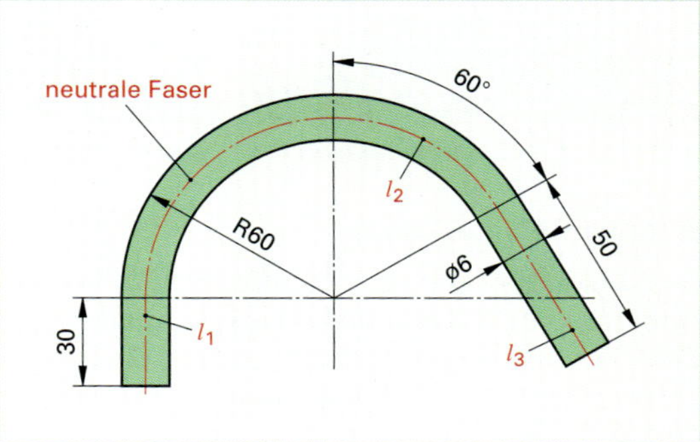

Bild 2: Berechnung der gestreckten Länge

Beispiel: Gestreckte Länge des Hakens (**Bild 2**):

Lösung : $L = l_1 + l_2 + l_3$

$l_1 = 30\ \text{mm} \qquad l_3 = 50\ \text{mm}$

$$l_2 = \frac{r_N \cdot \alpha \cdot \pi}{180°} = \frac{57\ \text{mm} \cdot 150° \cdot \pi}{180°} = \mathbf{149\ mm}$$

Radius der neutralen Faser:

$$r_N = 60\ \text{mm} - \frac{6\ \text{mm}}{2} = 57\ \text{mm}$$

$$L = 30\ \text{mm} + 50\ \text{mm} + 149\ \text{mm} = \mathbf{229\ mm}$$

Bei **unsymmetrischen** Profilen liegt die neutrale Faser auf der sogenannten **Schwerpunktline** (**Bild 1**):

> r_N = Biegeradius + Schwerpunktabstand innen = $\boldsymbol{r + e_y\ (e_x)}$;
> (e_y, e_x: aus Tabellenbüchern zu Profilen)

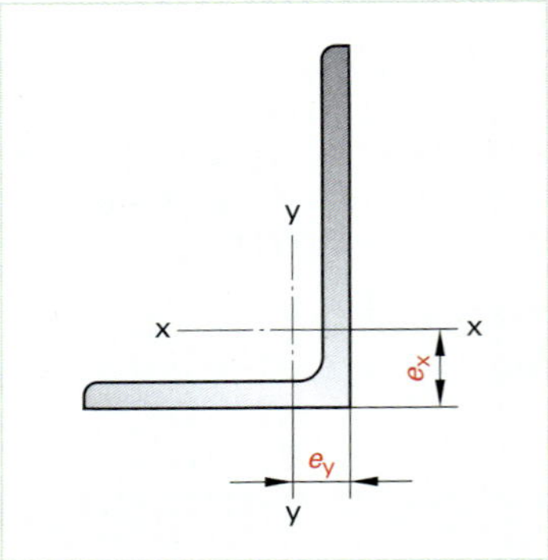

Bild 1: Schwerpunktmaße e_y, e_x

Biegen von Rohren

Beim Biegen von Rohren muss darauf geachtet werden, dass der **kreisförmige** Querschnitt während des Biegevorganges erhalten bleibt und es zu **keiner** Einengung kommt. Dies erfolgt meistens durch **Quarzsand**, der in das Rohr eingefüllt und durch Klopfen verdichtet wird. Die Rohrenden werden dabei durch entsprechende Pfropfen geschlossen (**Bild 3**).

Zum Festlegen des Biegebereiches muss zunächst die **gestreckte Länge** des Rohres ermittelt und auf dem Rohr markiert werden. Beim Biegen von **90°-Bögen** ist darauf zu achten, dass sich die Mitte des Biegebereiches etwa im Verhältnis 1/3 zu 2/3 des Biegeradius *r* nach einer Seite hin verschiebt (**Bild 2**).

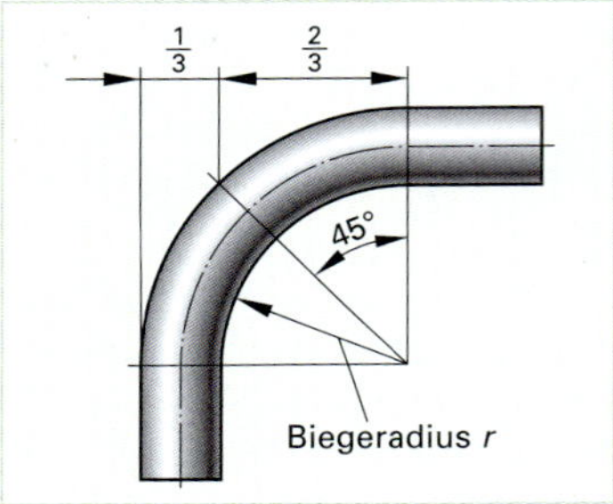

Bild 2: Biegen von Rohren

Danach wird der Biegebereich auf eine Breite von mindestens dem **5-fachen** des Rohrdurchmessers mit einem Heizstrahler gleichmäßig erwärmt. Dann wird das Rohr frei oder mittels einer Biegeschablone, die entweder den Innenradius oder den Außenradius vorgibt, von Hand gebogen (**Bilder 4 und 5**).

Für aufwendigere Biegearbeiten verwendet man Biegevorrichtungen mit verstellbaren Biegewinkeln.

Bild 3: Einfüllen von Quarzsand

Bild 4: Freies Biegen

Bild 5: Biegen von Hand

Abkanten von Tafeln

Das **Abkanten** von **Kunststofftafeln** findet vor allem in der Klima- und Lüftungstechnik und im Apparatebau Anwendung. Die Abkantvorrichtungen sind im Prinzip wie die Abkantbänke bei der Blechbearbeitung aufgebaut, jedoch besitzen sie eine zusätzliche Einrichtung zum **Erwärmen** der Tafeln. Die Platte wird eingespannt und im Biegebereich auf eine Anwärmbreite *b* von mindestens dem **5-fachen** der Tafeldicke durch Heizstrahler bis in den thermoelastischen Bereich angewärmt (**Bild 1, nächste Seite**).

Anschließend werden die Heizstrahler weggeklappt oder abgesteckt und die Biegevorrichtung an die heiße Tafel herangeschwenkt (**Bild 2**). Mit dem **Biegebalken** erfolgt dann das Abkanten auf den gewünschten Winkel, der Radius wird durch einen speziellen **Einsatz** erzeugt (**Bild 3**).

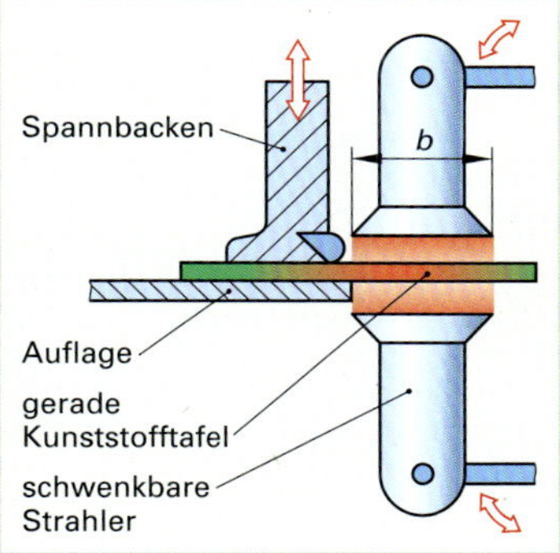

Bild 1: Vorwärmen der Platte

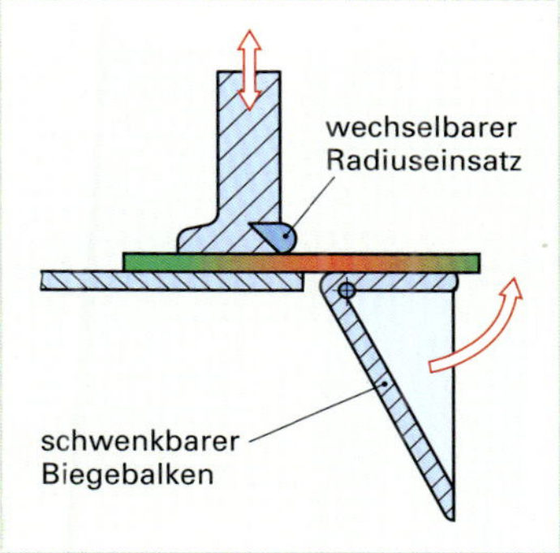

Bild 2: Heranschwenken der Biegevorrichtung

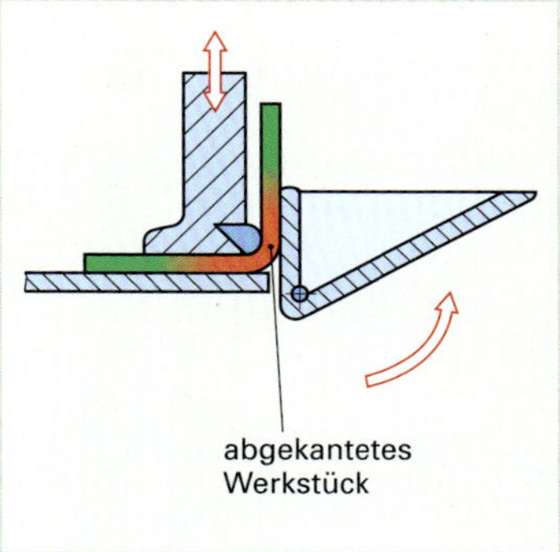

Bild 3: Abkanten

Bördeln und Muffen

Beim **Bördeln** von Rohren ① wird das Rohrende erwärmt und über eine Ecke gedreht, um sie aufzuweiten, und anschließend gegen eine ebene Fläche gedrückt, sodass der Rand nach außen abklappt. Zum **Muffen** oder **Aufmuffen** ② wird das erwärmte Rohrende über das angefaste Ende des Verbindungsrohres gedrückt – der Innendurchmesser wird aufgeweitet. Beide Verfahren dienen zur Verbindung von Rohren (**Bild 4**).

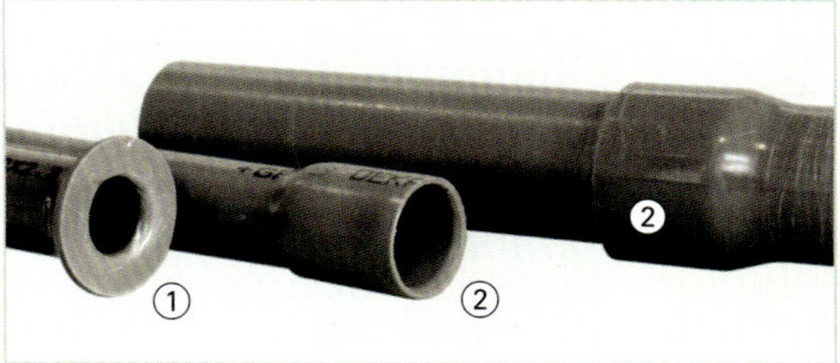

Bild 4: Bördeln und Muffen

15.1.4 Positivformung

Bei einer **Positivformung** erzeugt das Werkzeug **maßhaltige Innenkonturen** ①, die Außenkonturen des Umformproduktes ergeben sich dabei mehr oder weniger von selbst. An **äußeren** Ecken ② ergeben sich dabei **dickere** Stellen, an **inneren** Ecken ③ **dünnere** Stellen (**Bild 5**).

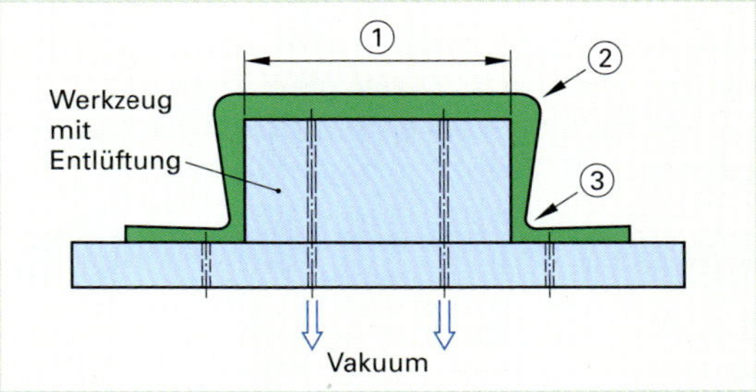

Bild 5: Positivformung

Beim Positivformen wird die zugeschnittene Kunststoffplatte zunächst auf **Umformtemperatur** gebracht. Durch eine spezielle Regelung können die einzelnen Heizstrahler oder Pilotstrahler **einzelne** Plattenabschnitte je nach dem notwendigen Umformgrad entprechend erwärmen. So sind im Kantenbereich **höhere** Umformtemperaturen notwendig. Anschließend wird die Platte durch Druckluft **vorgestreckt**, d. h. zu einer **Blase** gestreckt (**Bild 6**). Bei stark konischen Formteilen kann auch mit einem Formwerkzeug vorgestreckt werden.

Die Oberfläche der Blase sollte nicht größer sein als die Oberfläche des fertigen Formteils.

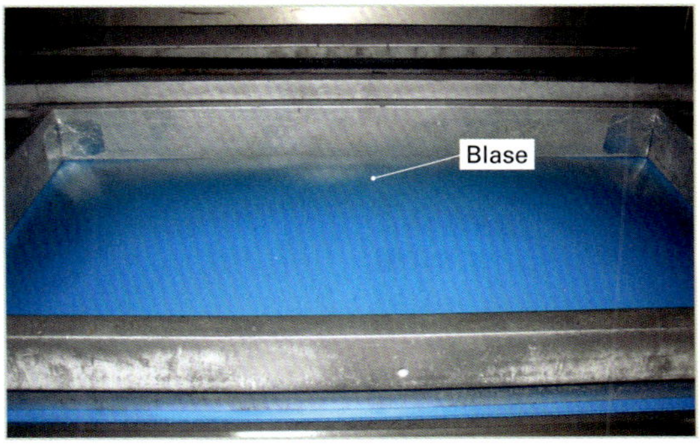

Bild 6: Pneumatisches Vorstrecken

Anschließend fährt das Werkzeug von unten in die Blase hinein, bis es zu einer Abdichtung zwischen thermoelastischem Kunststoff und Werkzeug kommt (**Bild 1**). Durch feine Luftkanäle wird jetzt die Luft dazwischen abgesaugt und die Konturen werden auf der Innenseite genau abgebildet (**Bild 2**).

Bild 1: Ausbilden der Konturen

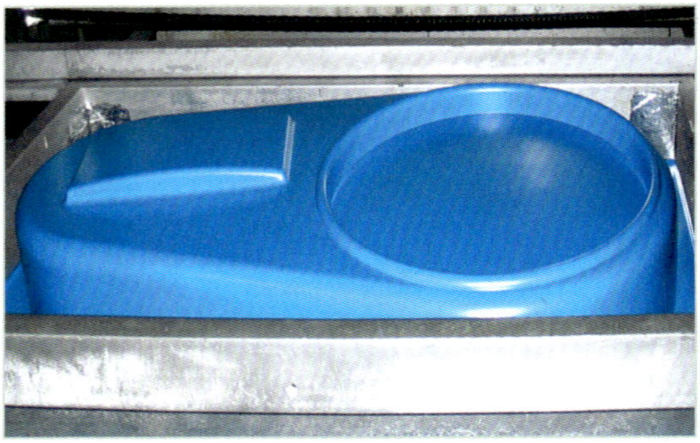

Bild 2: Fertige Riemenabdeckung

Bevor das Produkt entformt werden kann, muss es noch mehrere Minuten durch Anblasen mit Luft **abkühlen**. Nach der endgültigen Abkühlung in speziellen Werkstückträgern wird der Rand besäumt und weitere notwendige Bohrungen oder Öffnungen eingefräst.

In weiteren Varianten kann die vorgestreckte Blase auch durch einen **Oberstempel** zu einem quaderförmigen Gebilde geformt werden oder sogar von oben in eine bestimmte Form für mögliche Außenkonturen **gesaugt** werden. Anschließend fährt dann das eigentliche Werkzeug von unten in die vorgestreckte Form und bildet die Innenkonturen. Dieses Verfahren ist z. B. für die Herstellung von hohen **Duschwannen** aus gegossenem PMMA geeignet (**Bild 3**).

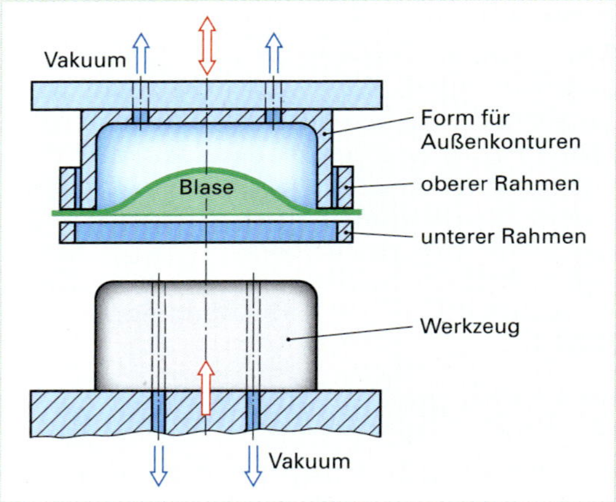

Bild 3: Positivformung mit Vorsaugen

15.1.5 Negativformung

Bei einer **Negativformung** erzeugt das Formwerkzeug **maßhaltige Außenkonturen** ①, die Innenkonturen ergeben sich dabei mehr oder weniger von selbst. An **inneren** Ecken ② ergeben sich dabei **dünnere** Stellen, an **äußeren** Ecken ③ **dickere** Stellen (**Bild 4**).

Ziel jeder Thermoformung ist eine möglichst **gleichmäßige** Wanddickenverteilung, die zum einen durch **Vorstreckung** erreicht werden kann. Zum anderen setzt man auch **Hilfsstempel** (so genannte Oberstempel) ein, die die Werkzeuggegenseite ausformen, aber leider auch **Sichtmarken** hinterlassen.

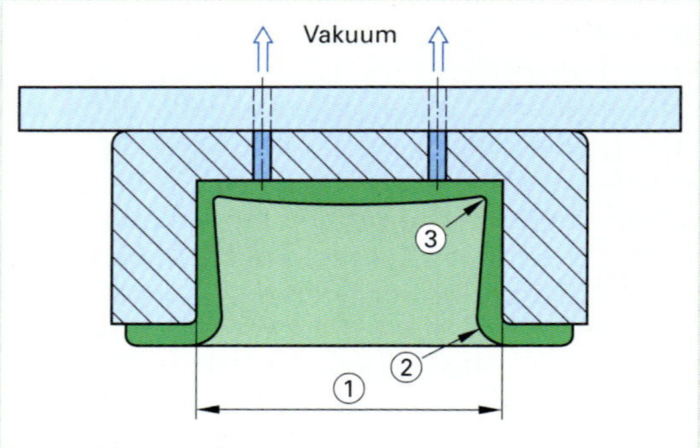

Bild 4: Negativformung

Bei **großen** Formteilen, z. B. Badewannen oder Spülbecken, kann die Negativformung **ohne** Vorstreckung und Oberstempel erfolgen, da die Halbzeugflächen **gezielt unterschiedlich beheizt** werden können. So lassen heißere Bereiche größere Verstreckungen zu.

Negativformung mit mechanischem Vorstrecken

Bei **großen** Umformgraden ist es notwendig, mit einem **Oberstempel** Material in den Bodenbereich des Werkzeuges zu bringen. Dabei hängt die Wanddickenverteilung ab von:

- der Gestaltung und der Eintauchtiefe des Oberstempels
- dem Zusammenspiel zwischen Stempel und Werkzeug
- der Temperatur des Halbzeuges

Nach dem Aufheizen des Halbzeuges formt der Oberstempel das Formteil vor und taucht in das Werkzeug ein. Das Kühlen erfolgt mit **zurückgezogenem** Stempel. Für große Wanddicken s_B im **Bodenbereich** des Formteils muss der Abstand s_W (Dicke der Seitenwand) sowie der Radius R möglichst klein sein (**Bild 1**).

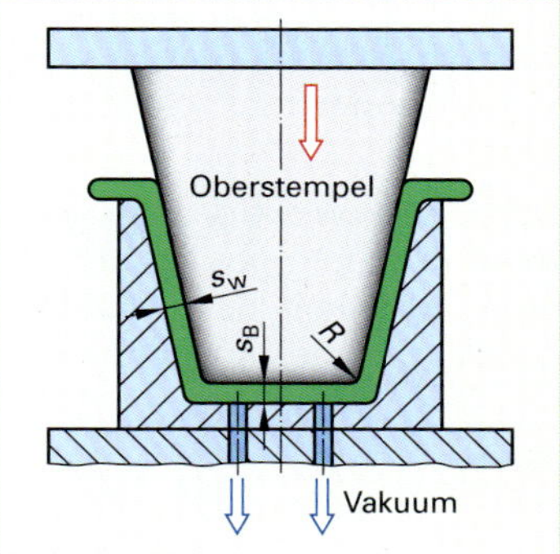

Bild 1: Vorstrecken mit Stempel

Negativformung mit pneumatischem Vorstrecken

Hierbei wird zunächst mit **Druckluft** eine Blase **vorgestreckt**, anschließend taucht der Oberstempel in die Blase ein und **stülpt** sie um. Dann fährt das Werkzeug von unten heran. Ein Vakuum zwischen Werkzeug und Formteil drückt das thermoelastische Halbzeug an die Werkzeugkonturen. Auf diese Weise kann man ebenfalls eine relativ gleichmäßige Wanddickenverteilung erhalten und die **Dicke** des Bodenbereiches beeinflussen (**Bild 2**).

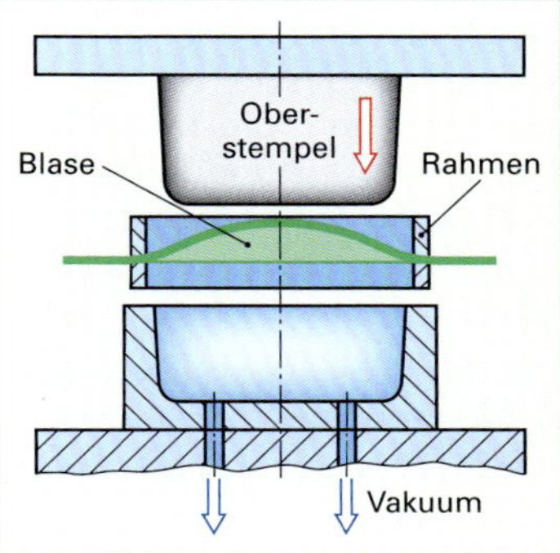

Bild 2: Pneumatisches Vorstrecken

Streckziehen durch Druckluft mit Gegenwerkzeug

Hierbei sind auch **dickere** Tafeln umformbar, da die Umformkräfte eines **Vakuums** begrenzt sind. Allerdings sind hier auch die Umformgrade begrenzt. Die durch den Oberrahmen fixierte und erwärmte Tafel wird durch **Druckluft** vorgestreckt, wobei der **Prallteller** für eine **gleichmäßige** Verteilung der Druckluft sorgt. Drücke von mehreren bar wären sonst in der Lage ein Loch in die weiche Platte zu schießen. Je nach gewünschter Endform kann hierbei **ohne** Gegenwerkzeug, z. B. für Lichtkuppeln, oder **mit** Gegenwerkzeug gearbeitet werden (**Bild 3**).

Durch Negativformen ist es auch möglich, **Oberflächenstrukturen** des Formwerkzeuges auf dem Formteil abzubilden. Hierzu sind allerdings Umformtemperaturen an der **obersten Grenze** des Umformbereiches, sowie **sehr lange** Heiz- und Kühlzeiten erforderlich. So können unterschiedliche raue Oberflächen, Ledernarbungen oder sogar Holzmaserungen erzeugt werden.

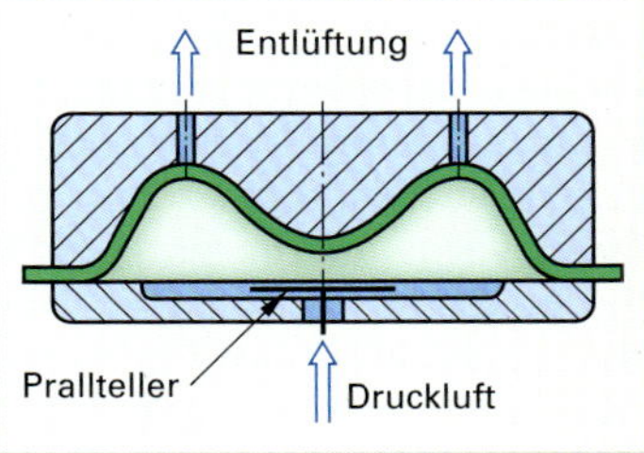

Bild 3: Streckziehen mit Gegenwerkzeug

Grundsätzlich kann die **Positiv-** und die **Negativformung** miteinander **kombiniert** werden. Dies eignet sich gerade für **komplizierte** Formen. Ebenso kann das **pneumatische** und das **mechanische** Vorstrecken miteinander kombiniert werden. Dies eignet sich besonders für Werkstücke, die in **Teilbereichen** Vertiefungen haben, sodass nur durch den Stempel eine ausreichend große Bodendicke erreicht werden kann.

16.1.6 Druckumformen

Druckumformen, auch **Prägen** genannt, eignet sich zum Eindrücken von Mustern, Logos oder Schriftzeichen in **thermoelastische** Halbzeuge. Dies erfolgt durch Warmumformung, z. B. bei Verpackungen (**Haltbarkeitsdatum**), oder beim Beschriften von Kunststoffstreifen kalt durch Ausnutzung des Weißbruches (**Bild 4**).

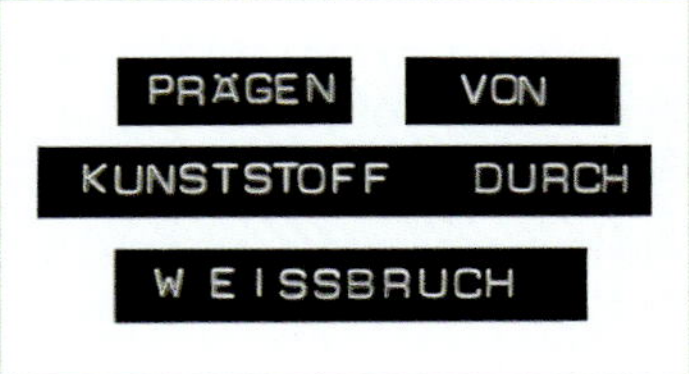

Bild 4: Geprägte Etiketten

Zudem eignet sich dieses Verfahren auch zur Erzeugung von **Filmscharnieren**. Hierbei wird die Wanddicke linienförmig verringert, sodass sich die Wand wie ein Scharnier abklappen lässt (**Bild 1**).

Dabei ist es wichtig, dass das Stempelwerkzeug **keine scharfkantigen** Konturen besitzt, um Sollbruchstellen aufgrund der **Kerbempfindlichkeit** der meisten Thermoplaste zu vermeiden. Das Druckumformen spielt nur eine relativ untergeordnete Rolle.

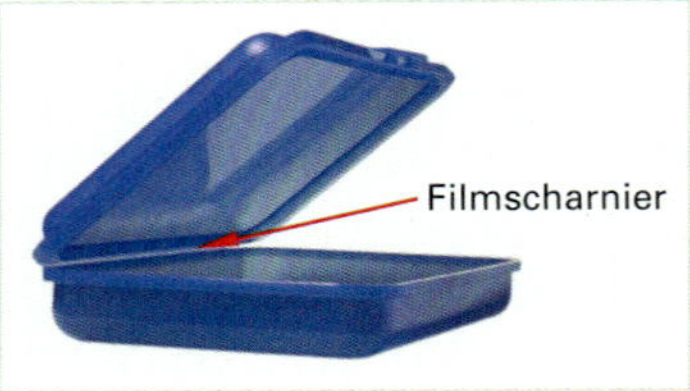

Bild 1: Filmscharniere

15.1.7 Spezielle Umformverfahren

Thermoformung mit zwei Werkzeughälften

Thermoplastische **Schäume** dienen häufig als Produktfixierung bei Verpackungen oder als konturangepasste Isolationen. Hierzu eignet sich die Thermoformung mit **zwei Werkzeughälften**. Da **luftundurchlässige** Schäume beim Aufheizen expandieren, kann ein **beidseitig** angelegtes Vakuum trotzdem ein **konturengenaues** Ausformen ermöglichen (**Bild 2**).

Luftdurchlässige Werkstoffe, wie offenzellige Schäume oder Vlies, können auch **ohne** Vakuum **mechanisch** verformt werden.

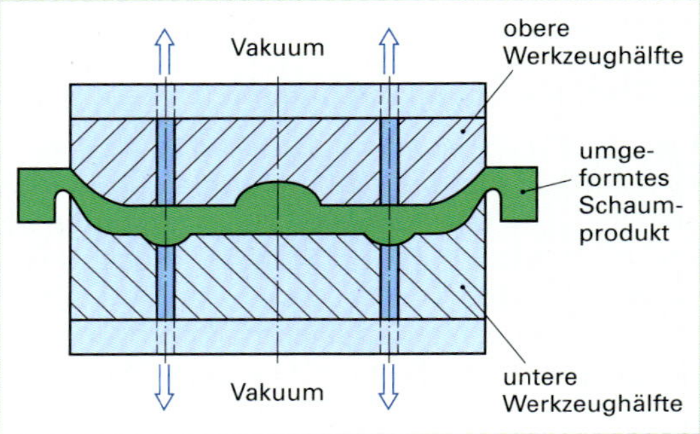

Bild 2: Thermoformen von Schäumen

Twinsheetverfahren

Zur Herstellung **formsteifer** Produkte, wie z. B. Paletten, eignet sich das **Twinsheetverfahren**. Hierzu werden zwei Platten **gleichzeitig** erwärmt, umgeformt und miteinander verschweißt. Der dazwischen entstehende **Hohlraum** sorgt für die entsprechende Steifigkeit. Ein **beidseitig** angelegtes Vakuum sorgt dafür, dass sich die obere Platte in die obere Werkzeughälfte, bzw. die untere Platte in die untere Werkzeughälfte einpasst (**Bild 3**).

Nachteilig wirken sich die **eingeschränkten** Gestaltungsmöglichkeiten aus.

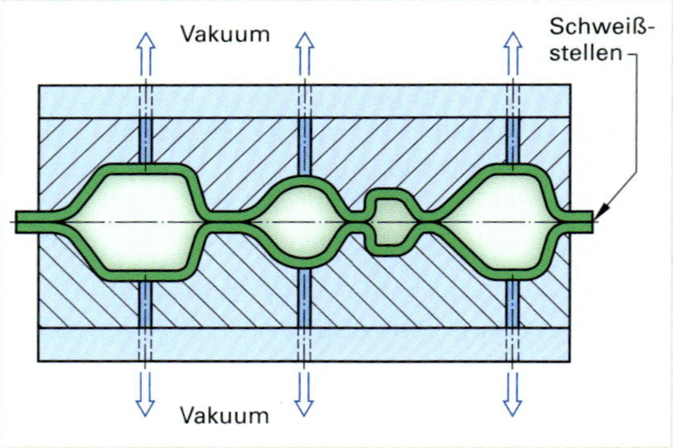

Bild 3: Twinsheetverfahren

Skinpack-Verfahren

Das **Skinpack-Verfahren** eignet sich für die Verpackung von verschiedenen Werkzeugen und Geräten. Hierbei dient das Packgut **selbst** als Formwerkzeug. Die vorher gestreckte Folie wird erwärmt und legt sich dabei aufgrund des **Memoryeffektes** eng an die Konturen des Packgutes an (**Bild 4**).

Weitere spezielle Umformverfahren kommen bei der Verarbeitung von **luftdurchlässigen** Werkstoffen und bei der Umformung von **langfaserverstärkten** Thermoplasten zur Anwendung.

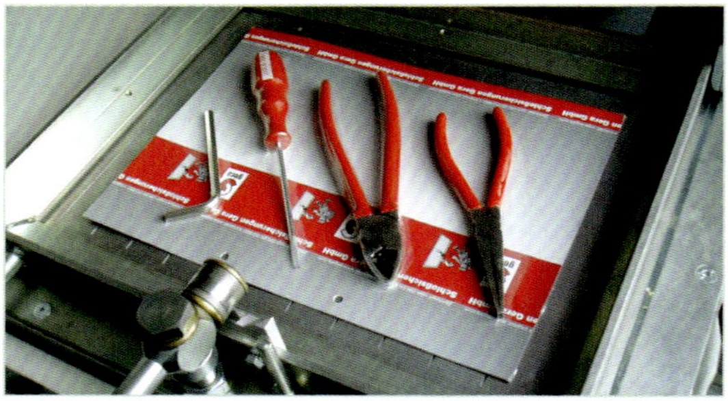
Bild 4: Skinpack-Verfahren

15.1.8 Umformwerkzeuge

Viele Faktoren haben Einfluss auf die Gestaltung eines Umformwerkzeuges. Entscheidende Punkte sind dabei die Losgröße, die geometrische Gestaltung und die Maßhaltigkeit des Umformproduktes, sowie die notwendige Oberflächenbeschaffenheit.

Werkstoffe für Umformwerkzeuge

Für Werkzeuge, die nur zur **Bemusterung** dienen (oder bei **sehr kleinen** Stückzahlen), eignet sich Holz, insbesondere **hartes, feinporiges** Ahorn- oder Buchenholz (**Bild 1**). Es lässt sich relativ einfach bearbeiten. Zum leichteren Entformen aus Holzwerkzeugen eignet sich **Schmierseife**.

Für **mittlere** Losgrößen kommen **Harzwerkzeuge** aus **Polyurethan** bzw. **Epoxidharz** zur Anwendung. Harze haben eine ausreichende Festigkeit, sind leicht zu bearbeiten und haben im Gegensatz zu Holz keinerlei Neigung zur Rissbildung. Allerdings sind sie **schlecht** temperierbar und haben aufgrund der schlechten Wärmeleitfähigkeit **lange** Taktzeiten.

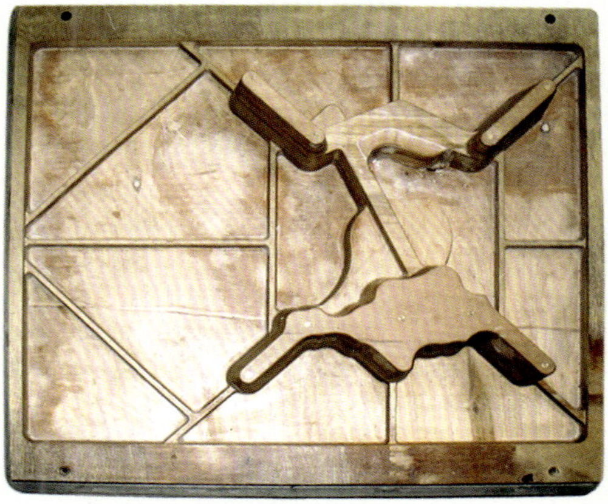

Bild 1: Holzwerkzeug

Die typischen Werkstoffe für ein **Produktionswerkzeug** sind heute überwiegend **Aluminiumlegierungen** (**Bild 2**). Vorteile von Aluminium liegen in der **hohen** Festigkeit, der **ausgezeichneten** Wärmeleitfähigkeit und der relativ einfachen spanenden Bearbeitbarkeit. Für kompliziertere Formen kommt **Aluminium-Keramik-Feinguss** zur Anwendung. Hierzu wird ein Modell aus Holz angefertigt, das in Keramik als Gießform abgebildet wird. Anschließend wird die gewünschte Aluminiumlegierung in der Keramikform abgegossen.

Für noch höhere Festigkeitsanforderungen eignet sich **legierter Werkzeugstahl**. Auch für **kombinierte** Umform- und Schneidwerkzeuge ist Werkzeugstahl der ideale Werkstoff.

Bild 2: Aluminiumwerkzeug

Gestaltung von Umformwerkzeugen

Da Thermoplaste beim Abkühlen schwinden, müssen die Seitenwände der Werkzeugform leicht abgeschrägt werden, um die Produkte entformen zu können. Besonders bei Positivwerkzeugen sollten die **Seitenwandschrägen mindestens** 3° betragen. Bei Negativwerkzeugen schwindet das Formteil von der Werkzeugwand weg, somit brauchen die Seitenwände nicht unbedingt eine Abschrägung.

Radien, die am Formteil eine Außenkante erzeugen sollen, dürfen am Werkzeug nicht zu klein sein, sodass der Kunststoff vollständig zur Anlage kommt. Als Mindestradius für **reproduzierbare** Außenkanten am Formteil gilt das **1,5-fache** der Halbzeugdicke.

Die Oberflächen der Umformwerkzeuge sind in der Regel **sandgestrahlt**. Zu glatte Oberflächen **verhindern** den gleichmäßigen Luftabfluss und es kommt zu Lufteinschlüssen im Produkt.

Für eine **schnelle** Absaugung der Luft sind ausreichend viele **Abluftkanäle** mit den entsprechenden Querschnitten nötig (**Bild 3**).

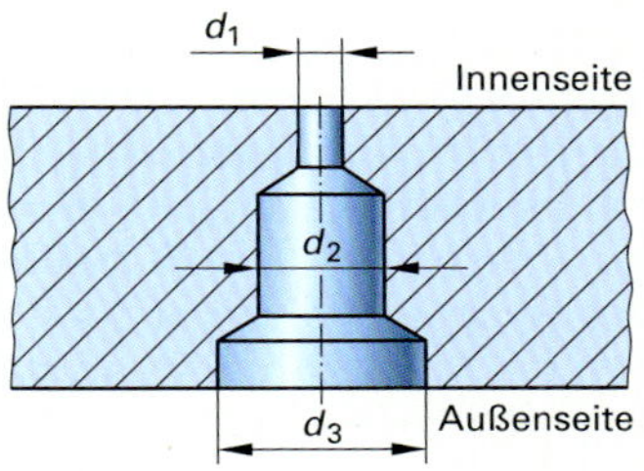

Bild 3: Abluftkanäle

Dabei dürfen die Kanäle **nicht** als **Markierungen** am Formteil zu erkennen sein. Die oberen Durchmesser d_1 (**Tabelle 1**) sind abhängig vom Material, von der gewünschten Oberfläche und der Halbzeugdicke. Die Abluftbohrungen werden von der Rückseite her nach ca. 2 mm ... 4 mm in größere Durchmesser d_2 und d_3 aufgebohrt, um die Absauggeschwindigkeit zu **erhöhen**.

Absaugschlitze mit 0,2 mm ... 0,3 mm Breite sind bei Halbzeugdicken ≤ 0,8 mm und bei einem Werkzeugkontakt auf der **Sichtseite** den Bohrungen vorzuziehen.

Tabelle 1: Durchmesser d_1 der Abluftkanäle

Umformprodukte bzw. Werkstoffe	d_1 in mm
Flächen mit feiner Narbung PE, PP bei Druckluftformung	0,4 ... 0,5
Flächen mit grober Narbung PE, PP bei Vakuumformung	0,5 ... 0,6
Vakuumformung allgemein	0,8
Platten ab 6 mm, außer PE und PP	1,0

Umformwerkzeuge müssen auch für eine **gleichmäßige Kühlung** des Umformproduktes sorgen, bis dieses **formstabil** wird. Gerade für eine gleichbleibende Qualität des Formteils ist eine Temperierung unbedingt erforderlich. In der Regel dient **Wasser** als Kühl- bzw. Heizmedium. Werkzeuge, vor allem Aluminiumwerkzeuge, können **direkt** oder **indirekt** temperiert werden. Die indirekte Temperierung ist weniger aufwendig, denn hier wird lediglich die **Trägerplatte** des Werkzeuges temperiert und die Wärme durch eine ausreichend große Kontaktfläche auf das Werkzeug übertragen. Bei der direkten Temperierung muss das Werkzeug mit **Kühlbohrungen** oder Leitungen versehen sein, durch die das Kühlmedium fließt.

Durch die richtige **Werkstoffwahl**, eine günstige **Gestaltung** des Werkzeuges, sowie ein richtig ausgelegtes System von **Absaugkanälen** und eine **Werkzeugtemperierung** lassen sich **kürzere** Taktzeiten und eine **bestmögliche** Reproduzierbarkeit und Qualität der Formteile gewährleisten.

15.1.9 Vor- und Nachbearbeitung der Halbzeuge

Das Halbzeug durchläuft mehrere Arbeitsgänge bis zum fertigen Umformprodukt:

1 Zuschneiden der Platten
2 Vorheizen (Tempern) zum Abbau innerer Spannungen
3 Aufheizen auf Umformtemperatur
4 Umformen, Abkühlen und Entformen
5 Besäumen der überstehenden Kanten
6 Oberflächenveredelung
7 Fügen zum fertigen Produkt

Zuschneiden und Tempern

Halbzeuge werden durch **Extrudieren** mit verschiedensten Profilwerkzeugen und anschließender **Kalibrierung** hergestellt. Dadurch entstehen im Werkstoff **innere Spannungen**, die bei einer Wiedererwärmung zu **Maßänderungen** führen können. Aus diesem Grund ist es erforderlich, die zugeschnittenen Platten oder Folien vor dem Umformprozess zu **tempern**, das heißt auf Temperaturen **kurz unterhalb** der Umformtemperatur zu erwärmen. Dadurch werden die Werkstoffspannungen abgebaut und Maßänderungen werden weitgehend vermieden. Bei Umformmaschinen zur Plattenbearbeitung findet das Tempern als Vorheizen in einer eigenen Station mit Magazinzuführung statt (**Bild 1**). Bei der Folienbearbeitung werden in die Umformanlage Folienrollen eingesetzt, dabei werden die jeweils benötigten Folienabschnitte getempert.

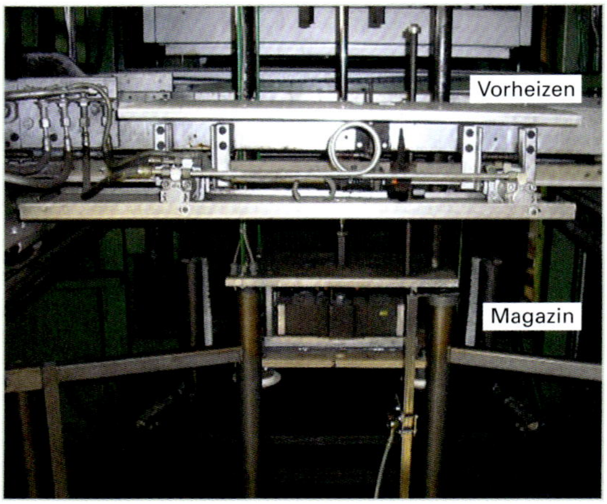

Bild 1: Vorheizstation

Aufheizen auf Umformtemperatur

Es gibt viele Möglichkeiten der Wärmeübertragung:

- **Wärmeleitung** durch direkten Kontakt zwischen Heizung und dem zu erwärmenden Stoff.
- Strömung eines heißen Mediums von einem Körper zum anderen (**Konvektion**).
- Wärmeübertragung durch elektromagnetische **Strahlung**.

Bei geringen Stückzahlen und kleinen Werkstücken erfolgt das Aufheizen meistens im **Wasser-** oder **Glykolbad**, z. B. beim Biegen von Rohren. Auch eine Erwärmung durch **Heißluft** ist möglich. Ein **direkter** Kontakt zwischen Heizung und Halbzeug kann zu einem Ankleben und zu Markierungen auf der Halbzeugoberfläche führen.

Bild 1: Pilotstrahler

Aus diesen Gründen wird heute überwiegend mit **Strahlungsheizungen** gearbeitet, die die Wärme durch **Infrarotstrahlung** im Wellenlängenbereich von 0,8 µm ... 1000 µm auf das Halbzeug überträgt. Als Strahler verwendet man meistens **Keramikstrahler**, bei denen die Heizwendeln in einer Keramikmasse eingebunden sind und durch ein Thermoelement geregelt werden. Man spricht hier auch von **Pilotstrahlern** (Bild 1).

Bei einer Heizung sind **mehrere** Strahler angeordnet, die einzeln oder als Zonen zusammengefasst geregelt werden können. Somit kann auf **unterschiedliche** Umformgrade in den einzelnen Halbzeugbereichen mit entsprechend unterschiedlichen Umformtemperaturen reagiert werden.

Tafeln ab einer Dicke ≥ 4 mm sollten **beidseitig** erwärmt werden, um die Heizzeit niedrig zu halten. Bei großflächigen Halbzeugen und bei Thermoplasten wie PE, die sehr weich werden, besteht die Gefahr des **Durchhängens**. Dies kann durch **Druckluft** von unten aufgefangen werden.

Umformen, Abkühlen und Entformen

Der Umformprozess erfolgt innerhalb **weniger** Sekunden, das Abkühlen dagegen nimmt oft mehrere Minuten in Anspruch. Das Produkt kann erst entformt werden, wenn es nach einer ausreichenden **Abkühlung** wieder genügend **Nebenvalenzkräfte** aufgebaut hat und in der **neuen** Form bleibt. Die Abkühlzeit kann durch **temperierte** Werkzeuge und **Anblasen** mit kalter Druckluft verringert werden. Das Entformen erfolgt durch ein Zurückziehen des Werkzeuges. Anschließend wird das Formteil aus dem Spannrahmen entnommen.

Besäumen

Der Rand der Formteile, der sich im Spannrahmen befunden hat, wird mit **Bandsägen** oder **Handfräsen** abgetrennt. Für exaktere und kompliziertere Schnitte verwendet man auch **Pressen** mit geschliffenem **Bandstahlschneiden**. Oft ist es zudem notwendig, ganze Werkstückbereiche aus dem Umformteil auszuschneiden. Gerade für **mehrdimensionale** Schnitte und Bohrungen an verschiedenen Stellen kommen 3- oder 5-achsige **CNC-Fräsmaschinen** zum Einsatz (Bild 2). Auch **Laserschneidgeräte** oder **Wasserstrahlschneidgeräte** eignen sich hierzu sehr gut, sie sind aber teuer in der Anschaffung.

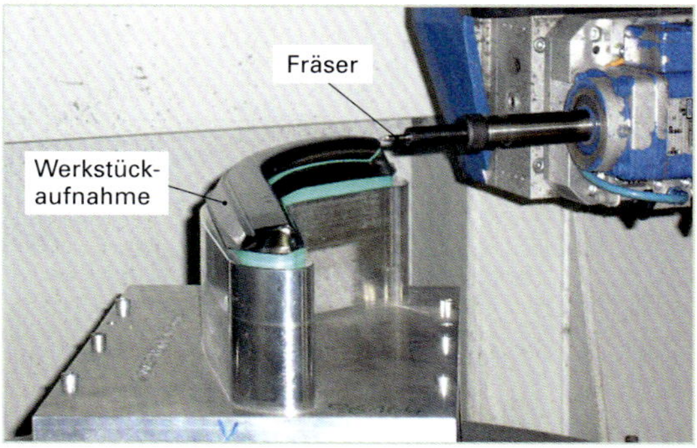

Bild 2: Besäumen auf einer CNC-Fräsmaschine

15.2 Schweißen von Kunststoffen

Die ersten Schweißverfahren für Kunststoffe wurden ca. 1935 entwickelt. Durch Schweißverfahren können Kunststoffe sehr wirtschaftlich verbunden werden (**Bild 1**). Die stoffschlüssigen Verbindungen sind dicht und wenig korrosionsanfällig, weil stofffremde Verbinder (z. B. Kleber) oder Dichtungen vermieden werden. Die Eigenschaften der Schweißnaht sind im Wesentlichen denen des Grundwerkstoffs ähnlich.

Das Kunststoffschweißen wird vor allem im **Apparatebau**, im **Rohrleitungs-** und **Lüftungsbau**, bei der Verarbeitung von Verpackungsfolien, beim Verlegen von **Baubahnen** (z. B. Dachfolien) und zum Fügen von **Formteilen** eingesetzt.

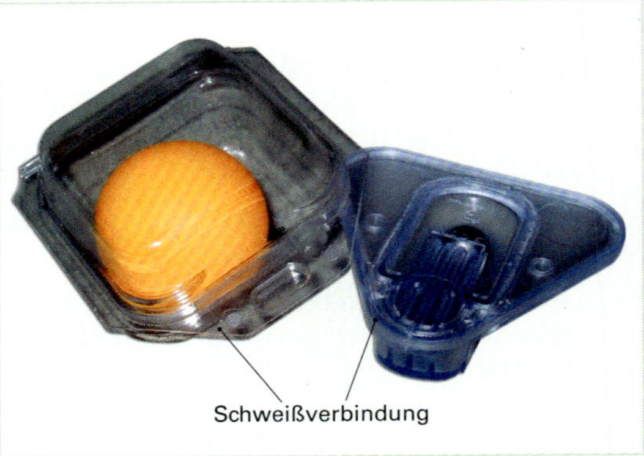

Bild 1: Ultraschallverschweißte Formteile

15.2.1 Grundlagen des Kunststoffschweißens

Zum Schweißen müssen die Kunststoffe **plastifiziert**, d. h. aufgeschmolzen werden. Aus diesem Grund eignen sich nur thermoplastische Kunststoffe. Alle Kunststoffschweißverfahren gehören zu den **Pressschweißverfahren**, die in der Norm DIN 1910 wie folgt definiert werden:

Kunststoffschweißen ist das Verbinden von **thermoplastischen Kunststoffen** unter Anwendung von **Wärme** und **Kraft** ohne oder mit Schweißzusatz.

Einige thermoplastische Kunststoffe lassen sich nicht schweißen. Im Allgemeinen bestimmen die **Struktur** und die **Molekülmasse** die praktische Durchführbarkeit. Beim Polytetrafluorethylen (PTFE) ist Fügen durch Schweißen zwar theoretisch möglich, jedoch nicht üblich.

Zum Herstellen von Schweißverbindungen müssen sich die Fügeflächen im **thermoplastischen Zustand** befinden (**Bilder 2 und 3**). Eine Voraussetzung dafür ist, dass sich die Kunststoffe unter gleichen Bedingungen in den plastischen Zustand überführen lassen. Beim Polyethylen lassen sich beispielsweise nur Typen mit annähernd gleichem Schmelzbereich verbinden.

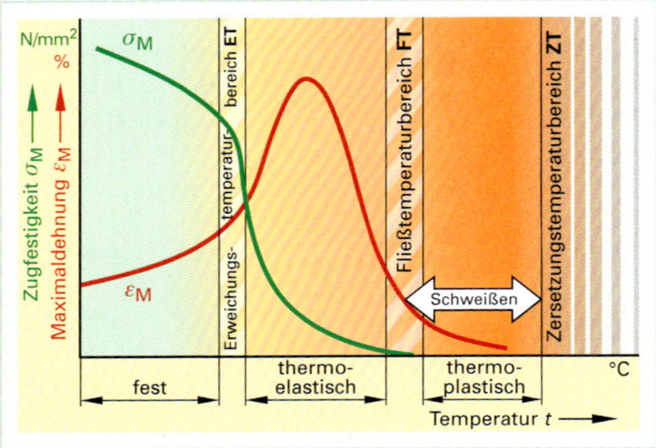

Bild 2: Temperaturdiagramm: amorpher Thermoplast

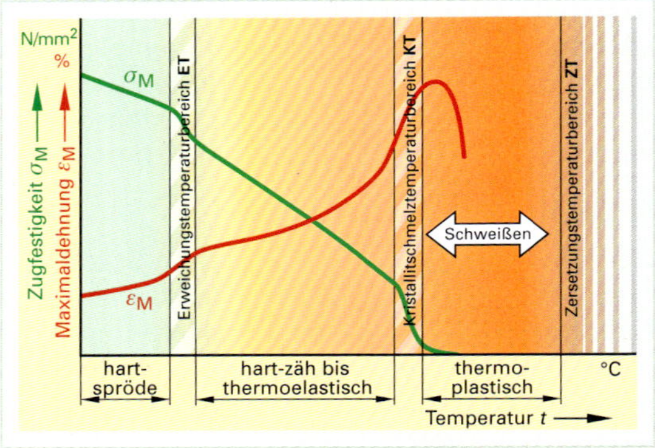

Bild 3: Temperaturdiagramm: teilkristalliner Thermoplast

Bis auf wenige Ausnahmen lassen sich nur **gleiche Thermoplaste** miteinander verbinden.

Amorphe und **teilkristalline Thermoplaste** können wegen des unterschiedlichen thermischen Verhaltens **generell nicht** durch Schweißen miteinander verbunden werden.

Schweißvorgang

Beim Kunststoffschweißen gibt es **drei** wesentliche **Einflussgrößen**, die **Schweißtemperatur**, die **Schweißkraft** und die **Temperatureinwirkzeit**. Diese müssen auf den zu schweißenden Werkstoff bzw. das Werkstück abgestimmt werden.

Die Temperatur (**Schweißtemperatur**) muss so gewählt werden, dass der Kunststoff in den plastischen Zustand überführt werden kann.

Während Metalle beim Schweißen dünnflüssig sind, sind Thermoplaste nicht so viskos. Aus diesem Grund muss eine **Schweißkraft (Druck)** aufgebaut werden, die eine innige Berührung der Fügeflächen gewährleistet.

Wegen der schlechten Wärmeleitfähigkeit von Kunststoffen muss die Temperatur eine bestimmte Zeit einwirken, damit die Fügeteile in der erforderlichen Tiefe erwärmt werden. Man spricht in diesem Zusammenhang von der **Temperatureinwirkzeit**. Bei kontinuierlich verlaufenden Schweißverfahren wird diese von der **Schweißgeschwindigkeit** bestimmt (**Bild 1**).

In der Praxis ist die Abstimmung der genannten Schweißparameter von großer Bedeutung. Insbesondere die von Hand ausgeführten Schweißverfahren erfordern viel Erfahrung und Geschick vom Schweißer.

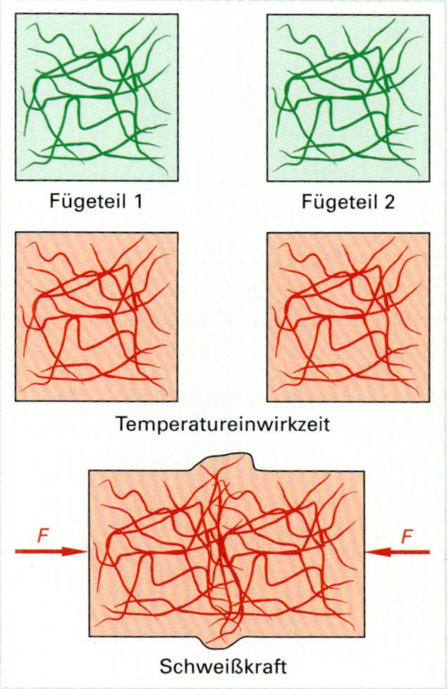

Bild 1: Schweißvorgang im Modell

> Die **Schweißparameter** Kraft, Temperatur und Temperatureinwirkzeit bzw. Schweißgeschwindigkeit müssen aufeinander abgestimmt werden und dem zu schweißenden Werkstoff entsprechen.

Die Qualität der Schweißnaht hängt auch von weiteren Faktoren ab. Neben der Werkstoffdicke, der Stoßart und der Nahtgeometrie ist vor allem die schweißgerechte Konstruktion eine wichtige Voraussetzung.

> Die Fertigungsschritte beim Schweißvorgang sind: **Anwärmen → Fügen → Abkühlen/Erkalten**

Die **Vorbereitung** der Stöße zum Plastifizieren hängt wesentlich vom vorgesehenen Schweißverfahren ab. Zum Fügen müssen die zu verbindenden Teile so **fixiert** werden, dass sie ihre Lage zueinander nicht verändern können. Die Schweißnaht wird durch gleichmäßiges **Abkühlen** fest.

Einteilung der Schweißverfahren

Die verschiedenen **Wärmeträger** bzw. die **physikalischen Phänomene**, die zum Plastifizieren der Thermoplaste eingesetzt werden, ermöglichen eine Einteilung der Schweißverfahren (**Tabelle 1**).

Tabelle 1: Schweißverfahren für Kunststoffe

Schweißen durch	Wärmeleitung (Heizelement)	Konvektion (Warmgas)	Strahlung	Reibung	Induktion
typische Beispiele	Heizkeilschweißen, Muffenschweißen usw.	Ziehschweißen, Fächelschweißen, Überlappschweißen usw.	Infrarotschweißen, Laserschweißen usw.	Rotationsreibschweißen, Ultraschallschweißen usw.	Elektromagnetisches Widerstandsschweißen

15.2.2 Heizelementschweißen – Schweißen durch Wärmeleitung

Beim Heizelementschweißen werden die Fügeflächen in der Regel durch **beheizte metallische Bauelemente** erwärmt. Die Oberflächen der Heizelemente sind meist mit **PTFE** (Polytetrafluorethylen) **beschichtet**, um ein Anhaften des Kunststoffs zu verhindern. Wegen der guten Temperaturregelbarkeit werden die Heizelemente fast immer **elektrisch beheizt**.

Die vielfältigen Heizelementschweißverfahren (Tabelle 1) kommen in der Regel **ohne Zusatzwerkstoff** aus und eignen sich vor allem für das Fügen von **Polyolefinen** wie z. B. PE, PP u. PB.

Man unterscheidet zwischen dem indirekten und dem direkten Heizelementschweißen. Wenn das Fügeteil unmittelbar mit der Wärme in Kontakt kommt, spricht man vom **direkten Heizelementschweißen**. Beim **indirekten Heizelementschweißen** wird die Wärme durch das Fügeteil hindurch zur Schweißstelle geleitet.

Tabelle 1: Schweißen durch Wärmeleitung (Heizelementschweißen)

direktes Heizelementschweißen		indirektes Heizelementschweißen
• Stumpfschweißen • Muffenschweißen • Schwenkbiegeschweißen • Überlappschweißen	• Heizwendelschweißen • Heizkeilschweißen • Wulst- und Nutfreies Schweißen	• Wärmeimpulsschweißen • Wärmekontaktschweißen

Direktes Heizelementschweißen

Das Heizelementschweißen wird vor allem beim Schweißen von **Rohren** und **Tafeln** aus Polyolefinen angewendet. Von großer Bedeutung sind hier die Verfahren Heizelementstumpf-, Nut- und Schwenkbiegeschweißen.

Das **Heizelementstumpfschweißen** kann vereinfacht wie folgt beschrieben werden (Bild 1): Die beiden von Schmutz- und Oxidschichten befreiten und angepassten Fügeflächen werden zunächst auf die **Heizplatte** gedrückt. Sobald sich eine Massewulst ausbildet, ist der Kunststoff hinreichend plastifiziert. Die Fügeflächen werden nun rasch vom Heizelement genommen und anschließend durch Gegeneinanderdrücken gefügt.

In der **Praxis** verwendet man zum **Fügen von Rohren** Vorrichtungen (Bild 2), die beide Rohre auf einem Schweißschlitten fixieren. Zum Entfernen der Oxidschichten wird zunächst ein Planhobel verwendet.

Anschließend werden die auf beweglichen Schlitten aufgespannten Fügeteile an das auf Schweißtemperatur erhitzte Heizelement gefahren.

Danach wird unter Anwärmdruck der **Angleichvorgang** gestartet. Er dient zum Toleranzausgleich und zum Erreichen einer gleichmäßigen Anlagefläche am Heizelement.

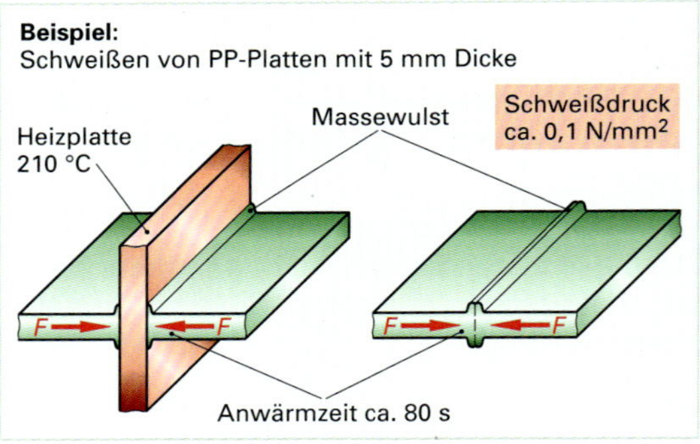

Bild 1: Heizelementstumpfschweißen

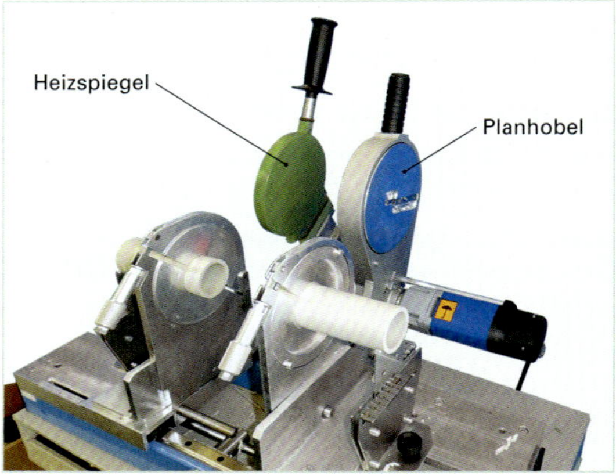

Bild 2: Heizelementvorrichtung für Rohre

Wenn der voreingestellte Angleichweg erreicht ist, beginnt die Erwärmphase, in der nahezu drucklos das Schmelzepolster gebildet wird. Zur Entnahme des Heizelementes (Umstellzeit) wird der Schlitten zurückgefahren. Beim eigentlichen Schweißprozess werden die aufgeschmolzenen Fügepartner schließlich unter Fügedruck zusammengefahren (**Bild 1**).

Zum Fügen von Rohren oder Stegen auf Tafeln oder Flanschen verwendet man das **Heizelementnutschweißen** (**Bild 2**). Bei diesem einfachen Verfahren werden die Heizelemente zum Teil an offener Flamme erwärmt.

Rechtwinklig (90°) abgekantete Tafeln können mit dem **Schwenkbiegeschweißen** (**Bild 3**) hergestellt werden. Dazu wird ein Heizschwert mit einem Spitzenwinkel von 70° verwendet. Nach der Anwärmzeit wird das zu ¾ eingedrückte Heizelement wieder entfernt. Während des Biegens wird die Tafel verschweißt. Bei sehr dicken Tafeln fräst man ggf. eine keilförmige Nut in die Tafel, um die Anwärmzeit zu verkürzen.

Zur Verbindung von Rohren eignet sich das **Heizelement-Muffenschweißen** (**Bild 4**). Zum Plastifizieren wird meist ein elektrisch beheiztes Heizelement verwendet, das gleichzeitig Rohr und Muffe erwärmt.

Eine Abwandlung dieses Verfahrens stellt das **Heizwendelschweißen** dar. Bei diesem Verfahren wird eine **Heizwendel** eingesetzt, die an der Innenseite der Muffe **integriert** ist. Nach dem Einschieben der Rohre wird die Wendel aus **Widerstandsdraht**, durch Anschluss an einen Schweißtransformator erwärmt. Nach dem Plastifizieren von Rohr und Muffe wird die Verbindung zum Transformator getrennt. Der Heizdraht bleibt nach dem Verschweißen in der Muffe.

Zum Schweißen von **Kunststofffolien** wie z. B. Dachbahnen für Flachdächer, Teichfolien oder für Folien im Deponiebau, wird häufig das **Heizkeilschweißen** (**Bild 5**) eingesetzt. Die Folien bestehen meist aus PVC-P oder PE-HD. Die Folienbahnen werden mit einem Überlappstoß verbunden, um eine möglichst breite Verbindungsfläche zu erhalten. Das keilförmige Heizelement plastifiziert die Folien im überlappten Bereich. Die zum Schweißen nötige Kraft kann entweder mit einer Druckrolle von Hand, oder bei **Heizkeilschweißautomaten** von einem Transport-/Druckrollensystem aufgebracht werden. Der Einsatz von Schweißautomaten ist immer dann sinnvoll, wenn lange Nähte geschweißt werden müssen.

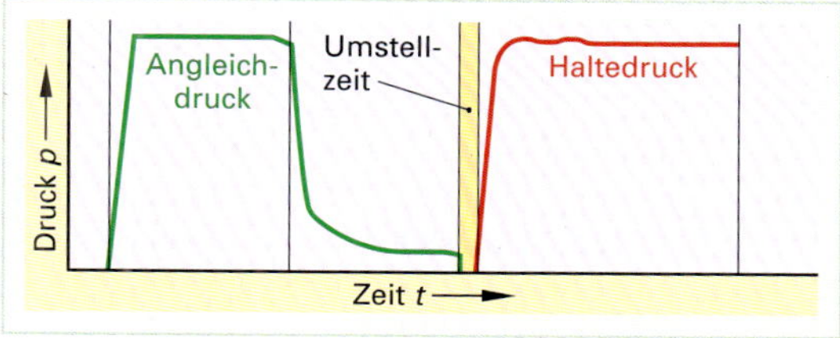

Bild 1: Fügedruck

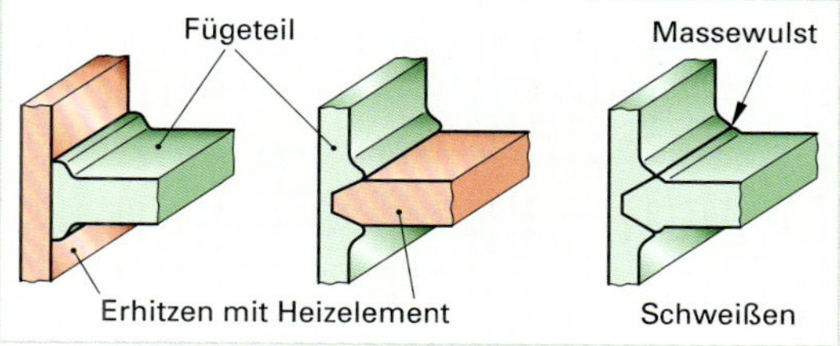

Bild 2: Heizelementnutschweißen

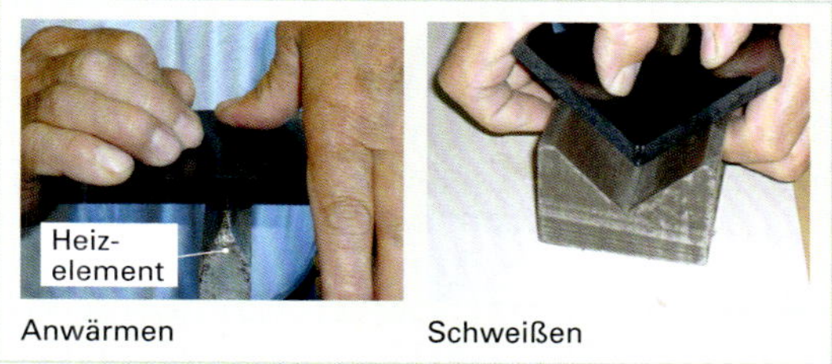

Bild 3: Schwenkbiegeschweißen

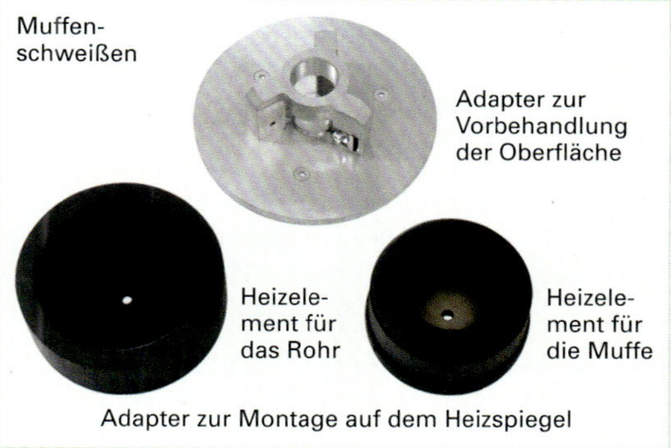

Bild 4: Heizelement-Muffen- und -Wendelschweißen

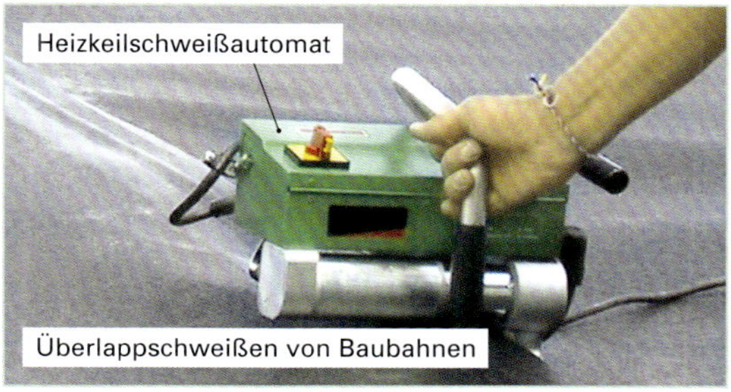

Bild 5: Heizkeilschweißen

Im Lebensmittel-, Chemie- und Reinwasserbereich werden Rohre ohne Wulstbildung an der Nahtstelle benötigt. Damit sollen Ablagerungen vermieden und die Rohrreinigung verbessert werden. Solche Rohre lassen sich mit dem **Wulst- und nutfreien Schweißen** (Bild 1) herstellen. Dazu wird an der Rohrinnenseite eine druckluftgefüllte Blase als Gegenhalter eingesetzt. Bei besonders hohen Anforderungen an die Schweißnaht wählt man die **High Purity Fusion**. Dieses abgewandelte Verfahren ist eine Variante des nutfreien Schweißens.

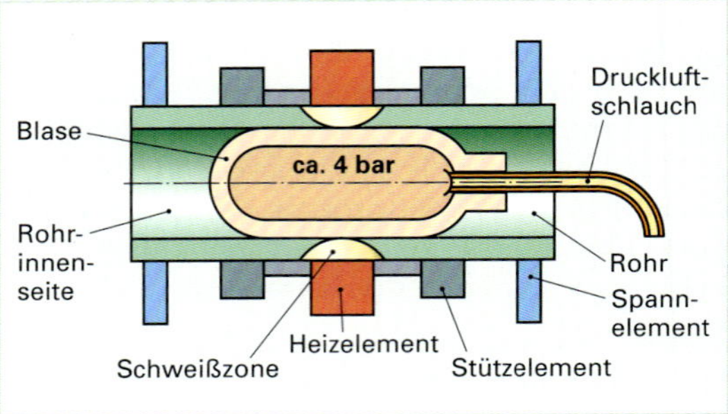

Bild 1: Wulst- und nutfreies Schweißen

Indirektes Heizelementschweißen

Das **indirekte Heizelementschweißen** eignet sich wegen der schlechten Wärmeleitfähigkeit der Kunststoffe nur für **Folien** mit einer maximalen Dicke von 0,5 mm, denn die Wärme muss durch das zu schweißende Werkstück hindurch zur Fügestelle strömen.

Das **Wärmeimpulsschweißen** wird vor allem in der Verpackungsindustrie zum Verschließen von Beuteln oder Tüten (meist aus PE) verwendet. Die Schweißgeräte verfügen, je nach Bauart, über ein oder zwei Heizbänder, die mit **Stromimpulsen** aufgeheizt werden. Das Plastifizieren des Kunststoffs an der Fügestelle (und damit nicht an der Kontaktfläche) wird durch das Heizen mit Impulsen erreicht. Damit die zu fügenden Folien nicht anhaften, werden die Heizbänder mit PTFE-Folien abgedeckt. Das Verfahren eignet sich gut für weitgehend automatische Anlagen und ist daher **sehr wirtschaftlich**. Beim eher seltenen Schweißen von Hand kommen Handschweißzangen zum Einsatz.

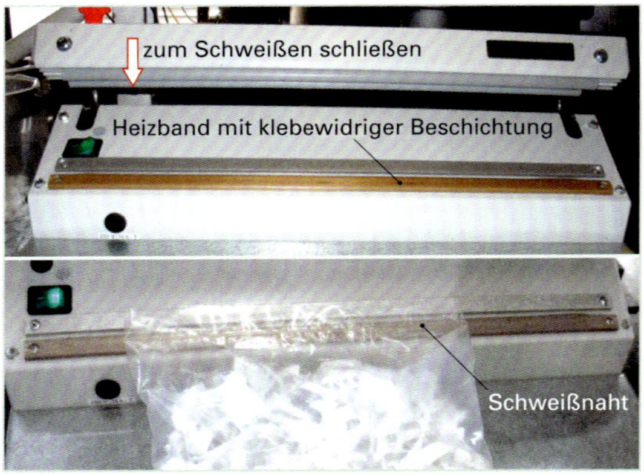

Bild 2: Wärmekontaktschweißverfahren

Ein abgewandeltes Verfahren ist das mit dauerhaft beheizten Heizelementen arbeitende **Wärmekontaktschweißverfahren** (Bild 2). Die Schweißgeräte dafür sind häufig einfach konstruiert, wie z. B. Folienschweißgeräte zum Verschließen von Gefrierbeuteln etc. Das Heizelement besteht hier beispielsweise lediglich aus einem beheizten Draht.

15.2.3 Warmgasschweißen – Schweißen durch Konvektion

Die niedrige Schmelztemperatur von Kunststoffen macht den Einsatz von **Gas als Wärmeträger** zum Plastifizieren möglich. Warmgasschweißgeräte sind in der Regel einfach aufgebaut und somit kostengünstig (Bild 3). Das Gas (meist Luft) wird fast ausschließlich elektrisch beheizt und mit Düsen an die Schweißflächen gelenkt. Bei oxidationsempfindlichen Kunststoffen kann auch der Einsatz von sogenannten **Inertgasen** z. B. Stickstoff oder Kohlendioxid sinnvoll sein.

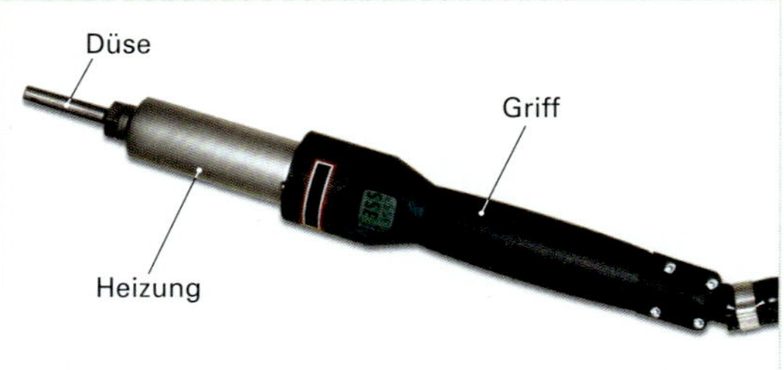

Bild 3: Warmgasschweißgerät

Warmgasschweißverfahren (**Übersicht 1**) werden, mit Ausnahme des Überlappschweißens, vorwiegend im Apparate-, Rohrleitungs- und Behälterbau eingesetzt. Das Überlappschweißen wird fast ausschließlich für Folien verwendet. Warmgasschweißverfahren werden überwiegend von Hand ausgeführt.

Übersicht 1: Warmgasschweißverfahren

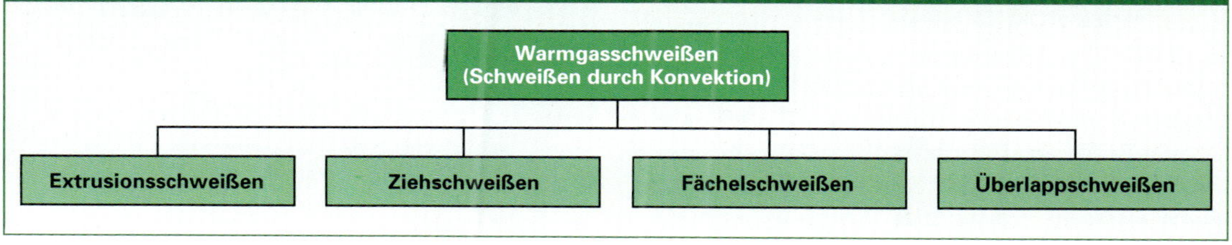

Warmgas-Fächelschweißen

Das manuelle Fächelschweißen wird vor allem dann eingesetzt, wenn sich automatisierte Verfahren nicht lohnen oder wenn schwerzugängliche Stellen gefügt werden sollen. Wegen der geringen Anschaffungskosten sind Warmgas-Handschweißgeräte sehr verbreitet.

Das **Warmgas-Fächelschweißen** verdankt seinen Namen der fächelnden Bewegung, die der Schweißer beim Erwärmen der Fügestelle mit dem Schweißgerät ausführt. Das bewährte Verfahren wird vor allem zum Schweißen von PVC eingesetzt, eignet sich aber auch für PE-HD, PP und PVDF.

Zum Schweißen wird fast immer ein **Schweißzusatzwerkstoff** (Ausnahme: Überlappschweißen) benötigt. Bei harten Werkstoffen (z. B. PVC-U) verwendet man meist **Schweißstäbe,** mit denen zugleich die **Schweißkraft** aufgebracht wird (**Bild 1**). Bei weichen Werkstoffen (z. B. PVC-P) arbeitet man mit einer **Schweißschnur**. Die zum Schweißen nötige **Kraft** wird in diesem Fall mit einer **Andruckrolle** (**Bild 2**) erzeugt.

Die **Schweißtemperatur** wird über die Luftmenge und die einstellbare elektrische Heizung geregelt. Die Temperatur an der Fügefläche wird zudem vom Abstand der Düse und der **Schweißgeschwindigkeit,** d. h. der Temperatureinwirkzeit beeinflusst. Die Einhaltung der geeigneten Schweißkraft und Schweißtemperatur erfordert daher vom Facharbeiter viel Erfahrung und handwerkliches Können (**Tabelle 1**).

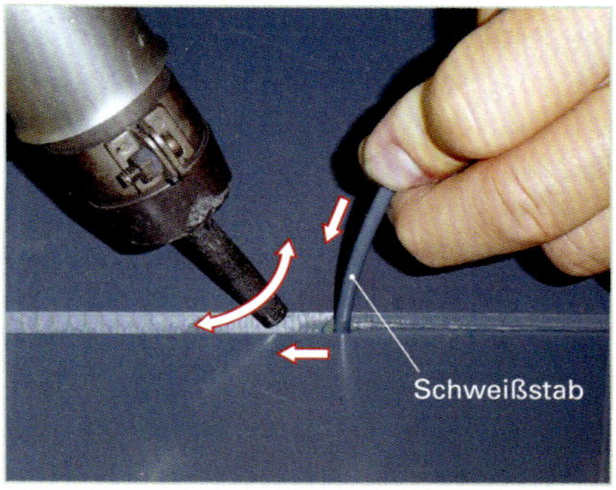

Bild 1: Schweißen von PVC-U

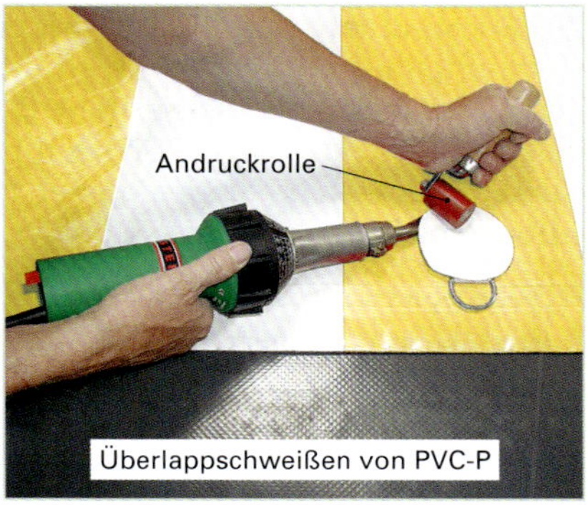

Bild 2: Schweißen von PVC-P

Tabelle 1: Richtwerte beim Warmgas-Fächelschweißen

Werkstoff	Schweißkraft in N bei Zusatzstab ø 3 mm	Schweißkraft in N bei Zusatzstab ø 4 mm	Warmlufttemperatur in °C
PP (Polypropylen)	8 ... 10	20 ... 25	305 ... 315
PE-HD (Polyethylen – hohe Dichte)	8 ... 10	20 ... 25	300 ... 320
PVC-U (Polyvinylchlorid – hart)	8 ... 10	20 ... 25	330 ... 350
PVC-P (Polyvinylchlorid – weich)	4 ... 8	7 ... 12	250 ... 300

Warmgas-Ziehschweißen

Beim Warmgas-Ziehschweißen verwendet man speziell angepasste, meist metallische Elemente, die sowohl das Grundmaterial als auch den Schweißzusatzwerkstoff vorwärmen. Die Fügeteile werden im Schweißnahtbereich durch Düsen vorgewärmt, wobei die Gestaltung und die Anzahl der Düsen von der jeweiligen Nahtausführung abhängen. Der Zusatzwerkstoff wird in der Führung der **Ziehdüse** auf Schweißtemperatur gebracht. Während beim Fächelschweißen fast ausschließlich runde Schweißstäbe verwendet werden, kommen beim Ziehschweißen auch Profilstäbe zum Einsatz.

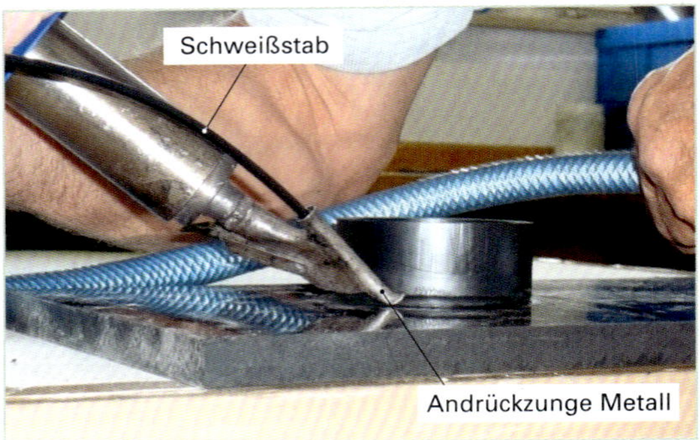

Bild 1: Warmgasziehschweißen

Zum Schweißen von V-Nähten verwendet man beispielsweise dreieckige Führungen zur Aufnahme von Dreikantstäben etc. Die Schweißkraft wird mit einer **Andrückzunge** aufgebracht (**Bild 1**). Das Ziehschweißen wird vor allem für Polyolefine verwendet, obwohl grundsätzlich alle schweißbaren Thermoplaste geschweißt werden können. Die Schweißtemperaturen unterscheiden sich kaum von den Angaben beim Fächelschweißen.

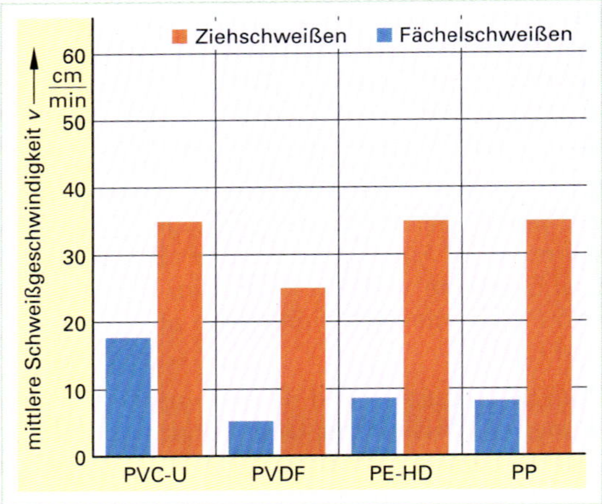

Bild 2: Diagramm zum Warmfächel-/Ziehschweißen

Das Verfahren hat im Vergleich zum Fächelschweißen Vorteile. Durch die der Schweißaufgabe angepassten **Schnellschweißdüsen** lassen sich Nähte häufig in einem Arbeitsgang füllen. Dadurch wird zum einen die Qualität der Schweißnaht verbessert (z. B. keine Restspannungen), zum anderen wird die Schweißgeschwindigkeit deutlich erhöht (**Bild 2**). Aus diesem Grund können die Schweißnähte im Allgemeinen wirtschaftlicher hergestellt werden. Bei kleinen Stückzahlen, ungeeigneten Materialien (z. B. PVC-P) oder für unzugängliche Stellen bleibt jedoch das Fächelschweißen das Verfahren der Wahl.

Warmgas-Extrusionsschweißen

Das Warmgas-Extrusionsschweißen (**Bild 3 und Bild 1, nächste Seite**) ist ein Verfahren, das sowohl manuell mit Handgeräten als auch maschinell durch Automaten ausgeführt werden kann, wobei das manuelle Schweißen deutlich überwiegt. Der wesentliche Unterschied zum Fächel- und Ziehschweißen besteht darin, dass der Schweißzusatz nicht in fester Form vorliegt. Ein Extruder erzeugt kontinuierlich den **plastischen Zusatzwerkstoff**, der die Naht ausfüllt. Die Fügeflächen werden meist mit Düsen, durch die Warmgas strömt, vorgewärmt. Neben der Vorwärmung der Naht durch einen Warmgasstrahl ist auch die Erwärmung durch Kontakt mit Heizelementen oder Wärmestrahlung möglich.

Bild 3: Warmgas-Extrusionsschweißen

Die extrudierte Masse wird z. B. bei Kehlnähten, V- oder HV-Nähten mit einem Gleitschuh verteilt und angepresst. Bei Überlappstößen wird der Schweißzusatz mit speziellen Rollen angedrückt. Die Abkühlung der Nähte erfolgt aufgrund der langen Abkühlzeit grundsätzlich drucklos.

Mit dem homogen plastifizierten Zusatzmaterial lassen sich sehr hohe Festigkeiten und eine gute Langzeitbeanspruchung erzielen. Das Verfahren eignet sich zum Verbinden von Platten bis 30 mm Stärke in einem Arbeitsgang. Neben großvolumigen Nähten wie sie z. B. im chemischen Apparatebau vorkommen, ist das Verfahren auch für sehr lange Nähte geeignet. Kurze Nähte lassen sich dagegen nur schwer herstellen, weil Unterbrechungen des Schweißvorganges im Extruder zu **Materialschädigungen** durch **Überhitzung** führen können.

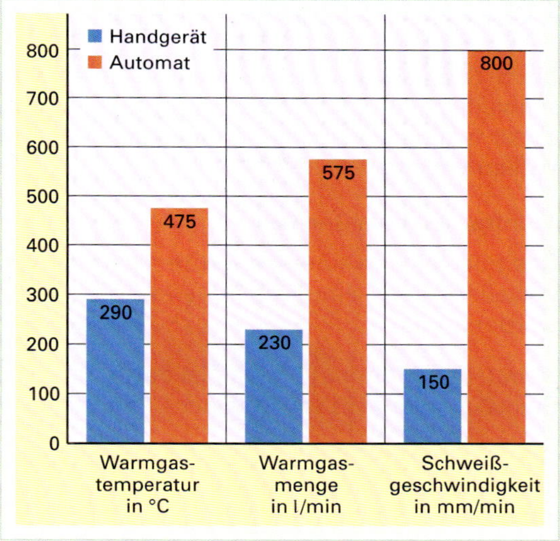

Bild 1: Richtwerte zum Extrusionsschweißen

Ein abgewandeltes Verfahren ist das **diskontinuierliche Extrusionsschweißen**. Bei diesem Verfahren kann der Austritt des Zusatzmaterials unterbrochen werden. Diese Variante des Extrusionsschweißens eignet sich z. B. für schlecht zugängliche Schweißnähte bzw. für das Schweißen von Ecken und Kanten. Es wird vor allem im Großrohrleitungs- und Behälterbau eingesetzt.

Warmgas-Überlappschweißen

Das Verfahren wird fast ausschließlich für flexible Produkte wie Folien oder Bahnen aus PVC-P, TPO, ECB, EPDM, CSPE oder Elastomer-Bitumen verwendet. Typische Anwendungen sind das Fügen von Dachbahnen, z. B. für Flachdächer bzw. das Verschweißen von Deponiefolien. Es kann sowohl manuell als auch maschinell ausgeführt werden.

Im Unterschied zu den bereits beschriebenen Warmgasschweißverfahren wird beim Überlappschweißen **kein** Schweiß-Zusatzwerkstoff benötigt.

Das manuelle Überlappschweißen ist eine Variante des Fächelschweißens. Es wird vor allem für kurze Nähte oder schlecht zugängliche Stellen verwendet. Zum Schweißen erwärmt man mit einer fächelnden Bewegung die Fügeflächen zwischen den sich überlappenden Folien. Die Schweißkraft wird mit einer Andrückrolle, die mit der Hand geführt wird, aufgebracht.

Das maschinelle Warmgas-Überlappschweißen ist ein Alternativverfahren zum Heizkeilschweißen. Die Funktion des Heizkeils übernimmt eine Breitschlitzdüse, die den Warmluftstrahl zwischen die sich überlappenden Folien bläst. Ein angetriebenes Rollensystem sorgt für die erforderliche Schweißkraft und die richtige Schweißgeschwindigkeit (**Bild 2**). Mit einem Heißluftschweißautomaten lassen sich Schweißgeschwindigkeiten von ca. 0,5 m ... 5 m pro Minute erreichen. Der wirtschaftliche Einsatz von Automaten setzt eine entsprechende Nahtlänge voraus.

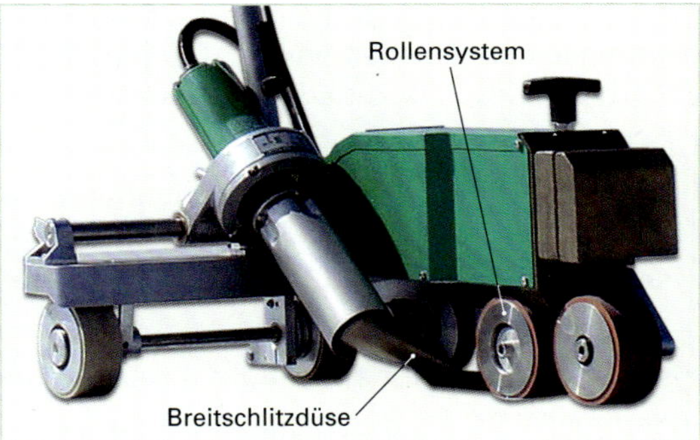

Bild 2: Heißluftschweißautomat

15.2.4 Schweißen durch Strahlung

Beim Schweißen durch Strahlung unterscheidet man das Infrarotschweißen und das Laserschweißen. Im Unterschied zum Laserstrahlschweißen, wo mit monochromen Strahlen gearbeitet wird, arbeitet das Infrarotschweißen mit einem Strahlenspektrum in einem abgegrenzten Wellenlängenbereich.

Infrarotschweißen (IR)

Das Infrarotschweißen ist ein berührungsloses (staubfreies) Stumpfschweißverfahren. Es wird vor allem dann eingesetzt, wenn hohe Anforderungen an die Güte der Schweißnaht gestellt werden.

Neben dem Rohrleitungsbau ist das Infrarotschweißen vor allem für Anwendungen im Rein- und Reinstraumbereich sowie in der Chipfertigung und der Medizintechnik/Pharmazie interessant.

Der Verfahrensablauf ähnelt dem Heizelementschweißen, allerdings werden die Fügeteile lediglich durch **Absorption von Strahlungsenergie** erwärmt. Im Vergleich zum Heizelementschweißen ergeben sich daher folgende Vorteile:

- keine Materialanhaftung am Strahler, weil **kein direkter Kontakt** zum Schweißteil besteht
- kürzere Zykluszeiten (wegen der kürzeren Plastifizierungsphase)
- optisch verbesserte Schweißnaht (kleiner Wulst)
- Erwärmung nur in der Fügezone (z. B. durch konturangepasste Infrarotstrahler)

Den Vorteilen steht auch ein Nachteil gegenüber. Während beim Heizelementschweißen Formteiltoleranzen durch Abschmelzen ausgeglichen werden können, ist dies beim Infrarotschweißen wegen der fehlenden Angleichphase nur bedingt möglich.

Der Schweißprozess lässt sich in vier Phasen untergliedern:

1. **Durchwärmen**: erwärmen und schmelzen der Formteiloberflächen (Anschmelzphase)
2. **Umstellen**: ausfahren des Infrarot-Heizstrahlers aus der Fügezone
3. **Fügen**: aufbringen der Fügekraft kann über eine Druck- oder Weg-Steuerung erfolgen (eine hohe Fügegeschwindigkeit ist ein Kriterium für die Schweißnahtqualität).
4. **Erkalten**: erstarren des aufgeschmolzenen Nahtbereiches (möglichst linearer Zusammenhang von Weg und Zeit)

Das **Infrarotschweißen** ist oftmals eine preisgünstige Alternative zum Laserschweißen.

Laserschweißen von Kunststoffen

Zum Schweißen von Kunststoffen mit dem Laser-Durchstrahlverfahren werden spezielle Hochleistungsdiodenlaser eingesetzt. Die Anlagen für Kunststoffe unterscheiden sich deutlich von den Lasertypen, die z. B. zum Schweißen von Metallen verwendet werden.

Das Schweißen mit Lasern bietet viele **Vorteile**:

- berührungslos (keine Materialanhaftung, saubere Fügenähte und keine Schweißfussel/Partikelbildung)
- sehr genau und schnell (hohe Automation/wirtschaftlich)
- für 2-dimensionale und 3-dimensionale Konturen geeignet (z. B. durch Robotersteuerung)
- sehr gute Schweißnahtfestigkeit/-qualität und Nahtoptik
- geringe Wärmeeinflusszone durch gezielte Energieeinbringung
- vibrationsfrei (keine Bauteilbewegung)

Das Laserschweißen ist vielseitig einsetzbar. Für Elektronikbauteile und Kleinstbauteilen ist es z. B. wegen der geringen Wärmeeinflusszone interessant. Grundsätzlich lassen sich Werkstücke mit beliebiger Form und Größe fügen. Wegen der guten Automatisierungsmöglichkeiten bietet es sich auch für Großbauteile in der Kfz-Industrie oder für den Behälter-/Maschinenbau an.

Beim Laserschweißen von Kunststoffen muss jeweils ein Fügeteil für den Laserstrahl **transparent** sein, wohingegen das zweite Fügeteil **stark absorbierend** wirken muss.

Das transparente Fügeteil muss allerdings nicht zwangsläufig durchsichtig/klar aussehen, denn der Laserstrahl kann mit seiner Wellenlänge auch Bauteile durchdringen, die dem menschlichen Auge undurchdringbar erscheinen. Das Absorptionsvermögen des zweiten Fügeteiles kann man durch farbige Pigmente oder geeignete Zusatzstoffe erhöhen.

Der Schweißprozess (**Bild 1**) lässt sich in vier Phasen untergliedern:

1. Der Laserstrahl durchdringt das **transparente Fügeteil** und trifft auf das absorbierende Fügeteil.
2. An der Oberfläche des absorbierenden Fügeteils wird die **energiereiche Strahlung** in Wärme umgewandelt.
3. Durch den Kontakt zwischen den vorher fixierten Fügeteilen findet eine **Wärmeübertragung** zum transparenten Fügeteil statt, sodass dieses ebenfalls aufgeschmolzen wird.
4. Durch die thermische Ausdehnung der Schmelze wird der nötige Schweißdruck aufgebaut. Die Schweißnaht entsteht dabei in Bruchteilen von Sekunden.

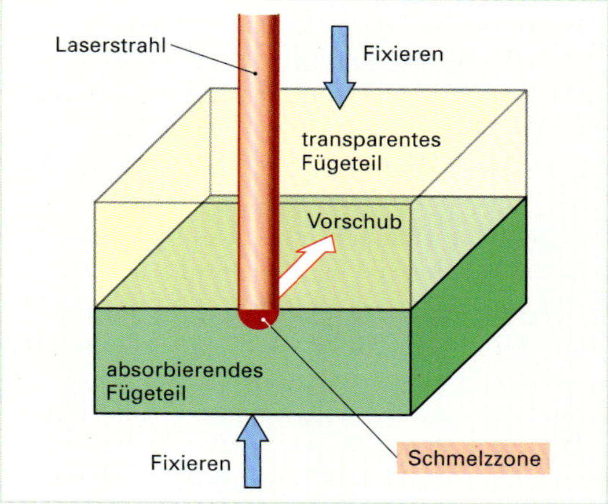

Bild 1: Laserschweißen (schematisch)

Den Vorteilen des Laserschweißens stehen in der Regel hohe Investitionskosten entgegen. Wegen des hohen Wirkungsgrades, der Materialeinsparung z. B. keine Energierichtungsgeber wie beim Ultraschallschweißen nötig und dem nahezu wartungsfreien Betrieb kann das Laserschweißen allerdings dennoch wirtschaftlich sein.

15.2.5 Schweißen durch Reibung

Beim Schweißen durch Reibung wird die Wärme durch **Rotation**, **Vibration** oder durch **Schwingungen** erzeugt. Beim Rotations- und Vibrationsschweißen setzt man mechanische Systeme ein. Schwingungen können durch Ultraschall oder durch elektrische Wechselfelder angeregt werden (**Übersicht 1**).

Übersicht 1: Schweißen durch Reibung

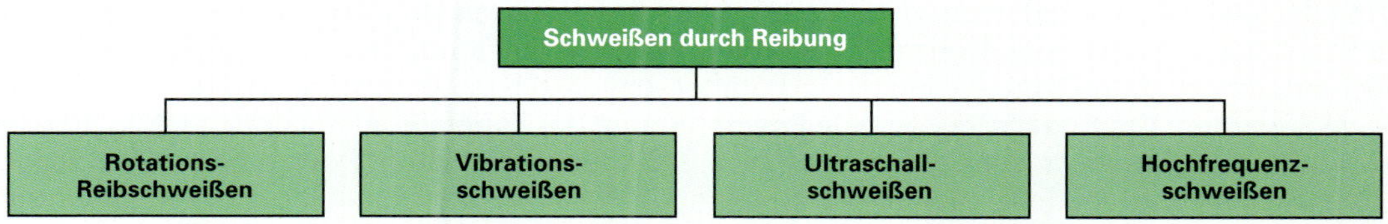

Rotations-Reibschweißen

Das Rotations-Reibschweißen eignet sich für rotationssymmetrische Fügeflächen (z. B. Rohre, Zylinder etc.). Es wird vor allem zum Aufschweißen von Formteilen mit kreisförmigen Fügeflächen, zum Verbinden von Flanschen und zum Einschweißen von Böden in Behältern verwendet. In den meisten Fällen werden die Fügeflächen direkt gegeneinander gerieben. Es gibt allerdings auch Verfahren, die mit einem speziellen Reibelement arbeiten. Beim Reibschweißen können in bestimmten Grenzen auch unterschiedliche Kunststoffe gefügt werden. Grundsätzlich kann man zum Rotationsreibschweißen auch Dreh- oder Bohrmaschinen einsetzen. Damit eignet sich das Rotations-Reibschweißen auch für Kleinserien. Für die vielfältigen Reibschweißaufgaben setzt man heute jedoch zunehmend auf speziell entwickelte Geräte. Der Schweißvorgang lässt sich allgemein wie folgt beschreiben:

- Die zum Plastifizieren erforderliche Wärme wird durch **Reibung** erzeugt.
- Eines der zu fügenden Bauteile wird in eine **rotierende Bewegung** gebracht, das zweite Fügeteil wird mit einer Haltevorrichtung festgehalten.
- Auf beide Fügeteile wirkt während dem Schweißen ein **Axialdruck**.
- Durch Grenzflächenreibung und Schererwärmung werden die Fügeteile aufgeschmolzen.
- Sobald eine ausreichende Schmelzschichtdicke vorhanden ist, beendet man den Reibvorgang.
- Das Ende des Reibvorganges kann man entweder durch Stillstand der Fügeteile, oder durch Lösen der Haltevorrichtung (**Bild 1**) erreichen.
- Beim **Fügen unter Druck** muss man eine bestimmte Haltezeit einhalten.

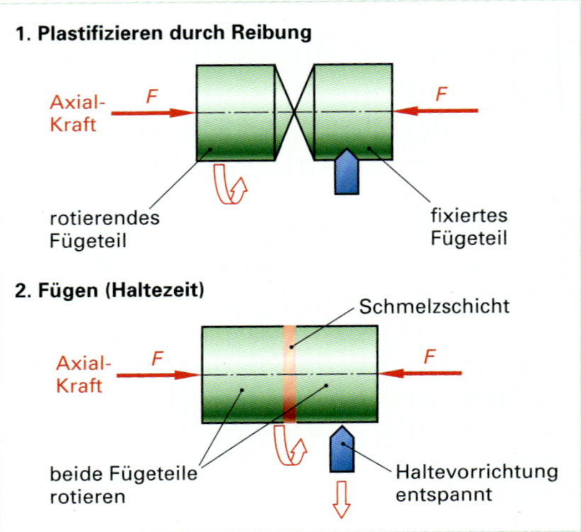

Bild 1: Rotationsreibschweißen

> Das **Rotations-Reibschweißen** wird zum Fügen kreisrunder Fügeflächen verwendet.

Vibrationsreibschweißen

Aus dem klassischen Rotations-Reibschweißen haben sich die Vibrationsreibschweißverfahren entwickelt. Sie werden, wegen der hohen Anschaffungskosten, vorwiegend in der Serienfertigung eingesetzt. Die Schweißmaschinen arbeiten meist vollautomatisch. Die Schweißparameter **Schwingungsamplitude** (Auslenkung), **Schwingungsfrequenz** und **Schweißzeit** lassen sich am Bedienpult einstellen. In der Automobilindustrie werden beispielsweise Instrumententafeln, Stoßfänger oder Türseitenverkleidungen verschweißt.

> Man unterscheidet zwischen dem **Linear-** und dem **Winkel-Vibrationsschweißen.**

Beim **linearen Vibrationsschweißen** wird die Reibungswärme durch Translationsschwingungen mit einer Frequenz von 100 Hz ... 300 Hz erzeugt. Das **Winkel-Vibrationsschweißen,** auch als Orbitalschweißen bezeichnet, arbeitet dagegen mit Rotationsschwingungen mit Frequenzen von 190 ... 230 Hz. Die Reibungswärme wird immer durch oszillierende Bewegungen an den Fügeflächen erzeugt. Dabei muss jeweils ein Fügeteil gegen das starr fixierte Fügeteil oszillierend bewegt werden. Am Ende ist die genaue Positionierung der Fügeteile zueinander wichtig. Bei der Auslegung der Fügeteile zum Vibrationsschweißen müssen folgende Punkte beachtet werden: 1. Die Auslenkung der Teile zueinander muss möglich sein. 2. Die Fügeteile müssen eine hohe Formsteifigkeit aufweisen, damit sie die Relativbewegungen ausführen können. Deshalb sollte man dünne Wandungen vermeiden.

Das Ausweichen der Fügeteile kann man durch Haltenocken verhindern. Die Abbildung (**Bild 1**) zeigt mögliche Nahtgestaltungen beim Linear-/Orbital-Vibrationsschweißen. Das Linear-/Orbital-Vibrationsschweißen hat viele Vorteile:

- durchgängige Nähte bei Großteilen möglich
- kurze Schweißzeiten (1 ... 10 Sekunden)
- hochdruckdichte Verbindungen möglich
- keine Wärmezufuhr von außen
- geringer Energieverbrauch

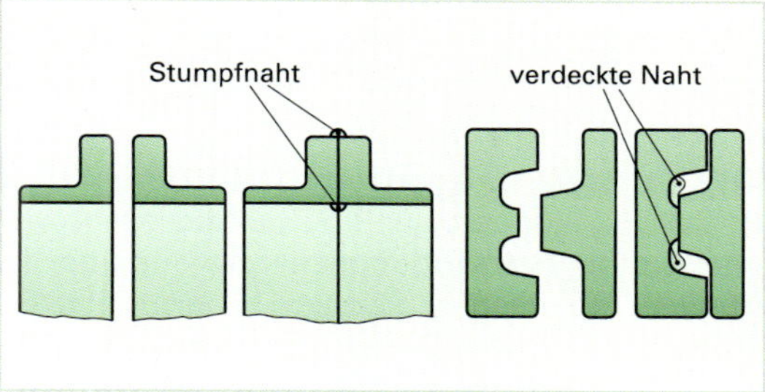

Bild 1: Einfache Stumpfnaht und verdeckte Naht

Die Vibrationsschweißverfahren eignen sich grundsätzlich zum Schweißen von Thermoplasten gleichen Typs, bei den amorphen Kunststoffen können allerdings in bestimmten Grenzen auch unterschiedliche Typen geschweißt werden. Neben dem Schweißen von Kunststoffen ist auch das Schweißen von verschiedenen Werkstoffkombinationen möglich. Man kann beispielsweise Thermoplaste mit Trägerwerkstoffen aus Holz- oder Textilfasern verbinden.

Ultraschallschweißen

Das Ultraschallschweißen wird überwiegend zum Verschweißen von Formteilen und Folien verwendet. Wegen seiner Vielseitigkeit, z. B. Reinstraum-Eignung, der guten Mechanisierbarkeit für die Serienfertigung und der Eignung für nahezu alle Thermoplaste ist es sehr verbreitet (**Tabelle 1**).

Tabelle 1: Anwendungsbereiche des Ultraschallschweißens

Haushaltsartikel	Automobilteile	Verpackung	Medizintechnik	Elektrotechnik
Kaffeemaschinenteile, elektr. Zahnbürsten, Rasierapparate, Bügeleisen, Uhrengehäuse	Rückleuchten, Armaturentafel, Türverkleidungen, Zierleisten, Lüftungskanäle, Filter	Kunststofftuben, Vakuumverpackungen, Getränkekartons, Runddosen	Filter, Instrumente, OP-Kleidung, Flüssigkeitsgefäße, Filter, Mundschutzmasken	Modelleisenbahn, Spulen, Gehäuse, Stecker, Schalter, Verdrahtung von Mikrochips

Ablauf des Ultraschallschweißens

Der nachfolgend beschriebene Schweißzyklus dauert in der Regel weniger als eine Sekunde:

- Beim Ultraschallschweißen wandelt ein Generator die Netzspannung in Hochspannung und Hochfrequenz um. Er erzeugt Schwingungen im Bereich von 20 kHz ... 40 kHz (≙ Ultraschall).
- Durch einen **Schwingungswandler** werden die hochfrequenten elektrischen Schwingungen in mechanische Schwingungen umgewandelt. Dazu nutzt man den **piezoelektrischen Effekt** von bestimmten Kristallen, die sich bei angelegtem Wechselfeld zusammenziehen bzw. ausdehnen.
- Die Schwingungsenergie wird über ein Schweißwerkzeug (**Sonotrode**) mit definiertem Fügedruck auf die zu schweißenden Teile übertragen.
- Durch die Dämpfung der Schwingungen im Kunststoff entsteht die zum Schweißen nötige Reibungswärme. Zwischen den Bauteilen entsteht Molekular- und Grenzflächenreibung, die zum Aufschmelzen der Schweißzone führt.
- Erkalten der Schweißzone mit anschließender Haltezeit.

Zum Schweißen werden für die zu verbindenden Bauteile jeweils speziell angepasste Schweißwerkzeuge benötigt. In der Regel werden die Fügeteile auf dem Pressentisch, der auch Amboss genannt wird, fixiert. Die mechanischen Schwingungen werden anschließend mit einer Sonotrode in die Fügeteile eingeleitet. Die meist aus Titanlegierungen gefertigte **Sonotrode** muss dabei sowohl auf das Ultraschallschweißgerät als auch auf das zu schweißende Teil abgestimmt sein. Der Schweißdruck wird über eine Vertikalbewegung der Sonotrode aufgebracht.

Beim **Ultraschallschweißen** (Bild 1) unterscheidet man zwischen dem **Nahfeldschweißen** (bei geringer Entfernung der Fügestelle von der Sonotrodenspitze) und dem **Fernfeldschweißen**.

Thermoplaste mit hohem Dämpfungsvermögen (z. B. PVC-P, PE) können nur im **Nahfeld** geschweißt werden, weil sie die Schwingungsenergie nur über kurze Entfernungen übertragen können. Thermoplastische Kunststoffe mit niedriger Dämpfung und damit hohem E-Modul (z. B. PC, PA, POM, PMMA) lassen sich dagegen auch im **Fernfeld** schweißen.

Zum Schweißen von teilkristallinen Kunststoffen muss in der Regel mehr Energie aufgewendet werden, weil sie die Schwingungen stärker absorbieren als amorphe Kunststoffe. Um die Verluste bei der Übertragung möglichst gering zu halten, hält man die Fügeflächen möglichst klein. Zur Verbesserung des Energieflusses setzt man bei harten Werkstoffen so genannte **Energierichtungsgeber ein**. Darunter versteht man spitz zulaufende Grate.

Das Ultraschallschweißen ist das **bedeutendste** Schweißverfahren im Formteilebereich.

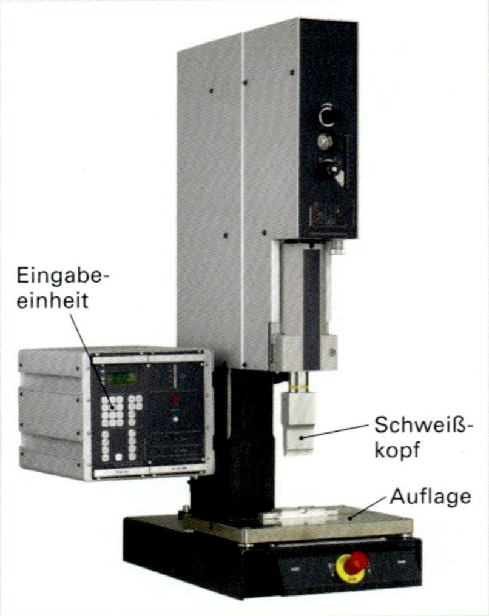

Bild 1: Ultraschallschweißgerät

Hochfrequenzschweißen

Beim Hochfrequenzschweißen nutzt man den chemischen Aufbau einiger Kunststoffe. Das Verfahren kann nur bei **polaren Kunststoffen** angewendet werden, d. h. bei Kunststoffen mit ausgeprägten Dipolen, z. B. Polyvinylchlorid (PVC) und Polyamid (PA). Als Dipole bezeichnet man zwei entgegengesetzte elektrische oder magnetische Pole. Unpolare Kunststoffe und damit elektrisch hochwertige Werkstoffe wie z. B. Polystyrol (PS), Polyethylen (PE) und Polypropylen (PP) lassen sich dagegen **nicht** hochfrequenzschweißen.

Mit dem Hochfrequenzschweißen können nur **polare Kunststoffe** geschweißt werden.

Die Eignung für das Hochfrequenzschweißen hängt vom **dielektrischen Verlustfaktor tan** δ (Tabelle 1) ab. Der Wert tan δ ist ein Maß für die elektrische Polarität der Thermoplaste. Eine sehr gute Schweißbarkeit ergibt sich für Kunststoffe, die annähernd tan $\delta = 0{,}1$ erreichen. Auch Kunststoffe mit Werten bis tan $\delta = 0{,}01$ können noch geschweißt werden. Thermoplaste mit Werten unterhalb von tan $\delta = 0{,}01$ sind dagegen nicht schweißbar.

Tabelle 1: Dielektrischer Verlustfaktor

Werkstoff	tan δ	Schweißbarkeit
PVC-P	0,05 ... 0,1	sehr gut
PVC-U	0,02 ... 0,03	gut
PA	0,02 ... 0,04	gut
PE	0,0003	nicht gegeben
PS	0,0003 ... 0,0008	nicht gegeben

Ablauf des Hochfrequenzschweißens:

1. Ein Hochfrequenzschweißgenerator erzeugt ein **elektrisches Wechselfeld** vorzugsweise mit einer Frequenz von 27,12 MHz.
2. Das hochfrequente elektromagnetische Wechselfeld versetzt die Dipole der polaren Kunststoffe in molekulare Schwingungen, die **innere Reibung** verursachen.
3. Die **Reibung** führt zum plastischen Aufschmelzen der Thermoplaste.
4. Durch Ausübung von äußerem **Druck** in der Schweißzone werden die Fügeteile schließlich miteinander verbunden.

Bei der **Schweißpresse** (**Bild 1**) wird das vom Hochfrequenzgenerator erzeugte Wechselfeld über ein Kondensatorfeld auf die Fügeteile übertragen. Der Pressentisch bildet dabei die untere Kondensatorplatte. Die obere Kondensatorplatte wird **Schweißelektrode** genannt. Die Elektroden werden der Schweißaufgabe angepasst. Beim Schweißen von Folien dient die Schweißelektrode in den meisten Fällen auch zum Abschneiden des Verschnitts. Sie können allerdings auch zur Herstellung von Ziernähten verwendet werden. Ein **Druckstempel** erzeugt die zum Schweißen nötige Kraft. Beim Schweißvorgang dürfen sich die untere Kondensatorplatte und die Schweißelektrode nicht berühren, weil dies zu Kurzschlüssen und damit zu Beschädigungen führen könnte. Um dies zu vermeiden, wird zum Schutz der Schweißanlagen die untere Kondensatorplatte mit Folien zur Schutzisolierung (z. B. aus Hartpapier, Silikon oder PTFE) abgedeckt. Moderne Anlagen weisen außerdem einen Durchschlagschutz auf.

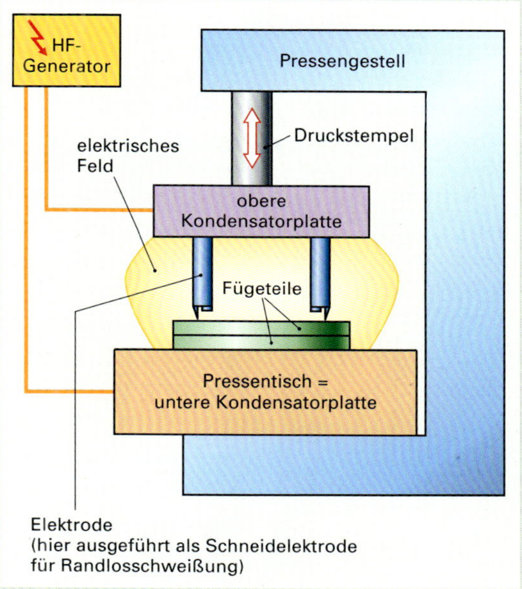

Bild 1: HF-Schweißen (Prinzip)

Das Hochfrequenzschweißen hat verglichen mit anderen Kunststoffschweißverfahren viele Vorteile. Da die Schweißwärme nur im Werkstück selbst entsteht, ergibt sich eine sehr gleichmäßige Temperaturverteilung. Daher kann man mit diesem Verfahren sehr genau arbeiten. Es eignet sich auch zum Verbinden von Folien mit Geweben, weil nur die Verbindungsbereiche des Kunststoffs erwärmt werden, wohingegen das Gewebe und die Elektroden kalt bleiben. Nachteilig wirkt sich die begrenzte Anwendbarkeit aus, weil **nur polare Kunststoffe geschweißt** werden können. Die zum Teil erheblichen Kosten für die Anlagen machen das Verfahren nur für Großanwender und die Serienfertigung interessant. In der Automobilindustrie wird das Verfahren z. B. zum Verbinden von Teppichgeweben mit PVC-P-Folien oder für Türinnenverkleidungen verwendet. Bei der Herstellung von Täschnerwaren wird es zum Verschweißen von Kunstleder eingesetzt. Im Bereich der Büroartikel nutzt man das Hochfrequenzschweißen zum Verbinden von Folien, z. B. für Schnellhefter oder Ordner. Zudem kommt es in der Spiel- und Sportwarenindustrie zum Einsatz. Bei entsprechender Auslegung der Anlage lassen sich auch schwere Halbzeuge fügen.

15.2.6 Schweißen durch Induktion

Elektromagnetisches Widerstandsschweißen (EWS-Schweißen)

Beim Elektromagnetischen Widerstandschweißen wird die Fügeebene durch elektromagnetische Energie berührungslos erhitzt. Da Kunststoffe nicht magnetisch sind, setzt man metallische Komponenten, z. B. Ringe ein. Zum Plastifizieren im Nahtbereich werden nur die **magnetischen** metallischen **Bauelemente** erwärmt. Die metallischen Elemente verbleiben nach dem Schweißvorgang in der Schweißnaht. Das Verfahren lässt sich vor allem dann wirtschaftlich einsetzen, wenn metallische Bauteile wie z. B. Gewindebuchsen, sogenannte Inserts, Metallfolien, Metallgewebe oder Metallgitter mit Kunststoffen verschweißt werden sollen. Das EWS-Schweißen wird aber auch zum Verschweißen von Deckeln und Behältern aus Kunststoff verwendet. In diesem Fall muss ein metallischer Draht oder ein Insert-Heizelement verwendet werden.

Mit dem **EWS-Schweißen** lassen sich Metallkomponenten mit Kunststoffen verschweißen.

15.2.7 Anwendung der Schweißverfahren und Schweißsymbole

Die Auswahl des geeigneten Schweißverfahrens hängt von der jeweiligen Anwendung bzw. vom verwendeten Kunststoff ab (**Tabelle 1**).

Tabelle 1: Anwendung der Schweißverfahren

Anwendung	Geeignete Schweißverfahren	Typische Materialien
Schweißen von Halbzeugen im Behälter-, Apparate- und Rohrleitungsbau	• Warmgasfächelschweißen • Warmgasziehschweißen • Extrusionsschweißen • Schwenkbiegeschweißen • Heizelementstumpfschweißen • Heizelementmuffenschweißen • Heizelementnutschweißen	PVC-U, PVC-P PVC-U, PVC-P, PE, PP, PVDF PE, PP, PVC-U Polyolefine, Blends, Homo-/Copolymere Polyolefine, Blends, Homo-/Copolymere PE, PP, PB, PVDF Polyolefine, Blends, Homo-/Copolymere
Schweißen von Baubahnen, Deponiedichtungsbahnen und Teichfolien	• Warmgasüberlappschweißen • Heizkeilschweißen • Warmgasextrusionsschweißen	PVC-P PVC-P PE
Schweißen von Folien	• Wärmekontaktschweißen • Wärmeimpulsschweißen • Ultraschallschweißen • HF-Schweißen (nur polare Thermoplaste)	PE PE PVC-U, PC, PA, POM, PMMA, ABS u.a. PVC-U, PVC-P
Schweißen von Rohren im Reinbereich	• wulst- und nutfreies Schweißen • Infrarotschweißen • High Purity Fusion	PVDF PE, PP PVDF
Schweißen von Serienteilen	• Heizelementschweißen • Ultraschallschweißen • Rotationsreibschweißen • Vibrationsschweißen • Elektromagnetisches Widerstandsschweißen • Hochfrequenzschweißen • Laserschweißen	Polyolefine, Blends, Homo-/Copolymere PVC-U, PC, PA, POM, PMMA, ABS u.a. Polyolefine, PVC-U Thermoplaste gl. Typs, untersch. amorphe Kunststoffe u. Werkstoffpaarungen Polyolefine, Blends, Homo-/Copolymere PVC-U, PVC-P Polyolefine, Blends, Homo-/Copolymere

Schweißsymbole

Die Vorbereitung und Ausführung der Fügeflächen stellt man mit Schweißsymbolen dar. **Tabelle 2** zeigt **eine** ausgewählte Nahtart beim Warmgasschweißen sowie die sinnbildliche Darstellung in der Technischen Zeichnung. Weitere Beispiele findet man im Tabellenbuch.

Tabelle 2: Schweißsymbole bei Warmgasschweißen

Nahtart	bildlich	sinnbildlich	Ausführung beim Fächelschweißen
Doppel-V-Naht (X-Naht)	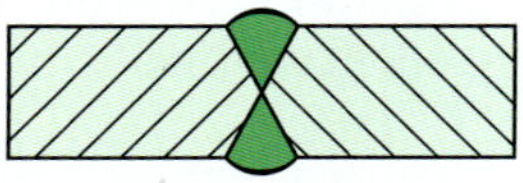	X	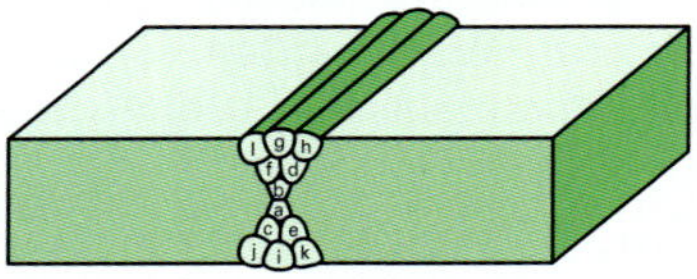

15.3 Kleben von Kunststoffen

Durch Kleben können **unterschiedliche** metallische und nichtmetallische Bauteile miteinander verbunden werden. Kleben gehört zu den **stoffschlüssigen** Verbindungen, da die Verbindung der Fügeteile über einen Zusatzwerkstoff, **dem Klebstoff**, erfolgt. Ohne eine **Zerstörung** des Klebstoffes oder der Bauteile lässt sich die Verbindung **nicht** mehr lösen. Aus diesem Grund ist das Kleben ein **unlösbares** Fügeverfahren.

Bei einer **fachgerechten** Ausführung des Klebens lassen sich Festigkeitswerte erzielen, die die **Eigenfestigkeit** der verbundenen Werkstoffe nahezu erreichen. Hierzu tragen u. a. die richtige **Vorbehandlung** der Fügeflächen, die Wahl des **geeigneten Klebstoffes** und dessen Verarbeitung sowie eine **klebegerechte** Gestaltung der Fügeteile bei.

Bild 1: Boeing 747

Kleben ist heute eine sehr **sichere** Verbindungstechnik und kommt vor allem da zur Anwendung, wo andere Fügemethoden **nicht** möglich sind oder ganz einfach zuviel Gewicht mit sich bringen. So hat man z. B. bei der Boeing 747 (**Bild 1**) durch die **konsequente** Ausführung von Klebungen ca. **10 Tonnen** gegenüber dem Nieten einsparen können.

15.3.1 Technologie des Klebens

Beim Kleben spielen zwei Bindungskräfte eine wesentliche Rolle: die **Adhäsion** zwischen Klebstoff und Fügeteil sowie die **Kohäsion** im Klebstoff (**siehe auch Kapitel 1.1.6**).

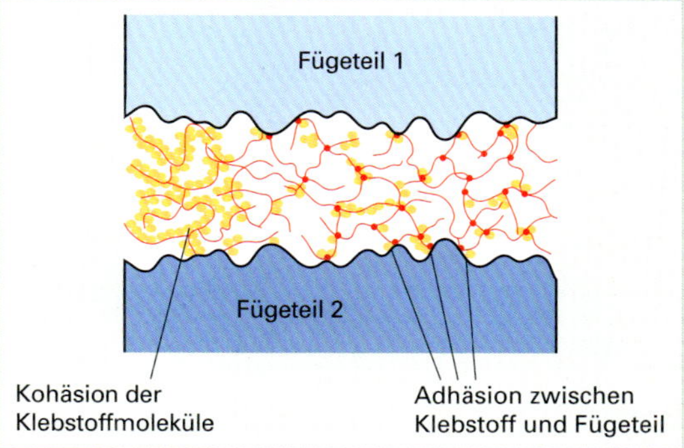

Bild 2: Kohäsion und Adhäsion

Die Adhäsionskräfte (Anhangskräfte) wirken zwischen **unterschiedlichen** Stoffteilchen, also zwischen Klebstoff und Fügeteil, wenn ihr Abstand **unter** $3 \cdot 10^{-6}$ m (3 millionstel mm) beträgt. Sie beruhen auf elektromagnetischen Wechselwirkungen aufgrund **unterschiedlicher Ladungsverteilungen** der Atome bzw. Moleküle (**Bild 2**).

Um diesen geringen Abstand erreichen zu können, muss der Klebstoff beim Auftragen **flüssig** sein, um in die **Unebenheiten** der Oberflächen **eindringen** zu können. Danach muss der Klebstoff **fest werden (abbinden)**, um **selbst** eine hohe Kohäsion (Zusammenhangskraft) durch **chemische** bzw. **physikalische Bindungskräfte** zwischen seinen Molekülen zu bekommen.

Für eine **gute** Klebverbindung ist eine **hohe Adhäsion** durch einen möglichst **engen** und **großflächigen** Kontakt zwischen dem Klebstoff und dem Fügeteil, sowie eine **hohe Kohäsion** durch eine möglichst **hohe Eigenfestigkeit** des Klebstoffes erforderlich.

Voraussetzungen für hohe Adhäsionskräfte

Kunststoffe sind **unterschiedlich** gut klebbar: so sind PVC und PS hervorragend klebbar, Polyolefine wie PE und PP dagegen nur nach aufwendiger Vorbehandlung. Dies liegt vor allem am **chemischen Aufbau** der Kunststoffe.

Die **Polarität** aufgrund einer **unterschiedlichen** Ladungsverteilung innerhalb der Makromoleküle **unterstützt** die Klebwirkung. Dadurch können **höhere** Adhäsionskräfte zwischen Fügeteil und Klebstoff erzielt werden.

Aus der unterschiedlichen Polarität der Kunststoffe ergibt sich auch eine unterschiedliche **Benetzbarkeit** der Oberflächen (**Bild 1**). Der Klebstoff sollte die Oberfläche möglichst **vollständig** benetzen können und als geschlossener **Film** auf der Oberfläche haften.

Eine weitere Steigerung der Anhangskräfte wird erreicht, wenn der **Klebstoff** bzw. das in ihm enthaltene **Lösungsmittel** den Kunststoff **anlösen** und in ihn **eindringen** (eindiffundieren) kann.

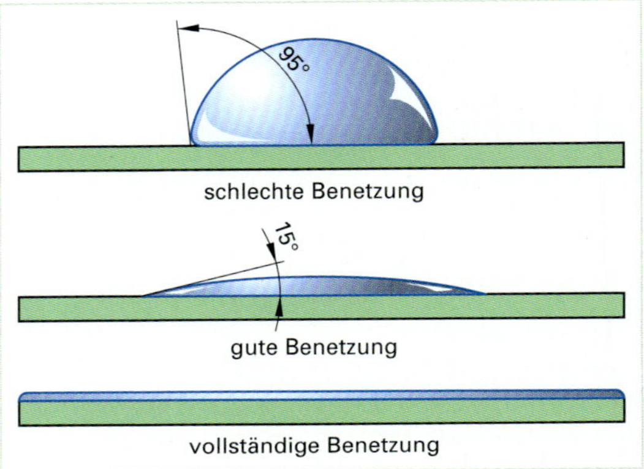

Bild 1: Benetzbarkeit der Oberflächen

Mechanische Kräfte werden über die Klebenaht von einem Fügeteil in das andere übertragen. Dabei sollten sich die verklebten Kunststoffe und der **abgebundene** Klebstoff **ähnlich** in ihrem elastischen Verhalten, d. h. in ihrem **Elastizitätsmodul** sein, damit sie auftretende Verformungen gleichartig mitmachen können.

Die nachfolgende Tabelle zeigt die genannten Eigenschaften wichtiger Kunststoffe und die Folge für ihre Klebbarkeit (**Tabelle 1**).

Tabelle 1: Eigenschaften und Klebbarkeit wichtiger Kunststoffe

Kunststoff	Löslichkeit	Polarität	Benetzbarkeit	E-Modul in N/mm^2	Klebbarkeit
Polyethylen PE	sehr schwer	unpolar	schlecht	1000	schlecht
Polyvinylchlorid PVC-U	gut	polar	gut	3000	gut
Polystyrol PS	gut	unpolar	schlecht	3300	gut
Polymethylmethacrylat PMMA	gut	polar	gut	3000	gut
Polyamid PA 66	schwer	polar	gut	1400	bedingt
Phenolformaldehydharz PF	sehr schwer	polar	gut	7000	gut
Ungesättigter Polyesterharz UP	sehr schwer	polar	gut	14000	gut

Um Kunststoffe **sicher** verkleben zu können, sollten sie wenigstens eine der folgenden Eigenschaften besitzen: **polar, gut benetzbar, löslich**. Darüber hinaus sollte der Klebstoff ein **ähnliches elastisches** Verhalten wie die verklebten Kunststoffe besitzen.

15.3.2 Klebstoffe

Klebstoffe bestehen in der Regel aus **Kunststoffen** oder **Kunststoffmischungen**, an die ähnliche Forderungen wie an die klebbaren Kunststoffe gestellt werden. Sie sollten **polaren** Charakter aufweisen, die Fügeteiloberflächen **gut benetzen** und im Idealfall auch anlösen können. Zudem sollten sie nach dem Abbinden eine möglichst **hohe Eigenfestigkeit** besitzen, die der Festigkeit der Fügeteile ähnlich ist.

Bild 2: Arten von Klebstoffen

Klebstoffe teilt man in **physikalisch abbindende** und in **chemisch abbindende** Klebstoffe ein.

Physikalisch abbindende Klebstoffe

Das Aushärten der Klebstoffe beruht hier auf physikalischen Vorgängen, z. B. der Abkühlung der Klebemasse oder dem Verdunsten von Lösungsmitteln (**Tabelle 1**). Eine Besonderheit stellt hierbei das Kleben mit **reinen** Lösungsmitteln dar, die den Kunststoff anlösen (Grundregel: Polare Lösungsmittel lösen polare Kunststoffe, z. B. Tetrahydrofuran löst PVC). Man spricht hier auch von **Kaltverschweißen**.

Tabelle 1: Physikalisch abbindende Klebstoffe

Klebstofftyp	Abbindemechanismus	Basisstoffe	klebbare Werkstoffe
Schmelzklebstoff	Schmelzen und Abkühlen des thermoplastischen Klebstoffes	EVA (Ethylenvinylacetat) Polyamid, PVC-C	ABS, PVC, MF, PS, PMMA, Holz (Furniere), Glas, Metall
Lösungsmittelklebstoff	Verdunsten des Lösemittels, dadurch Aufbau von Nebenvalenzkräften	PVC, PS, PMMA, PVC-C, Nitrilkautschuk	überwiegend Thermoplaste außer PE, PP, Holz
Dispersionsklebstoff	Kunstharze sind in Wasser gelöst, das beim Abbinden verdunstet.	PMMA, EVA	Holz (typischer Weißleim), Schaumstoffe
Haftklebstoffe	dauerhaft klebfähige, elastische Masse mit großen Adhäsionskräften	Kautschuke, Polyacrylate	weitgehend alle (z. B. bei Heftpflastern, Klebstreifen)
Kontaktklebstoffe	Kleber auf beiden Fügeteilen muss zunächst ablüften, dann Verpressen mit hohem Druck	Chlorkautschuk, PUR	ABS, PVC, PS, PUR, MF, Holz, Metall

Chemisch abbindende Klebstoffe

Bei den chemisch abbindenden Klebstoffen, auch **Reaktionsklebstoffe** genannt, finden die gleichen Reaktionen statt, die auch bei der Bildung von Kunststoffen ablaufen, also Polymerisation, Polykondensation oder Polyaddition (**Tabelle 2**).

Tabelle 2: Chemisch abbindende Klebstoffe

Klebstofftyp	Abbindemechanismus	Basisstoffe	klebbare Werkstoffe
Polymerisationsklebstoff	Polymerisation	einkomponentig:	Thermoplaste, außer PE und PP
einkomponentig	durch Feuchtigkeit oder Sauerstoff	Cyanoacrylat, Methacrylsäure	Duroplaste
zweikomponentig	durch Harz und Härter	zweikomponentig: Nitrilkautschuk, UP	Holz, Glas, Metall
Polykondensationsklebstoff	Polykondensation	Harnstoffformaldehyd (HF bzw. UF)	siehe oben, Schaumstoffe
Polyadditionsklebstoff	Polyaddition	v. a. Polyurethan und Epoxidharz	siehe oben, Schaumstoffe

Die Reaktionen im Basisharz werden dabei meist durch eine **weitere** Komponente, also Härter und eventuell Beschleuniger, eingeleitet. Man spricht vom **Zwei-** oder **Mehrkomponentenklebstoff**. Bei **Einkomponentenklebstoffen** erfolgt die Aushärtung durch äußere Einflüsse wie **Luftfeuchtigkeit** (anaerob) oder Luftsauerstoff (aerob).

Kunststoffe können durch zwei Arten von Klebungen verbunden werden.

Diffusionsklebung

Das Lösungsmittel **dringt** (**diffundiert**) in die Oberfläche des Werkstoffes ein und drängt sich zwischen die Fadenmoleküle (**Bild 1**). Bei Thermoplasten werden dabei die **Nebenvalenzkräfte** abgebaut, der Werkstoff wird dabei **plastisch**. Die jetzt beweglichen Makromoleküle können **ineinander** schwimmen. Nach der Verflüchtigung des Lösungsmittels bauen sich die Nebenvalenzkräfte erneut auf, die Fügeteile werden dadurch miteinander verbunden. Die Fügenaht hat annähernd die **gleiche** Festigkeit wie der Grundwerkstoff.

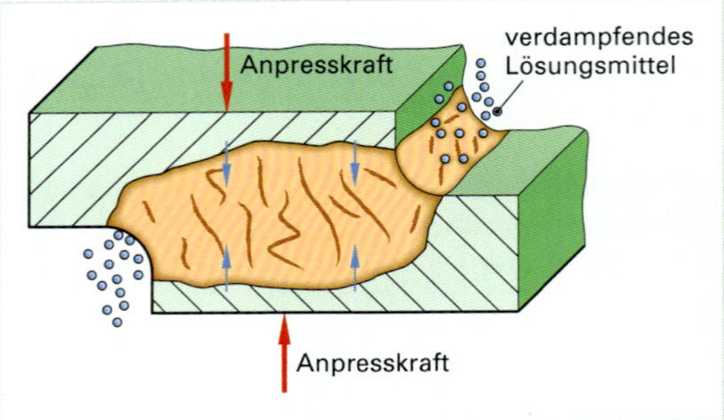

Bild 1: Diffusionsklebung

Diffusionsklebungen mit Lösungsmittelklebstoffen oder reinen Lösungsmitteln sind nur bei **löslichen Thermoplasten** möglich.

Adhäsionsklebung

Bei Klebungen mit Reaktionsklebstoffen oder nicht lösungsmittelhaltigen Klebstoffen beruht die Verbindung lediglich auf den **Anhangskräften** (Adhäsion) zwischen den Werkstoffteilchen und den Klebstoffteilchen (**Bild 2**).

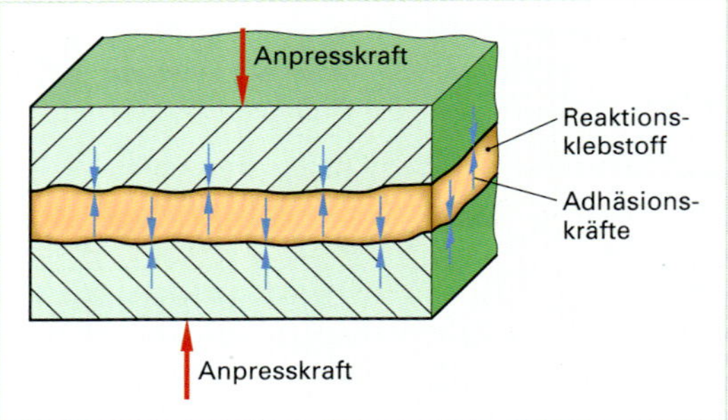

Bild 2: Adhäsionsklebung

Adhäsionsklebungen wendet man vor allem bei **unlöslichen** Werkstoffen wie Duroplaste und Elastomere an.

15.3.3 Gestaltung von Klebeverbindungen

Für große Adhäsionskräfte sind **große Fügeflächen** notwendig, wobei die Festigkeit der Klebeverbindung aber auch wesentlich von der Art der Beanspruchung abhängt. So sind vor allem **Zugbeanspruchungen ungünstig** (**Bild 3**), da die Zugkräfte direkt auf die Anhangskräfte einwirken. **Günstiger** ist eine Beanspruchung auf **Scherung** (**Bild 4**), die zudem in der Regel auch größere Fügeflächen ermöglicht.

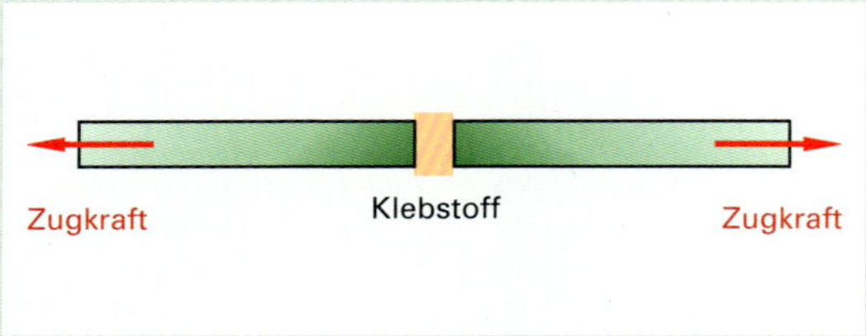

Bild 3: Ungünstige Zugbeanspruchung

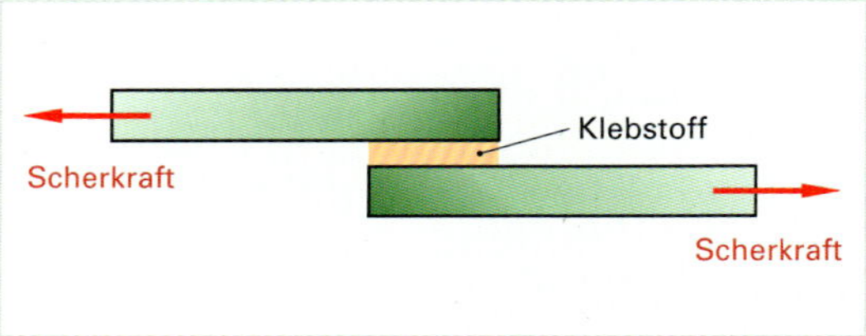

Bild 4: Scherung bei einfacher Überlappung

Allerdings kommt es hier bei der **einfachen Überlappung** zu einer Versetzung des Kraftflusses und damit zu einem **Biegemoment** auf die beiden Fügeteile. Günstiger wäre hier eine **gefalzte** oder **doppelte** Überlappung bzw. eine **einfache** oder **doppelte Lasche** (**Tabelle 1**). Um dabei die Verdickungen an der Fügestelle zu vermeiden, bietet sich eine abgesetzte Überlappung oder eine **Schäftung** an.

Tabelle 1: Ausführungen von Klebeverbindungen

gefalzte Überlappung	doppelte Überlappung	einfache Lasche	doppelte Lasche	schäftung	abgesetzte Überlappung

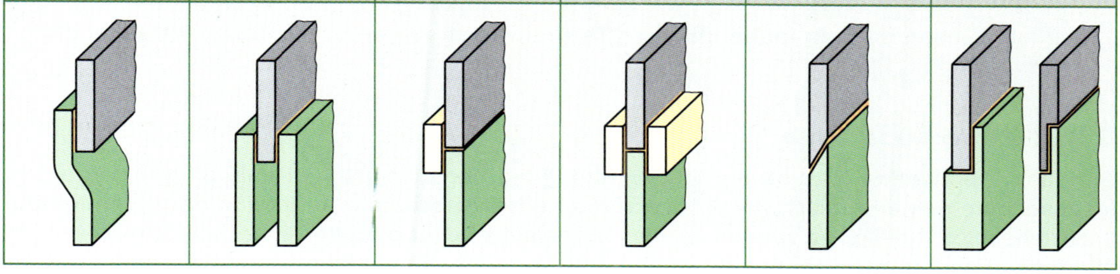

Als sehr ungünstig zeigen sich auch **Schälbeanspruchungen**, die vor allem durch eine **Durchbiegung** von Kunststoffbauteilen aufgrund ihrer **geringen** Steifigkeit auftreten können (**Bild 1**). Sie führen zum Aufreißen der Klebenaht und müssen **unbedingt** vermieden werden.

Ein Durchbiegen der Fügeteile kann z. B. durch aufgeklebte **Entlastungsstreifen** (**Bild 2**) oder eine zusätzliche **Niet** (**Bild 3**) erreicht werden, die zu einer Versteifung führen.

Bei Verklebungen sind **Zug- und Schälbeanspruchungen** möglichst zu **vermeiden.**

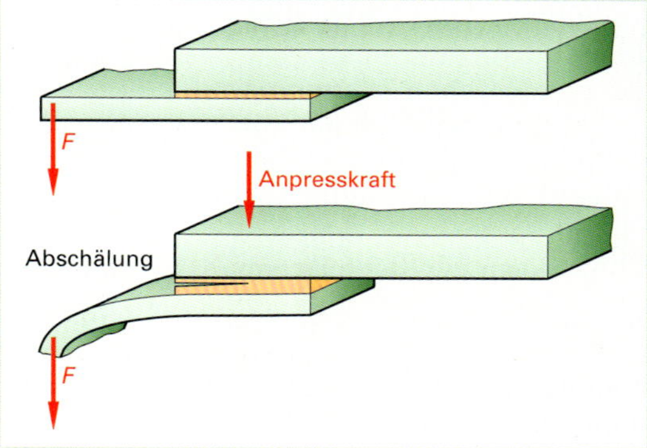

Bild 1: Schälbeanspruchung durch Durchbiegen

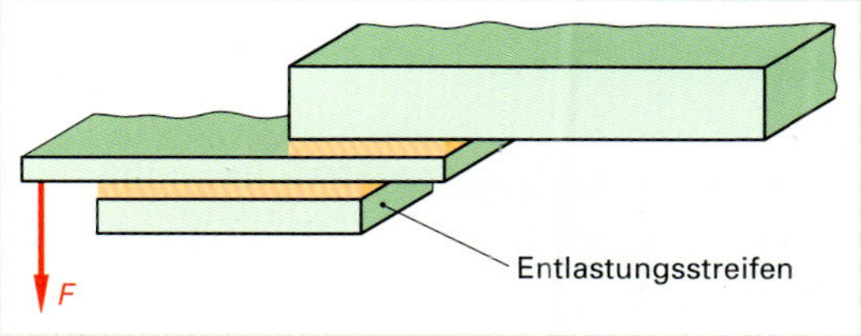

Bild 2: Entlastungsstreifen

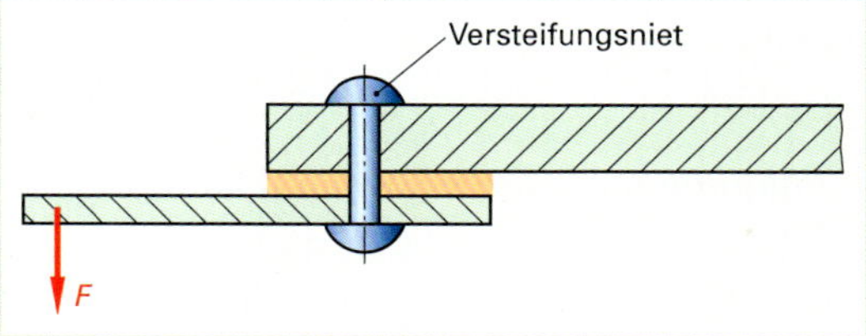

Bild 3: Niet zur Entlastung

Bei Rohrverklebungen sind **Stumpfstöße** ebenfalls zu **vermeiden**. Es bieten sich hier Verbindungen durch **Einfach-** (**Bild 4**) bzw. **Doppelmuffen** (**Bild 5**) an.

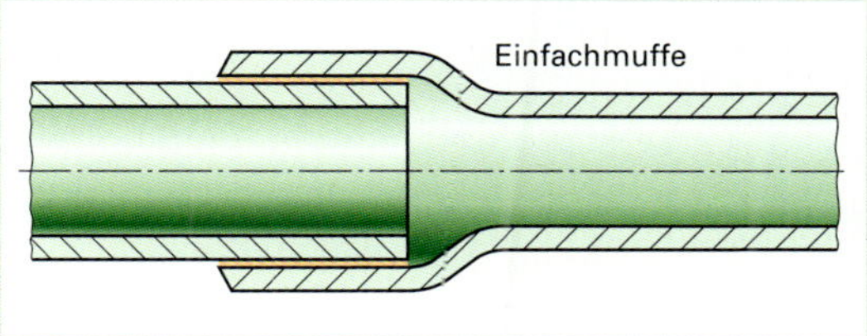

Bild 4: Rohrverklebung mit Einfachmuffe

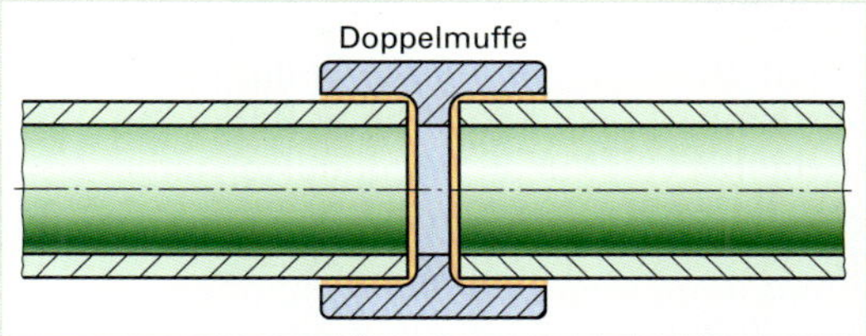

Bild 5: Rohrverklebung mit Doppelmuffe

15.3.4 Vorbehandlung der Klebeflächen

Neben der Gestaltung der Klebeverbindung und der optimalen Klebstoffauswahl ist auch die richtige **Vorbehandlung** der Klebeflächen wichtig für die Festigkeit der Verbindung. Der **Zustand** der Oberflächen der Fügeteile ist **entscheidend** für die **Anhaftung** des Klebstoffes. Die Wirkung der Adhäsionskräfte sollte sich also voll entfalten können und möglichst durch **keine Fremdstoffe** oder **ungünstige Bedingungen**, z. B. unpolare Oberflächen, gestört werden.

Die Klebeflächen müssen **sauber**, **trocken**, **fettfrei**, etwas **aufgeraut** und möglichst **polar** sein.

Reinigen der Klebeflächen

Bei allen Werkstoffen ist eine **gründliche Reinigung** der Klebeflächen unbedingt erforderlich. Insbesondere neigen Kunststoffe aufgrund ihrer **elektrostatischen Aufladung** dazu **Fremdstoffe** anzuziehen. Zur Reinigung verwendet man **organische Lösungsmittel**, z. B. Dichlormethan oder **alkalische Reinigungsmittel** wie Phosphate, die vor allem Fette lösen können. Diese Reinigung kann **maschinell** durch Bedampfen oder durch Tauchen, aber auch **manuell** durch einen Pinsel oder getränkten Lappen erfolgen.

Bei den **löslichen Thermoplasten**, vor allem bei PMMA oder PVC, reicht das alleinige Reinigen der Fügeflächen aus. Alle anderen müssen **weiteren** Vorbehandlungsmaßnahmen unterzogen werden.

Aufrauen der Klebeflächen

Das Aufrauen dient zum einen der **Vergrößerung** der wirksamen **Haftfläche**, zum anderen der Entfernung nicht löslicher Fremdstoffe, wie sie häufig auf der Oberfläche von Duroplasten vorhanden sind. Aufgeraut wird mechanisch durch **Schleifen** oder **Sandstrahlen** bzw. **chemisch** durch Beizen.

Ein **Aufrauen** der Klebeflächen ist bei allen Kunststoffen außer PMMA und PVC sinnvoll. Bei den unpolaren bzw. schwer löslichen Thermoplasten ist **zudem** ein Verändern der Klebeflächen notwendig.

Verändern der Klebeflächen

Bei den **unpolaren** und damit **schwer** klebbaren Kunststoffen wie PP, PE und POM muss die Oberfläche so **verändert** werden, dass eine **gewisse Polarität** erreicht wird. Dies kann u. a. eine **Anreicherung** der Randschicht mit **Sauerstoff** bewirken, wie sie durch einen **Beizvorgang**, ein **Beflammen** (**Bild 1**) oder eine sog. **Coronaentladung** (elektrischer Lichtbogen) erreicht werden kann. Diese Art der Haftflächenvorbereitung wird auch beim **Bedrucken** oder **Lackieren** von Kunststoffprodukten angewandt (**vgl. hierzu Kapitel 13.5.3**).

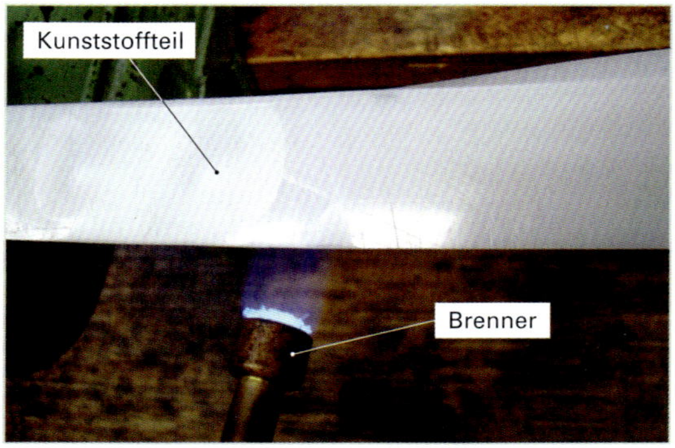

Bild 1: Beflammen eines Kunststoffproduktes

Eine **Veränderung der Klebeflächen** zur Erzeugung einer gewissen **Polarität** ist vor allem bei den unpolaren **Polyolefinen** und bei **Polyoxymethylen** erforderlich.

15.3.5 Der Klebevorgang

Der Klebstoff sollte **gleich** im Anschluss an die Vorbereitung der Klebeflächen aufgetragen werden, um eine erneute Verunreinigung auszuschließen. Üblicherweise wird der Klebstoff **manuell** durch einen **Pinsel** oder **Spachtel** (Bild 1) aufgetragen, aufgesprüht (Bild 2) oder durch Maschinen aufgespritzt, aufgewalzt oder aufgestrichen.

Hierbei ist es entscheidend, dass der Klebstoff **dünn** (zwischen 10 µm bis 200 µm) und **gleichmäßig** aufgetragen wird.

Der Grundsatz *„Viel hilft viel"* gilt **nicht** beim Kleben. Je **dünner** die Klebstoffdicke, desto **höher** ist die **Scherfestigkeit** der Klebverbindung.

Bei lösungsmittelhaltigen Klebstoffen sind folgende Zeiten bei der Verarbeitung zu beachten:

- **Offene Zeit:** Zeit, in der der Klebstoff noch verarbeitbar ist
- **Ablüftzeit:** Wartezeit, bis sich das Lösungsmittel weitgehend verflüchtigt hat

Erst nach dem Ablauf der **Ablüftzeit** entfaltet die Klebung ihre volle Festigkeit. Will man eine **Diffusionsklebung** vornehmen, muss das Fügen innerhalb der **offenen Zeit** erfolgen. Bei **Kontakt-** bzw. **Haftklebstoffen** muss vor dem Fügen so lange gewartet werden, bis sich die Oberfläche nicht mehr klebrig anfühlt (Fingerprobe).

Bild 1: Auftragen eines Klebstoffes

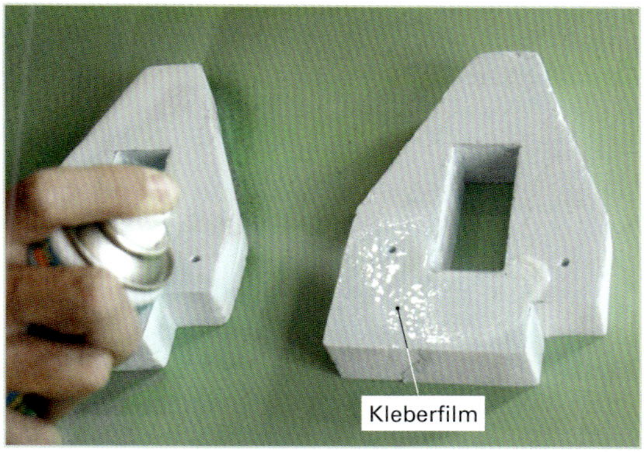

Bild 2: Aufsprühen von Klebstoff

Zwei- oder Mehrkomponentenklebstoffe müssen **gleichmäßig** angerührt werden und können nur innerhalb ihrer **Topfzeit** verarbeitet werden.

Nach dem Fügen müssen die Teile gegen ein Verschieben **fixiert** werden, bis der Klebstoff vollständig **ausgehärtet** ist. Durch ein **Erwärmen** kann die Abbindezeit **verringert** werden. Bei Kontaktklebstoffen reicht ein einmaliges Anpressen nach der Ablüftzeit.

Arbeitsschutz beim Kleben

- Die Arbeitsräume müssen während der Fertigung gut **be- und entlüftet** werden, da das Einatmen von Lösungsmitteldämpfen **gesundheitsschädlich** sein kann.
- Zudem können Klebstoffe, insbesondere **lösungsmittelhaltige** Klebstoffe, **leicht entzündlich** sein.
- Deshalb gilt beim Kleben **Rauch-, Ess- und Trinkverbot**.
- Klebstoffe dürfen im **unausgehärteten** Zustand nicht mit den **Augen** oder der **Haut** in Kontakt kommen. Es ist die **maximale Arbeitsplatzkonzentration** (MAK) des jeweiligen Klebstoffes einzuhalten.
- Daher müssen vor allem beim Umgang mit **Reaktionsklebern Schutzhandschuhe** und **Schutzbrille** getragen werden.

15.3.6 Vor- und Nachteile von Klebeverbindungen

Vorteile

Kleben kommt in der Regel dort zum Einsatz, wo ein Schweißen **nicht möglich** ist. So lassen sich damit die **unterschiedlichsten Werkstoffe** (**Bild 1**) verbinden, ohne dabei einen **deutlichen Massezuwachs** aufgrund des Zusatzwerkstoffes, also hier dem Klebstoff, in Kauf nehmen zu müssen. Deshalb eignen sich Klebeverbindungen hervorragend für Anwendungen im **Flugzeugbau**. Zudem erhält man an der Fügestelle eine **gleichmäßige** Spannungsverteilung, da – wenn überhaupt – das komplette Bauteil eine **gleichmäßige** Wärmebehandlung bei der Aushärtung erfährt. Beim Schweißen kann es hierbei zu einem **Wärmeverzug** kommen. Durch das Kleben erhält man eine **gas- und flüssigkeitsdichte** Verbindung, die zudem noch **elektrisch isolierend** wirkt.

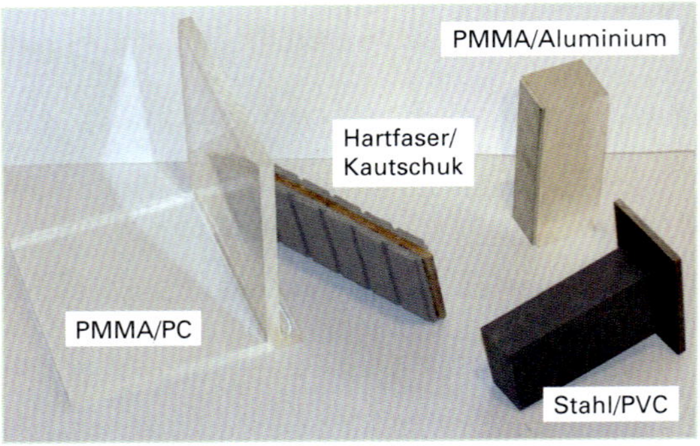

Bild 1: Kleben unterschiedlicher Werkstoffe

Nachteile

Einige Kunststoffe, vor allem die Polyolefine, lassen sich nur mit **großem Aufwand** und auch dann nur verhältnismäßig schlecht verkleben. Auch bei gut klebbaren Werkstoffen sind eine gewisse **Vorbehandlung** der Fügeflächen und die Beachtung der Richtlinien für die **Gestaltung** der Klebeverbindungen notwendig. Aufgrund der **Vielzahl** der Klebstoffsysteme sind umfangreiche Kenntnisse bezüglich der **Auswahl** und der **Aushärtung** erforderlich. Darüber hinaus haben Klebeverbindungen nur eine **geringe** Dauer- und Wärmebeständigkeit.

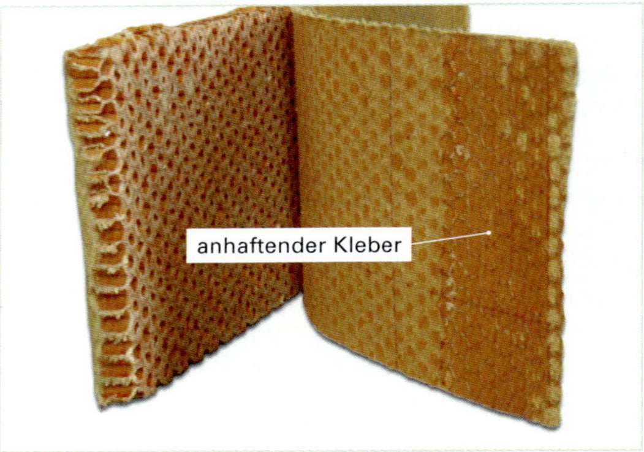

Bild 2: Schlechte Adhäsion bei einer Klebung

Klebverbindungen **versagen** aufgrund zu **geringer Adhäsion oder Kohäsion** (**Bild 2**).

Wiederholungsfragen:

1. Nennen und erklären Sie die Bindungskräfte beim Kleben.
2. Welche Voraussetzungen müssen Kunststoffe erfüllen, damit sie gut verklebbar sind?
3. Welche Kunststoffe sind sehr gut klebbar, welche dagegen nur schlecht?
4. Nennen Sie verschiedene physikalische Abbindemechanismen von Klebstoffen.
5. Erklären Sie den Unterschied zwischen Diffusionsklebung und Adhäsionsklebung.
6. Durch welche Bedingungen können Reaktionsklebstoffe aushärten?
7. Worauf ist bei der Gestaltung von Klebverbindungen besonders zu achten?
8. Erklären Sie die Begriffe Ablüftzeit und offene Zeit (Topfzeit).
9. Nennen Sie und erläutern Sie wesentliche Vor- und Nachteile einer Klebeverbindung.

15.4 Mechanische Verbindungen von Kunststoffen

Schweißen und **Kleben** sind die **häufigsten** Fügeverfahren von Kunststoffen. Doch lassen sich nur **gleichartige** Thermoplaste miteinander verschweißen und bestimmte Kunststoffe sind nur **schwer** klebbar. Zudem sind beide Verbindungen **nicht lösbar**. Hierfür bietet sich eine Reihe von **form-** bzw. **kraftschlüssigen** Verbindungen an, die sowohl **lösbar** als auch **unlösbar** sein können. Vor allem bei Verbindungen, die **sehr oft** gelöst und wieder gefügt werden, wie z. B. Deckelverschlüsse, bewähren sich **mechanische** Fügeverfahren wie **Schnapp-** oder **Schraubenverbindungen**.

15.4.1 Schnappverbindungen

Schnappverbindungen beruhen auf der **elastischen** Verformbarkeit **zähelastischer** Thermoplaste wie PP, PE, POM, PA und PVC. Dabei greifen Nocken, Kugeln oder **Haken** (①) in **Hinterschneidungen** (②) ein und bewirken so eine formschlüssige Verbindung (**Bild 1**). Dabei muss darauf geachtet werden, dass die Belastung die Streckgrenze nicht überschreitet und somit **keine** plastische Verformung auftreten kann. Außerdem sollten beide Fügeteile nach dem „Einschnappen" möglichst **nicht** mehr unter Spannung stehen, um eine **Materialermüdung** zu vermeiden. Die Kraftübertragung ist dabei **begrenzt**, außerdem sind Schnappverbindungen **nicht** gas- bzw. flüssigkeitsdicht.

Schnappverbindungen können **lösbar** oder auch **unlösbar** ausgeführt sein. Bei lösbaren Verbindungen sollte die Hinterschneidung mit 15° bis 30° **angeschrägt** sein, dass beim Zurückziehen wieder eine elastische Verformung ausgelöst wird. Ist die Abschrägung zwischen 45° und 90° ist die Verbindung unlösbar: beim Zurückziehen würde die Hinterschneidung ausbrechen (**Bild 2**).

Gerade bei Behälterverschlüssen, beim Anbringen von Zierleisten oder bei Verschlüssen von Stiften, sowie bei Kinderspielzeugen mit verschiedenen beweglichen Anbauteilen kommen Schnappverbindungen häufig zur Anwendung (**Bild 3**).

Bei **linienförmiger** Ausführung der Verbindung bei Behälter und Folienbeutelverschlüsse sind sogar **luft-** bzw. **aromadichte** Abschlüsse möglich.

Als **Klipse** oder **Klammern** findet man Schnappverbindungen vor allem im Kfz-Bereich, mit denen Abdeckungen oder sogar Ablagefächer im Innenbereich befestigt sind.

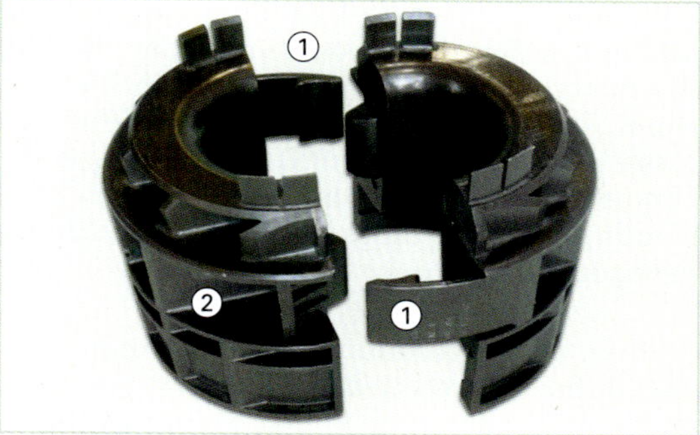

Bild 1: Schnappverbindung

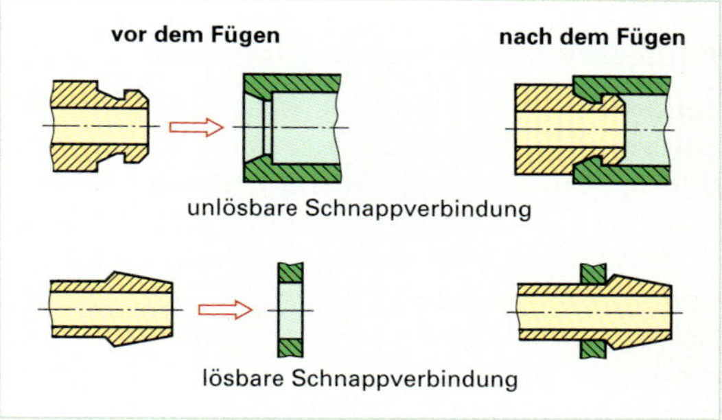

Bild 2: Lösbare und unlösbare Verbindungen

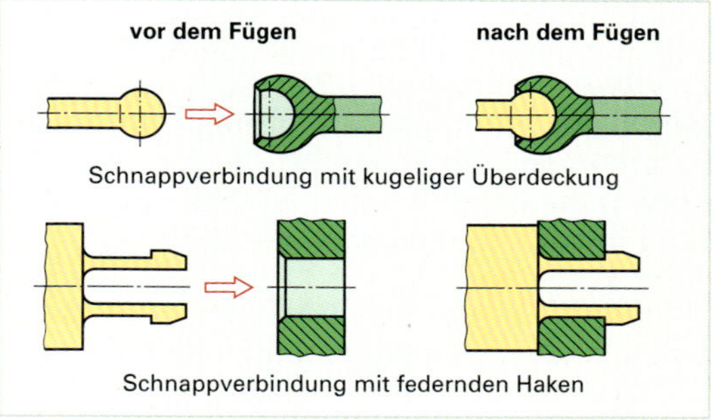

Bild 3: Bauformen von Schnappverbindungen

Schnappverbindungen stellen eine **wirtschaftliche** Verbindung von Kunststoffteilen dar, da die Haken bzw. Hinterschneidungen relativ einfach mit **angespritzt** werden können. Allerdings ist mit ihnen nur eine **begrenzte** Kraftübertragung möglich und die Verbindung ist meist **nicht** luft- bzw. gasdicht.

15.4.2 Schraubverbindungen

Meistens werden lösbare Schraubverbindungen entweder mit **Kunststoff-** oder mit **Metallschrauben** und **Muttern** ausgeführt. Daneben kommen noch **selbstschneidende Metallschrauben** und auch **Gewindeeinsätze** zum Einsatz.

Kunststoffschrauben

Gewinde stellen eine Ansammlung von Kerben dar, Kunststoffe sind aber kerbempfindlich. Zur Vermeidung dieser **Kerbwirkung** werden ausschließlich **Rundgewinde** verwendet (**Bild 1**). Als Schraubenwerkstoffe eignen sich hier vor allem **zähelastische teilkristalline** Thermoplaste wie **PA**, **POM** oder **PE**. Kunststoffschrauben neigen zum **Spannungsverlust** durch Auslängung. Deshalb müssen sie von Zeit zu Zeit **nachgezogen** werden.

Kunststoffverschraubungen findet man vor allem bei **Deckelverschlüssen** von Flaschen oder Behältern, sowie bei **Flanschverbindungen**. Für Schraubensicherungen eignen sich vor allem **Cyanoacrylatklebstoffe**.

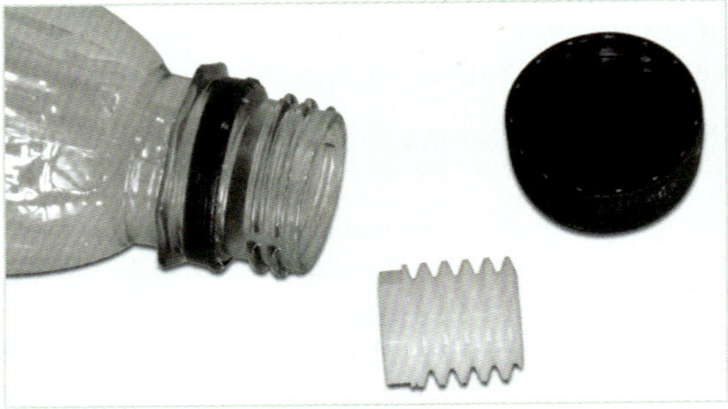

Bild 1: Kunststoffverschraubungen

Selbstschneidende Metallschrauben

Speziell für Kunststoffe entwickelte **gewindeformende** Metallschrauben ① oder auch Schrauben, bei denen anstatt des Schraubenkopfs ein metrisches Gewinde angeformt ist ②, eignen sich ebenfalls zur Verschraubung von zähelastischen Kunststoffteilen (**Bild 2**). Schrauben mit geringem Durchmesser können direkt ins volle Material eingedreht werden, günstiger ist aber ein **Aufbohren** von **0,8** · ***d*** bis **0,9** · ***d***. Bei zu großer Belastung können diese Schrauben aus dem Kunststoff **ausreißen**, da ihre Festigkeit deutlich über der der Fügeteile liegt. So sollte die **Mindesteinschraubtiefe** wenigstens **2** · ***d*** (zweifacher Schraubendurchmesser) betragen. Diese Mindesteinschraubtiefe ist abhängig vom **Werkstoff** der Fügeteile (**Tabelle 1**). Selbstschneidende Schrauben sollten möglichst nicht oft wieder gelöst werden.

Bild 2: Selbstschneidende Metallschrauben

Tabelle 1: Mindesteinschraubtiefen l_e

Werkstoff	Vorbohrung	l_e in mm
PE	$0{,}7 \cdot d$	$2{,}0 \cdot d$
PP	$0{,}7 \cdot d$	$2{,}0 \cdot d$
PC	$0{,}85 \cdot d$	$2{,}2 \cdot d$
PA GF30	$0{,}8 \cdot d$	$1{,}7 \cdot d$
POM	$0{,}75 \cdot d$	$2{,}0 \cdot d$

Gewinde- und Klemmeinsätze

Soll die Schraubenverbindung häufig gelöst werden, eignen sich metallische **Gewinde-** ① oder **Schraubeneinsätze** ②. Diese können eingedreht, eingespritzt oder durch Ultraschall eingerüttelt werden (**Bild 3**).

Klemmeinsätze werden in Bohrungen mit ca. 0,1 mm Untermaß eingedrückt. Beim Eindrehen der Schraube **spreizen** sie sich wie ein Dübel auseinander und **verklemmen** sich in der Bohrung.

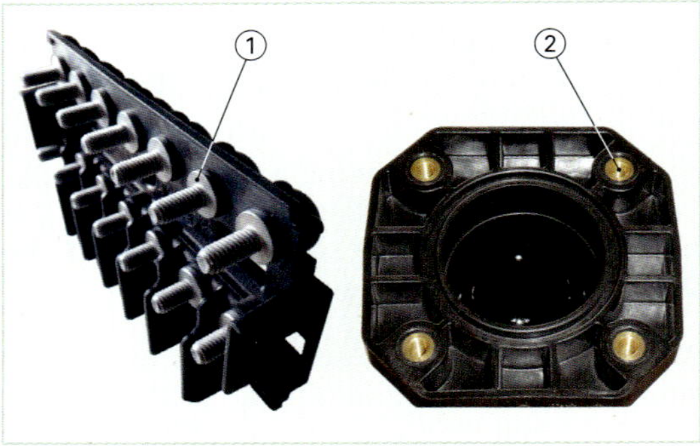

Bild 3: Gewindeeinsätze

15.4.3 Nietverbindungen

Durch Nieten können vor allem Teile **unlösbar** miteinander verbunden werden, die sich **nicht** schweißen oder nur **schlecht** kleben lassen. Wie Schnappverbindungen sind sie jedoch nicht gas- bzw. flüssigkeitsdicht.

Meist werden hier **Kunststoffniete** eingesetzt, die direkt an eines der Fügeteile angespritzt werden. Als **Stauchköpfe** verwendet man **Rundköpfe** und **Senkköpfe** (**Bild 1**). Das Stauchen der Köpfe kann sowohl im kalten als auch im warmen Zustand erfolgen. Beim **Kaltstauchen** können **innere Spannungen** im Werkstoff entstehen, die zu einer erhöhten **Temperaturempfindlichkeit** der Verbindung führen kann. Bei zu langen Nietschäften kann es zu einer Durchfederung kommen. Deshalb werden maximal zulässige **Nietschaftlängen** abhängig vom Nietdurchmesser *d* angegeben (**Tabelle 1**).

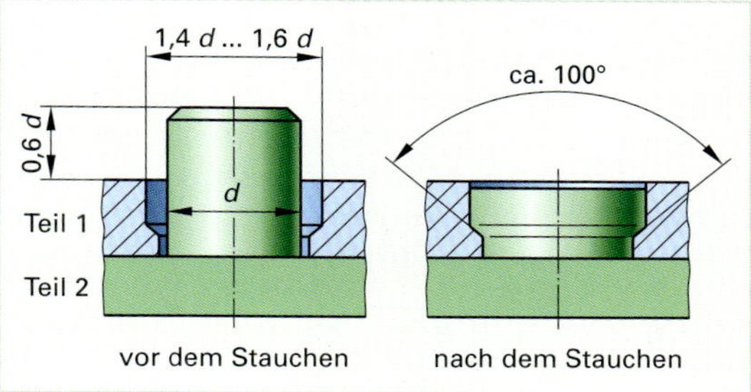

Bild 1: Senkkopfniet aus Kunststoff

Tabelle 1: Zulässige Nietschaftlängen

Werkstoff	Zulässige Nietschaftlänge
PE-HD	$3{,}0 \cdot d \ldots 3{,}5 \cdot d$
PP	$4{,}0 \cdot d$
PVC-U	$3{,}0 \cdot d \ldots 3{,}5 \cdot d$

Beim **Warmstauchen** ist die Nietschaftlänge freier wählbar, denn es entstehen kaum innere Spannungen im Werkstoff. Die Temperatur zum Stauchen der Köpfe sollte 10 °C bis 20 °C **höher** als die zu erwartende Gebrauchstemperatur liegen. Das Stauchen kann auch durch **Ultraschall** mit speziell geformten Sonotroden erfolgen.

Kunststoffniete besitzen Rund- oder Senkköpfe und können kalt oder warm gestaucht werden. Sie stellen eine **wirtschaftliche** Verbindung dar, weil sie direkt angespritzt werden können.

15.4.4 Steck- und Pressverbindungen

Durch **Steckverbindungen** werden im Rohrleitungsbau Kunststoffrohre verbunden. Dabei wird an ein Rohrende eine **Muffe** angeformt, in die das andere Ende gesteckt wird (**Bild 2**). Ein elastischer **Dichtring** hält die beiden Rohre dann zusammen. Zum leichteren Fügen sollte das ungeformte Rohrende mit einer Feile angeschrägt werden und evtl. mit Vaseline eingeschmiert werden.

Pressverbindungen sind bei Kunststoffen ebenfalls möglich, allerdings sind hier nur **geringe** Kräfte übertragbar. Eine **Rändelung** von Welle und Nabe bewirkt einen zusätzlichen **Formschluss** und somit eine größere Kraftübertragung.

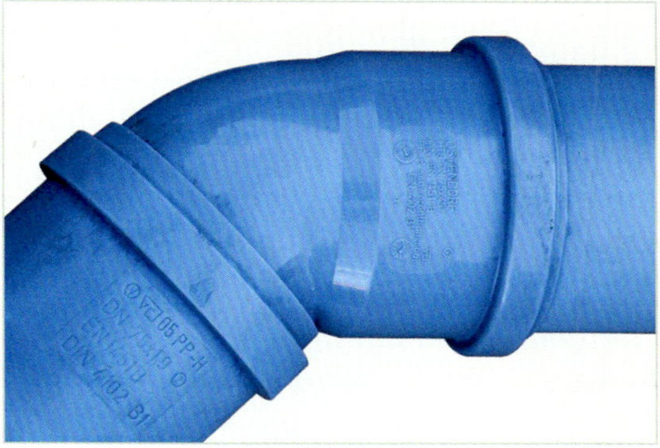

Bild 2: Steckverbindung von PP-H-Rohren

Wiederholungsfragen:

1. Nennen Sie die möglichen Arten von Schraub- und Nietverbindungen.
2. Wann ist eine Schnappverbindung lösbar, wann unlösbar? Nennen Sie Vorteile.
3. Erklären Sie, was man beim Kaltstauchen von Nietköpfen beachten muss.

15.5 Elemente und Baugruppen des Behälter- und Apparatebaus

Kunststoffrohre aus PVC-U und PE-HD finden neben Kupfer- und Stahlrohren Verwendung im Behälter- und Apparatebau. Vor allem bei der **Trinkwasserversorgung** und der **Abwasserentsorgung** nimmt die Bedeutung von Kunststoffen aufgrund ihrer Korrosionsbeständigkeit und leichten Verarbeitbarkeit ständig zu. Auch bei **Laboreinrichtungen** müssen wegen des Umgangs mit ätzenden Flüssigkeiten säurefeste Armaturen eingesetzt werden. Hier sind chemisch beständige **Kunststoffarmaturen** gefragt. Im Folgenden sollen wichtige Elemente bzw. Baugruppen dieses Anwendungsbereiches kurz dargestellt werden.

15.5.1 Absperr-, Regel- und Sicherheitsarmaturen

Absperrarmaturen

Armaturen werden in Schieber, Ventile, Hähne und Klappen eingeteilt. Die nachfolgende Tabelle zeigt verschiedene Ausführungen von Absperrarmaturen sowie ihre **Sinnbilder**.

Tabelle 1: Absperrarmaturen

Kükenhahn	Rückschlag-klappe	Schieber	Ventil	Kugelhahn	Absperrklappe
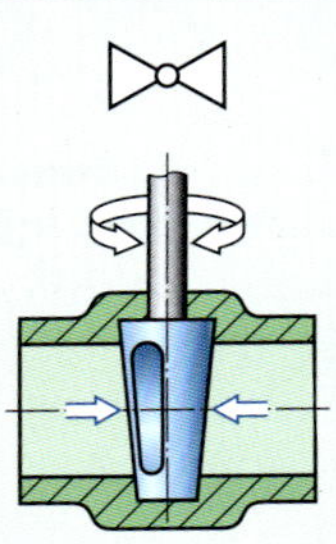	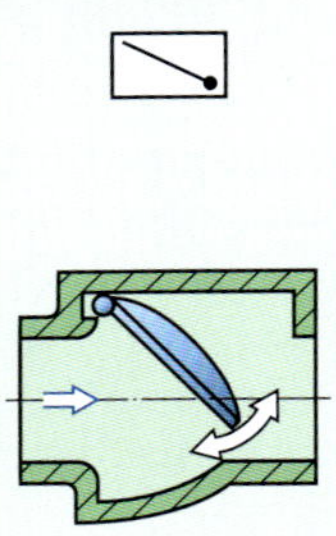	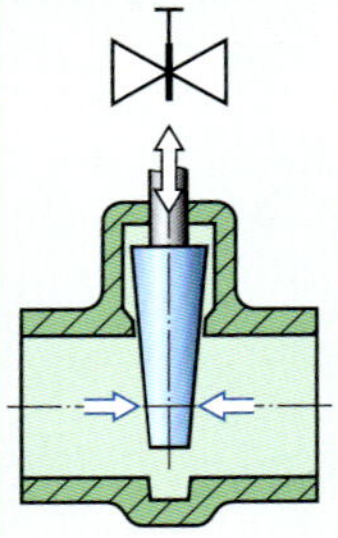	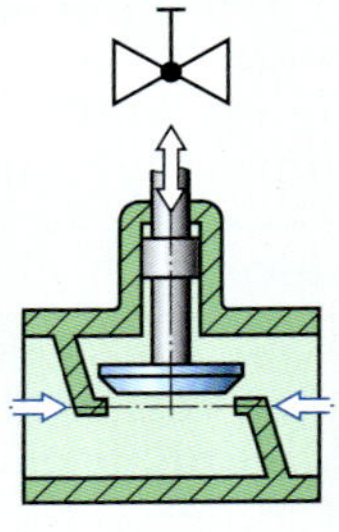	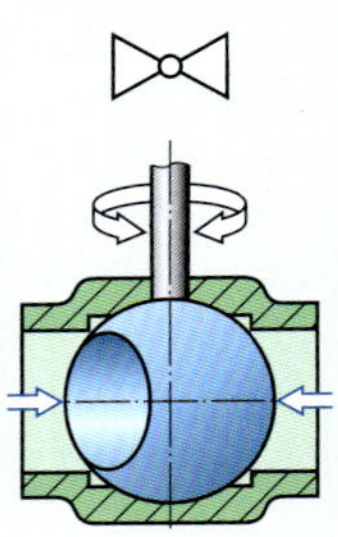	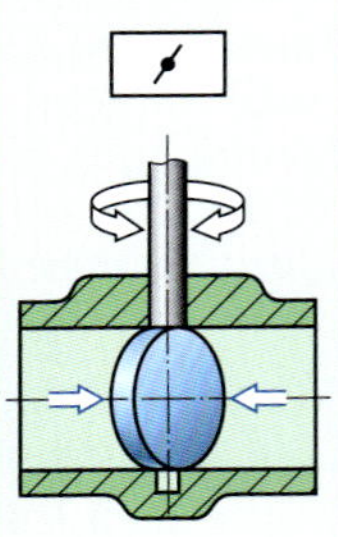

Hähne lassen sich durch eine Vierteldrehung des Abschlusskörpers (blau dargestellt) öffnen oder schließen. Als **Abschlusskörper** dienen konische Zapfen (Kükenhahn) oder Kugeln (Kugelhahn). Beim Kugelhahn bleibt der Strömungsquerschnitt im geöffneten Zustand **unverändert**.

Bei **Klappen** wird der Durchflussquerschnitt verschlossen, indem eine flache oder linsenförmige Scheibe quer zur Strömungsrichtung eingeklappt wird. Der konische Abschlusszapfen eines **Schiebers** wird senkrecht zur Strömungsrichtung eingeschoben. Dabei spielt die Richtung der Durchströmung keine Rolle.

Ventile haben einen kreisförmigen Ventilsitz, der durch einen hierfür geformten Abschlusskörper gegen die Strömungsrichtung verschlossen wird. Die **Einbaurichtung** von Ventilen ist unbedingt zu beachten.

Regel- und Sicherheitsarmaturen

Das Zurückfließen des Mediums **entgegen** der gewollten Strömungsrichtung kann durch **Rückschlagklappen** oder **Rückschlagventile** verhindert werden (**Bild 1**). Fließt das Medium entgegen der Pfeilrichtung, verschließt der Abschlusskörper den Durchfluss.

Sicherheitsventile öffnen bei einem zu großen Druck in der Leitung und verhindern so ein Bersten von Leitungen oder anderer Baugruppen. Sicherheitsventile dürfen **nicht absperrbar** sein.

Die Druckfeder darf **nicht nachgestellt** oder **repariert** werden.

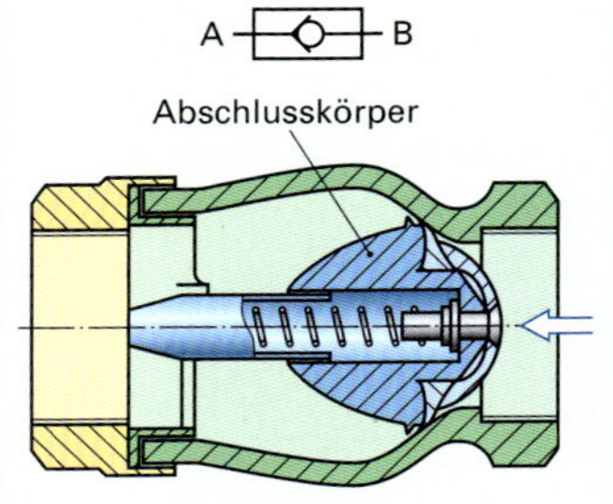

Bild 1: Rückschlagventil (Prinzip)

Druckminderventile werden dann eingebaut, wenn der Versorgungsdruck höher ist als der Betriebsdruck angeschlossener Geräte.

Zur Überprüfung des Druckes in den Leitungen dienen **Manometer**. Alle Leitungselemente besitzen entsprechende Sinnbilder (Tabelle 1).

Tabelle 1: Sinnbilder

Sicherheitsventile	Druckminderventil	Manometer
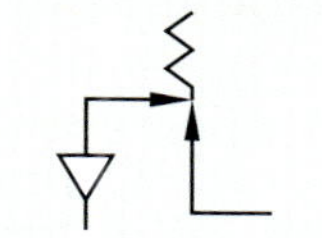	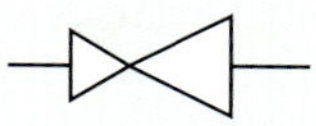	

15.5.2 Rohrleitungssysteme und Rohrverbindungen

Rohrleitungssysteme

Rohrleitungssysteme (Bild 1) bestehen aus verschiedenen Bauelementen wie Umwälzpumpen ①, Absperrventile ②, Druckbehältern, Reduzierstücken sowie Rohrleitungen ③ und entsprechenden Formstücken ④, sog. **Fittings** (Bild 2). Dabei ist es für die Dimensionierung dieser Bauelemente entscheidend, welches Medium gefördert und welche Betriebsdrücke im System herrschen.

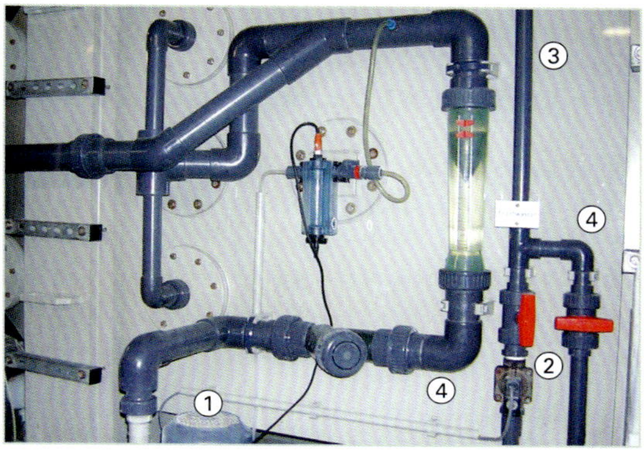

Bild 1: Beispiel für ein Rohrleitungssystem

Verschraubungen

Verschraubungen werden da eingesetzt, wo Bauteile leicht **austauschbar** sein müssen. Die dichte Verbindung zwischen Verschraubung und Rohr wird durch Klemmen, Gewinde oder Kleben erreicht. Für PVC-Rohre eignen sich Verschraubungen mit einer Überwurfmutter, die eine Bundbuchse gegen die Dichtung presst (z. B. Siphon).

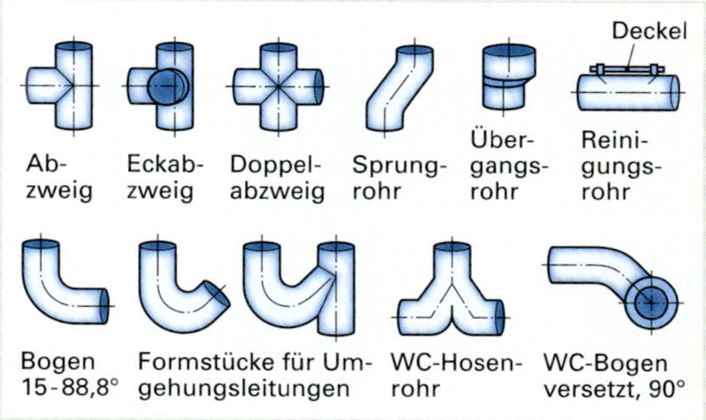

Bild 2: Formstücke (Fittings)

Verschweißungen

Für unlösbare Rohrverbindungen kommt das **Heizelementschweißen** bzw. Spiegelschweißen zur Anwendung (siehe Kapitel 15.2).

Flanschverbindungen

Zum **spannungsfreien** Aus- und Einbau von Bauelementen eignen sich Flansche. **Rundflansche** und **Ovalflansche** sind hier die häufigsten Arten. Sie kommen in unterschiedlichen Ausführungen zum Einsatz (Bild 3). Zu einer normgerechten Bezeichnung von Flanschen gehören die Angaben über Form, Flanschart, Nennweite und DIN-Bezeichnung. Die Anzahl der Schrauben muss durch **vier teilbar** sein und gibt Aufschluss über den maximalen Betriebsdruck.

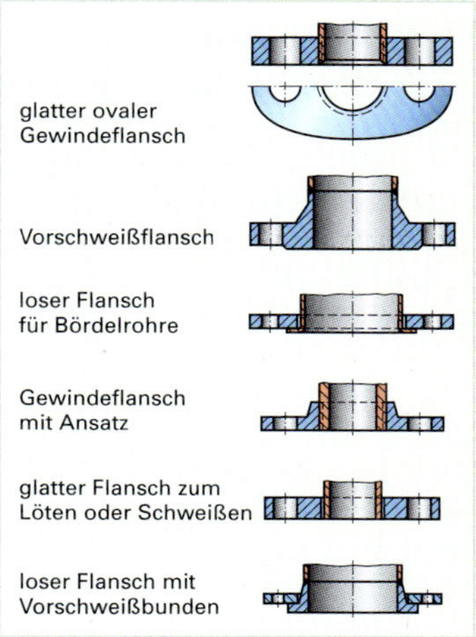

Bild 3: Flanschverbindungen

> Flansche müssen immer **über Kreuz** angezogen werden, um Verspannungen im Flansch zu vermeiden.

Beispiel einer Flanschbenennung:

Flansch EN 1092-1 11C DN 150 PN S235JR

Vorschweißflansch (Flanschtyp 11) nach EN 1092-1:2018-12 (Stahlflansche), Dichtfläche Form C, Nennweite von 150 mm, Nenndruck von 40 bar, Werkstoff S235JR

16 Herstellen von Bauteilen durch Laminieren

Jahrtausendelang waren Naturstoffe die Grundlage der menschlichen Existenz. Leder, Stein, Ton und Metalle waren die Ausgangsmaterialien für Kleidung, Gebrauchsgegenstände und Werkzeuge. Künstliche Werkstoffe wie Glas und Porzellan wurden mehr oder weniger zufällig entdeckt. Die moderne Industrie benötigt zur Erschließung neuer Anwendungsgebiete und zur Umsetzung effektiverer Technologien ständig neue Konstruktionswerkstoffe. **Faserverbundkunststoffe (FVK)**, hergestellt aus einer Kombination „Polymerer Werkstoff – Faserförmiger Verstärkungsstoff", repräsentieren eine der innovativsten Gruppen moderner Konstruktionswerkstoffe (**Bild 1**). Geringe Dichte, hohe mechanische Festigkeit und Steifigkeit führen zu Werkstoffen mit neuen spezifischen Eigenschaften. Insbesondere in der Luft- und Raumfahrt, dem Motorrennsport und zunehmend auch auf breiterer Ebene im Modell- und Sportgerätebau, wird dies immer deutlicher.

Als **Faserverbundwerkstoffe** (engl. composites) werden gezielt mit Verstärkungsfasern verstärkte Kunststoffe bezeichnet. Die Verbundstruktur und deren Eigenschaften sind **faserdominant**.

16.1 Werkstoffkomponenten für Faserverbundwerkstoffe

Matrixmaterial

Als **Matrixmaterial** (Bettungsmasse) bei FVK kommen überwiegend duroplastische Kunststoffe wie ungesättigte Polyesterharze, Epoxidharze, Vinylesterharze und Phenolharze zum Einsatz.

Die **Matrix** muss während der Bildung des Werkstoffverbundes, dem Durchtränken und Benetzen des Verstärkungsmaterials in flüssiger oder pastöser Form vorliegen. Beim anschließenden Härten vernetzen die Duromere **irreversibel**. Auch kommen thermoplastische Matrizes zum Einsatz, z. B. Polyamid oder Polyethylen. Die „Härtung" besteht hier in der Erstarrung der thermoplastischen Schmelze. Dieser Vorgang ist reversibel und lässt sich mehrfach wiederholen.

Bild 1: Bauteile aus Faserverbundkunststoffen

Verstärkungsmaterial

Das Verstärkungsprinzip der FVK besteht darin, **Verstärkungsfasern** (Verstärkungsmaterial) (**Bild 2**) durch Einbetten in das Matrixharz zu einem kompakten Verbundwerkstoff umzubilden. Vorrangig kommen dabei Glasfasern, Kohlenstofffasern, Aramidfasern und **Stützkernwerkstoffe** aus verschiedenen Materialien in Betracht. Andere Verstärkungsfasern sind Naturfasern (Flachs, Hanf, Jute, Sisal, Baumwolle), synthetische Fasern (Polyamid), Metall-, Bor- und Keramikfasern. Die Verstärkungsfasern können durch textile Verarbeitungsverfahren zu ein-, zwei- oder dreidimensionalen textilen Strukturen (Gewebe, Gewirke, Vliese, Rovings, Matten) verarbeitet sein und so eingesetzt werden.

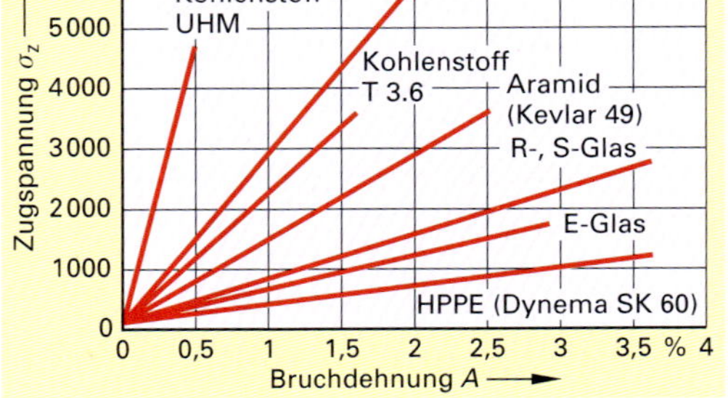

Bild 2: Verstärkungsmaterialien

Zusatzmaterial

Zusatzmaterialien bewirken eine **gezielte Veränderung** der Eigenschaften des FVK. Als Zusatzmaterial können Füllstoffe, Farbbatches, Thixotropiermittel, flammhemmende Zusätze, Inhibitoren, Wachse und andere Additive eingesetzt werden.

Im Ergebnis der Vorgänge bei der Verbundbildung von Matrix und Faserwerkstoff als Hauptkomponenten und den Zusatzkomponenten entstehen feste FVK-Materialien. Im Gegensatz zu metallischen Konstruktionswerkstoffen sind FVK anisotrope und inhomogene Leichtbauwerkstoffe.

Anisotropie: (griech.: „an(ti)" gegen/nicht, „isos" gleich, „tropos" Drehung, Richtung) – bezeichnet die Richtungsabhängigkeit einer Eigenschaft des Werkstoffes.

16.2 Duroplastische Matrixharze

Bei den duroplastischen Matrixharzen ist die Einteilung in zwei Gruppen gebräuchlich. Sie unterscheiden sich hinsichtlich Reaktionsmechanismus, Verarbeitungsverhalten und Eigenschaften nach abgeschlossener Aushärtung wesentlich voneinander. Zu der einen Gruppe gehören ungesättigte Polyesterharze und Vinylesterharze mit Doppelbindungen, die durch radikalische Polymerisation aushärten. Diese verläuft zügig und führt zu kurzen Härtezeiten. Zur der anderen Gruppe zählen die Epoxidharze und Phenolharze, die durch schrittweise Reaktion ihrer funktionellen Gruppen aushärten (siehe Kapitel 1.7.5).

Ungesättigte Polyesterharze (UP)

Ungesättigte Polyesterharze (UP-Harze) sind Polykondensationsprodukte aus ungesättigten und gesättigten Dicarbonsäuren oder ihren Anhydriden mit bifunktionellen Alkoholen, die in Styrol oder einem anderen vernetzungsfähigen Monomer gelöst sind. Die chemische Struktur der Ausgangsstoffe beeinflusst wesentlich die Eigenschaften, wie Wärmestandfestigkeit, Sprödigkeit, mechanische Eigenschaften und chemische Beständigkeit des ausgehärteten Harzes.

Durch flammhemmende Zusätze wie halogenhaltige Komponenten wird die Brennbarkeit herabgesetzt. Es ist nicht ausgeschlossen, dass die Verbesserung einer Eigenschaft zu einer Verschlechterung einer anderen Eigenschaft führt. Für den Einsatz als Matrizes für FVK kann grundsätzlich zwischen Universal-UP-Harzen (Standardharz mit durchschnittlichen Eigenschaften), elastischen UP-Harzen (Harze mit erhöhter Zähigkeit), flammwidrigen UP-Harzen und UP-Harzen mit hoher Wärme- oder/und Chemikalienbeständigkeit gewählt werden.

Vinylesterharze (VE)

Vinylesterharze (VE Harze) werden aus Epoxiden und Methacrylsäure hergestellt und vorwiegend in den gleichen Monomeren (Styrol) gelöst. Ihre Härtungsreaktion erfolgt durch radikalische Polymerisation. Die Schwindung im Verlauf der Härtung ist geringer als die der UP-Harze.

Epoxidharze (EP)

Epoxidharze (EP-Harze) sind heute die meistgebräuchlichen Matrixharze für moderne FVK. EP-Harze basieren auf Epoxiden, die mit Härtern in einer Polyadditionsreaktion aushärten. Dabei reagieren die Epoxid-Gruppen des Harzes mit den aktiven Wasserstoffatomen des Härters. Die Vernetzung kann sowohl durch **Kalthärtung** (Raumtemperatur –15 °C ... 20 °C), durch **Warmhärtung** (40 °C ... 80 °C) als auch durch **Heißhärtung** ($\leq$ 200 °C) stattfinden. EP-Matrixharze besitzen bessere mechanische Eigenschaften und eine höhere Warmformbeständigkeit im Vergleich zu UP- und VE-Harzen. Epoxidharze haften sehr gut auf nahezu allen anderen Werkstoffen. Diese Eigenschaft macht sie für den Einsatz als Gießharz zweckdienlich. Die Schwindung ist geringer im Vergleich zu den UP-Harzen. Sie dunkeln allerdings mit der Zeit nach. Die Chemikalienbeständigkeit ist unterschiedlich und hängt vom verwendeten Härter ab.

Weitere duroplastische Matrixharze

Für moderne Faserverbundwerkstoffe werden überwiegend die vorher beschriebenen UP-, VE- und EP-Harze eingesetzt. Andere Matrizes, wie Harnstoff-Formaldehyd-Harze (UF), Melamin-Formaldehyd-Harze (MF), vernetzte Polyurethane, reaktive Acrylharze und Polyimide kommen ebenso zum Einsatz.

Duroplastische Matrixharze sind flüssige oder schmelzbare Stoffe, die nach Zugabe von Reaktionsmitteln durch Kalthärtung (Raumtemperatur) oder unter äußerer Wärmezufuhr (Warmhärtung bzw. Heißhärtung) durch eine chemische Vernetzungsreaktion aushärten.

16.3 Reaktionsmittel

Neben den reaktionsfähigen Harzkomponenten sind die Reaktionsmittel, wie Härter, Beschleuniger, reaktive Verdünner und Inhibitoren untrennbarer Bestandteil der ausgehärteten, duroplastischen Matrizes (siehe Kapitel 1.9).

Härter sind reaktionsfähige Verbindungen, die unter Temperatureinwirkung bei Warmhärtung oder unter Einwirkung von Beschleunigern bei Kalthärtung zu Radikalen (organische Verbindungen mit freien Elektronen) zerfallen und so die Vernetzungsreaktion auslösen. Bei der Verarbeitung von UP-Harzen werden organische **Peroxide** als Reaktionsmittel eingesetzt. Hauptsächlich kommen dabei Kobaltverbindungen zum Einsatz.

Beschleuniger sind organische Substanzen, die die Vernetzungsreaktion beschleunigen bzw. überhaupt erst ermöglichen, z. B. bei Polyesterharzen. Beschleuniger bewirken den Zerfall des Härters bei Raumtemperatur (Kalthärtung) in reaktionsfreudige freie Radikale, mit denen die Härtungsreaktion beginnt.

Inhibitoren haben im Vergleich zu den Beschleunigern eine gegenteilige Wirkungsweise. Sie verzögern die Vernetzungsreaktion, um z. B. die Verarbeitungsdauer (**Topfzeit**) des Reaktionsgemisches zu verlängern. Sie verhindern ein vorzeitiges Altern und erhöhen die Lagerfähigkeit.

16.4 Härtung von Reaktionsharzen

Abhängig vom verwendeten Matrixharz und Reaktionsmittel verläuft die Härtungsreaktion unterschiedlich. Die Härtung beginnt mit dem Zerfall des Härters entweder durch Zugabe von Beschleuniger (Kalthärtung) oder Wärmezufuhr (Warmhärtung). Die **Härtungszeit** ist durch einen allmählichen Temperaturanstieg des Harzansatzes gekennzeichnet. Die **Topfzeit** kennzeichnet die mögliche Verarbeitungsdauer des Harzansatzes. Mit dem Ende der Topfzeit steigt die Reaktionstemperatur steil an, die Viskosität nimmt zu. Alle **Verbundbildungs- und Formgebungsvorgänge** sollten zu diesem Zeitpunkt **abgeschlossen** sein. Mit Erreichen des Temperaturmaximums ist die exotherme Reaktion beendet. Das FVK-Bauteil kann abkühlen, die Härtung ist abgeschlossen (**Bild 1**).

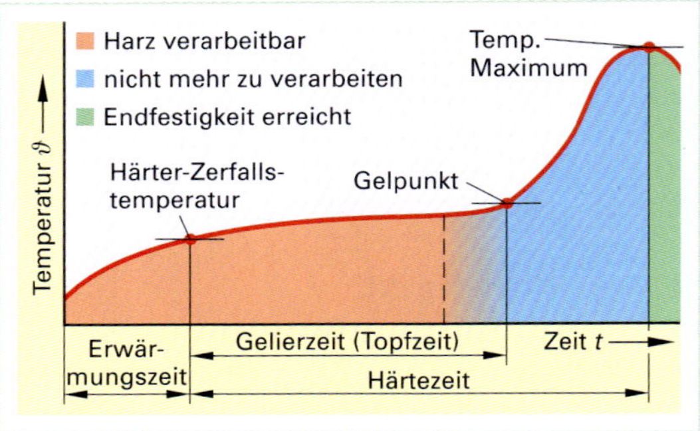

Bild 1: Härtungstemperaturverlauf – Warmhärtung

16.5 Thermoplastische Matrizes

Faserverstärkte Thermoplaste haben gegenüber duroplastischen Faserverbundwerkstoffen Vorteile, wie eine höhere Energieaufnahmefähigkeit und Schlagzähigkeit, ein besseres Verhalten gegen **Feuchteaufnahme**, eine nahezu unbegrenzte **Lagerfähigkeit** der Ausgangskomponenten und -halbzeuge, kürzere **Verarbeitungszeiten** und eine weitaus bessere Möglichkeit der Wiederverwertung. Nachteilig ist jedoch schlechtere **Benetzbarkeit** der Faser bei der Verarbeitung, die niedrigere **Temperaturbeständigkeit** und die schlechtere Oberflächenqualität.

Als thermoplastische Matrixwerkstoffe für technische Anwendungen werden aufgrund des günstigen Preis-/Leistungsverhältnisses fast ausschließlich Werkstoffkombinationen aus Polypropylen/Glas, Polyamid (PA6, PA66, PA11, PA12) und Polycarbonat eingesetzt. Im Bereich höherer Einsatztemperaturen findet man Hochtemperaturthermoplaste, wie PEK, PEEK, PPS, PSU und PES im Verbund mit verschiedenen Verstärkungsmaterialien (**siehe Kapitel 1.7.1**).

Zur Herstellung von **Faserverbünden mit thermoplastischen Matrizes** (**Tabelle 1**) lassen sich die industriell hergestellten Halbzeuge einerseits in die Gruppe Thermoplastmatrix mit imprägnierten Materialien und andererseits in die Gruppe Materialien ohne Thermoplastimprägnierung einteilen.

Tabelle 1: Halbzeuge mit Thermoplastmatrix

Folienstapel	pultrudiertes Band	gemischte Fasern	Pulverimprägnierte Faserbündel
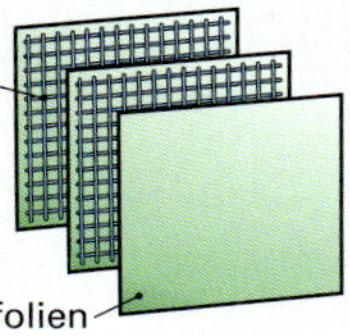	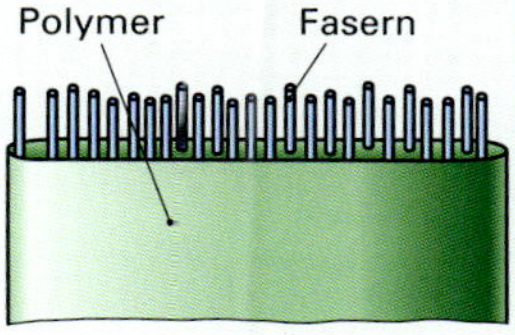	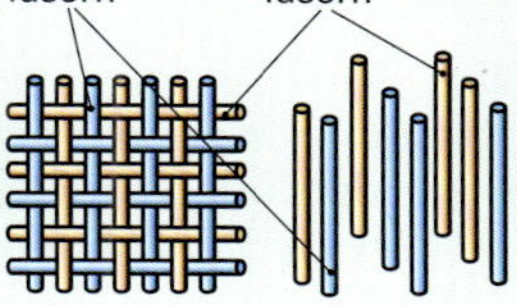	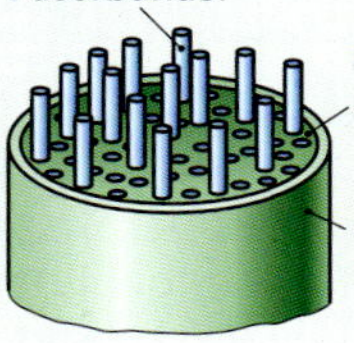

16.6 Verstärkungsmaterialien

Die bei der Herstellung eingesetzten Verstärkungsmaterialien bestimmen wesentlich die späteren Eigenschaften des FVK-Bauteils (**siehe Kapitel 1.8.4**).

Glasfaser (GF)

Die am Häufigsten bei der Herstellung von FVK eingesetzte Verstärkungsfaser ist die **Glasfaser**. Verschiedene Glasfasertypen unterscheiden sich in ihrer chemischen Zusammensetzung. Als Standardfaser für FVK gilt die **E-Glasfaser** (engl. E = *electric*), die in über 90 % aller Fälle, nicht zuletzt auch wegen ihres günstigen Preises, eingesetzt wird. Über die Anbindung zur Harzmatrix und die Verarbeitbarkeit in maschinellen Verfahren entscheidet die **Schlichte**. Mit ihr lassen sich noch mehr Parameter wie die **Tränkbarkeit** und die **Schneidbarkeit** der Glasfaser sowie Transparenz und mechanische Werte des Verbundwerkstoffes beeinflussen.

Kohlenstofffaser (CF)

Kohlenstofffasern oder Kohlefasern (engl. *carbon fibre*) sind industriell hergestellte Fasern aus kohlenstoffhaltigen Ausgangsmaterialien, die durch Pyrolyse in graphitartig angeordneten Kohlenstoff umgewandelt werden. Je nach den verwendeten Ausgangsmaterialien (Polyacrylnitril, Celluloseester, Pech) und der chemischen Reaktionsführung bei der Herstellung entstehen Kohlefasern mit unterschiedlichen Festigkeits- und Steifigkeitseigenschaften. Eine Kohlenstofffaser hat einen Durchmesser von etwa 5 µm ... 8 µm. Üblicherweise werden 1000 ... 24000 Einzelfasern (**Filamente**) zu einem Bündel (**Roving**) zusammengefasst, die auf Spulen gewickelt werden. Kohlenstofffasern sind beständig gegenüber Luftfeuchtigkeit, schwache Säuren, Laugen und Lösungsmitteln.

Aramidfaser (AF)

Aramidfasern sind goldgelbe organische Kunstfasern aus **aromatischen Polyamiden**. Die Fasern zeichnen sich durch sehr hohe Festigkeit, hohe Schlagzähigkeit, hohe Bruchdehnung, gute Schwingungsdämpfung sowie Beständigkeit gegenüber Säuren und Laugen aus und sind darüber hinaus sehr hitze- und feuerbeständig. Aramidfasern schmelzen bei hohen Temperaturen nicht, sondern beginnen ab etwa 400 °C zu verkohlen. Die Fasern weisen einen **negativen Wärmeausdehnungskoeffizienten** auf. In Verbindung mit dem positiven Ausdehnungskoeffizienten des Matrixharzes lassen sich maßhaltigere Bauteile fertigen.

Vectranfaser (VF)

Vectranfasern aus Polyester-Polyacrylat gehören zu den **Hochleistungsfasern**. Sie besitzen eine nahezu doppelt so hohe Zugfestigkeit wie die Kohlefaser, bei 20 % niedrigerer Dichte. Wie die Aramidfaser zählt die Vectranfaser zu den zähen, abriebfesten Fasern. Aufgrund der außergewöhnlichen Materialeigenschaften ist die Vectranfaser in Anwendungen mit extremsten Festigkeitsanforderungen im Einsatz.

Nomenklatur

Für Glasfasern ist die Einheit **tex** gebräuchlich (1 tex = 1g/1000 m). In der Praxis wird bei Kohlefasern neben der Einheit tex zur Beschreibung der Garnfeinheit oftmals auch die Abkürzung **K** verwendet (1 K = 1000 Filamente). 1 K entspricht etwa 67 tex, 3 K (3000 Filamente) sind etwa 200 tex, 6 K sind 400 tex, 12 K sind 800 tex. Bei Aramidfasern findet man zudem die Bezeichnung **denier** (1 denier = 1 g/9000 m).

16.6.1 Ausführungsformen der Verstärkungsmaterialien

- **Roving**

Handelsübliche Rovings bestehen aus mehreren miteinander gefachten Spinnfäden. Rovings können direkt verarbeitet werden oder zur Herstellung von geschnittenen Fasern, Kurzfasern, textilen Flächengebilden weiterverarbeitet werden. Nach der weiteren Verwendung unterscheidet man z. B. in Wickel- oder Schneidroving (**Tabelle 1**).

- **Faserschnitzel**

Faserschnitzel oder Schnittfasern sind kurz geschnittene Rovingfasern, die als Verstärkungsmaterial für Press- und Füllmassen verwendet werden.

- **Matten**

Die geschnittenen Rovings oder Spinnfäden sind ebenmäßig abgelegt und durch Bindemittel zu Matten verbunden. Man unterscheidet nach Bindermatten, Stapelbindermatten und Endlosmatten.

- **Oberflächenvlies**

Oberflächenvliese sind dünne Flächengebilde aus ungeordnet übereinander liegenden Fasern. Oberflächenvliese erfüllen sowohl dekorative als auch schützende Anforderungen und werden in die Oberflächenschicht eingearbeitet. Man unterscheidet zwischen Langfaser- und Endlos-Vlies. Für besondere Beanspruchung verwendet werden Polyestervliese mit längsgerichteten Fasern.

Tabelle 1: Ausführungsformen von Verstärkungsmaterialien

Aramidroving	Glasschnitzel	Glasmatte	Glasvlies
			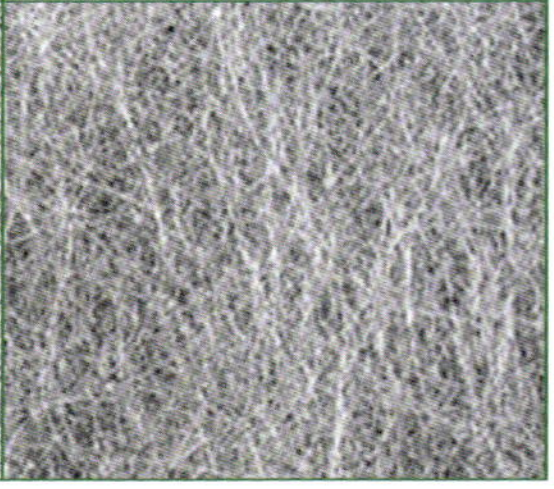

- **Gewebe**

Bei den textilen Flächengeweben unterscheidet man hauptsächlich **3 Bindungsarten**.

Die **Leinwandbindung** ist die einfachste und zugleich auch engste Verkreuzung von Kett- und Schussfäden. Jeder Kettfaden liegt abwechselnd über und unter einem Schussfaden (Bindungsformel: L 1/1). Die Bindungspunkte berühren sich nach allen Seiten. Der **Bindungsrapport** umfasst zwei Kettfäden und zwei Schussfäden. Rechte und linke Warenseite sind bindungsgleich. Die Verformbarkeit des Gewebes ist eingeschränkt und eignet sich nicht für komplizierte Konturen. Die Festigkeit des Laminats wird durch die häufigen Fadenkreuzungen negativ beeinflusst.

Die **Köperbindung** erkennt man an den diagonal aneinandergereihten Bindungspunkten, die einen Köpergrat bilden. Verläuft die Gratlinie von links unten nach rechts oben, ist die Bezeichnung **Z-Köper** zutreffend, von links oben nach rechts unten verläuft der Köpergrat des **S-Köpers**. Die kleinste Köperbindung umfasst im Rapport mindestens 3 Kett- und 3 Schussfäden. Zwischen den Bindungspunkten entstehen **Flottungen**, d. h., die Kett- und Schussfäden sind über mehrere Fäden hinweg nicht eingebunden (Bindungsformel: K 1/2, K 2/2, K 1/3). Gewebe mit Köperbindung sind weicher als Gewebe mit Leinwandbindung. Das führt zu einer größeren Verformbarkeit und zu verbesserten mechanischen Eigenschaften des Laminats.

Das Merkmal der **Atlasbindung** ist eine gleichmäßig verstreute Anordnung der Bindungspunkte. Sie berühren sich an keiner Stelle des Rapportes. Zu einem Rapport zählen mindestens 5 Kett- und 5 Schussfäden. Jeder Kettfaden bindet im Rapport nur einmal ab, dadurch entstehen lange Flottungen, die die Eigenschaften prägen. Durch die Art der Einbindung von Kett- und Schussfaden entstehen unterschiedliche Warenseiten.

Wichtige Kenndaten für Gewebe sind die Flächenmasse (g/m^2), die Bindungsart (**Tabelle 1**), die Fadendichte, die Anordnung von Kett- und Schussfaden und die Art der Oberflächenbehandlung.

Tabelle 1: Bindungsarten

Leinwandbindung (L 1/1)	Köperbindung (K 1/2)	Atlasbindung (A 1/4)
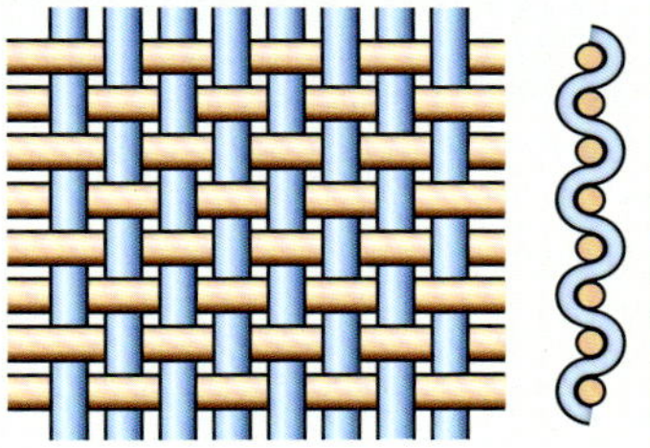	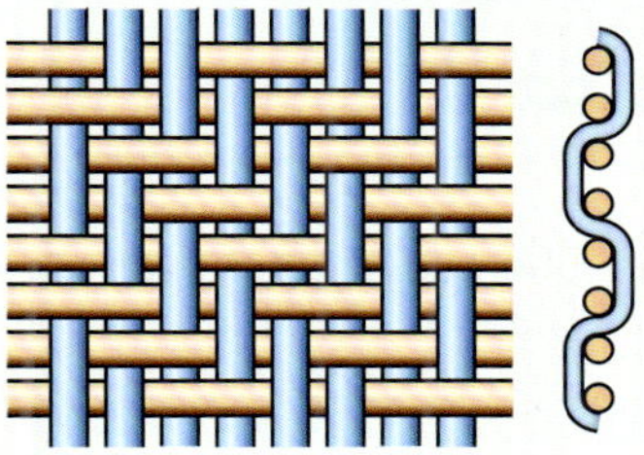	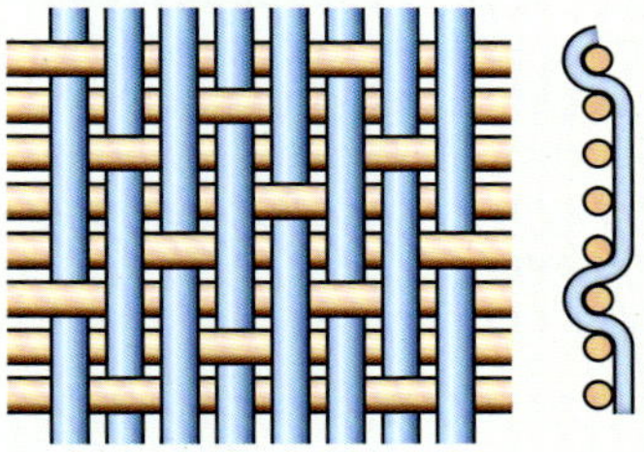

- **Gelege**

Gelege sind **nichtgewebte, textile Flächengebilde**, deren Fasern endlos und parallel nebeneinander abgelegt sind und die durch einen Nähfaden in ihrer Lage festgehalten werden (**Bild 1**). Durch Übereinanderlegen mehrerer Faserlagen in verschiedenen Winkeln können Verstärkungsmaterialien mit **belastungsgerechter Faserorientierung** hergestellt werden. Durch die gestreckte Lage der Faser werden mit Gelegen, bei gleicher Wandstärke des Laminats, höhere mechanische Festigkeiten erzielt als mit Geweben.

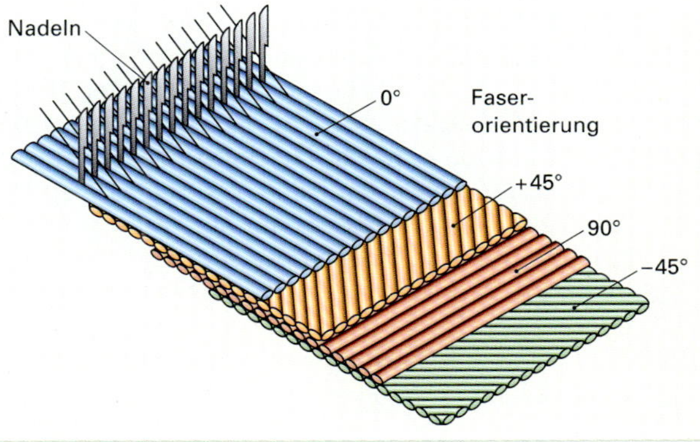

Bild 1: Multiaxiales Gelege

Nomenklatur

unidirektional: 1 Lage, meist in 0°-Richtung
biaxial: 2 Lagen gekreuzt übereinander, in 0°/90°-Richtung oder +45°/–45°-Richtung
triaxial: 3 Lagen übereinander, z. B. 0°/+45°/–45°-Richtung
quadraxial: 4 Lagen übereinander, z. B. 0°/+45°/90°/–45°-Richtung

- **Geflechte**

Geflechte sind **Flächen-** (zweidimensional) oder **Körpergebilde** (dreidimensional), bei denen die Flechtfäden nicht parallel zur Herstellungsrichtung verlaufen. Hauptfaden und Flechtfaden stehen immer im Winkel zueinander.

- **Gewirke**

Gewirke bestehen aus einem oder mehreren **Fäden** bzw. **Fadensystemen**, die durch Maschenbildung erzeugt werden. Für FVK werden multiaxiale Kettengewirke eingesetzt. Einzelne Lagen sind durch Fäden miteinander verbunden. Die Maschenfäden haben auch einen verstärkenden Einfluss auf das Gewirke. Die Verstärkungsfasern liegen in mehreren Richtungen, meistens im Winkel von 0°, 45° und 90°.

- **Gestricke**

Gestricke werden wie Gewirke aus einem oder mehreren Fäden durch **Maschenbildung** hergestellt.

16.6.2 Stützkernwerkstoffe und Sandwichmaterialien

Stützkerne sind Abstand haltende Kernschichten in **Sandwichkonstruktionen**. Sie bilden eine Mittelschicht zwischen zwei Deckschichten und sind mit diesen fest verbunden. Als Stützkerne werden z. B. PUR-Hartschaumstoffe (**Bild 1**) verwendet. Für extrem leichte und hochfeste Sandwichlaminate werden die unter der Bezeichnung **Honeycomb** bekannten Platten aus phenolharzgetränktem Aramidpapier (**Bild 2**) eingesetzt. Als Decklagen eignen sich Gewebe aus Glas-, Kohle- und Aramidfasern.

Bild 1: PUR-Sandwichplatten

Bild 2: Aramidwaben (Honeycomb)

16.7 Additive

Als Füllstoffe für FVK werden feste Stoffe, wie Kreide, Talkum, Kaolin, Quarzmehl oder Holzmehl eingesetzt. Der Füllstoffanteil kann ein Mehrfaches gegenüber dem Matrixharz betragen. **Kreide** erhöht die Temperaturbeständigkeit und Kerbschlagzähigkeit, **Talkum** verbessert die Biegefestigkeit und Steifigkeit. Da die vorgenannten Füllstoffe die mechanischen Eigenschaften des FVK verbessern, werden diese auch den Verstärkungsstoffen zugeordnet. **Farbmittel** und **Pigmente** dienen zum Einfärben der FVK. **Flammschutzmittel** setzen die Entflammbarkeit und Brennbarkeit herab. **Trennmittel** werden auf die Werkzeuge (Laminierform, Wickelkern) aufgetragen, um ein leichtes und zerstörungsfreies Lösen der Werkstücke zu ermöglichen. Wachslösungen, Silikonöle, Seifenlösungen und dünne PE-Kunststofffolien sind gebräuchliche Trennmittel. **Haftvermittler** verankern die Verstärkungsfasern fest in der Matrix.

Additive werden als Zuschlagsstoffe dem Harzansatz zugegeben, um gezielt bestimmte Eigenschaften zu erreichen oder zu verbessern.

16.8 Vor- und Zwischenprodukte

Die Harztränkung der Verstärkungsmaterialien mit der duroplastischen Matrix hat wesentlichen Einfluss auf die spätere Qualität und die Gebrauchseigenschaften der Erzeugnisse. Ist der Tränkungsprozess der weiteren Verarbeitung zeitlich vorgeschaltet, spricht man von **Vorimprägnierung**. Zwischenprodukte auf Basis duroplastischer Matrixharze sind:

Prepregs (engl. preimpregnated fibres) sind Verstärkungsfasern, die bereits mit Harz imprägniert sind. Am Gängigsten sind Gewebeprepregs, aber auch Bänder, unidirektionale und multiaxiale Gelege können vorimprägniert werden. Das Prepreg wird kalt in die Form eingelegt und unter Druck und Temperatur ausgehärtet. Beim Erwärmen verflüssigt sich das Harz für kurze Zeit und durchtränkt die Fasern, bevor es aushärtet.

SMC (engl. *sheet molding compound*) bezeichnet teigartige Pressmassen aus duroplastischen Reaktionsharzen und Glasfasern zur Herstellung von FVK. In SMC liegen alle nötigen Komponenten vollständig vorgemischt fertig zur Verarbeitung vor. In der Regel werden Polyester- oder Vinylesterharze verwendet.

BMC (engl. *bulk moulding compound*) ist ein Faser-Matrix-Halbzeug. Es besteht zumeist aus Kurzglasfasern und einem Polyester- oder Vinylesterharz. Andere Verstärkungsfasern oder Harzsysteme sind möglich. BMC wird als formlose, „sauerkrautartige" Masse in Beuteln oder anderen Gebindeformen geliefert.

16.9 Formgebungsverfahren

Übersicht 1: Formgebungsverfahren duroplastischer Matrices

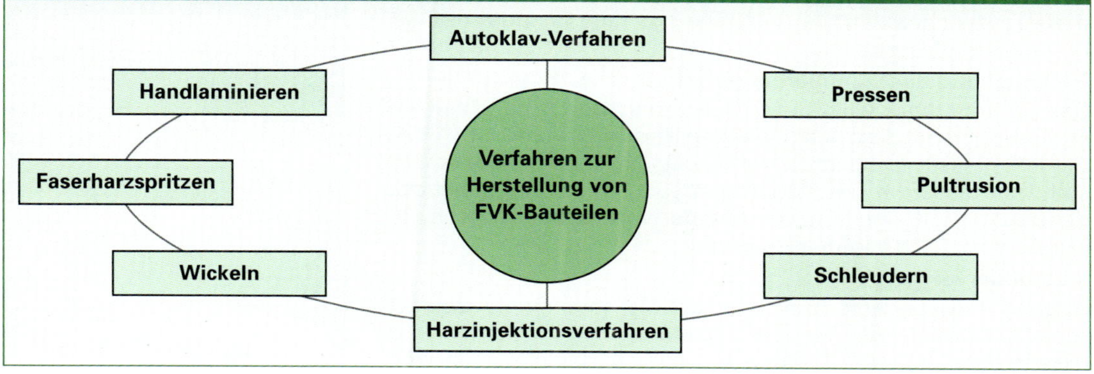

Die Auswahl eines geeigneten Verfahrens zur Herstellung eines FVK-Bauteiles ist von unterschiedlichen Faktoren abhängig, wie z. B. Bauteilgeometrie, Stückzahl und Anforderungen an die Produktqualität. Jedes **Formgebungsverfahren** hat spezifische verfahrenstechnische Merkmale. Dazu zählen die mögliche Bauteilgestalt, realisierbare Bauteilgröße, Wanddicken und Wanddickentoleranzen, realisierbarer Faservolumenanteil, Ausrichtungsgrad der Fasern und der fertigungstechnische Aufwand. Auf Grundlage dieser fertigungstechnischen und ökonomischen Faktoren erfolgt die Auswahl eines geeigneten Formgebungsverfahrens (**Übersicht 1**).

Bei der Verarbeitung entstehen zur gleichen Zeit der Werkstoff und das Bauteil.

16.9.1 Handlaminierverfahren

Das älteste, technologisch einfachste und am weitesten verbreitete Verfahren zur Herstellung von FVK ist das **Handlaminierverfahren** (**Bild 1**) oder Handauflegeverfahren. Mit dieser sehr einfachen Technik, die nur einen geringen Investitionsaufwand erfordern, lassen sich auch geometrisch komplizierte Teile herstellen. Dieses Verfahren ist allerdings nicht für größere Stückzahlen geeignet, da der Materialdurchsatz pro Zeiteinheit gering ist. Es eignet sich vorzugsweise zur Herstellung von Prototypen und Bauteilen in Kleinserienfertigung, für Reparatur- und Montagearbeiten an GFK-Teilen. Die Laminierformen werden aus Werkstoffen wie Holz, Gips und GFK selbst hergestellt.

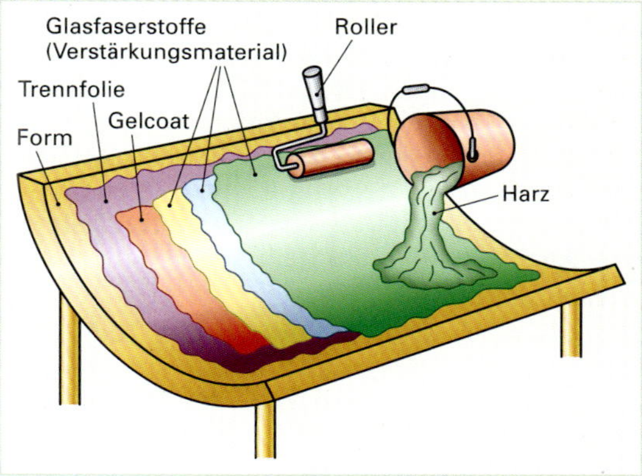

Bild 1: Prinzip des Handlaminierverfahrens

Arbeitsschritte beim Handlaminieren (Bilder 1 bis 4)

- **Formenvorbereitung**

Die Laminierform wird vorbereitet, indem auf die Oberfläche ein Trennmittel durch Streichen oder Spritzen aufgetragen wird.

- **Auftrag einer Gelcoatschicht**

Zur Gewährleistung einer ansprechenden Bauteiloberfläche oder zur Verhinderung des Durchzeichnens der Faserstruktur wird häufig eine eingefärbte und gefüllte **Gelcoatschicht** (Feinschicht) aufgetragen. Die Schicht kann auch durch ein eingelegtes Faservlies verstärkt werden.

- **Materialbereitstellung**

Das Verstärkungsmaterial ist entsprechend der Bauteilspezifikation hinsichtlich Art, Lagenanzahl, Lagenfolge und Bauteilgeometrie zuzuschneiden. Das Verstärkungsmaterial muss trocken, öl- und staubfrei sein.

- **Herstellung der Laminierharzmischung**

Das Laminierharz wird unter Beachtung der Arbeitschutzbestimmungen mit dem ausgewählten Härtungssystem und erforderlichenfalls mit Zusätzen vermischt. Der Laminierharzansatz sollte luftblasenfrei und homogen sein. In Abhängigkeit von der Bauteilgröße, der Topfzeit und der Verarbeitungsgeschwindigkeit sind Teilmengen anzusetzen.

- **Laminiervorgang**

Direkt auf die Laminierform oder auf die angehärtete Gelcoatschicht werden die Verstärkungsmaterialien schichtenweise **nass-in-nass** laminiert. Zuerst wird eine Harzschicht aufgetragen. Anschließend wird die erste Verstärkungslage aufgelegt und mit den Laminierwerkzeugen (Pinsel, Fellroller) satt mit Matrixharz getränkt, verdichtet und entlüftet (Entlüftungsroller). Durch Wiederholung dieser Arbeitschritte entsteht der Laminataufbau. Harzanreicherungen, die nach dem Aushärten zu Rissen und Schrumpfungen führen, sind zu vermeiden. Zur Erzielung einer rauen, sauberen Oberflächenstruktur, die ein Anschleifen und Reinigen vor dem Kleben oder Lackieren erspart, wird oftmals ein **Abreißgewebe** (peel-ply) auflaminiert. Eine andere Möglichkeit ist der Auftrag eines **Topcoats** (Schlussanstrich). Dem Harzansatz werden dazu ca. 2 % Paraffin zugesetzt. Der Zusatz verhindert den Sauerstoffzutritt zu darunter liegenden Laminatschichten und gewährleistet eine klebfreie Aushärtung der Oberfläche.

- **Aushärtung des Laminats**

Die Aushärtung beginnt bereits mit der Zugabe des Reaktionsmittels zum Matrixharz und somit schon vor Beginn des eigentlichen Laminiervorganges. Die Härtung ist mit einer Erhöhung der Viskosität der Harzmischung und einer Temperaturerhöhung durch eine exotherme Reaktion verbunden. Die Härtung ist abgeschlossen, wenn das Bauteil abgekühlt, fest und mechanisch bearbeitbar ist. Unter Umständen ist in Abhängigkeit von der Bauteilform eine Nachhärtung außerhalb der Laminierform erforderlich.

- **Nachbearbeitung**

Oftmals schließt sich eine Nachbearbeitung des Bauteils an. Diese erfolgt vorwiegend durch spanende Bearbeitung, wie Sägen und Bohren, um z. B. den Rand zu beschneiden, Bohrungen, Durchbrüche und Ausschnitte zu fertigen. Um hohe Werkzeugstandzeiten zu gewährleisten, werden hartmetall- bzw. diamantbestückte Werkzeuge verwendet.

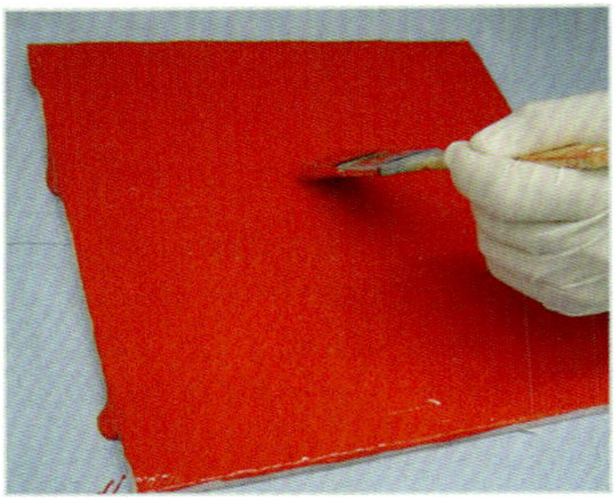
Bild 1: Gelcoatschicht auftragen

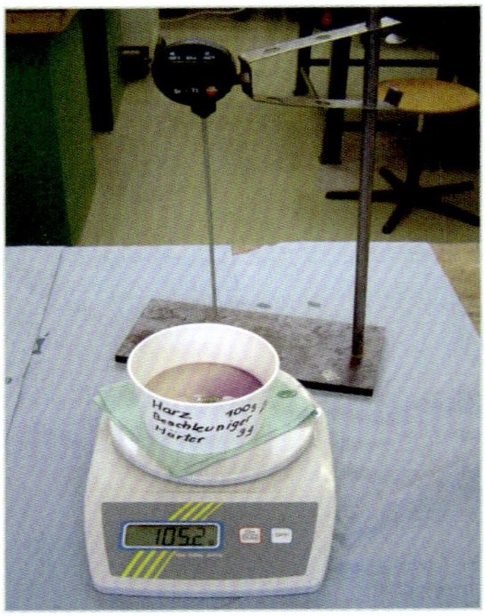

Bild 2: Harzmischung

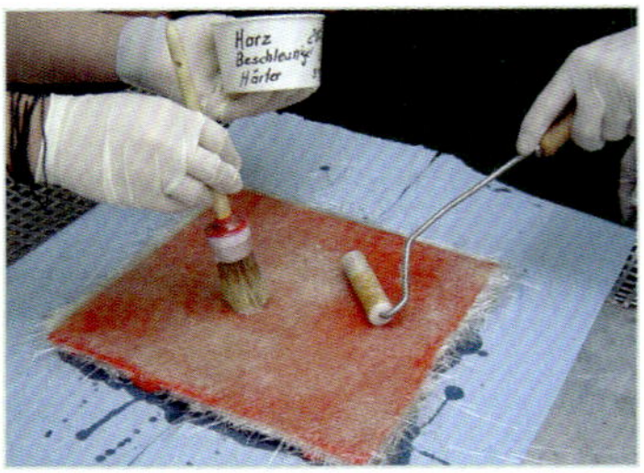
Bild 3: Laminataufbau

Bild 4: Feinschichtansatz

Ein Trennverfahren, mit dem die Umweltbelastung auf ein Minimum reduziert wird, ist das Verfahren des **Wasserstrahlschneidens**. Schnittkanten werden mit Topcoat versiegelt. Eine Sicht- und Maßkontrolle schließt sich an.

Beim **Handlaminieren** werden die Verstärkungsstoffe (Vliese, Gewebe, Gelege) von Hand schichtenweise in oder auf eine Laminierform gelegt, mittels Pinsel oder Laminierrolle mit Matrixharz imprägniert, mit Rillenwalzen entlüftet und verdichtet. Das Laminat härtet dann bei Raumtemperatur aus.

Typische Anwendungsbeispiele handlaminierter FVK-Erzeugnisse sind Karosseriebauteile, Bootskörper, Sportgeräte, Wannen, Behälter, Verkleidungen in handwerklicher und industrieller Fertigung.

16.9.2 Vakuumsackverfahren

Beim **Vakuumsackverfahren** (**Bild 1**) erfolgt der Laminataufbau analog dem Handlaminieren. Das Faser/Harz-Gelege wird mit einer Lochfolie belegt. Eingeschlossene Luft und überschüssiges Harz treten durch die Folie hindurch. Durch das darüber liegende Absaugvlies breitet sich das Vakuum gleichmäßig aus und saugt das überschüssige Harz auf. Mit einer Vakuumfolie und einem umlaufenden Vakuumdichtband (taky tape) wird das Formnest bzw. die komplette Form (Vakuumsack) luftdicht abgeschlossen. Mit einer Vakuumpumpe wird die unter der Folie eingeschlossene Luft abgesaugt.

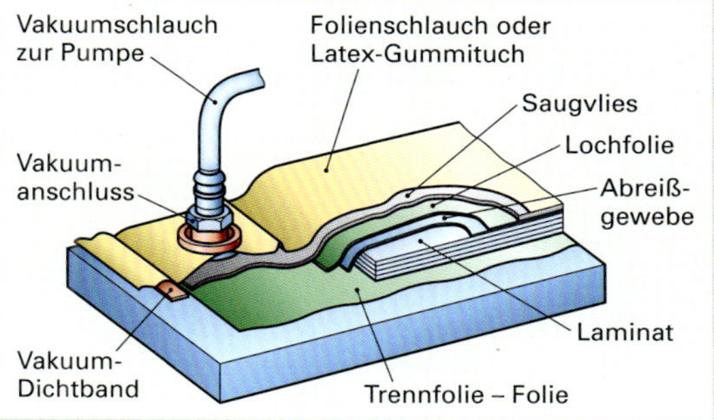

Bild 1: Prinzip des Vakuumsackverfahrens

16.9.3 Faserharzspritzen

Das **Faserharzspritzen** (**Bild 2**) ist ein teilmechanisiertes Verfahren und gehört wie das Handlaminieren zu dem Kontaktverfahren. Es werden vorwiegend Glasfasern und als Matrixwerkstoff UP-Harze verarbeitet.

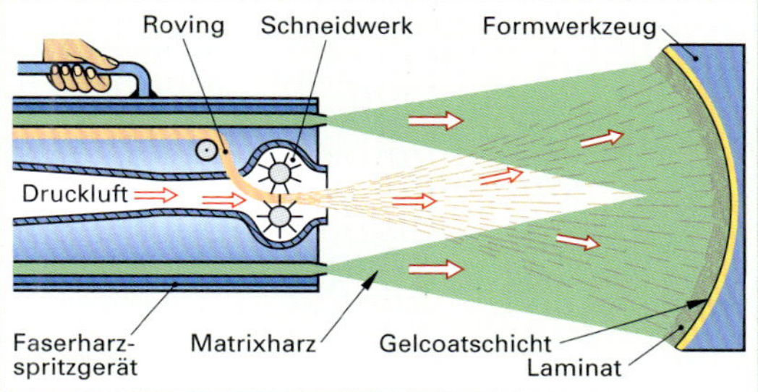

Bild 2: Prinzip des Faserharzspritzens

Faserharzspritzanlagen werden in Niederdrucksystem (4 bar ... 6 bar), Airless-Niederdruck-Systeme (20 bar ... 30 bar), Airless-Hochdruck-Systeme (50 bar ... 100 bar) und Fächerstrahl-Systeme (2 bar ... 3 bar) unterschieden. Der Einsatz von **Airless- und Fächerstrahlanlagen** führt zu einem geringeren Schadstoffeintrag durch Sprühnebel und Glasfasern in die Umgebungsluft des Arbeitsraumes.

Die Arbeitsschritte des Faserharzspritzens (**Bild 2**) sind denen des Handlaminierens ähnlich. Auf ein mit Trennmittel versehenes und poliertes Laminierwerkzeug wird eine Gelcoatschicht aufgebracht. Auf die angehärtete Gelcoatschicht werden die geschnittenen Glasfasern (Länge 15 mm ... 50 mm) mit dem Harzstrahl aufgespritzt. Anschließend wird die Laminatschicht mechanisch von Hand verdichtet und entlüftet. Nach der Aushärtung des GFK-Teils erfolgt die Entformung und Nachbearbeitung. Das Faserharzspritzen besitzt gegenüber dem Handlaminieren eine höhere Arbeitsproduktivität, die Verwendung kostengünstiger Glasfaserrovings bewirkt eine Senkung der Materialkosten. Das Verfahren des Faserharzspritzens wird zur Fertigung großflächiger Bauteile wie Schwimmbecken, Wannen, Dachelemente eingesetzt und eignet sich auch zur Integration in vollautomatische, robotergesteuerte Gesamtsysteme.

Beim **Faserharzspritzen** wird ein Matrixharz mit einer Spritzanlage auf die Laminierform gespritzt. Zeitgleich wird mit einem Schneidwerk ein Glasfaserrovingstrang geschnitten und mit einem Harzstrahl aufgespritzt. Der lose Faserfilz wird mit Laminierwerkzeugen verdichtet und entlüftet.

16.9.4 Wickelverfahren

Beim **Wickelverfahren** (**Tabelle 1 und Tabelle 2, Tabelle 1, Seite 611**) werden die Verstärkungsfasern auf einen Positivkern aufgewickelt. Dieses Verfahren eignet sich vorwiegend zur Herstellung voluminöser rotationssymmetrischer Bauteile (Behälter, Rohre, Wellen). Bei mehrachsig bewegbaren Fadenführungen können auch komplexere Bauteile (z. B. Rohrkrümmer) gewickelt werden.

Tabelle 1: Ablauf Wickelverfahren

1. Einspannen	2. Wickeln	3. Härten	4. Entformen
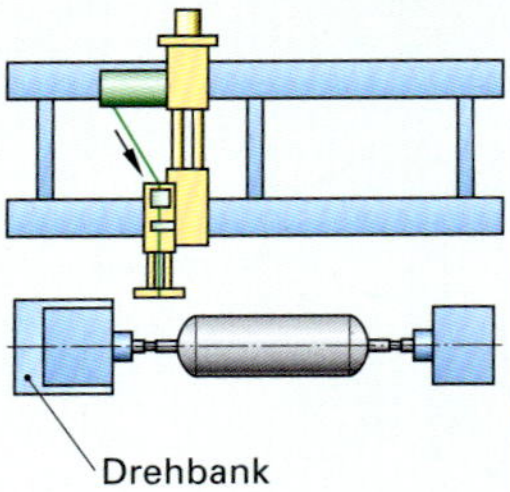	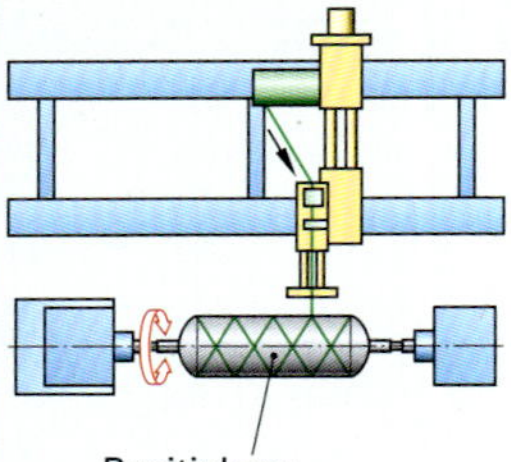	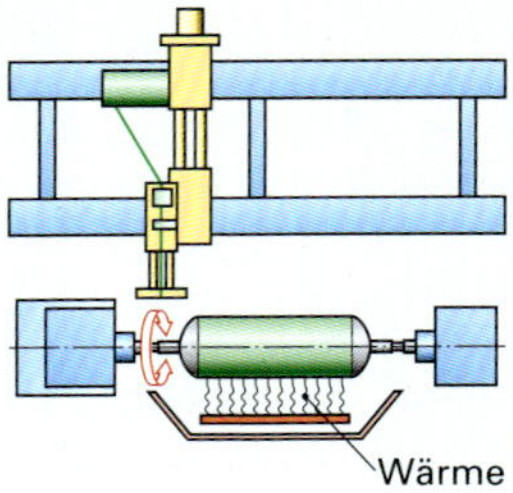	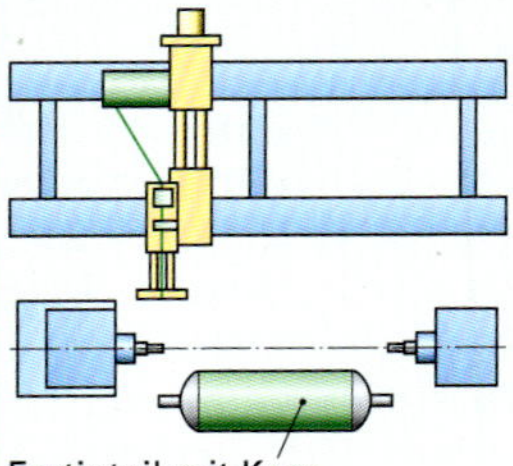

Beim **Wickelverfahren** werden die Verstärkungsstoffe in einer Imprägniereinrichtung meist kontinuierlich mit Matrixharz getränkt. Der vorimprägnierte Verstärkungsstoff wird anschließend durch ein Fadenauge gezogen und lagenweise auf einen rotierenden Wickelkern abgelegt.

Tabelle 2: Wickelverfahren

Drehbankwickeln	Taumelwickeln	Planetenwickeln	Roboterwickeln
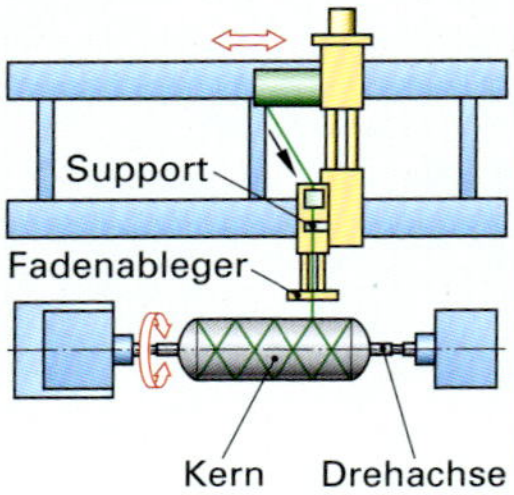	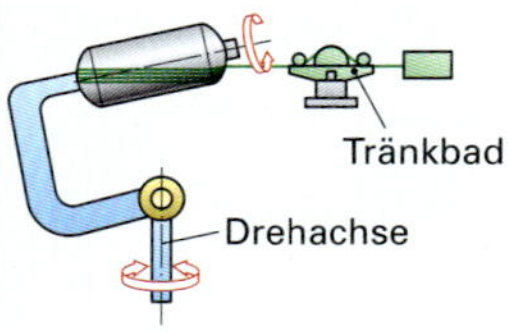	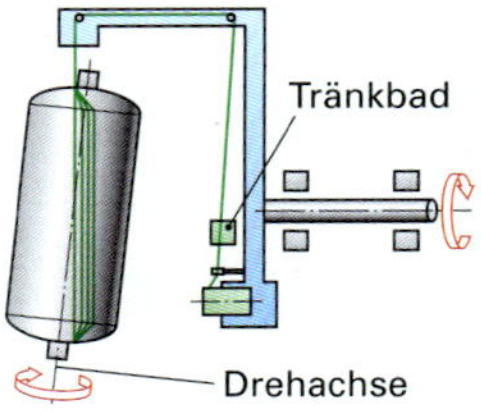	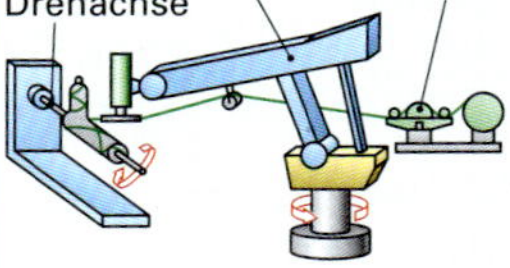

Drehbankwickelverfahren

Das wohl am weitesten verbreitete Verfahren ist das **Wickeln nach dem Drehbankprinzip** (**Bild 1**). Hier wird das harzgetränkte Verstärkungsmaterial auf drehbankähnlichen Anlagen auf den rotierenden Wickeldorn aufgewickelt. Die getränkten Rovingstränge, geführt durch den Support bzw. Wickelkopf, werden unter einem bestimmten Wickelmuster kontinuierlich auf dem Wickeldorn abgelegt. Dabei synchronisiert die Maschinensteuerung die Bewegungen des rotierenden Wickeldorns und des bandführenden Wickelkopfes gemäß vorgegebener Wickelprogrammdaten. Bei der Drehbankwickelmaschine rotiert der Wickeldorn um seine Längsachse.

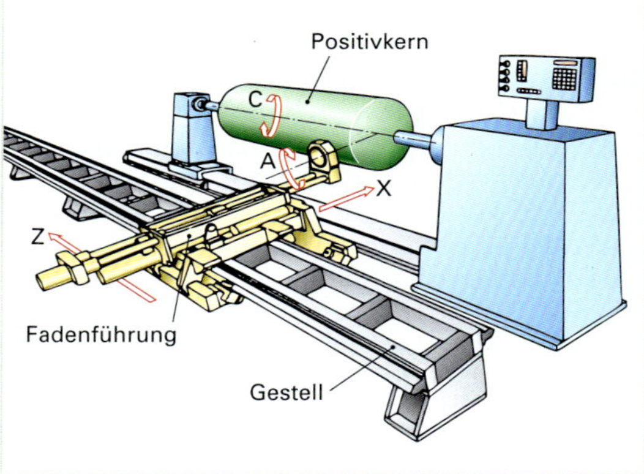

Bild 1: Vier-Achsen-CNC-Drehbankwickelmaschine

Die einfachste Drehwickelmaschine besitzt zwei Freiheitsgrade (C, Z) und eignet sich typischerweise für die Wicklung von geraden Rohren konstanten Querschnittes. Der dritte Freiheitsgrad (X) ist die Bewegung des Fadenarms senkrecht zur Rotationsachse. Dieser erlaubt die Führung des Wickelkopfes entlang der Wickeldornoberfläche unabhängig von deren Durchmesser. Dieser Freiheitsgrad wird beim Wickeln von rotationssymmetrischen Bauteilen, z. B. mit konischen oder sphärischen Flächen, notwendig. Werden mehrere Einzelrovings eingesetzt, die zu einem breiten Band zusammengefasst werden, ist ein vierter Freiheitsgrad (A) in der Achse des Bandes von Vorteil. Auf diese Weise kann eine optimale Bandablage bei variierendem Dorndurchmesser oder bei veränderlichem Wickelwinkel (wie z. B. in Bandwendezonen) erreicht werden.

Tabelle 1: Wickelmuster

Kreuzwickelmuster	Polarwickelmuster	Radialwickelmuster
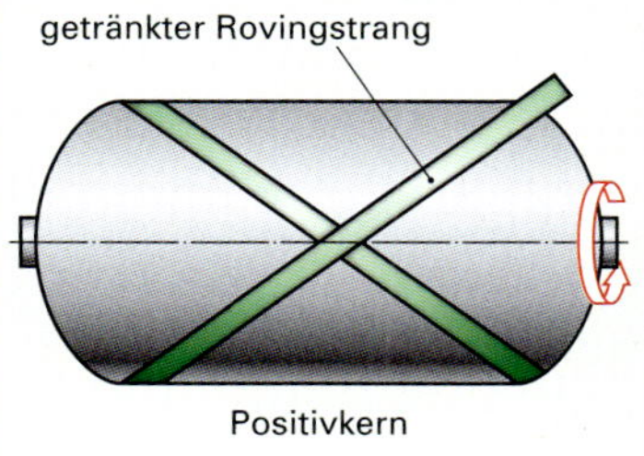	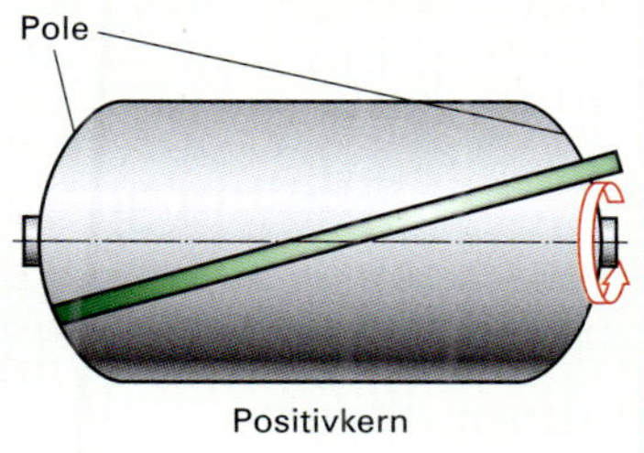	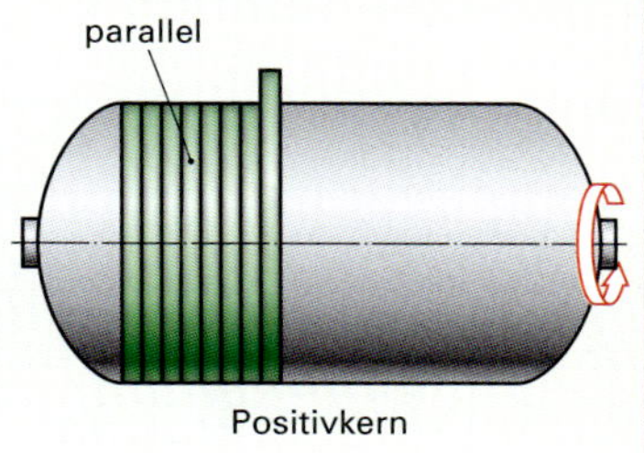

Beim **Kreuzwickelverfahren** wird der Rovingstrang in mehreren Durchläufen auf einer **Schraubenlinie** um den Wickelkern abgelegt. Im Rücklauf wird die nachfolgende Spur nicht neben der ersten Spur abgelegt, sondern überkreuzt diese. Nach mehreren Umläufen entsteht ein doppellagiges Laminat mit gleichmäßig verteilten Kreuzungspunkten. Beim **Polarwickelverfahren** (**Bilder 1 und 2**) wird der Rovingstrang **tangential** zur Polöffnung an jedem Pol (Stirnseite) des Wickelkernes abgelegt. Nach jedem Umlauf wird die Ablagespur durch Drehung des Wickelkerns um die Breite des abgelegten Rovingstranges versetzt. Die nachfolgenden Spuren legen sich neben den vorhergehenden Spuren. Dabei baut sich ein flächendeckendes Wickelmuster ohne Kreuzungspunkte auf. Beim **Radialwickelverfahren** wird der Rovingstrang **rechtwinklig** zur Rotationsachse (C) auf den Wickelkern abgelegt. Durch einen Schlittenvorschub in Richtung der Z-Achse wird pro Umdrehung des Wickelkerns die Ablagespur um die Breite des Rovingstranges versetzt. Bei jedem Durchlauf entsteht eine flächendeckende Ablagespur. Durch mehrmaliges Verfahren des Schlittens in Richtung Z-Achse entsteht ein mehrlagiger Laminataufbau.

Bild 1: Faserwickelmaschine

Bild 2: Arbeitsraum einer Faserwickelmaschine

Der Vorteil des Kreuzwickelverfahrens ist seine Vielseitigkeit. Für fast jedes Durchmesser/Längen-Verhältnis kann eine optimale Variante gefunden werden. Der Vorteil des Polarwickelverfahrens besteht in seiner Einfachheit, vor allem dann, wenn spezielle Polarwickelmaschinen eingesetzt werden. Das Radialwickelverfahren beschränkt sich auf Wickelkerne mit konstantem Querschnitt.

16.9.5 Harzinjektionsverfahren

Harzinjektionsverfahren werden in vielen Bereichen zur Fertigung von Faserverbundwerkstoffen eingesetzt. Vorteile sind die sehr gute Oberflächenbeschaffenheit der Bauteile, eine hohe Reproduzierbarkeit sowie die Möglichkeit, Kerne zu integrieren. Mit den unterschiedlichsten Injektionsverfahren können große, komplexe Bauteile gefertigt werden. Die Harzinjektionsverfahren variieren durch den Einsatz von Vakuumtechnologie, Prepregs und Fließmedien.

Beim klassischen **RTM-Verfahren** (Resin Transfer Molding) wird das Verstärkungsmaterial in ein zweiteiliges Werkzeug eingelegt. Anschließend wird das Werkzeug geschlossen und Harz wird injiziert. **Vakuum-Injektionsverfahren (VARTM- und SCRIMP-Verfahren)** funktionieren prinzipiell genau wie das RTM-Verfahren. Der Unterschied besteht darin, dass die flüssige Matrix nicht nur mit Druck injiziert wird, sondern durch ein anliegendes Vakuum in das Verstärkungsmaterial hineingesaugt werden kann. Ein großer Vorteil dieser Injektionsverfahren sind die geringen Werkzeugkosten, da nur eine feste Formhälfte benötigt wird, während die Gegenseite durch eine flexible Membran gebildet wird.

Bei allen **Harzinjektionsverfahren** werden die Verstärkungsmaterialien in ein mehrteiliges, druck- und vakuumdichtes Werkzeug eingelegt. Nach dem Schließen des Werkzeuges erfolgt die Tränkung der Verstärkungsmaterialien durch druck- und/oder vakuumunterstützte Harzinjektion.

RTM-Verfahren (Resin Transfer Molding) (Bild 1)

• Injektionsform beschicken und schließen

Nach der Vorbehandlung des Formwerkzeuges mit Trennmitteln werden die der Bauteilgeometrie angepassten Zuschnitte der Verstärkungsmaterialien, wie Endlosmatten, Gewebe, Gelege und Bänder aus Glas-, Aramid-, Kohle- und Naturfasern, trocken in die geöffnete Form eingelegt. Soweit erforderlich werden auch Krafteinleitungselemente und Schaumstoffkerne eingelegt. Die Fixierung der einzelnen Verstärkungsmaterialien im Formwerkzeug kann mit Klebebändern, Klammern, Klettbändern, durch Auftragen von Sprühkleber oder durch Vernähen erfolgen. Die Verwendung von Prepregs oder Preforms führt zur Erhöhung der Produktivität des überwiegend manuellen Verfahrens. Beim Schließen der Form muss darauf geachtet werden, dass die eingebrachten Verstärkungsmaterialien sich nicht verschieben.

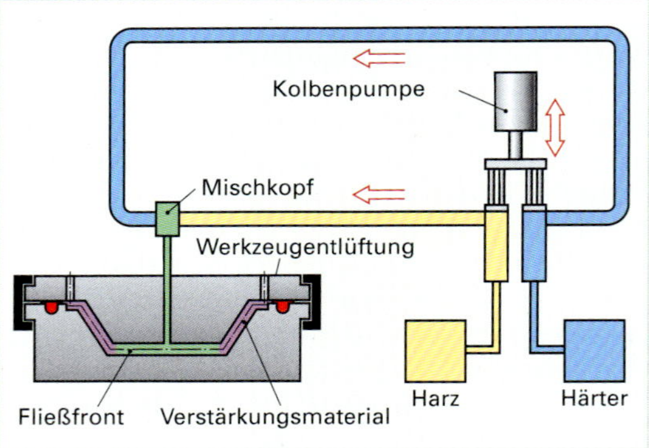

Bild 1: Prinzip des RTM-Verfahrens

• Matrixharz injizieren

Das flüssige Matrixharz sollte für die Injektion eine möglichst geringe Viskosität besitzen. Der Injektionsdruck ist verfahrensabhängig und liegt zwischen 0,6 bar ... 25 bar. Bei Vakuumunterstützung der Injektion ist das Vakuum nur so hoch zu wählen, dass der Siedepunkt des Lösungsmittels im Harzsystem nicht überschritten wird, da dies zur Verdampfung führt. Die Lage und Anzahl von Angüssen und Steigern ist so zu wählen, dass die Fließwege möglichst kurz sind und Lufteinschlüsse vermieden werden. Eine gleichmäßige Fließfront wird durch den Einsatz von Fließhilfen unterstützt.

• Harzhärtung und Entformen

Die Aushärtung sollte nach der vollständigen und luftblasenfreien Formfüllung beginnen und kann je nach Harz/Härtersystem durch Werkzeugtemperierung zeitlich verkürzt werden. Nach der vollständigen Aushärtung erfolgt die Entformung des Bauteils und die mechanische Nachbearbeitung in der Regel von Hand. Mit Harzinjektionsverfahren hergestellte Bauteile werden u. a. im Bootsbau, Flugzeugbau und beim Bau von Rotorblättern für Windkraftanlagen eingesetzt.

16.9.6 Pressen

Die Presstechnik zur Verarbeitung von Faserverbundwerkstoffen hat ihren Ursprung in der konventionellen Presstechnik von Duroplasten (**siehe Kapitel 8 Herstellen von Formteilen durch Pressen**). Aufgrund des großen maschinentechnischen Aufwandes amortisiert sich dieses Verfahren nur bei sehr hohen Stückzahlen. Hauptsächlich werden hydraulische Pressen (**siehe Kapitel 8.1.1**) eingesetzt.

Als Verstärkungsmaterialien werden vorwiegend Kurzfasern, Matten und Gewebe aus Glas verarbeitet. Vorimprägnierte Ausgangsmaterialien (Prepregs, SMC, BMC) werden in EP- und UP-Harze eingebettet. Im Pressverfahren werden auch GMT verarbeitet (**siehe Kapitel 8.2.2**).

Die Presstechnologie bei der FVK-Verarbeitung wird in **Kalt- und Heißpressverfahren** bzw. in **Nass-** und **Prepregpressen** unterteilt. Die Kaltpresstechnik wird bei der Herstellung größerer Formteile bei mittleren Stückzahlen eingesetzt. Kaltpresswerkzeuge bestehen aus Kunststoff oder Stahl. Das Heißpressverfahren findet Anwendung bei der Fertigung von FVK-Formteilen mit kleinen bis mittleren Abmessungen bei hohen Stückzahlen. Als Verstärkungsmaterialien werden hauptsächlich Prepregs verarbeitet. Der Glasfasergehalt beim Kaltpressen liegt zwischen 30 % ... 50 %. Beim Heißpressen zwischen 45 % und 50 %. Im Nasspressverfahren werden die trockenen Verstärkungsmaterialien als Zuschnitt in das geöffnete Presswerkzeug eingelegt und mit katalysiertem Matrixharz übergossen. Einen wesentlich größeren Anteil bei der Herstellung von FVK-Formteilen hat die Verarbeitung von SMC und BMC erlangt. Typische FVK-Pressformteile sind Energie- und Telekommunikations-Verteilerkästen, großflächige Verkleidungsteile im Fahrzeugbau, Satellitenspiegel und Maschinenbauteile.

16.9.7 Schleudern

Beim **Schleudern** (**Bild 1**) wird eine axial verfahrbare Lanze in eine Schleudertrommel (z. B. einseitig offenes Rohr) eingeführt. Am vorderen Ende der Lanze ist eine Faserharzspritzpistole befestigt. Wie beim Faserharzspritzen werden Rovings geschnitten und zusammen mit katalysiertem Matrixharz auf die Innenwandung der Schleudertrommel aufgespritzt. Der harzimprägnierte Wirrfaserfilz wird durch die Zentrifugalkraft der rotierenden Schleuderform zu einem Laminat verdichtet. Anschließend härtet er zum FVK-Bauteil aus. Verschiedene Laminatwanddicken können durch unterschiedliche axiale Vorschubgeschwindigkeiten der Sprühlanze erzeugt werden.

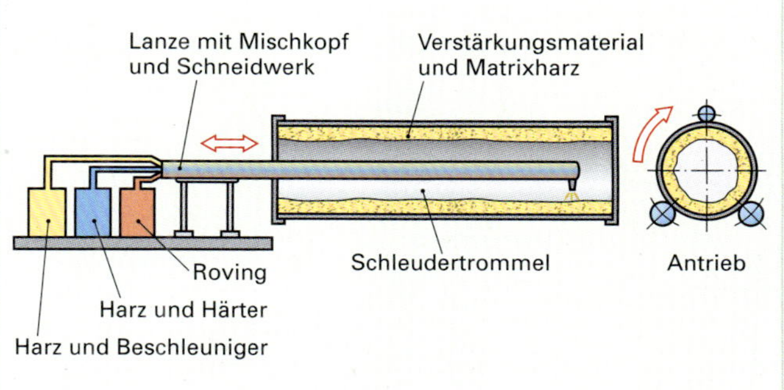

Bild 1: Prinzip des Schleuderns

Aufgrund der unterschiedlichen Dichte zwischen Verstärkungsfasern und Matrixharz kommt es während des Schleudervorganges zur Verschiebung der schwereren Verstärkungsfasern an die Außenseite des FVK Bauteils. An der Innenseite entsteht eine harzangereicherte Schicht. Mit dem Schleuderverfahren erzielt man bei Wirrfaserlaminaten einen Fasergehalt von 25 % ... 45 %. Einen höheren Fasergehalt (45 % ... 65 %) kann man durch Einlegen von Gewebelaminaten in die Schleuderform erzielen.

Das **Schleudern** dient zur Herstellung zylindrischer, dickwandiger und beulsteifer FVK-Hohlkörperbauteile (erdverlegbare Rohre, Behälter, Silos, Erdtanks) mit glatter Außenfläche.

16.9.8 Pultrusion

Bild 1: Fertigungsbeispiele für Pultrusionsprofile

Die Herstellung von Pultrusionsprofilen (**Bild 1**) lässt sich in folgende Verfahrensschritte einteilen und wird auf einer Pultrusionsanlage (**Bild 2**) durchgeführt:

- **Bündelung der Verstärkungsmaterialien**

Die in einem Gestell abgelegten Rovings oder flächigen Verstärkungsmaterialien (Matten, Vliese, Verstärkungsbänder) werden kreuzungsfrei in Richtung Tränkbad abgezogen. Zur Verbesserung der Tränkung werden die Rovings aufgefächert.

- **Imprägnierung des Verstärkungsmaterials**

Die vom Gestell zugeführten Rovings und Verstärkungsmaterialien werden im Harztränkbad allseitig mit Matrixharz getränkt. Die Auswahl und Dosierung der Reaktionsmittel für das Tränkbad muss so erfolgen, dass das Matrixharz erst bei Temperaturerhöhung im nachfolgenden Formwerkzeug mit der Härtung beginnt.

- **Formgebung und Aushärtung im Werkzeug**

Die einzelnen Stränge der harzgetränkten Rovings und Verstärkungsmaterialien werden zu einem Profilstrang mit vorgegebener Struktur zusammengeführt. Der vorgeformte Strang läuft in einem trichterförmigen Einzug des Formwerkzeuges ein. Dabei wird überflüssiges Matrixharz abgestreift. Der Strang wird zum Profil verdichtet und vorgewärmt. Die Härtungsreaktion beginnt an der Oberfläche des Profils und setzt sich in den Kern fort. Das hintere Ende des Formwerkzeuges ist mit einer regelbaren Werkzeugkühlung ausgerüstet, um überschüssige Reaktionswärme abzuführen. Gleichzeitig erfolgt die Kalibrierung des Profilquerschnittes bis zum Abschluss der Härtungsreaktion.

- **Abziehen und Trennen der Profile**

Nach der Abkühlung wird das Profil mit konstanter Geschwindigkeit mit einer Abzugseinrichtung (z. B. Raupenabzug) abgezogen. Durch eine mitlaufende Säge werden die Profile auf Länge geschnitten.

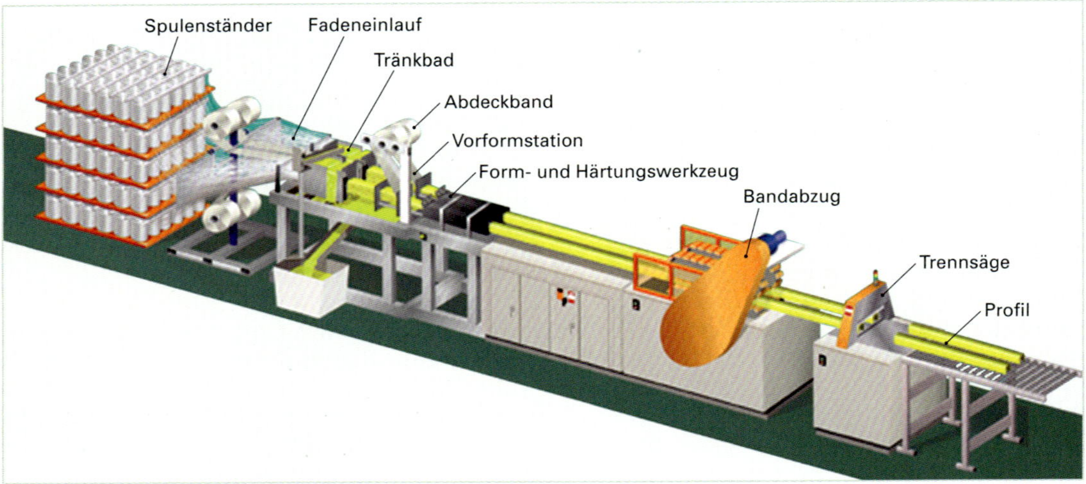

Bild 2: Pultrusionsanlage

Das **Pultrusions-** oder **Profilziehverfahren** ermöglicht es, komplexe Profile in einem kontinuierlichen Verfahren zu fertigen. Es werden eine auf den gewünschten Faseranteil berechnete Anzahl Rovings in einem Tränkbad imprägniert, gebündelt und durch ein beheiztes Formwerkzeug gezogen.

16.9.9 Autoklav-Verfahren

Bild 1: Autoklav

Beim **Autoklav-Verfahren** (**Bild 1**) werden vorwiegend Prepreglaminate eingesetzt. Die zur Weiterverarbeitung vorbereiteten Prepregs werden manuell oder maschinell auf die erforderlichen Formen und Maße zugeschnitten. Beim manuellen Ablegen ist auf die Einhaltung der vorgegebenen Ablegewinkel zu achten. Bei großflächigen und 3D-gekrümmten FVK-Bauteilen werden **Tapelegemaschinen** eingesetzt. Hierbei werden die Prepregs von Spulen abgezogen, vom Legekopf auf der Form abgelegt, angerollt und zum Teil abgeschnitten. Anschließend wird das Laminat mit Trenn-, Saug- und Vakuumfolie luftdicht abgedeckt. Nach dem Anlegen eines Vakuums zur Dichteprüfung außerhalb des Autoklaven wird die Baugruppe anschließend in den Autoklaven eingebracht. Das Vakuum unter der Vakuumfolie entlüftet, verdichtet und stabilisiert die Prepreglagen. Die Erzeugung eines Überdrucks (> 6 bar) und die Temperaturerhöhung (ca. 170 °C) bewirkt die Aushärtung des FVK-Bauteiles. Nach erfolgter Aushärtung wird der Autoklav belüftet, geöffnet und das Bauteil entnommen.

Das **Autoklav-Verfahren** wird zur Herstellung flächiger und komplexer FVK-Bauteile aus Prepreglaminaten mit hohen Anforderungen an deren Qualität eingesetzt. Hohe Investitions- und Betriebskosten beschränken das Verfahren auf die Herstellung von CFK-Bauteilen in der Luft- und Raumfahrttechnik und ausgewählten Bereichen der Sportgeräteindustrie z. B. Automobil- und Motorradrennsport.

16.10 Nachbearbeitung

Abhängig vom eingesetzten FVK-Formgebungsverfahren und den spezifischen Anforderungen an das Bauteil sind nach der Aushärtung und Entformung mehr oder weniger viele **Nachbearbeitungvorgänge**, wie Entgraten und Beschneiden, Herstellen von Durchbrüchen, Bohrungen, Ausschnitten, Oberflächenbehandlung und Farbgebung erforderlich. Für die spanende Bearbeitung kommen im Wesentlichen alle Verfahren, die auch bei der Metall- und Holzbearbeitung angewendet werden, in Betracht. Um akzeptable Werkzeugstandzeiten zu erreichen, empfiehlt sich der Einsatz hartmetall- oder diamantbestückter Werkzeuge. Erfolgt eine spanende Bearbeitung im trockenen Zustand, ist hinsichtlich des Gesundheits- und Arbeitsschutzes darauf zu achten, dass Stäube und Späne abgesaugt werden. Das **Wasserstrahlschneiden** ist ein Verfahren, bei dem die FVK-Bauteile nur einer geringen mechanischen und thermischen Belastung ausgesetzt werden. Laserstrahlschneiden verursacht keine mechanische Belastung der zu bearbeitenden Bauteile.

Die Fertigung von **FVK-Bauteilen** sollte nach Möglichkeit so geplant werden, dass die erforderliche Nacharbeit auf ein Minimum reduziert wird, bzw. ganz darauf verzichtet werden kann.

16.11 Bauteilgestaltung

Die **Leichtbauweise** ist eine Konstruktionsphilosophie, die das Ziel hat, eine maximale Gewichtseinsparung zu erreichen. Für den technischen Leichtbau eignen sich die Faserverbundwerkstoffe hervorragend. Die Gestaltung und der Entwurf der Bauteilgeometrie sind die wichtigsten Schritte bei der Konstruktion von FVK-Bauteilen. Durch Variieren von Faser- und Matrixwerkstoffen, Faserrichtung und Lagenanzahl kann eine Vielzahl von Gestaltungsmöglichkeiten erreicht werden. Computergestützte werkstoffgerechte Berechnungen, z. B. mit **FEM** (Finite-Elemente-Methode) sorgen für die Optimierung der Bauteile.

16.11.1 Leichtbauprinzipien

Beim Entwurf durch den Konstrukteur, in der Werkstatt oder bei der industriellen Fertigung sind charakteristische Werkstoffeigenschaften, wie z. B. die Anisotropie der FVK zu berücksichtigen.

Dabei ist es wichtig, bestimmte **Regeln des Leichtbaues** umzusetzen:

- Dem Bauteil sind mehrere Funktionen zu übertragen, dadurch lassen sich Bauteilmasse und Fertigungskosten reduzieren.
- Den Werkstoff auswählen, der den späteren Anforderungen an das Bauteil am besten entspricht.
- Jedes Bauteil so gestalten, dass es seine Funktion bei geringstem Werkstoffaufwand erfüllt.
- Kräfte und Momente auf kürzestem Wege in das Bauteil einleiten, da jeder Kraftumweg zusätzlichen Materialaufwand erfordert.
- Spannungskonzentrationen im Bauteil sind zu vermeiden.
- An Krafteinleitungs- und Verbindungsstellen sind nachteilige Rückwirkung auf Festigkeit und Stabilität zu vermeiden.
- Bauteile sind so zu gestalten, dass die jeweiligen Werkstoffeigenschaften am besten zum Tragen kommen.
- Bauteilformen sind so zu wählen, dass Werkstoffverlusten durch Verschleiß und Korrosion entgegengewirkt wird.
- Maße, Abstände und Formen immer so wählen, wie es zur sicheren und zuverlässigen Erfüllung der späteren Bauteilfunktion erforderlich ist.

16.11.2 Werkstoffgerechte Bauteilgestaltung

Bauteile aus Faserverbundwerkstoffen ermöglichen bei einer werkstoffgerechten Konstruktion optimierte Lösungen. Die Besonderheit des Faserverbundwerkstoffes als Konstruktionswerkstoff liegt darin, dass die Wahl der verwendeten Komponenten (Matrixmaterial, Verstärkungsmaterial und Zusatzmaterial) vom späteren Anwendungszweck vorausbestimmt wird. Durch optimale Abstimmung der Komponenten können Bauteileigenschaften gezielt beeinflusst werden. So kann eine schlechte Eigenschaft des einen Materials durch eine gute Eigenschaft eines anderen Materials zum Teil aufgehoben werden.

Gestaltungsregeln

- **Verstärkungsfasern in Richtung der angreifenden Kraft anordnen**
- **großflächige Krafteinleitungen vorsehen**
- **symmetrischen Lagenaufbau vorsehen**

Wanddicken

Schroffe Wanddickenübergänge führen zu **Spannungsspitzen** und **Kerbwirkungen** und können Ursache für das Verziehen durch ungleichmäßiges Schwinden sein. Wanddicke und Laminataufbau sollte möglichst gleichmäßig sein. (**Bild 1**). Matrixharzanreicherung an Kanten und Vertiefungen führen zu Verzug, Rissbildung und erhöhten Eigenspannungen des FVK-Bauteiles (**Bild 2**).

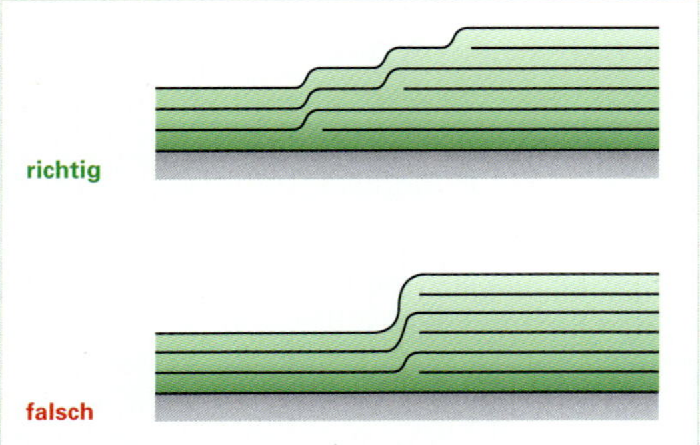

Bild 1: Wanddickenänderung

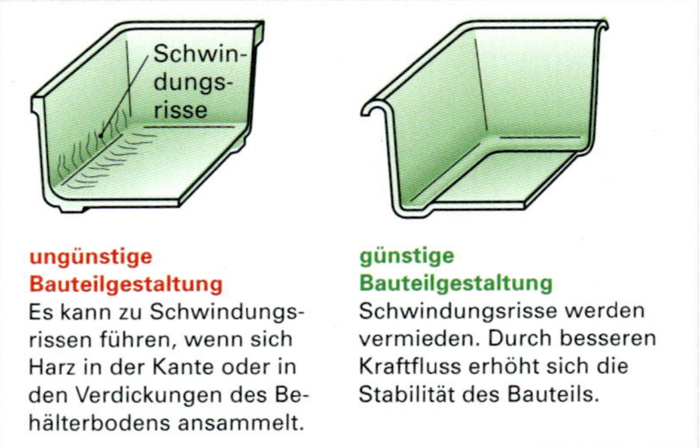

Bild 2: Wanddickengestaltung

Versteifungen

- **Behälterversteifungen** (**Bild 1**) haben die Aufgabe, das Aufnahmevermögen für von außen angetragene mechanische Belastungen des Bauteiles besser zu verteilen und ein Verziehen zu reduzieren. Versteifungen können durch werkstoffgerechte Bauteilgestaltung mit nachträglich einlaminierten oder aufgeklebten Profilen oder durch Sandwichkonstruktionen konstruktiv umgesetzt werden.

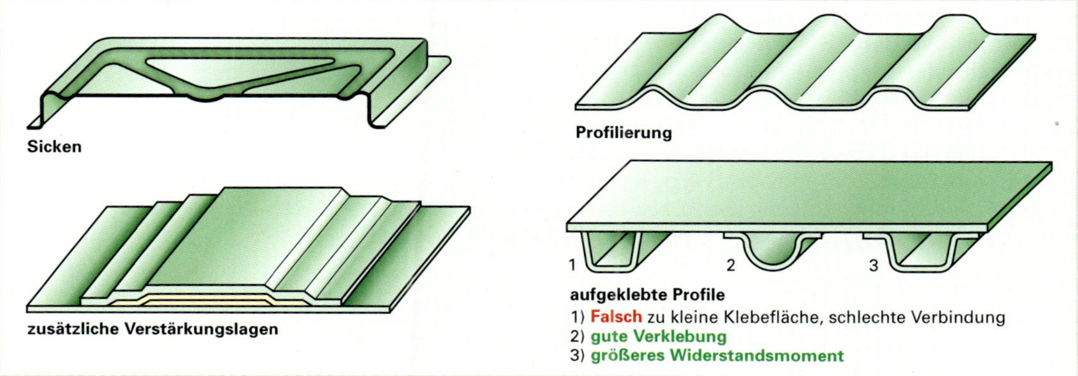

Bild 1: Behälterversteifungen

- **Randversteifungen** bewirken eine Erhöhung der Stabilität. Sie verringern das Durchbiegen der Wandungen. Zugleich geben sie dem Bauteil ein gefälligeres Aussehen (**Bilder 2 und 3**).

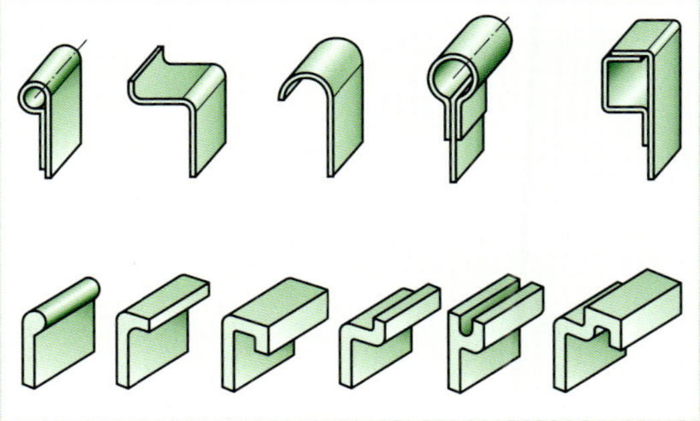

Bild 2: Randversteifungen ohne Einlegeteile

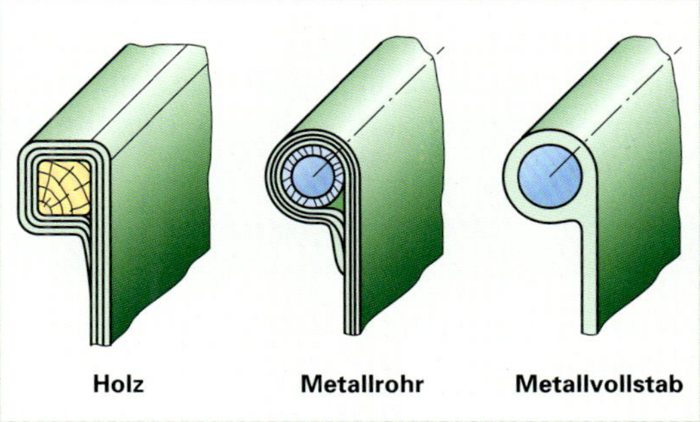

Bild 3: Randversteifungen mit Einlegeteilen

16.11.3 Verfahrensgerechte Gestaltung

Ecken und Kanten

Ecken und Kanten sind mit möglichst großen Übergangsradien auszuführen. Werden Kanten mit kleinem Radius erzwungen, z. B. beim Formpressen, kann die Glasfaser brechen, was zu einer Festigkeitsverringerung führen kann (**Bild 4**).

Entformungsschrägen

Entformungsschrägen erleichtern das Ablösen und Abheben des Werkstückes vom Werkzeug.

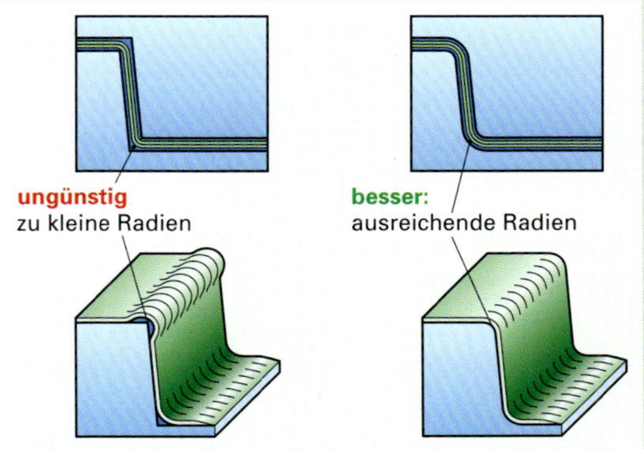

Bild 4: Gestaltung von Ecken und Kanten

Sie vermindern das Aufschrumpfen des ausgehärteten Bauteils auf die Werkzeugoberfläche infolge von Schwindung der Matrix (**Bild 1**).

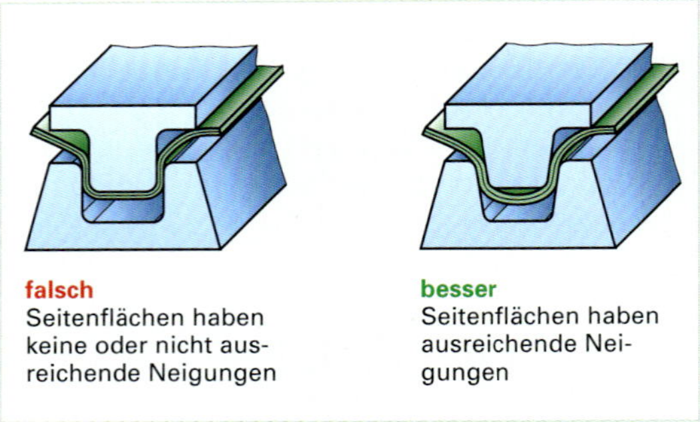

Bild 1: Entformungsschrägen

Durchbrüche

Aus konstruktiven Gründen heraus besitzen die Bauteile oft Durchbrüche und Ausschnitte (**Bild 2**). Um Spannungskonzentrationen zu vermindern, sollten solche Öffnungen kreisrund ausgeführt werden. Sind eckige Ausschnitte unvermeidbar, ist es günstig, die Ecken abzurunden und die Kanten mit einer Bördelkante zu versehen. Bei der Lage des Ausschnittes ist darauf zu achten, dass eine möglichst geringe Anzahl von Fasern durchtrennt wird. Kleinere Durchbrüche oder Ausschnitte werden nach der Härtung durch mechanische Bearbeitung eingebracht, größere Durchbrüche werden bei der Formwerkzeuggestaltung und Laminatablage berücksichtigt.

Hinterschneidungen

Um Hinterschneidungen an Formteilen ausführen zu können, sind aufwendige Formen und Werkzeuge erforderlich. Um Hinterschneidungen an Bauteilen zu realisieren, bieten sich folgende Möglichkeiten an:

- geteilte Werkzeuge in der Hinterschnittebene
- einlegen beweglicher Kerne in das Formwerkzeug zum Ausfüllen des Hinterschnittes
- Verwendung mehrteiliger Formen aus elastischen Materialien mit steifem Formkasten
- Verwendung verlorener Kerne und verlorener Formen

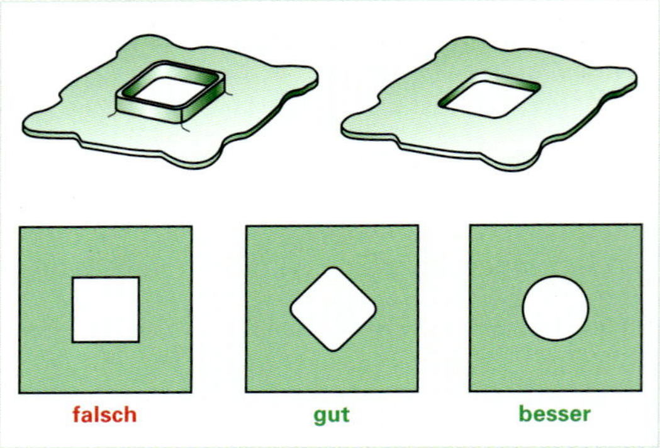

Bild 2: Durchbrüche und Ausschnitte

16.12 Fügen von Bauteilen

Krafteinleitungen sind kritische Stellen bei FVK-Konstruktionen. Sie erfolgen vorwiegend über die Matrix.

Krafteinleitungen erfolgen stoffschlüssig über die gesamte Breite des Bauteiles, z. B. durch Kleben, kraftschlüssig, z. B. mit Schraubverbindungen und formschlüssig, z. B. durch Bolzenverbindung.

Klebeverbindungen

Das Kleben ist bei Faserverbundwerkstoffen eine Möglichkeit, eine werkstoffgerechte, stoffschlüssige Verbindung herzustellen. Ein Verschweißen, wie bei thermoplastischen Kunststoffen ist bei einer duroplastischen Matrix nicht möglich (**Bild 3**). Neben den allgemeinen Gestaltungsregeln für Klebeverbindungen ist beim Kleben von FVK-Werkstoffen besonders zu beachten:

- Um Spaltverklebungen zu realisieren, können Laminierharze mit Füllstoffen angereichert werden.
- Die meisten Laminierharze (EP-Harze) eignen sich auch hervorragend als Klebstoffe.

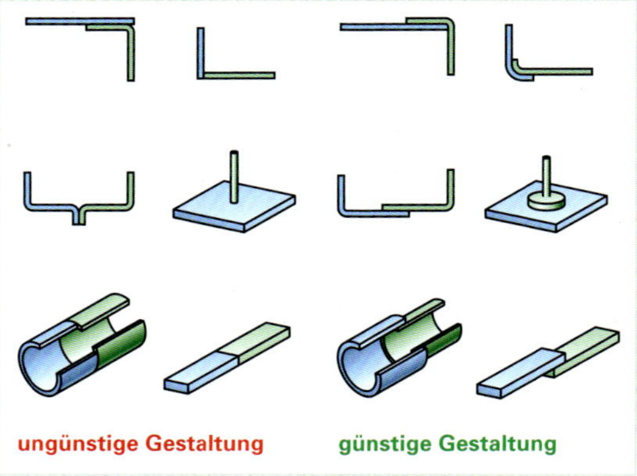

Bild 3: Gestaltung von Klebeverbindungen

- Zur Erhöhung der Zugfestigkeit der Klebstoffe können diese mit Füllstoffen mit Faserstruktur (Kurzglasfasern) angereichert werden.
- Für Klebeverbindungen mit metallischen Werkstoffen müssen dem Klebstoffansatz Haftvermittler zugesetzt werden. Zu beachten ist auch das unterschiedliche Wärmedehnungsverhalten.
- Laminate mit Epoxidharzmatrix sind glatt. Auf ausgehärteten Oberflächen lassen sich Klebeverbindungen nur schlecht herstellen. Mit Abreißgewebe kann eine raue Oberfläche erzeugt werden, welches kurz vor der Verklebung entfernt wird.
- Beim Aufrauen durch Anschleifen ist darauf zu achten, dass die Laminatschichten nicht übermäßig geschwächt werden.
- Verklebte und mechanisch hochbelastete FVK-Verbindungen können zusätzlich mit einem Faserlaminat versteift werden (**Bild 1**).

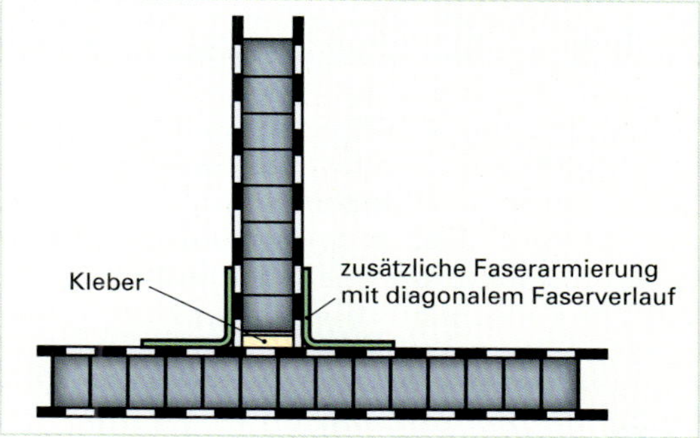

Bild 1: Bauteilversteifung

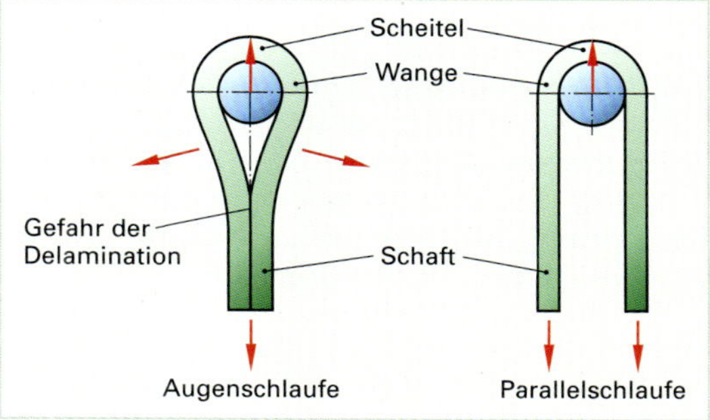

Bild 2: Schlaufen

Schraubverbindungen

Schraubverbindungen ohne besondere konstruktive Gestaltung der Krafteinleitungspunkte sind für FVK-Bauteile nicht geeignet. Die Richtung der angreifenden Kräfte liegt quer zur Faser und erfolgt über die schwächere Matrix. Der geringere E-Modul und die Kriechneigung gewährleisten keine hohe Vorspannung über einen längeren Zeitraum. Verschraubungen werden bei gering belasteten Fügeverbindungen dort, wo keine Sicherheitsanforderungen an die zu verbindenden Bauteile, wie z. B. bei Verkleidungen gestellt werden, eingesetzt. Für Schraubverbindungen kommen Maschinenschrauben und Blechschrauben sowie Unterlegscheiben mit großer Auflagefläche zur Anwendung. Zusätzlich ist eine Sicherung der Schrauben durch Einkleben günstig.

Nietverbindungen

Als Niete werden Voll-, Blind- und Schraubniete mit verschiedenen Kopfformen aus metallischen und nichtmetallischen Materialien eingesetzt. Geringe Material- und Werkzeugkosten, wie auch die einfache Durchführung des Nietvorganges sind Vorteile, wenn die Fügeverbindung unlösbar gestaltet werden kann. Die Niete sollten große Setz- und Schließköpfe besitzen. Die Verwendung großflächiger Unterlegscheiben für eine gleichmäßige Krafteinleitung bietet sich an.

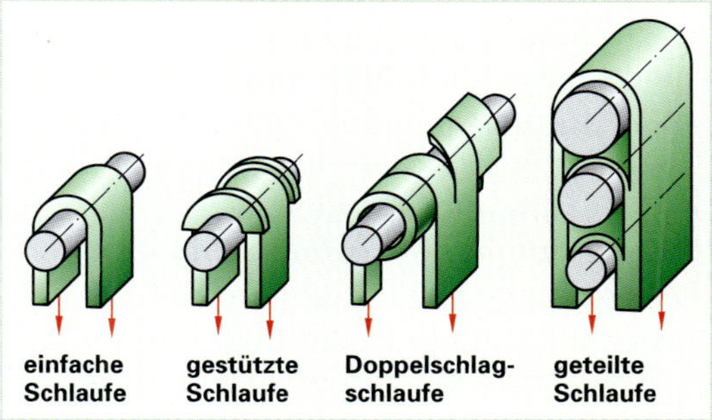

Bild 3: Schlaufenverbindungen

Schlaufenverbindungen

Die Schlaufenverbindung dient zur Einleitung und Übertragung **großer Kräfte**. Sie ist besonders konstruktionsgerecht, da ein Kraftübertragungselement unmittelbar von den Fasern umwickelt ist. **Parallelschlaufen** können höhere Kräfte als **Augenschlaufen** übertragen. Bei Augenschlaufen besteht die Gefahr der Delamination durch Schälbeanspruchung aufgrund der angreifenden Zugkräfte. Durch konstruktive Maßnahmen, wie z. B. Querumwicklung kann diese vermindert werden (**Bilder 2 und 3**).

17 Auskleiden und Abdichten

In fast allen Industriebereichen, z. B. in der chemischen Industrie, Kraftwerksindustrie, Kläranlagen, Papier- und Zellstoff-Industrie, sowie der Lebensmittelindustrie spielen Auskleidungen als **Korrosionsschutz** und zur **Abdichtung** eine wichtige Rolle (**Bild 1 sowie Bilder 1 und 2, Seite 621**).

Die für den Korrosionsschutz eingesetzten natürlichen und synthetischen Werkstoffe weisen eine besonders hohe Beständigkeit gegen **chemische, thermische** und **mechanische** Beanspruchungen auf.

Werden **Polymerbeschichtungen** eingesetzt, so bieten diese neben der ungewöhnlich hohen Temperaturbeständigkeit eine außergewöhnlich gute Resistenz gegenüber den meisten Lösemitteln, organischen und anorganischen Säuren und alkalische Medien.

Weitere Vorteile sind: Verschiedene Farbtöne, kein Reißen, Abblättern oder Abspringen, Resistenz gegen Salz- und Meerwasser und Sonneneinwirkung, sowie gute Griffigkeit, schall- und elektroisolierende Eigenschaften.

Bild 1: Auskleidung eines Behälters

17.1 Auskleidewerkstoffe

Den unterschiedlichen Anforderungen stehen eine Vielzahl von Beschichtungssystemen zur Auswahl, die höchsten chemischen, mechanischen und thermischen Belastungen standhalten:

- **Spachtelbeschichtungen** mit eigenschaftsbestimmenden Füllstoffen gegen hohe chemische und mechanische Beanspruchung auf Basis von Vinylesterharz, Epoxidharz und Furanharz.
- **Spritzbeschichtungen** auf Basis Polyurethan, Vinylester, ungesättigtem Polyesterharz und Epoxidharz mit speziellen Flakefüllstoffen zur Erreichung hoher Diffusionswiderstände.
- **Vinylesterharzbeschichtungen** mit hoher Temperaturbeständigkeit sowie Epoxidharzbeschichtungen mit Trinkwasserzulassung.
- **Laminatbeschichtungen** mit Glas- und Synthesefaserverstärkung auf Basis Furanharz, Vinylesterharz, ungesättigtem Polyesterharz und Epoxidharz mit hoher Festigkeit und sehr guter chemischer Beständigkeit zum Schutz von Stahl- und Betonkonstruktionen.

Die Beschichtungen werden aufgespritzt, aufgerollt, gespachtelt oder es werden Folien aufgelegt bzw. verklebt. In der Gummierungstechnik stehen dabei drei verschiedene Werkstofftypen zur Verfügung, wobei die Auswahl des Materials vom Medium im Behälter abhängig ist:

- **Weichgummierungen** z. B. NR-SBR (nicht vulkanisiert), mit hoher Resistenz gegen Chemikalien und hoher Abriebfestigkeit bei Kontakt mit Medien, die einen hohen Feststoffanteil aufweisen.
- **Hartgummierungen** z. B. EBONIT (Hartgummi 70 Shore-D nicht vulkanisiert), mit sehr guter Chemikalienresistenz gegen Mineralsäuren, Basen und organischen Lösemitteln.
- **Hart/Weichgummierung** als seewasserbeständige Gummierung

Die Gummierungsqualitäten für Stahl- und Betonkonstruktionen sind auf Kautschukbasis Butyl (IIR), Brombutyl (BIIR), Chlorbutyl (CIIR), Chloropren (CR), Hypalon (CSM), Naturkautschuk (NR) und sind selbstvulkanisierend, vorvulkanisiert oder können durch Heißwasser oder Dampf vor Ort vulkanisiert werden. Es gibt auch die Möglichkeit der Autoklavgummierung.

Das älteste **Olefin-Polymerisat**, das großtechnisch hergestellt wird und erstmals 1935 auf den Markt gebracht wurde, ist **Polyisobutylen** (**PIB**). Es ist ein Thermoplast, das aus Isobuten (2-Methylpropen), katalysiert durch Aluminiumchlorid, gewonnen wird.

PIB kann in **Lösungen** und **Dispersionen** für das **Beschichten** verarbeitet werden. Zudem kann es – ähnlich wie **Kautschuk** – auf Walzwerken durch Kalandrieren, sowie Extrudieren verarbeitet werden.

Die Verarbeitungstemperatur liegt zwischen 150 °C ... 200 °C. Wegen der unterschiedlichen Polymerisationsgrade lässt sich PIB als Öl, Klebemasse oder Folie zum Auskleiden und als Bahnen für Grundwasserschutz von Gebäuden verwenden.

Die Eigenschaften in der Bearbeitung sind dabei:

- niedrige Dichte, eine hohe Reißdehnung und eine Temperaturbeständigkeit von – 30 °C ... + 65 °C
- gute elektrische Eigenschaften, sowie Beständigkeit gegen Salze, Laugen und Säuren
- nicht beständig gegen Chlor, Brom, Chlorsulfonsäure und UV-Strahlung, wobei Ruß als UV-Stabilisator verwendet wird

Bild 1: Rohrauskleidung

Bild 2: Auskleidung eines Schwimmbades

Vorbehandlung des Grundmaterials

Ziel einer Vorbehandlung ist es, die **Haftvermittlung** zwischen Grundmaterial und der Kunststoffbeschichtung bzw. Auskleidung sicherzustellen. Die hohen Anforderungen, wie z. B. die Beständigkeit gegen Bewitterung, Kondenswasser und Salzsprühnebel im Bereich des Bauwesens, können nur durch eine entsprechende Reinigung und Konversion der Oberflächen erfüllt werden.

Die wichtigsten **Konversionsverfahren** für Aluminiumoberflächen sind entgiftete Cr(VI)-haltige Konversionsbäder. Für Stahl sind es Eisenphosphatierungen. Besondere Vorbehandlungstechniken erfordern Schwimmbäder und Wellnessanlagen, da dies Großinvestitionen sind, deren Rentabilität oftmals erst nach Jahrzehnten erreicht wird. Daher dreht sich wirtschaftlich gesehen alles um den permanenten Schutz der im Bäderbau (**Bild 2**) außerordentlich hohen Kapitalanlagen ohne Betriebsausfälle und Folgekosten.

Für geflieste Betonbecken werden zuerst die Betonschichten gestrahlt und Schichten mit geringer Festigkeit entfernt. Durch das Einbringen von Putz- und Ausgleichs-Estrich lassen sich Unebenheiten nivellieren. Anschließend wird eine Epoxidharzspachtelschicht aufgebracht. Diese ist leitfähig und ermöglicht so die spätere elektrische **Dichtheitsprüfung** mit einem Funkeninduktor (**Bild 2**).

Auf die Untergrundspachtelschicht folgt eine Spezialgrundierung, welche als **Haftvermittler** für den später verwendeten selbst vulkanisierenden Kaltkleber dient. Danach werden die Gummibahnen nach den Regeln der Gummierungstechnik verarbeitet (**Bild 1**).

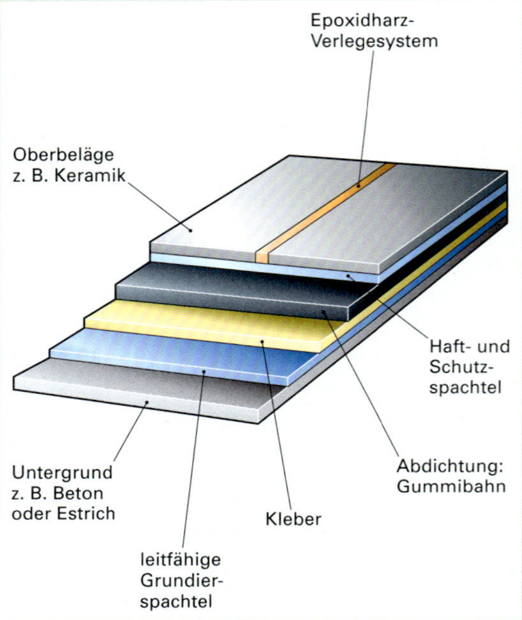

Bild 1: Beschichtung

Dichtheitsprüfung

Das Schwimmbadabdichtungssystems wird vor dem Einbau des Oberbelages überprüft. Die Abdichtungsbahn als Bestandteil des Systems übernimmt die **100 %-ige Dichtheit**. Die elektrisch nicht leitende Abdichtungsbahn kann auf einem genügend leitfähigen Untergrund, wie eine leitfähige Epoxidharzschicht, mittels einer speziellen Hochspannungsprüfung zerstörungsfrei auf Dichtheit geprüft werden. Poren, Risse oder sonstige Fehlstellen und Beschädigungen in der Abdichtungsbahn werden mit einem **Hochspannungsprüfverfahren** sicher erkannt.

Die zu verwendenden Prüfgeräte erzeugen eine schonende, pulsierende Gleichspannung, die an eine Prüfelektrode übertragen wird. Bei der Prüfung wird der elektrisch leitfähige Untergrund als Gegenpol (Erde) verwendet. Bei der eigentlichen Messung wird die Prüfelektrode streichend bzw. ziehend mit einer Prüfgeschwindigkeit von 20 cm/s ... 40 cm/s über die Abdichtungsoberfläche geführt.

Ein Verweilen der Prüfelektrode auf einer Stelle ist unzulässig, da es zu einer Verminderung der Durchschlagfestigkeit bis zur Zerstörung der Auskleidung führen kann.

Die Höhe der zu verwendenden Prüfspannung richtet sich im Wesentlichen nach der Dicke der Auskleidung.

Sie ist so zu wählen, dass Fehlerstellen mit Sicherheit gefunden werden, ohne dass die Abdichtung geschädigt wird. Eine Prüfspannung von 3000 V/mm Schichtdicke bedeutet, dass bei einer vorgegebenen Dicke von 2 mm eine Prüfspannung von 6000 V einzustellen ist. Etwaige Fehlerstellen werden markiert und nachgearbeitet, um anschließend eine erneute Dichtheitsprüfung durchzuführen.

Bild 2: Funkeninduktor

17.2 Auskleidetechniken

Die zur Anwendung kommenden Auskleidematerialien bestimmen die Auskleidetechniken. Man unterscheidet dabei in das Auskleiden mit **Folien** und das Aufbringen von **Beschichtungen**, wobei sich in der folgenden Beschreibung auf je ein Verfahren beschränkt wird.

Auskleidefolien

Bei großflächigen Bereichen, wie z. B. bei Industriefußböden (**Bild 1**), erfolgt eine an den Stößen überlappende Verklebung und besondere Dehnfugen (**Bild 2**) sichern die Verbindung. Eine kosten- und zeitintensive Probefüllung kann entfallen. Nach der Dichtheitskontrolle wird eine Haft- und Schutzspachtelung auf Epoxidharzbasis aufgetragen.

Im Anschluss werden die ausgewählten Oberbeläge (Grobkeramik, Feinsteinzeug, Mosaik, Glas, Naturstein) verlegt und verfugt. Das Verlegen des Oberbelages erfolgt unter Verwendung eines anwendungsspezifischen Kunstharzkittes auf Epoxidharzbasis. Auch für das Verfugen wird ein Epoxidharzkitt verwendet, der den hohen Anforderungen gerecht wird.

Bild 1: Industrieboden

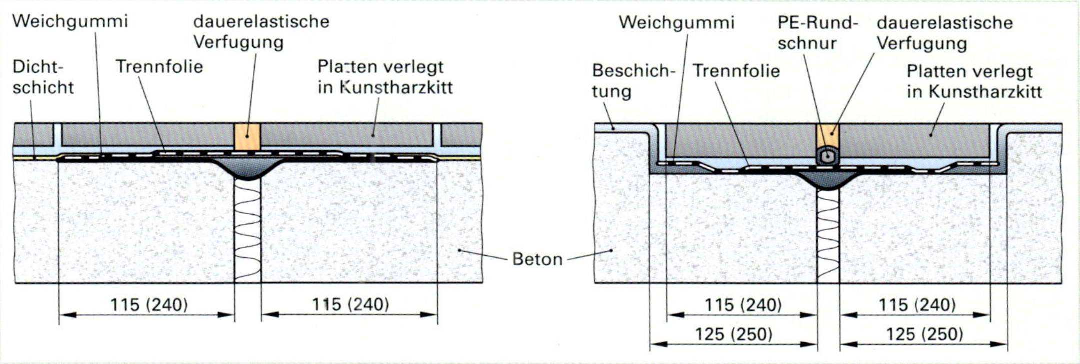

Bild 2: Gestaltung von Dehnfugen (Prinzip)

Generelle Hinweise für das Kleben

Bei einer Verklebung ist auf die **kraftschlüssige** Verbindung des gesamten Schichtenpaketes mit dem Untergrund zu achten. Kleber für Dampfsperre und Wärmedämmung müssen scherfest sein. Die Verlegefläche muss besenrein, frei von scharfen Kanten, spitzen Gegenständen, Betongraten und stehendem Wasser sein.

Bahnen aus **PVC-P** oder **PIB** lassen sich durch **Warmgas-, Quell-, Heizkeil- oder Hochfrequenzschweißung** verbinden. In der Regel ist mit der Warmgasschweißung auf der Baustelle eine höhere Schweißnahtfestigkeit zu erreichen. Vor Schweißbeginn ist die Qualität der Verschweißung mittels Probeschweißung auf dem in Frage kommenden Untergrund, abhängig von Außentemperatur und Luftfeuchtigkeit zu kontrollieren.

Voraussetzungen

Die Quellschweißung kann bis zu einer Temperatur von +5 °C ohne zusätzliche Maßnahmen durchgeführt werden. Bei Temperaturen ≤ +5 °C sollte der Nahtbereich mit einem Warmgasschweißgerät vorgewärmt werden.

Alle Quellschweißmittelbehälter sind vor und nach der Benutzung fest geschlossen zu halten, da sonst durch eindringende Feuchtigkeit die Lösungsfähigkeit des Quellschweißmittels beeinträchtigt wird und keine dauerhaft haltbare Nahtverbindungen zu erreichen sind. Die Gebinde sind mit Datum versehen. Bei Gebinden, deren Datum mehr als ein Jahr zurückliegt, ist vor der Verwendung eine Schweißprobe vorzunehmen.

Schweiß- und Hilfsmittel beim Quellschweißen (Lösungsmittelkleben)

Als Schweißmittel wird ein **Quellschweißmittel** verwendet. Beim Umgang mit Quellschweißmitteln ist unbedingt der Arbeitsschutz zu beachten. Das Quellschweißmittel darf nicht mit anderen Lösungsmitteln bzw. Wasser vermischt werden und folgende Regeln sind dabei zu beachten:

- optimale Dosierung des Quellschweißmittels ca. 20 g/lfm mit Spritzflasche
- ausreichender gleichmäßiger Anpressdruck $\geq$ 10 N/cm^2
- beim Verschweißen auf Dämmungen mit Druckfestigkeiten <0,1 N/mm^2 kann es nötig sein, geeignete Unterlagestreifen aus einem festen Material als Hilfsmittel einzusetzen.

Arbeitsschutz

Beim Umgang mit Quellschweißmittel in geschlossenen Räumen ist für ausreichende Be- und Entlüftung zu sorgen. Am Wirksamsten ist eine Absaugung direkt am Arbeitsplatz. Dabei sind die Vorschriften der Berufsgenossenschaft zu beachten und es muss das Merkblatt über den Umgang mit Tetrahydrofuran vorliegen und danach gehandelt werden.

Arbeitstechnik

Die einzelnen Bahnen werden spannungsfrei ausgerollt, ausgerichtet und gemäß Herstellervorschrift überlappt. Eine empfohlene **Mindestschweißnahtbreite $\geq$ 35 mm** muss eingehalten werden. Das Quellschweißmittel wird zwischen die überdeckenden Bahnenränder in Längsrichtung eingebracht, wobei gleichzeitig die obere Bahn auf die darunter liegende Bahn gedrückt wird. Es ist darauf zu achten, dass die Innenflächen der überdeckenden Bahnenränder gleichmäßig mit Quellschweißmittel benetzt werden (**Bild 1**). Ausgelaufenes oder überschüssiges Quellschweißmittel ist sofort mit einem trockenen Leinenlappen von der Bahn zu entfernen.

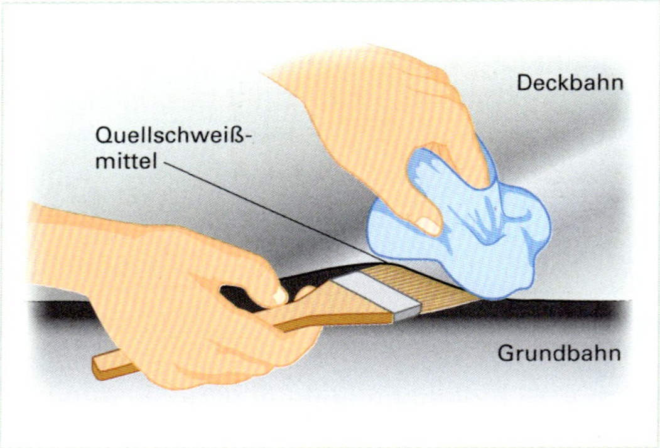

Bild 1: Aufbringen des Quellschweißmittels

Warmgasschweißung

Es werden Schweißgeräte verwendet, in denen Luft erhitzt und unter Druck über eine Düse in den Nahtbereich geblasen wird. Diese Schweißgeräte werden als Automaten oder Handgeräte angeboten (**Bild 2**). Es sind Schweißautomaten mit Temperaturmessung und -steuerung in der Düse zu bevorzugen.

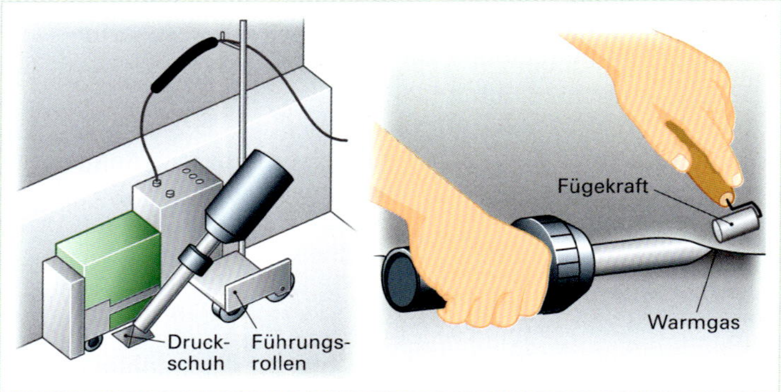

Bild 2: Automat- und Handschweißgerät

Folgende Voraussetzungen sind für eine einwandfreie Schweißverbindung zu beachten:

- Die Bahnen müssen trocken, frei von Schmutz, Staub und Kleberresten sein.
- Die Schweißtemperatur ist abhängig von Schweißgerät, Schweißgeschwindigkeit, Untergrund und der Witterung einzustellen.
- Eine Überhitzung führt zur Verschlechterung der Schweißnahtfestigkeit.
- Die Verschweißung muss mit Anpressdruck erfolgen.
- Spannungsschwankungen führen zu unterschiedlichen Schweißnahtqualitäten. Um dies zu verhindern, muss die Schweißtemperatur bei Bedarf entsprechend korrigiert werden.
- Verschiedene Materialdicken und wechselnde Klimaverhältnisse bedingen unterschiedliche Schweißtemperaturen und Schweißgeschwindigkeiten. Deshalb ist es unbedingt erforderlich, vor Beginn der Arbeiten einen Schweißversuch auf dem Originaluntergrund durchzuführen und nach Abkühlung die Schweißnahtqualität zu prüfen.

Schweißgerät

Die **Düsenbreite** bei Handgeräten für die Nahtschweißung beträgt 40 mm. Eine 20 mm breite Düse ist zusätzlich erforderlich für Schweißarbeiten an komplizierten Anschlüssen und zum Nachschweißen von Quellschweißnähten. Verbrennungsrückstände an der Düsenöffnung sind mit einer Messingdrahtbürste zu entfernen. Zum Erreichen des beim Schweißen erforderlichen Druckes auf die Nahtstelle ist eine Andrückrolle aus Silikongummi notwendig.

Schweißtechnik

Die Verbindung der einzelnen Bahnen erfolgt durch Erhitzen der beiden miteinander zu verschweißenden Überdeckungsflächen (**Bild 1**). Durch sofortiges Zusammendrücken der Berührungsflächen mittels Andrückrolle entsteht eine homogene Naht. Falten im Nahtbereich sind zu vermeiden.

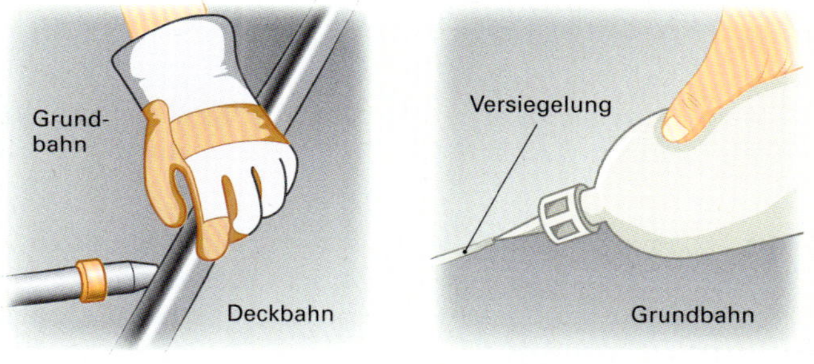

Bild 1: Schweißen und versiegeln

Kontrolle der Schweißnähte

Nach Abschluss der Schweißarbeiten müssen alle Nähte geprüft und gegebenenfalls nachgearbeitet werden. Die Prüfung erfolgt mit einer **Metallnadel**, die an der Nahtkante entlang geführt wird. Die Nahtversiegelung geschieht mittels Auftragen mit einer Spritzflasche inklusive Düse (**Bild 1**). Es ist darauf zu achten, dass die Bahnenkanten völlig mit Nahtversiegelung abgedeckt werden. Die zu versiegelnde Nahtkante muss trocken und frei von Schmutz bzw. Staub sein.

Auskleiden mittels GFK-Beschichtung

Mit GFK-Werkstoffen werden Produkteigenschaften, wie geringes Gewicht, hohe Festigkeit, elektrisches Isolationsvermögen, gute Formbarkeit und geringe Wärmeleitfähigkeit erzielt. Die GFK-Beschichtung hat gegenüber anderen Abdichtungsmethoden, wie Streichen mit Chlor-Kautschuk-Farbe, Fliesen verlegen und PVC-Folie viele Vorteile. Dazu gehören die unbegrenzte Haltbarkeit, die Reparaturfreundlichkeit und die Herstellbarkeit in über 300 Farbtönen. Weiterhin ist fast jede Form beschichtbar und es treten kaum Maßänderungen bei Temperaturschwankungen auf. Die angewandten Harze, wie Vinylester- oder Phenolacryl-Harz, werden nach dem vorliegenden Temperatur- und Chemiebeständigkeitsbereich ausgewählt.

Vorbereitung

Nach Fertigstellung des Bauwerkes hat man 28 Tage Zeit alles vorzubereiten. In diesen 28 Tagen kann der Beton vollständig chemisch ausreagieren. Vorher kommt es sonst zur Zerstörung der Beschichtung. Ebenso ist gegen etwaigem Regen oder direkter Sonneneinstrahlung vor und bei den Beschichtungsarbeiten vorzubeugen. Auf einem feuchten Untergrund hält die Beschichtung nicht und die ins Laminat eingebrachte Feuchtigkeit führt zur Zerstörung durch **Osmose**.

Die Glasmatten müssen auf Länge gebracht werden. Die Mattenbreite ist im Allgemeinen 125 cm, zuzüglich ca. 10 cm Überlappung. Für den Fußboden muss man für die Länge bzw. Breite (je nach Laminierrichtung) zuzüglich 2-mal ca. 10 cm Überlappung rechnen.

Beschichtungsarbeiten

Eine **Grundierung** nur mit Polyesterharz bringt keinen ausreichenden Halt zwischen Bauwerk und Laminat. Wenn diese Grundierung **berührungstrocken** ist, kann die erste Polyesterschicht vollflächig aufgerollt werden. Zum Begehen der Fußböden benötigt man Nagelschuhe. Am nächsten Tag können dann etwaige Löcher oder Kanten des Bauwerkes mit Polyesterspachtel oder mit Polymerbeton geschlossen oder geglättet werden.

Die Bahnverlegung kann **nass in nass** arbeiten oder **Lage auf Lage**. „Nass" in „nass" heißt, dass das Harz nicht hart ist, bevor die nächste Schicht aufgebracht wird. Dieses „Hart werden" ist kein Problem in der weiteren Beschichtung, da das „harte" Polyester sich mit dem „neuen" Polyester erneut chemisch vernetzt. Es sollten mindestens 3 Lagen Glasmatte (300 g/m^2) auflaminiert werden. Wenn z. B. das Schwimmbecken vollständig beschichtet ist, kann man nach ca. 12 Stunden den ersten Versiegelungsauftrag erstellen.

Die Menge des benötigten Harzansatzes für **eine Lage: Versiegelung** = beschichtete Fläche · 300 g/m^2 Versiegelungsharz + 5 % Farbpaste von der errechneten Harzmenge

Auf die Glasmatten kann nun die erste Schicht aufgerollt werden. Dazu füllt man ca. 2 kg Harz in ein Verarbeitungsgefäß ab und mischt dieses mit 3 % MEKP-Härter. Das Harz wird vollflächig aufgerollt, damit die Schichtdicke gleichmäßig wird. Sogenannte „ablaufende Nasen" müssen sofort nach Erkennen durch nochmaliges Überrollen beseitigt werden.

Nach erneuten 12 Stunden kann man ohne Schuhe das Schwimmbecken bzw. den Behälter betreten, um Einbauteile zu montieren. Die Beschichtung muss noch 3 Stunden bei 80 °C **getempert** werden. Für jeweils 10 °C weniger ist eine Verdoppelung der **Temperzeit** nötig. Also bei 20 °C Lufttemperatur muss z. B. das Schwimmbecken noch 8 Tage ohne Wasser stehen bleiben.

Auskleiden mit modifiziertem PTFE

Durch den Einsatz von Auskleidungen aus modifiziertem PTFE lassen sich auch extreme Anforderungen meistern (**Bild 1**). Fluorkunststoffe nehmen im Anlagenbau eine zunehmend wichtige Rolle ein. Bei Fluorpolymeren wird zwischen teil- und vollfluorierten Kunststoffen unterschieden. Teilfluorierte Kunststoffe, wie z. B. PVDF sind wegen ihrer relativ guten Verarbeitbarkeit weit verbreitet. Vollfluorierte Kunststoffe, wozu z. B. FEP, PFA und PTFE gehören, zeigen eine nahezu uneingeschränkte chemische Widerstandsfähigkeit. **Modifiziertes PTFE (mPTFE)** ist seit einigen Jahren weltweit als Folienauskleidung im Einsatz. Es entsteht ein Verbundwerkstoff mit einer Armierung aus glasfaserverstärktem Kunststoff (GFK).

Bild 1: Fertigung eines gewölbten Bodens mit 2800 mm Durchmesser

Der Werkstoff ist vakuumfest bis 200 °C, besitzt eine sehr hohe Wasserdampfbeständigkeit und die Kombination **mPTFE/GFK** erreicht im Vergleich zu metallischen Lösungen höhere Standzeiten. Außerdem lassen sich durch die Leichtbauweise Gewicht und Kosten reduzieren.

Der Werkstoff kann nicht mit den herkömmlichen Methoden der Thermoplastverarbeitung wie Extrusion oder Spritzguss verarbeitet werden. Grund hierfür ist die sehr hohe Schmelzviskosität, die ein Fließen der Schmelze verhindert. Die Verarbeitung erfolgt durch **Sintern**.

Dabei wird das mPTFE-Pulver bei Raumtemperatur mit mehreren hundert bar Druck verpresst. Die so hergestellten **Grünlinge** werden anschließend ähnlich einer Keramik bei ca. 400 °C freistehend in einem Umluftofen gesintert. Um Folien herzustellen, werden zuerst Zylinder aus mPTFE hergestellt. Die Zylinder haben üblicherweise eine Höhe von ca. 1500 mm und ein Gewicht von mehreren 100 kg. Von diesen Zylindern werden nach dem Sintervorgang Folien geschält. Für den Einsatz als verbundfeste Auskleidung werden diese Folien mit einem Fasergewebe einseitig kaschiert.

Direktbeschichtung

Bei der Direktbeschichtung ist die Auswahl der aufzubringenden Beschichtung von dem Einsatzgebiet des Behälters oder Tanks abhängig. Man unterscheidet im Wesentlichen die Bereiche brennbare Flüssigkeiten, aggressive Chemikalien, Brauch- und Abwasser, sowie Behälter für Trinkwasser, Lebensmittel und Getränke.

In der Regel ist ein lösemittelfreies **Epoxidharz** als Beschichtungsstoff, speziell für Stahloberflächen oder Beton geeignet, das mit einer Einschichtdicke von ca. 0,2 mm bis 1,0 mm konventionell oder im **Airless-Spritz-Verfahren** aufgebracht wird.

Rohrauskleidungen

Neben einfachen Anstrichen, die auf der produktberührten Seite meist nicht in Frage kommen, sind die gebräuchlichsten Beschichtungssysteme Email, aufgeklebte Elastomer-, PTFE- oder PFA-Schichten oder lose eingeführte Inliner aus Fluorkunststoffen. Daneben werden Rohre und Apparate auch durch Sintern von aufgesprühtem Fluorpolymer-Pulver beschichtet.

Eine Verbundkonstruktion aus thermoplastischen Kunststoffen als **Inliner** und einem glasfaserverstärktem Laminat mit bis zu 60 % Glasgehalt als tragende Außenwand ist oft die Lösung (**Bild 1**). Als **Linerwerkstoffe** kommen dabei PVC, PP und PE zum Einsatz. Bei hoch konzentrierten Medien und gleichzeitig hohen Temperaturen stehen PVC-C, PVDF, E-CTFE, FEP, PTFE und PFA zur Verfügung. Die Beeinträchtigung der Produktqualität durch Fremdkörper oder gelöste Metallionen stellt bei der Herstellung hochreiner Medien ein weiteres Problem dar.

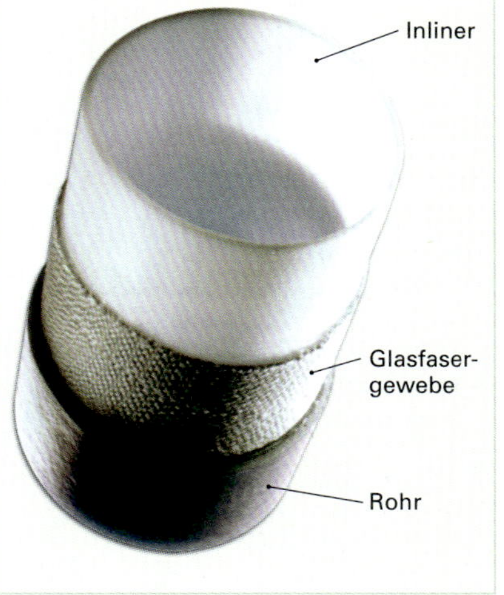

Bild 1: Rohrauskleidung

Der Nachteil dieser **Fluorpolymer-Liner** ist die zwischen den Bahnen erforderliche Schweißnaht, welche die Reinigung der produktberührten Seite erschwert. Außerdem können komplizierte Formen nur bedingt und nur mit großem Aufwand ausgekleidet werden. Ähnliches gilt auch für lose eingebrachte Inliner aus Fluorkunststoffen, mit denen zwar größere Schichtdicken möglich sind, die aber immer eine Entlüftungsbohrung am Apparateteil erfordern. Wie bei aufgeklebten Schutzschichten ist dazu das Zerlegen komplizierter Bauteile in einzelne Segmente notwendig, was im praktischen Einsatz zu unerwünschten Dehnungs- oder Schrumpfungsprozessen führt.

18 Technik und Herstellung von Kunststofffenstern

Fenster müssen Licht und Luft in das Gebäude lassen, vor Kälte, Hitze und Lärm schützen und das Gebäude gegen Regen und Wind abdichten. Bei Neubauten, Renovierungen oder Sanierungen spielt die Auswahl der geeigneten Fenster bereits bei der Objektplanung eine wichtige Rolle. Denn je nachdem ob **optische**, **technische** oder **funktionelle** Aspekte im Vordergrund stehen, fällt die Wahl der Fensterelemente aus (**Bild 1**).

Grundsätzlich lassen sich Fenster nach **Rahmenmaterialien** und **Dichtungssystemen** unterscheiden. Ein weiteres Unterscheidungsmerkmal ist die Art der Verglasung, die Funktionen wie Einbruch- und Schallschutz gewährleisten muss.

Bild 1: Fensterarchitektur

18.1 Fenstersysteme und ihre Elemente

Der Markt für Fensterprofile wird durch die Verwendung der drei Werkstoffe PVC, Holz und Aluminium geprägt. Welches Rahmenmaterial zur Anwendung kommt, hängt von Faktoren wie **Typ des Gebäudes, persönlichem Geschmack** des Bauherren und dem **Preis** ab. Auch die Umweltbeeinträchtigung durch **Herstellung, Gebrauch** und **Entsorgung** der Produkte spielen eine entscheidende Rolle.

Der wichtigste Werkstoff für die Fensterproduktion in Deutschland ist mit einem derzeitigen Marktanteil von über 50 Prozent das PVC. Der Rahmen muss aber immer in Verbindung mit der Verglasung und dem Beschlag als eine Funktionseinheit betrachtet werden. Man spricht deshalb auch von **Fenstersystemen**.

18.1.1 Glas- und Scheibenarten

Seit ca. 2000 Jahren ist die Fertigung von durchsichtigem Glas möglich. Die Herstellung geschieht nach dem **Fourcault-** oder dem **Float-Verfahren**. Beim Fourcault-Verfahren wird die zähflüssige Glasschmelze über ein System von Transport- und Führungswalzen gezogen. Beim heute überwiegend eingesetzten Float-Verfahren werden die Rohstoffe (60 % Quarzsand, 19 % Soda, 15 % Dolomit, 6 % Zuschlagsstoffe) als Gemenge im Schmelzofen bei einer Temperatur von 1500 °C geschmolzen. Danach wird die Glasschmelze auf einem Bad von flüssigem Zinn abgekühlt und in fester Form aus diesem Bad gezogen (**Bild 2**). Floatglas kann ungefärbt oder auch eingefärbt, z. B. grau, bronze oder grün sein.

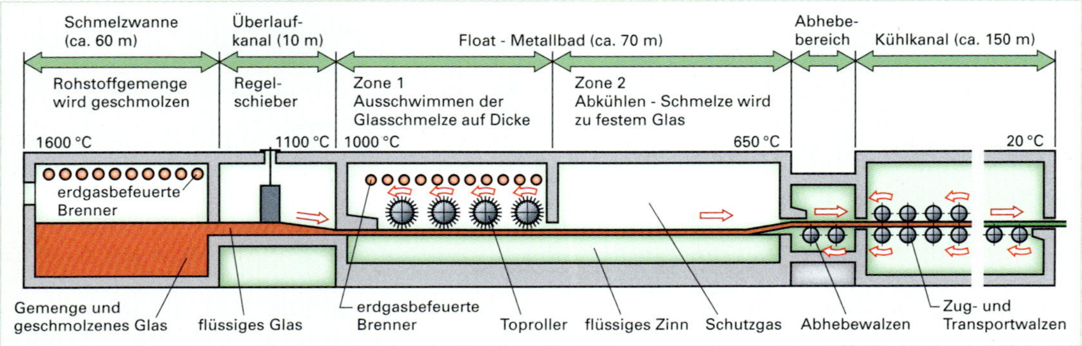

Bild 2: Prinzipdarstellung einer Float-Verfahrens-Anlage

Diese Gläser werden auch als Funktionsgläser bezeichnet und wie folgt unterschieden:

- Isolierglas
- Wärmedämmglas
- Sonnenschutzglas
- Schallschutzglas
- Sicherheitsglas
- Brandschutzglas

Die seit dem Jahre 2002 gültige Energie-Einsparverordnung stellt hohe Ansprüche an die Wärmedämmung. Die Wärmeverluste durch die Verglasung werden mit dem **Wärmedurchgangskoeffizienten U_g** bezeichnet, die solaren Energiegewinne mit dem **Gesamtenergie-Durchlassgrad g**. Die Differenz zwischen Verlust und Gewinn an Wärme bezeichnet man als **Energiebilanz** (**Bild1**).

Isolierglas

Diese Verglasung besteht aus zwei oder mehr Floatglasscheiben, die durch Metall- oder Kunststoffrahmen auf einen bestimmten Abstand gehalten werden. An den Rändern sind die Scheiben mittels einer **inneren** und **äußeren Dichtung** fest und gasdicht verbunden.

Die innere Dichtung besteht aus **Butyl** und die äußere Dichtung aus **Thiokol** (Polysulfid-Polymer). Die äußere Dichtung führt zusätzlich zu einer verbesserten mechanischen Festigkeit des Scheibenverbundes. Im Scheibenzwischenraum befindet sich trockene Luft, diese verhindert ein Beschlagen der Scheibeninnenseiten. Sollte trotz der gasdichten Verbindung Restfeuchte auftreten, so wird diese durch ein **Trockenmittel** im Abstandshalter absorbiert (**Bild 2**).

Wärmedämmglas

Bei dieser Verglasung werden im Vergleich zur Isolierverglasung zusätzliche Beschichtungen auf die Scheiben aufgebracht. Die raumseitige Glasscheibe auf der Innenseite des Scheibenzwischenraums wird mit einer Edelmetallschicht aus Silber versehen. Diese Schicht ist durchlässig für den **kurzwelligen** Anteil der Sonnenstrahlen, aber undurchlässig für den **langwelligen** Wärmestrahlenbereich. Diese Wärmestrahlen werden durch die Silberschicht (**Selektivschicht**) reflektiert, wobei die Zinnoxid- bzw. Bismutoxidschichten der Entspiegelung und dem Schutz gegen Oxidation dienen (**Bild 3**).

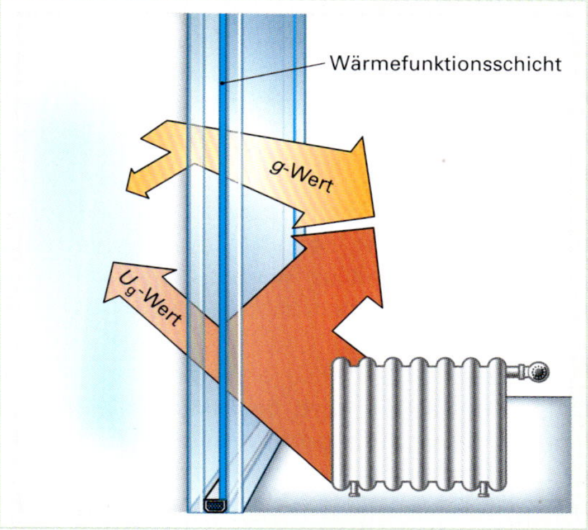

Bild 1: Energiebilanz einer Verglasung

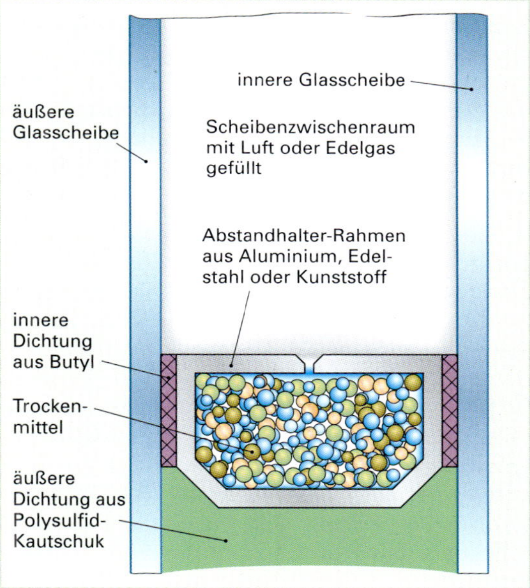

Bild 2: Aufbau einer Isolierverglasung

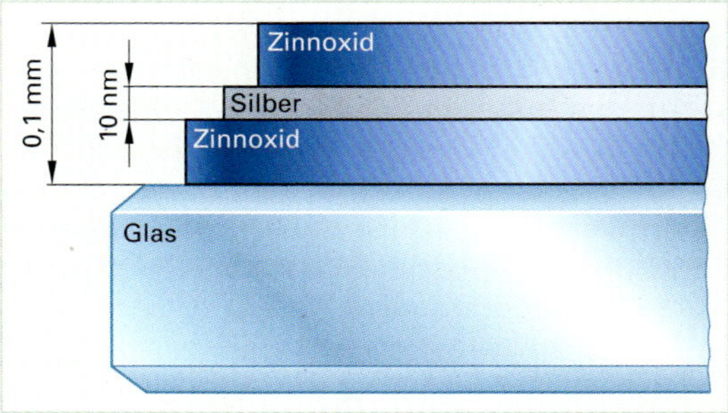

Bild 3: Aufbau einer selektiven Schicht

Wird der Scheibenzwischenraum mit Argon, Xenon oder Krypton gefüllt, kann der Wärmedurchgangskoeffizient wegen der geringeren Wärmeleitfähigkeit dieser Gase gegenüber Luft nochmals um ca. 0,4 W (m^2K) gesenkt werden.

Die sogenannte Superwarmverglasung erzielt noch geringere Werte, da sie aus dreifach verglasten Elementen besteht. Der Randverbund aus Kunststoff mit schwarzer Oberfläche verringert den Wärmeverlust im Glasrandbereich.

Sonnenschutzglas

Diese Verglasung wird vor allem bei großen Glasflächen in Südlage eingesetzt. Sie schützen das Gebäudeinnere vor dem gesamten Bereich des Sonnenspektrums, d. h. vor dem UV-Bereich, dem Bereich des sichtbaren Lichtes und der Wärmestrahlung. Dies hat zur Folge, dass sich entsprechend der Lichtdurchlässigkeit die Raumhelligkeit vermindert. Die **Lichtdurchlässigkeit T_L** gibt den Anteil der direkt durchgelassenen sichtbaren Strahlung bezogen auf die Hellempfindlichkeit des menschlichen Auges an. Sie wird in Prozent angegeben, wobei 100 % einer unverglasten Maueröffnung entspricht (**Bild 1**).

In der Regel bestehen Sonnenschutzgläser aus zwei Scheiben, deren Zwischenraum mit Edelgas gefüllt ist. Durch einen Randverbund ist dieser gasdicht abgeschlossen. Der Unterschied zu anderen Funktionsgläsern besteht in der Beschichtung der Innenseite der äußeren Scheibe mit Edelmetall. Anstelle der Edelmetallschicht können **thermooptisch variable Polymerwerkstoffe (TOP)** mit einer Schichtdicke von 45 nm aufgebracht werden. Bei Temperaturen > 30 °C trübt sich die Schicht ein und reflektiert einen großen Teil der Sonnenstrahlung (**Bild 2**).

Schallschutzglas

Diese Verglasung hat einen unsymmetrischen Scheibenaufbau, eine elastische Einlage zwischen den äußeren Scheiben und eine dämpfende Scheibenzwischenraumfüllung (**Bild 3**). Die Masse der Scheiben bestimmt den **Schalldämmwert R_w** in dB (Dezibel), wobei folgende Regel gilt: Je größer die Masse ist, desto höher ist die Schalldämmung.

Die elastische Einlage dämpft das **Schwingungsverhalten** und die Schwergasfüllung mit Argon oder Krypton verbessert die Schalldämmwerte nochmals um bis zu 5 dB.

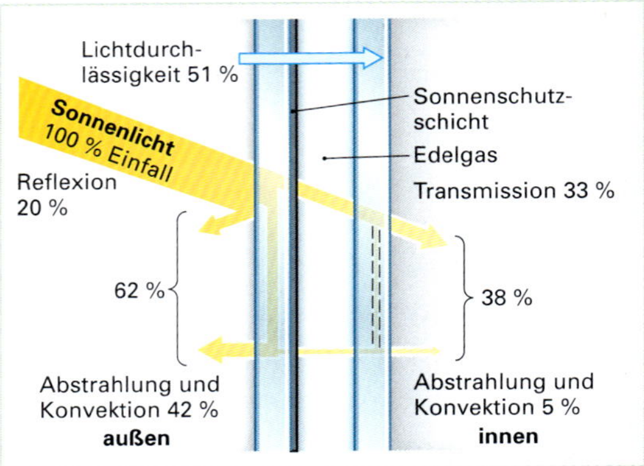

Bild 1: Funktion einer Sonnenschutzverglasung

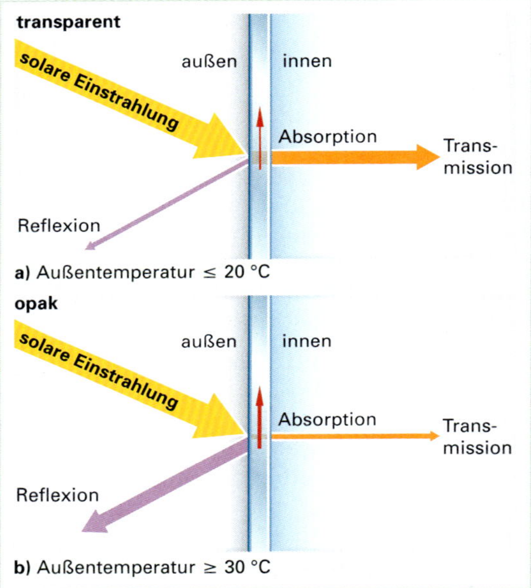

Bild 2: Strahlenverlauf einer thermotropen Schicht

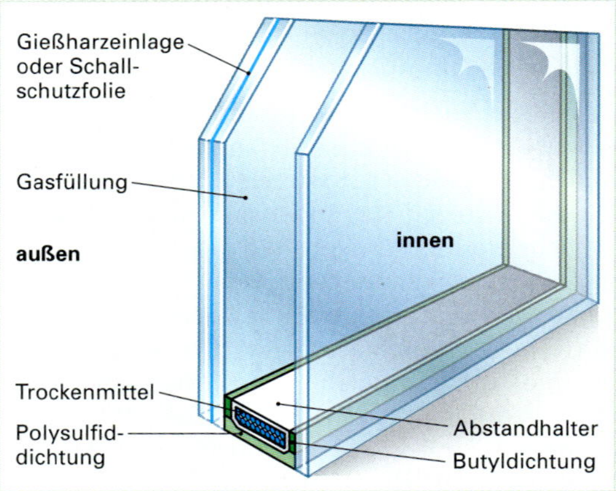

Bild 3: Schnitt durch ein Schallschutzglas

Je unterschiedlicher die Dicken der Scheiben sind, desto höher ist der Schalldämmwert. Da Schall aber nicht nur vom Glas übertragen wird, ist auch der Rahmen und der Bauanschluss in die Berechnung der Schalldämmung einzubeziehen.

Sicherheitsglas

Diese Gläser sollen **aktiven Einbruchschutz** und passiven Verletzungsschutz gewährleisten, wobei man folgende Arten von Sicherheitsgläsern unterscheidet:

- Einscheiben-Sicherheitsglas (ESG)
- teilvorgespanntes Glas (TVG)
- Verbundsicherheitsglas (VSG)
- Drahtglas und Panzerglas

Das **ESG** wird nach dem Zuschneiden auf ca. **600 °C erhitzt** und anschließend mit **kalter Luft abgeblasen**. Durch die unterschiedliche Abkühlung stehen die äußeren Scheibenflächen unter Druckspannung und im Scheibeninneren liegt Zugspannung vor.

Durch diese Vorspannung kann dieses Glas nachträglich weder geschnitten, geschliffen oder gebohrt werden. Beim Bruch zerfällt das Glas schlagartig in ein Netz kleiner stumpfkantiger Bruchstücke, die eine **Verletzungsgefahr** erheblich verringern (**Bild 1**).

Die Herstellung von **TVG** erfolgt wie beim **ESG**, wobei die **Abkühlung wesentlich langsamer** erfolgt, dies führt zu einer höheren Widerstandsfähigkeit. **TVG** wird immer dann eingesetzt, wenn die Belastbarkeit von Floatglas nicht ausreicht, und **ESG** wegen seiner „Krümelstruktur" im Zerstörungsfall nicht die erforderliche Resttragfähigkeit besitzt (**Bild 1**).

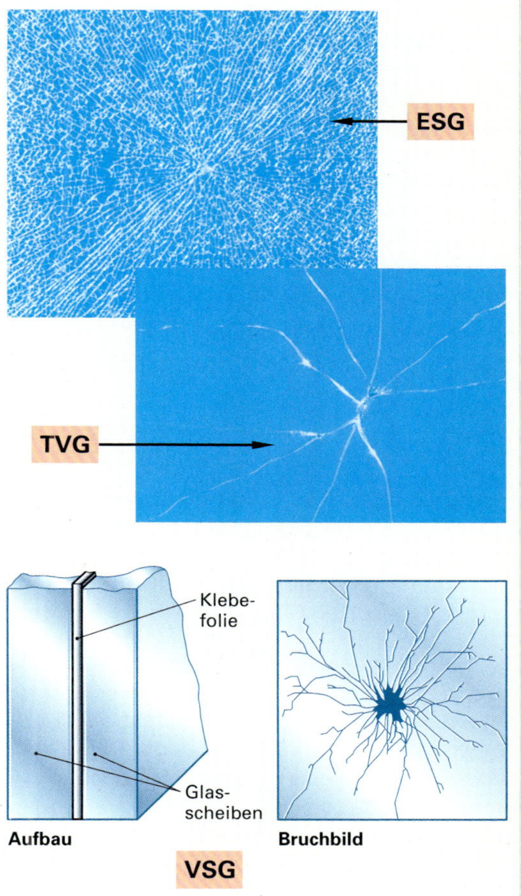

Bild 1: Bruchbilder von Sicherheitsgläsern

Das **VSG** besteht aus zwei oder mehr übereinanderliegenden Scheiben, die durch zähelastische, hochreißfeste **Polyvinyl-Butyral-Folien** (PVB-Folien) mit Dicken zwischen 0,35 mm bis 0,7 mm zu einer Einheit verbunden sind. Beim Bruch haften die Bruchstücke an der Folie, wodurch sich keine scharfkantigen Glassplitter lösen können (**Bild 1**).

Drahtglas ist ein **Gussglas** mit einem eingewalztem **Stahldrahtnetz**. Bei einer Beschädigung bleiben die Teile der zersprungenen Scheibe mit dem Drahtnetz verbunden.

Panzerglas ist aus mindestens vier Scheiben zu einem Verbundsicherheitsglas von 25 mm Dicke zusammengesetzt.

Das Fenstersystem wird nach DIN EN 1627:2011-09 in Widerstandsklassen von WK1 bis WK3 eingeteilt. Diese Klassen werden vergeben, wenn die Fensterelemente durch anerkannte Prüfstellen geprüft wurden.

Brandschutzglas

Diese Gläser müssen immer in Verbindung mit dem ganzen System betrachtet werden, da nach den Brandschutzbedingungen die gesamte Konstruktion (lichtdurchlässiges Brandschutzglas, Halterungen, Rahmen und Dichtungen) einem Widerstand von 15 min, 30 min, 60 min, 90 min oder 120 min ... 360 min gegen den Durchgang von Feuer standhalten muss. Man unterscheidet bei den Gläsern in **G- und F-Verglasungen**.

G-Verglasungen, z. B. **G 30** bedeutet 30 Minuten Feuerwiderstandsdauer, verhindern die Ausbreitung von Feuer und Rauch während dieser Zeit (**Bild 1**). Sie kommen in folgenden vier Glasarten zur Anwendung:

- Gussglas mit Drahteinlage
- VSG- oder ESG-Kombinationen
- TVG aus Bor-Silikatglas
- Isolierglasscheibe

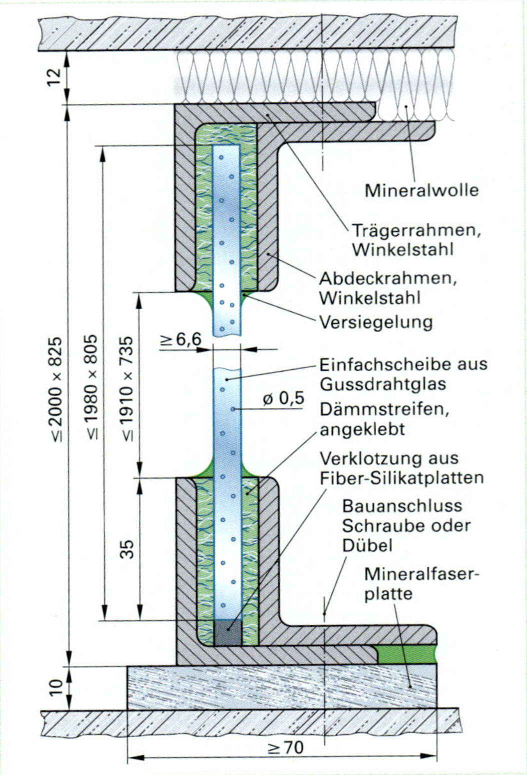

Bild 1: Brandschutzglas G 60 mit Gussglas

F-Verglasungen, z. B. F 90 bedeutet 90 Minuten Feuerwiderstandsdauer, verhindern nicht nur die Ausbreitung von Feuer und Rauch, sondern auch den Durchtritt der Wärmestrahlung zur Feuer abgekehrten Seite (**thermische Isolation**).

Es kommen Mehrfach-Verbundglasscheiben zum Einsatz, deren Scheibenzwischenraum mit einem glasklarem Gel gefüllt ist. Dieses Gel besteht aus einem Polymer, in dem eine hochwasserhaltige Salzlösung eingebettet ist. Im Brandfall bildet sich daraus eine wärmedämmende Isolierschicht. Wenn ca. 120 °C in der feuerseitigen Schicht erreicht sind, zerspringt die dem Feuer zugeneigte Glasscheibe und die **Gelschicht** schäumt auf.

Die Scheibe wird undurchsichtig und bildet einen Hitzeschild. Diese F-Verglasungen bieten den gleichen Feuerschutz wie massive Wände der gleichen Feuerwiderstandsklasse (**Bild 2**).

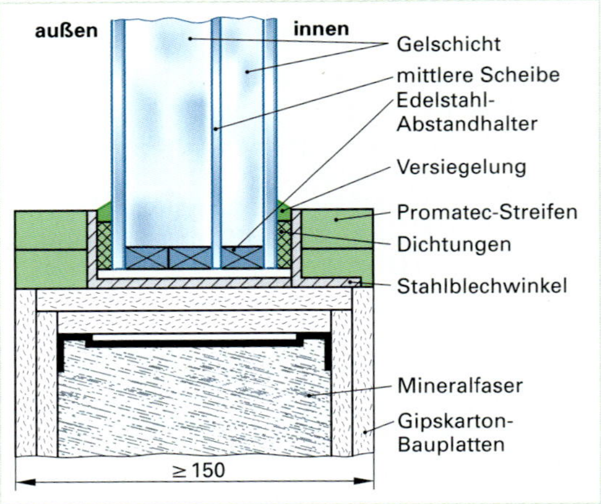

Bild 2: F 90-Verglasung

Arbeitsregel beim Umgang mit Isolierglas

Glaselemente auf Kantenbeschädigungen überprüfen und spezielle Transporteinrichtungen verwenden. Scheibe nie direkt auf harten Untergrund stellen oder nur auf der Scheibenkante abstellen. Glas nur stehend lagern, gegen Umkippen sichern und Zwischenlagen aus Pappe benutzen (**Bild 1, Seite 633**). Glaselemente trocken lagern und gegen Funkenflug (verursacht Einbrandstellen) schützen. Der Randverbund ist UV-Licht empfindlich und darf nicht mit Silikon in Berührung kommen (Unverträglichkeit mit dem Dichtungsmaterial).

Bestimmung der Glasscheibendicke

Die Scheibendicke wird entsprechend der Randauflage (zwei-, drei- oder vierseitig) und den Lastaufnahmen bemessen. Die DIN 1055-4 legt die Anwendungsfälle fest, wobei von der ungünstigsten Belastung ausgegangen wird. Die rechnerische **Durchbiegung** der Isolierglasscheibe darf dabei nicht mehr als **1/200** der Scheibenlänge betragen. Einbauart, Montage und Nutzung können aber dickere Scheiben erforderlich machen.

Die Bemessung der Glasdicke erfolgt mit dem Windlast-Diagramm (**Bild 2**) und ist abhängig von:

- Glasart
- Windbelastung
- Scheibenformat
- Einbauhöhe
- Gebäudeform

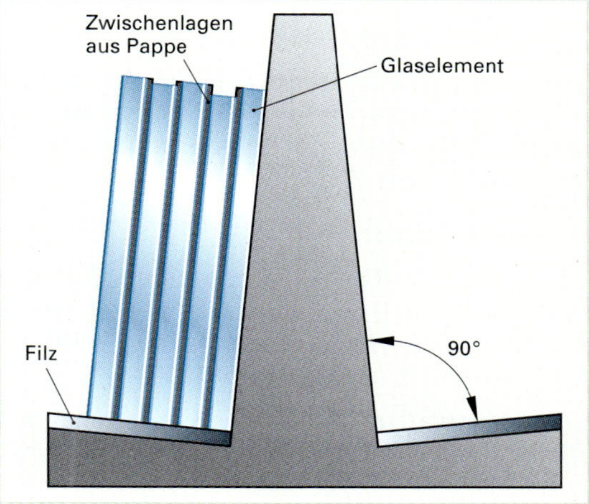

Bild 1: Fachgerechte Lagerung

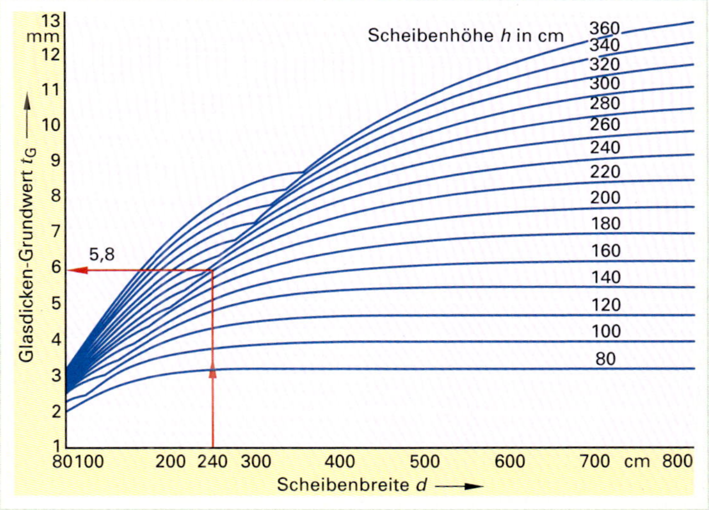

Bild 2: Windlastdiagramm für Floatglas

Beispiel zur Bestimmung der Scheibendicke

Gegeben:

Isolierverglasung
$b \cdot h = 2400 \text{ mm} \cdot 2200 \text{ mm}$;

Einbauhöhe über dem Gelände ist 13,4 Meter

Gesucht:

Glasdicke $\boldsymbol{d_H}$ der äußeren Scheibe

Lösung:

Aus dem Windlastdiagramm (**Bild 2**) ergibt sich ein Dickengrundwert t_G von 5,8 mm.

Berücksichtigt man die Bauhöhe mit der Formel $\boldsymbol{d_{erf}} = \boldsymbol{d_G} \cdot \boldsymbol{\alpha} = 5{,}8 \text{ mm} \cdot 1{,}27 = 7{,}37 \text{ mm}$.
Gewählte Handelsdicke $\boldsymbol{d_H} = \mathbf{8\ mm}$

Tabelle 1: Windlasten und Windlastfaktoren

Gebäudehöhe *h* in m		8	**> 8 … 20**	> 20 … 100	> 100
Staudruck *q* in kN/m²		0,5	0,8	1,1	1,3
zur Windrichtung	Beiwert	Windlast $w = C_p \cdot q$ in kN/m²			
rechtwinklige Flächen	C_p	0,6	0,96	1,32	1,56
Windlastfaktor	α	1,0	**1,27**	1,48	1,51

Liegt ein Bauwerk auf einer das umliegende Gelände steil und hoch überragenden Erhebung, so ist mindestens eine Windlast entsprechend einem Staudruck von $q = 1{,}1$ kN/m².

18.1.2 Profil- und Konstruktionsarten

Die wichtigsten Unterscheidungsmerkmale von Fenstersystemen sind die **Konstruktionsart**, die **Öffnungsart**, der **Rahmenwerkstoff** und die Verwendung.

Konstruktionsart

Die Fenster werden nach Anordnung der Flügel in Einfach- und Doppelfenster unterteilt, wobei die Doppelfenster als Kasten- oder Verbund-Fenster ausgeführt sind (**Bild 1**).

Einfachfenster besitzen einen feststehenden Blendrahmen und einen beweglichen Flügel mit Einfachscheibe, Isolier- oder Sonderverglasung.

Verbundfenster besitzen zwei Flügel, die am Blendrahmen angeschlagen sind. Durch Ein- und Mehrfachverglasung erreicht man bei dieser Konstruktion erhöhte Werte für den Wärme- und Schallschutz.

Kastenfenster haben zwei Einfachfenster, deren Blendrahmen durch einen umlaufenden Kasten miteinander verbunden sind. Durch den großen Scheibenabstand ist bei dieser Fensterkonstruktion die Schall- und Wärmedämmung besonders hoch.

Die verschiedenen Konstruktionsarten können auch als mehrflügelige Fensterelemente, als Fensterbänder oder auch als **Fensterwände** ausgeführt werden. Hierzu kommen als Bauteile noch zusätzlich Pfosten, Sprossen oder Riegel (Kämpfer) zum Einsatz (**Bild 2**).

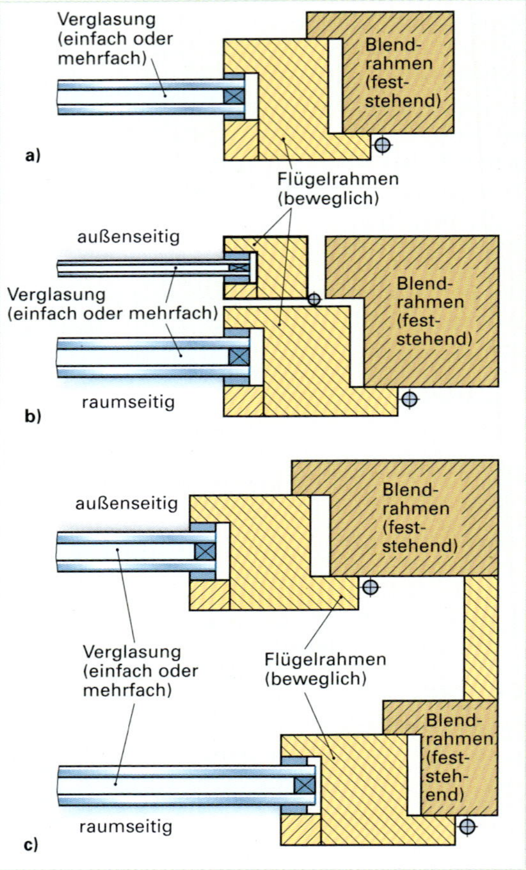

Bild 1: Einfach-, Verbund- und Kastenfenster

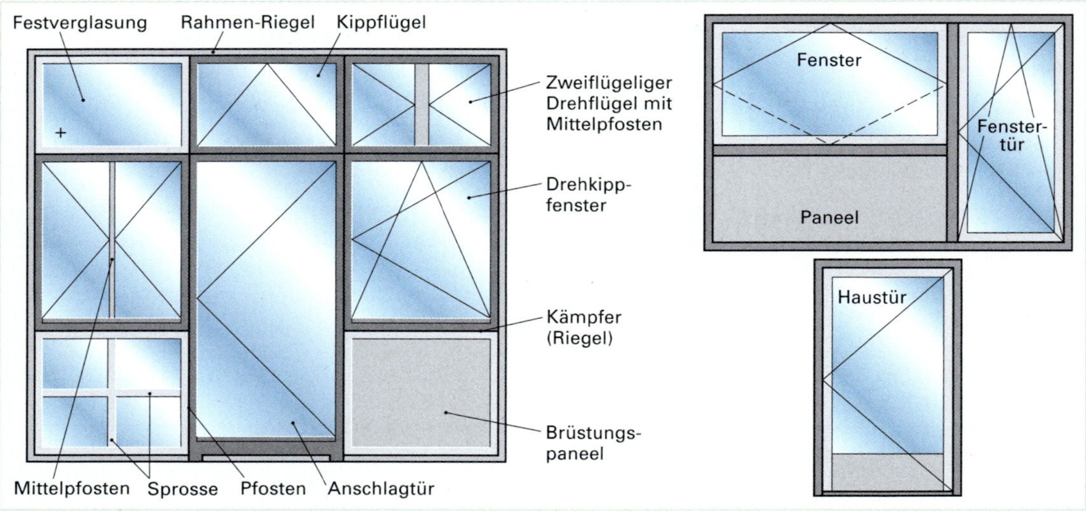

Bild 2: Elemente einer Fensterwand und Fassadenelements

Öffnungsart

Nach der Öffnungsart unterscheidet man in Drehflügel, Dreh-Kippflügel, Kippflügel, Schwingflügel usw. Die Sinnbilder sind nach DIN 1356-1:2018-03-Entwurf genormt (**Bild 1**).

Übersicht 1: Öffnungsarten von Einfachfenstern

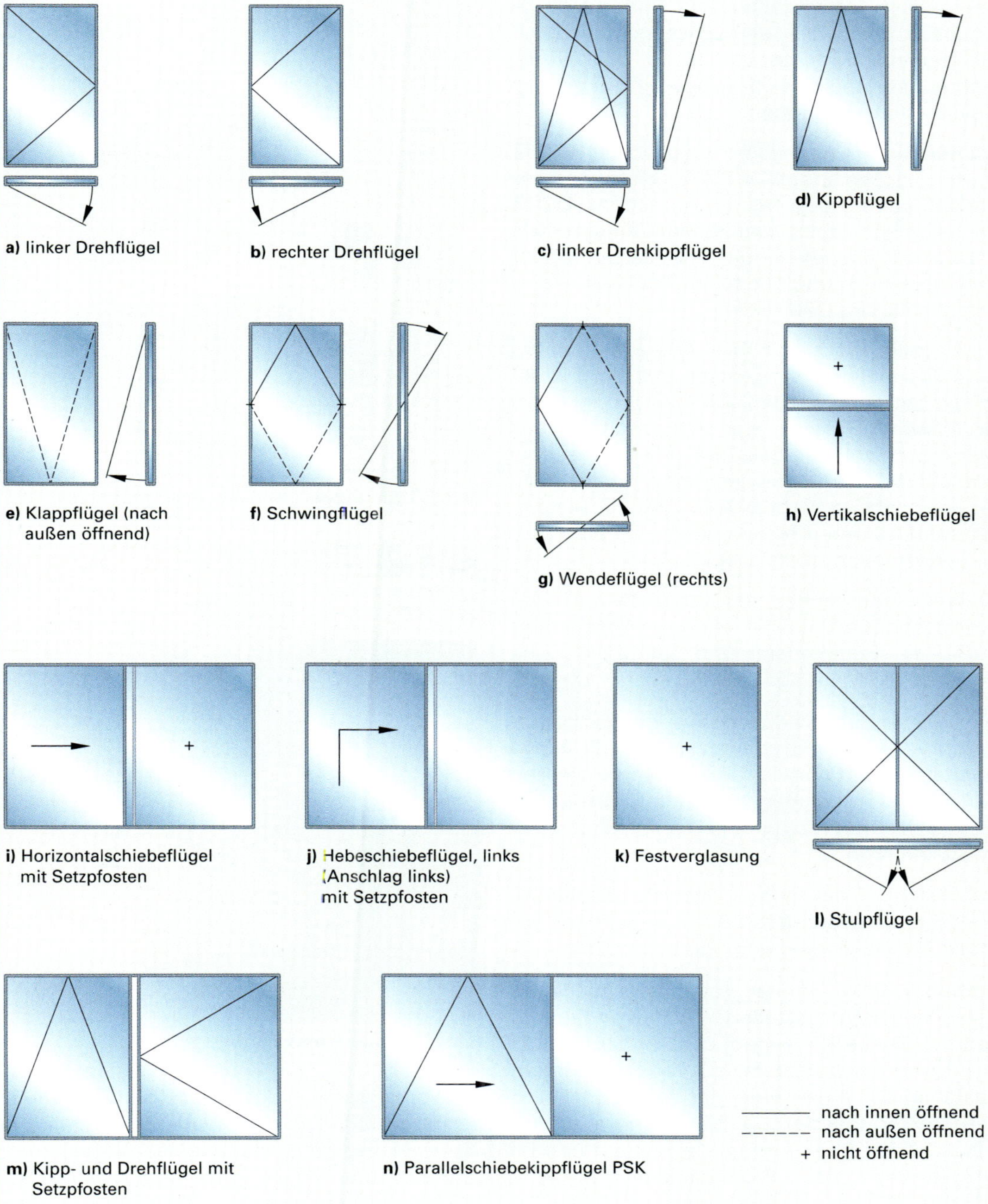

a) linker Drehflügel

b) rechter Drehflügel

c) linker Drehkippflügel

d) Kippflügel

e) Klappflügel (nach außen öffnend)

f) Schwingflügel

g) Wendeflügel (rechts)

h) Vertikalschiebeflügel

i) Horizontalschiebeflügel mit Setzpfosten

j) Hebeschiebeflügel, links (Anschlag links) mit Setzpfosten

k) Festverglasung

l) Stulpflügel

m) Kipp- und Drehflügel mit Setzpfosten

n) Parallelschiebekippflügel PSK

Rahmenwerkstoff

Es kommen Profile aus Stahl, nicht rostendem Stahl, Aluminium, Kunststoff, Holz oder ein Verbund aus unterschiedlichen Werkstoffen, z. B. Holz-Alu zum Einsatz. Die vorgefertigten Profile müssen die Belastungen aus dem Eigengewicht, der Funktion und den Witterungseinflüssen standhalten.

Stahlfenster sind wegen ihrer Verschleißfestigkeit und den verschärften Brandbestimmungen im Industriebau sehr verbreitet. Die Profile werden nach dem Zuschneiden durch Lichtbogenschweißen von Hand oder durch Abbrennstumpfschweißen, speziell bei großen Stückzahlen, verbunden.

Aluminiumfenster haben ihren Vorteil in der Witterungsbeständigkeit, der leichten Verarbeitbarkeit und des dekorativen Aussehens. Durch verschiedene Oberflächenbehandlungen, wie z. B. anodische Oxidation, Tauchfärbung oder Pulverbeschichtung entstehen hochfeste, farblich gestaltbare Oberflächen.

Da Metalle, wie hier insbesondere Aluminium gute Wärmeleiter sind, muss das Profil **thermisch getrennt** werden. Dies wird mit einem **Dreikammer-System**, der Außenschale, das Mittel mit Isolierstegen und der Innenschale erreicht (**Bild 1**). Die Isolierstege sind aus glasfaserverstärkten PA oder ABS bzw. PS, die den Wärmefluss unterbrechen und so für eine bessere Wärmedämmung sorgen.

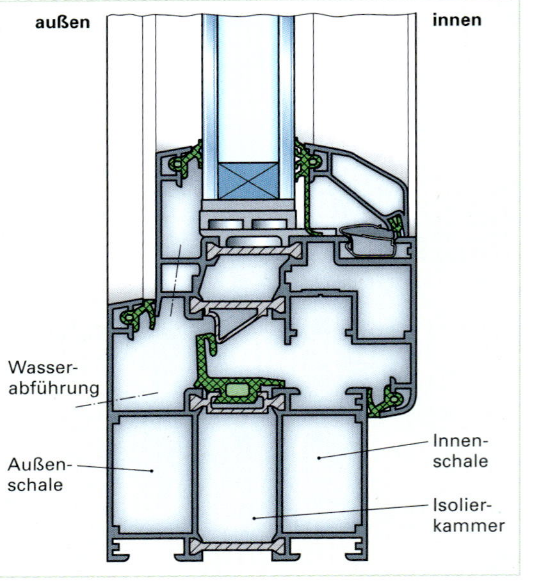

Bild 1: Thermische Trennung eines Alu-Profils

Kunststofffenster besitzen wegen der geringen Wärmeleitfähigkeit eine bessere Wärmedämmung als Metallfenster und benötigen keine thermische Trennung (**Bild 2**).

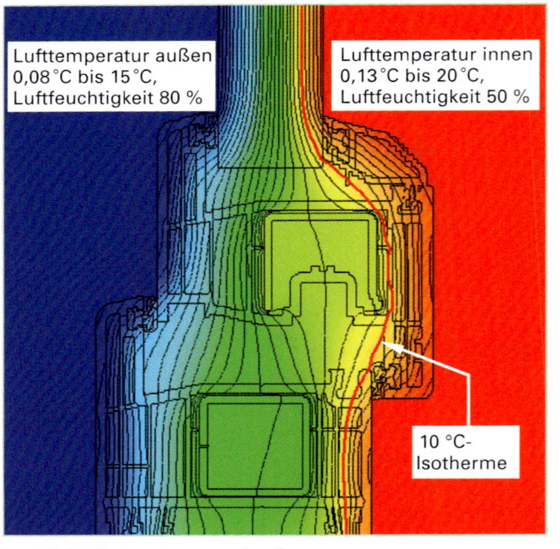

Bild 2: Wärmestromverlauf

Sie werden überwiegend aus hochschlagzähem PVC durch Extrudieren hergestellt (**siehe Kapitel 11**) und mittels Heizelementschweißen verbunden. In der Regel werden die Hohlprofile durch Armierungen aus Stahlblech in ihrer Festigkeit erhöht.

Der Nachteil der hohen Wärmeausdehnung bedarf einer besonderen Sorgfalt bei der Konstruktion, der Herstellung und beim Einbau.

Verbundprofile können aus verschiedenen Kombinationen bestehen. Der Grundaufbau kann z. B. aus Kunststoff, die Armierung aus Stahl und der Vorsatzrahmen aus Aluminium bestehen. Ein entscheidender Vorteil der Aluminium-Vorsatzschale liegt in der Kombination aus Farbgebung (Lackierung, Eloxierung oder Pulverbeschichtung) und dem Werkstoff Aluminium. Dieser Sachverhalt ermöglicht Planern und Bauträgern vielfältige Gestaltungsmöglichkeiten im Objektbereich. Beim Wohnhausbau kommen auch Blend- und Flügelrahmen aus glasfaserverstärktem Kunststoff (GFK) oder auch Profile, die im **Coextrusions-Verfahren** hergestellt wurden, zum Einsatz.

In einem thermischen Prozess wird der Profilgrundkörper, der in diesem Verarbeitungszustand aus einer weißen flüssigen **PVC-Schmelze** besteht, mit einer farbigen flüssigen **Acryl-Schmelze (PMMA)** unlösbar verbunden (**Bild 1**).

Die farbige Acryl-Schmelze wird genau auf jener Profilfläche aufgebracht, die später am fertigen Fenster der Bewitterung durch Sonne, Licht, Regen und Schnee ausgesetzt ist. Das Acrylcolor-Profil verlässt bereits zweifarbig die Coextrusionsdüse. Das Verfahren der Coextrusion steht für unübertroffene Farbechtheit. Selbst bei schrittweisem Austausch von Fenstereinheiten in ein und demselben Baukörper sind auch nach Jahren Unterschiede nahezu nicht feststellbar. Weitere Argumente für den Einsatz dieser Profile sind die Kratzfestigkeit, die leichte Reinigung und die geringe Profilaufheizung.

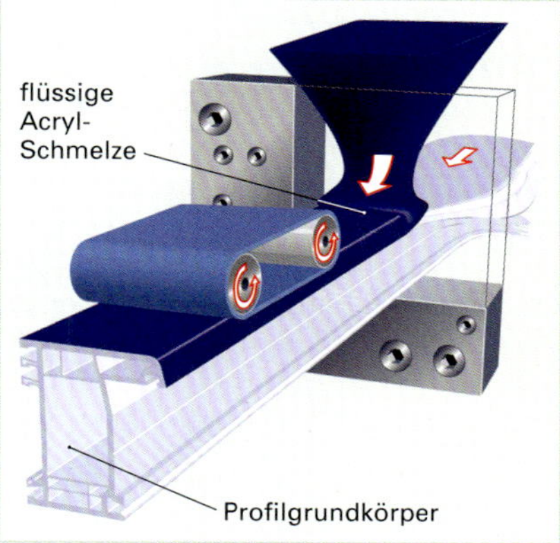

Bild 1: Coextrusions-Verfahren

18.1.3 Aufbau und Maßbezeichnungen von Fenstern

Man unterscheidet **Mitteldichtungs-** und **Anschlagdichtungssysteme**. Am Beispiel eines Drehkippfensters aus Aluminium bzw. Kunststoff sind der verschiedene Aufbau und die Bezeichnungen zu erkennen (**Bilder 2 und 3**). Der **Blendrahmen** bildet den äußeren Rahmen für den Fensterflügel und wird in der Gebäudeöffnung befestigt. Der **Flügelrahmen** nimmt die Verglasung auf.

Die zu Bewegungen und zum Verschluss des Flügels dienenden Elemente nennt man **Beschlag**. Die **Glashalteleisten** werden in einer Nut des Flügelrahmens geklemmt und drücken die **innere Abdichtung** gegen die Glasscheibe. Die **Dichtprofile** gewährleisten eine dichte und elastische Lagerung der Scheibe und verhindern, dass Stöße aus der Flügelbewegung direkt auf die Scheibe abgegeben werden.

Die **Mitteldichtung** trennt den Außen- vom Innenbereich und die **Anschlagdichtung** dient als zusätzliche Abdichtung.

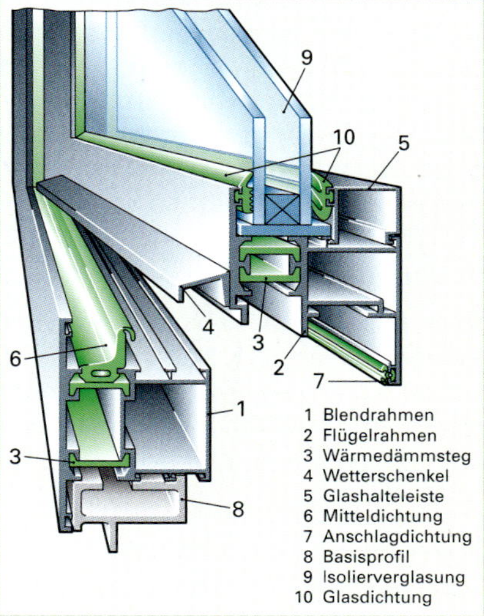

Bild 2: Drehkippfenster aus Aluminium

Statik des Rahmens

Der Fensterrahmen muss alle auf das Fenstersystem einwirkende Kräfte aufnehmen und auf den Baukörper übertragen. Kein Bauteil darf sich dabei plastisch verformen oder zerstört werden. Aus Katalogen der Systemhersteller werden entsprechend der jeweiligen Belastungen und gewünschten Fenstergröße die erforderlichen Flügel- und Rahmenprofile entnommen. Für Fensterwände mit einer Fläche von >9 m^2 und einer Seitenlänge >2 Meter muss ein Nachweis der Standsicherheit erbracht werden.

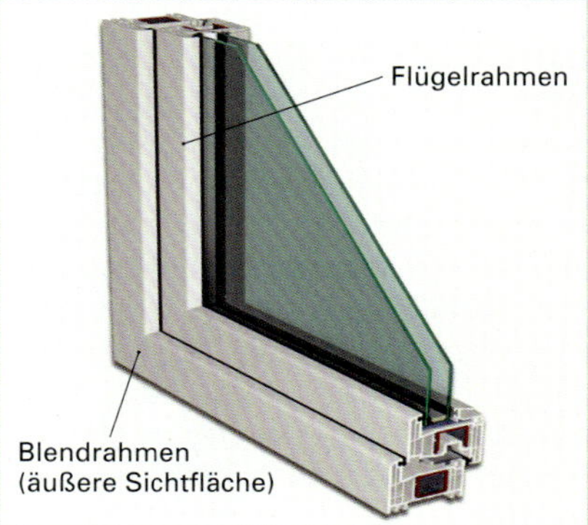

Bild 3: Drehkippfenster aus Kunststoff

Wärmeschutz

Nach DIN EN ISO 10 077-1:2018-01 und DIN EN ISO 6946:2018-03 wird das wärmetechnische Verhalten von Fenstern berechnet. Die Wärmeverluste entstehen durch Wärmestrahlung, Wärmeleitung und Konvektion.

Fugendurchlässigkeit

Die Fugendurchlässigkeit gibt die Luftdichtheit zwischen Flügel und dem Blendrahmen bei geschlossenem Fenster an. Sie wird durch den **Fugendurchlasskoeffizienten *a*** beschrieben,der angibt, wie viel Kubikmeter Luft in einer Stunde durch einen Meter Fugenlänge bei einem Druckunterschied von 10 Pa über die Fuge ausgetauscht wird. Je größer dieser Wert ist, desto größer sind die Wärmeverluste durch Konvektion und desto ungünstiger ist die Schalldämmung.

Schlagregendichtheit

Bei gleichzeitiger Beanspruchung durch Wind und Regen darf bei geschlossenem Fenster kein Wasser in den Innenraum eindringen. Das in die Rahmenkonstruktion eingedrungene Wasser muss wieder nach außen abgeführt werden. Dieses Abführen geschieht über Öffnungen im tiefsten Punkt des Glasfalzes. Im oberen Eckbereich des Glasfalzes werden ebenso Öffnungen angebracht, die für den Dampfdruckausgleich und ein rasches Ablüften sorgen.

Einbruchhemmung

Kein Fenster ist absolut sicher. Den **Widerstandsklassen WK 1** bis **WK 6** ist eine entsprechende Verglasung zugeordnet. Folgende Maßnahmen erhöhen den Zeitraum des Widerstandes gegen den Einbruchversuch:

- verstärkte Rahmenkonstruktion
- abschließbare Fenstergriffe
- Anbohrschutz am Fenstergetriebe
- verschraubte Glasklemmleisten
- Schubstangenverriegelung
- Hinterhakensystem (**Bild 2**)

Einen positiven Einfluss gegen mechanische Angriffe eines Einbruchs hat die Bautiefe. Die Beschläge liegen bei größeren **Bautiefen** als bei Standardausführungen weiter von der Außenseite entfernt und sind mit Einbruchwerkzeugen schwerer zu erreichen. Ebenso erweist sich der Mitteldichtungsanschlag aus PVC als markantes Hindernis, da die **Schließbleche** sicher geschützt hinter dem Mitteldichtungsanschlag liegen. Durch das größere Achsmaß werden die Sicherheitsschließbleche auch in die Stahlaussteifung verschraubt und bieten so eine höhere Ausreißsicherheit (**Bild 1, nächste Seite**).

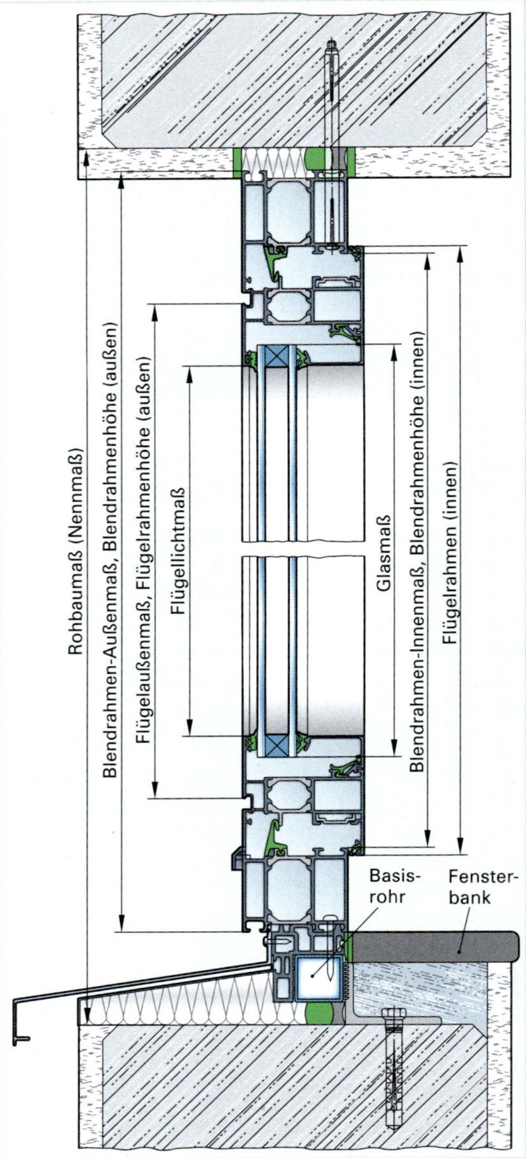

Bild 1: Baumaße eines Drehkippfensters

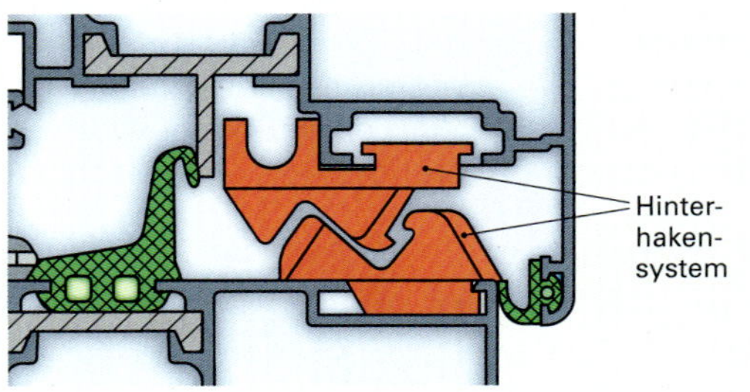

Bild 2: Hinterhakensystem

Fenstergröße und Maße

Für Fenster in Wohnräumen müssen nach DIN 5034-1 entsprechende Anforderungen beachtet werden. Die Oberkante der durchsichtigen Fläche soll mindestens 2,2 m über dem Fußboden und die Unterkante höchstens 0,95 m über dem Fußboden liegen. Die Summe aller durchsichtigen Fensterbreiten sollte mindestens 55 % der Wohnraumbreite betragen. Die wichtigsten Maße am Bauteil Fenster sind im (**Bild 1, vorhergehende Seite**) dargestellt.

18.1.4 Fensterbeschläge

Die Wahl des richtigen Beschlages richtet sich nach der Öffnungsart, der Fenstergröße, dem Profilsystem und der Windbelastung. Je größer oder höher das Fenster ist, desto länger ist die Schere und höher die Zahl der Verriegelungspunkte. Ebenso können Eckverstärkungen notwendig werden.

Beschläge sind einbaufertige Bausätze (**Bild 2**), wobei die **Schubstange** entsprechend der Fensterabmessung angepasst ist.

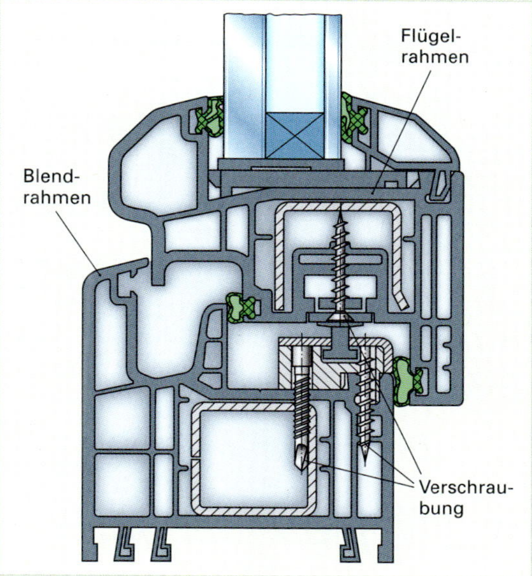

Bild 1: Sicherheitsschließblechverschraubung

Unterschieden werden die **Beschläge** nach **DIN rechts** und **DIN links.**

Der Drehkipp-Flügel ist die meist angewandte Bauweise, bei der mit dem Bedienungsgriff das **Umschaltgetriebe** die Funktionen Drehen, Kippen und Verriegeln ermöglicht.

Drehkipp-Fenster (**Bild 2**) müssen eine **Fehlbedienungssperre** haben, diese verhindert eine direkte Schaltung aus der Kipp- in die Drehstellung.

Die **Drehkipp-Schere** (**Bild 1, folgende Seite**) besteht aus dem **Schließbock** und dem **Scherenlenker.** Im Scherenlenker sind Justierelemente vorhanden, mit diesen kann der Flügel um ±3 mm gehoben oder gesenkt werden.

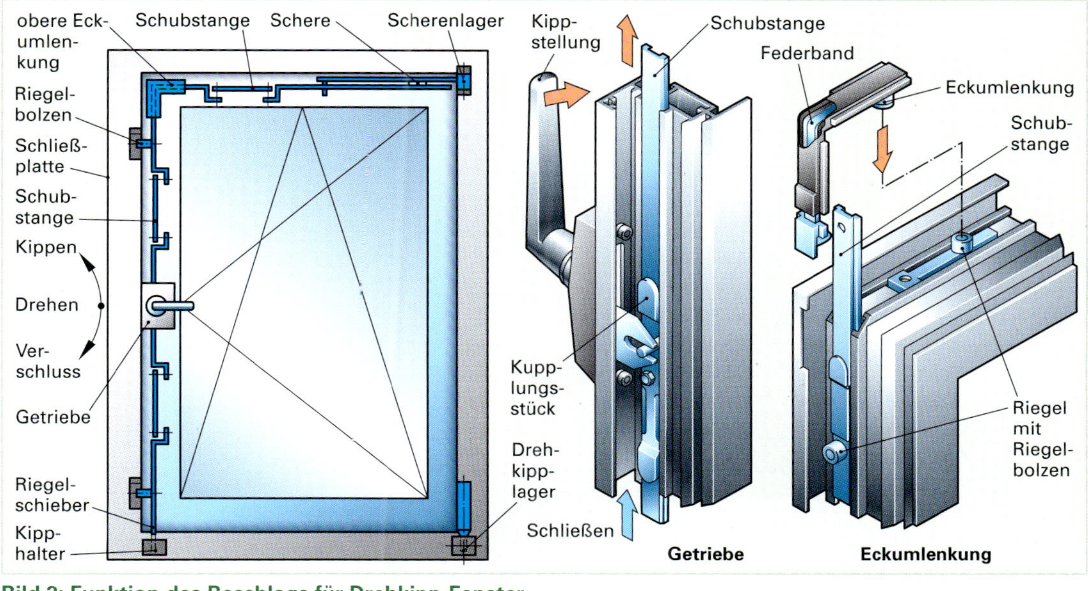

Bild 2: Funktion des Beschlags für Drehkipp-Fenster

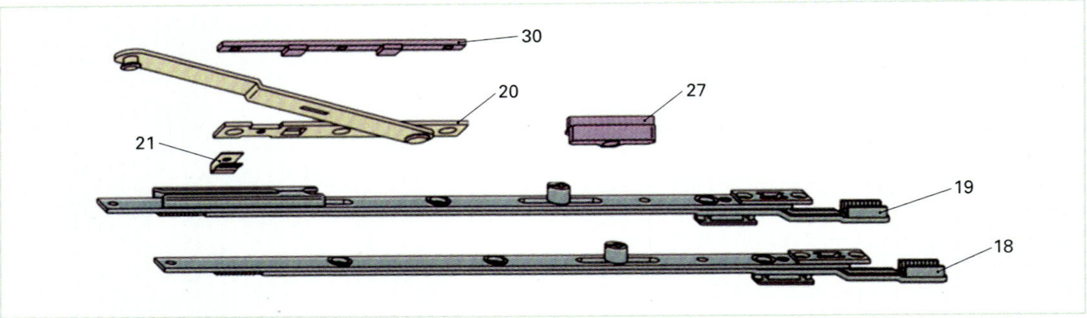

Bild 1: Einzelteile einer Drehkipp-Schere und Justiermöglichkeit an der Schere

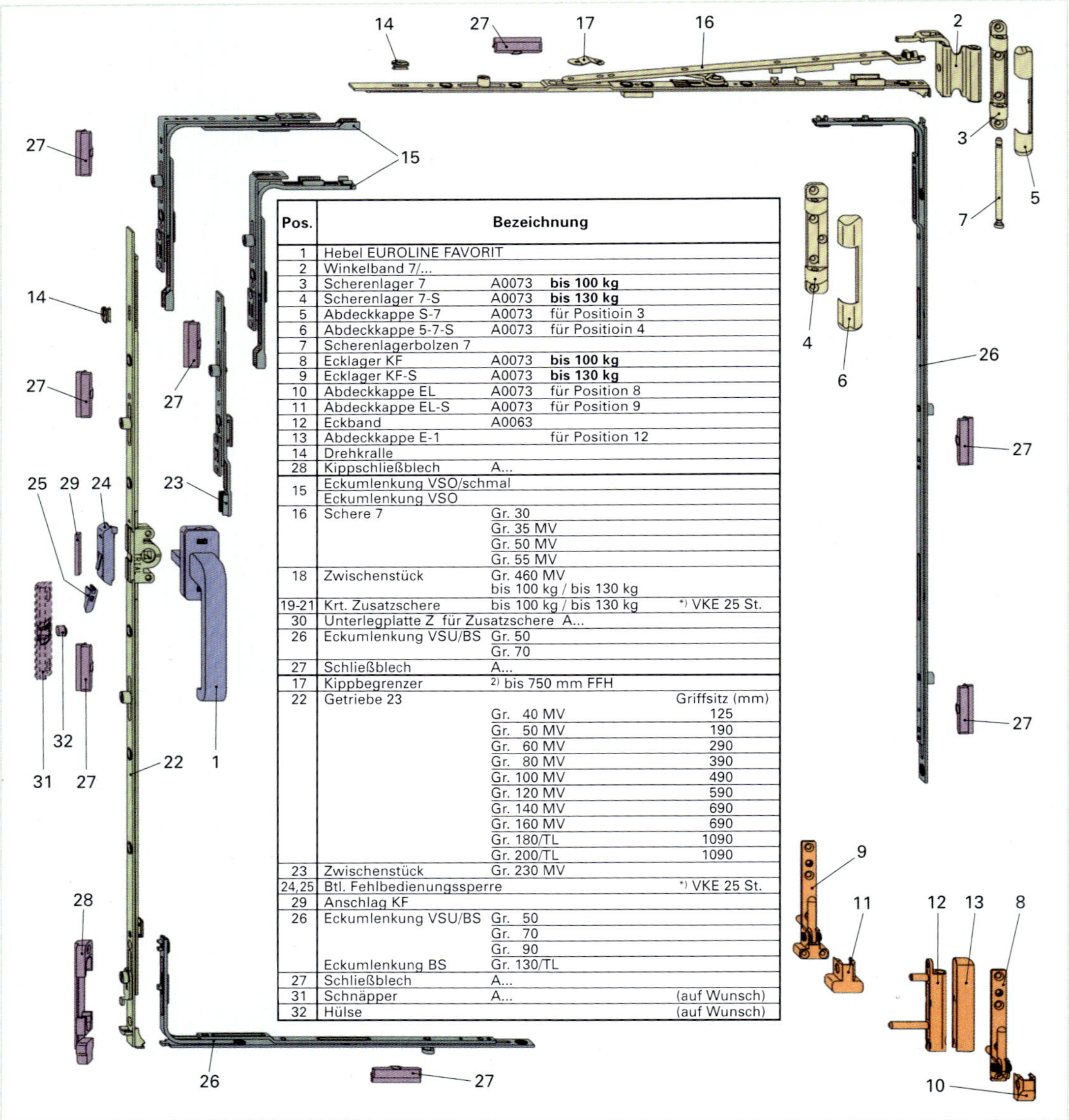

Pos.	Bezeichnung		
1	Hebel EUROLINE FAVORIT		
2	Winkelband 7/...		
3	Scherenlager 7	A0073	**bis 100 kg**
4	Scherenlager 7-S	A0073	**bis 130 kg**
5	Abdeckkappe S-7	A0073	für Positioin 3
6	Abdeckkappe 5-7-S	A0073	für Positioin 4
7	Scherenlagerbolzen 7		
8	Ecklager KF	A0073	**bis 100 kg**
9	Ecklager KF-S	A0073	**bis 130 kg**
10	Abdeckkappe EL	A0073	für Position 8
11	Abdeckkappe EL-S	A0073	für Position 9
12	Eckband	A0063	
13	Abdeckkappe E-1		für Position 12
14	Drehkralle		
28	Kippschließblech	A...	
15	Eckumlenkung VSO/schmal		
	Eckumlenkung VSO		
16	Schere 7	Gr. 30	
		Gr. 35 MV	
		Gr. 50 MV	
		Gr. 55 MV	
18	Zwischenstück	Gr. 460 MV bis 100 kg / bis 130 kg	
19-21	Krt. Zusatzschere	bis 100 kg / bis 130 kg	*) VKE 25 St.
30	Unterlegplatte Z für Zusatzschere	A...	
26	Eckumlenkung VSU/BS	Gr. 50	
		Gr. 70	
27	Schließblech	A...	
17	Kippbegrenzer	2) bis 750 mm FFH	
22	Getriebe 23		Griffsitz (mm)
		Gr. 40 MV	125
		Gr. 50 MV	190
		Gr. 60 MV	290
		Gr. 80 MV	390
		Gr. 100 MV	490
		Gr. 120 MV	590
		Gr. 140 MV	690
		Gr. 160 MV	690
		Gr. 180/TL	1090
		Gr. 200/TL	1090
23	Zwischenstück	Gr. 230 MV	
24,25	Btl. Fehlbedienungssperre		*) VKE 25 St.
29	Anschlag KF		
26	Eckumlenkung VSU/BS	Gr. 50	
		Gr. 70	
		Gr. 90	
	Eckumlenkung BS	Gr. 130/TL	
27	Schließblech	A...	
31	Schnäpper	A...	(auf Wunsch)
32	Hülse		(auf Wunsch)

Bild 2: Einzelteile eines Beschlagssets für Drehkipp-Fenster

18.2 Herstellung von Fensterrahmen

Profile und Systeme für Kunststofffenster werden nach den Merkmalen **Wandstärke, Raumform** und **Dichtungsfunktion** unterschieden.

Nach DIN EN 12608 werden die Profildicken der Außenwandungen von **Mehrkammer-Profilen** (**Bild 2**) in die Gruppe A (3 mm) und B (2,5 mm) unterteilt. Bei Mehrkammer-Profilen kann die Wandstärke deshalb herabgesetzt werden, da die vorhandenen Innenstege eine gewisse Eigenstabilität schaffen. Da das E-Modul bei PVC 240 kN/mm^2, bei Aluminium 7000 kN/mm^2 und bei Stahl 21000 kN/mm^2 ist, muss das Kunststofffensterprofil bei Flügelbreitenabmessungen größer als 1 Meter mit Metallprofilen verstärkt (armiert) werden.

Die Dichtungsformen **Mittel- oder Anschlagdichtung** sind verschiedene Betrachtungsweisen bei Kunststofffenstern, da es keine Vor- oder Nachteile der Systeme zueinander gibt (**Bild 1**). Die Dichtigkeit eines Kunststofffensters wird von der exakten Verarbeitung bestimmt.

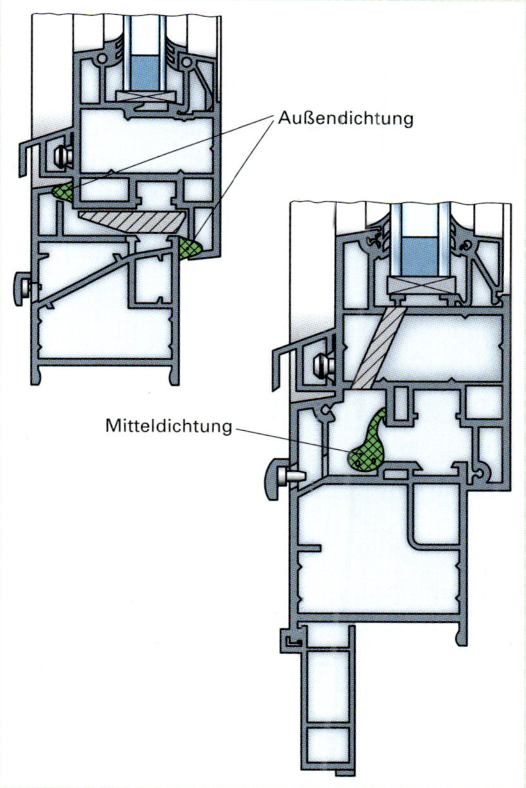

Bild 1: Dichtungsformen

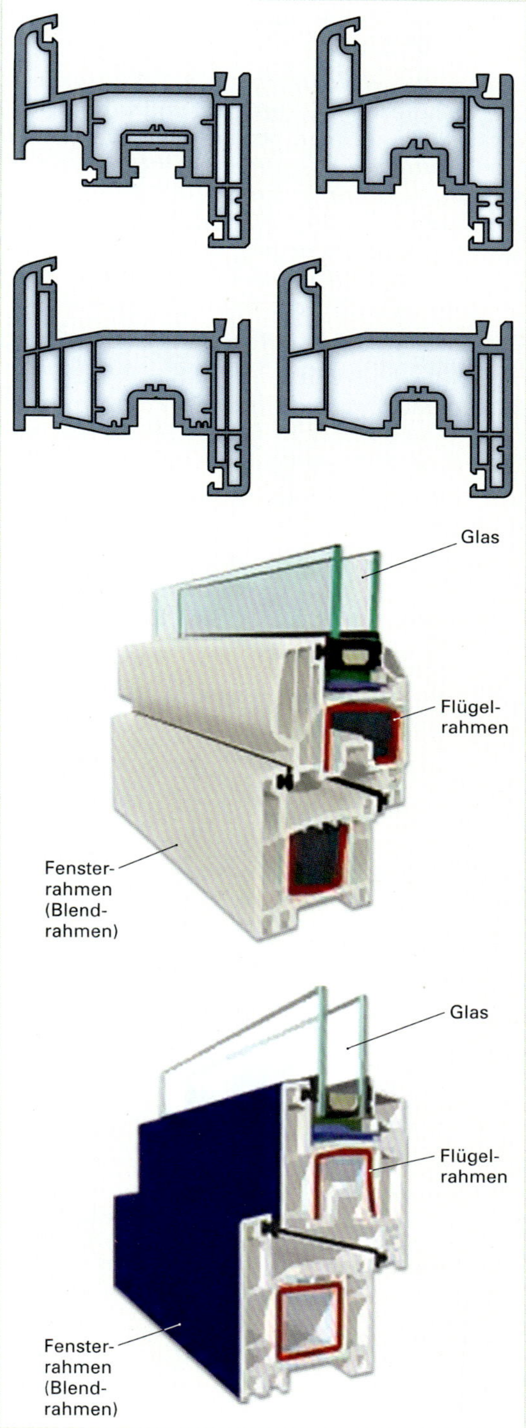

Bild 2: Raumformen

Die **Mehrkammer-Profile** haben folgende Vor- bzw. Nachteile (**Tabelle 1**):

Für eine wirtschaftliche Fertigung ist die Einrichtung der Werkstatt, eine sorgfältige Arbeitsvorbereitung und ein geordneter Durchlauf der Produktion von ausschlaggebender Bedeutung. Der fertigungslogische Durchlauf vom **Halbzeuglager** bis zum Versand gehört zu einer „Rationellen Fertigung"(**Bild 1**).

Tabelle 1: Vor- und Nachteile

Vorteile	Nachteile
Schraubenbefestigung ist durch zwei Profilstege möglich. Profile sind universell als Blend- und Flügelrahmen einsetzbar.	Armierungsraum ist unterteilt, so dass sich groß dimensionierte Metallprofile nicht verwenden lassen.

Die Kunststoffprofile sind mit Schutzfolien auf den Sichtflächen ausgestattet und werden meistens in Längen von sechs Metern angeliefert. Zur Belüftung und zur Vermeidung von Kondensat müssen die Stirnseiten der Profilpacks geöffnet werden. Profile dürfen nicht im Freien oder hinter Verglasungen gelagert werden, dies führt zur Feuchtigkeitsaufnahme und Beeinträchtigung durch UV-Strahlung und Profilverzug.

Bei der Lagerung müssen die Profile **ganzflächig und plan** über die ganze Länge aufliegen, um Durchbiegungen und Deformierungen zu vermeiden.

Es ist darauf zu achten, dass die Profile zur Verarbeitung mindestens 17 °C besitzen, da bei zu niedrigen Temperaturen im Schweißbereich **Materialspannungen** erzeugt werden, die zur Rissbildung führen. Als Richtwert gilt, dass das abgekühlte Profil pro Stunde um ca. 1 °C erwärmt wird.

Um Kratzspuren zu vermeiden, sollten die Profile nur über die Längsseite der Lagerstelle entnommen werden.

Ebenso muss darauf geachtet werden, dass Profilzuschnitte nach zwei bis drei Tagen verschweißt werden, da Verschmutzungen der Schnittflächen und deren Aufnahme von Luftfeuchtigkeit zu Fehlstellen in der Schweißnaht führen.

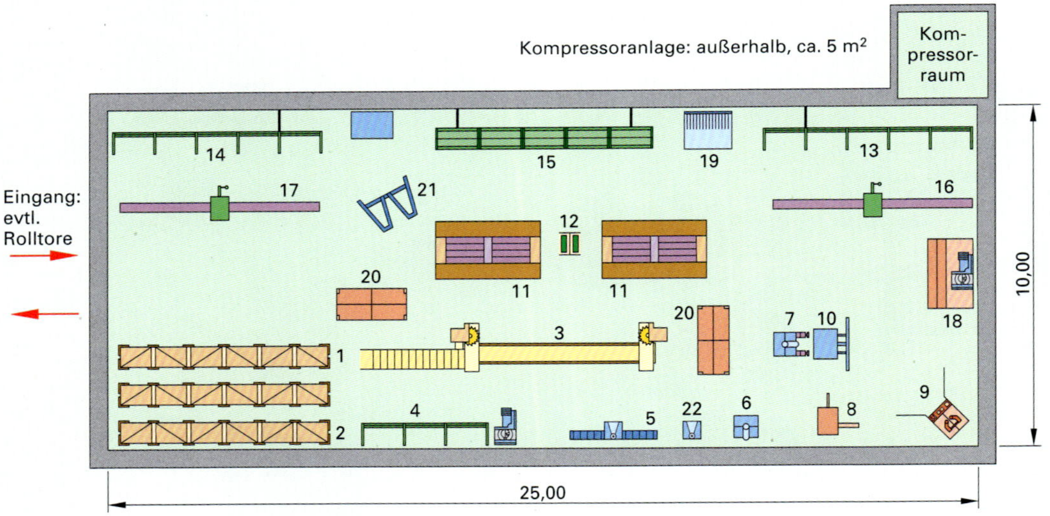

1 PVC-Lager
2 Stahl-Lager
3 Doppelgehrungssäge
4 Stahlsäge
5 Armierungsschrauber
6 Wasserschlitzfräse
7 Ausklinkfräse
8 Griffoliven/Schlosskasten bearbeiten
9 1-Kopf Schweissmaschine
10 CNC Verputzautomat
11 Arbeitstisch, 2 Stück
12 Dichtungshaspel
13 Regal: Glasleisten
14 Regal: Zusatzprofile
15 Regal: Handelswaren/Kleinteile/Beschläge
16 Glasleistensäge
17 Kappsäge
18 Tischkreissäge
19 Glasfachwagen
20 Profilwagen, 2 Stück
21 Fenstertransportwagen
22 Ständerbohrmaschine

Bild 1: Rationeller Fertigungsdurchlauf

18.2.1 Profilzuschnitt und -bearbeitung

Blendrahmen- und Flügelzuschnitt

Der erste Schritt zum fertigen Fenster ist der Zuschnitt der Profile auf Maß und Gehrung. Die Qualität des Gehrungsschnittes entscheidet über die Qualität des eckverbundenen Rahmens. Das Zuschneiden von Metall- und Kunststoffprofilen muss auf getrennten Sägeeinrichtungen erfolgen. Dadurch wird verhindert, dass Metallspäne in den Kunststoff eindringen, dies würde zur Beschädigung des Schweißspiegels bzw. zu Qualitätsverlusten der Schweißnaht führen.

Man verwendet Gehrungssägen mit hartmetallbestückten Sägeblättern von D = 300 mm bis 500 mm, Zahnteilung 6 mm bis 12 mm ohne Schmierung, da Rückstände wie Öl, Fett etc. die Schweißgüte beeinflussen.

Das Profil muss so in der Säge eingespannt sein, wie es später beim Verschweißen gespannt wird und dabei winklig zum Sägeblatt stehen. Sägebeilagen wie im **Bild 1** dargestellt stützen dabei die Profile ab. Es empfiehlt sich als Auflage die breiteste Profilfläche zu wählen.

Beim Zuschnitt von PMMA-PVC-coextrudierten Profilen ist stets die coextrudierte Seite dem Sägeblatt entgegenzustellen.

Das Spannen auf der Sichtfläche sollte wegen der Beeinträchtigung (Absätze und Druckstellen) der Oberfläche vermieden werden.

Da sich die Profillängen beim Schweißen verkürzen, muss eine Schweißzugabe berücksichtigt werden. Sie liegt zwischen 5 mm und 6 mm, da der Abbrand beim späteren Schweißen bei ca. 2,5 mm bis 3 mm liegt. Die genaue **Schweißzugabe** ist im Versuch zu bestimmen, da sie maschinen- und zuschnittsabhängig ist.

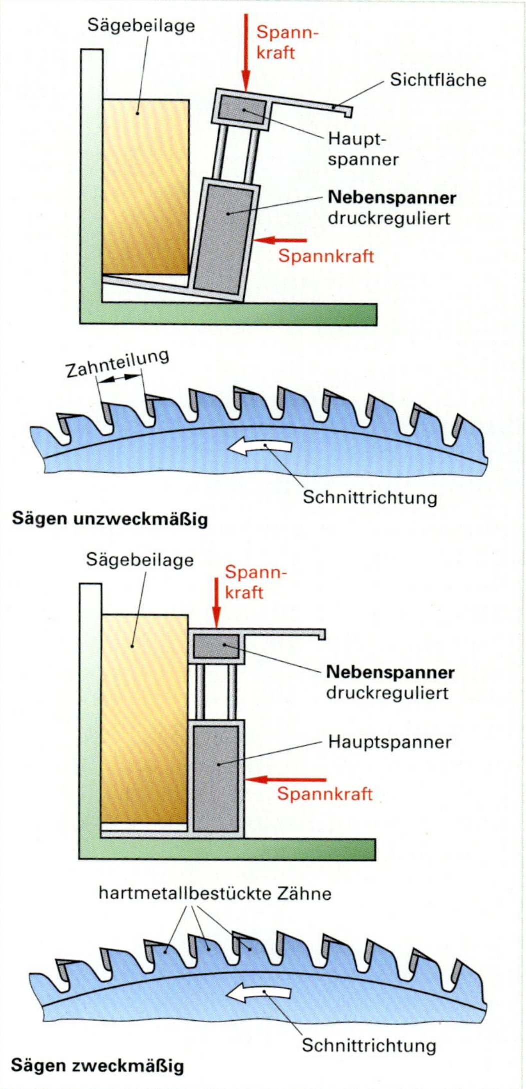

Bild 1: Spannregeln

Der Zuschnitt erfolgt in der Regel auf **Doppelgehrungssägen** (**Bild 1, folgende Seite**), deren Sägeblätter entsprechend der geforderten Gehrungswinkel geschwenkt werden können.

Die Schnittgeschwindigkeit beträgt ca. 50 m/s bei hartmetallbestückten Sägeblättern mit **Feinzahnung**. Werden HSS-Sägeblätter verwendet, müssen diese hinterschliffen sein.

Die Schärfe der Zähne muss immer wieder geprüft werden, da sonst durch die erhöhte Reibungswärme am Sägeblatt ein Schmierfilm entsteht. Dies führt zum „Verschmieren" der Spanräume und zum Anhaften von Material am Sägeblatt und der Schnittfläche.

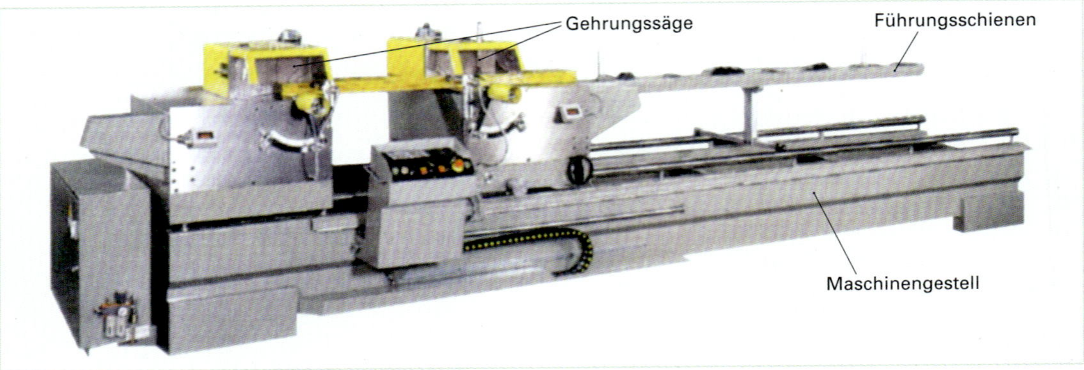

Bild 1: Doppelgehrungssäge

Inline-Dichtung

Beim Zuschneiden dieser Dichtung kann es zum „Ausfransen" der Schnittstelle kommen. Ein sauberer Schnitt wird durch Zulagen unterstützt, die möglichst nahe am Sägeblatt zu montieren sind. Dadurch wird die Dichtung angepresst und ein Entspannen der Dichtung verhindert.

Pfosten- und Riegelzuschnitt

Beim Bau von Fenstern mit Pfosten und Riegeln kann das Rahmenprofil **V-förmig** ausgeklinkt werden. Dazu verwendet man spezielle **Ausklinksägen**, bei denen zwei Sägeblätter im 90°-Winkel zueinander stehen. Nach dem ersten Gehrungsschnitt wird durch Umlegen und einen weiteren Schnitt die zum Klinkschnitt passende Spitze angeschnitten (**Bild 2**).

Alle Pfosten und Riegel können auch „stumpf" eingesetzt werden. Dabei werden die Teile mittels sogenannten **Verbindern** mit dem Rahmen verschraubt, wobei sie vorher mit einen Ausklinkfräser der Kontur des Verbinders angepasst werden.

Diese Verbindungsart hat sich speziell bei farbigen Profilen (acrycolor und folierte Profile) bewährt, da das Zusammenspiel ungünstiger Faktoren zu feinen Rissen in den Verschweißungen führen kann.

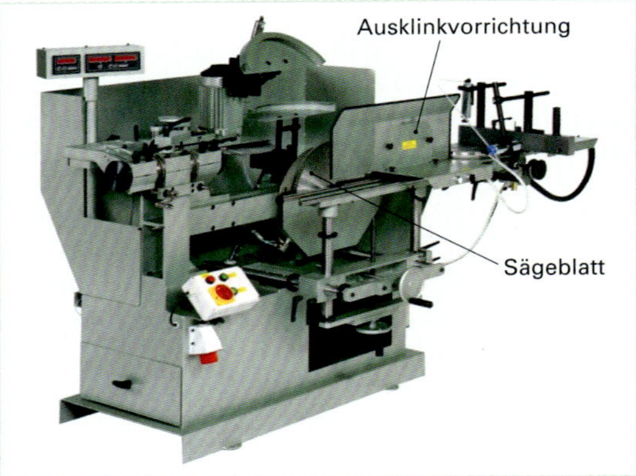

Bild 2: Ausklinksäge

Ausnehmungen, Fräsungen und Bohrungen

Für die Glasfalzentwässerung, den Dampfdruckausgleich und der Befestigung der Beschläge und Griffe müssen Langlöcher und Bohrungen in die Rahmen eingebracht werden. Hierzu werden hochtourige Bearbeitungsmaschinen und Fräser bzw. Bohrer aus HSS mit **Spanwinkeln von 3° bis 5°** eingesetzt (**Bild 3**).

Bei Blendrahmen ist eine **Wasserfangnut** im unteren Blendrahmenprofil auf die ganze Profillänge einzubringen.

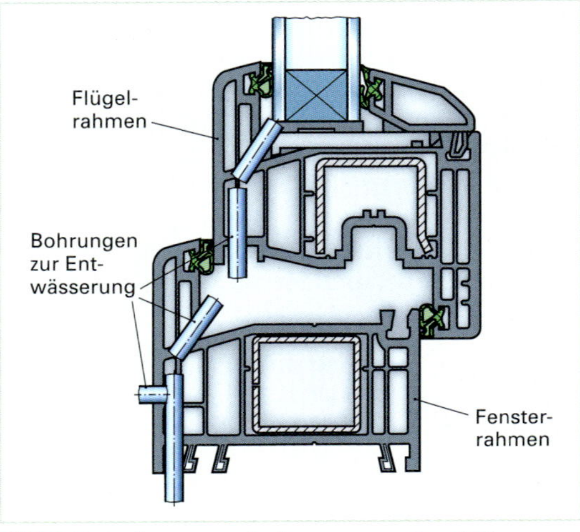

Bild 3: Entwässerungsbohrungen und -schlitze

Der Durchbruch von der Wasserfangnut zur **Wärmestaukammer** ist ein Langloch von 5 × 15 mm. Die Position liegt ca. 70 mm vom **Blendrahmenfalzeck** entfernt und wird mittels Oberfräse gefertigt.

Die Bohrung der Wasserstaukammer nach außen ist ca. 30 mm vom Blendrahmenfalzeck entfernt und unmittelbar über dem Boden der Wasserstaukammer im Durchmesser von 8 mm anzubringen.

Die Glasfalzentwässerung wird in der mittig gelegenen Einrastnut, 5 mm von der Gehrungsschnittkante jeder Seite, mit einer Bohrung von 8 mm und einer Neigung zur Außenseite eingeklebten Röhrchen bewerkstelligt.

All diese Arbeiten müssen aus Rationalisierungsgründen weitgehend am losen Stab erfolgen.

Armierungen

PVC-Profile müssen bei einer bestimmten Belastung und ab einer bestimmten Länge mit Metallprofilen armiert werden. Diese Stahlprofile müssen korrosionsgeschützt (z. B. verzinkt) vorbereitet sein. Bei Glasgewichten **> 100 kg** bei Festverglasungen ist mindestens das untere Blendrahmen-Querstück zu armieren.

Flügelprofile, deren Gesamtlängen > **100 cm** liegen, müssen ebenfalls armiert werden. Flügelprofile von Schwing- und Wendeflügel müssen immer armiert sein. Ebenso hat die Praxis gezeigt, dass farbige Profile unabhängig von der Ausführung immer ausgesteift werden sollten.

Nach dem Einschieben der Aussteifung wird diese von der nicht sichtbaren Seite aus mit selbstbohrenden Schrauben verbunden. Der Abstand der Verbindungspunkte liegt bei maximal 25 mm ... 40 mm. Er liegt im Idealfall in der Stabmitte.

18.2.2 Verbinden der Profilzuschnitte

Kunststoffprofile werden mit speziellen **Stumpfschweißmaschinen** nach der Richtlinie DVS 2207 gefügt. Die Einstellung der Schweißmaschinen wird durch Probeschweißungen überprüft, wobei die Schweißzugabe, die Winkelgenauigkeit und die Eckenfestigkeit geprüft werden.

Die Schweißspiegel sind vorzugsweise mit PTFE-Folien mit einer Dicke bis zu 0,13 mm umspannt, um ein Anhaften von Material am Heizelement zu vermeiden.

Der Schweißspiegel ist immer frei von Rückständen aus vorhergehender Schweißung zu halten und die Schnittflächen der Profile müssen sauber, trocken und fettfrei sein (**Bild 1**).

Bild 1: Schweißspiegel

Die **Schweißtemperatur** liegt zwischen 230 °C und 250 °C und die **Schweißzeit** bei 28 s ... 42 s (je nach Profilquerschnitt), dies führt zu einer **Abschmelzmenge** von etwa 2,5 mm je Profilseite. Diese Abschmelzung muss unbedingt beim Profilzuschnitt berücksichtigt werden, um genaue Rahmenmaße zu erhalten. Bei Pb- und CuZn-stabilisierten Profilen muss die Schweißtemperatur ca. 5 °C unter der jeweiligen Range liegen. Der **Fügedruck** ist bei weißen Profilen 4 bar und bei farbigen Profilen 6 bar ... 8 bar. Die **Abkühlzeiten** liegen zwischen 40 s und 50 s.

Die Schweißung ist als gut zu bezeichnen, wenn man links und rechts der Schweißnaht eine 3 mm breite **Stauchzone** erkennt. Die **Schweißraupe** darf dabei keine Gelb- oder sogar Braunfärbung aufweisen, was auf Überhitzung schließen ließe (**Bild 2**). Nach ca. 40 s Kühlzeit kann das geschweißte Teil der Maschine entnommen werden. Die Kühlzeit darf nicht mittels Druckluft oder Ähnlichem beschleunigt werden, da dabei Spannungen „eingefroren" werden. Vor der Weiterverarbeitung müssen die Rahmen einige Minuten auskühlen. Nach der erfolgten **Auskühlung** muss der Winkel genau 90° betragen.

Verputzen der Schweißstellen

Die Schweißraupen werden mit einer **Schweißraupenfräse** (**Bild 1**) möglichst frühzeitig entfernt.

Bei Inline-Dichtungen kommt ein spezieller Fräser zum Einsatz, der die Dichtungen im Bereich des Flügelfalzes nicht beschädigt. Bei NC-gesteuerten Maschinen kann der Bereich hinter den Dichtungen in einem gesondertem Arbeitsgang verputzt werden. In regelmäßigen Abständen ist die Winkeleinstellung der Maschine zu überprüfen. Rückstände am Schweißspiegel sind mittels eines Leinenlappens zu entfernen.

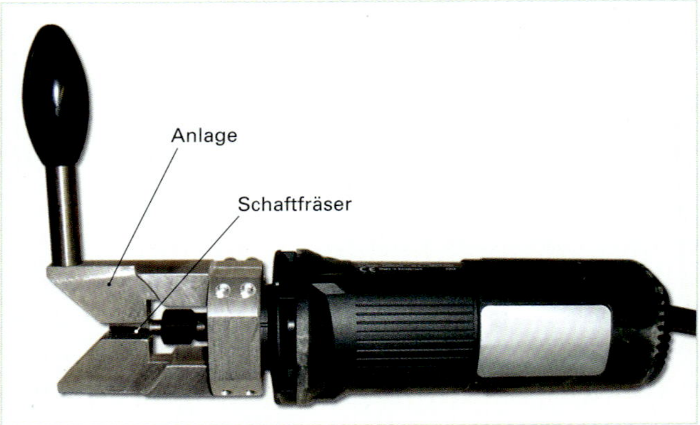

Bild 1: Schweißraupenfräse

Bei coextrudierten (zweifarbigen) Teilen sind vor jeder Produktion Schweißversuche durchzuführen, um sicherzustellen, dass in den Ecken kein weißes Grundmaterial an der farbigen Oberfläche austritt. Der Weißaustritt lässt sich vermeiden, wenn das Heizelement in Richtung des weißen Grundkörpers ausfährt.

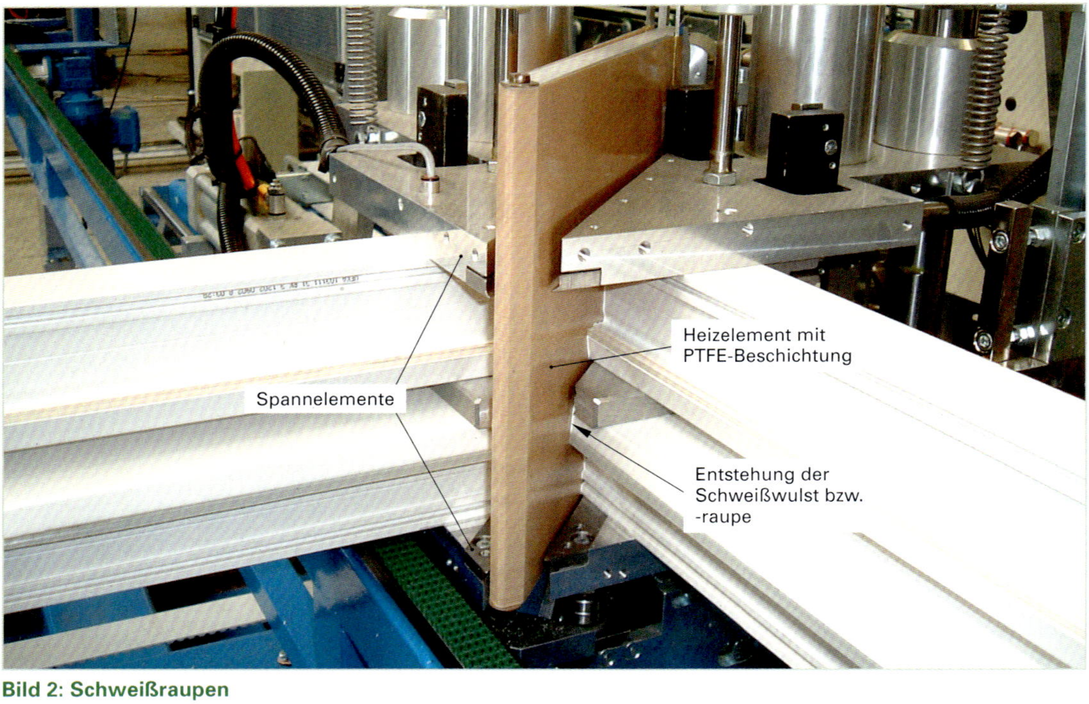

Bild 2: Schweißraupen

Beschlageinbau

Das Fenstersystem wie Dreh- oder Dreh-Kipp-Fenster bestimmt das Beschlagsystem. Es dürfen dabei nur Schrauben verwendet werden, die gegen Korrosion geschützt sind. Bei Verwendung von Elektro- oder Druckluftschraubern wird eine Einschraubdrehzahl von 500 1/min bis 700 1/min empfohlen. Das einzustellende Drehmoment liegt dabei im Bereich von 2,5 Nm bis 6,5 Nm. Die Abstimmung von **Einschraubdrehzahl** und **Einschraubdrehmoment** verhindert eine Überhitzung von PVC, die beim Eindrehen der Schrauben im Gewindebereich durch zu große Reibung entsteht.

Werden die Schrauben auch in der Armierung befestigt, so sind Vorbohrungen mit einem Durchmesser von ca. 1,0 mm kleiner als der Nenndurchmesser der jeweiligen Schraube vorzusehen. Bei Verschraubungen nur im PVC sollte nicht vorgebohrt werden, um eine höhere Auszugsfestigkeit zu erreichen. Es sind dabei Schrauben mit **selbstschneidenden** Spitzen zu verwenden.

Ebenso ist die Schraubengeometrie entscheidend für das 100 %-ige Abtragen der jeweiligen Schraubenbelastung (Scher- oder Zugbelastung). Das **Bild 1** zeigt eine Auswahl von Schrauben und deren Geometrie.

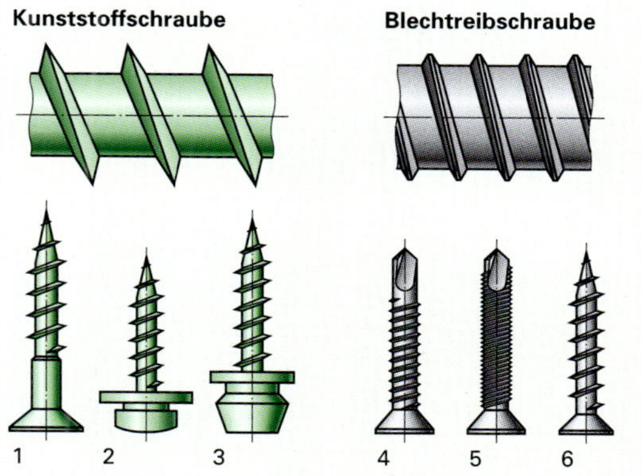

1 selbstbohrende Fensterbauschrauben: zur Befestigung der Aussteifung durch eine PVC-Wandung
2 selbstbohrende Fensterbauschrauben: zur Befestigung der Aussteifung durch mehrere PVC-Wandungen (Gefahr des Ausbrechens der Bohrspitze ist geringer)
3 selbstschneidende Fensterbauschrauben: zur Befestigung der Beschlagteile im PVC
4 spanplattenschrauben: zur Kopplungsverschraubung
5 selbstschneidende Fensterbauschrauben mit Dichtscheiben: zur Befestigung von Außenfensterbänken
6 Kunstoff-Klemmnippel Art. 3406 70 mit selbstschneidender Fensterbauschraube: zur Befestigung von Rolloführungsschienen, Wetterschenkeln und Zusatzprofilen (aus Acrylcolor vorbohren)

Bild 1: Schraubenarten

18.2.3 Klotzung und Dichtung der Scheibe

Nach der Fertigstellung des Blendrahmens und des Flügelrahmens muss das Fenster verglast werden. Diese Arbeit umfasst die **Vorbereitung des Glasfalzes**, die **Lagerung der Scheibe** und die **Abdichtung der Glasscheibe im Flügelrahmen**. Die Scheibe darf keine tragende Funktion übernehmen und der Flügel darf sich nicht verziehen. Mithilfe von Klötzen aus imprägniertem Holz bzw. Kunststoff wird der Blendrahmen winklig in der Bauöffnung ausgerichtet.

Mit **Tragklötzen**, die das Gewicht der Glasscheibe auf die Rahmenkonstruktion übertragen und mit **Distanzklötzen**, die gegen Verrutschen sichern, wird die Glasscheibe im Flügelrahmen fixiert. **Klotzbrücken** ermöglichen einen umlaufenden Dampfdruckausgleich und sorgen für den ungehinderten Ablauf von eingedrungenem Regenwasser (**Bild 2**). Diese Klötze sind in der Regel 60 mm bis 100 mm lang und ca. 2 mm breiter als die Dicke der Verglasungseinheit. Es gibt unterschiedliche Klotzdicken, die verschiedenfarbig gekennzeichnet sind, z. B. 4 mm-Klötze sind gelb. Beim Einbau sind die Klötze gegen Verrutschen zu sichern. Es muss darauf geachtet werden, dass sich zwischen Rahmen und dem Rand des Isolierglases keine „Tropfbrücken" bilden. Im **Übersicht 1** auf **Seite 648** sind je nach Fensteröffnung die verschiedenen Verklotzungen dargestellt.

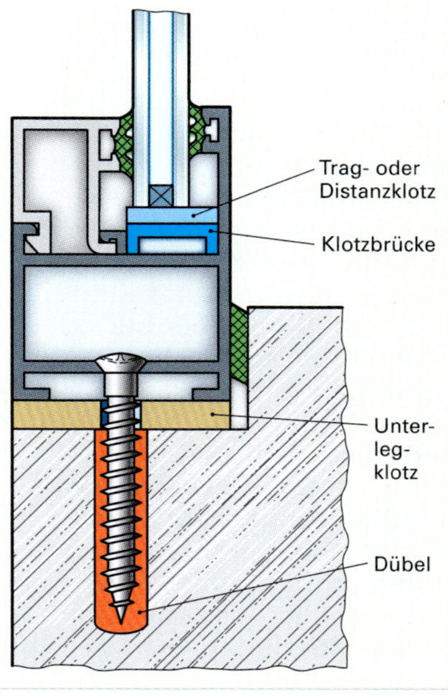

Bild 2: Bestimmung der Verklotzung

Übersicht 1: Verklotzungsarten für die verschiedenen Öffnungsarten der Fenster

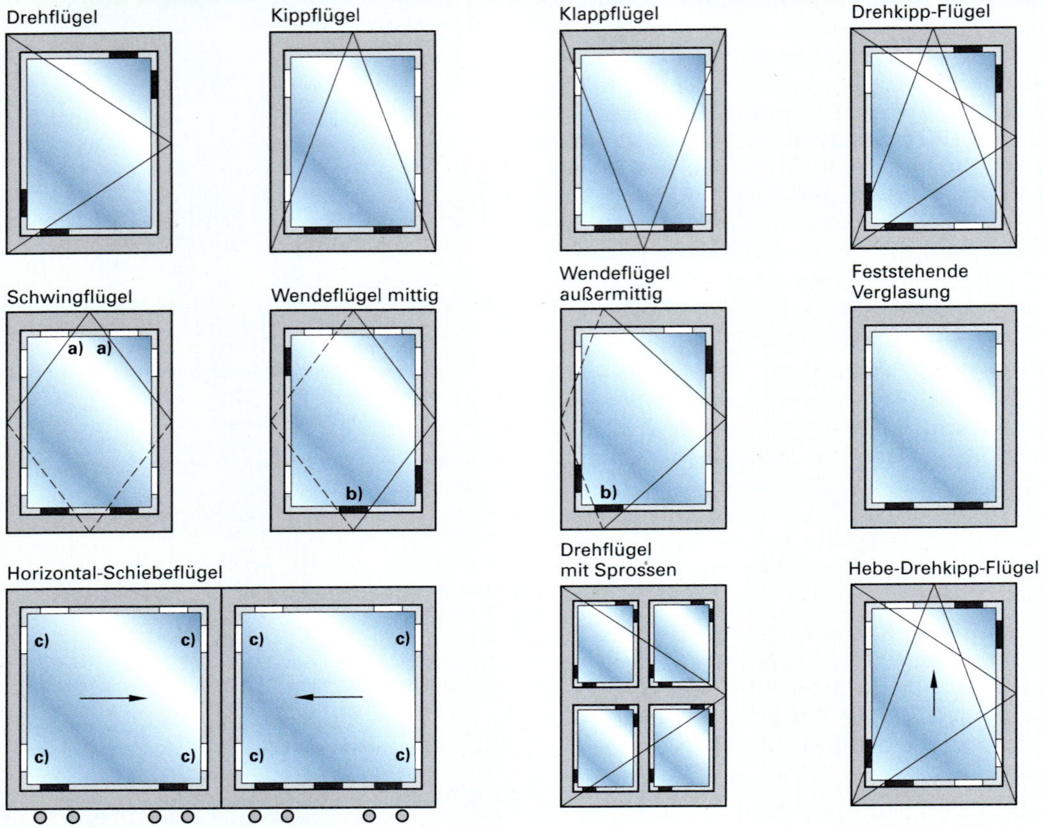

a) werden bei umgeschwungenem Flügel zu Tragklötzen
b) bei über 1 m breiten Verglasungseinheiten sollen 2 Tragklötze von mindestens 10 cm Länge über dem Drehlager liegen
c) Empfehlung: Distanzklötze aus elastomeren Kunststoff (60 Shore bis 80 Shore)

——— nach innen öffnend
- - - - - nach außen öffnend
▬ Tragklotz
▭ Distanzklotz

Der **Glasfalz** kann mit **Dichtstoffen** oder mit vorgefertigten **Dichtprofilen** gegen eindringendes Regenwasser geschützt werden (**Bild 1**). Sowohl die Dichtstoffe als auch die Dichtprofile stellen elastische Verbindungen von Rahmen und Verglasung dar und besitzen ein Rückstellvermögen, d. h. sie können Dickentoleranzen der Scheibe und Bewegungen ausgleichen. Wird mit Dichtprofilen gearbeitet, so müssen die Ecken dieser Profile dicht sein. Dies wird erreicht, indem man die Ecken der Profile stumpf oder auf Gehrung geschnitten verklebt, vulkanisiert oder verschweißt. Die unterschiedlichen Materialien, die zum Einsatz kommen weisen ein unterschiedliches Wärmeverhalten auf (**Tabelle 1, folgende Seite**).

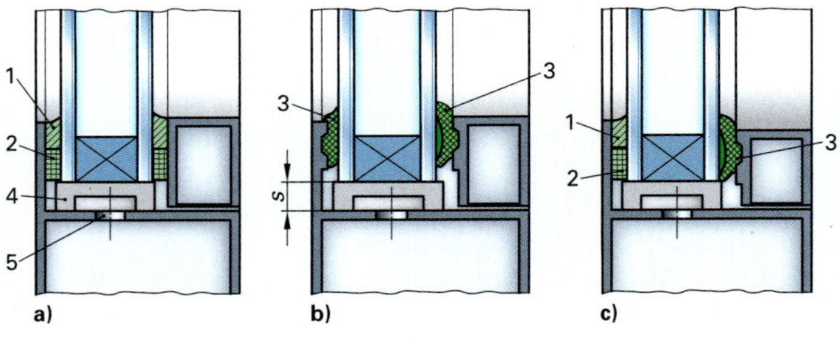

1 Dichtstoff
2 Vorlegeband
3 Dichtprofil
4 Klotzbrücke
5 Dampfdruck-Ausgleichsöffnung
s Abstand (freier Spielraum)

Bild 1: Möglichkeiten der Abdichtung

Tabelle 1: Eigenschaften der Dichtprofile und ihre Eckverbindung

Eigenschaften	Polyvinylchlorid (PVC)	Polychloroprene (CR) Handelsnamen: Baypren, Neoprene	Ethylen-, Propylen-, Terpolymer-Kautschuk (EPDM = ATPK)	Silikon (SI)
Werkstoff	thermoplastisch	elastomer	elastomer	elastomer
Temperaturbereich	– 10 °C ... + 40 °C	– 20 °C ... + 70 °C	– 30 °C ... + 90 °C	– 60 °C ... + 180 °C
Farbe	farbig	schwarz	schwarz	farbig
Eckverbindung	schweißen	Vulkanisation, Kleben, Injection moulding	Vulkanisation, Kleben, Injection moulding	Kaltvulkanisation mit Silikonkleber oder Injection moulding
UV-Beständigkeit	bedingt	gut	gut	gut

Die Glasfalzbreite richtet sich nach der Art der Verglasung und der verwendeten Abdichtung (**Bild 1, Seite 648**). Die Glashalteleisten sind im Regelfall auf der Rauminnenseite angeordnet. Die wichtigste Abmessung spielt dabei die Glasfalzhöhe (**Bild 1**), die sich nach der längsten Scheibenkante richtet. Dabei gilt folgende Regel:

Der **Glaseinstand *g*** beträgt mindestens 14 mm.

Um einen sauberen Dichtschluss in der Gehrung zu erreichen, werden die Glasleisten je nach Länge mit einer Längenzugabe von 1 mm bis 2 mm zugeschnitten. Bei auf Gehrung geschnittenen Glasleisten werden zuerst die kürzeren Leisten eingelegt, die längeren Leisten etwas durchgebogen und die Gehrung eingedrückt bzw. von der Mitte aus beginnend mit leichten Schlägen mittels Gummihammer eingeschlagen.

Alle Verglasungssysteme mit dichtstofffreiem Falzraum benötigen Öffnungen im Rahmen für eine Entwässerung (tiefste Stelle) und einen Dampfdruckausgleich (höchste Stelle). Diese Öffnungen sind als Schlitze mit den Maßen 5 mm × 20 mm oder als Bohrungen von ø 8 mm ausgeführt.

Sie müssen von außen betrachtet **vor** der **Mitteldichtung** liegen, gratfrei sein und können einen Abstand bis zu 600 mm zueinander haben. **Bild 2** zeigt verschiedene Verschraubmöglichkeiten der Beschläge.

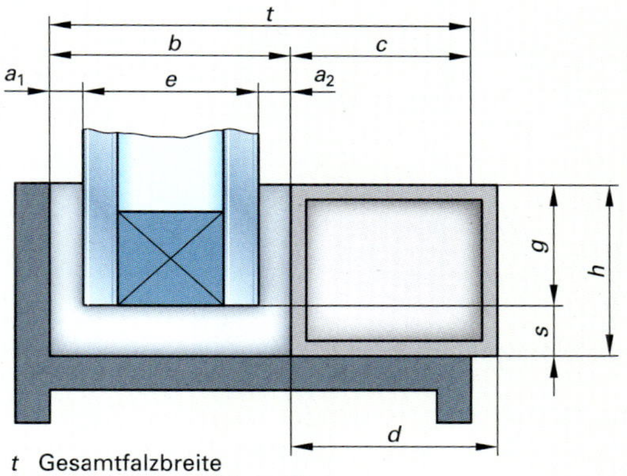

t Gesamtfalzbreite
b Glasfalzbreite (Lichtmaß)
e Breite der Verglasungseinheit
a_1 Dicke der Dichtstoff- bzw. Dichtprofilvorlage außen
a_2 Dicke der Dichtstoff- bzw. Dichtprofilvorlage innen
c Auflagebreite der Glashalteleiste
h Glasfalzhöhe
g Glaseinstand der Verglasungseinheit (≈ 2/3 · *h*, jedoch maximal 20 mm)
s Spielraum zwischen Falzgrund und Scheibenkante, Falzluft = 1/3 · *h*, mindestens jedoch 5 mm
d Breite der Glasleiste gesamt

Bild 1: Glasfalzabmessungen

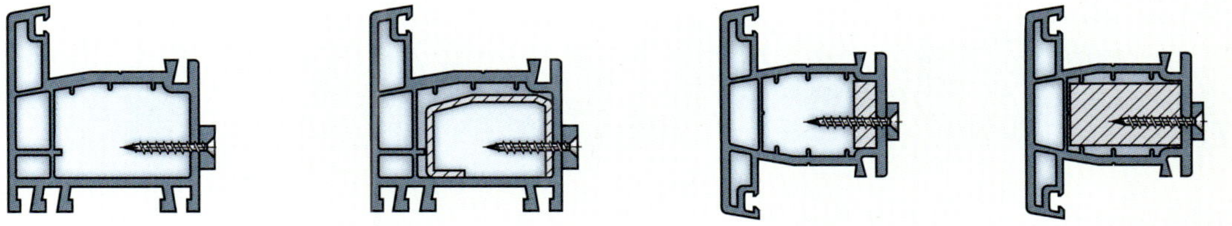

1. Befestigung unzureichend
2. Stahl auf Gehrung schneiden
3. PVC-Streifen einschieben
4. Pfostenverbinder einsetzen

Bild 2: Verschraubmöglichkeiten der Beschläge

18.3 Montage und Befestigung von Fenstersystemen

Der Wärmeschutz, der Schallschutz und die Dichtheit der Anschlussfugen erfordern eine fachgerechte Gestaltung der Fugengeometrie, Befestigung, Dämmung und Abdichtung des Fenstersystems in der Bauöffnung. Bei der Montage von Fenstern und Türen spricht man vom **Anschlagen** (**Bild 1**).

Der **stumpfe Anschlag** ist die meist verwandte Anschlagsart, die das Anschlagen in beliebiger Tiefe erlaubt. Beim **Innenanschlag** wird das Fenster vom Innenraum aus gegen den Mauerfalz angeschlagen. Bei diesem Anschlag ist die Anschlussfuge gegen Witterungseinflüsse geschützt. Beim **Außenanschlag** ist zum Einsetzen des Fenstersystems ein Gerüst notwendig, da das Fenster von außen gegen den Mauerfalz angeschlagen wird. Die Anschlussfuge ist voll der Witterung ausgesetzt.

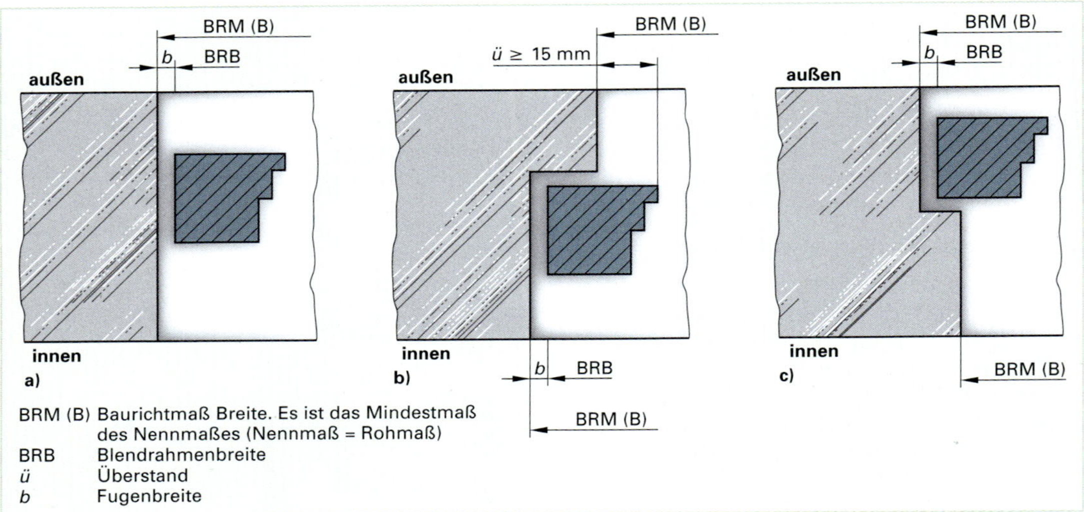

Bild 1: Anschlagsarten: a) stumpf b) von innen c) von außen

Die Einbaulage, Befestigungsart und die Anschlussfuge richtet sich nach der Außenwand und der Bauart des Fensters. Aus den Baumaßen kann nun der Blendrahmen gemessen werden.

Beim Einsetzen des Fensters wird das Fenster auf Unterlegklötze gestellt und mit Futterklötzen ausgerichtet. Keile, die während der Montage zur Fixierung verwandt werden, müssen nach der Befestigung wieder entfernt werden um den temperaturbedingten Bewegungsausgleich nicht zu behindern. Die Fenster sind umlaufend zu befestigen, d. h. sie müssen in allen vier Wandseiten verankert werden. Ein statischer **Befestigungsnachweis** ist nur notwendig, wenn die Fensterflächen **größer 9 m²** und deren kürzeste Seite **länger als 2 Meter** ist. Füll- oder Montageschäume reichen als Befestigungsmittel nicht aus. Folgende Befestigungsmittel, wie in **Bild 2** dargestellt, kommen zum Einsatz:

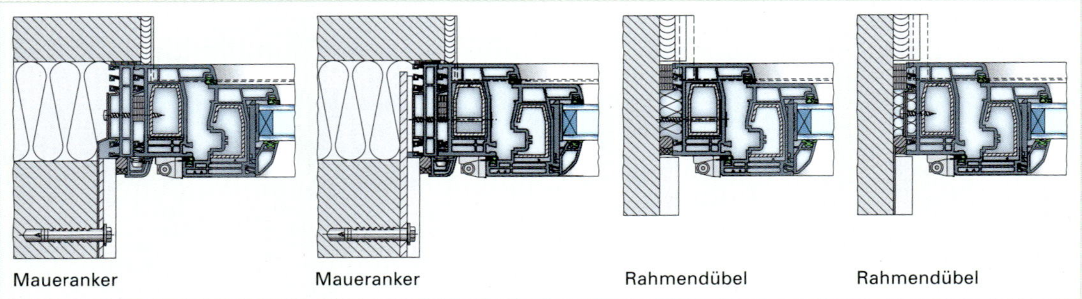

Bild 2: Befestigungsmöglichkeiten am Bauwerk

Rahmendübel, zusammen mit speziellen Fensterschrauben ermöglichen sie einen geringen Bewegungsausgleich, sind aber für schwere Lasten nicht geeignet.

Befestigungswinkel sind wegen ihrer Biegesteifigkeit gut für schwere Lasten geeignet. Sie werden ans Bauwerk gedübelt oder an die im Bauwerk einbetonierten Metallteile angeschweißt.

In die Leibungswände einbetonierte oder einzementierte **Ankerschienen** haben den besonderen Vorteil, dass die Fenstersysteme mit entsprechenden Laschen in die Nuten der Ankerschienen eingehängt, ausgerichtet und fixiert werden können. Die Befestigungspunkte am Blendrahmen sind im **Bild 1** dargestellt. Es ist darauf zu achten, dass jede Fensterseite mindestens an zwei Stellen mit dem Bauwerk verankert ist. Die maximalen Toleranzen in der Lotrechten und der Horizontalen dürfen maximal 1,5 mm/m betragen.

Ein besonderes Augenmerk muss auf die Ausbildung der **Anschlussfuge** zwischen Fenstersystem und dem Bauwerk gelegt werden. Die meisten Bauschäden werden durch eine mangelhafte Abdichtung verursacht.

Die **Fugendimensionierung** und die **Abdichtsysteme** sind so zu bestimmen, dass sich die Fenstersysteme ungehindert ausdehnen bzw. zusammenziehen können, ohne das Undichtheiten entstehen. Der Fugenwerkstoff muss deshalb ein hohes Stauch-Dehnverhalten aufweisen.

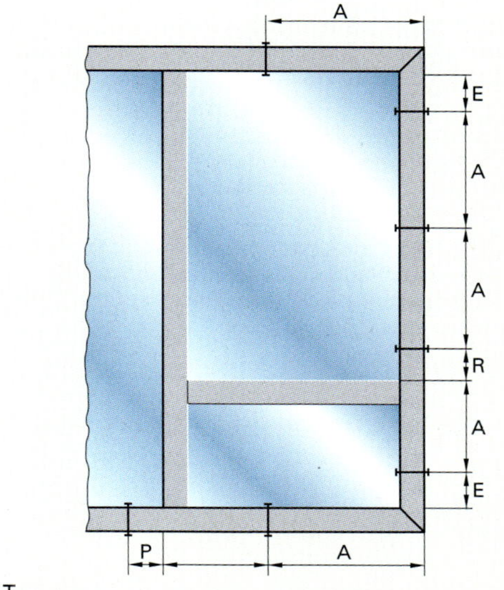

Befestigungspunkt

E: Eckenabstand 150 mm

A: Ankerabstand
max. 800 mm bei Aluminiumprofilen
max. 700 mm bei Kunststoffprofilen

R: Riegelabstand 150 mm

P: Pfostenabstand 150 mm

Bild 1: Befestigungspunkte am Blendrahmen

Die Fugenbreite wird vom Dichtstoff, dem Werkstoff des Profils und von der Elementlänge bestimmt und kann aus der **Tabelle 1** entnommen werden. Es werden auch **imprägnierte Dichtungsbänder** verwendet. Diese Bänder sind vorkomprimiert auf Rollen aufgewickelt und quellen im eingebauten Zustand auf, sodass die nötigen Druckkräfte zur Abdichtung entstehen.

Dichtstoffdicke *d* entspricht bei Silikon: Halbe Fugenbreite *b* oder $d \geq 6$ mm

Tabelle 1: Befestigungsmöglichkeiten am Bauwerk

Werkstoff der Fensterprofile	**Elementlänge in m**			
	≤ 1,5 m	**≤ 2,5 m**	**≤ 3,5 m**	**≤ 4,5 m**
PVC-U hart, weiß	10	15	20	25
PVC-U hart und PMMA, dunkel oder farbig extrudiert	15	20	25	30
Harter PUR-Intregalschaumstoff	10	10	15	20
Aluminium mit Kunststoffisoliersteg, hell	10	10	15	20
Aluminium mit Kunststoffisoliersteg, dunkel	10	15	20	25
Holzfensterprofile	10	10	10	10

18.3.1 Arbeitsplan für die Montage eines unverglasten Drehkipp-Fensters

Tabelle 1: Arbeitsplan für die Montage

Arbeitsfolge	Bemerkungen
Rohbauöffnung prüfen (evtl. säubern und glatt putzen), ggf. Mauerwerk im Bereich der späteren Versiegelung mit Primer einstreichen	Gliedermaßstab, Wasserwaage, Handbesen, Schaber und Primer
Lage des Fensters im Baukörper mit dem Auftraggeber vereinbaren; falls erforderlich: Meterriss an Leibung anzeichnen	Bleistift, evtl. Schlauchwaage oder Baulaser. Auftraggeber ist für die Schaffung des Meterrisses verantwortlich
Basisrohr (Stahlrohr) nach Meterriss, horizontal und nach Anschlagtiefe ausrichten und auf der Brüstung montieren; Bauanschlussfuge beachten	Richtwaage, Trageklötze, Gliedermaßstab, Schraubendreher, Akkuschrauber, Bohrmaschine, Steinbohrer und Dübel
Äußere Fensterbank montieren	Schraubendreher und Akkuschrauber
Flügel aus Blendrahmen aushängen; Glashalteleisten demontieren	
Blendrahmen auf Basisprofil aufsetzen; seitlich auf gleiche Fugenbreite lotrecht, waagerecht und fluchtgerecht ausrichten	Gliedermaßstab, Richtwaage, max. zulässigen Abweichungen bis 3 m Elementlänge: 1,5 mm pro m, jedoch höchstens 3 mm
Blendrahmen an der oberen Ecke vorsichtig verkeilen; im Bereich des unteren Bandes und diagonal gegenüber Unterlegklötze anbringen	Holzkeile, Unterlegklötze, Hammer Abfangen der vertikalen Kräfte beachten
Alle vier Seiten nach Vorschrift verdübeln und evtl. hinterfüttern	Bohrmaschine, Steinbohrer, Rahmendübel, Schraubendreher, Bohrungen in Fugen vermeiden, evtl. nachbohren
Griffseite und Blendrahmenoberteil verdübeln. Hilfskeile in den Rahmenecken entfernen; Hinterfütterung und Keile, die gegen die Absenkung des Rahmens notwendig sind, brauchen nicht entfernt werden; alle Schrauben festziehen	Zahl der Befestigungspunkte und -abstände beachten; die verbleibenden Keile dürfen die Längenänderungen des Rahmens nicht behindern
Flügel einhängen, Funktion prüfen und Flügel schließen, evtl. Blendrahmen ausrichten	
Fenster verglasen: Klotzbrücken und Klötze einlegen und Lagen sichern; Scheibe in den geschlossenen Flügel einsetzen; Glashalteleiste und innere Verglasungsdichtung eindrücken; Dichtungsenden verkleben	Größere und schwerere Fenster werden auf der Baustelle verglast; Klotzheber zum Anheben der Scheibe (Klotzholz), Trag- und Distanzklötze, Silikon zum Fixieren der Klötze und Kleber
Schließfunktion und Gängigkeit prüfen, evtl. Scheibe nachklotzen und an Schere, Drehkipplager und Riegelstück nachjustieren	Verschieden dicke Klötze, Flügel muss gleichmäßig am Blendrahmen anliegen
In die Bauanschlussfuge Wärmedämmung und Dichtschnur (Vorfüllprofil) einbringen, innen und außen nach Vorschrift abdichten	Montageschaum, Hinterfüllmaterial (z. B. Dichtschnur), Dichtstoffkartuschen (z. B. Silikon), evtl. Isoliermaterial, Primer; Regel: Innen dichter als außen beachten
Grundreinigung	Reinigungsmittel

18.3.2 Grundlagen der Bauphysik

Gebäudehüllen sollen vor Wärmeverlusten schützen, ein angenehmes Raumklima bewahren, Lärm von außen durch Schallschutz fernhalten und durch Brandschutzmaßnahmen die Ausbreitung von Feuer und Rauchgasen verhindern. Seit 1995 muss gemäß der **Wärmeverordnung (WSVO)** bei Neubauten eine **Energiebilanz** vorgelegt werden und seit dem Jahre 2007 stellt die **Energieeinsparverordnung (EnEV)** hohe Ansprüche an die Wärmedämmung. Mithilfe von Infrarotkameras ist es möglich, die unsichtbare Wärmestrahlung aufzunehmen und somit „Wärmelecks" aufzuspüren (**Bild 1**).

Bild 1: Infrarotaufnahme der Wärmestrahlung

Wärmelehre

Die Wärme ist eine Energieform, die durch die **Temperatur** ϑ und die **Wärmemenge** $\boldsymbol{Q}$ bestimmt wird. Die Temperatur ist der Wärmezustand eines Stoffes und bezieht sich auf den absoluten **Nullpunkt in Kelvin (0 K = – 273 °C)**. Bei diesem Punkt sind die Atome und Moleküle in Ruhe, die erst durch Energiezufuhr zu schwingen beginnen und so die Temperatur steigen lassen. Die Wärmemenge gibt den **Energieinhalt** eines Körpers an und wird **in Joule (J)** angegeben.

Die Erwärmung eines Körpers ist von der **Temperaturdifferenz** Δt zur Umgebung, seiner Masse **m** und der spezifischen **Wärmekapazität** $\boldsymbol{c}$ abhängig.

Wärmemenge: $Q = m \cdot c \cdot \Delta\vartheta$ Einheit: **J**

Bei Erwärmung vergrößert sich das Volumen der Bauteile und deren Festigkeit nimmt ab. Infolge dieser Wärmedehnung können bei starren Befestigungen bzw. Verankerungen Bauschäden, wie Risse und Zerstörung der Verankerungen auftreten. Maßnahmen wie **Dehnfugen** ermöglichen eine Ausdehnung ohne Widerstand.

Temperaturunterschiede zwischen den Bauteilen führen zu einer Wärmeabgabe vom Bauteil der höheren zum Bauteil mit der niedrigeren Temperatur.

Innerhalb fester Stoffe geschieht dieser Wärmetransport durch Wärmeleitung. Diese **Wärmeleitung** ist ein werkstoffabhängiger Wert, der die Wärme angibt, die in einer Sekunde durch 1 m^2 einer ein Meter dicken Wand bei einem Temperaturunterschied von 1 K bzw. 1 °C hindurchgeleitet wird. Die pro Zeiteinheit übertragene Wärmemenge heißt **Wärmestrom** $\boldsymbol{Q}$. Dieser Wärmestrom ist umso größer, je größer der Temperaturunterschied und je höher die Wärmeleitfähigkeit des Bauteiles ist.

Innerhalb von **Flüssigkeiten** und Gasen geschieht der Wärmetransport durch **Wärmemitführung (Konvektion)** des strömenden Mediums. Diese **Wärmemitführung** wird durch die Wärmedurchgangszahl angegeben und entspricht der Wärmeleitung für feste Stoffe. Sie wird von der Anströmgeschwindigkeit bestimmt.

Wärmestrahlung ist die dritte Form der Wärmeübertragung. Sie benötigt kein Übertragungsmedium und ist abhängig vom Temperaturunterschied und der Oberflächenbeschaffenheit der strahlenden Körper.

In der Praxis wirken alle drei Arten der Wärmeübertragung. Die Wärmeleitung und die Konvektion werden im so genannten ***U*-Wert** zusammengefasst. Die Wärmestrahlung wird mit Zuschlagswerten zur Wärmebedarfsberechnung erfasst. Je niedriger der ***U*-Wert** ist, desto besser ist die Wärmedämmung eines Bauteiles, wie z. B. bei Kunststoffen und porigen Stoffen.

Fenster durchbrechen die Wände und schwächen deren wärmedämmende Funktion. Da Glas gut leitet, müssen Lufträume und Kunststoffprofile die Wärmeleitung von innen nach außen unterbrechen. Die **Tabelle 1** zeigt den Einfluss der verwendeten Verglasung bzw. des Profilwerkstoffes auf das Wärmedämmvermögen.

Bild 1 zeigt den Verlauf des Wärmestromes durch eine Wand.

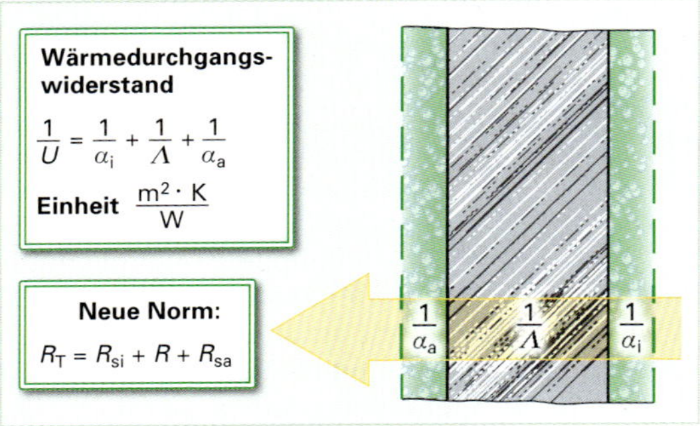

Bild 1: Wärmedurchgangs-Widerstände

Tabelle 1: Vergleich der Wärmedämmung

Wärmedurchgangskoeffizient U_g für Abstandhalter aus Aluminium und Stahl		
Rahmenwerkstoff	Zweischeiben- oder Dreischeiben-Isolierverglasung, unbeschichtetes Glas, Luft- oder Gaszwischenraum	Zweischeiben-Isolierverglasung mit niedrigem Emissionsgrad, Dreischeiben-Isolierverglasung mit zwei Beschichtungen mit niedrigem Emissionsgrad
	U_g in W/(m² · K)	
Holz- und Kunststoff	0,04	0,06
Metall mit wärmetechnischer Trennung	0,06	0,08
Metall ohne wärmetechnische Trennung	0	0,02

Kondenswasserbildung

Luft kann nur eine gewisse Menge Wasserdampf aufnehmen, die von der Temperatur abhängig ist. Die Wassermenge, die bei einem bestimmten Druck und Temperatur höchstens aufgenommen werden kann, ist die **Maximale Feuchte**, d. h. die Luft ist 100 % „gesättigt".

Man unterscheidet eine **absolute** und **relative Luftfeuchtigkeit**. Die absolute Luftfeuchtigkeit ist die Wassermenge in Gramm, die in einem Kubikmeter Luft vorhanden ist. Die relative Luftfeuchtigkeit, angegeben in %, ist der Anteil des wirklich vorhandenen Wasserdampfgehaltes am maximal möglichen. Sinkt die Temperatur, so steigt die relative Luftfeuchtigkeit, bis sie den maximalen **Sättigungsgrad** (100 %) an Wasserdampf erreicht hat.

Sinkt die Temperatur weiter, so kondensiert der Wasserdampf und wird als Kondenswasser sichtbar, wobei diese Temperatur als **Taupunkt** bezeichnet wird. Der Mensch fühlt sich bei einer relativen Luftfeuchtigkeit von ca. 65 % am wohlsten. Aus Diagrammen kann der Taupunkt für verschiedene Wärmedurchgangs Koeffizienten entnommen werden (**Bild 2**).

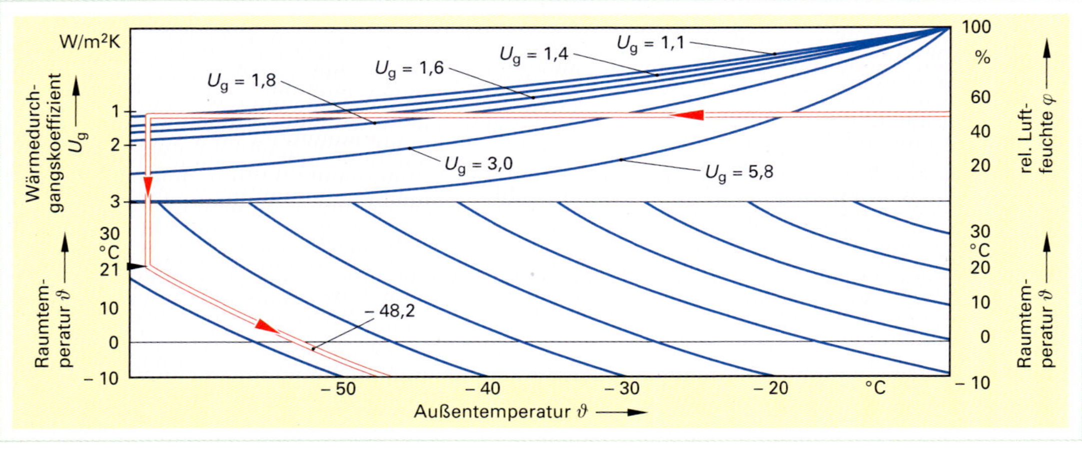

Bild 2: Diagramme zur Bestimmung des Taupunktes

Schallschutz

Die Anforderungen an die Schalldämmung steigen, weil die Gefahren hoher Lärmpegel für die Gesundheit immer mehr erkannt werden. Alles, was mit dem Gehör wahrgenommen wird, bezeichnet man als **Schall**, der in **dB (Dezibel)** angegeben wird.

Starke Lärmeinwirkung ist für den Menschen gesundheitsschädlich und vermindert die Konzentrations- und Leistungsfähigkeit. Schall entsteht immer dann, wenn Körper in **schnell schwingende Bewegungen** versetzt werden. Schall breitet sich dann von der **Schallquelle** gleichmäßig in alle Richtungen aus, solange ihm kein Hindernis entgegensteht (**Bild 1**).

Bild 1: Entstehung und Ausbreitung von Schall

Das menschliche Ohr hat einen großen Tonhöhen- und einen sehr großen Lautstärkenbereich. Die **Hörschwelle** verhält sich zur **Schmerzgrenze** wie 1:10^9. Da das Ohr diesen großen Bereich verarbeiten kann, sind Änderungen von 1/1000 oder sogar 1/10 000 nur unzureichend.

Eine Verbesserung der Schalldämmung ist nur sinnvoll, wenn der **Schallwiderstand** vervielfacht wird.

Für einen erholsamen Schlaf soll der Schallpegel im Schlafraum 25 dB nicht überschreiten.

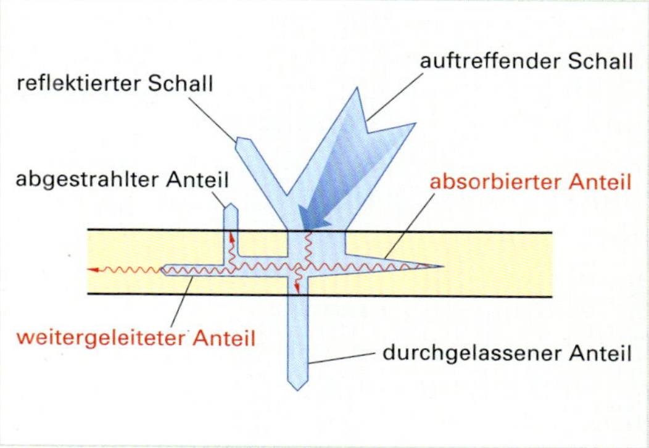

Bild 2: Ausbreitung des Luftschalls

Schall kann sich nicht im luftleeren Raum ausbreiten. Er kann sich nur ausbreiten, wenn Druckstöße auf Teilchen eines Körpers einwirken und diese ins Schwingen bringen. Trifft **Luftschall** auf ein Bauteil, wie z. B. eine Wand oder Fenster, so wird je nach Beschaffenheit dieses Bauteiles nur ein gewisser Teil der **Schallenergie** durchgelassen. Der übrige Anteil der Schallenergie wird durch **Dämpfungsvorgänge** absorbiert und in Wärme umgewandelt (**Bild 2**).

Im Hochbau geschieht Schallschutz durch Schalldämmung. Durch entsprechende Gestaltung von Fußböden, Decken, Fenstern und Wände wird die Schallenergie abgeschwächt und nach DIN 4109 bestimmt (**Bild 3**). So ist z. B. der Schalldruck an den Kanten (4-fach) und in den Ecken (16-fach) höher als im Vergleich zur Fläche. Deshalb muss das Schalldämmmaß der Fugen deutlich höher sein als das der Bauteile selbst.

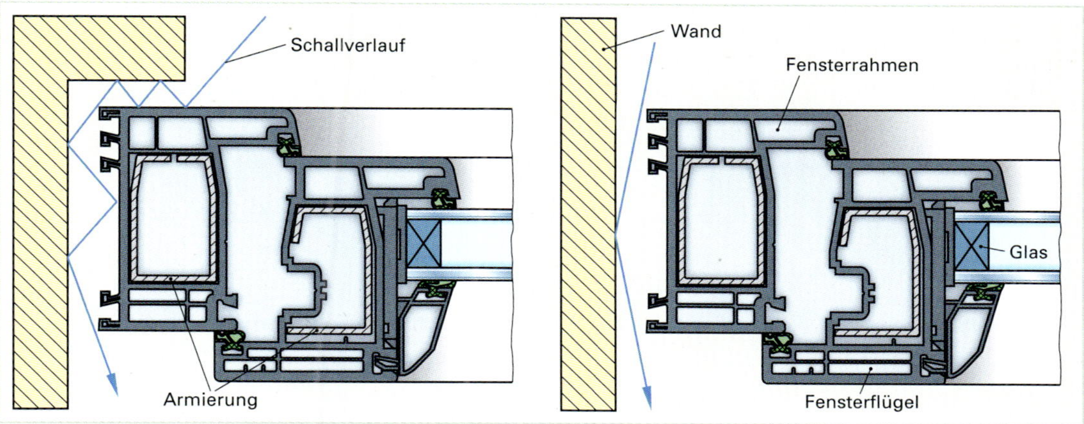

Bild 3: Schalldämmung durch Fugengestaltung

Der Betrag, um welchen sich der Schallpegel unter Beachtung aller Nebengeräusche durch das Bauteil verringert, wird als das bewertete **Schalldämmmaß R'_w** bezeichnet. Ein um 6 dB kleinerer Schallpegel bedeutet eine Halbierung der Lautstärke.

Aus der **Tabelle 1** nach DIN 4109 kann aufgrund der gemessenen Außengeräusche und des maximal erlaubten Lärmpegels im Arbeits- oder Wohnraum, die notwendige Schutzklasse der Fenster entnommen werden.

Beispiel: An einer Hauptverkehrsstraße beträgt der Außenlärm 70 dB. Ein Fenster in einem anliegenden Krankenhaus muss ein Mindestschalldämmmaß von 45 dB aufweisen. Im Innenraum darf nur noch ein Lärmpegel von 25 dB gemessen werden. Daraus ergibt sich eine **Fensterschallschutzklasse** SSK 5.

Fenster dieser Klasse sind Kastenfenster mit dicker Isolierverglasung, großem Scheibenabstand und besonderen Dichtungen.

Wiederholungsfragen:

1. Nennen und beschreiben Sie die drei Arten der Wärmeübertragung.
2. Was versteht man unter absoluter und relativer Luftfeuchtigkeit?
3. Warum ist nur eine Halbierung des Schallpegels wirklich sinnvoll und welche Bedeutung hat dies für das Fenstersystem?

Die **Tabelle 2** stellt einen Auszug aus möglichen Ausführungen von Fensterarten und deren Schalldämm-Maßen R'_w dar.

Tabelle 1: Luftschalldämmung

		Raumarten		
Lärmpegelbereich	Maßgeblicher Außenlärmpegel dB (A)	Bettenräume in Krankenanstalten und Sanatorien, Tagungsräume in Beherbergungsstätten, Unterrichtsräume und ähnliches	Aufenthaltsräume in Wohnungen	Büroräume und ähnliches
		erf. R'_w des Außenbauteils in dB		
I	... 55	35	30	–
II	56 ... 60	35	30	30
III	61 ... 65	40	35	30
IV	66 ... 70	45	40	35
V	71 ... 75	50	45	40
VI	76 ... 80	[1]	50	45
VII	> 80	[1]	[1]	50

[1] Mindestwerte sind im Einzelfall festzulegen

Schallschutzklasse	Bewertetes Schalldämmmaß R'_w des am Bau funktionsfähig eingebauten Fensters	erf. bewertetes Schalldämmmaß des im Prüfstand funktionsfähig eingebauten Fensters
1	25 ... 29 dB	≥ 27 dB
2	30 ... 34 dB	≥ 32 dB
3	35 ... 39 dB	≥ 37 dB
4	40 ... 44 dB	≥ 42 dB
5	45 ... 49 dB	≥ 47 dB
6	≥ 50 dB	≥ 52 dB

Tabelle 2: Schalldämm-Maße R_w für Ausführungsbeispiele

		Anforderungen an die Ausführung der Konstruktion bei verschiedenen Fensterarten			
R'_w (dB)	Konstruktionsmerkmale	Einfachfenster mit Isolierverglasung 	Verbundfenster mit 2 Einfachscheiben 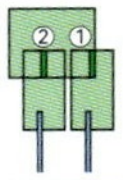	Verbundfenster mit 1 Einfachscheibe und 1 Isolierglasscheibe 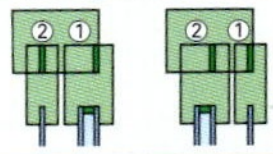	Kastenfenster mit 2 Einfach- bzw. 1 Einfach- und 1 Isolierglasscheibe 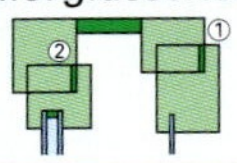
25	Gesamtglasdicken Scheibenzwischenraum R_w-Verglasung Falzdichtung	≥ 6 mm ≥ 8 mm ≥ 27 dB nicht erforderlich	≥ 6 mm keine – nicht erforderlich	keine keine – nicht erforderlich	keine keine – nicht erforderlich
30	Gesamtglasdicken Scheibenzwischenraum R_w-Verglasung Falzdichtung	≥ 6 mm ≥ 12 mm ≥ 30 dB ① erforderlich	≥ 6 mm ≥ 30 mm – ① erforderlich	keine ≥ 30 mm – ① erforderlich	keine keine – nicht erforderlich
32	Gesamtglasdicken Scheibenzwischenraum R_w-Verglasung Falzdichtung	≥ 8 mm ≥ 12 mm ≥ 32 dB ① erforderlich	≥ 8 mm ≥ 30 mm – ① erforderlich	≥ 8 mm ≥ 30 mm – ① erforderlich	keine keine – ① erforderlich

18.4 Reparatur und Wartung von Fenstersystemen

Bei der Reparatur werden Reparaturharz, Schweißdraht und Lackstifte eingesetzt. Reparaturharz besteht aus zwei Komponenten, die vor der Verarbeitung gemischt werden. Damit können starke Beschädigungen wie z. B. falsche Entwässerungsbohrungen gefüllt werden. Nach der Aushärtung ist ein Überschleifen notwendig. Wird das Warmgasschweißen zur Reparatur eingesetzt, so sind entsprechend der Farbe und des Rahmenwerkstoffes Schweißstäbe mit 4 mm Durchmesser zu verwenden. Die entstehende Schweißwulst muss verputzt werden. Mit Lackstiften können geringe Beschädigungen überdeckt werden. Ebenso lassen sich mit diesen Lackstiften die verputzten Schweißnähte entsprechend der folierten oder farbigen Profile nachbessern.

18.4.1 Beseitigung von Oberflächenschäden

PVC-Profile

Kleine Kratzer aus PVC-Profilen werden mit entsprechenden Intensivreinigern der Fenstersystemhersteller und einem feuchten Lappen **wegpoliert**. Tiefere Oberflächenkratzer und Risse werden mittels Reparaturharz oder Warmgasschweißen ausgeglichen und anschließend mit Exzenterschleifmaschinen verschliffen, wobei Körnungen von 240, 400 und bei letzten Schleifgang von 600 verwendet werden.

PMMA und folienkaschierte Profile

Kleine Kratzer lassen sich mit einem leicht gekörnten Schleifvlies problemlos entfernen. Unter Zugabe von Wasser schleift man den Vlies in Profillängsrichtung. Danach muss mit Lackstiften nachgebessert werden.

18.4.2 Wartung der Fenster

Folgende Wartungsarbeiten sollten regelmäßig einmal im Jahr durchgeführt werden:

- Gängigkeit und Haltbarkeit überprüfen und alle beweglichen Beschlagteile leicht ölen
- Befestigungsschrauben überprüfen und den Sitz der Schließbleche kontrollieren
- Dichtheit zwischen Flügel- und Blendrahmen überprüfen und eventuell Dichtungen erneuern
- Glasdichtprofile überprüfen und im Eckbereich die Gehrung kontrollieren
- Entwässerungseinrichtungen überprüfen und von Verunreinigungen säubern

Wartungsverträge werden von vielen Herstellern angeboten.

Wiederholungsfragen:

1. Nennen Sie die sechs Arten von Funktionsgläsern und beschreiben Sie deren Aufbau.
2. Nennen Sie die vier Arten von Sicherheitsglas und deren Unterscheidungsmerkmale.
3. Von welchen Einflussgrößen wird die Scheibendicke einer Verglasung bestimmt?
4. Wie unterscheiden sich Einfach-, Kasten- und Verbundfenster in ihrer Ausführung?
5. Nennen Sie die zwei Dichtungssysteme bei Kunststofffenstern.
6. Welche Maßnahmen verbessern die Einbruchhemmung bei Kunststofffenstern?
7. Nennen Sie Vor- und Nachteile der drei verschiedenen Raumformen von Profilen.
8. Welche Schweißparameter sind beim PVC-Stumpfschweißen zu beachten?

Fachwörterbuch Deutsch – Englisch, Sachwortverzeichnis

Fachwörterbuch Englisch – Deutsch, Sachwortverzeichnis

Firmenverzeichnis

Die nachfolgend aufgelisteten Firmen bzw. Organisationen unterstützten die Autoren bei der Erarbeitung des Fachbuches durch Beratung und Bereitstellung von verschiedenen Unterlagen und Bildern. Die Autoren und der Verlag bedanken sich herzlich für die Unterstützung.

AarePlast AG
industriestr. West 19
CH - 4613 Rickenbach SO
www.aareplast.ch

Adolf Illig Maschinenbau GmbH & Co. KG
74081 Heilbronn
www.illig.de

AKL Flexo Technik GmbH
34414 Warburg
www.storkprints.com

Albert Handtmann Metallgusswerk GmbH & Co. KG
88400 Biberach/Riß
www.handtmann.de

Alfred Weigel KG Federnwerk
09120 Chemnitz
www.federn-weigel.de

Arburg GmbH + Co. KG
72290 Loßburg
www.arburg.com

Arcotec GmbH
71297 Moensheim
www.arcotec.com

ATECH GmbH
09116 Chemnitz
www.atech-chemnitz.de

AZO GmbH & Co. KG
74706 Osterburken
www.azo.de

BASF SE
67056 Ludwigshafen
www.basf.de

Battenfeld Extrusionstechnik GmbH
32547 Bad Oeynhausen
www.battenfeld.com

Bayer AG, Geschäftsbereich Polyurethane
51368 Leverkusen
www.bayer.com

BEKUM Maschinenfabriken GmbH
12107 Berlin
www.bekum.de

Bellaform Extrusionstechnik GmbH
55218 Ingelheim
www.bellaform.com

Berufsgenossenschaft Holz und Metall
55124 Mainz
www.bghm.de

Berufsschule Steyr 1
4400 Steyr
www.bs-steyr1.ac.at

BÖHLER-UDDEHOLM Deutschland GmbH
40549 Düsseldorf
www.bohler.de

Brabender GmbH & Co. KG
47269 Duisburg
www.brabender.com

Bruckmann & Kreyenborg Granuliertechnik GmbH
48157 Münster
www.bkg.de

BYK-Gardner GmbH
82538 Geretsried
www.bykgardner.com

CAP PARTS AG
09481 Scheibenberg
www.capparts.de

Carbon-Vertrieb A. Weißgerber
86757 Wallerstein
www.carbon-vertrieb.com

CEMEC Intelligente Mechanik GmbH
91174 Spalt (bei Nürnberg)
www.cemec.de

Ceramicx Ireland Ltd. Infrared Cermic and Heating systems for Industry
Gortnagrough ballydehob
www.ceramicx.com

C. Hübner GmbH Kunststoffverarbeitung und -galvanotechnik
87616 Marktoberndorf
www.huebnergmbh.de

Clariant Produkte GmbH
65926 Frankfurt am Main
www.clas.clariant.de

Continental AG
30165 Hannover
www.conti-online.com

Coperion Werner & Pfleiderer GmbH & Co. KG
70466 Stuttgart
www.coperion.com

Covestro AG, Leverkusen
51373 Leverkusen
www.covestro.de

Deguma Schütz GmbH
36419 Geisa
www.deguma.com

Dencker GmbH
58509 Lüdenscheid
www.dencker.de

Diamant-Fahrradwerk GmbH
09232 Hartmannsdorf
www.diamant-rad.de

Diener electronic GmbH & Co. KG
72224 Ebhausen
www.plasma.com

Dipl.-Ing. Winfried Schnabel GmbH
61191 Rosbach
www.schnabel-gmbh.de

DIN CERTCO Gesellschaft für Konformitätsbewertung mbH
www.dincertco.de

DMG MORI AG
33689 Bielefeld
de.dmgmri.com

Dr.-Ing. Heinz Gross, Kunststoff-Verfahrenstechnik
64380 Roßdorf
www.gross-k.de

EHA Spezialmaschinenbau GmbH
35239 Steffenberg
www.eha-maschinenbau.de

Eisenwerk GmbH Elterlein
09481 Elterlein
www.eisenwerk-elterlein.de

ElringKlinger Kunststofftechnik GmbH
74321 Bietigheim-Bissingen
www.elringklinger.de

ENGEL AUSTRIA GmbH
A-4311 Schwertberg
www.engelglobal.com

ENTEX Rust & Mitschke GmbH
44805 Bochum
www.entex-bochum.de

EREMA Engineering Recycling Maschinen und Anlagen Ges.m.b.H
A-4052 Ansfelden
www.erema.at

esde Maschinentechnik GmbH
32545 Bad Oeynhausen
www.esde-maschinentechnik.de

ESKA Sächsische Schraubenwerke GmbH
09126 Chemnitz
www.eska.net

ETA Kunststofftechnologie GmbH
53824 Troisdorf
www.eta-gmbh.de

Eugen Riexinger GmbH & Co. KG
75323 Bad Wildbad
www.riex.de

Evonik Resource Efficiency GmbH
45772 Marl
www.evonik.de

Fachschule für Kunststofftechnik des Landkreises Hof in Rehau
95111 Rehau
www.bs-hof.de

FERROMATIK MILACRON Maschinenbau GmbH
79364 Malterdingen
www.ferromatik.com

fibretech composites GmbH
28719 Bremen
www.fibretech-composites.de

Fotostudio Kattwinkel
51647 Gummersbach
www.kattwinkel.de

Frauenhofer-Institut für Angewandte Polymerforschung
1476 Potsdam
www.lap.frauenhofer.de

Fraunhofer-Institut für Werkstoff- und Strahltechnik
01277 Dresden
www.iws.frauenhofer.de

Frischmann Kunststoffe GmbH
98673 Eisfeld
www.frischmann.de

GEALAN Fenster-Systeme GmbH
95145 Oberkotzau
www.gealan.de

Gerco Apparatebau GmbH & Co. KG
48336 Sassenberg
www.gerco.de

GF Machining Solution GmbH
73614 Schorndorf
www.gfms.com/de

GNK Sinter Metals Engineering GmbH
42477 Radevormwald
www.gknsintermetals.com

Graham Engineering Corporation
York PA 17402_0673 USA
www.grahamengineering.com

Gühring oHG
72458 Albstadt-Ebingen
www.guehring.de

Hans Weber Maschinenfabrik GmbH
96317 Kronach
www.hansweber.de

Harburg-Freudenberger Maschinenbau GmbH
57258 Freudenberg
www.harburg-freudenberger.com

HASCO Hasenclever GmbH + Co. KG
58513 Lüdenscheid
www.hasco.com

Henkel Loctite Deutschland GmbH
81925 München
www.henkel.com

Hennecke GmbH
53797 Sankt Augustin
www.hennecke.com

HERBERT Maschinenbau GmbH & Co. KG
30088 Hünfeld
www.herbert-maschinenbau.de

Hermes Schleifkörper GmbH
01237 Dresden
www.hermes-schleifkoerper.de

Hitec-Messtechnik GmbH
90449 Nürnberg
www.hitec-messtechnik.de

Hoesch Hohenlimburg GmbH
58239 Schwerte
www.hoesch-hohenlimburg.de

Horn & Bauer GmbH & Co. KG
34613 Schwalmstadt
www.horn-bauer.de

Hymmen GmbH
33613 Bielefeld
www.hymmen.com

IMA Materialforschung und Anwendungstechnik GmbH
01109 Dresden
www.ima-dresden.de

Jakob Weiß & Söhne Maschinenfabrik GmbH
74889 Sinsheim
www.jws-online.de

J. Engelsmann AG
67059 Ludwigshafen/Rhein
www.engelsmann.de

Jomos Schuhfabrik
95152 Selbitz
www.jomos.de

JÜRGEN EMPTMEYER GmbH
49152 Bad Essen
www.emptmeyer.de

Kautex Maschinenbau GmbH
53229 Bonn
www.kautex-group.com

KCH GROUP GmbH
56427 Siershahn
www.kch-group.com

KERN & SOHN GmbH
72336 Ballingen
www.kern-sohn.com

KKA GmbH-Kleinwefers Kunststoffanlagen
06369 Gölzau
www.kka.de

Konrad Hornschuch AG
74679 Weißbach
www.hornschuch.de

KraussMaffei Berstorff GmbH
30603 Hannover
www.berstorff.de

KraussMaffei Technologies GmbH
80997 München
www.kraussmaffei.com

Kunststoff Helmbrechts AG
95233 Helmbrechts
www.helmbrechts.de

Kunststoff-Institut Lüdenscheid
58507 Lüdenscheid
www.kunststoff-institut.de

Lange+Ritter GmbH
70839 Gerlingen
www.lange-ritter.de

Leister Process Technologies
CH-6056 Kägiswil/Schweiz
www.leister.com

LiKu GmbH & Co. KG
96529 Frankenblick
www.lindner-spruehsysteme.de

LU Leuchtenumformtechnik
09481 Scheibenberg
www.vollmann-group.com

Magnum Venus Plastech Limited Manufacturing Technology Centre Chilsworthty Beam, Gunnislake, Cornwall
18 9 At.Uk
www.mvpind.com

Mahr Kundenzentrum Berlin/ Chemnitz
09204 Limbach-Oberfrohna
www.mahr.com

Manfred Jacob GmbH & Co. KG
91489 Wilhelmdorf
www.jacob-kunststofftechnik.de

Manfred WADER -plasticart
09481 Elterlein
www.wadertoys.de

Maschinenfabrik Herbert Meyer GmbH
92444 Roetz
www.meyer-machines.com

Michelin Reifenwerk AG & Co KGaA
76185 Karlsruhe
www.michelin.de

MICRO-EPSILON Messtechnik GmbH & Co. KG
94496 Ortenburg
www.micro-epsilon.com

MITSUBISHI ELECTRIC EUROPE BV
40880 Ratingen
www.mitsubishielectric.de

MTI Mischtechnik International GmbH
32758 Detmold
www.mti-mixer.de

Modell- und Formenbau GmbH Sachsen-Anhalt
39126 Magdeburg
www.mfsa.de

Nabertherm GmbH
28865 Lilienthal
www.nabertherm.com

Nagel Maschinen- u. Werkzeugfabrik GmbH
72622 Nürtingen
www.nagel.com

NETZSCH-CONDUX Mahltechnik GmbH
63457 Hanau
www.netzsch-condux.de

Neue Herbold Maschinen- u. Anlagenbau GmbH
74889 Sinsheim - Reihen
www.neue-herbold.com

Nordson Deutschland GmbH
40699 Erkrath
www.nordson.de

OPS-INGERSOLL Funkenerosion GmbH
57299 Burbach
www.ops-ingersoll.de

Pharma STULLN
92551 Stulln
www.pharmastulln.de

PETA Formenbau
63628 Bad Soden-Salmünster
www.peta-formenbau.de

Physikalisch-Technische Bundesanstalt
38116 Braunschweig
www.ptb.de

Plastics*Europe* Deutschland e.V.
60329 Frankfurt am Main
www.plasticseurope.de

PTO Polymer Technik Ortrand GmbH
01990 Ortrand
www.pto-net.de

Rainer Knarr Vertriebs GmbH
95233 Helmbrechts
www.rainer-knarr.de

Reifenhäuser EXTRUSION GmbH & Co. KG
53844 Troisdorf
www.reifenhauser.com

Regloplas AG
CH-9006 St. Gallen
www.regloplas.com

Rehau AG + Co
95104 Rehau
www.rehau.com

REHM Schweißtechnik GmbH
09120 Chemnitz
www.rehmshop.de

Retsch GmbH
42781 Haan
www.retsch.com

R&G Faserverbundwerkstoffe GmbH
71111 Waldenbuch
www.r-g.de

RIKUTEC Richter Kunststofftechnik GmbH & Co. KG
57610 Altenkirchen
www.rikutec.de

RINCO ULTRASONICS AG
CH-8590 Romanshorn/Schweiz
www.rincoultrasonics.com

RODCRAFT PNEUMATIC TOOLS GmbH & Co. KG
45479 Mühlheim an der Ruhr
www.rodcraft.com

ROLAND POHL
90613 Großhabersdorf
www.pohl-formenbau.de

Sandvik GmbH
40549 Düsseldorf
www.sandvik.com

SandvikTooling Deutschland GmbH
40549 Düsseldorf
www.sandvik.com

Sächsisches Industriemuseum Chemnitz
09112 Chemnitz
www.saechsisches-industriemuseum.de

scala messzeuge GmbH
72639 Neuffen
www.scala-mess.de

Schaudt-Mikrosa GmbH
04179 Leipzig
www.schaudtmikrosa.com

Schwaben-Kunststoff Chemietank- und Apparatebau GmbH & Co. KG
86863 Lagenneufnach
www.schwaben-kunststoff.de

SEW-EURODRIVE GmbH & Co. KG
76642 Bruchsal
www.sew.eurodrive.de

SPIG Schutzplanken-Produktions-GmbH
66839 Schmelz
www.schutzplanken.de

Staatliche Berufsbildende Schule Sonneberg
96515 Sonneberg
www.sbbs-son.de

STB Stahlhammer Bommern GmbH
59077 Hamm-Wiescherhoefen
www.stahlhammer.de

Steuler Industrieller Korrosionsschutz GmbH
56203 Höhr-Grenzhausen
www.steuler.de

suter-kunststoffe ag
CH-3303 Jegenstorf/Schweiz
www.swiss-composite.ch

Tantec GmbH
71299 Wimsheim
www.tantec.com

Technisches Museum Frohnauer Hammer
09456 Annaberg-Buchholz
www.frohnauer-hammer.de

Technoplast Kunststofftechnik GmbH & Co. KG
A-4563 Micheldorf
www.technoplast.at

TiK-Technologie in Kunststoff
79331 Teningen
www.tik-center.de

TKM Zerspantechnik GmbH
52399 Merzenich
info@tmk-zerspantechnik.de

Trecolan GmbH
Zum Panrepel
28307 Bremen
www.trecolan.de

TRUMPF Werkzeugmaschinen GmbH +Co. KG
71254 Ditzingen
www.trumpf.com

TRW Engineered Fasteners & Components Selb GmbH
95100 Selb
www.trw.de

UNICOR GmbH
97437 Hassfurt
www.unicor.de

Uponor GmbH
98544 Zella-Mehlis
www.uponor.de

VG Kunststofftechnik GmbH
09131 Chemnitz
www.vg-kunst.de

Viebahn Pressen-Systeme GmbH
51647 Gummersbach
www.viebahn-pressen.de

Vinnolit GmbH & Co. KG
85737 Ismaning
www.vinnolit.de

Waltritsch & Wachter GmbH
88285 Bodnegg-Rotheidlen
www.waltritsch-wachter.de

Werkzeugbau Siegfried Hofmann GmbH
96215 Lichtenfels
www.hofmann-innovation.com

Werner Koch Maschinentechnik GmbH
75228 Ispringen
www.koch-technik.com

WICKERT Maschinenbau GmbH
76829 Landau in der Pfalz
www.wickert-presstech.de

WINDMÖLLER & HÖLSCHER
49525 Lengerich
www.wuh-lengerich.de

Wirtschaftskammer Österreich Kunststoffverarbeiter
A-1045 Wien
www.kunststoffverarbeiter.at

Wismut GmbH
09117 Chemnitz
www.wismut.de

Wittmann Battenfeld GmbH
A-2542 Kottingbrunn
www.wittmann-group.com

ZERMA GmbH
74939 Zuzenhausen
www.zerma.com

ZGV-Zentrale für Gussverwendung
40010 Düsseldorf
www.zgv.de

zwickroell GmbH & Co. KG
89079 Ulm
www.zwickroell.de